유럽 5대 리그 스카우팅 리포트 2021-22

EUROPEAN LEAGUE SCOUTING REPORT 2021-22

장원구 박찬하 정지훈 김태석 김강현 지음

유럽 5대 리그
스카우팅 리포트
2021-22

2021년 9월 23일 1판 1쇄 인쇄
2021년 9월 30일 1판 1쇄 발행

지은이 | 장원구 박찬하 정지훈 김태석 김강현

발행인 | 황민호
콘텐츠4사업본부장 | 박정훈
편집기획 | 김순란 강경양 한지은 김사라
디자인 | studio Y
마케팅 | 조안나 이유진 이나경
제작 | 심상운 최택순 성시원
사진 | 게티이미지

펴낸곳 | 대원씨아이(주)
주소 | 서울특별시 용산구 한강로 3가4 0-456
전화 | (02)2071-2018
팩스 | (02)749-2105
등록 | 제3-563호
등록일자 | 1992년 5월 11일

www.dwci.co.kr

ISBN 979-11-362-8672-7 (13690)

* 이 책은 대원씨아이(주)와 저작권자의 계약에 의해 출판된 것이므로, 무단 전재 및 유포, 공유, 복제를 금합니다.
* 이 책 내용의 전부 또는 일부를 이용하려면 반드시 저작권자와 대원씨아이(주)의 서면동의를 받아야 합니다.
* 잘못 만들어진 책은 판매처에서 교환해 드립니다.

CONTENTS

목차

column

- 6 손흥민은 어떻게 토트넘 훗스퍼의 레전드가 되었나?
- 22 Adios Messi, Bienvenue Messi
- 26 비상 꿈꾸는 코리안 유럽리거들
- 42 '신'들의 이적과 얼어붙은 시장

scouting report

PREMIER LEAGUE 048

- 54 맨체스터 시티 FC MANCHESTER CITY FC
- 62 맨체스터 유나이티드 FC MANCHESTER UNITED FC
- 70 리버풀 FC LIVERPOOL FC
- 78 첼시 FC CHELSEA FC
- 86 레스터 시티 FC LEICESTER CITY FC
- 94 웨스트햄 유나이티드 FC WEST HAM UNITED FC
- 102 토트넘 핫스퍼 FC TOTTENHAM HOTSPUR FC
- 110 아스널 FC ARSENAL FC
- 118 리즈 유나이티드 FC LEEDS UNITED FC
- 122 에버튼 FC EVERTON FC
- 126 애스턴 빌라 FC ASTON VILLA FC
- 130 뉴캐슬 유나이티드 FC NEWCASTLE UNITED FC
- 134 울버햄튼 원더러스 FC WOLVERHAMPTON WANDERERS FC
- 138 크리스탈 팰리스 FC CRYSTAL PALACE FC
- 142 사우스햄튼 FC SOUTHAMPTON FC
- 146 브라이턴 & 호브 알비온 FC BRIGHTON & HOVE ALBION FC
- 150 번리 FC BURNLEY FC
- 154 노리치 시티 FC NORWICH CITY FC
- 158 왓포드 FC WATFORD FC
- 162 브렌포드 FC BRENTFORD FC

scouting report

LA LIGA 166

- 174 아틀레티코 마드리드 ATLETICO MADRID
- 182 레알 마드리드 CF REAL MADRID CF
- 190 FC 바르셀로나 FC BARCELONA
- 198 세비야 FC SEVILLA FC
- 206 레알 소시에다드 SAD REAL SOCIEDAD SAD
- 210 라엘 베티스 REAL BETIS BALOMPIE
- 214 비야레알 CF VILLARREAL CF
- 218 RC 셀타비고 RC CELTA DE VIGO
- 222 그라나다 CF GRANADA CF
- 226 아틀레틱 빌바오 ATHLETIC CLUB BILBAO
- 230 CA 오사수나 CA OSASUNA
- 232 카디스 CF CADIZ CF
- 234 발렌시아 CF VALENCIA CF
- 236 레반테 UD LEVANTE UD
- 238 헤타페 CF GETAFE CF
- 240 데포르티보 알라베스 SAD DEPORTIVO ALAVÉS SAD
- 242 엘체 CF ELCHE CF
- 244 RCD 에스파뇰 RCD ESPANYOL
- 246 RCD 마요르카 RCD MALLORCA
- 248 라요 바예카노 RAYO VALLECANO

BUNDESLIGA 250

- 256 FC 바이에른 뮌헨 FC BAYERN MÜNCHEN
- 264 RB 라이프치히 RB LEIPZIG
- 272 보루시아 도르트문트 BORUSSIA DORTMUND
- 280 VFL 볼프스부르크 VFL WOLFSBURG
- 288 아인라흐트 프랑크푸르트 EINTRACHT FRANKFURT
- 292 바이어 레버쿠젠 BAYER 04 LEVERKUSEN
- 296 FC 우니온 베를린 1.FC UNION BERLIN
- 300 보루시아 묀헨글라드바흐 BORUSSIA MÖNCHENGLADBACH
- 304 VFB 슈투트가르트 VFB STUTTGART
- 308 SC 프라이부르크 SC FREIBURG
- 312 TSG 호펜하임 TSG 1899 HOFFENHEIM
- 314 FSV 마인츠 05 1.FSV MAINZ 05
- 316 FC 아우크스부르크 FC AUGSBURG 1907
- 318 헤르타 베를린 SC HERTHA BERLIN SC
- 320 DSC 아르미니아 빌레펠트 DSC ARMINIA BIELEFELD
- 322 FC 쾰른 1. FC KÖLN
- 324 VFL 보훔 VfL BOCHUM 1848
- 326 SPVGG 그로이터 퓌르트 SPVGG GREUTHER FÜRTH

scouting report

SERIE A 328

- 334 인테르 밀란 INTER MILAN
- 342 AC 밀란 AC MILAN
- 350 아틀란타 BC ATALANTA BC
- 358 유벤투스 FC JUVENTUS FC
- 366 SSC 나폴리 SSC NAPOLI
- 370 SS 라치오 SS LAZIO
- 374 AS 로마 AS ROMA
- 378 US 사수올로 US SASSUOLO CALCIO
- 380 UC 삼프도리아 UC SAMPDORIA
- 382 엘라스 베로나 FC HELLAS VERONA FC
- 384 제노아 CFC GENOA CFC
- 386 볼로냐 FC BOLOGNA FC 1909
- 388 우디네세 칼초 UDINESE CALCIO
- 390 ACF 피오렌티나 ACF FIORENTINA
- 392 스페치아 칼초 SPEZIA CALCIO
- 394 칼리아리 칼초 CAGLIARI CALCIO
- 396 토리노 FC TORINO FC
- 398 FC 엠폴리 FC EMPOLI
- 400 US 살레르니타나 US SALERNITANA 1919
- 402 베네치아 FC VENEZIA FC

LEAGUE 1 404

- 410 릴 OSC LILLE OSC
- 418 파리 생 제르맹 FC PARIS SAINT-GERMAIN FC
- 426 AS 모나코 FC AS MONACO FC
- 434 올랭피크 리옹 OLYMPIQUE LYONNAIS
- 438 올랭피크 마르세유 OLYMPIQUE DE MARSEILLE
- 442 스타드 렌 FC STADE RENNAIS FC
- 444 RC 랑스 RC LENS
- 446 몽펠리에 HSC MONTPELLIER HSC
- 448 OGC 니스 OGC NICE
- 450 FC 메스 FC METZ
- 452 AS 생테티엔 AS SAINT-ÉTIENNE
- 454 FC 지롱댕 보르도 FC GIRONDINS BORDEAUX
- 456 앙제 SCO ANGERS SCO
- 458 스타드 드 랭스 STADE DE REIMS
- 460 RC 스트라스부르그 RC STRASBOURG ALSACE
- 462 FC 로리앙 FC LORIENT
- 464 브레스트 STADE BRESTOIS 29
- 466 FC 낭트 FC NANTES
- 468 ES 트루아 AC ES TROYES AC
- 470 클레르몽 푸트 CLERMONT FOOT 63

COLUMN

손흥민은

어떻게
토트넘 훗스퍼의
레전드가 되었나?

2015년 8월 28일. 독일 분데스리가를 평정한 아시아의 특급 유망주 손흥민이 잉글랜드 프리미어리그(EPL) 소속의 토트넘 훗스퍼로 이적한 날이다. 이적료는 당시 아시아 역대 최고 이적료인 3000만 유로(약 415억 원)였고, 등번호는 '에이스'를 상징하는 7번이었다.

그로부터 정확히 6년이 지났다. 아시아의 특급 유망주라는 평가는 이제 월드클래스로 바뀌었고, 손흥민을 향한 물음표는 느낌표로 바뀌었다. 아시아 선수 최초로 EPL 올해의 팀에 선정된 손흥민을 향한 관심은 뜨거웠다. 바이에른 뮌헨, 레알 마드리드, 리버풀, 맨체스터 유나이티드 등 수많은 빅 클럽들이 손흥민에게 찬사와 함께 관심을 보냈고, 좋은 활약을 펼칠수록 '이적설'은 더 불이 붙었다.

그러나 손흥민은 토트넘 잔류를 선택했다. 2021년 7월 23일, 토트넘은 구단 홈페이지를 통해 손흥민과 4년 재계약을 체결했다고 밝혔다. 주급은 20만 파운드(약 3억 원) 이상으로 해리 케인과 함께 팀 내 최고 대우를 받게 됐고, EPL 내에서도 상위권의 주급이었다.

장기 계약을 체결한 손흥민은 이제 명실상부한 토트넘 공격의 중심이다. 2020-21시즌 14골을 합작하며 '영혼의 파트너'라 불렸던 해리 케인이 '이적설'로 흔들리고 있는 사이 손흥민은 맨체스터 시티와의 개막전에서 케인을 대신해 최전방 공격수로 선발 출전, 토트넘의 공격을 이끌었다. 폭발적인 스피드는 여전했고, 공을 잡았을 때는 여유가 넘쳤다. 세계 최고 수준인 맨시티의 수비진도 손흥민을 막는 데 어려움을 겪었고, 손흥민은 한 층 더 성장한 모습으로 맨시티를 상대했다.

결국 손흥민이 개막전 축포를 쐈다. 후반 10분 역습 상황에서 베르바인의 패스를 받은 손흥민이 측면에서 리듬을 타기 시작하며 중앙으로 침투했고, 수비수 아케를 페인트 동작으로 무너뜨린 후 날카로운 왼발 슈팅으로 골망을 흔들었다. 토트넘 홈 팬들은 케인을 영입하려는 맨시티를 상대로 결승포를 터뜨린 손흥민에게 기립박수를 보냈고, 영국 현지 언론들은 "월드 클래스", "노(No) 케인, 노(No) 프라블럼" 등 찬사를 보냈다. 토트넘의 신임 감독인 누누 산투 역시 "손흥민의 재능은 놀랍다. 공격 어디서든 뛸 수 있을 정도로 다재다능하다. 못 하는 게 없다. 역동적이고 빠르며 경기를 읽는 게 대단하다. 틈새 사이를 파고들어 공간을 창출한다. 마치 킬러와 같다. 앞으로 더 잘할 것이란 확신이 있다"며 찬사를 아끼지 않았.

새 시즌 개막전부터 득점포를 가동하며 토트넘의 리빙 레전드라 불리고 있는 손흥민. 그는 어떻게 토트넘의 레전드가 될 수 있었을까?

2015-16시즌

"쓸만했지만…" 아쉬움이 남았던 토트넘 데뷔 시즌

3000만 유로의 높은 이적료와 등번호 7번. 그만큼 손흥민에 대한 기대감은 높았고, 데뷔 시즌부터 많은 기회가 주어질 것이라는 전망이 나왔다. 예상했던 대로 빠르게 데뷔전을 치렀다. 손흥민은 2015년 9월 13일 리그 5R 선덜랜드 원정에서 선발 출전하며 EPL 데뷔전을 가졌고, 몇 차례 찬스를 놓치면서 후반 15분에 교체 아웃됐다. 손흥민의 단점으로 지적되던 오프 더 볼 상황에서의 움직임이 좋지 않았고, EPL의 거친 압박과 빠른 템포에 적응하지 못하며 팀 내에서 가장 낮은 평점을 받았다.

하지만 두 번째 경기는 달랐다. 9월 18일 유로파리그 조별리그 1차전 카르바흐를 상대로 선발로 나선 손흥민은 멀티골을 성공시키며 최고 평점을 받았고, 후반 23분 해리 케인과 교체되며 홈 팬들의 기립박수를 받았다. 홈 데뷔전에서 데뷔골을 성공시켰기 때문에 기대감은 더욱 높아졌고, 무엇보다 최전방과 측면을 모두 소화할 수 있다는 장점도 보여준 경기였다.

상승세는 리그 데뷔골로 이어졌다. 2015년 9월 20일, 크리스탈 팰리스와의 홈경기에서 2선 공격수로 선발 출전한 손흥민은 폭발적인 스피드, 뛰어난 드리블 돌파, 날카로운 슈팅 등 자신의 장점을 보여주며 여러 차례 좋은 찬스를 만들었다. 결국 후반 22분 크리스티안 에릭센의 패스를 받은 후 폭발적인 드리블 돌파에 이은 날카로운 슈팅으로 골망을 흔들어 EPL 데뷔골을 기록했다. 이후 후반 34분 클린턴 은지와 교체됐는데, 이번에도 홈팬들의 기립박수를 받았고, 가장 높은 평점과 MVP까지 받았다. 여기에 EPL 사무국에서 선정하는 6라운드 베스트11에 당당히 이름을 올렸다.

그러나 부상이 발목을 잡았다. 손흥민은 리그 7R 맨체스터 시티전에서 선발 출전해 77분을 소화했는데, 이때 발등에 부상이 생겼다는 보도가 나왔다. 구체적으로는 족저근막염 부상이었는데, 빠른 치료가 힘들고 재발 위험이 높은 부상이기 때문에 우려가 컸다. 결국 손흥민은 10월까지 부상으로 나오지 못했고, 토트넘도 덩달아 부진에 빠지며 어려움을 겪었다.

손흥민의 부상 복귀전은 11월 6일 안데레흐트와의 유로파리그 J조 4차전이었다. 후반에 교체 투입된 손흥민은 가벼운 움직임으로 도움을 기록하며 팀의 2-1 승리를 이끌었고, 이후 웨스트햄(리그 13R), 카라바흐(유로파리그 5차전)에서 연달아 선발로 나오며 연속 도움을 기록했다. 그러나 리그에서는 선발보다는 교체로 뛰는 일이 많아졌고, 상대적으로 비중이 낮은 컵대회에 주로 출전하며 어려운 시간을 보냈다. 2015년 12월 11일 AS모나코와의 6차전에서는 선발로 출전해 2개의 도움을 올리며 팀의 4-1 승리에 기여했다.

계속해서 후반 막판 교체 출전만 하던 손흥민에게 반전이 찾아왔다. 2015년 12월 29일, 리그 19R 왓포드 원정에서 후반에 교체 투입돼 추가시간에 감각적인 백힐로 극적인 결승골을 기록했고, 팀의 2-1 승리를 이끌었다. 이후에는 조금씩 출전 시간을 늘리며 선발과 교체를 오갔고, FA컵 64강 레스터 시티전에서는 1골 1도움을 올리며 토트넘에 32강 진출 티켓을 선물하기도 했다.

손흥민에 대한 평가는 긍정적이지도, 부정적이지도 않았다. 폭발적인 스피드와 파괴력 넘치는 슈팅은 좋지만 골 결정력이 떨어진다는 평가가 있었고, 슈팅 대비 득점 전환율이 가장 좋지 않은 선수 2위로 뽑히기도 했다. 무엇보다 EPL의 빠른 템포에 고전하며 오프 더 볼 움직임에서 개선이 필요하다는 지적이 있었다. 그럼에도 리그 36라운드 첼시전에서 선발 출전해 시즌 7호골을 성공시켰고, 37라운드 사우샘프턴전에서도 득점포를 가동하며 시즌 막판에는 좋은 분위기를 이어갔다.

EPL 데뷔 시즌이 끝난 뒤 영국 '데일리 메일'은 손흥민에게 "쓸만했다"라는 평가를 내렸고, 나쁘지 않은 데뷔 시즌을 보냈다는 평가가 다수였다. 그러나 손흥민이 토트넘의 방출 명단에 포함됐다는 이야기가 나왔고, 토트넘의 다니엘 레비 회

장도 손흥민의 활약에 실망했다는 보도가 쏟아졌다. 이에 손흥민이 한 시즌 만에 독일 분데스리가로 복귀한다는 보도가 나왔고, 구체적으로 볼프스부르크의 러브콜을 받고 있다고 했다. 그러나 마우리시오 포체티노 감독은 손흥민을 믿는다면서 이적을 만류하며 붙잡았고, 손흥민도 EPL 무대에 더 도전하겠다는 마음으로 잔류를 선택했다.

시즌 기록: 40경기 8골 6도움
이적 시장 가치: 2500만 유로(약 345억 원)
개인 커리어: AFC 올해의 국제 선수상(2015),
아시아 베스트 풋볼러(2015)

총평: 이미 독일 분데스리가에서 좋은 활약을 펼치며 폭발적인 스피드, 파괴력 넘치는 슈팅, 양발 활용 등 확실한 장점이 있다는 평가를 받았다. 그러나 볼 터치, 오프 더 볼 움직임 등이 문제가 됐고, EPL의 빠른 템포와 거친 압박에 고전했다. 그럼에도 손흥민의 드리블 기술이 발전했다는 것은 긍정적이었다. 특히 손흥민의 전매특허인 스텝 오버에 이은 반 박자 빠른 슈팅이 첫 시즌부터 나왔고, 팰리스전에서는 15m 정도를 직접 드리블 돌파해 득점을 기록하기도 했다. 몇몇 단점도 드러났지만 데뷔 시즌이라는 것을 감안하면 나쁘지 않은 시즌이었고, 드리블 돌파에 있어서는 확실한 발전을 이뤄냈다.

2016-17시즌

'신의 한수'가 된 토트넘 잔류, 첫 EPL 이달의 선수상!

시즌 전 전망은 좋지 않았다. 올림픽 차출 문제로 팀과 갈등을 겪었고, 데뷔 시즌 좋지 못한 활약으로 이적설이 계속 나왔다. 특히 볼프스부르크 이적에 매우 근접했는데, 토트넘이 원하는 이적료는 아니었고, 포체티노 감독도 직접 손흥민을 설득하며 잔류가 확정됐다. 또한 프리 시즌 에릭 라멜라가 맹활약했고, 케빈 은쿠두가 영입되면서 험난한 주전 경쟁을 예고했다.

모든 것은 기우였다. 손흥민은 시즌 첫 선발 출전이었던 스토크 시티전에서 풀타임 활약하며 2골 1도움을 기록했고, 최고 평점과 함께 MOM에 선정됐다. 경기 후 영국 'BBC'는 손흥민을 4라운드 베스트11로 뽑았고, 포체티노 감독도 "손흥민의 잔류가 옳은 선택임을 스스로 보여줬다"며 칭찬을 아끼지 않았다. 이후 6R 미들즈브러전에서는 원맨쇼를 펼치며 두 골을 뽑아냈고, 한국인 선수 최초로 평점 만점을 받았다. 여기에 7R 맨체스터 시티전에서도 좋은 활약을 펼치며 1도움과 함께 MOM에 선정됐고, 영국 '스카이스포츠'가 선정하는 EPL 파워랭킹에서 당당하게 1위를 차지했다.

새로운 역사를 썼다. 9월에 맹활약을 펼친 손흥민이 EPL 이달의 선수상을 공식 수상했다. 아시아 출신 축구 선수로는 최초의 기록이었다. 이후에도 손흥민의 활약은 계속됐고, 이제는 토트넘의 확실한 주전으로 자리 잡았다. 10월과 11월에 골이 터지지 않아 마음고생이 있었지만 경기력만큼은 확실히 달라진 모습이었고, 14R 스완지 시티전에서 1골 1도움을 올리며 팀의 5-0 대승을 이끌었다.

후반기 활약은 더 대단했다. 특히 2017년 1월 29일에 열린 위컴 원더러스와의 FA컵 32강전에서 풀타임 활약하며 극적인 2골을 기록했고, MOM과 함께 팀의 4-3 승리를 이끌었다. 이후 FA컵 8강 밀월전에서는 잉글랜드 무대 진출 후 처음으로 해트트릭을 기록하며 최고의 활약을 펼쳤다.

4월 활약은 그야말로 역대급이었다. 30R 번리전에서 시즌 15호골을 성공시킨 손흥민은 스완지, 왓포드, 본머스전에서 연속골을 성공시키며 4월에만 7경기에 출전해 5골 1도움을 올렸다. 결국 EPL 4월의 선수로 선정되며 다시 한 번 새로운 역사를 썼고, 한 때는 글로벌 매체 'ESPN'이 선정하는 유럽 파워랭킹에서 당당하게 1위를 차지하기도 했다.

손흥민의 시즌 기록은 총 47경기에서 21골 7도움. 특히 리그에서 14골 6도움을 올리며 아시아 선수 최초로 EPL 두 자릿수 득점에 성공했고, 총 21골을 기록하며 차범근을 넘어 유럽 빅리그 시즌 최다골 기록을 세웠다. 또한, FA컵 5경기에서 6골 1도움으로 득점왕을 차지했고, EPL 랭킹은 13위로 마감했다.

시즌 기록: 47경기 21골 7도움
이적 시장 가치: 3000만 유로(약 415억 원)
개인 커리어: EPL 이달의 선수 2회(2016년 09월, 2017년 04월), FA컵 득점왕

총평: 토트넘 잔류는 신의 한 수가 됐다. 데뷔 시즌의 아쉬움을 뒤로하며 자신의 커리어 하이를 달성했고, 이제는 EPL 정상급 공격수로 자리 잡았다. 특히 첫 시즌 단점으로 가장 많이 지적됐던 오프 더 볼 움직임이 엄청나게 발전했고, 골 결정력, 경기력, 기복 등 많은 것이 개선됐다. 결과적으로 영국 현지에서도 시즌 가장 많이 발전한 선수로 손흥민을 꼽았고, EPL 공식 랭킹 15위, 파워 랭킹 14위로 시즌을 마감했다.

2017-18시즌

시즌 초반 부진 극복, 또 새 역사 쓴 손흥민

2016-17시즌 커리어 하이를 달성한 손흥민을 향한 기대감은 높았다. 그러나 출발은 좋지 않았다. '양봉업자'라는 별명답게 챔피언스리그 조별리그 1차전 보루시아 도르트문트전에서 시즌 1호골을 성공시키며 3-1 승리를 이끌었지만 리그에서는 개막 후 8경기 동안 무득점에 시달렸다. 그래도 반전은 있었다. 리그 9R 리버풀전에서 선발 출전해 폭발적인 스피드와 깔끔한 마무리 능력을 보여주며 리그 첫 골을 성공시켰고, 또 한 번 위르겐 클롭 감독 킬러라는 것을 증명했다. 이후 11R 팰리스전에서 결승골을 성공시키며 아시아 선수 EPL 통산 최다골(20골) 기록을 세웠다.

한 번 터지자 손흥민의 득점포는 계속 나왔다. 15R 왓포드전에서 시즌 5호골을 성공시킨 후 16R 스토크 시티(1골 1도움, MOM), 17R 브라이튼(1골, MOM), 20R 사우샘프턴(1골 2도움), 22R 웨스트햄(1골), 23R 에버턴(1골 1도움, MOM), 29R 허더즈필드 타운(2골, MOM), 30R 본머스(2골, MOM)전에서 꾸준하게 득점포를 가동했고, 특히 시즌 중반 엄청나게 몰아치며 손흥민의 폭발력을 보여줬다.

특히 도움 숫자가 늘어난 것이 긍정적이었다. 손흥민은 31R 뉴캐슬, 35R 브라이튼전에서 도움을 기록하며 이번 시즌 총 11개의 도움을 만들었는데, 손흥민 커리어에 있어서 가장 많은 도움을 기록한 시즌이 됐다. 여기에 손흥민은 챔피언스리그 7경기에 나서 4골을 기록했는데, 큰 무대에서 좋은 활약을 펼치자 평가도 자연스레 좋아졌다.

손흥민의 시즌 총 기록은 53경기 18골 11도움. 시즌을 앞두고 카타르와 A매치 경기에서 손목 부상을 당해 수술을 받은 후 장기간 결장이 예상됐지만 빠르게 회복해 개막전부터 나섰고, 시즌 내내 철강왕의 면모를 보여주며 토트넘의 확실한 '에이스'로 자리 잡은 시즌이다. 손목 부상 여파로 부진했던 시즌 초반을 제외하면 꾸준하게 좋은 경기력을 보여줬고, 무엇보다 도르트문트, 유벤투스 등 강팀들을 상대로 챔피언스리그 무대에서도 득점포를 가동하며 큰 무대에 강하다는 인식까지 심어줬던 시즌이었다. 이에 시즌이 끝나고 나서는 이적 시장 가치가 무려 5000만 유로까지 폭등했다.

시즌 기록: 53경기 18골 11도움
이적 시장 가치: 5000만 유로(약 685억 원)
개인 커리어: PFA 팬 선정 이달의 선수(2018년 1월), AFC 올해의 아시안 국제 선수(2017), 아시아 베스트 풋볼러(2017), KFA 올해의 선수(2017)

총평: 2016-17시즌 오프 더 볼 움직임을 개선했다면 2017-18시즌에는 볼 터치가 급격히 발전했다. 그동안 손흥민은 찬스가 왔을 때 퍼스트 터치가 세밀하지 못해 찬스를 살리지 못한다는 평가가 있었는데, 볼 터치가 개선되면서 좀 더 여유가 생겼다. 세밀한 터치 이후 슈팅을 시도하거나, 동료들에게 찬스를 연결해 줄 수 있는 시야까지 발전했다. 특히 역습 상황에서 좋은 터치로 찬스를 살리거나, 볼의 진행 방향을 그대로 살려 전진하는 영리함까지 갖추게 됐다.

2018-19시즌

'토트넘 올해의 선수' 손흥민, 구단 역사를 바꾸다!

2018년 여름은 그야말로 '혹사'에 가까웠다. 2018 러시아 월드컵에 출전해 'FIFA 랭킹 1위' 독일과 조별리그 3차전에서 득점포를 가동하며 전 세계의 주목을 받았고, 이후에는 자카르타 팔렘방에서 열리는 2018 아시안게임에 참가했다. 이런 이유로 뉴캐슬과 1라운드에서 교체 출전한 후 3경기에 결장했고, 5라운드 리버풀전에서 복귀전을 치렀다. 지옥 같은 일정을 소화하며 체력적인 문제가 있었지만 아시안게임 금메달 획득을 통해 그의 유럽 커리어에서 가장 큰 문제였던 병역을 해결했다는 것은 최고의 성과였다.

지옥 같은 일정을 소화한 뒤 토트넘으로 복귀한 손흥민의 컨디션은 그리 좋지 않았다. 2017-18시즌이 끝난 후 사실상 휴식기 없이 계속 달려왔고, 체력적인 문제를 노출하며 선발과 교체를 오갔다. 하지만 11월이 되자마자 부활의 신호탄을 쐈다. 웨스트햄과 리그컵 16강전에서 선발 출전한 손흥민은 두 골을 폭발시키며 팀의 3-1 승리를 이끌었고, 시즌 첫 MOM에 선정됐다. 이후 울버햄튼과 리그 11R에서 도움을 기록하며 조금씩 컨디션을 끌어올렸다.

최고의 경기는 13R 첼시전이었다. 첼시와 홈경기에서 선발 출전한 손흥민은 경기 내내 인상적인 활약을 펼쳤고, 결국 리그 첫 골을 성공시켰다. 후반 8분 델레 알리의 패스를 받은 손흥민이 측면에서 공을 잡아 폭발적인 스피드로 조르지뉴, 다비드 루이스를 차례로 제쳤고, 무려 50m를 질주해 '원더골'을 성공시켰다. 이 골로 인해 손흥민은 MOM, 라운드 베스트11, 아시아 최초 EPL 이 달의 골까지 선정되며 최고의 순간을 맞이했다.

화려하게 부활한 손흥민의 기세는 무서웠다. 14R 아스널(1도움), 15R 사우샘프턴(1골, 유럽 통산 100호골), 16R 레스터 시티(1골 1도움, MOM), 리그컵 8강 아스널(1골), 18R 에버턴(2골 1도움, MOM), 19R 본머스(2골), 20R 울버햄튼(1도움), 21R 카디프 시티(1골 1도움), FA컵 64강 트란메어 로버스(1골 2도움, MOM), 24R 왓포드(1골), 25R 뉴캐슬(1골, MOM), 26R 레스터 시티(1골), 챔피언스리그 16강 1차전 도르트문트(1골) 등 3개월 동안 공격 포인트를 꾸준히 생산했다. 이후 37R 본머스전에서 토트넘 입단 후 처음으로 퇴장을 당하며 아쉬움을 남겼지만 그가 토트넘 최고의 선수라는 것은 그 누구도 부인할 수 없었다.

구단의 역사까지 바꾼 손흥민이다. 도르트문트를 꺾고 8강에 진출한 토트넘의 상대는 맨체스터 시티였고, 손흥민은 맨시티 킬러의 위용을 제대로 뽐냈다. 8강 1차전에서는 결승골을 성공시키며 1-0 승리를 이끌었고, 2차전에서는 멀티골을 기록하며 극적으로 4강 진출 티켓을 선물했다. 이후 아약스를 4강

에서 꺾으며 구단 역사상 처음으로 챔피언스리그에 결승에 진출했고, 손흥민도 선발 출전해 풀타임 활약했지만 아쉽게 준우승에 머물렀다. 그럼에도 토트넘 역사상 처음으로 챔피언스리그 준우승을 차지하는 등 최고의 시즌을 보냈고, 결과적으로 손흥민도 FIFA FIFPro 월드 XI FW 14위, 발롱도르 22위, 런던 풋볼 어워드 올해의 선수 등 최고의 2019년을 보냈다.

시즌 기록: 48경기 20골 9도움
이적 시장 가치: 6500만 유로(약 895억 원)
개인 커리어: FIFA FIFPro 월드 XI FW 14위(2019), 2019 발롱도르 22위, EPL 이달의 골(2018년 11월), 런던 풋볼 어워드 올해의 선수(2018-19), 토트넘 올해의 선수, 토트넘 주니어 올해의 선수, 토트넘 서포터즈 올해의 선수, 토트넘 AIA 올해의 선수, 토트넘 서포터즈 올해의 골, 아시아 베스트 풋볼러(2018)

총평: 진정한 '런던의 왕'이 된 시즌이다. 앞선 세 시즌에서 오프 더 볼 움직임, 볼 터치, 활동량 등 단점을 개선하며 EPL 무대에 적응했다면 이번 시즌은 확실하게 월드클래스로 올라갔다고 봐도 무방하다. 특히 토트넘의 공격이 손흥민 중심으로 흘러가자 확실하게 자신감이 생겼고, 이제 여유까지 생기면서 경기에 기복이 없어졌다. 여기에 넓은 시야까지 생기면서 단순하게 드리블과 슈팅만 좋은 공격수에서 탈피했고, 전술 이해도 상당히 높아지면서 최전방 공격수 역할까지 소화할 수 있게 됐다. 한 마디로 축구 지능까지 탑재한 완성형 공격수가 됐다.

2018-19시즌

슈퍼골, 푸스카스상, 팔 골절, 군 입대까지. 다사다난했던 손흥민

토트넘 최고의 선수로 성장한 손흥민을 향한 기대감은 엄청났다. 모처럼 여름 휴식기를 제대로 보낸 후 프리 시즌부터 아우디컵 우승을 차지하는 등 좋은 컨디션을 유지했다. 퇴장 징계로 리그 1,2라운드에 나설 수 없었던 손흥민은 5R 팰리스전에 선발 출전해 멀티골을 성공시키며 팀의 4-0 대승을 이끌었고, MOM으로 선정됐다. 손흥민은 시즌 초반 12경기에서 5골 2도움을 기록하며 인상적인 경기력을 보여줬지만 팀은 3승 4무 5패의 최악에 가까운 성적표를 받아들었다.

다소 불운했던 사건도 발생했다. 11R 에버턴전에 출전한 손흥민이 후반 33분 안드레 고메스를 향해 다소 무리한 백태클을 시도했고, 고메스의 발목이 돌아가는 충격적인 부상이 발생했다. 이후 마틴 앳킨스 주심은 경고를 번복한 후 레드카드를 꺼내들었고, 손흥민은 머리를 감싸 쥐며 눈물을 보였다. 불의의 사고였다. 정신적으로 충격을 받은 손흥민도, 선수 생활이 우려되는 끔찍한 부상을 입은 고메스도 불운했던 경기였다.

결국 손흥민은 최선의 방법으로 고메스에게 사과의 뜻을 전했다. 에버턴전 직후 바로 열린 츠르베나 즈베즈다와 챔피언스리그 B조 4차전에서 선발 출전한 손흥민은 우려와 달리 활발한 움직임을 보여줬고, 2골 1도움을 기록하며 토트넘의 4-0 대승을 이끌었다. 특히 손흥민은 후반 12분 첫 번째 골을 넣은 후 두 손을 모아 고메스에게 사과를 하는 세리머니를 했고, 영국 현지에서는 손흥민이 최고의 방법으로 사과의 뜻을 전했다고 호평했다.

손흥민의 활약은 계속됐지만 토트넘의 성적은 좋지 않았다. 리그 12라운드까지 치른 상황에서 3승 5무 4패를 기록하며 강등권과 6점 차인 14위로 추락했고, 결국 토트넘은 2019년 11월 20일, 포체티노 감독을 경질했다. 토트넘의 선택은 '스페셜 원' 주제 무리뉴 감독이었다. 분위기는 곧바로 달라졌다.

무리뉴 감독의 토트넘 데뷔전이었던 웨스트햄과의 리그 13라운드에서 손흥민이 1골 1도움을 기록하며 맹활약을 펼쳤고, 결국 시즌 다섯 번째 MOM과 함께 3-2 승리를 거뒀다. 이후 손흥민은 올림피아코스(UCL), 본머스(리그 14R)에서 연속 풀타임을 소화하며 3개의 도움을 올리며 무리뉴 감독의 마음을 사로잡았다.

최고의 순간은 따로 있었다. 바로 리그 16라운드 번리전. 선발 출전한 손흥민은 전반 5분 만에 케인의 선제골을 도왔고, 전반 32분에는 환상적인 득점포까지 가동했다. EPL 역사를 새로 쓴 득점이었다. 얀 베르통언이 걷어낸 공을 손흥민이 페널티 박스 근처에서 잡았고, 이때부터 질주를 시작했다. 손흥민은 폭발적인 스피드와 순간적인 판단을 바탕으로 무려 8명을 돌파했고, 상대의 페널티 라인까지 침투했다. 이후 정교한 마무리를 통해 골망을 흔들며 71.5m의 환상적인 솔로골을 완성했다. 이 골은 EPL 최초의 8명 돌파골로 남았다.

전 세계의 찬사를 받았다. 손흥민의 번리전 슈퍼골은 EPL 12월의 골로 선정됐고, 2020년 2월에는 런던 풋볼 어워드 올해의 골로 뽑혔다. 여기에 4월 27일에는 영국 '스카이스포츠'가 선정하는 EPL 역대 최고의 골로 선정됐고, 시즌 후에는 2019-20시즌 EPL 올해의 골도 수상했다.

번리전에서 환상적인 득점을 터뜨린 후에는 조금 부침이 있었다. 특히 리그 18라운드 첼시전에서 후반 15분 안토니오 뤼디거와 경합 과정에서 손흥민이 뤼디거의 복부를 가격해 퇴장을 당했고, 3경기 출전 정지 징계를 받았다. 이후 24R 노리치 시티전에서 득점포를 가동한 후 4경기 연속골을 성공시키며 상승세를 탔지만 안타까운 부상이 발생했다. 26R 아스톤 빌라전에서 에즈리 콘사와 충돌하며 오른팔 골절 부상을 입었고, 손흥민은 통증을 참고 뛰며 멀티골까지 성공시켰지만 부상은 심각했다. 결국 수술까지 받아야 한다는 소식이 전해졌고, 시즌 아웃이 예상됐다.

안타까운 부상이었지만 이것이 오히려 전화위복이 됐다. 코로나19가 전 세계로 확산되면서 3월 대부분의 유럽 리그가 중단됐고, 이 기간을 이용해 손흥민은 한국으로 돌아와 재활에 매진하는 동시에 군 입대를 선택했다. 특히 손흥민이 해병대에 입대하며 더 많은 관심을 받았고, 영국 현지에서도 EPL 최고의 스타가 총을 들고 군사 훈련을 받는 것에 대해 관심을 보냈다. 2020년 5월 8일 3주 훈련을 마치고 퇴소한 손흥민이 행군, 화생방 훈련 등 모든 훈련 과정을 열외 없이 이수했으며 사격 만발 등 우수한 성적으로 '필승상'까지 수상했다.

코로나로 리그가 중단되기 전까지 핵심 선수들의 부상으로 어려움을 겪었던 토트넘이 리그 재개 후 손흥민과 케인의 복귀에 힘입어 확실한 반전을 예고했다. 손흥민은 리그 9경기에서 2골 3도움을 기록하며 토트넘의 상승세를 이끌었고, 이 기간 동안 토트넘은 5승 2무 1패의 성적을 거두며 6위로 시즌을 마무리했다.

손흥민도 최고의 시즌을 보냈다. 감독 교체, 두 번의 퇴장, 팔 골절 부상 등 어려움도 있었지만 총 41경기에 출전해 18골 12도움을 기록하며 개인 공격 포인트 커리어하이를 작성했다. 다양한 기록도 쏟아졌다. 손흥민은 리그 35라운드 아스널전에서 1골 1도움을 기록하며 아시아 최초로 EPL에서 10골-10도움 클럽에 가입했고, 번리전 슈퍼골은 각종 매체와 EPL 공식 올해의 골로 선정됐다. 또한, 손흥민은 토트넘 올해의 선수, 올해의 골(vs번리 75m 드리블 골), 유소년 팬 선정 올해의 선수, 서포터즈 선정 올해의 선수로 선정되며 2시즌 연속 토트넘 올해의 선수상 4관왕을 달성했다.

시즌 기록: 41경기 18골 12도움
이적 시장 가치: 7500만 유로(약 1035억 원)
개인 커리어: FIFA FIFPro 월드 XI FW 15위(2020), FIFA 푸스카스상(2020), EPL 올해의 골(2019-20), EPL 이달의 골(2019년 12월), 런던 풋볼 어워드 올해의 골(2019-20), 토트넘 올해의 선수, 토트넘 주니어 올해의 선수, 토트넘 서포터즈 올해의 선수, 토트넘 서포터즈 올해의 골, 아시아 베스트 풋볼러(2019), AFC 올해의 아시안 국제 선수(2019), KFA 올해의 선수(2019), 토트넘 레전드 선정 올해의 선정(2019-20), 토트넘 2010년대의 골(2019-20), 토트넘 홋스퍼 AIA 이달의 선수 4회(2019년 9, 10, 11월, 2020년 2월), UEFA 챔피언스 리그 조별리그의 팀(2019-20), 스카이스포츠 EPL 올해의 골, 스카이스포츠 EPL 역대 최고의 골(2020)

총평: 2019-20시즌 손흥민은 한 단계 더 성장했다. 폭발적인 스피드, 파괴력 넘치는 슈팅, 상대를 무너뜨리는 드리블 기술, 순간적인 공격 침투, 다양한 슈팅 기술 등을 갖춘 손흥민이 이제는 찬스 메이킹까지 가능한 선수가 됐다. 손흥민은 2019-20시즌 경기당 1.4개의 키패스를 만들면서 동료들을 도와주는 플레이도 가능하다는 것을 증명했고, 총 41경기를 뛰며 18골 12도움을 기록했다. EPL로 한정하면 10도움을 올렸고, 이는 리그 4위에 해당되는 엄청난 기록이다. 치명적인 골잡이에서 이제는 이타적인 플레이로 경기를 풀어가는 '플레이 메이커' 역할까지 하고 있는 것이다.

2020-21시즌

아시아 최초 PFA 올해의 팀, 진정한 월드클래스!

2020-21시즌은 진정한 월드클래스로 인정받은 시즌이고, 시즌 초반부터 득점왕괴 도움왕 경쟁을 했을 정도로 엄청난 활약을 펼쳤다. 손흥민의 득점포는 시즌 초반부터 불을 뿜었다. 리그 2R 사우샘턴전에서 무려 4골을 뽑아내며 EPL 첫 해트트릭을 기록했고, 만장일치로 MOM에 선정됐다. 아시아 선수가 유럽 5대 리그에서 4골을 성공시킨 것은 최초였고, 구단 역사상 세 번째로 리그 원정에서 4골을 기록한 선수로 남게 됐다. 여기서 끝이 아니었다. 리그 4R 맨체스터 유나이티드전에서 2골 1도움을 올리며 팀의 6-1 대승을 이끌었고, 유럽 리그 통산 100호골과 함께 차범근의 통산 98골 기록을 넘어섰다.

손흥민과 케인은 '월드클래스 듀오'로 떠올랐다. 사우샘턴전에서 케인이 4도움을 기록하며 손흥민의 4골을 도왔고, 맨유전에서도 손흥민과 케인이 득점을 합작했다. 케인과 손흥민은 맨유전을 포함해 EPL에서만 26골을 합작했는데, 이 기록은 역대 5위이자 현역 선수 중에서는 1위에 해당되는 기록이었다. 케인이 2선까지 내려와 플레이 메이킹을 담당하면 손흥민이 라인 브레이킹을 통해 득점을 만드는 플레이가 토트넘의 주 공격 루트가 됐다.

이후에도 손흥민과 케인의 활약은 계속됐다. 특히 손흥민은 리그 5R 웨스트햄(1골 1도움), 유로파리그 1차전 LASK 린츠(1골), 리그 6R 번리(1골, MOM)전에서 연달아 득점포를 가동했고, 9R 맨시티전에서도 한 골을 기록하며 '맨시티 킬러'로 등극했다. 손흥민의 활약은 약팀과 강팀을 가리지 않았다. 11R 아스널전 1골 1도움, 13R 라버풀전 1골, 17R 리즈전 1골 1도움 등을 기록하며 최고의 전반기를 보냈다.

손흥민과 케인은 최고의 활약을 펼쳤지만 팀 성적 자체는 그리 좋지 않았다. 시즌 초반에는 리그 선두 경쟁을 하며 기대를 모았지만 성적은 계속 하락했고, FA컵 16강에서 탈락, 유로파리그 16강 탈락 등 아쉬움을 남겼다. 그러나 이와 별개로 손흥민은 EPL을 넘어 유럽 최고의 공격수 반열에 올랐고, 후반기에도 케인과 함께 공격 포인트를 꾸준하게 생산했다.

결과적으로 손흥민은 총 51경기에 출전해 무려 22골 17도움을 올리며 커리어 하이를 또 한 번 갱신했고, 리그 최다골 기록 경신, 2연속 10-10 달성, EPL 공격 포인트 3위, 유럽 5대 리그 공격 포인트 9위 등 최고의 시즌을 보냈다. 여기에 아시아 선수 최초로 PFA 올해의 팀에 선정되며 EPL 최고의 선수로 인정받았다. 하지만 성적 부진으로 무리뉴 감독이 경질됐고, 리그컵 결승전에 진출 했지만 맨시티에 패해 또 한 번 준우승에 그친 것은 아쉬움을 남겼다

시즌 기록: 51경기 22골 17도움
이적 시장 가치: 8500만 유로(약 1170억 원)
개인 커리어: PFA 올해의 팀(2020-21), EPL 이달의 선수(2020년 10월), AFC 올해의 아시안 국제 선수(2020), IFFHS 올해의 아시아 축구 선수(2020), IFFHS 10년간 AFC 최고 남자 선수(2011-2020), 아시아 베스트 풋볼러(2020), KFA 올해의 선수(2020), 디애슬레틱 프리미어 리그 올해의 팀(2021)

총평: 이제 반박불가 월드클래스로 자리 잡았다. 오히려 국내보다 해외에서 더 인정받는 선수가 됐고, EPL을 넘어 유럽 톱클래스 공격수로 올라섰다. 속도, 슈팅, 드리블, 침투 등 기존의 장점은 더 발전했고, 공을 잡았을 때 창의적인 플레이를 펼치는 '축구 도사'가 됐다. 케인이 공을 잡았을 때 특유의 라인 브레이킹을 통해 찬스를 만들고, 반대의 경우에는 케인을 향해 날카로운 패스를 연결한다. 무엇보다 손흥민이 공을 잡았을 때 안정감이 생겼다는 것이 달라졌고, 감각적인 원 터치 패스로 토트넘의 공격을 주도하는 선수가 됐다.

2021-22시즌

토트넘의 레전드가 된 손흥민, 남은 목표는 '우승'

이제 토트넘에서 손흥민의 위상은 절대적이다. 토트넘 유스 출신의 간판 공격수 케인이 공개적으로 이적을 선언한 것과 반대로 손흥민은 구단에 대한 충성심을 여러 번 보여 왔고, 결국 새 시즌 전에 장기 재계약을 체결하며 팬들의 찬사를 받았다. 여기에 손흥민이 개막전부터 케인에게 오퍼를 보냈던 맨시티를 상대로 결승골을 성공시키자 "노 케인! 노 프라블럼" 등 다양한 이야기를 만들었다.

이제 손흥민은 구단, 동료들, 팬들 모두가 인정하는 토트넘의 레전드가 됐고, 이제 그에게 남은 단 하나의 목표는 '우승'이다. 전망은 밝다. 맨시티 이적설이 나왔던 케인이 공개적으로 잔류를 선언하며 "100% 토트넘에 집중하겠다"는 뜻을 밝혔고, 토트넘은 손흥민과 케인이라는 위력적인 듀오를 중심으로 다시 한 번 우승에 도전한다.

많은 변화가 있었다. 조세 무리뉴 감독이 떠난 후 라이언 메이슨 감독 대행 체제로 팀을 꾸려왔던 토트넘이 울버햄튼을 성공적으로 이끌었던 포르투갈 출신의 누누 산투 감독에게 지휘봉을 맡겼다. 여기에 여름 이적 시장에서 크리스티안 로메로, 브라이언 힐, 피에를루이지 골리니 등을 영입하며 부족한 포지션에서 알찬 보강을 진행했다.

손흥민이 좀 더 공격적으로 뛸 수 있는 환경이 조성됐다. 토트넘 이적 초반만 하더라도 손흥민에게 동료들이 공을 연결해주지 않아 어려움을 겪었는데, 이제는 동료들의 신임을 받으며 토트넘 공격의 중심이 됐다. 특히 케인이 잔류하면서 지난 시즌처럼 케인이 패스를 연결하고, 손흥민이 침투해 마무리하는 장면을 다시 한 번 볼 수 있게 됐다.

충분히 우승에 도전할 수 있는 전력이다. 손흥민과 케인이 잔류하면서 '월드클래스' 공격 듀오를 보유하게 됐고, 올리버 스킵, 자펫 탕강가 등 젊은 선수들이 빠르게 성장하면서 좀 더 역동적인 팀이 됐다. 이번 시즌 토트넘은 유럽축구연맹(UEFA) 유로파 컨퍼런스리그(UECL)라는 새로운 유럽대항전에 나서는데 무리뉴 감독이 이끄는 AS로마와 함께 가장 강력한 우승 후보로 꼽히고 있다. 조별리그를 통과하고 계속해서 올라간다면 무리뉴의 로마와 격돌할 가능성도 남아 있고, 토트넘에게는 무관의 한을 풀 수 있는 절호의 기회다.

손흥민도 우승의 한을 풀겠다는 의지가 강하다. 손흥민은 대한민국 국가대표로 활약하며 2018 자카르타 팔렘방 아시안게임 금메달을 제외하면 개인 커리어에 우승 기록이 없다. 이번 시즌에야말로 우승컵에 도전해야 하는 손흥민이고, 이제는 조연이 아닌 주연이 될 차례다.

"Adios Messi, Bienvenue Messi"

이적 시장 뒤흔든 리오넬 메시의 이적

이번 여름 이적 시장에서 가장 큰 충격으로 다가온 사건은 리오넬 메시의 이적이었다. '원클럽맨'으로 바르셀로나와 영원히 함께할 것 같았던 'GOAT'는 스페인을 떠나 새로운 행선지인 프랑스 PSG로 향했다. 팀 역사의 주역으로 리그에서만 8회 (05/06시즌은 로테이션 멤버), 챔피언스 리그 3회, 국왕컵 7회 등 수많은 트로피를 안겨준 메시는 '클럽 이상의 클럽' 바르셀로나의 상징 그 자체였다. 바르셀로나가 메시였고 메시가 바르셀로나였다, 그 어떤 표현도 이를 대신하지 못한다. 그런 그가 대체 왜 바르셀로나를 떠나야만 했을까?

축구사(史)에 촌극으로 기록될 8월

2020년 8월, 바르셀로나는 코비드 팬데믹으로 인해 연기된 UEFA 챔피언스 리그 8강에서 바이에른 뮌헨에 8-2로 패하는 수모를 당했다. 이는 지난 AS 로마, 리버풀 전과는 비교가 되지 않을 정도로 큰 파장을 불러일으켰는데, 메시의 이적 요청이 그것이었다. 유럽 정상에 오르고 싶은 선수의 열망과는 반대로 가는 바르셀로나의 구단 운영에 분노한 결과였다. 한동안 시끄러웠던 갈등은 메시가 잔류를 선택하며 봉합된 것 같았다. 계약이 끝나는 1년 후에 무슨 일이 벌어질지 모른 채 말이다.

2021년 5월, 바르셀로나는 리그 우승에 실패했고 메시는 셀타 비고와의 마지막 홈경기에서 머리로 리그 30번째 골을 터트렸다. 라 리가 474호이자 바르셀로나 672호. 마지막 순간에도 구단 출전, 득점 역사를 갈아치웠고 그렇게 계약이 종료됐다. 1년 전과는 다르게 완전한 자유 계약 선수가 된 메시에게 접촉하는 구단은 단 한 곳도 없었다. 바르셀로나와 계약 연장이 당연시되었던 탓이다. 2021년 3월 새롭게 바르셀로나 의장으로 뽑힌 조안 라포르타의 핵심 공약 가운데 하나가 '메시와의 재계약'이었다. 물론 당시 의장 선거에 나섰던 후보 중에 그 공약을 빼놓은 이는 없었다. 그만큼 재계약은 당연시되는 분위기였다.

코파 아메리카를 들어 올린 7월, 조금씩 재계약 뉴스가 나오기 시작했다. 희극인지 비극인지 혼란스러워지기 시작한 것은 이때부터다. 계약 기간, 연봉에 대한 조율이 끝났고 계약서에 서로 사인만 하면 끝날 것 같았다. 그리고 다시 8월, 단신 정도로 끝날 재계약 뉴스 대신 각국 언론이 다투어 보도한 소식은 '재계약 불발.' 선수 등록 불가로 바르셀로나를 떠날 수밖에 없다는 후속 보도가 이어졌다. 라 리가는 수입 대비 일정 비율만을 선수단 급여로 사용할 수 있는 '연동형 샐러리캡' 제도를 시행 중인데 어떻게든 급여 한도에 맞춰 선수를 등록해야 한다. 문제는 지난 시즌 코로나19의 영향으로 바르셀로나의 수익이 급감하면서 이미 샐러리캡이 위태로운 수준을 넘어 추가 선수 등록이 불가능한 지경에 다다른 것.

팬데믹이 가져온 재앙은 상상 이상이었다. 무관중 경기가 지속되면서 10만을 자랑하는 홈구장 캄프 누가 텅텅 비었고 구단 재정의 큰 비중을 차지하던 관중 수입이 사라졌다. 또 라 리가 무관, 챔피언스 리그 조기 탈락으로 조금이라도 수익을 늘릴 기회마저 잃었다. 게다가 새로운 집행부가 들어서면서 무분별한 지출로 구단을 좀먹었던 전임 집행부가 넘겨준 적자가 상상을 초월한다는 사실이 밝혀졌다. 회계 장부를 들여다본 결과 약 1조 9천억 원에 가까운 손실이 발견되면서 메시와의 재계약이 불가능한 것은 물론이거니와 기존 선수들까지도 정리가 불가피하다는 결론에 도달했다. (당시에는 멤피스 데파이, 세르히오 아구에로, 에릭 가르시아 같은 이적생들의 등록도 불투명했다.)

모든 방법을 찾아 봤지만 메시가 바르셀로나에 남을 방도가 없었다. 메시 본인 역시 이번에는 떠나고 싶은 것이 아니었기에 가능하다면 연봉을 받지 않는 한이 있더라도 남고 싶었다. 하지만 급여를 낮추되 은퇴 이후를 보장하는 계약은 진작 라 리가 사무국에 의해 거절됐고 무급으로 뛰는 것은 스페인 노

동법상 재계약 시 직전 임금의 50% 이하 삭감 금지 조항에 가로막혔다. 단 한 가지 방법이 있기는 있었다. 바로 라리가 사무국이 가져온 'CVC 펀드'에서 투자를 받는 것. 워낙 고액이라 메시 재계약뿐 아니라 기존 선수 연봉 삭감 없이 새로운 선수까지도 등록 가능할 정도의 액수였다. 그러나 CVC 펀드는 라리가 구단에 거액의 투자금은 안겨주는 대신 향후 수십 년간 일정 퍼센티지의 중계권료를 가져가는 고금리 사채 개념이었다. 아무리 지금 상황이 어렵기로서니 라리가에서 가장 중계권료를 많이 배당받는 바르셀로나가 일정 금액도 아닌 퍼센티지 상환을 수락할 수는 없었다. 결국 바르셀로나는 고심 끝에 재계약을 포기했고 메시는 눈물을 흘리며 이별을 알렸다. 2000년에는 계약서로 쓰였던 냅킨이 이번에는 눈물에 흠뻑 젖어 작별의 상징이 되어버렸다.

라리가의 어리석은 선택?

일각에서는 라리가 사무국이 코비드 팬데믹으로 재정 상태에 직격탄을 맞은 구단들에 너무 가혹한 것 아니냐는 주장이 잇따른다. 사상 초유의 팬데믹 상황에 융통성없는 대처와 강제는 아니지만 사채 개념의 투자까지 들이대는 것은 지나치다는 것. 10년 넘게 지속하던 라리가 초강세가 사라지는 상황에서 리그를 대표하는 스타 플레이어까지 잃으면 경쟁력 악화가 가속화될 것이라는 우려 때문이다. 실제로 라리가는 스타 플레이어들의 노쇠화 문제가 심각한 리그다. 라리가를 대표하면서 유럽을 호령하던 선수들은 황혼기에 접어들었다. 경쟁력이 있는 젊은 선수들은 타 리그로 넘어가는 추세고 이는 스페인 대표팀 소속 클럽에서 쉽게 확인할 수 있다. 한때 바르셀로나와 레알 마드리드 선수들이 대표팀 주축이었지만 유로 2020 기준 바르셀로나는 3명, 레알 마드리드 선수는 단 1명도 없었다. 심지어 대표팀 24인 가운데 라리가 소속은 절반도 되지 않는 10명이었다. 메시 같은 선수는 붙잡아 두는 것이 리그 경쟁력 제고를 위해서도 도움이 되지 않겠느냐는 주장에도 힘이 실린다. 메시를 잃은 바르셀로나도 바르셀로나지만, 라리가도 그들을 대표할 주인공을 잃은 셈이다.

새로운 행선지는 파리, 목표는 유럽 정상

메시가 공식적으로 FA 시장에 나오자 PSG가 재빠르게 계약서를 준비했다. PSG는 현실적으로 메시가 매력을 느낄만한 요건을 두루 갖추고 있었다. 먼저 유럽 정상에 도전할 만한 전력과 야망을 가졌고 절친 네이마르를 비롯해서 앙헬 디 마리아, 레안드로 파레데스 같은 동료들이 조력자로 버티고 있었으니 말이다. 같은 아르헨티나 출신 마우리시오 포체티노 감독 역시 파리 생활을 낯설지 않게 만들어줄 적임자였다. PSG는 성대한 입단식으로 6개의 발롱도르를 가진 메시를 반겼고, 파리를 비롯한 프랑스 전역이 메시의 리그1 입성에 매우 흥분했다. 수년간 거액을 쏟아부은 것 이상으로 거대한 관심이 파리로 쏠렸다. 한 프랑스 언론은 온라인에 메시 페이지를 따로 만들었을 정도다.

이제 메시는 낯선 땅, 낯선 클럽에서 유럽 정상에 도전한다. PSG도 레알 마드리드의 관심을 단칼에 거절하며 킬리안 음바페를 지켜 메시-네이마르-음바페라는 환상의 트리오를 완성시켰다. 유럽 축구의 과거이자 현재인 메시와 현재이자 미래인 음바페의 만남만으로도 흥분지수가 최고조에 이른다. 루이스 수아레스가 함께했던 역대 최고 삼총사 MSN (메시-수아레스-네이마르)과 비교해서 어떤 결과물을 만들어낼지 궁금하기만 하다. 당장 PSG가 챔피언스 리그에서 우승한다고 단언할 수는 없지만 적어도 바르셀로나보다는 가능성이 큰 것은 사실이다. 바로 두 시즌 전 정상에 오를 기회가 있었고 여름 이적 시장에서도 조르지뉴 베이날둠, 아흐라프 하키미, 세르히오 라모스, 쟌루이지 돈나룸마 등 전 포지션에 걸친 보강이 이뤄졌다.

PSG 활약, 위상에는 변화 없어

PSG에서의 향후 활약이 현역 선수 'No. 1'을 넘어 역대 최고를 넘보는 메시의 경력에 미칠 영향은 거의 없다고 보면 된다. 쉽게 말하면 여기서 타이틀을 더 가져가도 혹은 가져가지 못해도 위상에 미칠 영향은 미미하다는 뜻이다. 앞으로 위상에 영향을 미칠 이벤트는 딱 하나 2022 카타르 월드컵 정도가 남았다. 파리와 함께 하는 시간은 웃음을 되찾은 메시의 활약을 편히 지켜보는 것으로 충분하다. 상상만 해도 즐겁지 않나? 네이마르와의 재결합이, 음바페와 함께하는 등번호 30번 리오넬 메시가.

비상 飛翔 꿈꾸는 코리안 유럽리거들
KOREAN FOOTBALL PLAYERS IN EUROPE

손흥민 외에도 유럽 무대에서 활약하는 대한민국 선수들은 많다. 대한민국 축구 대표팀의 핵심 선수들인 황의조, 이강인, 황희찬, 이재성, 정우영, 김민재, 황인범 등 7인이 유럽 주요 무대에서 활약하고 있고, 2021-22시즌 비상을 꿈꾸고 있다.

특히 이번 여름 이적 시장은 매우 뜨거웠다. 2019년 FIFA U-20 월드컵 골든볼에 빛나는 한국 최고의 유망주 이강인이 발렌시아와 10년 동행을 마치고 새로운 도전에 나섰고, '황소' 황희찬은 독일 무대를 떠나 울버햄튼 원더러스로 임대 이적하며 14번째 프리미어리거가 탄생했다. 여기에 대한민국 국가대표 미드필더 이재성이 마인츠로 이적하며 드디어 빅 리그에 입성했고, '괴물 센터백' 김민재는 터키 명문 클럽 페네르바체의 유니폼을 입으며 유럽 무대에 진출했다.

이제 유럽 내 한국의 위상은 더이상 축구 변방이 아니다. 손흥민은 프리미어리그 최고의 공격수로 우뚝 서며 자타공인 '월드클래스'가 됐고, 새로운 도전을 선택한 이강인, 황희찬, 이재성, 김민재에 대한 기대감도 매우 높다.

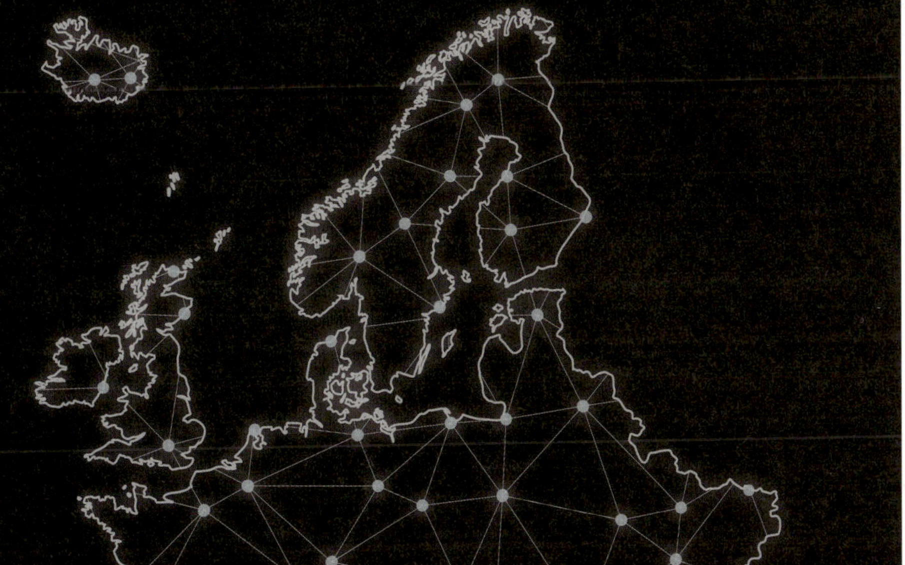

COLUMN: KOREAN FOOTBALL PLAYERS IN EUROPE

이제 보르도의 간판 공격수! 황의조, 유럽 '커리어 하이' 노린다

이제 어엿한 보르도의 간판 공격수다. 지난 시즌 황의조는 보르도의 주전 공격수로 활약하며 총 37경기에 출전해 12골 3도움을 기록하며 팀 내 최다 득점자가 됐다. 그러나 보르도의 재정 상태는 최악이었고, 황의조를 비롯한 핵심 선수들을 처분해야 했다. 이에 황의조는 볼프스부르크, 사우샘프턴, 마르세유, 제니트, 디나모 모스크바 등과 연결됐지만 결국에는 무산됐고, 다시 한 번 보르도를 위해 축구화 끈을 동여 매고 있다.

어느덧 유럽 무대 3년차를 맞이하고 있는 황의조는 K리그, J리그 등에서 풍부한 경험을 쌓은 공격수다. 특히 2018년 아시안게임에서 7경기 9골 1도움이라는 압도적인 득점력을 보여주며 금메달을 획득했고, 이후 한국 축구의 간판 공격수로 자리 잡았다. 여기에 소속팀인 감바 오사카에서 맹활약을 펼치며 2018시즌 34경기에서 21골 2도움을 기록했고, J리그 득점 랭킹 3위에 올랐다.

아시아 최고의 공격수로 성장한 황의조의 선택은 유럽 무대 도전이었다. 중국과 중동의 거액 러브콜이 있었지만 황의조는 유럽에서 뛰겠다는 강한 의지가 있었고, 결국 2019년 7월 14일 프랑스 리그앙 소속의 지롱댕 드 보르도 이적이 확정됐다. 이적료는 200만 유로, 연봉은 180만 유로, 등번호는 18번이었다. 보르도는 아시아 무대에서만 활약한 황의조에게 거액을 투자했고, 투자한 금액만큼 높은 기대감을 가지고 있었다. 그리고 유럽 데뷔 시즌 자신의 주 포지션인 최전방 공격수가 아닌 측면 공격수로 주로 활약했음에도 24경기에 출전해 6골 2도움을 기록했고, 유럽 무대에 빠르게 적응했다.

첫 시즌부터 좋은 활약을 펼친 황의조의 몸값은 200만 유로에서 어느 새 850만 유로까지 치솟았고, 보르도의 핵심 공격수라는 평가를 받았다. 시즌이 시작된 후 황의조는 측면과 중앙을 오가면서 보르도의 공격을 이끌었고, 자신의 장점인 본래 탁월한 골 결정력, 날카로운 침투, 엄청난 슈팅 임팩트, 뛰어난 공간 창출 등을 유감없이 보여줬다.

하지만 황의조에게 최적의 포지션은 역시 최전방 공격수였다. 측면 공격수로 뛴 15경기에서는 1골 1도움에 그쳤지만 최전방 공격수 포지션에서는 21경기에서 무려 11골 2도움을 올렸다. 최전방에서 뛰었을 때는 경기당 0.5골 이상이었고, 결과적으로 총 37경기에 나서 12골 3도움을 기록했다. 이에 황의조는 시즌 후 프랑스 리그앙 베스트11 포워드 후보에도 올랐고, 리그앙 선배인 박주영의 한 시즌 최다 득점(12골) 타이 기록을 세웠다.

최고의 시즌을 보낸 황의조지만 소속팀 보르도의 상황은 최악에 가까웠다. 코로나19로 인해 재정난에 시달렸고, 설상가상으로 대주주인 '킹 스트리트'가 투자를 철회하며 법정관리를 신청했다. 이후 스페인 출신 사업가 제라르 로페스가 팀을 인수했지만 재정 문제로 강등 위기까지 몰렸다. 보르도는 선수 매각으로 운영 자금을 마련하겠다는 계획을 제출한 끝에 강등은 면했지만 가장 많은 이적료를 받을 수 있는 황의조를 시장에 내보낼 수밖에 없었다.

그러나 황의조의 이적은 무산됐다. 이적 시장 마지막 날에는 포르투갈 명문 클럽 스포르팅과 강하게 연결됐지만 이적으로 이어지지는 않았고, 새 시즌 보르도에 잔류하게 됐다. 황의조의 마음가짐은 그 어느 때보다 강하다. 이미 보르도의 간판 공격수로 자리 잡은 상황에서 새 시즌 자신의 유럽 무대 커리어 하이를 달성하겠다는 생각이고, 더 높은 곳으로 향하기 위해 이번 시즌 활약이 매우 중요하다.

COLUMN: KOREAN FOOTBALL PLAYERS IN EUROPE

발렌시아에서 '눈물' 흘렸던 이강인, 마요르카에서 도약 꿈꾼다!

대한민국 최고의 유망주 이강인이 발렌시아와의 10년 동행을 마무리했다. 이강인이 발렌시아에서 보낸 10년 동안 프로 데뷔 등 기쁜 일도 많았지만 지난 시즌에는 유독 슬픈 기억이 많았고, 눈물을 흘리기도 했다. 이제 이강인은 발렌시아를 떠나 마요르카라는 새로운 팀에서 비상을 꿈꾸고 있다.

발렌시아 유스 출신인 이강인은 특급 유망주로 이름을 알렸다. 발렌시아 유스 시스템을 거치면서 '보석'이라는 수식어가 붙었고, 10대에 1군 무대 데뷔하며 탁월한 기량을 뽐냈다. 정교한 패스, 뛰어난 탈 압박, 창의적인 플레이 등 다양한 면에서 특출한 모습을 보였고, 발렌시아에서 제2의 다비드 실바로 불릴 정도로 엄청난 기대를 받았다.

세계적으로도 주목하는 신성이었다. 특히 2019년 U-20 월드컵에서 준우승과 함께 골든볼을 차지하며 전 세계의 주목을 받았고, 2019년부터 2021년까지 3년 연속 골든보이 후보에 이름을 올리기도 했다.

하지만 2020-21시즌은 그에게 많은 시련을 주었다. 이강인은 하비 그라시아 감독 체제에서 선발이 아닌 벤치에서 머무는 시간이 많았고, 선발로 나섰을 때도 가장 먼저 교체되며 아쉬움을 남겼다. 나올 때마다 창의성을 발휘하며 발렌시아의 공격을 이끈 이강인이지만 기회를 받지 못하자 눈물을 흘리기도 했다. 2020-21시즌 성적표는 27경기 1골 4도움. 언뜻 보면 많은 기회를 받으며 5개의 공격 포인트를 기록한 것 같지만 이강인은 선발 보다 벤치에 머무는 시간이 많았다.

결국 이강인은 발렌시아와 재계약을 거부하며 거취를 고심했고, 팀을 떠나기로 결정했다. 이 과정에서 이강인은 자신을 키워 준 발렌시아를 위해 '셀온 조항'까지 삽입하려고 했지만 발렌시아는 이를 거부했고, 새로운 브라질 공격수를 영입하며 이강인과 계약을 곧바로 해지했다. 이에 스페인 현지에서는 "이강인은 발렌시아의 미래였지만 21세가 되기 전에 버림 받았다. 발렌시아의 유소년 육성 정책은 실패로 끝났다"며 강도 높은 비판을 가하기도 했다.

발렌시아와 10년 동행을 마친 이강인의 새로운 행선지는 마요르카였다. 마요르카는 마요르카 섬을 연고지로 한 구단으로

1916년에 창단됐다. 주로 하부리그를 진전하던 팀이었지만 1990년대 후반부터 비약적인 발전을 통해 라리가에 올라 돌풍을 일으키며 이름을 날렸다. 이후 승격과 강등을 반복하며 혼란 시기를 보내다 지난 시즌 스페인 2부 리그에서 2위를 차지하며 프리메라리가에 돌아왔다.

발렌시아와 비교하면 클럽의 위상이 조금은 떨어질 수 있겠지만 이강인은 팀의 명성보다 출전 기회가 더 간절했고, 마요르카는 출전 기회를 보장해줄 수 있는 팀이었다. 특히 마요르카의 루이스 가르시아 플라자 감독은 이강인을 설득하며 공격형 미드필더 포지션에서 뛰게 하겠다는 약속을 했고, 실제로 이강인을 제대로 활용할 수 있는 4-2-3-1로 포메이션까지 변경했다.

또 하나 주목받는 것은 한국 최고의 유망주 이강인과 일본 최고의 유망주 쿠보 다케후사가 만났다는 점이다. 이강인과 쿠보의 역할은 전체적으로 놓고 보면 비슷하다. 경쟁이 예상되지만 공존도 가능하다. 이강인이 2선 중앙이 익숙한 선수라면 쿠보는 좀 더 우측면에 빠져 활동하는 경향이 있다. 루이스 가르시아 감독 성향을 볼 때 두 선수를 동시에 기용할 것이란 전망이 지배적이고, 한국과 일본에서 각각 최고 유망주로 평가받는 이강인과 쿠보가 마요르카에서 어떤 호흡을 보일지 벌써부터 한국, 일본, 그리고 스페인 내에서 이목이 집중되고 있다.

COLUMN: KOREAN FOOTBALL PLAYERS IN EUROPE

14번째 프리미어리거, '황소' 황희찬의 질주 시작

'황소'라는 별명이 잘 어울리는 황희찬은 저돌적인 돌파, 폭발적인 스피드, 파괴력 넘치는 슈팅력을 갖춰 손흥민의 뒤를 이을 수 있는 공격수라는 평가를 받고 있다. 특히 2014년 12월 오스트리아의 명문 클럽인 잘츠부르크에 입단하며 유럽 무대에 진출하면서 손흥민이 걸었던 길을 걸을 것이라는 기대감이 더욱 높아졌다.

유럽 무대에서 차근차근 단계를 밟아 성장한 것도 손흥민과 닮았다. 황희찬은 첫 시즌 유럽 무대 적응을 위해 잘츠부르크의 2군 팀인 리퍼링에서 뛰었고, 한 시즌 반 동안 총 31경기에 출전해 13골 8도움을 올리며 빠른 성장세를 보였다. 결국 2015년 12월 라피트전에서 잘츠부르크 1군으로 데뷔하며 14경기에서 1도움을 올렸고, 2016-17시즌에는 35경기에 출전해 16골 2도움을 기록하며 팀 내 최다 득점자에 등극했다. 2017-18시즌에도 37경기에서 13골 4도움을 올리며 꾸준하게 발전했다.

특히 2019-20시즌 활약은 최고였다. 황희찬은 엘링 홀란드, 미나미노 타쿠미와 함께 잘츠부르크의 공격을 이끌며 엄청난 화력을 과시했고, 총 40경기에 출전해 무려 16골 21도움을 올리며 커리어 하이를 달성했다. 특히 챔피언스리그 무대에서 3골 3도움을 기록했는데, 리버풀과 조별리그 2차전에서 세계 최고의 센터백인 버질 판 다이크를 개인 기술로 제치며 득점을 기록해 전 세계의 주목을 받았다.

오스트리아 무대를 평정한 황희찬을 향해 아스널, 울버햄튼, 에버턴 등 빅 리그 클럽들의 러브콜이 쇄도했다. 그러나 황희찬의 선택은 같은 레드불 계열이자, 독일 분데스리가의 신흥 강호 라이프치히였다. '전술 천재'라 불리는 율리안 나겔스만 감독과 직접 대화를 나누며 이적을 결심했고, 2020년 7월 8일 티모 베르너의 대체자로 등번호 11번을 받으며 라이프치히에 입성했다.

기대감은 매우 높았다. 특히 독일 국가대표 공격수 베르너의 대체자로 입성했기 때문에 독일 현지에서도 주전으로 뛸 것이라는 예상이 지배적이었고, 분데스리가 이적생 베스트11에 뽑힐 정도로 주목받았다. 출발은 좋았다. 라이프치히 이적 후 첫 공식 데뷔전이었던 포칼 1라운드 뉘른베르크전에서 1골 1도움을 기록했다. 이후 마인츠와 리그 개막전에서도 다니 올모와 교체돼 약 20분 정도 뛰며 드리블 성공률 100%를 기록하며 빠르게 적응하는 모습이었다.

그러나 성공적인 시즌은 아니었다. 부상과 컨디션 난조로 주전 경쟁에서 점차 어려움을 겪었고, 겨울 이적 시장에서 마인츠, 웨스트햄, 에버턴, 풀럼 등과 임대 이적설이 나왔지만 나겔스만 감독이 반대하며 무산됐다. 황희찬의 라이프치히 첫 시즌 성적표는 26경기 출전 3골 3도움. 나쁘지는 않았지만 기대에는 미치지 못한 데뷔 시즌이었다.

황희찬에게 이번여름은 매우 중요했다. 시즌이 끝난 후 나겔스만 감독이 떠나고, 잘츠부르크 은사인 제시 마치 감독이 부임했기 때문에 주전 경쟁에서 우위를 점할 것이라는 예상도 나왔지만 황희찬은 좀 더 안정적인 출전 기회를 잡기 위해 이적을 선택했다. 행선지는 황희찬에게 오랜 기간 러브콜을 보냈던 울버햄튼이었고, 완전 이적 옵션이 포함된 임대 이적이었다.

최고의 입단식이었다. 울버햄튼과 계약과 메디컬 테스트를 마친 황희찬은 2021년 8월 30일 맨체스터 유나이티드와 리그 3라운드 시작 전 등번호 26번의 유니폼을 입고 홈팬들에게 인사를 했다. 이에 홈팬들은 황희찬에게 기립박수를 보내며 기대감을 드러냈다.

울버햄튼에서 전망은 밝다. 라울 히메네스, 아다마 트라오레, 트리캉, 페드로 네투, 파비우 실바 등 좋은 공격수들이 많지만 울버햄튼은 리그 3라운드까지 총 57개의 슈팅에서 단 1골도 기록하지 못하는 등 처참한 골 결정력을 보이고 있다. 이에 황희찬의 파괴력 넘치는 슈팅에 기대를 걸고 있고, 네투가 부상으로 빠진 상황이기 때문에 곧바로 출전 기회를 받을 것으로 예상되고 있다. 손흥민의 후계자로 불리며 프리미어리그에 입성한 황희찬. 황소의 질주가 EPL 무대에서 시작된다.

COLUMN: KOREAN FOOTBALL PLAYERS IN EUROPE

이재성, 드디어 빅 리그 입성!
K리그 MVP 위용 뽐낼까

K리그 MVP에 빛나는 이재성이 드디어 유럽 빅 리그에 입성했다. 2014년 전북 현대에 입성하자마자 K리그1 우승을 차지한 이재성은 이후 전북의 주전 미드필더로 활약하며 2015, 2017, 2018시즌 K리그1 우승과 함께 K리그 최고의 미드필더로 자리 잡았다. 특히 2017시즌 리그 28경기에 출전해 8골 10도움을 올리며 MVP와 베스트11을 싹쓸이 했고, K리그를 평정했다.

이재성의 선택은 도전이었다. K리그에 남아 있었다면 화려한 성공이 보장됐었지만 이재성은 2018년 7월 25일 독일 분데스리가2 홀슈타인 킬의 유니폼을 입었다. 유럽 빅 리그 클럽들의 러브콜도 있었지만 이재성은 출전 기회를 보장받기 위해 독일 2부 팀을 선택했고, 단계를 밟아 유럽 빅 리그에 입성하겠다는 계획이었다.

이재성의 선택은 틀리지 않았다. 구단 역대 최고 이적료(150만 유로)와 등번호 7번에서도 알 수 있듯이 엄청난 기대를 받은 이재성은 데뷔 시즌부터 '축구 도사'다운 플레이를 펼치며 '에이스'로 등극했다. 특히 유럽 무대 데뷔전부터 2도움을 올리며 MOM에 선정됐고, 총 31경기에서 5골 8도움을 올리며 유럽 무대에 순조롭게 적응했다. 이재성의 활약은 계속됐다. 2019-20시즌에는 컵대회 포함해 33경기에 출전해 10골 8도움을 기록하며 차범근, 박지성, 손흥민, 황희찬, 권창훈 등에 이어 유럽 리그에서 두 자릿수 득점에 성공한 선수가 됐다.

2019-20시즌이 끝난 후 이재성을 향한 러브콜이 쏟아졌다. 잉글리시 프리미어리그, 독일 분데스리가, 스페인 프리메라리가 등 여러 클럽들이 관심을 보였고, 실제로 이재성 측과 협상을 진행했다. 그러나 홀슈타인 킬은 팀 내 에이스인 이재성을 잔류시켜 1부 리그로 승격하겠다는 의지가 강했고, 이재성의 입장에서도 계약 기간이 1년 밖에 남지 않은 상황에서 다음 시즌 자유 계약으로 빅 리그에 입성하는 것도 나쁘지 않은 선택이었다.

결국 이재성은 홀슈타인 킬에 잔류했고, 리그 33경기에 출전해 5골 4도움을 올리며 여전한 활약상을 펼쳤다. 홀슈타인 킬의 성적도 시즌 초반부터 상위권을 유지하며 리그 3위를 기록

해 독일 분데스리가 16위인 FC쾰른과 승강 플레이오프까지 치렀다. 1차전에서는 이재성이 1도움을 기록하며 홀슈타인 킬이 1-0으로 승리했지만 2차전에서 1-5 대패를 당하면서 끝내 승격이 좌절됐다.

홀슈타인 킬에서 총 104경기에 출전해 23골 25도움을 올리며 독일 분데스리가2 최고의 선수로 우뚝 선 이재성이 자유 계약으로 풀리자 많은 클럽들이 러브콜을 보냈다. 프랑크푸르트, 호펜하임, 크리스탈 팰리스, 브렌트포드 등의 이름이 오르내렸지만 이재성의 선택은 독일 분데스리가 FSV 마인츠 05였고, 차두리, 박주호, 지동원, 구자철에 이어 마인츠에서 뛰는 5번째 한국인 선수가 됐다.

마인츠에서도 에이스를 상징하는 등번호 '7번'을 받은 이재성은 팀에 빠르게 적응했다. 2021년 8월 15일 분데스리가 1라운드 라이프치히전에서 '폴스9' 역할로 선발 출전한 이재성은 리그 데뷔전부터 좋은 활약을 펼치며 홈 팬들에게 기립박수를 받았다. 독일 유력지인 '빌트'에서도 최고 평점인 1점을 부여했고, 분데스리가 주간 베스트11에도 이름을 올리는 등 마인츠의 주전으로 빠르게 자리 잡는 모습이었다. 이미 독일 2부 리그에서 차원이 다른 선수라는 찬사를 받았던 이재성이기에 1부 적응도 큰 문제는 없었고, 이제 꿈에 그리던 유럽 빅 리그에서 한 단계 도약을 노리고 있다.

최강 바이에른이 인정한 정우영의 잠재력! 포텐 폭발할까

정우영은 인천 유나이티드 유스 팀인 광성중, 대건고에서 성장하며 주목을 받았고, 3학년 때인 2017년 7월 2일 세계적인 명문 클럽 바이에른 뮌헨 U-19 팀으로 이적했다. 아직 18세의 어린 선수에게 이적료 70만 유로를 지불했을 정도로 뮌헨은 정우영의 잠재력을 높이 평가했고, 프리 시즌부터 1군에 합류시키는 등 기대감을 드러냈다.

2017-18, 2018-19시즌 바이에른 뮌헨 2군 팀에서 활약한 정우영은 예상보다 빠른 성장세를 보이며 두 시즌 동안 총 36경기 15골 10도움을 기록했고, 1군으로 정식 콜업돼 2경기 출전 기회를 잡기도 했다. 그러나 세계적인 선수들이 모인 뮌헨 1군에서 경쟁하는 것은 쉽지 않았고, 출전 기회와 성장을 위해 2019년 여름 독일 분데스리가 프라이부르크로 이적했다.

프라이부르크에서도 경쟁은 쉽지 않았다. 프라이부르크가 시즌 초반 상위권까지 올라가는 등 좋은 성적을 거두면서 유망주인 정우영에게 기회를 주기는 쉽지 않았고, 이에 2군으로 내려갔다가 겨울 이적 시장을 통해 바이에른 뮌헨 2군 팀으로 임대를 떠났다. 이후 정우영은 확실하게 주전을 꿰차면서 15경기에 출전해 1골 8도움을 올린 뒤 프라이부르크로 복귀했다.

잠재력이 조금씩 터지기 시작했다. 2020-21시즌 확고한 주전은 아니었지만 조금씩 기회를 받았고, 특히 선발로 나설 때마다 인상적인 활약을 펼쳤다. 결국 분데스리가 26경기에 출전해 4골을 기록하며 가능성을 남겼고, 새 시즌에 대한 기대감을 높였다.

프라이부르크 내 정우영의 위상은 크게 올라갔다. 2021-22시즌 첫 경기였던 뷔르츠부르크와 포칼 1라운드에서 선발 출전해 풀타임 활약하며 팀의 승리를 이끌었고, 리그에서도 개막 후 3경기 연속 선발 출전했다. 정우영은 측면과 중앙을 오가며 자유롭게 활약했고, 3라운드 슈투트가르트전에서는 경기 시작 3분 만에 깔끔한 헤더로 1호골을 성공시켰다. 5분 뒤에는 추가골까지 터뜨리면서 프라이부르크 구단 역사상 분데스리가에서 가장 이른 시간에 두 골을 넣은 선수로 남게 됐다. 시즌 전망은 매우 밝다. 유망주 육성에 일가견이 있는 크리스티안 슈트라이히 감독 체제에서 꾸준한 기회를 받으며 빠르게 성장하고 있고, 바이에른 뮌헨이 인정한 정우영의 잠재력이 폭발하기 시작했다.

COLUMN: KOREAN FOOTBALL PLAYERS IN EUROPE

아시아의 '괴물 센터백' 김민재, 터키 무대 평정 나선다

190cm, 88kg의 압도적인 신체조건과 폭발적인 스피드를 가지고 있어 '코리안 몬스터'라는 별명이 붙은 김민재가 드디어 유럽 무대에 진출했다. 행선지는 터키 명문 클럽 페네르바체. 기대했던 유럽 빅 리그는 아니지만 유럽대항전 진출이 가능한 수준 높은 클럽이라는 점에서 많은 관심을 받았다.

김민재의 실력은 이미 '탈아시아급'으로 정평이 나 있었다. 유럽 선수들과 비교해도 전혀 밀리지 않는 신체조건을 가지고 있는데다, 스피드와 민첩성까지 보유하고 있어 이미 '괴물 센터백'으로 불렸다. 특히 2017, 2018시즌 전북 현대에서 엄청난 활약을 펼치며 K리그를 정복했고, 이후 중국 베이징 궈안으로 이적해서도 뛰어난 수비력을 보여주며 찬사를 받았다.

2020-21시즌이 끝나고는 유럽 클럽들의 뜨거운 러브콜을 받았다. 특히 FC포르투, 갈라타사라이 등이 관심을 보였지만 김민재의 선택은 페네르바체였다. 결국 2021년 8월 14일 공식 발표가 나왔고, 등번호는 3번을 받았다. 페네르바체는 메수트 외질 등 뛰어난 선수들을 많이 보유하고 있지만 수비가 부족하다는 평가가 있었고, 김민재를 즉시 전력감으로 활용하기 위해 영입을 했다.

페네르바체의 기대감은 매우 높다. 페네르바체는 김민재를 영입하면서 "벽, 야수, 강철"이라는 강한 문구를 통해 김민재를 소개했고, 예상보다는 빠르게 터키 쉬페르리그 데뷔전을 치렀다. 김민재는 8월 22일 리그 2라운드 안탈리아스포르전에서 3백의 중앙 스위퍼로 선발 출전했고, 안정적인 수비력을 보여줬다. 특히 193cm의 최전방 공격수인 하지 라이트를 압도하며 인상적인 데뷔전을 치렀고, 자신의 장점인 힘, 높이, 스피드, 수비 커버 등을 유감없이 보여줬다.

결과는 페네르바체의 2-0 완승. 데뷔전을 무실점으로 막은 김민재를 향한 찬사가 쏟아졌고, '비인 스포츠' 중계진은 "마치 벽 같다"며 칭찬을 아끼지 않았다. 평점도 팀 내 최고 수준인 8.1점이었고, 주간 베스트11에 선정되기도 했다.

'괴물 센터백' 김민재가 터키 무대 평정에 나선다. 그동안 아시아 센터백들이 유럽 무대에서 성공하기 어렵다는 평가가 있었지만 김민재는 다르다. 데뷔전에서도 보여줬듯이 유럽 선수들을 넘어서는 압도적인 신체조건을 가지고 있고, 풍부한 경험도 쌓았다. 이런 이유로 페네르바체가 김민재를 영입한 것이고, 이번 시즌 유로파리그 본선까지 진출했기에 김민재의 활용도는 더 높아질 전망이다.

COLUMN: KOREAN FOOTBALL PLAYERS IN EUROPE

황인범,
'벤투의 황태자'에서 '카잔의 에이스'로

한국 대표팀의 미드필더 황인범은 벤투호의 황태자로 불리고 있다. 2018년 자카르타-팔렘방 아시안게임에서 핵심 미드필더로 활약하며 금메달을 획득했고, 이때 파울루 벤투 감독의 마음을 사로잡았다. 이후 벤투 감독은 황인범을 중원의 핵심으로 여기며 꾸준하게 발탁했고, 좋은 활약상에 힘입어 2019년에는 MLS 밴쿠버 화이트캡스로 이적하며 해외 무대 진출에 성공하기도 했다.

미국 무대에서 한 단계 더 성장한 황인범은 유럽 무대에 진출하겠다는 의지가 강했다. 결국 황인범은 2020년 8월 14일 러시아 프리미어리그 소속의 루빈 카잔으로 이적했다. 카잔은 러시아 무대에서 강호로 꼽히고 있고, 지난 2008년과 2009년 우승을 차지하기도 한 강팀이다. 특히 CSKA 모스크바를 이끌며 러시아 최고의 감독 중 하나라 평가받는 레오니트 슬루츠키 감독이 직접 황인범의 영입을 결정했기 때문에 기대감은 높았다.

적응은 빨랐다. 리그 4라운드 CSKA 모스크바전에서 후반 34분 교체 출전해 데뷔전을 소화한 황인범은 두 차례 정확한 전진 패스를 연결하며 좋은 평가를 받았고, 이후 우파와의 5라운드에서는 환상적인 발리 슈팅으로 데뷔골까지 기록하며 이 주의 팀에 선정되기도 했다. 이적하자마자 카잔 중원의 핵심으로 자리 잡은 황인범을 향해 슬루츠키 감독은 "황인범이 팀의 수준을 완전히 바꿔버렸다"며 극찬을 아끼지 않았다.

이후에도 황인범의 활약은 계속됐다. 코로나 확진, 아킬레스건 등 다소 불운이 따르기도 했지만 유럽 데뷔 시즌 총 20경기에 출전해 4골 4도움을 올리며 러시아 프리미어리그 톱클래스 중앙 미드필더라는 평가를 받았다.

2021-22시즌도 부상만 없다면 카잔 중원의 핵심이다. 리그 1라운드 스파르타크 모스크바전에서 선발 출전해 풀타임 활약했고, 2라운드 아르세날 툴라전에서는 득점포까지 가동했다. 이후에도 리그 6라운드까지 모두 선발 출전하며 자신의 클래스를 보여주고 있고, 이제 더 높은 곳으로 올라서기 위한 준비를 하고 있는 황인범이다.

'신^{神}'들의 이적과

얼어붙은 시장

'메시는 떠나고, 호날두는 돌아오고.'

21세기 세계 최고의 선수들인 리오넬 메시와 크리스티아누 호날두가 올여름 지구촌 축구계를 뜨겁게 달궜다. 메시는 17년간 함께 했던 바르셀로나와 눈물 속에 작별 인사를 했다. 그리고 중동 출신 억만장자가 구단주로 있는 파리 생제르맹 유니폼을 입었다. 호날두는 유벤투스와의 동행을 마무리한 후 자신의 커리어 황금기를 시작한 맨체스터 유나이티드로 전격 복귀했다. 축구의 신들이 한꺼번에 움직인 이번 여름 이적 시장은 역대 최고의 스포트라이트를 받았다. 그러나 그것만이 아니었다. 로멜루 루카쿠, 앙투안 그리즈만, 잭 그릴리시, 잔루이지 돈나룸마 등 월드 톱스타들이 팀을 옮기며 새로운 도전에 나선다.

뜨거운 눈물로 바르사 팬들과 이별한 메시

전 세계 축구팬들은 메시를 보며 '원클럽맨'으로 남아주길 기대했다.

성적에 따라 천문학적인 돈이 오가는 현실과 선수들의 개인 성향이 짙어진 현대 축구계에서 데뷔를 했던 단 하나의 클럽에서 은퇴를 한다는 건 결코 쉽지 않다. 하지만 메시는 할 수 있을 것 같았고, 팬들은 그렇게 하길 원했다.

그런데 2021년 8월 초, 바르셀로나 구단은 성명을 통해 메시와의 이별을 공식화했다. 수많은 축구팬들은 충격에 빠질 수밖에 없었다. 메시는 바르셀로나에서의 마지막 인터뷰에서 뜨거운 눈물을 흘렸고, 그 이별 선언은 축구 역사의 한 페이지에 슬픈 기록으로 남았다.

사실 메시와 바르셀로나는 지난해 여름 이후 올해까지 끊임없이 불협화음을 냈다. 그럼에도 본인의 연봉을 50% 삭감하며 잔류 의지를 피력했으나 바르셀로나 구단의 재정 상황은 상상 이상으로 최악이었고, 바르셀로나와 팬들은 어쩔 수 없이 메시를 보낼 수밖에 없었다.

유럽챔피언스리그 첫 우승을 노리는 파리 생 제르망에게 메시와의 계약은 최고의 선택이었다. 메시는 네이마르와 재회했고 디 마리아와 아르헨티나 대표팀이 아닌 클럽에서도 같이 뛰게 되었다. 레알 마드리드 이적을 원했던 음바페도 잔류했다. 파리 생 제르망은 마침내 '드림팀'을 구축했다.

아름다운 첫사랑의 추억, 맨유로 복귀한 호날두

호날두가 맨체스터 유나이티드로 복귀했다. 자신의 첫 리그 우승, 첫 번째 챔피언스리그 트로피, 첫 번째 발롱도르를 함께 한 클럽.

2003년 여름, 18살 어린 소년과 '축구 거장' 알렉스 퍼거슨 경은 프리미어리그 3회 연속 우승과 챔피언스 리그 우승 등 구단 역사에 길이남을 역사적인 여정을 시작하며 반갑게 악수를 나눴다. 그리고 모든 것을 이룬 호날두는 자신의 '꿈의 구단'인 레알 마드리드로 떠났다. 맨체스터를 떠난 12년 동안 그는 4번의 발롱도르, 그리고 스페인과 이탈리아에서 총 4번의 리그 우승과 3번의 챔피언스리그 정상을 차지했다. 포르투갈 대표팀의 주장이 되어 역대 A매치 최다골까지 경신했다.

그리고 올여름 불현듯 유벤투스를 떠난다는 소식이 언론을 떠돌기 시작했다. 맨 처음에는 맨체스터 시티로 가는 듯 했다. 그러나 은사인 퍼거슨 감독이 직접 호날두에게 전화를 걸었고, 행선지를 맨체스터 유나이티드로 전격 수정했다. 본인이 뿌리라고 자부하는 클럽으로 돌아온 선택이었다. 많은 팬들을 감동시켰다.

'로맨티스트' 부폰과 '쇼맨' 그리즈만의 복귀

이탈리아 대표팀 올 타임 레전드 골키퍼 부폰은 자신의 친정팀 파르마에 합류했다. 1995년 프로 선수로 데뷔한 이래 6시즌 동안 함께 했던 '스타트 클럽'이다. 한국 나이로 40대 초중반이지만 여전히 주전으로 뛰기를 원했고, 파르마는 본인의 마지막 무대를 장식할 팀으로 더 할 나위 없었다. 어린 선수들에게는 또 다른 '로맨스'를 심어준 이적이었다.

반면 앙투안 그리즈만은 다소 잡음을 일으키며 친정팀 아틀레티코 마드리드로 복귀했다.

바르셀로나로 이적할 때 '디시전 쇼'를 벌이며 아틀레티코 팬들에게 상처를 준 바 있다. 그러나 정작 바르셀로나에서는 팀 전술에 녹아들지 못해 늘 친정팀 복귀를 생각하고 있었다. 더구나 그리즈만이 바르셀로나에 있던 기간 아틀레티코가 라리가 우승을 했으니 '알레띠의 스파이'라는 이야기까지 나왔다. 그런 와중에 바르셀로나의 재정 상태가 극도로 악화됨에 따라 여름 이적 시장에서 선수들을 내보내기 시작했고, 그리즈만에게도 기회가 왔다. 다행히 시메오네 감독이 적극 나섰고, 마드리드 언론이나 팬들도 예전의 악감정에서 어느 정도 벗어나 있었기에 복귀할 수 있었다.

그 밖에 첼시로 돌아온 로멜루 루카쿠, 유벤투스로 복귀한 모이세 겐도 흥미로운 스토리를 만들었다.

그릴리시 1614억원 '이적료 킹' 등극

올해 여름 이적 시장 최고액의 주인공은 잭 그릴리시다. 그는 아스톤빌라에서 맨체스터 시티로 옮기며 1억 1750만 유로(1614억원)의 이적료를 발생시켰다. 화려한 개인기와 독특한 스타일로 잉글랜드 팬들의 폭넓은 지지를 얻고 있다.

그리고 첼시에 입단한 로멜로 루카쿠(1억 1500만 유로)가 그 뒤를 이었다.

이 두 선수를 제외하고 1억 유로 이상의 이적은 없었다. 또한, 5000만 유로 이상도 제이든 산초(8500만 유로), 아시라프 하키미(6000만 유로), 벤 화이트(5850만 유로)를 제외하면 나오지 않았다.

왜 이렇게 됐을까. 구단들이 지갑을 열지 않았기 때문이다. 매년 여름 이적 시장이 열리면 늘 천문학적인 자본이 오고 갔다.

코로나 여파로 자본 시장 꽁꽁 얼어붙어

그러나 올해는 코로나 여파로 자본 시장이 꽁꽁 얼어붙었다. 현금 거래가 줄어들었고, 분할 지급이 많이 발생했다. 또한, 클럽마다 얻는 'IN/OUT'의 가치도 확 줄었다.

1년 넘게 무관중 혹은 제한된 관중 속에서 경기가 지속되다 보니 구단들의 자금 사정은 거의 바닥으로 추락했다. 파리생제르망, 맨체스터 시티처럼 중동 거대자본이 뒤를 받치고 있지 않으면 지갑에서 거액을 꺼낸다는 건 정말 상상할 수 없었다.

여기에 더해 이적 시장 최대어로 꼽혔던 킬리앙 음바페(파리생제르망), 엘링 홀란드(도르트문트), 해리 케인(토트넘 핫스퍼)이 움직이지 않았던 것도 한 요인이었다. 아마 2022년 여름에는 이들을 잡기 위해 역대급 '돈잔치'가 벌어질 것이다.

대신 다른 변화가 생겼다. 임대 이적과 자유계약이 대폭 늘어난 것. 역대 최고 선수인 메시도 결국 FA 이적이었기에 이적료가 발생하지 않았다.

거액의 이적은 줄어들었지만 '현실성'이 가미된 이적은 더욱 증가한 셈이다. 다행인 점은 2021-22 시즌부터 관중 출입이 가능해졌다. 코로나 백신 접종 후 PCR 검사를 받아 '음성' 판정을 받으면 경기장 관람이 가능하다. 대부분 무관중으로 진행했던 지난 시즌에 비해 구단들의 경영 사정은 훨씬 좋아질 전망이다.

거대자본 유입된 EPL, 슈퍼스타들의 경연장

올해 여름 이적시장 톱10 중 7건은 EPL 팀이 기록했다.
세리에A 최고 스타 루카쿠는 첼시로, 분데스리가 스타 산초는 맨유로 각각 합류했다. 또한 레알 마드리드 센터백 바란도 EPL로 입성했다.

올 시즌 EPL 우승 경쟁은 더욱 치열해졌다. 디펜딩 챔피언 맨체스터 시티는 이번 시즌 그릴리쉬를 영입하며 아구에로의 10번 자리를 채웠다. 그 뒤를 바짝 쫓는 맨체스터 유나이티드는 호날두, 바란, 산초를 데려오며 팀 경쟁력을 한껏 끌어올렸다. 리버풀과 첼시, 토트넘 역시 전력 보강에 힘을 썼다.

또 하나의 빅클럽인 아스날은 최근 몇 년간 연달아 치욕적인 행보를 보여 거너스들은 인내심에 한계를 보이기 시작했다. 폭발 직전이었다. 그래서 올 여름 많은 돈을 썼다. 1억 6560만 유로를 사용해 화이트, 외데고르, 램스데일, 토미야스, 로콩가와 같은 준척급 선수들을 불러들였다. 스쿼드 세대 교체를 위한 발판을 마련한 것이다. 아스날의 행보는 올 시즌을 지켜보는 중요한 포인트다.

중위권 팀인 아스톤 빌라의 영입도 돋보인다. 그릴리쉬를 이적시키며 만든 자금으로 부엔디아, 잉스, 베일리를 데려왔다. 임대로 영입한 튀앙제브, 돌아온 애쉴리 영은 클럽에게 좋은 영향을 줄 것이다.

이밖에 웨스트햄, 에버튼의 약진도 눈여겨볼 필요가 있다.

메시 떠난 라리가, 아틀레티코 위협할 팀은

라리가에서 오랜 시간 활약했던 두 선수가 없다. 공격의 메시와 수비의 라모스다.

라모스는 라 데시마(챔피언스리그 10번째 우승)를 이룬 뒤 팀을 떠났다. 바이에른 뮌헨에 있던 알라바가 합류해 4번 저지를 입는다. 그리고 프랑스 신예 카마빙가가 합류했다.

매일 시끄러웠던 바르셀로나는 메시의 공백을 메우기 위해 영입을 많이 했다. 리옹에서 데파이를 영입했다. 그리고 아구에로, 가르시아, 더용, 데미르를 불러들였다. 쿠만 감독의 영향력이 더욱 강해진 건 사실이나 올 시즌 결과에 따라 바르셀로나 지휘봉을 잡는 시간이 달라질 것이다.

지난 시즌 챔피언 아틀레티코는 늘 그렇듯 '알짜배기' 영입에 성공했다. 그리즈만을 다시 데려왔고, 데 파울과 쿠냐를 합류시켜 팀의 전력을 강화했다. 시메오네 감독의 지도력 아래 팀의 분위기는 안정적이다.

중위권 세비야, 마요르카, 레알 소시에다드, 발렌시아의 약진이 예상된다. 특히 이강인을 영입한 마요르카는 쿠보와의 콤비네이션으로 더 많은 스포트라이트를 받게 되었다.

지난 시즌 유로파 우승팀 비야레알의 행보는 리그 관람의 중요 포인트가 될 것이다.

최강 바이에른 노리는 도르트문트와 아이들

라이프치히에서 바이에른 뮌헨으로 이적한 우파메카노는 4250만 유로 몸값을 기록했다. 올 여름 분데스리가 최고 이적료였다. 물론 예전에 비하면 한참 못 미치는 기록이다. 역시 '코로나 한파'는 정말 추웠다. 바이에른의 우파메카노 영입은 리그 10연패(連霸) 달성을 위한 화룡점정(畫龍點睛)이었다.

바이에른의 독주를 막을 1순위 후보는 라이벌 도르트문트다. 잉글랜드, 스페인의 빅클럽들로부터 이적 요구가 빗발쳤던 홀란드를 지켜낸건 최선의 결과였다. 홀란드는 올 시즌이 끝나면 다른 곳으로 떠날 게 확실하므로 강한 동기 부여가 된다. 산초의 공백은 말런으로 메우고, 코벨을 영입해 골문을 더 두텁게 만들었다.

라이프치히는 영입한 안드레 실바에게 공격 선봉을 맡긴다. 또한 모리바, 그바르디올과 같은 유망주를 영입해 뒤를 튼튼히 했다. 레버쿠젠, 볼프스부르크, 프라이부르크, 묀헨글라드바흐의 영입도 나름 잘 된 것으로 평가받는다. 레버쿠젠은 비르츠와 디아비의 성장세가 두드러진다.

인테르의 강세? 올 시즌에는 확실히 꺾인다

지난 시즌 인테르 우승을 이끈 콘테 감독과 루카쿠가 팀을 떠났다.

공백을 메우기 위해 인자기 감독과 노장 제코가 왔지만 결코 쉽지 않아 보인다. 다만 적응이 완료되었기에 시간이 좀 더 주어진다면 잘 극복할 가능성도 있다.

조세 무리뉴는 AS 로마의 선장이 되어 첫 풀타임에 도전한다. 올 시즌 세리에A 최고 이적료를 기록하며 첼시 공격수 에이브러험을 데려왔다. 무리뉴의 전술에 잘 녹아든다면 약진을 기대할 수 있다.

유벤투스에선 호날두가 떠났고, 알레그리가 왔다. 모이세 켄의 영입도 주목할 만하다. 리그 최고의 중앙 미드필더 로카텔리의 합류는 올 시즌 판도를 크게 좌우할 것이다.

전통 강호 AC 밀란과 나폴리는 계획했던 이적을 성사시키지 못했다. 그러나 언제든 기본은 하는 팀들이기에 다크호스 역할을 충분히 해낼 것이다.

아탈란타는 부소를 데려와 골리니의 공백을 메웠다. 데미랄, 자파코스타를 영입해 수비를 더욱 강화했다.

이탈리아에서는 올 시즌 그 어느 때보다도 중위권 다툼이 치열할 것이다.

유럽 축구 '드림팀' 탄생, 챔스 우승도 노린다

'드림팀'이란 명칭은 1992 바르셀로나 올림픽 때 참가한 미국 농구 대표팀에서 유래했다. 마이클 조던, 매직 존슨, 찰스 바클리, 칼 말론, 패트릭 유잉 등 역대 최강의 농구팀, 아니 역대 최강의 스포츠팀으로 평가받는다.

올 시즌 유럽 축구에 '드림팀'이 탄생했다. 바로 파리 생제르망이다. 메시, 라모스, 돈나룸마, 베이날둠, 하키미, 고메스 등이 영입됐다. 기존의 음바페, 네이마르와 함께 '꿈의 라인업'을 만들었다. 생제르망은 리그앙 우승은 기본이고, 챔피언스리그와 FIFA 클럽 월드컵 우승을 노린다. 잘하면 과르디올라 감독 시절 6관왕을 차지했던 바르셀로나의 영광을 재현할 수도 있다.

리그앙 디펜딩 챔피언 릴은 기존 전력을 유지하기를 원했지만 수마레, 마냉이 이적했다. 대신 오나나, 구드문드손이 합류했다. 갈티에 감독과의 이별은 타격이 크다.

리옹은 주장 데파이를 바르셀로나로 보냈고, 코르네, 루카스도 더이상 팀에 없다. 그 공백을 샤키리, 보아텡같은 베테랑으로 메워야 한다. 물론 이 역시 쉽지는 않아 보인다.

AS 모나코는 추이메니를 지켜냈고, 디오프, 벤 에데르, 폴란트가 건재하다. PSG의 독주를 막을 수 있는 다크호스로 떠오를 것이다.

순위	선수	이적료	전 소속팀	현 소속팀
1	잭 그릴리쉬	1억1750만	아스톤 빌라	맨체스터 시티
2	로멜루 루카쿠	1억1500만	인테르 밀란	첼시
3	제이든 산초	8500만	도르트문트	맨체스터 Utd.
4	아시라프 하키미	6000만	인테르	파리 생제르망
5	벤 화이트	5850만	브라이튼	아스날
6	다요 우파메카노	4250만	라이프치히	바이에른 뮌헨
7	라파엘 바란	4000만	레알 마드리드	맨체스터 Utd.
7	태미 에이브러험	4000만	첼시	AS 로마
7	이브라히마 코나테	4000만	라이프치히	리버풀
10	에멜리아노 부엔디아	3840만	노리치	아스톤 빌라
11	대니 잉스	3520만	사우샘프턴	아스톤 빌라
12	마르틴 외데고르	3500만	레알 마드리드	아스날
12	로드리고 데폴	3500만	우디네세	At. 마드리드
12	쿠르트 주마	3500만	첼시	웨스트햄
15	레온 베일리	3200만	레버쿠젠	아스톤 빌라
16	에두아르도 카마빙가	3100만	스타드 렌	레알 마드리드
17	마테우스 쿠냐	3000만	헤르타 베를린	At. 마드리드
17	도넬 말렌	3000만	PSV	도르트문트
17	파스톤 다카	3000만	잘츠부르크	레스터 시티
17	니콜라 블라시치	3000만	CSKA 모스크바	웨스트햄
21	조 윌록	2940만	아스날	뉴캐슬
22	피카요 토모리	2920만	첼시	AC 밀란
23	다니엘 제임스	2910만	맨체스터 Utd.	리즈 Utd.
24	애런 램스데일	2800만	셰필드 Utd.	아스날
25	브라이언 힐	2500만	세비야	토트넘

Premier League Preview

1조 8400억 '쩐錢의 전쟁'
★들이 모인 세계 최고 리그

잉글리시 프리미어리그(EPL)는 명실상부 세계 최고의 축구 리그다. 엄청난 자금력을 갖추면서 세계 최고의 스타들이 모이고 있고, 1위부터 20위까지 모든 팀들이 경쟁력을 가지고 있다. 지난 시즌도 치열했다. '빅7'라 불리는 맨체스터 시티, 맨체스터 유나이티드, 리버풀, 첼시, 레스터 시티, 토트넘 훗스퍼, 아스널이 시즌 초반부터 상위권 경쟁을 펼쳤고, 결과적으로 맨시티가 승점 86점으로 우승을 차지했다. 명가의 부활을 노리는 맨유가 승점 74점으로 준우승을 차지했고, 2019-20시즌 우승팀인 리버풀은 부상 악령이 찾아오며 3위에 그쳤다. '다크호스' 웨스트햄이 저력을 보여주며 토트넘, 아스널보다 높은 순위인 6위를 차지하며 유로파리그에 진출한 것도 놀라웠다.

어마어마한 '돈 잔치'
호날두-루카쿠 EPL 복귀

여전히 거액이 오가며 대형 스타들이 대거 이동했다. '축구의 신' 크리스티아누 호날두가 맨유로 복귀하며 화제를 모았고, 괴물 공격수 로멜루 루카쿠도 친정팀 첼시로 돌아왔다. '디펜딩 챔피언' 맨시티는 EPL 역대 최고 이적료인 1억 파운드(약 1,600억 원)를 지출하며 잭 그릴쉬를 영입했고, 이적을 선언했던 해리 케인은 토트넘에 잔류하며 다시 한 번 손흥민-케인 듀오를 볼 수 있게 됐다.

이번여름 EPL 클럽들이 지출한 금액은 무려 13억 4,000만 유로(약 1조 8,400억 원)다. 총 5억 7,100만 유로(약 7,840억 원)를 사용하며 2위를 차지한 이탈리아 세리에A의 두 배 이상이고, 스페인 프리메라리가와의 격차는 더 벌어졌다. 라리가는 이적료로 3억 300만 유로(약 4,160억 원)를 사용하는 것에 그쳤고, EPL과는 4배가 넘게 차이가 난다. 이로써 EPL은 세계에서 가장 화려한 스타들을 보유한 리그가 됐고, 이번 시즌도 치열한 전쟁을 예고하고 있다.

전력 보강한 맨시티, 맨유, 첼시
전통 강호 리버풀, 토트넘 주목

뜨거운 여름 이적 시장을 보낸 3팀에 관심이 집중된다. 이미 최강의 스쿼드를 보유하고 있는 디펜딩 챔피언 맨시티는 그동안 부족하다고 지적되던 2선라인의 창조성 부족을 해결하기 위해 마침내 그릴리쉬를 영입하며 기대를 모으고 있고, 케빈 더 브라위너, 후벵 디아스, 라힘 스털링 등 공격, 중원, 수비 모두 건재하기 때문에 아쉬웠던 최전방 보강에 대한 해법만 찾는다면 강력한 우승 후보로 꼽을 수 있다.

맨시티에 도전장을 내민 팀은 맨유와 첼시다. 전력이 막강해졌다. 맨유는 세계 최고의 선수 호날두가 복귀했고, 여기에 제이든 산초와 라파엘 바란까지 영입하면서 공격, 측면, 중앙 수비까지 모두 보강했다. 단숨에 우승 후보로 올라섰고, 알렉스 퍼거슨 감독 은퇴 이후 가장 우승 가능성이 높은 시즌이라는 평가다.

첼시도 강력한 우승 후보다. 지난 시즌 과감한 투자를 통해 챔피언스리그 우승을 달성한 첼시의 유일한 고민은 디디에 드로그바의 후계자를 찾는 일이었다. 그러나 올 시즌, 한 때 드로그바의 후계자로 여겨졌으나 기회를 잡지 못했던 루카쿠가 세계 최고의 공격수로 성장해 돌아오면서 첼시는 드디어 고민을 해결하게 되었고, 단숨에 전력이 끌어올려지며 맨시티, 맨유와 3강구도를 형성할 것으로 보인다.

그러나 다른 팀의 도전 또한 만만치 않다. 19-20 시즌 챔피언 리버풀 은 판데이크의 복귀와 더불어 부활을 노리고 있고, 세계 최고의 공격 트리오로 불리는 '마누라 라인'도 건재하다. 여기에 케인을 지키면서 손흥민과 케인이라는 세계 최고의 공격 듀오를 가지고 있는 토트넘도 우승 후보로 꼽힌다. 토트넘은 누누 산투 감독 체제에서 리빌딩을 선언하며 확실히 팀이 젊어졌고, 역동적인 축구로 우승에 도전한다.

치열한 유럽대항전 티켓
내년 봄 잔류왕은 누구

유럽대항전 티켓 전쟁이다. 맨시티, 맨유, 첼시, 리버풀, 토트넘이 우승 후보로 꼽히고 있는 상황이지만 레스터 시티, 아스널, 웨스트햄, 에버턴의 전력도 만만치 않다. 특히 아스널은 이번 여름 이적 시장에서 1억 6,560만 유로(약 2,270억 원)를 지출하며 EPL에서 돈을 가장 많이 쓴 팀이 됐고, 벤 화이트, 마르틴 외데고르, 토미야스 등을 영입하며 리빌딩을 진행하고 있다. 여기에 웨스트햄, 레스터, 에버턴도 이적 시장을 잘 보내면서 좋은 전력을 유지해 유럽대항전 티켓을 노리고 있다. EPL은 챔피언스리그 4팀, 유로파리그 2팀, 유로파 컨퍼런스리그 1팀, 총 7팀이 유럽대항전에 나서는데 9팀이 7장의 티켓을 놓고 전쟁을 펼친다.

챔피언스리그와 유로파리그 티켓이 걸린 상위권 싸움만큼이나 잔류 경쟁도 치열하다. 이번 시즌에는 노리치 시티, 왓포드, 브렌트포드가 승격하면서 더 치열해졌고, 새로운 잔류왕이라 불리는 번리, 브라이튼 등과 치열한 경쟁을 예고하고 있다. 번리, 브라이튼은 이번 여름에 조금은 아쉬운 이적 시장을 보냈는데, 과연 이번에도 살아남을 수 있을지 관심사다.

TOP 10 진입 싸움도 치열하다. 승격한 후 과감한 투자로 좋은 성적을 내고 있는 아스톤 빌라, 울버햄튼의 전력이 여전히 강하고, 전통의 명문 클럽 뉴캐슬 유나이티드도 있다. 여기에 EPL 무대에서 잔뼈가 굵은 사우샘프턴, 크리스탈 팰리스의 저력도 만만치 않고, 화끈한 공격 축구를 구사하고 있는 리즈 유나이티드도 주목해야 한다.

MANCHESTER CITY FC

프리미어 리그 최강팀, 사상 첫 '메이저 트레블'에 도전

구단 창립 : 1880년 **홈구장** : 시티 오브 맨체스터 스타디움 **대표** : 칼둔 알 무바라크 **2020-21시즌** : 1위(승점 86점) 27승 5무 6패 83득점 32실점 **닉네임** : The Citizens, The Sky Blues

프리미어 리그 최강팀, 사상 첫 '메이저 트레블'에 도전

2019-20시즌 리버풀에 우승컵을 내준 맨시티가 여름 이적 시장에서 수비 보강에 힘썼다. 후벵 디아스와 네이선 아케를 영입하며 센터백을 보강했고, 공격진에는 페란 토레스를 데려오며 '젊은 피'를 수혈했다. 시즌 초반 레스터에 2-5 대패를 기록하는 등 흔들렸지만 14R 사우샘프턴전 1-0 승리 이후 무려 15연승에 성공하며 선두로 올라섰다. 이후 단 한 번도 1위를 내주지 않았고, 결국 승점 86점으로 우승을 차지했다. 비록 눈앞에서 빅 이어를 놓치며 트레블은 무산됐지만 리그 우승, 리그컵 우승, 챔피언스리그 준우승을 더해 성공적인 시즌을 보냈다.

'1600억' 그릴리쉬 영입, 불발된 '케인 영입'

여름 이적 시장에서 맨시티의 톱 타깃은 해리 케인과 잭 그릴리쉬였다. 천문학적인 이적료가 예상되는 상황. 우선 맨시티는 그릴리쉬 영입 작업을 진행했고, EPL 역대 최고인 1억 파운드(약 1600억 원)에 그릴리쉬 영입을 마무리했다. 그러나 케인의 영입 작업은 쉽지 않았다. 토트넘은 최소 1억 5000만 파운드(약 2400억 원)를 요구하며 사실상 이적 불가를 선언했다. 케인은 프리 시즌 훈련에도 불참하며 맨시티 이적을 원했지만 결국 토트넘 잔류를 선언했고 맨시티는 최전방 공격수 보강 없이 시즌을 맞이하게 됐다.

2선, 중원, 수비 모두 최강, 문제는 '최전방'

맨시티의 전력은 강하다. 디아스, 스톤스, 라포르트가 버티고 있는 센터백 라인은 세계 최고 수준이고, 중원도 로드리, 페르난지뉴, 권도안이 버티고 있다. 무엇보다 세계 최고의 미드필더라 불리는 더 브라위너가 있고, 여기에 '1600억의 사나이' 그릴리쉬까지 합류했다. 스털링, 마레즈, 토레스, 포든, 베르나르두 실바가 포진한 2선 역시 어떤 조합으로 출전해도 최고의 경기력을 뽑아낼 수 있나. 그러나 문제는 최전방이다. 제주스만 남은 최전방의 공백을 메우기 위해 시도한 케인의 영입이 무산되면서 이 점을 극복하는 것이 시즌의 명운을 가를 과제가 되었다.

MANAGER : Pep GUARDIOLA 펩 과르디올라

Personal Information
- 생년월일 : 1971.01.18 출생지 : 바르셀로나(스페인)
- 현역시절 포지션 : 미드필더 계약만료 : 2023.6.30
- 평균 재직 기간 : 3.3년 / 선호 포맷 : 4-3-3

History
현역 시절 포지션은 수비형 미드필더. 당시 드림팀으로 불렸던 바르셀로나에서 카탈루냐 출신으로 엄청난 지지를 받았고, 라리가 우승 6회 등 총 16번개의 우승컵을 수집했다. 현역 은퇴 이후 바르셀로나로 부임해 전대미문의 6관왕을 달성하며 세계 최고의 명장 반열에 올랐고, 이후 뮌헨을 거쳐 맨시티를 지휘하고 있다.

Style
확고한 축구 철학과 전술적 역량을 가지고 있는 세계 최고의 명장이다. 정교한 패스 축구, 높은 볼 점유율, 효율적인 압박으로 찬스를 만들고, 포지셔닝 플레이의 극대화를 통해 완벽한 축구를 추구한다. 플랜B가 부족해 UCL 같은 큰 무대에서 약하다는 평가도 있지만 감독 13년 차에 벌써 챔피언스리그 우승 2회, 라리가 우승 3회, 분데스리가 우승 3회, EPL 우승 3회 등 무려 30개의 우승 트로피를 수집했다.

우승-준우승 횟수
- ENGLISH PREMIER LEAGUE : 7-6
- ENGLISH FA CUP : 6-5
- UEFA CHAMPIONS LEAGUE : 0-1
- UEFA EUROPA LEAGUE : 0-0
- FIFA CLUB WORLD CUP : 0-0
- UEFA-CONMEBOL INTERCONTINENTAL : 0-0

SQUAD LIST

위치	번호	선수	국적	키	생년월일	전 소속 팀
GK	13	Zack Steffen	USA	190	95-04-02	Columbus Crew
GK	31	Ederson	BRA	188	93-08-17	Benfica
GK	33	Scott Carson	ENG	183	85-09-03	Derby Co
DF	2	Kyle Walker	ENG	183	90-05-28	Tottenham H
DF	3	Rúben Dias	POR	187	97-05-14	Benfica
DF	5	John Stones	ENG	188	94-05-28	Everton
DF	6	Nathan Aké	NED	180	95-02-18	Bournemouth
DF	11	Oleksandr Zinchenko	UKR	175	96-12-15	FC Ufa
DF	14	Aymeric Laporte	ESP	191	94-05-27	Athletic Bilbao
DF	22	Benjamin Mendy	FRA	180	94-07-17	Monaco
DF	27	João Cancelo	POR	182	94-05-27	Juventus
DF	39	Yan Couto	BRA	168	02-06-03	Coritiba
MF	8	İlkay Gündoğan	GER	180	90-10-24	Borussia Dortmund
MF	10	Jack Grealish	ENG	175	95-09-10	Aston Villa
MF	16	Rodri	ESP	190	96-06-22	Atlético Madrid
MF	17	Kevin De Bruyne	BEL	181	91-06-28	Wolfsburg
MF	20	Bernardo Silva	POR	173	94-08-10	Monaco
MF	25	Fernandinho	BRA	179	85-05-04	Shakhtar Donetsk
MF	47	Phil Foden	ENG	171	00-05-28	None
MF	80	Cole Palmer	ENG	189	02-05-06	None
MF	81	Claudio Gomes	FRA	180	00-07-23	Paris St-Germain
FW	7	Raheem Sterling	ENG	170	94-12-08	Liverpool
FW	9	Gabriel Jesus	BRA	175	97-04-03	Palmeiras
FW	21	Ferrán Torres	ESP	184	00-02-29	Valencia
FW	26	Riyad Mahrez	ALG	179	91-02-21	Leicester C

2021-22 SEASON SCHEDULE

날짜	장소	상대팀	날짜	장소	상대팀
08-15	A	Tottenham	12-28	A	Brentford
08-21	H	Norwich City	01-01	A	Arsenal
08-28	H	Arsenal	01-15	H	Chelsea
09-11	A	Leicester City	01-22	A	Southampton
09-18	H	Southampton	02-09	H	Brentford
09-25	A	Chelsea	02-12	H	Norwich City
10-02	A	Liverpool	02-19	A	Tottenham
10-16	H	Burnley	02-26	A	Everton
10-23	A	Brighton	03-05	H	Manchester Utd
10-30	H	Crystal Palace	03-12	A	Crystal Palace
11-06	A	Manchester Utd	03-19	H	Brighton
11-20	H	Everton	04-02	A	Burnley
11-27	H	West Ham Utd	04-09	H	Liverpool
11-30	H	Aston Villa	04-16	A	Wolverhampton
12-04	A	Watford	04-23	H	Watford
12-11	A	Wolverhampton	04-30	A	Leeds United
12-15	H	Leeds United	05-07	H	Newcastle Utd
12-18	A	Newcastle Utd	05-15	A	West Ham Utd
12-26	H	Leicester City	05-22	H	Aston Villa

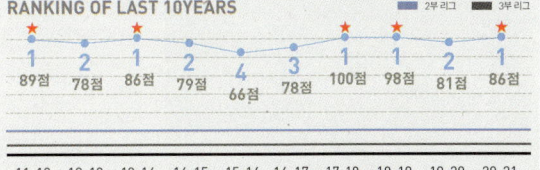

RANKING OF LAST 10YEARS

시즌	11-12	12-13	13-14	14-15	15-16	16-17	17-18	18-19	19-20	20-21
순위	1	2	1	2	4	3	1	1	2	1
승점	89점	78점	86점	79점	66점	78점	100점	98점	81점	86점

STRENGTHS & WEAKNESSES

OFFENSE		DEFENSE	
오픈 플레이	A	오픈 플레이 수비	A
카운터 어택	B	카운터 어택 수비	D
짧은 패스 게임	A	짧은 패스 게임 수비	B
롱볼 연계 플레이	C	롱볼 연계 플레이 수비	B
솔로 플레이	C	솔로 플레이 수비	C
중거리 슈팅 / 직접 프리킥	A	중거리 슈팅 수비	D
측면 공격	A	측면 수비	C
세트 플레이	A	세트 플레이 수비	A
위협적인 공격 횟수	A	공중전 능력	D
슈팅 대비 득점	A	볼 쟁탈전 / 투쟁심	D
오프사이드 피하기	C	실수 조심	C
볼 점유율	A	파울 주의	C

A 매우 우수함 B 우수함 C 평균 수준 D 부족함 E 많이 부족함

STADIUM

City of Manchester Stadium

- 구장 오픈 : 2002년
- 구장 증개축 : 2015년
- 구장 소유 : 맨체스터 시
- 수용 인원 : 5만 5017명
- 피치 규모 : 105 X 68m
- 잔디 종류 : 하이브리드 잔디

ODDS CHECK

베팅회사	Premier Lague		Champions League	
	배당률	우승 확률	배당률	우승 확률
bet365	1.2배	1위	3.5배	2위
sky bet	1.1배	1위	3.5배	2위
William HILL	1.25배	1위	3.5배	2위
888sport	1.1배	1위	3.5배	2위

*우승 확률이 높을수록 배당률은 낮아짐

20-21 SEASON TOP5

득점		어시스트		경고-퇴장	
귄도안	13	K.더브라위너	12	J.칸셀루	5-1
R.스털링	10	R.스털링	7	로드리	6-0
R.마레즈	9	B.실바	6	페르난지뉴	6-0
P.포든	9	R.마레즈	6	B.실바	5-0
G.제수스	9	P.포든	5	R.스털링	4-0

BASIC FORMATION

4-3-3

TOTO GUIDE 지난시즌 전적

상대팀	홈	원정
Manchester Utd	0-2	0-0
Liverpool	1-1	4-1
Chelsea	1-2	3-1
Leicester City	2-5	2-0
West Ham Utd	2-1	1-1
Tottenham	3-0	0-2
Arsenal	1-0	1-0
Leeds United	1-2	1-1
Everton	5-0	3-1
Aston Villa	2-0	2-1
Newcastle Utd	2-0	4-3
Wolverhampton	4-1	3-1
Crystal Palace	4-0	2-0
Southampton	5-2	1-0
Brighton	1-0	2-3
Burnley	5-0	2-0
Fulham	2-0	3-0
West Brom	1-1	5-0
Sheffield Utd	1-0	1-0

TACTICS & FUNCTIONS

OFFENSE

- 경기 운영 : 압도적인 점유율, 측면 공격
- 짧은 패스 / 긴 패스 비율 : 14.0대1
- 역습 시작 위치 : 비교적 앞쪽
- 직접 프리킥 : 더브라위너, 마레즈, 그릴리쉬
- 중거리 슈팅 : 더브라위너, 마레즈, 귄도안
- 세트피스 헤딩 : 디아스, 라포르트, 스톤스
- 드리블 : 스털링, 마레즈, 그릴리쉬
- 결정적 패스 : 더브라위너, 그릴리쉬, 마레즈

DEFENSE

- 존디펜스 : 지역방어 기반의 존디펜스
- 맨투맨 : 지역방어 기반의 맨투맨
- 세로 방향 프레싱 위치 : 비교적 앞쪽
- 오프사이드 트랩 위치 : 골라인에서 20~22m
- 미드필드 스크리너 : 로드리, 페르난지뉴
- 공수 밸런스 유지 : 그릴리쉬, 더브라위너
- 수비진 라인 컨트롤 : 스톤스, 라포르트
- 수비진 옵셔널 스토퍼 : 디아스, 아케

PREMIER LEAGUE 2020-21 PERFORMANCE

MANCHESTER CITY FC vs. OPPONENTS PER GAME STATS

맨체스터 시티 vs 상대팀

독점	슈팅	유효슈팅	오프사이드	패스시도	패스성공	패스성공률	태클시도	볼소유자 압박	인터셉트	GK 선방	파울	경고	퇴장
2.18 / 0.84	15.8 / 7.4	5.6 / 2.3	1.56 / 1.79	702 / 402 (PA)	620 / 317 (PC)	88% / 79% (P%)	14.6 / 18.0 (TK)	120 / 165 (PR)	8.9 / 11.2 (INT)	1.71 / 3.55	11.1 / 10.6	1.21 / 1.61	0.052 / 0.052

SCORED GOALS | WHO SCORED | ACTION ZONE | TACTICAL GOALS & SHOTS | SHOT CREATION | TIME

슈팅-득점 / 상대 슈팅-실점
- 43-16
- 351-56
- 205-10

신체 부위별 득점
- 왼발 28 / 오른발 44
- 헤더 10 / 기타 부위 0
- 상대 자책골 1골

상대 신체 부위별 실점
- 왼발 9 / 오른발 17
- 헤더 4 / 기타 부위 0
- 자책골 실점 1골

- 108-5
- 154-21
- 18-5

포지션별 득점
- FW진 48골
- MF진 24골
- DF진 10골
- 상대 자책골 1골

상대 포지션별 실점
- DF진 8골
- MF진 7골
- FW진 16골
- 자책골 실점 1골

공격 방향: 39% / 28% / 33%

볼 점유 위치
- 상대 진영 34%
- 중간 지역 46%
- 우리 진영 20%

득점 패턴 (83골): 1 / 5 / 13 / 4 / 60
실점 패턴 (32골): 1 / 8 / 16 / 6
- OPEN PLAY
- COUNTER ATTACK
- SET PLAY
- PENALTY KICK
- OWN GOAL

슈팅 패턴 (599): 9 / 127 / 20 / 443
상대 슈팅 패턴 (280): 10 / 66 / 13 / 191
- OPEN PLAY
- COUNTER ATTACK
- SET PLAY
- PENALTY KICK

슈팅 기회 창출 (986): 28 / 47 / 83 / 62 / 719
상대 슈팅 기회 창출 (452): 12 / 30 / 31 / 39 / 31 / 309
- LIVE-BALL PASSES+
- DEAD-BALL PASSES+
- DRIBBLES+
- SHOTS+
- FOULS DRAWN+
- DEFENSIVE ACTIONS+

득점 (시간대별): 76–15: 13 / 13 / 11 / 16 / 16 / 14 / 61–30 / 46 / 45 / 31

득실차: +6 / +9 / +5 / +13 / +10 / +8

실점 (시간대별): 7 / 4 / 6 / 3 / 6 / 5

PERFORMANCE | POSSESSION | DUEL

패스 시도: 평균 675 (SHORT PASSES 630 / LONG BALLS 45)
패스 성공: 평균 603 (SHORT PASSES 576 / LONG BALLS 27)

DANGEROUS ATTACKS
- 맨체스터 시티 공격: 평균 65.5 / 슈팅 15.8
- 상대팀 공격: 평균 27.2 / 슈팅 7.4

전체 평균: 61%
홈 경기: 63%
원정 경기: 59%

볼 쟁탈전: 평균 94 (성공 46 / 실패 48)
공중전: 평균 24.0 (성공 12.9 / 실패 11.1)
볼 소유자 압박: 평균 120 (불탈취 38 / 실패 82)

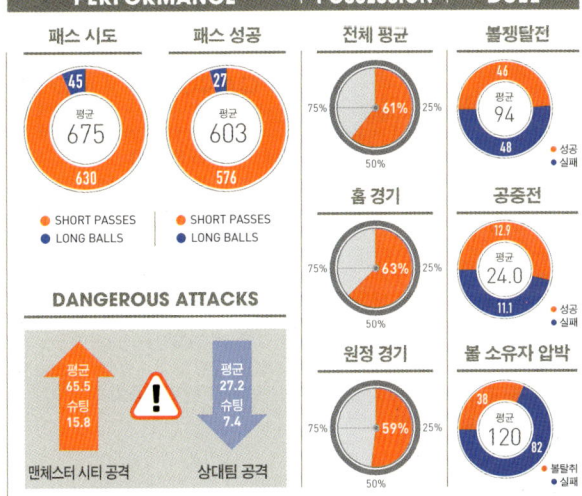

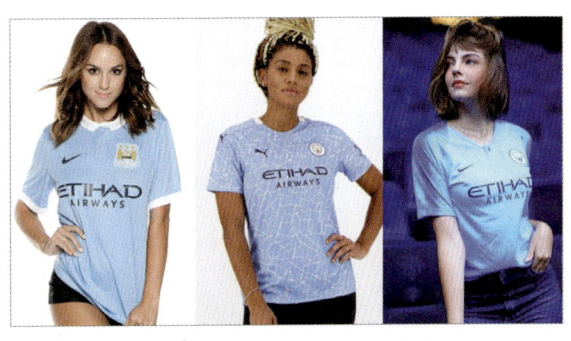

EDERSON 31
에데르송 (GK)

SCOUTING REPORT
지난 시즌 부상 없이 거의 풀타임 출전하며 맨시티의 우승에 일조했다. 동물적인 순발력을 이용한 슈퍼 세이브, 공격수와의 1대1 때 각도를 좁히는 능력 등은 높은 평가를 받는다. 그는 EPL 최고의 '스위퍼형' 골키퍼다. 낮고 빠르게 휘어지는 왼발 킥으로 빌드업 및 역습의 기점이 된다. 장거리 드롭킥 세계 기록 보유자(75.4m)다. 좋은 킥 능력을 가진데 반해 공중볼에 약한 것이 단점으로 지적된다.

PLAYER'S HISTORY
포르투갈 명문 벤피카에서 3년 활약하며 리그 2회 등 총 5회 우승했다. 2017년 맨시티에 합류한 이후 리그 3회, FA컵 1회, 리그컵 4회 등 총 10개의 트로피를 수집했다. 2019-20, 2020-21시즌 EPL 골든 글러브를 수상했다. 2019 코파 아메리카 우승 멤버다.

주로 사용하는 발: 왼발 82%
우승 — 1부리그: 5-1, 협회컵: 2-1, 챔피언스: 0-1
준우승 — 클럽월드컵: 0-0, 코파아메리카: 1-1, 월드컵: 0-0

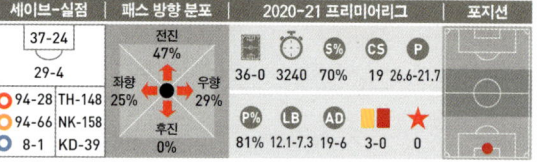

Rúben DIAS 3
후벵 디아스 (DF)

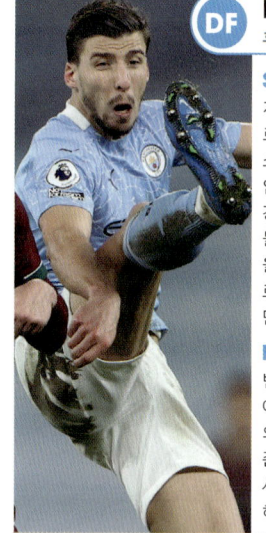

SCOUTING REPORT
지난해 여름 벤피카에서 맨시티로 이적 후 바로 주전 자리를 꿰찼다. 매 경기 좋은 퍼포먼스를 선보였고, 과르디올라 감독의 두터운 신임을 얻었다. 체격이 좋은 데다 투쟁심이 매우 강하다. 축구 IQ가 우수하고, 태클, 인터셉트, 블로킹, 마킹, 프레싱 등 좋은 수비수의 자질을 두루 갖췄다는 평이다. 93%의 패스 성공률로 빌드업을 주도한다. 지난 시즌 히트맵을 보면 공격에 많이 가담한 것을 알 수 있다.

PLAYER'S HISTORY
벤피카 유스 출신. 2017-18시즌 '영 플레이어'로 선정됐다. 2020년 여름, 7000만 유로의 이적료에 맨시티 유니폼을 입었다. 지난 시즌 버질 판데이크(리버풀)가 부상으로 결장한 사이 EPL 최고의 센터백에 등극했다. EPL 올해의 선수상, PFA 베스트 11에 올랐다.

주로 사용하는 발: 오른발 84%
우승 — 1부리그: 4-2, 협회컵: 1-1, 챔피언스: 0-1
준우승 — 클럽월드컵: 0-0, UEFA 유로: 0-0, 월드컵: 0-0

João CANCELO 27
조앙 칸셀루 (DF)

SCOUTING REPORT
진정한 멀티 플레이어. 지난 시즌 선발 출전을 기준으로 RB 13회, LB 10회, CM 2회, RM 1회, RW 1회씩 나섰다. 인테르, 유벤투스 등 세리에 A 시절에는 전문 윙어로 자주 출전하며 '크랙' 역할도 했다. 빠른 주력을 이용한 드리블 돌파, 동료와의 짧은 패스 콤비네이션, 과감한 중거리 슈팅, 정확한 태클, 민첩한 인터셉트 등 공-수에서의 다재다능함이 맨시티의 전술에 잘 부합해 꾸준히 주전으로 중용받고 있다.

PLAYER'S HISTORY
포르투갈 U-16 대표를 시작으로 각 연령별 대표를 거친 엘리트. 2014년 벤피카 1군 무대에 데뷔했고, 발렌시아, 인테르 밀란, 유벤투스를 거쳐 맨시티로 이적했다. 그가 수집한 트로피는 10개. 2018-19시즌 세리에A 베스트 11, 2020-21시즌 EPL 올해의 팀에 선정됐다.

주로 사용하는 발: 오른발 87%
우승 — 1부리그: 3-2, 협회컵: 1-1, 챔피언스: 0-1
준우승 — 클럽월드컵: 0-0, UEFA 유로: 0-0, 월드컵: 0-0

Ilkay GÜNDOĞAN 8
일카이 귄도안 (MF)

SCOUTING REPORT
'육각형 미드필더.' 도르트문트 시절에는 '박스-투-박스' 역할이었지만 맨시티에서는 '미들라이커'로 거듭났다. 지난 시즌 리그 28경기에서 13골 2도움을 기록했다. 폭발적인 중거리 슈팅과 '핀포인트' 장-단 패스가 특기다. 부드러운 볼터치로 상대의 압박을 쉽게 벗겨내고, '오프 더 볼 움직임'도 훌륭하다. 문제는 부상. 지난 시즌에도 발목 염좌, 사타구니 부상, 코로나 감염 등으로 한 달 정도 결장했다.

PLAYER'S HISTORY
터키계 독일인으로 보훔 유스 출신이다. 뉘른베르크를 거쳐 2011년 도르트문트에 입단해 첫 시즌부터 분데스리가 우승을 경험했다. 2016년 여름 맨시티로 이적한 이후 리그 3회 포함 총 10번 우승했다. 그의 사촌 나즈 아이데미리는 터키 여자 배구 대표 선수 출신이다.

주로 사용하는 발: 오른발 72%
우승 — 1부리그: 4-4, 협회컵: 2-3, 챔피언스: 0-2
준우승 — 클럽월드컵: 0-0, UEFA 유로: 0-0, 월드컵: 0-0

| 전체 슈팅 시도-득점 | 직접 프리킥 시도-득점 | PK 시도-득점 | LG 왼발 득점 | RG 오른발 득점 | HG 헤더 득점 | 출전횟수 선발-교체 | 출전시간 분(MIN) | A 도움 | P 평균패스 시도-성공 | P% 패스 성공률 | T 평균태클 시도-성공 | I 평균 인터셉트 | DR 평균드리블 시도-성공 | 페어플레이 경고-퇴장 | MOM |

MF 10 Jack GREALISH
잭 그릴리쉬

SCOUTING REPORT
시즌 초부터 맨시티 이적설이 나돌았다. EPL 무대에서 펄펄 날았고, 시즌 종료 후 실제 맨시티로 옮겼다. 그릴리쉬는 펩의 '점유율 패스 축구'에 가장 잘 어울리는 공격형 미드필더다. 화려한 볼 컨트롤, 폭발적인 드리블 돌파, 정확한 장단 패스, 강력한 슈팅, 뛰어난 축구 IQ를 완비한 플레이메이커. 본인이 팀의 공격을 직접 이끌어갈 때 가장 돋보이는 스타일이다. 올 시즌 가장 주목받는 선수다.

PLAYER'S HISTORY
아스톤 빌라 성골 유스로 어린 시절 구단 최고의 재능으로 평가받았다. 2부에 있던 팀을 승격으로 이끌고 최상위 리그에서 만만치 않은 강팀으로 자리매김하게 하는 데 핵심이었던 능력을 인정받아 이번 이적시장 최고액인 1억파운드에 맨체스터 시티에 입단했다.

주로 사용하는 발: 오른발 93%
우승 / 준우승
1부리그: 0-0 / 협회컵: 0-1 / 챔피언스: 0-0
클럽월드컵: 0-0 / UEFA 유로: 0-1 / 월드컵: 0-0

슈팅-득점: 37-4 / 13-2 / 50-6 LG-0 / 2-0 RG-6 / 0-0 HG-0
패스 방향 분포: 전진 32%, 좌향 13, 우향 35%, 후진 21%
2020-21시즌 리그 기록: 24-2 / 2184 / 10 / 38.3-32.0 / 83%
T 1.5-1.2 / I 0.5 / DR 3.9-2.5 / 6-0 / ★ 4

MF 26 Riyad MAHREZ
리야드 마레즈

SCOUTING REPORT
EPL 최고의 테크니션 중 1명. 양발을 잘 사용하고, 순간적인 방향 전환과 속도 조절이 우수하기에 드리블로 상대 수비를 쉽게 제친다. 마레즈는 라이트윙에 특화된 선수다(최근 5년 히트맵 분석). 우측면에서 중앙으로 이동해 슈팅을 시도하는 척하다 접는 턴 동작은 그의 전매특허다. 킥이 매우 좋아 중앙 침투 후 날카로운 왼발 슈팅으로 골망을 흔든다. 오프 더 볼 상황에서는 약점이 노출되기도 한다.

PLAYER'S HISTORY
프랑스 캉페르 FC에서 데뷔했고, 르아브르를 거쳤다. 2014년 1월 잉글랜드 2부 레스터로 이적한 직후 팀의 승격을 이끌었다. 그리고 이듬해 EPL 17골-11도움으로 레스터에 사상 첫 우승 트로피를 안겨 '동화(童話)'를 썼다. 2018년 5월, 7000만 유로에 맨시티로 이적했다.

주로 사용하는 발: 왼발 91%
우승 / 준우승
1부리그: 3-1 / 협회컵: 1-0 / 챔피언스: 0-1
클럽월드컵: 0-0 / CAF 네이션스컵: 1-0 / 월드컵: 0-0

슈팅-득점: 39-7 / 19-2 / 58-9 LG-7 / 3-0 RG-1 / 0-0 HG-1
패스 방향 분포: 전진 16%, 좌향 45%, 우향 6%, 후진 33%
2020-21시즌 리그 기록: 23-4 / 1955 / 6 / 37.2-32.9 / 88%
T 1.6-0.7 / I 0.3 / DR 3.0-1.7 / 0-0 / ★ 4

FW 7 Raheem STERLING
라힘 스털링

SCOUTING REPORT
지난 시즌 종아리 부상 및 타박상으로 일주일 결장한 것 외에는 꾸준히 출전했다. 육상 선수였던 모친의 DNA를 받아 폭발적인 스피드를 자랑한다. 드리블 폼이 상당히 독특하고 빠르게 방향을 바꾸기에 상대 수비를 쉽게 제압할 수 있다. 마레즈와는 달리 '오프 더 볼' 움직임도 좋은 편이다. 박스 내외곽 어디에서든 자유롭게 슈팅을 시도한다. 장단 패스가 정확하고 날카로운 컷-인 플레이를 한다.

PLAYER'S HISTORY
자메이카에서 태어난 2중 국적자. 모친의 권유로 QPR 유스팀에 입단했다. 2010년 리버풀 유스로 이적했고, 2012년 3월 위건전에서 17세 107일의 나이로 데뷔했다. 리버풀 1군에서 맹활약했고, 2015년 7월 맨시티로 이적했다. 리버풀에서 10차례 우승 트로피를 들었다.

주로 사용하는 발: 오른발 89%
우승 / 준우승
1부리그: 3-2 / 협회컵: 1-1 / 챔피언스: 0-1
클럽월드컵: 0-0 / UEFA 유로: 0-1 / 월드컵: 0-0

슈팅-득점: 58-9 / 12-1 / 70-10 LG-2 / 3-1 RG-6 / 1-0 HG-2
패스 방향 분포: 전진 13%, 좌향 21%, 우향 34%, 후진 32%
2020-21 프리미어리그: 28-3 / 2537 / 7 / 35.9-30.9 / 86%
T 0.9-0.7 / I 0.5 / DR 3.9-2.1 / 4-0 / ★ 4

FW 9 Gabriel JESUS
가브리엘 제주스

SCOUTING REPORT
스피드가 좋고, 침투가 뛰어나며 위치를 잘 잡는다. 히트맵을 보면 측면과 중앙을 수시로 넘나들었다. 축구 IQ가 좋고 민첩하기에 동료의 스루패스 때 기가 막힌 타이밍에 라인을 무너트린다. 퍼스트 터치가 정확하고, 볼을 잘 다루기에 수비를 쉽게 따돌린다. 원래 드리블에 특화된 선수였으나 과르디올라 체제에서는 패스 콤비네이션에 중점을 두고 있다. 전체 슈팅 수 대비 득점 비율이 다소 낮은 편이다.

PLAYER'S HISTORY
파우메이라 시절 '2015년 유망주'로 선정됐다. 2016년 팀을 브라질리그 우승으로 이끌었다. 그해 여름 바이에른 뮌헨, 레알 마드리드, 바르셀로나 등 빅클럽들의 러브콜을 뿌리치고 맨시티로 이적했다. 브라질 대표로 2016 리우 올림픽, 2019 코파아메리카에서 우승했다.

주로 사용하는 발: 오른발 85%
우승 / 준우승
1부리그: 4-1 / 협회컵: 2-0 / 챔피언스: 0-1
클럽월드컵: 0-0 / 코파아메리카: 1-1 / 월드컵: 0-0

슈팅-득점: 44-9 / 11-0 / 55-9 LG-3 / 0-0 RG-5 / 0-0 HG-1
패스 방향 분포: 전진 11%, 좌향 24%, 우향 28%, 후진 37%
2020-21 프리미어리그: 22-7 / 2060 / 4 / 25.2-21.4 / 85%
T 1.2-0.6 / I 0.5 / DR 2.4-1.7 / 2-0 / ★ 4

Zack STEFFEN (GK) 13
잭 스테픈

미국 대표팀 출신. 2019년 골드컵 주전이었다. 그러나 지난해 1월 무릎 십자인대를 다쳐 9개월간 쉬었고, 그 사이 맷 터너에게 주전 자리를 내줬다(터너는 2021 골드컵 우승의 주역이 됐다). 스테픈은 민첩성이 뛰어나 상대의 기습적인 슈팅을 반사적으로 쳐낸다. 1대1 때 박스 외곽으로 나가기보다는 끝까지 기다리는 편이다. MLS, 분데스리가 시절 여러 차례 PK를 선방했다.

주로 사용하는 발: 오른발 89%
우승 1부리그: 1-1 | 협회컵: 1-0 | 챔피언스: 0-1
준우승 클럽월드컵: 0-0 | 북중미골드컵: 0-0 | 월드컵: 0-0

Kyle WALKER (DF) 2
카일 워커

EPL 최고의 라이트백 중 1명. 폭발적인 스피드를 이용한 직선 드리블로 역습을 주도하고 박스 외곽에서 시원한 중거리 슈팅을 날린다. 상대 공격수의 타이밍을 빼앗아 정확한 타이밍에 태클을 시도한다. 예측을 잘 하기에 위치를 선점하고 볼을 잘 걷어낸다. 지난 시즌엔 코로나 확진, 타박상, 전술 변화에 따른 벤치 대기 등으로 EPL 24경기(선발 22회) 출전에 그쳤다.

주로 사용하는 발: 오른발 97%
우승 1부리그: 2-0 | 협회컵: 1-0 | 챔피언스: 0-0
준우승 클럽월드컵: 0-0 | UEFA 유로: 0-0 | 월드컵: 0-0

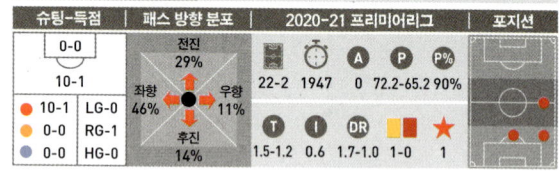

John STONES (DF) 5
존 스톤스

지난 시즌 발목 염좌, 타박상으로 보름간 결장했다. 그러나 정상일 경우 부동의 주전 센터백으로 후뱅 디아스 환상의 콤비를 이뤘다. 스톤스는 상대 공격수와 속도 경쟁에서 밀리지 않고, 맨 마킹과 태클을 다 잘 해낸다. 과르디올라 감독이 좋아하는 '볼-플레잉 센터백'이다. 후방에서 적절한 위치 선정을 통해 빌드업을 주도한다. 세트피스에서 위력적인 한 방을 터뜨린다.

주로 사용하는 발: 오른발 88%
우승 1부리그: 3-1 | 협회컵: 1-0 | 챔피언스: 0-1
준우승 클럽월드컵: 0-0 | UEFA 유로: 0-1 | 월드컵: 0-0

Kevin DE BRUYNE (MF) 17
케빈 더 브라위너

AM, CM, LM, RM, LW, RW 등 여러 위치에서 환상적인 퍼포먼스를 선보였다. 시즌 평점 7.65점으로 팀 내 1위였고, MOM으로 8차례 선정됐다. 드리블, 스루패스, 키패스, 중거리 슈팅, 직접 프리킥 등은 리그 최고 수준. 양발잡이라 어떤 각도에서든 위력적인 슈팅을 구사한다. 지난 8월 6일, 발목을 다쳐 한 달 넘게 결장했다. 올 시즌 초반 3경기에는 출전하지 못했다.

주로 사용하는 발: 왼발 88%
우승 1부리그: 5-1 | 협회컵: 3-0 | 챔피언스: 0-1
준우승 클럽월드컵: 0-0 | UEFA 유로: 0-0 | 월드컵: 0-0

Oleksandr ZINCHENKO (DF) 11
올렉산드르 진첸코

LW 혹은 AM 출신이다. 그런데 주전 레프트백 멘디가 잦은 부상으로 어려움을 겪자 과르디올라 감독에 의해 위치가 바뀌었다. 위치 변경 초반에는 수비력에 문제가 있었으나 탄탄한 기본기와 왕성한 움직임으로 단점을 보완했다. 스피드를 살린 직선 드리블, 패스 콤비네이션으로 측면을 무너트린다. 지난 시즌엔 충돌에 의한 타박상으로 약 40일간 결장해 아쉬움을 남겼다.

주로 사용하는 발: 왼발 91%
우승 1부리그: 3-1 | 협회컵: 1-0 | 챔피언스: 0-1
준우승 클럽월드컵: 0-0 | UEFA 유로: 0-0 | 월드컵: 0-0

Aymeric LAPORTE (DF) 14
아이메릭 라포르트

지난 시즌 코로나 확진, 컨디션 난조로 존 스톤스와 경쟁에서 밀리며 EPL 16경기 출전에 그쳤다. 그러나 정상 컨디션일 경우 수비의 중심을 이룰 수 있다. 체격에 비해 주력이 빠른 편이고, 볼을 잘 다룬다. 상대의 패스 또는 드리블 길목을 예상하는 능력이 좋아 인터셉트를 잘 해낸다. 정확히 볼만 걷어내는 태클도 수준급이다. 세트피스에서 위력적인 한방을 날린다.

주로 사용하는 발: 왼발 77%
우승 1부리그: 3-1 | 협회컵: 1-1 | 챔피언스: 0-1
준우승 클럽월드컵: 0-0 | UEFA 유로: 0-0 | 월드컵: 0-0

| ● 전체 슈팅 시도-득점 | ● 직접 프리킥 시도-득점 | ● PK 시도-득점 | LG 왼발 득점 | RG 오른발 득점 | HG 헤더 득점 | ⏱ 출전횟수 선발-교체 | ⏱ 출전시간 분(MIN) | A 도움 | P 평균패스 시도-성공 | P% 패스 성공률 | T 평균태클 시도-성공 | I 평균 인터셉트 | DR 평균드리블 시도-성공 | ▮▮ 페어플레이 경고-퇴장 | ★ MOM |

DF Benjamin MENDY 22
벤자맹 멘디

부상과 옐로카드를 조심해야 한다. 2015년 이후 6년간 무려 16차례나 부상자 리스트에 올랐고, 8번이나 출전 정지 처분을 받았다. 그는 이 기간 풀타임을 소화한 시즌이 단 한 번도 없었다. 그러나 재능만큼은 매우 뛰어난 수비수다. 클리어링이 정확하고, 투쟁심이 강하다. 저돌적인 측면 돌파에 이어 날카로운 얼리 크로스를 올린다. 스텝온, 원터치 패스 등 볼을 잘 다룬다.

주로 사용하는 발: 왼발 93%			
우승	1부리그: 4-1	협회컵: 1-1	챔피언스: 0-1
준우승	클럽 월드컵: 0-0	UEFA 유로: 0-0	월드컵: 1-0

슈팅-득점: 4-2 / 2-0
● 6-2 LG-1
● 0-0 RG-1
● 0-0 HG-0

패스 방향 분포: 전진 21% / 좌향 3% / 우향 54% / 후진 22%

2020-21 프리미어리그:
11-2 955 1 42.5-35.7 84%
2.2-1.0 0.4 1.1-0.4 2-0 0

MF RODRI 16
로드리

스페인 국가대표. 볼터치가 부드럽고, 정확한 패스를 구사한다. 수비라인을 보호하면서 빌드업의 기점이 된다. 유연한 터치와 전진 드리블로 상대의 압박을 벗겨낸다. 91%의 패스 성공률을 이용해 안정적으로 볼을 공급한다. 탄탄한 체격을 바탕으로 몸싸움과 공중전에서도 강점을 보인다. 비야레알 시절에는 카스텔론 대학교에서 경영학과 경제학을 전공했던 학구파다.

주로 사용하는 발: 오른발 85%			
우승	1부리그: 1-2	협회컵: 0-0	챔피언스: 0-1
준우승	클럽 월드컵: 0-0	UEFA 유로: 0-0	월드컵: 0-0

슈팅-득점: 16-2 / 16-0
● 32-2 LG-0
● 0-0 RG-1
● 1-1 HG-1

패스 방향 분포: 전진 21% / 좌향 33% / 우향 33% / 후진 12%

2020-21 프리미어리그:
31-3 2749 2 81.9-74.8 91%
3.1-2.1 1.1 1.0-0.8 6-0 1

MF Bernardo SILVA 20
베르나르두 실바

히트맵 분석 결과 우측면에 많이 치중했다. CF로 선발 출전했을 때에도 우측면에서 중앙으로 파고드는 움직임이 많았다. 2020년 9월 넓적다리 부상으로 3주간 결장한 것을 제외하고 꾸준히 출전했다. 실바는 팀 내에서 볼을 가장 잘 다루는 편이다. 시서스 페인트, 컷 비하인드번, 스카치무브 등 고난도 테크닉을 구사한다. 결정적인 패스, 중거리 슈팅은 치명적인 무기다.

주로 사용하는 발: 왼발 92%			
우승	1부리그: 5-1	협회컵: 2-0	챔피언스: 0-1
준우승	클럽 월드컵: 0-0	UEFA 유로: 0-0	월드컵: 0-0

슈팅-득점: 20-0 / 8-2
● 28-2 LG-2
● 0-0 RG-0
● 0-0 HG-0

패스 방향 분포: 전진 16% / 좌향 32% / 우향 26% / 후진 27%

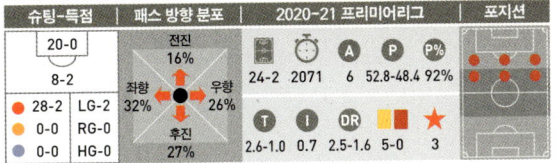

2020-21 프리미어리그:
34-2 2071 6 52.8-48.4 92%
2.6-1.0 0.7 2.5-1.6 5-0 3

MF FERNANDINHO 25
페르난지뉴

EPL 입단 후 8년 만에 가장 적은 21경기에 나섰다. 2020년 10월 충돌로 인한 타박상으로 한 달간 결장한 데다 로드리, 귄도안과의 경쟁에서 밀렸다. 그러나 투쟁심, 맨마킹, 태클, 인터셉트 등은 여전히 위력적이다. 브라질식 개인기로 수비를 제치고 날카로운 패스로 빌드업을 한다. 중거리 슈팅도 위력적. 포르투갈어, 스페인어, 이탈리아어, 영어, 러시아어를 구사한다.

주로 사용하는 발: 오른발 86%			
우승	1부리그: 10-5	협회컵: 5-2	챔피언스: 0-1
준우승	클럽 월드컵: 0-0	코파아메리카: 0-0	월드컵: 0-0

슈팅-득점: 4-0 / 10-0
● 14-0 LG-0
● 0-0 RG-0
● 0-0 HG-0

패스 방향 분포: 전진 29% / 좌향 29% / 우향 31% / 후진 11%

2020-21 프리미어리그:
12-9 1185 2 48.3-42.1 87%
2.6-1.5 1.1 0.6-0.5 6-0 0

MF Phil FODEN 47
필 포든

잉글랜드 최고의 축구 천재. 스피드를 이용해 어떤 상황에서도 과감히 전진한다. 최고 무기는 화려한 드리블. 더블터치, 스텝온, 컷비하인드번 등 고난도 기술을 발휘한다. 수비를 앞에 두고 자유롭게 체인지 페이스, 체인지 디렉션을 해낼 수 있다. 밀집된 상황에서 패스 콤비네이션을 성공시킨다. 등번호 47번은 47살에 타계한 할아버지를 기리기 위해 선택한 번호다.

주로 사용하는 발: 왼발 91%			
우승	1부리그: 3-1	협회컵: 1-0	챔피언스: 0-1
준우승	클럽 월드컵: 0-0	UEFA 유로: 0-0	월드컵: 0-0

슈팅-득점: 38-9 / 7-0
● 45-9 LG-5
● 0-0 RG-4
● 0-0 HG-0

패스 방향 분포: 전진 17% / 좌향 17% / 우향 28% / 후진 39%

2020-21 프리미어리그:
17-11 1614 5 27.2-24.0 88%
1.3-0.8 0.4 2.4-1.4 5-0 3

FW Ferran TORRES 21
페란 토레스

과르디올라 감독에 의해 선택된 만능 공격수. 주 포지션은 라이트 윙이지만 레프트윙과 센터포워드, '폴스 나인' 공격수도 맡을 수 있다. 스페인 무대에서 순간 속도 34.9km/h를 기록했을 정도로 폭발적이다. 볼을 몰고 가면서 더블터치, 스카치무브, 스텝온 등 기술을 발휘한다. 양발을 사용해 터뜨리는 슈팅이 위력적이다. 발렌시아 유스 시절 이강인과 친분이 있었다.

주로 사용하는 발: 오른발 91%			
우승	1부리그: 1-0	협회컵: 1-0	챔피언스: 0-1
준우승	클럽 월드컵: 0-0	UEFA 유로: 0-0	월드컵: 0-0

슈팅-득점: 26-6 / 10-1
● 36-7 LG-2
● 0-0 RG-5
● 0-0 HG-0

패스 방향 분포: 전진 15% / 좌향 28% / 우향 16% / 후진 42%

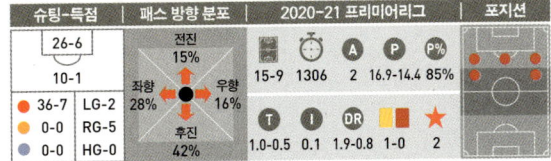

2020-21 프리미어리그:
15-9 1306 2 16.9-14.4 85%
1.0-0.5 0.1 1.9-0.8 1-0 2

MANCHESTER UNITED FC

호날두-산초-바란 영입, 목표는 '우승 탈환'

구단 창립 : 1878년 홈구장 : 올드 트래포드 대표 : 조엘 글레이저, 아브람 글레이저 **2020-21시즌** : 2위(승점 74점) 21승 11무 6패 73득점 44실점 **닉네임** : The Red Devils

EPL과 유로파 준우승, 가능성 보인 '솔샤르호'

우승컵은 없었지만 가능성을 보여준 시즌이었다. 맨유는 여름 이적 시장에서 바쁘게 움직였고, 도니 판 더 비크, 알렉스 텔레스, 에딘손 카바니 등을 영입하며 전력을 강화했다. 시즌 초반에는 토트넘에 1-6으로 대패하는 등 불안했지만 이후 전열을 가다듬었고, 13경기에서 10승 3무라는 좋은 성적을 거두며 퍼거슨 체제 이후 8년 만에 리그 1위에 올라섰다. 비록 후반기에 래쉬포드, 마르시알 등 부상자가 대거 발생하며 맨시티에 리그 우승을 내줬고, 유로파리그에서도 준우승에 머물렀지만 충분히 다음 시즌에 대한 희망을 가지고 시즌을 마칠 수 있었다.

호날두-산초-바란 영입, 역대 최고 이적 시장

그야말로 맨유 역대 최고의 이적 시장이었다. 맨유는 이번여름 이적 시장에서 최전방 공격수, 윙어, 센터백 영입을 추진했는데 결과적으로 최고의 결과물을 만들었다. 2003년부터 2009년까지 맨유에서 활약하며 '축구의 신'으로 성장한 크리스티아누 호날두가 12년 만에 복귀해 골 스코어러에 대한 고민을 해결했다. 여기에 2년 넘게 공들인 제이든 산초와 월드클래스 센터백 라파엘 바란을 영입하며 최고의 이적 시장을 보냈다. 거기에 브루노 페르난데스, 폴 포그바 등 기존 핵심 선수들을 지켜내면서 단숨에 우승 후보 전력을 구축하게 됐다.

최강 전력 구축, 9년 만에 우승 재도전

빈틈 없는 스쿼드로 오랜만에 맨유다운 전력을 구축했다. 지난 시즌 맨유는 브루노, 래쉬포드, 포그바 등 2선과 중앙에 좋은 전력을 가지고 있음에도 최전방에서 마침표를 찍지 못해 어려움을 겪었는데 호날두와 산초를 영입하면서 고민을 확실하게 해결했다. 여기에 매과이어의 파트너로 또다른 월드클래스 수비수인 바란을 영입해 리그 최고의 수비 라인을 구축했다. 퍼거슨 시대 이후 무관의 설움을 씻어내기 위한 동기부여는 이적시장을 통해 충분히 보여줬다. "우승을 위해 돌아왔다."는 호날두의 일성과도 같이 이번 시즌에는 트로피를 거머쥘 수 있을까?

MANAGER : Ole GUNNAR SOLSKJAER 올레 군나르 솔샤르

Personal Information
생년월일 : 1973.02.26 | 출생지 : 크리스티안순(노르웨이)
현역시절 포지션 : 공격수 | 계약만료 : 2024.6.30
평균 재직 기간 : 2.01년 | 선호 포맷 : 4-2-3-1

History
'슈퍼 서브'와 '동안의 암살자'라는 별명이 붙었던 맨유의 레전드. 1996년 처음 맨유의 유니폼을 입은 후 1998-99시즌 트레블의 주인공이 되었고, 2014년까지 활약하며 총 366경기에 출전해 126골을 기록했다. 은퇴 후 맨유의 리저브 팀, 카디프, 몰데를 이끌다가 2018년 12월, 맨유로 돌아와 1군 팀 지휘봉을 잡았다.

Style
맨유에 와서 영입한 매과이어, 완-비사카, 브루노 등이 대부분 성공하며 선수를 보는 안목이 탁월하다는 평가를 받고 있고, 전술적으로는 빠른 역습, 세밀한 패턴 플레이, 안정적인 수비 등 '스승' 퍼거슨 감독과 유사한 스타일이다. 상당히 공격적인 색깔을 가지고 있고, 맨유 부임 후 '팀 정신'을 일깨우며 부활을 이끌고 있다. 특히 부드러운 리더십을 바탕으로 포그바 등 개성 넘치는 선수들을 '원 팀'으로 만들었다는 호평을 받고 있다.

우승 – 준우승 횟수

	ENGLISH PREMIER LEAGUE	ENGLISH FA CUP	UEFA CHAMPIONS LEAGUE
	20-17	12-8	3-2
	UEFA EUROPA LEAGUE	FIFA CLUB WORLD CUP	UEFA-CONMEBOL INTERCONTINENTAL
	1-1	1-0	1-1

SQUAD LIST

위치	번호	선수	국적	키	생년월일	전 소속팀
GK	1	David De Gea	ESP	192	90-11-07	Atlético Madrid
	13	Lee Grant	ENG	193	83-01-27	Stoke C
	22	Thomas Heaton	ENG	188	86-04-15	Aston Villa
	26	Dean Henderson	ENG	190	97-03-12	Carlisle U
DF	2	Victor Lindelöf	SWE	187	94-07-17	Benfica
	3	Eric Bailly	CIV	187	94-04-12	Villarreal
	4	Phil Jones	ENG	180	92-02-21	Blackburn R
	5	Harry Maguire	ENG	188	93-03-05	Leicester C
	19	Raphaël Varane	FRA	191	93-04-25	Real Madrid
	20	Diogo Dalot	POR	184	99-03-18	FC Porto
	23	Luke Shaw	ENG	185	95-07-12	Southampton
	27	Alex Telles	BRA	181	92-12-15	FC Porto
	29	Aaron Wan-Bissaka	ENG	183	97-11-26	Crystal Palace
	43	Teden Mengi	ENG	183	02-04-30	None
MF	6	Paul Pogba	FRA	191	93-03-15	Juventus
	8	Juan Mata	ESP	170	88-04-28	Chelsea
	14	Jesse Lingard	ENG	175	92-12-15	None
	15	Andreas Pereira	BRA	177	96-01-01	PSV Eindhoven
	17	Fred	BRA	169	93-03-05	Shakhtar Donetsk
	18	Bruno Fernandes	POR	179	94-09-08	Sporting CP
	25	Jadon Sancho	ENG	178	00-03-25	Borussia Dortmund
	31	Nemanja Matić	SRB	194	88-08-01	Chelsea
	34	Donny van de Beek	NED	187	97-04-18	Ajax
	39	Scott McTominay	SCO	178	96-12-08	None
	46	Hannibal Mejbri	FRA	184	03-01-21	Monaco
FW	7	Cristiano Ronaldo	POR	187	85-02-05	Juventus
	9	Anthony Martial	FRA	181	95-12-05	Monaco
	10	Marcus Rashford	ENG	180	97-10-31	None
	11	Mason Greenwood	ENG	181	01-10-01	None
	16	Amad Diallo	CIV	173	02-07-11	Atalanta
	21	Edinson Cavani	URU	184	87-02-14	Paris St-Germain

2021-22 SEASON SCHEDULE

날짜	장소	상대팀	날짜	장소	상대팀
08-14	H	Leeds United	12-28	H	Burnley
08-22	A	Southampton	01-01	H	Wolverhampton
08-29	A	Wolverhampton	01-15	A	Aston Villa
09-11	H	Newcastle Utd	01-22	H	West Ham Utd
09-19	A	West Ham Utd	02-08	A	Burnley
09-25	H	Aston Villa	02-12	H	Southampton
10-02	A	Everton	02-19	A	Leeds United
10-16	A	Leicester City	02-26	H	Watford
10-23	H	Liverpool	03-05	A	Manchester City
10-30	A	Tottenham	03-12	H	Tottenham
11-06	H	Manchester City	03-19	A	Liverpool
11-20	A	Watford	04-02	H	Leicester City
11-27	H	Chelsea	04-09	A	Everton
11-30	H	Arsenal	04-16	H	Norwich City
12-04	H	Crystal Palace	04-23	A	Arsenal
12-11	A	Norwich City	04-30	H	Brentford
12-14	A	Brentford	05-07	A	Brighton
12-18	H	Brighton	05-15	H	Chelsea
12-26	A	Newcastle Utd	05-22	A	Crystal Palace

RANKING OF LAST 10YEARS

11-12	12-13	13-14	14-15	15-16	16-17	17-18	18-19	19-20	20-21
2	1	7	4	5	6	2	6	3	2
89점	89점	64점	70점	66점	69점	81점	66점	66점	74점

STRENGTHS & WEAKNESSES

OFFENSE		DEFENSE	
오픈 플레이	B	오픈 플레이 수비	A
카운터 어택	B	카운터 어택 수비	C
짧은 패스 게임	A	짧은 패스 게임 수비	D
롱볼 연계 플레이	C	롱볼 연계 플레이 수비	C
솔로 플레이	C	솔로 플레이 수비	D
중거리 슈팅 / 직접 프리킥	A	중거리 슈팅 수비	E
측면 공격	A	측면 수비	C
세트 플레이	C	세트 플레이 수비	B
위협적인 공격 횟수	B	공중전 능력	C
슈팅 대비 득점	B	볼 쟁탈전 / 투쟁심	A
오프사이드 피하기	D	실수 조심	D
볼 점유율	A	파울 주의	C

A 매우 우수함 B 우수함 C 평균 수준 D 부족함 E 많이 부족함

STADIUM

Old Trafford

- 구장 오픈 : 1910년
- 구장 증개축 : -
- 구장 소유 : 맨체스터 유나이티드
- 수용 인원 : 7만 4140명
- 피치 규모 : 105 X 68m
- 잔디 종류 : 하이브리드 잔디

BASIC FORMATION

4-2-3-1

ODDS CHECK

베팅회사	Premier Lague		Champions League	
	배당률	우승 확률	배당률	우승 확률
bet365	5배	4위	8배	4위
sky bet	5배	3위	8배	4위
William HILL	5배	4위	9배	5위
888sport	5.5배	4위	9배	5위

*우승 확률이 높을수록 배당률은 낮아짐

TOTO GUIDE 지난시즌 전적

상대팀	홈	원정
Manchester City	0-0	2-0
Liverpool	2-4	0-0
Chelsea	0-0	0-0
Leicester City	1-2	2-2
West Ham Utd	1-0	3-1
Tottenham	1-6	3-1
Arsenal	0-1	0-0
Leeds United	6-2	0-0
Everton	3-3	3-1
Aston Villa	2-1	3-1
Newcastle Utd	3-1	4-1
Wolverhampton	1-0	2-1
Crystal Palace	1-3	0-0
Southampton	9-0	3-2
Brighton	2-1	3-2
Burnley	3-1	1-0
Fulham	1-1	2-1
West Brom	1-0	1-1
Sheffield Utd	1-2	3-2

20-21 SEASON TOP5

득점		어시스트		경고-퇴장	
B.페르난데스	18	B.페르난데스	12	H.매과이어	11-0
M.래시포드	11	M.래시포드	9	L.쇼	8-0
E.카바니	10	L.쇼	5	B.페르난데스	6-0
M.그린우드	7	A.완-비사카	4	프레드	5-0
S.맥토미니	4	P.포그바	3	M.래시포드	4-0

TACTICS & FUNCTIONS

OFFENSE
- 경기 운영 : 점유율, 높은 측면 공격
- 짧은 패스 / 긴 패스 비율 : 10.8대1
- 역습 시작 위치 : 비교적 앞쪽
- 직접 프리킥 : 페르난데스, 호날두, 래시포드
- 중거리 슈팅 : 페르난데스, 호날두, 래시포드
- 세트피스 헤딩 : 매과이어, 호날두, 바란
- 드리블 : 래시포드, 산초, 그린우드
- 결정적 패스 : 페르난데스, 포그바, 산초

DEFENSE
- 존디펜스 : 지역과 대인 기반 혼합형
- 맨투맨 : 지역방어 기반의 맨투맨
- 세로 방향 프레싱 위치 : 비교적 앞쪽
- 오프사이드 트랩 위치 : 골라인에서 19~21m
- 미드필드 스크리너 : 프레드, 맥토미니
- 공수 밸런스 유지 : 포그바, 판더베크
- 수비진 라인 컨트롤 : 바란, 린델뢰프
- 수비진 옵셔널 스토퍼 : 매과이어, 바이

PREMIER LEAGUE 2020-21 PERFORMANCE

MANCHESTER UNITED vs. OPPONENTS PER GAME STATS

맨체스터 Utd. vs 상대팀

맨체스터 Utd		상대팀	구분
1.92	⚽	1.16	득점
13.8	👟	11.3	슈팅
5.6	🥅	3.6	유효슈팅
2.0	🚩	1.6	오프사이드
553	PA	466	패스시도
467	PC	370	패스성공
85%	P%	79%	패스성공률
15.5	TK	18.8	태클시도
133	PR	160	볼소유자 압박
10.2	INT	14.5	인터셉트
2.6	🧤	3.5	GK 선방
11.9		10.5	파울
1.68	🟨	1.68	경고
0.026	🟥	0.079	퇴장

SCORED GOALS | WHO SCORED | ACTION ZONE | TACTICAL GOALS & SHOTS | SHOT CREATION | TIME

슈팅-득점 / 상대 슈팅-실점

- 26-8
- 298-54
- 202-8

신체 부위별 득점
- 왼발 15 / 오른발 42
- 헤더 13 / 기타 부위 0
- 상대자책골 3골

상대 신체 부위별 실점
- 왼발 12 / 오른발 20
- 헤더 10 / 기타 부위 0
- 자책골 실점 2골

- 153-4
- 238-24
- 33-14

포지션별 득점
- FW진 36골
- MF진 27골
- DF진 7골
- 상대자책골 3골

상대 포지션별 실점
- DF진 10골
- MF진 7골
- FW진 25골
- 자책골 실점 2골

공격 방향: 42% / 25% / 33%

볼 점유 위치
- 상대 진영 31%
- 중간 지역 42%
- 우리 진영 27%

득점 패턴 73골 (11 / 3 / 10 / 7 / 6 / 47)
- OPEN PLAY
- COUNTER ATTACK
- SET PLAY
- PENALTY KICK
- OWN GOAL

실점 패턴 44골 (4 / 2 / 23 / 14 / 1)

슈팅 패턴 526 (123 / 13 / 11 / 379)
상대 슈팅 패턴 424 (104 / 12 / 4 / 304)

슈팅 기회 창출 879 (49 / 20 / 54 / 45 / 75 / 636)
- LIVE-BALL PASSES+
- DEAD-BALL PASSES+
- DRIBBLES+
- SHOTS+
- FOULS DRAWN+
- DEFENSIVE ACTIONS+

상대 슈팅 기회 창출 666 (32 / 19 / 30 / 35 / 45 / 505)

득점 시간대
- 46-60: 19 / 61-75: 8 / 76-90: 15 / 1-15: 10 / 16-30: 11 / 31-45: ...

득실차
- +11 / -1 / +10 / +5 / +5 / -1

실점 시간대
- 8 / 15 / 9 / 5 / 6 / 11

PERFORMANCE | POSSESSION | DUEL

패스 시도: 평균 553 (SHORT PASSES 506 / LONG BALLS 47)
패스 성공: 평균 469 (SHORT PASSES 443 / LONG BALLS 26)

전체 평균: 55% (75% / 50% / 25%)
홈 경기: 56%
원정 경기: 53%

불쟁탈전: 평균 99 (성공 50 / 실패 49)
공중전: 평균 25.6 (성공 14.5 / 실패 11.1)
볼 소유자 압박: 평균 133 (불탈취 39 / 실패 94)

DANGEROUS ATTACKS

맨체스터 Utd 공격: 평균 56.8 / 슈팅 13.8
상대팀 공격: 평균 43.1 / 슈팅 11.3

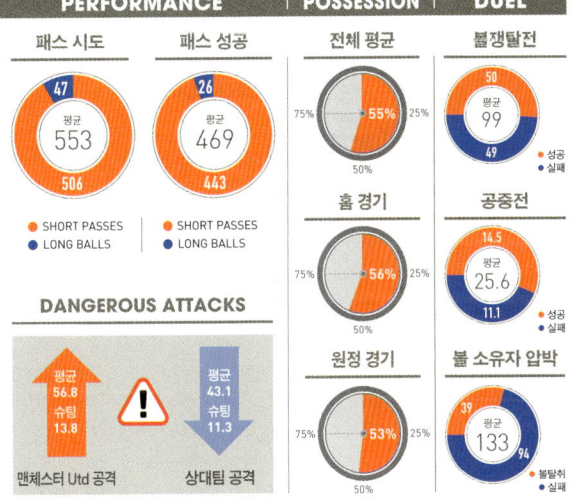

유럽 5대 리그 스카우팅 리포트 2021-22

David DE GEA 1
다비드 데헤아 · GK

SCOUTING REPORT
한때 세계 최고 GK 중 1명이었다. 그러나 지난 시즌 부진했다. 올 시즌 개막 2연전 선발로 출전했으나 향후 딘 헨더슨과 경쟁이 치열할 것이다. 정상 컨디션일 경우 반사신경을 이용한 슈퍼세이브는 압도적이다. 몸을 사리지 않는 다이빙, 역동작에서 발을 뻗어 막는 장면은 압권이다. 1대1 방어 자세에서 팔을 밑으로 내려 '알까기'를 방지한 것도 중요한 변화다. 그러나 지난 시즌부터 잔 실수가 늘어났다.

PLAYER'S HISTORY
2009년 아틀레티코 마드리드에서 데뷔했고, 2011년 여름 맨유로 이적해 '판데사르의 후계자'가 되었다. 맨유에서 프리미어리그 1회를 비롯해 7차례 우승했다. 스페인 가수 엔두르네와 결혼해 딸 야나이를 두었다.

주로 사용하는 발: 오른발 95%
우승: 1부리그 1-3, 협회컵 1-2, 챔피언스 0-0
준우승: 클럽 월드컵 0-0, UEFA 유로 0-0, 월드컵 0-0

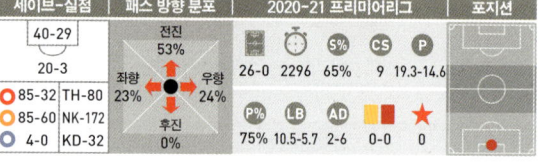

Raphaël VARANE 19
라파엘 바란 · DF

SCOUTING REPORT
세계 최고 센터백 중 1명. 매과이어와 맨유에서 '통곡의 벽'을 만들었다. 191cm의 장신이지만 공격수인 오바메양, 네이마르를 달리기로 따라잡을 정도로 빠른 발을 자랑한다. 지능적이고 예측력이 뛰어나 태클, 마킹, 인터셉트를 효율적으로 해낸다. 특히 볼만 정확히 걷어내는 태클은 압권이다. 수비 시 집중력이 좋아 잔 실수가 거의 없고, 발 기술과 패싱력도 수준급이다. 큰 키를 활용한 제공권도 강점이다.

PLAYER'S HISTORY
2011년 18세의 나이로 레알 마드리드 입성 후 라리가 3회, 챔피언스리그 4회, 월드컵 1회 외에도 국내외 모든 대회를 통틀어 19개의 트로피를 수집했다. 레알 이적 당시 처음 받은 19번을 달고 맨유에서의 새 출발과 함께 커리어에 몇 개의 트로피를 추가할지 기대가 된다.

주로 사용하는 발: 오른발 60%
우승: 1부리그 0-1, 협회컵 0-0, 챔피언스 0-0
준우승: 클럽 월드컵 0-0, UEFA 유로 0-1, 월드컵 0-0

Luke SHAW 23
루크 쇼 · DF

SCOUTING REPORT
발목과 햄스트링을 다쳐 잠깐 결장한 것을 제외하곤 풀타임 활약했다. 빠른 주력, 준수한 기본기, 영리한 축구 지능과 정확한 판단력으로 수비를 펼친다. 마킹과 태클은 리그 최고 수준이다. 커리어 초창기에는 폭발적인 주력을 이용한 오버래핑과 낮고 빠른 크로스로 찬스를 만들었다. 그러나 이제는 콤비네이션 플레이로 측면 빌드업을 주도한다. 크로스의 성공률이 높아지면서 '완성형 레프트백'이 되었다.

PLAYER'S HISTORY
사우샘프턴 유스팀에서 축구를 시작했고, 16살 때인 2011년 프로 선수로 데뷔했다. 2013-14시즌 PFA '올해의 팀'에 선정됐고, 2014년 여름 맨유로 이적했다. 맨유 소속으로 FA컵 1회 우승 및 EPL 1회 준우승했다. 잉글랜드 국가대표로 유로 2020 준우승을 경험했다.

주로 사용하는 발: 왼발 92%
우승: 1부리그 0-1, 협회컵 1-1, 챔피언스 0-0
준우승: 클럽 월드컵 0-0, UEFA 유로 0-1, 월드컵 0-0

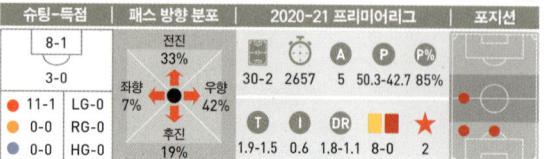

Paul POGBA 6
폴 포그바 · MF

SCOUTING REPORT
프랑스 대표팀에서 '파트릭 비에이라의 후계자'로 꼽힌다. 191cm의 거구지만 상당히 민첩한 중앙 MF다. 마르세유턴, 엘라스티코, 라 크로케타, 플리플랩 등 화려한 드리블 기술로 상대의 압박을 쉽게 벗겨낸다. 최강의 무기는 레이저 롱패스. 또한 상대 수비의 틈을 가르는 칼날 스루패스도 돋보인다. 거리와 상관없이 폭발적인 중거리 슈팅을 날린다. 중앙 미드필드 자리에 수비력이 좋은 파트너가 필요하다.

PLAYER'S HISTORY
2009년, 퍼거슨 감독에 의해 맨유에 입단했으나 퍼포먼스가 별로였다. 2012년 유벤투스로 이적한 직후 기량이 만개해 8차례 우승했다. 결국 2016년, 당시 역대 최고인 1억 유로에 맨유로 복귀했다. 프랑스 대표로 유로 2016 준우승 및 2018 월드컵 우승을 경험했다.

주로 사용하는 발: 오른발 88%
우승: 1부리그 5-3, 협회컵 2-1, 챔피언스 0-2
준우승: 클럽 월드컵 0-0, UEFA 유로 0-1, 월드컵 1-0

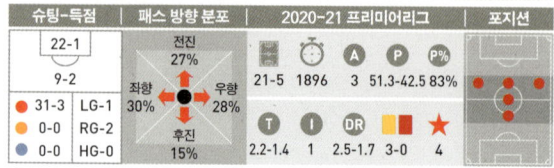

Bruno FERNANDES 18
브루누 페르난데스 · MF

SCOUTING REPORT
맨유의 명실상부한 에이스. EPL 37경기에 출전해 18골-12도움을 기록했다. 10번의 PK 기회에서 9골을 넣었다. 박스 외곽에서 중거리 슈팅과 직접 프리킥 등 73차례나 폭발적인 슈팅을 날렸다. 시야가 넓고 창의적인 패스를 구사한다. 부드러운 양발 전환으로 화려한 드리블을 선보인다. 마르세유턴, 스텝온, 힐트릭 등 고난도 테크닉을 발휘한다. 인성이 좋고 리더십도 강해 많은 선수들의 존경을 받는다.

PLAYER'S HISTORY
세리에B의 노바라에서 처음 프로 커리어를 시작해 우디네세와 삼프도리아를 거치며 잠재력을 인정받아 스포르팅으로 귀환하였다. 스포르팅에서 본격적인 잠재력이 폭발해 결국 6300만 유로의 이적료를 기록하며 맨유 유니폼을 입었다.

주로 사용하는 발: 오른발 92%

	1부리그: 0-1	협회컵: 1-1	챔피언스: 0-0
우승/준우승	클럽 월드컵: 0-0	UEFA 유로: 0-0	월드컵: 0-0

슈팅-득점: 48-17 / 73-1 / 121-18 LG-1 / 16-0 RG-16 / 10-9 HG-1
패스 방향 분포: 전진 30%, 좌향 26%, 우향 27%, 후진 18%
2020-21 프리미어리그: 35-2 3110 12 57.1-44.7 78% 3.5-1.5 0.7 1.2-0.6 6-0 6

Donny VAN DE BEEK 34
도니 판데베크 · MF

SCOUTING REPORT
EPL 데뷔 시즌은 실망스러웠다. 프레드, 마티치, 포그바, 맥토미니에 밀렸다. 올 시즌도 벤치에서 출발했다. EPL 분위기와 팀 플레이에 더 적응해야 한다. 판데베크는 DM, CM, AM 등 중앙에 특화된 선수다. '박스-투-박스'로 움직인다. 패스 콤비네이션, 날카로운 컷-인으로 박스에 침투한다. 시야가 넓고, 경기 조율을 잘하며 '핀-포인트' 패스를 구사한다. 투쟁심을 앞세운 오프 더 볼 움직임도 OK.

PLAYER'S HISTORY
아약스 유스 출신으로 2015년 1군에서 데뷔했다. 매년 뛰어난 활약을 펼쳤고, 특히 18-19시즌 챔피언스리그에서 아약스의 돌풍을 이끌며 중원에서 맹활약했다. 이후 능력을 인정 받아 2020년 맨유에 입단하며 빅리그에 발을 딛었다.

주로 사용하는 발: 오른발 89%

	1부리그: 1-5	협회컵: 1-0	챔피언스: 0-0
우승/준우승	클럽 월드컵: 0-0	UEFA 유로: 0-0	월드컵: 0-0

슈팅-득점: 1-1 / 1-0 / 2-1 LG-0 / 0-0 RG-1 / 0-0 HG-0
패스 방향 분포: 전진 22%, 좌향 33%, 우향 25%, 후진 20%
2020-21 프리미어리그: 4-15 515 1 14.4-12.4 86% 1.2-0.8 0.3 0.6-0.4 1-0 0

Cristiano RONALDO 7
크리스티아누 호날두 · FW

SCOUTING REPORT
역시 호날두였다. 그는 12년 만에 친정팀 맨유로 돌아왔고, 복귀전인 뉴캐슬전에서 멀티골을 폭발시켰다. 30대 중반을 넘어 섰지만, 그의 파워는 여전했다. 양발을 사용해 터뜨리는 폭발적인 슈팅, 재치 있는 힐킥과 페이크, 마이클 조던을 연상케 하는 점프력과 헤더, 동료들을 위한 섬세한 피딩 등 실력은 전혀 녹슬지 않았다. PSG로 이적한 '숙명의 라이벌' 메시와의 '황혼 축구神 경쟁'은 계속될 것이다.

PLAYER'S HISTORY
스포르팅에서 축구를 시작해 맨체스터 유나이티드에서 잠재력을 폭발시킨 후 레알 마드리드에서 대성한 슈퍼스타. 발롱도르를 5회 수상하며 정점을 찍었다. 유벤투스를 거쳐 다시 친정팀 맨유로 돌아온 호날두가 또 어떤 역사를 쓸 수 있을지 기대되는 시즌이다.

주로 사용하는 발: 오른발 83%

	1부리그: 7-6	협회컵: 4-4	챔피언스: 5-1
우승/준우승	클럽 월드컵: 4-0	UEFA 유로: 1-1	월드컵: 0-0

슈팅-득점: 104-28 / 64-1 / 168-29 LG-6 / 17-0 RG-16 / 8-6 HG-7
패스 방향 분포: 전진 21%, 좌향 18%, 우향 35%, 후진 25%
2020-21 세리에 A: 31-2 2803 3 29.9-24.5 82% 0.5-0.2 0.2 2.9-1.8 3-0 8

Marcus RASHFORD 10
마커스 래시포드 · FW

SCOUTING REPORT
주전 공격수로 11골-9도움을 올렸다(시즌 평점 7.13점). 공간에 볼이 투입되는 시점에 수비수보다 뒤에 있었음에도 스피드로 제치고 볼을 차지한다. 드리블 하면서 더블터치, 플립플랩, 크로스오버턴을 자유롭게 구사한다. 발목 힘이 워낙 강해 어떤 위치에서든 파괴적인 슈팅을 날린다. 무회전킥과 스핀킥 모두 날카롭게 골문을 파고든다. 가끔 판단 미스를 범하고, 너무 저돌적으로 밀어붙이는 단점이 있다.

PLAYER'S HISTORY
'데뷔전의 사나이.' EPL, 유로파리그, 챔피언스리그, 리그컵, A매치 데뷔전에서 모두 골을 터뜨린 역사상 유일한 선수다. 그는 '천사표'다. 맨체스터 노숙자를 돕는 캠페인에 참여하고 있으며 많은 돈을 기부한다. 이 때문에 지난해 10월 대영제국 5급 훈장을 받았다.

주로 사용하는 발: 오른발 90%

	1부리그: 0-2	협회컵: 1-1	챔피언스: 0-0
우승/준우승	클럽 월드컵: 0-0	UEFA 유로: 0-1	월드컵: 0-0

슈팅-득점: 49-9 / 30-2 / 79-11 LG-3 / 5-0 RG-8 / 0-0 HG-0
패스 방향 분포: 전진 20%, 좌향 16%, 우향 31%, 후진 34%
2020-21 프리미어리그: 33-4 2928 9 32.1-26.3 82% 1.0-0.5 0.4 4.4-2.2 4-0 3

범례

○ 상대대효호 시도-실점 | ○ 상대대효호 시도-선방 | ○ 상대 PK 시도-선방 | ● 전체 슈팅 시도-득점 | ● 직접 프리킥 시도-득점 | ● PK 시도-득점 | TH 던지기 | NK 골킥 | KD 평균골킥 거리(m) | LG 왼발 득점 | RG 오른발 득점 | HG 헤더 득점 | 출전횟수 선발-교체 | 출전시간 분(MIN) | S% GK 선방률 | CS GK 클린시트 | A 도움 | P 평균패스 시도-성공 | P% 패스 성공률 | LB 평균롱볼 캐치·펀칭 시도-성공 | AD 공중볼 시도-성공 | T 평균태클 시도-성공 | I 평균 인터셉트 | DR 평균드리블 시도-성공 | 페어플레이 경고-퇴장 | ★ MOM

GK Dean HENDERSON 26
딘 헨더슨

맨유 유스 시절부터 잉글랜드의 미래라는 평가를 받았던 젊은 GK. 지난 시즌 후반기 다비드 데헤아와의 경쟁에서 우위를 점했다. 엄청난 반사 신경을 바탕으로 가까운 거리에서의 슈팅을 막아내는데 일가견이 있다. 프로 무대에서 7차례의 PK 중 무려 4개를 막아내는 기염을 토했다. 이는 데헤아와 확실히 비교되는 점이다. 어린 나이답지 않게 침착하다.

주로 사용하는 발: 오른발 91%

	우승	준우승
1부리그	0-1	
협회컵	0-0	
챔피언스	0-0	
클럽 월드컵	0-0	
UEFA 유로	0-0	
월드컵	0-0	

세이브-실점: 28-12 / 16-0
- ○ 50-12 TH-61
- ○ 50-38 NK-94
- ○ 0-0 KD-32

패스 방향 분포: 전진 55%, 좌향 22%, 우향 24%, 후진 0%

2020-21 프리미어리그: 12-1 / 1125 / 5% / CS 4 / P 19.8-13.4 / P% 67% / LB 10.7-4.8 / AD 8-4

DF Victor LINDELÖF 2
빅토르 린델뢰프

CB 겸 RB. 맨유 이적 후 거친 EPL 무대에서 고전 했지만 벌크업을 통해 몸무게를 늘리면서 몸싸움에 능한 수비수가 됐다. 발이 빠르고, 예측을 잘 하는 편이다. 1대1 수비력은 EPL 정상급이다. 상대 공격수에게 웬만해서는 드리블 돌파를 허용하지 않는다. 양발을 활용한 패스 성공률은 90%를 상회한다. 롱-볼보다는 짧은 패스 콤비네이션과 드리블로 빌드업을 돕는다.

주로 사용하는 발: 오른발 84%

	우승	준우승
1부리그	4-3	
협회컵	0-0	
챔피언스	2-2	
클럽 월드컵	0-0	
UEFA 유로	0-0	
월드컵	0-0	

슈팅-득점: 4-1 / 0-0
- ● 5-1 LG-0
- ● 0-0 RG-1
- ● 0-0 HG-0

패스 방향 분포: 전진 35%, 좌향 36%, 우향 25%, 후진 4%

2020-21 프리미어리그: 29-2 / 2586 / 1 / A 64.3-57.2 / P% 90% / T 1.2-0.8 / I 1.1 / DR 0.2-0.1

DF Eric BAILLY 3
에릭 바이

지난 시즌 충돌 타박상 및 코로나 양성 반응으로 총 50여일 결장한 탓에 리그 12경기 출전에 그쳤다. 정상 컨디션일 경우 강력한 운동능력과 뛰어난 피지컬을 통해 좋은 수비를 보여준다. 프레싱과 마킹이 주특기다. 선수 시절 초창기 패스 성공률 80%대 중반이었으나 최근 2년 사이 90% 안팎으로 높아졌다. 파워풀한 태클을 하다 파울을 자주 범하는 게 문제.

주로 사용하는 발: 오른발 87%

	우승	준우승
1부리그	0-2	
협회컵	0-1	
챔피언스	0-0	
클럽 월드컵	0-0	
CAF 네이션스컵	1-0	
월드컵	0-0	

슈팅-득점: 2-0 / 0-0
- ● 2-0 LG-0
- ● 0-0 RG-0
- ● 0-0 HG-0

패스 방향 분포: 전진 35%, 좌향 39%, 우향 22%, 후진 4%

2020-21 프리미어리그: 10-2 / 915 / 0 / A 46.8-41.4 / P% 88% / T 0.5-0.4 / I 1.1 / DR 0.3-0.3 / 3-0

DF Harry MAGUIRE 5
해리 매과이어

2019년 여름 맨유에 입성했다. 뛰어난 리더십으로 첫 시즌부터 주장을 맡았다. 월등한 신체조건과 뛰어난 운동능력으로 헌신적이고 투쟁적인 수비를 펼친다. 부상 경력도 별로 없다. 센터백이지만 중앙에서 왼쪽을 넘나드는 움직임을 보인다(히트맵 분석 결과). 세트플레이 헤더는 위력적인 무기다. 경기 평균 4~5개의 롱볼과 50여 차례 숏패스로 빌드업을 돕는다.

주로 사용하는 발: 오른발 86%

	우승	준우승
1부리그	0-1	
협회컵	0-0	
챔피언스	0-0	
클럽 월드컵	0-0	
UEFA 유로	0-1	
월드컵	0-0	

슈팅-득점: 33-2 / 3-0
- ● 36-2 LG-0
- ● 0-0 RG-0
- ● 0-0 HG-2

패스 방향 분포: 전진 36%, 좌향 24%, 우향 37%, 후진 4%

2020-21 프리미어리그: 34-0 / 3048 / 1 / A 65.5-57.2 / P% 87% / T 1.2-0.9 / I 1.8 / DR 0.4-0.2 / 11-0 / ★ 4

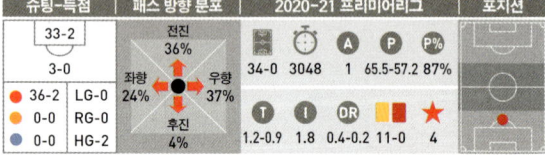

DF Alex TELLES 27
알렉스 텔레스

주 위치는 레프트백이지만 레프트윙 출신이라 압도적인 공격을 선보인다. 볼을 인터셉트 한 뒤 평균 이상의 스피드로 과감히 치고 올라간다. 패스 콤비네이션, 얼리 크로스, 스루패스로 기회를 만든다. 전 소속팀 포르투에서 프리킥, 페널티킥 키커였다. 실력은 출중하나 마르셀루, 필리피, A.산드루 등 브라질의 '미친 레프트백 라인업' 때문에 A대표 경력은 많지 않다.

주로 사용하는 발: 오른발 93%

	우승	준우승
1부리그	3-5	
협회컵	3-1	
챔피언스	0-0	
클럽 월드컵	0-0	
UEFA 유로	0-0	
월드컵	0-0	

슈팅-득점: 2-0 / 3-0
- ● 5-0 LG-0
- ● 0-0 RG-0
- ● 0-0 HG-0

패스 방향 분포: 전진 32%, 좌향 8%, 우향 41%, 후진 19%

2020-21 프리미어리그: 8-1 / 692 / 2 / A 50.9-43.2 / P% 85% / T 2.6-1.6 / I 1.1 / DR 0.8-0.4

DF Aaron WAN-BISSAKA 29
아론 완 비사카

'태클 마스터'다. 지난 시즌 EPL 수비수 최다인 129개의 태클을 성공시켰다. 긴 다리를 정확한 타이밍에 쭉 뻗어 볼만 쏙 걷어낸다. 완벽한 위치 선정으로 상대가 드리블 혹은 패스를 할 때 빠르게 예측하며 볼을 뺏어낸다. 지난 시즌 거의 풀타임 출전하면서도 교체되거나 다치지 않고 완주한 '철강왕'이다. 원래 라이트윙 출신이나 EPL에서는 수비에 더 치중하는 편이다.

주로 사용하는 발: 오른발 94%

	우승	준우승
1부리그	0-0	
협회컵	0-0	
챔피언스	0-0	
클럽 월드컵	0-0	
UEFA 유로	0-0	
월드컵	0-0	

슈팅-득점: 5-2 / 2-0
- ● 7-2 LG-0
- ● 0-0 RG-0
- ● 0-0 HG-0

패스 방향 분포: 전진 37%, 좌향 43%, 우향 5%, 후진 15%

2020-21 프리미어리그: 34-0 / 3060 / 4 / A 53.1-45.1 / P% 85% / T 3.0-2.6 / I 1.8 / DR 1.8-0.8 / ★ 3

| 전체 슈팅 시도-득점 | 직접 프리킥 시도-득점 | PK 시도-득점 | LG 왼발 득점 | RG 오른발 득점 | HG 헤더 득점 | 출전횟수 선발-교체 | 출전시간 분(MIN) | A 도움 | P 평균패스 시도-성공 | P% 패스 성공률 | T 평균태클 시도-성공 | I 평균 인터셉트 | DR 평균드리블 시도-성공 | 페어플레이 경고-퇴장 | MOM |

FW Edinson CAVANI 21
에딘손 카바니

이적 시장 폐막 직전 호날두가 맨유 유니폼을 입으면서 '공격 2옵션'으로 밀렸다. 게다가 등번호 7번도 호날두에게 양보했다. 하지만 카바니는 이런 상황을 쿨하게 받아들였다. 카바니는 '박스 안의 지배자' 겸 '골사냥꾼'이다. 다부진 체격에 다이내믹한 움직임, 정확하고 강력한 슈팅, 위력적인 제공권, 날카로운 라인 브레이킹 등 공격수에게 필요한 모든 것을 갖췄다.

주로 사용하는 발: 오른발 82%

우승	1부리그: 6-3	협회컵: 5-1	챔피언스: 0-0
준우승	클럽월드컵: 0-0	코파아메리카: 1-0	월드컵: 0-0

슈팅-득점
- 30-9
- 4-1
- 34-10 LG-1
- 0-0 RG-3
- 0-0 HG-6

패스 방향 분포: 전진 13%, 좌향 32%, 우향 28%, 후진 27%

2020-21 프리미어리그: 13-13 | 1372 | 3 | 12.9-10.0 | 77% | 0.9-0.5 | 0.2-0.3 | 4-0 | 1

MF FRED 17
프레드

왕성한 활동, 뛰어난 수비, 준수한 패스를 두루 갖췄다. 볼을 잡기 전 미리 시야를 확보한 후 감각적인 터치와 유연한 턴으로 압박을 벗겨낸다. 브라질 특유의 드리블로 과감하게 전진한다. 박스 근처에서 창의적인 '키패스'와 다양한 전진 패스를 뿌려준다. 태클이 정확하고, 상대 패스 길목을 잘 차단한다. 브라질 국가대표로 2021 코파 아메리카 풀타임 주전으로 활약했다

주로 사용하는 발: 왼발 72%

우승	1부리그: 0-0	협회컵: 0-0	챔피언스: 0-0
준우승	클럽월드컵: 0-0	UEFA 유로: 0-0	월드컵: 0-0

슈팅-득점
- 3-1
- 22-0
- 25-1 LG-1
- 0-0 RG-0
- 0-0 HG-0

패스 방향 분포: 전진 29%, 좌향 27%, 우향 33%, 후진 11%

2020-21 프리미어리그: 27-3 | 2397 | 0 | 60.2-52.8 | 88% | 4.7-2.7 | 1.9 | 1.1-0.8 | 3-0 | 1

MF Nemanja MATIĆ 31
네마냐 마티치

지난 시즌 기복을 보였다. 코로나 팬더믹 이후 솔샤르 감독에 의해 무리하게 계속 기용되면서 그 여파가 컸다는 지적이다. 마티치는 정상 컨디션일 경우 포백을 잘 보호하고, 안정적인 빌드업으로 팀플레이를 효율적으로 뒷받침할 수 있다. 큰 체격에 비해 볼을 잘 다루는 편이라 상대의 압박에서 잘 빗어난다. 나이가 있기에 선발은 힘들고, 백업 롤에 충실해야 할 것이다.

주로 사용하는 발: 왼발 86%

우승	1부리그: 3-4	협회컵: 1-3	챔피언스: 0-0
준우승	클럽월드컵: 0-0	UEFA 유로: 0-0	월드컵: 0-0

슈팅-득점
- 1-0
- 5-0
- 6-0 LG-0
- 0-0 RG-0
- 0-0 HG-0

패스 방향 분포: 전진 29%, 좌향 28%, 우향 33%, 후진 10%

2020-21 프리미어리그: 12-8 | 1102 | 4 | 50.8-45.9 | 90% | 2.2-1.3 | 1.1 | 1.1-0.9 | 2-0 | 0

MF Scott MCTOMINAY 39
스콧 맥토미니

기대에 못 미쳤던 판더벤크, 노쇠한 마티치를 대신할 중원 사령관이었다. 그러나 시즌 개막 후 2경기 만에 사타구니를 다쳐 수술을 받았다. 향후 중원에서 큰 역할을 할 것이다. '박스-투-박스'로 움직인다. 박력 넘치는 플레이로 팬들의 사랑을 받는다. 원래 공격수 출신이라 저돌적으로 오버래핑한다. 박스 외곽에서 기회가 생기면 위력적인 오른발 중거리 슈팅을 날린다.

주로 사용하는 발: 오른발 93%

우승	1부리그: 0-2	협회컵: 0-1	챔피언스: 0-0
준우승	클럽월드컵: 0-0	UEFA 유로: 0-0	월드컵: 0-0

슈팅-득점
- 16-2
- 10-2
- 26-4 LG-1
- 0-0 RG-2
- 0-0 HG-1

패스 방향 분포: 전진 31%, 좌향 36%, 우향 20%, 후진 13%

2020-21 프리미어리그: 24-8 | 2128 | 1 | 40.6-35.3 | 87% | 2.0-1.6 | 0.9 | 1.1-0.8 | 3-0 | 1

FW Anthony MARTIAL 9
앙토니 마샬

출전 정지, 대퇴부, 무릎 통증으로 보름간 결장했다. 여기에 카바니, 래시포드와 경쟁에서 밀렸다. 폭발적인 드리블, 정확한 패스, 날카로운 컷-인으로 공격을 주도한다. 수비를 등지는 플레이로 동료에게 피딩하거나 기습적인 터닝 슈팅을 날린다. 측면에서 중앙으로 민첩하게 치고 들어간다. 한때 '제2의 앙리'로 기대를 모았으나 매년 크고 작은 부상으로 아쉬움을 남겼다.

주로 사용하는 발: 오른발 85%

우승	1부리그: 0-3	협회컵: 1-1	챔피언스: 0-0
준우승	클럽월드컵: 0-0	UEFA 유로: 0-1	월드컵: 0-0

슈팅-득점
- 35-4
- 8-0
- 43-4 LG-0
- 0-0 RG-3
- 0-0 HG-1

패스 방향 분포: 전진 17%, 좌향 20%, 우향 34%, 후진 29%

2020-21 프리미어리그: 17-5 | 1488 | 3 | 21.9-18.5 | 84% | 0.6-0.1 | 0.4 | 2.7-1.6 | 0-1 | 1

FW Mason GREENWOOD 11
메이슨 그린우드

로빈 판페르시와 비슷하다. 어리지만 문전에서 꽤 침착하다. 순간적인 움직임으로 공간을 만들어 반 박자 빠른 슈팅을 시도한다. 양발을 모두 잘 쓰기에 수비하기 쉽지 않다. 우측에서 한 번 접은 후 시도하는 왼발 감아 차기는 전매특허다. 슈팅 기술이 뛰어난 데다 타이밍을 잘 잡기에 결정력이 높은 편이다. 그러나 드리블, 패스 콤비네이션, 수비에서 보완할 점이 많다.

주로 사용하는 발: 왼발 77%

우승	1부리그: 0-1	협회컵: 0-0	챔피언스: 0-0
준우승	클럽월드컵: 0-0	UEFA 유로: 0-0	월드컵: 0-0

슈팅-득점
- 42-7
- 20-0
- 67-7 LG-4
- 0-0 RG-2
- 0-0 HG-1

패스 방향 분포: 전진 15%, 좌향 37%, 우향 14%, 후진 34%

2020-21 프리미어리그: 21-10 | 1826 | 2 | 23.0-19.5 | 85% | 1.0-0.4 | 0.2 | 2.1-1.2 | 2-0 | 1

LIVERPOOL FC

아쉬운 이적 시장, 약해진 화력…치열한 경쟁 예고

구단 창립 : 1892년　**홈구장** : 안필드　**대표** : 톰 워너　**2020-21시즌** : 3위(승점 69점) 20승 9무 9패 68득점 42실점　**닉네임** : The Reds

센터백 줄 부상, 간신히 리그 3위로 마무리

이미 완성된 스쿼드에 여름 이적 시장에서 티아고 알칸타라, 디오구 조타 등을 영입하며 부족한 포지션을 보강했기 때문에 기대감은 높았다. 그러나 부상 악령이 발목을 잡았다. 시즌 초반 수비의 핵심 버질 판 데이크가 십자 인대 파열로 시즌아웃 판정을 받았고, 조 고메스, 조엘 마팁까지 부상으로 전력에서 이탈하며 위기속의 시즌을 보냈다. 급하게 파비뉴, 조던 헨더슨 등을 센터백으로 기용했지만 어디까지나 미봉책이었고, 겨울에 오잔 카박과 벤 데이비스를 급하게 데려왔지만 즉시 전력감으로 만족할 성적을 얻기는 어려웠다. 결국 수비 불안을 해결하지 못하고 혼전 속에 시즌 막판이 되어서야 겨우 3위의 성적으로 시즌을 마감할 수 있었다.

공격 보강 실패, 아쉬웠던 이적 시장

리버풀은 이번여름 이적 시장에서 센터백, 미드필더, 공격수 영입을 목표로 했고, 무엇보다 '마누라 라인'의 후계자를 찾고 공격라인의 다양성을 주기 위한 영입이 시급했다. 그러나 라이프치히로부터 젊은 센터백인 이브라히마 코나테를 영입한 것을 제외하면 특별한 영입은 없었고, 경쟁 팀인 맨유, 첼시와 비교했을 때 아쉬움이 컸다. 그나마 긍정적인 것은 판 데이크, 알렉산더-아놀드, 파비뉴, 알리송, 조던 헨더슨 등 핵심 선수들과 재계약을 체결하며 내부 단속에 성공한 것이고, 하비 엘리엇 등 젊은 선수들이 빠르게 성장하고 있다는 것이다.

'마누라 라인' 노쇠화, 치열한 경쟁 예고

마누라 라인(마네, 피르미누, 살라)의 노쇠화가 걱정이다. 지난 시즌 살라가 22골 5도움을 기록하며 고군분투 했지만 마네와 피르미누가 기대 이하의 경기력을 보여주면서 공격 보강이 필요했지만 결국에는 실패 했다. 리버풀의 목표는 이번 시즌도 우승이지만 확실하게 보강을 마친 맨유, 첼시, 맨시티와 경쟁에서 우위를 점할 수 있을지는 미지수다. 그러나 판 데이크가 부상에서 돌아온 것은 분명 긍정적이고, 클롭 감독의 지도력이 더해진다면 충분히 우승 경쟁이 가능하다.

MANAGER : Jurgen KLOPP 위르겐 클롭

Personal Information
- 생년월일 : 1967.06.16 / 출생지 : 슈투트가르트(독일)
- 현역시절 포지션 : 공격수, 수비수 / 계약만료 : 2024.6.30.
- 평균 재직 기간 : 5.31년 / 선호 포맷 : 4-3-3

History
현역시절 마인츠에서 11년간 활약했고, 처음에는 공격수로 뛰었지만 28세 때 센터백으로 포지션을 변경했다. 은퇴 후인 2001년 마인츠의 사령탑에 올라 뛰어난 지도력을 보여줬다. 2008년부터 2015년까지는 도르트문트를 지도하며 총 5번의 우승을 차지했다. 이후 리버풀의 부활을 이끌면서 2024년까지 재계약에 성공했다.

Style
"I'm the Normal One." 리버풀에 부임하며 스스로를 평범하다고 말했지만 세계 최고의 명장 중 하나다. '게겐프레싱'이라는 강력한 압박 축구를 추구하고, 리버풀에서는 빠른 공수 전환과 패스 축구까지 접목시키며 팀을 한 단계 더 끌어올렸다. 선수 보는 안목이 탁월해 리빌딩에 능하고, 압도적인 카리스마와 부드러운 리더십이 공존해 선수들의 존경을 받는 감독이다.

우승 - 준우승 횟수			
ENGLISH PREMIER LEAGUE	19-14	ENGLISH FA CUP	7-7
UEFA CHAMPIONS LEAGUE	6-3	UEFA EUROPA LEAGUE	3-1
FIFA CLUB WORLD CUP	1-1	UEFA-CONMEBOL INTERCONTINENTAL	0-2

SQUAD LIST

위치	번호	선수	국적	키	생년월일	전 소속팀
GK	1	Alisson Becker	BRA	191	92-10-02	Roma
GK	13	Adrián	ESP	190	87-01-03	West Ham U
GK	22	Loris Karius	GER	189	93-06-22	Mainz
GK	62	Caoimhin Kelleher	IRL	188	98-11-23	Ringmahon Rangers
DF	4	Virgil van Dijk	NED	193	91-07-08	Southampton
DF	5	Ibrahima Konaté	FRA	193	99-05-25	RB Leipzig
DF	12	Joe Gomez	ENG	188	97-05-23	Charlton Ath
DF	21	Kostas Tsimikas	GRE	177	96-05-12	Olympiakos
DF	26	Andrew Robertson	SCO	178	94-03-11	Hull C
DF	32	Joel Matip	CMR	195	91-08-08	Schalke
DF	47	Nathaniel Phillips	ENG	190	97-03-21	Bolton W
DF	66	Trent Alexander-Arnold	ENG	175	98-10-07	None
DF	76	Neco Williams	WAL	183	01-04-13	None
MF	3	Fabinho	BRA	187	93-10-23	Monaco
MF	6	Thiago Alcántara	ESP	165	91-04-11	Bayern Munich
MF	7	James Milner	ENG	175	86-01-04	Manchester C
MF	8	Naby Keita	GUI	172	95-02-10	RB Leipzig
MF	14	Jordan Henderson	ENG	182	90-06-17	Sunderland
MF	15	Alex Oxlade-Chamberlain	ENG	180	93-08-15	Arsenal
MF	17	Curtis Jones	ENG	185	01-01-30	None
MF	67	Harvey Elliott	ENG	170	03-04-04	Fulham
FW	9	Roberto Firmino	BRA	181	91-10-02	1899 Hoffenheim
FW	10	Sadio Mané	SEN	175	92-04-10	Southampton
FW	11	Mohamed Salah	EGY	175	92-06-15	Roma
FW	18	Takumi Minamino	JPN	174	95-01-16	Red Bull Salzburg
FW	20	Diogo Jota	POR	178	96-12-04	Wolverhampton W
FW	27	Divock Origi	BEL	185	95-04-18	Lille

2021-22 SEASON SCHEDULE

날짜	장소	상대팀	날짜	장소	상대팀
08-14	A	Norwich City	12-28	A	Leicester City
08-21	H	Burnley	01-01	A	Chelsea
08-28	H	Chelsea	01-15	H	Brentford
09-12	A	Leeds United	01-22	A	Crystal Palace
09-18	H	Crystal Palace	02-09	H	Leicester City
09-25	A	Brentford	02-12	A	Burnley
10-02	H	Manchester City	02-19	H	Norwich City
10-16	A	Watford	02-26	H	Arsenal
10-23	A	Manchester Utd	03-05	A	West Ham Utd
10-30	H	Brighton	03-12	A	Brighton
11-06	A	West Ham Utd	03-19	H	Manchester Utd
11-20	H	Arsenal	04-02	A	Watford
11-27	H	Southampton	04-09	H	Manchester City
11-30	A	Everton	04-16	A	Aston Villa
12-04	A	Wolverhampton	04-23	H	Everton
12-11	H	Aston Villa	04-30	A	Newcastle Utd
12-15	H	Newcastle Utd	05-07	H	Tottenham
12-18	A	Tottenham	05-15	A	Southampton
12-26	H	Leeds United	05-22	H	Wolverhampton

RANKING OF LAST 10YEARS

시즌	11-12	12-13	13-14	14-15	15-16	16-17	17-18	18-19	19-20	20-21
순위	8	7	2	6	8	4	4	2	1	3
승점	52점	61점	84점	62점	60점	76점	75점	97점	99점	69점

STRENGTHS & WEAKNESSES

OFFENSE		DEFENSE	
오픈 플레이	A	오픈 플레이 수비	B
카운터 어택	B	카운터 어택 수비	C
짧은 패스 게임	B	짧은 패스 게임 수비	D
롱볼 연계 플레이	C	롱볼 연계 플레이 수비	B
솔로 플레이	C	솔로 플레이 수비	C
중거리 슈팅 / 직접 프리킥	C	중거리 슈팅 수비	C
측면 공격	B	측면 수비	B
세트 플레이	A	세트 플레이 수비	B
위협적인 공격 횟수	A	공중전 능력	D
슈팅 대비 득점	C	볼 쟁탈전 / 투쟁심	B
오프사이드 피하기	C	실수 조심	D
볼 점유율	A	파울 주의	C

A 매우 우수함　B 우수함　C 평균 수준　D 부족함　E 많이 부족함

STADIUM

Anfield

구장 오픈	1884년	구장 증개축	-
구장 소유	펜웨이 스포츠 그룹	수용 인원	5만 3394명
피치 규모	101 X 68m	잔디 종류	하이브리드 잔디

ODDS CHECK

베팅회사	Premier Lague		Champions League	
	배당률	우승 확률	배당률	우승 확률
bet365	4.5배	3위	9배	6위
sky bet	5배	3위	9배	6위
William HILL	4.5배	3위	10배	6위
888sport	4.75배	3위	9배	5위

*우승 확률이 높을수록 배당률은 낮아짐

20-21 SEASON TOP5

득점		어시스트		경고·퇴장	
M.살라	22	A.로버슨	7	파비뉴	6-0
S.마네	11	T.알렉산더-아놀드	7	티아고	4-0
R.피르미누	9	R.피르미누	7	S.마네	3-0
D.조타	9	S.마네	7	O.카박	3-0
T.알렉산더-아놀드	2	M.살라	5	J.밀너	3-0

BASIC FORMATION

4-3-3

TOTO GUIDE 지난시즌 전적

상대팀	홈	원정
Manchester City	1-4	1-1
Manchester Utd	0-0	4-2
Chelsea	0-1	2-0
Leicester City	3-0	1-3
West Ham Utd	2-1	3-1
Tottenham	2-1	3-1
Arsenal	3-1	3-0
Leeds United	4-3	1-1
Everton	0-2	2-2
Aston Villa	2-1	2-7
Newcastle Utd	1-1	0-0
Wolverhampton	4-0	1-0
Crystal Palace	2-0	7-0
Southampton	2-0	0-1
Brighton	0-1	1-1
Burnley	0-1	3-0
Fulham	0-1	1-1
West Brom	1-1	2-1
Sheffield Utd	2-1	2-0

TACTICS & FUNCTIONS

OFFENSE

- 경기 운영 : 압도적인 점유율, 측면 공격
- 짧은 패스 / 긴 패스 비율 : 11.1대1
- 역습 시작 위치 : 매우 앞쪽
- 직접 프리킥 : 아놀드, 살라, 로버슨
- 중거리 슈팅 : 아놀드, 살라, 티아고
- 세트피스 헤딩 : 판데이크, 마팁, 고메스
- 드리블 : 마네, 살라, 조타
- 결정적 패스 : 살라, 티아고, 피르미누

DEFENSE

- 존디펜스 : 지역방어 기반의 존디펜스
- 맨투맨 : 지역과 대인 기반 혼합형
- 세로 방향 프레싱 위치 : 매우 앞쪽
- 오프사이드 트랩 위치 : 골라인에서 20~22m
- 미드필드 스크리너 : 파비뉴, 케이타
- 공수 밸런스 유지 : 헨더슨, 티아고
- 수비진 라인 컨트롤 : 판데이크, 코나테
- 수비진 옵셔널 스토퍼 : 마팁, 고메스

PREMIER LEAGUE 2020-21 PERFORMANCE

LIVERPOOL FC vs. OPPONENTS PER GAME STATS

리버풀 FC vs 상대팀

독점	슈팅	유효슈팅	오프사이드	패스시도	패스성공	패스성공율	태클	볼소유자 압박	인터셉트	GK 선방	파울	경고	퇴장
1.79 / 1.11	16.0 / 8.5	5.6 / 3.6	1.7 / 1.7	639 / 407	538 / 307	86% / 75%	14.7 / 18.2	142 / 159	9.1 / 13.4	2.6 / 3.7	10.4 / 11.8	1.052 / 1.473	0.000 / 0.052

SCORED GOALS | WHO SCORED | ACTION ZONE | TACTICAL GOALS & SHOTS | SHOT CREATION | TIME

슈팅-득점 / 상대 슈팅-실점

43-11
363-48
202-6

신체 부위별 득점
- 왼발 27, 오른발 24
- 헤더 14, 기타 부위 0
- 상대자책골 3골

상대 신체 부위별 실점
- 왼발 12, 오른발 24
- 헤더 6, 기타 부위 0

106-5
199-34
27-3

포지션별 득점
- FW진 52골
- MF진 6골
- DF진 7골
- 상대자책골 3골

상대 포지션별 실점
- DF진 4골
- MF진 18골
- FW진 20골

공격 방향: 36% / 27% / 36%

볼 점유 위치
- 상대 진영 34%
- 중간 지역 43%
- 우리 진영 23%

득점 패턴: 68골 (OPEN PLAY, COUNTER ATTACK, SET PLAY, PENALTY KICK, OWN GOAL)

슈팅 패턴: 608

슈팅 기회 창출: 936 (LIVE-BALL PASSES+, DEAD-BALL PASSES+, DRIBBLES+, SHOTS+, FOULS DRAWN+, DEFENSIVE ACTIONS+)

실점 패턴: 42골

상대 슈팅 패턴: 332

상대 슈팅 기회 창출: 534

득점 시간: 76/15, 16/6, 12/5, 12/17, 30, 46 45 31

득실차: +3/-2, +7/0, +8/+10

실점 시간: 13/8, 4/7, 3

PERFORMANCE | POSSESSION | DUEL

패스 시도: 평균 639 (SHORT PASSES 586, LONG BALLS 53)

패스 성공: 평균 548 (SHORT PASSES 521, LONG BALLS 27)

전체 평균: 59%

홈 경기: 61%

원정 경기: 57%

볼쟁탈전: 평균 98 (성공 47, 실패 51)

공중전: 평균 29.5 (성공 14.3, 실패 15.2)

볼 소유자 압박: 평균 142 (볼탈취 45, 실패 97)

DANGEROUS ATTACKS
- 리버풀 공격: 평균 67.7, 슈팅 16.0
- 상대팀 공격: 평균 37.3, 슈팅 8.5

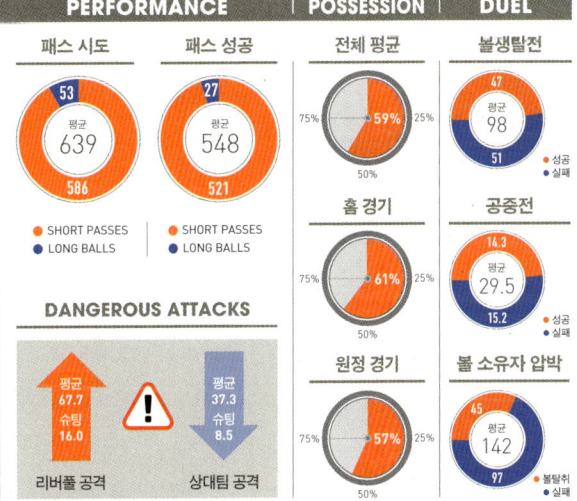

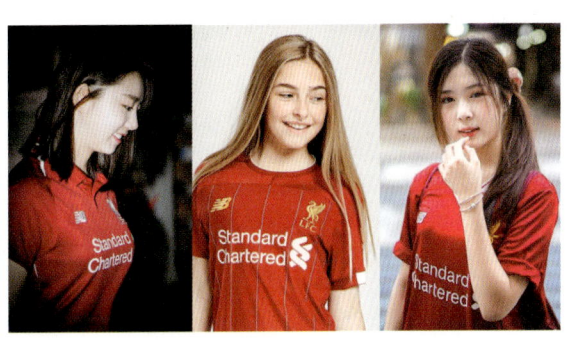

GK ALISSON 1
알리송

SCOUTING REPORT
창단 이후 고질적으로 팀을 괴롭히던 골키퍼 갈증을 해결해 준 인물이자 구단 역대 최초의 골키퍼 득점자. 명실상부 2010년대를 대표하는 월드클래스 골키퍼이다. 체구가 큰 편임에도 불구하고 민첩성이 좋은데다 발기술도 좋아 선방 능력, 빌드업 능력을 갖추었다. 기술적인 부분 외에도 탁월한 수비 리딩에 집중력도 좋아 안정감을 바탕으로 리버풀 수비진의 핵심 축으로 자리 잡았다.

PLAYER'S HISTORY
브라질 인테르나시오날에서 21살이라는 다소 늦은 나이에 프로 데뷔했다. 이후 빠른 성장세를 바탕으로 AS로마에서 본격적으로 잠재력이 폭발했고, 결국 골키퍼 역대 2위 이적료를 기록하며 리버풀로 이적해 리그와 챔스 우승의 주역이 되었다.

주로 사용하는 발: 오른발 91% 우승 1부리그 1-2 협회컵 0-0 챔피언스 1-0
준우승 클럽 월드컵 0-0 코파아메리카 1-1 월드컵 0-0

DF Virgil VAN DIJK 4
버질 판데이크

SCOUTING REPORT
알리송과 더불어 리버풀의 대체불가 수비자원. 현대 축구가 요구하는 센터백의 요건을 골고루 최상급으로 갖췄다. 어느 공격수에게도 밀리지 않는 몸싸움 능력 외에도 정상급 윙어들에 뒤지지 않는 속도, 적절한 상황판단을 통한 수비 리딩과 라인 컨트롤 능력을 바탕으로 최후방에서 견고한 벽을 만들어 낸다. 역대 수비수 최고 이적료로 팀에 합류하며 많은 사람들의 의문을 샀지만 리그와 챔스 우승으로 논란을 잠재웠다.

PLAYER'S HISTORY
흐로닝언 유스에서 시작해 프로 데뷔, 셀틱에서 2시즌 연속 베스트11에 선정되면서 유럽에 이름을 알렸다. 사우스햄턴에서 리그 최고의 수비수로 급부상해 리버풀이라는 빅팀 이적에 성공, 리버풀 영광의 시대를 이끌고 있다.

주로 사용하는 발: 오른발 87% 우승 1부리그 3-1 협회컵 0-0 챔피언스 1-1
준우승 클럽 월드컵 1-0 UEFA 유로 0-0 월드컵 0-0

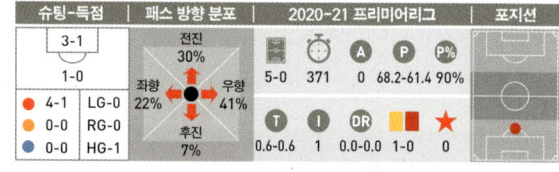

DF Andrew ROBERTSON 26
앤드류 로버슨

SCOUTING REPORT
다소 존재감이 약하지만 팀에 반드시 필요한 언성 히어로. 왕성한 활동량과 평균 이상의 스피드를 기반으로 공수에서 맹활약한다. 공수 전환이 매우 빠른 클롭 스타일 축구에서 중요한 요소를 모두 갖춘 측면 자원. 수비에서 공격으로 전환 시 빠르게 전진해 윙포워드들이 허물어놓은 공간에서 순도 높은 크로스를 올린다. 또한 매우 강한 내구성과 기복이 적은 점까지 정상급 풀백으로서 필요한 덕목을 고루 갖추고 있다.

PLAYER'S HISTORY
대부분의 경력을 퀸즈파크, 던디, 헐 시티 등 강등권이나 하부리그 팀에서 보냈다. 2017년 리버풀 입단 때 무명 선수에 대한 우려가 있었으나 실력 하나로 모두 불식시키고 리버풀 부동의 왼쪽 풀백으로 자리 잡았다.

주로 사용하는 발: 왼발 93% 우승 1부리그 1-1 협회컵 0-1 챔피언스 1-0
준우승 클럽 월드컵 1-0 UEFA 유로 0-0 월드컵 0-0

DF Trent ALEXANDER-ARNOLD 66
트렌트 알렉산더-아놀드

SCOUTING REPORT
스티븐 제라드 이후 리버풀 유스가 배출한 최고 걸작. 다양한 구질의 크로스를 위치에 관계없이 박스 안으로 보낼 수 있는 능력을 가지고 있고, 빌드업 시에는 후방에서 한 번에 전방으로 뿌려주는 롱패스가 일품이다. 이러한 킥력을 바탕으로 세트피스 시에도 전담 키커로 나서며 프리킥 상황에서 위협적인 킥을 여러 차례 보여주었다. 평균 이상의 수비력에 위협적인 크로스와 플레이메이킹까지 팀 전술 전반에 영향을 끼칠 수 있는 능력이 있다.

PLAYER'S HISTORY
유스 시절 중앙 미드필더로 뛰며 제라드의 후계자로 각광을 받았다. 1군 콜업 후 경쟁이 비교적 수월한 풀백으로 옮겼는데, 미드필더 시절 장점을 고스란히 안고 수비력까지 갖추며 전혀 다른 차원의 선수로 성장 중이다.

주로 사용하는 발: 오른발 89% 우승 1부리그 1-1 협회컵 0-0 챔피언스 1-1
준우승 클럽 월드컵 1-0 UEFA 유로 0-0 월드컵 0-0

● 전체 슈팅 시도-득점	● 직접 프리킥 시도-득점	PK 시도-득점	LG 왼발 득점	RG 오른발 득점	HG 헤더 득점	출전횟수 선발-교체	출전시간 분(MIN)	A 도움	P 평균패스 시도-성공	P% 패스 성공률	T 평균태클 시도-성공	I 평균 인터셉트	DR 평균드리블 시도-성공	패어플레이 경고-퇴장	★ MOM

MF FÁBINHO 3
파비뉴

SCOUTING REPORT
화려하지 않지만 매우 지능적이고 팀플레이에 특화된 선수. 훌륭한 전술적 이해도를 바탕으로 위치 선정에 능하다. 실제 경기장에서도 많이 뛰는 선수라는 인상은 없지만 중요한 순간 필요한 위치에 있어 수비 시 발군의 커팅 능력을 보여준다. 또 킥 능력이 좋아 후방에서 빌드업을 하는 역할 또한 수준급. 발이 느리고 수비가 거친 면이 있어 카드를 많이 받는 축에 속하지만 퇴장 기록이 0이라는 점에서 얼마나 그가 지능적인지 알 수 있다.

PLAYER'S HISTORY
브라질의 차세대 풀백으로 주목받았으나 모나코 이적 후 가지고 있던 재능이 만개하여 리그 앙 최고의 미드필더로 성장했다. 리버풀 이적 후에도 성장을 거듭해 팀이 원하는 위치 어디에서나 뛸 수 있는 멀티성을 인정받고 있다.

주로 사용하는 발 : 오른발 93%	우승	1부리그 : 2-3	협회컵 : 0-2	챔피언스 : 1-0
	준우승	클럽 월드컵 : 1-0	코파아메리카 : 0-1	월드컵 : 0-0

슈팅-득점	패스 방향 분포	2020-21 프리미어리그	포지션
5-0 / 5-0 ● 10-0 LG-0 ● 0-0 RG-0 ● 0-0 HG-0	전진 29% 좌향 31% 우향 33% 후진 8%	28-2 2565 7 70.3-63.5 90% T 2.8-1.9 I 1.5 DR 0.4-0.2 6-0 ★ 0	

MF Jordan HENDERSON 14
조던 핸더슨

SCOUTING REPORT
2010년대 리버풀의 암흑기에서 살아남아 새로운 영광의 시대를 개척한 현재 진행형 레전드. 올곧다고 평가되는 성품답게 헌신적이고 성실한 모습으로 경기에 임한다. 매우 기복이 없는 선수로 평가되는데 그 요인은 리그 최상위권 활동량과 타의 추종을 불허하는 패스 정확도 덕분일 것이다. 뛰어난 리더십과 축구 지능을 활용한 경기 조율 능력 또한 탁월해 핸더슨 한 명만으로 팀 전체의 경기력이 바뀔 수 있다.

PLAYER'S HISTORY
선덜랜드 유스 출신. 프로 데뷔 후 측면과 중앙을 오가며 능력 출중한 유망주로 평가 받았다. 2011년 리버풀 입단 후 브랜단 로저스, 위르겐 클롭 감독을 거치면서 마침내 리그 최고의 박스 투 박스 미드필더로 성장했다.

주로 사용하는 발 : 오른발 87%	우승	1부리그 : 1-2	협회컵 : 0-1	챔피언스 : 1-1
	준우승	클럽 월드컵 : 1-0	UEFA 유로 : 0-1	월드컵 : 0-0

슈팅-득점	패스 방향 분포	2020-21 프리미어리그	포지션
6-0 / 8-1 ● 14-1 LG-0 ● 0-0 RG-1 ● 0-0 HG-0	전진 32% 좌향 27% 우향 33% 후진 8%	20-1 1708 1 86.4-75.4 87% T 1.9-1.1 I 1.6 DR 0.7-0.4 0-0 ★ 0	

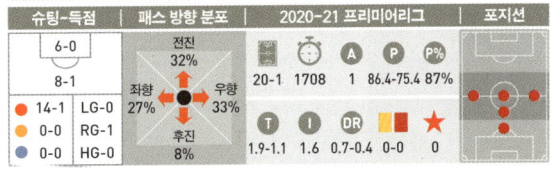

FW Sadio MANÉ 10
사디오 마네

SCOUTING REPORT
강력한 체력과 압도적인 순간 스피드를 활용한 온더볼 능력이 돋보이는 월드클래스 크랙. 리그 최상위의 신체능력을 바탕으로 빠른 드리블과 좋은 위치선정, 준수한 골 결정력을 자랑한다. 개인기가 뛰어난 여타 윙어들처럼 섬세한 드리블을 보여주는 편은 아니지만, 공간을 활용해 한 번에 긴 터치로 상대 진영까지 단숨에 밀고 들어가는 드리블이 압권이다. 또한 왕성한 체력을 바탕으로 한 수비 가담 역시 매우 능숙하다.

PLAYER'S HISTORY
2011년 유럽 리그의 문을 처음 두드렸다. 이후 오스트리아 레드불 잘츠부르크에서 경기당 0.5골에 가까운 압도적인 득점력으로 이름을 알렸다. 2016년 리버풀로 이적하여 매 시즌 최고의 활약으로 가치를 증명하고 있다.

주로 사용하는 발 : 오른발 75%	우승	1부리그 : 2-2	협회컵 : 1-0	챔피언스 : 1-1
	준우승	클럽 월드컵 : 1-0	네이션스컵 : 0-1	월드컵 : 0-0

슈팅-득점	패스 방향 분포	2020-21 프리미어리그	포지션
81-11 / 13-0 ● 94-11 LG-4 ● 0-0 RG-5 ● 0-0 HG-2	전진 18% 좌향 18% 우향 41% 후진 24%	31-4 2813 7 28.8-22.6 79% T 2.0-1.4 I 0.4 DR 4.1-2.3 3-0 ★ 7	

FW Mohamed SALAH 11
모하메드 살라

SCOUTING REPORT
순간적인 가속력과 폭발적인 주력을 무기로 상대 수비진의 뒷공간을 파괴하는 라인브레이킹 능력이 탁월하다. 측면 수비수로 뛴 경력이 있어 윙어로서 높은 위치에서부터 강한 압박을 요구하는 클롭 스타일의 축구와 잘 맞는 성향을 가지고 있다. 중심이 낮고 순간적인 속도가 빨라 수비수들이 매우 막기 힘든 유형의 선수. 또한 작은 키에도 상체의 힘이 좋기 때문에 의외의 포스트 플레이에도 강점이 있다.

PLAYER'S HISTORY
유소년 시절 측면 수비수였으나 공격 재능이 출중해 윙어로 포지션을 변경했다. 바젤로 이적해 곧 주전으로 인정받았으나, 첼시에서 적응에 실패해 여러 팀을 임대로 전전하다 로마에서 잠재력을 폭발시킨 후 리버풀로 이적해 역대급 레코드 브레이커로 자리매김했다.

주로 사용하는 발 : 오른발 84%	우승	1부리그 : 2-2	협회컵 : 0-1	챔피언스 : 1-1
	준우승	클럽 월드컵 : 1-0	CAF 네이션스컵 : 0-1	월드컵 : 0-0

슈팅-득점	패스 방향 분포	2020-21 프리미어리그	포지션
98-20 / 28-2 ● 126-22 LG-19 ● 1-0 RG-1 ● 6-6 HG-2	전진 17% 좌향 39% 우향 13% 후진 31%	34-3 3082 5 34.1-28.5 84% T 0.7-0.5 I 0.4 DR 2.3-1.0 0-0 ★ 3	

GK ADRIÁN 13
아드리안

알리송의 어깨 부상으로 선발로 나섰다. 그러나 아스톤 빌라전, 에버튼전에서 연달아 어이없는 실수를 범했다. 그럼에도 구단은 지난 2021년 6월, 아드리안과 2년 연장 계약을 했다. 아드리안은 일단 켈러허와 '넘버 2' 경쟁을 벌여야 한다. 크로스가 날아올 때 펀칭을 잘 쳐내고, 1대1에서 각도를 좁히는 움직임이 좋다. 그러나 집중력이 낮아 실수가 잦은 게 문제다.

주로 사용하는 발: 오른발 91%

	우승	준우승
1부리그	1-0	
협회컵	0-0	
챔피언스	0-0	
클럽 월드컵	1-0	
UEFA 유로	0-0	
월드컵	0-0	

세이브-실점: 5-7 / 5-2
19-9 TH-20
19-10 NK-22
0-0 KD-30

패스 방향 분포: 전진 40%, 좌향 33%, 우향 28%, 후진 0%

2020-21 프리미어리그
3-0 | 270 | 53% | 1 | 26.7-20.0
75% | 14.3-7.0 | 0-3 | 0-0

DF Ibrahima KONATÉ 5
이브라히마 코나테

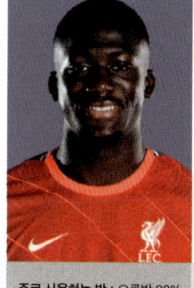

참 아이러니하다. 조엘 마팁, 조 고메스 등 센터백들이 잦은 부상에 시달리자 클롭 감독에 의해 영입되었으나, 코나테 자신도 지난 시즌 엉덩이, 발목 부상으로 총 50여 일을 결장했다. 폭발적인 스피드와 강력한 몸싸움이 장점이고, 큰 키를 이용한 공중전은 가히 압도적이다. 수비라인에서 상대의 볼을 빼앗은 다음 패스 콤비네이션, 간결한 드리블로 빌드업에 관여 한다.

주로 사용하는 발: 오른발 92%

	우승	준우승
1부리그	0-1	
협회컵	0-1	
챔피언스	0-0	
클럽 월드컵	0-0	
UEFA 유로	0-0	
월드컵	0-0	

슈팅-득점: 4-1 / 0-0
5-1 LG-0
0-0 RG-1
0-0 HG-0

패스 방향 분포: 전진 31%, 좌향 35%, 우향 29%, 후진 6%

2020-21 분데스리가
8-6 | 695 | 0 | 39.8-34.3 | 86%
0.9-0.4 | 0.6 | 0.6-0.6 | 2-0 | 0

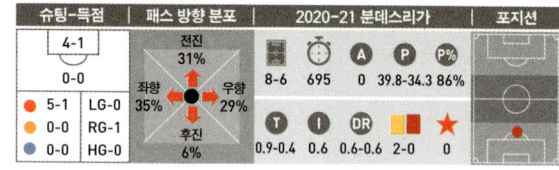

DF Joe GOMEZ 12
조 고메스

'유리몸'이다. 2015년 리버풀 입성 후 십자인대, 아킬레스건, 무릎, 발목 부상으로 총 9차례 부상자 명단에 올랐다. 2020년 11월, 잉글랜드 대표팀 훈련 중 무릎을 다쳐 7개월 넘게 재활했다. 순간 스피드와 저돌적인 승부근성으로 상대 공격수를 꽁꽁 묶는다. 긴 다리를 이용해 볼만 걷어내는 태클은 엄지척이다. 잠비아 아버지, 스페인 어머니 사이에 잉글랜드에서 태어났다.

주로 사용하는 발: 오른발 93%

	우승	준우승
1부리그	1-1	
협회컵	0-0	
챔피언스	1-1	
클럽 월드컵	1-0	
UEFA 유로	0-0	
월드컵	0-0	

슈팅-득점: 0-0 / 0-0
0-0 LG-0
0-0 RG-0
0-0 HG-0

패스 방향 분포: 전진 31%, 좌향 36%, 우향 28%, 후진 5%

2020-21 프리미어리그
6-1 | 590 | 0 | 79.4-71.3 | 90%
1.0-0.4 | 0.6 | 0.6-0.6 | 1-0 | 0

DF Joël MATIP 32
조엘 마팁

부상이 문제다. 지난 시즌 대퇴부, 허리, 사타구니, 발목을 다쳤다. 2021년 1월말 발목 부상으로 수술 및 재활 기간만 무려 6개월을 보내야 했다. 다행히 올 시즌은 정상 컨디션으로 출전 준비를 마쳤다. 축구 IQ가 우수하고, 위치를 선정해 효율적인 수비를 펼친다. 긴 다리를 활용한 태클, 큰 키를 이용한 제공권도 강점이다. 드리블 혹은 장단 패스로 적절히 빌드업을 한다.

주로 사용하는 발: 오른발 89%

	우승	준우승
1부리그	1-2	
협회컵	1-0	
챔피언스	1-1	
클럽 월드컵	1-0	
UEFA 유로	0-0	
월드컵	0-0	

슈팅-득점: 5-1 / 0-0
5-1 LG-0
0-0 RG-0
0-0 HG-1

패스 방향 분포: 전진 30%, 좌향 38%, 우향 25%, 후진 7%

2020-21 프리미어리그
9-1 | 693 | 2 | 54.6-47.9 | 88%
1.5-1.4 | 0.7 | 0.0-0.0 | 2-0 | 1

MF Thiago ALCÂNTARA 6
티아고 알칸타라

낮은 밸런스와 놀라운 민첩성, 화려한 볼 컨트롤을 이용해 상대 압박을 쉽게 벗겨낸다. 발바닥으로 볼을 긁는 드리블, 스텝오버 후 반대편으로 꺾어 압박을 풀어내는 기술은 압권이다. 패스 성공률이 높고, 위협적인 패스를 자주 구사한다. 뮌헨에서의 트레블, 리그 우승 11회 등 무려 26개의 트로피를 수집했다. 1994 월드컵 브라질 우승 주역인 '레전드' 마지뉴의 아들이다.

주로 사용하는 발: 오른발 94%

	우승	준우승
1부리그	11-1	
협회컵	5-2	
챔피언스	3-0	
클럽 월드컵	3-0	
UEFA 유로	0-0	
월드컵	0-0	

슈팅-득점: 3-0 / 19-1
22-1 LG-0
1-0 RG-1
0-0 HG-0

패스 방향 분포: 전진 28%, 좌향 33%, 우향 26%, 후진 13%

2020-21 프리미어리그
20-4 | 1858 | 0 | 71.7-64.2 | 90%
3.9-2.0 | 1.3 | 2.5-2.0 | 4-0 | 2

MF James MILNER 7
제임스 밀너

EPL 통산 출전 5위에 빛나는 레전드. 리버풀에서 뛴 시즌은 단 6시즌이지만 헌신적인 플레이로 절대적인 지지를 받고 있다. 경기마다 엄청나게 움직이고, 강력한 투쟁심을 보여준다. 골키퍼를 제외하면 전 포지션에서 활약할 수 있다. 축구 지능이 높기에 매우 효율적인 플레이를 펼친다. 페널티킥 전문가다. 리버풀에서 6년간 총 13번 PK를 차 12번을 성공시켰다.

주로 사용하는 발: 오른발 90%

	우승	준우승
1부리그	3-3	
협회컵	1-1	
챔피언스	1-1	
클럽 월드컵	1-0	
UEFA 유로	0-0	
월드컵	0-0	

슈팅-득점: 3-0 / 9-0
12-0 LG-0
0-0 RG-0
0-0 HG-0

패스 방향 분포: 전진 31%, 좌향 26%, 우향 28%, 후진 15%

2020-21 프리미어리그
11-15 | 1062 | 1 | 33.0-28.2 | 86%
1.8-1.0 | 0.6 | 0.5-0.3 | 3-0 | 0

MF Naby KEÏTA 8
나비 케이타

리버풀 팬들은 지난 시즌 케이타에 대해 "폼 좀 올라오면 부상, 복귀하면 폼 떨어져"라며 비판했다. 리버풀은 2018년 여름 6000만 유로를 라이프치히에 지급하고 케이타를 영입했다. 그러나 지난 3년간 그의 활약은 별로였다. 관건은 부상이다. 건강해야 한다. 정상 컨디션일 경우 공수 밸런스를 잘 유지시킨다. 성실한 수비 가담과 날카로운 공격 침투를 선보인다.

주로 사용하는 발: 왼발 90%

우승	1부리그: 3-2	협회컵: 2-0	챔피언스: 1-0
준우승	클럽 월드컵: 1-0	UEFA 유로: 0-0	월드컵: 0-0

슈팅-득점: 3-0 / 6-0 / 9-0 LG-0 / 0-0 RG-0 / 0-0 HG-0
패스 방향 분포: 전진 29%, 좌향 27%, 우향 28%, 후진 16%
2020-21 프리미어리그: 7-3 / 524 / 0 / 35.6-31.3 / 88% / 2.1-1.1 / 0.9 / 1.0-0.8 / 1-0

MF Alex OXLADE-CHAMBERLAIN 15
알렉스 옥슬레이드-체임벌린

무릎이 문제다. 2017년 십자인대 파열로 1년 가까이 재활에 매달렸고, 지난 시즌에도 문제를 일으키며 다시 4개월 결장했다. 체임벌린은 정상 컨디션일 경우 빠른 스피드를 활용한 저돌적인 드리블로 수비진을 돌파한다. 상대 수비와 정면으로 맞서는 경우가 많다. 아스널 시절보다 리버풀에서 수비에 더 많이 가담하고 있다. '오프 더 볼' 움직임이 살짝 부족한 편이다.

주로 사용하는 발: 오른발

우승	1부리그: 1-2	협회컵: 3-0	챔피언스: 1-1
준우승	클럽 월드컵: 1-0	UEFA 유로: 0-0	월드컵: 0-0

슈팅-득점: 3-1 / 5-0 / 8-1 LG-1 / 0-0 RG-0 / 0-0 HG-0
패스 방향 분포: 전진 26%, 좌향 22%, 우향 34%, 후진 18%
2020-21 프리미어리그: 2-11 / 246 / 1 / 10.1-8.0 / 79% / 0.5-0.3 / 0.2 / 0.3-0.1 / 1-0

MF Curtis JONES 17
커티스 존스

출전했던 24경기 중 11번이 교체 투입이었고, 평균 출전 시간은 49분이었다. 올 시즌도 그의 역할은 대동소이할 것이다. 존스는 중앙 미드필더다. 볼터치가 정확하고, 전체적인 기본기가 탄탄하다. 상대의 압박에 전혀 당황하지 않고 침착하게 빌드업을 전개한다. 동료와 패스 콤비네이션을 즐기고, 날카롭게 박스 안으로 침투한다. 외곽에서 강렬한 중거리 슈팅을 날린다.

주로 사용하는 발: 오른발 86%

우승	1부리그: 1-1	협회컵: 0-0	챔피언스: 1-1
준우승	클럽 월드컵: 1-0	UEFA 유로: 0-0	월드컵: 0-0

슈팅-득점: 12-1 / 7-0 / 19-1 LG-0 / 0-0 RG-1 / 0-0 HG-0
패스 방향 분포: 전진 21%, 좌향 28%, 우향 31%, 후진 20%
2020-21 프리미어리그: 13-11 / 1178 / 2 / 40.3-37.1 / 92% / 1.2-0.7 / 0.8 / 1.4-0.9 / 2-0

FW Roberto FIRMINO 9
호베르토 피르미누

CF, AM을 넘나드는 '리버풀의 엔진'이다. 최전방과 2선을 오가며 살라, 마네와 콤비네이션 플레이를 만들었다. 지난 시즌 히트맵을 보면 하프라인과 최전방의 전 지역을 두루 커버했음을 알 수 있다. 전술 이해도가 높고, 판단력이 빠르며 정교한 패스로 기회를 만든다. 박스 내외곽 어디에서든 과감하게 슈팅한다. 2019 브라질 코파아메리카 우승의 주역 중 1명이다.

주로 사용하는 발: 왼발 86%

우승	1부리그: 1-1	협회컵: 0-0	챔피언스: 1-1
준우승	클럽 월드컵: 1-0	코파아메리카: 1-1	월드컵: 0-0

슈팅-득점: 65-9 / 18-0 / 83-9 LG-0 / 0-0 RG-0 / 0-0 HG-0
패스 방향 분포: 전진 22%, 좌향 28%, 우향 26%, 후진 24%
2020-21 프리미어리그: 33-3 / 2852 / 7 / 36.1-29.1 / 81% / 1.6-0.9 / 0.4 / 2.3-1.6 / 2-0 / 4

FW Diogo JOTA 20
디오구 조타

피르미누, 살라, 사네의 백업 공격수로 합류했다. 주포지션은 윙어지만 최전방과 세컨드 공격수까지 모두 해낸다. 득점력과 라인 브레이킹이 우수하다. 빠른 주력과 순간적인 방향 전환을 활용한 드리블이 특기다. 어떤 상황에서든 과감하게 전진한다. 양발을 사용해 수비의 타이밍을 뺏는 슈팅을 시도한다. 포르투갈 대표로 유로 2020에 출전했으나 퍼포먼스는 좋지 못했다.

주로 사용하는 발: 오른발 67%

우승	1부리그: 0-1	협회컵: 0-0	챔피언스: 0-0
준우승	클럽 월드컵: 0-0	UEFA 유로: 0-0	월드컵: 0-0

슈팅-득점: 38-9 / 8-0 / 46-9 LG-1 / 0-0 RG-5 / 0-0 HG-3
패스 방향 분포: 전진 25%, 좌향 21%, 우향 32%, 후진 22%
2020-21 프리미어리그: 12-7 / 1113 / 9 / 22.4-16.8 / 75% / 2.1-0.6 / 0.3 / 2.3-1.1 / 2-0

CHELSEA FC

'괴물' 루카쿠 복귀, 마침내 우승 도전 준비를 마치다

구단 창립 : 1905년 **홈구장** : 스탬포드 브릿지 **대표** : 브루스 버크 **2020-21시즌** : 4위(승점 67점) 19승 10무 9패 58득점 36실점 **닉네임** : The Blues, The Pensioners

램파드와 결별, 투헬 부임…극적인 UCL 우승

2019-20시즌 기대 이상의 성적을 거둔 램파드호를 향한 기대감은 높았다. 첼시 수뇌부도 프랭크 램파드 감독에게 힘을 실어주며 티모 베르너, 하킴 지예흐, 벤 칠웰, 치아구 실바, 카이 하베르츠, 에두아르 망디 등을 영입했고, 무려 2억 1420만 파운드(약 3430억 원)를 사용했다. 그러나 기대와 달리 성적은 좋지 않았고, 결국 시즌 도중 램파드 감독과 결별하며 토마스 투헬 감독에게 지휘봉을 맡겼다. 투헬 감독 부임 후 고질적인 수비 불안이 해소되며 짜임새 있는 경기력을 보여 주었고, 리그 4위와 챔피언스리그 우승이라는 극적인 결과를 만들며 투헬 감독의 선임이 최고의 선택이었음을 보여주었다.

순조로운 보강작업, '돌아온' 루카쿠는 9번의 저주를 깰 것인가

'전설' 디디에 드로그바 이후 파괴력 있는 중앙공격수가 없는 것은 첼시의 가장 큰 숙제였다. 그에 따라 엘링 홀란드, 로베르트 레반도프스키와 이적설도 나왔지만 첼시의 선택은 매 경기 최고의 활약으로 자신을 증명해온 루카쿠였고, 여기에 사울 니게스까지 영입하며 중원까지 보강했다. 전반적으로 모든 포지션에 걸쳐 밸런스가 훌륭한 선수 구성을 갖추었고, 여기에 루카쿠의 영입으로 방점을 찍으며 성공적인 여름을 보냈다. 과연 루카쿠는 첼시 9번의 저주를 깰 수 있을까?

'전술가' 투헬의 첼시, UCL 이어 PL 우승 도전

지난 시즌 도중 첼시의 지휘봉을 잡아 '천재 전술가'의 역량을 유감없이 발휘한 투헬 감독이 이번에는 리그 우승에 도전한다. 전력 상 빈틈을 찾기 어렵다. 루카쿠와 사울을 영입하면서 최대 고민을 해결했고, 유로 2020 우승과 함께 UEFA 올해의 선수상을 받은 조르지뉴가 중심이 된 중원도 여전히 막강하다. 여기에 마운트, 칸테, 아스필리쿠에타, 풀리식, 하베르츠 등 재능있는 선수들이 언제든 출격 준비를 갖추고 있다. 쥘 쿤데의 영입 실패가 아쉽지만 현재의 스쿼드에 투헬의 전술적 역량이 가미되어 여전히 강력함을 유지중이다.

MANAGER : Thomas TUCHEL 토마스 투헬

Personal Information
- 생년월일 : 1973.08.29 / 출생지 : 바이에른(독일)
- 현역시절 포지션 : 수비수 / 계약만료 : 2024.6.30
- 평균 재직 기간 : 2.24년 / 선호 포맷 : 4-3-3

History
화려한 스타플레이어는 아니다. 주로 독일 2부와 3부에서 수비수로 활약했고, 고질적인 무릎 부상으로 인해 25살이라는 젊은 나이에 은퇴했다. 이후 슈투트가르트 유스 팀의 코치로 지도자 생활을 시작했고, 아우크스부르크, 마인츠, 도르트문트, PSG, 첼시를 거치면서 천재 전술가로 정평이 나 있다.

Style
뛰어난 전술적인 역량과 유스 발굴 능력을 자랑하지만 강한 개성을 가지고 있어 괴짜 감독이라는 별명이 붙었다. 전술적인 능력만 보면 펩 과르디올라, 위르겐 클롭 감독과 견줄 수 있고, UCL 우승을 포함해 총 9개의 트로피를 수집했다. 2020-21시즌 UEFA, 독일 올해의 감독에 선정되기도 했다. 주로 4-3-3을 사용하지만 4-4-2, 3-4-3, 3-5-2 등 상황에 따라 유연한 전술 변화를 가져가고, 선수 보는 안목이 매우 탁월하다.

우승 - 준우승 횟수

	ENGLISH PREMIER LEAGUE	ENGLISH FA CUP	UEFA CHAMPIONS LEAGUE
	6-4	8-7	2-1

	UEFA EUROPA LEAGUE	FIFA CLUB WORLD CUP	UEFA-CONMEBOL INTERCONTINENTAL
	2-0	0-1	0-0

SQUAD LIST

위치	번호	선수	국적	키	생년월일	전 소속팀
GK	1	Kepa Arrizabalaga	ESP	189	94-10-03	Athletic Bilbao
	13	Marcus Bettinelli	ENG	194	92-05-24	Fulham
	16	Édouard Mendy	SEN	197	92-03-01	Rennes
	36	Lucas Bergström	FIN	199	02-09-05	Turun PS
DF	2	Antonio Rüdiger	GER	190	93-03-03	Roma
	3	Marcos Alonso	ESP	188	90-12-28	Fiorentina
	4	Andreas Christensen	DEN	188	96-04-10	Brøndby
	6	Thiago Silva	BRA	183	84-09-22	Paris St-Germain
	21	Ben Chilwell	ENG	178	96-12-21	Leicester C
	24	Reece James	ENG	183	99-12-08	None
	28	César Azpilicueta	ESP	178	89-08-28	Marseille
MF	5	Jorginho	ITA	180	91-12-21	Napoli
	7	Ngolo Kanté	FRA	168	91-03-29	Leicester C
	8	Mateo Kovačić	CRO	181	94-05-06	Real Madrid
	12	Ruben Loftus-Cheek	ENG	191	96-01-23	None
	14	Trevoh Chalobah	ENG	190	99-07-05	None
	17	Saúl Ñíguez	ESP	184	94-11-21	Atlético Madrid
	19	Mason Mount	ENG	178	99-01-10	None
	20	Callum Hudson-Odoi	ENG	177	00-11-07	None
	22	Hakim Ziyech	MAR	180	93-03-19	Ajax
	29	Kai Havertz	GER	187	99-06-11	Bayer Leverkusen
FW	9	Romelu Lukaku	BEL	190	93-05-13	Internazionale
	10	Christian Pulisic	USA	173	98-09-18	Borussia Dortmund
	11	Timo Werner	GER	180	96-03-06	RB Leipzig

2021-22 SEASON SCHEDULE

날짜	장소	상대팀	날짜	장소	상대팀
08-14	H	Crystal Palace	12-28	H	Brighton
08-22	A	Arsenal	01-01	H	Liverpool
08-28	A	Liverpool	01-15	A	Manchester City
09-11	H	Aston Villa	01-22	H	Tottenham
09-19	A	Tottenham	02-08	A	Brighton
09-25	H	Manchester City	02-12	H	Arsenal
10-02	A	Southampton	02-19	A	Crystal Palace
10-16	H	Brentford	02-26	H	Leicester City
10-23	A	Norwich City	03-05	A	Burnley
10-30	H	Newcastle Utd	03-12	H	Newcastle Utd
11-06	A	Burnley	03-19	A	Norwich City
11-20	H	Leicester City	04-02	H	Brentford
11-27	A	Manchester Utd	04-09	A	Southampton
11-30	H	Watford	04-16	A	Leeds United
12-04	A	West Ham Utd	04-23	H	West Ham Utd
12-11	H	Leeds United	04-30	A	Everton
12-15	H	Everton	05-07	H	Wolverhampton
12-18	A	Wolverhampton	05-15	A	Manchester Utd
12-26	A	Aston Villa	05-22	H	Watford

RANKING OF LAST 10 YEARS

시즌	11-12	12-13	13-14	14-15	15-16	16-17	17-18	18-19	19-20	20-21
순위	6	3	3	1	10	1	5	3	4	4
승점	64점	75점	82점	87점	50점	93점	70점	72점	66점	67점

STRENGTHS & WEAKNESSES

OFFENSE		DEFENSE	
오픈 플레이	B	오픈 플레이 수비	B
카운터 어택	B	카운터 어택 수비	B
짧은 패스 게임	B	짧은 패스 게임 수비	C
롱볼 연계 플레이	C	롱볼 연계 플레이 수비	B
솔로 플레이	C	솔로 플레이 수비	B
중거리 슈팅 / 직접 프리킥	A	중거리 슈팅 수비	D
측면 공격	B	측면 수비	B
세트 플레이	B	세트 플레이 수비	B
위협적인 공격 횟수	B	공중전 능력	D
슈팅 대비 득점	B	볼 쟁탈전 / 투쟁심	C
오프사이드 피하기	D	실수 조심	D
볼 점유율	A	파울 주의	C

A 매우 우수함 B 우수함 C 평균 수준 D 부족함 E 많이 부족함

STADIUM

Stamford Bridge

구장 오픈 : 1877년	구장 증개축 : 1995, 1998년
구장 소유 : 첼시FC	수용 인원 : 4만 1837명
피치 규모 : 103 X 68m	잔디 종류 : 하이브리드 잔디

ODDS CHECK

베팅회사	Premier Lague		Champions League	
	배당률	우승 확률	배당률	우승 확률
bet365	2.75배	2위	8배	4위
sky bet	2.5배	2위	8배	4위
William HILL	2.75배	2위	8배	3위
888sport	2.75배	2위	7.5배	4위

*우승 확률이 높을수록 배당률은 낮아짐

20-21 SEASON TOP5

득점		어시스트		경고-퇴장	
조르지뉴	7	T.베르너	8	C.아스필리쿠에타	5-1
M.마운트	6	M.마운트	5	N.캉테	7-0
T.베르너	6	B.칠웰	5	T.실바	3-1
T.에이브러험	6	K.하베르츠	3	A.크리스텐슨	2-1
K.주마	5	H.지예흐	3	M.코바치치	4-0

BASIC FORMATION

3-4-2-1

TOTO GUIDE 지난시즌 전적

상대팀	홈	원정
Manchester City	1-3	2-1
Manchester Utd	0-0	0-0
Liverpool	0-2	1-0
Leicester City	2-1	0-2
West Ham Utd	3-0	1-0
Tottenham	0-0	1-0
Arsenal	0-1	1-3
Leeds United	3-1	0-0
Everton	2-0	0-1
Aston Villa	1-1	1-2
Newcastle Utd	2-0	2-0
Wolverhampton	0-0	1-2
Crystal Palace	4-0	4-1
Southampton	3-3	1-1
Brighton	0-0	3-1
Burnley	2-0	3-0
Fulham	2-0	1-0
West Brom	2-5	3-3
Sheffield Utd	4-1	2-1

TACTICS & FUNCTIONS

OFFENSE

경기 운영 : 높은 점유율과 역습, 측면 공격
짧은 패스 / 긴 패스 비율 : 대1
역습 시작 위치 : 대체로 중간 지역
직접 프리킥 : 마운트, 하베르츠, 지예흐
중거리 슈팅 : 마운트, 제임스, 지예흐
세트피스 헤딩 : 루카쿠, 실바, 뤼디거
드리블 : 풀리식, 코바치치, 허드슨-오도이
결정적 패스 : 마운트, 지예흐, 풀리식

DEFENSE

존디펜스 : 대인과 지역 기반 혼합형
맨투맨 : 대인과 지역 기반 혼합형
세로 방향 프레싱 위치 : 대체로 중간 지역
오프사이드 트랩 위치 : 골라인에서 18~20m
미드필드 스크리너 : 캉테, 사울
공수 밸런스 유지 : 조루지뉴, 코바치치
수비진 라인 컨트롤 : 실바, 크리스텐슨
수비진 옵셔널 스토퍼 : 뤼디거, 아스필리쿠에타

PREMIER LEAGUE 2020-21 PERFORMANCE

CHELSEA FC vs. OPPONENTS PER GAME STATS

첼시 FC vs 상대팀

	독점	슈팅	유효슈팅	오프사이드	패스시도 (PA)	패스성공 (PC)	패스성공률 (P%)
	1.53 / 0.95	14.6 / 8.8	5.5 / 2.7	2.1 / 1.4	633 / 431	551 / 333	87% / 77%

	태클 (TK)	볼소유자 압박 (PR)	인터셉트 (INT)	GK 선방	파울	경고	퇴장
	17.8 / 17.7	141 / 145	10.1 / 11.0	1.9 / 3.7	11.4 / 12.5	1.29 / 1.47	0.079 / 0.079

SCORED GOALS | WHO SCORED | ACTION ZONE | TACTICAL GOALS & SHOTS | SHOT CREATION | TIME

슈팅-득점 / 상대 슈팅-실점

41-12
324-41
191-3

신체 부위별 득점
- 왼발 19 / 오른발 28
- 헤더 8 / 기타 부위 1
- 상대자책골 2골

상대 신체 부위별 실점
- 왼발 14 / 오른발 18
- 헤더 3 / 기타 부위 0
- 자책골 실점 1골

141-5
184-26
11-4

포지션별 득점
FW진 24골 / MF진 16골 / DF진 16골

공격 방향
36% / 27% / 37%

상대 포지션별 실점
DF진 2골 / MF진 7골 / FW진 26골
*자책골 실점 1골

볼 점유 위치
상대 진영 29%
중간 지역 43%
우리 진영 28%

득점 패턴
58골
- OPEN PLAY
- COUNTER ATTACK
- SET PLAY
- PENALTY KICK
- OWN GOAL

슈팅 패턴
556
- OPEN PLAY
- COUNTER ATTACK
- SET PLAY
- PENALTY KICK

슈팅 기회 창출
939
- LIVE-BALL PASSES+
- DEAD-BALL PASSES+
- DRIBBLES+
- SHOTS+
- FOULS DRAWN+
- DEFENSIVE ACTIONS+

실점 패턴
36골

상대 슈팅 패턴
336

상대 슈팅 기회 창출
510

득점 (시간대)
76/15, 14/6, 12/8, 9/3, 61/30, 46/45

득실차
+10/+2, +8/+2, +1/-1

실점 (시간대)
4/6, 8/10

PERFORMANCE | POSSESSION | DUEL

패스 시도
평균 633 (583 SHORT / 50 LONG)

패스 성공
평균 551 (523 SHORT / 28 LONG)

전체 평균
75% / 59% / 25% / 50%

홈 경기
75% / 58% / 50%

원정 경기
75% / 59% / 50%

불쟁탈전
평균 104 (52 성공 / 52 실패)

공중전
평균 31.2 (15.7 성공 / 15.5 실패)

볼 소유자 압박
평균 141 (44 볼탈취 / 97 실패)

DANGEROUS ATTACKS
평균 57.1 슈팅 14.6 (첼시 공격)
평균 39.8 슈팅 8.8 (상대팀 공격)

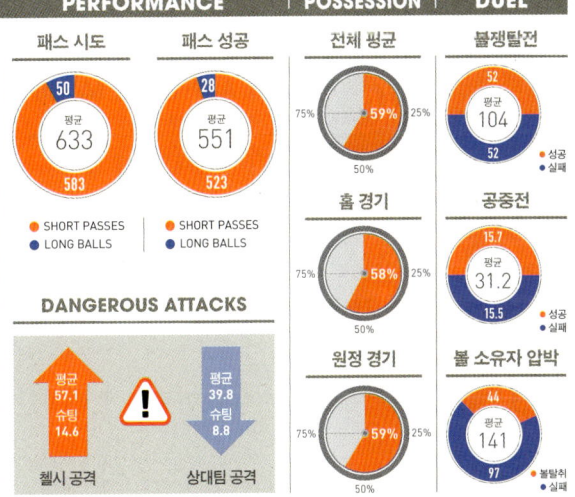

상대유효슈	상대유효슈	상대 PK	전체 슈팅	직접 프리킥	TH	NK	KD	LG	RG	HG	⏱	⏱	S%	CS	A	P	P%	LB	AD	T	I	DR	
시도-실점	시도-선방	시도-선방	시도-득점	시도-득점	던지기	골킥	평균골킥 거리(m)	왼발 득점	오른발 득점	헤더 득점	출전횟수 선발-교체	출전시간 분(MIN)	GK 선방율	GK 클린시트	도움	평균패스 시도-성공	평균패스 성공율	평균통볼 시도-성공	공중볼 캐치-펀칭	평균태클 시도-성공	평균 인터셉트	평균드리블 시도-성공	페어플레이 경고-퇴장 MOM

GK — Édouard MENDY 16
에두아르 멘디

SCOUTING REPORT
지난 시즌 유럽 전체 골키퍼들 중 최고의 영입이었다. 197cm 큰 키에 순발력과 점프력이 우수하다. '슈퍼 세이브' 전문이다. 위치에 상관없이 상대의 슈팅을 반사적으로 쳐낸다. 공중볼이 날아오면 대부분 크로스바 위로 펀칭을 한다. PK를 방어할 때 먼저 움직이는 편이다. 골킥 평균 비거리는 30m. 수비수들에게 바로 내줘 빌드업의 출발점으로 삼는다. 가끔 롱-볼이나 펀칭 때 치명적 실수를 범한다.

PLAYER'S HISTORY
부친의 국적은 기니비사우, 모친은 세네갈, 본인은 프랑스 몽티빌리에에서 태어났으며, 대표팀은 세네갈을 선택했다. 르아브르 유스 출신으로 AS 쉘브르, 올랭피크 마르세유, 스타드 랭스, 스타드 렌을 거쳐 2020년 여름 EPL 첼시로 이적했다.

주로 사용하는 발: 오른발 93%		우승	1부리그: 0-0	협회컵: 0-1	챔피언스: 1-0
		준우승	클럽 월드컵: 0-0	CAF 네이션스컵: 0-1	월드컵: 0-0

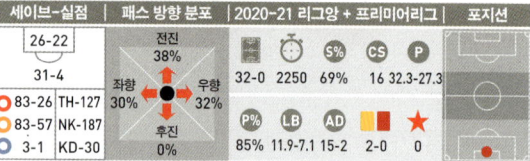

DF — Thiago SILVA 6
치아구 실바

SCOUTING REPORT
2010년대를 대표하는 월드 클래스 중앙 수비수. 어린 시절 다양한 포지션에서의 경험을 자산으로 수비수로서 필요한 모든 능력을 최고 수준으로 발휘할 수 있다. 빠른 발과 영리한 판단력을 활용한 1:1 수비와 커버 플레이 뿐만 아니라 상황에 적절한 라인 컨트롤, 좋은 발밑 기술로 빌드업시의 능력 또한 정상급으로 부르기에 손색이 없다. 30대 후반의 나이임에도 불구하고 여전히 약점을 찾아보기 힘들다.

PLAYER'S HISTORY
유스 시절엔 그다지 주목받지 못하고 주 포지션도 없을 정도였다. 센터백으로 정착한 후 포르투와 모스크바에서 적응 실패로 브라질에 돌아온 뒤 재능을 인정받아 밀란에 입성했고, 이후 여러 빅 팀에서 최고의 활약을 보여주며 무려 30개의 트로피를 수집했다.

주로 사용하는 발: 오른발 90%		우승	1부리그: 9-2	협회컵: 6-3	챔피언스: 2-1
		준우승	클럽 월드컵: 0-0	코파아메리카: 1-1	월드컵: 0-0

DF — César AZPILICUETA 28
세사르 아스필리쿠에타

SCOUTING REPORT
수비진의 멀티 플레이어. 주력, 크로스, 수비력, 전술 이해력 등을 바탕으로 풀백뿐 아니라 수비 전 포지션에서 준수한 능력을 선보인다. 특히 1대1 방어력은 유럽 정상급으로 평가받는다. 그의 패스 콤비네이션, 스루패스는 치명적인 무기다. 2015-16시즌 이후 5년간 거의 선발 풀타임으로 활약했을 정도로 내구성이 좋은 수비수로 평가받는다. 지난 시즌 초반 햄스트링 부상으로 40여 일 결장했다.

PLAYER'S HISTORY
오사수나 유소년 출신으로 불안한 팀 수비진 속에서 18세의 나이에 주전으로 발탁 되었다. 이후 마르세유에서의 좋은 활약을 바탕으로 첼시로 이적했고, 시즌이 지날수록 성장을 거듭해 붙박이 주전으로 완전히 자리를 잡았다. 매 경기 헌신적인 모습으로 팀의 주장을 맡았다.

주로 사용하는 발: 오른발 92%		우승	1부리그: 2-1	협회컵: 1-3	챔피언스: 1-0
		준우승	클럽 월드컵: 0-1	UEFA 유로: 0-0	월드컵: 0-0

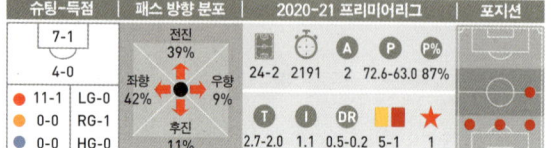

MF — JORGINHO 5
조르지뉴

SCOUTING REPORT
히트맵을 보면 자기 진영 박스에서 상대 진영 박스까지 거의 전 지역이 붉게 물들어 있다. 유로 2020에서 7경기 86.6km, 평균 12.4km를 뛰며 참가 선수 중 전체 1위였다. '핀-포인트' 패스를 부채살처럼 내뿜는다. 주로 짧은 패스 콤비네이션으로 경기를 풀어나간다. 지능적인 인터셉트도 리그 최상위권. 그러나 태클, 포백 보호, 탈압박에서 약점을 노출한다.

PLAYER'S HISTORY
브라질 출신이지만 이탈리아 시민권이 있던 외할아버지 덕에 이탈리아 국민이 됐다. 조르지뉴의 어머니는 아마추어 축구 선수 출신으로 식당에서 일하며 아들을 뒷바라지했다. 조르지뉴는 나폴리와 첼시를 거치며 5차례 우승했고, 챔피언스리그와 유로 2020 우승을 이끌며 최고의 선수 반열에 올랐다.

주로 사용하는 발: 오른발 93%		우승	1부리그: 0-2	협회컵: 1-2	챔피언스: 1-0
		준우승	클럽 월드컵: 0-0	UEFA 유로: 1-0	월드컵: 0-0

MF N'Golo KANTÉ 7
은골로 칸테

SCOUTING REPORT
지난 시즌 초반 부진했으나 투헬 부임 후 월드 클래스 폼을 되찾았다. '작은 거인'이자 '그라운드 사령관'이다. 투쟁심은 단연 유럽 최고다. 무시무시한 활동량은 타의 추종을 불허한다. 조르지뉴와 짝을 이룬 챔스에서는 과감히 전진하며 플레이메이커를 담당했다. 인터셉트는 유럽 최고 수준이고, 위력적인 중거리 슈팅을 날린다. 퍼스트 터치, 장단 패스, 태클 등 공-수 양면에서 실수를 거의 범하지 않는다.

PLAYER'S HISTORY
리그2의 블로뉴에서 프로 경력을 시작해 캉을 거쳐 레스터로 이적하면서 빅리그의 문을 두드렸다. 특유의 중원 장악력을 바탕으로 레스터의 동화와도 같은 우승 스토리를 쓴 주역으로 가치를 인정받아 첼시로 이적했고, 여전히 경기력을 유지하며 핵심 자원으로 활약중이다.

주로 사용하는 발: 오른발 86%
우승: 1부리그 2-0, 협회컵 1-3, 챔피언스 1-0
준우승: 클럽 월드컵 0-0, UEFA 유로 0-1, 월드컵 1-0

슈팅-득점: 3-0 / 7-0 / 10-0 LG-0 / 0-0 RG-0 / 0-0 HG-0
패스 방향 분포: 전진 26%, 좌향 28%, 우향 31%, 후진 14%
2020-21 프리미어리그: 24-6 2146 2 51.0-44.1 87% 3.6-2.6 2 1.3-0.9 7-0 ★

MF Mason MOUNT 19
메이슨 마운트

SCOUTING REPORT
지난 시즌 하베르츠, 지예흐 등 영입 선수들이 기복을 보이며 주가가 더 올랐다. 하프라인부터 최전방까지 활발하게 움직인다. '오프 더 볼' 상황에 수비 배후를 기습한 뒤 기회를 만들어 득점한다. 드리블 기술은 평범하지만 간결한 전술적 드리블을 구사한다. 날카로운 스루패스와 정확한 크로스도 강점. 최강의 무기는 폭발적인 중거리 슈팅과 직접 프리킥이다. 팀의 PK 전문 키커 중 1명이다.

PLAYER'S HISTORY
첼시 아카데미가 발굴해낸 진정한 프랭크 램파드의 후계자다. 유소년 팀에서 꾸준히 좋은 활약을 보여 주다가 비테세와 더비카운티 임대를 통해 성인 무대에서의 경쟁력을 보여 약관의 나이에 주전으로 발탁되어 꾸준히 출장중이다.

주로 사용하는 발: 오른발 88%
우승: 1부리그 0-0, 협회컵 0-1, 챔피언스 1-0
준우승: 클럽 월드컵 0-0, UEFA 유로 0-1, 월드컵 0-0

슈팅-득점: 36-5 / 46-1 / 82-6 LG-2 / 6-0 RG-4 / 1-1 HG-0
패스 방향 분포: 전진 27%, 좌향 23%, 우향 28%, 후진 23%
2020-21 프리미어리그: 32-4 2892 9 47.3-40.9 87% 3.3-2.1 0.9 2.3-1.2 2-0 4 ★

MF Kai HAVERTZ 29
카이 하베르츠

SCOUTING REPORT
지난 시즌 팀 전술에 적응하느라 시간을 보냈고, 코로나 감염으로 퍼포먼스가 들쭉날쭉했다. 그러나 챔스 결승 맨시티전에서 결승골을 터뜨리며 피날레를 장식했다. 순간적인 스피드를 활용하는 역습은 최강의 무기. 축구 IQ가 우수해 효율적 공격을 펼친다. 테크닉이 화려하지 않지만 간결한 전술적 드리블을 구사한다. 칼날 스루패스, 패스 콤비네이션으로 기회를 만든다. 볼 키핑력과 수비를 보완해야 한다.

PLAYER'S HISTORY
잘생긴 얼굴, 훤칠한 체격으로 모델 포스를 내뿜는다. 국가대표 선배 메수트 외칠을 존경한다. 그러나 두 선수의 플레이 스타일은 다르다. 2020년 11월 코로나 확진 판정을 받고 20일간 격리 치료를 받았다. 당시 그는 왼다리 마비 상태로 한동안 제대로 걷지도 못했다.

주로 사용하는 발: 왼발 76%
우승: 1부리그 0-0, 협회컵 0-2, 챔피언스 1-0
준우승: 클럽 월드컵 0-0, UEFA 유로 0-0, 월드컵 0-0

슈팅-득점: 28-4 / 5-0 / 33-4 LG-4 / 0-0 RG-0 / 0-0 HG-0
패스 방향 분포: 전진 20%, 좌향 24%, 우향 24%, 후진 32%
2020-21 프리미어리그: 18-9 1522 3 28.4-24.1 85% 1.4-0.7 0.1 1.4-0.7 2-0 ★

FW Romelu LUKAKU 9
로멜루 루카쿠

SCOUTING REPORT
'드록신' 드록바 이후 첼시에 합류한 최강의 공격수. 지난 시즌 세리에A 36경기에서 24골-11어시스트를 기록했다. 루카쿠는 거구임에도 놀라운 스피드(최고 36.8km/h)와 유연성을 자랑한다. '온 더 볼'과 '오프 더 볼'에 모두 강점이 있다. 박스 내외곽 어디에서든 폭발적으로 슈팅한다. 예전엔 왼발에 의존했으나 최근엔 오른발 빈도도 높아졌다. 축구 IQ가 높아 '박스 안의 여우(Fox in the Box)'로 불린다.

PLAYER'S HISTORY
콩고민주공화국 출신 이민 2세. 동생 조르당은 라치오에서 레프트백으로 뛰고 있다. 네덜란드어, 프랑스어, 영어, 스페인어, 포르투갈어, 독일어, 스와힐리어 등 무려 7개국어를 구사한다. 압도적인 개인 퍼포먼스에 비해 벨기에, 이탈리아에서 1차례씩 우승한 게 전부다.

주로 사용하는 발: 왼발 66%
우승: 1부리그 2-3, 협회컵 1-1, 챔피언스 1-0
준우승: 클럽 월드컵 0-0, UEFA 유로 0-0, 월드컵 0-0

슈팅-득점: 82-23 / 14-1 / 96-24 LG-16 / 1-0 RG-6 / 6-6 HG-1
패스 방향 분포: 전진 22%, 좌향 25%, 우향 23%, 후진 29%
2020-21 세리에 A: 32-4 2887 11 20.4-14.8 73% 0.5-0.3 0.1 2.6-1.5 4-0 7 ★

Kepa ARRIZABALAGA 1
GK
케파 아리사발라가

페널티킥 방어에 특화된 선수다. 올해 여름 UEFA 슈퍼컵에서도 연장 종료 1분 전 투입 돼 두 차례나 선방을 했다. 패스가 정확해 빌드업의 기점이 된다. 그러나 GK치고 작은 체격인 데다 다이빙을 뒤로 뜨이에 선방 범위가 좁은 편이다. 예전에는 실수가 많지 않았으나 지난 시즌에는 어이없는 실수를 범하며 고전했다. 결국 시즌 도중 멘디가 영입되며 '넘버 2'가 됐다.

주로 사용하는 발: 오른발 84%

우승	1부리그: 0-0	협회컵: 0-3	챔피언스: 1-0
준우승	클럽 월드컵: 0-0	UEFA 유로: 0-0	월드컵: 0-0

세이브-실점: 9-7 / 6-1
● 23-8 TH-39
● 23-15 NK-45
● 1-0 KD-32

패스 방향 분포 — 전진 43%, 좌향 31%, 우향 26%, 후진 0%

2020-21 프리미어리그
6-1 585 65% 2 29.3-23.0
P% 79% LB 11.0-5.1 AD 3-4 ★ 0

Antonio RÜDIGER 2
DF
안토니오 뤼디거

시즌 초반만 해도 경기력이 들쭉날쭉했다. 그러나 투헬 감독 부임 후 전폭적인 신뢰를 얻었다. 챔스 결승전에도 선발 출전해 맨시티의 막강한 공격을 봉쇄했다. 탄탄한 몸매에 놀라운 스피드를 자랑한다. 부드러운 볼터치를 이용한 빌드업도 수준급. 세트피스 때 헤더, 오버래핑 후 트랜지션, 중거리 슈팅도 인상적이다. 잦은 부상, 집중력 부족은 해결해야 할 과제다.

주로 사용하는 발: 오른발 79%

우승	1부리그: 0-1	협회컵: 1-3	챔피언스: 1-0
준우승	클럽 월드컵: 0-0	UEFA 유로: 0-0	월드컵: 0-0

슈팅-득점: 9-1 / 5-0
● 14-1 LG-1
● 0-0 RG-0
● 0-0 HG-0

패스 방향 분포 — 전진 32%, 좌향 20%, 우향 41%, 후진 7%

2020-21 프리미어리그
19-0 1710 0 80.2-71.7 89%
T 1.8-1.6 I 0.3-0.2 DR 0-0 ★ 0

Marcos ALONSO 3
FW
마르코스 알론소

벤 칠웰의 백업이었다. EPL 13경기에 출전했고, 11차례 벤치에서 대기했다. LB, LM을 넘나든다. 비상시에는 '임시 센터백'도 가능하다. 노 마크 상태에서는 날카로운 얼리 크로스를 올린다. 박스 외곽에서 터뜨리는 왼발 중거리 슈팅과 직접 프리킥은 매우 위력적이다. 공격 성향이 강하기에 오버래핑 후 자주 뒤쪽 공간을 내준다. 스피드가 평범한 것도 아쉽다.

주로 사용하는 발: 오른발 90%

우승	1부리그: 1-0	협회컵: 1-3	챔피언스: 1-0
준우승	클럽 월드컵: 0-0	UEFA 유로: 0-0	월드컵: 0-0

슈팅-득점: 15-2 / 7-0
● 22-2 LG-1
● 5-0 RG-1
● 0-0 HG-0

패스 방향 분포 — 전진 33%, 좌향 4%, 우향 36%, 후진 28%

2020-21 프리미어리그
11-2 960 0 39.1-32.2 83%
T 1.5-1.0 A 0.9 DR 1.3-0.7 P% 2-0 ★ 1

Andreas CHRISTENSEN 4
DF
앤드레아스 크리스텐슨

시즌 초반엔 입지가 불안했다. 그러나 시즌 중반 주전급 센터백들이 부상으로 빠지면서 그 자리를 대체했다. 올 시즌도 역할은 비슷할 것이다. 크리스텐슨은 침착하고, 정확한 태클을 구사하며 실수를 적게 범한다. 짧은 패스를 위주로 한 그의 패스 성공률은 90%를 상회한다. 예전에 비해 축구 IQ도 좋아졌다. 그러나 아직은 기복이 심하고, 투쟁심도 부족한 편이다.

주로 사용하는 발: 오른발 93%

우승	1부리그: 1-0	협회컵: 1-2	챔피언스: 1-0
준우승	클럽 월드컵: 0-0	UEFA 유로: 0-0	월드컵: 0-0

슈팅-득점: 3-0
● 3-0 LG-0
● 0-0 RG-0
● 0-0 HG-0

패스 방향 분포 — 전진 31%, 좌향 37%, 우향 25%, 후진 8%

2020-21 프리미어리그
15-0 1375 0 67.1-61.4 91%
T 1.1-0.6 I 1.2 DR 0.4-0.4 P% 2-1 ★ 0

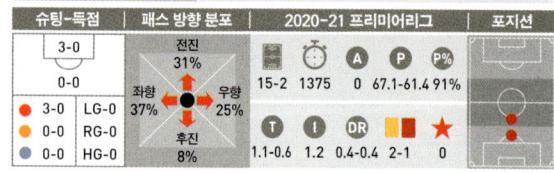

Saúl ÑIGUEZ 17
MF
사울 니게스

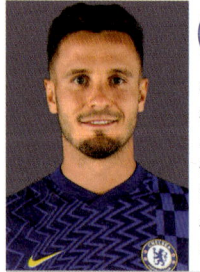

여름 이적 시장 막판 첼시 유니폼을 입었다. 니게스는 활동 범위가 넓은 수비형 미드필더다. 라요 바예카노 시절에는 센터백으로 뛰었다. 공중전 승률이 높고, 태클이 정확하며 패스가 날카롭다. 큰 경기에 유난히 강한 것도 장점이다. 올 시즌 첼시에 많은 도움을 줄 수 있다. 스페인 연령별 대표를 모두 거쳤으며, 2019 UEFA U-19 챔피언십에서 우승했다. 현재 스페인 A대표다.

주로 사용하는 발: 왼발 81%

우승	1부리그: 1-2	협회컵: 0-1	챔피언스: 0-1
준우승	클럽 월드컵: 0-0	UEFA 유로: 0-0	월드컵: 0-0

슈팅-득점: 21-2 / 12-0
● 33-2 LG-2
● 0-0 RG-0
● 1-0 HG-0

패스 방향 분포 — 전진 23%, 좌향 23%, 우향 32%, 후진 23%

2020-21 라리가
22-11 2034 1 33.9-28.6 84%
T 2.6-1.7 I 0.6 DR 0.6-0.5 P% 10-0 ★ 1

Ben CHILWELL 21
DF
벤 칠웰

지난 시즌, 알론소의 대체자로 영입되어 첼시 팬들의 고질적인 레프트백 걱정을 덜어주었다. 올 시즌 주전 레프트백으로 출전할 것이다. 칠웰은 폭발적인 스피드를 이용해 다이내믹한 오버래핑을 구사한다. 또한, 90분 내내 부지런히 터치라인을 왕복할 수 있다. 오픈 상황에서는 날카로운 스루패스를 연결한다. 향후 크로스 정확도를 높이고, 태클 성공률을 보완해야 한다.

주로 사용하는 발: 왼발 86%

우승	1부리그: 0-1	협회컵: 0-1	챔피언스: 1-0
준우승	클럽 월드컵: 0-0	UEFA 유로: 0-1	월드컵: 0-0

슈팅-득점: 22-3 / 5-0
● 27-3 LG-2
● 0-0 RG-1
● 0-0 HG-0

패스 방향 분포 — 전진 34%, 좌향 5%, 우향 36%, 후진 25%

2020-21 프리미어리그
27-0 2290 1 54.4-44.6 82%
T 2.2-1.6 I 0.9 DR 0.6-0.5 P% 3-0 ★ 2

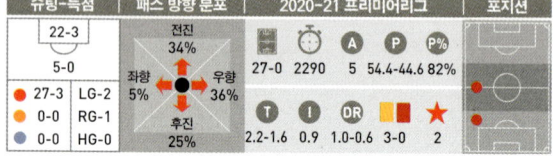

범례: 전체 슈팅 시도-득점 | 직접 프리킥 시도-득점 | PK 시도-득점 | LG 왼발 득점 | RG 오른발 득점 | HG 헤더 득점 | 출전횟수 선발-교체 | 출전시간 분(MIN) | A 도움 | P 평균패스 시도-성공 | P% 패스 성공률 | T 평균태클 시도-성공 | I 평균 인터셉트 | DR 평균드리블 시도-성공 | 페어플레이 경고-퇴장 | MOM

DF Reece JAMES 24
리스 제임스

RB, RM, RW를 넘나든다(히트맵 분석 결과). 발목 염좌로 열흘, 대퇴부 통증으로 20일 결장한 것을 제외하고는 EPL 32경기(선발 25회)에 모두 출전했다. 보디빌더를 연상케 하는 182cm, 90kg의 탄탄한 체격으로 최강의 몸싸움을 자랑한다. 시야가 넓고, 정확한 패스와 크로스를 구사한다. 박스 외곽에서 터뜨리는 오른발 중거리 슈팅과 직접 프리킥은 최강의 무기다.

주로 사용하는 발: 오른발 89%

	우승	준우승
1부리그	0-0	
클럽 월드컵	0-0	
협회컵	0-2	
UEFA 유로	0-1	
챔피언스	1-0	
월드컵	0-0	

슈팅-득점: 14-0 / 20-1 / ●34-1 LG-0 / ●4-0 RG-1 / ●0-0 HG-0

패스 방향 분포: 전진 23%, 좌향 44%, 우향 6%, 후진 27%

2020-21 프리미어리그: 25-7 | 2367 | 1 | 53.0-46.9 | 88% | T 2.4-1.7 | I 0.5 | DR 1.6-1.1 | 3-0 | ★ 1

MF Mateo KOVAČIĆ 18
마테오 코바치치

꾸준히 선발 출전했으나 시즌 막판인 4월 11일 대퇴부를 크게 다쳐 아웃 됐다. 올 시즌은 건강한 몸 상태로 출발했다. 볼을 잘 지켜내고, 안정적으로 빌드업을 한다. 신체 밸런스가 좋고 민첩성을 활용한 순간적인 전진 드리블이 강점. 패스 콤비네이션, 스루 패스 등도 돋보인다. 태클, 인터셉트, 커버플레이 등 종합적인 수비력도 OK. 등번호를 17번에서 8번으로 바꿨다.

주로 사용하는 발: 오른발

	우승	준우승
1부리그	3-1	
클럽 월드컵	2-0	
협회컵	2-2	
UEFA 유로	0-0	
챔피언스	4-0	
월드컵	0-0	

슈팅-득점: 4-0 / 19-0 / ●23-0 LG-0 / ●0-0 RG-0 / ●0-0 HG-0

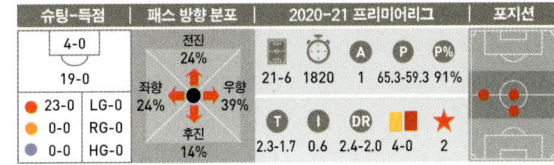

패스 방향 분포: 전진 24%, 좌향 24%, 우향 39%, 후진 14%

2020-21 프리미어리그: 21-6 | 1820 | 1 | 65.3-59.3 | 91% | T 2.3-1.7 | I 0.6 | DR 2.4-2.0 | 4-0 | ★ 2

MF Callum HUDSON-ODOI 20
칼럼 허드슨-오도이

RB, RM, AM, RW, CF 등 거의 모든 위치를 넘나들었다. 첼시 젊은 선수들 중 최고의 '온 더 볼' 플레이어로 꼽힌다. 퍼스트 터치, 드리블, 패스, 슈팅 등 모든 면에서 발군이다. 폭발적인 순간 스피드와 민첩한 방향 전환을 선보인다. 그러나 지구력은 약한 편이다. 그의 첼시 1군 경기 중 거의 절반이 교체 투입이었던 것도 지구력 때문이었다. 시급히 보완해야 한다.

주로 사용하는 발: 오른발 86%

	우승	준우승
1부리그	0-0	
클럽 월드컵	0-0	
협회컵	1-2	
UEFA 유로	0-0	
챔피언스	1-0	
월드컵	0-0	

슈팅-득점: 21-2 / 1-0 / ●23-2 LG-0 / ●0-0 RG-2 / ●0-0 HG-0

패스 방향 분포: 전진 21%, 좌향 34%, 우향 13%, 후진 31%

2020-21 프리미어리그: 10-13 | 1060 | 3 | 25.0-21.6 | 86% | T 1.6-1.0 | I 0.3 | DR 1.3-0.7 | 0-0 | ★ 0

MF Christian PULISIC 10
크리스티안 풀리식

햄스트링, 대퇴부, 종아리 등 크고 작은 부상으로 부진했다. 2021년 8월 15일, 코로나 확진으로 격리 치료를 받았다. 스피드, 볼 컨트롤, 투쟁심을 이용해 폭발적인 드리블을 구사한다. 볼을 몰고 가며 더블터치, 스카치무브, 힐트릭, 체인지 디렉션, 체인지 페이스 등 고난도 테크닉을 가미한다. 오픈 코트에서 역습은 최강의 무기다. 예전에 비해 골 결정력도 향상됐다.

주로 사용하는 발: 오른발 80%

	우승	준우승
1부리그	0-2	
클럽 월드컵	0-0	
협회컵	1-3	
북중미 골드컵	0-1	
챔피언스	1-0	
월드컵	0-0	

슈팅-득점: 34-4 / 9-0 / ●43-4 LG-3 / ●0-0 RG-1 / ●0-0 HG-0

패스 방향 분포: 전진 23%, 좌향 23%, 우향 26%, 후진 28%

2020-21 프리미어리그: 18-9 | 1738 | 2 | 24.5-20.4 | 83% | T 1.2-0.7 | I 0.4 | DR 4.0-1.8 | 2-0 | ★ 2

MF Hakim ZIYECH 22
하킴 지예흐

모로코 출신 2선 공격수. 헤렌벤, 트벤테, 아약스를 거치며 네덜란드 리그를 평정한 후 첼시에 입성했다. 그러나 EPL에서의 첫 시즌은 만족스럽지 못했다. 쟁쟁한 선수들과의 주전 경쟁에서 밀린 데다 무릎, 엉덩이 부상으로 60여 일 결장한 게 영향을 미쳤다. 정상 컨디션일 경우 현란한 왼발, 정확한 키패스, 발군의 플레이메이킹을 선보여 메수트 외질에 비교되기도 한다.

주로 사용하는 발: 왼발 90%

	우승	준우승
1부리그	1-2	
클럽 월드컵	0-0	
협회컵	0-2	
UEFA 유로	0-0	
챔피언스	1-0	
월드컵	0-0	

슈팅-득점: 10-1 / 25-1 / ●35-2 LG-2 / ●1-0 RG-0 / ●0-0 HG-0

패스 방향 분포: 전진 29%, 좌향 31%, 우향 16%, 후진 23%

2020-21 프리미어리그: 15-8 | 1180 | 3 | 29.0-22.9 | 79% | T 1.2-0.6 | I 0.4 | DR 1.5-0.8 | 3-0 | ★ 2

FW Timo WERNER 11
티모 베르너

시즌 초반엔 나름 괜찮은 활약을 했다. 그러나 시즌 중반 체력이 방전되며 폼이 떨어졌다. 올 시즌엔 루카쿠의 백업으로 대기한다. 베르너는 최고 속도 35km/h의 스피드를 이용해 순간적으로 침투한다. 박스 내외곽에서 자신 있게 슈팅한다. 그러나 결정력이 매우 부족하다. 오프사이드에 자주 걸리는 것도 아쉬운 점. 과연 베르너가 전임자 모라타의 전철을 밟을 것인가.

주로 사용하는 발: 오른발 83%

	우승	준우승
1부리그	0-1	
클럽 월드컵	0-0	
협회컵	0-2	
UEFA 유로	0-0	
챔피언스	1-0	
월드컵	0-0	

슈팅-득점: 67-6 / 12-0 / ●79-6 LG-3 / ●0-0 RG-5 / ●0-0 HG-1

패스 방향 분포: 전진 20%, 좌향 19%, 우향 30%, 후진 32%

2020-21 프리미어리그: 29-6 | 2608 | 8 | 22.3-17.5 | 79% | T 1.6-0.6 | I 0.2 | DR 2.3-0.8 | 2-0 | ★ 1

LEICESTER CITY FC

알찬 보강 '여우 군단' 목표는 'UCL 티켓'

구단 창립 : 1884년 홈구장 : 킹파워 스타디움 대표 : 아이야와트 스리바다나프라바 2020-21시즌 : 5위(승점 66점) 20승 6무 12패 68득점 50실점 닉네임 : The Foxes

구단 역사상 첫 FA컵 우승, 또 한 번의 동화(童話)

순조로운 출발이었다. 이적 시장에서 티모시 카스타뉴, 웨슬리 포파나 등을 영입했고, 제이미 바디, 제임스 메디슨, 켈레치 이헤아나초 등 좋은 공격진이 있었다. 전반기에 맨시티에 5-2, 토트넘에 2-0 완승을 거두는 등 좋은 결과를 만들면서 3위에 안착했다. 그러나 고질적인 후반기 뒷심 부족을 드러내며 아쉬움을 남겼고, 최종전에서 토트넘에 2-4로 패배하며 5위로 마감했다. 하지만 FA컵에서는 브라이튼, 맨유, 사우샘프턴, 첼시를 차례로 꺾으며 구단 역사상 처음으로 우승을 차지했고, 지난 리그 우승 이후 또 한 번의 동화를 썼다.

공격-중원-수비 모두 보강, 성공적인 이적 시장

레스터의 목표는 리빌딩이었다. 전설적인 수비수 웨스 모건이 은퇴했고, 크리스티안 푹스, 매티 제임스 등이 팀을 떠났다. 이에 레스터는 팻슨 다카, 부바카리 수마레를 영입하며 공격과 중원에서 젊은 피를 수혈했고, PL 무대에서 잔뼈가 굵은 수비수 라인업 버틀란드와 야닉 베스테르고르를 영입하며 수비를 강화했다. 공격, 중원, 수비 모두 보강했기 때문에 성공적인 이적 시장으로 평가를 받고 있고, 메디슨, 유리 틸레만스 등 핵심 선수들을 지켜낸 것도 긍정적이다. 신구 조화가 좋다는 평가를 받고 있어 이번 시즌에 대한 기대감도 높다.

인상적인 신구 조화, 올 시즌도 UCL 티켓 목표

엄밀히 말하면 우승 전력은 아니다. 맨유, 첼시, 맨시티 등 상위권 팀들이 워낙 보강을 잘했기 때문에 우승 후보로 보기에는 무리가 있다. 그러나 신구 조화가 너무 좋다. 바디, 카스퍼 슈마이켈, 버틀란드, 조니 에반스 등 베테랑들이 있고, 메디슨, 이헤아나초, 찰라르 쇠윈쥐, 틸레만스, 하비 반스 등 젊은 선수들이 이제는 핵심으로 자리 잡았다. 여기에 웨슬리 포파나, 제임스 저스틴 등 어린 선수들도 경험을 많이 쌓았다. 전체적인 전력이 상당히 탄탄하기 때문에 이번 시즌도 기대를 모으고 있고, 2015-16시즌 우승 이후 다시 한 번 UCL 진출을 노린다.

MANAGER : Brendan RODGERS 브렌단 로저스

Personal Information
생년월일 : 1973.01.26 / 출생지 : 칸로(북아일랜드)
현역시절 포지션 : 수비수 / 계약만료 : 2025.6.30
평균 재직 기간 : 1.98년 / 선호 포맷 : 4-1-4-1

History
현역 시절 포지션은 수비수. 1990년 레딩과 계약을 하며 기대를 모았지만 무릎 부상으로 어려움을 겪었고, 주로 하부 리그에서 뛰다가 은퇴했다. 2004년 무리뉴 감독의 눈에 들어 첼시 유스 팀을 맡으며 지도자를 시작했고, 이후 왓포드, 레딩, 스완지, 리버풀, 셀틱, 레스터를 지휘하며 지도력을 인정받았다.

Style
자신의 축구 철학이 점유율을 기반으로 한 공격적인 축구였기 때문에 스페인과 네덜란드로 유학을 떠났다. 이때 스페인의 점유율 축구와 네덜란드의 '토탈사커'를 접목시켜 자신만의 축구 스타일을 만들었다. 주로 4-3-3 포메이션을 사용하지만 상황에 따라 변화를 가져가고, 강한 압박, 중원 장악, 후방 빌드업, 빠른 공격 전개가 특징이다. 선수의 특성을 살려 전술을 짜는 감독이다.

SQUAD LIST

위치	번호	선수	국적	키	생년월일	전 소속 팀
GK	1	Kasper Schmeichel	DEN	185	86-11-05	Leeds U
	12	Danny Ward	WAL	191	93-06-22	Wrexham
	35	Eldin Jakupović	SUI	191	84-10-02	Hull C
DF	2	James Justin	ENG	183	97-07-11	Luton T
	3	Wesley Fofana	FRA	190	00-12-17	St-Etienne
	4	Çağlar Söyüncü	TUR	187	96-05-23	Freiburg
	5	Ryan Bertrand	ENG	179	89-08-05	Southampton
	6	Jonny Evans	NIR	188	88-01-02	WBA
	18	Daniel Amartey	GHA	183	94-12-01	FC København
	21	Ricardo Pereira	POR	175	93-10-06	FC Porto
	23	Jannik Vestergaard	DEN	197	92-08-03	Southampton
	27	Timoty Castagne	BEL	180	95-12-05	Atalanta
	33	Luke Thomas	ENG	01-06-10		None
	34	Filip Benković	CRO	194	97-07-13	Dinamo Zagreb
MF	7	Harvey Barnes	ENG	179	97-12-09	None
	8	Youri Tielemans	BEL	176	97-05-07	Monaco
	10	James Maddison	ENG	179	96-11-23	Norwich C
	11	Marc Albrighton	ENG	174	89-11-18	Aston Villa
	20	Hamza Choudhury	ENG	178	97-10-01	None
	22	Kiernan Dewsbury-Hall	ENG	177	98-09-06	None
	24	Nampalys Mendy	SEN	168	92-06-23	Nice
	25	Wilfred Ndidi	NGA	196	96-12-16	KRC Genk
	32	Kamal Sowah	GHA	179	00-01-09	Right to Dream
	42	Boubakary Soumaré	FRA	188	99-02-27	Lille
	48	Thanawat Suengchitthawon	FRA	170	00-01-08	Nancy
FW	9	Jamie Vardy	ENG	178	87-01-11	Fleetwood T
	14	Kelechi Iheanacho	NGA	187	96-10-03	Manchester C
	17	Ayoze Pérez	ESP	179	93-07-23	Newcastle U
	19	Ademola Lookman	ENG	174	97-10-20	RB Leipzig
	29	Patson Daka	ZAM	185	98-10-09	Red Bull Salzburg

2021-22 SEASON SCHEDULE

날짜	장소	상대팀	날짜	장소	상대팀
08-14	H	Wolverhampton	12-28	H	Liverpool
08-23	A	West Ham Utd	01-01	H	Norwich City
08-28	A	Norwich City	01-15	A	Burnley
09-11	H	Manchester City	01-22	H	Brighton
09-19	A	Brighton	02-09	A	Liverpool
09-25	H	Burnley	02-12	H	West Ham Utd
10-02	A	Crystal Palace	02-19	A	Wolverhampton
10-16	H	Manchester Utd	02-26	H	Chelsea
10-23	A	Brentford	03-05	A	Leeds United
10-30	H	Arsenal	03-12	A	Arsenal
11-06	A	Leeds United	03-19	H	Brentford
11-20	H	Chelsea	04-02	A	Manchester Utd
11-27	H	Watford	04-09	H	Crystal Palace
12-01	H	Southampton	04-16	A	Newcastle Utd
12-04	A	Aston Villa	04-23	H	Aston Villa
12-11	H	Newcastle Utd	04-30	A	Tottenham
12-14	A	Tottenham	05-07	H	Everton
12-18	A	Everton	05-15	A	Watford
12-26	A	Manchester City	05-22	H	Southampton

RANKING OF LAST 10 YEARS

11-12: 9위 / 12-13: 6위 / 13-14: 1위 / 14-15: 14위 41점 / 15-16: 1위 81점 / 16-17: 12위 44점 / 17-18: 9위 47점 / 18-19: 9위 52점 / 19-20: 5위 62점 / 20-21: 5위 66점

STRENGTHS & WEAKNESSES

OFFENSE		DEFENSE	
오픈 플레이	D	오픈 플레이 수비	D
카운터 어택	C	카운터 어택 수비	E
짧은 패스 게임	A	짧은 패스 게임 수비	D
롱볼 연계 플레이	C	롱볼 연계 플레이 수비	C
솔로 플레이	B	솔로 플레이 수비	D
중거리 슈팅 / 직접 프리킥	A	중거리 슈팅 수비	C
측면 공격	B	측면 수비	C
세트 플레이	C	세트 플레이 수비	B
위협적인 공격 횟수	E	공중전 능력	D
슈팅 대비 득점	B	볼 쟁탈전 / 투쟁심	B
오프사이드 피하기	D	실수 조심	C
볼 점유율	B	파울 주의	C

A 매우 우수함 B 우수함 C 평균 수준 D 부족함 E 많이 부족함

STADIUM

King Power Stadium

구장 오픈 : 2002년 구장 증개축 : -
구장 소유 : 킹파워 그룹 수용 인원 : 3만 2261명
피치 규모 : 105 X 68m 잔디 종류 : 하이브리드 잔디

BASIC FORMATION

4-2-3-1

ODDS CHECK

bet365	배당률 100배	우승 확률 6위
sky bet	배당률 100배	우승 확률 6위
William HILL	배당률 66배	우승 확률 6위
888sport	배당률 87배	우승 확률 6위

*우승 확률이 높을수록 배당률은 낮아짐

20-21 SEASON TOP5

득점		어시스트		경고-퇴장	
J.바디	15	J.바디	9	W.포파나	7-0
K.이헤나초	12	J.매디슨	5	J.에반스	7-0
H.바네스	9	M.올브라이턴	5	W.은디디	6-0
J.매디슨	8	Y.틸레망	4	Y.틸레망	6-0
Y.틸레망	6	W.은디디	4	N.멘디	5-0

TOTO GUIDE 지난시즌 전적

상대팀	홈	원정
Manchester City	0-2	5-2
Manchester Utd	2-2	2-1
Liverpool	3-1	0-3
Chelsea	2-0	1-2
West Ham Utd	0-3	2-3
Tottenham	2-4	2-0
Arsenal	1-3	1-0
Leeds United	1-3	4-1
Everton	0-2	1-1
Aston Villa	0-1	2-1
Newcastle Utd	2-4	2-1
Wolverhampton	1-0	0-0
Crystal Palace	2-1	1-1
Southampton	2-0	1-1
Brighton	3-0	2-1
Burnley	4-2	1-1
Fulham	1-2	2-0
West Brom	3-0	3-0
Sheffield Utd	5-0	2-1

TACTICS & FUNCTIONS

OFFENSE

경기 운영 : 점유율 위주, 측면 공격
짧은 패스 / 긴 패스 비율 : 8.9대1
역습 시작 위치 : 비교적 뒤쪽
직접 프리킥 : 매디슨, 틸레망, 반스
중거리 슈팅 : 틸레망, 매디슨, 이헤나초
세트피스 헤딩 : 쇠왼쥐, 에반스, 베스테르고르
드리블 : 페레이라, 페레스, 반스
결정적 패스 : 매디슨, 틸레망, 반스

DEFENSE

존디펜스 : 지역방어 기반의 존디펜스
맨투맨 : 지역과 대인 기반 혼합형
세로 방향 프레싱 위치 : 비교적 뒤쪽
오프사이드 트랩 위치 : 골라인에서 17~19m
미드필드 스크리너 : 은디디, 프라트
공수 밸런스 유지 : 틸레망, 멘디
수비진 라인 컨트롤 : 에반스, 포파나
수비진 옵셔널 스토퍼 : 쇠왼쥐, 아마티

PREMIER LEAGUE 2020-21 PERFORMANCE

LEICESTER CITY FC vs. OPPONENTS PER GAME STATS

레스터 시티 vs 상대팀

레스터		상대팀	지표
1.79	⚽	1.32	득점
12.8	👟	9.7	슈팅
4.9	🥅	3.5	유효슈팅
1.92	🚩	1.95	오프사이드
515	PA	461	패스시도
423	PC	365	패스성공
82%	P%	78%	패스성공률
19.3	TK	17.8	태클시도
135	PR	143	볼소유시 압박
11.5	INT	13.1	인터셉트
2.3	🧤	3.1	GK 선방
10.9	🟨	14.0	파울
1.61	🟨	1.61	경고
0.000	🟥	0.026	퇴장

SCORED GOALS | WHO SCORED | ACTION ZONE | TACTICAL GOALS & SHOTS | SHOT CREATION | TIME

슈팅-득점 / 상대 슈팅-실점
- 30-8
- 262-44
- 193-12

신체 부위별 득점
- 왼발 20 / 오른발 37
- 헤더 7 / 기타 부위 0
- 상대 자책골 4골

상대 신체 부위별 실점
- 왼발 16 / 오른발 23
- 헤더 8 / 기타 부위 0
- 자책골 실점 2골

- 118-5
- 203-34
- 48-9

포지션별 득점
- FW진 29골
- MF진 26골
- DF진 9골
- 상대 자책골 4골

상대 포지션별 실점
- DF진 9골
- MF진 8골
- FW진 31골
- 자책골 실점 2골

공격 방향
35% / 26% / 39%

볼 점유 위치
- 상대 진영 28%
- 중간 지역 45%
- 우리 진영 27%

득점 패턴 (68골)
- OPEN PLAY 44
- COUNTER ATTACK 4
- SET PLAY 10
- PENALTY KICK 6
- OWN GOAL 4

실점 패턴 (50골)
- 26 / 12 / 4 / 6 / 2

슈팅 패턴 (485)
- OPEN PLAY 344
- COUNTER ATTACK 12
- SET PLAY 118
- PENALTY KICK 11

상대 슈팅 패턴 (369)
- 217 / 15 / 133 / 4

슈팅 기회 창출 (762)
- LIVE-BALL PASSES+ 555
- DEAD-BALL PASSES+ 50
- DRIBBLES+ 44
- SHOTS+ 37
- FOULS DRAWN+ 32
- DEFENSIVE ACTIONS+

상대 슈팅 기회 창출 (583)
- 386 / 72 / 39 / 34 / 43 / 9

득점 (시간대)
- 76-15: 23
- 16-30: 6
- 31-45: 10
- 46-60: 8
- 61-75: 10
- 76-90: 11

득실차
- +13 / -2
- +1 / +2
- +1 / +3

실점
- 10 / 8
- 9 / 8
- 7 / 8

PERFORMANCE | POSSESSION | DUEL

패스 시도 (평균 515)
- SHORT PASSES 463
- LONG BALLS 52

패스 성공 (평균 423)
- SHORT PASSES 399
- LONG BALLS 24

전체 평균
53%

홈 경기
54%

원정 경기
52%

볼탈선 (평균 106)
- 성공 54
- 실패 52

공중전 (평균 32.1)
- 성공 16.2
- 실패 15.9

볼 소유자 압박 (평균 143)
- 볼탈취 43
- 실패 100

DANGEROUS ATTACKS
- 레스터 시티 공격: 평균 48.4 / 슈팅 12.8
- 상대팀 공격: 평균 44.0 / 슈팅 9.7

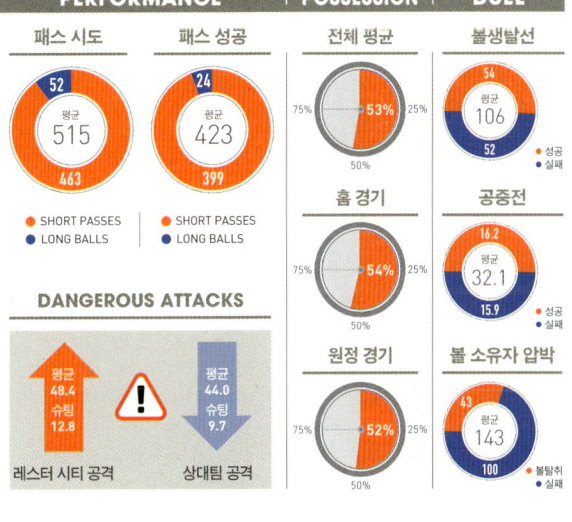

GK Kasper SCHMEICHEL 1
캐스퍼 슈마이클

SCOUTING REPORT
선발 풀타임 활약했고, 유로 2020 4강의 주역이었다. 최강의 무기는 숏-스토핑. 가까운 거리 슈팅을 반사적으로 막는 능력은 리그 최고 수준이다. 우수한 판단력으로 수비진을 효율적으로 이끈다. 골킥 평균 비거리는 39m다. 하프라인 너머 길게 내지르는 경우와 빌드업을 위해 수비수들에게 롱볼을 연결하는 횟수가 비슷하다. 맨시티와 FA 커뮤니티실드 경기에서 귄도안의 프리킥을 막아내 우승에 일조했다.

PLAYER'S HISTORY
덴마크 전설 페터 슈마이켈의 아들이다. '부전자전(父傳子傳)'이다. 폴란드계 이민 2세로 덴마크 코펜하겐에서 태어났다. 2005년 맨체스터 시티에서 데뷔했고, 달링턴, 뷰리, 포커크, 카디프시티, 코벤트리시티, 노츠카운티, 리즈를 거쳐 2011년 레스터 시티로 이적했다.

주로 사용하는 발: 오른발 95%

우승	1부리그: 1-0	협회컵: 1-0	챔피언스: 0-0
준우승	클럽 월드컵: 0-0	UEFA 유로: 0-0	월드컵: 0-0

세이브-실점
69-46
19-4
○ 138-50 TH-164
○ 138-88 NK-209
○ 4-0 KD-39

패스 방향 분포
전진 47%
좌향 30% 우향 23%
후진 0%

2020-21 프리미어리그
38-0 3420 64% 11 28.1-19.8 S% CS P
70% 14.4-6.3 17-7 0-0 2 P% LB AD ★

DF Wesley FOFANA 3
웨슬리 포파나

SCOUTING REPORT
지난 시즌 초반, 주전 센터백 쇠윈쥐가 부상으로 결장하자 대타로 출발했다. 그러나 포파나 본인도 2021년 2월 3일, 대퇴부 부상으로 한 달간 결장했다. 인터셉트, 태클, 블로킹, 프레싱 등 수비력은 평균 이상이다. 190cm의 장신을 이용한 공중전에 강하다. 아직 경험이 부족해 빌드업 상황에서 패스미스를 종종 범한다. 공을 뺏긴 상황에서도 수비전환이 빠른 편이라 상대의 역습을 잘 차단한다.

PLAYER'S HISTORY
말리계 이민 2세로 프랑스 마르세유에서 태어났다. 2018년 생테티엔에서 데뷔했고, 2020년 레스터 시티로 이적했다. 포파나는 독실한 이슬람교 신자로 라마단 금식을 철저히 수행한다. 이 때문에 가끔 컨디션 저하를 보인다. 팀 동료 제임스 저스틴과 정말 많이 닮았다.

주로 사용하는 발: 오른발 92%

우승	1부리그: 0-0	협회컵: 1-1	챔피언스: 0-0
준우승	클럽 월드컵: 0-0	UEFA 유로: 0-0	월드컵: 0-0

슈팅-득점
11-0
0-0
● 11-0 LG-0
● 0-0 RG-0
● 0-0 HG-0

패스 방향 분포
전진 31%
좌향 43% 우향 19%
후진 7%

2020-21 프리미어리그
27-1 2265 0 60.3-52.3 86% A P P%
2.4-1.8 2.2 0.8-0.5 7-0 0 T I DR ★

DF Jonny EVANS 6
조니 에반스

SCOUTING REPORT
대퇴부 통증, 뇌진탕, 허리 부상, 종아리 통증, 발목 염좌로 60여 일 결장했다. 에반스가 출전한 28경기에서는 30실점, 그가 빠진 10경기에서는 20실점이었다. 발 기술이 우수한 양발잡이다. 상대 압박에서 볼을 잘 지켜낸다. 짧은 패스 콤비네이션과 롱볼 모두 정확하기에 빌드업의 기점이 된다. 준수한 스피드를 지녀 후방을 잘 커버한다. 제공권 장악력도 좋고 경험이 쌓이면서 태클 기술과 성공률이 향상됐다.

PLAYER'S HISTORY
맨체스터 유나이티드 유스 출신으로 프로 레벨 초기에는 앤트워프와 선덜랜드에서 임대생활을 했다. 2010년대 초반에 주전급으로 접어들면서 주전급으로 성장했으나 기복이 있는 경기력 때문에 중용되지 못하면서 웨스트브롬을 거쳐 2018년도부터 레스터에서 주전으로 뛰고 있다.

주로 사용하는 발: 오른발 67%

우승	1부리그: 4-3	협회컵: 1-0	챔피언스: 1-2
준우승	클럽 월드컵: 1-0	UEFA 유로: 0-0	월드컵: 0-0

슈팅-득점
8-2
0-0
● 8-2 LG-0
● 0-0 RG-0
● 0-0 HG-2

패스 방향 분포
전진 35%
좌향 26% 우향 35%
후진 5%

2020-21 프리미어리그
28-0 2476 2 66.1-56.8 86% A P P%
1.1-0.9 1.6 0.3-0.3 7-0 0 T I DR ★

DF Ricardo PEREIRA 21
히카르두 페레이라

SCOUTING REPORT
2020년 3월 10일, 무릎 십자인대 부상으로 수술을 받았다. 2021년 1월 15일 복귀 후 두 달간 좋은 퍼포먼스를 선보였으나 3월 15일 대퇴부, 종아리 부상이 겹치며 결국 시즌 아웃됐다. 드리블 실력은 여전하다. 또한, 윙어와 2:1 패스를 통해 박스 안으로 침투해 공격을 전개하기도 한다. 폭발적인 스피드와 강한 지구력을 바탕으로 그라운드 전체를 폭넓게 움직인다. EPL 정상급의 태클을 구사한다.

PLAYER'S HISTORY
카포베르데계 이민 2세로 포르투갈 리스본에서 태어났다. 2012년 비토리아 SC에서 데뷔했고, 포르투, 니스를 거쳐 2018년 레스터 시티에 입단했다. 포르투갈 U-19, U-20, U-21, U-23 등 연령별 대표를 거쳤다. 2015년 11월 러시아 평가전 때 A대표로 데뷔했다.

주로 사용하는 발: 오른발 86%

우승	1부리그: 1-1	협회컵: 2-0	챔피언스: 0-0
준우승	클럽 월드컵: 0-0	UEFA 유로: 0-0	월드컵: 0-0

슈팅-득점
4-0
3-0
● 7-0 LG-0
● 0-0 RG-0
● 0-0 HG-0

패스 방향 분포
전진 28%
좌향 39% 우향 11%
후진 22%

2020-21 프리미어리그
10-5 959 1 30.9-23.8 77% A P P%
3.5-2.1 1 1.9-0.9 3-0 1 T I DR ★

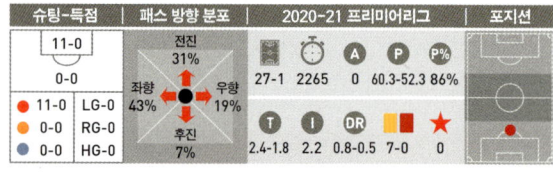
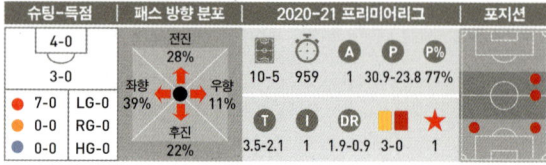

			LG	RG	HG			A	P	P%	T	I	DR		★
전체 슈팅 시도-득점	직접 프리킥 시도-득점	PK 시도-득점	왼발 득점	오른발 득점	헤더 득점	출전횟수 선발-교체	출전시간 분(MIN)	도움	평균패스 시도-성공	패스 성공률	평균태클 시도-성공	평균 인터셉트	평균드리블 시도-성공	페어플레이 경고-퇴장	MOM

MF Youri TIELEMANS 8
유리 틸레망

SCOUTING REPORT
명실상부 레스터 중원의 핵심. 틸레망은 은디디와 2CM으로 나섰다. 은디디는 헌신적인 움직임과 수비 리드, 틸레망은 볼 운반과 전진 패스 등 특성을 극대화 시켰다. 그는 유연한 볼 터치로 압박을 풀어내며, 강한 킥을 이용해 왼쪽 45˚~오른쪽 45˚의 부채살 장-단 패스를 날린다. 간결한 드리블로 볼을 운반하고, 기회가 생기면 양발로 강력한 중거리 슈팅을 터뜨린다. 프리킥, PK 전문 키커 중 1명이다.

PLAYER'S HISTORY
벨기에 아버지와 콩고민주공화국 어머니 사이에 신트피터르스레이우에서 태어났다. 2013년 안더레흐트에서 데뷔했고, 모나코, 레스터 시티 임대를 거쳐 2019년 여름 완전 이적했다. 18살까지 축구와 학업을 병행했다. 아내 멘디와 사이에 멜리나, 레아나 두 딸을 두고 있다.

| 주로 사용하는 발 : 왼발 80% | 우승 | 1부리그 : 2-1 | 협회컵 : 1-2 | 챔피언스 : 0-0 |
| | 준우승 | 클럽 월드컵 : 0-0 | UEFA 유로 : 0-0 | 월드컵 : 0-0 |

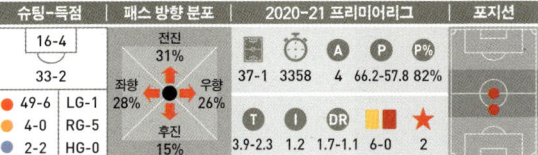

MF James MADDISON 10
제임스 메디슨

SCOUTING REPORT
'No.10'의 역할을 제대로 해냈다. 대퇴부, 무릎, 사타구니 부상으로 7경기에 결장한 것이 아쉬울 뿐이다. 퍼스트 터치, 드리블, 볼 키핑 등 볼 컨트롤 능력이 우수하다. 최대 강점은 프리킥. 직사포와 스피킥 모두 골문 근처로 날아간다. 홈런 볼(와이드 오픈)은 거의 없다. 2선에서 박스 안으로 날카롭게 컷-인 한 후 슈팅을 시도한다. 오픈 코트에서는 역습의 최전선에 선다. 향후 수비력을 보완해야 한다.

PLAYER'S HISTORY
코벤트리 시티와 노리치 시티를 거쳐 2018년 레스터에 둥지를 틀었다. 당시 팀 동료였던 페레이라, 틸레망스와 함께 맨체스터 시티로 이적한 마레즈의 공백을 완벽하게 메꾸며 팀의 상위권 순항을 이끌었다. 96년생의 젊은 선수로 미래가 더 기대되는 자원.

| 주로 사용하는 발 : 오른발 89% | 우승 | 1부리그 : 0-0 | 협회컵 : 1-0 | 챔피언스 : 0-0 |
| | 준우승 | 클럽 월드컵 : 0-0 | UEFA 유로 : 0-0 | 월드컵 : 0-0 |

MF Wilfred NDIDI 25
윌프레드 은디디

SCOUTING REPORT
시즌 초반 사타구니 부상으로 70여 일 결장한 것을 제외하곤 꾸준히 나섰다. 182cm, 80kg의 탄탄한 몸매에 강력한 운동 능력을 선보인다. 포지셔닝과 태클은 리그 최고 수준. 특히 학다리처럼 긴 다리를 쭉 뻗어 공격수의 볼만 쏙 걷어내는 능력은 압권이다. 예전에 비해 패스 성공률도 향상됐다(85%). 강한 신체와 영리한 수비력으로 가끔 센터백으로 출전하기도 한다. 아쉬운 건 그가 '유리몸'이라는 점이다.

PLAYER'S HISTORY
2015년 벨기에 헹크에서 데뷔했고, 2017년 레스터 시티로 이적했다. 나이지리아 U-20 대표 출신이고, 2015년 10월 콩고민주공화국과 평가전에서 A대표로 데뷔했다. 2019년 5월 오랜 연인 딤마 포춘과 결혼식을 올렸다. 현재 드몽포트 대학에서 경영학을 공부하고 있다.

| 주로 사용하는 발 : 오른발 86% | 우승 | 1부리그 : 0-0 | 협회컵 : 1-0 | 챔피언스 : 0-0 |
| | 준우승 | 클럽 월드컵 : 0-0 | CAF 네이션스컵 : 0-0 | 월드컵 : 0-0 |

FW Jamie VARDY 9
제이미 바디

SCOUTING REPORT
지난 시즌 EPL에서 15골-9어시스트를 기록했다. 체격이 크지 않고, 테크닉도 투박한 편임에도 최고 속도 35.4km/h의 폭발적인 스피드와 뛰어난 라인 브레이킹으로 득점한다. 역습 상황에 풀스피드로 침투한 뒤 간결한 터치로 마무리한다. 도저히 각도가 안 나오는 위치에서도 절묘한 슈팅을 날려 골을 넣는 장기가 있다. 최근 3년간 EPL에서 팀의 PK를 독식했다. 19차례 시도에 16골을 넣었다.

PLAYER'S HISTORY
8부리그였던 스톡스브리지 파크 스틸즈에서 프로 경력을 시작했다. 이후 5부리그였던 플릿우드 타운에서 40경기 31골을 몰아치며 팀의 승격을 이끌었다. 이때 잠재력을 높이 산 레스터가 그에게 손을 내밀었고, 최상위 리그 우승이라는 영화같은 스토리의 주인공이 되었다.

| 주로 사용하는 발 : 오른발 75% | 우승 | 1부리그 : 0-0 | 협회컵 : 0-0 | 챔피언스 : 0-0 |
| | 준우승 | 클럽 월드컵 : 0-0 | UEFA 유로 : 0-0 | 월드컵 : 0-0 |

GK Danny WARD 12
대니 워드

지난 3시즌, EPL 출전 기록은 없다. 그러나 114경기에 꾸준히 벤치에 있었다. 워드의 몸상태가 좋고, 성실하다는 증거다. 올 시즌도 '넘버 2' 골키퍼로 슈마이클을 뒷받침한다. 워드는 경이적인 반사신경을 이용해 슈퍼세이브를 펼친다. 1대1 상황에 과감하게 전진해 각도를 좁힌다. 공중볼을 처리할 때 캐칭보다는 펀칭을 선호한다. 정확한 롱볼, 골킥으로 빌드업 한다.

주로 사용하는 발: 오른발

우승 1부리그: 0-1 협회컵: 1-1 챔피언스: 0-1
준우승 클럽 월드컵: 0-0 UEFA 유로: 0-0 월드컵: 0-0

세이브-실점	패스 방향 분포	2020-21 프리미어리그	포지션
0-0 / 0-0	전진 0% / 좌향 0% / 우향 0% / 후진 0%	0-0 — 0 S% CS P / 00-00 P% LB AD ★	
0-0 TH-0 / 0-0 NK-0 / 0-0 KD-0			

DF James JUSTIN 2
제임스 저스틴

지난 시즌 초반 잘 나갔고, 상승세를 이어갔다. 그러나 2021년 2월 12일, 무릎 전방 십자인대가 파열돼 시즌 아웃 됐다. 2021년 8월말 현재도 재활 중이다. 원래 중앙 미드필더 출신이라 볼을 잘 컨트롤 한다. 킥이 좋기에 정확한 크로스를 배달한다. 오른발잡이지만 왼발도 곧잘 사용한다. 주 포지션은 라이트백이지만 지난 시즌엔 레프트백으로 더 많이 출전했다.

주로 사용하는 발: 오른발 78%

우승 1부리그: 0-0 협회컵: 1-0 챔피언스: 0-0
준우승 클럽 월드컵: 0-0 UEFA 유로: 0-0 월드컵: 0-0

슈팅-득점	패스 방향 분포	2020-21 프리미어리그	포지션
7-2 / 3-0	전진 33% / 좌향 19% / 우향 27% / 후진 21%	23-0 2070 1 45.8-36.9 81% / 3.6-2.7 1.3 1.4-0.8 4-0 1	
10-2 LG-0 / 0-0 RG-2 / 0-0 HG-0			

DF Çağlar SÖYÜNCÜ 4
찰라르 쇠윈쥐

사타구니 부상으로 고생했다. 그러나 시즌 종반, 다시 정상적인 스케줄을 소화했다. 팀의 FA컵 우승에도 공을 세웠다. 스피드가 뛰어난 '볼-플레잉 센터백'이다. 양발 빌드업이 가능하다. 롱볼보다는 패스 콤비네이션과 간결한 전술적 드리블로 볼을 운반한다. 강해 보이는 외모와 달리 의외로 지능적인 플레이를 펼친다. 가끔 위치를 잘못 잡아 쉽게 위기를 맞기도 한다.

주로 사용하는 발: 오른발 73%

우승 1부리그: 0-0 협회컵: 1-0 챔피언스: 0-0
준우승 클럽 월드컵: 0-0 UEFA 유로: 0-0 월드컵: 0-0

슈팅-득점	패스 방향 분포	2020-21 프리미어리그	포지션
10-1 / 0-0	전진 35% / 좌향 15% / 우향 43% / 후진 7%	19-4 1816 0 60.1-52.9 88% / 1.8-1.2 1.2 0.3-0.2 2-0 0	
10-1 LG-0 / 0-0 RG-0 / 0-0 HG-1			

DF Timothy CASTAGNE 27
티모시 카스타뉴

10월말 햄스트링을 다쳐 한 달간 결장하며 EPL 27경기 출전에 그쳤다. 신체조건이 우수하고, 스피드가 빠르며 그라운드를 폭넓게 움직인다. 역습 시 적극적으로 오버래핑하고, 수비 복귀 속도 또한 빠르다. 볼 컨트롤이 뛰어나 효율적으로 드리블을 한다. 오른발잡이지만 왼발도 곧잘 사용한다. 킥이 좋아 정확한 크로스를 올리고, 패스가 정확한 편이다.

주로 사용하는 발: 오른발 85%

우승 1부리그: 0-0 협회컵: 1-1 챔피언스: 0-0
준우승 클럽 월드컵: 0-0 UEFA 유로: 0-0 월드컵: 0-0

슈팅-득점	패스 방향 분포	2020-21 프리미어리그	포지션
7-2 / 1-0	전진 31% / 좌향 31% / 우향 18% / 후진 19%	27-0 2346 3 49.0-41.3 84% / 2.7-1.9 1.1 0.9-0.4 1-0 2	
8-2 LG-1 / 0-0 RG-1 / 0-0 HG-0			

DF Luke THOMAS 33
루크 토마스

벤 칠웰의 이적으로 주전 레프트백을 노렸다. 그러나 제임스 저스틴이 부상하면서 그의 백업이 됐다. 토마스는 공격적인 레프트백이다. 상황에 따라 레프트윙까지 올라간다. 빠른 스피드로 오버래핑을 한 후 컷백이나 크로스, 얼리 크로스를 연결한다. 경험이 부족해 수비할 때 판단 미스를 종종 범한다. 버트랜드가 FA로 영입되면서 출전 시간이 분배될 것으로 보인다.

주로 사용하는 발: 오른발 89%

우승 1부리그: 0-0 협회컵: 1-0 챔피언스: 0-0
준우승 클럽 월드컵: 0-0 UEFA 유로: 0-0 월드컵: 0-0

슈팅-득점	패스 방향 분포	2020-21 프리미어리그	포지션
6-1 / 1-0	전진 43% / 좌향 5% / 우향 25% / 후진 27%	12-2 972 0 28.9-20.7 72% / 2.1-1.6 1.1 0.8-0.4 2-0 0	
7-1 LG-1 / 0-0 RG-0 / 0-0 HG-0			

MF Marc ALBRIGHTON 11
마크 올브라이턴

RB, RM, RW를 놓고 카스타뉴, 저스틴과 치열한 3파전을 벌였다. 올브라이턴은 클래식 윙어에 가깝지만 좀 더 다양한 플레이를 소화한다. 레스터의 경우 중앙에서 공격이 안 풀리면 우측면에서 올브라이튼이 크로스를 올려 헤더 경합을 붙인다. 세트피스에서 그의 오른발 킥은 동료 장신들의 제공권과 합쳐져 상대에 큰 부담이 된다. 스피드가 좋고, 수비에 잘 가담한다.

주로 사용하는 발: 오른발 91%

우승 1부리그: 1-0 협회컵: 1-0 챔피언스: 0-0
준우승 클럽 월드컵: 0-0 UEFA 유로: 0-0 월드컵: 0-0

슈팅-득점	패스 방향 분포	2020-21 프리미어리그	포지션
8-1 / 13-0	전진 34% / 좌향 33% / 우향 11% / 후진 22%	17-4 1744 5 24.2-17.8 73% / 2.0-1.1 0.5 2.1-1.2 2-0 2	
21-1 LG-0 / 0-0 RG-1 / 0-0 HG-0			

Harvey BARNES 7
MF 하비 반스

2R 번리전에서 1골-1도움을 기록하는 등 출발이 좋았고, 줄곧 선발로 나섰다. 그러나 26R 아스날전에서 무릎을 크게 다쳤고, 5개월간 재활에 매달렸다. 8월 중순 그라운드에 복귀했고, 곧바로 레스터 시티와 4년 재계약을 체결하였다. 반스는 전형적인 잉글랜드 윙어 스타일이다. 빠른 스피드를 이용한 돌파와 정교한 장단 패스를 구사한다. 역습 축구에 최적화된 MF다.

주로 사용하는 발: 오른발 86%

우승	1부리그: 0-0	협회컵: 1-0	챔피언스: 0-0
준우승	클럽 월드컵: 0-0	UEFA 유로: 0-0	월드컵: 0-0

슈팅-득점: 40-7 / 16-2 / 56-9 LG-4 / 0-0 RG-5 / 0-0 HG-0

패스 방향 분포: 전진 26%, 좌향 10%, 우향 37%, 후진 27%

2020-21 프리미어리그: 22-3 / 1950 / A 4 / P 24.2-18.2 / P% 75% / T 1.4-0.3 / I 0.3 / DR 3.6-1.6 / 경고 0 / MOM 2

Daniel AMARTEY 18
MF 다니엘 아마티

2019년 12월, 발목을 크게 다쳐 9개월간 재활했다. 복귀 후 좋은 퍼포먼스를 선보였지만 2010년 10월 햄스트링을 다쳐 다시 50일간 결장했다. 아마티는 원래 수비형 MF였지만, 센터백이 부족한 팀 상황 때문에 포지션을 변경했다. FA컵 우승 후 인스타 라이브 중 첼시 구단 펜넌트를 들어 뒤로 던져버렸다. 심각성을 깨달은 레스터 구단이 첼시 구단에 직접 사과했다.

주로 사용하는 발: 오른발 89%

우승	1부리그: 1-1	협회컵: 2-1	챔피언스: 0-0
준우승	클럽 월드컵: 0-0	CAF 네이션스컵: 0-1	월드컵: 0-0

슈팅-득점: 3-1 / 0-0 / 3-1 LG-0 / 0-0 RG-0 / 0-0 HG-1

패스 방향 분포: 전진 35%, 좌향 43%, 우향 11%, 후진 11%

2020-21 프리미어리그: 9-4 / 722 / A 0 / P 34.9-30.1 / P% 86% / T 1.2-0.8 / I 0.9 / DR 0.2-0.1 / 경고 3-0 / MOM 0

Nampalys MENDY 24
MF 낭팔리 망디

2020-21, 프리시즌부터 폼이 좋았다. 확실한 주전은 아니었고, 틸레망, 은디디와 상대팀, 상황에 맞게 교체 출전했다. 은골로 캉테와 신체조건이 비슷하지만 플레이는 전혀 다르다. 캉테가 저돌적인 움직임, 강한 태클, 높은 축구 지능으로 승부 한다면 멘디는 볼을 잘 다루고 패스를 정확하게 뿌려주는 스타일이다. 또한, 볼을 잘 다루고, 상대의 압박을 유연하게 벗겨낸다.

주로 사용하는 발: 오른발 89%

우승	1부리그: 0-0	협회컵: 1-0	챔피언스: 0-0
준우승	클럽 월드컵: 0-0	UEFA 유로: 0-0	월드컵: 0-0

슈팅-득점: 0-0 / 4-0 / 4-0 LG-0 / 0-0 RG-0 / 0-0 HG-0

패스 방향 분포: 전진 23%, 좌향 29%, 우향 33%, 후진 15%

2020-21 프리미어리그: 15-8 / 1458 / A 1 / P 42.3-38.5 / T 1.7-1.1 / I 0.6 / DR 0.5-0.3 / 경고 5 / MOM 0

Jannik VESTERGAARD 23
MF 야니크 베스테르고르

덴마크 출신의 장신 센터백. 2미터에 육박하는 키로 공중볼 상황에서 상당한 능력을 보여주며 세트피스 공격 시 유용한 옵션으로 활용도가 높다. 또한 큰 키에 98kg의 체중으로 체격 역시 준수한 편으로 몸싸움에도 강점을 보인다. 느린 발이 약점으로 빠른 공격수들과 속도 경합은 약한 편이다. 무릎부상으로 45일간 결장했다.

주로 사용하는 발: 오른발 72%

우승	1부리그: 0-0	협회컵: 0-0	챔피언스: 0-0
준우승	클럽 월드컵: 0-0	UEFA 유로: 0-0	월드컵: 0-0

슈팅-득점: 22-3 / 1-0 / 23-3 LG-0 / 0-0 RG-0 / 0-0 HG-3

패스 방향 분포: 전진 42%, 좌향 20%, 우향 31%, 후진 8%

2020-21 프리미어리그: 29-1 / 2575 / A 0 / P 58.8-49.1 / P% 84% / T 2.2-1.7 / I 1.4 / DR 0.3-0.2 / 경고 3-1 / MOM 0

Kelechi IHEANACHO 14
FW 켈레치 이헤아나초

조커였다. 후반기에 득점포가 집중됐고, 그의 활약 덕분에 레스터가 챔피언스리그 경쟁을 벌일 수 있었다. 후반기 폼만 따지면 월드클래스였다. 전형적인 '골 사냥꾼(Goal Poacher)'이다. 골 냄새를 맡는 동물적인 후각을 지녔다. 박스 안에서 기가 막히게 위치를 잡고 필살의 결정력으로 골을 터뜨린다. 허나 개인기, 스피드, 콤비네이션, 몸싸움 등 어느 것도 특출하지 않다.

주로 사용하는 발: 오른발 91%

우승	1부리그: 1-1	협회컵: 1-0	챔피언스: 0-0
준우승	클럽 월드컵: 0-0	CAF 네이션스컵: 0-0	월드컵: 0-0

슈팅-득점: 38-10 / 21-2 / 59-12 LG-9 / 1-0 RG-2 / 1-0 HG-1

패스 방향 분포: 전진 17%, 좌향 33%, 우향 15%, 후진 35%

2020-21 프리미어리그: 16-9 / 1458 / A 2 / P 20.2-16.0 / P% 80% / T 1.0-0.5 / I 0.1 / DR 1.8-1.3 / 경고 / MOM

Ayoze PÉREZ 17
FW 아요세 페레스

시즌 내내 부진했다. EPL 25경기에서 달랑 2골밖에 넣지 못했다. 시즌 평점 6.60점으로 본인의 EPL 경력 6년 중 최저였다. 여기에 더해 코로나 방역 수칙을 어기며 파티를 주최해 비판을 받았다. 발이 빠르고, 스페인 선수답게 화려한 테크닉을 자랑한다. 창의적인 퍼스트 터치로 슈팅 기회를 포착한다. 측면이나 2선에서 활약하며 공격라인의 전 위치를 담당할 수 있다.

주로 사용하는 발: 오른발 90%

우승	1부리그: 0-0	협회컵: 1-0	챔피언스: 0-0
준우승	클럽 월드컵: 0-0	UEFA 유로: 0-0	월드컵: 0-0

슈팅-득점: 22-1 / 9-1 / 31-2 LG-0 / 1-0 RG-2 / 1-0 HG-0

패스 방향 분포: 전진 27%, 좌향 22%, 우향 20%, 후진 30%

2020-21 프리미어리그: 15-0 / 1333 / A 1 / P 18.8-14.4 / P% 77% / T 2.7-1.3 / I 0.6 / DR 2.4-1.2 / 경고 5-0 / MOM 0

5년 만의 유로파 출전, '모예스호' 순항할까

구단 창립 : 1895년 **홈구장** : 런던 스타디움 **대표** : 데이비드 설리번, 데이비드 골드 **2020-21시즌** : 6위(승점 65점) 19승 8무 11패 62득점 47실점 **닉네임** : The Irons, The Hammers

내실 있는 이적 시장 행보, 계륵으로 전락한 린가드의 부활로 화룡점정

시즌 전에는 중위권 정도로 분류됐다. 여름에 사이드 벤라흐마, 토마시 소우체크, 블라디미르 코팔 등을 영입하며 준수한 이적 시장을 보냈고, 데클란 라이스, 안토니오, 애런 크레스웰 등 핵심 선수들을 지켜내며 좋은 평가를 받았다. 개막 후 뉴캐슬, 아스널에 연달아 패배하며 불안하게 출발했지만 나름 승점을 꾸준하게 쌓았고, 겨울 이적 시장에서 제시 린가드를 임대영입한 것이 신의 한수였다. 전반기 맨유에서 제대로 자리를 잡지 못해 방출 위기에 있던 린가드는 웨스트햄에서 리그 6위와 유로파리그 진출을 이끌며 화려하게 부활했다.

린가드 완전 영입은 무산됐으나 소기의 성과를 거둔 이적 시장

시즌을 마친 웨스트햄의 목표는 확실했다. 바로 린가드의 완전 영입. 웨스트햄은 지난 시즌 후반기에 엄청난 활약을 펼친 린가드를 완전영입 하기 위한 제안을 했지만 맨유가 높은 이적료를 요구했고, 린가드 본인도 맨유에서 주전 경쟁을 하겠다는 의지가 강해 무산됐다. 실망스러운 결과였지만 센터 쿠르트 주마와 골키퍼 알퐁스 아레올라를 영입하며 나름의 성과를 거두었고, 여기에 린가드를 대신해 니콜라 블라시치를 영입하며 2선을, 이적 시장 막판에는 수비형 미드필더 알렉스 크랄 영입까지 성공하며 전 포지션에서 보강을 완료했다.

막강 중원 조합 완성, 더 강력해진 '망치 군단'

잉글랜드와 체코를 대표하는 미드필더인 데클란 라이스와 토마시 소우체크가 단단한 라인을 형성해 주고 있고, 여기에 백전노장 마크 노블이 중심을 잡아주고 있다. 그 앞선에 파블로 포르날스, 마누엘 란시니, 니콜라 블라시치 같은 창의성이 넘치는 미드필더들을 보유해 리그 내에서 손꼽히는 강력한 중원 조합을 갖췄다. 조용히지만 확실한 보강을 통해 만든 팀 전력은 결국 이번 시즌 6시즌만에 유럽 대항전 복귀라는 결과로 이어졌다. 딱히 약점을 찾기 어려운 좋은 팀으로 변모해 팀과 그들을 이끄는 모예스 감독 모두 그간 실추되었던 명성을 되찾아 가고 있다.

MANAGER : David MOYES 데이비드 모예스

Personal Information
생년월일 : 1963.04.25 / 출생지 : 글래스고(스코틀랜드)
현역시절 포지션 : 공격수 / 계약만료 : 2023.6.30
평균 재직 기간 : 3.23년 / 선호 포맷 : 4-2-3-1

History
1980년 셀틱에서 데뷔했고, 이후 케임브리지, 브리스톨, 슈루즈버리, 던펌린, 해밀턴, 프레스턴 등 다양한 클럽에서 '저니맨' 생활을 했다. 은퇴 후 곧바로 지도자 생활을 시작했고, 2002년부터 2013년까지 에버튼을 성공적으로 이끌며 지도력을 인정받았다. 이후 맨유, 소시에다드, 선덜랜드, 웨스트햄을 지휘했다.

Style
맨유 같은 빅 클럽에서 성공하지 못한 것은 아쉽지만 중하위권 팀을 더 좋은 성적으로 끌어올리는 것은 탁월한 감독이다. 4-2-3-1 포메이션 위주의 공수 밸런스를 중요시한다. 특히 중원에서 왕성한 활동량과 강한 압박을 통해 경기를 풀어가고, 빠른 공수 전환도 특징이다. 선수 특성에 맞는 전술을 짜는 것에 능한 감독이고, 웨스트햄에서는 측면 자원으로 활용되던 미카일 안토니오를 최전방 공격수로 활용하는 탁월한 안목을 보여주기도 했다.

우승 - 준우승 횟수

SQUAD LIST

위치	번호	선수	국적	키	생년월일	전 소속팀
GK	1	Łukasz Fabiański	POL	190	85-04-18	Swansea C
GK	13	Alphonse Areola	FRA	190	93-02-27	Paris St-Germain
GK	25	David Martin	ENG	186	86-01-22	Millwall
GK	35	Darren Randolph	IRL	188	87-05-12	Middlesbrough
DF	2	Winston Reid	NZL	190	88-07-03	FC Midtjylland
DF	3	Aaron Cresswell	ENG	170	89-12-15	Ipswich T
DF	4	Kurt Zouma	FRA	190	94-10-27	Chelsea
DF	5	Vladimír Coufal	CZE	179	92-08-22	Slavia Prague
DF	15	Craig Dawson	ENG	188	90-05-06	Watford
DF	21	Angelo Ogbonna	ITA	191	88-05-23	Juventus
DF	23	Issa Diop	FRA	193	97-01-09	Toulouse
DF	24	Ryan Fredericks	ENG	173	92-10-10	Fulham
DF	26	Arthur Masuaku	COD	179	93-11-07	Olympiakos
DF	31	Ben Johnson	ENG	175	00-01-24	None
MF	8	Pablo Fornals	ESP	178	96-02-22	Villarreal
MF	10	Manuel Lanzini	ARG	167	93-02-15	Al-Jazira
MF	11	Nikola Vlašić	CRO	178	97-10-04	CSKA Moscow
MF	16	Mark Noble	ENG	180	87-05-08	None
MF	28	Tomáš Souček	CZE	190	95-02-27	Slavia Prague
MF	33	Alex Král	CZE	184	98-05-19	Spartak Moscow
MF	41	Declan Rice	ENG	185	99-01-14	None
FW	7	Andriy Yarmolenko	UKR	187	89-10-23	Borussia Dortmund
FW	9	Michail Antonio	ENG	180	90-03-28	Nottingham F
FW	20	Jarrod Bowen	ENG	174	96-12-20	Hull C
FW	22	Said Benrahma	ALG	172	95-08-10	Brentford

2021-22 SEASON SCHEDULE

날짜	장소	상대팀	날짜	장소	상대팀
08-15	A	Newcastle Utd	12-28	A	Watford
08-23	H	Leicester City	01-01	A	Crystal Palace
08-28	A	Crystal Palace	01-15	H	Leeds United
09-11	H	Southampton	01-22	A	Manchester Utd
09-19	A	Manchester Utd	02-08	A	Watford
09-25	H	Leeds United	02-12	H	Leicester City
10-02	A	Brentford	02-19	A	Newcastle Utd
10-16	A	Everton	02-26	H	Wolverhampton
10-23	H	Tottenham	03-05	A	Liverpool
10-30	H	Aston Villa	03-12	H	Aston Villa
11-06	H	Liverpool	03-19	A	Tottenham
11-20	A	Wolverhampton	04-02	H	Everton
11-27	H	Manchester City	04-09	A	Brentford
11-30	H	Brighton	04-16	H	Burnley
12-04	A	Chelsea	04-23	A	Chelsea
12-11	H	Burnley	04-30	H	Arsenal
12-14	A	Arsenal	05-07	A	Norwich City
12-18	H	Norwich City	05-15	H	Manchester City
12-26	H	Southampton	05-22	A	Brighton

RANKING OF LAST 10YEARS

시즌	11-12	12-13	13-14	14-15	15-16	16-17	17-18	18-19	19-20	20-21
순위	3	10	13	12	7	11	13	10	16	6
승점		46점	40점	47점	62점	45점	42점	52점	39점	65점

STRENGTHS & WEAKNESSES

OFFENSE		DEFENSE	
오픈 플레이	A	오픈 플레이 수비	B
카운터 어택	A	카운터 어택 수비	C
짧은 패스 게임	A	짧은 패스 게임 수비	B
롱볼 연계 플레이	C	롱볼 연계 플레이 수비	C
솔로 플레이	C	솔로 플레이 수비	E
중거리 슈팅 / 직접 프리킥	C	중거리 슈팅 수비	C
측면 공격	B	측면 수비	D
세트 플레이	B	세트 플레이 수비	B
위협적인 공격 횟수	A	공중전 능력	B
슈팅 대비 득점	A	볼 쟁탈전 / 투쟁심	B
오프사이드 피하기	D	실수 조심	C
볼 점유율	C	파울 주의	C

A 매우 우수함 B 우수함 C 평균 수준 D 부족함 E 많이 부족함

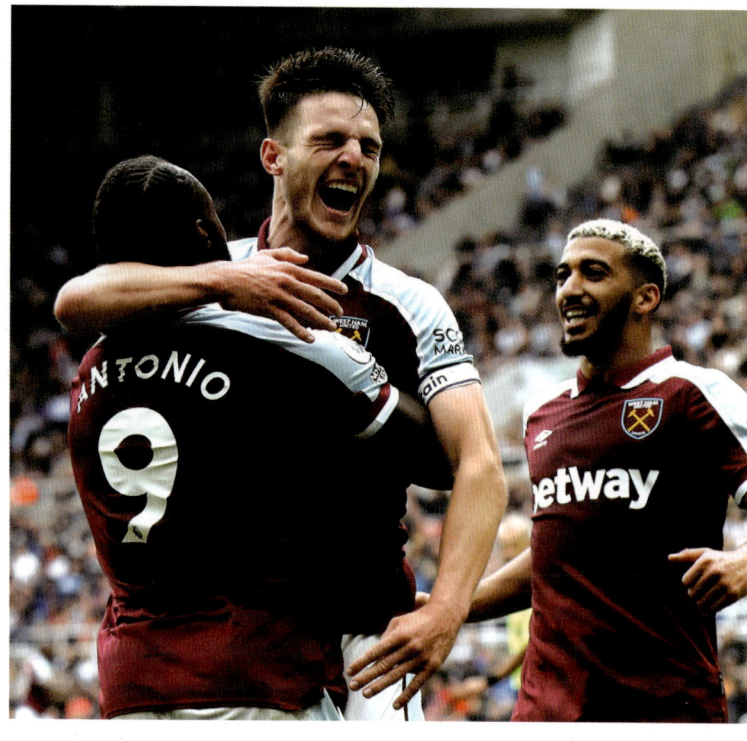

STADIUM

London Stadium

구장 오픈 : 2012년 구장 증개축 : 2016년
구장 소유 : E20 스타디움 LLP 수용 인원 : 6만 명
피치 규모 : 105 X 68m 잔디 종류 : 하이브리드 잔디

ODDS CHECK

bet365	배당률 150배	우승 확률 7위
sky bet	배당률 100배	우승 확률 6위
William HILL	배당률 100배	우승 확률 7위
888sport	배당률 137배	우승 확률 7위

*우승 확률이 높을수록 배당률은 낮아짐

20-21 SEASON TOP5

득점		어시스트		경고-퇴장	
T.수체크	10	A.크레스웰	8	T.수체크	7-1
M.안토니오	10	V.초우팔	7	C.도슨	3-1
J.린가드	9	S.벤라흐마	6	A.오그본나	5-0
J.보웬	8	J.보웬	5	F.발부에나	1-1
P.포르날스	5	M.안토니오	5	J.린가드	3-0

BASIC FORMATION

4-2-3-1

TOTO GUIDE 지난시즌 전적

상대팀	홈	원정
Manchester City	1-1	1-2
Manchester Utd	1-3	0-1
Liverpool	1-3	1-2
Chelsea	0-1	0-3
Leicester City	3-2	3-0
Tottenham	2-1	3-3
Arsenal	3-3	1-2
Leeds United	2-0	2-1
Everton	0-1	1-0
Aston Villa	2-1	3-1
Newcastle Utd	0-2	2-3
Wolverhampton	4-0	3-2
Crystal Palace	1-1	3-2
Southampton	3-0	0-0
Brighton	2-2	1-1
Burnley	1-0	2-1
Fulham	1-0	0-0
West Brom	2-1	3-1
Sheffield Utd	3-0	1-0

TACTICS & FUNCTIONS

OFFENSE

경기 운영 : 철저한 역습 위주, 측면 공격
짧은 패스 / 긴 패스 비율 : 6.0대1
역습 시작 위치 : 비교적 뒤쪽
직접 프리킥 : 포르날스, 보웬, 라이스
중거리 슈팅 : 벤라흐마, 크레스웰, 보웬
세트피스 헤딩 : 주마, 도슨, 오그본나
드리블 : 안토니오, 포르날스, 보웬
결정적 패스 : 포르날스, 보웬, 라이스

DEFENSE

존디펜스 : 지역과 대인 기반 혼합형
맨투맨 : 지역과 대인 기반 혼합형
세로 방향 프레싱 위치 : 비교적 뒤쪽
오프사이드 트랩 위치 : 골라인에서 17~19m
미드필드 스크리너 : 소우체크, 노블
공수 밸런스 유지 : 라이스, 크랄
수비진 라인 컨트롤 : 오그본나, 나디오프
수비진 옵셔널 스토퍼 : 주마, 도슨

PREMIER LEAGUE 2020-21 PERFORMANCE

WEST HAM UNITED FC vs. OPPONENTS PER GAME STATS

웨스트햄 Utd. vs 상대팀	득점	슈팅	유효슈팅	오프사이드	패스시도 (PA)	패스성공 (PC)	패스성공율 (P%)	태클수 (TK)	볼유지 압박 (PR)	인터셉트 (INT)	GK 선방	파울	경고	퇴장
	1.63 / 1.24	12.3 / 12.2	4.3 / 4.2	2.2 / 1.9	399 / 574	310 / 475	78% / 83%	14.7 / 15.2	131 / 130	11.5 / 12.1	2.7 / 2.6	9.9 / 11.9	1.26 / 1.37	0.026 / 0.026

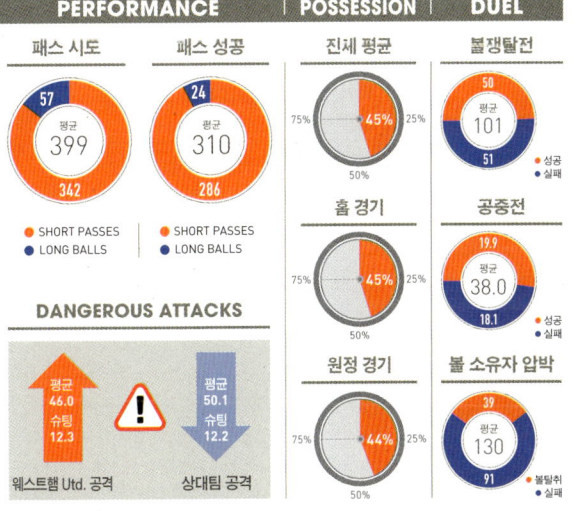

GK Łukasz FABIAŃSKI 1
우카시 파비안스키

SCOUTING REPORT
EPL 35경기에 선발 출전했고, 클린시트 10회를 기록하며 팀을 리그 6위로 이끌었다. 뛰어난 반사신경으로 슈퍼세이브를 선보인다. 골킥 평균 비거리는 52m로 길다. 골킥을 빌드업에 활용하기보다 멀리 차내는 데 주력했다. PK를 잘 방어한다. 지난 3년간 EPL에서 15차례 PK 상황을 맞이했고, 그중 4번을 막아냈다. 잔실수가 많은 편이다. 이 때문에 폴란드 대표팀에서 슈체스니에게 주전 자리를 내줬다.

PLAYER'S HISTORY
2004년 레흐 포즈난에서 데뷔했고, 레기아, 아스날, 스완지를 거쳐 2018년 웨스트햄으로 이적했다. 2006년 3월 사우디아라비아 평가전 때 폴란드 A대표로 데뷔했다. 아스날과 대표팀에서 슈체스니에게 모두 밀렸다. 두 선수는 생일(4월 18일)이 같다.

주로 사용하는 발: 오른발 94%	우승	1부리그: 1-0	협회컵: 1-0	챔피언스: 0-0
	준우승	클럽 월드컵: 0-0	UEFA 유로: 0-0	월드컵: 0-0

세이브-실점	패스 방향 분포	2020-21 프리미어리그	포지션
56-37	전진 78%	35-0 3150 69% 10 24.5-13.4	
42-7	좌향 13% 우향 9%	S% CS P	
142-44 TH-141	후진 0%	P% LB AD	
142-98 NK-271		55% 18.5-7.5 20-9 2-0 1	
6-2 KD-152			

DF Aaron CRESSWELL 3
애런 크레스웰

SCOUTING REPORT
EPL 36경기에 선발로 출전해 팀의 상위권 진출을 견인했다. 크레스웰은 공격적인 풀백이다. 지난 시즌 경기 당 찬스메이킹 2.7회를 기록해 전 시즌 기록(1.5)를 넘어섰다. 기회 창출 96회는 리그 전체 풀백 중 4위였다. 주무기는 왼발 킥. 팀의 전문 프리키커다. 또한 크로스, 스루패스, 로빙 패스 등 다양한 루트로 기회를 만들어낸다. 웨스트햄 이적 후 부상으로 빠진 경기는 단 1회. 완전히 '철강왕'이다.

PLAYER'S HISTORY
트랜미어 아카데미 출신이다. 2008년 이 팀 1군에서 데뷔했고, 입스위치를 거쳐 2014년 웨스트햄으로 이적했다. 2018년에 트랜미어 아카데미는 문을 닫았다. 전 잉글랜드 대표 애슐리 콜을 좋아한다. 리버풀이 후보 GK를 찾을 때 구단 코치에게 아드리안을 추천했다.

주로 사용하는 발: 왼발 94%	우승	1부리그: 0-0	협회컵: 0-0	챔피언스: 0-0
	준우승	클럽 월드컵: 0-0	UEFA 유로: 0-0	월드컵: 0-0

슈팅-득점	패스 방향 분포	2020-21 프리미어리그	포지션
4-0	전진 54%	36-0 3172 8 45.9-36.2 79%	
15-0	좌향 6% 우향 27%	A P P%	
19-0 LG-0	후진 13%	T I DR	
11-0 RG-0		1.3-0.9 0.6 0.3-0.1 3-0 2	
2-0 HG-0			

DF Issa DIOP 23
이사 디오프

SCOUTING REPORT
몸살, 타박상, 뇌진탕 등 크고 작은 부상으로 40여 일을 결장했다. 194cm, 92kg의 큰 체격으로 적극적인 수비를 펼치는 파이터형 센터백이다. 몸싸움을 바탕으로 자리를 잘 잡고, 공중 볼을 잘 따낸다(공중전 성공률 57%). 상대의 패싱 레인을 제대로 차단한다. 거대한 체격을 지녔음에도 스피드가 빠른 편이다. 그러나 집중력을 잃고 실수하는 모습도 종종 보인다. 패스를 이용한 빌드업도 우수한 편은 아니다.

PLAYER'S HISTORY
세네갈계 이민 2세로 프랑스 툴루즈에서 태어났다. 그의 할아버지 리바스는 세네갈 국적으로 리그앙에서 뛴 최초의 축구 선수였다(전 보르도). 2014년 툴루즈 2군에서 데뷔했고, 이듬해 이 팀 1군으로 승격해 2년간 뛰었다. 2018년 여름 웨스트햄으로 이적했다.

주로 사용하는 발: 오른발 86%	우승	1부리그: 0-0	협회컵: 0-0	챔피언스: 0-0
	준우승	클럽 월드컵: 0-0	UEFA 유로: 0-0	월드컵: 0-0

슈팅-득점	패스 방향 분포	2020-21 프리미어리그	포지션
3-2	전진 40%	15-3 1379 8 32.4-26.6 82%	
0-0	좌향 31% 우향 23%	A P P%	
3-2 LG-0	후진 7%	T I DR	
0-0 RG-0		1.7-1.1 1.2 0.3-0.2 3-0	
0-0 HG-2			

MF Mark NOBLE 16
마크 노블

SCOUTING REPORT
시즌 개막 직전, 유망주 디앙가나 매각 문제로 경영진과 불화를 겪었다. 뉴캐슬과 EPL 1R 경기 이후 토마시 소우체크에게 주전을 내줬다. 부지런히 움직이면서 공격과 수비의 밸런스를 유지시킨다. 그는 PK 전문가다. 모든 대회 합산 42회 PK를 시도해 무려 38회를 성공시켰다. 성공률 90.5%로 유럽 전체 1위다(2위는 레반도프스키의 90.2%). 태클, 인터셉트, 클리어링 등 수비력도 준수하다.

PLAYER'S HISTORY
구단과 2022년 6월까지 계약을 연장했다. 노블은 계약 기간 종료와 함께 은퇴하겠다고 밝혔다. 2020년 4월, 에식스에서 코로나로 고통받는 이웃을 위해 3만 5천 파운드를 기부하고 웨스트햄 플레이어 프로젝트상을 받았다. 오랜 연인 칼리와 결혼해 1남 1녀를 두었다.

주로 사용하는 발: 오른발 93%	우승	1부리그: 0-0	협회컵: 0-1	챔피언스: 0-0
	준우승	클럽 월드컵: 0-0	UEFA 유로: 0-0	월드컵: 0-0

슈팅-득점	패스 방향 분포	2020-21 프리미어리그	포지션
0-0	전진 24%	8-13 707 8 20.5-18.1 89%	
1-0	좌향 29% 우향 30%	A P P%	
1-0 LG-0	후진 17%	T I DR	
0-0 RG-0		0.9-0.4 0.6 0.1-0.1 1-0	
0-0 HG-0			

Tomáš SOUČEK 28
MF 토마시 소우첵

SCOUTING REPORT
경영진과 불화를 겪은 노블을 밀어내고 주전으로 발탁됐다. EPL 38경기에 선발로 출전해 10골을 터뜨렸다. 소우첵은 공격과 수비에 모두 능한 올라운드 MF다. 지구력이 좋아 '박스-투-박스'로 움직이며 경기당 13~14km를 뛴다. 감독의 배려로 좀 더 자유롭게 움직인다. 압도적인 체격으로 박스 안에 침투해 강렬하게 마무리한다. 클러치 타임 헤더는 치명적인 무기. 플레이 특성상 펠라이니를 연상케 한다.

PLAYER'S HISTORY
체코의 명문 슬라비아 프라하에서 축구를 시작했다. 주전 경쟁이 쉽지 않아 임대 생활을 다녀야 했고, 17-18시즌 주전 경쟁에서 승리한 후 팀의 핵심 미드필더로 자리 잡았다. 이후 웨스트햄에서 완전이적 옵션이 포함된 임대계약을 제의했고, 완전이적 했다.

주로 사용하는 발: 오른발 86%

우승	1부리그: 1-1	협회컵: 2-0	챔피언스: 0-0
준우승	클럽 월드컵: 0-0	UEFA 유로: 0-0	월드컵: 0-0

슈팅-득점: 52-10 / 12-0
- 64-10 LG-1
- 0-0 RG-6
- 0-0 HG-3

패스 방향 분포: 전진 36%, 좌향 27%, 우향 24%, 후진 13%

2020-21 프리미어리그: 38-0 3420 | 1 | 42.3-31.9 | 76% | 3.3-2.1 | 1.6 | 0.8-0.4 | 7-1 | 6

Declan RICE 41
MF 데클란 라이스

SCOUTING REPORT
원래 팀의 부주장이었다. 그런데 주장 마크 노블이 폼 저하로 자주 결장하면서 라이스가 주장 완장을 찼다. 대표팀 차출 때의 무릎 부상으로 빠진 것을 제외한 나머지 EPL 32경기에 모두 선발로 출전했다. 정통파 홀딩 MF다. 태클, 인터셉트, 마킹, 클리어링, 리커버리 등 수비의 여러 부문에서 발군의 기량을 발휘한다. 짧은 준비 동작에 강한 발목을 이용해 시도하는 중거리 슈팅 및 프리킥은 최강의 무기다.

PLAYER'S HISTORY
첼시 유스 출신이었으나 아카데미에서는 특출난 모습을 보이지 못하고 방출되었다. 이후 같은 런던을 연고로 하는 웨스트햄 유나이티드 유스로 입단했고, 웨스트햄에서 재능이 만개해 현재 리그 탑급 미드필더이자 팀의 부주장을 맡고 있다.

주로 사용하는 발: 오른발 82%

우승	1부리그: 0-0	협회컵: 0-0	챔피언스: 0-0
준우승	클럽 월드컵: 0-0	UEFA 유로: 0-1	월드컵: 0-0

슈팅-득점: 15-2 / 12-0
- 27-2 LG-0
- 3-0 RG-2
- 2-1 HG-0

패스 방향 분포: 전진 30%, 좌향 30%, 우향 28%, 후진 12%

2020-21 프리미어리그: 32 2880 | 5 | 47.7-41.9 | 88% | 2.8-1.8 | 1.8 | 1.1-0.9 | 2-0 | 1

Jarrod BOWEN 20
MF 재러드 보웬

SCOUTING REPORT
팀의 핵심으로 자리 잡았고, 부상 없이 시즌을 치렀다. 왼발잡이로 윙어, 쉐도우 스트라이커를 넘나들었다. 볼을 잘 지켜내고, 빠르게 드리블하며, 측면 돌파 후 크로스를 올린다. 웨스트햄 팀플레이와 '궁합'이 딱 맞는다. 박스 외곽에서 부지런히 움직이다 볼이 흘러 나오면 지체없이 강렬한 왼발 중거리 슈팅을 날린다. 윙어이면서 수비에도 열심히 가담한다. 네티즌들은 그를 '보급형 로번'이라고 부른다.

PLAYER'S HISTORY
2013년 헤리퍼드 FC에서 데뷔했고, 헐시티를 거쳐 2020년 웨스트햄 Utd.로 이적했다. 어린 시절 잉글랜드 축구의 전설 데이비드 베컴을 우상으로 삼았다. 실제 그의 플레이에서 많은 도움을 받았다고 한다. 유튜버이자 트위치 스트리머인 로키 도키와 친분이 있다.

주로 사용하는 발: 왼발 79%

우승	1부리그: 0-0	협회컵: 0-0	챔피언스: 0-0
준우승	클럽 월드컵: 0-0	UEFA 유로: 0-0	월드컵: 0-0

슈팅-득점: 40-8 / 15-0
- 55-8 LG-5
- 0-0 RG-1
- 0-0 HG-3
- 기타 부위 2골

패스 방향 분포: 전진 23%, 좌향 39%, 우향 13%, 후진 25%

2020-21 프리미어리그: 30-8 2579 | 5 | 16.3-12.1 | 74% | 1.2-0.7 | 0.6 | 1.8-0.9 | 4-0

Michail ANTONIO 9
FW 미카일 안토니오

SCOUTING REPORT
햄스트링, 허벅지, 허리 등 여러군데를 다치며 90여 일 결장했다. 다행히 정상일 때는 거의 선발로 출전했다. 10골-5도움을 기록했으며, 팀은 그의 활약에 힘입어 리그 상위권에 올랐다. 안토니오는 파워가 강력하고, 스피드가 빠르다. 폭발적인 드리블로 상대 수비진을 돌파하고, 양발을 고루 사용해 내외곽 어디에서든 강력한 슈팅을 날린다. 평범한 체격이지만 점프를 높이 뛰기에 공중볼을 잘 따낸다.

PLAYER'S HISTORY
2008년 투팅에서 데뷔했고, 첼튼햄, 사우샘튼, 셰필드, 노팅엄을 거쳐 2015년 웨스트햄 유니폼을 입었다. 시즌 시작 전 6년간 이용했던 등번호 30번을 9번으로 바꿨다. 자메이카계 이민 2세다. 2022 카타르 월드컵에 출전하기 위해 최종적으로 자메이카 국적을 선택했다.

주로 사용하는 발: 오른발 84%

우승	1부리그: 0-0	협회컵: 0-0	챔피언스: 0-0
준우승	클럽 월드컵: 0-0	UEFA 유로: 0-0	월드컵: 0-0

슈팅-득점: 51-10 / 12-0
- 63-10 LG-2
- 0-0 RG-6
- 0-0 HG-2

패스 방향 분포: 전진 21%, 좌향 25%, 우향 26%, 후진 28%

2020-21 프리미어리그: 24-2 1984 | 5 | 17.4-11.9 | 68% | 0.5-0.5 | 0.8 | 3.3-1.7 | 3-0 | 2

GK Darren RANDOLPH 35
대런 랜돌프

파비안스키가 부상으로 빠진 EPL 3경기에서 선발로 출전했다. FA컵 1경기와 리그컵 3경기에도 나섰다. 그리고 EPL 24경기에서는 벤치에서 대기했다. 꾸준히 좋은 몸상태를 유지했다는 뜻이다. 랜돌프는 반사신경이 우수하다. 역동작에 걸려도 손이나 발을 쭉 뻗어 감각적으로 막아낸다. 모험하기보다는 안정적으로 경기를 운영한다. 중거리 슈팅, 프리킥을 잘 막아낸다.

주로 사용하는 발: 오른발

| 우승 | 1부리그: 0-1 | 협회컵: 0-1 | 챔피언스: 0-0 |
| 준우승 | 클럽 월드컵: 0-0 | UEFA 유로: 0-0 | 월드컵: 0-0 |

세이브-실점 / 패스 방향 분포 / 2020-21 프리미어리그 / 포지션

4-2
2-1
9-3 | TH-5
9-6 | NK-22
0-0 | KD-43

전진 80%, 좌향 13%, 우향 7%, 후진 0%

3-0 | 270 | 5% | CS 1 | P 20.3-10.3
P% 51% | LB 15.0-5.0 | AD

DF Winston REID 2
윈스턴 리드

미국 MLS 캔자스시티와 잉글랜드 2부 브렌포드에서 좋은 활약을 보였다. 2021년 여름, 웨스트햄으로 이적했다. 큰 체격과 강력한 파워를 활용하는 '클래식 스토퍼'다. 공중볼을 잘 따내고 패싱 레인도 잘 막아낸다. 마오리족 출신으로 뉴질랜드에서 태어났고, 10살 때 덴마크로 이민갔다. 덴마크 연령별 대표를 지냈으나 월드컵 출전을 위해 뉴질랜드 국가대표를 선택했다.

주로 사용하는 발: 오른발 90%

| 우승 | 1부리그: 0-1 | 협회컵: 0-1 | 챔피언스: 0-0 |
| 준우승 | 클럽 월드컵: 0-0 | OFC 네이션스컵: 0-0 | 월드컵: 0-0 |

슈팅-득점 / 패스 방향 분포 / 2020-21 MLS + 잉글랜드 2부 / 포지션

7-1
0-0
7-1 | LG-0
0-0 | RG-0
0-0 | HG-1

전진 34%, 좌향 36%, 우향 20%, 후진 10%

19-14 | 1599 | A 0 | P 26.1-21.1 | P% 81%
T 0.6-0.5 | I 1.1 | DR 0.1-0.1 | 2-0

DF Vladimír COUFAL 5
블라디미르 초우팔

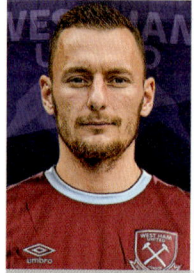

슬라비아 프라하에서 웨스트햄으로 옮겼고, 안정된 경기력으로 주전을 꿰찼다. 초우팔은 공수 밸런스가 뛰어난 라이트백이다. 주력이 좋고, 몸싸움을 잘 해 늘 도전적으로 수비한다. 1대1 방어력은 EPL 상위권이다. 적절한 오버래핑과 깔끔한 크로스로 공격을 뒷받침한다. 어린 시절 스티븐 제라드와 리버풀의 팬이었다. 웨스트햄 입단 때부터 영어를 꽤 잘 했다고 한다.

주로 사용하는 발: 오른발 86%

| 우승 | 1부리그: 2-0 | 협회컵: 2-0 | 챔피언스: 0-0 |
| 준우승 | 클럽 월드컵: 0-0 | UEFA 유로: 0-0 | 월드컵: 0-0 |

슈팅-득점 / 패스 방향 분포 / 2020-21 체코 1부 + 프리미어리그 / 포지션

12-0
6-0
18-0 | LG-0
0-0 | RG-0
0-0 | HG-0

전진 53%, 좌향 24%, 우향 5%, 후진 18%

39-0 | 3422 | A 10 | P 37.9-27.0 | P% 71%
T 0.8-0.5 | I 1.3 | DR 0.7-0.4 | 3-0 | 1

DF Craig DAWSON 15
크레이그 도슨

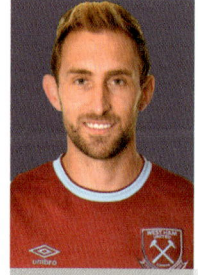

원래 왓포드 소속이었다. 2020년 10월 웨스트햄으로 임대되면서 계약서에 "EPL 15경기 이상 출전할 경우 완전히 이적할 수 있다"는 조항을 넣었다. 이 조항이 발효돼 완전 이적이 성사됐다. 체격이 크고, 스피드와 점프력도 평균 이상이다. 세트플레이 때 타점 높은 헤더 골을 넣고, 인터셉트도 곧잘 성공시킨다. 태클 시도 횟수가 줄었고, 세밀한 빌드업을 기대하기는 어렵다.

주로 사용하는 발: 오른발 93%

| 우승 | 1부리그: 0-0 | 협회컵: 0-0 | 챔피언스: 0-0 |
| 준우승 | 클럽 월드컵: 0-0 | UEFA 유로: 0-0 | 월드컵: 0-0 |

슈팅-득점 / 패스 방향 분포 / 2020-21 프리미어리그 / 포지션

15-3
1-0
16-3 | LG-0
0-0 | RG-1
0-0 | HG-2

전진 40%, 좌향 28%, 우향 22%, 후진 5%

22-0 | 1926 | A 0 | P 34.7-27.7 | P% 80%
T 0.8-0.5 | I 1.5 | DR 0.0-0.0 | 3-1

DF Angelo OGBONNA 21
안젤로 오그본나

시즌 중반까지 탄탄한 수비를 선보이며 팀 상승세의 주역이 됐다. 2021년 2월 발목을 크게 다쳐 두달 넘게 결장했다가 시즌 종반 복귀했다. 최강의 공중전을 자랑한다. 태클, 마킹도 우수한 편이다. 세밀한 패스 콤비네이션으로 빌드업을 돕는다. 그러나 민첩성이 부족해 빠른 공격수들을 방어할 때 애를 먹는다. 롱볼 성공률이 낮기에 역습 기회를 잘 살리지 못한다.

주로 사용하는 발: 왼발 69%

| 우승 | 1부리그: 2-0 | 협회컵: 1-0 | 챔피언스: 0-1 |
| 준우승 | 클럽 월드컵: 0-0 | UEFA 유로: 0-1 | 월드컵: 0-0 |

슈팅-득점 / 패스 방향 분포 / 2020-21 프리미어리그 / 포지션

13-3
0-0
13-3 | LG-0
0-0 | RG-0
0-0 | HG-3

전진 33%, 좌향 31%, 우향 29%, 후진 7%

28 | 2493 | A 0 | P 36.4-29.6 | P% 81%
T 1.2-0.9 | I 1.1 | DR 0.1-0.1 | 5-0

DF Ryan FREDERICKS 24
라이언 프레데릭스

시즌 초반 나름 좋은 활약을 보였다. 그러나 초우팔이 영입된 후 주전 자리를 내줬다. EPL 14경기에 출전했고, 그중 8번이 교체 투입이었다. 빠른 스피드를 이용한 드리블, 커버플레이가 특기. 우측에서 날카로운 크로스를 올릴 수 있다. 프레데릭스는 측면 돌파, 역습 등 시원한 오픈 공격이 잘 어울린다. 반면 패스가 세밀하지 않아 콤비네이션 플레이에는 약점을 보인다.

주로 사용하는 발: 오른발 90%

	1부리그	협회컵	챔피언스
우승	0-0	0-0	0-0
준우승	클럽월드컵 0-0	UEFA 유로 0-0	월드컵 0-0

슈팅-득점: 3-1 / 1-0
4-1 LG-0
0-0 RG-1
0-0 HG-0

패스 방향 분포: 전진 36%, 좌향 30%, 우향 14%, 후진 20%

2020-21 프리미어리그:
6-8 567 1 16.1-12.4 77%
0.9-0.6 0.8 0.5-0.2 2-0 0

DF Ben JOHNSON 31
벤 존슨

1군과 2군을 넘나들었다. 주로 LB 또는 LM으로 나섰다. 주력이 좋고, 과감하게 전진한다. 오른발잡이지만 왼발도 곧잘 사용하는 편이다. 히트맵을 보면 좌측면에 특화된 선수지만 가끔 우측 터치라인에 붉은 점들이 찍혀 있음을 볼 수 있다. 기습적으로 우측으로 옮긴 상황을 말한다. 축구선수이자 감독인 폴 파커의 조카이며, 토트넘 전 수비수 레들리 킹의 사촌이다.

주로 사용하는 발: 오른발 77%

	1부리그	협회컵	챔피언스
우승	0-0	0-0	0-0
준우승	클럽월드컵 0-0	UEFA 유로 0-0	월드컵 0-0

슈팅-득점: 1-1 / 2-0
3-1 LG-0
0-0 RG-1
0-0 HG-0

패스 방향 분포: 전진 46%, 좌향 6%, 우향 26%, 후진 22%

2020-21 프리미어리그:
5-9 519 0 13.1-9.5 72%
0.9-0.8 0.1 0.4-0.3 1-0 0

MF Pablo FORNALS 8
파블로 포르날스

EPL 38R 사우스햄튼전에서 2골을 터뜨려 유로파 리그 진출을 확정 지었다. AM, CM, LW, RW 등 2선 전 지역을 커버한다. 볼을 잘 컨트롤하고, 테크닉을 이용해 화려하게 드리블하며, 정확한 스루패스를 구사한다. 비야레알 시절에는 간결한 드리블과 플레이메이킹이 돋보였다. 그러나 EPL에서는 너무 많이 움직이고, 수비에 적극 가담하는 등 팀플레이에 신경 쓰고 있다.

주로 사용하는 발: 오른발 89%

	1부리그	협회컵	챔피언스
우승	0-0	0-0	0-0
준우승	클럽월드컵 0-0	UEFA 유로 0-0	월드컵 0-0

슈팅-득점: 35-5 / 15-0
52-5 LG-1
0-0 RG-4
0-0 HG-0

패스 방향 분포: 전진 30%, 좌향 21%, 우향 28%, 후진 22%

2020-21 프리미어리그:
31-2 2583 4 32.1-25.4 79%
3.2-1.3 1.1 1.8-0.9 3-0 1

FW Andriy YARMOLENKO 7
안드리 야르몰렌코

189cm의 장신 윙어. 볼을 잘 지켜내고, 과감히 측면을 돌파한다. 정확하고 강한 왼발 킥을 이용해 득점과 어시스트를 기록한다. 박스 외곽에서 순간적인 '잔발 드리블'을 이용해 약간씩 치고 들어가며 빈틈을 노린다. 극단적인 왼발잡이로 오른발 각도에서도 몸을 살짝 튼 뒤 왼발로 슈팅한다. 모예스 감독 취임 후 그의 '先 수비 後역습' 축구에 적응하지 못해 교체 출전 중이다.

주로 사용하는 발: 왼발 75%

	1부리그	협회컵	챔피언스
우승	3-4	2-2	0-0
준우승	클럽월드컵 0-0	UEFA 유로 0-0	월드컵 0-0

슈팅-득점: 4-0 / 7-0
7-0 LG-0
0-0 RG-0
0-0 HG-0

패스 방향 분포: 전진 27%, 좌향 36%, 우향 13%, 후진 25%

2020-21 프리미어리그:
1-14 363 1 9.0-7.5 84%
0.7-0.3 0.1 0.8-0.4 3-0 0

FW Saïd BENRAHMA 22
사이드 벤라흐마

웨스트햄에서는 LW이 아닌 AM으로 출전 중이다. 화려한 기술을 선보이는 2선 공격수. 간단한 몸동작과 볼 컨트롤 한 번으로 수비 1~2명쯤은 쉽게 제친다. 킥이 강력하고 패스가 정확하기에 2선에서 공격을 셋-업 할 때 크게 효과를 본다. 시즌 시작 전 등번호를 9번에서 22번으로 교체했다. 돌아가신 아버지가 생전에 늘 사이드에게 "22번을 입어라"고 권유했기 때문이다.

주로 사용하는 발: 오른발 85%

	1부리그	협회컵	챔피언스
우승	0-0	0-0	0-0
준우승	클럽월드컵 0-0	UEFA 유로 0-0	월드컵 0-0

슈팅-득점: 13-0 / 24-1
37-1 LG-0
1-0 RG-1
0-0 HG-0

패스 방향 분포: 전진 26%, 좌향 18%, 우향 33%, 후진 24%

2020-21 잉글랜드 2부 + 프리미어리그:
14-18 1432 6 15.6-12.8 82%
1.4-0.8 0.3 2.7-1.4 6-0 0

TOTTENHAM HOTSPUR FC

손흥민-케인 '환상 듀오' 잔류, 우승 가능?

구단 창립 : 1882년 홈구장 : 토트넘 핫스퍼 스타디움 대표 : 다니엘 레비 2020-21시즌 : 7위(승점 62점) 18승 8무 12패 68득점 45실점

기대 높았던 'KBS 라인', 그러나 아쉬운 결과

무조건 트로피 하나는 따낸다는 조세 무리뉴 감독의 2년차, 기대감은 높았다. 피에르 에밀 호이비에르, 맷 도허티, 세르히오 레길론, 카를로스 비니시우스, 조 하트, 조 로든을 영입하며 중원, 풀백, 백업 공격수, 센터백 등 부족한 포지션에서 폭넓은 보강을 했고, 가레스 베일까지 복귀하며 해리 케인, 손흥민과 함께 'KBS 라인'을 구축했다. 시즌 초반에는 맨유에 6-1 대승, 맨시티에 2-0 승 등 1위까지 올라갔다. 그러나 후반기부터 흔들리며 순위가 하락했고, 무리뉴 감독은 무관으로 시즌을 마감하는 수모를 겪었다. 팀 역시 리그 7위로 시즌을 마감하면서 2년 연속 챔피언스리그 진출에 실패했다.

손흥민-케인 잔류, 젊은 피 수혈…리빌딩 과정

빅 사이닝은 없었지만 충분히 성공적인 이적시장으로 평가받고 있다. 우선 '에이스' 손흥민과 재계약을 체결했고, 이적을 선언했던 해리 케인도 잔류했다. 이후에는 리빌딩에 집중했다. 잉여 자원이었던 에릭 라멜라, 대니 로즈, 토비 알더베이럴드, 조 하트, 무사 시소코, 세르주 오리에 등을 처분하고, 브라이언 힐, 크리스티안 로메로, 파페 사르, 에메르송 로얄 등을 영입하며 젊은 피를 수혈했다. 다만 탕귀 은돔벨레 같은 고 주급자를 처분하지 못한 것은 아쉬웠고, 손흥민과 케인이 빠졌을 때를 대비한 '플랜B' 공격수를 영입하지 못한 것에는 우려가 있다.

기대와 우려가 공존, 시즌 무관(無冠) 탈출할까

기대와 우려가 공존하는 시즌이다. 무리뉴 감독을 경질하고 울버햄튼의 돌풍을 이끈 누누 산투 감독을 데려왔지만 토트넘 팬들이 원하는 공격적인 축구를 할 수 있을지는 여전히 미지수다. 각국 리그에서 유망주들을 대거 수혈하며 리빌딩을 준비한다는 측면에 있어서는 실속이 있었던 이적시장 활동으로 평가받지만, 손흥민, 케인이 막혔을 때 공격을 믿고 맡길 수 있는 대체 공격수가 없는것과 영입된 선수들이 기존의 주전들과 경쟁할 수준으로 보기 어려운 것은 불안요소로 지적된다.

MANAGER : Nuno ESPIRITO SANTO 누누 에스피리투 산투

Personal Information
생년월일 : 1974.01.25 / 출생지 : 상투메(포르투갈)
현역시절 포지션 : 골키퍼 / 계약만료 : 2023.6.30
평균 재직 기간 : 1.73년 / 선호 포맷 : 3-4-3

History
현역 시절 비토리아SC, 데포르티보, 오사수나, 포르투, 디나모 모스크바 등에서 골키퍼로 활약했고, 대형 에이전트인 조르제 멘데스의 첫 고객으로 유명하다. 은퇴 이후 하우 아브, 발렌시아, 포르투 등을 맡으며 지도력을 인정받았고, 2017년 울버햄튼의 지휘봉을 잡아 EPL 승격을 이끌며 돌풍을 일으켰다.

Style
토트넘의 전임 감독인 무리뉴의 영향을 받아 안정적인 수비를 구축한 후 빠른 측면 공격을 시도하는 전술적인 특징을 가지고 있다. 주로 3백 시스템을 사용하지만 토트넘에서는 공격적인 축구를 하기 위해 4백으로 변화를 주고 있다. 중원에서는 강한 압박과 정교한 패스 플레이를 시도하고, 측면에서 빠른 공수 전환을 주문한다. 다만 플랜B가 부족하기 때문에 주전 선수 11명에 변화를 주지 않는 것은 아쉽다는 평가다.

우승 - 준우승 횟수
ENGLISH PREMIER LEAGUE : 2-5
ENGLISH FA CUP : 8-1
UEFA CHAMPIONS LEAGUE : 0-1
UEFA EUROPA LEAGUE : 2-1
FIFA CLUB WORLD CUP : 0-0
UEFA-CONMEBOL INTERCONTINENTAL : 0-0

SQUAD LIST

위치	번호	선수	국적	키	생년월일	전 소속 팀
GK	1	Hugo Lloris	FRA	188	86-12-26	Lyon
	22	Pierluigi Gollini	ITA	194	95-03-18	Atalanta
	40	Brandon Austin	USA	188	99-01-08	None
DF	2	Matt Doherty	IRL	182	92-01-16	Wolverhampton W
	3	Sergio Reguilón	ESP	178	96-12-16	Real Madrid
	4	Cristian Romero	ARG	185	98-04-27	Atalanta
	6	Davinson Sánchez	COL	187	96-06-12	Ajax
	12	Emerson	BRA	183	99-01-14	Barcelona
	14	Joe Rodon	WAL	190	97-10-22	Swansea C
	25	Japhet Tanganga	ENG	184	99-03-31	None
	33	Ben Davies	WAL	182	93-04-24	Swansea C
	46	Malachi Fagan-Walcott	ENG	187	02-03-11	None
MF	5	Pierre-Emile Højbjerg	DEN	185	95-08-05	Southampton
	8	Harry Winks	ENG	176	96-02-02	None
	11	Bryan Gil	ESP	175	01-02-11	Sevilla B
	15	Eric Dier	ENG	188	94-01-15	Sporting CP
	18	Giovani Lo Celso	ARG	170	96-04-09	Betis
	19	Ryan Sessegnon	ENG	178	00-05-18	Fulham
	20	Dele Alli	ENG	188	96-04-11	MK Dons
	27	Lucas	BRA	172	92-08-13	Paris St-Germain
	28	Tanguy NDombélé	FRA	176	96-12-28	Lyon
	29	Oliver Skipp	ENG	175	00-09-16	None
	42	Harvey White	ENG	171	01-09-19	None
FW	7	Son Heung-Min	KOR	183	92-07-08	Bayer Leverkusen
	10	Harry Kane	ENG	188	93-07-28	None
	23	Steven Bergwijn	NED	178	97-10-08	PSV Eindhoven
	47	Jack Clarke	ENG	181	00-11-23	Leeds U

2021-22 SEASON SCHEDULE

날짜	장소	상대팀	날짜	장소	상대팀
08-15	H	Manchester City	12-28	A	Southampton
08-22	A	Wolverhampton	01-01	A	Watford
08-29	H	Watford	01-15	H	Arsenal
09-11	A	Crystal Palace	01-22	A	Chelsea
09-19	H	Chelsea	02-09	H	Southampton
09-26	A	Arsenal	02-12	A	Wolverhampton
10-02	H	Aston Villa	02-19	H	Manchester City
10-16	A	Newcastle Utd	02-26	A	Leeds United
10-23	A	West Ham Utd	03-05	H	Everton
10-30	H	Manchester Utd	03-12	A	Manchester Utd
11-06	A	Everton	03-19	H	West Ham Utd
11-20	H	Leeds United	04-02	A	Newcastle Utd
11-27	A	Burnley	04-09	H	Aston Villa
12-01	H	Brentford	04-16	A	Brighton
12-04	H	Norwich City	04-23	H	Brentford
12-11	A	Brighton	04-30	A	Leicester City
12-14	A	Leicester City	05-07	A	Liverpool
12-18	H	Liverpool	05-15	H	Burnley
12-26	H	Crystal Palace	05-22	A	Norwich City

RANKING OF LAST 10YEARS

시즌	11-12	12-13	13-14	14-15	15-16	16-17	17-18	18-19	19-20	20-21
순위	4	5	6	5	3	2	3	4	6	7
승점	69점	72점	69점	64점	70점	86점	77점	71점	59점	62점

STRENGTHS & WEAKNESSES

OFFENSE		DEFENSE	
오픈 플레이	B	오픈 플레이 수비	B
카운터 어택	A	카운터 어택 수비	C
짧은 패스 게임	A	짧은 패스 게임 수비	D
롱볼 연계 플레이	C	롱볼 연계 플레이 수비	C
솔로 플레이	B	솔로 플레이 수비	D
중거리 슈팅 / 직접 프리킥	B	중거리 슈팅 수비	C
측면 공격	B	측면 수비	D
세트 플레이	C	세트 플레이 수비	B
위협적인 공격 횟수	B	공중전 능력	B
슈팅 대비 득점	A	볼 쟁탈전 / 투쟁심	B
오프사이드 피하기	C	실수 조심	C
볼 점유율	C	파울 주의	D

A 매우 우수함 B 우수함 C 평균 수준 D 부족함 E 많이 부족함

STADIUM

Tottenham Hotspur Stadium

구장 오픈 : 2019년		구장 증개축 : -	
구장 소유 : 토트넘 핫스퍼		수용 인원 : 6만 2850명	
피치 규모 : 105 X 68m		잔디 종류 : 하이브리드 잔디	

ODDS CHECK

bet365	배당률 28배	우승 확률 5위
sky bet	배당률 33배	우승 확률 5위
William HILL	배당률 33배	우승 확률 5위
888sport	배당률 31.5배	우승 확률 5위

*우승 확률이 높을수록 배당률은 낮아짐

20-21 SEASON TOP5

득점		어시스트		경고-퇴장	
H.케인	23	H.케인	14	P.호이비에르	9-0
손흥민	17	손흥민	10	E.라멜라	4-1
G.베일	11	P.호이비에르	4	S.레길론	5-0
T.은돔벨레	3	L.모우라	4	G.로셀소	5-0
L.모우라	3	S.레길론	3	H.윙크스	5-0

BASIC FORMATION

TOTO GUIDE 지난시즌 전적

상대팀	홈	원정
Manchester City	2-0	0-3
Manchester Utd	1-3	6-1
Liverpool	1-3	1-2
Chelsea	0-1	0-0
Leicester City	0-2	4-2
West Ham Utd	3-3	1-2
Arsenal	2-0	1-2
Leeds United	3-0	1-3
Everton	0-1	2-2
Aston Villa	1-2	2-0
Newcastle Utd	1-1	2-2
Wolverhampton	2-0	1-1
Crystal Palace	4-1	1-1
Southampton	2-1	5-2
Brighton	2-1	0-1
Burnley	4-0	1-0
Fulham	1-1	1-0
West Brom	2-0	1-0
Sheffield Utd	4-0	3-1

TACTICS & FUNCTIONS

OFFENSE

- 경기 운영 : 점유율과 역습 혼합, 측면 공격
- 짧은 패스 / 긴 패스 비율 : 8.1대1
- 역습 시작 위치 : 비교적 뒤쪽
- 직접 프리킥 : 케인, 손흥민, 다이어
- 중거리 슈팅 : 케인, 손흥민, 호이비에르
- 세트피스 헤딩 : 로메로, 케인, 다이어
- 드리블 : 손흥민, 모우라, 베르베인
- 결정적 패스 : 케인, 손흥민, 로셀소

DEFENSE

- 존디펜스 : 지역과 대인 기반 혼합형
- 맨투맨 : 지역방어 기반의 맨투맨
- 세로 방향 프레싱 위치 : 비교적 뒤쪽
- 오프사이드 트랩 위치 : 골라인에서 17~19m
- 미드필드 스크리너 : 호이비에르, 스킵
- 공수 밸런스 유지 : 로셀소, 윙크스
- 수비진 라인 컨트롤 : 다이어, 산체스
- 수비진 옵셔널 스토퍼 : 로메로, 탕강가

PREMIER LEAGUE 2020-21 PERFORMANCE

TOTTENHAM HOTSPUR FC vs. OPPONENTS PER GAME STATS

토트넘 핫스퍼 vs 상대팀

	득점	슈팅	유효슛팅	오프사이드	패스시도(PA)	패스성공(PC)	패스성공률(P%)
토트넘	1.79	11.7	4.6	1.9	502	410	82%
상대팀	1.18	12.8	5.4	2.0	493	396	80%

	태클(TK)	불소유압박(PR)	인터셉트(INT)	GK 선방	파울	경고	퇴장
토트넘	18.3	155	9.0	2.9	11.6	1.39	0.053
상대팀	18.5	144	12.2	2.7	15.8	2.02	0.026

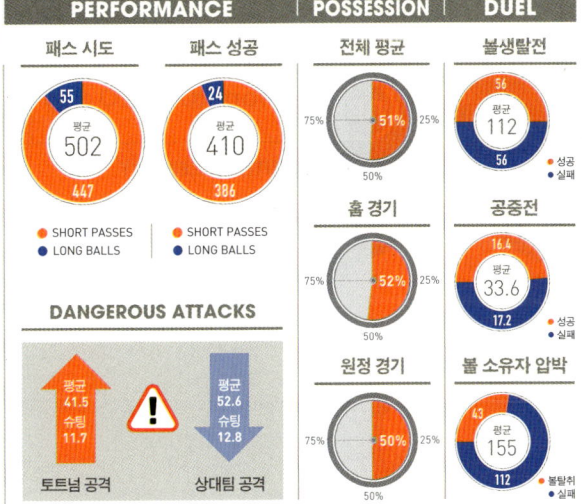

GK Hugo LLORIS 1
위고 요리스

SCOUTING REPORT
지난 시즌 퍼포먼스는 팀과 함께 움직였다. 초반에 날았고, 중반에 추락했다가, 종반에 반등했다. 동물의 촉수를 연상케 하는 반사 신경은 월드 클래스다. '막장 수비진'을 앞에 두고 선방률 72%, 리그 5위를 기록했다. 골킥 비거리 평균 34m였다. 베르통언에게 자주 내줬기 때문이다. '스위퍼형 GK'다. 히트맵을 보면 노이어 다음으로 범위가 넓다. 결정적인 순간 어이없는 실수로 치명타를 입을 때가 있다.

PLAYER'S HISTORY
반응 속도가 빠른 건 어린 시절 테니스를 했기 때문이다. 2016년과 2019년, 발롱도르 후보 30인에 올랐다. 2018 러시아 월드컵 프랑스 우승의 주역 중 1명이다. 심장병 예방을 위해 주 2회 이상 생선을 먹는다고 한다. 토트넘에서 수트가 가장 잘 어울리는 선수다.

DF Eric DIER 15
에릭 다이어

SCOUTING REPORT
2020-21시즌은 실망스러웠다. 다이어가 중심인 수비진이 제 역할을 하지 못해 챔스 티켓을 놓쳤다. 그러나 누누 감독은 여전히 그를 신뢰하고 있다. CB, DM, CM, RB를 두루 소화할 수 있지만 센터백으로 자리 잡았다. 빠른 스피드를 이용해 뒤쪽 공간을 잘 커버한다. 대인 방어 때의 집중력, 위치 선정 등이 좋아졌다. 토트넘과 대표팀 프리키커 중 1명이다. 문제는 가끔 나오는 치명적인 실수에 있다.

PLAYER'S HISTORY
2012년 스포르팅에서 데뷔했고, 2014년 토트넘으로 이적했다. NFL 필라델피아 이글스 팬이다. 얼굴은 잘 생겼지만 옷을 못 입는 선수로 낙인(?) 찍혔다. 2020년 3월, FA컵 16강 노리치전에서 관중석에 난입해 협회로부터 4만 파운드 벌금, 4경기 출전 정지를 당했다.

DF Cristian ROMERO 17
크리스티안 로메로

SCOUTING REPORT
전문가들로부터 "파사렐라, 아얄라 이후 최고의 아르헨티나 센터백"이라는 평가를 받는다. 아탈란타 소속으로 팀의 챔스 티켓 확보에 큰 기여를 하며 2020-21시즌 세리에A '올해의 수비수'로 선정됐다. 체격은 평범하지만 축구 IQ가 높고, 시야가 넓다. 공간을 잘 커버하고, 라인을 잘 컨트롤한다. 태클, 인터셉트, 클리어링 등 기본기가 잘 돼 있다. 볼을 잘 다루기에 드리블과 패스를 이용한 빌드업도 좋다.

PLAYER'S HISTORY
2016년 벨그라노에서 데뷔했고, 제노아, 유벤투스, 아탈란타를 거쳐 올여름 토트넘에 입단했다. 2021년 6월, 칠레와의 월드컵 예선 때 A매치 데뷔전을 치렀다. 2021 코파 아메리카 아르헨티나 우승 주역 중 1명이다. 2020년 6월, 연인 카렌 카발리에와 결혼식을 올렸다.

MF Pierre-Emile HØJBJERG 5
페에르-에밀 호이비어

SCOUTING REPORT
매경기 '에너자이저'처럼 뛰어다녔다. 그럼에도 EPL 38경기 모두 선발 풀타임으로 출전한 대체불가 자원이다. 결국, 시즌 종반 방전돼 집중력 부족을 노출했다. 강력한 전방 압박, 민첩한 패스 커팅, 과감한 태클을 구사한다. 상대의 역습 때 지능적인 파울로 흐름을 끊는다. 정확한 롱-볼로 빌드업 한다. 강팀 상대로 '온 더 볼' 상황에 강한 압박을 받으면 볼을 전진시키지 못하고 맴도는 경우가 종종 나온다.

PLAYER'S HISTORY
덴마크 아버지, 프랑스 어머니 사이에 코펜하겐에서 태어났다. 2012년 바이에른에서 데뷔했고, 아우크스부르크(임대), 샬케(임대), 사우샘프턴을 거쳐 2020년 토트넘에 입단했다. 여자친구 조세핀과의 사이에 자녀 2명을 두었다. 두 사람은 2021년 7월 결혼식을 올렸다.

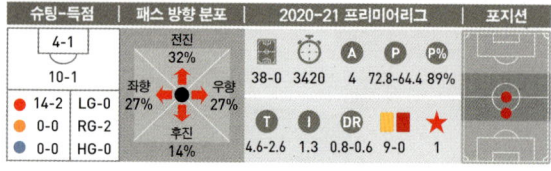

MF Giovani LO CELSO 18
지오바니 로첼소

SCOUTING REPORT
대퇴부 통증, 햄스트링 부상, 뇌진탕으로 130여 일 결장했다. 프로로 데뷔한 2014년 이후 7년, 시즌 풀타임 활약한 건 17-18시즌 PSG, 18-19시즌 레알 베티스 딱 두 번이다. 로 셀소는 박스-투-박스로 움직이고, 날카로운 킥을 구사한다. 볼을 잘 지켜내고, 유연한 방향 전환 드리블로 전진한다. 시야가 확보되면 '칼날' 스루패스를 찔러준다. 극단적인 왼발잡이로 왼발 각을 만들기 위해 공을 끄는 경향이 있다.

PLAYER'S HISTORY
이탈리아계 이민 2세로 아르헨티나 로사리오에서 태어났다. 2015년 고향 팀 로사리오 센트랄에서 데뷔했고, 파리생제르맹, 레알 베티스, 토트넘 임대를 거쳐 2020년 여름 토트넘으로 완전히 이적했다. 아르헨티나 국가 대표로 2021 코파 아메리카 우승에 일조했다.

FW SON Heung-min 7
손흥민

SCOUTING REPORT
토트넘의 '대체불가' 공격수다. 경이적인 스피드를 이용한 드리블 돌파는 최강의 무기. 푸스카스상을 받은 번리전 '70m 슈퍼골'은 손흥민 장점의 결정체였다. 1대1 상황에서 스텝 오버에 이은 벼락 슈팅으로 골망을 흔든다. 박스 외곽에서 터뜨리는 중거리 슈팅은 EPL 최고 수준. 감아 차기, 양발 슈팅, 골 결정력, 개인 기술, 오프 더 볼, 볼터치, 여유, 판단, 넓은 시야, 찬스 메이킹이 보강되며 '완전체'가 됐다.

PLAYER'S HISTORY
동북고를 중퇴하고 독일 함부르크와 레버쿠젠에서 실력을 키웠다. 2015년 여름, 3000만 유로에 토트넘에 입단했다. 국가대표로 2015 아시안컵 준우승, 2018 아시안게임 금메달을 이끌었다. 대한민국에서 가장 선호하는 광고모델이다. 편당 광고료는 최고 수준인 15억원+a.

FW Harry KANE 10
해리 케인

SCOUTING REPORT
올여름 EPL 최대의 관심사는 케인의 거취 문제였다. 설왕설래가 있었지만 결국 토트넘에 잔류했다. 케인은 지난 시즌 EPL 득점왕과 도움왕을 석권했다. 축구 IQ, 슈팅 기술, 슈팅 파워, 제공권, 몸싸움, 장단 패스, 퍼스트 터치, 볼 키핑, 드리블링, 오프 더 볼 움직임, 골 결정력 등 모든 면에서 완전무결한 센터포워드다. 양발을 사용해 박스 내외곽 어디에서든 터뜨리는 슈팅은 월드 클래스로 평가받는다.

PLAYER'S HISTORY
어린 시절 베컴이 롤모델이었다. 골을 폭풍처럼 몰아치기에 '허리케인(hurriKane)'이라는 별명이 붙었다. 그라운드에서는 그의 응원가로 'One of our own'이 나온다. 미식 축구 팬이라 시간 날 때마다 NFL 경기를 즐겨 본다. 유로 2020에서 잉글랜드 준우승을 이끌었다.

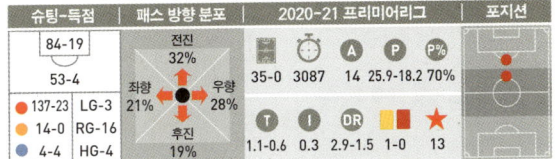

FW Lucas MOURA 27
루카스 모우라

SCOUTING REPORT
올해로 토트넘에서 5번째 시즌을 맞는다. 모우라는 부상도 거의 없고, 팀에 애정이 많기에 2024년 6월말 계약 기간을 채울 가능성이 높다. 모우라는 볼을 잡았을 때 빛을 발휘하는 '크랙'이다. 고속 드리블을 하면서 순간적으로 체인지 디렉션, 체인지 페이스를 가미한다. 체격은 작지만 밸런스가 좋아 상대와 몸싸움에서 밀리지 않는다. 수비 1~2명을 앞에 두고 한 템포 빠르게 과감한 슈팅을 날린다.

PLAYER'S HISTORY
2010년 상파울루에서 데뷔했고, 파리 생제르맹을 거쳐 2018년 여름 토트넘으로 이적했다. PSG에서 리그앙 4회를 비롯, 총 15번 트로피를 들었다. 아내 라리사는 상파울루의 부유한 집안 출신으로 경영학 박사다. 이들은 2015년부터 사귀기 시작했고, 이듬해 결혼했다.

| 상대유효슈 시도-실점 | 상대유효슈 시도-선방 | 상대 슈팅 시도-실점 | 전체 슈팅 시도-득점 | 직접 프리 시도-득점 | PK | TH 던지기 | NK 골킥 | KD 평균골킥 거리(m) | LG 왼발 득점 | RG 오른발 득점 | HG 헤더 득점 | 출전횟수 선발-교체 | 출전시간 분(MIN) | GK GK 선방률 | CS 클린시트 | A 도움 | P 평균패스 시도-성공 | P% 패스 성공률 | LB 평균롱볼 캐칭·펀칭 시도-성공 | AD 공중볼 시도-성공 | T 평균태클 시도-성공 | I 인터셉트 | DR 평균드리블 시도-성공 | 페어플레이 경고·퇴장 | MOM |

GK Pierluigi GOLLINI 22
피에루이지 골리니

지난 시즌 아탈란타에서 성실히 골문을 지키며 팀이 챔피언스리그에 진출하도록 도왔다. 올 시즌 토트넘에서는 위고 요리스의 백업으로 대기한다. 큰 키를 이용해 공중볼을 잘 처리하는 편이다. 반사신경이 우수해 막아내기 어려울 것 같은 슈팅을 선방해낸다. 아탈란타 시절 '스위퍼형 골키퍼'였기에 토트넘에서도 이러한 스타일을 유지할 것으로 보인다. PK 방어력도 좋다.

주로 사용하는 발: 오른발 93%

| 우승 | 1부리그 | 0-0 | 협회컵 | 0-0 | 챔피언스 | 0-0 |
| 준우승 | 클럽 월드컵 | 0-0 | UEFA 유로 | 0-0 | 월드컵 | 0-0 |

세이브-실점 28-21 / 12-5
○ 66-26 TH-82
● 66-40 NK-118
● 6-2 KD-48

패스 방향 분포: 전진 53% / 좌향 24% / 우향 23% / 후진 0%

2020-21 세리에 A: 25-0 / 2158 / 5% / 61% / CS 9 / 23.2-16.7 / P% 73% / LB 11.2-5.2 / AD 6-6 / 0-1 / ★1

DF Matt DOHERTY 2
맷 도허티

시즌 전반기에 퍼포먼스가 들쭉날쭉했다. 여기에 11월 중순 코로나 확진으로 격리치료를 받았다. 이런 와중에 무리뉴 감독으로부터 공개적인 비판까지 들어 소위 '멘붕'에 빠졌다. 그러다 무리뉴가 경질되고 메이슨 대행이 부임한 이후 부담감을 떨치며 정상 폼으로 돌아왔다. 도허티는 공격적인 라이트백이다. 저돌적인 드리블, 날카로운 킥을 구사한다. 압박과 제공권도 OK.

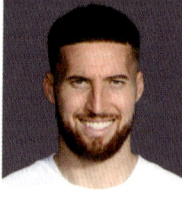 

주로 사용하는 발: 오른발 94%

| 우승 | 1부리그 | 0-0 | 협회컵 | 0-1 | 챔피언스 | 0-0 |
| 준우승 | 클럽 월드컵 | 0-0 | UEFA 유로 | 0-0 | 월드컵 | 0-0 |

슈팅-득점 2-0 / 1-0

패스 방향 분포: 전진 35% / 좌향 41% / 우향 5% / 후진 20%

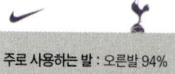

2020-21 프리미어리그: 13-4 / 1239 / A 2 / 39.8-32.0 / 81%
● 3-0 LG-0
● 0-0 RG-0
● 0-0 HG-0
T 2.9-1.7 / I 1.4 / DR 1.0-0.3 / 0-1 / ★1

DF Sergio REGUILÓN 3
세르히오 레길론

'용두사미(龍頭蛇尾)'였다. 전반기에 폼이 좋았지만 후반기에 추락했다. 아스톤 빌라전의 '원더 자책골'은 지우고 싶은 기억일 것이다. 오프시즌에 철저히 준비했기에 주전 자리는 지킬 것으로 보인다. 볼을 잘 다루고, 주력과 민첩성이 좋아 드리블로 상대 수비를 제압한다. 패스도 정확한 편이다. 수비 기술은 평범하지만 부지런히 움직이면서 과감하게 도전한다.

주로 사용하는 발: 왼발 91%

| 우승 | 1부리그 | 0-0 | 협회컵 | 0-0 | 챔피언스 | 0-0 |
| 준우승 | 클럽 월드컵 | 1-0 | UEFA 유로 | 0-0 | 월드컵 | 0-0 |

슈팅-득점 11-0 / 9-0

패스 방향 분포: 전진 33% / 좌향 4% / 우향 42% / 후진 21%

2020-21 프리미어리그: 26-1 / 2249 / A 3 / 44.3-34.4 / P% 77%
● 20-0 LG-0
● 0-0 RG-0
● 0-0 HG-0
T 2.7-1.7 / I 1.2 / DR 1.8-0.8 / 5-0 / ★

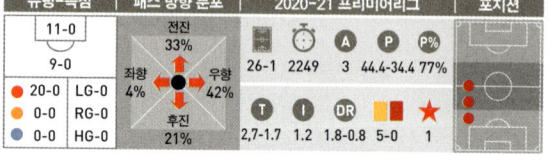

DF Davinson SÁNCHEZ 6
다빈손 산체스

에릭 다이어와 함께 토트넘 '막장 수비진'의 장본인. 토트넘은 산체스가 출전했던 경기 대부분에서 실점을 했다. 본인이 오프시즌에 열심히 준비를 했지만, 백업으로 만족해야 한다. 탄력 넘치는 몸매에 힘이 좋고, 매우 빨리 달린다. 래시포드를 상대로 스프린트로 따라잡은 뒤 태클을 성공시켰다. 공간을 선점하고, 인터셉트를 시도한다. 롱패스를 통한 빌드업 역시 좋다.

주로 사용하는 발: 오른발 86%

| 우승 | 1부리그 | 6-3 | 협회컵 | 2-0 | 챔피언스 | 0-1 |
| 준우승 | 클럽 월드컵 | 0-0 | 코파아메리카 | 0-0 | 월드컵 | 0-0 |

슈팅-득점 5-0 / 0-0

패스 방향 분포: 전진 33% / 좌향 37% / 우향 27% / 후진 4%

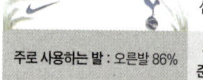

2020-21 프리미어리그: 17-1 / 1487 / 57.0-48.2 / P% 85%
● 5-0 LG-0
● 0-0 RG-0
● 0-0 HG-0
T 2.8-2.2 / I 0.8 / DR 0.1-0.1 / 1-0 / ★

DF Ben DAVIES 33
벤 데이비스

경기마다 'Up & Down'이 반복됐다. 3월 23일 종아리 근육 파열로 시즌 아웃 됐고, 6월 21일 복귀했다. 주전이 되기는 어렵다. 레길론에 비해 좀 더 클래식한 풀백이다. 무리뉴 감독 시절 크로스 빈도를 줄였고, 요즘은 아예 동료 미드필더, 윙어들과 콤비네이션 플레이에 치중한다. 수비에 중점을 두다보니 데이비스가 출전할 때 손흥민의 부담이 더 커지는 단점이 있다.

주로 사용하는 발: 왼발 89%

| 우승 | 1부리그 | 0-1 | 협회컵 | 0-0 | 챔피언스 | 0-1 |
| 준우승 | 클럽 월드컵 | 0-0 | UEFA 유로 | 0-0 | 월드컵 | 0-0 |

슈팅-득점 2-0 / 1-0

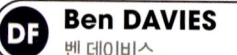

패스 방향 분포: 전진 43% / 좌향 3% / 우향 41% / 후진 13%

2020-21 프리미어리그: 14-6 / 1340 / A 1 / 32.3-25.6 / 79%
● 3-0 LG-0
● 0-0 RG-0
● 0-0 HG-0
T 2.2-1.4 / I 0.9 / DR 0.4-0.2 / 1-0 / ★

MF Harry WINKS 8
해리 윙크스

풀타임 프리미어리거가 된 이후 가장 안 좋았다. 무리뉴 체제에서는 기회가 적었고, 메이슨 체제에서는 폼이 나빴다. 전형적인 '앵커맨'이다. 부지런히 움직이면서 공간을 점령하고, 상대의 드리블, 패스를 차단한 뒤 바로 역습한다. 빠른 발을 이용해 오픈코트에서 직선 드리블로 질주하거나 롱볼을 날린다. 그러나 패스가 세밀하지 않고, 경기마다 기복이 심한 편이다.

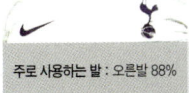

MF Ryan SESSÈGNON 19
라이언 세세뇽

'제2의 베일'이다. 스피드가 폭발적이고, 기술이 화려하다. 공격적인 LB이며 LM, LW로 전진배치 될 수도 있다. 발이 워낙 빠르기에 속도 조절만으로 상대 수비를 제칠 수 있다. 민첩한 방향 전환과 경이로운 순간 가속도를 이용한 드리블은 최고의 무기다. '온 더 볼' 상황에 창의적으로 패스한다. 아프리카 베냉계 이민 2세. 쌍둥이 형제 스티브도 축구 선수로 활약 중이다.

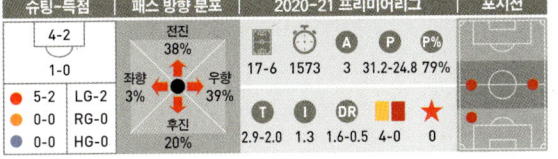

MF Dele ALLI 20
델리 알리

지난 시즌 토트넘 입단 후 최악의 순간을 보냈다. 알리는 원래 공격형 MF였다. 그러나 발전이 없었다. 그래서 체력을 키우고 훨씬 많이 움직이면서 중앙 MF로 변신했다. 퍼스트 터치가 정확하고, 칼날 스루패스를 찔러넣는다. 문제는 결정력. 임팩트가 정확하지 않고 발을 볼에 갖다 대는 느낌이다. 오른발잡이라 왼발 각도에서도 오른발로 슈팅하나 빗나는 경우가 많다.

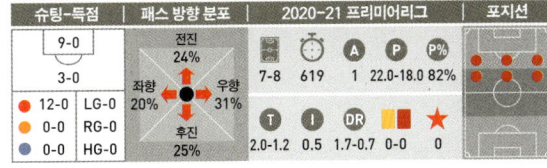

MF Tanguy NDOMBELE 28
탕귀 은돔벨레

예전에는 3선에 포진했으나, 2020-21시즌 2선으로 전진 배치됐다. 은돔벨레는 '온 더 볼'에 최적화된 선수다. 볼을 잘 컨트롤 하고, 낮은 무게 중심을 이용해 순간적으로 회전 방향을 바꾼다. 시야가 넓고, 과감하기에 난이도 높은 전진 패스, 스루 패스를 자주 시도한다. 단점은 '오프 더 볼' 움직임. 수비 가담 횟수가 적다. EPL에서 오래 살아남으려면 보완해야 한다.

FW Steven BERGWIJN 23
스티븐 베르베인

PSV 시절, 에레디비시를 평정했다. EPL 데뷔 3년째인 만큼 반전이 있어야 한다. 베르베인은 레프트윙 출신이다. 그러나 손흥민이 있기에 라이트윙으로 바꿨다. 스피드를 이용한 드리블, 강력한 오른발 슈팅이 특기다. 측면에서 중앙으로 파고드는 플레이를 선호한다. 슈팅을 난사하는 스타일은 아니다. 동료와 콤비네이션 플레이를 전개한 다음 확실한 기회에서 슈팅한다.

ARSENAL FC

'2270억' 지출한 아스널, 리빌딩 성공할까

구단 창립: 1886년 **홈구장**: 에미리츠 스타디움 **대표**: 2020-21시즌: 8위(승점 61점) 18승 7무 13패 55득점 39실점 **닉네임**: Gunners

25년 만에 유럽대항전 진출 실패, '침몰위기'의 아르테타호

이적 시장에서 토마스 파티, 가브리엘 마갈량이스, 파블로 마리, 다니 세바요스, 윌리안 등을 영입하며 나쁘지 않은 여름을 보냈다. 여기에 겨울에는 플레이메이커 마르틴 외데고르까지 데려오면서 스쿼드를 확실하게 보강했고, 팀이 확실하게 젊어졌다. 그러나 성적은 좋지 않았다. 커뮤니티 실드에서 리버풀을 승부차기 끝에 제압하며 좋은 출발을 알렸지만 그 외 대회에서는 처참했다. 리그는 한 때 하위권까지 떨어졌다가 간신히 8위를 기록했고, 유로파리그에서도 4강에서 탈락했다. 결국 1995-96 시즌 이후로 25년 만에 유럽대항전 진출에 실패했다.

과감한 리빌딩 선택, 여름 이적 시장 EPL 지출 1위

이번 여름 이적 시장에서 아스널의 선택은 리빌딩이었다. 맨유, 첼시, 맨시티 등 라이벌 클럽들이 '빅 사이닝'에 성공하며 우승에 도전할 때 아스널은 미래를 대비했다. 아스널은 이번 여름에 외데고르를 완전 영입했고, 벤 화이트, 아론 램스데일, 토미야스 타케히로, 알베르 삼비 로콩가, 누노 타바레스 등 젊은 선수들을 대거 영입했다. 아스널이 리빌딩을 위해 쓴 이적료는 1억 6,560만 유로(약 2,270억 원)였고, 이는 이번 여름 이적 시장 EPL 클럽 지출 1위에 해당된다. 빅 네임이 없어 아쉽지만 꼭 필요한 포지션에서 젊고 유망한 선수들을 데려왔다.

젊어진 아스널, 올 시즌 목표는 팀 컬러를 되찾는 것

지난 시즌 처참한 성적을 거둔 아스널의 선택은 리빌딩이었다. 다비드 루이스, 윌리안 등 베테랑 선수들과 결별했고, 루카스 토레이라 등 잉여 자원들을 정리했다. 동시에 젊은 선수들로 스쿼드를 채우며 미래를 대비했고, 부카요 사카, 마르티넬리, 에밀 스미스로우, 마갈량이스 등 젊은 선수들을 중심으로 리빌딩을 하고 있다. 객관적으로 우승 경쟁을 위한 스쿼드로 보기는 어려운 전력이다. 아르테타 감독이 자신이 원하는 축구를 통해 다시 한 번 아스널을 색깔 있는 강팀으로 바꿔놓을 수 있을지 지켜보는 것이 이번 시즌의 관전 포인트가 되겠다.

MANAGER: Mikel ARTETA 미켈 아르테타

Personal Information
- 생년월일: 1982.03.26 / 출생지: 산 세바스티안(스페인)
- 현역시절 포지션: 미드필더 / 계약만료: 2023.6.30
- 평균 재직 기간: 1.71년 / 선호 포맷: 4-2-3-1

History
바르셀로나 유스 출신이지만 1군에서 기회를 잡지 못했고, PSG, 레인저스, 레알 소시에다드, 에버턴을 거쳐 2011년 아스널로 이적했다. 에버턴과 아스널에서 좋은 활약을 펼쳤고, 2016년 현역 은퇴 후에는 맨시티의 수석 코치로 과르디올라 감독을 보좌했다. 2019년 12월에 위기에 빠진 아스널의 사령탑으로 올랐다.

Style
1982년생의 젊은 감독이고, 부드러운 리더십, 탁월한 전술적인 역량을 가졌다는 평가를 받고 있다. 과르디올라 감독 밑에서 '브레인' 역할을 했을 정도로 전술에 해박하고, 높은 선수단 이해도를 가지고 있다. 기본적으로 패스 축구를 중시하면서 과르디올라의 후방 빌드업과 벵거의 스위칭 플레이를 모두 구사한다. 다만 전술 구성이 수비 지향적이라 지나치게 안정적인 경기 운영을 추구하고, 전술의 유연함이 부족하다.

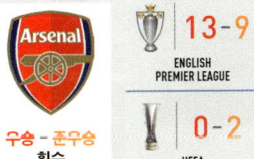

SQUAD LIST

위치	번호	선수	국적	키	생년월일	전 소속팀
GK	1	Bernd Leno	GER	189	92-03-04	Bayer Leverkusen
GK	32	Aaron Ramsdale	ENG	188	98-05-14	Sheffield U
GK	33	Arthur Okonkwo	ENG	195	01-09-09	None
GK	49	Karl Hein	EST	193	02-04-13	Nõmme U
DF	3	Kieran Tierney	SCO	178	97-06-05	Celtic
DF	4	Ben White	ENG	185	97-11-08	Brighton & HA
DF	6	Gabriel	BRA	190	97-12-19	Lille
DF	16	Rob Holding	ENG	189	94-11-09	Bolton W
DF	17	Cédric Soares	POR	172	91-08-31	Southampton
DF	18	Takehiro Tomiyasu	JPN	188	98-11-05	Bologna
DF	20	Nuno Tavares	POR	183	00-01-26	Benfica
DF	21	Calum Chambers	ENG	182	95-01-20	Southampton
DF	22	Pablo Marí	ESP	191	93-08-31	Flamengo
DF	31	Sead Kolašinac	BIH	183	93-06-20	Schalke
MF	5	Thomas Partey	GHA	185	93-06-13	Atlético Madrid
MF	7	Bukayo Saka	ENG	178	01-09-05	None
MF	8	Martin Ødegaard	NOR	176	98-12-17	Real Madrid
MF	10	Emile Smith Rowe	ENG	182	00-07-28	None
MF	15	Ainsley Maitland-Niles	ENG	177	97-08-29	None
MF	23	Albert Sambi Lokonga	BEL	180	99-10-22	Anderlecht
MF	25	Mohamed Elneny	EGY	180	92-07-11	Basel
MF	34	Granit Xhaka	SUI	185	92-09-27	B Mönchengladbach
FW	9	Alexandre Lacazette	FRA	174	91-05-28	Lyon
FW	14	Pierre-Emerick Aubameyang	GAB	185	89-06-18	Borussia Dortmund
FW	19	Nicolas Pépé	CIV	178	95-05-29	Lille
FW	26	Folarin Balogun	ENG	181	01-07-03	None
FW	30	Eddie Nketiah	ENG	175	99-05-30	None
FW	35	Gabriel Martinelli	BRA	180	01-06-18	Ituano

2021-22 SEASON SCHEDULE

날짜	장소	상대팀	날짜	장소	상대팀
08-13	A	Brentford	12-28	H	Wolves
08-22	H	Chelsea	01-01	H	Manchester City
08-28	A	Manchester City	01-15	A	Tottenham
09-11	H	Norwich City	01-22	H	Burnley
09-18	A	Burnley	02-08	A	Wolves
09-26	H	Tottenham	02-12	H	Chelsea
10-02	A	Brighton	02-19	A	Brentford
10-18	H	Crystal Palace	02-26	H	Liverpool
10-22	A	Aston Villa	03-05	A	Watford
10-30	H	Leicester City	03-12	H	Leicester City
11-06	A	Watford	03-19	A	Aston Villa
11-20	H	Liverpool	04-02	A	Crystal Palace
11-27	A	Newcastle Utd	04-09	H	Brighton
11-30	H	Manchester Utd	04-16	A	Southampton
12-04	A	Everton	04-23	H	Manchester Utd
12-11	H	Southampton	04-30	A	West Ham
12-14	A	West Ham	05-07	H	Leeds United
12-18	H	Leeds United	05-15	A	Newcastle Utd
12-26	A	Norwich City	05-22	H	Everton

RANKING OF LAST 10YEARS

시즌	11-12	12-13	13-14	14-15	15-16	16-17	17-18	18-19	19-20	20-21
순위	3	3	3	3	2	5	6	5	8	8
승점	70점	73점	79점	75점	71점	75점	63점	70점	56점	61점

STRENGTHS & WEAKNESSES

OFFENSE		DEFENSE	
오픈 플레이	C	오픈 플레이 수비	E
카운터 어택	C	카운터 어택 수비	C
짧은 패스 게임	B	짧은 패스 게임 수비	D
롱볼 연계 플레이	C	롱볼 연계 플레이 수비	B
솔로 플레이	C	솔로 플레이 수비	C
중거리 슈팅 / 직접 프리킥	C	중거리 슈팅 수비	C
측면 공격	B	측면 수비	D
세트 플레이	C	세트 플레이 수비	C
위협적인 공격 횟수	D	공중전 능력	D
슈팅 대비 득점	C	볼 쟁탈전 / 투쟁심	B
오프사이드 피하기	C	실수 조심	D
볼 점유율	C	파울 주의	C

A 매우 우수함 B 우수함 C 평균 수준 D 부족함 E 많이 부족함

STADIUM

Emirates Stadium

구장 오픈	2006년	구장 증개축	-
구장 소유	크로인키 스포츠엔터	수용 인원	6만 704명
피치 규모	105 X 68m	잔디 종류	하이브리드 잔디

ODDS CHECK

bet365	배당률 150배	우승 확률 7위
sky bet	배당률 250배	우승 확률 9위
William HILL	배당률 150배	우승 확률 9위
888sport	배당률 200배	우승 확률 9위

*우승 확률이 높을수록 배당률은 낮아짐

20-21 SEASON TOP5

득점		어시스트		경고-퇴장	
A.라카제트	13	윌리안	5	G.자카	7-1
P.오바메양	10	E.S.로우	4	H.벨레린	8-0
N.페페	10	B.사카	3	T.파티	5-0
B.사카	5	P.오바메양	3	G.마갈량스	2-1
E.S.로우	2	K.티어니	3	D.세발로스	4-0

BASIC FORMATION

4-2-3-1

라카제트 / 은케티아
오바메양 / 마르티넬리
로우 / 외데고르
사카 / 페페
자카 / 나일스
파티 / 엘네니
티어니 / 소아레스
토마야스 / 체임버스
마갈량스 / 마리
화이트 / 홀딩
레노 / 램즈데일

TOTO GUIDE 지난시즌 전적

상대팀	홈	원정
Manchester City	0-1	0-1
Manchester Utd	0-0	1-0
Liverpool	0-3	1-3
Chelsea	3-1	1-0
Leicester City	0-1	3-1
West Ham Utd	2-1	3-3
Tottenham	2-1	0-2
Leeds United	4-2	0-0
Everton	0-1	1-2
Aston Villa	0-3	0-1
Newcastle Utd	3-0	2-0
Wolverhampton	1-2	1-2
Crystal Palace	0-0	3-1
Southampton	1-1	3-1
Brighton	2-0	1-0
Burnley	0-1	1-1
Fulham	1-1	3-0
West Brom	3-1	4-0
Sheffield Utd	2-1	3-0

TACTICS & FUNCTIONS

OFFENSE

- 경기 운영 : 대체로 역습 위주
- 짧은 패스 / 긴 패스 비율 : 9.8대1
- 역습 시작 위치 : 대체로 중간 지역
- 직접 프리킥 : 오바메양, 페페, 자카
- 중거리 슈팅 : 파티, 사카, 티어니
- 세트피스 헤딩 : 마갈량스, 마리, 홀딩
- 드리블 : 페페, 사카, 마르티넬리
- 결정적 패스 : 스미스-로우, 외데고르, 사카

DEFENSE

- 존디펜스 : 지역방어 기반의 존디펜스
- 맨투맨 : 지역방어 기반의 맨투맨
- 세로 방향 프레싱 위치 : 대체로 중간 지역
- 오프사이드 트랩 위치 : 골라인에서 18~20m
- 미드필드 스크리너 : 파티, 엘네니
- 공수 밸런스 유지 : 자카, 나일스
- 수비진 라인 컨트롤 : 마갈량스, 마리
- 수비진 옵셔널 스토퍼 : 화이트, 홀딩

PREMIER LEAGUE 2020-21 PERFORMANCE

ARSENAL FC vs. OPPONENTS PER GAME STATS

아스날 FC vs 상대팀

아스날 FC		상대팀	지표
1.45	득점	1.03	
12.1	슈팅	10.9	
4.0	유효슈팅	3.4	
1.7	오프사이드	1.4	
530	패스시도 (PA)	491	
450	패스성공 (PC)	399	
85%	패스성공률 (P%)	81%	
13.4	태클시도 (TK)	15.9	
123	볼소유 압박 (PR)	141	
9.2	인터셉트 (INT)	10.1	
2.5	GK 선방	2.4	
9.1	파울	13.3	
1.24	경고	1.95	
0.132	퇴장	0.053	

SCORED GOALS
슈팅-득점 / 상대 슈팅-실점

- 34-13
- 259-37
- 166-3

신체 부위별 득점
| 왼발 | 18 | 오른발 | 28 |
| 헤더 | 6 | 기타 부위 | 1 |
*상대 자책골 2골

상대 신체 부위별 실점
| 왼발 | 8 | 오른발 | 18 |
| 헤더 | 7 | 기타 부위 | 2 |

- 156-5
- 230-20
- 29-10

WHO SCORED
포지션별 득점
- FW진 43골
- MF진 5골
- DF진 5골
*상대 자책골 2골

상대 포지션별 실점
- DF진 3골
- MF진 5골
- FW진 27골
*자책골 실점 4골

ACTION ZONE
공격 방향: 39% / 25% / 36%

볼 점유 위치
- 상대 진영 29%
- 중간 지역 43%
- 우리 진영 28%

TACTICAL GOALS & SHOTS
독점 패턴 55골 — OPEN PLAY 40 / COUNTER ATTACK 1 / SET PLAY 6 / PENALTY KICK 2 / OWN GOAL 6

슈팅 패턴 459 — OPEN PLAY 333 / COUNTER ATTACK 10 / SET PLAY 110 / PENALTY KICK 6

실점 패턴 39골 — 25 / 5 / 2 / 4 / 3

상대 슈팅 패턴 415 — 299 / 16 / 97 / 3

SHOT CREATION
슈팅 기회 창출 723 — LIVE-BALL PASSES+ 552 / DEAD-BALL PASSES+ 40 / DRIBBLES+ 41 / SHOTS+ 34 / FOULS DRAWN+ 46 / DEFENSIVE ACTIONS+ 10

상대 슈팅 기회 창출 651 — 467 / 55 / 43 / 31 / 35 / 20

TIME
독점: 76-15: 8, 5 / 15-30: 7, 10 / 30-45: 14, 11 / 45-60: 31, 30 / 60-75: 46, 45 / (61/30)

득실차: +2 / -1 / +2 / 0 / +8 / +5

실점: 6, 15 / 7, 6 / 9, 3

PERFORMANCE

패스 시도: 평균 530 (SHORT 481 / LONG 49)
패스 성공: 평균 451 (SHORT 428 / LONG 23)

DANGEROUS ATTACKS
- 아스날 공격: 평균 51.7 / 슈팅 12.1
- 상대팀 공격: 평균 45.6 / 슈팅 10.9

POSSESSION
- 전체 평균: 53%
- 홈 경기: 54%
- 원정 경기: 52%

DUEL
- 볼쟁탈전: 평균 90 (성공 44 / 실패 46)
- 공중전: 평균 29.6 (성공 13.6 / 실패 16.0)
- 볼 소유자 압박: 평균 123 (볼탈취 35 / 실패 88)

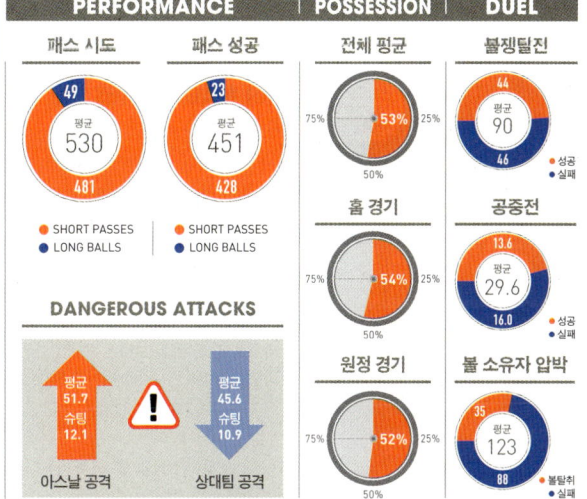

| 상대유효슛 시도-실점 | 상대유효슛 시도-선방 | 전체 슈팅 프리킥 시도-득점 | PK 시도-득점 | TH 던지기 | NK 골킥 | KD 평균골킥 거리(m) | LG 왼발 득점 | RG 오른발 득점 | HG 헤더 득점 | 출전횟수 선발-교체 | 출전시간 분(MIN) | S% GK 선방율 | CS GK 클린시트 | A 도움 | P 평균패스 시도-성공 | P% 패스 성공률 | LB 평균롱볼 캐치-펀칭 | AD 공중볼 시도-성공 | T 평균 태클 인터셉트 | I 평균 드리블 | DR 평균드리블 시도-성공 | 페어플레이 경고-퇴장 | ★ MOM |

Bernd LENO 1
GK 베른트 레노

SCOUTING REPORT

아스날은 EPL에서 39실점했다. 맨체스터 시티(32실점), 첼시(36실점)에 이어 최소 3위였다. 레노의 선방이 큰 역할을 했다. 그럼에도 이전 시즌들과 비교해 실수가 많았다. 올 시즌 퍼포먼스가 궁금해진다. 레노는 큰 키에 엄청난 반사신경을 이용해 슈퍼 세이브를 펼친다. 팬들은 가끔 '저걸 어떻게 막았지?'라고 반문했다. 그러나 잊을만하면 터지는 어이없는 실수(킥 미스 혹은 공중볼 처리 실수)는 불안하다.

PLAYER'S HISTORY

러시아계 이민 2세로 독일 비티그하임-비싱겐에서 태어났다. 2009년 슈투트가르트에서 데뷔했고, 레버쿠젠을 거쳐 2018년 아스날로 이적했다. 2020년 8월 11일 오랜 연인 소피 크리스틴과 결혼했다. 레버쿠젠에서 활약하던 시절부터 손흥민과 절친한 사이였다.

| 주로 사용하는 발: 오른발 82% | 우승 준우승 | 1부리그: 0-0 클럽월드컵: 0-0 | 협회컵: 1-0 UEFA 유로: 0-0 | 챔피언스: 0-0 월드컵: 0-0 |

TOMIYASU Takehiro 18
DF 도미야스 다케히로

SCOUTING REPORT

일본 대표팀 차세대 센터백. 유럽 전문가들은 그를 대한민국 김민재와 함께 주시하고 있다. 장신이지만 주력이 빠르다. 발밑 기술이 좋아 빌드업을 뒷받침하고, 양발을 비교적 고루 사용하는 편이다. 태클 기술이 우수하고, 마킹을 끈질기게 해낸다. 상황에 따라서는 측면 수비수로 뛸 수도 있다. 지난 시즌 히트맵을 봐도 활동 범위가 비교적 넓음을 알 수 있다. EPL에 얼마나 빨리 적응하느냐가 관건이다.

PLAYER'S HISTORY

후쿠오카 아비스파에서 데뷔했고, 신트트라위던, 볼로냐를 거쳐 2021년 여름 아스날에 합류했다. 다케히로(健宏)는 '건강(健康)'하고 태평양(太平洋)같이 넓은 마음을 가진 사람이 되라라는 의미다. 어린 시절 롤모델은 전 아르헨티나 대표 MF 하비에르 마스체라노였다.

| 주로 사용하는 발: 오른발 67% | 우승 준우승 | 1부리그: 0-0 클럽월드컵: 0-0 | 협회컵: 0-0 AFC 아시안컵: 0-1 | 챔피언스: 0-0 월드컵: 0-0 |

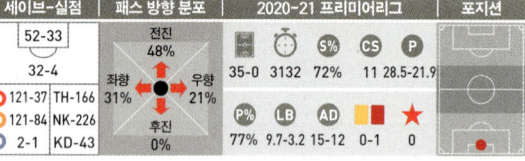

Gabriel MAGALHÃES 6
DF 가브리엘 마갈량이스

SCOUTING REPORT

아스날에서의 첫 시즌, 초반부터 잘 나갔다. 시즌 중반 코로나 감염으로 격리 치료를 받은 후 폼이 떨어졌다. 그러다 유로파 16강전에 기량을 회복했고, 시즌을 무난히 마쳤다. 장신의 왼발잡이 센터백이다. 브라질 출신답게 패스가 날카롭고 정확하다. 태클과 공중전이 강점이다. 수비를 할 때 도전하기보다는 적당한 거리를 두고 효율적으로 기다리는 방식을 택한다. 때문에 드리블 돌파를 잘 당하지 않는다.

PLAYER'S HISTORY

2016년 아바이에서 데뷔했고, 릴, 트루아, 디나모 자그레브를 거쳐 2020년 아스날로 이적했다. 수비수지만 네이마르를 우상으로 여긴다. 트루아 시절 석현준의 절친이었다. 큰 키에 힙합 패션을 즐긴다. 이 때문에 NBA 선수 혹은 미국 래퍼라는 오해를 받는다고 한다.

| 주로 사용하는 발: 왼발 93% | 우승 준우승 | 1부리그: 1-1 클럽월드컵: 0-0 | 협회컵: 1-0 코파아메리카: 0-0 | 챔피언스: 0-0 월드컵: 0-0 |

Thomas PARTEY 5
MF 토마스 파티

SCOUTING REPORT

아틀레티코 소속으로 라리가 3경기에 출전한 뒤 아스날로 이적했다. 파티는 라리가의 '철강왕'이었다. 그러나 EPL에서의 첫 시즌, 허벅지, 엉덩이, 햄스트링 등에 문제가 생겼다. 올 시즌엔 부상이 없어야 한다. 파티는 아프리카 특유의 탄력적인 몸매와 강인한 운동능력을 갖췄다. 도전적으로 수비하고, 강력한 태클을 구사하며 공중볼을 잘 따낸다. 볼을 잘 다루고, 순간 스피드를 이용해 드리블한다.

PLAYER'S HISTORY

8살 때 아틀레티코 유스 팀과 계약해 축구를 배웠다. 2013년 아틀레티코 2군에서 데뷔해 마요르카, 알메리아를 거쳤다. 2015년 아틀레티코 1군으로 승격해 팀에서 중심적인 역할을 했다. 그리고 2020년 10월 아스날로 이적했다. 당시 바이아웃 금액은 5200만 유로였다.

| 주로 사용하는 발: 오른발 93% | 우승 준우승 | 1부리그: 0-2 클럽월드컵: 0-0 | 협회컵: 0-0 CAF 네이션스컵: 0-0 | 챔피언스: 0-0 월드컵: 0-0 |

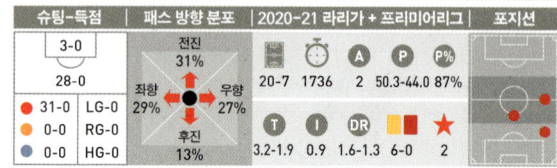

Emile SMITH ROWE 10
MF
에밀 스미스 로우

SCOUTING REPORT
지난 시즌 개막하기 전만 해도 그냥 '1명의 유망주'였다. 그러나 박싱데이 이후 아스날 에이스로 떠올랐다. 올 시즌 'No.10' 저지를 받았다. 빈공간을 찾아 움직이고, 패스&무브로 기회를 만든다. 늘 간결하게 플레이한다. 정확한 패스 콤비네이션으로 팬들에게 '아스날 향수'를 불러일으켰다. 향후 '온 더 볼' 상황에 드리블, 슈팅 욕심을 더 낼 필요가 있다. 이제 겨우 21살이다. 가능성은 무한히 열려 있다.

PLAYER'S HISTORY
영국 런던의 크로이든에서 태어났다. 10살 때 아스날 유스에 입단해 7년간 축구를 배웠다. 2018년 아스날 1군으로 승격했고, RB 라이프치히, 허더즈필드에서 2년간 임대 신분으로 경험을 쌓은 뒤 올 시즌 복귀했다. 잉글랜드 U-16부터 U-21까지 연령별 대표를 지냈다.

| 주로 사용하는 발: 오른발 80% | 우승 | 1부리그 : 0-0 | 협회컵 : 0-2 | 챔피언스 : 0-0 |
| | 준우승 | 클럽 월드컵 : 0-0 | UEFA 유로 : 0-0 | 월드컵 : 0-0 |

슈팅-득점	패스 방향 분포	2020-21 프리미어리그					포지션
9-2	전진 20%		A	P	P%		
4-0	좌향 25% 우향 26%	18-2 1448	4	36.3-32.2	89%		
● 13-2 LG-2	후진 30%	T	I	DR		★	
● 0-0 RG-0		1.3-0.7	0.5	1.5-0.5	0-0		
● 0-0 HG-0							

Bukayo SAKA 7
MF
부카요 사카

SCOUTING REPORT
주전 윙어로 뛰어난 퍼포먼스를 선보였다. 이탈리아와 유로 2020 결승전에서 PK를 실축했지만 그건 사카의 잘못이 아니다. 사우스게이트 감독의 패착이었다. 사카는 스피드가 좋고, 볼 테크닉이 우수하다. 드리블로 상대 수비를 제치면서도 공격 템포를 늦추지 않는다. 패스 콤비네이션 플레이도 수준급. 축구 IQ가 좋아 어린 나이답지 않게 돌발 상황에 잘 대처한다. 왼발잡이지만 오른발도 곧잘 사용한다.

PLAYER'S HISTORY
8살 때인 2009년, 아스날 아카데미에 입단해 연령별 팀을 단계적으로 거쳐 2018년 마침내 1군에 데뷔 했다. 아스날 에이스의 상징이라고 할 수 있는 7번을 배정받은 것은 팀에서 사카의 입지가 얼마나 중요한지 알 수 있는 대목이다.

| 주로 사용하는 발: 왼발 79% | 우승 | 1부리그 : 0-0 | 협회컵 : 1-0 | 챔피언스 : 0-0 |
| | 준우승 | 클럽 월드컵 : 0-0 | UEFA 유로 : 0-1 | 월드컵 : 0-0 |

슈팅-득점	패스 방향 분포	2020-21 프리미어리그					포지션
46-4	전진 23%		A	P	P%		
15-1	좌향 23% 우향 25%	30-2 2562	3	30.6-25.0	82%		
● 61-5 LG-2	후진 29%	T	I	DR		★	
● 1-0 RG-2		1.7-0.8	0.8	2.7-1.4	1-0		2
● 0-0 HG-1							

Alexandre LACAZETTE 9
FW
알렉산드르 라카제트

SCOUTING REPORT
EPL 31경기-10골, 유로파리그 8경기-3골을 각각 기록했다. 공격수로서 평범한 체격이다. 그러나 힘으로 잘 버티기에 등진 플레이를 잘 한다. '골 사냥꾼(Goal Poacher)'으로 논스톱 슈팅, 발리킥, 찹샷, 디핑샷, 중거리 슈팅, 페널티킥 등 다양한 형태로 골을 넣는다. 아스날에서는 '딥라잉 스트라이커'의 면모를 보인다. 콤비네이션 플레이는 '엄지척.' 반면, 스피드를 활용한 플레이, 침투 플레이는 부족하다.

PLAYER'S HISTORY
2010년 리옹 2군에서 데뷔했고, 이듬해 1군으로 올라갔다. 14-15시즌 이후 3시즌 연속으로 20골을 넘기며 리옹의 에이스 역할을 톡톡히 했다. 이를 바탕으로 아스날로 이적 후 리그에서 꾸준히 두 자릿수 득점을 기록 중이다. 아스날 9번의 저주를 깬 장본인.

| 주로 사용하는 발: 오른발 86% | 우승 | 1부리그 : 0-3 | 협회컵 : 2-0 | 챔피언스 : 0-0 |
| | 준우승 | 클럽 월드컵 : 0-0 | UEFA 유로 : 0-0 | 월드컵 : 0-0 |

슈팅-득점	패스 방향 분포	2020-21 프리미어리그					포지션
33-13	전진 19%		A	P	P%		
12-0	좌향 26% 우향 27%	22-9 1931	2	16.6-13.1	79%		
● 45-13 LG-3	후진 29%	T	I	DR		★	
● 3-0 RG-8		1.2-0.6	0.4	1.2-0.7	3-0		3
● 3-3 HG-2							

Pierre-Emerick AUBAMEYANG 14
FW
피에르-에메릭 오바메양

SCOUTING REPORT
2019-20시즌, EPL에서 36경기-22골을 터뜨리며 건재를 과시했다. 하지만 지난 시즌은 잦은 부상과 컨디션 저하로 29경기-10골에 그쳤다. 오바메양의 최대 장점은 스피드. 최고 속도 37km/로 현역 축구 선수 중 세계 최상급이다. 그가 오픈코트에서 볼을 잡으면 상대 수비가 따라붙는 건 거의 불가능하다. 아스날에서는 '오프 더 볼' 움직임이 많이 좋아졌다. 단지, 슈팅 수 대비 결정력은 그리 높지 않다.

PLAYER'S HISTORY
'오바메양家'는 '풋볼 패밀리'다. 아버지 피에르-프랑수아는 가봉 대표팀 레전드였다. 큰형 카틸리나, 작은형 윌리 모두 축구 선수 출신이다. 스파이더맨 가면을 쓰고 골 세레머니를 자주 한다. 가봉, 프랑스, 이탈리아 3개 국적을 지녔지만, 가봉 국가대표로 뛰고 있다.

| 주로 사용하는 발: 오른발 90% | 우승 | 1부리그 : 0-2 | 협회컵 : 2-3 | 챔피언스 : 0-0 |
| | 준우승 | 클럽 월드컵 : 1-0 | CAF 네이션스컵 : 0-0 | 월드컵 : 0-0 |

슈팅-득점	패스 방향 분포	2020-21 프리미어리그					포지션
48-10	전진 24%		A	P	P%		
9-0	좌향 13% 우향 32%	26-3 2337	3	21.5-16.7	78%		
● 57-10 LG-1	후진 30%	T	I	DR		★	
● 0-0 RG-8		1.0-0.4	0.2	0.9-0.4	3-1		
● 2-2 HG-1							

Aaron RAMSDALE 32
애런 램스데일 · GK

셰필드 주전 골키퍼로 38경기 선발 풀타임 활약했다. 그러나 셰필드는 강등됐고, 램스데일은 EPL에서 계속 뛰기 위해 아스날로 이적했다. 반사 신경이 뛰어나 근거리 선방 능력이 매우 우수하다. 각도를 잘 좁히고, 세컨드 볼 상황을 안전하게 가져간다. 지난 시즌 골킥 평균 비거리 63m였다. 골킥을 빌드업에 이용하기 보다는 멀리 차내는 데 주력했다는 얘기다.

주로 사용하는 발: 오른발 94%

	1부리그	협회컵	챔피언스
우승	0-0	0-0	0-0
준우승	클럽 월드컵 0-0	UEFA 유로 0-0	월드컵 0-0

세이브-실점: 88-50 / 58-13
- 209-63 TH-124
- 209-146 NK-281
- 4-0 KD-64

패스 방향 분포: 전진 53%, 좌향 27%, 우향 20%, 후진 0%

2020-21 프리미어리그: 38-0 3420 70% 5 26.8-11.3 P% 43% LB 22.5-7.4 ★ 2

Kieran TIERNEY 3
키어런 티어니 · DF

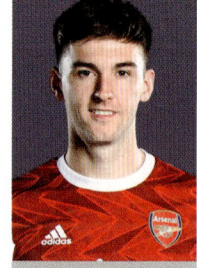

비교적 좋은 퍼포먼스를 선보였다. 티어니의 체력 관리를 위해 백업 요원이 필요하다. 티어니는 공격과 수비에 균형 잡힌 LB다. 최강의 무기는 깔끔한 태클. 정확히 볼만 걷어낸다. 빠른 발을 이용해 오버래핑을 주도한다. 스피드 실린 드리블로 단숨에 돌파한 뒤 크로스, 얼리 크로스를 올린다. 아스날 팬들은 "정말 오랜만에 좋은 레프트백을 보고 있다"며 만족해한다.

주로 사용하는 발: 왼발 88%

	1부리그	협회컵	챔피언스
우승	5-0	4-0	0-0
준우승	클럽 월드컵 0-0	UEFA 유로 0-0	월드컵 0-0

슈팅-득점: 4-1 / 11-0
- 15-1 LG-0
- 0-0 RG-1
- 0-0 HG-0

패스 방향 분포: 전진 33%, 좌향 3%, 우향 36%, 후진 25%

2020-21 프리미어리그: 26-1 2302 1 43.7-34.8 80% T 1.7-1.0 I 0.6 DR 1.1-0.6 4-0 ★

Ainsley MAITLAND-NILES 15
에인슬리 메이틀랜드-나일스 · DF

지난 시즌 웨스트브로미치에서 임대 신분으로 경험을 쌓았다. 그러나 주전 경쟁에서 밀려 로테이션 멤버로 뛰었다. 그리고 올 시즌을 앞두고 복귀했다. 나일스는 중앙 미드필더, 풀백, 윙어를 겸한다. 단단한 체격에 스피드가 빠르다. 상대 압박을 쉽게 벗어나며 빠른 드리블로 적진을 돌파한다. 가끔 어이없는 패스 미스를 범하고, '오프 더 볼' 상황을 잘 이용하지 못한다.

주로 사용하는 발: 오른발 82%

	1부리그	협회컵	챔피언스
우승	0-0	3-0	0-0
준우승	클럽 월드컵 0-0	UEFA 유로 0-0	월드컵 0-0

슈팅-득점: 3-0 / 9-0
- 12-0 LG-0
- 0-0 RG-0
- 0-0 HG-0

패스 방향 분포: 전진 34%, 좌향 21%, 우향 27%, 후진 18%

2020-21 프리미어리그: 19-7 1719 0 24.9-19.4 78% T 2.2-1.3 I 1.2 DR 1.7-0.6 2-0 ★

Rob HOLDING 16
롭 홀딩 · DF

시야가 넓고, 볼을 잘 다루기에 후방에서 전방으로 효율적인 패스를 뿌려준다. 센터백들에게 요구되는 후방 플레이메이커 역할을 어느 정도 해낸다. 성격이 적극적이라 패스를 과감하게 찌른다. 패스 성공률이 높지 않아 상대에게 종종 끊긴다. 주력이 준수하고, 공중전 승률이 높다. 예전에는 대인 방어와 정신력이 부족했으나 지난 시즌부터 이런 약점들은 많이 개선됐다.

주로 사용하는 발: 오른발 84%

	1부리그	협회컵	챔피언스
우승	0-0	2-0	0-0
준우승	클럽 월드컵 0-0	UEFA 유로 0-0	월드컵 0-0

슈팅-득점: 12-0 / 2-0
- 14-0 LG-0
- 0-0 RG-0
- 0-0 HG-0

패스 방향 분포: 전진 33%, 좌향 28%, 우향 32%, 후진 7%

2020-21 프리미어리그: 28-2 2258 1 60.1-52.3 87% T 2.0-1.4 I 0.8 DR 0.4-0.3 2-0 1 ★

Cédric SOARES 17
세드릭 소아레스 · DF

리그 19R 뉴캐슬전에 갑자기 출전했고, 이후 8경기에 선발로 나섰다. 처음에는 나름 좋은 퍼포먼스를 보였으나 갈수록 기복이 심해졌다. 세드릭은 RB, LB 모두 가능하다. 스피드, 균형 감각, 순발력을 지닌 데다 무게중심이 낮기에 빠른 스피드로 오버래핑하고, 방향을 잘 전환한다. 정확한 패스와 크로스를 올린다. 태클 성공률도 평균 이상. 그러나 뒤쪽 공간을 자주 내준다.

주로 사용하는 발: 오른발 86%

	1부리그	협회컵	챔피언스
우승	0-1	3-0	0-0
준우승	클럽 월드컵 0-0	UEFA 유로 1-0	월드컵 0-0

슈팅-득점: 2-0 / 5-0
- 7-0 LG-0
- 1-0 RG-0
- 0-0 HG-0

패스 방향 분포: 전진 34%, 좌향 45%, 우향 17%, 후진 4%

2020-21 프리미어리그: 8-2 745 1 36.4-27.8 76% T 2.7-1.2 I 1.2 DR 1.1-0.5 1-0 ★

Pablo MARÍ 22
파블로 마리 · DF

스페인 출신이지만 브라질 플라멩구에 진출해 선전했고, 지난 시즌 아스날에 입성했다. 발목, 종아리 부상으로 시즌 초반을 날렸고, 중반에 복귀해 좋은 퍼포먼스를 선보였다. 큰 키에 좋은 밸런스를 바탕으로 몸싸움과 제공권에 강점을 보인다. 장단 패스를 이용한 빌드업에 자신감을 보인다. 패스각이 안 나올 때는 상대를 앞에 두고 과감하게 로빙패스를 시도한다.

주로 사용하는 발: 왼발 87%

	1부리그	협회컵	챔피언스
우승	1-0	1-0	0-0
준우승	클럽 월드컵 0-1	UEFA 유로 0-0	월드컵 0-0

슈팅-득점: 1-0 / 1-0
- 2-0 LG-0
- 0-0 RG-0
- 0-0 HG-0

패스 방향 분포: 전진 32%, 좌향 27%, 우향 36%, 후진 5%

2020-21 프리미어리그: 10-0 900 0 62.7-55.0 88% T 2.0-1.5 I 0.3 DR 0.3-0.2 0-0 ★

DF Sead KOLAŠINAC 31
세아드 콜라시나츠

EPL에서 퍼포먼스가 좋지 않았다. 결국, 2021년 1월 말 친정팀 샬케 04로 임대됐다. 당초 완전 이적을 전제한 임대였지만 샬케가 2부리그로 강등돼 아스날로 복귀했다. 지난 시즌 분데스리가 히트맵을 보면 거의 레프트윙처럼 활약했다. 볼을 잘 다루기에 패스를 통한 빌드업도 우수하다. 뒤쪽 공간을 잘 내주고, 거친 수비로 파울을 많이 범한다. 별명은 '헐크'다.

주로 사용하는 발: 왼발 89%

우승	1부리그: 0-0	협회컵: 1-0	챔피언스: 0-0
준우승	클럽 월드컵: 0-0	UEFA 유로: 0-0	월드컵: 0-0

슈팅-득점: 5-1 / 1-0
● 6-1 LG-1
● 0-0 RG-0
● 0-0 HG-0

패스 방향 분포: 전진 38%, 좌향 7%, 우향 33%, 후진 22%

2020-21 프리미어리그
17-1 1516 1 34.7-27.9 81%
1.5-0.9 1.2 1.1-0.7 5-0 0

MF Martin ØDEGAARD 8
마르틴 외데고르

지난 시즌 임대로 합류했던 아스날에 완전 이적으로 돌아왔다. 외데고르는 레알 소시에다드 임대 시절, 측면에서 수비수를 달고 직접 드리블하며 기회를 만들었다. 그러나 건초염으로 고생한 후 스타일이 정적으로 변했다. 볼을 키핑한 다음 배급에 주력한다. 왼발 의존도가 높고, 정확한 패스를 구사한다. 박스 외곽에서 시도하는 왼발 중거리 슈팅은 강력한 무기다.

주로 사용하는 발: 왼발 92%

우승	1부리그: 0-2	협회컵: 1-0	챔피언스: 1-0
준우승	클럽 월드컵: 1-0	UEFA 유로: 0-0	월드컵: 0-0

슈팅-득점: 8-1 / 10-0
● 18-1 LG-1
● 1-0 RG-0
● 0-0 HG-0

패스 방향 분포: 전진 30%, 좌향 29%, 우향 23%, 후진 17%

2020-21 프리미어리그
12-9 1099 2 31.3-28.3 90%
1.0-0.8 0.2 0.9-0.7 0-1 0

FW Nicolas PÉPÉ 19
니콜라 페페

전반기에는 주전 경쟁에서 밀린 데다 잦은 실수로 비판받았다. 그러나 후반기 들어 확 바뀌었고, 박수를 받으며 시즌을 마쳤다. 스피드와 밸런스를 갖췄다. 역습 상황에서 스피드를 이용한 드리블로 상대 수비진을 순식간에 돌파한다. 정확한 패스를 구사하기에 동료와 콤비네이션 플레이가 잘 이뤄진다. 왼발 의존도가 매우 높고, 볼드래핑 미스로 기회를 날리기도 한다.

주로 사용하는 발: 왼발 88%

우승	1부리그: 0-1	협회컵: 1-1	챔피언스: 0-0
준우승	클럽 월드컵: 0-0	CAF 네이션스컵: 0-0	월드컵: 0-0

슈팅-득점: 39-10 / 9-0
● 48-10 LG-7
● 1-0 RG-3
● 1-1 HG-0

패스 방향 분포: 전진 18%, 좌향 32%, 우향 13%, 후진 37%

2020-21 프리미어리그
16-13 1614 1 21.7-17.5 81%
1.2-0.7 0.4 2.3-1.0 1-1 4

FW Gabriel MARTINELLI 35
가브리엘 마르티넬리

2020년 6월 21일, 무릎 반월판 부상으로 수술을 받고 다섯 달 동안 재활에 매달렸다. 회복 속도가 빨라 EPL 14R 에버튼전에 교체 출전했다. 지난 시즌 EPL 성적은 14경기-2골. 올 시즌은 정상 컨디션으로 출발했다. 마르티넬리는 본능적으로 위치를 잡고, 볼의 방향을 읽은 후 감각적인 터치로 마무리한다. 폭발적인 드리블로 레프트윙 포지션에서 큰 몫을 할 것이다.

주로 사용하는 발: 오른발 82%

우승	1부리그: 0-0	협회컵: 1-0	챔피언스: 0-0
준우승	클럽 월드컵: 0-0	코파아메리카: 0-0	월드컵: 0-0

슈팅-득점: 17-2 / 3-0
● 20-2 LG-1
● 0-0 RG-1
● 0-0 HG-0

패스 방향 분포: 전진 22%, 좌향 9%, 우향 39%, 후진 30%

2020-21 프리미어리그
7-7 588 1 10.3-8.2 80%
0.9-0.5 0.6 1.8-0.9 0-0 1

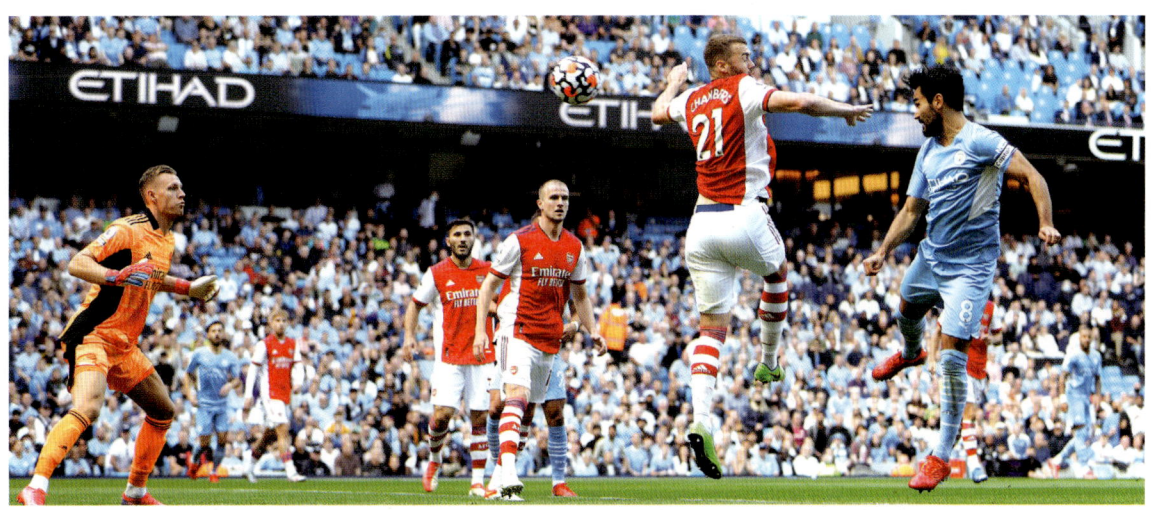

LEEDS UNITED FC

구단 창립 : 1919년 홈구장 : 엘란드 로드 대표 : 안드레아 라드리차니 2020-21시즌 : 9위(승점 59점) 18승 5무 15패 62득점 54실점 닉네임 : The Whites, The Peacocks

비엘사의 '닥공 축구', EPL 복귀
측면 강화+내부 단속, '리즈' 재현

16년 만의 EPL 복귀, '돌풍의 팀'이 되다
오랜 만에 EPL 무대로 돌아온 리즈가 화끈한 투자를 진행했다. '닥공 축구'를 꿈꾸는 비엘사 감독은 로드리고, 로빈 코흐, 디에고 요렌테, 엘데르 코스타, 이얀 멜리에 등 굵직한 영입을 성사시키며 기대를 모았다. 이적 시장에서의 행보와 같이 리즈의 축구는 화끈했다. 3-4로 패배하긴 했지만 개막전부터 디펜딩 챔피언 리버풀과 난타전을 펼쳤고, 이후 막강한 공격력을 중심으로 눈이 즐거운 경기력을 보여줬다. 승격팀인 풀럼과 WBA가 승격 시즌에 바로 재강등을 당하는 가운데 리즈는 돌풍의 팀으로 자리 잡았고, 리그 9위라는 좋은 성적을 거뒀다.

더 강해진 화력, 리즈 '닥공 축구' 계속된다
측면에 날개를 단 리즈의 화력이 더 강해졌다. 리즈는 맨유로부터 폭발적인 주력이 장점인 다니엘 제임스를 영입했고, 아마리 밀러, 잭 해리슨, 주니오르 피르포 등을 영입하며 측면 보강에 집중했다. 리즈는 지난 시즌 패트릭 뱀포드, 로드리고가 있어 중앙 공격이 상당히 강했는데, 이번에 측면 지원까지 강화하면서 비엘사 감독이 원하는 공격 축구의 완성에 한 걸음 더 다가서고 있다. 여기에 칼빈 필립스, 코흐, 리암 쿠퍼 등 핵심 선수들이 건재하기 때문에 이번 시즌도 강력한 다크호스로 꼽히고 있다. 목표는 유럽대항전 진출이다. 지난 시즌 승점 3점차로 아깝게 유럽 무대에 나서지 못했기 때문에 강력한 동기부여를 가지고 있다.

ODDS CHECK
| bet365 | 배당률 300배 | 우승 확률 10위 | sky bet | 배당률 1000배 | 우승 확률 12위 |
| William HILL | 배당률 250배 | 우승 확률 10위 | 888sport | 배당률 400배 | 우승 확률 10위 |

*우승 확률이 높을수록 배당률은 낮아짐

SQUAD LIST

위치	번호	선수	국적	키	생년월일	전 소속팀
GK	1	Illan Meslier	FRA	196	00-03-02	Lorient
	13	Kristoffer Klaesson	NOR	189	00-11-02	Vålerenga
DF	2	Luke Ayling	ENG	183	91-08-02	Bristol C
	3	Júnior Firpo	ESP	184	96-08-02	Barcelona
	5	Robin Koch	GER	190	96-07-02	Freiburg
	6	Liam Cooper	SCO	180	91-08-02	Chesterfield
	14	Diego Llorente	ESP	186	93-08-02	Real Sociedad
	15	Stuart Dallas	NIR	183	91-04-02	Brentford
	21	Pascal Struijk	NED	190	99-08-02	Ajax
	35	Charlie Cresswell	ENG	187	02-12-02	None
	37	Cody Drameh	ENG	175	01-12-02	Leeds U
MF	4	Adam Forshaw	ENG	185	91-10-02	Middlesbrough
	10	Raphinha	BRA	176	96-02-02	Rennes
	20	Daniel James	WAL	180	97-11-02	Manchester U
	22	Jack Harrison	ENG	175	96-11-02	Manchester C
	23	Kalvin Phillips	ENG	177	95-12-02	None
	43	Mateusz Klich	POL	180	90-06-02	FC Twente
	45	Liam McCarron	ENG	176	01-03-02	Carlisle U
	46	Jamie Shackleton	ENG	168	99-10-02	None
FW	9	Patrick Bamford	ENG	185	93-09-02	Middlesbrough
	11	Tyler Roberts	WAL	180	98-01-02	WBA
	19	Rodrigo Moreno	ESP	182	91-03-02	Valencia
	30	Joe Gelhardt	ENG	176	02-05-02	Wigan Ath
	38	Crysencio Summerville	NED	174	01-10-02	Feyenoord

2021-22 SEASON SCHEDULE

날짜	장소	상대팀	날짜	장소	상대팀
08-14	A	Manchester Utd	12-28	H	Aston Villa
08-21	H	Everton	01-01	H	Burnley
08-29	A	Burnley	01-15	A	West Ham Utd
09-12	H	Liverpool	01-22	H	Newcastle Utd
09-17	A	Newcastle Utd	02-08	A	Aston Villa
09-25	H	West Ham Utd	02-12	A	Everton
10-02	A	Watford	02-19	H	Manchester Utd
10-16	A	Southampton	02-26	H	Tottenham
10-23	H	Wolverhampton	03-05	A	Leicester City
10-30	H	Norwich City	03-12	H	Norwich City
11-06	A	Leicester City	03-19	A	Wolverhampton
11-20	A	Tottenham	04-02	H	Southampton
11-27	H	Brighton	04-09	A	Watford
11-30	H	Crystal Palace	04-16	H	Chelsea
12-04	A	Brentford	04-23	A	Crystal Palace
12-11	A	Chelsea	04-30	H	Manchester City
12-15	A	Manchester City	05-07	H	Arsenal
12-18	H	Arsenal	05-15	H	Brighton
12-26	A	Liverpool	05-22	A	Brentford

RANKING OF LAST 10 YEARS

14 (11-12), 13 (12-13), 15 (13-14), 15 (14-15), 13 (15-16), 7 (16-17), 13 (17-18), 3 (18-19), 1 (19-20), 9 59점 (20-21)

MANAGER : Marcelo BIELSA 마르셀로 비엘사

Personal Information
- 생년월일 : 1955.07.21 / 출생지 : 로사리오(아르헨티나)
- 현역시절 포지션 : 수비수 / 계약만료 : 2022.6.30
- 평균 재직 기간 : 1.81년 / 선호 포맷 : 4-1-4-1

History
현역 시절 포지션은 수비수. 1990년 친정팀 뉴웰스의 사령탑에 오르며 지도자의 길을 걸었다. 이후 클루브 아메리카, 벨레스, 에스파뇰, 아르헨티나 대표팀, 칠레 대표팀, 빌바오, 마르세유, 라치오, 릴 등을 이끌면서 지도력을 인정받았다. 2018년부터 리즈를 이끌고 있다.

Style
공격 축구의 신봉자로 '광인'이라는 별명 답게 전술적으로 매우 진보적인 지도자이다. 자신만의 확고한 축구 철학을 가지고 있고, 공격이 최선의 방어라는 모토 아래 강한 압박과 화끈한 공격 축구를 구사한다. 3-3-3-1이라는 공격적인 포메이션을 탄생시켰고, 토탈사커의 철학을 현대적으로 재해석했다는 평가를 받고 있다.

우승 - 준우승 횟수
- ENGLISH PREMIER LEAGUE: 3-5
- ENGLISH FA CUP: 1-3
- UEFA CHAMPIONS LEAGUE: 0-1
- UEFA EUROPA LEAGUE: 0-0
- FIFA CLUB WORLD CUP: 0-0
- UEFA-CONMEBOL INTERCONTINENTAL: 0-0

STADIUM

Elland Road

- 구장 오픈 : 1897년
- 구장 증개축 : 총 15회(최근 2012년)
- 구장 소유 : 그린필드 인베스트먼트
- 수용 인원 : 3만 7792명
- 피치 규모 : 105 X 68
- 잔디 종류 : 하이브리드 잔디

평균 볼 점유율
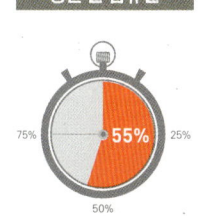
55%

LEEDS UNITED FC vs. OPPONENTS PER GAME STATS

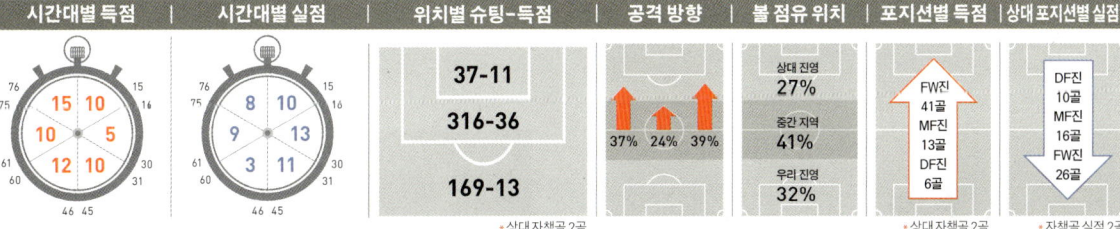

리즈 Utd vs 상대팀

	득점	슈팅	유효슈팅	오프사이드	패스시도 PA	패스성공	패스성공률 PC	태클시도	볼소유 압박 P%	인터셉트 TK	GK 선방 PR	파울 INT	경고	퇴장
리즈	1.63	13.7	5.2	2.0	491	392	81%	21.7	175	10.4	3.8	11.4	1.29	0.026
상대	1.42	14.7	5.0	1.4	397	293	75%	16.2	133	13.7	3.6	13.2	1.61	0.053

시간대별 득점
76-90: 15 / 10
61-75: 10 / 5
46-60: 12 / 10
31-45: 16
16-30: 10
1-15: 10

시간대별 실점
76-90: 8 / 10
61-75: 10 / 13
46-60: 3 / 11
31-45: 16
16-30: 10
1-15: 15

위치별 슈팅-득점
37-11
316-36
169-13
*상대자책골 2골

공격 방향
37% | 24% | 39%

볼 점유 위치
- 상대 진영: 27%
- 중간 지역: 41%
- 우리 진영: 32%

포지션별 득점
- FW진 41골
- MF진 13골
- DF진 6골
*상대자책골 2골

상대 포지션별실점
- DF진 10골
- MF진 16골
- FW진 26골
*자책골 실점 2골

BASIC FORMATION

4-1-4-1

- 뱀포드 / 겔하르트
- 해리슨/하피냐, 클리히/로버츠, 로드리고/포쇼, 제임스/코스타
- 필립스/클리흐
- 댈러스/피르포, 쿠퍼/코흐, 요렌테/스투리지, 아일링/댈러스
- 멜리에/클라에손

TOTO GUIDE 지난시즌 전적

상대팀	홈	원정
Manchester City	1-1	2-1
Manchester Utd	0-0	2-6
Liverpool	1-1	3-4
Chelsea	0-0	1-3
Leicester City	1-4	3-1
West Ham Utd	1-2	0-2
Tottenham	3-1	0-3
Arsenal	0-0	2-4
Everton	1-2	1-0
Aston Villa	0-1	3-0
Newcastle Utd	5-2	2-1
Wolverhampton	0-1	0-1
Crystal Palace	2-0	1-4
Southampton	3-0	2-0
Brighton	0-1	0-2
Burnley	1-0	4-0
Fulham	4-3	2-1
West Brom	3-1	5-0
Sheffield Utd	2-1	1-0

득점 패턴 | 실점 패턴

62골 | 54골

● OPEN PLAY ● COUNTER ATTACK ● SET PLAY ● PENALTY KICK ● OWN GOAL

OFFENSE | DEFENSE

OFFENSE		DEFENSE	
오픈 플레이	C	오픈 플레이 수비	D
카운터 어택	A	카운터 어택 수비	B
짧은 패스 게임	A	짧은 패스 게임 수비	E
롱볼 연계 플레이	C	롱볼 연계 플레이수비	C
솔로 플레이	C	솔로 플레이 수비	D
중거리 슈팅/직접 프리킥	C	중거리 슈팅 수비	B
측면 공격	B	측면 수비	C
세트 플레이	B	세트 플레이 수비	D
위험적인 공격 횟수	B	공중전 능력	D
슈팅 대비 득점	C	볼 쟁탈전 / 투쟁심	B
오프사이드 피하기	D	실수 조심	E
볼 점유율	A	파울 주의	D

A 매우 우수함 B 우수함 C 평균 수준 D 부족함 E 많이 부족함

Illan MESLIER — GK 1
이얀 멜리에

SCOUTING REPORT
시즌 직전 리즈와 3년 계약을 맺었으며, EPL 1R부터 선발로 출전했다. 강팀에게 몇 차례 대량 실점한 것을 제외하고 갈수록 퍼포먼스가 좋아졌다. 결국, 키코 카시아를 밀어내고 주전으로 발돋움했다. 10R 첼시 원정경기에서의 7세이브는 그야말로 '압권'이었다. 놀라운 반사신경으로 자주 슈퍼세이브를 선보인다. 공중볼도 잘 처리한다. 그러나 아직 경험이 부족해 세트플레이 때 가끔 어이없이 실점한다.

PLAYER'S HISTORY
프랑스 로리앙 출신. 2017년 로리앙 2군에서 데뷔했고, 2019년 이 팀 1군으로 승격했다. 리즈 유나이티드 임대를 거쳐 2020년 여름 리즈로 완전히 이적했다. 큰 키, 플레이 스타일 때문에 벨기에 골키퍼 티보 쿠르트아와 자주 비교된다. 프랑스 청소년 대표 출신이다.

주로 사용하는 발: 왼발 84%
우승 1부리그: 0-0 협회컵: 0-0 챔피언스: 0-0
준우승 클럽 월드컵: 0-0 UEFA 유로: 0-0 월드컵: 0-0

Liam COOPER — DF 6
리암 쿠퍼

SCOUTING REPORT
'다사다난(多事多難).' 지난 시즌 종아리, 사타구니, 가슴, 허리 등을 두루 다쳤고, 출전 정지 처분도 받았다. 그럼에도 감독의 신임 속에 EPL 25경기에 선발로 나섰다. 쿠퍼는 수비진의 리더다. 안정감이 있고, 라인을 잘 컨트롤한다. 태클 성공률이 높고, 민첩하게 상대의 볼을 가로챈다. 패스를 이용한 빌드업도 OK. 민첩성이 살짝 부족해 빠르게 침투하는 2선 공격수들에게 쉽게 위기를 맞기도 한다.

PLAYER'S HISTORY
2008년 헐시티에서 데뷔했다. 이후 칼라일, 허더즈필드, 체스터필드에서 임대 신분으로 경험을 쌓았다. 2013년 체스터로 완전히 이적했고, 1년 만에 리즈 유니폼을 입었다. 스코틀랜드 U-17, U-19 대표 출신이고, 2016년 9월 러시아 평가전 때 A대표 데뷔전을 치렀다.

주로 사용하는 발: 왼발 89%
우승 1부리그: 0-0 협회컵: 0-0 챔피언스: 0-0
준우승 클럽 월드컵: 0-0 UEFA 유로: 0-0 월드컵: 0-0

Kalvin PHILLIPS — MF 23
캘빈 필립스

SCOUTING REPORT
지난 시즌 비엘사 감독 전술의 핵이었다. 필립스의 출전 여부에 따라 승률이 달라졌고, 그가 공-수에서 활약했기에 팀이 EPL 9위를 할 수 있었다. 그의 별명은 '요크셔의 피를로'다. 필드 후방에서 전방으로 부채살처럼 내뿜는 '핀포인트' 장-단 패스는 '치명적인 무기'다. 그라운드를 '박스-투-박스'로 움직인다. 태클과 인터셉트 성공률도 비교적 높은 편이다. 전체적인 볼 컨트롤을 더 보완할 필요가 있다.

PLAYER'S HISTORY
그야말로 '리즈의 아들'이다. 리즈에서 태어났고, 리즈 유나이티드 유스팀에서 축구를 시작했으며 현재 이 팀 1군 주축 선수로 활약 중이다. 잉글랜드의 다른 축구 엘리트들과는 달리 청소년 대표 경험이 없다. 2020년 8월 덴마크와 네이션스리그에서 A대표로 데뷔했다.

주로 사용하는 발: 오른발 89%
우승 1부리그: 0-0 협회컵: 0-0 챔피언스: 0-0
준우승 클럽 월드컵: 0-0 UEFA 유로: 0-1 월드컵: 0-0

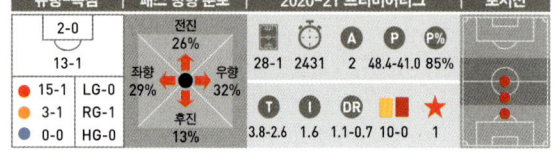

Patrick BAMFORD — FW 9
패트릭 뱀포드

SCOUTING REPORT
EPL 38경기에 모두 출전해 17골-7어시스트를 기록했다. 득점 4위였고, 리즈가 승격 첫 시즌만에 9위에 오르도록 만든 '일등공신'이었다. 뱀포드는 박스 안에서 위치를 잘 잡는다. 기회가 오면 강력한 슈팅으로 마무리한다. 공격수치고 수비에 정말 열심히 가담한다(히트맵 분석). 포스트 피딩, 패스 콤비네이션 등 동료와 연계를 잘 한다. 슈팅 수 대비 득점 비율은 높지 않다. 결정적인 기회를 종종 날려 먹었다.

PLAYER'S HISTORY
EPL의 대표적인 엄친아다. 큰 사업가 집안의 후예로 '금수저'를 물고 태어났고, 얼굴도 잘 생겼다. 독일어, 스페인어, 프랑스어를 구사하고 기타, 바이올린, 색소폰, 피아노를 다룬다. 첼시 시절 하버드대학으로부터 장학생 입학을 제의받았다. 애인 미카엘라는 현직 모델이다.

주로 사용하는 발: 왼발 75%
우승 1부리그: 0-0 협회컵: 1-0 챔피언스: 1-0
준우승 클럽 월드컵: 0-0 UEFA 유로: 0-0 월드컵: 0-0

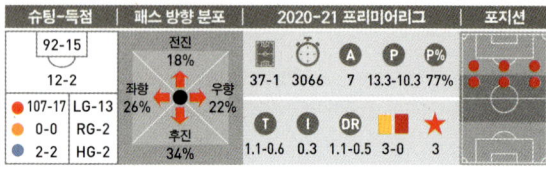

DF Luke AYLING 2
루크 아일링

EPL 38경기에 선발로 출전하며 팀이 9위에 오르는 데 일조했다. 아일링은 수비에 강점이 있는 라이트백이다. 지난 시즌 히트맵을 봐도 우측과 중앙의 수비에 더 치중한 모습이었다. 태클, 인터셉트, 전방 압박 등 수비능력을 골고루 갖췄다. 풀백치고 큰 185cm의 체격을 지녀 몸싸움과 공중전에서도 효과를 본다. 경기 평균 5개 이상의 롱-볼을 전방으로 연결한다.

주로 사용하는 발: 오른발 91%
우승 — 1부리그: 0-0 협회컵: 0-0 챔피언스: 0-0
준우승 — 클럽월드컵: 0-0 UEFA 유로: 0-0 월드컵: 0-0

슈팅-득점	패스 방향 분포	2020-21 프리미어리그					포지션
14-0	전진 42%	38-0	3400	A 0	P 62.7-49.5	P% 79%	
10-0	좌향 40% / 우향 10%						
24-0 LG-0	후진 9%	T 3.8-2.8	I 0.9	DR 1.6-1.1	7-0	★ 0	
0-0 RG-0							
0-0 HG-0							

DF Diego LLORENTE 14
디에고 요렌테

사타구니, 허벅지 부상으로 2020-21시즌 전반기를 날려버렸다. 다행히 후반기에 복귀해 EPL 15경기에 출전했고, 나름 훌륭한 경기력을 선보였다. 요렌테는 스페인 출신답게 볼을 잘 다룬다. 컨트롤 능력을 바탕으로 리즈에서 후방 빌드업의 기점이 됐다. 센터백치고 평범한 키(185cm)에도 위치를 잘 잡고 점프를 높이 뛰기에 공중전 승률이 높다. 늘 부상이 문제다.

주로 사용하는 발: 오른발 81%
우승 — 1부리그: 0-2 협회컵: 1-1 챔피언스: 1-0
준우승 — 클럽월드컵: 1-0 UEFA 유로: 0-0 월드컵: 0-0

슈팅-득점	패스 방향 분포	2020-21 라리가 + 프리미어리그					포지션
7-1	전진 30%	15-1	1296	A 0	P 48.5-40.3	P% 0%	
1-0	좌향 39% / 우향 23%						
8-1 LG-0	후진 7%	T 2.9-2.1	I 1.4	DR 0.5-0.4	1-0	★ 0	
0-0 RG-0							
0-0 HG-0							

MF Helder COSTA 17
엘데르 코스타

로테이션 멤버였다. EPL 출전 22경기 중 선발 13회, 교체로 9회였다. 제한된 기회 속에서도 나름 선전했다. 특히 2R 풀럼전 선취골은 각이 없는 상황에서 절묘하게 때려 넣은 '원더골'이었다. 앙골라 출신으로 스피드와 테크닉을 가미한 화려한 드리블이 특기다. 킥이 정확해 역습 기회 때 빠르고 정확한 패스를 전방으로 연결한다. 골 결정력이 들쭉날쭉해 아쉽다.

주로 사용하는 발: 왼발 76%
우승 — 1부리그: 1-0 협회컵: 1-0 챔피언스: 0-0
준우승 — 클럽월드컵: 0-0 CAF 네이션스컵: 0-0 월드컵: 0-0

슈팅-득점	패스 방향 분포	2020-21 프리미어리그					포지션
15-3	전진 26%	13-9	1158	A 0	P 13.8-10.5	P% 77%	
1-0	좌향 28% / 우향 16%						
16-3 LG-2	후진 29%	T 2.1-1.1	I 0.1	DR 2.2-0.9	0-0	★ 0	
0-0 RG-1							
0-0 HG-0							

MF Jack HARRISON 22
잭 해리슨

왼쪽 미드필더 주전으로 EPL 36경기에 출전해 8골-8도움을 올렸다. MF 하피냐, MF 필립스, CB 쿠퍼와 함께 리즈가 9위에 오르는 데 힘을 보탰다. 해리슨은 빠른 스피드를 이용한 1대1 돌파가 강점이다. 드리블을 이용해 기회를 만들고, 박스 안으로 침투하는 동료에게 정확한 키패스를 연결한다. 롱-볼을 이용한 빌드업도 OK. 예전에 비해 수비 가담 횟수도 늘었다.

주로 사용하는 발: 왼발 74%
우승 — 1부리그: 0-0 협회컵: 0-0 챔피언스: 0-0
준우승 — 클럽월드컵: 0-0 UEFA 유로: 0-0 월드컵: 0-0

슈팅-득점	패스 방향 분포	2020-21 프리미어리그					포지션
36-7	전진 28%	34-2	2858	A 8	P 27.5-20.3	P% 74%	
9-1	좌향 12% / 우향 35%						
45-8 LG-3	후진 26%	T 2.7-1.8	I 0.4	DR 2.2-1.2	2-0	★ 4	
1-0 RG-5							
0-0 HG-0							

FW Tyler ROBERTS 11
타일러 로버츠

로테이션 멤버로 EPL 27경기(선발 14회)에 출전했다. 기록은 그리 좋지 않았으나 뱀포드, 하피냐, 댈러스 등 주전급을 잘 뒷받침하며 그들의 '방전'을 막았다. '제2의 램피'로 불릴 정도로 침투능력이 좋고, 공수 연결을 매끄럽게 해준다. 리즈 선수답게 많이 움직이고, '오프 더 볼' 플레이도 무난하게 해낸다. 웨일스 연령별 대표를 다 거쳤고, 2018년부터 A대표로 활약 중이다.

주로 사용하는 발: 오른발 92%
우승 — 1부리그: 0-0 협회컵: 0-0 챔피언스: 0-0
준우승 — 클럽월드컵: 0-0 UEFA 유로: 0-0 월드컵: 0-0

슈팅-득점	패스 방향 분포	2020-21 프리미어리그					포지션
13-1	전진 30%	14-13	1341	A 2	P 17.1-12.2	P% 72%	
13-0	좌향 23% / 우향 21%						
26-1 LG-0	후진 26%	T 1.2-0.6	I 0.3	DR 0.9-0.6	4-0	★ 0	
0-0 RG-1							
0-0 HG-0							

FW RAPHINHA 10
하피냐

지난 시즌 스타드 렌에서 6경기, 리즈로 이적해 30경기에 출전했다. 두 리그 합산 기록은 7골-11도움이었다. 주 위치는 RW지만 LW도 가능하다. 브라질 출신답게 빠르고 현란한 드리블을 구사한다. 볼을 몰고 가며 더블터치, 플립플랍, 스카치무브 등 기술을 발휘한다. 측면 돌파 후 정확한 크로스, 얼리 크로스를 올린다. 바이에른 시절 함께했던 노이어와 절친이다.

주로 사용하는 발: 왼발
우승 — 1부리그: 0-0 협회컵: 1-1 챔피언스: 0-0
준우승 — 클럽월드컵: 0-0 코파아메리카: 0-0 월드컵: 0-0

슈팅-득점	패스 방향 분포	2020-21 리그 앙+프리미어리그					포지션
50-4	전진 30%	31-5	2771	A 11	P 27.6-19.9	P% 72%	
28-3	좌향 38% / 우향 13%						
78-7 LG-6	후진 20%	T 2.4-1.1	I 0.6	DR 3.8-1.8	3-0	★ 5	
7-1 RG-1							
0-0 HG-0							

EVERTON FC

구단 창립 : 1878년 홈구장 : 구디슨 파크 대표 : 빌 켄라이트 2020-21시즌 : 10위(승점 59점) 17승 8무 13패 47득점 48실점 닉네임 : The Blues, The Toffees

안첼로티 떠나고, 베니테스 부임
날카로워진 창, 목표 유럽대항전

최고의 전반기, 뒷심이 부족했던 안첼로티호

에버턴은 최근 4시즌 동안 파격적인 투자를 한 클럽 중 하나다. 지난 시즌도 하메스 로드리게스, 알랑, 압둘라예 두쿠레, 벤 고드프리 등을 영입하며 알찬 보강을 진행했다. 기대감은 높았고, 개막 후 4연승을 질주하며 한 때 선두 경쟁까지 했다. 그러나 핵심 선수들이 부상으로 대거 이탈하면서 어려움을 겪었고, 전반기를 8위로 마감했다. 후반기에도 어려움을 겪으면서 풀럼, 번리, 빌라, 셰필드 등 약팀을 상대로 패배하며 순위는 계속 내려갔고, 결국 10위로 시즌을 마무리했다. 우승컵에 대한 기대가 컸지만 리그컵과 FA컵에서도 8강에서 탈락했다.

'마법사' 베니테스, 에버턴 유럽대항전 이끌까

지난 시즌까지 팀을 성공적으로 이끌고 있었던 안첼로티 감독이 갑작스럽게 레알 마드리드로 떠나면서 사령탑에 공백이 생겼고, 이에 라파엘 베니테스 감독이 지휘봉을 잡았다. 이후 여름 이적 시장에서 안드로스 타운젠트, 데마레이 그레이, 살로몬 론돈 등을 영입하며 공격을 보강하며 히샬리송, 도미닉 칼버트-르윈 등 기존 공격자원들과 함께 두텁고 수준 높은 공격진을 구성했다. 여기에 중원, 수비, 골문까지 짜임새를 갖춘 좋은 스쿼드를 자랑한다. 에버턴의 목표는 확실하다. 바로 유럽대항전 진출. 지난 4년 동안 과감한 투자에 대한 성과가 필요해 지는 시점이 되었기 때문에 이번 시즌에야 말로 결과를 내야 한다.

ODDS CHECK

| bet365 | 배당률 150배 | 우승 확률 7위 | sky bet | 배당률 200배 | 우승 확률 8위 |
| William HILL | 배당률 100배 | 우승 확률 7위 | 888sport | 배당률 187배 | 우승 확률 8위 |

*우승 확률이 높을수록 배당률은 낮아짐

SQUAD LIST

위치	번호	선수	국적	키	생년월일	전 소속팀
GK	1	Jordan Pickford	ENG	185	94-03-07	Sunderland
	15	Asmir Begovic	BIH	199	87-06-20	Bournemouth
	31	Andy Lonergan	ENG	192	83-10-19	WBA
DF	2	Jonjoe Kenny	ENG	176	97-03-15	None
	4	Mason Holgate	ENG	184	96-10-22	Barnsley
	5	Michael Keane	ENG	191	93-01-11	Burnley
	12	Lucas Digne	FRA	178	93-07-20	Barcelona
	13	Yerry Mina	COL	193	94-09-23	Barcelona
	22	Ben Godfrey	ENG	183	98-01-15	Norwich C
	23	Séamus Coleman	IRL	177	88-10-11	Sligo R
	32	Jarrad Branthwaite	ENG	187	02-06-27	Carlisle U
MF	6	Allan	BRA	175	91-01-08	Napoli
	8	Fabian Delph	ENG	174	89-11-21	Manchester C
	10	Gylfi Sigurðsson	ISL	186	89-09-08	Swansea C
	11	Demarai Gray	ENG	179	96-06-28	Bayer Leverkusen
	14	Andros Townsend	ENG	181	91-07-16	Crystal Palace
	16	Abdoulaye Doucouré	FRA	184	93-01-01	Watford
	17	Alex Iwobi	NGA	180	96-05-03	Arsenal
	19	James Rodríguez	COL	180	91-07-12	Real Madrid
	21	André Gomes	POR	188	93-07-30	Barcelona
	24	Anthony Gordon	ENG	173	01-02-24	None
	25	Jean-Philippe Gbamin	CIV	186	95-05-25	Mainz
	26	Tom Davies	ENG	180	98-06-30	None
FW	7	Richarlison	BRA	179	97-05-10	Watford
	9	Dominic Calvert-Lewin	ENG	176	97-03-16	Sheffield U
	28	Cenk Tosun	TUR	183	91-06-07	Beşiktaş
	40	José Salomón Rondón	VEN	186	89-09-16	Dalian Pro

2021-22 SEASON SCHEDULE

날짜	장소	상대팀	날짜	장소	상대팀
08-14	H	Southampton	12-28	H	Newcastle Utd
08-21	A	Leeds United	01-01	H	Brighton
08-28	A	Brighton	01-15	A	Norwich City
09-13	H	Burnley	01-22	H	Aston Villa
09-18	A	Aston Villa	02-09	A	Newcastle Utd
09-25	A	Norwich City	02-12	H	Leeds United
10-02	H	Manchester Utd	02-19	A	Southampton
10-16	H	West Ham Utd	02-26	H	Manchester City
10-23	A	Watford	03-05	A	Tottenham
10-30	H	Wolverhampton	03-12	H	Wolverhampton
11-06	H	Tottenham	03-19	A	Watford
11-20	A	Manchester City	04-02	H	West Ham Utd
11-27	H	Brentford	04-09	A	Manchester Utd
11-30	H	Liverpool	04-16	H	Crystal Palace
12-04	A	Arsenal	04-23	A	Liverpool
12-11	A	Crystal Palace	04-30	H	Chelsea
12-15	A	Chelsea	05-07	A	Leicester City
12-18	H	Leicester City	05-15	H	Brentford
12-26	A	Burnley	05-22	A	Arsenal

RANKING OF LAST 10YEARS

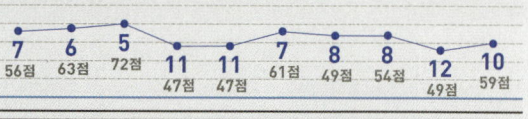

7	6	5	11	11	7	8	8	12	10
56점	63점	72점	47점	47점	61점	49점	54점	49점	59점
11-12	12-13	13-14	14-15	15-16	16-17	17-18	18-19	19-20	20-21

MANAGER : Rafael BENITEZ 라파엘 베니테스

Personal Information
생년월일 : 1960.04.16 / 출생지 : 마드리드(스페인)
현역시절 포지션 : 미드필더 / 계약만료 : 2024.6.30
평균 재직 기간 : 1.89년 / 선호 포맷 : 4-2-3-1

History
레알 마드리드 유스 출신이었지만 1군 무대에서는 활약하지 못했고, 저니맨 생활을 하다 26세의 이른 나이에 은퇴했다. 이후 레알 마드리드 카스티야, 레알 바야돌리드, 오사수나, 발렌시아, 리버풀, 인터 밀란, 첼시, 나폴리, 레알, 뉴캐슬 등을 이끌며 지도력을 인정받았다.

Style
평가가 극명하게 엇갈리는 감독. '마법사'라는 별명처럼 탁월한 전술가의 면모를 보이지만 때로는 선수단 관리에 실패해 최악의 결과를 내기도 한다. 전술적으로는 4-2-3-1 포메이션을 사용해 안정적인 수비, 중원 장악, 콤팩트한 역습을 펼치는 것이 특징이고, 상대에 따른 맞춤 전력으로 허를 찌르기도 한다. 로테이션 신봉자로 알려져 있다.

우승-준우승 횟수
- ENGLISH PREMIER LEAGUE: 9-7
- ENGLISH FA CUP: 5-8
- UEFA CHAMPIONS LEAGUE: 0-0
- UEFA EUROPA LEAGUE: 0-0
- FIFA CLUB WORLD CUP: 0-0
- UEFA-CONMEBOL INTERCONTINENTAL: 0-0

STADIUM

Goodison Park
- 구장 오픈 : 1892년
- 구장 소유 : 에버튼FC
- 피치 규모 : 100 X 68m
- 구장 증개축 : -
- 수용 인원 : 3만 9414명
- 잔디 종류 : 하이브리드 잔디

평균 볼 점유율
47% (75% / 25% / 50%)

EVERTON FC vs. OPPONENTS PER GAME STATS

에버튼FC vs 상대팀	득점	슈팅	유효슈팅	오프사이드	패스시도	패스성공	패스성공률	태클시도	볼소유자압박	인터셉트	GK 선방	파울	경고	퇴장
	1.24	10.5	3.9	1.7	451	480	PC 386	81%						
	1.26	13.3	4.2	1.1	PA	367		P% 80%						
	18.0	149	10.3	2.9	10.2	12.9	1.55	1.73	0.053	0.026				
	17.6	143	INT 11.2	2.7										

시간대별 득점
76 / 15 / 7 6 16 / 6 10 / 7 11 30 / 60 46 45 31

시간대별 실점
10 10 / 6 / 10 / 5 6

위치별 슈팅-득점
43-20
212-22
145-3
*상대자책골 2골

공격 방향
40% 27% 33%

볼 점유 위치
상대 진영 25%
중간 지역 44%
우리 진영 31%

포지션별 득점
FW진 25골
MF진 14골
DF진 6골
*상대자책골 2골

상대 포지션별 실점
DF진 1골
MF진 15골
FW진 31골
*자책골 실점 1골

BASIC FORMATION
4-2-3-1

칼버트-르윈 / 토슌
히샬리송 이워비 / 그레이 시구르드손 / 타운센트 하메스
알란 고메스 / 두쿠레 델프
디뉴 고프리 / 콤먼 케니
킹 브랜트웨이트 / 올게이트 미나
픽포드 / 베고비치

TOTO GUIDE 지난시즌 전적

상대팀	홈	원정
Manchester City	1-3	0-5
Manchester Utd	1-3	3-3
Liverpool	2-2	2-0
Chelsea	1-0	0-2
Leicester City	1-1	2-0
West Ham Utd	0-1	1-0
Tottenham	2-2	1-0
Arsenal	2-1	1-0
Leeds United	0-1	2-1
Aston Villa	1-2	0-0
Newcastle Utd	0-2	1-2
Wolverhampton	1-0	2-1
Crystal Palace	1-1	0-0
Southampton	1-0	0-2
Brighton	4-2	0-2
Burnley	1-2	1-1
Fulham	0-2	3-2
West Brom	5-2	1-0
Sheffield Utd	0-1	1-0

득점 패턴
47골 (27 / 14 / 4 / 2)

실점 패턴
48골 (33 / 4 / 7 / 3 / 1)

- OPEN PLAY
- COUNTER ATTACK
- SET PLAY
- PENALTY KICK
- OWN GOAL

OFFENSE | DEFENSE

오펜스	등급	디펜스	등급
오픈 플레이	B	오픈 플레이 수비	B
카운터 어택	C	카운터 어택 수비	C
짧은 패스 게임	B	짧은 패스 게임 수비	D
롱볼 연계 플레이	B	롱볼 연계 플레이수비	C
솔로 플레이	C	솔로 플레이 수비	E
중거리 슈팅/직접 프리킥	B	중거리 슈팅 수비	D
측면 공격	B	측면 수비	D
세트 플레이	B	세트 플레이 수비	D
위협적인 공격 횟수	B	공중전 능력	A
슈팅 대비 득점	B	볼 쟁탈전/투쟁심	B
오프사이드 피하기	C	실수 조심	E
볼 점유율	D	파울 주의	D

A 매우 우수함 B 우수함 C 평균 수준 D 부족함 E 많이 부족함

| 상대유효슈 시도-실점 | 상대유효슈 시도-선방 | 전체 슈팅 시도-득점 | 직접 프리킥 시도-득점 | TH 던지기 | NK 골킥 | KD 평균골킥 거리(m) | LG 왼발 득점 | RG 오른발 득점 | HG 헤더 득점 | 출전횟수 선발-교체 | 출전시간 분(MIN) | S% GK 선방율 | CS GK 클린시트 | A 도움 | P 평균 패스 시도-성공 | P% 평균 패스 성공률 | LB 평균볼 캐치-펀칭 | AD 공중볼 시도-성공 | T 평균 태클 | I 평균 인터셉트 | DR 평균드리블 시도-성공 | 페어플레이 경고-퇴장 | MOM |

GK Jordan PICKFORD 1
조던 픽포드

SCOUTING REPORT
시즌 초반 부진을 거듭했고, SNS에서 살해 협박까지 받았다. 가슴 통증까지 겹쳐 중반에 보름 정도 쉬었다. 복귀한 이후 예전의 폼을 되찾고 시즌을 마쳤다. 픽포드는 뛰어난 순발력을 이용한 '숏-스토핑'이 특기다. 막기 어려워 보이는 슈팅도 반사적으로 쳐낸다. 1대1 상황에 과감하게 돌진해 각도를 좁힌다. 경기당 9차례 골킥을 시도했고, 평균 비거리는 52m였다. 멀리 보내는 데 주력했다는 얘기다.

PLAYER'S HISTORY
2011년 선덜랜드에서 데뷔했다. 5년간 하부리그에서 임대 신분으로 경험을 쌓았다. 2016년 선덜랜드로 복귀했고, 이듬해 에버튼으로 이적했다. 대표팀 주전으로 2018 월드컵 4강, 유로 2020 준우승에 공헌했다. 14살 때 육감적 몸매의 메건과 만났고, 현재도 사귀고 있다.

| 주로 사용하는 발 : 왼발 81% | 우승 | 1부리그 : 0-0 | 협회컵 : 0-0 | 챔피언스 : 0-0 |
| | 준우승 | 클럽월드컵 : 0-0 | UEFA 유로 : 0-1 | 월드컵 : 0-0 |

세이브-실점	패스 방향 분포	2020-21 프리미어리그	포지션
57-28 / 33-11	전진 70% 좌향 15% 우향 16% 후진 0%	31-0 2743 70% 10 32.2-19.5 / 62% 20.6-8.5 13-23 1-0 1	
● 129-39 TH-135 ● 129-90 NK-207 ● 3-0 KD-52			

DF Lucas DIGNE 12
뤼카 디뉴

SCOUTING REPORT
왼쪽 측면의 믿을맨. LB로 24회, LM으로 6회 선발 출전했다. 만약 시즌 중반 발목 부상으로 결장하지 않았다면 38경기 풀타임 선발 출전했을 것이다. 디뉴는 과감한 드리블로 측면을 파고든 후 크로스, 얼리 크로스를 올린다. 박스 안으로 결정적인 패스를 종종 찔러넣는다. 강력한 왼발로 직접 프리킥, 중거리 슈팅을 시도한다. 태클, 마킹, 인터셉트 등 전반적인 수비력도 좋고 수비 전환도 빠르다.

PLAYER'S HISTORY
2010년 릴에서 데뷔했고, 파리 생제르맹, AS 로마, 바르셀로나를 거쳐 2018년 에버튼으로 이적했다. 프랑스 U-16부터 U-21까지 연령별 대표를 모두 거쳤다. 프랑스 국가대표로 2014월드컵, 유로 2016, 2020에 출전했다. 2018 월드컵 때는 최종 명단에서 제외됐다.

| 주로 사용하는 발 : 왼발 94% | 우승 | 1부리그 : 4-1 | 협회컵 : 2-2 | 챔피언스 : 0-0 |
| | 준우승 | 클럽월드컵 : 0-0 | UEFA 유로 : 0-1 | 월드컵 : 0-0 |

슈팅-득점	패스 방향 분포	2020-21 프리미어리그	포지션
4-0 / 9-0	전진 40% 좌향 3% 우향 38% 후진 19%	30-0 2682 7 42.2-32.7 78% / 3.0-2.1 0.9-0.6 2-1 1	
● 13-0 LG-0 ● 3-0 RG-0 ● 0-0 HG-0			

MF James RODRÍGUEZ 19
하메스 로드리게스

SCOUTING REPORT
사타구니, 종아리, 발뒤꿈치에 크고 작은 부상이 연달아 발생했다. 결장일 수는 120일, 부상자 명단 등재 횟수는 무려 5번이었다. 이 정도면 거의 '부상병동' 수준이다. 결국 EPL 23경기에 출전해 6골-4도움에 그쳤다. 정상 컨디션일 경우 로드리게스는 뛰어난 개인기를 발휘한다. 공격형 MF로서 정확한 패스와 칼날같은 스루패스, 위협적인 크로스를 연결한다. 왼발 중거리 슈팅과 프리킥은 최강의 무기다.

PLAYER'S HISTORY
2006년 엔비가도에서 데뷔했고, 반필드, 포르투, 모나코, 레알 마드리드, 바이에른 뮌헨(임대)을 거쳐 2020년 에버튼으로 이적했다. 콜롬비아 대표팀 동료 다비드 오스피나의 여동생 다니엘라와 결혼했으나 이혼했다. 현재는 베네수엘라 출신 톱모델 섀넌과 사귀고 있다.

| 주로 사용하는 발 : 왼발 94% | 우승 | 1부리그 : 8-3 | 협회컵 : 2-1 | 챔피언스 : 2-0 |
| | 준우승 | 클럽월드컵 : 2-0 | UEFA 유로 : 0-0 | 월드컵 : 0-0 |

슈팅-득점	패스 방향 분포	2020-21 프리미어리그	포지션
18-4 / 19-2	전진 23% 좌향 41% 우향 18% 후진 18%	21-2 1776 4 44.8-37.3 83% / 2.7-1.2 0.7-0.4 2.1-1.5 4-0 3	
● 37-6 LG-3 ● 4-0 RG-3 ● 0-0 HG-0			

DF RICHARLISON 7
히샬리송

SCOUTING REPORT
선발 출전 기준으로 CF 15회, LW 15회, RW 3회였다. 히샬리송은 엄청난 운동 능력을 공격할 때 적극적으로 활용한다. 양발을 고루 사용해 슈팅한다. 과감한 드리블로 박스 왼쪽에서 가운데로 침투한 뒤 강력한 오른발 슈팅을 날리는 패턴은 그의 전매특허다. 스피드를 활용한 역습도 발군이다. 점프력도 우수해 버질 판데이크를 상대로 공중볼을 따낼 정도다. 그러나 경기마다 기복이 심한 게 문제다.

PLAYER'S HISTORY
2015년 아메리카에서 데뷔했고, 플루미넨세, 왓포드를 거쳐 2018년 에버튼에 입단했다. 브라질 국대 선배인 네이마르의 열렬한 팬이다. 한때 네이마르의 '닭벼슬 머리'를 따라 한 적이 있다. 브라질 대표로 2021 코파아메리카 준우승, 도쿄 올림픽 우승을 경험했다.

| 주로 사용하는 발 : 오른발 76% | 우승 | 1부리그 : 1-0 | 협회컵 : 0-0 | 챔피언스 : 0-0 |
| | 준우승 | 클럽월드컵 : 0-0 | 코파아메리카 : 1-1 | 월드컵 : 0-0 |

슈팅-득점	패스 방향 분포	2020-21 프리미어리그	포지션
63-6 / 18-1	전진 24% 좌향 16% 우향 34% 후진 26%	33-1 2872 3 22.0-15.4 70% / 2.5-1.4 0.4 3.0-1.8 4-1 4	
● 81-7 LG-0 ● 1-0 RG-5 ● 1-1 HG-2			

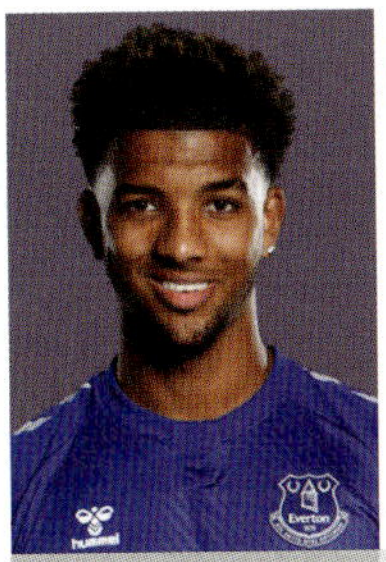

DF Mason HOLGATE 4
메이슨 홀게이트

EPL 개막 직후 발목을 다쳐 50여 일 결장했다. 그러나 복귀 후 RB 15회, CB 10회씩 선발 출전했다. 홀게이트는 볼을 잘 다루고, 전방으로 안정적인 패스를 뿌린다. 존 스톤스 이적 후 수비진 빌드업을 걱정했던 에버튼이지만 홀게이트의 존재로 그 부담을 어느 정도 덜었다. 태클과 인터셉트도 무난하다. 경기 후반 가끔 집중력 부족으로 어이없는 실수를 할 때가 있다.

주로 사용하는 발 : 오른발 83%

우승 | 1부리그 : 0-0 협회컵 : 0-0 챔피언스 : 0-0
준우승 | 클럽 월드컵 : 0-0 UEFA 유로 : 0-0 월드컵 : 0-0

슈팅-득점		패스 방향 분포	2020-21 프리미어리그					포지션
4-1		전진 39%	출전 26-2	출전시간 2290	A 0	P 39.4-31.1	P% 79%	
1-0		좌향 25% / 우향 24%						
● 5-1	LG-1	후진 12%	T 3.1-2.0	I 1.3	DR 0.4-0.3	9-0	★ 2	
● 0-0	RG-0							
● 0-0	HG-0							

DF Michael KEANE 5
마이클 킨

시즌 초~중반에는 좋은 퍼포먼스를 선보였다. 그러나 31R 토트넘전에서 치명적인 실수를 두 번이나 범해 팀의 승리를 날려 버렸고, 허벅지 부상으로 보름간 결장하면서 폼이 망가졌다. 큰 키를 이용한 공중전에서 위력을 발휘한다. 위치를 잘 잡기에 효율적으로 수비한다. 롱-볼 빌드업, 볼 소유자와의 1대1, 마킹 등도 잘 해낸다. 스피드가 부족해 뒤쪽 공간을 종종 내준다.

주로 사용하는 발 : 오른발 80%

우승 | 1부리그 : 0-1 협회컵 : 0-0 챔피언스 : 0-0
준우승 | 클럽 월드컵 : 0-0 UEFA 유로 : 0-0 월드컵 : 0-0

슈팅-득점		패스 방향 분포	2020-21 프리미어리그					포지션
15-3		전진 34%	출전 33-2	출전시간 2990	A 1	P 55.4-48.3	P% 87%	
1-0		좌향 26% / 우향 32%						
● 16-3	LG-1	후진 8%	T 1.3-0.8	I 1.5	DR 0.2-0.1	4-0	★ 2	
● 0-0	RG-0							
● 0-0	HG-2							

MF Gylfi SIGURÐSSON 10
길피 시구르드손

원래 풀타임 주전이었다. 그러나 2018년 무릎 부상으로 고생한 이후 출전 시간이 조정됐다. 지난 시즌에는 선발 24회, 교체인 12회, 벤치 2회였다. EPL 최고의 오른발 키커 중 1명이다. 박스 외곽에서 대포알같은 중장거리 슈팅을 날린다. 프리킥과 페널티킥 전문 키커다. 예전에는 볼을 투박하게 다뤘으나 경험이 쌓이면서 퍼스트터치, 패스, 볼 키핑 등이 향상됐다.

주로 사용하는 발 : 오른발 81%

우승 | 1부리그 : 0-0 협회컵 : 0-0 챔피언스 : 0-0
준우승 | 클럽 월드컵 : 0-0 UEFA 유로 : 0-0 월드컵 : 0-0

슈팅-득점		패스 방향 분포	2020-21 프리미어리그					포지션
21-6		전진 24%	출전 24-12	출전시간 2256	A 5	P 23.7-20.2	P% 85%	
28-0		좌향 25% / 우향 25%						
● 49-6	LG-1	후진 26%	T 1.7-0.8	I 0.9	DR 0.7-0.4	2-0	★ 1	
● 7-0	RG-5							
● 4-3	HG-0							

MF André GOMES 21
안드레 고메스

히트맵을 보면 중앙에서 왼쪽을 주로 커버했다. 2년 전 오른쪽까지 누볐던 것과는 달랐다. 지난 시즌 타박상, 무릎 부상, 엉덩이 부상 등으로 한 달 정도 결장한 것이 영향을 미쳤다. 빠른 스피드를 살린 드리블로 돌파한다. 폭넓게 움직이면서 중원에 활기를 불어넣는다. 그런데 패스를 주고받을 때 자세가 흔들린다. 이 때문에 콤비네이션 플레이가 유연하게 이어지지 않는다.

주로 사용하는 발 : 오른발 72%

우승 | 1부리그 : 2-2 협회컵 : 3-1 챔피언스 : 0-0
준우승 | 클럽 월드컵 : 0-0 UEFA 유로 : 1-0 월드컵 : 0-0

슈팅-득점		패스 방향 분포	2020-21 프리미어리그					포지션
1-0		전진 26%	출전 17-11	출전시간 1568	A 1	P 31.3-26.6	P% 85%	
13-0		좌향 23% / 우향 29%						
● 14-0	LG-0	후진 22%	T 2.7-1.3	I 0.4	DR 1.7-1.1	3-0	★ 0	
● 0-0	RG-0							
● 0-0	HG-0							

FW Dominic CALVERT-LEWIN 9
도미닉 칼버트-르윈

시즌 초반 엄청난 골폭풍을 몰아쳤다. 시즌 중반 허벅지를 다쳐 한 달간 결장한 이후 폼이 하락했다. EPL 최종 성적은 33경기-16골. 큰 키에 점프력이 좋아 공중전에선 무적이다. 지난 시즌 머리로 7골을 터뜨렸다. 강한 슈팅뿐 아니라 칩샷, 힐킥, 발리킥 등 다양한 형태로 골을 넣는다. 또 다른 강점은 수비. 박스 안까지 들어가 몸을 날려 블로킹, 클리어링을 해낸다.

주로 사용하는 발 : 오른발 86%

우승 | 1부리그 : 0-0 협회컵 : 0-0 챔피언스 : 0-0
준우승 | 클럽 월드컵 : 0-0 UEFA 유로 : 0-1 월드컵 : 0-0

슈팅-득점		패스 방향 분포	2020-21 프리미어리그					포지션
72-16		전진 25%	출전 32-1	출전시간 2876	A 0	P 20.5-14.1	P% 69%	
11-0		좌향 22% / 우향 23%						
● 83-16	LG-1	후진 30%	T 0.7-0.5	I 0.2	DR 1.5-0.7	3-0	★ 4	
● 0-0	RG-8							
● 0-0	HG-7							

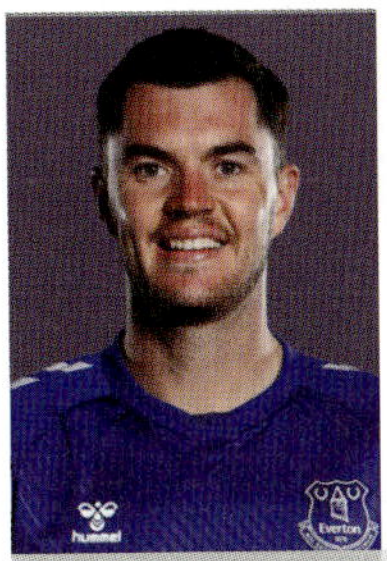

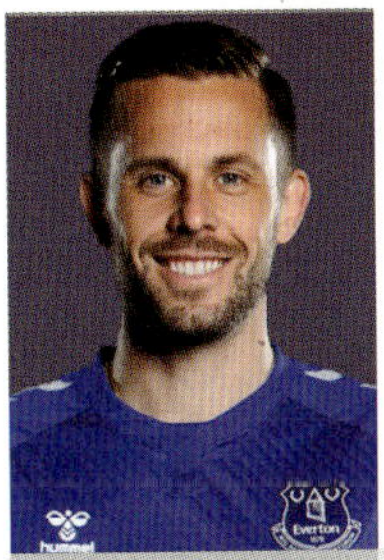

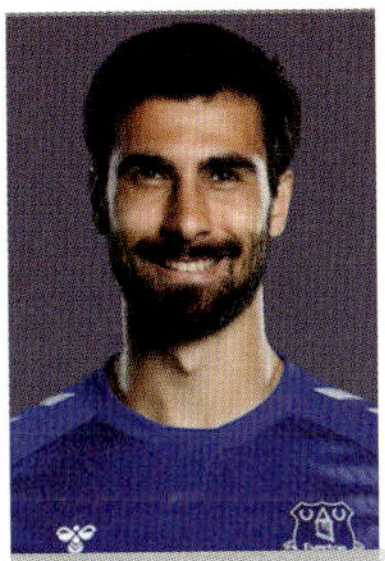

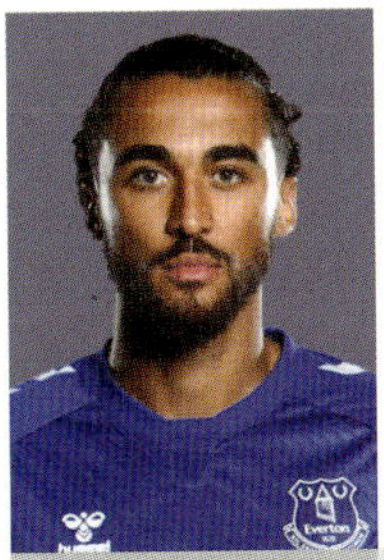

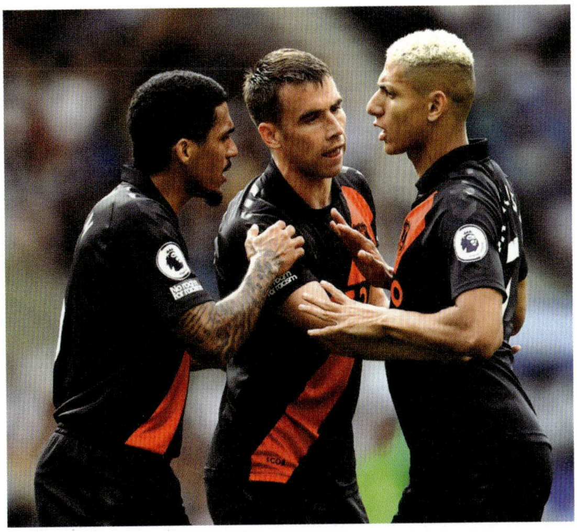

ASTON VILLA FC

구단 창립 : 1874년 홈구장 : 빌라 파크 공동 대표 : 나세프 소이리스, 웨스 이든스 2020-21시즌 : 11위(승점 55점) 16승 7무 15패 55득점 46실점 닉네임 : The Villa, The Lions

그릴리쉬 판매로 1600억 수익
'폭풍영입' 빌라, 명가 부활 꿈꿔

공격-중원-수비-골문 보강, 돌풍 일으킨 빌라

EPL 승격 이후 파격적인 투자를 했던 빌라가 지난 시즌을 앞두고도 공격, 중원, 수비, 골문까지 모두 알찬 보강을 했다. 공격에서는 2019-20시즌 챔피언십 득점 2위 올리 왓킨스와 리옹의 윙어 베르트랑 트라오레를 영입했고, 첼시로부터 로스 바클리를 임대 영입하며 중원까지 강화했다. 여기에 풀백 매티 캐시와 골키퍼 에밀리아노 마르티네스를 데려오며 부족한 수비 포지션에서 보강을 마쳤다. 효과는 확실했다. 기존 핵심 선수인 잭 그릴리쉬를 중심으로 좋은 공격력을 보이며 꾸준하게 승점을 쌓았고, 목표였던 잔류를 넘어 11위라는 호성적을 거뒀다.

'에이스' 그릴리쉬 이적료 1600억으로 '폭풍 영입'

꾸준하게 빅 클럽들과 연결됐던 잉글랜드 국가대표 미드필더 그릴리쉬가 결국 맨체스터 시티로 이적했다. 이적료는 EPL 역대 최고 이적료인 1억 파운드(약 1600억 원). 에이스의 이탈로 생긴 공백을 메우기 위해 분주한 이적시장을 보냈다. 잉글랜드 국가대표 공격수 대니 잉스를 영입하며 최전방을 강화했고, 레온 베일리, 애슐리 영, 에밀리아노 부엔디아, 프레데릭 길베르 등 양적으로 부족했던 선수단의 깊이를 늘렸다. 이러한 결과로 오히려 전력이 더 강해졌다는 평가를 받고 있고, 이번 시즌에는 돌풍을 넘어 톱10도 가능하다는 평가까지 받고 있다. 특히 승격 이후 수비 안정화에 성공했기 때문에 공격력이 담보된다면 더 높은 성적이 가능하다.

ODDS CHECK

| bet365 | 배당률 350배 우승 확률 11위 | sky bet | 배당률 1000배 우승 확률 12위 |
| William HILL | 배당률 250배 우승 확률 10위 | 888sport | 배당률 400배 우승 확률 10위 |

*우승 확률이 높을수록 배당률은 낮아짐

SQUAD LIST

위치	번호	선수	국적	키	생년월일	전 소속팀
GK	1	Emiliano Martínez	ARG	195	92-09-02	Arsenal
	12	Jed Steer	ENG	188	92-09-23	Norwich C
	38	Viljami Sinisalo	FIN	196	01-10-11	FC Espoo
	44	Filip Marschall	ENG	186	02-12-15	None
DF	2	Matty Cash	ENG	185	97-08-07	Nottingham F
	3	Matt Targett	ENG	183	95-09-18	Southampton
	4	Ezri Konsa	ENG	183	97-10-23	Brentford
	5	Tyrone Mings	ENG	191	93-03-13	Bournemouth
	16	Axel Tuanzebe	ENG	182	97-11-14	Manchester U
	18	Ashley Young	ENG	175	85-07-09	Internazionale
	30	Kortney Hause	ENG	189	95-07-16	Wolverhampton W
MF	6	Douglas Luiz	BRA	178	98-05-09	Manchester C
	7	John McGinn	SCO	175	94-10-18	Hibernian
	8	Morgan Sanson	FRA	182	94-08-18	Marseille
	10	Emi Buendía	ARG	170	96-12-25	Norwich C
	17	Mahmoud Hassan Trézéguet	EGY	176	94-10-01	Kasımpaşa
	19	Marvelous Nakamba	ZIM	177	94-01-19	Club Brugge
	32	Jaden Philogene-Bidace	ENG	181	02-05-18	None
	41	Jacob Ramsey	ENG	166	01-05-28	None
FW	9	Wesley	BRA	191	96-11-26	Club Brugge
	11	Ollie Watkins	ENG	179	95-12-30	Brentford
	15	Bertrand Traoré	BFA	180	95-09-06	Lyon
	20	Danny Ings	ENG	179	92-03-16	Southampton
	21	Anwar El Ghazi	NED	188	95-05-03	Lille
	31	Leon Bailey	JAM	181	97-08-09	Bayer Leverkusen
	35	Cameron Archer	ENG	181	01-12-09	None
	39	Keinan Davis	ENG	168	98-06-01	Biggleswade T

2021-22 SEASON SCHEDULE

날짜	장소	상대팀	날짜	장소	상대팀
08-14	A	Watford	12-28	A	Leeds United
08-21	H	Newcastle Utd	01-01	A	Brentford
08-28	H	Brentford	01-15	H	Manchester Utd
09-11	H	Chelsea	01-22	A	Everton
09-18	H	Everton	02-08	H	Leeds United
09-25	A	Manchester Utd	02-12	A	Newcastle Utd
10-02	A	Tottenham	02-19	H	Watford
10-16	H	Wolverhampton	02-26	H	Brighton
10-23	A	Arsenal	03-05	A	Southampton
10-30	H	West Ham Utd	03-12	A	West Ham Utd
11-06	A	Southampton	03-19	H	Arsenal
11-20	H	Brighton	04-02	A	Wolverhampton
11-27	A	Crystal Palace	04-09	H	Tottenham
11-30	H	Manchester City	04-16	A	Liverpool
12-04	A	Leicester City	04-23	H	Leicester City
12-11	A	Liverpool	04-30	A	Norwich City
12-14	H	Norwich City	05-07	H	Burnley
12-18	H	Burnley	05-15	A	Crystal Palace
12-26	H	Chelsea	05-22	A	Manchester City

RANKING OF LAST 10 YEARS

2부 리그 3부 리그

11-12	12-13	13-14	14-15	15-16	16-17	17-18	18-19	19-20	20-21
16 38점	15 41점	15 38점	17 38점	20 17점	13	4	5	17 35점	11 55점

MANAGER : Dean SMITH 딘 스미스

Personal Information
생년월일 : 1971.03.19 / 출생지 : 웨스트브로미치(잉글랜드)
현역시절 포지션 : 수비수 / 계약만료 : 2023.6.30
평균 재직 기간 : 3.56년 / 선호 포맷 : 4-3-3

History
현역 시절 월솔, 레이튼 오리엔트, 셰필드 웬즈데이, 포트 베일 등에서 센터백으로 활약했다. 2008년 UEFA 프로 라이선스를 획득했다. 2011년 자신의 프로 데뷔 팀인 월솔에서 감독 생활을 시작했고, 브렌트포드를 거쳐 2018년 빌라의 지휘봉을 잡아 승격을 이끌었다.

Style
부드러운 리더십을 가지고 있는 덕장이다. 선수들과 개인적인 자리를 마련하는 등 소통에 능한 감독이기 때문에 선수들도 믿고 따른다. 주로 4-3-3, 4-2-3-1 포메이션을 사용하고, 공수 밸런스를 중요시 한다. 전술 변화보다는 확실한 플랜A를 설정해 완성시키는 것이 특징이고, 공격적인 색깔이 뚜렷하다. 동시에 수비 조직력을 잘 만드는 감독이다.

STADIUM

Villa Park

구장 오픈 : 1897년
구장 소유 : 아스톤 빌라 FC
피치 규모 : 105 X 68m
구장 중개축 : -
수용 인원 : 4만 2682명
잔디 종류 : 하이브리드 잔디

평균 볼 점유율

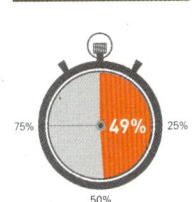

49%

ASTON VILLA FC vs. OPPONENTS PER GAME STATS

아스톤 빌라 vs 상대팀

득점	슈팅	유효슈팅	오프사이드	패스시도	패스성공	패스성공률	태클	볼소유압박	인터셉트	GK 선방	파울	경고	퇴장
1.45 / 1.21	13.7 / 14.1	4.9 / 4.7	1.9 / 1.3	400 / 469	314 / 369	79% / 79%	15.5 / 16.1	143 / 148	10.2 / 10.3	3.7 / 3.4	11.6 / 17.5	1.66 / 1.92	0.105 / 0.184

시간대별 득점
76·15 / 75·14·12·16 / 8·6 / 7·8·30 / 61·31 / 60·46·45

시간대별 실점
76·15 / 9·3 / 8·8 / 12·9 / 61·30 / 60·46·45

위치별 슈팅-득점
36-14
308-30
176-8
* 상대자책골 3골

공격 방향
44% / 25% / 31%

볼 점유 위치
상대 진영 30%
중간 지역 41%
우리 진영 29%

포지션별 득점
FW진 0골
MF진 0골
DF진 0골
* 상대자책골 -골

상대 포지션별 실점
FW진 0골
MF진 0골
DF진 0골
* 자책골 실점 -골

BASIC FORMATION

4-3-3

잉스 / 데이비스
엘가지 / 영 · 왓킨스 / 트라오레
맥긴 / 나킴바 · 부엔디아 / 상송
타겟 / 하우스 · 루이스 / 램지 · 캐시 / 튀앙제브
콘사 / 튀앙제브 · 밍스 / 하우스
마르티네스 / 스티어

TOTO GUIDE 지난시즌 전적

상대팀	홈	원정
Manchester City	1-2	0-2
Manchester Utd	1-3	1-2
Liverpool	7-2	1-2
Chelsea	2-1	1-1
Leicester City	1-2	1-0
West Ham Utd	1-3	2-1
Tottenham	0-2	2-1
Arsenal	1-0	3-0
Leeds United	0-3	1-0
Everton	0-0	2-1
Newcastle Utd	2-0	1-1
Wolverhampton	0-0	1-0
Crystal Palace	3-0	2-3
Southampton	3-4	1-0
Brighton	1-2	0-0
Burnley	0-0	2-3
Fulham	3-1	3-0
West Brom	2-2	3-0
Sheffield Utd	1-0	0-1

득점 패턴 | 실점 패턴

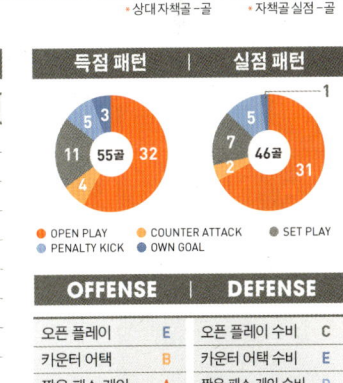

득점 55골 — OPEN PLAY 32, 3, 11, 5, 4
실점 46골 — 31, 1, 5, 7, 2

● OPEN PLAY ● COUNTER ATTACK ● SET PLAY ● PENALTY KICK ● OWN GOAL

OFFENSE | DEFENSE

OFFENSE		DEFENSE	
오픈 플레이	E	오픈 플레이 수비	C
카운터 어택	B	카운터 어택 수비	E
짧은 패스 게임	A	짧은 패스 게임 수비	D
롱볼 연계 플레이	C	롱볼 연계 플레이 수비	C
솔로 플레이	C	솔로 플레이 수비	C
중거리 슈팅 / 직접 프리킥	A	중거리 슈팅 수비	D
측면 공격	B	측면 수비	C
세트 플레이	B	세트 플레이 수비	B
위협적인 공격 횟수	E	공중전 능력	B
슈팅 대비 득점	C	볼 쟁탈전 / 투쟁심	B
오프사이드 피하기	C	실수 조심	C
볼 점유율	C	파울 주의	D

A 매우 우수함 B 우수함 C 평균 수준 D 부족함 E 많이 부족함

GK Emiliano MARTINEZ 1
에밀리아노 마르티네스

SCOUTING REPORT
리그 38경기에서 선방률 75%, 클린시트 15회를 기록하며 빌라 최고의 영입이 되었다. 놀라운 반사신경을 이용한 슈퍼세이브가 최대 강점이다. 선방 중에서도 캐칭이 가장 돋보인다. 쳐내기만 해도 슈퍼세이브로 보일만한 상황에 그 볼을 그냥 잡아버린다. PK를 막아내는 능력도 뛰어나다. 상대 키커와 심리 싸움에 능하기에 방향을 예측한 다음 정확한 타이밍에 다이빙한다. 패스를 통한 빌드업도 수준급이다.

PLAYER'S HISTORY
2012년 아스날에서 데뷔했다. 그러나 7년간 하부리그 팀들에 임대 신분으로 가 경험을 쌓았다. 2019-20시즌 아스날로 복귀해 레노의 백업으로 나섰다. 그리고 2020-21시즌 아스톤 빌라로 이적하면서 전성기를 맞이했다. 2021 코파아메리카 아르헨티나 우승의 주역이다.

| 주로 사용하는 발: 오른발 86% | 우승 | 1부리그: 0-0 | 협회컵: 3-0 | 챔피언스: 0-0 |
| | 준우승 | 클럽 월드컵: 0-0 | 코파아메리카: 1-0 | 월드컵: 0-0 |

세이브-실점	패스 방향 분포	2020-21시즌 리그 기록	포지션
81-38 / 60-8 / ●187-46 TH-162 / ●187-141 NK-254 / ●6-1 KD-48	전진 68% / 좌향 21% 우향 11% / 후진 0%	38-0 3420 S% 75% CS 15 P 29.8-18.7 / P% 63% LB 18.1-7.0 AD 39-4 1-0 ★ 3	

DF Tyrone MINGS 5
타이론 밍스

SCOUTING REPORT
2020-21시즌 EPL 풀타임 활약하며 팀 수비의 핵을 이뤘다. 큰 키에 다부진 체격으로 공중볼을 잘 따내고, 헤더 골을 터뜨린다. 주력이 빠르기에 레프트백도 가능하다. 상대 공격수와 1대1 상황에 드리블 코스를 끝까지 보고 정확한 타이밍에 태클을 시도한다. 패싱력을 갖춘 왼발 센터백이다. 정확한 롱-볼을 활용한 빌드업은 위력적이다. 거친 몸싸움에 매너에서 벗어나는 행동을 하면서 카드를 많이 받는다.

PLAYER'S HISTORY
어린 시절 노숙자 보호시설에서 자랐다. EPL 무대에서 성공한 후 노숙자 보호시설에서 봉사활동을 종종 하고, 기부도 많이 한다. 자신의 이름을 딴 축구 아카데미를 설립했다. 여자친구와 본머스에서 인테리어 디자인 회사를 운영 중이다. 그야말로 '인생역전'의 주인공이다.

| 주로 사용하는 발: 왼발 87% | 우승 | 1부리그: 0-0 | 협회컵: 0-0 | 챔피언스: 0-0 |
| | 준우승 | 클럽 월드컵: 0-0 | UEFA 유로: 0-1 | 월드컵: 0-0 |

슈팅-득점	패스 방향 분포	2020-21시즌 리그 기록	포지션
19-2 / 0-0 / ●19-2 LG-1 / ●0-0 RG-0 / ●0-0 HG-1	전진 49% / 좌향 18% 우향 27% / 후진 7%	36-0 3195 A 2 P 46.6-36.4 P% 78% / T 1.1-0.9 I 1.1 DR 0.2-0.2 4-1 ★ 0	

FW Danny INGS 20
대니 잉스

SCOUTING REPORT
사우스햄튼 부동의 에이스로 활약하며 EPL 29경기에 출전해 12골-4도움을 기록했다. 그리고 여름 이적시장 때 아스톤 빌라 유니폼을 입었다. 시즌 히트맵을 보면 거의 전방위적으로 움직였음을 알 수 있다. 박스 안으로 날카롭게 침투하고, 기회를 정말 잘 포착하며 찬스를 잡으면 '일발필살'의 마무리로 골을 터뜨린다. 전방 압박을 매우 열심히 하는 공격수다. 몸만 건강하다면 정말 큰일을 낼 선수다.

PLAYER'S HISTORY
2009년 본머스에서 데뷔했다. 도체스터 타운(임대), 번리, 리버풀, 사우스햄튼(임대 후 이적)을 거쳐 2021년 아스톤 빌라에 입단했다. 본인의 인스타그램 아이디는 '잉스타그램'이다. 잉스의 아버지는 벽돌공이었다. 잉스를 축구 선수로 키우기 위해 헌신적으로 뒷받침했다.

| 주로 사용하는 발: 오른발 87% | 우승 | 1부리그: 0-0 | 협회컵: 0-0 | 챔피언스: 0-1 |
| | 준우승 | 클럽 월드컵: 0-0 | UEFA 유로: 0-0 | 월드컵: 0-0 |

슈팅-득점	패스 방향 분포	2020-21시즌 리그 기록	포지션
44-11 / 13-1 / ●57-12 LG-1 / ●0-0 RG-10 / ●2-2 HG-1	전진 29% / 좌향 23% 우향 27% / 후진 22%	26-3 2185 A 4 P 17.3-11.4 P% 66% / T 1.3-0.8 I 0.1 DR 2.0-1.0 1-0 ★ 2	

FW Ollie WATKINS 11
올리 왓킨스

SCOUTING REPORT
시즌 37경기에 출전해 14골-5도움을 기록하며 승격 팀 돌풍을 이끈 주인공이다. 빠른 주력, 뛰어난 오프 더 볼 움직임을 바탕으로 수비라인을 순식간에 깬다. 개인 기술이 좋고, 측면에서 중앙으로 날카롭게 침투한다. 발목힘이 좋아 강한 슈팅을 구사하고, 슈팅 기술도 다양하다. 전방에서 강하게 상대를 압박하고, 볼을 탈취해 바로 역습한다. 2선 동료들과 연계플레이로 경기를 풀어가는 것도 특징이다.

PLAYER'S HISTORY
2014년 엑시터 시티에서 데뷔했고, 웨스턴 슈퍼메어(임대), 브렌포드를 거쳐 2020년 아스톤 빌라로 이적했다. 2021년 3월, 산마리노전에서 잉글랜드 A대표로 데뷔했다. 가족 모두 아스날 팬이기에 2020년 여름 토트넘 이적설이 나왔을 때 "토트넘엔 안 가"라고 잘랐다.

| 주로 사용하는 발: 오른발 83% | 우승 | 1부리그: 0-0 | 협회컵: 0-0 | 챔피언스: 0-0 |
| | 준우승 | 클럽 월드컵: 0-0 | UEFA 유로: 0-0 | 월드컵: 0-0 |

슈팅-득점	패스 방향 분포	2020-21시즌 리그 기록	포지션
87-14 / 10-0 / ●97-14 LG-4 / ●0-0 RG-7 / ●2-1 HG-3	전진 22% / 좌향 27% 우향 23% / 후진 28%	37-0 3329 A 5 P 21.7-15.6 P% 72% / T 1.4-0.2 I 0.1 DR 1.9-1.1 2-1 ★ 4	

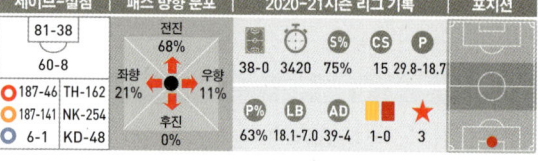
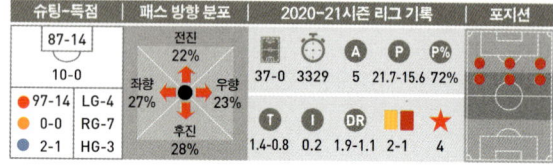

🔴	전체 슈팅 시도-득점
🟠	직접 프리킥 시도-득점
LG	PK 시도-득점
RG	왼발 득점
HG	오른발 득점
🕐	헤더 득점
⏱	출전횟수 선발-교체
A	출전시간 분(MIN)
P	도움
P%	평균패스 시도-성공
T	패스 성공률
I	평균태클 시도-성공
DR	평균 인터셉트
🟨🟥	평균드리블 시도-성공
★	페어플레이 경고-퇴장 / MOM

DF Matty CASH 2
매티 캐시

첫 시즌, 팀에 잘 적응해 팬들의 사랑을 받았다. 공수 밸런스가 좋은 풀백이다. 패턴이 있는 공격보다는 안정적인 수비를 더 중요시한다. 볼을 끝까지 보면서 깔끔한 태클로 처리한다. 인터셉트, 몸싸움, 제공권 장악 등 전체적인 수비력도 합격점이다. 원래 윙어 출신이라 빠르게 드리블을 하고, 크로스를 올리는 단순 패턴을 사용한다. 전 동료 잭 그릴리시와 많이 닮았다.

주로 사용하는 발: 오른발 89%

우승	1부리그: 0-0	협회컵: 0-0	챔피언스: 0-0
준우승	클럽 월드컵: 0-0	UEFA 유로: 0-0	월드컵: 0-0

슈팅-득점: 4-0 / 5-0 / 🔴 9-0 LG-0 / 🟠 0-0 RG-0 / 0-0 HG-0
패스 방향 분포: 전진 44%, 좌향 30%, 우향 8%, 후진 18%
2020-21시즌 리그 기록: 28-0 / 2380 / 2 / 36.0-27.2 / 76% / 3.7-2.5 / 2.1 / 0.6-0.4 / 6-1

DF Ezri KONSA 4
에즈리 콘사

타이론 밍스와 호흡을 맞춰 2019-20시즌에 비해 아스톤 빌라의 실점을 21점 줄였고, 클린시트를 15회로 늘렸다. 콘사는 '볼-플레잉 센터백'이다. 상황에 따라 라이트백도 가능하다. 동료와 짧은 패스 콤비네이션을 구사하며 빌드업한다. 뛰어난 점프를 이용한 헤더도 주무기 중 하나. 콩고 아버지와 앙골라 어머니 사이에 잉글랜드 런던에서 태어났다. 국적이 3개다.

주로 사용하는 발: 오른발 88%

우승	1부리그: 0-0	협회컵: 0-0	챔피언스: 0-0
준우승	클럽 월드컵: 0-0	UEFA 유로: 0-0	월드컵: 0-0

슈팅-득점: 21-2 / 1-0 / 🔴 22-2 LG-0 / 🟠 0-0 RG-1 / 0-0 HG-1
패스 방향 분포: 전진 30%, 좌향 38%, 우향 22%, 후진 10%
2020-21시즌 리그 기록: 35-1 / 3193 / 0 / 35.8-30.3 / 85% / 0.8-0.5 / 0.8 / 0.2-0.2 / 1

MF Douglas LUIZ 6
더글라스 루이스

주전 미드필더로 팀이 중위권을 유지하도록 이끌었다. 올 시즌도 선발 한 자리를 예약했다. '박스-투-박스' 미드필더다. 지난 시즌 히트맵을 보면 아스톤빌라 박스에서 상대 팀 박스까지 거의 전 지역이 붉게 물들어 있다. 투쟁심이 매우 강하고, 마킹, 블로킹, 커버 플레이 등 전체적인 수비력이 우수하다. 브라질 출신답게 볼을 잘 다루고, 롱-볼을 활용해 빌드업을 놓는다.

주로 사용하는 발: 오른발 88%

우승	1부리그: 0-0	협회컵: 0-0	챔피언스: 0-0
준우승	클럽 월드컵: 0-0	코파아메리카: 1-0	월드컵: 0-0

슈팅-득점: 5-0 / 21-0 / 🔴 26-0 LG-0 / 🟠 1-0 RG-0 / 0-0 HG-0
패스 방향 분포: 전진 27%, 좌향 31%, 우향 29%, 후진 13%
2020-21시즌 리그 기록: 32-1 / 2790 / 2 / 42.9-36.8 / 86% / 2.6-1.5 / 1.3 / 1.0-0.7 / 8-1

MF John MCGINN 7
존 맥긴

팀의 엔진이다. 지난 시즌 EPL 37경기에 선발 풀타임 활약하며 3골-5어시스트를 기록했다. 맥긴은 왕성한 움직임과 공수 밸런스를 바탕으로 그라운드를 누비는 '박스-투-박스' 미드필더다. 볼을 잘 다루기에 드리블을 하면서 마르세유턴, 스텝온 등 기술을 발휘한다. 로빙 패스와 깔아주는 패스 모두 정확하다. 그러나 강력한 태클을 구사하나 파울, 경고를 많이 범한다.

주로 사용하는 발: 왼발 79%

우승	1부리그: 0-0	협회컵: 0-1	챔피언스: 0-0
준우승	클럽 월드컵: 0-0	UEFA 유로: 0-0	월드컵: 0-0

슈팅-득점: 13-1 / 32-2 / 🔴 45-3 LG-3 / 🟠 0-0 RG-0 / 0-0 HG-0
패스 방향 분포: 전진 36%, 좌향 29%, 우향 22%, 후진 13%
2020-21시즌 리그 기록: 37-0 / 3330 / 5 / 36.9-29.4 / 79% / 3.2-1.6 / 1 / 2.1-1.4 / 12-0 / 3

MF Anwar EL GHAZI 21
안와르 엘 가지

팀의 '조커'로 정말 알토란같은 활약을 보였다. EPL 선발 출전 17회, 교체인 11회였고, 10골을 넣었다. 시즌 대부분을 레프트윙으로 출전했지만, 가끔 오른쪽으로 이동해 개인기를 발휘했다. 엘가지는 볼을 잘 다룬다. 드리블 테크닉이 훌륭하고, 빠른 주력을 이용해 순식간에 적진을 돌파한 뒤 올리는 크로스가 정확하지만 패스 성공률에 기복이 있고, 수비 가담이 부족하다.

주로 사용하는 발: 오른발 82%

우승	1부리그: 0-2	협회컵: 0-0	챔피언스: 0-0
준우승	클럽 월드컵: 0-0	UEFA 유로: 0-0	월드컵: 0-0

슈팅-득점: 29-9 / 35-1 / 🔴 64-10 LG-1 / 🟠 6-0 RG-9 / 4-4 HG-0
패스 방향 분포: 전진 26%, 좌향 16%, 우향 29%, 후진 30%
2020-21시즌 리그 기록: 17-11 / 1617 / 0 / 18.7-14.0 / 75% / 1.1-0.6 / 1.3 / 1.3-0.9 / 5-0

FW Bertrand TRAORÉ 15
베르트랑 트라오레

리그 초반, 팀에 적응하지 못했으나 경험을 쌓으면서 제자리를 찾았다. 히트맵을 보면 우측면에 특화된 움직임을 보이면서 중앙으로 침투하는 모습을 확인할 수 있다. 극단적인 왼발잡이라 오른발 각도에서 순간적으로 멈춘 다음 왼발로 슈팅한다. 빠른 스프린트로 공간을 선점하고 패스를 받은 뒤 드리블, 슈팅을 구사한다. 박스 우측에서 중앙으로 들어오는 컷-인이 날카롭다.

주로 사용하는 발: 왼발 91%

우승	1부리그: 0-1	협회컵: 0-0	챔피언스: 0-0
준우승	클럽 월드컵: 0-0	CAF 네이션스컵: 0-0	월드컵: 0-0

슈팅-득점: 46-6 / 18-1 / 🔴 64-7 LG-5 / 🟠 2-0 RG-2 / 0-0 HG-0
패스 방향 분포: 전진 23%, 좌향 42%, 우향 10%, 후진 25%
2020-21시즌 리그 기록: 29-7 / 2338 / 6 / 19.4-15.1 / 78% / 1.4-0.6 / 0.4 / 2.7-1.4 / 0 / 3

NEWCASTLE UNITED FC

구단 창립 : 1892년 홈구장 : 세인트 제임스 파크 대표 : 리 찬리 2020-21시즌 : 12위(승점 45점) 12승 9무 17패 46득점 62실점 닉네임 : The Magpies, The Toon

영입은 윌록 1명, 실패한 이적 시장 '명가' 뉴캐슬, 부활할 수 있을까

알찬 보강 했지만 순위는 12위, 꾸준함 부족

2015-16시즌 2부로 강등되면서 명가의 자존심을 구겼던 뉴캐슬이 한 시즌 만에 EPL로 복귀한 후 과감한 투자를 했다. 그러나 투자에 비해 결실을 맺지 못했고, 지난 시즌 역시 라이언 프레이저, 칼럼 윌슨, 자말 루이스 등 알찬 보강을 진행했지만 성적은 12위로 한 단계 상승에 그쳤다. 스티브 브루스 감독이 부임하면서 수비 조직력이 좋아지기는 했지만 지난 시즌에는 공수 밸런스가 무너진 모습이었고, 브라이튼, 리즈, 세필드, 빌라 등 승점을 쌓아야할 팀을 잡지 못하면서 어려움을 겪었다. 결국 기복있는 경기력이 발목을 잡아 중위권으로 끝났다.

최악의 이적 시장, 초반부터 좋지 않은 흐름

이적 시장은 최악이었다. 지난 시즌 임대로 영입되어 준수한 활약을 펼쳤던 조 윌록을 완전 영입한 것을 제외하면 영입이 없었다. 이에 뉴캐슬 팬들이 분노하며 구단에 항의했고, 구단은 공식 성명을 통해 사과의 뜻을 전하기도 했다. 시즌 전망은 어둡다. 전체적인 스쿼드가 노쇠화되고 있는 상황에서 젊은 피를 수혈해야 했지만 사실상 실패했고, 최우선 목표였던 측면 공격수 영입도 불발됐다. 이번 시즌에도 '선수부 후역습'에 기대를 걸어야 하지만 스쿼드의 한계는 분명하다. 수비 조직력을 잘 다지는 브루스의 지도력이 매우 중요해졌지만 개막 후 초반 3경기에서 1무 2패로 불안한 모습이다. 실리적인 축구로 결과를 만들어야 한다.

ODDS CHECK

| bet365 | 배당률 1000배 우승 확률 16위 | sky bet | 배당률 1500배 우승 확률 16위 |
| William HILL | 배당률 1000배 우승 확률 16위 | 888sport | 배당률 750배 우승 확률 16위 |

*우승 확률이 높을수록 배당률은 낮아짐

SQUAD LIST

위치	번호	선수	국적	키	생년월일	전 소속팀
GK	1	Martin Dúbravka	SVK	190	89-01-15	Sparta Prague
	26	Karl Darlow	ENG	185	90-10-08	Nottingham F
	27	Freddie Woodman	ENG	186	97-03-04	Crystal Palace
	29	Mark Gillespie	ENG	190	92-03-27	Motherwell
DF	2	Ciaran Clark	IRL	188	89-09-26	Aston Villa
	3	Paul Dummett	WAL	178	91-09-26	None
	5	Fabian Schär	SUI	188	91-12-20	Deportivo La Coruña
	6	Jamaal Lascelles	ENG	188	93-12-11	Nottingham F
	12	Jamal Lewis	NIR	178	98-01-25	Norwich C
	14	Isaac Hayden	ENG	187	95-03-22	Arsenal
	17	Emil Krafth	SWE	184	94-08-02	Amiens
	18	Federico Fernández	ARG	190	89-02-21	Swansea C
	19	Javi Manquillo	ESP	180	94-05-05	Atlético Madrid
MF	8	Jonjo Shelvey	ENG	183	92-02-27	Swansea C
	11	Matt Ritchie	SCO	173	89-09-10	Bournemouth
	16	Jeff Hendrick	IRL	185	92-01-31	Burnley
	21	Ryan Fraser	SCO	163	94-02-24	Bournemouth
	23	Jacob Murphy	ENG	176	95-02-24	Norwich C
	24	Miguel Almirón	PAR	177	94-02-01	Atlanta U
	28	Joe Willock	ENG	179	99-08-20	Arsenal
	32	Elliot Anderson	SCO	175	02-11-06	None
	36	Sean Longstaff	ENG	181	97-10-30	None
	46	Jack Young	ENG	171	00-10-21	None
	56	Joe White	ENG	186	02-10-01	None
FW	7	Joelinton	BRA	190	96-08-14	1899 Hoffenheim
	9	Callum Wilson	ENG	180	92-02-27	Bournemouth
	10	Allan Saint-Maximin	FRA	173	97-03-12	Nice
	34	Dwight Gayle	ENG	177	90-10-20	Crystal Palace
	37	Tom Allan	ENG	173	99-09-23	None

2021-22 SEASON SCHEDULE

날짜	장소	상대팀	날짜	장소	상대팀
08-15	H	West Ham Utd	12-28	A	Everton
08-21	A	Aston Villa	01-01	A	Southampton
08-28	A	Southampton	01-15	H	Watford
09-11	A	Manchester Utd	01-22	A	Leeds United
09-17	H	Leeds United	02-09	H	Everton
09-25	A	Watford	02-12	H	Aston Villa
10-02	A	Wolverhampton	02-19	A	West Ham Utd
10-16	H	Tottenham	02-26	A	Brentford
10-23	A	Crystal Palace	03-05	H	Brighton
10-30	H	Chelsea	03-12	H	Chelsea
11-06	A	Brighton	03-19	H	Crystal Palace
11-20	H	Brentford	04-02	A	Tottenham
11-27	H	Arsenal	04-09	H	Wolverhampton
12-01	H	Norwich City	04-16	A	Leicester City
12-04	H	Burnley	04-23	H	Norwich City
12-11	A	Leicester City	04-30	H	Liverpool
12-15	H	Liverpool	05-07	A	Manchester City
12-18	H	Manchester City	05-15	A	Arsenal
12-26	H	Manchester Utd	05-22	A	Burnley

RANKING OF LAST 10YEARS

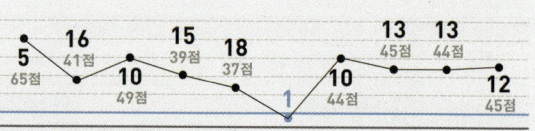

11-12	12-13	13-14	14-15	15-16	16-17	17-18	18-19	19-20	20-21
5 65점	16 41점	10 49점	15 39점	18 37점	1	10 44점	13 45점	13 44점	12 45점

MANAGER : Steve BRUCE 스티브 브루스

Personal Information
생년월일 : 1960.12.31 / 출생지 : 코브리지(잉글랜드)
현역시절 포지션 : 수비수 / 계약만료 : 2022.6.30
평균 재직 기간 : 1.96년 / 선호 포맷 : 5-4-1

History
1987년부터 1996년까지 맨유에서 뛴 레전드고, 당시 최고의 센터으로 불렸다. 이후 버밍엄, 셰필드에서 뛰다가 1999년 은퇴했고, 셰필드, 허더즈필드, 위건, C.팰리스, 버밍엄, 선덜랜드, 헐 시티, 빌라 등을 지도하며 잉글랜드 무대에 잔뼈가 굵은 감독이다.

Style
주로 5-4-1, 3-5-2 포메이션을 사용하고, 공수 밸런스를 중요시 하는 감독이다. 명수비수 출신답게 수비 조직력을 잘 다지는 감독이고, 선이 굵은 축구로 결과를 내는 것이 특징이다. 공격에서는 빅&스몰 조합을 통해 찬스를 만드는 클래식한 공격 전술을 사용하고, 중원에서 강한 압박과 활동량으로 승부를 본다.

우승 - 준우승 횟수
- ENGLISH PREMIER LEAGUE: 4-2
- ENGLISH FA CUP: 6-7
- UEFA CHAMPIONS LEAGUE: 0-0
- UEFA EUROPA LEAGUE: 0-0
- FIFA CLUB WORLD CUP: 0-0
- UEFA-CONMEBOL INTERCONTINENTAL: 0-0

STADIUM

St James' Park
구장 오픈 : 1892년 / 구장 증개축 : 2000년
구장 소유 : 뉴캐슬 시 / 수용 인원 : 5만 2305명
피치 규모 : 105 X 68m / 잔디 종류 : 하이브리드 잔디

평균 볼 점유율
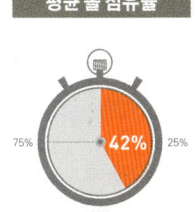
42%

NEWCASTLE UNITED FC vs. OPPONENTS PER GAME STATS

뉴캐슬 Utd. vs 상대팀

	득점	슈팅	유효슈팅	오프사이드	패스시도	패스성공	패스성공율	탈유소유 압박	인터셉트	GK 선방	파울	경고	퇴장
뉴캐슬	1.21	10.4	3.7	1.5	345	607	76%	509	9.5	3.4	2.4	13.0	1.58	0.079
상대	1.63	15.0	4.7	1.9	PA	PC	P% 84%	TK 16.0	15.4	PR 143	127	INT 9.2	10.2	1.61	0.079

(독해용 수치: 1.21 / 1.63 / 10.4 / 15.0 / 3.7 / 4.7 / 1.5 / 1.9 / 345 / 607 / 262 / 509 / 76% / 84% / 16.0 / 15.4 / 143 / 127 / 9.5 / 9.2 / 3.4 / 2.4 / 10.2 / 13.0 / 1.61 / 1.58 / 0.079 / 0.079)

시간대별 득점

15 / 4 / 8 / 7 / 5 / 7

시간대별 실점
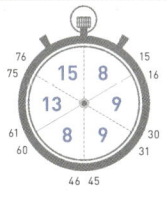
15 / 8 / 13 / 9 / 8 / 9

위치별 슈팅-득점
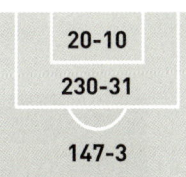
20-10
230-31
147-3
*상대자책골 2골

공격 방향
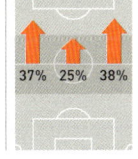
37% / 25% / 38%

볼 점유 위치
상대 진영 25%
중간 지역 43%
우리 진영 32%

포지션별 득점
FW진 23골
MF진 15골
DF진 6골
*상대자책골 2골

상대포지션별 실점

DF진 9골
MF진 11골
FW진 39골
*자책골 실점 3골

BASIC FORMATION

3-5-2

생-막시맹 (조엘린톤) / 윌슨 (게일)
리치 (더밋) / 셸비 (윌록) / 알미론 (헨드릭) / 머피 (만키요)
롱스태프 (헤이든)
셰어 (클락) / 라셀스 (셰어) / 페르난데스 (크라프트)
두브라브카 / 우드먼

TOTO GUIDE 지난시즌 전적

상대팀	홈	원정
Manchester City	3-4	0-2
Manchester Utd	1-4	1-3
Liverpool	0-0	1-1
Chelsea	0-2	0-2
Leicester City	1-2	4-2
West Ham Utd	3-2	2-0
Tottenham	2-2	1-1
Arsenal	0-2	0-3
Leeds Utd	1-2	2-5
Everton	2-1	2-0
Aston Villa	1-1	0-2
Wolverhampton	1-1	1-1
Crystal Palace	1-2	2-0
Southampton	3-2	0-2
Brighton	0-3	0-3
Burnley	3-1	2-1
Fulham	1-1	2-0
West Brom	2-1	0-0
Sheffield Utd	1-0	0-1

득점 패턴

46골
25 / 10 / 3 / 6 / 2

실점 패턴

62골
41 / 8 / 6 / 4 / 3

● OPEN PLAY ● COUNTER ATTACK ● SET PLAY ● PENALTY KICK ● OWN GOAL

OFFENSE | DEFENSE

OFFENSE		DEFENSE	
오픈 플레이	D	오픈 플레이 수비	D
카운터 어택	B	카운터 어택 수비	D
짧은 패스 게임	B	짧은 패스 게임 수비	C
롱볼 연계 플레이	B	롱볼 연계 플레이수비	C
솔로 플레이	B	솔로 플레이 수비	C
중거리 슈팅 / 직접 프리킥	C	중거리 슈팅 수비	D
측면 공격	C	측면 수비	D
세트 플레이	C	세트 플레이 수비	D
위협적인 공격 횟수	C	공중전 능력	C
슈팅 대비 득점	C	볼 쟁탈전 / 투쟁심	B
오프사이드 피하기	D	실수 조심	C
볼 점유율	D	파울 주의	E

A 매우 우수함 B 우수함 C 평균 수준 D 부족함 E 많이 부족함

GK Martin DÚBRAVKA 1
마르틴 두브라브카

SCOUTING REPORT
발뒤꿈치 부상으로 수술받았고, 전반기를 통으로 날렸다. 시즌 막판 폼이 올라왔고, 33R 리버풀전에서는 8세이브를 기록하는 '미친 선방'을 펼쳤다. 뛰어난 반사신경을 이용한 '숏-스토핑'은 압권이다. 특히 가까운 거리에서의 기습적인 슈팅 방어는 리그 최상위권이다. 특히 공격수와 1대1 상황에 과감히 돌진해 각도를 좁힌다. 골킥 평균 비거리 43m였다. '멀리 차내기'와 '빌드업 패스'가 균형을 이뤘다.

PLAYER'S HISTORY
'두브라브카家'는 'GK 패밀리'다. 마르틴의 할아버지, 아버지 모두 전직 골키퍼였다. 2008년 질리나에서 데뷔했고, 슬로반 리베레츠, 스파르타 프라하를 거쳤다. 2018년 1월 뉴캐슬로 임대됐고, 그해 7월 완전히 이적했다. 슬로바키아 국가대표로 유로 2020에 출전했다.

주로 사용하는 발: 오른발 93%
우승: 1부리그 2-1 / 협회컵 1-2 / 챔피언스 0-0
준우승: 클럽 월드컵 0-0 / UEFA 유로 0-0 / 월드컵 0-0

세이브-실점: 30-17 / 14-2
TH 63-19 / TH-64
NK 63-44 / NK-121
KD 1-0 / KD-43

패스 방향 분포: 전진 48% / 좌향 25% / 우향 27% / 후진 0%
2020-21 프리미어리그: 13-0 270 70% 3 28.5-20.0
P% 70 / LB 13.9-5.6 / AD 0-0 / ★ 1

DF Paul DUMMETT 3
폴 더밋

SCOUTING REPORT
허벅지, 햄스트링 부상으로 고생하며 EPL 15경기 출전에 그쳤다. 프로 데뷔 후 19번이나 부상자 명단에 오른 전력이 있다. 더밋은 공격보다 수비를 많이 중시하는 '클래식 레프트백'이다. 히트맵을 봐도 공격 가담이 많지 않다. 좌측면에서 상대의 드리블 길목, 패싱 레인을 잘 예측하고 효율적인 수비를 펼친다. 집중력이 좋아 잔 실수가 거의 없다. 볼을 운반할 때는 드리블보다 패스 콤비네이션에 치중한다.

PLAYER'S HISTORY
9살 때인 2000년, 뉴캐슬 유소년 팀에 입단했고, 2012년 1월 이 팀 1군으로 승격했다. 게이츠헤드, 세인트 미런에서 임대 신분으로 경험을 쌓았고, 2013-14시즌 뉴캐슬로 복귀했다. 2014~2018년, 웨일스 국가대표로 5경기에 출전했으나, 2019년 이후 소집되지 않았다.

주로 사용하는 발: 왼발 95%
우승: 1부리그 0-0 / 협회컵 0-0 / 챔피언스 0-0
준우승: 클럽 월드컵 0-0 / UEFA 유로 0-0 / 월드컵 0-0

슈팅-득점: 3-1 / 0-0
LG 3-1 / RG 0-0 / HG 0-0

패스 방향 분포: 전진 31% / 좌향 23% / 우향 40% / 후진 6%
2020-21 프리미어리그: 14-1 1256 A 34.5-25.6 P% 74%
T 1.6-1.1 / I 1.1 / DR 0.3-0.2 / 2-0 / ★ 1

MF Jonjo SHELVEY 8
존조 셸비

SCOUTING REPORT
사타구니, 햄스트링 부상으로 지난 시즌 EPL 30경기에 출전했다. 올 시즌도 1R 웨스트햄전에서 종아리를 다쳐 한 달 정도 결장했다. 셸비는 전형적인 '박스-투-박스' 미드필더다. 늘 모험적인 전진패스를 선호한다. 패스 성공률은 낮지만 스릴 넘치고 호쾌한 플레이를 즐긴다. 대포알같은 중거리 슈팅과 절묘한 감아차기 프리킥을 선보인다. 워낙 다혈질이라 경기 중에 흥분을 잘 하고 카드를 많이 받는다.

PLAYER'S HISTORY
2008년 찰튼 애슬레틱에서 데뷔했고, 리버풀, 블랙풀, 스완지를 거쳐 2016년 뉴캐슬로 이적했다. 본인 스스로 분노조절 장애를 겪고 있다고 밝혔다. 독특한 스킨헤드로 볼드모트라는 별명이 붙었다. 2015년 6월, 가수 출신 데이지 에번스와 결혼해 딸 1명을 두고 있다.

주로 사용하는 발: 오른발 89%
우승: 1부리그 0-0 / 협회컵 0-1 / 챔피언스 0-0
준우승: 클럽 월드컵 0-0 / UEFA 유로 0-0 / 월드컵 0-0

슈팅-득점: 11-0 / 31-1
LG 42-1 / RG 11-0 / HG 0-0

패스 방향 분포: 전진 26% / 좌향 31% / 우향 30% / 후진 13%
2020-21 프리미어리그: 29-1 2617 3 46.7-35.7 76%
T 2.2-1.3 / I 1.2 / DR 0.9-0.7 / 7-0 / ★

FW Callum WILSON 9
칼럼 윌슨

SCOUTING REPORT
12골-5도움으로 두 부문 팀 내 최고 기록을 세웠다. 주력이 빠르고, '오프 더 볼' 상황에 효율적으로 움직인다. 히트맵을 보면 최전방과 2선의 여러 위치를 폭넓게 넘나들었음을 알 수 있다. 순간적인 침투로 상대 수비진을 깨트린다. 박스 안에서 민첩하게 움직이다 자리를 잡고, 볼이 오면 과감하게 슈팅한다. 슈팅이 강력한 데다 감아 차기, 칩샷, 힐킥 등 다양한 기술을 발휘한다. 팀의 PK 전문 키커다.

PLAYER'S HISTORY
코벤트리 시티 유스 출신으로 2009년 정식 프로 계약을 맺었고, 케터링 타운, 탬워스에서 임대 신분으로 경험을 쌓았다. 2014년 본머스로 이적했고, 2020년 뉴캐슬 유니폼을 입었다. 잉글랜드 U-21 대표 출신이고, 2018년 11월 미국과 평가전에서 A매치 데뷔전을 치렀다.

주로 사용하는 발: 오른발 85%
우승: 1부리그 0-0 / 협회컵 0-0 / 챔피언스 0-0
준우승: 클럽 월드컵 0-0 / UEFA 유로 0-0 / 월드컵 0-0

슈팅-득점: 44-12 / 5-0
LG 49-12 / RG 0-0 / HG 4-4

패스 방향 분포: 전진 10% / 좌향 24% / 우향 27% / 후진 39%
2020-21 프리미어리그: 23-3 2089 5 13.1-9.1 70%
T 0.8-0.5 / I 0.3 / DR 1.7-1.0 / 2-0 / ★ 4

DF Ciaran CLARK 2
키어런 클락

지난 시즌 허벅지, 종아리 부상으로 총 40일간 결장했다. EPL 나머지 일정 22경기에는 선발 센터백으로 출전해 수비진의 중심을 잡았다. 클라크는 공중전에 강하다. 높이 점프하고, 위치를 잘 잡기에 세트플레이 때 강력한 헤더를 날린다. 왼발잡이 센터백으로 기습적인 롱-볼로 빌드업을 돕는다. 잉글랜드 연령 별 대표를 모두 지냈으나 아일랜드 국가대표를 선택했다.

주로 사용하는 발: 왼발 84%
우승 1부리그: 0-0 협회컵: 0-1 챔피언스: 0-0
준우승 클럽 월드컵: 0-0 UEFA 유로: 0-0 월드컵: 0-0

슈팅-득점: 8-1 / 0-0
8-1 LG-0
0-0 RG-0
0-0 HG-1

패스 방향 분포: 전진 32%, 좌향 28%, 우향 33%, 후진 7%

2020-21 프리미어리그: 21-1 1893 / A 35.9 P 29.3 P% 82% / T 1.4-1.1 I 1.3 DR 0.4-0.2 3-0

DF Jamaal LASCELLES 6
자말 라셀스

지난 시즌 개막과 함께 좋은 퍼포먼스를 선보이다 12월 중순, 코로나 확진으로 격리 치료를 받았다. 복귀 후 햄스트링, 허벅지, 발목을 연달아 다치며 EPL 일정의 절반을 날려버렸다. 올 시즌은 정상으로 출발했다. 라셀스는 '커맨더형 센터백'이다. 팀의 주장이며 라인 컨트롤, 전술 변화 리드, 콜-플레이를 담당한다. 클리어링, 커버플레이, 공중전에도 강점이 있다.

주로 사용하는 발: 오른발 83%
우승 1부리그: 0-0 협회컵: 0-0 챔피언스: 0-0
준우승 클럽 월드컵: 0-0 UEFA 유로: 0-0 월드컵: 0-0

슈팅-득점: 15-2 / 0-0
15-2 LG-0
0-0 RG-0
0-0 HG-2

패스 방향 분포: 전진 30%, 좌향 35%, 우향 28%, 후진 7%

2020-21 프리미어리그: 19-0 1628 / A 32.7 P 26.2 P% 80% / T 0.9-0.7 I 0.6 DR 4-0

DF Jacob MURPHY 23
제이콥 머피

뉴캐슬 이적 마지막 해에 제대로 활약했다. 시즌 종료 후 구단과 6년짜리 새 계약을 맺었다. 드리블 기술은 평범하지만 빠른 스피드를 이용해 과감히 치고 올라가 측면에서 올리는 크로스는 꽤 위협적이다. 2~3년 전까지는 그라운드 좌우폭을 넓게 썼다. 그러나 지난 시즌엔 거의 오른쪽 터치라인만 넘나들었다(히트맵 분석 결과). 중거리 슈팅과 프리킥 스페셜리스트다.

주로 사용하는 발: 오른발 81%
우승 1부리그: 0-0 협회컵: 0-0 챔피언스: 0-0
준우승 클럽 월드컵: 0-0 UEFA 유로: 0-0 월드컵: 0-0

슈팅-득점: 10-1 / 20-1
30-2 LG-1
6-1 RG-2
0-0 HG-0

패스 방향 분포: 전진 28%, 좌향 25%, 우향 27%, 후진 20%

2020-21 프리미어리그: 17-9 1621 / A 3 P 17.6 P% 12.4 71% / T 2.5-1.5 I 0.5 DR 2.4-1.5 3-0 1

MF JOELINTON 7
조엘린톤

EPL과 '궁합'이 안 좋다. 지난 시즌 31경기에 출전해 4골을 넣었다. 뉴캐슬은 2년 전 그를 영입하기 위해 호펜하임에 4700만 유로를 지불했다. 그런데 2시즌 동안 그가 올린 득점은 겨우 6골. 올 시즌엔 반등이 필요하다. 건장한 체구, 빠른 스피드, 준수한 드리블, 폭 넓은 움직임 등 장점이 많다. 그러나 골 결정력은 '재앙' 수준이다. 경영진의 인내심은 올 시즌까지다.

주로 사용하는 발: 오른발 80%
우승 1부리그: 0-0 협회컵: 0-1 챔피언스: 0-0
준우승 클럽 월드컵: 0-0 코파아메리카: 0-0 월드컵: 0-0

슈팅-득점: 36-4 / 8-0
44-4 LG-1
0-0 RG-3
1-1 HG-0

패스 방향 분포: 전진 18%, 좌향 30%, 우향 27%, 후진 25%

2020-21 프리미어리그: 23-8 1990 2 / A 18.8 P 13.7 P% 73% / T 1.8-1.1 I 0.3 DR 2.2-1.2 3-0 1

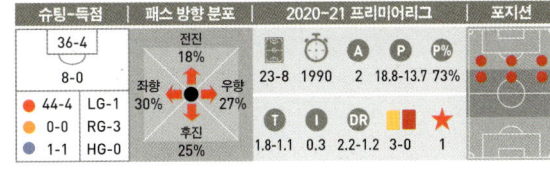

MF Miguel ALMIRÓN 24
미겔 알미론

CF, RW, LW, AM, CM, RM 등을 넘나들었다. 올 시즌에도 어느 위치에서든 신나게 뛸 것이다. 빠른 스피드를 이용한 드리블 돌파가 특기다. 상대가 압박을 해도 유연한 움직임으로 벗어낸다. '온 더 볼'에서 상대의 파울을 잘 유도해 낸다. 박스 외곽에서 강력한 왼발 중거리 슈팅, 직접 프리킥을 날린다. 박스 안에서 기회를 잡아도 결정력 부족으로 놓치는 경우가 많다.

주로 사용하는 발: 왼발 93%
우승 1부리그: 3-1 협회컵: 0-0 챔피언스: 0-0
준우승 클럽 월드컵: 0-0 코파아메리카: 0-0 월드컵: 0-0

슈팅-득점: 19-3 / 14-1
33-4 LG-4
1-0 RG-0
0-0 HG-0

패스 방향 분포: 전진 19%, 좌향 22%, 우향 28%, 후진 31%

2020-21 프리미어리그: 28-6 2438 1 / A 25.0 P 20.5 P% 82% / T 2.7-1.4 I 0.7 DR 2.1-1.1 3-0 1

FW Allan SAINT-MAXIMIN 10
알랑 생-막시맹

시즌 개막 후 발목, 종아리, 사타구니 부상이 연달아 발생하며 자주 결장했다. 생-막시맹은 폭발적인 드리블로 상대 수비진을 분쇄하는 '크랙'이다. 볼을 몰고 가면서 플립플랩, 마르세유턴, 크로스오버턴, 스카치무브 등 모든 기술을 건다. 장점을 너무 사랑(?)한 나머지 개인플레이가 많고, 이 때문에 경기 템포가 죽는 경우가 있다. 부족한 골 결정력은 보완이 필요하다.

주로 사용하는 발: 오른발 88%
우승 1부리그: 0-0 협회컵: 0-0 챔피언스: 0-0
준우승 클럽 월드컵: 0-0 UEFA 유로: 0-0 월드컵: 0-0

슈팅-득점: 15-3 / 15-0
30-3 LG-1
0-0 RG-2
0-0 HG-0

패스 방향 분포: 전진 16%, 좌향 17%, 우향 39%, 후진 28%

2020-21 프리미어리그: 19-6 1568 4 / A 16.7 P 13.8 P% 83% / T 0.8-0.6 I 0.5 DR 5.8-3.8 6-0 5

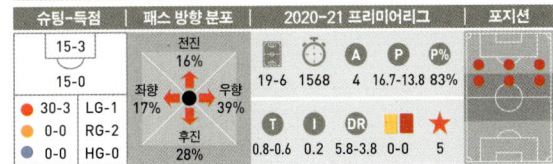

WOLVERHAMPTON WANDERERS FC

구단 창립 : 1877년 홈구장 : 몰리뉴 스타디움 대표 : 제프 시 2020-21시즌 : 13위(승점 45점) 12승 9무 17패 36득점 52실점 닉네임 : Wolves, The Wanderers

늑대 군단에 합류한 '황소' 황희찬
히메네스, 아다마와 막강 공격

핵심 선수들 대거 이탈, 7위에서 13위로 추락

후벵 네베스, 주앙 무티뉴, 디오구 조타, 후이 파트리시우 등 포르투갈 커넥션을 완성한 울버햄튼이 2시즌 연속 리그 7위를 기록하며 늑대 군단의 돌풍을 이어갔다. 이에 울버햄튼 선수들이 빅 클럽들의 타깃이 됐고, 결국 조타, 맷 도허티, 엘데르 코스타 등이 팀을 떠났다. 핵심 선수들을 잃은 팀의 경기력은 이전 시즌과 달리 좋지 않았고, 특히 조타의 공백으로 인한 공격진의 창의성 결여가 팀 전체의 경기력에 큰 마이너스 요소가 되었다. 여기에 사실상 팀 공격의 전부였던 라울 히메네스와 아다마 트라오레가 부상에 의한 시즌아웃과 장기화 된 부진으로 공격력이 완전히 꺾여 버렸고, 결국 리그 13위라는 만족스럽지 못한 성적으로 시즌을 마감해야 했다.

'누누 OUT, 황희찬 IN'…늑대 군단 돌풍 가능?

큰 변화가 있었다. 그동안 팀을 잘 이끌어왔던 누누 산투 감독이 토트넘으로 팀을 옮겼고, 대신 브루누 라즈 감독이 지휘봉을 잡았다. 라즈 감독 역시 포르투갈 출신이고, 주제 사, 프란시스쿠 트링캉까지 영입하면서 '포르투갈 커넥션'은 계속 이어지고 있다. 우리에게 가장 반가운 영입 소식은 바로 '황소' 황희찬이다. 지난 시즌 라이프치히에서 어려움을 겪었던 황희찬이 울버햄튼의 유니폼을 입었고, 화려한 입단식까지 치렀다. 지나치게 히메네스에게 의존했던 울버햄튼의 공격진은 황희찬의 공격적인 재능을 통해 공격 방식의 다변화를 꾀하고 있다.

ODDS CHECK

bet365	배당률 750배 우승 확률 15위	sky bet	배당률 1000배 우승 확률 12위
William HILL	배당률 500배 우승 확률 13위	888sport	배당률 600배 우승 확률 15위

*우승 확률이 높을수록 배당률은 낮아짐

SQUAD LIST

위치	번호	선수	국적	키	생년월일	전 소속 팀
GK	1	José Sá	POR	192	93-01-17	Olympiakos
	21	John Ruddy	ENG	196	86-10-24	Norwich C
	62	Andreas Søndergaard	DEN	188	01-01-17	Odense
DF	2	Ki-Jana Hoever	NED	180	02-01-18	Liverpool
	3	Rayan Aït-Nouri	FRA	179	01-06-06	Angers
	5	Marçal	BRA	178	89-02-19	Lyon
	14	Yerson Mosquera	COL	188	01-05-02	Atlético Nacional
	15	Willy Boly	CIV	185	91-02-03	FC Porto
	16	Conor Coady	ENG	185	93-02-25	Huddersfield T
	19	Jonny	ESP	175	94-03-03	Atlético Madrid
	22	Nélson Semedo	POR	177	93-11-16	Barcelona
	23	Max Kilman	ENG	186	97-05-23	Maidenhead U
	27	Romain Saïss	MAR	190	90-03-26	Angers
	59	Oskar Buur	DEN	178	98-03-31	Brabrand
	75	Christian Marques	SUI	187	03-01-15	Grasshoppers
MF	6	Bruno Jordão	POR	180	98-10-12	Lazio
	7	Pedro Neto	POR	172	00-03-09	Lazio
	8	Rúben Neves	POR	180	97-03-13	FC Porto
	10	Daniel Podence	POR	160	95-10-21	Olympiakos
	28	João Moutinho	POR	170	86-09-08	Monaco
	32	Leander Dendoncker	BEL	188	95-04-15	Anderlecht
	39	Luke Cundle	ENG	170	02-04-26	None
	54	Owen Otasowie	USA	191	01-04-20	None
	77	Chem Campbell	WAL	180	02-12-30	None
FW	9	Raúl Jiménez	MEX	190	91-05-05	Benfica
	11	Trincão	POR	183	99-12-29	Barcelona
	17	Fábio Silva	POR	185	02-07-19	FC Porto
	26	Hwang Hee-chan	KOR	177	96-01-26	RB Leipzig
	37	Adama Traoré	ESP	178	96-01-25	Middlesbrough

2021-22 SEASON SCHEDULE

날짜	장소	상대팀	날짜	장소	상대팀
08-14	A	Leicester City	12-28	A	Arsenal
08-22	H	Tottenham	01-01	A	Manchester Utd
08-29	H	Manchester Utd	01-15	H	Southampton
09-11	A	Watford	01-22	A	Brentford
09-18	H	Brentford	02-08	H	Arsenal
09-26	A	Southampton	02-12	A	Tottenham
10-02	H	Newcastle Utd	02-19	H	Leicester City
10-16	A	Aston Villa	02-26	A	West Ham Utd
10-23	A	Leeds United	03-05	H	Crystal Palace
10-30	H	Everton	03-12	A	Everton
11-06	A	Crystal Palace	03-19	H	Leeds United
11-20	H	West Ham Utd	04-02	A	Aston Villa
11-27	A	Norwich City	04-09	H	Newcastle Utd
11-30	H	Burnley	04-16	A	Manchester City
12-04	H	Liverpool	04-23	A	Burnley
12-11	A	Manchester City	04-30	H	Brighton
12-14	A	Brighton	05-07	A	Chelsea
12-18	H	Chelsea	05-15	H	Norwich City
12-26	H	Watford	05-22	A	Liverpool

RANKING OF LAST 10 YEARS

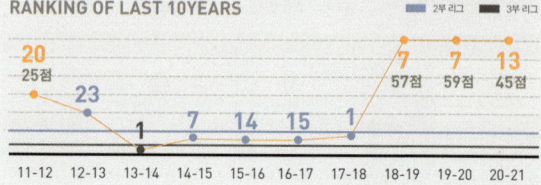

MANAGER : Bruno LAGE 브루누 라즈

Personal Information
생년월일 : 1976.05.12 / 출생지 : 세투발(포르투갈)
현역시절 포지션 : 공격수 / 계약만료 : 2024.6.30
평균 재직 기간 : 1.27년 / 선호 포맷 : 4-4-2

History
현역 시절 측면 공격수로 뛰었지만 1997년 21세의 이른 나이에 비토리아 세투발 유스 팀을 맡으며 지도자 경력을 시작했다. 이후 벤피카 유스 팀을 거쳐 세필드 웬즈데이와 스완지에서 코치 생활을 했고, 2019년 벤피카로 돌아와 믿을 수 없는 역전 우승을 일궈냈다.

Style
누누 감독이 수비적인 성향을 가지고 있다면 라즈 감독은 정반대로 매우 공격적인 스타일이다. 3백 보다는 4백을 선호하고, 공격적인 4-4-2 포메이션을 바탕으로 빠른 공수 전환이 장점이다. 특히 측면에서 빠르고, 기술이 좋은 선수를 선호하며 활발한 스위칭 플레이를 펼친다. 선수단의 특성을 잘 살리는 감독이고, 창의적인 플레이를 주문한다.

우승 - 준우승 횟수

	ENGLISH PREMIER LEAGUE	ENGLISH FA CUP	UEFA CHAMPIONS LEAGUE
	3-5	4-4	0-0
	UEFA EUROPA LEAGUE	FIFA CLUB WORLD CUP	UEFA-CONMEBOL INTERCONTINENTAL
	0-1	0-0	0-0

STADIUM

Molineux Stadium

구장 오픈 : 1889년 구장 증개축 : 총 3회(최근 2012년)
구장 소유 : 울버햄튼 원더러스 FC 수용 인원 : 3만 2050명
피치 규모 : 105 X 68m 잔디 종류 : 하이브리드 잔디

평균 볼 점유율
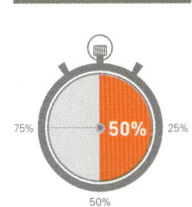

50%

WOLVERHAMPTON WANDERERS vs. OPPONENTS PER GAME STATS

울버햄튼 vs 상대팀

	득점	슈팅	유효슈팅	오프사이드	PA 패스시도	PC 패스성공	P% 패스성공율	TK 태클시도	PR 볼소유자 압박	INT 인터셉트	GK 선방	파울	경고	퇴장
울버햄튼	0.95	12.2	4.1	1.0	461	513	83%	16.3	137	11.4	2.7	3.1	1.63	0.026
상대팀	1.37	11.5	3.8	1.8		383	82%	16.7	141	9.8		11.2	1.39	0.158

PC 422

시간대별 득점

시간대별 실점

위치별 슈팅-득점
22-1
259-30
182-3
* 상대자책골 2골

공격 방향
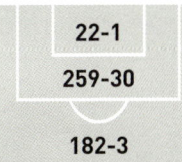
34% 24% 42%

볼 점유 위치
상대 진영 26%
중간 지역 46%
우리 진영 28%

포지션별 득점

FW진 19골
MF진 8골
DF진 7골
* 상대자책골 2골

상대 포지션별 실점

DF진 7골
MF진 8골
FW진 34골
* 자책골 실점 3골

BASIC FORMATION

3-4-3

히메네스 / 황희찬
트라오레 / 트링캉
네투 / 포덴스
아이-누리 / 마르사우
무티뉴 / 덴동커
네베스 / 조르당
세메두 / 킬만
사이스 / 마르사우
코디 / 볼리
킬먼 / 모스케라
조세 사 / 루디

TOTO GUIDE 지난시즌 전적

상대팀	홈	원정
Manchester City	1-3	1-4
Manchester Utd	1-2	0-1
Liverpool	0-1	0-4
Chelsea	2-1	0-0
Leicester City	0-0	0-1
West Ham Utd	2-3	0-4
Tottenham	1-1	0-2
Arsenal	2-1	2-1
Leeds United	1-0	1-0
Everton	1-2	0-1
Aston Villa	0-1	0-0
Newcastle Utd	1-1	1-1
Crystal Palace	2-0	0-1
Southampton	1-1	2-1
Brighton	2-1	3-3
Burnley	0-4	1-2
Fulham	1-0	1-0
West Brom	2-3	1-1
Sheffield Utd	1-0	2-0

득점 패턴 | 실점 패턴

36골: 4, 2, 18, 2, 10
52골: 3, 7, 26, 3, 13

● OPEN PLAY ● COUNTER ATTACK ● SET PLAY
● PENALTY KICK ● OWN GOAL

OFFENSE		DEFENSE	
오픈 플레이	A	오픈 플레이 수비	A
카운터 어택	B	카운터 어택 수비	C
짧은 패스 게임	B	짧은 패스 게임 수비	B
롱볼 연계 플레이	C	롱볼 연계 플레이수비	C
솔로 플레이	C	솔로 플레이 수비	C
중거리 슈팅 / 직접 프리킥	B	중거리 슈팅 수비	C
측면 공격	B	측면 수비	D
세트 플레이	B	세트 플레이 수비	A
위협적인 공격 횟수	C	공중전 능력	D
슈팅 대비 득점	D	볼 쟁탈전 / 투쟁심	B
오프사이드 피하기	E	실수 조심	D
볼 점유율	C	파울 주의	D

A 매우 우수함 B 우수함 C 평균 수준 D 부족함 E 많이 부족함

| 전체 슈팅 시도-득점 | 직접 프리킥 시도-득점 | PK 시도-득점 | LG 왼발 득점 | RG 오른발 득점 | HG 헤더 득점 | 출전횟수 선발-교체 | 출전시간 분(MIN) | CS GK 클린시트 | A 도움 | P 평균패스 시도-성공 | P% 패스 성공률 | T 평균태클 시도-성공 | I 평균 인터셉트 | DR 평균드리블 시도-성공 | 페어플레이 경고-퇴장 | ★ MOM |

José SÁ — GK 1
조세 사

SCOUTING REPORT

AS 로마로 떠난 후이 파트리시우의 빈자리를 메우기 위해 영입된 골키퍼. 지난 시즌 그리스 슈퍼리그 올림피아코스에서 인상적인 활약을 펼쳤다. 사는 뛰어난 반사 신경을 이용해 가까운 거리의 슈팅을 감각적으로 막는다. 발도 잘 사용한다. 박스 외곽으로 나가서 수비하는 횟수는 다른 GK에 비해 상대적으로 많지 않다. 그러나 필요할 때는 과감하게 나간다. 공중볼 캐치, 크로스 차단도 안정적이다.

PLAYER'S HISTORY

2012년 마리티모 2군에서 데뷔했고, 이듬해 이 팀 1군으로 승격했다. 포르투 2군, 포르투, 올림피아코스(임대 후 이적)를 거쳐 2021년 울버햄튼에 입단했다. U-20, U-21, U-23 등 포르투갈 연령별 대표를 지냈다. A대표로 몇 차례 콜-업 됐으나 늘 벤치를 지켰다.

주로 사용하는 발: 오른발

	1부리그: 3-2	협회컵: 1-2	챔피언스: 0-0
우승 준우승	클럽월드컵: 0-0	UEFA 유로: 0-0	월드컵: 0-0

Conor COADY — DF 16
코너 코디

SCOUTING REPORT

2020년 11월, 코로나 확진으로 격리 치료를 받았다. 그러나 그의 퍼포먼스에는 아무 영향을 미치지 못했다. EPL 37경기에 출전해 수비진을 이끌었다. 코디는 전형적인 '커맨더형 센터백'이다. 축구 IQ가 우수하고, 예측력이 좋아 라인 컨트롤, 인터셉트, 커버플레이 등 '포지셔닝 디펜스'에 특화된 선수다. 때문에 '파이터형 센터백'과 콤비를 이룰 때 효율이 극대화된다. 평균 6.7개의 롱볼로 빌드-업을 돕는다.

PLAYER'S HISTORY

2011년 리버풀에서 데뷔했고, 셰필드 임대, 허더즈필드를 거쳐 울버햄튼으로 이적했다. 잉글랜드 연령별 대표를 거쳤고, 2008년 8월, 덴마크전을 통해 A대표로 데뷔했다. 사생활이 깨끗하고, 인성이 좋기로 유명하다. 아내 에이미와의 사이에 아들 3명을 두었다.

주로 사용하는 발: 오른발 96%

	1부리그: 0-1	협회컵: 0-1	챔피언스: 0-0
우승 준우승	클럽월드컵: 0-0	UEFA 유로: 0-1	월드컵: 0-0

Rúben NEVES — MF 8
후벵 네베스

SCOUTING REPORT

잉글랜드와 '궁합'이 참 잘 맞는다. 그가 울버햄튼 유니폼을 입은 2017-18시즌 이후 4년간, 큰 부상 한번 없이 풀타임 활약했다. 네베스는 '딥-라잉-플레이메이커'다. 일단 정교한 패스로 안정적인 볼 배급을 하는 데 주력한다. 그러나 상대의 빈틈이 보이면 기습적인 롱-볼로 시원하게 역습을 주도한다. 대포알 같은 중거리 슈팅, 감아차기 프리킥, '야수의 심장'으로 꽂아 넣는 페널티킥은 강력한 무기다.

PLAYER'S HISTORY

2014년 포르투에서 데뷔했고, 2017년 울버햄튼으로 이적했다. 포르투갈 U-16부터 U-23까지 연령별 대표를 지냈다. 2015년 11월, 러시아전 때 A대표로 데뷔했다. 2015년 10월, 챔피언스리그 마카비 텔아비브전에서 주장 완장을 찼다. 챔스 역사상 최연소 기록이었다.

주로 사용하는 발: 오른발 92%

	1부리그: 0-2	협회컵: 0-1	챔피언스: 0-0
우승 준우승	클럽월드컵: 0-0	UEFA 유로: 0-0	월드컵: 0-0

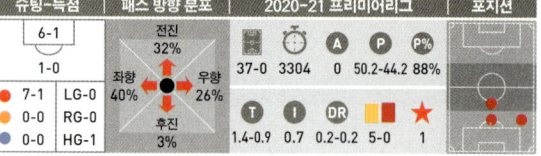

HWANG Hee-chan — FW 26
황희찬

SCOUTING REPORT

'황소 군단'의 황소에서 '늑대 군단'의 늑대가 됐다. 다부진 체구와 단단한 돌파력은 황희찬의 가장 큰 무기다. 측면에서 중앙으로 폭발적으로 돌파해 슈팅을 날린다. 크로스 성공률을 높이고, 볼 터치를 좀 더 세밀하게 가다듬어야 한다. 지난 시즌 라이프치히에선 주로 '조커'로 출전했다. 그런 가운데 인상적인 플레이를 선보였다. 올 시즌 EPL 4R 왓포드전에 교체 출전해 바로 데뷔골을 터뜨렸다.

PLAYER'S HISTORY

포항 스틸러스 유스를 거쳐 잘츠부르크로 이적했다. 리퍼링과 함부르크에서 각각 임대 생활을 보냈다. 지난 시즌 독일의 신흥 강호 라이프치히의 11번 셔츠를 입었다. 대한민국 연령별 대표팀에 선발되었고, 2018 아시안 게임 금메달을 획득해 병역 면제 혜택을 받았다.

주로 사용하는 발: 오른발 83%

	1부리그: 4-1	협회컵: 3-2	챔피언스: 0-0
우승 준우승	클럽월드컵: 0-0	UEFA 유로: 0-0	월드컵: 0-0

🔴	전체 슈팅 시도-득점
🟠	직접 프리킥 시도-득점
🔵	PK 시도-득점
LG	왼발 득점
RG	오른발 득점
HG	헤더 득점
⏱	출전횟수 선발-교체
⏲	출전시간 분(MIN)
A	도움
P	평균패스 시도-성공
P%	패스 성공률
T	평균태클 시도-성공
I	평균 인터셉트
DR	평균드리블 시도-성공
🟨🟥	페어플레이 경고-퇴장
★	MOM

DF Rayan AÏT-NOURI 3
라얀 아이-누리

프로 데뷔 후 출전 횟수가 가장 많았고, 퍼포먼스도 좋았다. 지난 시즌 임대 옵션에 포함된 완전이적 조항이 발동돼 울버햄튼 선수가 되었다. 아이-누리는 수비라인보다 위에서 활동하는 공격적인 풀백이다. '오프 더 볼' 움직임과 크로스에 강점이 있다. 어린 나이에도 불구하고, 노련한 수비를 펼친다. 공격 성향이 강하기에 상대에게 뒤쪽 공간을 자주 내준다.

주로 사용하는 발: 왼발 89%

	우승	준우승
1부리그	0-0	
협회컵	0-0	
챔피언스	0-0	
클럽 월드컵	0-0	
UEFA 유로	0-0	
월드컵	0-0	

슈팅-득점: 10-1, 6-0
🔴 16-1 LG-1
🟠 0-0 RG-0
🔵 0-0 HG-0

패스 방향 분포: 전진 31%, 좌향 5%, 우향 36%, 후진 28%

2020-21 프리미어리그
⏱ 19-7 | ⏲ 1592 | A 2 | P 29.8-26.0 | P% 87%
T 1.8-1.2 | I 0.6 | DR 2.4-1.3 | 🟨🟥 1-0 | ★ 0

DF Willy BOLY 15
윌리 볼리

허벅지 통증, 뇌진탕 등 부상이 겹치며 80일 넘게 결장했다. 2019-20시즌에 이어 지난 시즌에도 부상으로 출전 횟수가 많이 줄어들었다. 195cm, 97kg의 압도적인 피지컬을 잘 활용해 파이터형 수비를 선보인다. 공중전, 태클, 대인마크, 인터셉트 등 몸을 쓰는 수비에 강점이 있다. 그러나 축구 IQ가 살짝 떨어지고, 볼 터치도 투박한 것이 단점으로 지적된다.

주로 사용하는 발: 오른발 85%

	우승	준우승
1부리그	0-1	
협회컵	1-1	
챔피언스	0-0	
클럽 월드컵	0-0	
CAF 네이션스컵	0-0	
월드컵	0-0	

슈팅-득점: 13-1, 2-0
🔴 15-1 LG-0
🟠 0-0 RG-1
🔵 0-0 HG-0

패스 방향 분포: 전진 43%, 좌향 30%, 우향 24%, 후진 4%

2020-21 프리미어리그
⏱ 21-1 | ⏲ 1880 | A 1 | P 49.3-40.8 | P% 83%
T 2.1-1.6 | I 1.5 | DR 0.2-0.2 | 🟨🟥 2-0 | ★ 1

MF João MOUTINHO 28
조앙 무티뉴

시즌 중반까지 잘 나갔다. 그러나 시즌 막바지, 충돌로 인한 타박상, 발목 부상으로 끝이 좋지 않았다. 그럼에도 '야전 사령관'으로서 클래스를 보였다. 무티뉴는 패스의 회전에 중점을 두는 '클래식 중앙 MF'다. 세밀한 원터치 패스, 쭉 뻗어나가는 롱-볼은 강력한 무기다. 중거리 슈팅과 직접 프리킥도 위력적이다. 나이가 들면서 상대의 압박에 고전하는 모습을 자주 보인다.

주로 사용하는 발: 오른발 93%

	우승	준우승
1부리그	4-6	
협회컵	3-0	
챔피언스	0-0	
클럽 월드컵	0-0	
UEFA 유로	1-0	
월드컵	0-0	

슈팅-득점: 3-0, 11-1
🔴 14-1 LG-1
🟠 1-0 RG-1
🔵 0-0 HG-0

패스 방향 분포: 전진 26%, 좌향 25%, 우향 31%, 후진 18%

2020-21 프리미어리그
⏱ 28-5 | ⏲ 2534 | A 1 | P 52.2-46.1 | P% 88%
T 4.0-2.3 | I 1.4 | DR 0.5-0.4 | 🟨🟥 3-1 | ★ 0

FW Pedro NETO 7
페드루 네투

공격진이 와해 된 상황에 팀을 먹여 살리며 5골-6도움을 기록했다. 위협적인 드리블로 침투하는 '크랙형 윙어'다. 저돌적으로 측면을 파고든 뒤 얼리 크로스, 크로스, 컷백을 시도한다. 플립플랍, 마르세유턴, 스텝온 등 다양한 기술도 선보인다. 아직 다듬어지지 않은 플레이로 파울을 자주 범한다. 팀의 퍼포먼스에 따라 본인 경기력도 따라서 변하는 등 기복이 심한 편이다.

주로 사용하는 발: 왼발 83%

	우승	준우승
1부리그	0-0	
협회컵	1-0	
챔피언스	0-0	
클럽 월드컵	0-0	
UEFA 유로	0-0	
월드컵	0-0	

슈팅-득점: 33-5, 28-0
🔴 61-5 LG-4
🟠 3-0 RG-1
🔵 0-0 HG-0

패스 방향 분포: 전진 15%, 좌향 23%, 우향 21%, 후진 42%

2020-21 프리미어리그
⏱ 30-1 | ⏲ 2559 | A 6 | P 32.9-29.0 | P% 88%
T 1.2-0.5 | I 4.2-2.1 | DR 4-0 | 🟨🟥 | ★ 5

FW Daniel PODENCE 10
다니엘 포덴스

빠른 스피드와 좋은 밸런스, 볼컨트롤을 바탕으로 측면을 흔드는 '크랙 유형'의 공격수다. 포덴스는 플레이메이킹에 특화된 윙어다. 드리블, 볼터치 같은 '온 더 볼'이 훌륭하지만, '오프 더 볼' 움직임도 우수하다. 시야가 넓고, 경기 흐름을 잘 읽는다. 동료와 패스 콤비네이션을 통해 볼을 운반한다. 축구팬은 그를 '아자르, 인시녜의 하위 버전'이라고 부른다.

주로 사용하는 발: 오른발 87%

	우승	준우승
1부리그	0-2	
협회컵	1-1	
챔피언스	0-0	
클럽 월드컵	0-0	
UEFA 유로	0-0	
월드컵	0-0	

슈팅-득점: 22-3, 10-0
🔴 32-3 LG-1
🟠 0-0 RG-2
🔵 0-0 HG-0

패스 방향 분포: 전진 26%, 좌향 21%, 우향 27%, 후진 27%

2020-21 프리미어리그
⏱ 22-2 | ⏲ 1679 | A 2 | P 25.0-19.5 | P% 78%
T 1.2-0.5 | I 0.5 | DR 2.7-1.6 | 🟨🟥 3-0 | ★ 0

FW Adama TRAORÉ 37
아다마 트라오레

전형적인 '치달형' 윙어다. 기본적인 스피드가 빠른 데다 순간 가속은 유럽 최고 수준이다. 공식 최고 속도는 37km/h였다. 무게 중심이 낮기에 어떤 상황에서도 넘어지지 않고 전진한다. 볼을 몰고 가며 눈 깜짝할 사이에 체인지 페이스, 체인지 디렉션을 구사한다. 라마시아 출신답게 기본적으로 볼을 잘 다룬다. 그러나 전술 이해도가 떨어지고, 킥이 다소 부정확하다.

주로 사용하는 발: 오른발 88%

	우승	준우승
1부리그	1-1	
협회컵	1-1	
챔피언스	1-0	
클럽 월드컵	0-0	
UEFA 유로	0-0	
월드컵	0-0	

슈팅-득점: 26-2, 17-0
🔴 43-2 LG-0
🟠 0-0 RG-2
🔵 0-0 HG-0

패스 방향 분포: 전진 23%, 좌향 32%, 우향 17%, 후진 28%

2020-21 프리미어리그
⏱ 28-9 | ⏲ 2645 | A 1 | P 18.9-14.4 | P% 76%
T 1.0-0.8 | I 0.2 | DR 5.8-4.1 | 🟨🟥 4-0 | ★ 4

CRYSTAL PALACE FC

구단 창립 : 1905년 홈구장 : 셀허스트 파크 대표 : 스티브 패리시 2020-21시즌 : 14위(승점 44점) 12승 8무 18패 41득점 66실점 닉네임 : The Eagles, The Glaziers

"굿바이 호지슨, 웰컴 비에이라"
새 시대 맞이한 팰리스, '톱10' 목표

화력 보강한 독수리 군단, '톱10' 실패

팰리스는 지난 2012-13시즌 '신성' 자하의 맹활약을 앞세워 EPL로 승격한 후 8 시즌 연속 잔류에 성공하며 EPL의 터줏대감으로 자리 잡았다. 그러나 기대와는 다르게 성적은 계속 중하위권이었다. 2014-15시즌 10위를 차지한 후 15위, 14위, 11위, 12위, 14위의 성적표를 받으며 아쉬움을 남겼다. 이에 지난 시즌 부족한 화력 보강에 집중하며 뛰어난 공격 라인을 만들었지만 맨시티, 첼시, 리버풀, 토트넘 등 강팀과의 경기에서 대패를 당하는 등 약점이었던 수비 조직력을 끝내 극복하지 못했다. 두 시즌 연속 14위라는 만족스럽지 못한 결과를 반복하지 않기 위해서는 뛰어난 공격력을 뒷받침해 줄 수 있는 수비라인 정비가 절실하다.

'전설' 비에이라 감독, 독수리의 비상 이끌까?

2017년부터 2021년까지 팰리스를 안정적으로 이끌었던 호지슨 감독이 지난 시즌을 끝으로 은퇴를 선언하며 45년 감독 커리어의 막을 내렸다. 후임은 과거 아스널, 유벤투스, 인터 밀란, 맨시티에서 활약했던 프랑스 축구의 레전드 파트리크 비에이라 감독이다. 그동안 팀이 전반적인 조직력에 문제가 있었기 때문에 비에라 감독이 강한 카리스마를 바탕으로 팀을 안정적으로 이끌어주기를 기대하고 있다. 이에 따라 여름 이적 시장에서 마크 게히, 요아킴 안데르센, 마이클 올리스, 윌 휴즈 등 수비와 중원 강화에 집중하며 기대를 모으고 있다.

ODDS CHECK

bet365	배당률 1000배 우승 확률 16위	sky bet	배당률 1500배 우승 확률 16위
William HILL	배당률 1000배 우승 확률 16위	888sport	배당률 750배 우승 확률 16위

*우승 확률이 높을수록 배당률은 낮아짐

SQUAD LIST

위치	번호	선수	국적	키	생년월일	전 소속팀
GK	1	Jack Butland	ENG	196	93-03-10	Stoke C
GK	13	Vicente Guaita	ESP	190	87-01-10	Getafe
GK	19	Remi Matthews	ENG	184	94-02-10	Sunderland
DF	2	Joel Ward	ENG	188	89-10-29	Portsmouth
DF	3	Tyrick Mitchell	ENG	174	99-09-01	Brentford
DF	5	James Tomkins	ENG	192	89-03-29	West Ham U
DF	6	Marc Guéhi	ENG	182	00-07-13	Chelsea
DF	15	Jeffrey Schlupp	GHA	178	92-12-23	Leicester C
DF	16	Joachim Andersen	DEN	192	96-05-31	Lyon
DF	17	Nathaniel Clyne	ENG	175	91-04-05	Liverpool
DF	34	Martin Kelly	ENG	191	90-04-27	Liverpool
DF	36	Nathan Ferguson	ENG	180	00-10-06	WBA
DF	43	Reece Hannam	ENG	186	00-09-19	West Ham U
MF	4	Luka Milivojević	SRB	183	91-04-07	Olympiakos
MF	7	Michael Olise	FRA	189	01-12-12	Reading
MF	8	Cheikhou Kouyaté	SEN	189	89-12-21	West Ham U
MF	10	Eberechi Eze	ENG	173	98-06-29	QPR
MF	12	Will Hughes	ENG	185	95-04-17	Watford
MF	18	James McArthur	SCO	178	87-10-07	Wigan Ath
MF	23	Conor Gallagher	ENG	182	00-02-06	Chelsea
MF	40	Scott Banks	SCO	183	01-09-26	Dundee U
MF	44	Jairo Riedewald	NED	186	96-09-09	Ajax
MF	49	Jesuran Rak-Sakyi	ENG	178	02-10-05	Brighton & HA
FW	9	Jordan Ayew	GHA	182	91-09-11	Swansea C
FW	11	Wilfried Zaha	CIV	180	92-11-10	Manchester U
FW	14	Jean-Philippe Mateta	FRA	192	97-06-28	Mainz
FW	20	Christian Benteke	BEL	190	90-12-03	Liverpool
FW	22	Odsonne Edouard	FRA	183	98-01-16	Celtic

2021-22 SEASON SCHEDULE

날짜	장소	상대팀	날짜	장소	상대팀
08-14	A	Chelsea	12-28	H	Norwich City
08-21	H	Brentford	01-01	H	West Ham Utd
08-28	A	West Ham Utd	01-15	A	Brighton
09-11	H	Tottenham	01-22	H	Liverpool
09-18	A	Liverpool	02-08	A	Norwich City
09-27	H	Brighton	02-12	A	Brentford
10-02	A	Leicester City	02-19	H	Chelsea
10-16	H	Arsenal	02-26	H	Burnley
10-23	H	Newcastle Utd	03-05	A	Wolverhampton
10-30	A	Manchester City	03-12	H	Manchester City
11-06	H	Wolverhampton	03-19	A	Newcastle Utd
11-20	A	Burnley	04-02	H	Arsenal
11-27	H	Aston Villa	04-09	A	Leicester City
11-30	A	Leeds United	04-16	A	Everton
12-04	H	Manchester Utd	04-23	H	Leeds United
12-11	A	Everton	04-30	A	Southampton
12-14	H	Southampton	05-07	H	Watford
12-18	A	Watford	05-15	A	Aston Villa
12-26	A	Tottenham	05-22	H	Manchester Utd

RANKING OF LAST 10 YEARS

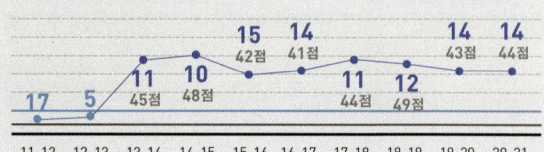

11-12	12-13	13-14	14-15	15-16	16-17	17-18	18-19	19-20	20-21
17	5	11 45점	10 48점	15 42점	14 41점	11 44점	12 49점	14 43점	14 44점

MANAGER : Patrick VIEIRA 파트리크 비에라

Personal Information
생년월일 : 1976.06.23 / 출생지 : 다카르(세네갈)
현역시절 포지션 : 미드필더 / 계약만료 : 2024.6.30
평균 재직 기간 : 1.99년 / 선호 포맷 : 4-3-3

History
선수 시절 아스널과 프랑스 대표팀의 전성기를 이끌었던 중원 사령관이다. 압도적인 카리스마를 바탕으로 아스널의 주장을 맡았고, 영광의 무패 우승 등 EPL 3회 우승을 차지했다. 프랑스 대표팀에서는 1998 월드컵 우승, 유로 2000 우승에 기여했고, 2011년 은퇴했다.

Style
현역 은퇴 후 맨시티 U-23 팀을 이끌었고, 이후 뉴욕 시티, 니스를 거쳐 2021년 팰리스의 지휘봉을 잡았다. 아직 지도자 경험이 많지 않기 때문에 확고한 스타일을 정립하지는 않았지만 선수 시절 보여줬던 카리스마와 리더십을 바탕으로 선수단을 장악하고, 중원에서 강한 압박을 시도하는 감독이다. 공격적인 4-3-3 포메이션을 사용하는 것이 특징이다.

우승 - 준우승 횟수
- ENGLISH PREMIER LEAGUE: 0-0
- ENGLISH FA CUP: 0-2
- UEFA CHAMPIONS LEAGUE: 0-0
- UEFA EUROPA LEAGUE: 0-0
- FIFA CLUB WORLD CUP: 0-0
- UEFA-CONMEBOL INTERCONTINENTAL: 0-0

STADIUM

Selhurst Park

구장 오픈 : 1924년 / 구장 증개축 : 총 6회(최근 2014년)
구장 소유 : 크리스탈 팰리스 / 수용 인원 : 2만 5486명
피치 규모 : 101 X 68m / 잔디 종류 : 하이브리드 잔디

평균 볼 점유율
43% (50% 기준, 25%/75%)

CRYSTAL PALACE FC vs. OPPONENTS PER GAME STATS

크리스탈 팰리스 vs 상대팀

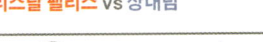

득점	슈팅	유효슈팅	오프사이드	패스시도	패스성공	패스성공율	태클시도	볼소유자압박	인터셉트	GK선방	파울	경고	퇴장
1.08 / 1.74	9.2 / 14.2	3.5 / 4.6	1.8 / 1.3	370 / 588	PA 282 / 492	PC 76% / 84%	18.3 / 19.7	150 / 150	10.4 / 10.8	2.8 / 2.4	10.8 / 13.8	1.42 / 1.16	0.053 / 0.105

시간대별 득점

76-15: 8 / 10-16
75-0: 7 / 6
61-30: 4 / 6
46-45-31

시간대별 실점
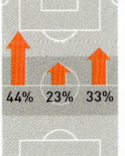
17 / 11
7 / 11
14 / 6

위치별 슈팅-득점
22-8
202-27
125-4
*상대자책골 2골

공격 방향
44% / 23% / 33%

볼 점유 위치

상대 진영 24%
중간 지역 46%
우리 진영 30%

포지션별 득점
FW진 26골
MF진 10골
DF진 3골
*상대자책골 2-골

상대 포지션별 실점

DF진 11골
MF진 15골
FW진 40골

BASIC FORMATION
4-4-2

자하 (에두아르) / 벤테케 (마테타)
술럽 (에세) / 아예우 (올리세)
맥아더 (리데발트) / 밀리보예비치 (갈러거)
미첼 (야흐) / 게히 (톰킨스) / 자기엘카 (앤더슨) / 워드 (클라인)
과이타 / 버틀랜드

TOTO GUIDE 지난시즌 전적

상대팀	홈	원정
Manchester City	0-2	0-4
Manchester Utd	0-0	3-1
Liverpool	0-7	0-2
Chelsea	1-4	0-4
Leicester City	1-1	1-2
West Ham Utd	2-3	1-1
Tottenham	1-1	1-4
Arsenal	1-3	0-0
Leeds United	4-1	0-2
Everton	1-2	1-1
Aston Villa	3-2	0-3
Newcastle Utd	0-2	2-1
Wolverhampton	1-0	0-2
Southampton	1-0	1-3
Brighton	1-1	2-1
Burnley	0-3	0-1
Fulham	0-0	2-1
West Brom	1-0	5-1
Sheffield Utd	2-0	2-0

득점 패턴

41골: 26 Open Play / 3 Counter Attack / 7 Set Play / 3 Penalty Kick / 2 Own Goal

실점 패턴

66골: 45 Open Play / 5 Counter Attack / 13 Set Play / 3 Penalty Kick

OFFENSE | DEFENSE

OFFENSE		DEFENSE	
오픈 플레이	D	오픈 플레이 수비	A
카운터 어택	C	카운터 어택 수비	D
짧은 패스 게임	A	짧은 패스 게임 수비	C
롱볼 연계 플레이	B	롱볼 연계 플레이 수비	C
솔로 플레이	C	솔로 플레이 수비	C
중거리 슈팅 / 직접 프리킥	C	중거리 슈팅 수비	C
측면 공격	B	측면 수비	C
세트 플레이	C	세트 플레이 수비	D
위협적인 공격 횟수	E	공중전 능력	A
슈팅 대비 득점	C	볼 쟁탈전/투쟁심	B
오프사이드 피하기	C	실수 조심	D
볼 점유율	D	파울 주의	E

A 매우 우수함 / B 우수함 / C 평균 수준 / D 부족함 / E 많이 부족함

상대유효슈 상대유효슈 상대 PK 전체 슈팅 직접 프리킥 PK TH NK KD LG RG HG 헤더 출전횟수 출전시간 S% CS A 평균패스 P% LB AD T I DR 페어플레이 ★
시도-실점 시도-선방 시도-선방 시도-득점 시도-득점 던지기 골킥 평균골킥 왼발 오른발 득점 선방-교체 분(MIN) GK 클린시트 도움 시도-성공 패스 평균통볼 공중볼 평균태클 평균 평균드리블 경고-퇴장 MOM
                                    거리(m) 득점 득점   득점   선방률   성공률 시도-성공 캐치-편칭 시도-성공 인터셉트 시도-성공

GK Vicente GUAITA 13
비센테 과이타

SCOUTING REPORT
퍼포먼스에 '업&다운'이 있었다. 12R 토트넘 전 선방쇼, 14R 리버풀전 '자동문'은 정말 극명하게 대비됐다. 과이타는 박스 안에서 뛰어난 반사신경으로 슈퍼세이브를 펼친다. 가끔 '미친 선방'까지 선보인다. 페널티킥 방어도 준수하다. 골킥 평균 비거리 56m로 매우 길다. 골킥을 빌드업에 활용하기보다는 그냥 멀리 차내는 데 주력했다는 뜻이다. 집중력 부족으로 장거리 슈팅을 허무하게 실점으로 허용한다.

PLAYER'S HISTORY
2000년 발렌시아 2군에서 데뷔했고, 2008년 이 팀 1군으로 승격했다. 발렌시아에 적을 둔 채 레크레아티보 임대를 떠났고, 복귀한 다음 3년 간 활약했다. 2014년 헤타페로 이적했고, 2018에 크리스탈 팰리스 유니폼을 입었다. 2020-21시즌 소속 팀 '올해의 선수'였다.

주로 사용하는 발 : 오른발 92% | 우승 준우승 | 1부리그 : 0-0 협회컵 : 1-0 챔피언스 : 0-0 | 클럽 월드컵 : 0-0 UEFA 유로 : 0-0 월드컵 : 0-0

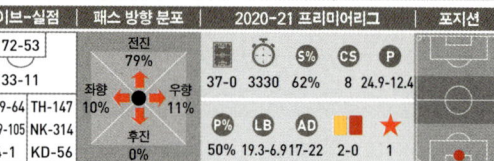

DF Cheikhou KOUYATÉ 8
셰이쿠 쿠야테

SCOUTING REPORT
EPL 데뷔 후 매년 크고 작은 부상에 시달렸다. 그러나 지난 시즌엔 계속 건강한 상태를 유지했다. 쿠야테는 당당한 체격에서 엄청난 운동 능력의 소유자다. 지난 시즌 히트맵을 보면 중앙과 오른쪽을 폭넓게 넘나들었음을 알 수 있다. 공중전과 태클은 리그 정상급이다. 그러나 순발력이 좋지 못해 상대의 민첩한 2선 공격수들에게 쉽게 당한다. 패스, 드리블을 활용한 빌드업은 기대하지 않는 게 좋다.

PLAYER'S HISTORY
세네갈 다카르 출신이고, 어린 시절 벨기에로 이주했다. 2007년 RWDM에서 데뷔했고, 안더레흐트, 코트레이크를 거쳤다. 안더레흐트 시절 벨기에 리그에서 4차례 우승했다. 2018년 크리스탈 팰리스로 이적했다. 세네갈 U-20 대표 출신이고, 현재 국가대표팀 주장이다.

주로 사용하는 발 : 오른발 90% | 우승 준우승 | 1부리그 : 4-0 협회컵 : 0-0 챔피언스 : 0-0 | 클럽 월드컵 : 0-0 CAF 네이션스컵 : 0-1 월드컵 : 0-0

MF Luka MILIVOJEVIĆ 4
루카 밀리보예비치

SCOUTING REPORT
출전 정지 처분 및 코로나 감염으로 50일 넘게 결장했다. 대신 나머지 일정을 풀타임으로 치러냈다. 밀리보예비치는 '킥의 달인'이다. 강렬한 중거리 슈팅과 세밀한 직접 프리킥은 '명품'이다. 또한 EPL에서 PK를 가장 잘 차는 선수 중 하나다. '딥-라잉 플레이메이커' 유형으로 정교한 패스를 통해 후방에서 빌드업의 중심 역할을 한다. 플레이 스타일이 워낙 투쟁적이다 보니 카드 수집을 많이 하는 편이다.

PLAYER'S HISTORY
라드니치키 크라구예바츠에서 데뷔했고, 라드, 레드 스타, 안더레흐트, 올림피아코스를 거쳐 2017년 크리스탈 팰리스로 이적했다. 세르비아 U-21 대표 출신이고, 2012년 11월 칠레 평가전 때 A대표로 데뷔했다. 2018년 러시아 월드컵에 참가한 다음 대표팀에서 은퇴했다.

주로 사용하는 발 : 오른발 85% | 우승 준우승 | 1부리그 : 3-1 협회컵 : 2-1 챔피언스 : 0-0 | 클럽 월드컵 : 0-0 UEFA 유로 : 0-0 월드컵 : 0-0

FW Wilfried ZAHA 11
윌프레드 자하

SCOUTING REPORT
코로나 감염, 뇌진탕, 허벅지 부상으로 두 달간 결장했다. 19-20시즌 경기 평균 4.3회 드리블을 성공시켰다. 그런데 지난 시즌엔 평균 1.8회, 절반 이하로 줄었다. 대신 19-20시즌 38경기-4골에서 지난 시즌 30경기-11골로 득점이 대폭 늘었다. 슈팅에 주력했기 때문이다. 컨디션이 좋을 때 자하의 드리블은 매우 막기 어렵다. 폭발적인 스피드를 바탕으로 체인지 디렉션, 체인지 페이스를 마음대로 구사한다.

PLAYER'S HISTORY
2010년 크리스탈 팰리스에서 데뷔했고, 맨체스터 Utd, 카디프 시티를 거쳐 2015년 친정팀으로 복귀했다. 잉글랜드 국가대표로 2경기 출전했으나, 월드컵 출전을 위해 FIFA를 통해 코트디부아르 대표로 변경했다. 대신 잉글랜드 대표로 다시 돌아가는 건 불가능하다.

주로 사용하는 발 : 오른발 86% | 우승 준우승 | 1부리그 : 0-0 협회컵 : 0-1 챔피언스 : 0-0 | 클럽 월드컵 : 0-0 CAF 네이션스컵 : 0-0 월드컵 : 0-0

James TOMKINS 5
DF 제임스 톰킨스

2020년 2월, 허벅지 근육 파열로 수술을 받고 그해 10월에 복귀했다. 그러나 이후에도 종아리 부상, 안과 질환 등으로 자주 결장했다. 톰킨스는 다소 마른 체형이지만 투쟁심이 매우 강하고, 공중볼을 잘 따낸다. 위치를 잘 잡고, 태클, 클리어링 기술도 평균 이상이다. 세트플레이 때 헤더로 골을 노린다. 주력이 조금 느리고, 가끔 어이없는 패스 미스를 범하는 게 단점이다.

주로 사용하는 발 : 오른발 86%

	우승	준우승
1부리그	0-0	
협회컵	0-0	
챔피언스	0-0	
클럽 월드컵	0-0	
UEFA 유로	0-0	
월드컵	0-0	

슈팅-득점: 2-0 / 0-0
LG 2-0, RG 0-0, HG 0-0

패스 방향 분포: 전진 46%, 좌향 24%, 우향 20%, 후진 11%

2020-21 프리미어리그: 6-2 | 552 | 0 | 22.8-17.5 | 77% | T 0.6-0.5 | I 0.5 | DR 0.0-0.0 | 1-0

Tyrick MITCHELL 3
DF 타이릭 미첼

부상으로 지난 시즌의 절반(19경기)을 날렸다. 그럼에도 건강한 상태에서는 주전 레프트백으로 출전했다. 미첼은 '태클 마스터'다 지난 시즌 평균 4.3회 시도해 3.4회를 성공시켰다. 태클 기술이 우수해 강렬하게 도전하면서도 파울을 많이 범하지 않는다. 역습 때 시원한 롱-볼 한방으로 결정적인 기회를 제공한다. 스피드가 뛰어나 공격-수비 전환 시 매우 효과적이다.

주로 사용하는 발 : 왼발 95%

	우승	준우승
1부리그	0-0	
협회컵	0-0	
챔피언스	0-0	
클럽 월드컵	0-0	
UEFA 유로	0-0	
월드컵	0-0	

슈팅-득점: 2-1 / 0-0
LG 2-1, RG 0-0, HG 0-0

패스 방향 분포: 전진 64%, 좌향 6%, 우향 20%, 후진 10%

2020-21 프리미어리그: 19-1 | 1710 | 1 | 31.5-22.0 | 70% | T 4.3-3.4 | I 1.1 | DR 0.9-0.6 | 1-0

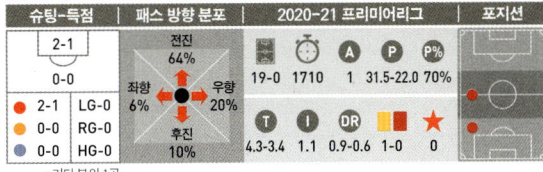

*기타 부위 1골

Jeffrey SCHLUPP 15
MF 제프리 슐럽

지난 시즌 리그 선발 15회, 교체 12회 출전하면서 로테이션 자원으로 활용됐다. 올 시즌도 이런 역할을 이어갈 전망이다. 히트맵을 보면 측면 미드필더임에도 그라운드 전 지역을 넘나들었음을 알 수 있다. 빠른 스피드를 이용한 드리블이 전매특허. 슐럽은 축구와 부동산 투자를 겸하고 있다. 은퇴 후 전문적인 부동산 사업가가 될 계획이다.

주로 사용하는 발 : 왼발 79%

	우승	준우승
1부리그	1-0	
협회컵	0-0	
챔피언스	0-0	
클럽 월드컵	0-0	
CAF 네이션스컵	0-0	
월드컵	0-0	

슈팅-득점: 14-2 / 4-0
LG 18-2, RG 0-0, HG 0-0

패스 방향 분포: 전진 34%, 좌향 27%, 우향 20%, 후진 19%

2020-21 프리미어리그: 15-12 | 1426 | 3 | 14.8-10.9 | 74% | T 1.7-1.1 | I 0.8 | DR 2.4-1.1 | 3-0 | 2

Eberechi EZE 10
MF 에베레치 에제

전형적인 2선 공격수. 지난 시즌 EPL에서 RW, AM, LW로 자유롭게 출전했다. 에제는 '제2의 윌프레드 자하'로 불리는 윙어다. 스피드, 민첩성, 볼 테크닉, 드리블링을 모두 갖췄다. 상대의 압박에서 잘 벗어날 수 있고, 창의적인 키패스를 구사하며 기회를 만든다. 하지만 수비가담이 적고, 경험 부족에 의한 실수가 많다. 잉글랜드 U-20, U-21 대표 출신이다.

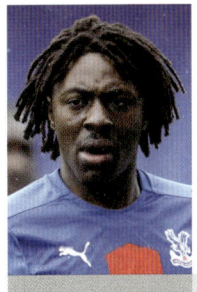

주로 사용하는 발 : 오른발 86%

	우승	준우승
1부리그	0-0	
협회컵	0-0	
챔피언스	0-0	
클럽 월드컵	0-0	
UEFA 유로	0-0	
월드컵	0-0	

슈팅-득점: 15-2 / 22-2
LG 37-4, RG 4-1, HG 0-0

패스 방향 분포: 전진 29%, 좌향 13%, 우향 32%, 후진 26%

2020-21 프리미어리그: 29-5 | 2565 | 6 | 32.0-26.9 | 84% | T 1.4-0.9 | I 0.7 | DR 3.5-1.9 | 3-0 | 4

Jaïro RIEDEWALD 44
MF 자이로 리데발트

리그 선발 19회, 교체 14회로 로테이션 멤버였으나 중앙미드필더로 출장할 때 마다 늘 부지런히 움직이며 공격과 수비의 밸런스를 유지시킨다. 압박, 태클, 커버 플레이, 인터셉트, 수비진 보호 등 수비에 중점을 둔다. 수리남 아버지와 네덜란드 어머니 사이에 네덜란드 할렘에서 태어났다. 네덜란드 연령별 대표를 차례로 거쳐 2015년 A대표로 발탁됐다.

주로 사용하는 발 : 왼발 88%

	우승	준우승
1부리그	1-3	
협회컵	0-1	
챔피언스	0-0	
클럽 월드컵	0-0	
UEFA 유로	0-0	
월드컵	0-0	

슈팅-득점: 3-1 / 5-1
LG 8-2, RG 0-0, HG 0-0

패스 방향 분포: 전진 30%, 좌향 28%, 우향 27%, 후진 16%

2020-21 프리미어리그: 19-14 | 1819 | 0 | 19.1-16.3 | 86% | T 1.6-1.0 | I 0.9 | DR 0.6-0.4 | 4-0 | 0

Christian BENTEKE 20
FW 크리스티안 벤테케

리그 30경기에 출전해 10골을 넣으며 16-17시즌 이후 4년 만의 두 자릿수 득점에 성공해 인상적인 시즌을 보냈다. 전성기 때 벤테케는 정말 무시무시한 공격수였다. 포스트플레이에 관한 한 그 누구의 도전도 허락지 않았다. 하지만 아킬레스건 부상으로 폼이 급격히 하락했다. 에이징 커브까지 겹치기 시작했다. 하지만 20-21시즌 선전으로 부활의 신호탄을 쏴 올렸다.

주로 사용하는 발 : 오른발 91%

	우승	준우승
1부리그	0-0	
협회컵	0-1	
챔피언스	0-0	
클럽 월드컵	0-0	
UEFA 유로	0-0	
월드컵	0-0	

슈팅-득점: 62-10 / 9-0
LG 71-10, RG 0-0, HG 0-0

패스 방향 분포: 전진 28%, 좌향 27%, 우향 24%, 후진 21%

2020-21 프리미어리그: 21-9 | 1819 | 0 | 19.2-11.3 | 59% | T 0.7-0.5 | I 0.1 | DR 0.9-0.5 | 1-1 | 2

SOUTHAMPTON FC

구단 창립 : 1885년　홈구장 : 세인트 매리 스타디움　대표 : 가오 지성　2020-21시즌 : 15위 (승점 점) 12승 7무 19패 47득점 68실점　닉네임 : The Saints

'알프스의 클롭' 하센휘틀 지도력
핵심 선수 이탈, 현실 목표는 '잔류'

핵심 선수 이탈에도 안정적으로 시즌 운영
17위, 16위로 계속 강등권에 머물렀던 사우샘프턴이 '알프스 클롭'이라 불리는 랄프 하센휘틀 감독과 함께 안정적으로 EPL에 머물고 있다. 그러나 문제는 매 시즌 반복되는 전력 이탈. 지난 시즌 피에르 에밀 호이비에르, 요시다 마야, 해리슨 리드, 세드릭 소아레스 등이 팀을 떠나면서 어려움을 겪었다. 특히 맨유에 0-9 충격적인 대패를 당하는 등 수비 조직력이 무너졌고, 무려 68실점을 내줬다. 공격력은 준수했지만 중원과 수비에서 공백이 생기면서 경기력은 좋지 않았고, 시즌 내내 하위권에 머물렀다. 그래도 안정적으로 잔류한 것은 긍정적.

'차포' 뗀 사우샘프턴, 올 시즌 목표는 '생존'
기대보다는 우려가 앞서는 것이 사실이다. 사우샘프턴은 매 시즌 핵심 선수들이 이탈하면서 전력 유출이 심한 팀이다. 특히 이번 여름에는 간판 공격수 대니 잉스, 수비의 핵심 야닉 베스테르고르, 베테랑 풀백 라이언 버틀란드 등을 포함해 무려 20명이 방출됐다. 잉스와 베스테르고르를 판매해 적지 않은 이적료를 챙겼지만 보강에는 인색했고, 아담 암스트롱을 제외하면 젊은 선수들을 데려오는 것에 집중했다. 현실적인 목표는 이번에도 잔류다. 공격에서 잉스의 공백이 크지만 워낙 중원이 탄탄하고, 하센휘틀 감독의 지도력 또한 여전하기 때문에 이번 시즌도 잔류를 위해 싸운다.

SQUAD LIST

위치	번호	선수	국적	키	생년월일	전 소속팀
GK	1	Alex McCarthy	ENG	193	89-12-03	Crystal Palace
	41	Harry Lewis	ENG	191	97-12-20	Shrewsbury T
	44	Fraser Forster	ENG	201	88-03-17	Celtic
DF	2	Kyle Walker-Peters	ENG	173	97-04-13	Tottenham H
	4	Lyanco	BRA	187	97-02-01	Torino
	5	Jack Stephens	ENG	185	94-01-27	Plymouth Arg
	15	Romain Perraud	FRA	173	97-09-22	Brest
	21	Tino Livramento	ENG	173	02-11-12	Chelsea
	22	Mohammed Salisu	GHA	191	99-04-17	Valladolid
	35	Jan Bednarek	POL	189	96-04-12	Lech Poznań
	43	Yan Valery	FRA	180	99-02-22	Rennes
MF	6	Oriol Romeu	ESP	183	91-09-24	Chelsea
	8	James Ward-Prowse	ENG	173	94-11-01	None
	11	Nathan Redmond	ENG	173	94-03-06	Norwich C
	17	Stuart Armstrong	SCO	183	92-03-30	Celtic
	19	Moussa Djénépo	MLI	177	98-06-15	Standard Liège
	20	Will Smallbone	IRL	173	00-02-21	None
	23	Nathan Tella	ENG	173	99-07-05	Arsenal
	27	Ibrahima Diallo	FRA	179	99-03-08	Brest
	45	Sam McQueen	ENG	181	95-02-06	None
FW	7	Shane Long	IRL	178	87-01-22	WBA
	9	Adam Armstrong	ENG	172	97-02-10	Blackburn R
	10	Che Adams	SCO	178	96-07-13	Birmingham C
	18	Armando Broja	ALB	186	01-09-10	Chelsea
	24	Mohamed Elyounoussi	NOR	178	94-08-04	Basel
	32	Theo Walcott	ENG	176	89-03-16	Everton

2021-22 SEASON SCHEDULE

날짜	장소	상대팀	날짜	장소	상대팀
08-14	A	Everton	12-28	H	Tottenham
08-22	H	Manchester Utd	01-01	H	Newcastle Utd
08-28	H	Newcastle Utd	01-15	A	Wolverhampton
09-11	H	West Ham Utd	01-22	A	Manchester City
09-18	A	Manchester City	02-09	A	Tottenham
09-26	H	Wolverhampton	02-12	H	Manchester Utd
10-02	A	Chelsea	02-19	A	Everton
10-16	H	Leeds United	02-26	H	Norwich City
10-23	H	Burnley	03-05	A	Aston Villa
10-30	A	Watford	03-12	H	Watford
11-06	H	Aston Villa	03-19	H	Burnley
11-20	A	Norwich City	04-02	A	Leeds United
11-27	H	Liverpool	04-09	H	Chelsea
12-01	H	Leicester City	04-16	H	Arsenal
12-04	H	Brighton	04-23	A	Brighton
12-11	A	Arsenal	04-30	H	Crystal Palace
12-14	A	Crystal Palace	05-07	A	Brentford
12-18	H	Brentford	05-15	H	Liverpool
12-26	A	West Ham Utd	05-22	A	Leicester City

RANKING OF LAST 10YEARS

11-12	12-13	13-14	14-15	15-16	16-17	17-18	18-19	19-20	20-21
2	14 / 41점	8 / 56점	7 / 60점	6 / 63점	8 / 46점	17 / 36점	16 / 39점	11 / 52점	15 / 43점

MANAGER : Ralph HASENHÜTTL 랄프 하젠휘틀

Personal Information
생년월일 : 1967.08.09 / 출생지 : 그라츠(오스트리아)
현역시절 포지션 : 공격수 / 계약만료 : 2024.6.30
평균 재직 기간 : 2.03년 / 선호 포맷 : 4-4-2

History
주로 오스트리아, 독일 무대에서 뛰었고, 1988년부터 1994년까지 오스트리아 국가대표 공격수로 활약하며 A매치 8경기에서 3골을 기록했다. 2007년 운터하힝에서 지도자 생활을 시작했고, 알렌, 잉골슈타트, 라이프치히를 성공적으로 이끌며 지도력을 인정받았다.

Style
강력한 압박, 왕성한 활동량을 중요시 하는 감독이라 오스트리아의 클롭이라는 별명이 붙었다. 공격적인 4-4-2 포메이션을 주로 활용하고, 상대의 공을 끊었을 때 빠르게 역습으로 전환하는 것이 인상적이다. 부드러운 리더십을 통해 선수단을 장악하는 감독이고, 조직력을 다지는 것이 탁월하다. 다만 지나치게 공수 밸런스에 집착한다.

우승 - 준우승 횟수

STADIUM
St Mary's Stadium

구장 오픈 : 2001년 | 구장 증개축 : -
구장 소유 : 사우스햄프턴FC | 수용 인원 : 3만 2384명
피치 규모 : 105 X 68m | 잔디 종류 : 하이브리드 잔디

평균 볼 점유율

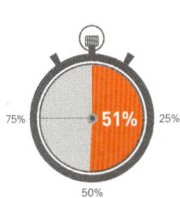

SOUTHAMPTON FC vs. OPPONENTS PER GAME STATS

사우샘턴 vs 상대팀	득점	슈팅	유효슈팅	오프사이드	패스시도	패스성공	패스성공%	태클시도	볼소유구 압박	인터셉트	GK 선방	파울	경고	퇴장
	1.24	1.79	11.2	11.3	4.4	4.6	2.0	1.3	466	588	369	492	79%	84%
	20.6	18.1	150	150	10.6	12.1	2.9	2.4	11.3	13.8	1.37	1.16	0.079	0.105

시간대별 득점

시간대별 실점
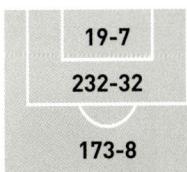

위치별 슈팅-득점
19-7
232-32
173-8

공격 방향
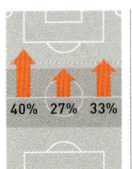
40% 27% 33%

볼 점유 위치
상대 진영 26%
중간 지역 46%
우리 진영 28%

포지션별 득점
FW진 30골
MF진 13골
DF진 4골

상대 포지션별 실점
DF진 6골
MF진 21골
FW진 40골
* 자책골 실점 1골

BASIC FORMATION

4-4-2

아담스 / 브로하
암스트롱 / 롱
레드몬드 / 제네포
월콧 / 텔라
로메우 / 스몰본
워드-프라우스 / 디알로
페로 / 맥퀸
워커-피터스 / 리브라멘트
베드나레크 / 살리수
스티븐스 / 리안코
매카시 / 포스터

TOTO GUIDE 지난시즌 전적

상대팀	홈	원정
Manchester City	0-1	2-5
Manchester Utd	2-3	0-9
Liverpool	1-0	0-2
Chelsea	1-1	3-3
Leicester City	1-1	0-2
West Ham Utd	0-0	0-3
Tottenham	2-5	1-2
Arsenal	1-3	1-1
Leeds United	0-2	0-3
Everton	2-0	0-1
Aston Villa	0-1	4-3
Newcastle Utd	2-0	2-3
Wolverhampton	1-2	1-1
Crystal Palace	3-1	0-1
Brighton	1-2	2-1
Burnley	3-2	1-0
Fulham	3-1	0-0
West Brom	2-0	0-3
Sheffield Utd	3-0	2-0

득점 패턴

5 / 15 / 47골 / 27

실점 패턴
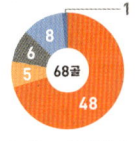
1 / 8 / 6 / 5 / 68골 / 48

● OPEN PLAY ● COUNTER ATTACK ● SET PLAY
● PENALTY KICK ● OWN GOAL

OFFENSE		DEFENSE	
오픈 플레이	C	오픈 플레이 수비	C
카운터 어택	C	카운터 어택 수비	D
짧은 패스 게임	B	짧은 패스 게임 수비	D
롱볼 연계 플레이	C	롱볼 연계 플레이수비	C
솔로 플레이	C	솔로 플레이 수비	E
중거리 슈팅 / 직접 프리킥	A	중거리 슈팅 수비	C
측면 공격	B	측면 수비	D
세트 플레이	B	세트 플레이 수비	B
위협적인 공격 횟수	C	공중전 능력	D
슈팅 대비 득점	B	볼 쟁탈전 / 투쟁심	A
오프사이드 피하기	D	실수 조심	C
볼 점유율	B	파울 주의	D

A 매우 우수함 B 우수함 C 평균 수준 D 부족함 E 많이 부족함

Alex MCCARTHY 1
알렉스 매카시 · GK

SCOUTING REPORT
리그에서 선발로 30회 출전했고, 벤치에서 7회 대기했다. 큰 키와 민첩성을 적극적으로 활용한다. 상대 공격수의 가까운 거리 슈팅을 거의 반사적으로 막아낸다. 역동작인 상황에서도 손이나 발을 쭉 뻗어 기가 막힌 선방을 보여준다. 히트맵을 분석해보면 활동 범위가 꽤 넓었음을 알 수 있다. 골킥 평균 비거리는 44m였다. 골킥을 빌드업과 멀리 차내기에 고루 활용했다는 뜻이다. 페널티킥 방어력도 우수한 편이다.

PLAYER'S HISTORY
대표적인 '저니맨' 겸 '임대 선수'이다. 2007년 레딩에서 데뷔한 이래 2016년 사우스햄튼으로 이적할 때까지 11번이나 팀을 옮겼고, 그중 8번이 임대였다. 다행히 사우스햄튼에서 정착을 했다. 잉글랜드 U-21 대표 출신이고, 2018년 11월 미국 평가전에서 A대표로 데뷔했다.

주로 사용하는 발: 오른발 87%

Mohammed SALISU 22
모하메드 살리수 · DF

SCOUTING REPORT
타박상, 햄스트링 부상으로 총 50일간 결장했다. 부상에서 복귀하고, 리그에 적응한 다음 후반기부터 실력을 발휘했다. 올 시즌은 좋은 컨디션으로 출발했다. 탄력적인 신체 능력을 이용한 수비 능력이 좋은 선수이다. 지난 시즌 평균 3.2회의 태클을 성공시켜 리그 정상권이었다. 인터셉트, 블로킹, 클리어링 등 종합적인 수비력도 뛰어나다. 단, 앞으로 튀어나오는 수비를 하기에 안정감은 다소 부족하다.

PLAYER'S HISTORY
2018년 바야돌리드 2군에서 데뷔했고, 이듬해 이 팀 1군으로 승격했다. 바야돌리드에서 좋은 수비를 보였고, 2020년 여름 1260만 유로에 사우스햄튼 유니폼을 입었다. 2019년 11월, 가나 대표로 처음 소집됐다. 그러나 아직까지 A매치 출전 기록은 없다(9월 13일 현재).

주로 사용하는 발: 오른발 72%

James WARD-PROWSE 8
제임스 워드프라우스 · MF

SCOUTING REPORT
2017-18, 2018-19시즌엔 라이트백이었다. 그러나 최근 두 시즌은 중앙 MF로 나섰다(히트맵 분석). 엄청난 지구력으로 그라운드를 '박스-투-박스'로 움직인다. '제2의 베컴'이라 불리는 오른발 킥은 유럽 최고 수준. 미사일같은 중거리 슈팅, 감각적인 감아차기 프리킥, 정확한 PK 등 킥에 관한 한 타의 추종을 불허한다. 패스 콤비네이션, 박스 안쪽으로 날카롭게 찔러주는 킬러 스루패스도 일품이다.

PLAYER'S HISTORY
워드프라우스의 아버지는 법적 대리인이다. 워드프라우스 어린 시절엔 본인 자동차로 매번 훈련장까지 픽업을 갔다. 골을 넣은 후 호쾌한 골프 스윙을 세리머니로 선보인다. 워드프라우스가 프리킥 마스터가 된 건 잉글랜드 '전설' 데이비드 베컴의 영향이 컸다고 한다.

주로 사용하는 발: 오른발 90%

Mohamed ELYOUNOUSSI 24
모하메드 엘유누시 · FW

SCOUTING REPORT
지난 시즌 스코틀랜드 셀틱 소속이었다. 로테이션 멤버로 출전하면서도 10골-2도움을 올렸다. 올 시즌 사우스햄튼에서는 더 기회를 많이 얻을 것으로 보인다. 엘유누시는 공격 라인의 멀티-플레이어다. 지난 시즌엔 주로 중앙과 왼쪽을 넘나들었다(히트맵 분석 결과). 볼을 잘 다룬다. 드리블을 하면서 플립플랩, 마르세유턴 등 기술을 가미한다. 측면 돌파 후 올리는 얼리크로스, 크로스, 컷백도 꽤 정확하다.

PLAYER'S HISTORY
모로코계 이민 2세다. 2011년 사르스보리에서 데뷔했고, 몰데, 바젤을 거쳐 2018년 사우스햄튼으로 이적했다. 지난 2시즌 셀틱에 임대돼 활약했고, 2021년 여름 사우스햄튼으로 복귀했다. 이중국적자로 모로코에서 먼저 콜을 받았지만, 거주지인 노르웨이 국적을 선택했다.

주로 사용하는 발: 오른발 77%

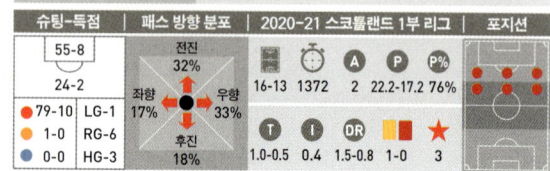

| ● 전체 슈팅 시도-득점 | ● 직접 프리킥 시도-득점 | PK 시도-득점 | LG 왼발 득점 | RG 오른발 득점 | HG 헤더 득점 | 출전횟수 선발-교체 | 출전시간 분(MIN) | A 도움 | P 평균패스 시도-성공 | P% 패스 성공률 | T 평균태클 시도-성공 | I 평균 인터셉트 | DR 평균드리블 시도-성공 | 페어플레이 경고-퇴장 | ★ MOM |

DF Kyle WALKER-PETERS 2
카일 워커-피터스

공격적 풀백이다. 빠른 스피드와 민첩성을 이용해 드리블하고, 부지런한 움직임으로 오버래핑한다. 오른발잡이지만 왼발도 곧잘 사용한다. 과감하게 태클하고, 자신 있게 마킹한다. 킥이 정확해 패스, 크로스 등 자신있는 연결을 한다. 그러나 기복이 심하고, '온 더 볼' 상황에서 판단력이 빠르지 않아 템포를 끊어먹는다는 지적도 있다. 몸싸움, 제공권에서 밀리는 편이다.

주로 사용하는 발: 오른발 89%
우승 / 준우승 — 1부리그: 0-1 / 클럽 월드컵: 0-0 — 협회컵: 0-0 / UEFA 유로: 0-0 — 챔피언스: 0-1 / 월드컵: 0-0

슈팅-득점: 13-0 / 5-0 / 18-0 LG-0 / 0-0 RG-0 / 0-0 HG-0
패스 방향 분포: 전진 32%, 좌향 39%, 우향 5%, 후진 24%
2020-21 프리미어리그: 30-0 2649 2 44.1-35.7 81% | 3.5-2.8 1.3 2.2-1.5 4-0

DF Jack STEPHENS 5
잭 스티븐스

로테이션 멤버로 출전했다. 주로 센터백으로 뛰었지만 라이트백, 레프트백, 수비형 미드필더를 겸했다. 올 시즌도 주전급 센터백들이 부상이나 경고누적으로 결장할 경우 그 빈자리를 메울 것이다. 스티븐스는 인터셉트, 블로킹, 커버플레이에 강점을 보이는 '포지셔닝 센터백'이다. 후방에서 빌드업할 때 강력한 롱-볼을 전방으로 날린다. 공중전에 취약한 게 '옥에 티'다.

주로 사용하는 발: 오른발 93%
우승 / 준우승 — 1부리그: 0-0 / 클럽 월드컵: 0-0 — 협회컵: 0-0 / UEFA 유로: 0-0 — 챔피언스: 0-0 / 월드컵: 0-0

슈팅-득점: 6-0 / 0-0 / 6-0 LG-0 / 0-0 RG-0 / 0-0 HG-0
패스 방향 분포: 전진 41%, 좌향 22%, 우향 30%, 후진 7%
2020-21 프리미어리그: 17-1 1539 0 57.1-46.4 81% | 3.1-1.9 1.6 0.1-0.1 1

MF Oriol ROMEU 6
오리올 로메우

바르셀로나 유스 출신의 재능 넘치는 미드필더. 운동능력이 출중하고, 그라운드를 폭넓게 움직이면서 공격과 수비의 밸런스를 유지 시킨다. 지난 시즌 히트맵을 보면 중원 지역에서 활발하게 움직였음을 알 수 있다. 강력한 압박, 저돌적인 태클, 민첩한 인터셉트 등 종합적인 수비력은 높은 평가를 받는다. 박스 외곽에 대기하다 볼이 흘러나오면 그대로 대포알 슈팅을 날린다.

주로 사용하는 발: 오른발 81%
우승 / 준우승 — 1부리그: 1-0 / 클럽 월드컵: 0-1 — 협회컵: 1-1 / UEFA 유로: 0-0 — 챔피언스: 2-0 / 월드컵: 0-0

슈팅-득점: 2-1 / 12-0 / 14-1 LG-1 / 0-0 RG-1 / 0-0 HG-0
패스 방향 분포: 전진 28%, 좌향 26%, 우향 26%, 후진 21%
2020-21 프리미어리그: 20-1 1768 1 60.7-50.2 83% | 5.3-3.3 1.4 0.8-0.7 6-0

MF Stuart ARMSTRONG 17
스튜어트 암스트롱

시즌 초반 코로나 감염, 손 부상 등으로 잠시 빠진 것을 제외하고 EPL 33경기에 출전했다. 암스트롱은 CM, LM, RM을 두루 넘나들었다. 스피드를 이용한 드리블이 특기다. 박스 외곽에서 강렬한 오른발 중거리 슈팅을 날린다. 2선에서 대기하다 전방으로 침투하는 동료 윙어, 공격수에게 날카로운 스루패스를 찔러준다. 스코틀랜드 국가대표로 UEFA 유로 2020에 참가했다.

주로 사용하는 발: 오른발 80%
우승 / 준우승 — 1부리그: 4-0 / 클럽 월드컵: 0-0 — 협회컵: 2-1 / UEFA 유로: 0-0 — 챔피언스: 0-0 / 월드컵: 0-0

슈팅-득점: 19-2 / 36-2 / 55-4 LG-2 / 0-0 RG-2 / 0-0 HG-0
패스 방향 분포: 전진 28%, 좌향 29%, 우향 19%, 후진 24%
2020-21 프리미어리그: 32-1 2774 5 37.5-30.2 81% | 3.3-1.8 0.7 3.2-2.1 3-0

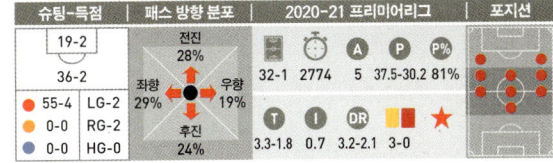

FW Che ADAMS 10
체 아담스

주전 CF로 36경기(선발 30회)에 출전해 9골-5도움을 기록했다. 아담스는 '골 사냥꾼(Goal Poacher)'이다. 박스 안에서 기회를 잡으면 일단 슈팅을 한다. 특히 신체 밸런스가 무너진 상황에서도 곡예사같은 폼으로 킥을 한다. 슈팅 뿐 아니라 패스에도 일가견이 있다. 팀에서 테크닉이 가장 좋은 선수 중 1명이다. 창의적인 패스로 동료에게 기회를 만들어준다.

주로 사용하는 발: 오른발 93%
우승 / 준우승 — 1부리그: 0-0 / 클럽 월드컵: 0-0 — 협회컵: 0-0 / UEFA 유로: 0-0 — 챔피언스: 0-0 / 월드컵: 0-0

슈팅-득점: 43-8 / 12-1 / 55-9 LG-1 / 0-0 RG-8 / 0-0 HG-0
패스 방향 분포: 전진 24%, 좌향 21%, 우향 27%, 후진 29%
2020-21 프리미어리그: 30-6 2675 5 16.9-12.0 70% | 1.0-0.7 0.1 1.4-0.8 1-0

FW Theo WALCOTT 32
시오 월콧

폭발적인 주력을 자랑한다. 네티즌들은 그를 'EPL의 치달왕'이라고 부른다. 최대 속력 35.7km/h. 과르디올라 감독이 "그를 막으려면 권총이 필요할 것"이라고 한 건 유명한 일화다. 드리블 기술도 매년 발전해 왔다. 오른발을 사용해 시도하는 슈팅은 매우 정확하다. 박스 외곽에서 날카롭게 컷-인 하면서 패스를 받아 기회를 만든다. 측면에서 올리는 크로스도 정확하다.

주로 사용하는 발: 오른발 93%
우승 / 준우승 — 1부리그: 0-1 / 클럽 월드컵: 0-0 — 협회컵: 3-0 / UEFA 유로: 0-0 — 챔피언스: 0-1 / 월드컵: 0-0

슈팅-득점: 17-3 / 12-0 / 29-3 LG-0 / 0-0 RG-3 / 0-0 HG-0
패스 방향 분포: 전진 29%, 좌향 24%, 우향 21%, 후진 26%
2020-21 프리미어리그: 20-2 1629 3 19.0-13.8 74% | 2.1-1.1 0.7 1.4-0.8 2-0

BRIGHTON & HOVE ALBION FC

구단 창립 : 1901년   홈구장 : 파머 스타디움   대표 : 토니 블룸   2020-21시즌 : 16위(승점 41점) 9승 14무 15패 40득점 46실점   닉네임 : The Seagulls, Albion

4시즌 연속 잔류, 포터 감독 인기
두 번의 클럽 레코드, 팀의 미래는

새로운 EPL 잔류왕…포터 감독 상종가 행진

브라이튼은 지난 2016-17시즌 챔피언십 2위를 차지하며 34년 만에 1부로 승격한 이후 4시즌 연속 잔류하며 새로운 '잔류왕'이라는 평가를 받고 있다. 빅 사이닝은 없지만 알짜배기 선수들을 영입했고, 지난 시즌 역시 아담 랄라나 등을 영입하며 순조롭게 보강이 필요한 포지션을 채웠다. 특히 그레이엄 포터 감독은 3백과 4백을 혼용하며 상황에 따른 맞춤 전술로 승점을 쌓았고, 끈끈한 팀 컬러까지 만들었다. 무엇보다 수비 조직력이 브라이튼 최대의 장점으로 시즌 내내 쉽게 무너지지 않은 모습으로 크게 흔들림 없이 잔류에 성공했다.

'화이트 OUT-음웨푸 IN', 5시즌 연속 잔류?

이번 여름 이적 시장에서 브라이튼은 두 번의 클럽 레코드를 세웠다. 잉글랜드 수비의 미래로 평가받고 있는 벤 화이트가 아스널로 이적하면서 5000만 파운드(약 800억 원)의 이적료를 남겼고, 이는 구단 역사상 최고 이적료 수익이다. 반대로 잘츠부르크로부터 중앙 미드필더 에녹 음웨푸를 2070만 파운드(약 332억 원)의 구단 역대 최고 이적료로 영입했다. 화이트의 공백은 아쉽지만 부족했던 중원을 보강했고, 닐 모페 등 핵심 선수들을 지키면서 전력을 유지했다. 이번 시즌 목표도 잔류다. 주가가 치솟고 있는 포터 감독이 브라이튼의 잔류를 이끌며 자신의 가치를 증명할 수 있을까?

ODDS CHECK

| bet365 | 배당률 350배 우승 확률 11위 | skybet | 배당률 500배 우승 확률 10위 |
| William HILL | 배당률 250배 우승 확률 10위 | 888sport | 배당률 400배 우승 확률 10위 |

*우승 확률이 높을수록 배당률은 낮아짐

SQUAD LIST

위치	번호	선수	국적	키	생년월일	전 소속팀
GK	1	Robert Sánchez	ESP	197	97-11-18	Levante
	16	Kjell Scherpen	NED	202	00-01-23	Ajax
	23	Jason Steele	ENG	188	90-08-18	Sunderland
	38	Tom McGill	ENG	185	00-03-15	None
DF	2	Tariq Lamptey	ENG	175	00-09-10	Chelsea
	4	Adam Webster	ENG	185	95-01-14	Bristol C
	5	Lewis Dunk	ENG	190	91-11-11	None
	6	Michał Karbownik	POL	181	01-03-13	Legia Warszawa
	24	Shane Duffy	IRL	193	92-01-11	Blackburn R
	28	Haydon Roberts	ENG	175	02-05-10	None
	33	Dan Burn	ENG	198	92-05-19	Wigan Ath
	34	Joël Veltman	NED	184	92-01-15	Ajax
	54	James Furlong	IRL	178	02-06-17	Shamrock R
	60	Marc Cucurella	ESP	175	98-07-12	Getafe
MF	8	Yves Bissouma	MLI	181	96-08-10	Lille
	10	Alexis Mac Allister	ARG	174	98-12-14	Argentinos Juniors
	11	Leandro Trossard	BEL	172	94-12-14	KRC Genk
	12	Enock Mwepu	ZAM	184	98-01-11	Red Bull Salzburg
	13	Pascal Groß	GER	171	91-06-15	Ingolstadt
	14	Adam Lallana	ENG	172	88-05-10	Liverpool
	15	Jakub Moder	POL	188	99-04-17	Lech Poznań
	17	Steven Alzate	COL	175	98-09-11	Leyton Orient
	20	Solly March	ENG	185	94-07-16	Lewes
	25	Moisés Caicedo	ECU	178	01-11-12	Independiente del Valle
	30	Taylor Richards	ENG	180	00-12-14	Manchester C
FW	7	Aaron Connolly	IRL	180	00-01-18	Mervue U
	9	Neal Maupay	FRA	171	96-08-14	Brentford
	18	Danny Welbeck	ENG	185	90-11-16	Watford
	22	Percy Tau	RSA	175	94-05-13	Mamelodi Sundowns

2021-22 SEASON SCHEDULE

날짜	장소	상대팀	날짜	장소	상대팀
08-14	A	Burnley	12-28	A	Chelsea
08-21	H	Watford	01-01	A	Everton
08-28	H	Everton	01-15	H	Crystal Palace
09-11	A	Brentford	01-22	A	Leicester City
09-19	H	Leicester City	02-08	H	Chelsea
09-27	A	Crystal Palace	02-12	A	Watford
10-02	H	Arsenal	02-19	H	Burnley
10-16	A	Norwich City	02-26	H	Aston Villa
10-23	H	Manchester City	03-05	A	Newcastle Utd
10-30	A	Liverpool	03-12	H	Liverpool
11-06	H	Newcastle Utd	03-19	A	Manchester City
11-20	A	Aston Villa	04-02	H	Norwich City
11-27	H	Leeds United	04-09	A	Arsenal
11-30	A	West Ham Utd	04-16	A	Tottenham
12-04	H	Southampton	04-23	H	Southampton
12-11	A	Tottenham	04-30	A	Wolverhampton
12-14	H	Wolverhampton	05-07	H	Manchester Utd
12-18	A	Manchester Utd	05-15	A	Leeds United
12-26	H	Brentford	05-22	H	West Ham Utd

RANKING OF LAST 10 YEARS

2부 리그 / 3부 리그

11-12	12-13	13-14	14-15	15-16	16-17	17-18	18-19	19-20	20-21
10	4	6	20	3	2	15 (40점)	17 (36점)	15 (41점)	16 (41점)

MANAGER : Graham POTTER 그레이엄 포터

Personal Information
생년월일 : 1975.05.20 / 출생지 : 리힐(잉글랜드)
현역시절 포지션 : 수비수 / 계약만료 : 2025.6.30
평균 재직 기간 : 3.54년 / 선호 포맷 : 3-4-1-2

History
잉글랜드 U-21 대표 출신이지만 주로 2부 리그에서 활약했고, 버밍엄, 위컴, 스토크, 사우샘프턴, WBA, 레딩 등에서 뛰다 2005년 비교적 이른 나이에 은퇴했다. 2010년 외스테르순드의 지휘봉을 잡았고, 4부 리그에서 5년 만에 1부 리그까지 진출시키며 지도력을 인정받았다.

Style
2016-17시즌 외스테르순드 역사상 최초로 유로파리그 진출까지 이끌며 스웨덴 무대에서 최고의 전술가로 평가받았다. 이후 스완지 시티를 거쳐 2019년 브라이튼의 사령탑에 올라 지도력을 발휘했다. 축구 공부를 게을리 하지 않는 학구파 감독이고, 전술 지식이 해박하다. 특히 선수 보는 안목이 탁월하고, 상황에 따른 유연한 전술 변화가 장점이다.

STADIUM
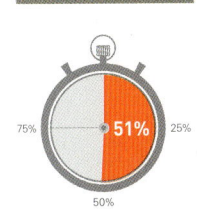

Falmer Stadium

구장 오픈 : 2011년 / 구장 증개축 : -
구장 소유 : 커뮤니티 스타디움 공사 / 수용 인원 : 3만 1800명
피치 규모 : 105 X 68m / 잔디 종류 : 천연 잔디

평균 볼 점유율 : 51%

BRIGHTON & HA vs. OPPONENTS PER GAME STATS

브라이튼 & HA vs 상대팀

득점	슈팅	유효슈팅	오프사이드	파울(PA) 패스시도	패스성공	패스성공률(P%)	태클시도	볼소유시 압박(PR)	인터셉트(INT)	GK 선방	파울	경고	퇴장
1.05	1.21	12.8	9.4	3.8 / 5.0	2.0	1.4	479 / 392	389 (PC)	293	81%	75%		
17.5 (TK) 15.2	175 (PR) 133	11.2	13.7 (INT)	2.1	3.6	11.3	13.2	1.18		1.29	0.158		0.053

시간대별 득점
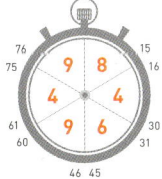
76 / 15 / 16 / 30 / 31 / 45 / 46 / 60 / 61 / 75
9 8 4 4 9 6

시간대별 실점

10 3 7 8 10 8
46 45

위치별 슈팅-득점
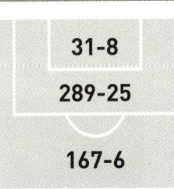
31-8
289-25
167-6
* 상대자책골 1골

공격 방향
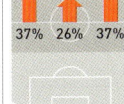
37% 26% 37%

볼 점유 위치
상대 진영 29%
중간 지역 43%
우리 진영 28%

포지션별 득점
FW진 21골
MF진 9골
DF진 9골
* 상대자책골 1골

상대포지션별 실점
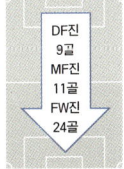
DF진 9골
MF진 11골
FW진 24골
* 자책골 실점 2골

BASIC FORMATION

3-4-2-1

모페 (벨벡)
트로사르 (라차즈) / 맥칼리스터 (코널리)
마치 (쿠쿠렐라) / 랄라나 (음웨푸) / 비수마 (알시테) / 램프티 (그로스)
더피 (번) / 덩크 (더피) / 웹스터 (펠트만)
산체스 / 세르펜

TOTO GUIDE 지난시즌 전적

상대팀	홈	원정
Manchester City	3-2	0-1
Manchester Utd	2-3	1-2
Liverpool	1-1	1-0
Chelsea	1-3	0-0
Leicester City	1-2	0-3
West Ham Utd	1-1	2-2
Tottenham	1-0	1-2
Arsenal	0-1	0-2
Leeds United	2-0	1-0
Everton	0-0	2-4
Aston Villa	0-0	2-1
Newcastle Utd	3-0	3-0
Wolverhampton	3-3	1-2
Crystal Palace	1-2	1-1
Southampton	1-2	2-1
Burnley	0-0	0-1
Fulham	0-0	0-0
West Brom	1-1	0-1
Sheffield Utd	1-1	0-1

득점 패턴

40골
OPEN PLAY 26 / COUNTER ATTACK 7 / SET PLAY 6 / PENALTY KICK 1 / OWN GOAL 1

실점 패턴

46골
OPEN PLAY 26 / COUNTER ATTACK 10 / SET PLAY 6 / OWN GOAL 2

OFFENSE | DEFENSE

OFFENSE		DEFENSE	
오픈 플레이	B	오픈 플레이 수비	D
카운터 어택	C	카운터 어택 수비	C
짧은 패스 게임	B	짧은 패스 게임 수비	D
롱볼 연계 플레이	C	롱볼 연계 플레이수비	C
솔로 플레이	B	솔로 플레이 수비	B
중거리 슈팅 / 직접 프리킥	B	중거리 슈팅 수비	D
측면 공격	B	측면 수비	C
세트 플레이	B	세트 플레이 수비	C
위협적인 공격 횟수	B	공중전 능력	D
슈팅 대비 득점	D	볼 쟁탈전 / 투쟁심	B
오프사이드 피하기	C	실수 조심	C
볼 점유율	B	파울 주의	C

A 매우 우수함 B 우수함 C 평균 수준 D 부족함 E 많이 부족함

| 상대유효슛 시도-실점 | 상대유효슛 시도-선방 | 상대PK 시도-선방 | 전체 슈팅 시도-득점 | 직접 프리킥 시도-득점 | PK 시도-득점 | TH 던지기 | NK 걸킥 | KD 평균걸킥 거리(m) | LG 왼발 득점 | RG 오른발 득점 | HG 헤더 득점 | 출전횟수 선발-교체 | 출전시간 분(MIN) | S% GK 선방율 | CS GK 클린시트 | A 도움 | P 평균패스 시도-성공 | P% 패스 성공률 | LB 평균롱볼 캐치-펀칭 | AD 평균공중 시도-성공 | T 평균 태클 | I 평균 인터셉트 | DR 평균드리블 시도-성공 | 페어플레이 경고-퇴장 | MOM |

Robert SÁNCHEZ GK 1
로베르트 산체스

SCOUTING REPORT
EPL 젊은 골키퍼 중 '최고의 발견'이었다. 주전 골키퍼였던 매튜 라이언의 폼이 떨어져 선발로 나섰고, 이후 지난 시즌 종료까지 주전 자리를 지켰다. 산체스는 '슛-스토핑'의 대가다. 순발력이 좋아 어려운 코스로 날아오는 공도 곧잘 쳐낸다. 높은 볼을 잘 처리하고, 중거리 슈팅 및 프리킥을 잘 막아낸다. 골킥 평균 비거리는 43m였다. 멀리 차내기와 센터백에게 준 빌드업 패스를 고루 섞었다.

PLAYER'S HISTORY
잉글랜드 아버지와 스페인 어머니 사이에 태어났다. 2018년 브라이튼에 입단했고, 포리스트 그린, 록데일에서 임대 신분으로 경험을 쌓은 뒤 2020-21시즌 복귀했다. 이중 국적이지만 스페인 A대표를 선택했다. 유로 2020에서 케파를 밀어내고 '넘버 3'로 엔트리에 올랐다.

| 주로 사용하는 발: 발 00% | | 우승 | 1부리그 : 0-0 | 협회컵 : 0-0 | 챔피언스 : 0-0 |
| | | 준우승 | 클럽 월드컵 : 0-0 | UEFA 유로 : 0-0 | 월드컵 : 0-0 |

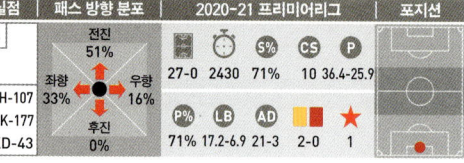

Lewis DUNK DF 5
루이스 덩크

SCOUTING REPORT
적극적인 콜 플레이를 통한 수비라인 조율에 능하다. 좋은 신체 조건과 운동 능력을 활용한 공중전은 위력적이다. 지난 시즌 헤더로 4골을 터뜨렸다. 네티즌들은 그를 '보급형 맥과이어'라고 부른다. 팀이 세트플레이 기회를 얻으면 전문 키커 중 1명으로 나선다. 적극적인 수비 성향으로 인해 카드를 자주 받는 것이 단점이다. 프로 데뷔 후 9년간 무려 14차례나 출전정지 처분을 받았다. EPL 최다 기록이다.

PLAYER'S HISTORY
아마추어 선수 출신 마크 덩크의 아들이다. 2010년 브라이튼에서 데뷔했고, 2013년 브리스톨 시티 임대를 다녀온 뒤 2014년부터 현재까지 활약 중이다. 어린 시절 첼시 팬으로 수비수 존 테리를 롤모델로 삼았다. EPL 팬들 사이에 '자책골의 제왕'이라는 별명이 붙었다.

| 주로 사용하는 발: 오른발 94% | | 우승 | 1부리그 : 0-0 | 협회컵 : 0-0 | 챔피언스 : 0-0 |
| | | 준우승 | 클럽 월드컵 : 0-0 | UEFA 유로 : 0-0 | 월드컵 : 0-0 |

Yves BISSOUMA MF 8
이브 비수마

SCOUTING REPORT
지난 시즌 EPL 36경기에 출전했다. '박스-투-박스' 미드필더로 그라운드의 전 지역을 커버하며 경기 당 2.9회의 태클과 1.8회의 인터셉트를 성공시켰다. 공격 상황에서 비게 되는 뒤쪽 공간을 민첩하게 커버한다. 기회가 생기면 박스 외곽에서 강력한 오른발 중거리 슈팅을 날린다. 쉽게 흥분하는 선수 스타일상 상대 선수와의 신경전으로 인해 불필요하게 카드를 수집하는 경우가 잦은 것이 단점으로 지적된다.

PLAYER'S HISTORY
말리계 이민 2세로 코트디부아르 이시아에서 태어났다. 어린 시절 고국 말리로 돌아갔다. 2014년 AS 바마코에서 데뷔했고, 릴을 거쳐 2018년 브라이튼으로 이적했다. 이중 국적이지만 말리 대표를 선택했다. 2016 아프리카선수권대회에 말리 대표팀 소속으로 출전했다.

| 주로 사용하는 발: 오른발 90% | | 우승 | 1부리그 : 0-0 | 협회컵 : 0-0 | 챔피언스 : 0-0 |
| | | 준우승 | 클럽 월드컵 : 0-0 | CAF 네이션스컵 : 0-0 | 월드컵 : 0-0 |

Neal MAUPAY FW 9
닐 모페

SCOUTING REPORT
작은 체격에 비해 힘과 밸런스가 좋아 상대 수비와 몸싸움을 해도 잘 버텨낸다. 등을 진 상태에서 볼을 잘 지켜낸 다음 동료 윙어나 2선 공격수들에게 적절히 전달해 준다. 최종 패스에 대한 트래핑 미스 등 다소 발밑이 투박하다는 단점이 있지만 박스 안에서의 집중력이 좋아 공격 전개 시 적극적인 슈팅으로 공격의 끝맺음 역할을 충실히 해낸다. 브렌트포드 시절 매년 9개씩 옐로카드를 받았지만 최근 많이 많이 줄었다.

PLAYER'S HISTORY
2014년 마르틴 외데고르, 유리 틸레망스 등과 함께 세계 10대 유망주 중 한 명으로 선정 되었으나 잠시 성장에 정체를 겪다가 16-17시즌 브레스투아로 임대이적 이후 거의 시즌마다 꾸준히 10골 넘게 득점하고 있다.

| 주로 사용하는 발: 오른발 80% | | 우승 | 1부리그 : 0-0 | 협회컵 : 0-0 | 챔피언스 : 0-0 |
| | | 준우승 | 클럽 월드컵 : 0-0 | UEFA 유로 : 0-0 | 월드컵 : 0-0 |

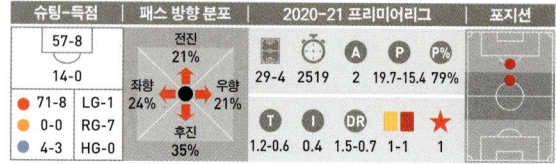

●	전체 슈팅 시도-득점
●	직접 프리킥 시도-득점
●	PK 시도-득점
LG	왼발 득점
RG	오른발 득점
HG	헤더 득점
⏱	출전횟수 선발-교체
⏲	출전시간 분(MIN)
A	도움
P	평균패스 시도-성공
P%	패스 성공률
T	평균태클 시도-성공
I	평균 인터셉트
DR	평균드리블 시도-성공
🟨🟥	페어플레이 경고-퇴장
★	MOM

DF Tariq LAMPTEY 2
타리크 램프티

첼시 아카데미에서 좋은 활약을 보여준 유망주였으나 아스필리쿠에타와 리스 제임스에 밀려 아쉽게 이적을 단행해야 했다. 브라이튼 합류 후에는 꾸준히 주전 라이트백으로 중용 받고 있다. 전성기 월콧에 버금가는 엄청난 스피드와 온더볼 능력으로 윙어로도 간혹 출전하나 아직 크로스의 정교함과 피지컬을 개선할 필요가 있다. 스피드를 이용한 돌파 후 컷백이 주 무기.

주로 사용하는 발: 오른발 73%

	우승	준우승
1부리그	0-0	
협회컵	0-0	
챔피언스	0-0	
클럽 월드컵	0-0	
UEFA 유로	0-0	
월드컵	0-0	

슈팅-득점: 6-1 / 0-0
- ● 6-1 LG-0
- ● 0-0 RG-1
- ● 0-0 HG-0

패스 방향 분포: 전진 25%, 좌향 42%, 우향 4%, 후진 30%

2020-21 프리미어리그
⏱ 11-0 ⏲ 891 A 1 P 34.0-26.6 P% 78%
T 2.2-1.5 I 1.7 DR 2.6-1.2 🟨🟥 2-1 ★

DF Adam WEBSTER 4
아담 웹스터

포츠머스에서 17세의 나이로 데뷔한 프로 10년차 중앙 수비수. 하부 리그부터 차근차근 성장을 거듭해 19-20시즌 브라이튼을 통해 빅리그에 입성 후 팀의 주전 수비수로 뛰고 있다. 190이 넘는 큰 키를 바탕으로 세트피스 시 공중전에서 위협적인 공격력을 자랑하며 수비 시에는 좋은 발밑을 활용한 빌드업 능력도 준수하다. 민첩성이 떨어져 뒷공간이 노출되는 단점이 있다.

주로 사용하는 발: 오른발 77%

	우승	준우승
1부리그	0-0	
협회컵	0-0	
챔피언스	0-0	
클럽 월드컵	0-0	
UEFA 유로	0-0	
월드컵	0-0	

슈팅-득점: 20-1 / 5-0
- ● 25-1 LG-0
- ● 0-0 RG-0
- ● 0-0 HG-1

패스 방향 분포: 전진 43%, 좌향 25%, 우향 26%, 후진 6%

2020-21 프리미어리그
⏱ 29-0 ⏲ 2595 A 0 P 63.4-51.2 P% 81%
T 1.4-1.1 I 1.6 DR 0.6-0.6 🟨🟥 4-0 ★

MF Alexis MAC ALLISTER 10
알렉시스 맥칼리스터

영국계 아르헨티나인이라는 특이한 이력을 가지고 있는 공격형 미드필더. 훌륭한 킥 능력을 바탕으로 한 중거리 슈팅과 세트피스 시 공 전달 능력이 발군이며, 수비 가담에도 적극적이다. 그러나 174cm의 작은 키로 인한 공중 경합에서의 약점이나 수비 시 무리한 태클로 인해 자주 파울을 범하는 점은 단점으로 지적된다.

주로 사용하는 발: 오른발 88%

	우승	준우승
1부리그	1-0	
협회컵	0-0	
챔피언스	0-0	
클럽 월드컵	0-0	
코파아메리카	0-0	
월드컵	0-0	

슈팅-득점: 6-0 / 18-1
- ● 24-1 LG-0
- ● 1-0   RG-1
- ● 0-0   HG-0

패스 방향 분포: 전진 26%, 좌향 19%, 우향 36%, 후진 19%

2020-21 프리미어리그
⏱ 13-8 ⏲ 1117 A 1 P 18.9-15.3 P% 81%
T 2.5-1.3 I 0.4 DR 1.2-0.8 🟨🟥 1-0 ★

MF Leandro TROSSARD 11
레안드로 트로사르

공격 라인의 전 위치를 넘나들며 EPL 35경기에 출전했다. 히트맵을 보면 브라이튼 박스 외곽~상대편 터치라인까지 전 지역이 붉거나 노랗게 물들어 있다. 좋은 중거리 슈팅 능력이 있고, 빠른 드리블로 크랙의 면모 또한 가지고 있다. 날카로운 킥이 주 무기로 측면이나 후방에서 박스 안으로 날리는 롱볼이 위협적이다. 좋은 공격력에 비해 수비 가담이 부족한 것은 단점이다.

주로 사용하는 발: 오른발 76%

	우승	준우승
1부리그	1-0	
협회컵	0-1	
챔피언스	0-0	
클럽 월드컵	0-0	
UEFA 유로	0-0	
월드컵	0-0	

슈팅-득점: 32-3 / 26-2
- ● 58-5 LG-1
- ● 2-0   RG-4
- ● 0-0   HG-0

패스 방향 분포: 전진 23%, 좌향 26%, 우향 31%, 후진 21%

2020-21 프리미어리그
⏱ 30-5 ⏲ 2622 A 5 P 28.5-22.4 P% 79%
T 1.7-0.9 I 0.7 DR 1.9-1.1 🟨🟥 2-0 ★★

FW Danny WELBECK 18
대니 웰벡

좋은 페이스로 전반기를 시작했으나 겨울에 무릎 부상으로 리그 6경기에 결장했다. 복귀 후 대부분의 경기에서 주전으로 활약했고, 시즌 성적은 24경기-6골. 탄력적인 피지컬을 활용한 개인기술이 좋고, 주력이 빠르다. 동료의 움직임을 살리는 연계 능력과 박스 밖에서의 오프더볼 움직임도 수준급이다. 골 결정력이 부족해 보이지만 출전 시간 대비 득점 수는 괜찮다.

주로 사용하는 발: 오른발 92%

	우승	준우승
1부리그	3-3	
협회컵	2-0	
챔피언스	1-1	
클럽 월드컵	1-0	
UEFA 유로	0-0	
월드컵	0-0	

슈팅-득점: 30-4 / 5-2
- ● 35-6 LG-2
- ● 0-0   RG-3
- ● 1-0   HG-1

패스 방향 분포: 전진 17%, 좌향 22%, 우향 33%, 후진 28%

2020-21 프리미어리그
⏱ 17-7 ⏲ 1547 A 1 P 10.8-8.7 P% 81%
T 1.0-0.5 I 0.4 DR 1.4-0.8 🟨🟥 0-0 ★

BURNLEY FC

구단 창립 : 1882년 홈구장 : 터프 무어 대표 : 알란 페이스 2020-21시즌 : 17위(승점 39점) 10승 9무 19패 33득점 55실점 닉네임 : The Clarets

끝까지 살아남는 자가 진정한 강자
부족한 재정에도 저력 있는 번리

놀라운 생존 DNA…5시즌 연속 EPL 잔류

번리는 2016-17시즌 승격한 후 꾸준한 성적을 내며 EPL에 연착했다. 부족한 재정으로 인해 큰돈을 쓸 수 없는 상황이지만 짜임새 있는 조직력과 선이 굵은 축구를 통해 결과를 만들고 있다. 지난 시즌도 마찬가지. 코로나19 여파로 이적 시장에서 영입 자금이 부족해 큰 영입이 없었고, 데일 스티븐스를 제외하고는 대부분 어린 선수들을 영입해 미래를 대비했다. 번리가 집중한 것은 핵심 선수들 지키기였고, 어느 정도 성과를 내며 팀을 단단하게 만들었다. 결국 번리는 10승 9무 19패 승점 39점으로 17위를 차지하며 5시즌 연속 잔류에 성공했다.

수비 보강 집중, 올 시즌도 살아남아야 한다

번리의 축구 색깔은 확실하다. '선수비 후역습'이다. 안정적인 수비를 구축한 후 선 굵은 축구를 통해 한방을 노리는 작전이다. 그러나 지난 시즌 리그에서 55실점을 내주며 수비가 흔들렸고, 이에 션 다이치 감독은 이번여름 수비 보강을 선택했다. 스토크 시티로부터 네이션 콜린스를 영입했고, 베테랑 웨인 헤네시와 애런 레넌 등을 영입하며 스쿼드에 경험을 더했다. 선수단 구성에는 큰 변화가 없다. 조직적인 축구를 통해 다시 한 번 돌풍을 일으키겠다는 생각이고, 현실적인 목표는 이번 시즌도 잔류다. 이번 시즌도 4-4-4 포메이션을 바탕으로 촘촘한 두 줄 수비를 구축해 실리적인 축구를 구사할 전망이다.

ODDS CHECK

| bet365 | 배당률 1000배 우승 확률 16위 | sky bet | 배당률 1500배 우승 확률 16위 |
| William HILL | 배당률 1000배 우승 확률 16위 | 888sport | 배당률 750배 우승 확률 16위 |

*우승 확률이 높을수록 배당률은 낮아짐

SQUAD LIST

위치	번호	선수	국적	키	생년월일	전 소속팀
GK	1	Nick Pope	ENG	191	92-04-19	Charlton Ath
GK	13	Wayne Hennessey	WAL	197	87-01-24	Crystal Palace
GK	25	Will Norris	ENG	195	93-08-12	Wolverhampton W
DF	2	Matthew Lowton	ENG	180	89-06-09	Aston Villa
DF	3	Charlie Taylor	ENG	175	93-09-18	Leeds U
DF	5	James Tarkowski	ENG	185	92-11-19	Brentford
DF	6	Ben Mee	ENG	180	89-09-23	Manchester C
DF	14	Connor Roberts	WAL	175	95-09-23	Swansea C
DF	22	Nathan Collins	IRL	196	01-04-30	Stoke C
DF	23	Erik Pieters	NED	183	88-08-07	Stoke C
DF	26	Phillip Bardsley	SCO	180	85-06-28	Stoke C
DF	28	Kevin Long	IRL	188	90-08-18	Cork C
DF	37	Bobby Thomas	ENG	186	01-01-30	None
DF	39	Owen Dodgson	ENG	178	03-03-19	Manchester U
MF	4	Jack Cork	ENG	185	89-06-25	Swansea C
MF	7	Jóhann Guðmundsson	ISL	186	90-10-27	Charlton Ath
MF	8	Josh Brownhill	ENG	179	95-12-19	Bristol C
MF	11	Dwight McNeil	ENG	183	99-11-22	None
MF	16	Dale Stephens	ENG	169	89-06-12	Brighton & HA
MF	17	Aaron Lennon	ENG	165	87-04-16	Kayserispor
MF	18	Ashley Westwood	ENG	170	90-04-01	Aston Villa
FW	9	Chris Wood	NZL	191	91-12-07	Leeds U
FW	10	Ashley Barnes	AUT	186	89-10-31	Brighton & HA
FW	19	Jay Rodriguez	ENG	185	89-07-29	WBA
FW	20	Maxwel Cornet	CIV	179	96-09-27	Lyon
FW	27	Matěj Vydra	CZE	180	92-05-01	Derby Co
FW	38	Lewis Richardson	ENG	178	03-02-07	None

2021-22 SEASON SCHEDULE

날짜	장소	상대팀	날짜	장소	상대팀
08-14	H	Brighton	12-28	A	Manchester Utd
08-21	A	Liverpool	01-01	A	Leeds United
08-29	H	Leeds United	01-15	H	Leicester City
09-13	A	Everton	01-22	A	Arsenal
09-18	A	Arsenal	02-08	H	Manchester Utd
09-25	H	Leicester City	02-12	A	Liverpool
10-02	H	Norwich City	02-19	H	Brighton
10-16	A	Manchester City	02-26	A	Crystal Palace
10-23	H	Southampton	03-05	H	Chelsea
10-30	A	Brentford	03-12	A	Brentford
11-06	A	Chelsea	03-19	H	Southampton
11-20	H	Crystal Palace	04-02	A	Manchester City
11-27	A	Tottenham	04-09	H	Norwich City
11-30	H	Wolverhampton	04-16	A	West Ham Utd
12-04	A	Newcastle Utd	04-23	H	Wolverhampton
12-11	H	West Ham Utd	04-30	A	Watford
12-14	H	Watford	05-07	H	Aston Villa
12-18	A	Aston Villa	05-15	A	Tottenham
12-26	H	Everton	05-22	H	Newcastle Utd

RANKING OF LAST 10YEARS

11-12	12-13	13-14	14-15	15-16	16-17	17-18	18-19	19-20	20-21
13	11	2	1		16	7	15	10	17
					40점	54점	40점	54점	39점
			33점						

MANAGER : Sean DYCHE 션 다이치

Personal Information
생년월일 : 1971.06.28 / 출생지 : 케터링(잉글랜드)
현역시절 포지션 : 수비수 / 계약만료 : 2022.6.30
평균 재직 기간 : 3.96년 / 선호 포맷 : 4-4-2

History
현역 시절 포지션은 센터백이었고, 1989년 노팅엄 포레스트에서 데뷔해 체스터필드, 브리스톨, 루턴, 밀월, 왓포드, 노스햄튼에서 현역으로 활약했다. 2007년 현역 은퇴 후 2011년 왓포드에서 지도자 생활을 시작했고, 2012년 번리의 지휘봉을 잡아 승격을 이끌었다.

Style
2013-14시즌 번리의 EPL 승격을 이끌면서 지도력을 인정받은 감독이고, 2017-18시즌에는 7위를 차지하며 유럽대항전 진출이라는 결과물까지 만들었다. 기본적으로 4-4-2 포메이션을 사용해 안정적인 수비와 날카로운 역습을 펼치고, 실리적인 축구를 구사하는 감독이다. 짠물 수비의 대명사고, 선이 굵은 축구로 결과를 만드는 것이 특징이다.

우승 - 준우승 횟수
- ENGLISH PREMIER LEAGUE : 2-2
- ENGLISH FA CUP : 1-2
- UEFA CHAMPIONS LEAGUE : 0-0
- UEFA EUROPA LEAGUE : 0-0
- FIFA CLUB WORLD CUP : 0-0
- UEFA-CONMEBOL INTERCONTINENTAL : 0-0

STADIUM
Turf Moor
구장 오픈 : 1883년
구장 소유 : 번리 FC
피치 규모 : 105 X 68m
구장 증개축 : -
수용 인원 : 2만 1944명
잔디 종류 : 하이브리드 잔디

평균 볼점유율 : 44%

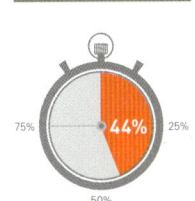

BURNLEY FC vs. OPPONENTS PER GAME STATS

번리 FC vs 상대팀

득점	슈팅	유효슈팅	오프사이드	패스시도	패스성공	패스성공률	볼소유시간	볼소유시 압박	인터셉트	GK 선방	파울	경고	퇴장
0.86	1.45	10.1	15.0	3.4	4.7	2.2	2.1	364 PA 554	261 PC 442	72% P% 80%			
14.8 TK 12.8	122 PR 119	10.9 INT 7.5	3.3	2.5	10.1	12.4	1.26	0.84	0.000	0.053			

시간대별 득점
76 / 15
75 10 9 16
3 5
6 6 30
61 31
60 46 45

시간대별 실점
10 10
10 6
7 12

위치별 슈팅-득점
47-8
187-19
150-5
*상대자책골 1골

공격 방향
38% 28% 34%

볼 점유 위치
상대 진영 30%
중간 지역 43%
우리 진영 27%

포지션별 득점
FW진 23골
MF진 5골
DF진 4골
*상대자책골 1골

상대포지션별 실점
DF진 8골
MF진 6골
FW진 40골
*자책골 실점 1골

BASIC FORMATION

4-4-2

우드 / 비드라
반스 / 로드리게스
맥닐 / 구드문드손
브라운힐 / 레넌
웨스트우드 / 비드라
코크 / 스티븐스
테일러 / 피터스
로턴 / 로버츠
미 / 콜린스
타코우스키 / 롱
포프 / 노리스

TOTO GUIDE 지난시즌 전적

상대팀	홈	원정
Manchester City	0-2	0-5
Manchester Utd	0-1	1-3
Liverpool	0-3	1-0
Chelsea	0-3	0-2
Leicester City	1-1	2-4
West Ham Utd	1-2	0-1
Tottenham	0-1	0-4
Arsenal	1-1	1-0
Leeds United	0-4	0-1
Everton	1-1	2-1
Aston Villa	3-2	0-0
Newcastle Utd	1-2	1-3
Wolverhampton	2-1	4-0
Crystal Palace	1-0	3-0
Southampton	0-1	2-3
Brighton	1-1	0-0
Fulham	1-1	2-0
West Brom	0-0	0-0
Sheffield Utd	1-0	0-1

득점 패턴
33골
OPEN PLAY 20
COUNTER ATTACK 8
SET PLAY 3
PENALTY KICK 1
OWN GOAL 1

실점 패턴
55골
OPEN PLAY 41
COUNTER ATTACK 9
SET PLAY 3
OWN GOAL 1

OFFENSE		DEFENSE	
오픈 플레이	D	오픈 플레이 수비	E
카운터 어택	C	카운터 어택 수비	C
짧은 패스 게임	B	짧은 패스 게임 수비	D
롱볼 연계 플레이	B	롱볼 연계 플레이수비	C
솔로 플레이	C	솔로 플레이 수비	C
중거리 슈팅 / 직접 프리킥	C	중거리 슈팅 수비	B
측면 공격	C	측면 수비	E
세트 플레이	B	세트 플레이 수비	D
위협적인 공격 횟수		공중전 능력	A
슈팅 대비 득점	D	볼 쟁탈전 / 투쟁심	B
오프사이드 피하기	D	실수 조심	C
볼 점유율	E	파울 주의	C

A 매우 우수함 B 우수함 C 평균 수준 D 부족함 E 많이 부족함

Nick POPE 1
GK 닉 포프

SCOUTING REPORT
지난 시즌 초반 팀이 강등권까지 가는 부진 속에서도 꿋꿋이 제 몫을 해냈다. 방어할 때 큰 키와 긴 팔다리를 효율적으로 이용한다. 발군의 순발력으로 '슛-스토핑'을 한다. 공중볼을 처리할 때 펀칭보다는 캐칭 비율이 압도적으로 높다. 좋은 선방 능력에 비해 아쉬운 점은 빌드업의 부족. 패스 성공률이 낮고, 골킥을 주로 멀리 차내는 데만 사용한다. 평균 비거리 57m로 매우 길다는 것이 이를 입증한다.

PLAYER'S HISTORY
2008년 프로 선수로 데뷔한 이래 8번이나 소속 팀이 바뀐 '저니맨'이다. 게다가 8부리그로 시작해 1부리그까지 진출한 입지전적인 인물이다. 이런 점에서 대표팀 동료인 제이미 바디를 연상케 한다. 2018 러시아 월드컵에서 잉글랜드 대표팀 명단에 이름을 올렸다.

James TARKOWSKI 5
DF 제임스 타코우스키

SCOUTING REPORT
발가락 부상으로 결장한 첫 2경기를 제외한 나머지 36경기에 모두 선발 풀타임으로 활약했다. 수비 시 몸싸움에 적극적인 편이고 수비력과 판단력이 필요한 1:1 마킹과 태클이 발군이다. 센터백치고 체격은 평범하지만 정확한 위치선정과 높은 점프를 이용해 공중전 승률 70%에 육박한다. 파울을 범하지 않고 볼만 정확히 걷어내는 태클 기술도 우수하다. 그러나 패스를 활용한 빌드업은 부족한 편이다.

PLAYER'S HISTORY
주로 하부리그에서 경험을 쌓았다. 2008년 메인 로드에서 데뷔했고, 올덤 어슬레틱, 브렌포드를 거쳐 2016년 번리로 이적했다. 폴란드계 이민 2세로 잉글랜드와 폴란드의 이중국적자다. 그중 잉글랜드 국가대표를 선택했다. 어린 시절 맨체스터 유나이티드의 팬이었다고 한다.

Jack CORK 4
MF 잭 코크

SCOUTING REPORT
번리 부동의 수비형 MF. 19-20시즌 말에 입은 발 부상의 여파로 지난 시즌 전반기는 거의 출전하지 못했다. 센터백으로 축구를 시작한 영향으로 수비적인 능력이 뛰어난 미드필더로 '번리의 마터치'라고 불릴 정도로 백포 보호와 볼을 따내는 능력이 강점이다. 다만 수비력에 비해 빈약한 공격력이 단점으로 지적되지만 선수 스스로가 보완을 위해 많은 노력을 기울여 스완지 시절에는 기성용을 밀어낸 적도 있다.

PLAYER'S HISTORY
첼시 유스에서 존 테리의 후계자로 점찍은 자원이었으나 이후 신체 성장이 더뎌지면서 미드필더로 보직을 바꾸었다. 유소년 팀과 리저브 팀에서는 주장까지 맡았지만 너무 확실한 장단점 탓에 1군에서는 중용 받지 못하고 하부팀 임대를 전전하다 2017년 번리에 정착했다.

Chris WOOD 9
FW 크리스 우드

SCOUTING REPORT
전형적인 타깃형 스트라이커. 최전방 포스트 플레이도 괜찮고, 체격이 워낙 커서 공중볼을 굉장히 잘 따낸다. 예전에는 헤더 골이 많았으나 지난 시즌엔 오른발로 많이 넣었다. 페널티 킥 전문 키커 중 1명이다. 발이 느리기에 역습 상황에서 본인은 중앙으로 침투하고, 빠르게 치고 나가는 역할은 동료 윙어, 미드필더들이 수행한다. 수비수들 사이에 있다가 롱-볼을 자주 받기에 오프사이드를 많이 범하다.

PLAYER'S HISTORY
2006년 데뷔 후 현재까지 무려 13번이나 팀을 옮긴 '저니맨'이다. 뉴질랜드 연령별 대표를 지냈고, 2009년부터 A대표로 활약해 왔다. 팬들로부터 당나귀를 닮았다는 소리를 많이 듣는다. 리즈 Utd.에서 뛴 경력 때문인지 당시 동료들과 현재까지도 친분을 유지하고 있다.

DF Charlie TAYLOR 3
찰리 테일러

시즌 도중 3차례나 허벅지 부상이 재발해 좋았던 흐름이 번번히 끊겼다. 그러나 남은 EPL 일정에는 대부분 선발로 출전해 제 몫을 했다. 테일러는 태클을 비롯한 전체적인 수비력이 준수하다. 빠른 스피드를 이용해 측면에서 폭발적인 드리블을 구사하다. 특히 코너플래그 부근에서 골대 쪽으로 접고 들어온 다음 동료에게 패스를 찔러주는 플레이가 일품이다.

주로 사용하는 발: 왼발 97%

	우승	준우승
1부리그	0-0	클럽월드컵 0-0
협회컵	0-0	UEFA 유로 0-0
챔피언스	0-0	월드컵 0-0

슈팅-득점: 1-0, 2-0, ●3-0 LG-0, ●0-0 RG-0, ●0-0 HG-0

패스 방향 분포: 전진 47%, 좌향 6%, 우향 27%, 후진 20%

2020-21시즌 리그 기록: 28-1 / 2429 / 1 / 34.1-24.0 / 70% / T 2.4-1.7 / I 1 / DR 1.6-0.9 / 1-0

DF Ben MEE 6
벤 미

 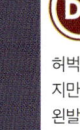

허벅지 부상으로 시즌 초반 8경기를 날려버렸다. 하지만 그 후 복귀해 중앙 수비수로서 풀-타임 활약했다. 왼발잡이 센터백으로 중앙과 왼쪽을 폭넓게 커버한다 (히트맵 분석). 라인 컨트롤, 수비 리드, 인터셉트에 강점을 지닌 '커맨더형 센터백'이다. 체격은 평범하지만 높은 점프와 정확한 타이밍을 이용해 세트플레이 헤더 골을 터뜨린다. 가끔 치명적인 실수를 범한다.

주로 사용하는 발: 왼발 86%

	우승	준우승
1부리그	0-0	클럽월드컵 0-0
협회컵	0-0	UEFA 유로 0-0
챔피언스	0-0	월드컵 0-0

슈팅-득점: 20-2, 2-0, ●22-2 LG-0, ●0-0 RG-0, ●0-0 HG-2

패스 방향 분포: 전진 48%, 좌향 19%, 우향 26%, 후진 7%

2020-21시즌 리그 기록: 30-0 / 2694 / 0 / 37.4-26.6 / 71% / T 1.6-1.1 / I 1.4 / DR 0.2-0.1 / 3-0 / ★2

MF Dwight MCNEIL 11
드와이트 맥닐

큰 부상 없이 시즌을 잘 마무리했다. 좋은 왼발을 가지고 있어 박스 외곽에서 기회를 잡으면 바로 폭발적인 중거리 슈팅을 날린다. 특유의 흐느적거리는 드리블로 코너플래그 근처까지 침투한 후, 박스 안의 동료에게 날카롭게 내주는 장면도 인상적이다. 풀백에게 측면 공격을 맡기고, 본인은 하프 스페이스 쪽으로 접고 들어오면서 직접 슈팅하는 모습이 최근 늘어났다.

주로 사용하는 발: 왼발 96%

	우승	준우승
1부리그	0-0	클럽월드컵 0-0
협회컵	0-0	UEFA 유로 0-0
챔피언스	0-0	월드컵 0-0

슈팅-득점: 9-0, 17-2, ●26-2 LG-2, ●1-0 RG-0, ●0-0 HG-0

패스 방향 분포: 전진 28%, 좌향 29%, 우향 27%, 후진 25%

2020-21시즌 리그 기록: 34-2 / 3071 / 5 / 30.7-24.2 / 79% / T 2.4-1.3 / I 0.9 / DR 2.9-1.8 / 1-0 / ★1

MF Dale STEPHENS 16
데일 스티븐스

브라이튼 시절 주전 미드필더였으나 번리 이적 첫해인 지난 시즌 햄스트링 부상 및 주전 경쟁 실패로 EPL 7경기(선발 3회) 출전에 그쳤다. 수비에 특화된 미드필더로 수비 집중력이 좋아 클리어링, 블로킹도 잘 해낸다. 공격 가담 횟수는 많지 않으나 박스 외곽에 대기하다 날리는 폭발적인 중거리 슈팅은 상대팀의 경계 대상이 된다.

주로 사용하는 발: 오른발 89%

	우승	준우승
1부리그	0-0	클럽월드컵 0-0
협회컵	0-0	UEFA 유로 0-0
챔피언스	0-0	월드컵 0-0

슈팅-득점: 1-0, 3-0, ●4-0 LG-0, ●0-0 RG-0, ●0-0 HG-0

패스 방향 분포: 전진 28%, 좌향 25%, 우향 27%, 후진 20%

2020-21시즌 리그 기록: 3-4 / 259 / 0 / 17.0-14.0 / 82% / T 2.0-1.6 / I 1.1 / DR 0.3-0.1 / 1-0

MF Ashley WESTWOOD 18
애슐리 웨스트우드

명실상부한 '야전 사령관'이다. 지난 시즌 EPL 38경기에 모두 선발출전 했다. 히트맵 분석 결과 그의 움직임은 완벽한 '박스-투-박스'다. 그런데 기능적인 면에서는 '딥-라잉 플레이메이커'다. 전방으로 부채살처럼 뿌리는 장-단 패스는 '핀포인트 컨트롤'을 자랑한다. 롱-볼은 위력적이고, 키패스는 날카롭다. 박스 외곽에서 강력한 중거리 슈팅과 직접 프리킥을 구사한다.

주로 사용하는 발: 오른발 94%

	우승	준우승
1부리그	0-0	클럽월드컵 0-0
협회컵	0-1	UEFA 유로 0-0
챔피언스	0-0	월드컵 0-0

슈팅-득점: 5-3, 15-0, ●20-3 LG-1, ●1-0 RG-2, ●0-0 HG-0

패스 방향 분포: 전진 37%, 좌향 22%, 우향 24%, 후진 17%

2020-21시즌 리그 기록: 38-0 / 3411 / 3 / 53.8-42.3 / 79% / T 1.4-0.6 / I 1.2 / DR 0.5-0.3 / 7-0 / ★1

FW Ashley BARNES 10
애슐리 반스

 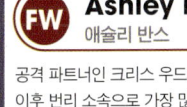

공격 파트너인 크리스 우드와 함께 프리미어리그 출범 이후 번리 소속으로 가장 많은 골을 넣은 공격수. 좋은 피지컬에 비해 빠른 속도를 가지고 있어서 우드의 공중전 능력과 빅 앤 스몰 투톱으로 상당한 시너지를 보여준다. 활동 범위도 넓어 수비 가담도 잘하는 편이지만 신경질적이고 거친 플레이를 즐겨 하는 것이 단점으로 타팀 팬들 중에서는 싫어하는 사람이 많은 편.

주로 사용하는 발: 오른발 78%

	우승	준우승
1부리그	0-0	클럽월드컵 0-0
협회컵	0-0	UEFA 유로 0-0
챔피언스	0-0	월드컵 0-0

슈팅-득점: 26-3, 12-0, ●38-3 LG-1, ●0-0 RG-1, ●1-1 HG-1

패스 방향 분포: 전진 32%, 좌향 21%, 우향 24%, 후진 23%

2020-21시즌 리그 기록: 15-7 / 1337 / 0 / 13.8-8.5 / 62% / T 1.0-0.5 / I 0.2 / DR 0.1-0.0 / 4-0 / ★1

NORWICH CITY FC

구단 창립 : 1902년 홈구장 : 캐로우 로드 대표 이름 2020-21시즌 : 2부 1위(승점 97점) 29승 10무 7패 75득점 36실점 닉네임 : The Canaries, The Yellows

돌풍의 팀, 한 시즌 만에 EPL 승격
'젊은 피' 수혈, 더 이상 강등은 없다

'26골' 푸키, '17도움' 부엔디아, 승격 이끌다

노리치 시티는 지난 2019-20시즌 리그 최하위를 기록하며 2부로 강등됐다. 화끈한 공격 축구로 호평을 받기는 했지만 결과를 만들어 내지 못했고, 수비 조직이 완전히 무너져 리그에서 75실점을 기록하며 강등의 쓴 잔을 마셨다. 절치부심한 노리치는 리빌딩을 진행하며 다시 한 번 승격을 노렸고, 챔피언십에서 29승 10무 7패 75득점 36실점이라는 좋은 성적을 거두며 다시 한 번 승격의 기쁨을 맛봤다. 특히 간판 공격수 테무 푸키가 26골로 팀의 공격을 이끌었고, 빅 클럽들의 뜨거운 러브콜을 받았던 에밀리아노 부엔디아는 17도움으로 챔피언십 최고의 도우미로 활약했다.

10년 동안 3번의 강등, 이번에는 잔류할까

노리치 시티는 지난 10년 동안 3번이나 강등의 아픔을 겪었다. 챔피언십 무대에서는 압도적인 성적을 거두며 승격에 성공했지만 PL 무대에서는 기대와 달리 결과를 만들지 못했다. 공격적인 경기 운영으로 보는 즐거움은 있었지만 실속이 없었고, PL 무대에서 버티기에는 경험치가 부족했다. 이에 노리치는 절치부심하며 팀의 리빌딩을 진행했고, 이번 여름에도 영입, 임대 등 다양한 방식으로 젊은 피를 수혈했다. 특히 맨유의 유망주 브랜든 윌리엄스를 품었고, 첼시의 미드필더 빌리 길모어도 데려왔다. 여기에 푸키, 그랜트 헨리, 막스 아론스, 크리스토프 치머만 등 핵심 선수들이 건재하기 때문에 신구 조화도 인상적이다.

ODDS CHECK

bet365	배당률 1500배 우승 확률 20위	skybet	배당률 1500배 우승 확률 16위
William HILL	배당률 1000배 우승 확률 16위	888sport	배당률 1000배 우승 확률 20위

*우승 확률이 높을수록 배당률은 낮아짐

SQUAD LIST

위치	번호	선수	국적	키	생년월일	전 소속팀
GK	1	Tim Krul	NED	188	88-04-03	Brighton & HA
	28	Angus Gunn	ENG	196	96-01-22	Southampton
	33	Michael McGovern	NIR	191	84-07-12	Hamilton Academical
DF	2	Max Aarons	ENG	176	00-01-04	Luton T
	3	Sam Byram	ENG	180	93-09-16	West Ham U
	4	Ben Gibson	ENG	185	93-01-15	Burnley
	5	Grant Hanley	SCO	188	91-11-20	Newcastle U
	6	Christoph Zimmermann	GER	194	93-01-12	Borussia Dortmund II
	15	Ozan Kabak	TUR	186	00-03-25	Schalke
	21	Brandon Williams	ENG	182	00-09-03	Manchester U
	26	Bali Mumba	ENG	176	01-10-08	Sunderland
	30	Dimitris Giannoulis	GRE	175	96-10-17	PAOK
MF	7	Lukas Rupp	GER	178	91-01-08	1899 Hoffenheim
	8	Billy Gilmour	SCO	170	01-06-11	Chelsea
	10	Kieran Dowell	ENG	175	97-10-10	Everton
	11	Przemysław Placheta	POL	177	98-03-23	Śląsk Wrocław
	14	Todd Cantwell	ENG	177	98-02-27	None
	16	Mathias Normann	NOR	179	96-05-28	FC Rostov
	17	Milot Rashica	KVX	178	96-06-28	Werder Bremen
	19	Jacob Lungi Sørensen	DEN	184	98-03-03	Esbjerg
	20	Pierre Lees-Melou	FRA	185	93-05-25	Nice
	23	Kenny McLean	SCO	183	92-01-08	Aberdeen
FW	18	Christos Tzolis	GRE	179	02-01-30	PAOK
	22	Teemu Pukki	FIN	179	90-03-29	Brøndby
	24	Josh Sargent	USA	185	00-02-20	Werder Bremen
	35	Adam Idah	IRL	190	01-02-11	College Corinthians

2021-22 SEASON SCHEDULE

날짜	장소	상대팀	날짜	장소	상대팀
08-14	H	Liverpool	12-28	A	Crystal Palace
08-21	A	Manchester City	01-01	A	Leicester City
08-28	H	Leicester City	01-15	H	Everton
09-11	A	Arsenal	01-22	A	Watford
09-18	H	Watford	02-08	H	Crystal Palace
09-25	A	Everton	02-12	H	Manchester City
10-02	A	Burnley	02-19	A	Liverpool
10-16	H	Brighton	02-26	A	Southampton
10-23	A	Chelsea	03-05	H	Brentford
10-30	H	Leeds United	03-12	A	Leeds United
11-06	A	Brentford	03-19	H	Chelsea
11-20	H	Southampton	04-02	A	Brighton
11-27	A	Wolverhampton	04-09	H	Burnley
12-01	A	Newcastle Utd	04-16	A	Manchester Utd
12-04	H	Tottenham	04-23	H	Newcastle Utd
12-11	H	Manchester Utd	04-30	A	Aston Villa
12-14	A	Aston Villa	05-07	H	West Ham Utd
12-18	A	West Ham Utd	05-15	A	Wolverhampton
12-26	H	Arsenal	05-22	H	Tottenham

RANKING OF LAST 10 YEARS

■ 2부 리그 ■ 3부 리그

11-12	12-13	13-14	14-15	15-16	16-17	17-18	18-19	19-20	20-21
12 47점	11 44점	18 33점	3	19 34점	8	14	1	20 21점	1

MANAGER : Daniel FARKE 다니엘 파르케

Personal Information
생년월일 : 1976.10.30 / 출생지 : 슈타인하우젠(독일)
현역시절 포지션 : 공격수 / 계약만료 : 2025.6.30
평균 재직 기간 : 4.02년 / 선호 포맷 : 4-2-3-1

History
화려한 스타 출신의 감독은 아니다. 주로 독일 하부리그에서 뛰었고, 현역 은퇴 후 친정팀인 립슈타트의 지휘봉을 잡아 독일 6부 리그에 있던 팀을 4부 리그까지 승격시켰다. 이후 BVB의 2군 감독으로 선임되며 좋은 지도력을 보였고, 결국 2017년 노리치의 사령탑에 올랐다.

Style
토마스 투헬과 도르트문트 시절 만난 인연이 있고, 상당히 비슷한 축구 스타일을 가지고 있다. 전방부터 강한 압박을 시도하고, 빠른 공수 전환을 통해 찬스를 만드는 것이 특징이다. 어떤 상대를 만나더라도 강하게 나서고, 날카로운 역습이 장점이다. 주로 4-2-3-1 포메이션을 사용하지만 상황에 따른 변화를 주고, 공간을 잘 활용하는 감독이다.

우승 - 준우승 횟수

STADIUM
Carrow Road

구장 오픈 : 1935년 / 구장 증개축 : 총 6회(최근 2010년)
구장 소유 : 노리치 시티 / 수용 인원 : 2만 7359명
피치 규모 : 105 X 68m / 잔디 종류 : 하이브리드 잔디

2부 평균 볼 점유율 **58%**

NORWICH CITY FC vs. OPPONENTS PER GAME STATS

노리치 시티 vs 상대팀

득점	슈팅	유효슈팅	오프사이드	GK 선방	크로스	태클시도	인터셉트	범한 파울	파울 얻음	경고	퇴장
1.63	15.6	5.2	1.5	2.6	3.4	15.9	CR 17.7				
0.95	11.3	3.5	1.5								
13.8 TK 14.0	9.8 IT 12.6	10.6	14.3	13.8	10.4	1.30	1.85	0.087	0.065		

패스 시도 **548** (성공 94 / 실패 454)

시간대별 득점

76 15 / 75 20 11 16 / 11 18 / 61 6 9 30 / 46 31 45

시간대별 실점

76 15 / 75 7 8 16 / 9 3 / 61 6 6 30 / 46 31 45

위치별 슈팅-득점
41-10
405-51
270-13
*상대자책골 1골

공격 방향
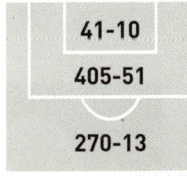
36% 28% 36%

볼 점유 위치
상대 진영 27%
중간 지역 42%
우리 진영 31%

포지션별 득점
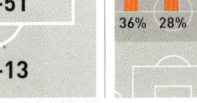
FW진 50골 / MF진 18골 / DF진 6골

상대 포지션별 실점
DF진 5골 / MF진 9골 / FW진 22골
*상대자책골 1골

BASIC FORMATION
4-3-3

푸키 (사전트)
라시차 (프와체타) / 캔트웰 (다웰)
루프 (멜루) / 리멜루 (노로만)
카바예 (마부바)
지아눌리스 (바이럼) / 아론스 (뭄바)
깁슨 (카바크) / 헨리 (오모바미델레)
크룰 (짐메르만)

TOTO GUIDE 지난 시즌 상대 전적(2부리그)

상대팀	홈	원정
Watford	0-1	0-1
Brentford	1-0	1-1
Swansea City	1-0	0-2
Barnsley	1-0	2-2
Bournemouth	1-3	0-1
Reading	4-1	2-1
Cardiff City	2-0	2-1
QP Rangers	1-1	3-1
Middlesbrough	0-0	1-0
Millwall	0-0	0-0
Luton Town	3-0	1-3
Preston	2-2	1-1
Stoke City	4-1	3-2
Blackburn	1-1	2-1
Coventry City	1-0	1-0
Nottm Forest	2-1	2-0
Birmingham City	1-0	3-1
Bristol City	2-0	3-1
Huddersfield	7-0	1-0
Derby County	0-1	1-0
Wycombe	2-1	2-0
Rotherham	1-0	2-1
Sheffield Wed	2-1	2-1

득점 패턴
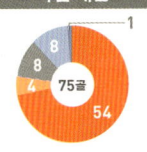
75골 : OPEN PLAY 54 / COUNTER ATTACK 8 / SET PLAY 8 / PENALTY KICK / OWN GOAL 1

실점 패턴

36골 : 25 / 8 / 3

OFFENSE | DEFENSE

OFFENSE		DEFENSE	
오픈 플레이	E	오픈 플레이 수비	C
카운터 어택	C	카운터 어택 수비	B
짧은 패스 게임	C	짧은 패스 게임 수비	D
롱볼 연계 플레이	C	롱볼 연계 플레이 수비	D
솔로 플레이	C	솔로 플레이 수비	D
중거리 슈팅 / 직접 프리킥	B	중거리 슈팅 수비	C
측면 공격	C	측면 수비	E
세트 플레이	C	세트 플레이 수비	D
위협적인 공격 횟수	D	공중전 능력	E
슈팅 대비 득점	D	볼 쟁탈전 / 투쟁심	D
오프사이드 피하기	D	실수 조심	B
볼 점유율	D	파울 주의	C

A 매우 우수함 / B 우수함 / C 평균 수준 / D 부족함 / E 많이 부족함

GK Tim KRUL 1
팀 크룰

SCOUTING REPORT
잉글랜드 2부 리그 36경기에 출전해 팀의 EPL 승격을 이끌었다. 크룰은 반사신경을 이용한 슛-스토핑의 대가이다. 지난 시즌 선방률은 경이적인 수준인 80%였다. 최강의 무기는 PK 방어. 상대 키커와 심리전에 능하고, 팔다리가 길며, 정확한 타이밍에 다이빙하기에 방어율이 높다. 2019-20, 2020-21시즌 2년간, 10차례의 PK 중 4번을 막아냈다. 발로 볼을 다룰 때는 불안하기에 빌드업에 약점이 있다.

PLAYER'S HISTORY
2006년 뉴캐슬에서 데뷔했고, 포커크, 칼라일, 아약스, AZ, 브라이튼을 거쳐 노리치 시티로 이적했다. 네덜란드 연령별 대표를 거쳤고, A대표로 2014 브라질 월드컵 때 PK 방어로 명성을 떨쳤다. ADO 덴하그 시절 커다란 손 때문에 'Bakers Hands'라는 별명을 얻었다.

| 주로 사용하는 발: 왼발 77% | 우승 | 1부리그: 0-0 | 협회컵: 0-1 | 챔피언스: 0-0 |
| | 준우승 | 클럽 월드컵: 0-0 | UEFA 유로: 0-0 | 월드컵: 0-0 |

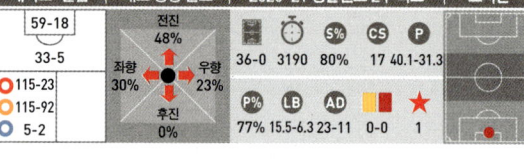

DF Grant HANLEY 5
그랜트 헨리

SCOUTING REPORT
프로 데뷔 12년 차다. 챔피언십(2부 리그) 8년은 늘 선발 풀타임 출전했다. 그러나 EPL 4년간은 로테이션 멤버로 벤치에 대기한 적이 많았다. 리더십이 좋다는 평가로 노리치시티의 주장을 맡고 있으며, 커맨더형 센터백으로 태클, 인터셉트, 클리어링 등 수비의 종합적인 면에서 높은 평가를 받는다. 좋은 체격을 이용한 공중전도 강점. 경기 평균 69회, 성공률 89%의 장단 패스로 후방 빌드업을 시작한다.

PLAYER'S HISTORY
블랙번 로버스 유스 출신으로 2010년 이 팀 1군에서 프로 데뷔했다. 뉴캐슬 유나이티드를 거쳐 2017년 노리치 시티로 이적했다. 스코틀랜드 U-19, U-21 대표 출신이다. 2011년 2월, 북아일랜드와의 네이션스컵 때 후반 교체 투입되며 스코틀랜드 A대표로 데뷔했다.

| 주로 사용하는 발: 오른발 89% | 우승 | 1부리그: 0-0 | 협회컵: 0-0 | 챔피언스: 0-0 |
| | 준우승 | 클럽 월드컵: 0-0 | UEFA 유로: 0-0 | 월드컵: 0-0 |

MF Todd CANTWELL 14
토드 캔트웰

SCOUTING REPORT
챔피언십 시즌 초반 무릎 타박상으로 3경기를 결장했고, 이후 퍼포먼스가 들쭉날쭉했다. 올 시즌 초반 일단 정상 컨디션으로 출발했다. 캔트웰은 노리치 공격의 핵이다. 특유의 퍼스트 터치로 상대의 압박을 벗겨내고, 다양한 신체를 활용해 감각적인 연계 플레이를 선보인다. 장단 패스는 리그 최상급. 다양한 기술을 가미해 시도하는 드리블도 압권이다. 기회가 생기면 주저 없이 강력한 중거리 슈팅을 날린다.

PLAYER'S HISTORY
잉글랜드 노폭의 디어럼 출신이다. 고향 팀 노리치 유스 팀에서 축구를 배웠고, 2017년 이 팀 1군에서 데뷔해 현재까지 활약 중이다. 2018년에는 경험을 쌓기 위해 네덜란드 포르투나에 임대 신분으로 뛰었고, 이듬해 복귀했다. 잉글랜드 U-17, U-21 대표 출신이다.

| 주로 사용하는 발: 오른발 91% | 우승 | 1부리그: 0-0 | 협회컵: 0-0 | 챔피언스: 0-0 |
| | 준우승 | 클럽 월드컵: 0-0 | UEFA 유로: 0-0 | 월드컵: 0-0 |

FW Teemu PUKKI 22
테무 푸키

SCOUTING REPORT
지난 시즌 챔피언십 43경기에 선발로 출전해 29골을 폭발시켰다. 명실공히 2부 리그 최고의 공격수였다. 골 냄새를 정말 잘 맡는 공격수로 '골 사냥꾼'이라는 별명이 붙었다. 박스 안에서 위치를 잘 잡고, 원터치 혹은 투터치 이내에 슈팅을 날린다. 발끝 움직임이 매우 섬세하기에 볼을 슈팅하기 좋은 위치로 보낸 바로 골을 터뜨린다. 박스 안에서는 어떤 상황에서든 일단 슈팅을 하고 본다.

PLAYER'S HISTORY
2006년 KTP에서 데뷔했고, 세비야, HJK, 샬케, 셀틱, 브뢴비를 거쳐 2018년 노리치에 입단했다. 셀틱 시절까지는 풍성한 모발에 아이돌급 외모를 자랑했다. 그러나 브뢴비 이적 후 탈모가 시작됐다. 결국 머리를 박박 밀어버리고, 수염을 길러 터프한 모습으로 바꾸었다.

| 주로 사용하는 발: 오른발 80% | 우승 | 1부리그: 2-1 | 협회컵: 1-2 | 챔피언스: 0-0 |
| | 준우승 | 클럽 월드컵: 0-0 | UEFA 유로: 0-0 | 월드컵: 0-0 |

Max AARONS 2
DF 맥스 아론스

지난 시즌 챔피언십(2부 리그)과 승강 PO 포함, 총 45경기에 모두 선발로 출전했고, 교체 아웃은 단 3회에 불과했다. 올 시즌도 부동의 주전으로 나설 것이다. 스피드가 빠르고, 활동폭이 넓으며 저돌적인 드리블로 측면을 돌파하는 공격적인 라이트백이다. 매우 역동적인 움직임으로 상대를 압박한다. 강력한 중거리 슈팅과 날카로운 크로스를 선보인다.

주로 사용하는 발: 오른발 83%

우승	1부리그: 0-0	협회컵: 0-0	챔피언스: 0-0
준우승	클럽 월드컵: 0-0	UEFA 유로: 0-0	월드컵: 0-0

슈팅-득점: 18-2 / 10-0
- LG-0: 28-2
- RG-2: 0-0
- HG-0: 0-0

패스 방향 분포: 전진 28%, 좌향 40%, 우향 5%, 후진 27%

2020-21 잉글랜드 2부 리그: 45-0 4049 2 46.7-38.8 83% | T-I: 1.0-0.7 0.9 | DR: 2.4-1.4 | 5-0

Sam BYRAM 3
DF 샘 바이럼

'리즈 시절', 부동의 LB였다. 그러나 잦은 부상에 발목이 잡혔다. 지난 시즌도 햄스트링, 대퇴부 부상이 발생하며 1년을 날렸다. 올 시즌 개막전 시점에도 컨디션을 되찾지 못했다. 하지만 몸 상태만 올라온다면 충분히 경쟁력이 있는 레프트백이다. 바이럼이 정상 컨디션일 경우 볼을 잘 지켜내고, 태클, 인터셉트, 블로킹 등 종합적인 수비력에서 후한 평가를 받는다.

주로 사용하는 발: 오른발 82%

우승	1부리그: 0-0	협회컵: 0-0	챔피언스: 0-0
준우승	클럽 월드컵: 0-0	UEFA 유로: 0-0	월드컵: 0-0

슈팅-득점: 0-0 / 0-0
- LG-0: 0-0
- RG-0: 0-0
- HG-0: 0-0

패스 방향 분포: NO DATA

Kieran DOWELL 10
MF 키어런 다웰

챔피언십 로테이션 멤버로 활약했다. 선발 12회, 교체인 12회였고, 5골-1도움을 올렸다. 올 시즌도 중원 여러 위치를 넘나들며 팀플레이를 뒷받침할 것이다. 지난 시즌 히트맵을 보면 노리치 박스 외곽~상대 진영 골라인까지 폭넓게 움직였음을 알 수 있다. 짧은 패스 콤비네이션과 컷-인 플레이로 기회를 만들고, 정확한 마무리로 골을 터뜨린다. 프리킥 키커 중 1명이다.

주로 사용하는 발: 왼발

우승	1부리그: 0-0	협회컵: 0-0	챔피언스: 0-0
준우승	클럽 월드컵: 0-0	UEFA 유로: 0-0	월드컵: 0-0

슈팅-득점: 12-3 / 20-2
- LG-5: 32-5
- RG-0: 6-1
- HG-0: 0-0

패스 방향 분포: 전진 31%, 좌향 29%, 우향 19%, 후진 21%

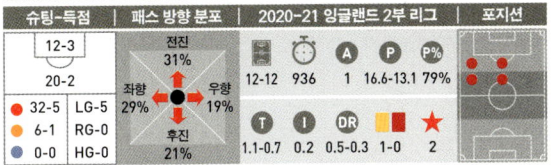

2020-21 잉글랜드 2부 리그: 12-12 936 1 16.6-13.1 79% | T-I: 1.1-0.7 0.2 | DR: 0.5-0.3 | 1-0 | 2

Billy GILMOUR 8
MF 빌리 길모어

스코틀랜드 출신 천재 미드필더. 현재 첼시 소속이지만 올 시즌 노리치로 임대됐다. 더 경험을 쌓으라는 감독의 배려였다. 어린 선수지만 화려한 볼 컨트롤, 정확한 킥, 우수한 축구 지능 등에서 놀라운 재능을 뽐내고 있다. '오프 더 볼' 움직임이 좋기에 늘 볼을 받기 좋은 위치를 선점한다. 정확한 전진 스루패스와 강력한 오른발 슈팅은 길모어 최대의 강점이다.

주로 사용하는 발: 오른발 94%

우승	1부리그: 0-0	협회컵: 0-2	챔피언스: 1-0
준우승	클럽 월드컵: 0-0	UEFA 유로: 0-0	월드컵: 0-0

슈팅-득점: 0-0 / 1-0
- LG-0: 1-0
- RG-0: 0-0
- HG-0: 0-0

패스 방향 분포: 전진 22%, 좌향 28%, 우향 33%, 후진 16%

2020-21 프리미어리그: 3-2 260 0 45.0-39.6 88% | T-I: 1.8-0.8 0.6 | DR: 0.8-0.2 | 0-0

PRZEMYSŁAW PŁACHETA 11
MF 프셰미스와프 프와체타

8월 12일, 코로나에 감염돼 격리된 후 9월 12일에 복귀했다. 일단 정상 컨디션으로 그라운드에 나서야 한다. 프와체타는 지난 시즌 챔피언십 로테이션 멤버로 출전했다(선발 10회 + 교체인 16회). 올 시즌 정상 컨디션을 회복한다면 지난 시즌보다 출전 시간이 늘어날 가능성이 높다. 레프트윙 전문으로 정확한 크로스, 날카로운 스루패스, 민첩한 컷-인 플레이를 선보인다.

주로 사용하는 발: 왼발

우승	1부리그: 0-0	협회컵: 0-0	챔피언스: 0-0
준우승	클럽 월드컵: 0-0	UEFA 유로: 0-0	월드컵: 0-0

슈팅-득점: 21-1 / 14-0
- LG-1: 35-1
- RG-0: 1-0
- HG-0: 0-0

패스 방향 분포: 전진 22%, 좌향 16%, 우향 31%, 후진 30%

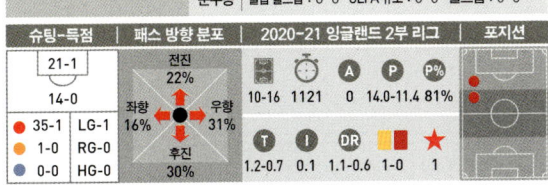

2020-21 잉글랜드 2부 리그: 10-16 1121 0 14.0-11.4 81% | T-I: 1.2-0.7 0.1 | DR: 1.1-0.6 | 1-0 | 1

WATFORD FC

구단 창립 : 1881년 홈구장 : 비커리지 로드 대표 : 스콧 덕스베리 2020-21시즌 : 2부 2위(승점 91점) 27승 10무 9패 63득점 30실점 닉네임 : The Hornets, The Golden Boys

스페인식 패스 축구로 1년 만에 승격 돌아온 '말벌 군단,' 올 시즌 돌풍 될까

짜임새 있는 수비와 패스 축구, EPL 무대 복귀

왓포드는 2019-20시즌 EPL 무대에서 승점 34점을 기록했지만 17위 아스톤 빌라(승점 35)에 승점 1점이 뒤져 아쉽게 강등됐다. 안타까운 강등에 절치부심하며 승격을 노렸고, 스페인 출신의 시스코 무뇨스 감독에게 지휘봉을 맡겼다. 결과는 성공적이었다. 1군 감독 경력이 거의 없는 무뇨스 감독이지만 왓포드에 스페인식 패스 축구를 성공적으로 이식시키며 좋은 지도력을 보여줬고, 꾸준하게 상위권을 유지하며 27승 10무 9패 승점 91점으로 챔피언십 2위를 차지하며 1년 만에 승격을 이뤄냈다. 특히 챔피언십에서 단 30실점을 기록하는 짠물 수비를 보여줬다.

짠물 수비와 날카로운 역습, 돌풍 꿈꾸는 왓포드

함께 승격한 노리치가 공격에 장점을 가지고 있다면 왓포드는 탄탄한 수비가 장점이다. 챔피언십 무대에서 화끈한 공격을 자랑했던 팀들보다 수비력이 좋았던 팀들이 잔류에 더 많이 성공했다는 점에서 기대가 높다. 자본이 부족하기 때문에 '빅영입'은 할 수 없었지만 자유계약으로 잉글랜드 국가대표 출신 풀백 대니 로즈를 영입하는 등 나름 알찬 이적 시장을 보냈다. 공격, 중원, 수비 모두 보강했기 때문에 기존 선수들과 시너지가 나온다면 충분히 잔류이상의 결과를 넘볼 수 있다. 승격을 통해 성공적인 빅리그 데뷔를 마친 무뇨스 감독의 축구에 기대감이 높다.

ODDS CHECK

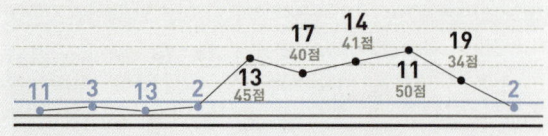

bet365	배당률 1000배 우승 확률 16위	sky bet	배당률 1500배 우승 확률 16위
William HILL	배당률 1000배 우승 확률 16위	888sport	배당률 750배 우승 확률 16위

*우승 확률이 높을수록 배당률은 낮아짐

SQUAD LIST

위치	번호	선수	국적	키	생년월일	전 소속팀
GK	1	Ben Foster	ENG	193	83-04-03	WBA
	26	Daniel Bachmann	AUT	191	94-07-09	Stoke C
	35	Robert Elliot	IRL	190	86-04-30	Newcastle U
DF	2	Jeremy Ngakia	ENG	184	00-09-07	West Ham U
	3	Danny Rose	ENG	174	90-07-02	Tottenham H
	5	William Troost-Ekong	NGA	191	93-09-01	Udinese
	11	Adam Masina	MAR	191	94-01-02	Bologna
	15	Craig Cathcart	NIR	190	89-02-06	Blackpool
	27	Christian Kabasele	BEL	188	91-02-24	KRC Genk
	31	Francisco Sierralta	CHI	190	97-05-06	Udinese
MF	4	Oghenekaro Etebo	NGA	176	95-11-09	Stoke C
	6	Imrân Louza	FRA	178	99-05-01	Nantes
	8	Tom Cleverley	ENG	175	89-08-12	Everton
	12	Ken Sema	SWE	177	93-09-30	Östersunds FK
	16	Dan Gosling	ENG	183	90-02-02	Bournemouth
	19	Moussa Sissoko	FRA	187	89-08-16	Tottenham H
	21	Kiko Femenía	ESP	174	91-02-02	Alavés
	33	Juraj Kucka	SVK	186	87-02-26	Parma
	40	Ozan Tufan	TUR	179	95-03-23	Fenerbahçe
FW	7	Joshua King	NOR	180	92-01-15	Everton
	10	João Pedro	BRA	182	01-09-26	Fluminense
	17	Ashley Fletcher	ENG	185	95-10-02	Middlesbrough
	23	Ismaila Sarr	SEN	178	98-02-25	Rennes
	25	Emmanuel Dennis	NGA	174	97-11-15	Club Brugge
	29	Cucho Hernández	COL	175	99-04-22	Deportivo Pereira
	34	Kwadwo Baah	ENG	183	03-01-27	Rochdale

2021-22 SEASON SCHEDULE

날짜	장소	상대팀	날짜	장소	상대팀
08-14	H	Aston Villa	12-28	H	West Ham Utd
08-21	A	Brighton	01-01	H	Tottenham
08-29	A	Tottenham	01-15	A	Newcastle Utd
09-11	H	Wolverhampton	01-22	H	Norwich City
09-18	A	Norwich City	02-08	A	West Ham Utd
09-25	H	Newcastle Utd	02-12	H	Brighton
10-02	A	Leeds United	02-19	A	Aston Villa
10-16	A	Liverpool	02-26	H	Manchester Utd
10-23	A	Everton	03-05	H	Arsenal
10-30	H	Southampton	03-12	A	Southampton
11-06	A	Arsenal	03-19	H	Everton
11-20	H	Manchester Utd	04-02	A	Liverpool
11-27	A	Leicester City	04-09	H	Leeds United
11-30	H	Chelsea	04-16	A	Brentford
12-04	H	Manchester City	04-23	A	Manchester City
12-11	A	Brentford	04-30	H	Burnley
12-14	A	Burnley	05-07	A	Crystal Palace
12-18	H	Crystal Palace	05-15	H	Leicester City
12-26	A	Wolverhampton	05-22	A	Chelsea

RANKING OF LAST 10YEARS

2부 리그 / 3부 리그

11 / 3 / 13 / 2 / 13 45점 / 17 40점 / 14 41점 / 11 50점 / 19 34점 / 2

11-12 / 12-13 / 13-14 / 14-15 / 15-16 / 16-17 / 17-18 / 18-19 / 19-20 / 20-21

MANAGER : Xisco MUÑOZ 시스코 무뇨스

Personal Information
생년월일 : 1980.09.05 / 출생지 : 마나코르(스페인)
현역시절 포지션 : 공격수 / 계약만료 : 2022.6.30
평균 재직 기간 : 0.43년 / 선호 포맷 : 4-3-3

History
스페인 국가대표 경력은 없지만 발렌시아, 베티스, 레반테 등을 거치면서 나름 스페인 프리메라리가에서 좋은 활약을 펼쳤다. 특히 2004-05시즌 발렌시아의 라리가 우승과 UEFA컵 우승에 일조하며 주목받았다. 현역 은퇴 후에는 트빌리시에서 지도자 생활을 시작했다.

Style
2020년 8월 디나모 트빌리시에 감독으로 부임하며 짧은 시간이었지만 좋은 지도력을 보여주며 리그 우승을 이끌었다. 이에 2020년 12월 이비치 감독의 후임으로 왓포드의 지휘봉을 잡았고, 전술가의 면모를 보여주며 승격을 이끌었다. 감독 경험은 부족하지만 전략을 잘 짜고, 상대에 따른 맞춤 전술을 통해 결과를 만든다.

STADIUM

Vicarage Road

구장 오픈 : 1922년 / 구장 증개축 : 2017년
구장 소유 : 왓포드 FC / 수용 인원 : 2만 2200명
피치 규모 : 105 X 68m / 잔디 종류 : 하이브리드 잔디

2부 평균 볼 점유율 : 53%

WATFORD FC vs. OPPONENTS PER GAME STATS

왓포드 FC vs 상대팀	득점	슈팅	유효슈팅	오프사이드	GK 선방	크로스	태클시도	인터셉트	범한 파울 얻음	경고	퇴장
	1.66	11.3	10.6	3.7	2.5	1.9	1.7	1.8	2.3	19.8	CR 18.9
	0.79	15.9	10.7	13.5	13.6	12.1	11.6	13.2	1.74	1.41	0.043	0.065

(파스 시도: 성공 345, 실패 99, 합계 444)

시간대별 득점
8 / 17 / 16 / 15 / 7 / 10 / 30 / 15 / 6 / 31

시간대별 실점
9 / 4 / 16 / 15 / 8 / 1 / 30 / 3 / 5 / 31

위치별 슈팅-득점
43-16
289-40
189-5
*상대자책골 3골

공격 방향
37% / 25% / 38%

볼 점유 위치
상대 진영 27%
중간 지역 42%
우리 진영 31%

포지션별 득점
FW진 37골
MF진 15골
DF진 8골
*상대자책골 3골

상대 포지션별 실점
DF진 2골
MF진 3골
FW진 21골
*자책골 실점 3골

BASIC FORMATION

4-3-3

데니스 / 페드루
세마 / 킹
사르 / 에르난데스
시소코 / 쿠추카
클레벌리 / 투판
에테보 / 루자
마시나 / 로즈
캐스카트 / 은가키아
카바셀레 / 트루스트-에콩
에콩 / 시에랄타
바흐만 / 포스터

TOTO GUIDE 지난 시즌 상대 전적(2부리그)

상대팀	홈	원정
Norwich City	1-0	1-0
Brentford	1-1	0-2
Swansea City	2-0	1-2
Barnsley	1-0	0-1
Bournemouth	1-1	0-1
Reading	2-0	0-1
Cardiff City	0-1	2-1
QP Rangers	1-2	1-1
Middlesbrough	1-0	1-1
Millwall	1-0	0-0
Luton Town	1-0	0-1
Preston	4-1	1-0
Stoke City	3-2	2-1
Blackburn	3-1	3-2
Coventry City	3-2	0-0
Nottm Forest	1-0	0-0
Birmingham City	3-0	1-0
Bristol City	6-0	1-0
Huddersfield	2-0	0-2
Derby County	2-1	1-0
Wycombe	2-0	1-1
Rotherham	2-0	4-1
Sheffield Wed	1-0	0-0

득점 패턴 (63골)
OPEN PLAY 37 / COUNTER ATTACK 10 / SET PLAY 12 / PENALTY KICK 2 / OWN GOAL 2

실점 패턴 (30골)
OPEN PLAY 15 / COUNTER ATTACK 3 / SET PLAY 8 / PENALTY KICK 3 / OWN GOAL 1

OFFENSE | DEFENSE

OFFENSE		DEFENSE	
오픈 플레이	C	오픈 플레이 수비	C
카운터 어택	B	카운터 어택 수비	C
짧은 패스 게임	C	짧은 패스 게임 수비	B
롱볼 연계 플레이	C	롱볼 연계 플레이 수비	C
솔로 플레이	C	솔로 플레이 수비	D
중거리 슈팅 / 직접 프리킥	C	중거리 슈팅 수비	C
측면 공격	B	측면 수비	C
세트 플레이	C	세트 플레이 수비	E
위협적인 공격 횟수	D	공중전 능력	C
슈팅 대비 득점	C	볼 쟁탈전 / 투쟁심	B
오프사이드 피하기	C	실수 조심	C
볼 점유율	D	파울 주의	D

A 매우 우수함 B 우수함 C 평균 수준 D 부족함 E 많이 부족함

GK Daniel BACHMANN 26
다니엘 바흐만

SCOUTING REPORT
챔피언십에서 벤 포스터와 출전 시간을 양분했다. 올 시즌도 두 선수 간 경쟁이 치열할 것이다. 바흐만은 경이적인 순발력으로 슈퍼 세이브를 연발한다. 지난 시즌 73% 선방률로 챔피언십 전체 GK 최상위권에 올랐다. 페널티킥을 방어할 때 예측을 하고 살짝 먼저 다이빙한다. 공중볼을 정확히 펀칭한다. 롱 스로잉으로 빌드업을 돕는다. 히트맵을 보면 박스 외곽까지 과감하게 나가 수비했음을 알 수 있다.

PLAYER'S HISTORY
2012년 스토크에서 데뷔했고, 렉스햄(임대), 로스 카운티(임대), 버리(임대)를 거쳐 2017년 왓포드로 이적했다. 2018년에 킬마녹으로 임대됐고, 이듬해 왓포드로 복귀했다. 오스트리아 연령별 대표를 차례로 지냈고, 2021년 6월 잉글랜드 평가전에서 A대표로 데뷔했다.

주로 사용하는 발: 오른발	우승	1부리그: 0-0	협회컵: 0-0	챔피언스: 0-0
	준우승	클럽 월드컵: 0-0	UEFA 유로: 0-0	월드컵: 0-0

세이브-실점	패스 방향 분포	2020-21 잉글랜드 2부 리그					포지션
21-12	전진 52%	⏱	S%	CS	P		
15-1	좌향 19% ↔ 우향 29%	23-0 2070	73%	13	32.4-21.6		
🔴 49-13 TH-0	후진 0%	P%	LB	AD	🟨 🟥 ⭐		
🟠 49-36 NK-0		67%	16.7-6.2	11-9	2-0 1		
🔵 3-1 KD-0							

DF William TROOST-EKONG 5
윌리엄 트루스트-에콩

SCOUTING REPORT
주전 센터백으로 챔피언십에서 시에랄타, 카바셀라와 번갈아 콤비로 나섰다. 그가 출전한 32경기 중 12경기에서 클린시트를 기록했다. 오른발잡이 센터백으로 중앙과 우측면에 치우친 움직임을 보인다(히트맵 분석). 엄청난 파워와 스피드를 적극 활용한다. 강력한 마킹으로 상대 공격수를 무너트려 '파괴자(The Destroyer)'라는 별명이 붙었다. 페널티 박스 안에서 곡예사 같은 폼으로 다양하게 클리어한다.

PLAYER'S HISTORY
나이지리아 아버지와 네덜란드 어머니 사이에 네덜란드 할렘에서 태어났다. 2013년 흐로닝언에서 데뷔했고, 헨트, 하우게순트, 부르사스포르, 우디네세를 거쳐 2020년 왓포드에 입단했다. 이중국적자로 네덜란드 청소년 대표를 지냈으나 나이지리아 국가대표를 선택했다.

주로 사용하는 발: 오른발 90%	우승	1부리그: 0-0	협회컵: 0-0	챔피언스: 0-0
	준우승	클럽 월드컵: 0-0	CAF 네이션스컵: 0-0	월드컵: 0-0

슈팅-득점	패스 방향 분포	2020-21 잉글랜드 2부 리그				포지션
6-1	전진 36%	⏱	A	P	P%	
0-0	좌향 36% ↔ 우향 22%	31-1 2677	0	50.5-41.0	81%	
🔴 6-1 LG-0	후진 6%	T	I	DR	⭐	
🟠 0-0 RG-0		1.3-0.9	0.7	0.1-0.1	0-0 1	
🔵 0-0 HG-0						

FW Emmanuel DENNIS 25
엠마누엘 데니스

SCOUTING REPORT
지난 시즌 벨기에 클럽 브루주와 독일 쾰른에서 '조커'로 활약했다. 올 시즌 왓포드에서는 더 많은 출전 기회를 잡을 것이다. 데니스는 아프리카 출신답게 스피드가 빠르고 탄력과 파워가 우수하다. 순간 속도를 활용해 과감하게 드리블한다. 무게중심이 낮고, 밸런스가 뛰어나 잘 넘어지지 않고 쉽게 볼을 몰고 나간다. 그라운드를 폭넓게 커버하고, 하이프레싱을 자주 한다. 문전 결정력을 더 키워야 한다.

PLAYER'S HISTORY
나이지리아 욜라 출신. 고향 팀 아부자 유스에서 축구를 시작했다. 2016년 우크라이나 조리야 루한스크에서 데뷔했고, 클럽 브루주, 쾰른을 거쳐 2021년 왓포드로 옮겼다. 나이지리아 U-23 대표 출신이다. 2019년 9월 우크라이나 평가전 때 나이지리아 국가대표로 데뷔했다.

주로 사용하는 발: 오른발 84%	우승	1부리그: 2-1	협회컵: 0-1	챔피언스: 0-1
	준우승	클럽 월드컵: 0-0	CAF 네이션스컵: 0-0	월드컵: 0-0

슈팅-득점	패스 방향 분포	2020-21 잉글랜드 2부 리그				포지션
14-0	전진 29%	⏱	A	P	P%	
8-0	좌향 27% ↔ 우향 25%	12-6 911	2	16.9-13.1	78%	
🔴 22-0 LG-0	후진 19%	T	I	DR	🟨 🟥 ⭐	
🟠 0-0 RG-0		1.4-1.1	0.1	3.2-1.3	0-0	
🔵 0-0 HG-0						

FW Ismaïla SARR 23
이스마일라 사르

SCOUTING REPORT
햄스트링 부상으로 한 달 결장한 것을 제외하고 챔피언십에서 풀타임 활약하며 13골을 넣었다. 컷-인 플레이를 즐기는 인사이드 포워드로 EPL 최고 수준의 스피드를 자랑하며 힘이 매우 좋다. 늘 폭발적인 드리블을 구사하고, 과감한 얼리 크로스를 올린다. 박스 내외곽을 자유롭게 넘나들며 과감한 슈팅을 한다. 극단적인 오른발잡이다. 그리고 다른 공격수에 비해 수비 가담이 적은 편이다.

PLAYER'S HISTORY
세네갈 생루이 출생. 어린 시절 프랑스로 이주했다. 2016년 FC 메스에서 데뷔했고, 스타드 렌을 거쳐 2019년 왓포드로 옮겼다. 세네갈 U-23 대표를 지냈고, 2016년 9월 나미비아와의 네이션스컵 예선 때 A대표로 데뷔했다. 2018년 러시아 월드컵 명단에 포함됐다.

주로 사용하는 발: 오른발 91%	우승	1부리그: 0-0	협회컵: 1-0	챔피언스: 0-0
	준우승	클럽 월드컵: 0-0	CAF 네이션스컵: 0-1	월드컵: 0-0

슈팅-득점	패스 방향 분포	2020-21 잉글랜드 2부 리그				포지션
62-12	전진 26%	⏱	A	P	P%	
24-1	좌향 30% ↔ 우향 16%	39-0 3464	4	26.0-20.5	79%	
🔴 86-13 LG-3	후진 29%	T	I	DR	⭐	
🟠 0-0 RG-9		1.4-0.9	0.5	3.7-1.9	5-0 7	
🔵 2-2 HG-1						

| 전체 슈팅 시도-득점 | 직접 프리킥 시도-득점 | PK 시도-득점 | LG 왼발 득점 | RG 오른발 득점 | HG 헤더 득점 | 출전횟수 선발-교체 | 출전시간 분(MIN) | A 도움 | P 평균패스 시도-성공 | P% 패스 성공률 | T 평균태클 시도-성공 | I 평균 인터셉트 | DR 평균드리블 시도-성공 | 페어플레이 경고-퇴장 | MOM |

DF Adam MASINA 11
아담 마시나

공격적인 라이트백이다. 총알같은 스피드를 이용해 과감하게 수비진을 돌파한다. 에너자이저를 연상케하는 체력을 바탕으로 부지런히 왼쪽 터치라인을 왕복한다. 측면 돌파 후 정확한 크로스를 올린다. 인터셉트와 커버플레이를 잘 해낸다. 박스 외곽에서 터뜨리는 중거리 슈팅과 직접 프리킥도 위력적이다. 이탈리아 U-21 대표 출신이지만 모로코 국가대표를 선택했다.

| 주로 사용하는 발: 왼발 88% | 우승 | 1부리그: 0-0 | 협회컵: 0-1 | 챔피언스: 0-0 |
| | 준우승 | 클럽 월드컵: 0-0 | CAF 네이션스컵: 0-0 | 월드컵: 0-0 |

| 슈팅-득점 | 패스 방향 분포 | 2020-21 잉글랜드 2부 리그 | 포지션 |
| 6-1 / 4-1 / 10-2 LG-2 / 3-1 RG-0 / 0-0 HG-0 | 전진 50% / 좌향 3% / 우향 32% / 후진 15% | 21-4 1927 0 40.8-29.6 73% / 2.6-1.6 1.5 0.6-0.3 4-0 2 | |

DF Christian KABASELE 27
크리스티앙 카바셀레

지난 시즌 챔피언십에서 트루스트-에콩, 시에랄타와 센터백 콤비로 나섰다. 카바셀레는 '파이터형 센터백'으로 강력한 신체와 경이적인 운동능력을 수비할 때 최대한 활용한다. 그래서 '파괴자(The Destroyer)'라는 별명이 붙었다. 공중전 승률이 높다. 경기 평균 3-4회의 기습적인 롱-볼을 역습을 주도한다. 영어, 독일어, 프랑스어, 네덜란드어를 구사한다.

| 주로 사용하는 발: 오른발 88% | 우승 | 1부리그: 1-1 | 협회컵: 1-1 | 챔피언스: 0-0 |
| | 준우승 | 클럽 월드컵: 0-0 | UEFA 유로: 0-0 | 월드컵: 0-0 |

| 슈팅-득점 | 패스 방향 분포 | 2020-21 잉글랜드 2부 리그 | 포지션 |
| 8-1 / 0-0 / 8-1 LG-0 / 0-0 RG-1 / 0-0 HG-0 | 전진 37% / 좌향 34% / 우향 25% / 후진 4% | 19-1 1701 0 53.0-45.9 87% / 1.1-0.8 0.9 0.4-0.3 2-0 2 | |

MF Tom CLEVERLEY 8
톰 클레벌리

맨체스터 유나이티드 유스 출신으로 한 때 슈퍼 유망주로 조명을 받았으나 성장이 정체되면서 평범한 선수가 되어버렸다. 숏패스와 활동량을 바탕으로 패스 앤 무브 스타일에 적합한 선수이나 소속됐던 팀들 마다 성향이 맞지 않아 발전을 이루지 못했다. 그에 따라 시야나 창의성 등 본인 포지션에 필요한 능력들을 잃어버린 채로 어느 새 선수 생활의 황혼기를 맞았다.

| 주로 사용하는 발: 오른발 88% | 우승 | 1부리그: 1-1 | 협회컵: 0-2 | 챔피언스: 0-0 |
| | 준우승 | 클럽 월드컵: 1-0 | UEFA 유로: 0-0 | 월드컵: 0-0 |

| 슈팅-득점 | 패스 방향 분포 | 2020-21 잉글랜드 2부 리그 | 포지션 |
| 17-3 / 21-1 / 38-4 LG-0 / 4-0 RG-3 / 0-0 HG-1 | 전진 35% / 좌향 21% / 우향 23% / 후진 21% | 32-2 2616 2 41.3-33.5 81% / 3.4-2.2 0.7 0.4-0.3 6-0 1 | |

MF Zoshua KING 7
조슈아 킹

시즌 전반기에는 본머스 소속, 후반기에는 에버튼 소속으로 각각 뛰었다. 킹은 미드필드와 최전방의 여러 위치를 두루 넘나든다. 폭발적인 스피드를 이용한 쾌속 드리블이 특기다. 박스 안에서 곡예사 같은 폼으로 어려운 슈팅을 시도한다. 골키퍼나 수비가 달려들 때 재치 있는 칩샷으로 마무리할 수 있다. 적극성이 부족하고 수비 가담을 많이 안 하는 단점이 있다.

| 주로 사용하는 발: 오른발 88% | 우승 | 1부리그: 1-1 | 협회컵: 0-0 | 챔피언스: 0-1 |
| | 준우승 | 클럽 월드컵: 0-0 | UEFA 유로: 0-0 | 월드컵: 0-0 |

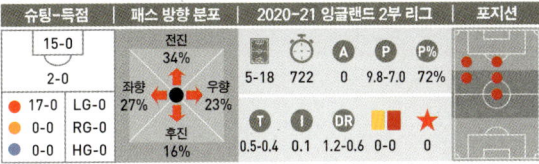

| 슈팅-득점 | 패스 방향 분포 | 2020-21 잉글랜드 2부 리그 | 포지션 |
| 15-0 / 2-0 / 17-0 LG-0 / 0-0 RG-0 / 0-0 HG-0 | 전진 34% / 좌향 27% / 우향 23% / 후진 16% | 5-18 722 0 9.8-7.0 72% / 0.5-0.4 0.1 1.2-0.6 0-0 | |

FW João PEDRO 10
조앙 페드루

지난 시즌 챔피언십에서 9골-2도움을 기록했다. 빠른 스피드, 화려한 드리블, 감각적인 슈팅을 구사한다. 2021년 8월 중순, 무릎을 다쳐 한 달 넘게 결장했다. 그의 아버지 조세 헤수스는 닉네임 '치캉'으로 유명했던 축구 선수 출신이다. 그는 조앙 페드루가 어린 시절 범죄에 연루돼 수감생활을 했고, 결국 아내와 이혼했다. 조앙 페드루는 그때부터 어머니와 생활했다.

| 주로 사용하는 발: 오른발 | 우승 | 1부리그: 0-0 | 협회컵: 0-0 | 챔피언스: 0-0 |
| | 준우승 | 클럽 월드컵: 0-0 | 코파아메리카: 0-0 | 월드컵: 0-0 |

| 슈팅-득점 | 패스 방향 분포 | 2020-21 잉글랜드 2부 리그 | 포지션 |
| 57-8 / 11-1 / 68-9 LG-1 / 0-0 RG-8 / 2-2 HG-0 | 전진 25% / 좌향 20% / 우향 23% / 후진 32% | 31-7 2758 2 20.5-20.1 71% / 1.4-1.0 0.4 3.0-1.6 4-1 5 | |

BRENTFORD FC

구단 창립 : 1889년 홈구장 : 브렌포드 커뮤니티 스타디움 대표 : 클리프 크라운 2020-21시즌 : 2부 3위(승점 87점) 24승 15무 7패 / 승강 PO 2승 1패 닉네임 : The Bees

74년 만에 1부 승격, 최고 시즌
효율적 시장 쇼핑, 새 역사 쓸까

리그컵 4강 + 74년 만의 승격, 역대 최고 순간

시즌 전 망은 불안했다. 팀의 핵심인 올리 왓킨스와 사이드 벤라흐마가 이적하면서 전력누수가 발생했고, 상대적으로 승격을 놓고 경쟁하는 팀들의 전력이 강했기 때문이다. 그러나 브렌트포드를 가장 잘 아는 토마스 프랑크 감독의 지도아래 끈끈한 조직력을 바탕으로 좋은 경기들을 펼쳤고, 결국 챔피언십에서 3위를 차지해 승격 플레이오프에서 본머스와 스완지를 연달아 제압하며 감격적인 승격을 따냈다. 여기에 리그컵에서도 사우샘프턴, 풀럼, 뉴캐슬 등을 차례로 꺾으며 4강 진출이라는 신화를 쓰기도 하며 구단 역사상 최고의 시즌을 보냈다.

개막전서 아스널 제압, 올 시즌 새 역사 쓰나

자금이 넉넉한 구단은 아니지만 차근차근 EPL 무대를 위해 준비했고, 상당히 짜임새 있는 스쿼드를 자랑한다. 여름 이적 시장에서 노르웨이 국가대표 수비수 크리스토페르 아예르, 나이지리아 국가대표 미드필더 프랑크 오니에카, 콩고 국가대표 공격수 요안 위사를 영입하며 알찬 보강을 진행했다. 효과는 확실했다. 개막전부터 아스널을 2-0으로 제압하며 대이변을 만들었고, 이후 팰리스, 빌라와 무승부를 거두며 시즌 초반 돌풍의 주인공이 되었다. 단단한 전력을 자랑하는 브렌트포드의 목표는 단순한 잔류가 아니라, 시즌 초반의 돌풍을 이어가 태풍으로 만드는 것이다.

ODDS CHECK

| bet365 | 배당률 500배 우승 확률 13위 | sky bet | 배당률 750배 우승 확률 11위 |
| William HILL | 배당률 500배 우승 확률 13위 | 888sport | 배당률 500배 우승 확률 13위 |

*우승 확률이 높을수록 배당률은 낮아짐

SQUAD LIST

위치	번호	선수	국적	키	생년월일	전 소속팀
GK	1	David Raya	ESP	183	95-09-15	Blackburn R
	13	Patrik Gunnarsson	ISL	190	00-11-15	Breiðablik
	40	Álvaro Fernández	ESP	185	98-04-13	Huesca
DF	2	Dominic Thompson	ENG	185	00-07-26	Arsenal
	3	Rico Henry	ENG	170	97-07-08	Walsall
	4	Charlie Goode	ENG	196	95-08-03	Northampton T
	5	Ethan Pinnock	JAM	192	93-05-29	Barnsley
	18	Pontus Jansson	SWE	194	91-02-13	Leeds U
	20	Kristoffer Ajer	NOR	196	98-04-17	Start
	23	Julian Jeanvier	GUI	183	92-03-31	Reims
	29	Mads Bech Sørensen	DEN	185	99-01-07	Horsens
	30	Mads Roerslev	DEN	185	99-06-24	FC København
MF	6	Christian Nørgaard	DEN	186	94-03-10	Fiorentina
	8	Mathias Jensen	DEN	180	96-01-01	Celta Vigo
	10	Josh Dasilva	ENG	180	98-10-23	Arsenal
	15	Frank Onyeka	NGA	183	98-01-01	FC Midtjylland
	19	Bryan Mbeumo	FRA	171	99-08-07	Troyes
	24	Tariqe Fosu	GHA	170	95-11-05	Oxford U
	25	Myles Peart-Harris	ENG	187	02-09-18	Chelsea
	26	Shandon Baptiste	GRN	180	98-04-08	Oxford U
	27	Vitaly Janelt	GER	184	98-05-10	Bochum
	31	Jan Žambůrek	CZE	182	01-02-13	Slavia Prague
FW	7	Sergi Canós	ESP	173	97-02-02	Norwich C
	9	Marcus Forss	FIN	186	99-06-18	WBA
	11	Yoane Wissa	FRA	176	96-09-03	Lorient
	14	Saman Ghoddos	IRN	176	93-09-06	Amiens
	17	Ivan Toney	ENG	179	96-03-16	Peterborough U
	21	Halil Dervişoğlu	TUR	183	99-12-08	Sparta Rotterdam

2021-22 SEASON SCHEDULE

날짜	장소	상대팀	날짜	장소	상대팀
08-13	H	Arsenal	12-28	H	Newcastle Utd
08-21	A	Crystal Palace	01-01	H	Brighton
08-28	A	Aston Villa	01-15	A	Norwich City
09-11	H	Brighton	01-22	A	Aston Villa
09-18	A	Wolverhampton	02-09	A	Newcastle Utd
09-25	H	Liverpool	02-12	H	Leeds United
10-02	A	West Ham Utd	02-19	A	Southampton
10-16	H	Chelsea	02-26	H	Manchester City
10-23	A	Leicester City	03-05	A	Tottenham
10-30	A	Burnley	03-12	H	Wolverhampton
11-06	H	Norwich City	03-19	A	Watford
11-20	A	Newcastle Utd	04-02	H	West Ham Utd
11-27	H	Everton	04-09	A	Manchester Utd
12-01	A	Tottenham	04-16	H	Crystal Palace
12-04	H	Leeds United	04-23	A	Liverpool
12-11	H	Watford	04-30	H	Chelsea
12-14	A	Manchester Utd	05-07	A	Leicester City
12-18	H	Southampton	05-15	A	Brentford
12-26	A	Brighton	05-22	H	Arsenal

RANKING OF LAST 10YEARS

■ 2부 리그   ■ 3부 리그

11-12	12-13	13-14	14-15	15-16	16-17	17-18	18-19	19-20	20-21
9	3	2	5	9	10	9	11	3	3

MANAGER : Thomas FRANK 토마스 프랑크

Personal Information
생년월일 : 1973.10.09 / 출생지 : 프레데릭스베르크(덴마크)
현역시절 포지션 : 미드필더 / 계약만료 : 2023.6.30
평균 재직 기간 : 2.49년 / 선호 포맷 : 4-3-3

History
현역 시절 고향팀인 프레데릭스베르크에서 미드필더로 활약했고, 은퇴 후에는 유스 팀을 맡으며 지도자 커리어를 시작했다. 이후 지도력을 인정받으며 덴마크 연령별 대표팀을 지도했고, 2013년에는 덴마크 명문 클럽인 브뢴뷔를 맡아 유로파리그 진출을 이끌었다.

Style
브렌트포드를 잘 아는 감독이다. 2016년 브렌트포드로 옮겨 딘 스미스 감독 밑에서 수석 코치직을 수행했고, 2018년 사령탑에 올랐다. 상당히 공격적인 축구 색깔을 가지고 있고, 4-3-3 포메이션을 주로 사용한다. 공수 밸런스가 상당히 좋고, 빠른 공수 전환과 날카로운 측면 공격이 무기다. 3백과 4백을 유연하게 잘 사용한다.

우승 - 준우승 횟수
- ENGLISH PREMIER LEAGUE 0-0
- ENGLISH FA CUP 0-0
- UEFA CHAMPIONS LEAGUE 0-0
- UEFA EUROPA LEAGUE 0-0
- FIFA CLUB WORLD CUP 0-0
- UEFA-CONMEBOL INTERCONTINENTAL 0-0

STADIUM

Brentford Community Stadium

구장 오픈 : 2020년 / 구장 증개축 : -
구장 소유 : 브렌트포드 FC / 수용 인원 : 1만 7250명
피치 규모 : 110 X 66m / 잔디 종류 : 하이브리드 잔디

2부 평균 볼 점유율
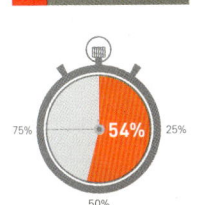
54%

BRENTFORD FC vs. OPPONENTS PER GAME STATS (2부)

브렌포드 FC vs 상대팀	득점	슈팅	유효슈팅	오프사이드	GK 선방	크로스	태클시도	인터셉트	범한 파울	얻은	경고	퇴장
	1.71	0.88	13.3	8.9	4.3	3.2	1.3	2.5	2.2	2.7	18.7	17.3
	13.6	14.0	10.1	12.9	12.5	13.8	13.3	12.9	1.16	1.92	0.061	0.163

패스 시도 — 패스 성공 / 패스 실패

시간대별 득점

22 / 12 / 13 / 15 / 15 / 7
76 15 / 75 16 / 61 30 / 60 31 / 46 45

시간대별 실점
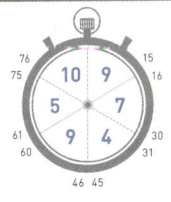
10 / 9 / 7 / 9 / 9 / 4
76 15 / 75 16 / 61 30 / 60 31 / 46 45

위치별 슈팅-득점
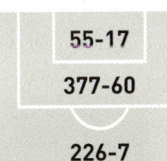
55-17
377-60
226-7

공격 방향
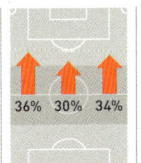
36% / 30% / 34%

볼 점유 위치

상대 진영 27%
중간 지역 42%
우리 진영 31%

포지션별 득점

FW진 62골
MF진 16골
DF진 6골

상대 포지션별 실점

DF진 2골
MF진 12골
FW진 29골

*자책골 실점 1골

BASIC FORMATION

3-5-2

음뵈모 (포르스) / 토니 (포수-헨리)
야넬트 (고도스) / 오니에카 (다실바)
헨리 (톰슨) / 뇌르고르 (옌슨) / 카노스 (라스무슨)
피녹 (쇠렌슨) / 얀손 (장비에) / 아예르 (구드)
라야 (페르난데스)

TOTO GUIDE 지난 시즌 상대 전적(2부리그)

상대팀	홈	원정
Norwich City	1-1	0-1
Watford	2-0	1-1
Swansea City	1-1	1-1
Barnsley	0-2	1-0
Bournemouth	2-1	1-0
Reading	3-1	3-1
Cardiff City	1-1	3-2
QP Rangers	2-1	1-2
Middlesbrough	0-0	4-1
Millwall	0-0	1-1
Luton Town	1-0	3-0
Preston	2-4	5-0
Stoke City	2-1	2-3
Blackburn	2-2	1-0
Coventry City	2-0	0-2
Nottm Forest	1-1	3-1
Birmingham City	0-0	0-1
Bristol City	3-2	3-1
Huddersfield	3-0	1-1
Derby County	0-0	2-2
Wycombe	7-2	1-0
Rotherham	1-0	2-0
Sheffield Wed	3-0	2-1
Bournemouth	3-1	1-0
Swansea City	2-0	

*3경기는 승강 플레이오프

득점 패턴
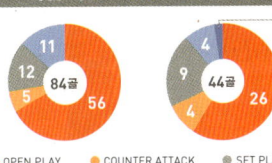
84골 — 56 / 5 / 12 / 11

실점 패턴
44골 — 26 / 4 / 9 / 4 / 1

● OPEN PLAY ● COUNTER ATTACK ● SET PLAY
● PENALTY KICK ● OWN GOAL

OFFENSE		DEFENSE	
오픈 플레이	D	오픈 플레이 수비	D
카운터 어택	C	카운터 어택 수비	B
짧은 패스 게임	C	짧은 패스 게임 수비	C
롱볼 연계 플레이	B	롱볼 연계 플레이수비	C
솔로 플레이	C	솔로 플레이 수비	C
중거리 슈팅 / 직접 프리킥	C	중거리 슈팅 수비	C
측면 공격	C	측면 수비	C
세트 플레이	C	세트 플레이 수비	B
위협적인 공격 횟수	C	공중전 능력	C
슈팅 대비 득점	C	볼 쟁탈전 / 투쟁심	C
오프사이드 피하기	C	실수 조심	C
볼 점유율	D	파울 주의	C

A 매우 우수함 B 우수함 C 평균 수준 D 부족함 E 많이 부족함

GK David RAYA 1
다비드 라야

SCOUTING REPORT
지난 시즌 브렌트포드의 '수호신'이었다. 챔피언십 정규 시즌과 승강 PO 포함 총 45경기에 풀타임 출전했다. 클린시트 17회에 선방률 72%였다. 반사신경을 이용한 숏-스토핑이 돋보이며 가까운 거리에서 상대의 슈팅을 감각적으로 쳐낸다. '스위퍼형 골키퍼'로 박스 외곽까지 과감히 진출한다(히트맵 분석). 정확한 롱-볼로 빌드업의 기점이 된다. 공중볼을 처리할 때 가끔 펀칭 미스로 결정적인 위기를 맞는다.

PLAYER'S HISTORY
스페인 바르셀로나 출신이다. 블랙번 유스 아카데미 출신이고, 2014년 이 팀 1군에서 데뷔했다. 블랙번에 적을 둔 채 사우스포트에 임대됐고, 1년 후 복귀해 2018-19시즌까지 뛰었다. 그리고 2019-20시즌, 브렌트포드로 이적했다. 어린 시절 레알 마드리드의 팬이었다.

주로 사용하는 발: 오른발
우승 1부리그: 0-0 협회컵: 0-0 챔피언스: 0-0
준우승 클럽 월드컵: 0-0 UEFA 유로: 0-0 월드컵: 0-0

DF Pontus JANSSON 18
폰투스 얀손

SCOUTING REPORT
시즌 전반기, 계속 출전하며 수비를 책임졌다. 그러나 햄스트링, 발목 부상이 연달아 발생했다. 감독은 마스 쇠렌센을 발굴하여 빈자리를 메웠다. 얀손은 후반기에 복귀해 꾸준히 출전했고, 승강 PO 3경기에도 나섰다. 얀손은 거대한 체격에 엄청난 파워를 지녔다. 강력한 맨마킹, 효율적 인터셉트, 타점 높은 헤더를 구사한다. '파괴자(The Destroyer)'라는 별명에 어울린다. 과감한 롱볼로 빌드업을 돕는다.

PLAYER'S HISTORY
2009년 말뫼에서 데뷔했고, IFK(임대), 토리노(이적), 리즈 유나이티드(임대), 리즈 유나이티드(이적)을 거쳐 2019년 브렌포드로 이적했다. 2017년 7월, 오랜 연인이었던 오사 토르넬과 결혼했다. 얀손의 에이전트는 전 스웨덴 국가대표 마틴 달린이다.

주로 사용하는 발: 오른발
우승 1부리그: 2-0 협회컵: 0-0 챔피언스: 0-0
준우승 클럽 월드컵: 0-0 UEFA 유로: 0-0 월드컵: 0-0

MF Josh DASILVA 10
조시 다실바

SCOUTING REPORT
시즌 초반 잉글랜드 챔피언십 뿐만 아니라 카라바오컵까지 계속 출전했다. 그러나 3월 사타구니를 다쳤고, 재활에 몰두하느라 이후 출전하지 못했다. 그럼에도 팀은 EPL로 승격했다. 다실바는 체력을 앞세워 그라운드 전 지역을 부지런히 누비는 '박스-투-박스' 미드필더다(히트맵 분석). 롱볼을 이용한 빌드업, 강력한 중거리 슈팅, 민첩한 인터셉트 등 공격과 수비에서 나름 알토란 같은 활약을 해준다.

PLAYER'S HISTORY
앙골라계 이민 2세다. 2015년 아스날 1군에서 데뷔했다. 그리고 2018년 브렌포드로 이적했다. 앙골라와 잉글랜드의 이중국적자다. 잉글랜드 U-19, U-20, U-21 등 연령별 대표를 거쳤다. 그러나 A대표로 어느 국가를 선택할 지는 아직 결정하지 못했다.

주로 사용하는 발: 오른발
우승 1부리그: 0-0 협회컵: 1-0 챔피언스: 0-0
준우승 클럽 월드컵: 0-0 UEFA 유로: 0-0 월드컵: 0-0

FW Ivan TONEY 17
이반 토니

SCOUTING REPORT
이적하자마자 챔피언십을 폭격한 꿀벌군단의 선봉장. 지난 시즌 48경기에 출전해 33골-10어시스트를 기록했다. 민첩하고 빠른 신체 능력을 통해 득점 기회를 찾아내며 단독 돌파, 동료와의 콤비네이션 플레이 등이 모두 우수하다. 박스 안에서 위치를 잘 잡고, 동물처럼 '골 냄새'를 잘 맡는다. 기회를 잡으면 필살의 결정력으로 마무리한다. PK 전문 키커다. 지난 시즌 9차례 PK를 모두 성공시켰다.

PLAYER'S HISTORY
자메이카계 이민 2세로 영국 노스햄튼에서 태어났다. 2012년 노스햄튼에서 데뷔한 이후 현재까지 10년간 8번이나 소속 팀이 바뀐 '저니맨'이다. 이중국적자로 잉글랜드를 선택했다. 인터뷰 스킬이 수준급이다. 논란이 될 발언을 삼가면서도 본인의 의견을 침착하게 전달한다.

주로 사용하는 발: 오른발
우승 1부리그: 0-0 협회컵: 0-0 챔피언스: 0-0
준우승 클럽 월드컵: 0-0 UEFA 유로: 0-0 월드컵: 0-0

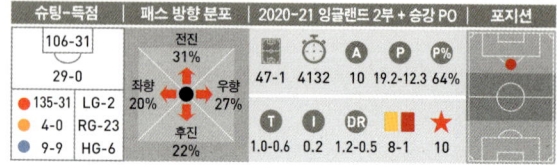

| 전체 슈팅 시도-득점 | 직접 프리킥 시도-득점 | PK 시도-득점 | LG 왼발 득점 | RG 오른발 득점 | HG 헤더 득점 | 출전횟수 선발-교체 | 출전시간 분(MIN) | A 도움 | P 평균패스 시도-성공 | P% 패스 성공률 | T 평균태클 시도-성공 | I 평균 인터셉트 | DR 평균드리블 시도-성공 | 페어플레이 경고-퇴장 | MOM |

DF Rico HENRY 3
리코 헨리

챔피언십에서는 꾸준히 선발로 출전했다. 그러나 시즌 중반, 햄스트링 부상으로 스쿼드에서 제외됐다. 지난 시즌 챔피언십 성적은 31경기 출전-1골-2도움이다. 올 시즌 EPL에서는 정상 컨디션으로 출발했다. 헨리는 공격형 레프트백이다. 리그 정상급 스피드를 이용해 상대 배후를 침투한 다음 크로스, 얼리 크로스를 올린다. 체력이 강해 줄기차게 터치라인을 왕복한다.

주로 사용하는 발: 오른발
우승 1부리그: 0-0 협회컵: 0-0 챔피언스: 0-0
준우승 클럽월드컵: 0-0 UEFA 유로: 0-0 월드컵: 0-0

슈팅-득점: 5-0 / 4-1 / 9-1 LG-1 / 0-0 RG-0 / 0-0 HG-0
패스 방향 분포: 전진 38%, 좌향 5%, 우향 32%, 후진 25%
2020-21 잉글랜드 2부 + 승강 PO: 30-1 / 2557 / 2 / 37.3-29.5 / 79% / 1.8-1.3 / 0.9 / 1.8-1.0 / 0 / 1

DF Ethan PINNOCK 5
에단 피녹

수비진의 리더. 챔피언십 20-21 시즌, 42경기에 출전하며 중심을 잡았다. 피녹이 시즌 내내 안정된 수비를 보였기에 브렌트포드는 PO 승리와 함께 EPL에 입성했다. 큰 키를 활용한 공중전에서 66%의 승률을 보였다. 마킹, 인터셉트도 우수하다. 볼을 잘 다루기에 장단 패스를 이용해 빌드업을 뒷받침한다. 태클 기술은 좋지만, 적극적으로 도전하지는 않는다.

주로 사용하는 발: 오른발
우승 1부리그: 0-0 협회컵: 0-0 챔피언스: 0-0
준우승 클럽월드컵: 0-0 북중미 골드컵: 0-0 월드컵: 0-0

슈팅-득점: 30-1 / 0-0 / 30-1 LG-1 / 0-0 RG-0 / 0-0 HG-0
패스 방향 분포: 전진 35%, 좌향 22%, 우향 36%, 후진 8%
2020-21 잉글랜드 2부 + 승강 PO: 42-0 / 3704 / 1 / 65.0-54.9 / 84% / 1.2-0.9 / 0.2-0.2 / 0-1 / 3

MF Mathias JENSEN 8
마티아스 옌슨

20-21시즌에도 브렌트포드의 확고한 '야전 사령관'으로 활약 중이다. 챔피언십 최종 성적은 2골-7도움이었다. 팀은 3위로 승격 PO에 진출했고, EPL에 올랐다. 옌슨은 '박스-투-박스' MF다. 히트맵을 보면 그라운드 거의 전지역을 커버했음을 알 수 있다. 볼을 잘 다루기에 정확한 장단패스로 빌드업을 이끈다. 박스 외곽에서의 중거리 슈팅과 직접 프리킥은 '치명적인 무기'다.

주로 사용하는 발: 오른발
우승 1부리그: 0-0 협회컵: 0-0 챔피언스: 0-0
준우승 클럽월드컵: 0-0 UEFA 유로: 0-0 월드컵: 0-0

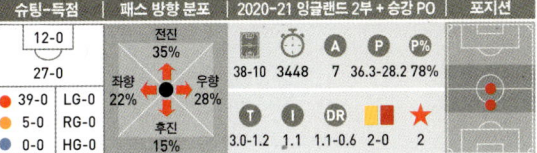

슈팅-득점: 12-0 / 27-0 / 39-0 LG-0 / 5-0 RG-0 / 0-0 HG-0
패스 방향 분포: 전진 35%, 좌향 22%, 우향 28%, 후진 15%
2020-21 잉글랜드 2부 + 승강 PO: 38-10 / 3448 / 7 / 36.3-28.2 / 78% / 3.0-1.2 / 1.1 / 1.1-0.6 / 2-0 / 2

MF Bryan MBEUMO 19
브라이언 음뵈모

기존 서브 윙어였던 세르히 카노스, 피터버러에서 온 아이반 토니와 함께 '공격 삼총사'를 이뤘다. 소속팀과 함께 엄청난 경기력으로 승격을 목표로 맹활약했다. 8골-10어시스트로 찬스메이커 역할을 톡톡히 했다. 전형적인 2선 공격수로 정확한 크로스를 올리고, 드리블을 하다 박스 안으로 치고 들어가 다이렉트 슈팅을 날린다. 체력이 강해 높은 위치에서 압박을 잘 수행한다.

주로 사용하는 발: 왼발
우승 1부리그: 0-0 협회컵: 0-0 챔피언스: 0-0
준우승 클럽월드컵: 0-0 UEFA 유로: 0-0 월드컵: 0-0

슈팅-득점: 50-8 / 14-0 / 64-8 LG-5 / 3-0 RG-1 / 0-0 HG-2
패스 방향 분포: 전진 27%, 좌향 30%, 우향 14%, 후진 29%
2020-21 잉글랜드 2부 + 승강 PO: 39-8 / 3305 / 10 / 16.9-12.7 / 75% / 1.3-0.9 / 0.6 / 1.7-0.8 / 3-0 / 3

MF Vitaly JANELT 27
비탈리 야넬트

특별한 부상 없이 풀타임 활약했다. 수비형 미드필더 겸 '박스-투-박스' 미드필더다. 히트맵을 보면 그라운드 거의 전 지역이 붉게 물들어 있다. 볼을 잘 다루고, 역습 기회 때 기가 막힌 롱-볼을 전방으로 찔러준다. 집중력이 강하고, 정확한 태클을 구사하며 민첩하게 상대의 패스를 자른다. 중거리 슈팅도 강력하다. 독일 U-15부터 U-21까지 연령별 대표를 모두 지냈다.

주로 사용하는 발: 왼발
우승 1부리그: 0-0 협회컵: 0-0 챔피언스: 0-0
준우승 클럽월드컵: 0-0 UEFA 유로: 0-0 월드컵: 0-0

슈팅-득점: 8-1 / 7-2 / 15-3 LG-2 / 0-0 RG-1 / 0-0 HG-0
패스 방향 분포: 전진 27%, 좌향 28%, 우향 26%, 후진 20%
2020-21 잉글랜드 2부 리그: 39-5 / 3298 / 3 / 35.3-29.1 / 82% / 2.3-1.7 / 1.5 / 0.5-0.4 / 9-0 / 0

FW Sergi CANÓS 7
세르히 카노스

브렌트포드의 주전 레프트윙어였다. 챔피언십에서 9골 10도움으로 본인의 커리어 하이를 기록했다. 오른발잡이로서 왼 측면을 돌파한 뒤 몸을 틀어 바로 다이렉트 슈팅을 날린다. 박스 외곽에서 안쪽으로 날카롭게 컷-인 하며 기회를 만든다. 체력이 좋아 하이프레싱을 자주 구사한다. 종종 절묘한 스루패스를 성공시킨다. 그러나 전체적인 패스 성공률은 68%로 높지 않았다.

주로 사용하는 발: 오른발
우승 1부리그: 0-0 협회컵: 0-0 챔피언스: 0-0
준우승 클럽월드컵: 0-0 UEFA 유로: 0-0 월드컵: 0-0

슈팅-득점: 49-8 / 54-1 / 103-9 LG-0 / 0-0 RG-9 / 0-0 HG-0
패스 방향 분포: 전진 32%, 좌향 12%, 우향 35%, 후진 21%
2020-21 잉글랜드 2부 리그: 36-13 / 3126 / 8 / 18.8-12.8 / 68% / 2.3-1.4 / 0.7 / 2.4-1.3 / 5-0 / 6

La Liga Preview

'라리가 三國志' 공식 종료
아틀레티코 '1강 시대' 개막

레알 마드리드와 바르셀로나로 압축되던 양강 시대가 종식되고 AT 마드리드가 왕좌에 올랐다. 양강의 독주를 끝냈던 7년 전처럼. 자의 반 타의 반으로 주전 절반이 바뀐 2019/20시즌이 전력을 다지는 밑거름이 됐다. 일각에서는 디에고 시메오네 감독 시대가 끝났다고 했지만 보란 듯이 우승을 거머쥐며 여전히 시메오네 체제가 건재함을 알렸다.

AT. 마드리드 2연패 확률 UP
'바르셀로나-레알 시대' 종료

AT 마드리드가 2019-20시즌 리그 3위를 차지하자 시메오네 감독을 향한 불만이 터져 나왔다. 고액 연봉으로 장기집권하고 있으면서도 점점 우승과 멀어진다는 이유였다. 하지만 지지자들은 알고 있었다. 그 시즌은 새로운 AT 마드리드를 갖추는 과도기였다는 것을. 시메오네는 그리즈만, 로드리, 고딘이 떠나면서 무너진 척추 라인을 재건해냈고 챔피언스리그 티켓도 땄냈다. 여기에 루이스 수아레스가 합류하면서 방점을 찍었다. 답답하던 공격을 수아레스의 결정력이 해결했다. 특유의 4-4-2가 아닌 중앙 수비를 3명 세우는 포메이션 변화 역시 대 성공. 진화한 AT 마드리드는 리그 독주를 꿈꾸고 있다. 양강과 달리 전력 누수가 거의 없고 오히려 앙투안 그리즈만의 복귀, 마테우스 쿠냐, 로드리고 데 파울이 합류하여 지난 시즌보다 강한 전력을 뽐낸다. 수아레스의 적지 않은 나이 고민을 한 방에 해결해준 것이 그리즈만의 복귀다. 2년 전 바르셀로나로 이적하는 과정에서 수많은 안티를 양산했지만 팀 전력에 보탬이 될 영입임에는 틀림없다. 쿠냐도 다른 공격수들을 적절하게 쉬게 해 줄 영입이고 사울이 떠난 자리에는 데 파울이 가세한다.
중앙 수비수 백업과 측면에서 직선적인 움직임을 보여줄 공격수가 없다는 것이 약점이나 우승 후보 1순위로 부족함이 없다.

코로나 여파, 경기장 리모델링 자금부족으로 선수 영입에 한계

레알 마드리드는 코로나 팬데믹 여파와 경기장 리모델링으로 전력 보강에 한계가 있었다. 킬리안 음바페 영입에 거액을 쏟아부으려 했지만 실패로 끝났다. 주전 수비수 세르히오 라모스, 라파엘 바란이 이적했다. 멀티 플레이어 데이비드 알라바 영입으로 급한 불은 껐지만 수비가 흔들리면 팀 전체가 흔들릴 수밖에 없다. 밀리탕과 나초, 헤수스 바예호의 역할 분담을 기대하는 눈치다. 카를로 안첼로티 감독이 지네딘 지단을 대신한다. 전력 보강은 없지만 레알은 레알. 지역 라이벌로 부상한 AT의 독주를 두고 보지는 않을 것이다.

수년간 레알을 지킨 힘 '크-카-모 (토니 크로스, 카세미루, 루카 모드리치)'가 중원을 장악하고 카림 벤자마의 결정력만 유지된다면 호락호락한 전력은 아니다. 여기에 부활을 노리는 가레스 베일과 에덴 아자르가 어느 정도만 해준다면 지난 시즌과 마찬가지로 시즌 마지막까지 흥미로운 경쟁을 이어가리라 예상한다.

프랑스 신성 에두아르도 카마빙가는 관리가 필요한 크-카-모를 적절히 뒷받침해 줄 재목이다. 공격수의 골 결정력을 살리는데 탁월한 지도력을 가진 안첼로티 감독이 비니시우스를 바꿔놓을 수 있다면 예상보다 더 높은 승점으로 시즌을 마칠 수도 있다.

천문학적인 부채, 조롱과 놀림의 대상
메시 떠난 빈자리, 전술 변화로 대체

바르셀로나는 이번 여름 이적 시장에서 조롱과 놀림의 대상이었다. 천문학적인 부채 때문에 스타 선수들을 모두 내보냈고 메시를 붙잡는 데 실패했다. 그나마 급한 불은 껐다.

리오넬 메시가 떠난 바르셀로나는 팀 스타일 변화를 꾀한다. 멤피스 데파이를 중심으로 활동량과 기동력의 팀으로 거듭나려 한다. 부상에서 복귀할 '새로운 10번' 안수 파티가 희망이 된다면 공격수 고민은 덜게 된다.

하지만 전력 악화는 불가피하다. 구단도 바로 우승에 도전하는 팀이 되라고 닦달하지는 않는다. 어린 선수들이 팀 주축으로 뿌리를 내리는 것만으로도 의미 있는 시즌이 될 전망.

그래도 다음 시즌 챔피언스리그 진출만은 포기할 수 없다. 챔피언스리그를 놓치면 거액의 수입이 사라지고 전력 보강 기회까지 놓치게 된다. 세르지오 부스케츠의 기동력이 크게 떨어졌지만 중원 구성에는 큰 무리가 없다. 어린 선수들이 잘 성장해서 로테이션으로 활약하고 데파이가 빠르게 적응한다면 상위권 한자리는 가져가리라 예상한다.

은근한 강자 세비야, 조용히 우승 도전
강팀 상대 6경기에서 승점 더 챙겨야

세비야도 우승 경쟁에 조용히 도전장을 내밀고 있다. 훌렌 로페테기 감독 부임 후 2시즌 연속 리그 4위의 안정적인 전력을 자랑한다. 지난 시즌에는 막바지에 힘에 부치긴 했지만 우승까지 넘볼 정도였다. 우승팀 AT 마드리드와의 승점 차이는 9점. 이 격차를 줄이려면 AT 마드리드, 레알 마드리드, 바르셀로나와의 맞대결 성적을 바꿔야 한다. 6경기에서 1승 2무 3패로 승점 5점밖에 얻어내지 못했다. 승점 6점의 의미가 담긴 경기들을 잡아내지 못한다면 이번에도 4위 이상은 무리다.

세비야는 이적 시장에서 공격수와 풀백 등 부족한 포지션에서 투자를 아끼지 않았다. 첼시와 연결됐던 수비수 쥘 쿤데도 남았고 지난 시즌보다 상승된 전력으로 승점을 높이려 한다.

중위권은 서로 물고 물리는 혼전
유로파 진출권 티켓은 '마지노선'

지난 시즌 유로파 리그 진출권은 레알 소시에다드와 레알 베티스에 돌아갔다. 늘 라리가 중상위권에 오를 능력을 갖춘 팀들이다. 하지만 조금 삐끗하면 밀릴 수 있다. 유로파 리그 우승으로 챔피언스리그에 나가는 비야레알, 감독 교체로 어수선한 분위기를 잠재우려는 발렌시아도 자존심 회복에 나섰기 때문이다.

비야레알은 챔피언스리그 병행을 위해 제한적인 선수만 보강한 것이 변수라면 변수. 그래도 불라예 디아와 아르나우트 단주마 등 공격적인 선수들이 영입되면서 제라르 모레노에 집중됐던 화력을 분산시킬 수 있게 됐다.

유스의 산실로 자리매김한 소시에다드는 공격수 알렉산데르 쇠를로트 영입으로 알렉산데르 이삭과 트윈 타워를 결성하게 됐다. 좋은 미드필더들이 즐비하고 다비드 실바도 나올 때마다 클래스를 보여주고 있다.

백전노장 마누엘 펠레그리니 감독이 이끄는 레알 베티스 또한 중상위권 자리를 지키려 한다. 최근 안달루시아의 맹주가 세비야로 넘어간 것을 지켜보고 있을 수만은 없다. 기복을 줄이고 꾸준히 중상위권을 유지할 수 있는 전력을 갖추는 쪽으로 초점을 맞춰야 한다. 일부 선수들이 떠났지만 풀백, 수비를 보강하면서 실점 줄이기에 나섰다. 기술이 좋고 창의적인 미드필더들이 많아서 보르하 이글레시아스, 윌리안 조제 같은 공격수들이 해결만 해주면 고민을 덜 수 있다.

발렌시아는 호세 보르달라스 감독이 전력을 끌어올리고 있다. 카를로스 솔레르처럼 충성심 가득한 선수들이 남아 있고 막시밀리아노 고메스, 곤살로 게데스 같은 득점원들도 한자리를 차지하는 중. 골 결정력이 고민인 빌바오는 마르셀리노 감독 특유의 4-4-2 포메이션을 바탕으로 역습 축구를 준비 중이다. 누군가가 해결사 노릇만 해주면 유로파 리그 진출권까지는 노려볼 법하다. 반면 지난 시즌 첫 유럽 대항전에서 선전했던 그라나다는 감독 교체로 팀 색깔을 잃을 위기다. 디에고 마르티네스가 워낙 강한 팀을 만들어 놨다는 점에서 후임 로베르트 모레노의 부담이 커지고 있다.

전력을 유지해 잔류를 노리는 팀들
이강인 영입한 마요르카 행보에 관심

셀타 비고, 오사수나, 카디스는 잔류, 더 나아가 중상위권을 노리는 눈치다. 레반테도 로베르토 솔다도, 슈코드란 무스타피 등 노련한 선수들을 영입하면서 전력을 보강했다. 오사수나는 팬들 사이에서 영웅이 된 자고바 아라사테 감독의 장기집권 체제를 꿈꾼다. 승격 후 기복 없이 중위권을 유지 중이다.

마지막까지 잔류 싸움을 이어간 헤타페, 알라베스, 엘체는 이번 시즌만큼은 일찌감치 위험에서 멀어지고 싶어 한다. 세 팀 모두 선수단을 대거 보강하면서 잔류 싸움이 아닌 중위권 안착을 목표로 삼는다. 조직력을 빠르게 갖추는 것이 관건.

마요르카는 지난 시즌 승격해 중위권에 안착한 카디스처럼 돌풍을 노린다. 이강인의 새로운 행선지로 관심받는 이 팀은 베테랑 공격수 앙헬, 노련한 왼쪽 풀백 자우메 코스타, 수비형 미드필더 바타글리아 등 1부 리그 경쟁력을 갖춘 선수들을 배치했다. 팀 주축이 젊은 편이라 경험 많은 선수들 위주로 영입 정책을 짰다. 이강인을 현재 그리고 미래를 위한 주춧돌로 삼을 계획이다. 임대생 쿠보 다케후사와의 시너지도 기대가 크다. 개인 역량이 뒷받침되는 공격보다는 승격과 강등을 모두 경험한 마르틴 발옌트, 알렉산다르 세들라르 같은 중앙 수비수들이 열쇠를 쥐고 있다.

라리가 2연패 + 챔피언스리그 정상 노려

구단 창립 : 1903년 **홈구장** : 완다 메트로폴리타노 **대표** : 엔리케 세레소 **2020-21시즌** : 1위(승점 86점) 26승 8무 4패 67득점 25실점 **닉네임** : Colchoneros, Indios

과감한 포메이션 변경으로 왕좌에 오르다

특유의 4-4-2 포메이션이 파훼되면서 변화가 불가피했는데, 1st 코치였던 부르고스가 떠나면서 결단을 내렸다. 시메오네 감독은 과거 아르헨티나 리베르 플레이트 시절 플랜B로 사용했던 스리백을 적용시켰고, 단단한 수비를 바탕으로 7시즌 만에 리그 정상에 올랐다. 계륵이었던 에르모소는 백스리에서 백조로 거듭났고 오블락이 지키는 골문은 리그 최저 실점을 기록했다. M. 요렌테가 특유의 침투력으로 상대 수비를 분산시키면 수아레스가 골로 상황을 마무리 지었다. 후반기 컨디션 난조로 위기도 있었지만 마지막 3경기를 2-1로 잡아내면서 1위 자리를 지켜냈다.

그리즈만 복귀로 득점력 보강 마쳐

기동력이 좋은 데 파울이 첼시로 떠난 사울을 대신해 허리에서 다양하게 활용될 전망이다. 신체 능력이 좋은 젊은 브라질 공격수 쿠냐는 수아레스에 문제가 생기거나 대안이 필요할 때 선택의 폭을 넓혀줄 것이다. 그리즈만은 이적 시장 마지막 날을 뜨겁게 달구며 마드리드로 돌아왔다. 유스 출신으로 많은 사랑을 받았던 사울이 첼시로 1시즌 임대됐다. 고액 연봉자였지만 활약이 거의 없었던 비톨로도 팀을 떠났고 오른쪽 풀백 아리아스는 이번에도 팀 구상에 포함되지 못했다. 공격은 다양하고 강해졌지만 수비형 미드필더나 중앙 수비가 부족해 보인다.

1951년 이후 첫 리그 2연패 도전

상상만 하던 리그 2연패 도전에 나선다. 객관적인 전력을 봤을 때는 여전히 레알 마드리드, 바르셀로나보다 높은 점수를 받을 만하다. 리그에서 승점을 안겨줄 공격진 보강이 확실히 이뤄졌기 때문이다. 그리즈만과 쿠냐가 합류하면서 지난 시즌 후반기에 힘이 떨어진 수아레스를 관리해줄 여력이 생겼다. 부상만 없다면 주앙 펠릭스의 천재성 역시 좁은 공간에서 번뜩이는 움직임을 보여줄 것이다. 코레아, 카라스코 등 드리블에 장기가 있는 선수들도 빼놓을 수 없다. 중앙 수비수 숫자가 넉넉하지 않기에 부상자가 생긴다면 고민이 커진다.

MANAGER : Diego SIMEONE 디에고 시메오네

Personal Information
생년월일 : 1970.04.28. / 출생지 : 부에노스 아이레스 (아르헨티나)
현역시절 포지션 : MF / 계약만료 : 2024.06.30
평균 재직 기간 : 2년 / 선호 포맷 : 4-4-2

History
선수 시절 A매치 출전 100경기를 넘겼고 월드컵도 3번이나 참가한 스타 플레이어 출신. 2011년 AT 마드리드 지휘봉을 잡으면서 구단 역사상 가장 위대한 감독이 됐다. 10년 넘게 장기집권하면서 리그 우승 2회, 유로파 리그 2회 등 크고 작은 트로피 8개를 안겼고 여전히 높은 승률을 기록 중이다.

Style
기술 지역에서 열정적으로 선수들을 지휘한다. 홈에서는 관중들의 호응을 유도하는 화려한 액션도 빠지지 않는다. 4-4-2 포메이션 특유의 두 줄 수비를 앞세워 AT 마드리드를 빅클럽 반열로 끌어올렸다. 패스 성공률이나 점유율보다는 직접적인 결과를 내는 것에 주로 힘을 쏟는다. 전력이 강해지면서 시즌마다 공격력을 높이려고 다양한 방법을 강구한다. 지난 시즌에는 백 스리를 성공적으로 팀에 이식했다.

우승 - 준우승 횟수

	SPANISH LA LIGA	SPANISH COPA DEL REY	UEFA CHAMPIONS LEAGUE
	11-10	10-8	0-3
	UEFA EUROPA LEAGUE	FIFA CLUB WORLD CUP	UEFA-CONMEBOL INTERCONTINENTAL
	3-0	0-0	1-0

SQUAD LIST

위치	번호	선수	국적	키	생년월일	전 소속팀
GK	1	Benjamin Lecomte	FRA	186	91-04-26	Monaco
	13	Jan Oblak	SVN	189	93-01-07	Benfica
DF	2	José Giménez	URU	185	95-01-20	Danubio
	12	Renan Lodi	BRA	178	98-04-08	Athletico Paranaense
	15	Stefan Savić	MNE	187	91-01-08	Fiorentina
	18	Felipe	BRA	185	89-05-16	FC Porto
	22	Mario Hermoso	ESP	184	95-06-18	Espanyol
	23	Kieran Trippier	ENG	178	90-09-19	Tottenham H
	24	Šime Vrsaljko	CRO	181	92-01-10	Sassuolo
MF	4	Geoffrey Kondogbia	CTA	188	93-02-15	Valencia
	5	Rodrigo De Paul	ARG	180	94-05-24	Udinese
	6	Koke	ESP	177	92-01-08	Atlético Madrid B
	11	Thomas Lemar	FRA	170	95-11-12	Monaco
	14	Marcos Llorente	ESP	184	95-01-30	Real Madrid
	16	Héctor Herrera	MEX	182	90-04-19	FC Porto
	21	Yannick Ferreira Carrasco	BEL	181	93-09-04	Dalian Professional
FW	7	João Félix	POR	180	99-11-10	Benfica
	8	Antoine Griezmann	FRA	175	91-03-21	Barcelona
	9	Luis Suárez	URU	182	87-01-24	Barcelona
	10	Ángel Correa	ARG	172	95-03-09	San Lorenzo
	17	Ivan Šaponjić	SRB	192	97-08-02	Benfica
	19	Matheus Cunha	BRA	184	99-05-27	Hertha Berlin
	27	Giuliano Simeone	ARG	178	02-12-18	River Plate

2021-22 SEASON SCHEDULE

날짜	장소	상대팀	날짜	장소	상대팀
08-15	A	Celta Vigo	01-09	A	Villarreal
08-22	H	Elche	01-19	H	Levante
08-29	H	Villarreal	01-23	H	Valencia
09-12	A	Espanyol	02-06	A	FC Barcelona
09-19	H	Athletic Bilbao	02-13	H	Getafe
09-22	A	Getafe	02-20	H	Osasuna
09-26	H	Alavés	02-27	A	Celta Vigo
10-03	A	FC Barcelona	03-06	H	Real Betis
10-17	H	Granada	03-13	H	Cádiz
10-24	A	Real Sociedad	03-20	A	Rayo Vallecano
10-27	H	Levante	04-03	A	Alavés
10-31	A	Real Betis	04-10	H	Mallorca
11-07	H	Valencia	04-17	A	Espanyol
11-21	A	Osasuna	04-24	H	Granada
11-28	A	Cádiz	05-01	A	Athletic Bilbao
12-05	H	Mallorca	05-08	H	Real Madrid
12-12	A	Real Madrid	05-11	A	Elche
12-19	H	FC Sevilla	05-15	H	FC Sevilla
01-02	H	Rayo Vallecano	05-22	A	Real Socied

RANKING OF LAST 10YEARS

시즌	11-12	12-13	13-14	14-15	15-16	16-17	17-18	18-19	19-20	20-21
순위	5	3	1	3	3	3	2	2	3	1
승점	56점	76점	90점	78점	88점	78점	79점	76점	70점	86점

STRENGTHS & WEAKNESSES

OFFENSE		DEFENSE	
오픈 플레이	A	오픈 플레이 수비	A
카운터 어택	A	카운터 어택 수비	C
짧은 패스 게임	B	짧은 패스 게임 수비	C
롱볼 연계 플레이	C	롱볼 연계 플레이 수비	C
솔로 플레이	A	솔로 플레이 수비	E
중거리 슈팅 / 직접 프리킥	B	중거리 슈팅 수비	D
측면 공격	B	측면 수비	C
세트 플레이	B	세트 플레이 수비	B
위협적인 공격 횟수	B	공중전 능력	C
슈팅 대비 득점	B	볼 쟁탈전 / 투쟁심	A
오프사이드 피하기	C	실수 조심	D
볼 점유율	C	파울 주의	D

A 매우 우수함 B 우수함 C 평균 수준 D 부족함 E 많이 부족함

STADIUM

Wanda Metropolitano Stadium

구장 오픈 : 1994년   구장 증개축 : 2017년
구장 소유 : 아틀레티코 마드리드   수용 인원 : 6만 8456명
피치 규모 : 105 X 68m   잔디 종류 : 천연 잔디

ODDS CHECK

베팅회사	La Liga		Champions League	
	배당률	우승 확률	배당률	우승 확률
bet365	2.5배	2위	20배	8위
sky bet	2.75배	3위	25배	9위
William HILL	2.25배	2위	22배	8위
888sport	2.5배	2위	21배	9위

*우승 확률이 높을수록 배당률은 낮아짐

20-21 SEASON TOP5

득점		어시스트		경고-퇴장	
L.수아레스	21	M.요렌테	11	S.사비치	15-0
M.요렌테	12	Y.카라스코	10	S.니게스	10-0
A.코레아	9	A.코레아	8	코케	9-0
J.펠릭스	7	K.트리피어	6	펠리피	8-0
Y.카라스코	6	J.펠릭스	5	M.요렌테	6-0

BASIC FORMATION

TOTO GUIDE 지난시즌 전적

상대팀	홈	원정
Real Madrid	1-1	0-2
FC Barcelona	1-0	0-0
FC Sevilla	2-0	0-1
Real Sociedad	2-1	2-0
Real Betis	2-0	1-1
Villarreal	0-0	2-0
Celta Vigo	2-2	2-0
Granada	6-1	2-1
Athletic Bilbao	2-1	1-2
Osasuna	2-1	3-1
Cadiz	4-0	4-2
Valencia	3-1	1-0
Levante	0-2	1-1
Getafe	1-0	0-0
Alaves	1-0	2-1
Elche	3-1	1-0
Huesca	2-0	0-0
Valladolid	2-0	2-1
Eibar	5-0	2-1

TACTICS & FUNCTIONS

OFFENSE

경기 운영 : 철저한 역습, 측면 공격
짧은 패스 / 긴 패스 비율 : 8.0대1
역습 시작 위치 : 비교적 중간 지역
직접 프리킥 : 코케, 카라스코, 수아레스
중거리 슈팅 : 수아레스, 요렌테, 르마
세트피스 헤딩 : 사비치, 히메네스, 그리즈만
드리블 : 카라스코, 코레아, 펠릭스
결정적 패스 : 코케, 펠릭스, 요렌테

DEFENSE

존디펜스 : 지역방어 기반 존디펜스
맨투맨 : 지역과 대인 기반 혼합형
세로 방향 프레싱 위치 : 비교적 뒤쪽
오프사이드 트랩 위치 : 골라인에서 17~19m
미드필드 스크리너 : 콘도그비아, 데폴
공수 밸런스 유지 : 코케, 에레라
수비진 라인 컨트롤 : 사비치, 에르모소
수비진 옵셔널 스토퍼 : 히메네스, 펠리페

LA LIGA 2020-21 PERFORMANCE

ATLETICO MADRID vs. OPPONENTS PER GAME STATS

At. 마드리드 vs 상대팀

독점	슈팅	유효슈팅	오프사이드	PA 패스시도	PC 패스성공	P% 패스성공률	TK 태클시도	PR 볼소유자 압박	INT 인터셉트	GK 선방	파울	경고	퇴장
1.76 / 0.66	12.1 / 9.5	4.9 / 3.2	2.6 / 0.8	503 / 494	418 / 399	83% / 81%	18.5 / 16.1	135 / 144	10.2 / 11.5	2.6 / 3.1	12.9 / 14.5	2.63 / 1.55	0.000 / 0.079

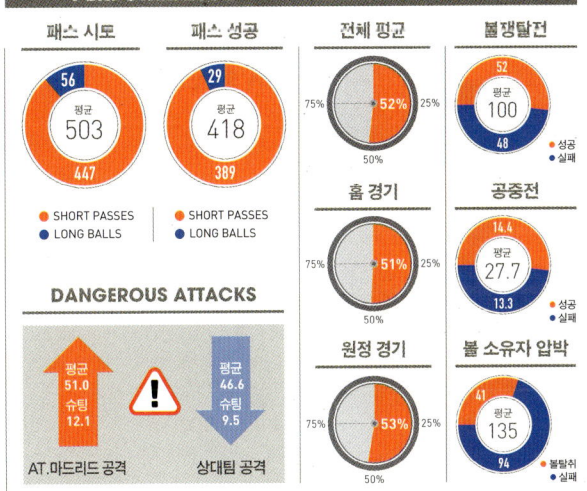

Jan OBLAK 13
얀 오블락 — GK

SCOUTING REPORT
반사 신경으로 따지면 현재 세계 최고 수문장으로 평가받을 만하다. 몸의 무게 중심이 무너진 상황에서도 이 반사 신경을 통해 후속 동작을 재빠르게 이어간다. 때문에 세컨드 볼 방어력도 출중하다. 위치 선정도 좋아 공중볼 처리도 수준급이다. 심지어 지난 2년간 부상 이력이 없을 정도로 피지컬적으로도 강한 면모를 보이고 있다. 다만 빌드업 등 발밑 기술에 대해서는 그리 크게 평가되진 않는다.

PLAYER'S HISTORY
2009년 류블랴나에서 데뷔했으며 2010년 벤피카로 이적한 후 명성을 얻었다. 2014년 아틀레티코 마드리드에 입단해 지금까지 신들린 선방쇼를 이어오고 있다. 리카르도 사모라 트로피를 통산 5회 수상했다. 이는 사모라 트로피 역대 최다 수상 타이 기록이다.

주로 사용하는 발: 오른발 93% | 우승 1부리그: 2-2 협회컵: 1-0 챔피언스: 0-1 | 준우승 클럽 월드컵: 0-0 UEFA 유로: 0-0 월드컵: 0-0

세이브-실점: 65-23 / 35-2
125-25 TH-122
125-100 NK-289
4-2 KD-46

패스 방향 분포: 전진 71%, 좌향 14%, 우향 15%, 후진 0%

2020-21 라리가: 38-0 3420 80% S% 18 CS 22.9-13.5
P% 59% LB 15.7-6.3 AD 13-13 🟨 0-0 🟥 ⭐ 2

JOSÉ GIMÉNEZ 4
호세 히메네스 — DF

SCOUTING REPORT
센터백으로서 크다고 볼 수 없는 체격 조건을 갖추었지만, 뛰어난 점프력으로 공중볼을 장악한다. 다소 덤비는 유형의 수비가 많으나 맨투맨 방어 능력은 라 리가 최고라 평가받는다. 패스 실력은 괜찮은 편. 롱 패스 정확도가 제법 좋다. 다소 시야가 좁다는 게 아쉽다. 잔부상이 심하다는 게 걱정이다. 지난 시즌에만 세 차례 햄스트링 부상을 당했으며, 종아리와 발목도 다쳤다. 총 72일간 결장했다.

PLAYER'S HISTORY
다누비오에서 데뷔했다. 2013 FIFA U-20 터키 월드컵 당시 우루과이의 준우승에 기여하며 기대주로 조명됐다. 곧이어 아틀레티코 마드리드로 이적해 지금까지 두 차례 라 리가 우승을 경험했다. 2018 FIFA 러시아 월드컵에도 출전, 이집트전서 결승골을 넣었다.

주로 사용하는 발: 오른발 84% | 우승 1부리그: 2-2 협회컵: 0-0 챔피언스: 0-2 | 준우승 클럽 월드컵: 0-0 코파아메리카: 0-0 월드컵: 0-0

슈팅-득점: 12-0 / 2-0
14-0 LG-0
0-0 RG-0
0-0 HG-0

패스 방향 분포: 전진 31%, 좌향 29%, 우향 36%, 후진 4%

2020-21 라리가: 20-1 1766 0 A 52.5-45.9 P 88% P%
T 1.2-1.0 I 0.5 DR 0.1-0.0 🟨 1-0 🟥 ⭐

Stefan SAVIĆ 3
스테판 사비치 — DF

SCOUTING REPORT
주로 포백 수비라인의 오른쪽 센터백으로 활약한다. 공중볼 다툼에 상당한 강점을 보이는 센터백. 나쁘지 않은 패스를 가졌으며, 주로 숏 패스로 볼을 동료에게 공급한다. 훌륭한 피지컬을 앞세워 대인 마크를 펼치며 태클 범위가 상당히 길다. 다만 주력이 빠르지 못한데다 간혹 기복 심한 모습을 보이기도 한다. 파울이 많다. 2020-21시즌 세 번이나 퇴장을 당할 정도로 '카드 캡쳐' 기질이 심하다.

PLAYER'S HISTORY
2009년 BSK 보르차에서 데뷔, 이듬해 FK 파르티잔으로 이적하며 세르비아 리그 최고 수비 유망주로 평가받았다. 이후 맨체스터 시티·피오렌티나를 거쳐 2015년부터 아틀레티코 마드리드에서 뛰고 있다. 몬테네그로 올해의 선수상을 통산 4회(역대 2위) 차지했다.

주로 사용하는 발: 오른발 92% | 우승 1부리그: 3-2 협회컵: 1-1 챔피언스: 0-1 | 준우승 클럽 월드컵: 0-0 UEFA 유로: 0-0 월드컵: 0-0

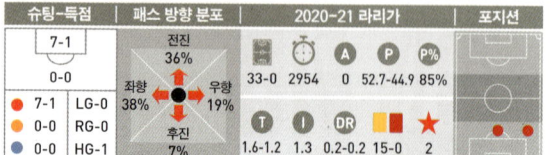

슈팅-득점: 7-1 / 0-0
7-1 LG-0
0-0 RG-0
0-0 HG-1

패스 방향 분포: 전진 36%, 좌향 38%, 우향 19%, 후진 7%

2020-21 라리가: 33-0 2954 0 A 52.7-44.9 P 85% P%
T 1.6-1.2 I 1.3 DR 0.2-0.2 🟨 15-0 🟥 ⭐

Rodrigo DE PAUL 5
로드리고 데폴 — MF

SCOUTING REPORT
세리에A 우디네세에서 역대급 활약을 펼친 후 아틀레티코로 이적했다. 데폴은 '드리블 마스터'다. 빠른 순간 스피드와 현란한 테크닉을 구사한다. 볼을 몰고 가며 체인지 디렉션, 체인지 페이스는 기본이다. 더블터치, 스텝온, 컷비하인드&턴 등 다양한 기술을 선보인다. 그는 또한 '킥의 마술사'다. 오른발 중거리 슈팅, 직접 프리킥, 페널티킥은 최강의 무기다. 칼날 스루패스와 위력적인 롱-볼로 빌드업 한다.

PLAYER'S HISTORY
그의 성(姓)은 '데파울' 아니라 '데폴'로 발음한다(IPA 기호 [ðe pol]). 2012년 아르헨티나 명문 라싱에서 데뷔했고, 발렌시아, 우디네세를 거쳐 2021년 아틀레티코 유니폼을 입었다. 2021 코파아메리카 결승 브라질전에서 롱-볼 한방으로 디마리아의 결승골을 도왔다.

주로 사용하는 발: 오른발 97% | 우승 1부리그: 1-0 협회컵: 0-1 챔피언스: 0-0 | 준우승 클럽 월드컵: 0-0 코파아메리카: 1-0 월드컵: 0-0

슈팅-득점: 16-7 / 66-2
82-9 LG-0
10-0 RG-9
3-3 HG-0

패스 방향 분포: 전진 26%, 좌향 29%, 우향 22%, 후진 23%

2020-21 세리에 A: 36-0 3204 9 A 51.1-40.7 P 80% P%
T 2.4-1.1 I 0.5 DR 5.1-3.4 🟨 3-2 🟥 ⭐ 12

MF KOKE 6
코케

SCOUTING REPORT
중원 전 지역을 커버할 수 있는 현대적인 미드필더. 매 경기 13km 전후를 기록하는 엄청난 활동량을 갖췄으며, 수비 가담에도 매우 적극적이다. 거리를 가리지 않는 정교한 킥이 최대 강점이며, 경기 상황을 읽고 재빨리 판단해 후속 동작을 이어가는 영리한 축구 지능을 갖췄다. 화려함과 거리가 먼 플레이스타일임에도 불구하고, 아틀레티코 마드리드에서 대체 불가능한 미드필더로 자리하고 있는 이유다.

PLAYER'S HISTORY
유소년 시절부터 아틀레티코 마드리드에서 모든 커리어를 쌓고 있다. 팀의 정신적 지주이자 캡틴이다. 스페인 연령별 대표를 모두 거쳤다. U-21대표 시절 2013 UEFA 이스라엘 U-21 챔피언십 정상에 올랐다. 스페인 A대표로는 A매치 통산 53경기 출전을 기록 중이다.

주로 사용하는 발: 오른발 91%

	우승	1부리그: 2-2	협회컵: 1-1	챔피언스: 0-2
	준우승	클럽 월드컵: 0-0	UEFA 유로: 0-0	월드컵: 0-0

슈팅-득점: 6-1 / 11-0 / 17-1 LG-0 / 0-0 RG-1 / 0-0 HG-0

패스 방향 분포: 전진 26%, 좌향 30%, 우향 29%, 후진 15%

2020-21 라리가: 34-3 / 3026 / 2 / 65.2-58.3 / 89% / 3.6-1.7 / 1 / 1.0-0.7 / 9-0 / 0

FW ANTOINE GRIEZMANN 8
앙투안 그리즈만

SCOUTING REPORT
이적 시장 마감 직전 스승 시메오네의 '러브콜'을 받고 친정팀으로 복귀했다. 스피드, '오프 더 볼' 움직임은 유럽 정상급이다. 왼발잡이지만 오른발도 잘 사용한다. 체격은 작지만 헤더골을 종종 넣는다. 수비에 적극적으로 가담한다. 팀 상황에 따라 뒤로 처져 플레이메이커를 맡을 수도 있다. 큰 경기에 유달리 강한 '해결사' 기질도 지녔다. '디시전 쇼 논란' 때문에 마음 상했던 팬들을 잘 달래야 한다.

PLAYER'S HISTORY
고향인 마콩에서 유소년 아마추어 클럽에 잠깐 몸담았던 적을 제외하면 모든 커리어를 스페인에서 쌓았다. 현재 프랑스를 대표하는 슈퍼스타. 유로 2016에서 프랑스의 준우승을 주도하면서 득점왕과 MVP를 휩쓸었다. 2018 러시아 월드컵에서도 정상에 올랐다.

주로 사용하는 발: 왼발 84%

	우승	1부리그: 0-3	협회컵: 1-0	챔피언스: 0-1
	준우승	클럽 월드컵: 0-0	UEFA 유로: 0-1	월드컵: 1-0

슈팅-득점: 58-11 / 13-2 / 71-13 LG-12 / 0-0 RG-1 / 2-1 HG-0

패스 방향 분포: 전진 14%, 좌향 32%, 우향 27%, 후진 27%

2020-21 라리가: 32-4 / 2621 / 7 / 36.6-32.0 / 87% / 1.8-1.0 / 0.3 / 1.0-0.7 / 4-0 / 4

FW João FÉLIX 7
조앙 펠릭스

SCOUTING REPORT
뛰어난 테크닉을 가진 2선 공격수. 빠른 스피드와 판단력을 활용해 찬스를 만들어나간다. 드리블도 수준급이며, 창의적인 패스로 공격에 에너지를 불어넣는다. 피지컬이 너무 약하다는 평가도 있었지만 지금은 어느 정도 극복한 모습이다. 다만 발목 부상에 자주 시달린다. 부상 기간(22일)이 길지 않았으나, 2020-21시즌에 세 차례 발목을 다쳤다. 코로나19 확진 및 식중독으로도 15일을 쉰 바 있다.

PLAYER'S HISTORY
2019년 유러피언 골든보이 수상자. 2018년 벤피카에서 데뷔하자마자 초신성으로 주목받았었다. 2019년 아틀레티코 마드리드 입단 당시 무려 1억 2,600만 유로라는 엄청난 이적료를 기록한 바 있다. 포르투갈 A대표로도 18경기에 출전해 3골을 기록 중이다.

주로 사용하는 발: 오른발 92%

	우승	1부리그: 2-0	협회컵: 0-0	챔피언스: 0-0
	준우승	클럽 월드컵: 0-0	UEFA 유로: 0-0	월드컵: 0-0

슈팅-득점: 26-6 / 13-1 / 39-7 LG-0 / 2-0 RG-0 / 2-1 HG-0

패스 방향 분포: 전진 28%, 좌향 19%, 우향 32%, 후진 21%

2020-21 라리가: 14-17 / 1570 / 5 / 21.5-18.1 / 84% / 0.7-0.3 / 0.2 / 1.9-1.0 / 6-0 / 4

FW Luis SUÁREZ 9
루이스 수아레스

SCOUTING REPORT
엄청난 득점 감각의 소유자. 전성기를 지났지만, 이 골 결정력 만큼은 변함없이 훌륭하다. 굉장히 유연하면서도 단단한 신체 밸런스를 자랑해 어지간해서는 넘어지지 않는다. 지능적으로 상대 수비를 무너뜨리는 침투 능력이 매우 위협적이다. 아틀레티코 마드리드에서는 좀 더 '포처' 역할에 집중하고 있다. 2020-21시즌에는 코로나19 확진 판정을 받았으며, 햄스트링도 다쳤다. 결장 기간은 총 37일이다.

PLAYER'S HISTORY
2005년 나시오날에서 데뷔, 2007년 아약스로 이적하면서 리버풀·바르셀로나 등 거치는 팀마다 간판 공격수로 활약한 바 있다. 우루과이 역대 최고 공격수 중 하나로 통한다. 우루과이 역대 통산 최다 A매치 출전 공동 3위(123경기)이며, 통산 득점은 역대 최다(64골)이다.

주로 사용하는 발: 오른발 79%

	우승	1부리그: 5-5	협회컵: 5-2	챔피언스: 1-0
	준우승	클럽 월드컵: 1-0	코파아메리카: 1-0	월드컵: 0-0

슈팅-득점: 81-20 / 23-1 / 104-21 LG-5 / 7-1 RG-13 / 3-3 HG-3

패스 방향 분포: 전진 17%, 좌향 27%, 우향 28%, 후진 28%

2020-21 라리가: 30-2 / 2521 / 3 / 18.0-12.9 / 72% / 0.6-0.3 / 0.1 / 0.2 / 1.0-0.4 / 6-0 / 4

GK Benjamin LECOMTE 1
벤자맹 르콩트

리그앙 개막 직후 코로나 감염으로 2주간, 2020년 11월 초, 손 골절로 2달간 결장했다. 그런 가운데에서도 모나코 주전 골키퍼로 28경기에 선발 출전했다. 시즌 종료 후 아틀레티코 마드리드로 이적했다. 뛰어난 반사 신경으로 가까운 거리에서의 슈팅을 감각적으로 막는다. 정확한 킥으로 빌드업을 돕는다. 그러나 공중 볼을 처리할 때 가끔 실수를 범한다.

주로 사용하는 발: 왼발 73%
우승 — 1부리그: 0-0 / 협회컵: 0-0 / 챔피언스: 0-0
준우승 — 클럽 월드컵: 0-0 / UEFA 유로: 0-0 / 월드컵: 0-0

세이브-실점: 27-21 / 15-6
69-27 TH-109
69-42 NK-170
3-0 KD-37

패스 방향 분포: 전진 51%, 좌향 22%, 우향 27%, 후진 0%

2020-21 리그앙: 28-0 2520 61% 13 32.0-23.2
P% 73% 14.7-6.1 0-0

DF Mario HERMOSO 22
마리오 에르모소

레알 마드리드에서 데뷔했다. 에스파뇰에서 명성을 얻었으며, 2019년 여름 아틀레티코 마드리드 유니폼을 입었다. 희소성이 큰 왼발잡이 볼 플레잉 센터백이다. 혼전 상황에서 커버하는 수비가 좋다. 다만 피지컬을 앞세운 상대 공격수와 대결에 약하다. 레프트백으로도 뛸 수 있으나 그 자리에선 경기력이 썩 좋진 않다. 2021년 초 발목을 다치고 코로나19까지 걸렸다.

주로 사용하는 발: 왼발 82%
우승 — 1부리그: 1-0 / 협회컵: 0-0 / 챔피언스: 0-0
준우승 — 클럽 월드컵: 0-0 / UEFA 유로: 0-0 / 월드컵: 0-0

슈팅-득점: 10-1 / 8-0
18-1 LG-0
0-0 RG-0
0-0 HG-0

패스 방향 분포: 전진 41%, 좌향 12%, 우향 40%, 후진 8%

2020-21 라리가: 30-1 2584 0 57.1-48.2 84%
T I DR: 2.5-1.8 1.2 0.4-0.3 0-0

DF FELIPE 18
펠리페

2009년 우니앙 모지에서 데뷔. 2016년부터 4년간 활약한 포르투에서 핵심 수비수로 활약, 2019년 기량을 인정받아 아틀레티코 마드리드의 부름을 받았다. 공중볼과 대인 마크에 위력을 발휘한다. 심지어 발까지 빠른데다 기본 이상의 빌드업 실력까지 갖추고 있다. 만능 센터백이라 할 수 있겠는데, 애석하게도 후방 십자 인대 파열 부상 중이라 한동안 출전할 수 없다.

주로 사용하는 발: 오른발 84%
우승 — 1부리그: 3-2 / 협회컵: 0-1 / 챔피언스: 0-0
준우승 — 클럽 월드컵: 1-0 / 코파아메리카: 0-0 / 월드컵: 0-0

슈팅-득점: 12-0 / 0-0
12-0 LG-0
0-0 RG-0
0-0 HG-0

패스 방향 분포: 전진 34%, 좌향 29%, 우향 34%, 후진 3%

2020-21 라리가: 23-8 2053 0 33.7-28.6 85%
T I DR: 1.1-0.9 1.2 0.1-0.1 8-0

DF Šime VRSALJKO 24
시메 브르살리코

크로스가 정확한 라이트백. 유사시 왼쪽도 소화하며, 오른쪽 미드필더로도 전진 배치가 가능하다. 수비 가담도 꽤 적극적이나 파울이 많은 게 흠이다. 또한 중앙 포지션에 자리한 선수와 연계하기보다는 전통적인 풀백 오버래핑에 집중한다. 부상이 잦다. 지난해 햄스트링과 무릎을 다쳐 74일을 빠졌다. 2018 FIFA 러시아 월드컵 당시 크로아티아의 준우승 멤버다.

주로 사용하는 발: 오른발 94%
우승 — 1부리그: 5-1 / 협회컵: 2-0 / 챔피언스: 0-0
준우승 — 클럽 월드컵: 0-0 / UEFA 유로: 0-0 / 월드컵: 1-0

슈팅-득점: 0-0 / 0-0
0-0 LG-0
0-0 RG-0
0-0 HG-0

패스 방향 분포: 전진 39%, 좌향 35%, 우향 1%, 후진 26%

2020-21 라리가: 6-3 521 0 25.1-18.2 73%
T I DR: 2.4-2.0 0.9- 0.2-0.1 2-0

DF Kieran TRIPPIER 23
키어런 트리피어

맨체스터 시티 유스 출신. 반즐리 · 번리를 거친 후, 토트넘 홋스퍼에서 정상급 풀백으로 성장했다. 아틀레티코 마드리드에는 2019년부터 뛰고 있다. 굉장히 공격적인 라이트백이며, 정교한 크로스는 팀의 주요 공격 옵션으로 자리매김하고 있다. 다만 수비력이 떨어져 종종 배후를 열어준다. 태클을 즐긴다. 단, 2020-21시즌 이후 퇴장 빈도가 늘어난 만큼 조심해야 한다.

주로 사용하는 발: 오른발 95%
우승 — 1부리그: 1-1 / 협회컵: 0-0 / 챔피언스: 0-1
준우승 — 클럽 월드컵: 0-0 / UEFA 유로: 0-1 / 월드컵: 0-0

슈팅-득점: 1-0 / 2-0
3-0 LG-0
0-0 RG-0
0-0 HG-0

패스 방향 분포: 전진 34%, 좌향 46%, 우향 1%, 후진 19%

2020-21 라리가: 28-0 2477 6 53.2-42.3 79%
T I DR: 3.1-2.2 1.1 0.9-0.7 4-0

MF Geoffrey KONDOGBIA 4
제프리 콘도그비아

2010년 RC 랑스에서 데뷔해 세비야 · 모나코 · 인터밀란 · 발렌시아 등 여러 팀을 돌아다닌 저니맨. 지난해부터 아틀레티코 마드리드의 일원이 됐다. 탄력 넘치는 피지컬을 가졌으며 최후방 포백을 보호하는 방파제 구실을 한다. 활동량도 최상위권. 지능적인 위치 선정으로 상대에게서 볼을 탈취하는 능력도 좋다. 지난해에 뒷꿈치를 다쳐 보름 정도 팀을 떠났었다.

주로 사용하는 발: 오른발 95%
우승 — 1부리그: 1-1 / 협회컵: 1-0 / 챔피언스: 0-0
준우승 — 클럽 월드컵: 0-0 / CAF 네이션스컵: 0-0 / 월드컵: 0-0

슈팅-득점: 2-0 / 7-0
9-0 LG-0
1-0 RG-0
0-0 HG-0

패스 방향 분포: 전진 26%, 좌향 28%, 우향 31%, 후진 16%

2020-21 라리가: 9-21 1037 0 19.1-16.3 85%
T I DR: 2.2-1.5 0.6 0.8-0.7 5-0

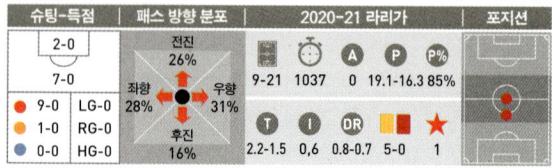

MF Héctor HERRERA 16
엑토르 에레라

수비형과 공격형을 안 가리는 박스 투 박스 미드필더. 기본적 임무는 활동량과 수비 가담으로 최후방 포백을 보호하는 것이다. 그렇지만 적극적으로 전진해 플레이메이킹하는 걸 선호한다. 롱 패스도 수준급이다. 햄스트링이 좋지 못해 지난해 51일 동안 뛰지 못했다. 2012 런던 올림픽 금메달리스트이며, 멕시코 A대표팀에서도 88경기 9골을 기록할 만큼 입지가 탄탄하다.

| 주로 사용하는 발: 오른발 85% | 우승 | 1부리그: 2-3 | 협회컵: 0-2 | 챔피언스: 0-0 |
| | 준우승 | 클럽 월드컵: 0-0 | 북중미 골드컵: 1-1 | 월드컵: 0-0 |

슈팅-득점	패스 방향 분포	2020-21 라리가					포지션
4-0 / 3-0	전진 26% 좌향 34% 우향 29% 후진 12%	8-8	681	1	40.9-36.9	90%	
7-0 LG-0		T	I	DR			
0-0 RG-0		1.1-0.8	0.9	0.4-0.3	2-0	0	
0-0 HG-0							

MF Marcos LLORENTE 14
마르코스 요렌테

레알 마드리드 출신. 2019년부터 아틀레티코 마드리드 중원의 한 축을 담당하고 있다. 굉장히 기동력이 좋은 미드필더. 본래 수비형 미드필더였기에 패스와 탈압박 능력이 기본적으로 장착된 상태다. 여기에 득점력이 향상되는 등 공격적인 면모가 점점 강해지고 있으며, 찬스 메이킹 실력도 일취월장하고 있다. 최근 오른쪽 측면 미드필더로 주로 기용되는 이유다.

| 주로 사용하는 발: 오른발 91% | 우승 | 1부리그: 1-2 | 협회컵: 0-1 | 챔피언스: 2-0 |
| | 준우승 | 클럽 월드컵: 3-0 | UEFA 유로: 0-0 | 월드컵: 0-0 |

슈팅-득점	패스 방향 분포	2020-21 라리가					포지션
28-10 / 21-2	전진 24% 좌향 31% 우향 23% 후진 22%	33-4	2960	11	33.6-28.4	85%	
49-12 LG-5		T	I	DR			
0-0 RG-6		2.9-1.9	0.8	1.8-1.1	6-0	4	
0-0 HG-1							

MF Thomas LEMAR 11
토마 르마

현란한 테크닉과 시원한 주력을 앞세워 측면을 허무는 날개. AS 모나코 시절에는 데드볼 스페셜리스트로도 제법 이름을 알리기도 했다. 당연히 왼발 크로스의 정확도도 상당하다. 개인기에 치중하는 유형이 아니라 팀 플레이에도 크게 공헌한다. 아틀레티코 마드리드 입단 초기에는 적응에 애먹었으나 지금은 극복했다. 2018 FIFA 러시아 월드컵 당시 프랑스의 우승 멤버다.

| 주로 사용하는 발: 왼발 85% | 우승 | 1부리그: 2-2 | 협회컵: 0-0 | 챔피언스: 0-0 |
| | 준우승 | 클럽 월드컵: 0-0 | UEFA 유로: 0-0 | 월드컵: 1-0 |

슈팅-득점	패스 방향 분포	2020-21 라리가					포지션
7-1 / 16-0	전진 24% 좌향 19% 우향 34% 후진 23%	19-8	1376	3	26.7-22.9	86%	
23-1 LG-1		T	I	DR			
2-0 RG-0		1.6-1.1	0.4	1.8-1.6	4-0	2	
0-0 HG-0							

MF Yannick CARRASCO 21
야닉 카라스코

AS 모나코에서 데뷔했으며, 2018년부터 중국 클럽 다롄 이팡에서 뛰며 아시아 축구를 익히기도 했다. 테크닉이 세밀하진 않지만 긴 다리로 시원시원하게 시도하는 돌파가 상당히 위력적이다. 측면에서는 위치를 가리지 않고 제 능력을 발휘한다. 단순히 돌파뿐만 아니라 찬스메이킹도 출중하다. 2020-21시즌 햄스트링·부상 등 여러 부위에 부상을 입어 53일간 결장했다.

| 주로 사용하는 발: 오른발 87% | 우승 | 1부리그: 1-1 | 협회컵: 0-0 | 챔피언스: 0-1 |
| | 준우승 | 클럽 월드컵: 0-0 | UEFA 유로: 0-0 | 월드컵: 0-0 |

슈팅-득점	패스 방향 분포	2020-21 라리가					포지션
29-5 / 14-1	전진 22% 좌향 10% 우향 39% 후진 30%	25-5	2189	10	28.2-22.8	81%	
43-6 LG-0		T	I	DR			
1-0 RG-5		1.5-0.9	0.6	4.0-2.2	6-0	4	
0-0 HG-0							

FW Ángel CORREA 10
앙헬 코레아

2선 전 지역을 가리지 않는 돌격대장. 작은 체격이지만, 흔들리지 않는 신체 밸런스를 가졌다. 스피드와 테크닉도 출중해 드리블로 수비를 깨뜨린다. 다만 신체적 열세 때문에 제공권 다툼에서는 전혀 강점을 보이지 못하며 기복이 심하다. 2013년 산 로렌소에서 데뷔했으며, 2년 후 아틀레티코 마드리드에 입단했다. 아르헨티나 A대표로는 15경기에서 2골을 기록하고 있다.

| 주로 사용하는 발: 오른발 80% | 우승 | 1부리그: 2-3 | 협회컵: 0-1 | 챔피언스: 0-1 |
| | 준우승 | 클럽 월드컵: 0-1 | 코파아메리카: 1-0 | 월드컵: 0-0 |

슈팅-득점	패스 방향 분포	2020-21 라리가					포지션
36-8 / 16-1	전진 23% 좌향 27% 우향 21% 후진 30%	29-9	2412	8	22.5-18.0	80%	
52-9 LG-3		T	I	DR			
0-0 RG-6		1.8-1.0	0.6	2.4-1.4	3-0	2	
0-0 HG-0							

FW Matheus CUNHA 19
마테우스 쿠냐

차세대 브라질 대표팀 공격 자원. 볼터치가 부드럽고 키핑 능력이 좋다. 콤비네이션 플레이로 수비의 빈틈을 노려 날카롭게 공격한다. 주 포지션은 왼쪽 윙이지만 2선의 여러 위치를 소화해낼 수 있다. 지난 시즌 햄스트링 부상과 출전 정지 처분 등으로 리그 27경기에 출전해 7골-5도움을 기록했다. 브라질 청소년 대표 출신이고, 도쿄 올림픽 금메달 멤버다.

| 주로 사용하는 발: 오른발 87% | 우승 | 1부리그: 0-0 | 협회컵: 0-0 | 챔피언스: 0-0 |
| | 준우승 | 클럽 월드컵: 0-0 | 코파아메리카: 0-0 | 월드컵: 0-0 |

슈팅-득점	패스 방향 분포	2020-21 프리미어리그					포지션
29-6 / 41-1	전진 32% 좌향 21% 우향 32% 후진 15%	25-2	2156	4	23.1-16.4	71%	
70-7 LG-1		T	I	DR			
8-0 RG-6		2.7-1.3	1	5.1-3.0	9-0	5	
3-2 HG-0							

REAL MADRID CF

"굿바이 지단, 어게인 안첼로티"

구단 창립 : 1902년 **홈구장** : 산티아고 베르나베우 **대표** : 플로렌티노 페레스 **2020-21시즌** : 2위(승점 84점) 25승 9무 4패 67득점 28실점 **닉네임** : Los Blancos, Los Merengues

줄부상에 신음, 돌려막기에도 한계

2019-20시즌 짜내기 역전 우승에 이어 리그 2연패를 노렸지만 실패로 끝났다. 스트라이커 벤제마가 23골을 터트리며 분전했음에도 나머지 공격수들의 활약이 너무 모자랐다. 수비형 미드필더 카세미루가 벤제마의 뒤를 이어 팀내 득점 2위를 기록했을 정도다. 설상가상으로 부상자가 속출하며 1시즌 내내 온전한 전력을 꾸리지 못했다. 미드필더가 돌아오면 수비가 빠지고, 수비가 돌아오면 미드필더들이 이탈하는 악순환. 그런 와중에도 마지막까지 우승 도전에 나섰지만 챔피언스리그 8강과 준결승 전후로 무득점에 빠지는 바람에 2위로 시즌을 마쳤다.

음바페 노렸지만 이번 여름은 아녀

코비드 팬데믹 속에서도 페레스 회장의 탁월한 경영 능력 덕분에 손실을 줄일 수 있었다. 슈퍼 리그 창설이 좌절되면서 어떤 돌파구를 찾을지도 관심있게 지켜볼 필요가 있다. 비교적 조용한 이적 시장을 보낸 것 같지만 자유 계약 선수였던 알라바를 영입했고 마지막 즈음에 프랑스의 신성 카마빙가를 데려오는 데 성공했다. 그리고 음바페로 마지막 방점을 찍으려 했지만 PSG가 꿈쩍도 하지 않는 바람에 성사되지 못했다. 라모스와 바란 이적으로 생긴 중앙 수비의 공백을 알라바로 메우려는 의도가 보이지만 전문 중앙 수비수의 영입을 통해 확실한 대응이 필요하다.

베일, 아자르, 비니시우스가 이번 시즌 KEY

챔피언스리그 우승에 도전할 전력일지는 두고 봐야 한다. 돌아온 베일, 부활이 절실한 아자르, 결정력이 과제인 비니시우스가 꾸준한 활약을 할 수만 있다면 역시 레알은 레알이라는 소리를 들을 것이다. 물론 벤제마, 모드리치 같은 대체 불가능한 노장 선수들이 난조를 보이지 않는다는 전제하에서다. 중앙 수비수들이 빠져나간 자리도 빠르게 채워 넣어야 한다. 다른 포지션에서 뛰고 싶었던 알라바는 레알에서도 중앙 수비로 뛸 가능성이 크다. 기존 선수들로 최대한의 효율을 뽑아내는 안첼로티가 부임한 것이 팀 성적에 긍정적인 요소로 작용할 수 있을까.

MANAGER : Carlo ANCELOTTI 카를로 안첼로티

Personal Information
- 생년월일 : 1959.06.10. / 출생지 : 레졸로 (이탈리아)
- 현역시절 포지션 : MF / 계약만료 : 2023.06.30
- 평균 재직 기간 : 2년 / 선호 포맷 : 4-3-3

History
선수와 감독으로 UEFA 챔피언스리그를 들어 올렸다. 파르마, 로마, AC 밀란에서 활약한 미드필더 출신으로 월드컵 2회, 유로 1번 출전했다. 레지나를 시작으로 유벤투스, 밀란, 첼시, PSG, 바이에른 뮌헨 등 좋은 팀을 두루 거쳤다. 첼시 시절부터 평균 2년마다 팀을 옮기는 중.

Style
밀란 시절 전술가 마우로 타소티 코치와 4-3-2-1, 4-3-1-2 같은 포메이션으로 신선한 바람을 일으켰다. 하지만 첼시 시절부터 전술적 특색이 뚜렷하지 않고 성적 유지 주기가 짧아지고 있다. 바이에른 뮌헨에서는 훈련 시간, 강도 부족으로 선수들이 불만을 표하기도 했다. 특징 있는 팀을 만들기보다는 있는 선수들을 최대한 효율적으로 활용하는 편이다. 과거 레알에서는 4-3-3과 4-4-2를 적절하게 결합해서 성과를 냈다.

우승-준우승 횟수
- SPANISH LA LIGA : 34-24
- SPANISH COPA DEL REY : 19-20
- UEFA CHAMPIONS LEAGUE : 13-3
- UEFA EUROPA LEAGUE : 2-0
- FIFA CLUB WORLD CUP : 4-0
- UEFA-CONMEBOL INTERCONTINENTAL : 3-2

SQUAD LIST

위치	번호	선수	국적	키	생년월일	전 소속 팀
GK	1	Thibaut Courtois	BEL	199	92-05-11	Chelsea
GK	13	Andriy Lunin	UKR	191	99-02-11	Zorya Luhansk
GK	26	Luis López	ESP	190	01-05-18	Real Madrid B
GK	40	Toni Fuidias	ESP	191	01-04-15	Real Madrid B
DF	2	Daniel Carvajal	ESP	173	92-01-11	Bayer Leverkusen
DF	3	Éder Militão	BRA	186	98-01-18	FC Porto
DF	4	David Alaba	AUT	175	92-06-24	Bayern Munich
DF	5	Jesús Vallejo	ESP	184	97-01-05	Zaragoza
DF	6	Nacho Fernández	ESP	180	90-01-18	Real Madrid B
DF	12	Marcelo	BRA	174	88-05-12	Fluminense
DF	23	Ferland Mendy	FRA	178	95-06-08	Lyon
DF	35	Miguel Gutiérrez	ESP	180	01-07-27	Real Madrid B
MF	7	Eden Hazard	BEL	173	91-01-07	Chelsea
MF	8	Toni Kroos	GER	183	90-01-04	Bayern Munich
MF	10	Luka Modrić	CRO	172	85-09-09	Tottenham H
MF	11	Marco Asensio	ESP	182	96-01-21	Mallorca B
MF	14	Casemiro	BRA	185	92-02-23	São Paulo
MF	15	Federico Valverde	URU	181	98-07-22	Peñarol
MF	19	Dani Ceballos	ESP	179	96-08-07	Betis
MF	22	Isco	ESP	176	92-04-21	Málaga
MF	25	Eduardo Camavinga	FRA	182	02-11-10	Rennes
MF	27	Antonio Blanco	ESP	176	00-07-23	Real Madrid B
FW	9	Karim Benzema	FRA	185	87-12-19	Lyon
FW	16	Luka Jović	SRB	181	97-12-23	Eintracht Frankfurt
FW	17	Lucas Vázquez	ESP	173	91-07-01	Espanyol
FW	18	Gareth Bale	WAL	185	89-07-16	Tottenham H
FW	20	Vinícius Júnior	BRA	177	00-07-12	Flamengo
FW	21	Rodrygo	BRA	174	01-01-09	Santos
FW	24	Mariano	DOM	179	93-08-01	Lyon

2021-22 SEASON SCHEDULE

날짜	장소	상대팀	날짜	장소	상대팀
08-14	A	Alavés	01-09	H	Valencia
08-22	A	Levante	01-19	A	Athletic Bilbao
08-29	A	Real Betis	01-23	H	Elche
09-12	H	Celta Vigo	02-06	H	Granada
09-19	H	Valencia	02-13	A	Villarreal
09-22	H	Mallorca	02-20	H	Alavés
09-26	H	Villarreal	02-27	A	Rayo Vallecano
10-03	A	Espanyol	03-06	H	Real Sociedad
10-17	H	Athletic Bilbao	03-13	A	Mallorca
10-24	H	FC Barcelona	03-20	H	FC Barcelona
10-27	A	Osasuna	04-03	A	Celta Vigo
10-31	A	Elche	04-10	H	Getafe
11-07	H	Rayo Vallecano	04-17	A	FC Sevilla
11-21	A	Granada	04-24	H	Osasuna
11-28	H	FC Sevilla	05-01	A	Espanyol
12-05	A	Real Sociedad	05-08	A	Atlético Madrid
12-12	H	Atlético Madrid	05-11	H	Levante
12-19	H	Cádiz	05-15	A	Cádiz
01-02	A	Getafe	05-22	H	Real Betis

RANKING OF LAST 10YEARS

 2부 리그  3부 리그

11-12	12-13	13-14	14-15	15-16	16-17	17-18	18-19	19-20	20-21
1	2	3	2	2	1	3	3	1	2
100점	85점	87점	92점	90점	93점	76점	68점	87점	84점

STRENGTHS & WEAKNESSES

OFFENSE		DEFENSE	
오픈 플레이	A	오픈 플레이 수비	D
카운터 어택	B	카운터 어택 수비	C
짧은 패스 게임	B	짧은 패스 게임 수비	D
롱볼 연계 플레이	C	롱볼 연계 플레이 수비	B
솔로 플레이	B	솔로 플레이 수비	C
중거리 슈팅 / 직접 프리킥	A	중거리 슈팅 수비	E
측면 공격	B	측면 수비	C
세트 플레이	A	세트 플레이 수비	B
위협적인 공격 횟수	A	공중전 능력	D
슈팅 대비 득점	A	볼 쟁탈전 / 투쟁심	B
오프사이드 피하기	D	실수 조심	D
볼 점유율	A	파울 주의	C

A 매우 우수함 **B** 우수함 **C** 평균 수준 **D** 부족함 **E** 많이 부족함

STADIUM

Santiago Bernabéu Stadium

구장 오픈	: 1947년	구장 증개축	: 총 8회(최근 2021년)
구장 소유	: 레알 마드리드	수용 인원	: 8만 1044명
피치 규모	: 105 X 68m	잔디 종류	: 하이브리드 잔디

ODDS CHECK

베팅회사	La Liga		Champions League	
	배당률	우승 확률	배당률	우승 확률
bet365	1.1배	1위	14배	7위
skybet	1.1배	1위	14배	7위
William HILL	1.1배	1위	14배	7위
888sport	1.05배	1위	13배	7위

*우승 확률이 높을수록 배당률은 낮아짐

20-21 SEASON TOP5

득점		어시스트		경고-퇴장	
K.벤제마	23	T.크로스	10	카세미루	9-1
카세미루	6	K.벤제마	9	나초	8-0
L.모드리치	5	호드리구	6	T.크로스	6-0
M.아센시오	5	L.바스케스	5	E.밀리탕	3-1
T.크로스	3	카세미루	5	D.카르바할	5-0

BASIC FORMATION

4-3-3

벤제마 / 요비치
아자르 / 비니시우스
베일 / 호드리구
크로스 / 이스코
모드리치 / 카마빙가
카세미루 / 발베르데
멘디 / 마르셀루
카르바할 / 바스케스
알라바 / 나초
밀리탕 / 바예호
쿠르투아 / 루닌

TOTO GUIDE 지난시즌 전적

상대팀	홈	원정
Atletico Madrid	2-0	1-1
FC Barcelona	2-1	3-1
FC Sevilla	2-2	1-0
Real Sociedad	1-1	0-0
Real Betis	0-0	3-2
Villarreal	2-1	1-1
Celta Vigo	2-0	3-1
Granada	2-0	4-1
Athletic Bilbao	3-1	1-0
Osasuna	2-0	0-0
Cadiz	0-1	3-0
Valencia	2-0	1-4
Levante	1-2	2-0
Getafe	2-0	0-0
Alaves	1-2	4-1
Elche	2-1	1-1
Huesca	4-1	2-1
Valladolid	1-0	1-0
Eibar	2-0	3-1

TACTICS & FUNCTIONS

OFFENSE

- 경기 운영 : 점유율과 역습의 혼합
- 짧은 패스 / 긴 패스 비율 : 9.3대1
- 역습 시작 위치 : 비교적 앞쪽
- 직접 프리킥 : 베일, 모드리치, 알라바
- 중거리 슈팅 : 모드리치, 크로스, 벤제마
- 세트피스 헤딩 : 벤제마, 밀리탕, 나초
- 드리블 : 베일, 이스코, 비니시우스
- 결정적 패스 : 크로스, 모드리치, 바스케스

DEFENSE

- 존디펜스 : 지역방어 기반의 존디펜스
- 맨투맨 : 지역과 대인 기반 혼합형
- 세로 방향 프레싱 위치 : 비교적 중간 지역
- 오프사이드 트랩 위치 : 골라인에서 19~21m
- 미드필드 스크리너 : 카세미루, 발베르데
- 공수 밸런스 유지 : 모드리치, 크로스
- 수비진 라인 컨트롤 : 알라바, 밀리탕
- 수비진 옵셔널 스토퍼 : 나초, 바예호

LA LIGA 2020-21 PERFORMANCE

REAL MADRID vs. OPPONENTS PER GAME STATS

레알 마드리드 vs 상대팀

	득점		슈팅		유효슈팅		오프사이드	PA 패스시도		PC 패스성공		P% 패스성공률
	1.76	0.74	14.4	9.6	4.6	2.9	2.3 1.1	586	437	514	350	88% 80%

TK 태클시도		PR 볼소유자 압박		INT 인터셉트		실점		GK 선방		파울		경고	퇴장
15.1	15.3	128	154	10.5	9.9	2.3	2.7	10.7	14.9	1.50	2.29	0.053	0.079

SCORED GOALS | WHO SCORED | ACTION ZONE | TACTICAL GOALS & SHOTS | SHOT CREATION | TIME

슈팅-득점 / 상대 슈팅-실점
- 51-15
- 289-40
- 207-9

신체 부위별 득점
| 왼발 | 15 | 오른발 | 33 |
| 헤더 | 16 | 기타 부위 | 0 |
상대 자책골 3골

상대 신체 부위별 실점
| 왼발 | 9 | 오른발 | 13 |
| 헤더 | 5 | 기타 부위 | 0 |
자책골 1실점

- 134-2
- 211-22
- 21-3

포지션별 득점
- FW진 37골
- MF진 17골
- DF진 10골
• 상대자책골 3골

상대 포지션별 실점
- DF진 5골
- MF진 9골
- FW진 13골
• 상대자책골 1골

공격 방향
42% 24% 34%

볼 점유 위치
- 상대 진영 31%
- 중간 지역 42%
- 우리 진영 27%

득점 패턴
67골 (3, 3, 12, 4, 45)
- OPEN PLAY
- COUNTER ATTACK
- SET PLAY
- PENALTY KICK
- OWN GOAL

실점 패턴
28골 (1, 7, 14, 6)

슈팅 패턴
547 (3, 146, 23, 375)
- OPEN PLAY
- COUNTER ATTACK
- SET PLAY
- PENALTY KICK

상대 슈팅 패턴
366 (7, 86, 7, 266)

슈팅 기회 창출
924 (18, 35, 56, 77, 44, 694)
- LIVE-BALL PASSES+
- DEAD-BALL PASSES+
- DRIBBLES+
- SHOTS+
- FOULS DRAWN+
- DEFENSIVE ACTIONS+

상대 슈팅 기회 창출
576 (23, 35, 37, 38, 20, 423)

TIME
득점
- 76-15: 19, 11
- 12, 8
- 7, 10
- 46-45, 31-30

득실차
+16 +8
+8 +4
-1 +4
46-45

실점
- 76-15: 3, 4
- 8, 6
- 60-46, 31-45

PERFORMANCE | POSSESSION | DUEL

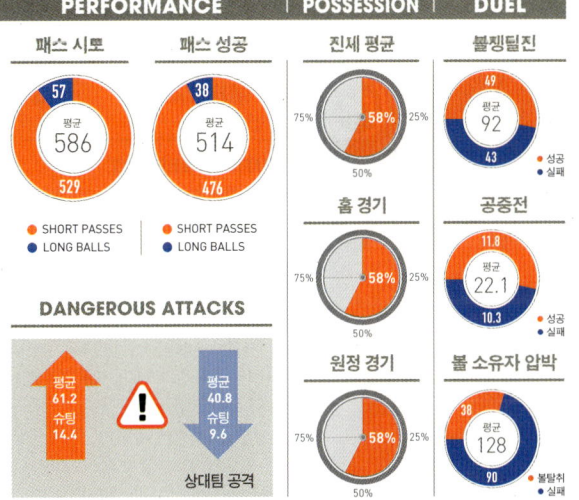

패스 시도: 평균 586 (57 LONG BALLS, 529 SHORT PASSES)
패스 성공: 평균 514 (38 LONG BALLS, 476 SHORT PASSES)

진세 평균: 58%
홈 경기: 58%
원정 경기: 58%

볼징딜진: 평균 92 (49 성공, 43 실패)
공중전: 평균 22.1 (11.8 성공, 10.3 실패)
볼 소유자 압박: 평균 128 (38 볼탈취, 90 실패)

DANGEROUS ATTACKS
평균 61.2 슈팅 14.4
평균 40.8 슈팅 9.6
상대팀 공격

Thibaut COURTOIS 1
티보 쿠르투아

SCOUTING REPORT
거구와 민첩성을 동시에 갖춘 완전체 골키퍼다. 때문에 골문 앞 슈퍼 세이브는 물론 제공권 장악 모두에 능하다. 펀칭보다는 캐칭을 더 선호하며, 그 실력 역시 일류다. 위기 상황에서도 집중력이 쉽게 흔들리지 않으며, 중거리 슛 방어 능력도 월드 클래스다. 다만 롱 패스가 좀 더 정교해야 하며, 최후방 수비라인에 리더 구실을 할 센터백의 보조도 뒤따라야 한다. 페널티킥을 내주는 빈도도 많은 편.

PLAYER'S HISTORY
2009년 KRC 헹크에서 데뷔해 2011년 첼시에 입단했다. 이후 아틀레티코 마드리드에서 3년간 임대 생활하며 레벨업했다. 2015년 월드 클래스 수문장이라는 평가를 받으며 첼시로 복귀했다. 2018년부터 레알 마드리드에서 뛰고 있다. 사모라 트로피를 통산 3회 차지했다.

주로 사용하는 발: 왼발 69%

	우승	준우승
1부리그	5-1	
협회컵	3-1	
챔피언스	0-1	
클럽 월드컵	1-0	
UEFA 유로	0-0	
월드컵	0-0	

세이브-실점: 58-26 / 31-2
- 117-28 TH-234
- 117-89 NK-233
- 9-2 KD-36

패스 방향 분포: 전진 47%, 좌향 28%, 우향 25%, 후진 0%

2020-21 라리가: 38-0 3420 76% 17 28.3-32.2
P% 78, LB 9.3-3.4, AD 22-5, 0-0, ★ 2

David ALABA 4
데이비드 알라바

SCOUTING REPORT
본래 포지션은 레프트백. 하지만 센터백·중앙 미드필더까지 소화하는 최고의 멀티 자원이다. 풀백으로는 폭발적 오버래핑과 왼발 킥 능력을 자랑한다. 바이에른 뮌헨 시절에는 그 마르셀루와 비견될 정도. 센터백으로 뛸 경우 후방 빌드업 시발점으로 쓰인다. 중앙 미드필더로서도 점유율 축구를 구사하는 데 큰 힘이 된다. 다만 종종 큰 실수를 범해 최후방 수비진을 보호하기엔 부담이 크다는 비판도 있다.

PLAYER'S HISTORY
나이지리아 출신 아버지와 필리핀 출신 어머니 사이에서 태어난 혼혈. 출생지가 빈이라, 자신이 태어난 오스트리아 국적을 택했다. 2009년부터 몸담은 바이에른 뮌헨에서 프로 데뷔해 2021년 6월까지 오로지 한 팀에만 헌신했다. 레알 마드리드행은 그에겐 큰 도전이다.

주로 사용하는 발: 왼발 88%

	우승	준우승
1부리그	10-1	
협회컵	6-2	
챔피언스	2-2	
클럽 월드컵	2-0	
UEFA 유로	0-0	
월드컵	0-0	

슈팅-득점: 5-0 / 16-2
- 21-2 LG-2
- 3-0 RG-3
- 0-0 HG-0

패스 방향 분포: 전진 35%, 좌향 21%, 우향 36%, 후진 9%

2020-21 분데스리가: 30-2 2676 3 68.8-58.9 86%
T 1.6-1.2, I 1.3, DR 0.6-0.5, 4-0, ★ 0

Éder MILITÃO 3
에데르 밀리탕

SCOUTING REPORT
강인한 피지컬을 최대한 활용하는 파이팅 넘치는 센터백. 수비 전환 속도가 빠르다. 태클 범위가 넓은데다 집중력도 좋아 상대 공격을 철저하게 끊어낸다. 탄력 넘치는 공중 볼 장악 능력을 갖춰 측면 크로스에 잘 대응하며, 나름 준수한 빌드업 실력까지 갖추고 있다. 다만 지나치게 저돌적인 태클이 많다. 지난 시즌 햄스트링·코로나19 등으로 병원 신세를 많이 졌다. 총 결장 기간은 82일이다.

PLAYER'S HISTORY
상파울루 FC·FC 포르투를 거쳐 2019년 레알 마드리드 유니폼을 입었다. 당시 이적료는 5,000만 유로. 세르히오 라모스·라파엘 바란 등 주전들이 출전하지 못하면 주로 기용됐던 백업이었다. 지난 여름 두 주전이 모두 떠난 터라 주전으로 도약할 가능성이 커졌다.

주로 사용하는 발: 오른발 91%

	우승	준우승
1부리그	1-2	
협회컵	0-1	
챔피언스	0-0	
클럽 월드컵	0-0	
코파아메리카	1-1	
월드컵	0-0	

슈팅-득점: 11-1 / 1-0
- 12-1 LG-0
- 0-0 RG-0
- 0-0 HG-1

패스 방향 분포: 전진 29%, 좌향 43%, 우향 23%, 후진 5%

2020-21 라리가: 13-1 1134 0 55.6-50.3 91%
T 1.9-1.4, I 0.5, DR 0.1-0.1, 3-1, ★ 1

Toni KROOS 8
토니 크로스

SCOUTING REPORT
광활한 시야와 정교한 패스를 가진 중앙 미드필더. 특히 킥에 관해서는 가히 월드 클래스라 해도 무방하다. 동료를 살리는 중장거리 패스는 물론 세트 피스시 예리한 궤적의 킥으로 공격을 돕는다. 기본적인 슈팅 능력도 최상위권, 심지어 발도 가리지 않는다. 수비형은 물론 공격형 미드필더까지도 OK. 다만 스피드가 느리다는 게 단점. 다만 2021-22시즌 개막 전 탈장으로 전력에서 이탈했다.

PLAYER'S HISTORY
2007 FIFA 한국 U-17 월드컵 골든볼 수상자다. 2007년부터 2014년까지 바이에른 뮌헨의 핵심 MF였으며, 이후 레알 마드리드 중원의 한 축을 담당하고 있다. 라 리가에서는 총 13회 우승을 달성했다. 독일의 2014 FIFA 브라질 월드컵 우승 당시 멤버였다.

주로 사용하는 발: 오른발 85%

	우승	준우승
1부리그	5-4	
협회컵	3-2	
챔피언스	4-1	
클럽 월드컵	5-0	
UEFA 유로	0-0	
월드컵	1-0	

슈팅-득점: 8-0 / 26-3
- 34-3 LG-0
- 1-1 RG-3
- 0-0 HG-0

패스 방향 분포: 전진 28%, 좌향 20%, 우향 40%, 후진 13%

2020-21 라리가: 24-4 2122 10 72.2-67.6 94%
T 2.7-1.5, I 0.5, DR 0.6-0.5, 6-0, ★ 3

MF Luka MODRIĆ 10
루카 모드리치

SCOUTING REPORT
전성기 시절에 비해 다소 노쇠했다는 평도 있지만, 그래도 세계 최고 플레이메이커 중 하나라는 데 이견의 여지가 없다. 피지컬이 다소 왜소하지만, 뛰어난 신체 밸런스와 볼 컨트롤을 활용한 탈압박, 감탄할 만한 창의적 플레이와 전술 이해 능력으로 경기를 쥐락펴락한다. 체력까지도 출중해 수비 가담에도 열심이다. 단 잔부상이 많다. 2020-21시즌에도 등 부상과 햄스트링으로 약 열흘 정도 결장했다.

PLAYER'S HISTORY
유소년 시절부터 최고의 재능이라는 평가를 받았었다. 지난 2012년부터 레알 마드리드에서 뛰고 있으며, 두 차례 라 리가 우승과 네 차례 UEFA 챔피언스리그 우승을 경험했다. 2018 FIFA 러시아 월드컵 당시 크로아티아의 준우승을 주도하며 골든볼을 차지한 바 있다.

주로 사용하는 발: 오른발 88%
우승: 1부리그: 3-4 협회컵: 3-1 챔피언스: 4-0
준우승: 클럽월드컵: 4-0 UEFA 유로: 0-0 월드컵: 0-1

슈팅-득점	패스 방향 분포	2020-21 라리가	포지션
17-5	전진 30%		
28-0	좌향 30% / 우향 26%	32-3 2744 3 63.1-55.7 88%	
45-5 LG-2	후진 14%		
1-0 RG-2		1.7-1.1 1.4 2.1-1.6 4-0 5	
0-0 HG-1			

MF CASEMIRO 14
카세미루

SCOUTING REPORT
궂은 일을 전담하는 '언성 히어로'. 우수한 피지컬과 체력을 활용해 중원 전 지역을 커버한다. 뛰어난 위치 선정 능력을 통해 볼을 가로채는 횟수가 상당히 많다. 크로스·모드리치 등 최고수로 평가받는 동료들에게 가려서 그렇지 패스 역시 최정상급이다. 다만 탈압박 능력이 상대적으로 좋지 못해 상대 미드필더로부터 집중 공략 대상이 되곤 한다. 지난해 코로나19 확진 판정을 받고 3주간 못 뛰었다.

PLAYER'S HISTORY
2010년 상파울루 FC에서 데뷔했으며 2013년부터 레알 마드리드에서 뛰고 있다. 두 차례 라 리가 우승과 네 차례 UEFA 챔피언스리그 우승을 달성했다. 브라질 국가대표로는 56경기 4골을 기록 중이다. 2019 코파 아메리카 브라질 우승 당시 주전 수비형 MF로 뛰었다.

주로 사용하는 발: 오른발 89%
우승: 1부리그: 2-4 협회컵: 1-1 챔피언스: 4-0
준우승: 클럽월드컵: 3-0 코파아메리카: 1-1 월드컵: 0-0

슈팅-득점	패스 방향 분포	2020-21 라리가	포지션
26-6	전진 27%		
20-0	좌향 34% / 우향 26%	32-2 2930 4 56.8-47.6 84%	
46-6 LG-2	후진 13%		
0-0 RG-2		3.6-2.5 2.1 0.7-0.4 9-1 4	
0-0 HG-4			

FW Karim BENZEMA 9
카림 벤제마

SCOUTING REPORT
세계 최고의 스트라이커 중 하나. 유럽 최정상급 득점력을 갖춘 선수다. 2선 공격진과의 연계 플레이 역시 세계 최고 수준이다. 수시로 박스 안팎을 오가며 동료에게 기회를 내주고 하며, 패스를 통해 찬스메이킹을 즐기는 이타적 플레이를 펼친다. 레알 마드리드 공격진 중 포스트플레이가 가능한 몇 안 되는 선수기도 하다. 2020-21시즌에는 발목과 햄스트링을 다쳐 26일을 쉬었다.

PLAYER'S HISTORY
2004년 올랭피크 리옹에서 데뷔해 프랑스 리그1 우승 4회, 득점왕 1회를 차지했다. 2009년 레알 마드리드 이적 후엔 라 리가 우승 3회, UEFA 챔피언스리그 우승 4회 등 더 큰 성공을 이루었다. 레알 마드리드 통산 281골을 넣었는데, 이는 역대 5위 기록이다.

주로 사용하는 발: 오른발 83%
우승: 1부리그: 7-6 협회컵: 3-1 챔피언스: 4-0
준우승: 클럽월드컵: 4-0 UEFA 유로: 0-0 월드컵: 0-0

슈팅-득점	패스 방향 분포	2020-21 라리가	포지션
91-19	전진 19%		
32-4	좌향 21% / 우향 30%	33-1 2902 9 35.6-30.1 85%	
123-23 LG-5	후진 30%		
6-0 RG-12		0.5-0.2 0.2 1.8-1.1 2-0 8	
1-1 HG-6			

FW VINÍCIUS JÚNIOR 20
비니시우스 주니오르

SCOUTING REPORT
화려한 개인기와 엄청난 스피드를 최대한 활용해 수비진을 허문다. 레프트윙이지만, 라이트윙도 문제없다. 수비 허를 찌르는 발 기술로 찬스를 만들어나가는 전형적인 브라질리언 테크니션이지만, 골 결정력은 개선이 필요하다는 게 중론이다. 패스는 나름 우수하다고 할 만하나, 연계 플레이는 좋지 않다는 평을 받고 있다. 지난해 염증성 장 질환을 앓았다. 사흘을 쉬었으니 전력 이탈 요소는 사실상 없었다.

PLAYER'S HISTORY
2017년 플라멩구에서 데뷔했으며, 거의 곧바로 레알 마드리드로 둥지를 옮겼다. 2017년 CONMEBOL 남미 U-17 챔피언십 당시 팀의 우승과 더불어 MVP와 득점왕(7골)을 모두 휩쓸었다. 비슷한 또래 브라질 유망주 중 최고의 잠재성을 가진 선수로 기대를 모으고 있다.

주로 사용하는 발: 오른발 89%
우승: 1부리그: 1-1 협회컵: 0-1 챔피언스: 0-0
준우승: 클럽월드컵: 1-0 코파아메리카: 0-1 월드컵: 0-0

슈팅-득점	패스 방향 분포	2020-21 라리가	포지션
34-3	전진 23%		
6-0	좌향 13% / 우향 40%	22-13 1975 3 21.1-18.1 86%	
40-3 LG-0	후진 24%		
0-0 RG-3		1.8-0.9 0.2 2.3-1.3 3-0 0	
0-0 HG-0			

GK Andriy LUNIN 13
안드리 루닌

2019 FIFA 폴란드 U-20 월드컵 골든글로브. 당시 우크라이나를 우승으로 이끌었다. 2016년 드니프로에서 데뷔했으며 2년 뒤 레알 마드리드에 입성했다. 이후에는 레가네스·레알 바야돌리드·오비에도에서 임대 선수 신분으로 뛰었다. 피지컬을 최대한 활용한 방어를 펼친다. 볼을 끝까지 보고 몸을 던지는 침착성을 갖췄다. 페널티킥 방어에 특출난 모습을 보인다.

주로 사용하는 발: 오른발

우승	1부리그: 0-0	협회컵: 0-0	챔피언스: 0-0	
준우승	클럽 월드컵: 0-0	UEFA 유로: 0-0	월드컵: 0-0	

세이브-실점 0-0 / 0-0
TH-0, NK-0, KD-0
NO DATA

2020-21 라리가: 0-0 — 0 — S% — CS — P
P%, LB, AD ★

DF Daniel CARVAJAL 2
다니엘 카르바할

레알 마드리드 유스 출신. 커리어가 한층 발돋움한 건 2012-13 바이엘 레버쿠젠 임대 이적 후였다. 1년 후 레알 마드리드로 컴백해 부동의 라이트백으로 자리매김하고 있다. 과감한 오버래핑, 정교한 크로스, 빠른 스피드, 탄탄한 수비력을 갖춰 '풀백의 교과서'라는 극찬도 받고 있다. 지난 시즌 총 결장 기간은 141일. 햄스트링에만 네 차례나 부상을 당해 뛰지 못했다.

주로 사용하는 발: 오른발 93%

우승	1부리그: 2-3	협회컵: 1-0	챔피언스: 4-0	
준우승	클럽 월드컵: 4-0	UEFA 유로: 0-0	월드컵: 0-0	

슈팅-득점 2-0 / 7-0
9-0 LG-0, 0-0 RG-0, 0-0 HG-0
전진 29%, 좌향 43%, 우향 5%, 후진 22%

2020-21 라리가: 11-2 — 952 — 2 — 51.4-42.2 — 85%
T 2.8-2.1, I 1, DR 1.1-0.6, 5-0, ★

DF Nacho FERNÁNDEZ 6
나초 페르난데스

2009년 레알 마드리드에서 프로 데뷔해 지금까지 활약하고 있다. 최대 강점은 중앙 수비수뿐만 아니라 좌우 풀백 모두 소화하는 범용성이다. 때문에 커리어 내내 수비진의 '만능 백업'으로 자리매김했다. 고질적인 햄스트링 부상에 시달리고 있다. 지난 시즌에는 코로나19·햄스트링 부상으로 40일을 쉬었으며, 이번 시즌 초반에도 햄스트링 부상으로 전력에서 빠져있다.

주로 사용하는 발: 오른발 79%

우승	1부리그: 3-5	협회컵: 1-1	챔피언스: 4-0	
준우승	클럽 월드컵: 4-0	UEFA 유로: 0-0	월드컵: 0-0	

슈팅-득점 8-1 / 3-0
11-1 LG-0, 1-0 RG-1, 0-0 HG-0
전진 38%, 좌향 25%, 우향 27%, 후진 10%

2020-21 라리가: 22-2 — 1992 — 0 — 50.0-45.2 — 91%
T 2.1-1.1, I 1.7, DR 0.4-0.3, 8-0, ★

DF MARCELO 12
마르셀루

세계 최고 레프트백 중 하나. 빠른 주력과 스피드를 활용한 오버래핑이 뛰어나다. 터치라인 플레이를 즐기는 듯하지만 상황에 따라서는 중앙 지역으로 이동해 돌파를 시도한다. 2선 공격진과 연계 플레이를 즐기는 측면 플레이메이커 유형에 가깝다. 잔부상이 많지만 결장 기간이 길지 않다. 2020-21시즌 28일간 쉬었다. 종아리를 다친 것 외에는 자잘한 부상이었다.

주로 사용하는 발: 왼발 86%

우승	1부리그: 5-7	협회컵: 2-1	챔피언스: 4-0	
준우승	클럽 월드컵: 4-0	코파아메리카: 0-0	월드컵: 0-0	

슈팅-득점 6-0 / 6-0
12-0 LG-0, 0-0 RG-0, 0-0 HG-0
전진 35%, 좌향 8%, 우향 43%, 후진 14%

2020-21 라리가: 12-4 — 1052 — 2 — 45.8-37.9 — 83%
T 2.4-1.6, I 0.6, DR 0.9-0.8, 3-0, ★

DF Ferland MENDY 23
페를랑 망디

2009년 올랭피크 리옹에서 넘어온 레프트백. 이적료는 5,300만 유로다. 측면 공격수와 스피드 경쟁에서 어지간해서는 안 밀린다. 강한 피지컬을 활용한 수비가 우수하다. 왼발잡이지만, 오른발 사용도 능숙하다는 것도 강점이다. 지난 시즌 막판 18일을 쉬어야 했던 종아리 상태가 여전히 좋지 않다. 프리시즌 경기였던 첼시전에서도 그 부위를 다쳤다. 9월이 되어야 복귀 가능.

주로 사용하는 발: 왼발 72%

우승	1부리그: 1-1	협회컵: 0-0	챔피언스: 0-0	
준우승	클럽 월드컵: 0-0	UEFA 유로: 0-0	월드컵: 0-0	

슈팅-득점 6-1 / 6-0
12-1 LG-0, 0-0 RG-1, 0-0 HG-0
전진 26%, 좌향 9%, 우향 42%, 후진 23%

2020-21 라리가: 24-2 — 2207 — 0 — 48.7-43.9 — 90%
T 1.5-1.0, I 1, DR 2.3-1.7, 3-0, ★

MF Eden HAZARD 7
에덴 아자르

현란한 테크닉을 섞은 과감한 돌파로 수비를 무너뜨리는 돌격대장. 드리블로는 한때 메시와도 비견됐을 정도다. 득점과 도움 모두에 능한 만능형 공격 옵션이며, 동료를 살리는 찬스메이킹 역시 가히 최고 수준이었다. 그런데 레알 마드리드에서는 이 장점이 나타나지 않고 있다. 발목·햄스트링·대퇴부·종아리 부상에 코로나19 확진까지 앓았다. 결장 기간은 무려 176일.

주로 사용하는 발: 오른발 86%

우승	1부리그: 4-1	협회컵: 2-1	챔피언스: 0-0	
준우승	클럽 월드컵: 0-1	UEFA 유로: 0-0	월드컵: 0-0	

슈팅-득점 7-2 / 3-1
10-3 LG-3, 0-0 RG-0, 0-0 HG-0
전진 17%, 좌향 15%, 우향 36%, 후진 32%

2020-21 라리가: 7-7 — 533 — 2 — 23.9-21.2 — 88%
T 0.4-0.2, I 0.2, DR 1.6-1.0, 0-0, ★

| ● 전체 슈팅 시도-득점 | ● 직접 프리킥 시도-득점 | ● PK 시도-득점 | LG 왼발 득점 | RG 오른발 득점 | HG 헤더 득점 | ⏱ 출전횟수 선발-교체 | ⏱ 출전시간 분(MIN) | A 도움 | P 평균패스 시도-성공 | P% 패스 성공률 | T 평균태클 시도-성공 | I 인터셉트 | DR 평균드리블 시도-성공 | 🟨🟥 페어플레이 경고-퇴장 | ★ MOM |

Federico VALVERDE 15 — MF
페데리코 발베르데

우수한 축구 지능과 피지컬을 동시에 갖춘 미드필더. 박스 투 박스로 뛰면서도, 수비에 구멍이 생기면 적극적으로 후방으로 내려가 방어에 전념한다. 공격 상황에서는 강력한 중거리슛과 연계를 펼치며, 활동량과 스피드까지 출중한 톱 클래스 미드필더. 지난 시즌 햄스트링·발목·정강이 등을 수시로 다친 게 아쉽다. 총 72일을 쉬었는데 주로 후반기 일정에 집중됐다.

주로 사용하는 발: 오른발 92%

	우승	준우승
1부리그	2-1	
협회컵	0-0	
챔피언스	0-0	
클럽 월드컵	1-0	
코파아메리카	0-0	
월드컵	0-0	

슈팅-득점: 12-3 / 10-0
● 22-3 LG-0
● 0-0 RG-3
● 0-0 HG-0

패스 방향 분포: 전진 25%, 좌향 41%, 우향 19%, 후진 15%

2020-21 라리가: 15-9 / 1333 / A 1 / P 31.0-27.6 / P% 89%
T 1.7-1.0 / I 0.4 / DR 1.2-1.0 / 🟨🟥 / ★ 1

Lucas VÁZQUEZ 17 — MF
루카스 바스케스

2014-15시즌 에스파뇰에서 임대로 한 시즌을 뛴 걸 제외하면 모든 커리어를 레알 마드리드에서 쌓았다. 엄청난 활동량을 자랑하는 측면 공격수다. 볼터치가 다소 둔탁하다는 평도 있으나, 수비수 한명 정도는 너끈히 제치는 테크닉과 정교한 크로스로 자신의 단점을 덮는다. 부상이 잦다. 2020-21시즌에도 햄스트링·복부·발목 등을 다치며 86일간 피치를 떠나 있었다.

주로 사용하는 발: 오른발 88%

	우승	준우승
1부리그	2-2	
협회컵	1-0	
챔피언스	4-0	
클럽 월드컵	3-0	
UEFA 유로	0-0	
월드컵	0-0	

슈팅-득점: 9-2 / 12-0
● 21-2 LG-0
● 0-0 RG-1
● 0-0 HG-1

패스 방향 분포: 전진 23%, 좌향 49%, 우향 5%, 후진 23%

2020-21 라리가: 21-3 / 1851 / A 5 / P 51.0-44.7 / P% 88%
T 3.8-2.5 / I 0.8 / DR 1.9-1.0 / 🟨🟥 / ★ 2

ISCO 22 — MF
이스코

2010년 발렌시아에서 데뷔해 말라가를 거쳐 2013년부터 레알 마드리드에서 활약하고 있다. 과감한 전진 드리블로 수비를 깨뜨리고, 매우 정확한 패스로 찬스를 동료들에게 공급하는 플레이메이커다. 다만 기복이 있는데다, 포메이션적 관점에서 쓰임새가 한정적인 게 단점으로 꼽힌다. 지난 시즌에는 발목과 등을 다쳤다. 총 부상 기간은 28일, 나행히 이탈 기간이 짧았다.

주로 사용하는 발: 오른발 90%

	우승	준우승
1부리그	2-3	
협회컵	1-0	
챔피언스	4-0	
클럽 월드컵	4-0	
UEFA 유로	0-0	
월드컵	0-0	

슈팅-득점: 11-0 / 9-0
● 20-0 LG-0
● 1-0 RG-0
● 0-0 HG-0

패스 방향 분포: 전진 30%, 좌향 21%, 우향 31%, 후진 17%

2020-21 라리가: 8-17 / 899 / A 3 / P 27.4-24.7 / P% 90%
T 1.0-0.5 / I 0.1 / DR 1.8-1.2 / 🟨🟥 / ★

Marco ASENSIO 11 — FW
마르코 아센시오

2013년 마요르카에서 데뷔해 이듬해 레알 마드리드로 건너와 지금까지 활약하고 있다. 2선 전지역에서 뛸 수 있는 왼발잡이 공격 자원이다. 도움닫기가 거의 없는 상태에서 기습적으로 날리는 왼발 중거리 슛이 트레이드 마크다. 다만 너무 왼발에 치중한다는 비판도 있다. 수준급 패스를 활용한 동료와 연계 플레이에도 능숙하며, 세트력도 좋아 수비 가담에도 매우 적극적이다.

주로 사용하는 발: 왼발 88%

	우승	준우승
1부리그	2-1	
협회컵	0-0	
챔피언스	2-0	
클럽 월드컵	3-0	
UEFA 유로	0-0	
월드컵	0-0	

슈팅-득점: 19-4 / 20-1
● 39-5 LG-3
● 3-0 RG-2
● 0-0 HG-0

패스 방향 분포: 전진 15%, 좌향 9%, 우향 39%, 후진 37%

2020-21 라리가: 21-14 / 1876 / A 2 / P 25.5-21.7 / P% 85%
T 0.9-0.3 / I 0.3 / DR 1.1-0.8 / 🟨🟥 / ★ 1

RODRYGO 21 — FW
호드리구

산투스 출신 테크니션 측면 공격수라는 점 때문에 '제2의 네이마르'라는 기대감을 한몸에 받고 있다. 주로 왼쪽 날개로 뛰지만 반대편 커버도 문제없다. 개인 돌파 능력이 출중하지만 오프 더 볼 상황에서 동료를 활용해 플레이를 전개하는 지능적인 면모를 보이기도 한다. 피지컬이 약하다고는 하나 아직 성장기에 놓인 선수라 본인 노력 여부에 따라 차차 해결될 것이다.

주로 사용하는 발: 오른발 91%

	우승	준우승
1부리그	1-1	
협회컵	0-0	
챔피언스	0-0	
클럽 월드컵	0-0	
코파아메리카	0-0	
월드컵	0-0	

슈팅-득점: 20-1 / 5-0
● 25-1 LG-0
● 1-0 RG-1
● 0-0 HG-0

패스 방향 분포: 전진 18%, 좌향 29%, 우향 27%, 후진 25%

2020-21 라리가: 10-12 / 979 / A 6 / P 17.6-14.7 / P% 83%
T 1.4-0.7 / I 0.3 / DR 1.8-0.8 / 🟨🟥 / ★

Eduardo CAMAVINGA 25 — MF
에두아르도 카마빙가

별명은 '포스트 캉테'. 히트맵을 보면 완벽한 '박스-투-박스' MF다. 전후반 내내 부지런히 움직이며 공격과 수비의 밸런스를 유지 시킨다. 그러면서 전통적인 홀딩 미드필더, 수비형 미드필더까지 두루 해낸다. 카마빙가는 볼을 잘 다룬다. 뛰어난 스프린트를 발휘하며 과감한 드리블로 수비진을 돌파한다. 시야가 넓고, '핀포인트' 장단 패스를 전방으로 부채살처럼 날린다.

주로 사용하는 발: 왼발 92%

	우승	준우승
1부리그	0-0	
협회컵	1-0	
챔피언스	0-0	
클럽 월드컵	0-0	
UEFA 유로	0-0	
월드컵	0-0	

슈팅-득점: 13-1 / 13-0
● 26-1 LG-1
● 0-0 RG-0
● 0-0 HG-0

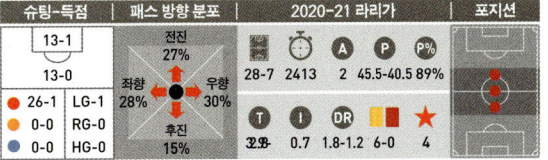

패스 방향 분포: 전진 27%, 좌향 28%, 우향 30%, 후진 15%

2020-21 라리가: 28-7 / 2413 / A 2 / P 45.5-40.5 / P% 89%
T 2.9 / I 0.7 / DR 1.8-1.2 / 🟨🟥 6-0 / ★ 4

바르사에게 닥친 '메시 없이 사는 법'

구단 창립 : 1899년 **홈구장** : 캄프 노우 **대표** : 호안 라포르타 **2020-21시즌** : 3위(승점 79점) 24승 7무 7패 85득점 38실점 **닉네임** : Barça, Culers, Azulgranas

국왕컵 하나로 겨우 체면치레

출발은 나쁘지 않았지만 불안하게 쌓아 올린 모래성이 무너지는 건 시간문제였다. 그리즈만의 적응은 더디기만 했고 뎀벨레는 뛸 만하면 부상으로 전력에서 이탈했다. '라 마시아'의 희망 파티가 장기 부상으로 사라지자 또 메시에 모든 것을 의존할 수밖에 없었다. 수비진들이 돌아가면서 부진에 시달린 것도 전력을 위협한 요소였다. 결국 리그와 챔피언스리그를 모두 놓치고 국왕컵 하나에 만족해야 했다. 경험 있는 선수들이 흔들리면서 얻은 소득도 있었는데 페드리, 밍게사, 아라우호 같은 신성들이 1군 스쿼드에 녹아들었다.

"다 보낸" 충격과 공포의 이적 시장

어떤 의미에서 이번 여름 이적 시장의 주인공이었다. 막대한 손실로 전력 보강은 꿈도 꾸지 못했고 메시와의 재계약에 실패하며 새로운 10번을 찾아야 했다. 고액 연봉자를 줄이고 이적료를 받을 수 있는 선수들은 헐값에 넘겼다. 피르포, 에메르송, 토디보, 알레냐 등이 팀을 떠났고 이적 시장 마지막 날에는 그리즈만지 AT 마드리드로 내보냈다. 메시와의 시너지 효과가 기대됐던 신입생 데파이가 이제 새로운 리더다. 유스 출신 가르시아가 맨체스터 시티 생활을 끝내고 돌아왔고 팀 동료였던 아구에로도 바르셀로나 유니폼을 입었다.

빠른 공수 전환이 시즌 과제

메시에 이어 그리즈만까지 사라진 공격 파괴력이 문제다. 이제 무너지는 팀을 혼자 구해낼 슈퍼 히어로 메시는 없다. 파티가 부상에서 완벽하게 회복하고 쿠티뉴, 뎀벨레 등 몸값 대비 활약이 없었던 선수들이 평균만 해준다면 득점력 감소를 최소로 막을 수 있다. 모든 것이 물거품이 된다면 데미랄, 콜라도처럼 어린 선수들에 기대하는 수밖에 없다. 쿠만 감독이 기동력과 활동량을 올리는 쪽으로 초점을 맞추고 있다. 부스케츠, 알바처럼 빠른 공수 전환에 어려움을 겪는 선수들을 어떻게 관리해주냐가 관건이다. 피로가 누적된 페드리도 로테이션이 필요하다.

MANAGER : Ronald KOEMAN 로날드 쿠만

Personal Information
- 생년월일 : 1963.03.21. / 출생지 : 잔담 (네덜란드)
- 현역시절 포지션 : DF / 계약만료 : 2022.06.30
- 평균 재직 기간 : 2년 / 선호 포맷 : 4-3-3

History
바르셀로나에서 활약한 팀 레전드 출신. 수비와 미드필드 지역을 오가며 전술적 효율을 높였고 위력적인 킥을 앞세워 많은 골을 터트렸다. 특히 프리킥의 마술사였고 페널티킥을 정교하게 찼다. 네덜란드 대표팀을 이끌고 유로 2020을 준비하다 바르셀로나의 제안을 수락했다.

Style
전술가로서의 면모를 갖추고 있다. 후방에서부터 짧은 패스로 시작되는 빌드업을 바탕으로 위험지역 근처까지 경기를 설계한다. 박스 근처에서 공격수들의 세밀한 움직임을 통해 기회를 만들려고 한다. 코치가 아닌 매니저의 능력 때문에 문제가 발생하기도 하는데, 강한 성격 탓에 선수들과 마찰을 빚어 라커룸 분위기가 엉망이 된 경우도 있다. 과거 발렌시아 시절이 대표적이었고 잉글랜드에서도 종종 문제가 생겼다. 물론 지난 1년은 조용했다.

우승 - 준우승 횟수
- SPANISH LA LIGA : 26-26
- SPANISH COPA DEL REY : 31-11
- UEFA CHAMPIONS LEAGUE : 5-3
- UEFA EUROPA LEAGUE : 0-0
- FIFA CLUB WORLD CUP : 3-1
- UEFA-CONMEBOL INTERCONTINENTAL : 0-1

SQUAD LIST

위치	번호	선수	국적	키	생년월일	전 소속 팀
GK	1	Marc-André ter Stegen	GER	187	92-04-30	B Mönchengladbach
GK	13	Neto	BRA	190	89-07-19	Valencia
GK	26	Iñaki Peña	ESP	184	99-03-02	Barcelona B
GK	36	Arnau Tenas	ESP	185	01-05-30	Barcelona B
DF	2	Sergiño Dest	USA	170	00-11-03	Ajax
DF	3	Gerard Piqué	ESP	194	87-02-02	Manchester U
DF	4	Ronald Araújo	URU	191	99-03-07	Boston River
DF	15	Clément Lenglet	FRA	186	95-06-17	Sevilla
DF	18	Jordi Alba	ESP	170	89-03-21	Valencia
DF	20	Sergi Roberto	ESP	178	92-02-07	Barcelona B
DF	22	Óscar Mingueza	ESP	184	99-05-13	Barcelona B
DF	23	Samuel Umtiti	FRA	182	93-11-14	Lyon
DF	24	Eric García	ESP	182	01-01-09	Manchester C
DF	31	Alejandro Balde	ESP	175	03-10-18	Barcelona B
MF	5	Sergio Busquets	ESP	189	88-07-16	Barcelona B
MF	6	Riqui Puig	ESP	169	99-08-13	Barcelona B
MF	8	Miralem Pjanić	BIH	178	90-04-02	Juventus
MF	14	Philippe Coutinho	BRA	171	92-06-12	Liverpool
MF	16	Pedri	ESP	177	02-11-25	Las Palmas B
MF	21	Frenkie de Jong	NED	179	97-05-12	Ajax
MF	28	Nico González	ESP	188	02-01-03	Barcelona B
MF	30	Gavi	ESP	173	04-08-05	Barcelona B
FW	7	Ousmane Dembélé	FRA	178	97-05-15	Borussia Dortmund
FW	9	Memphis Depay	NED	170	94-02-13	Lyon
FW	10	Ansu Fati	ESP	178	02-10-31	Barcelona B
FW	11	Yusuf Demir	AUT	178	03-06-02	Rapid Vienna
FW	12	Martin Braithwaite	DEN	179	91-06-05	Leganés
FW	17	Luuk de Jong	NED	188	90-08-27	Sevilla
FW	19	Sergio Agüero	ARG	173	88-06-02	Manchester C

2021-22 SEASON SCHEDULE

날짜	장소	상대팀	날짜	장소	상대팀
08-15	H	Real Sociedad	01-09	A	Granada
08-21	A	Athletic Bilbao	01-19	H	Rayo Vallecano
08-29	H	Getafe	01-23	A	Alavés
09-12	A	FC Sevilla	02-06	H	Atlético Madrid
09-19	H	Granada	02-13	A	Espanyol
09-22	H	Cádiz	02-20	H	Valencia
09-26	A	Levante	02-27	A	Athletic Bilbao
10-03	A	Atlético Madrid	03-06	A	Elche
10-17	H	Valencia	03-13	A	Osasuna
10-24	A	Real Madrid	03-20	H	Real Madrid
10-27	H	Rayo Vallecano	04-03	A	FC Sevilla
10-31	H	Alavés	04-10	A	Levante
11-07	A	Celta Vigo	04-17	H	Cádiz
11-21	H	Espanyol	04-20	A	Real Sociedad
11-28	A	Villarreal	05-01	H	Mallorca
12-05	H	Real Betis	05-08	A	Real Betis
12-12	A	Osasuna	05-11	H	Celta Vigo
12-19	H	Elche	05-15	A	Getafe
01-02	A	Mallorca	05-22	H	Villarreal

RANKING OF LAST 10YEARS

11-12	12-13	13-14	14-15	15-16	16-17	17-18	18-19	19-20	20-21
2	1	2	1	1	2	1	1	2	3
91점	100점	87점	94점	91점	90점	93점	87점	82점	79점

STRENGTHS & WEAKNESSES

OFFENSE		DEFENSE	
오픈 플레이	B	오픈 플레이 수비	C
카운터 어택	B	카운터 어택 수비	D
짧은 패스 게임	A	짧은 패스 게임 수비	E
롱볼 연계 플레이	C	롱볼 연계 플레이 수비	C
솔로 플레이	A	솔로 플레이 수비	C
중거리 슈팅 / 직접 프리킥	B	중거리 슈팅 수비	E
측면 공격	B	측면 수비	C
세트 플레이	B	세트 플레이 수비	B
위협적인 공격 횟수	B	공중전 능력	D
슈팅 대비 득점	B	볼 쟁탈전 / 투쟁심	C
오프사이드 피하기	D	실수 조심	D
볼 점유율	A	파울 주의	C

A 매우 우수함 B 우수함 C 평균 수준 D 부족함 E 많이 부족함

STADIUM

Camp Nou

구장 오픈	1957년
구장 소유	FC 바르셀로나
피치 규모	105 X 68m
구장 증개축	총 3회(최근 2021년)
수용 인원	9만 9354명
잔디 종류	하이브리드 잔디

ODDS CHECK

베팅회사	La Liga		Champions League	
	배당률	우승 확률	배당률	우승 확률
bet365	2.75배	3위	20배	8위
sky bet	2.25배	2위	20배	8위
William HILL	2.5배	3위	22배	8위
888sport	2.85배	3위	19.5배	8위

*우승 확률이 높을수록 배당률은 낮아짐

20-21 SEASON TOP5

득점		어시스트		경고-퇴장	
L.메시	30	L.메시	9	C.랑글레	7-2
A.그리즈만	13	A.그리즈만	7	J.알바	9-0
O.뎀벨레	6	J.알바	5	S.부스케츠	9-0
F.더용	3	S.부스케츠	5	F.더용	5-0
J.알바	3	F.더용	4	L.메시	4-0

BASIC FORMATION

4-3-3

TOTO GUIDE 지난시즌 전적

상대팀	홈	원정
Atletico Madrid	0-0	0-1
Real Madrid	1-3	1-2
FC Sevilla	1-1	2-0
Real Sociedad	2-1	6-1
Real Betis	5-2	3-2
Villarreal	4-0	2-1
Celta Vigo	1-2	3-0
Granada	1-2	4-0
Athletic Bilbao	2-1	3-2
Osasuna	4-0	2-0
Cadiz	1-1	1-2
Valencia	2-2	3-2
Levante	1-0	3-3
Getafe	5-2	0-1
Alaves	5-1	1-1
Elche	3-0	2-0
Huesca	4-1	1-0
Valladolid	1-0	3-0
Eibar	1-0	1-0

TACTICS & FUNCTIONS

OFFENSE

- 경기 운영 : 최고 점유율, 측면 공격
- 짧은 패스 / 긴 패스 비율 : 17.3대1
- 역습 시작 위치 : 매우 앞쪽
- 직접 프리킥 : 데파이, 쿠티뉴, 아구에로
- 중거리 슈팅 : 데파이, 뎀벨레, 알바
- 세트피스 헤딩 : 피케, 브레이스웨이트, 아라우호
- 드리블 : 데파이, 뎀벨레, 안수
- 결정적 패스 : 부스케츠, 더용, 알바

DEFENSE

- 존디펜스 : 지역과 대인 기반 혼합형
- 맨투맨 : 지역방어 기반 맨투맨
- 세로 방향 프레싱 위치 : 비교적 중간 지역
- 오프사이드 트랩 위치 : 골라인에서 19~21m
- 미드필드 스크리너 : 부스케츠, 니코
- 공수 밸런스 유지 : 페드리, 더용
- 수비진 라인 컨트롤 : 피케, 가르시아
- 수비진 옵셔널 스토퍼 : 렁글레, 아라우호

LA LIGA 2020-21 PERFORMANCE

FC BARCELONA vs. OPPONENTS PER GAME STATS

FC 바르셀로나 vs 상대팀

득점		슈팅		유효슈팅		오프사이드		패스시도 (PA)		패스성공 (PC)		패스성공률 (P%)	
2.24	1.00	15.3	8.6	6.4	3.2	2.4	1.3	712	396	639	314	90%	79%

태클시도 (TK)		볼소유자 압박 (PR)		인터셉트 (INT)		GK 선방		파울		경고		퇴장	
14.4	16.7	134	175	9.5	13.9	2.5	3.9	9.4	16.6	1.79	2.00	0.053	0.158

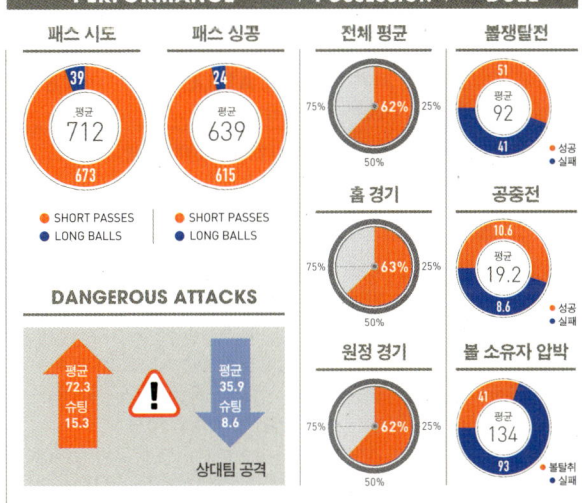

Marc-André TER STEGEN 1
마르크-안드레 테어슈테겐

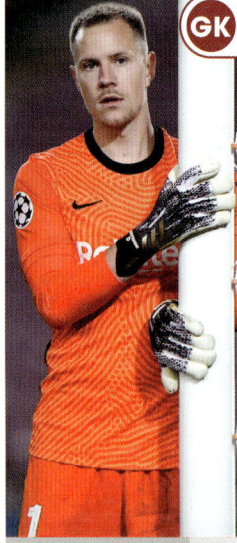

SCOUTING REPORT
세계 최고 수준의 빌드업 능력을 가진 골키퍼. 유스 시절에는 미드필더 출신이었던 탓에 볼을 무척 잘 다룬다. 무게 중심이 낮아 무릎 아래로 날아드는 상대 슛에 방어하는 능력이 특히 탁월하다. 경기를 읽는 능력이 대단히 뛰어나 상대의 공간 침투에 선제적으로 대응하는 스위퍼형 방어까지 훌륭하게 해내며, 단 무릎이 심각하게 좋지 않다. 지난해 무릎 부상 때문에 79일을 쉬었으며, 지금도 전력에서 빠져있다.

PLAYER'S HISTORY
보루시아 묀헨글라트바흐 출신이며 2014년 바르셀로나에 합류했다. 독일에서는 마누엘 노이어에 가린 '2인자' 이미지가 강한 선수지만, 바르셀로나에서는 이견의 여지없는 부동의 주전 수문장이다. 라 리가 우승 4회 등 바르셀로나 입단 후 총 열세 차례 정상에 올랐다.

주로 사용하는 발: 오른발 79%	우승	1부리그: 4-2	협회컵: 5-1	챔피언스: 1-0
	준우승	클럽 월드컵: 1-0	UEFA 유로: 1-0	월드컵: 0-0

Clément LENGLET 15
클레망 랑글레

SCOUTING REPORT
파이팅 넘치는 센터백. 센터백치고 그리 크다고는 할 수 없으나 저돌적 수비로 상대 공격을 잘 끊어낸다. 패스 역시 준수해 빌드업 기점으로도 능히 제몫을 해내는 편. 다만 안정감이 너무 떨어진다. 지난 두 시즌 동안 평균 퇴장 2회, 자책골도 꼬박꼬박 한 골씩 넣고 있다. 발이 빠르지 않은 선수라, 일부에서는 라인을 높이 올려 볼을 점유하는 축구를 펼치는 바르셀로나와 맞지 않다고 비판한다.

PLAYER'S HISTORY
2012년 AS 낭시에서 데뷔, 2017년 여름 세비야 이적을 통해 라 리가에 입성했다. 2018년 7월 바르셀로나에 입단, 이적료는 3,590만 유로다. 프랑스 A대표팀에서 한때 라파엘 바란의 파트너로 기용된 적이 있다. 지금은 A대표팀 주전 경쟁에서 밀리는 형국이다.

주로 사용하는 발: 왼발 88%	우승	1부리그: 1-1	협회컵: 1-2	챔피언스: 0-0
	준우승	클럽 월드컵: 0-0	UEFA 유로: 0-0	월드컵: 0-0

Jordi ALBA 18
조르디 알바

SCOUTING REPORT
저돌적인 왼쪽 풀백. 엄청난 체력과 빠른 주력을 앞세워 쉴 새 없이 오버래핑을 시도해 공격에 힘을 보탠다. 우수한 윙과 호흡을 맞출 경우에는 파괴력이 더욱 배가된다. 다만 수비 능력은 그 아킬레스건으로 거론된다. 단순히 배후를 열어주는 것뿐만 아니라 터치라인 쪽으로 상대를 몰아내는 협력 수비에 미숙한 모습을 보인다. 플레이스타일상 햄스트링을 자주 다친다. 2020-21시즌에도 17일간 결장했다.

PLAYER'S HISTORY
발렌시아 유스 출신이며, 왼쪽 풀백으로서 명성은 발렌시아에 뛰었을 때도 대단했다. 스페인 연령별 대표를 두루 거쳤으며, A대표팀에서도 78경기에 출전해 8골을 기록하고 있다. 클럽 커리어 우승 경력을 모두 바르셀로나에서 쌓았는데, 그 횟수는 총 16회다.

주로 사용하는 발: 왼발 86%	우승	1부리그: 5-3	협회컵: 5-2	챔피언스: 1-0
	준우승	클럽 월드컵: 1-0	UEFA 유로: 1-0	월드컵: 0-0

Sergio BUSQUETS 5
세르히오 부스케츠

SCOUTING REPORT
플레이스타일이 화려하지 않아 시선이 잘 닿지 않는다. 전술적 측면에서는 가장 중요한 위치에 자리한 미드필더다. '세계에서 가장 저평가된 선수'라는 별칭이 붙는 이유다. 뛰어난 위치 선정과 센스로 볼을 인터셉트한다. 볼 간수 능력도 정상급이다. 짧은 패스로 경기 템포를 조율하는 등 전술 소화 능력도 우수하다. 다만 노쇠했다는 평가가 조금씩 나오고 있다. 지난해엔 무릎 부상 때문에 2주간 결장했다.

PLAYER'S HISTORY
2007년 바르셀로나 A팀에서 데뷔한 후 줄곧 캄 노우를 지키고 있는 '원 클럽 맨'. 부친은 1990년대 바르셀로나 레전드 수문장 카를레스. 커리어를 통틀어 총 우승 횟수는 무려 32회. 클럽은 물론 A대표팀에서도 들어볼 수 있는 트로피는 모두 손에 넣어 본 전설이다.

주로 사용하는 발: 오른발 83%	우승	1부리그: 8-4	협회컵: 7-3	챔피언스: 3-0
	준우승	클럽 월드컵: 3-0	UEFA 유로: 1-0	월드컵: 0-0

MF PEDRI 16
페드리

SCOUTING REPORT
주로 공격형 미드필더로 출전하지만 측면도 문제없다. 날개로 뛸 땐 주로 왼쪽 메짤라 롤을 수행한다. 체격은 작지만, 빠른 발과 우수한 테크닉을 갖춰 좁은 공간에서도 탈압박에 매우 능한 모습을 보인다. 뛰어난 축구 지능과 정교한 숏 패스를 앞세워 연계 플레이를 펼쳐 찬스를 만들어내는 플레이는 과거 이니에스타와 비교되기도 한다. 다만 제공권 다툼에는 취약하며, 결정력은 향상시킬 필요가 있다.

PLAYER'S HISTORY
바르셀로나 유스 출신이지만, 가능성을 드러낸 건 라스 팔마스 시절인 2019-20시즌부터였다. 스페인 연령별 대표팀을 두루 거쳤으며, 지난여름 유로 2020와 2020 도쿄 올림픽을 모두 뛰었다. 유로 2020 영플레이어상과 올림픽 은메달을 휩쓸며 스포트라이트를 받고있다.

주로 사용하는 발: 오른발 84%
우승 1부리그: 0-0, 협회컵: 1-0, 챔피언스: 0-0
준우승 클럽월드컵: 0-0, UEFA 유로: 0-0, 월드컵: 0-0

슈팅-득점: 17-3 / 8-0 / 25-3 LG-2 / 0-0 RG-0 / 0-0 HG-1
패스 방향 분포: 전진 18%, 좌향 27%, 우향 33%, 후진 23%
2020-21 라리가: 28-9, 2430, 3, 45.8-40.1, 88% / 2.6-1.2, 0.9, 1.1-0.8, 2-0, 0

MF Frenkie DE JONG 21
프렝키 더 용

SCOUTING REPORT
중앙 미드필더로서 장기인 패스를 곳곳에 뿌려대는 딥라잉 플레이메이커 구실을 맡는다. 그러면서도 위기시 센터백으로 변신한다. 부스케츠와 동반 출격 때는 좀 더 공격적인 롤을 수행하는 경우가 많다. 주력도 괜찮은 수준이며, 드리블로 볼을 잘 운반한다. 본인이 직접 "볼을 다루는 걸 즐긴다"라고 할 정도로 테크닉에 매우 큰 자신감을 가진 선수이며, 특히 패스는 거리를 가리지 않는데다 성공률도 높다.

PLAYER'S HISTORY
2014년 빌럼 II 에서 데뷔했다. 2015년 아약스로 이적했으며, 2018-19시즌 UEFA 챔피언스리그 4강 진출의 일등 공신으로 부각되며 크게 명성을 얻었다. 2019년 여름 8,600만 유로에 바르셀로나에 입단했다. 네덜란드 국가대표로는 A매치 31경기에서 1골을 기록중이다.

주로 사용하는 발: 오른발 94%
우승 1부리그: 1-3, 협회컵: 2-0, 챔피언스: 0-0
준우승 클럽월드컵: 0-0, UEFA 유로: 0-0, 월드컵: 0-0

슈팅-득점: 13-3 / 4-0 / 17-3 LG-0 / 0-0 RG-3 / 0-0 HG-0
패스 방향 분포: 전진 27%, 좌향 31%, 우향 31%, 후진 12%
2020-21 라리가: 35-2, 3159, 4, 75.3-69.2, 92% / 1.7-1.2, 1, 1.8-1.6, 5-0, 2

FW Martin BRAITHWAITE 12
마르틴 브레이스웨이트

SCOUTING REPORT
지난 시즌 조커로 선발 11회, 교체 18회 출전했다. 메시, 그리즈만이 떠난 올 시즌, 브레이스웨이트에게 더 많은 기회가 주어질 것이다. 그는 CF와 윙어를 넘나든다. 빠른 순간 스피드를 이용해 날카롭게 침투한다. 직접 해결할 상황이 아니면 포스트 피딩 혹은 콤비네이션 플레이를 통해 동료에게 기회를 내준다. 그의 스타일을 본 전문가들은 "음바페와 수아레스를 반씩 섞어놓은 느낌"이라는 평가를 내린다.

PLAYER'S HISTORY
툴루즈, 미들즈브러, 보르도, 레가네스 등 주로 중하위권을 이적과 임대로 전전했다. 특출나진 않지만 준수한 활약을 통해 어느 정도 이름을 알리던 선수였는데 공격수 공백이 컸던 바르셀로나로 2020년 전격 영입이 되었다. 성실한 태도로 나쁘지 않은 평가를 받는 선수.

주로 사용하는 발: 오른발 86%
우승 1부리그: 1-1, 협회컵: 2-0, 챔피언스: 0-0
준우승 클럽월드컵: 0-0, UEFA 유로: 0-0, 월드컵: 0-0

슈팅-득점: 21-2 / 13-2 / 23-2 LG-2 / 0-0 RG-0 / 1-0 HG-0
패스 방향 분포: 전진 27%, 좌향 17%, 우향 33%, 후진 23%
2020-21: 11-18, 1164, 2, 9.5-7.8, 82% / 0.4-0.3, 0.2, 0.6-0.3, 3-0, 0

FW Memphis DEPAY 9
멤피스 데파이

SCOUTING REPORT
맨체스터 유나이티드 시절 극심한 기복과 좋지 못한 멘탈을 드러냈던 선수지만, 올랭피크 리옹을 거치면서 환골탈태했다. 왼쪽 공격형 날개와 스트라이커를 두루 오가며 활약한다. 스피드 등 기본적인 운동 능력이 매우 특출 나며, 현재 유럽 최고 프리키커 중 하나로 통한다. 근육량도 키워 전방에서 등지는 플레이로 동료에게 찬스를 만들어내는 플레이에도 발전을 이루었다. 다만 크로스가 좀 더 정확해야 한다.

PLAYER'S HISTORY
2011년 PSV 에인트호번에서 프로에 데뷔해 1년간 박지성과 함께 뛰기도 했다. 네덜란드 연령별 대표를 두루 거쳤으며, 2014 브라질 월드컵 호주전서 1득점 등 오렌지 군단의 3위 입상에 공헌했다. EPL 진출 후 커리어의 위기를 겪었지만 지금은 완전히 벗어났다.

주로 사용하는 발: 오른발 87%
우승 1부리그: 1-1, 협회컵: 2-1, 챔피언스: 0-0
준우승 클럽월드컵: 0-0, UEFA 유로: 0-0, 월드컵: 0-0

슈팅-득점: 63-17 / 47-3 / 110-20 LG-1 / 14-1 RG-19 / 8-8 HG-0
패스 방향 분포: 전진 26%, 좌향 21%, 우향 28%, 후진 24%
2020-21 라리가: 33-4, 2932, 12, 29.9-22.7, 76% / 0.6-0.1, 1, 4.0-2.1, 4-0, 9

| 상대유효슛 시도-실점 | 상대유효슛 시도-선방 | 상대PK 시도-선방 | 전체 슈팅 시도-득점 | 직접 프리킥 시도-득점 | TH 던지기 | NK 킥 | KD 평균골킥 거리(m) | LG 왼발 득점 | RG 오른발 득점 | 헤더 득점 | 출전횟수 선발-교체 | 출전시간 분(MIN) | S% GK 선방율 | CS GK 클린시트 | A 도움 | P 평균패스 시도-성공 | P% 패스 성공율 | LB 평균롱볼 캐치-펀칭 | AD 공중볼 시도-성공 | T 평균 태클 시도-성공 | I 평균 인터셉트 | DR 평균드리블 시도-성공 | 페어플레이 경고-퇴장 | MOM |

GK NETO 13
네투

2019년 바르셀로나에 입단했으나 주로 백업 골키퍼였다. 민첩한 반사 신경을 가지고 있다. 긴 팔을 활용하는 세이브 스타일을 가졌다. 거리를 가리지 않고 상대 슛을 안정적으로 처리한다. 무엇보다 기복이 없다는 게 큰 장점이다. 다만 크로스 대응 능력은 살짝 아쉽다. 장거리 킥도 정확도가 떨어진다. 2020-21시즌에는 발목을 삐어 32일 가량 전력에서 이탈했다.

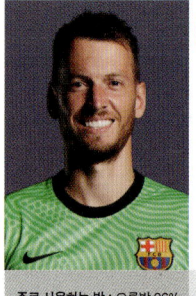

주로 사용하는 발: 오른발 96%
우승: 1부리그 2-1 / 협회컵 4-1 / 챔피언스 0-1
준우승: 클럽월드컵 0-0 / 코파아메리카 0-0 / 월드컵 0-0

세이브-실점	패스 방향 분포		2020-21 라리가					포지션
13-6 5-0	전진 38%			S% 5%	CS 3	P 29.1-25.0		
24-6 TH-36 24-18 NK-53 2-0 KD-22	좌향 36%	우향 27%						
	후진 0%		P% 86%	LB 7.4-3.6	AD 1-3			

DF Sergiño DEST 2
세르지뇨 데스트

미국 국가대표 풀백. 네덜란드·수리남 여권을 가진 3중 국적자이기도 하다. 원래는 측면 미드필더였으나 2019년 아약스 이적 후 라이트백으로 자리를 옮겼다. 지난해 여름 바르셀로나로 이적했으며, 좌우를 가리지 않고 수비를 전담한다. 준수한 개인기와 폭발적 스피드로 터치라인을 휘젓는 터라 다니 알베스를 연상케 한다. 다만 슈팅과 크로스는 개선이 필요하다.

주로 사용하는 발: 오른발 87%
우승: 1부리그 0-0 / 협회컵 1-0 / 챔피언스 0-0
준우승: 클럽월드컵 0-0 / 북중미 골드컵 0-0 / 월드컵 0-0

슈팅-득점	패스 방향 분포		2020-21 네덜란드 1부 + 라리가				포지션
13-2 3-0	전진 25%		23-10 1993 1 34.8-31.3 90%				
16-2 LG-0 0-0 RG-2 0-0 HG-0	좌향 39%	우향 8%					
	후진 28%		T 1.5-1.0	I 0.3	DR 1.9-0.9		

DF Gerard PIQUÉ 3
제라르 피케

2010년대 세계 최정상급 센터백으로 군림했다. 전성기 시절 '피켄바워'라는 별칭으로 불렸을 정도로 볼 다루는 실력에서는 당대 최고로 평가된 센터백이었다. 빠른 주력과 넓은 태클 범위 역시 최고 강점으로 통한다. 주력에 비해 순간 스피드가 느리고 종종 집중력이 결여된 모습을 보인다. 단 무릎 상태가 좋지 않다. 지난 시즌 총 122일동안 피치를 떠났었다.

주로 사용하는 발: 오른발 95%
우승: 1부리그 9-5 / 협회컵 7-4 / 챔피언스 4-0
준우승: 클럽월드컵 3-0 / UEFA 유로 1-0 / 월드컵 1-0

슈팅-득점	패스 방향 분포		2020-21 라리가				포지션
9-0 0-0	전진 24%		19-0 1486 0 65.2-61.3 94%				
9-0 LG-0 0-0 RG-0 0-0 HG-0	좌향 40%	우향 31%					
	후진 6%		T 1.0-0.8	I 1.4	DR 0.1-0.1	4-0	

DF Ronald ARAÚJO 4
로날드 아라우호

우루과이 출신 수비 신성. 190cm이 넘는 큰 체격과 어지간한 윙 못잖은 스피드까지 가진 센터백이다. 맨투맨 능력도 수준급. 발밑 기술이 썩 대단하다고 볼 수 없으나, 같은 운동 능력으로 이러한 단점을 상쇄한다. 다만 몸을 쓰는 플레이 스타일상 부상이 잦다는 게 문제다. 지난 시즌 무릎과 햄스트링을 다쳐 총 세 차례 전력에서 이탈했다. 결장 기간은 총 64일이다.

주로 사용하는 발: 오른발
우승: 1부리그 0-1 / 협회컵 1-0 / 챔피언스 0-0
준우승: 클럽월드컵 0-0 / 코파아메리카 0-0 / 월드컵 0-0

슈팅-득점	패스 방향 분포		2020-21 라리가				포지션
11-2 0-0	전진 26%		16-8 1509 1 44.4-40.7 92%				
7-0 LG-0 13-2 RG-1 0-0 HG-1	좌향 47%	우향 19%					
	후진 8%		T 0.9-0.9	I 0.8	DR 3-0	0	

DF Sergi ROBERTO 20
세르지 로베르토

본래 중앙 미드필더지만, 우측면에서는 날개와 라이트백까지 수행하는 재주꾼이다. 이 멀티 포지션 능력은 상대가 바르셀로나와 격돌할 때 전술적으로 예측하는데 걸림돌로 작용한다. 우수한 체력과 평균 이상의 스피드를 겸비했다. 그런 하면 중요한 승부처 때 곧잘 골을 넣는 '무대 체질'이다. 햄스트링 부상을 자주 당한다. 2020-21시즌 후반기에만 85일을 빠졌다.

주로 사용하는 발: 오른발 86%
우승: 1부리그 6-4 / 협회컵 6-3 / 챔피언스 2-0
준우승: 클럽월드컵 2-0 / UEFA 유로 0-0 / 월드컵 0-0

슈팅-득점	패스 방향 분포		2020-21 라리가				포지션
4-1 1-0	전진 26%		9-6 947 2 53.3-48.0 90%				
5-1 LG-0 0-0 RG-1 0-0 HG-0	좌향 42%	우향 10%					
	후진 22%		T 1.0-0.0	I 0.7	DR 0.6-0.5		

DF Eric GARCÍA 24
에릭 가르시아

바르셀로나·맨체스터 시티 유스를 모두 거쳤다. 프로 데뷔는 맨체스터 시티에서 했으며, 올해 여름 FA로 바르셀로나에 컴백했다. 어려서부터 원숙한 수비력을 보인다는 평을 받았다. 스페인 출신답게 볼 다루는 실력이 뛰어난 센터백이며, '제2의 푸욜'로 불릴 정도로 리더십도 출중하다. 다만 스피드가 느리다. 이 약점 때문에 풀백 등 다른 포지션에서 쓰기 애매하다.

주로 사용하는 발: 오른발 89%
우승: 1부리그 2-1 / 협회컵 1-0 / 챔피언스 0-1
준우승: 클럽월드컵 0-0 / UEFA 유로 0-0 / 월드컵 0-0

슈팅-득점	패스 방향 분포		2020-21 프리미어리그				포지션
1-0 1-0	전진 23%		3-3 382 0 56.5-53.9 95%				
2-0 LG-0 0-0 RG-0 0-0 HG-0	좌향 35%	우향 39%					
	후진 3%		T 1.7-1.3	I 0.5	DR 0-0		

범례: 전체 슈팅 시도-득점 | 직접 프리킥 시도-득점 | PK 시도-득점 | LG 왼발 득점 | RG 오른발 득점 | HG 헤더 득점 | 출전횟수 선발-교체 | 출전시간 분(MIN) | A 도움 | P 평균패스 시도-성공 | P% 패스 성공률 | T 평균태클 시도-성공 | I 평균 인터셉트 | DR 평균드리블 시도-성공 | 페어플레이 경고-퇴장 | ★ MOM

MF Miralem PJANIĆ 8
미랄렘 피아니치

세리에A에서 활약할 때 세계 정상급 미드필더로 주목 받았다. 하지만 지난해 여름 아르투르와 트레이드되어 바르셀로나 유니폼을 입었다. 이른바 '축구 도사' 스타일. 뛰어난 전술 이해도와 넓은 시야, 정교한 롱패스로 공격 전개 과정에서 윤활유 구실을 한다. 단 체력은 고질적 약점으로 평가된다. 지난 시즌 무릎과 발목에 가벼운 부상을 당했다. 결장기간은 총 11일.

| 주로 사용하는 발: 오른발 92% | 우승 | 1부리그: 4-3 | 협회컵: 3-2 | 챔피언스: 0-1 |
| | 준우승 | 클럽월드컵: 0-0 | UEFA 유로: 0-0 | 월드컵: 0-0 |

슈팅-득점: 5-0 / 11-0 / LG-0 16-0 / RG-0 2-0 / HG-0 0-0
패스 방향 분포: 전진 23%, 좌향 29%, 우향 30%, 후진 17%
2020-21 라리가: 6-13 | 623 | A 0 | P 65.0-55.0 | P% 91% | T 2.5-1.0 | I 0.6 | DR 0.4-0.4 | 1-0 | ★ 0

MF Philippe COUTINHO 14
필리페 쿠티뉴

왼쪽 측면에서 중앙 지역으로 파고들며 날리는 중거리 슈팅이 매우 위력적이다. 단 패턴화되어 수비가 집중하게 대처한다. 발은 빠르지 않지만, 뛰어난 발재간과 연계 플레이로 공격을 이어나간다. 그러나 수비 가담 능력이 크게 떨어진다는 평을 받고 있다. 지난해 12월 30일 반월판 연골 파열 때문에 8개월간 병원 신세를 졌다. 다행히 새 시즌 개막 전에 겨우 회복했다.

| 주로 사용하는 발: 오른발 93% | 우승 | 1부리그: 3-2 | 협회컵: 4-1 | 챔피언스: 1-0 |
| | 준우승 | 클럽월드컵: 1-0 | 코파아메리카: 1-0 | 월드컵: 0-0 |

슈팅-득점: 17-2 / 11-0 / LG-0 28-2 / RG-2 0-0 / HG-0 0-0
패스 방향 분포: 전진 22%, 좌향 21%, 우향 32%, 후진 25%
2020-21 라리가: 8-4 | 657 | A 2 | P 40.4-36.0 | P% 89% | T 1.2-0.7 | I 0.4 | DR 1.3-0.9 | 0-0 | ★ 0

FW Ousmane DEMBÉLÉ 11
우스망 뎀벨레

양발을 안 가리는데다 주력까지 최상급이다. 정상 컨디션이면, 빠른데다 볼을 어디로 칠지 몰라 상대 풀백들에게는 악몽 같은 존재가 된다. 그러나 '유리몸'이라 평해도 될 정도로 부상이 잦다는 게 문제다. 볼 터치가 길어 수비에게 빼앗기는 장면도 많고, 패스도 좋다고 볼 수 없다. 유로 2020에서 심각한 무릎 부상을 당했다. 2021-22시즌 초에는 결장이 불가피하다.

| 주로 사용하는 발: 오른발 58% | 우승 | 1부리그: 2-1 | 협회컵: 3-1 | 챔피언스: 0-0 |
| | 준우승 | 클럽월드컵: 0-0 | UEFA 유로: 0-0 | 월드컵: 1-0 |

슈팅-득점: 36-6 / 19-0 / LG-4 55-6 / RG-2 0-0 / HG-0 0-0
패스 방향 분포: 전진 18%, 좌향 34%, 우향 23%, 후진 26%
2020-21 라리가: 19-11 | 1781 | A 3 | P 30.7-26.4 | P% 86% | T 0.8-0.5 | I 0.3 | DR 3.3-2.1 | 2-0 | ★ 3

FW Ansu FATI 17
안수 파티

미래가 더욱 기대되는 '초신성'. 폭발적 스피드와 수준급의 테크닉으로 상대 측면을 뒤흔든다. 주로 왼쪽 측면에서 활약하며 박스 안에서 해결 능력도 수준급이다. 피지컬이 약하긴 하지만, 아직 성장중인 선수이기 때문에 시간이 지나면서 해결될 가능성이 크다. 크로스는 좀 더 정교해야 한다. 지난해부터 스페인 A대표로도 활약하고 있다. A매치 4경기 1골을 기록 중이다.

| 주로 사용하는 발: 오른발 89% | 우승 | 1부리그: 0-1 | 협회컵: 1-0 | 챔피언스: 0-0 |
| | 준우승 | 클럽월드컵: 0-0 | UEFA 유로: 0-0 | 월드컵: 0-0 |

슈팅-득점: 12-4 / 2-0 / LG-0 14-4 / RG-4 2-0 / HG-0 0-0
패스 방향 분포: 전진 15%, 좌향 9%, 우향 42%, 후진 35%
2020-21 라리가: 6-1 | 437 | A 0 | P 28.1-23.6 | P% 84% | T 2.4-1.3 | I 0.4 | DR 3.3-1.6 | 1-0 | ★ 2

FW Sergio AGÜERO 19
세르히오 아구에로

마치 호마리우에 비견될 정도로 강력하면서도 순도 높은 득점력을 자랑한다. 펩 과르디올라 감독의 지도를 받은 후에는 2선에서 내려와 찬스를 내주는 연계에도 우수한 면모를 보인다. 지난 시즌에는 사타구니·무릎·햄스트링 등 수많은 부위를 다쳐 컨디션을 유지하지 못했다. 결장 기간은 총 95일. 2021-22시즌 개막 후에도 종아리 부상을 당했다. 10월 복귀 예정이다.

| 주로 사용하는 발: 오른발 89% | 우승 | 1부리그: 5-3 | 협회컵: 1-2 | 챔피언스: 0-1 |
| | 준우승 | 클럽월드컵: 0-0 | 코파아메리카: 1-2 | 월드컵: 0-1 |

슈팅-득점: 18-4 / 1-0 / LG-0 19-4 / RG-3 0-0 / HG-1 2-1
패스 방향 분포: 전진 18%, 좌향 26%, 우향 24%, 후진 32%
2020-21 프리미어리그: 7-5 | 559 | A 1 | P 14.3-11.5 | P% 81% | T 1.1-0.3 | I 0.0 | DR 1.1-0.7 | 0-0 | ★ 0

FW Luuk DE JONG 17
뤼크 더용

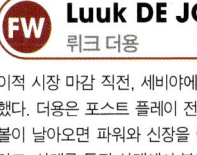

이적 시장 마감 직전, 세비야에서 바르셀로나로 이적했다. 더용은 포스트 플레이 전문가다. 후방에서 롱볼이 날아오면 파워와 신장을 이용해 제공권을 장악하고, 상대를 등진 상태에서 볼을 지켜낸 뒤 동료에게 피딩을 해준다. 박스 안에서 결정력이 준수하고, 특히 클러치 상황에 강하다. 동료와 콤비네이션 플레이를 벌이다 실수를 해 역습의 빌미를 제공하기도 한다.

| 주로 사용하는 발: 오른발 72% | 우승 | 1부리그: 4-2 | 협회컵: 1-0 | 챔피언스: 0-0 |
| | 준우승 | 클럽월드컵: 0-0 | UEFA 유로: 0-0 | 월드컵: 0-0 |

슈팅-득점: 29-4 / 3-0 / LG-1 32-4 / RG-1 0-0 / HG-2 0-0
패스 방향 분포: 전진 16%, 좌향 24%, 우향 27%, 후진 33%
2020-21: 14-20 | 1264 | A 0 | P 9.9-7.2 | P% 73% | T 0.4-0.3 | I 0.4 | DR 0.4-0.3 | 3-0 | ★ 1

SEVILLA FC

로페테기와 함께 2시즌 연속 4위 안착

구단 창립 : 1890년 **홈구장** : 라몬 산체스 피스후안 **대표** : 호세 카스트로 **2020-21시즌** : 4위(승점 77점) 24승 5무 9패 53득점 33실점 **닉네임** : Los Nervionenses

상위권 위협하는 전력 갖춰

리그 4위를 놓고 싸우던 2019-20시즌보다 발전한 모양새. 32R가 끝났을 때 선두를 3점 차로 위협하며 우승 레이스를 이어갔다. 막판 뒷심 부족으로 이탈하긴 했어도 직전 시즌 대비 승점을 7점이나 더 얻는 등 성공한 시즌으로 평가된다. 엔-네시리가 오카읒포스의 부진을 대신하면서 공격을 책임졌고 다재다능한 여러 미드필더들이 로테이션으로 허리를 든든하게 지켰다. 라리가 전체 점유율 2위에서도 알 수 있듯이 공 소유권을 확실히 지킬 수 있다는 점이 최대 장점. 38경기에서 33실점만 내주면서 수비 조직력 또한 단단함을 자랑했다.

알찬 보강, 양과 질 모두 채워

나름대로 알찬 여름 이적 시장을 보냈다. 거액의 이적료를 쓰진 못했지만 전 포지션에 걸친 보강이 눈에 들어온다. 리그 내에서 검증된 젊은 공격수 라파 미르, 토트넘에서 조커로 활약했던 라멜라는 공격에 힘을 더해줄 것으로 평가된다. 딜레이니가 가세하면서 허리는 더 치열한 경쟁을 예고한다. 반대 발 윙어를 선호하는 탓에 풀백의 전진 능력이 필수. 왼쪽 아우구스틴손, 오른쪽 몬티엘 모두 로페테기의 전술을 구현시켜줄 선수들이다. 수비 백업이었던 에스쿠데로, 고메스가 팀을 떠났고 공격수 더 용은 바르셀로나로 임대됐다.

4위보다 높은 순위 노린다

로페테기 감독 합류 이후 팀은 꾸준히 발전 중이다. 2시즌 연속 4위를 차지하는 과정을 보면 시즌을 거듭할수록 경기력이 발전하고 있다. 이번 시즌 역시 최소 목표는 챔피언스리그 진출. 여기에 3강을 위협하면서 승점을 높이고 나아가 높은 수익을 보장하는 챔피언스리그에서 이변을 꿈꾸고 있다. 세비야는 단단한 수비 조직력, 점유가 가능한 미드필더진을 보유했다. 관건은 상대적으로 부족한 골 결정력. 공격에서 확실하게 마침표를 찍어줄 선수가 필요한데, 공격수들이 보여주는 결정력에 따라 시즌의 전망이 달라질 수 있다.

MANAGER : Julen LOPETEGUI 훌렌 로페테기

Personal Information
생년월일 : 1966.08.20. 출생지 : 아스테아수 (스페인)
현역시절 포지션 : GK / 계약만료 : 2024.06.30
평균 재직 기간 : 2년 / 선호 포맷 : 4-3-3

History
골키퍼 출신으로 화려한 선수 시절을 보냈지는 못했지만, 바르셀로나와 레알 마드리드에서 모두 뛰었다. 스페인 연령별 대표를 거쳐 1994년 미국 월드컵에 참가했을 정도로 기량은 준수했다. 스페인 청소년 팀에서 지도자로 성과를 인정받아 스페인 대표팀, 레알 마드리드를 거쳐 2019년 세비야에 부임했다.

Style
스페인 청소년 팀을 맡아 어린 선수들을 발굴, 발전시키는 데 뛰어난 역량을 발휘했다. 어린 선수들이 아닌 성인팀을 맡고는 적응에 시간이 필요한 듯 곧바로 성공 가도를 이어가지 못했다. 후방에서부터 짧은 패스 형태로 빌드업을 시작한다. 선수들의 유기적인 움직임을 통한 오프 더 볼의 움직임을 중시하는 편. 직선적인 윙 포워드보다는 반대 발 윙어 배치를 선호하고 측면 공격은 풀백들의 전진을 활용한다.

우승 - 준우승 횟수
SPANISH LA LIGA: 1-4
SPANISH COPA DEL REY: 5-4
UEFA CHAMPIONS LEAGUE: 0-0
UEFA EUROPA LEAGUE: 6-0
FIFA CLUB WORLD CUP: 0-0
UEFA-CONMEBOL INTERCONTINENTAL: 0-0

SQUAD LIST

위치	번호	선수	국적	키	생년월일	전 소속팀
GK	1	Marko Dmitrović	SRB	194	92-01-24	Eibar
GK	13	Yassine Bounou	MAR	192	91-04-05	Girona
GK	31	Javi Díaz	ESP	185	97-05-15	Sevilla B
GK	33	Alfonso Pastor	ESP	190	00-10-04	Sevilla B
DF	2	Gonzalo Montiel	ARG	178	97-01-01	River Plate
DF	3	Ludwig Augustinsson	SWE	181	94-04-21	Werder Bremen
DF	4	Karim Rekik	NED	183	94-12-02	Hertha Berlin
DF	16	Jesús Navas	ESP	172	85-11-21	Manchester C
DF	19	Marcos Acuña	ARG	172	91-10-28	Sporting CP
DF	20	Diego Carlos	BRA	184	93-03-15	Nantes
DF	23	Jules Koundé	FRA	178	98-11-12	Bordeaux
DF	26	Pablo Pérez	ESP	174	00-08-15	Sevilla B
DF	30	José Ángel Carmona	ESP	183	02-01-29	Sevilla B
MF	5	Lucas Ocampos	ARG	187	94-07-11	Marseille
MF	6	Nemanja Gudelj	SRB	177	91-11-16	Guangzhou Evergrande
MF	7	Suso	ESP	176	93-11-19	Milan
MF	8	Joan Jordán	ESP	184	93-07-06	Eibar
MF	10	Ivan Rakitić	CRO	184	88-03-10	Barcelona
MF	14	Óscar	ESP	174	98-06-28	Real Madrid B
MF	17	Erik Lamela	ARG	181	92-03-25	Tottenham H
MF	18	Thomas Delaney	DEN	182	91-09-03	Borussia Dortmund
MF	21	Óliver Torres	ESP	178	94-11-10	FC Porto
MF	24	Alejandro Gómez	ARG	167	88-02-15	Atalanta
MF	25	Fernando	BRA	183	87-07-25	Galatasaray
MF	34	Pedro Ortiz	ESP	184	00-08-19	Atlético Baleares
FW	11	Munir El Haddadi	ESP	172	95-09-01	Barcelona
FW	12	Rafa Mir	ESP	186	97-06-18	Wolverhampton W
FW	15	Youssef En-Nesyri	MAR	189	97-06-01	Leganés
FW	22	Oussama Idrissi	MAR	183	96-02-26	AZ Alkmaar
FW	36	Iván Romero	ESP	175	01-04-10	Sevilla B

2021-22 SEASON SCHEDULE

날짜	장소	상대팀	날짜	장소	상대팀
08-15	H	Rayo Vallecano	01-09	H	Getafe
08-23	A	Getafe	01-19	A	Valencia
08-29	A	Elche	01-23	H	Celta Vigo
09-12	H	FC Barcelona	02-06	A	Osasuna
09-19	A	Real Sociedad	02-13	H	Elche
09-22	H	Valencia	02-20	A	Espanyol
09-26	H	Espanyol	02-27	H	Real Betis
10-03	A	Granada	03-06	A	Alavés
10-17	H	Celta Vigo	03-13	A	Rayo Vallecano
10-24	H	Levante	03-20	H	Real Sociedad
10-27	A	Mallorca	04-03	A	FC Barcelona
10-31	H	Osasuna	04-10	H	Granada
11-07	A	Real Betis	04-17	H	Real Madrid
11-21	H	Alavés	04-20	A	Levante
11-28	A	Real Madrid	05-01	H	Cádiz
12-05	H	Villarreal	05-08	A	Villarreal
12-12	H	Athletic Bilbao	05-11	H	Mallorca
12-19	A	Atlético Madrid	05-15	A	Atlético Madrid
01-02	A	Cádiz	05-22	H	Athletic Bilbao

RANKING OF LAST 10YEARS

11-12	12-13	13-14	14-15	15-16	16-17	17-18	18-19	19-20	20-21
9위	9위	5위	5위	7위	4위	7위	6위	4위	4위
50점	50점	63점	76점	52점	72점	58점	59점	70점	77점

STRENGTHS & WEAKNESSES

OFFENSE		DEFENSE	
오픈 플레이	A	오픈 플레이 수비	B
카운터 어택	A	카운터 어택 수비	C
짧은 패스 게임	B	짧은 패스 게임 수비	D
롱볼 연계 플레이	C	롱볼 연계 플레이 수비	C
솔로 플레이	C	솔로 플레이 수비	B
중거리 슈팅 / 직접 프리킥	B	중거리 슈팅 수비	B
측면 공격	B	측면 수비	C
세트 플레이	B	세트 플레이 수비	B
위협적인 공격 횟수	B	공중전 능력	D
슈팅 대비 득점	C	볼 쟁탈전 / 투쟁심	D
오프사이드 피하기	B	실수 조심	C
볼 점유율	A	파울 주의	C

A 매우 우수함 B 우수함 C 평균 수준 D 부족함 E 많이 부족함

STADIUM

Ramón Sánchez Pizjuán Stadium

구장 오픈 : 1958년	구장 증개축 : 1996, 2017년
구장 소유 : 세비야 FC	수용 인원 : 4만 3883명
피치 규모 : 105 X 68m	잔디 종류 : 천연 잔디

ODDS CHECK

베팅회사	La Liga		Champions League	
	배당률	우승 확률	배당률	우승 확률
bet365	16배	4위	66배	13위
sky bet	14배	4위	66배	13위
William HILL	14배	4위	66배	14위
888sport	16.5배	4위	60배	14위

*우승 확률이 높을수록 배당률은 낮아짐

20-21 SEASON TOP5

득점		어시스트		경고-퇴장	
Y.엔-네시리	18	J.나바스	6	D.카를로스	9-1
L.오캄포스	5	J.조르단	6	J.조르단	6-1
I.라키티치	4	L.오캄포스	4	N.구데이	8-0
M.하다디	4	페르난두	4	페르난두	6-0
L.더윰	4	수소	4	M.아쿠냐	5-0

BASIC FORMATION

4-3-3

TOTO GUIDE 지난시즌 전적

상대팀	홈	원정
Atletico Madrid	1-0	0-2
Real Madrid	0-1	2-2
FC Barcelona	0-2	1-1
Real Sociedad	3-2	2-1
Real Betis	1-0	1-1
Villarreal	2-0	0-4
Celta Vigo	4-2	4-3
Granada	2-1	0-1
Athletic Bilbao	0-1	1-2
Osasuna	1-0	2-0
Cadiz	3-0	3-1
Valencia	1-0	1-0
Levante	1-0	1-0
Getafe	3-0	1-0
Alaves	1-0	2-1
Elche	2-0	1-2
Huesca	1-0	1-0
Valladolid	1-1	1-1
Eibar	0-1	2-0

TACTICS & FUNCTIONS

OFFENSE

경기 운영 : 높은 점유율, 측면 공격
짧은 패스 / 긴 패스 비율 : 6.3대1
역습 시작 위치 : 비교적 중간 지역
직접 프리킥 : 수소, 라키티치, 고메스
중거리 슈팅 : 수소, 고메스, 조르당
세트피스 헤딩 : 카를로스, 쿤데, 페르난두
드리블 : 수소, 라멜라, 오캄포스
결정적 패스 : 고메스, 수소, 라멜라

DEFENSE

존디펜스 : 지역방어 기반의 존디펜스
맨투맨 : 지역방어 기반의 맨투맨
세로 방향 프레싱 위치 : 비교적 뒤쪽
오프사이드 트랩 위치 : 골라인에서 17~19m
미드필드 스크리너 : 페르난두, 델레니
공수 밸런스 유지 : 라키티치, 올리베르
수비진 라인 컨트롤 : 카를로스, 쿤데
수비진 옵셔널 스토퍼 : 레키크, 나눙

LA LIGA 2020-21 PERFORMANCE

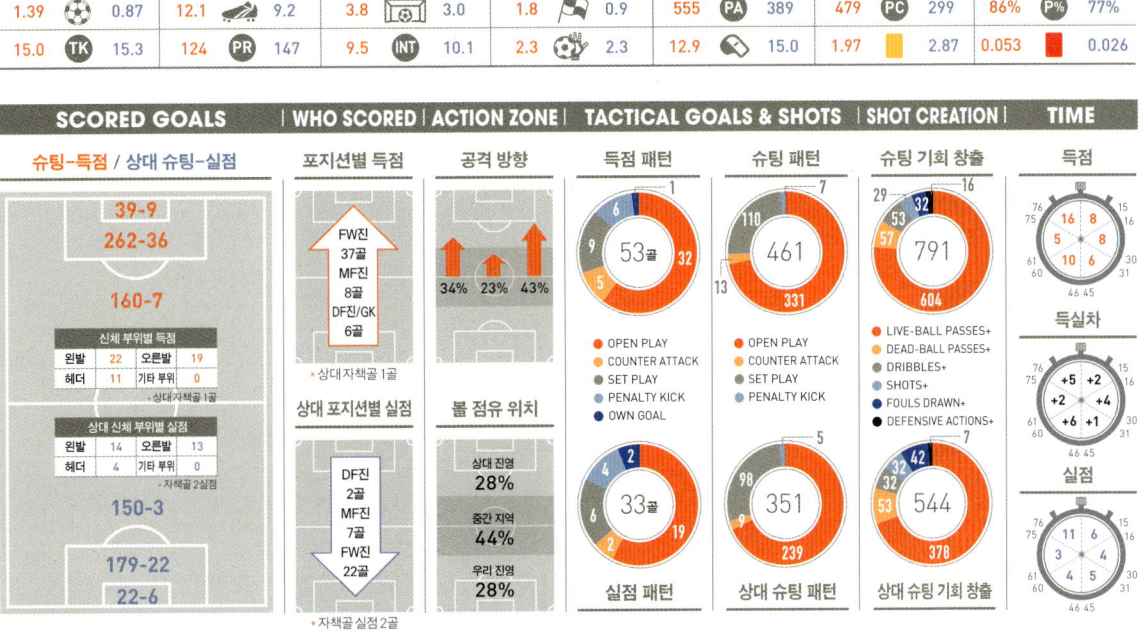

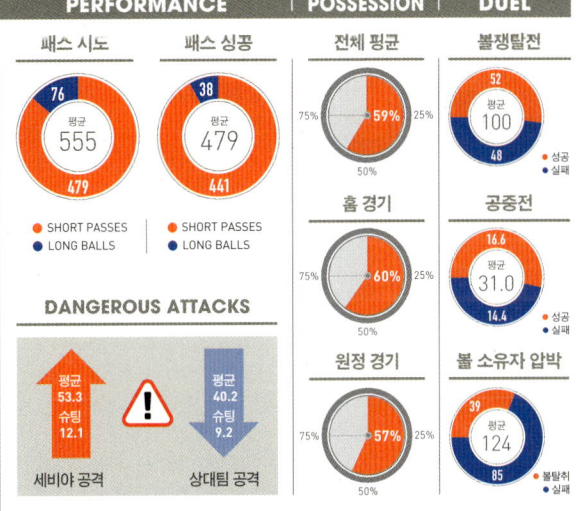

GK Yassine BOUNOU 13
야신 부누

SCOUTING REPORT
190cm가 넘는 훌륭한 체격 조건을 갖췄으며, 상당히 민첩한 반사 신경을 지녔다. 상대 슛을 골문 밖으로 쳐내는 펀칭이 매우 우수하다. 또, 무게 중심이 낮아 가까운 거리에서 날아오는 낮게 깔리는 슛을 발을 뻗어 곧잘 막아낸다. 뿐만 아니라 페널티킥에도 상당히 강하다. 다만 기복이 있으며 종종 아쉬운 판단력을 보여 실점을 내준다. 지난 시즌 코로나19 확진과 손 부상 때문에 20일 가량 쉬었다.

PLAYER'S HISTORY
풀 네임은 야신 부누지만, 백 네임은 보노다. 2010년 모로코 명문 위다드 카사블랑카에서 데뷔했으며, 세비야 골문은 2019년부터 지켰다. 당시에는 임대 선수 신분으로 세비야에 합류했는데, 2019-20시즌 UEFA 유로파리그 우승에 공헌하며 완전 이적에 성공했다.

주로 사용하는 발: 왼발 79%

우승	1부리그: 1-0	협회컵: 0-0	챔피언스: 0-1
준우승	클럽 월드컵: 0-0	CAF 네이션스컵: 0-0	월드컵: 0-0

DF Jules KOUNDÉ 23
쥘 쿤데

SCOUTING REPORT
스피드와 테크닉을 고루 겸비한 수비수. 센터백으로서는 단신이지만, 탄력 넘치는 점프력으로 그 약점을 상쇄한다. 또한 맨투맨 수비에 능하며, 판단력도 좋아 불리하면 재빨리 클리어링으로 상황을 모면한다. 심지어 풀백도 거뜬히 소화한다. 단, 피지컬이 강한 상대를 만나면 꽤 고전하는 편이다. 지난해에는 잔부상 때문에 열흘 정도로 전력에서 빠졌지만, 전력 누수 요인으로는 작용하지 않았다.

PLAYER'S HISTORY
2016-17 지롱댕 드 보르도에서 프로 데뷔했으며, 이후 A팀을 거쳐 2019년부터 세비야 수비의 중핵으로 활약하고 있다. 2020-21시즌 마르카 선정 올해의 팀 멤버다. 지난여름 이적시장 때 첼시의 뜨거운 러브콜을 받았었다. 유로 2020 본선에서 두 경기를 뛰었다.

주로 사용하는 발: 오른발 90%

우승	1부리그: 0-0	협회컵: 0-0	챔피언스: 0-0
준우승	클럽 월드컵: 0-0	UEFA 유로: 0-0	월드컵: 0-0

DF Jesús NAVAS 16
헤수스 나바스

SCOUTING REPORT
한때 전 유럽이 주목했던 날개 공격수였으나, 2017년부터는 풀백으로 보직 변경했다. 팀 내 최고 노장 중 하나이면서도 강철 체력을 앞세워 측면을 책임진다. 어지간한 준족과 대결에서도 밀리지 않는 스피드까지 유지 중이다. 한동안 멀어졌던 스페인 A대표팀에 복귀한 이유다. 다만 부상이 잦다. 2020-21시즌에는 햄스트링·사타구니·대퇴부를 연거푸 다쳐 병원 신세를 졌다. 총 결장 기간은 38일이다.

PLAYER'S HISTORY
세비야의 현재 캡틴. 2003년 데뷔한 후 십수 년이 넘도록 라 리가 최강의 우측 자원으로 평가되는 살아있는 전설이다. 2013년부터 4년간 맨체스터 시티에서 뛴 시기를 제외하면, 모든 커리어를 세비야에서 보냈다. 스페인 국가대표로는 49경기에 출전해 5골을 넣었다.

주로 사용하는 발: 오른발 91%

우승	1부리그: 1-1	협회컵: 2-1	챔피언스: 0-0
준우승	클럽 월드컵: 0-0	UEFA 유로: 1-0	월드컵: 1-0

MF Joan JORDÁN 8
호안 호르단

SCOUTING REPORT
최대 강점은 전방으로 쭉쭉 뻗어나가는 정교한 킥이다. 데드볼 전담 키커 중 한 명이며, 수준급 볼 키핑과 패스 능력을 갖춰 빌드업 과정에서 중요한 축으로 기능한다. 오프 더 볼 움직임도 좋다. 공격적인 중앙 미드필더여서인지 수비 상황에서는 다소 약점이 많다. 태클이 정확하지 않은 편이라 파울 빈도가 많다. 지난 시즌 두 차례 퇴장을 당하기도 했다. 체력이 약한 터라 중원을 커버하는 데 애먹는다.

PLAYER'S HISTORY
2012년 에스파뇰에서 데뷔했지만, 주전 경쟁에 애를 먹으며 바야돌리드 임대를 거쳐 에이바르 시절인 2017-18시즌 6골 4도움을 올리면서 유명세를 얻었다. 2019년 여름 세비야에 입단했으며, 지난 두 시즌간 확고부동한 주전으로 활약하고 있다. 스페인 대표 경력은 전무하다.

주로 사용하는 발: 오른발 88%

우승	1부리그: 0-0	협회컵: 0-0	챔피언스: 0-0
준우승	클럽 월드컵: 0-0	UEFA 유로: 0-0	월드컵: 0-0

MF Ivan RAKITIĆ 10
이반 라키티치

SCOUTING REPORT
세비야 전술의 핵 구실을 하는 플레이메이커. 전성기 시절에 비해 노쇠했다는 평도 있으나, 넓은 시야와 강력하면서도 정교한 패스로 경기를 능수능란하게 조율한다. 체력적으로도 우수해 중원을 전방위적으로 커버하는데다, 부상도 거의 당하지 않는 편이다. 스피드가 그리 빠르지 않으나, 축구 지능이 영리한데다 볼 간수 능력이 좋아 쉽게 빼앗기지 않으며 예리한 볼 터치로 상대 압박을 피해 플레이한다.

PLAYER'S HISTORY
2005년 FC 바젤에서 프로 데뷔해 샬케 04를 거쳐 2011년 세비야에 입단했다. 바르셀로나 시절 전성기를 구가했으며 당시 라 리가 우승 4회를 차지했다. 2018 FIFA 러시아 월드컵 당시 루카 모드리치와 중원을 책임지며 당시 크로아티아의 역사적 준우승에 기여했다.

주로 사용하는 발: 오른발 87%

	우승	준우승
1부리그	4-3	
협회컵	5-1	
챔피언스	1-0	
클럽월드컵	1-0	
UEFA 유로	0-0	
월드컵	0-1	

슈팅-득점: 20-4 / 20-0
40-4 LG-0
2-0 RG-4
2-2 HG-0

패스 방향 분포: 전진 25%, 좌향 22%, 우향 36%, 후진 17%

2020-21 라리가: 25-12, 2243, 2, 45.3-39.5, 87%
T 1.6-0.9, I 0.7, DR 0.8-0.3, 5-0, ★ 2

MF Lucas OCAMPOS 5
루카스 오캄포스

SCOUTING REPORT
큰 덩치에 비해 스피드가 나쁘지 않다. 주로 오른발을 사용하지만 양발 사용에 능숙하며, 이를 통해 굉장히 유니크한 드리블 스킬을 펼친다. 체력적 측면에서도 상당히 우수하며, 2선 공격진에서는 어느 위치에서든 활약할 수 있다. 특히 우측면 날개로 활약할 때는 나바스와 더불어 환상적인 호흡을 과시한다. 다만 볼 간수 능력에서 약간 아쉽다. 지난 시즌 무릎과 발목을 다쳤다. 결장 기간은 27일이다.

PLAYER'S HISTORY
2011년 리버 플레이트에서 데뷔, 2019-20시즌부터 세비야에서 뛰고 있다. 마르세유 시절 유럽 골든 보이상 후보로 거론됐던 특급 유망주 출신이다. 2019-20 UEFA 유로파리그 우승 멤버다. 2019년 10월 국가대표로 첫 선을 보였다. A매치 기록은 8경기 2골.

주로 사용하는 발: 오른발 89%

	우승	준우승
1부리그	1-1	
협회컵	0-1	
챔피언스	0-0	
클럽월드컵	0-0	
코파아메리카	0-0	
월드컵	0-0	

슈팅-득점: 51-5 / 18-0
69-5 LG-0
0-0 RG-5
5-4 HG-0

패스 방향 분포: 전진 24%, 좌향 17%, 우향 33%, 후진 26%

2020-21 라리가: 30-4, 2648, 4, 26.0-20.1, 77%
T 1.8-1.1, I 0.6, DR 3.4-2.0, 3-0, ★ 4

MF SUSO 7
수소

SCOUTING REPORT
단번에 골문 앞에서 찬스를 만들어낼 수 있는 뛰어난 킥 실력을 가지고 있다. 볼 컨트롤도 준수하다. 다만 측면 공격수 치고는 발이 빠르지 않다. 상대 측면 수비수와 스피드 경쟁에서 우위를 점하는 경우가 많지 않은 수준이다. 때문에 주로 얼리 크로스에 의존하는 성향이 심한데, 킥이 위력적이긴 해도 지나치게 패턴화가 되어 있다 보니 상대에게 읽히는 상황이 많은 편이다. 골 결정력도 보완점이다.

PLAYER'S HISTORY
카디스 출신, 리버풀에서 프로 데뷔했다. 리버풀 유스 시절 최고의 유망주로 주목받았으나 기대만큼 성장하지는 못했다. AC 밀란 등에서 활약하다 지난해 1월 조건부 임대 형식으로 세비야에 합류했다. 로페테기 감독 체제에서 세비야의 주전 레프트윙으로 뛰고 있다.

주로 사용하는 발: 왼발 90%

	우승	준우승
1부리그	0-0	
협회컵	0-1	
챔피언스	0-0	
클럽월드컵	0-0	
UEFA 유로	0-0	
월드컵	0-0	

슈팅-득점: 13-1 / 35-2
48-3 LG-3
2-0 RG-0
0-0 HG-0

패스 방향 분포: 전진 24%, 좌향 40%, 우향 13%, 후진 24%

2020-21 라리가: 28-6, 2234, 4, 32.1-27.6, 86%
T 1.5-0.6, I 0.2, DR 2.0-1.7, 2-0, ★ 1

FW Youssef EN-NESYRI 15
유세프 엔네시리

SCOUTING REPORT
골문 앞 위치 선정과 마무리 능력이 뛰어난 장신 센터포워드. 문전에서 슈팅 타이밍이 빠른 데다 좁은 공간에서도 기민하게 움직여 수비 견제에서 쉽게 벗어난다. 스프린트 실력은 리그 최고 수준. 오프사이드에 자주 걸리며 테크닉이 다소 둔탁하다. 주로 숏 패스로 동료들과 볼을 주고 받지만, 연계 플레이가 그리 좋지 못한 편이다. 수비수와 공중볼 다툼에서도 좀처럼 밀리지 않아 헤딩골도 제법 된다.

PLAYER'S HISTORY
2016년 말라가에서 데뷔. 레가네스를 거쳐 2020년 겨울 세비야 유니폼을 입었다. 모로코 국가대표로 39경기에 출전해 11골을 터뜨렸으며, 이중 한 골은 2018 FIFA 러시아 월드컵 스페인전에서 나왔다. 지난 2020-21시즌 18골을 넣으며 라 리가 득점 랭킹 5위에 올랐다.

주로 사용하는 발: 왼발 85%

	우승	준우승
1부리그	0-0	
협회컵	0-0	
챔피언스	0-0	
클럽월드컵	0-0	
CAF 네이션스컵	0-0	
월드컵	0-0	

슈팅-득점: 73-18 / 5-0
78-18 LG-8
0-0 RG-5
0-0 HG-5

패스 방향 분포: 전진 17%, 좌향 24%, 우향 25%, 후진 35%

2020-21 라리가: 23-15, 2314, 0, 9.9-6.8, 68%
T 0.9-0.4, I 0.2, DR 0.9-0.4, 2-0, ★ 6

GK Marko DMITROVIĆ 1
마르코 드미트로비치

큰 피지컬과 긴 팔을 활용해 선방을 펼친다. 뛰어난 집중력의 소유자이며, 페널티킥 방어에 특출 난 면모를 보인다. 주로 왼발 킥을 쓴다. 킥은 강한 편인데, 패스 성공률은 대단하진 않다. 빌드업과는 거리가 먼 골키퍼다. 골킥을 멀리 차낸다. 2021년 여름 세비야 유니폼을 입었다. 세르비아 국가대표로는 A매치 18경기에 출전했다.

주로 사용하는 발: 왼발 84%

우승	1부리그 0-0	협회컵 1-0	챔피언스 0-0
준우승	클럽월드컵 0-0	UEFA 유로 0-0	월드컵 0-0

세이브-실점: 52-45, 28-4
129-49 TH-98
129-80 NK-235
5-1 KD-66

패스 방향 분포: 전진 85%, 좌향 7%, 우향 8%, 후진 0%

2020-21 라리가: 35-0 3121 5% 9 CS 27.7-13.9 P
P% 50 LB 22.7-8.9 AD 12-6 0 ★ 1

DF Marcos ACUÑA 19
마르코스 아쿠냐

2021년 1월, 넓적다리 부상으로 한 달간 결장한 것을 제외하고 풀타임 출전했다. 스피드가 빠르고, 활동량이 매우 많은 것이 장점이다. 지난 시즌 히트맵을 보면 세비야 골라인에서 상대팀 골라인까지 경기 내내 부지런히 움직였음을 알 수 있다. 저돌적인 드리블로 측면을 파고든 후 정확한 크로스를 올린다. 태클, 인터셉트, 수비 전환에서도 제 몫을 충분히 해낸다.

주로 사용하는 발: 왼발 87%

우승	1부리그 1-0	협회컵 1-1	챔피언스 0-0
준우승	클럽월드컵 0-0	코파아메리카 1-0	월드컵 0-0

슈팅-득점: 10-1, 8-0
18-1 LG-0
0-0 RG-0
0-0 HG-1

패스 방향 분포: 전진 34%, 좌향 8%, 우향 38%, 후진 20%

2020-21 라리가: 26-4 2331 A 2 P 48.0-40.4 P% 84%
T 2.7-2.1 I 0.8 DR 2.0-1.4 5-0 ★ 2

MF Erik LAMELA 17
에릭 라멜라

토트넘은 '맞지 않는 옷'이었으나 세비야는 '맞춤 정장'이었다. 팀을 옮기고 나서 펄펄 날았다. 라멜라는 로마 시절, 뛰어난 기술로 축구를 했다. 토트넘에서는 몸싸움을 이겨내기 위해 벌크업을 했으나 특성을 잃어버렸다. 하지만 세비야로 옮기면서 다시 예전의 화려한 기술을 뽐내고 있다. 스루볼 정확도는 리그 최고 수준이고, 왼발 프리킥, 중거리 슈팅은 폭발적이다.

주로 사용하는 발: 왼발 91%

우승	1부리그 0-0	협회컵 1-2	챔피언스 1-0
준우승	클럽월드컵 0-0	코파아메리카 0-0	월드컵 0-0

슈팅-득점: 9-1, 12-0
21-1 LG-1
4-0 RG-0
0-0 HG-0

패스 방향 분포: 전진 27%, 좌향 35%, 우향 14%, 후진 24%

2020-21 프리미어리그: 5-18 708 A 0 P 14.7-12.2 P% 83%
T 1.3-0.7 I 0.3 DR 1.7-1.1 4-1 ★ 5

DF Karim REKIK 4
카림 레키크

강력한 압박과 대인 마크가 강점인 중앙 수비수. 왼발잡이 센터백이라 후방 빌드업시 중요 옵션으로 활용된다. 패스 성공률도 괜찮은 편이다. 다만 실수가 다소 많다. 또한 덤비는 수비가 많아 라인이 깨지는 빌미를 제공하곤 한다. 2020-21시즌 초반 대퇴부 등을 다쳐 20일 정도 병원 신세를 졌다. 유망주 시절 네덜란드 A 대표팀의 호출을 받았으나, 최근 5년간 부름이 없다.

주로 사용하는 발: 왼발 87%

우승	1부리그 1-0	협회컵 0-1	챔피언스 0-0
준우승	클럽월드컵 0-0	UEFA 유로 0-0	월드컵 0-0

슈팅-득점: 2-0, 0-0
2-0 LG-0
0-0 RG-0
0-0 HG-0

패스 방향 분포: 전진 30%, 좌향 11%, 우향 38%, 후진 21%

2020-21 라리가: 6-5 651 A 0 P 39.1-35.3 P% 91%
T 0.9-0.6 I 0.5 DR 0.5-0.4 2-0 ★ 1

DF Diego CARLOS 20
디에구 카를로스

'강철의 벽'이라는 별명으로 불릴 정도로 단단한 피지컬을 앞세워 상대 공격수를 다그친다. 스피드도 우수한데다 태클 역시 매우 정교한 편. 때문에 일대일 싸움에서 좀처럼 밀리지 않는 수비수다. 실수도 적다. 다만 플레이스타일이 저돌적이라 파울로 이어지는 경우가 많다. 2020 도쿄 올림픽서 브라질 올림픽대표팀 와일드카드로 선발되어 금메달을 목에 걸었다.

주로 사용하는 발: 오른발 88%

우승	1부리그 0-0	협회컵 0-0	챔피언스 0-0
준우승	클럽월드컵 0-0	코파아메리카 0-0	월드컵 0-0

슈팅-득점: 15-1, 0-0
15-1 LG-0
0-0 RG-0
0-0 HG-1

패스 방향 분포: 전진 28%, 좌향 31%, 우향 34%, 후진 6%

2020-21 라리가: 32-1 2791 A 0 P 56.9-51.1 P% 90%
T 0.9-0.7 I 0.9 DR 0.2-0.2 9-1 ★ 1

●	전체 슈팅 시도-득점
●	직접 프리킥 시도-득점
●	PK 시도-득점
LG	왼발 득점
RG	오른발 득점
HG	헤더 득점
📋	출전횟수 선발-교체
⏱	출전시간 분(MIN)
A	도움
P	평균패스 시도-성공
P%	패스 성공률
T	평균태클 시도-성공
I	평균 인터셉트
DR	평균드리블 시도-성공
🟨🟥	페어플레이 경고-퇴장
★	MOM

MF Nemanja GUDELJ 6
네마냐 구데이

전술 이해도가 우수한 수비형 MF. 빌드업 실력은 평범하지만, 뛰어난 포백 보호 능력을 가졌다. 피지컬이 좋아 몸싸움과 공중볼 다툼에서 우위를 점한다. 때문에 다만 탈압박에 취약하다. NAC 브레다에서 데뷔해 아약스로 이적했을 땐 기대를 한 몸에 받는 신성으로 한 때 평가되기도 했다. 광저우 헝다 시절 김영권의 동료였으며, 2019년 여름 세비야에 합류했다.

주로 사용하는 발: 오른발 95%

	우승	준우승
1부리그	0-1	
협회컵	1-0	
챔피언스	0-0	
클럽 월드컵	0-0	
UEFA 유로	0-0	
월드컵	0-0	

슈팅-득점: 0-0 / 9-0
● 9-0 LG-0
● 0-0 RG-0
● 0-0 HG-0

패스 방향 분포: 전진 21%, 좌향 36%, 우향 33%, 후진 10%

2020-21 라리가: 10-20 / 1025 / 0 / 26.1-24.3 / 93%
T 1.0-0.8 I 0.8 DR 0.1-0.1 🟨🟥 8-0 ★ 0

MF Óscar RODRÍGUEZ 14
오스카르 로드리게스

레알 마드리드 유스 출신. 스페인 연령별 대표를 두루 거쳤으며, 최근 A대표팀에도 승선 중이다. 팀 내에서 손꼽히는 데드볼 스페셜리스트. 힘과 궤적 모두 의심의 여지가 없는 고수다. 전방 압박에는 최선을 다하는 모습을 보이나, 수세로 돌아섰을 때 수비 가담 능력은 다른 미드필더에 많이 모자라는 편이다. 2021년 1월 햄스트링 부상 때문에 3주 가량 뛰지 못했다.

주로 사용하는 발: 오른발 87%

	우승	준우승
1부리그	0-0	
협회컵	0-0	
챔피언스	1-0	
클럽 월드컵	1-0	
UEFA 유로	0-0	
월드컵	0-0	

슈팅-득점: 4-0 / 6-0
● 10-0 LG-0
● 1-0 RG-0
● 0-0 HG-0

패스 방향 분포: 전진 26%, 좌향 23%, 우향 39%, 후진 13%

2020-21 라리가: 4-16 / 498 / 2 / 14.8-12.5 / 84%
T 1.1-0.8 I 0.5 DR 1.1-0.6 🟨🟥 1-0 ★ 0

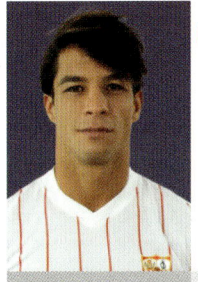

MF Óliver TORRES 21
올리베르 토레스

아틀레티코 마드리드에서 데뷔했으며, 비야레알 · 포르투를 거쳤다. 유스 시절 '제2의 이니에스타'라는 기대를 받기도 했다. 뛰어난 오프 더 볼 능력을 갖췄으며, 중원 전 지역에서 전천후로 기동하며 찬스를 만들어낸다. 직접 프리킥 능력도 수준급. 다만 수비력이 약해 중앙 MF로 기용될 경우 능력이 반감되는 편이다. 2021-22시즌 프리시즌 도중 햄스트링을 다쳤다.

주로 사용하는 발: 오른발 91%

	우승	준우승
1부리그	1-3	
협회컵	1-1	
챔피언스	0-1	
클럽 월드컵	0-0	
UEFA 유로	0-0	
월드컵	0-0	

슈팅-득점: 5-0 / 5-0
● 10-0 LG-0
● 0-0 RG-0
● 0-0 HG-0

패스 방향 분포: 전진 23%, 좌향 27%, 우향 31%, 후진 20%

2020-21 라리가: 15-18 / 1397 / 3 / 29.3-25.3 / 86%
T 2.1-1.1 I 0.5 DR 1.2-1.0 🟨🟥 2-0 ★ 0

MF FERNANDO 25
페르난두

한때 맨체스터 시티에 몸담았다. 지난 2019년 세비야에 안착했다. 피지컬과 활동량이 최대 강점인 클래식한 홀딩 미드필더. 상대 패스를 사전 차단하는 능력이 뛰어나다. 주로 경기 중 궂은일을 전담한다. 테크닉이 훌륭한 수준이 아니며, 상대 전방 압박에 취약하다. 후방 빌드업을 통해 공격을 지원하는 플레이에도 미숙하나. 시난 시즌 햄스트링 부상으로 4일 쉬었다.

주로 사용하는 발: 오른발 88%

	우승	준우승
1부리그	6-1	
협회컵	4-0	
챔피언스	0-0	
클럽 월드컵	0-0	
코파아메리카	0-1	
월드컵	0-0	

슈팅-득점: 4-2 / 2-1
● 6-3 LG-2
● 0-0 RG-1
● 0-0 HG-0

패스 방향 분포: 전진 27%, 좌향 29%, 우향 32%, 후진 12%

2020-21 라리가: 28-3 / 2547 / 4 / 50.8-45.6 / 90%
T 2.4-1.7 I 1.3 DR 0.6-0.4 🟨🟥 6-0 ★ 1

FW Munir EL HADDADI 11
무니르 엘하다디

바르셀로나 유스 시절 전 유럽의 주목을 받았던 신성이었다. 최전방과 측면 모두 뛸 수 있는 공격수. 작은 체격이지만 위치 선정 능력이 좋아 제공권에 제법 강점을 드러낸다. 패스 실력도 수준급. 다만 침투가 좋지 못하고 크로스가 약하다. 스페인 국가대표로 한 경기를 뛰었으나 이후 모로코 국가대표로 전향했다. 2020-21시즌 햄스트링을 다쳐 보름가량 쉬었다.

주로 사용하는 발: 왼발 89%

	우승	준우승
1부리그	2-0	
협회컵	2-0	
챔피언스	0-0	
클럽 월드컵	1-0	
UEFA 유로	0-0	
월드컵	1-0	

슈팅-득점: 20-4 / 11-0
● 31-4 LG-3
● 1-0 RG-0
● 0-0 HG-1

패스 방향 분포: 전진 16%, 좌향 23%, 우향 29%, 후진 33%

2020-21 라리가: 9-15 / 839 / 2 / 13.5-11.2 / 82%
T 0.9-0.5 I 0.2 DR 0.9-0.5 🟨🟥 2-0 ★ 0

FW Alejandro GÓMEZ 24
알레한드로 고메스

'파푸(Papu)'라는 애칭으로 불린다. 드리블로 수비를 분쇄하는 2선 공격수. 템포를 잡아먹는 여타 드리블러와 달리 재빠르다. 영리한 축구 지능을 가졌으며, 수비를 단번에 깨뜨리는 패스가 특기다. 다만 체격이 작아 제공권에 약하고, 슈팅을 난사한다는 인식을 줄 정도로 결정력이 좋지 못하다. 아르헨티나 국가대표팀 소속으로 2021 코파 아메리카 우승을 경험했다.

주로 사용하는 발: 오른발 82%

	우승	준우승
1부리그	0-0	
협회컵	0-1	
챔피언스	0-0	
클럽 월드컵	0-0	
코파아메리카	1-0	
월드컵	0-0	

슈팅-득점: 19-2 / 28-5
● 47-5 LG-3
● 3-0 RG-4
● 0-0 HG-0

패스 방향 분포: 전진 19%, 좌향 22%, 우향 36%, 후진 23%

2020-21 세리에 A + 라리가: 20-8 / 1589 / 3 / 34.0-29.6 / 87%
T 1.0-0.4 I 0.3 DR 1.6-1.0 🟨🟥 0-0 ★ 2

REAL SOCIEDAD SAD

구단 창립 : 1909년 홈구장 : 아노에타 스타디움 대표 : 호킨 아페리바이 2020-21시즌 : 5위(승점 62점) 17승 11무 10패 59득점 38실점 닉네임 : Los Txuri-Urdin

확실한 중상위권의 강자로 발돋움. 꾸준함이 관건.

'유스 성장' 풀뿌리 축구, 기복이 관건

팀 전력은 계속 상승하는 추세다. 지난 시즌에도 유로파 리그 진출권을 확보하면서 중상위권을 단단히 다졌다. 다만 중요한 순간에 위기를 딛고 일어설 힘은 아직 부족하다는 평. 시즌 중반 갑자기 리그 6경기 연속 무승, 11경기 1승을 기록하며 치고 나갈 기회를 잃었다. 다비드 실바, 이야라멘디, 몬레알이 소시에다드에 부족한 경험을 채운다. 이들이 중심만 잡아준다면 젊고 유능한 선수들이 어디까지 성장할지 가늠키 어렵다. 이삭, 오아르사발, 메리노, 수비멘디 등 다수가 여러 클럽의 구애를 받고 있다. 기복을 줄일 수 있다면 지난 시즌보다 높은 성적을 기대해볼 수 있을 것이다.

필요한 포지션, 최소한의 영입 방침

외부에서 선수를 영입하는 것보다는 유스 출신 선수들을 즉시 전력으로 승격 시키고 있다. 최근 흐름을 보면 바스크 혈통을 강조하는 빌바오보다 더 많은 유스 선수들이 1군에 자리 잡았다. 물론 외부 보강이 없었던 것은 아니다. 유스로 보강을 해 왔던 스트라이커 포지션에 올 시즌 베티스로 임대된 윌리안 조제를 대신해 라이프치히에서 백업 공격수로 활약하던 쇠를로트가 가세했다. 잉글랜드 무대에서 3시즌을 뛴 리코는 수비진 수준을 높여줄 재목으로 평가 된다. 또 호주 출신 베테랑 골키퍼 매튜 라이언도 영입했다.

ODDS CHECK

| bet365 | 배당률 66배 | 우승 확률 5위 | skybet | 배당률 50배 | 우승 확률 5위 |
| William HILL | 배당률 66배 | 우승 확률 5위 | 888sport | 배당률 70배 | 우승 확률 5위 |

*우승 확률이 높을수록 배당률은 낮아짐

SQUAD LIST

위치	번호	선수	국적	키	생년월일	전 소속팀
GK	1	Alejandro Remiro	ESP	191	95-03-24	Athletic Bilbao
	13	Mat Ryan	AUS	181	92-04-08	Brighton & HA
DF	2	Joseba Zaldúa	ESP	176	92-06-24	Real Sociedad B
	6	Aritz Elustondo	ESP	180	94-03-28	Real Sociedad B
	12	Aihen Muñoz	ESP	175	97-08-16	Real Sociedad B
	15	Diego Rico	ESP	183	93-02-23	Bournemouth
	18	Andoni Gorosabel	ESP	174	96-08-04	Real Sociedad B
	20	Nacho Monreal	ESP	179	86-02-26	Arsenal
	24	Robin Le Normand	FRA	187	96-11-11	Brest
	26	Jon Pacheco	ESP	184	01-01-08	Real Sociedad B
MF	3	Martín Zubimendi	ESP	180	99-02-02	Real Sociedad B
	4	Asier Illarramendi	ESP	179	90-03-08	Real Madrid
	5	Igor Zubeldia	ESP	180	97-03-30	Real Sociedad B
	7	Portu	ESP	178	92-05-21	Girona
	8	Mikel Merino	ESP	188	96-06-22	Newcastle U
	10	Mikel Oyarzabal	ESP	181	97-04-21	Real Sociedad B
	11	Adnan Januzaj	BEL	186	95-02-05	Manchester U
	14	Jon Guridi	ESP	179	95-02-28	Real Sociedad B
	16	Ander Guevara	ESP	178	97-07-07	Real Sociedad B
	21	David Silva	ESP	173	86-01-08	Manchester C
	29	Robert Navarro	ESP	178	02-04-12	Monaco
FW	9	Carlos Fernández	ESP	186	96-05-22	Sevilla
	19	Alexander Isak	SWE	190	99-09-21	Borussia Dortmund
	22	Ander Barrenetxea	ESP	178	01-12-27	Real Sociedad B
	23	Alexander Sørloth	NOR	194	95-12-05	RB Leipzig
	33	Jon Karrikaburu	ESP	183	02-09-19	Real Sociedad B
	35	Julen Lobete	ESP	178	00-09-18	Real Sociedad B

2021-22 SEASON SCHEDULE

날짜	장소	상대팀	날짜	장소	상대팀
08-15	A	FC Barcelona	01-09	H	Celta Vigo
08-22	H	Rayo Vallecano	01-19	A	Mallorca
08-29	H	Levante	01-23	H	Getafe
09-12	A	Cádiz	02-06	A	Valencia
09-19	H	FC Sevilla	02-13	H	Granada
09-22	A	Granada	02-20	A	Athletic Bilbao
09-26	H	Elche	02-27	H	Osasuna
10-03	A	Getafe	03-06	A	Real Madrid
10-17	H	Mallorca	03-13	H	Alavés
10-24	A	Atlético Madrid	03-20	A	FC Sevilla
10-27	A	Celta Vigo	04-03	H	Espanyol
10-31	H	Athletic Bilbao	04-10	A	Elche
11-07	A	Osasuna	04-17	H	Real Betis
11-21	H	Valencia	04-20	A	FC Barcelona
11-28	H	Espanyol	05-01	H	Rayo Vallecano
12-05	A	Real Madrid	05-08	A	Levante
12-12	A	Real Betis	05-11	H	Cádiz
12-19	H	Villarreal	05-15	A	Villarreal
01-02	A	Alavés	05-22	H	Atlético Madrid

RANKING OF LAST 10YEARS

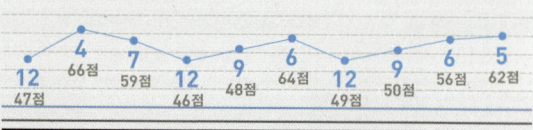

11-12	12-13	13-14	14-15	15-16	16-17	17-18	18-19	19-20	20-21
12 47점	4 66점	7 59점	12 46점	9 48점	6 64점	12 49점	9 50점	6 56점	5 62점

MANAGER : Imanol ALGUACIL 이마놀 알과칠

Personal Information
- 생년월일 : 1971.07.04. / 출생지 : 오리오 (스페인)
- 현역시절 포지션 : DF / 계약만료 : 2023.06.30
- 평균 재직 기간 : 4년 / 선호 포맷 : 4-1-4-1

History
레알 소시에다드 유스 출신으로 지도자를 시작한 곳도 여기다. 2021년 4월, 코비드 판데믹으로 1시즌 미뤄진 2019-20 스페인 국왕컵에서 지역 라이벌 빌바오를 꺾고 우승을 차지. 1987년 이후 처음으로 팀에 우승 트로피를 안겼다.

Style
레알 소시에다드 유스 출신으로 지도자를 시작한 곳도 여기다. 2021년 4월, 코비드 판데믹으로 1시즌 미뤄진 2019-20 스페인 국왕컵에서 지역 라이벌 빌바오를 꺾고 우승을 차지. 1987년 이후 처음으로 팀에 우승 트로피를 안겼다. 선수들의 조직력과 활동량을 바탕으로 '라 볼피아나'라는 특유의 변형 스리백 전술을 사용한다.

우승 - 준우승 횟수
- SPANISH LA LIGA: 2-3
- SPANISH COPA DEL REY: 0-5
- UEFA CHAMPIONS LEAGUE: 0-0
- UEFA EUROPA LEAGUE: 0-0
- FIFA CLUB WORLD CUP: 0-0
- UEFA-CONMEBOL INTERCONTINENTAL: 0-0

STADIUM

Anoeta Stadium

- 구장 오픈 : 1993년
- 구장 증개축 : 2019년
- 구장 소유 : 산 세바스티안 시
- 수용 인원 : 3만 9500명
- 피치 규모 : 105 X 68m
- 잔디 종류 : 천연 잔디

평균 볼 점유율
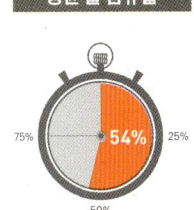
54%

REAL SOCIEDAD vs. OPPONENTS PER GAME STATS

레알 소시에다드 vs 상대팀	득점	슈팅	유효슈팅	오프사이드	패스시도	패스성공	패스성공률	태클시도	볼소유자 압박	인터셉트	GK 선방	파울	경고	퇴장
	1.55	11.3	4.1	2.3	454 (PA)	366	81% (P%)							
	1.00	8.9	3.7	2.4	413 (PC)	315	76%							
	14.7 (TK)	133 (PR)	8.3 (INT)	1.8	2.3	14.6	2.13		2.39	0.026				
	15.3	142	9.5		14.9					0.158				

시간대별 득점
76 15
75 12 6 16
7 13
11 10 30
61 31
60 46 45

시간대별 실점
76 15
75 9 4 16
7 7
7 30
61 31
60 46 45

위치별 슈팅-득점
51-14
246-36
132-8
*상대자책골 1골

공격 방향
36% 25% 39%

볼 점유 위치
- 상대 진영 30%
- 중간 지역 44%
- 우리 진영 26%

포지션별 득점
- FW진 38골
- MF진 17골
- DF진 3골

상대 포지션별 실점
- DF진 0골
- MF진 7골
- FW진 23골
*상대자책골 1골

BASIC FORMATION

4-1-4-1

- 이삭 페르난데스
- 베레네체아 (포르투) / 실바 (바티스타) / 메리노 (구리디) / 오야르사발 (아누자이)
- 수비멘디 (이야라멘디)
- 무뇨스 (몬레알) / 르노르망 (파체코) / 엘루스톤도 (수벨디아) / 살두아 (고로사벨)
- 레미로 / 라이언

TOTO GUIDE 지난시즌 전적

상대팀	홈	원정
Atletico Madrid	0-2	1-2
Real Madrid	0-0	1-1
FC Barcelona	1-6	1-2
FC Sevilla	1-2	2-3
Real Betis	2-2	3-0
Villarreal	1-1	1-1
Celta Vigo	2-1	4-1
Granada	2-0	0-1
Athletic Bilbao	1-1	1-0
Osasuna	1-1	1-0
Cadiz	4-1	1-0
Valencia	0-1	2-2
Levante	1-0	1-2
Getafe	3-0	1-0
Alaves	4-0	0-0
Elche	2-0	3-0
Huesca	4-1	0-1
Valladolid	4-1	1-1
Eibar	1-1	1-0

득점 패턴
59골 — OPEN PLAY 32, COUNTER ATTACK 3, SET PLAY 14, PENALTY KICK 9, OWN GOAL 1

실점 패턴
38골 — OPEN PLAY 28, COUNTER ATTACK 6, SET PLAY 3, OWN GOAL 1

OFFENSE | DEFENSE

OFFENSE		DEFENSE	
오픈 플레이	C	오픈 플레이 수비	C
카운터 어택	B	카운터 어택 수비	D
짧은 패스 게임	B	짧은 패스 게임 수비	D
롱볼 연계 플레이	C	롱볼 연계 플레이 수비	C
솔로 플레이	C	솔로 플레이 수비	C
중거리 슈팅 / 직접 프리킥	A	중거리 슈팅 수비	C
측면 공격	C	측면 수비	E
세트 플레이	C	세트 플레이 수비	D
위협적인 공격 횟수	B	공중전 능력	B
슈팅 대비 득점	B	볼 쟁탈전 / 투쟁심	B
오프사이드 피하기	D	실수 조심	C
볼 점유율	B	파울 주의	C

A 매우 우수함 B 우수함 C 평균 수준 D 부족함 E 많이 부족함

GK Alex REMIRO 1
알렉스 레미로

SCOUTING REPORT
긴 팔을 활용한 세이브가 일품인 수문장. 펀칭을 시도할 때 실수가 거의 없으며, 측면에서 날아오는 크로스 역시 안전하게 처리하는 편이다. 활동 반경이 그리 넓지는 않다. 큰 체격에도 불구하고 역동작에도 대응할 만치 반사신경이 빠르다. 패스도 좋아 후방 빌드업 옵션으로도 활용된다. PK 선방 능력도 준수하며, 지근거리든 중장거리든 가리지 않고 상대 슈팅에 침착하게 대응한다.

PLAYER'S HISTORY
빌바오 유스 출신 선수이나 케파·시몬 등 쟁쟁한 수문장에 밀려 레반테·우에스카에서 임대 생활을 해야 했다. 2019년 레알 소시에다드 입단했으며, 2020-21 라 리가 사모라 트로피 랭킹 4위에 랭크될 정도로 최고 수준 골키퍼 중 하나로 평가받고 있다.

주로 사용하는 발: 오른발 85%

DF Robin LE NORMAND 24
로벵 르노르망

SCOUTING REPORT
정교한 태클과 이를 활용한 안전한 커버링이 강점이다. 공중볼 경합에서도 상대보다 우위를 점하는 장면을 많이 만들어낸다. 때문에 공격 세트 피스가 주어지면 적극적으로 가담하는 편이다. 전방을 향한 패스도 꽤 정확하다. 스피드가 평범해 리그 최고 수준의 준족을 만났을 땐 배후 공간을 내주는 경우가 많다. 파울도 잦다는 것도 약점. 2020-21시즌에는 두 차례나 퇴장 징계를 받았다.

PLAYER'S HISTORY
프랑스 클럽 브레스트에서 데뷔했으나, 거의 모든 시니어 커리어는 레알 소시에다드에서 쌓았다. 2016년 레알 소시에다드 입단 후 2년간 B팀에서 뛰며 레벨업에 주력한 후 1군 기회를 부여받았다. 2019-20시즌부터는 확고부동한 주전 센터백이 됐다.

주로 사용하는 발: 오른발 89%

MF Mikel OYARZABAL 10
미켈 오야르사발

SCOUTING REPORT
이른바 '골 냄새'를 잘 맡는 공격수. 주로 측면에서 뛰며, 빠르지는 않지만 준수한 주력과 세밀한 드리블로 윙어에게 필요한 덕목을 고루 갖추고 있다. 본래 득점에 주력하는 스타일이었으나 최근에는 연계에도 눈을 뜨고 있어 최근 2시즌 간 팀 내에서 가장 많은 도움을 기록하는 선수가 됐다. 부상도 거의 없다. 지난해 12월 햄스트링을 다쳐 2주간 쉬었는데, 이게 데뷔 후 첫 주요 부상 이력이다.

PLAYER'S HISTORY
레알 소시에다드가 발굴한 스타. 팀의 2019-20 코파 델 레이 우승 주역이다. 유로 2020을 기점으로 스페인 A대표팀의 핵심 공격 자원으로 성장하고 있다. 2020 도쿄 올림픽에도 출전해 은메달을 목에 걸었다. 현재 팀 내에서 가장 이름값이 큰 스타다.

주로 사용하는 발: 왼발 85%

FW Alexander ISAK 19
알렉산더 이삭

SCOUTING REPORT
큰 체격 조건 때문에 포스트플레이에 의존할 것 같은 인상을 주지만 그렇지 않다. 도리어 빠른 주력과 많은 활동량으로 승부하는 타입. 라인 브레이킹을 통해 찬스를 만들며, 수준급 골 결정력을 자랑한다. 오른발을 주로 사용하지만 사실상 양발 잡이로 봐도 무방하다. 다만 몸 싸움에서 약하며 기복이 심하다는 게 단점이다. 2021-22시즌 개막 전에서 등을 다쳤는데, 다행히 곧 회복했다.

PLAYER'S HISTORY
2015년 AIK 포트볼에서 데뷔했으며, 2017년 도르트문트로 이적해 빅 리그를 경험했다. '검은 즐라탄'이라는 기대를 받기도 했는데, 아직은 실적이 대단하진 않다. 그래도 스웨덴 국가대표팀에서는 착실히 성장 중이다. A매치 28경기에서 7골을 기록하고 있다.

주로 사용하는 발: 오른발 79%

Aritz ELUSTONDO 6
DF 아리츠 엘루스톤도

라이트백으로 활약하지만 센터백도 거뜬하다. 뛰어난 위치 선정과 빠른 발을 두루 겸비하고 있으며, 수비 조율 능력도 우수하다. 최후방 수비수로서 클리어링 성공률도 높다. 다만 몸 싸움에 약한 모습을 자주 보여준다. 패스 실력은 향상시켜야 한다. 부상이 잦아 지난 시즌에만 대퇴부·사타구니·발목·햄스트링 등 여러 중요 부위를 다쳤다. 총 89일 결장했다.

주로 사용하는 발: 오른발 89%
우승: 1부리그 0-0, 협회컵 1-0, 챔피언스 0-0
준우승: 클럽월드컵 0-0, UEFA 유로 0-0, 월드컵 0-0

슈팅-득점: 4-1 / 1-0
- 5-1 LG-0
- 0-0 RG-0
- 0-0 HG-1

패스 방향 분포: 전진 41%, 좌향 37%, 우향 17%, 후진 6%

2020-21 라리가: 22-1, 1887, A 0, P 53.2-45.5, P% 85%
T 1.5-1.3, I 0.7, DR 0.3-0.2, 경고 5-0, MOM 2

Andoni GOROSABEL 18
DF 안도니 고로사벨

강력한 태클과 흔들리지 않는 집중력이 돋보이는 라이트백. 레알 소시에다드 유스 출신이며 지난 2017-18시즌부터 1군 선수로 뛰고 있다. 알바로 오드리오솔라가 레알 마드리드로 떠난 후 확고부동한 주전으로 자리했다. 수비에 비해 공격력은 평범하다. 데뷔 후 발목 부상을 두 번이나 당했다. 2020-21시즌에도 발목이 아파 22일간 팀 전력에서 빠졌었다.

주로 사용하는 발: 오른발 91%
우승: 1부리그 0-0, 협회컵 1-0, 챔피언스 0-0
준우승: 클럽월드컵 0-0, UEFA 유로 0-0, 월드컵 0-0

슈팅-득점: 5-0 / 4-0
- 9-0 LG-0
- 0-0 RG-0
- 0-0 HG-0

패스 방향 분포: 전진 41%, 좌향 36%, 우향 6%, 후진 18%

2020-21 라리가: 28-4, 2391, A 1, P 34.4-27.8, P% 81%
T 3.5-2.4, I 0.7, DR 0.7-0.3, 경고 3-0

Igor ZUBELDIA 5
MF 이고르 수벨디아

인터셉트 스페셜리스트. 2015년 레알 소시에다드 B팀을 통해 데뷔했으며 이듬해 1군으로 올라섰다. 수비형 미드필더지만 유사시 센터백으로도 활용 가능하다. 다만 후방 배치시 피지컬 싸움에서 상대 공격수에 밀리는 모습을 보이기도 한다. 패스 자체는 준수하지만 후방 빌드업 전개 능력은 다소 모자란 편이다. 스페인 U-21 대표 경력을 가지고 있다.

주로 사용하는 발: 오른발 93%
우승: 1부리그 0-0, 협회컵 1-0, 챔피언스 0-0
준우승: 클럽월드컵 0-0, UEFA 유로 0-0, 월드컵 0-0

슈팅-득점: 6-1 / 3-0
- 9-1 LG-1
- 0-0 RG-0
- 0-0 HG-0

패스 방향 분포: 전진 30%, 좌향 34%, 우향 27%, 후진 9%

2020-21 라리가: 21-3, 1958, A 1, P 50.0-43.5, P% 87%
T 1.2-1.0, I 0.5, DR 0.4-0.3, 경고 5-0

Mikel MERINO 8
MF 미켈 메리노

뛰어난 볼 컨트롤과 탈압박 능력을 자랑한다. 공격형과 수비형을 가리지 않는 박스 투 박스 미드필더이며, 정교한 왼발 킥으로 경기를 이끌어간다. 집중력도 훌륭한 편이며 수비 가담에도 적극적이다. 단, 자신의 개인 기량을 지나치게 과신하는 면이 있어 경기 템포를 종종 끊어먹는다. 2020-21시즌 막판 척추 골절이라는 큰 부상을 낭해 2개월을 쉬었다.

주로 사용하는 발: 왼발 91%
우승: 1부리그 0-0, 협회컵 2-0, 챔피언스 0-0
준우승: 클럽월드컵 0-0, UEFA 유로 0-0, 월드컵 0-0

슈팅-득점: 25-2 / 8-0
- 33-2 LG-2
- 0-0 RG-0
- 0-0 HG-0

패스 방향 분포: 전진 38%, 좌향 19%, 우향 29%, 후진 14%

2020-21 라리가: 25-1, 2157, A 4, P 45.3-34.7, P% 77%
T 3.4-2.3, I 1.2, DR 1.8-1.2, 경고 5-0, MOM 4

Martín ZUBIMENDI 3
MF 마르틴 수비멘디

2019-20시즌부터 레알 소시에다드 1군에서 활약하고 있는 유스 출신 성골. 유로 2020 개막 직전 코로나19 확진 판정을 받은 일부 선수를 대신해 스페인 국가대표팀의 부름을 받아 시선을 모았다. 공중볼 탈압, 인터셉트, 태클 등을 활용해 수비라인을 보호하는 방파제 구실을 톡톡히 한다. 지난 시즌 햄스트링·엉덩이 부상을 당해 28일간 전력에서 제외되었다.

주로 사용하는 발: 오른발 77%
우승: 1부리그 0-0, 협회컵 1-0, 챔피언스 0-0
준우승: 클럽월드컵 0-0, UEFA 유로 0-0, 월드컵 0-0

슈팅-득점: 6-0 / 1-0
- 7-0 LG-0
- 0-0 RG-0
- 0-0 HG-0

패스 방향 분포: 전진 33%, 좌향 20%, 우향 33%, 후진 13%

2020-21 라리가: 17-14, 1873, A 0, P 35.8-31.7, P% 88%
T 1.8-1.5, I 1.3, DR 0.5-0.4, 경고 6-0

PORTU 7
FW 포르투

라인 브레이킹과 정교한 오른발 강슛이 인상적인 공격수. 신장은 그리 크지 않지만 다부진 체격을 갖췄으며 빠른 발까지 갖춰 우수한 돌파 능력을 보인다. 2선에서 위치를 가리지 않으나 측면에서 좀 더 제 능력을 발휘한다. 패스는 좋다고 볼 수 없으며, 수비 가담 빈도는 거의 없다는 것도 약점. 2020년 10월 28일 대퇴부 부상을 당해 한 달간 쉬었다.

주로 사용하는 발: 오른발 96%
우승: 1부리그 0-0, 협회컵 1-0, 챔피언스 0-0
준우승: 클럽월드컵 0-0, UEFA 유로 0-0, 월드컵 0-0

슈팅-득점: 26-7 / 5-1
- 31-8 LG-0
- 0-0 RG-7
- 0-0 HG-1

패스 방향 분포: 전진 21%, 좌향 40%, 우향 16%, 후진 23%

2020-21 라리가: 24-13, 2190, A 3, P 13.6-9.9, P% 73%
T 1.3-0.6, I 0.2, DR 0.8-0.4, 경고 3-0, MOM 1

REAL BETIS BALOMPIE

구단 창립 : 1907년 홈구장 : 에스타디오 베니토 비야마린 대표 : 앙헬 아로 2020-21시즌 : 6위(승점 61점) 17승 10무 11패 50득점 50실점 닉네임 : Los Verdiblancos, Verdes

안달루시아의 맹주 자존심 회복
신구 조화로 팀워크 완성할까

3시즌 만에 유럽 대항전 복귀

펠레그리니 감독을 영입한 것은 좋은 선택이었다. 부임 첫 시즌 팀을 정비하고 지난 시즌에는 확실한 승점 관리로 3시즌 만에 유럽 대항전으로 이끌었으니 말이다. 베티스는 2020-21시즌 38경기에서 50득점, 50실점을 기록했는데 확실한 공격수가 있었다면 득점은 더 높아졌을 가능성이 크다. 1981년생 호아킨은 철저한 자기관리로 아직도 괜찮은 기량을 자랑한다. 전성기만큼 폭발적인 스피드는 사라졌지만 창의적이고 필요할 때 결정적인 골을 잡아주는 특급 조커다. 베티스는 페케르, 카날레스, 과르도, 라이네스 등 기술이 좋은 미드필더들이 버티고 있어 보는 재미를 주는 매력적인 팀으로 꼽힌다.

수비 보강에 이적 시장 총력

수비진 영입에 박차를 가했다. 중앙 수비 만디가 비야레알로 오른쪽 풀백 에메르송이 바이백으로 이적하면서 생긴 공백을 채워야 한 탓이다. 아르헨티나 주전이자 피오렌티나 주장이었던 페쩰라가 수비 중심으로 자리 잡는다. 벨레린은 오른쪽 풀백의 백업이고 사발리는 좌우 수비와 미드필더를 가리지 않고 필요에 따라 기용될 수 있는 유틸리티 플레이어다. 노장 브라보 골키퍼와 조엘 사이에 후이 실바가 가세, 경쟁 구도를 바꿀 조짐이 엿보인다. 자신과 스타일이 비슷한 스트라이커 윌리안 조제의 합류로 흥미로운 공격수 경쟁이 기대된다.

ODDS CHECK

	배당률	우승 확률		배당률	우승 확률
bet365	150배	7위	sky bet	200배	8위
William HILL	150배	7위	888sport	200배	7위

*우승 확률이 높을수록 배당률은 낮아짐

SQUAD LIST

위치	번호	선수	국적	키	생년월일	전 소속 팀
GK	1	Joel Robles	ESP	195	90-06-17	Everton
	13	Rui Silva	POR	189	94-02-07	Granada
	25	Claudio Bravo	CHI	184	83-04-13	Manchester C
DF	2	Martín Montoya	ESP	175	91-04-14	Brighton & HA
	3	Edgar	ESP	193	97-04-01	Espanyol B
	5	Marc Bartra	ESP	184	91-01-15	Borussia Dortmund
	6	Víctor Ruíz	ESP	185	89-01-25	Beşiktaş
	15	Álex Moreno	ESP	179	93-08-06	Rayo Vallecano
	16	Germán Pezzella	ARG	187	91-06-27	Fiorentina
	19	Héctor Bellerín	ESP	178	95-03-19	Arsenal
	23	Youssouf Sabaly	SEN	174	93-03-05	Bordeaux
	32	Fran Delgado	ESP	177	01-07-11	Betis B
	33	Juan Miranda	ESP	185	00-01-19	Barcelona B
	37	Kike Hermoso	ESP	190	99-08-10	Huesca
MF	4	Paul Akouokou	CIV	181	97-12-20	Ekenäs IF
	8	Nabil Fekir	FRA	173	93-07-18	Lyon
	10	Sergio Canales	ESP	180	91-02-16	Real Sociedad
	11	Cristian Tello	ESP	178	91-08-11	Barcelona
	14	William Carvalho	POR	187	92-04-07	Sporting CP
	17	Joaquín	ESP	179	81-07-21	Fiorentina
	18	Andrés Guardado	MEX	169	86-09-28	PSV Eindhoven
	20	Diego Lainez	MEX	167	00-06-09	América
	21	Guido Rodríguez	ARG	185	94-04-12	América
	22	Víctor Camarasa	ESP	183	94-05-28	Levante
	28	Rodri	ESP	170	00-02-16	Betis B
FW	7	Juanmi	ESP	172	93-05-20	Real Sociedad
	9	Borja Iglesias	ESP	187	93-01-17	Celta Vigo
	12	Willian José	BRA	189	91-11-23	Real Sociedad
	24	Aitor Ruibal	ESP	176	96-03-22	Betis B
	27	Roberto González	ESP	173	01-01-08	Betis B

2021-22 SEASON SCHEDULE

날짜	장소	상대팀	날짜	장소	상대팀
08-14	A	Mallorca	01-09	A	Rayo Vallecano
08-20	H	Cádiz	01-19	H	Alavés
08-29	H	Real Madrid	01-23	A	Espanyol
09-12	A	Granada	02-06	H	Villarreal
09-19	H	Espanyol	02-13	A	Levante
09-22	A	Osasuna	02-20	A	Mallorca
09-26	H	Getafe	02-27	H	FC Sevilla
10-03	A	Villarreal	03-06	H	Atlético Madrid
10-17	H	Alavés	03-13	A	Athletic Bilbao
10-24	H	Rayo Vallecano	03-20	A	Celta Vigo
10-27	H	Valencia	04-03	H	Osasuna
10-31	A	Atlético Madrid	04-10	A	Cádiz
11-07	H	FC Sevilla	04-17	H	Real Sociedad
11-21	A	Elche	04-20	A	Elche
11-28	H	Levante	05-01	A	Getafe
12-05	A	FC Barcelona	05-08	H	FC Barcelona
12-12	H	Real Sociedad	05-11	A	Valencia
12-19	A	Athletic Bilbao	05-15	H	Granada
01-02	H	Celta Vigo	05-22	A	Real Madrid

RANKING OF LAST 10YEARS

11-12	12-13	13-14	14-15	15-16	16-17	17-18	18-19	19-20	20-21
13 / 47점	7 / 56점	20 / 25점	1	10 / 45점	15 / 39점	6 / 60점	10 / 50점	15 / 41점	6 / 61점

MANAGER : Manuel PELLEGRINI 마누엘 펠레그리니

Personal Information
- 생년월일 : 1953.09.16. / 출생지 : 산티아고 (칠레)
- 현역시절 포지션 : DF / 계약만료 : 2023.06.30
- 평균 재직 기간 : 3년 / 선호 포맷 : 4-2-3-1

History
1989년부터 감독 생활을 시작했다. 칠레, 에콰도르를 거치면서 남미에서 유명해졌고 아르헨티나 리베르 플레이트 시절부터 본격적인 유럽의 구애를 받았다. 비야레알, 레알 마드리드, 말라가, 맨체스터 시티, 웨스트햄 등 빅리그 여러 클럽을 거쳤다.

Style
미드필더들의 아기자기한 패싱 게임을 추구하는 편이다. 일관된 공수 간격으로 콤팩트한 축구를 시도하려고 한다. 수비가 밀집되는 중앙 지역보다는 플레이 메이킹이 되는 선수를 측면에 배치해 창의성을 높인다. 중국 허베이 진출 이후 빅리그는 사실상 은퇴라고 생각했으나 EPL 웨스트햄을 통해 건재함을 과시했다.

우승 - 준우승 횟수

STADIUM

Estadio Benito Villamarín

- 구장 오픈 : 1929년
- 구장 증개축 : 1982, 2000, 2017년
- 구장 소유 : 레알 베티스
- 수용 인원 : 6만 720명
- 피치 규모 : 105 X 68m
- 잔디 종류 : 천연잔디

평균 볼 점유율

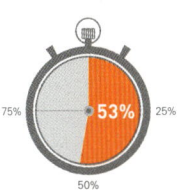

53%

REAL BETIS BALOMPIE vs. OPPONENTS PER GAME STATS

레알 베티스 vs 상대팀

	득점	슈팅	유효슈팅	오프사이드	패스시도	패스성공	패스성공율	태클시도	볼소유자압박	인터셉트	GK 선방	파울	경고	퇴장
레알 베티스	1.32	11.7	4.2	1.7	476	391	82%	15.9	139	11.9	2.4	13.7	2.29	0.211
상대팀	1.32	9.6	3.5	3.4	449	350	78%	17.5	152	10.2	2.7	15.5	2.18	0.053

시간대별 득점
- 15 / 6 / 9 / (중앙) / 16
- 7 / 8

시간대별 실점
- 7 / 9 / 8 / 13

위치별 슈팅-득점
- 28-10
- 226-34
- 189-6

공격 방향
37% / 22% / 41%

볼점유 위치
- 상대 진영 28%
- 중간 지역 45%
- 우리 진영 27%

포지션별 득점
- FW진 26골
- MF진 17골
- DF진 7골

상대포지션별 실점
- DF진 5골
- MF진 9골
- FW진 33골
- 자책골 실점 3골

BASIC FORMATION

4-2-3-1

- 이글레시아스 / 후안미
- 카날레스 / 루이발
- 페키르 / 호아킨
- 로드리 / 라이네스
- 로드리게스 / 카르발류
- 과르다도 / 아쿠오쿠
- 미란다 / 모레노
- 몬토야 / 벨레린
- 루이스 / 에드가르
- 페펠라 / 바르트라
- 브라보 / 실바

TOTO GUIDE 지난시즌 전적

상대팀	홈	원정
Atletico Madrid	1-1	0-2
Real Madrid	2-3	0-0
FC Barcelona	2-3	2-5
FC Sevilla	1-1	0-1
Real Sociedad	0-3	2-2
Villarreal	1-1	2-1
Celta Vigo	2-1	3-2
Granada	2-1	0-2
Athletic Bilbao	0-0	0-4
Osasuna	1-0	2-0
Cadiz	1-0	1-0
Valencia	2-2	2-0
Levante	2-0	3-4
Getafe	1-0	0-3
Alaves	3-2	1-0
Elche	3-1	1-1
Huesca	1-0	2-0
Valladolid	2-0	1-1
Eibar	0-2	1-1

득점 패턴 | 실점 패턴

50골 / 26 / 15 / 8 / 1
50골 / 34 / 5 / 8

- OPEN PLAY
- COUNTER ATTACK
- SET PLAY
- PENALTY KICK
- OWN GOAL

OFFENSE		DEFENSE	
오픈 플레이	A	오픈 플레이 수비	A
카운터 어택	C	카운터 어택 수비	C
짧은 패스 게임	B	짧은 패스 게임 수비	E
롱볼 연계 플레이	C	롱볼 연계 플레이 수비	C
솔로 플레이	A	솔로 플레이 수비	C
중거리 슈팅 / 직접 프리킥	B	중거리 슈팅 수비	C
측면 공격	B	측면 수비	D
세트 플레이	C	세트 플레이 수비	B
위협적인 공격 횟수	B	공중전 능력	C
슈팅 대비 득점	D	볼 쟁탈전 / 투쟁심	B
오프사이드 피하기	C	실수 조심	D
볼 점유율	B	파울 주의	C

A 매우 우수함 B 우수함 C 평균 수준 D 부족함 E 많이 부족함

Claudio BRAVO 25
클라우디오 브라보 GK

SCOUTING REPORT
맨체스터 시티 시절 하락세를 맛보기도 했으나, 여전히 라 리가 최정상급 골키퍼 중 하나다. 뛰어난 반사 신경과 발밑 기술을 고루 갖춘 '스위퍼형 골키퍼'. 적극적으로 전진 수비하며 배후를 노리는 상대 역습을 지능적으로 차단한다. 전성기에 비해 반사 신경이 떨어지긴 했으나 여전히 우수하다. PK에도 강하다. 다만 부상이 잦다. 지난 시즌 무릎·햄스트링·종아리 부상으로 77일을 빠졌다.

PLAYER'S HISTORY
2002년 콜로 콜로에서 데뷔했으며, 2006년 레알 소시에다드 이적을 통해 스페인 무대에 입성했었다. 2010년대에 두 차례 코파 아메리카 우승을 달성한 칠레의 전성기를 주도한 상징적인 선수 중 하나다. 칠레 국가대표 역대 통산 출전 3위(133경기)에 올라있다.

Marc BARTRA 5
마르크 바르트라 DF

SCOUTING REPORT
스피디한 센터백. 볼을 빼앗겨도 곧바로 수비 전환해 대응하는 눈부신 주력을 갖추었다. 이런 장점 덕에 측면 수비수로도 기용 가능하다. 체격이 그리 크지 않지만 제공권 싸움에서도 제법 근성 있는 모습을 보이며 패스도 좋아 종종 후방 빌드업의 시발점 역할을 한다. 다만 기복이 심하다는 게 가장 큰 단점이다. 2020-21시즌 아킬레스건 부상 때문에 꽤나 고생했다. 당시 석 달 가량 뛰지 못했다.

PLAYER'S HISTORY
바르셀로나에서 데뷔했으며 도르트문트를 거쳐 레알 베티스에 왔다. 도르트문트 시절 선수단 버스를 노린 차량 폭탄 테러에 휘말려 부상을 당한 적이 있다. 스페인의 모든 연령별 대표팀을 거친 엘리트 자원. 스페인 A대표로는 14경기 1골을 기록 중이다.

Guido RODRÍGUEZ 21
기도 로드리게스 MF

SCOUTING REPORT
뛰어난 위치 선정, 정교한 태클, 우수한 볼 간수 능력 등 수비형 미드필더가 가져야 할 덕목을 두루 갖췄다. 볼 가로채기에도 상당히 능하며, 과감한 전진 드리블도 한다. 다만 태클 시도가 많기에 파울도 그만큼 비례하는 편. 중원 파트너가 자주 바뀌는 팀 여건에도 불구하고 꾸준한 기량을 보여주고 있다. 지난 1월 경미한 부상으로 열흘가 팀에서 이탈한 걸 제외하면 내구성도 좋다.

PLAYER'S HISTORY
2014년 리버 플레이트에서 프로 데뷔한 후 주로 멕시코 리가MX에서 활약했으며, 지난해 여름 레알 베티스를 통해 처음 유럽 무대를 경험하고 있다. 2021 코파 아메리카 우루과이전 결승골을 만들어내는 등 아르헨티나가 정상에 등극하는 데 크게 기여한 바 있다.

Borja IGLESIAS 9
보르하 이글레시아스 FW

SCOUTING REPORT
장신 센터 포워드. 다소 투박해보이는 인상과는 달리 발 기술에 자신감을 가지고 있으며, 체격에 비해 빠른 스피드를 가졌다. 박스 안 위치 선정도 좋아 2선 공격수들의 보조가 있으면 준수한 득점력을 발휘한다. 헤더도 일품이다. 주로 오른발을 사용하지만 왼발 사용도 크게 문제없다. 지난 시즌 햄스트링과 엉덩이에 연이은 부상을 입어 총 27일간 결장했다. 부상 빈도에 비하면 회복이 빨랐다.

PLAYER'S HISTORY
비야레알에서 데뷔해 셀타 비고·레알 사라고사·에스파뇰을 거쳐 2019년부터 레알 베티스에서 뛰고 있다. 바이아웃은 2,800만 유로(약 384억 원). 연령별을 포함해 스페인 국가대표 경력은 없다. 2020-21시즌 팀 최다 득점자(13골)라 라커룸 내 위상이 드높다.

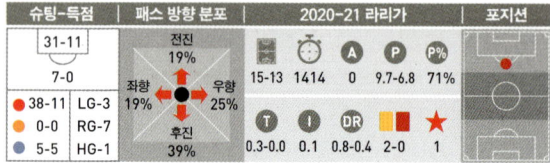

범례: 전체 슈팅 시도-득점 | 직접 프리 시도-득점 | PK 시도-득점 | 왼발 득점 | 오른발 득점 | 헤더 득점 | 출전횟수 선발-교체 | 출전시간 분(MIN) | A 도움 | P 평균패스 시도-성공 | P% 패스 성공률 | T 평균태클 시도-성공 | I 평균 인터셉트 | DR 평균드리블 시도-성공 | 페어플레이 경고-퇴장 | MOM

DF SIDNEI 12
시드네이

브라질 출신 센터백. 센터백 치고는 큰 키라고 볼 수 없으나 탄력 넘치는 신체 능력과 공의 낙하지점을 잘 찾는 능력을 갖췄다. 이러한 장점들을 바탕으로 세트피스 상황에서 팀의 주요 득점 옵션이 되고 있다. 태클과 가로채기 능력도 평균 이상이다. 다만 덤비는 수비가 많아 배후가 불안하다. 지난 시즌에는 햄스트링 부상 때문에 17일간 병원 신세를 졌다.

주로 사용하는 발: 오른발 78%

우승 - 1부리그: 1-2 / 협회컵: 0-1 / 챔피언스: 0-0
준우승 - 클럽 월드컵: 0-0 / 코파아메리카: 0-0 / 월드컵: 0-0

슈팅-득점: 1-0 / 0-0
LG-0, RG-0, HG-0 (모두 0)
패스 방향 분포: 전진 30%, 좌향 26%, 우향 38%, 후진 6%
2020-21 라리가: 7-4, 695, A 0, P 47.4-42.8, P% 90%
T 1.3-0.8, I 1.5, DR 0.2-0.1

DF Álex MORENO 15
알렉스 모레노

드리블 실력이 일품인 레프트백. 가속도를 붙여 시도하는 드리블로 수비를 제친 후 코너 플랙 인근에서 크로스를 시도하는 클래식한 플레이를 펼친다. 다만 크로스 정확도가 썩 정확하진 않다. 수비적 측면에서는 제공권 다툼과 태클에서 약점을 보이고 있다. 2020-21시즌에는 코로나19 확진 판정을 받았으며, 이번 시즌 개막을 앞두고 햄스트링을 다쳤다.

주로 사용하는 발: 왼발 88%

우승 - 1부리그: 0-0 / 협회컵: 0-0 / 챔피언스: 0-0
준우승 - 클럽 월드컵: 0-0 / UEFA 유로: 0-0 / 월드컵: 0-0

슈팅-득점: 8-0 / 3-0
LG-0, RG-0, HG-0 (11-0 등)
패스 방향 분포: 전진 40%, 좌향 4%, 우향 36%, 후진 19%
2020-21 라리가: 20-3, 1787, A 2, P 41.1-32.3, P% 79%
T 2.8-1.8, I 1.5, DR 1.9-1.1

MF Nabil FEKIR 8
나빌 페키르

작은 체격을 가졌지만 단단한 신체 밸런스를 가졌기에 피지컬에서 쉽게 밀리지 않는다. 공격형 미드필더로서 찬스를 만들어내는 선수기도 하지만, 날개나 폴스 나인으로 전업하면 꽤나 우수한 득점력을 발휘하기도 한다. 가장 큰 강점은 왼발 킥. 이 왼발 킥은 간혹 현지 언론에서 리오넬 메시와 비견될 정도로 위력적이나 너무 왼발에 의존한다는 비판도 있다.

주로 사용하는 발: 왼발 88%

우승 - 1부리그: 0-2 / 협회컵: 0-0 / 챔피언스: 0-0
준우승 - 클럽 월드컵: 0-0 / UEFA 유로: 0-0 / 월드컵: 0-0

슈팅-득점: 37-4 / 49-1
86-5 LG-3, 9-1 RG-2, 3-1 HG-0
패스 방향 분포: 전진 24%, 좌향 27%, 우향 25%, 후진 23%
2020-21 라리가: 33-0, 2637, A 5, P 35.6-30.4, P% 85%
T 2.5-1.4, I 0.2, DR 3.5-2.6, 5-1 ★

MF Sergio CANALES 10
세르히오 카날레스

유망주 시절 레알 마드리드가 탐을 낼 정도의 '초신성'으로 평가받았다. 기대만큼 성장하진 못했지만, 그래도 리그 최고 수준의 공격형 MF다. 섬세한 볼 컨트롤과 날카로운 왼발 킥 실력을 활용해 찬스를 만들어낸다. 피지컬이 약하지만 탈압박 능력이 매우 우수하다. 잔부상이 많아 지난 시즌에도 대퇴부와 발목을 다쳐 40일 가량 결장했다.

주로 사용하는 발: 왼발 91%

우승 - 1부리그: 0-1 / 협회컵: 1-0 / 챔피언스: 0-0
준우승 - 클럽 월드컵: 0-0 / UEFA 유로: 0-0 / 월드컵: 0-0

슈팅-득점: 20-7 / 27-1
47-8 LG-5, 5-0 RG-2, 3-2 HG-1
패스 방향 분포: 전진 22%, 좌향 24%, 우향 30%, 후진 24%
2020-21 라리가: 28-3, 2502, A 6, P 53.4-46.6, P% 87%
T 1.1-0.5, I 0.4, DR 1.4-1.0, 4-0 ★

FW JUANMI 7
후안미

2010년 말라가에서 데뷔한 날개 자원. 이후 사우샘프턴에서 뛰며 잉글랜드 무대를 경험했으며, 2019년 여름 레알 베티스에 합류했다. 주로 왼쪽 터치라인에서 뛰지만 2선 공격진 어디에서든 위치를 가리지 않고 뛸 수 있다. 다만 오프사이드가 많고 크로스가 정확하지 않다. 경기 중 흐름을 바꿀 때 페예그리니 감독이 꺼내 드는 '슈퍼 서브' 중 하나다.

주로 사용하는 발: 오른발 86%

우승 - 1부리그: 0-0 / 협회컵: 0-0 / 챔피언스: 0-0
준우승 - 클럽 월드컵: 0-0 / UEFA 유로: 0-0 / 월드컵: 0-0

슈팅-득점: 13-2 / 1-0
14-2 LG-0, 0-0 RG-1, 0-0 HG-1
패스 방향 분포: 전진 19%, 좌향 22%, 우향 24%, 후진 35%
2020-21 라리가: 5-11, 601, A 0, P 9.1-7.0, P% 77%
T 1.7-0.8, I 0.1, DR 0.7-0.3

FW Diego LAINEZ 20
디에고 라이네즈

멕시코 신성. 170cm가 되지 않는 작은 체격이지만, 현란한 발재간과 스피드로 승부를 보는 '크랙형' 날개다. 수비수 두세 명이 견제해도 전혀 주눅 들지 않고 돌파를 시도한다. 2020-21시즌 유답리 부상 불운에 시달렸다. 코로나19 확진 판정을 받은 적이 있다. 발목이 약하다. 지난 시즌에도 발목을 다쳐 7일간 결장했고, 이번 시즌 초에도 발목이 좋지 않아 애를 먹고 있다.

주로 사용하는 발: 왼발 83%

우승 - 1부리그: 0-1 / 협회컵: 0-0 / 챔피언스: 0-0
준우승 - 클럽 월드컵: 0-0 / 북중미 골드컵: 0-0 / 월드컵: 0-0

슈팅-득점: 6-0 / 7-0
13-0 LG-0, 0-0 RG-0, 0-0 HG-0
패스 방향 분포: 전진 29%, 좌향 31%, 우향 15%, 후진 26%
2020-21 라리가: 8-13, 859, A 2, P 15.8-12.6, P% 80%
T 0.9-0.4, I 0.5, DR 2.3-1.4, 5-0

VILLARREAL CF

구단 창립 : 1923년 홈구장 : 에스타디오 델라 세라미카 대표 : 페르난도 로이그 알폰소 2020-21시즌 : 7위(승점 58점) 15승 13무 10패 60득점 44실점 닉네임 : El Submarino Amarillo

에메리와 함께 유로파를 제패 이제는 라리가 실력 입증할 때

유로파 리그는 못 참지

유로파리그에서 만큼은 최고의 우승 경력을 가진 우나이 에메리 감독과 함께 유로파 리그 우승을 차지, 챔피언스리그 진출권을 따냈다. 대회 위상을 생각했을 때 2004년 인터 토토컵 우승과는 비교할 수 없는 구단 역사에 한 획을 그은 사건. 리그 막바지 리그 순위로는 다음 시즌 유럽 대항전을 확정할 수 없는 상황에서 유로파 리그에 전념한 선택이 옳았음이 증명됐다. 이제 한 단계 높은 대회인 챔피언스리그와 리그를 어떻게 병행하느냐가 관건이다. 비야레알에 대한 견제가 점점 심해질 것이 분명하기 때문. 제라르 모레노에 쏠린 득점을 다른 선수에게 분산시키는 것이 요구된다.

보강됐지만 전력 상승은 물음표

리그와 챔피언스리그를 병행해야 하지만 큰 폭의 보강은 하지 못했다. 그만큼 라리가 재정 상황이 넉넉지 못하다는 뜻이고 비야레알도 예외는 아니다. 공격력을 보강하고자 프랑스 랭스에서 맹활약한 디아를 데려왔다. 모레노의 짝으로 기대가 큰 영입. 지난 시즌 잉글랜드 챔피언십 본머스에서 15골을 터트린 단주마도 다양한 무기를 앞세워 힘을 더할 것이다. 중앙 수비수 만디가 가세하면서 백업이 든든해졌다. 지난 시즌 임대로 합류, 오른쪽 풀백에 자리 잡은 포이스도 완전 이적에 성공하면서 잘 맞는 팀을 찾는 데 성공했다.

ODDS CHECK

bet365	배당률 100배 우승 확률 6위		sky bet	배당률 100배 우승 확률 6위
William HILL	배당률 80배 우승 확률 6위		888sport	배당률 100배 우승 확률 6위

*우승 확률이 높을수록 배당률은 낮아짐

SQUAD LIST

위치	번호	선수	국적	키	생년월일	전 소속팀
GK	1	Sergio Asenjo	ESP	189	89-06-28	Atlético Madrid
	13	Gerónimo Rulli	ARG	189	92-05-20	Real Sociedad
DF	2	Mario	ESP	182	90-11-24	Villarreal B
	3	Raúl Albiol	ESP	190	85-09-04	Napoli
	4	Pau Torres	ESP	191	97-01-16	Villarreal B
	8	Juan Foyth	ARG	179	98-01-12	Tottenham H
	12	Pervis Estupiñán	ECU	175	98-01-21	Watford
	18	Alberto Moreno	ESP	171	92-07-05	Liverpool
	20	Rubén Peña	ESP	175	91-07-18	Eibar
	22	Aissa Mandi	ALG	184	91-10-22	Betis
MF	5	Daniel Parejo	ESP	182	89-04-16	Valencia
	6	Étienne Capoue	FRA	190	88-07-11	Watford
	10	Vicente Iborra	ESP	190	88-01-16	Leicester C
	14	Manu Trigueros	ESP	178	91-10-17	Villarreal B
	15	Arnaut Danjuma	NED	178	97-01-31	Bournemouth
	17	Daniel Raba	ESP	184	95-10-29	Villarreal B
	19	Francis Coquelin	FRA	178	91-05-13	Valencia
	23	Moi Gómez	ESP	174	94-06-23	Sporting Gijón
	24	Alfonso Pedraza	ESP	182	96-04-09	Villarreal B
	28	Nikita Iosifov	RUS	175	01-04-11	Lokomotiv Moscow
FW	7	Gerard Moreno	ESP	180	92-04-07	Espanyol
	9	Paco Alcácer	ESP	175	93-08-30	Borussia Dortmund
	11	Samuel Chukwueze	NGA	172	99-05-22	Diamond Academy
	16	Boulaye Dia	FRA	180	96-11-16	Reims
	21	Yéremi Pino	ESP	172	02-10-20	Villarreal B

2021-22 SEASON SCHEDULE

날짜	장소	상대팀	날짜	장소	상대팀
08-16	H	Granada	01-09	H	Atlético Madrid
08-21	A	Espanyol	01-19	A	Elche
08-29	A	Atlético Madrid	01-23	H	Mallorca
09-12	H	Alavés	02-06	A	Real Betis
09-19	A	Mallorca	02-13	H	Real Madrid
09-22	A	Elche	02-20	H	Granada
09-26	A	Real Madrid	02-27	H	Espanyol
10-03	H	Real Betis	03-06	A	Osasuna
10-17	H	Osasuna	03-13	H	Celta Vigo
10-24	A	Athletic bilbao	03-20	A	Cádiz
10-27	H	Cádiz	04-03	A	Levante
10-31	A	Valencia	04-10	H	Athletic Bilbao
11-07	H	Getafe	04-17	A	Getafe
11-21	A	Celta Vigo	04-20	H	Valencia
11-28	H	FC Barcelona	05-01	A	Alavés
12-05	A	FC Sevilla	05-08	H	FC Sevilla
12-12	H	Rayo Vallecano	05-11	A	Rayo Vallecano
12-19	A	Real Sociedad	05-15	H	Real Sociedad
01-02	H	Levante	05-22	A	FC Barcelona

RANKING OF LAST 10YEARS

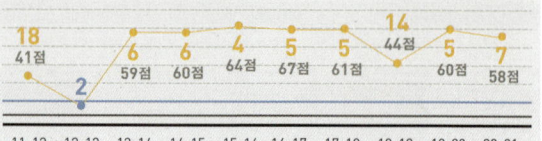

MANAGER : Unai EMERY 우나이 에메리

Personal Information
생년월일 : 1971.11.03. / 출생지 : 온다리비아 (스페인)
현역시절 포지션 : MF / 계약만료 : 2023.06.30
평균 재직 기간 : 2년 / 선호 포맷 : 4-4-2

History
소시에다드 유스 출신이었지만 선수로서 두각을 나타내지 못했다. 2000년대 초반 알메리아를 이끌고 돌풍을 일으키며 이름을 알렸다. 발렌시아를 거쳐 세비야 시절 전무후무한 유로파 리그 3연패를 달성했다. PSG와 아스날에서의 연이은 실패로 인한 역량에 대한 물음표를 더 큰 무대에서의 활약으로 떼어낼 수 있을까.

Style
4-4-2포메이션을 활용한 확실한 전략 전술이 눈에 띈다. 공수 간격을 일정하게 유지하고 공을 가지지 않은 선수들도 일정한 움직임으로 대형을 갖추야 한다. 공수 균형을 맞추는 편이라 얼핏 봤을 때는 특징이 없고 심심할 수도 있다. 말이 잘 통하지 않았던 러시아, 프랑스, 잉글랜드에서 어려움을 겪기도 했다.

우승 - 준우승 횟수

	SPANISH LA LIGA	SPANISH COPA DEL REY	UEFA CHAMPIONS LEAGUE
	0-1	0-0	0-0

	UEFA EUROPA LEAGUE	FIFA CLUB WORLD CUP	UEFA-CONMEBOL INTERCONTINENTAL
	1-0	0-0	0-0

STADIUM

Estadio de la Cerámica

구장 오픈 : 1923년 / 구장 증개축 : 1952, 2005년
구장 소유 : 비야레알 CF / 수용 인원 : 2만 3500명
피치 규모 : 105 X 68m / 잔디 종류 : 천연 잔디

평균 볼 점유율 54%

VILLARREAL CF vs. OPPONENTS PER GAME STATS

비야레알 CF vs 상대팀

득점	슈팅	유효슈팅	오프사이드	패스시도	패스성공	패스성공률	태클시도	볼소유자 압박	인터셉트	GK 선방	파울	경고	퇴장
1.36	1.16	10.7	10.8	4.3	3.2	2.3	2.0	514	458	434	364	84%	80%
14.9	16.7	131	166	9.8	10.4	2.2	2.7	11.8	15.6	1.71	2.05	0.132	0.105

시간대별 득점

시간대별 실점

위치별 슈팅-득점
32-8
256-41
117-8
*상대자책골 3골

공격 방향
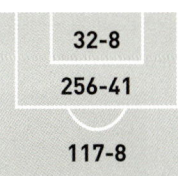
37% 27% 36%

볼 점유 위치
상대 진영 27%
중간 지역 44%
우리 진영 29%

포지션별 득점
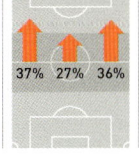
FW진 48골
MF진 6골
DF진 3골
*상대자책골 3골

상대포지션별 실점

DF진 2골
MF진 12골
FW진 28골
*자책골 실점 2골

BASIC FORMATION

4-4-2

TOTO GUIDE 지난시즌 전적

상대팀	홈	원정
Atletico Madrid	0-2	0-0
Real Madrid	1-1	2-1
FC Barcelona	1-2	4-0
FC Sevilla	4-0	2-0
Real Sociedad	1-1	1-1
Real Betis	1-2	1-1
Celta Vigo	2-4	0-4
Granada	2-2	0-3
Athletic Bilbao	1-1	1-1
Osasuna	1-2	1-3
Cadiz	2-1	0-0
Valencia	2-1	2-1
Levante	2-1	1-5
Getafe	1-0	1-3
Alaves	3-1	2-1
Elche	0-0	2-2
Huesca	1-1	0-0
Valladolid	2-0	0-2
Eibar	2-1	1-3

득점 패턴 | 실점 패턴
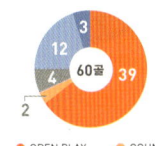
60골 / 44골

● OPEN PLAY ● COUNTER ATTACK ● SET PLAY ● PENALTY KICK ● OWN GOAL

OFFENSE | DEFENSE

오픈 플레이	C	오픈 플레이 수비	B
카운터 어택	C	카운터 어택 수비	C
짧은 패스 게임	A	짧은 패스 게임 수비	D
롱볼 연계 플레이	C	롱볼 연계 플레이수비	C
솔로 플레이	A	솔로 플레이 수비	C
중거리 슈팅 / 직접 프리킥	C	중거리 슈팅 수비	E
측면 공격	C	측면 수비	D
세트 플레이	C	세트 플레이 수비	C
위협적인 공격 횟수	C	공중전 능력	B
슈팅 대비 득점	B	볼 쟁탈전 / 투쟁심	D
오프사이드 피하기	D	실수 조심	D
볼 점유율	B	파울 주의	C

A 매우 우수함 **B** 우수함 **C** 평균 수준 **D** 부족함 **E** 많이 부족함

| 상대유효슈팅 시도-실점 | 상대유효슈팅 시도-선방 | 상대 PK 시도-득점 | 전체 수비 직접 프리킥 시도-득점 | PK 시도-득점 | TH 던지기 | NK 골킥 | KD 평균골킥 거리(m) | LG 왼발 득점 | RG 오른발 득점 | HG 헤더 득점 | ⏱ 출전횟수 선발-교체 | ⏱ 출전시간 분(MIN) | S% GK 선방률 | CS GK 클린시트 | A 도움 | P 평균패스 시도-성공 | P% 패스 성공률 | LB 평균롱볼 시도-성공 | AD 공중볼 캐치·펀칭 | T 평균태클 시도-성공 | I 평균 인터셉트 | DR 평균드리블 시도-성공 | 🟥🟨 페어플레이 경고-퇴장 | ⭐ MOM |

Sergio ASENJO — GK — 1
세르히오 아센호

SCOUTING REPORT
반사 신경이 빼어난 수문장. 발밑 기술은 그리 뛰어나다고는 할 수 없으나 상대 슈팅 상황에서 흔들리지 않고 뛰어난 집중력을 발휘한다. 상대 슈팅의 거리 여부와 상관없이 안정적인 면모를 보이며, 페널티킥 방어에도 일가견이 있다. 전진 수비는 거의 보기 힘들다. 거의 모든 플레이를 골 에어리어 내부에서 펼치며, 상대가 날리는 마지막 슛에 몸을 날리는 타입이다. 수비 조율도 수준급.

PLAYER'S HISTORY
레알 바야돌리드에서 프로 데뷔했으며, 아틀레티코 마드리드·말라가를 거쳐 2013년부터 비야레알에서 뛰고 있다. 스페인 대표팀 연령별 레벨을 모두 거쳤다. A대표팀에선 딱 한 경기에 출전했다. UEFA 유로파리그와 큰 인연이 있다. 이 대회 우승만 세 차례.

| 주로 사용하는 발: 오른발 85% | 우승 준우승 | 1부리그: 0-0 클럽 월드컵: 0-0 | 협회컵: 1-1 UEFA 유로: 0-0 | 챔피언스: 0-0 월드컵: 0-0 |

Pau TORRES — DF — 4
파우 토레스

SCOUTING REPORT
볼 다루는 기술이 훌륭한 왼발잡이 센터백. 피지컬이 다소 약한 편이라 제공권 다툼과 몸싸움에서 밀리는 모습을 보인다. 태클 역시 강하다고 볼 수 없는 편이다. 영리한 축구 지능을 앞세워 상대 공격을 사전 차단하는 능력이 뛰어나다. 드리블을 즐기는 편이다. 비야레알의 후방 빌드업 시발점 구실을 해 전술적으로 큰 비중을 차지한다. 2020-21시즌에는 잔부상으로 19일 가량 전력에서 제외되었다.

PLAYER'S HISTORY
비야레알 유스가 배출한 대형 수비 유망주. 연령별 대표 시절부터 잠재성이 매우 큰 자원으로 평가받았다. 2019년부터 A대표팀에서 뛰었으며, 현재 14경기 1득점을 기록 중이다. 2020-21 UEFA 유로파리그 우승 후 빅 클럽 이적설을 뿌리는 중이다.

| 주로 사용하는 발: 왼발 88% | 우승 준우승 | 1부리그: 0-0 클럽 월드컵: 0-0 | 협회컵: 0-0 UEFA 유로: 0-0 | 챔피언스: 0-0 월드컵: 0-0 |

Manu TRIGUEROS — MF — 14
마누 트리게로스

SCOUTING REPORT
중원 전체를 커버하는 박스 투 박스 유형 미드필더. 로테이션 자원이며 날카로운 패스가 강점이다. 특히 양발 사용에 매우 능해 킥 처리는 물론 볼 간수에도 준수한 면모를 보인다. 측면 날개로도 뛸 수 있으나 크로스가 정확하진 않고 체력이 약해 붙박이 주전에는 불안 요소가 있다. 파울도 다소 많은 편. 때문에 2020-21시즌에는 두 차례나 퇴장당하며 팀 전력 누수 요인으로 작용한 바 있다.

PLAYER'S HISTORY
무르시아에서 데뷔했으나 1년 후 비야레알 유니폼으로 갈아입었다. 이후 비야레알에 10년간 몸담으며 C팀을 시작으로 1군까지 성장을 거듭했다. 2016-17시즌 공식전 기준 4골을 넣은 게 커리어 하이. 득점력이 출중하지는 않아도 거의 매 시즌 득점을 올리고 있다.

| 주로 사용하는 발: 오른발 73% | 우승 준우승 | 1부리그: 0-0 클럽 월드컵: 0-0 | 협회컵: 0-0 UEFA 유로: 0-0 | 챔피언스: 0-0 월드컵: 0-0 |

Gerard MORENO — FW — 7
제라르 모레노

SCOUTING REPORT
매서운 왼발 킥이 최대 강점인 공격수. 주로 2선 공격진의 오른쪽 측면에 자리해 득점을 노린다. 페널티킥 키커로도 종종 활약한다. 패스도 수준급이며 지능적으로 공격 연계 플레이를 풀어가는데도 능하다. 위치 선정도 좋아 스트라이커로 기용할 수 있지만 전체적인 능력은 반감되는 편. 우측 윙일 때 크로스가 약하다는 평가도 있다. 2020-21시즌 햄스트링·종아리 부상으로 35일간 못 뛰었다.

PLAYER'S HISTORY
비야레알에서 데뷔했으며, 2015년부터 2018년까지 에스파뇰에서 뛰다 다시 친정팀에 복귀했다. A대표팀에서는 16경기에서 5골을 기록 중. 유로 2020에서도 활약했다. 2020-21 라 리가에서 23골을 터뜨려 카림 벤제마와 득점 랭킹 공동 2위에 오른 바 있다.

| 주로 사용하는 발: 왼발 79% | 우승 준우승 | 1부리그: 0-0 클럽 월드컵: 0-0 | 협회컵: 0-0 UEFA 유로: 0-0 | 챔피언스: 0-0 월드컵: 0-0 |

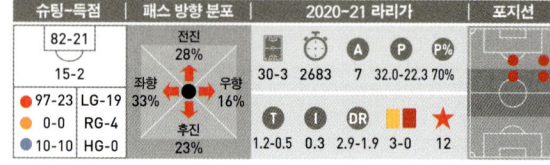

Juan FOYTH 8
DF 후안 포이스

아르헨티나 국가대표. 비야레알 수비의 핵심 중 하나다. 센터백으로 활동하지만 라이트백으로도 뛸 수 있다. 발이 빠르고 공수 전환시 강점이 있다. 볼 컨트롤도 수준급. 다만 피지컬이 강하지 않고, 아직 어려선지 집중력에도 문제가 있다. 한때 유리몸이라는 평가를 받았다. 2020-21시즌에도 시즌 막판인 4월 말 햄스트링 부상 때문에 약 20일간 결장했다.

주로 사용하는 발: 오른발 90%	우승	1부리그: 0-0	협회컵: 0-0	챔피언스: 0-1
	준우승	클럽월드컵: 0-0	코파아메리카: 0-0	월드컵: 0-0

슈팅-득점: 1-0 / 0-0
LG-0 1-0, RG-0 0-0, HG-0 0-0

패스 방향 분포: 전진 34%, 좌향 37%, 우향 17%, 후진 12%

2020-21 라리가: 13-3, 1170, A 0, P 43.3-37.8, P% 87%, T 3.6-2.5, I 1.2, DR 1.7, 5-0, 0

Alfonso PEDRAZA 24
DF 알폰소 페드라사

스페인 U-19대표 출신. 2015 UEFA U-19 챔피언십 우승 멤버. 본래 왼쪽 날개 출신인 레프트백이나 공격 성향이 강하다. 컷백과 크로스에도 우수한 면모를 보인다. 주력이 빠르고 재빨리 백 코트가 가능하지만 수비력은 그리 뛰어나지 않다. 볼 간수 능력도 아쉬운 편. 2020년 9월 말, 잔부상으로 16일 가량 쉬었지만 이후 건강하게 풀 시즌을 소화했다.

주로 사용하는 발: 왼발 91%	우승	1부리그: 0-0	협회컵: 0-0	챔피언스: 0-0
	준우승	클럽월드컵: 0-0	UEFA 유로: 0-0	월드컵: 0-0

슈팅-득점: 16-1 / 6-0
LG-1 22-1, RG-0 0-0, HG-0 0-0

패스 방향 분포: 전진 29%, 좌향 4%, 우향 36%, 후진 32%

2020-21 라리가: 24-5, 2102, A 2, P 32.1-25.8, P% 80%, T 1.9-1.2, I 1.2, DR 1.5-0.8, 8-0, 1

Daniel PAREJO 5
MF 다니엘 파레호

레알 마드리드 칸테라 출신이며 커리어 전성기를 발렌시아에서 보냈다. 2020-21시즌부터 비야레알에서 뛰고 있는 중앙 미드필더로 킥력과 패스가 우수하다. 커리어 초기에는 체력이 약했으나 현재는 '철인'으로 탈바꿈했다. 스피드가 떨어져 특히 수비 전환시 위기를 맞는 경우가 많다. 2021년 7월 29일 종아리 부상을 당해 시즌 초반 결장이 불가피하다.

주로 사용하는 발: 오른발 91%	우승	1부리그: 0-1	협회컵: 1-0	챔피언스: 0-0
	준우승	클럽월드컵: 0-0	UEFA 유로: 0-0	월드컵: 0-0

슈팅-득점: 7-0 / 20-3
LG-3 27-3, RG-3 6-1, HG-0 0-0

패스 방향 분포: 전진 32%, 좌향 21%, 우향 34%, 후진 13%

2020-21 라리가: 36-0, 3120, A 4, P 74.1-66.8, P% 90%, T 3.1-1.8, I 1.3, DR 1.4-1.0, 5-0, 1

Vicente IBORRA 10
MF 비센테 이보라

강력한 피지컬이 인상적인 수비형 미드필더. 외견상 수비에만 치중할 것처럼 비치지만 유사시 공격형 미드필더로도 뛰며 전진해서 찬스를 만드는 플레이에 매우 능하다. 전방으로 단번에 넘기는 롱 패스 정확도도 준수하다. 다만 체격이 큰 탓인지 스피드가 느려 수비 전환시 위기를 맞는 경우가 있다. 지난해 12월 십자인대 파열 부상을 당했다가 7월에 겨우 복귀했다.

주로 사용하는 발: 오른발 83%	우승	1부리그: 0-0	협회컵: 0-1	챔피언스: 0-0
	준우승	클럽월드컵: 0-0	UEFA 유로: 0-0	월드컵: 0-0

슈팅-득점: 2-0 / 1-0
LG-0 3-0, RG-0 0-0, HG-0 0-0

패스 방향 분포: 전진 23%, 좌향 33%, 우향 31%, 후진 13%

2020-21 프리미어리그: 10-3, 928, A 0, P 46.0-41.5, P% 90%, T 2.6-1.4, I 1.1, DR 0.4-0.3, 4-0, 0

Samuel CHUKWUEZE 11
MF 사무엘 추쿠에제

나이지리아 국가대표 출신 날개. 직선적인 빠른 돌파가 인상적인 측면 미드필더. 우측면에서 컷 인사이드를 한 후 직접 골문을 겨냥하는 왼발잡이 반대발 윙이다. 다만 체력적으로는 강인하지 못해 경기 후반부로 갈수록 집중력이 떨어진다. 지난 시즌 막판 햄스트링을 다쳐 3주간 휴식을 취한 후 새 시즌을 대비했으나, 개막 직전 대퇴부를 다쳐 전력에서 빠졌다.

주로 사용하는 발: 왼발 96%	우승	1부리그: 0-0	협회컵: 0-0	챔피언스: 0-0
	준우승	클럽월드컵: 0-0	CAF 네이션스컵: 0-0	월드컵: 0-0

슈팅-득점: 22-3 / 9-1
LG-4 31-4, RG-0 0-0, HG-0 0-0

패스 방향 분포: 전진 18%, 좌향 48%, 우향 7%, 후진 27%

2020-21 라리가: 13-15, 1363, A 2, P 17.8-13.7, P% 77%, T 0.9-0.4, I 0.4, DR 2.8-1.4, 0-0, 0

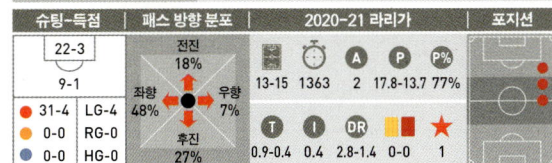

Paco ALCÁCER 9
FW 파코 알카세르

단신 센터포워드지만, 신체 모든 부위로 득점을 만들어내는 집념을 가진 골잡이. 빼어난 위치 선정 능력으로 피지컬의 약점을 극복한 선수다. 특히 라인 브레이킹은 최고 수준으로 평가받는다. 체력도 훌륭해 적극적으로 상대 수비를 전방 압박한다. 다만 부상이 잦다는 게 흠이다. 2020-21시즌에는 햄스트링으로 16일, 대퇴부 부상으로 41일을 출전하지 못했다.

주로 사용하는 발: 오른발 83%	우승	1부리그: 1-2	협회컵: 2-0	챔피언스: 0-0
	준우승	클럽월드컵: 0-0	UEFA 유로: 0-0	월드컵: 0-0

슈팅-득점: 30-6 / 7-0
LG-2 37-6, RG-4 3-0, HG-0 2-1

패스 방향 분포: 전진 20%, 좌향 15%, 우향 36%, 후진 30%

2020-21 라리가T: 19-8, 1557, A 4, P 9.7-7.2, P% 73%, T 0.4-0.2, I 0.3, DR 0.4-0.3, 0-0, 0

RC CELTA DE VIGO

구단 창립 : 1923년 홈구장 : 에스타디오 발라이도스 대표 : 카를로스 무리뇨 2020-21시즌 : 8위(승점 53점) 14승 11무 13패 55득점 57실점 닉네임 : Os Celestes, O Celtiña

강등 위기 극복, 잔류 성공
같은 실수 반복하면 또 위기

아스파스 영향력 어떻게 줄일까

2020-21시즌 초반 3R부터 8경기 연속 무승에 허덕이며 19위까지 추락했다. 2019-20시즌 비슷한 상황에서 팀을 겨우 잔류시킨 오스카르 가르시아 감독이 물러났고 급히 브라질 인테르나시오날을 지휘하던 쿠데트 감독을 불러들였다. 새 감독은 공격적인 축구로 분위기를 바꿨고 결국 중위권으로 시즌을 마무리 할 수 있었다. 문제는 지나치게 공격적인 축구가 꽤 모험적이라는 데 있다. 30대 중반에 접어든 에이스 아스파스는 여전히 대체 불가한 전력이다. 그는 팀 득점원이면서 플레이메이커. 마찬가지로 놀리토를 대신할 선수도 부족하다. 이들을 얼마나 관리해주고 영향력을 유지해주느냐에 팀 운명이 걸렸다.

이적은 젊은 선수, 임대는 노장 위주

공격수를 영입하고 싶었지만 셀타 비고 사정에 맞는 공격수를 찾는 건 쉽지 않았다. 그래서 공격형 미드필더와 측면에서 득점을 터트릴 수 있는 선수 위주로 후보를 추렸다. 브라질에서 함께한 티아구 갈라르두가 처음 유럽 무대에 도전한다. 나이가 걸림돌이지만 브라질 리그에서 보여준 득점력이라면 기대를 걸어볼 만하다. 벤피카에서 기회가 줄어든 체르비, 지난 시즌 우에스카에서 전천후로 활약한 하비 갈란은 측면 전력을 높여줄 것으로 기대. 지난 두 시즌 셀타 비고 수비를 책임졌지만 잔류가 불투명했던 무리요가 임대 생활을 이어가게 됐다.

ODDS CHECK
bet365	배당률 200배 우승 확률 10위		sky bet	배당률 250배 우승 확률 9위
William HILL	배당률 200배 우승 확률 10위		888sport	배당률 350배 우승 확률 10위

*우승 확률이 높을수록 배당률은 낮아짐

SQUAD LIST

위치	번호	선수	국적	키	생년월일	전 소속팀
G	1	Matías Dituro	ARG	191	87-05-08	Universidad Católica
G	13	Rubén Blanco	ESP	188	95-07-25	Celta B
D	2	Hugo Mallo	ESP	181	91-06-22	Celta B
D	4	Néstor Araujo	MEX	188	91-08-29	Santos Laguna
D	15	Joseph Aidoo	GHA	180	95-09-29	KRC Genk
D	17	Javi Galán	ESP	172	94-11-19	Huesca
D	19	José Fontán	ESP	182	00-02-11	Celta B
D	20	Kevin Vázquez	ESP	173	93-03-23	Celta B
D	24	Jeison Murillo	COL	182	92-05-27	Sampdoria
D	28	Carlos Domínguez	ESP	187	01-02-11	Celta B
D	34	Fernando Medrano	ESP	172	00-03-26	Atlético Madrid B
M	5	Okay Yokuslu	TUR	188	94-03-09	Trabzonspor
M	6	Denis Suárez	ESP	176	94-01-06	Barcelona
M	8	Fran Beltrán	ESP	170	99-02-03	Rayo Vallecano
M	11	Franco Cervi	ARG	180	94-05-26	Benfica
M	14	Renato Tapia	PER	185	95-07-28	Feyenoord
M	16	Miguel Baeza	ESP	175	00-03-27	Real Madrid B
M	21	Augusto Solari	ARG	180	92-01-03	Racing Club
F	7	Thiago Galhardo	BRA	182	89-07-20	Internacional
F	9	Nolito	ESP	175	86-10-15	Sevilla
F	10	Iago Aspas	ESP	176	87-08-11	Sevilla
F	22	Santi Mina	ESP	181	95-12-07	Valencia
F	23	Brais Méndez	ESP	187	97-01-07	Celta B
F	32	Alfon	ESP	172	99-05-04	Getafe B

2021-22 SEASON SCHEDULE

날짜	장소	상대팀	날짜	장소	상대팀
08-15	H	Atlético Madrid	01-09	A	Real Sociedad
08-23	A	Osasuna	01-19	H	Osasuna
08-29	H	Athletic Bilbao	01-23	A	FC Sevilla
09-12	A	Real Madrid	02-06	H	Rayo Vallecano
09-19	H	Cádiz	02-13	A	Cádiz
09-22	A	Levante	02-20	H	Levante
09-26	H	Granada	02-27	A	Atlético Madrid
10-03	A	Elche	03-06	H	Mallorca
10-17	H	FC Sevilla	03-13	A	Villarreal
10-24	A	Getafe	03-20	H	Real Betis
10-27	H	Real Sociedad	04-03	A	Real Madrid
10-31	A	Rayo Vallecano	04-10	H	Espanyol
11-07	H	FC Barcelona	04-17	A	Athletic Bilbao
11-21	A	Villarreal	04-20	H	Getafe
11-28	H	Alavés	05-01	A	Granada
12-05	A	Valencia	05-08	H	Alavés
12-12	H	Mallorca	05-11	A	FC Barcelona
12-19	A	Espanyol	05-15	H	Elche
01-02	A	Real Betis	05-22	A	Valencia

RANKING OF LAST 10 YEARS

11-12	12-13	13-14	14-15	15-16	16-17	17-18	18-19	19-20	20-21
2	17 37점	9 49점	8 51점	6 60점	13 45점	13 49점	17 41점	17 37점	8 53점

MANAGER : Eduardo COUDET 에두아르도 쿠데트

Personal Information
생년월일 : 1976.09.12. / 출생지 : 부에노스 아이레스 (아르헨티나)
현역시절 포지션 : MF / 계약만료 : 2024.06.30
평균 재직 기간 : 2년 / 선호 포맷 : 4-1-3-2

History
은퇴 후 로사리오 센트랄을 시작으로 멕시코 티후아나를 거쳐 라싱 클럽을 맡았는데, 2018-19 리그와 컵대회 우승을 동시에 차지했다. 2020년 11월, 셀타 비고가 도움을 청하자 고민하지 않고 리그 선두를 달리던 브라질 인테르나시오날을 떠났다.

Style
4-4-2에서 공격을 강화한 4-1-3-2 포메이션을 선호한다. 경기를 장악하고 공격적으로 상대를 몰아붙일 수 있다는 장점이 있지만 지나치게 무게 중심이 앞으로 쏠려 대량 실점하며 무너지는 경기도 잦다. 결정력을 살리지 못하면 쉽게 무너질 수 있는 모험적인 전술. 선수단 기강과 규율을 엄격하게 삼는다.

우승 - 준우승 횟수

	SPANISH LA LIGA	SPANISH COPA DEL REY	UEFA CHAMPIONS LEAGUE	UEFA EUROPA LEAGUE	FIFA CLUB WORLD CUP	UEFA-CONMEBOL INTERCONTINENTAL
	0-0	0-3	0-0	0-0	0-0	0-0

STADIUM
Estadio Balaídos

구장 오픈 : 1928년 | 구장 증개축 : 총 5회(최근 2021년)
구장 소유 : RC 셀타 비고 | 수용 인원 : 2만 9000명
피치 규모 : 105 X 70m | 잔디 종류 : 천연 잔디

평균 볼 점유율
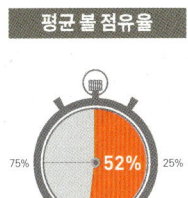
52%

RC CELTA DE VIGO vs. OPPONENTS PER GAME STATS

득점	슈팅	유효슈팅	오프사이드	패스시도	패스성공	패스성공률	태클시도	볼소유자 압박	인터셉트	GK 선방	파울	경고	퇴장
1.44	9.4	3.7	1.7	469	443	375	342	80%	77%				
1.50	10.9	3.5	1.4	(PA)	(PC)	(P%)							
18.5	158	10.7	2.2	16.8	15.8	2.74	2.68	0.132	0.158				
13.6	131	11.1	2.3	(PR)	(INT)								

시간대별 득점
76:9, 15:9, 75:5, 16:9, 61:6, 30:17, 60, 31, 46, 45

시간대별 실점
76:14, 15:10, 75:5, 16:11, 61:10, 30:7, 60, 31, 46, 45

위치별 슈팅-득점
29-14
221-35
107-6

공격 방향
34% 25% 41%

볼 점유 위치
상대 진영 24%
중간 지역 45%
우리 진영 31%

포지션별 득점
FW진 34골
MF진 15골
DF진 6골

상대 포지션별 실점
DF진 9골
MF진 12골
FW진 35골
*자책골 실점 1골

BASIC FORMATION

4-4-2

미나 (티아구) / 아스파스 (티아구)
놀리토 (세르비) / 멘데스 (솔라리)
타피아 (벨트란) / 수아레스 (오칸)
갈란 (바에사) / 마요 (케빈)
무리요 (폰탄) / 아라우호 (아이두)
디투로 / 블랑코

TOTO GUIDE 지난시즌 전적

상대팀	홈	원정
Atletico Madrid	0-2	2-2
Real Madrid	1-3	0-2
FC Barcelona	0-3	2-1
FC Sevilla	3-4	2-4
Real Sociedad	1-4	1-2
Real Betis	2-3	1-2
Villarreal	0-4	4-2
Granada	3-1	0-0
Athletic Bilbao	0-0	2-0
Osasuna	2-1	0-2
Cadiz	4-0	0-0
Valencia	2-1	0-2
Levante	2-0	1-1
Getafe	1-0	1-1
Alaves	2-0	3-1
Elche	3-1	1-1
Huesca	2-1	4-3
Valladolid	1-1	1-1
Eibar	1-1	0-0

득점 패턴
55골 : 35 / 7 / 7 / 6
실점 패턴
57골 : 37 / 7 / 8 / 4 / 1

● OPEN PLAY ● COUNTER ATTACK ● SET PLAY ● PENALTY KICK ● OWN GOAL

OFFENSE | DEFENSE

OFFENSE		DEFENSE	
오픈 플레이	D	오픈 플레이 수비	C
카운터 어택	A	카운터 어택 수비	D
짧은 패스 게임	B	짧은 패스 게임 수비	D
롱볼 연계 플레이	C	롱볼 연계 플레이 수비	D
솔로 플레이	C	솔로 플레이 수비	E
중거리 슈팅/직접 프리킥	B	중거리 슈팅 수비	E
측면 공격	B	측면 수비	C
세트 플레이	C	세트 플레이 수비	D
위협적인 공격 횟수	D	공중전 능력	D
슈팅 대비 득점	C	볼 쟁탈전/투쟁심	B
오프사이드 피하기	D	실수 조심	D
볼 점유율	B	파울 주의	E

A 매우 우수함 B 우수함 C 평균 수준 D 부족함 E 많이 부족함

GK Rubén BLANCO 13
루벤 블랑코

SCOUTING REPORT
뛰어난 숏 스토퍼. 깔끔한 펀칭 실력으로 상대의 날카로운 슛을 무력화시킨다. 박스 안 혼전 상황이 주어져도 뛰어난 집중력을 발휘하며 선방을 펼친다. 전진 수비보다는 골 라인 인근에서 끝까지 상대 슛 궤적을 읽고 몸을 던지는 타입이다. 다만 외곽에서 터지는 상대 중거리슛에는 다소 약하다. 무릎이 좋지 않아 지난 두 시즌 동안 한 차례씩은 꼭 무릎 부상 때문에 전력에서 빠졌었다.

PLAYER'S HISTORY
만 18세의 어린 나이로 셀타 1군 데뷔전을 치렀으며, 2019년 11월 6일 바르셀로나 원정 경기를 통해 1950년대 레전드 수문장인 파르돈을 제치고 클럽 최연소(만 24세) 통산 100경기 출전 기록을 달성했다. 스페인 연령별 대표팀에서도 모든 레벨을 거쳤다.

주로 사용하는 발: 오른발 80% 우승/준우승 1부리그: 0-0 협회컵: 0-0 챔피언스: 0-0 클럽 월드컵: 0-0 UEFA 유로: 0-0 월드컵: 0-0

DF Hugo MALLO 2
우고 마요

SCOUTING REPORT
공격 가담 능력이 준수한 라이트백. 세트 피스뿐만 아니라 직접적인 오버래핑으로 득점을 낚기도 한다. 오른쪽 센터백으로도 기용 가능하다. 수비수 치고는 다소 단신이지만 공중볼 다툼에서 좀처럼 밀리지 않는다. 거의 모든 경기에 출전할 정도로 체력도 강하다. 크로스 정확도에는 기복이 있으며, 파울이 잦다. 잔부상이 심한 편이다. 지난해부터 경기 중 부상을 당해 벤치 밖으로 물러난 게 여섯 차례나 된다.

PLAYER'S HISTORY
셀타 비고에 헌신한 원 클럽 맨이다. 2012-13시즌 전방 십자 인대 파열 부상을 당한 적도 있으나, 이후에는 '철강왕' 면모를 뽐내고 있다. 2020년 오스카르 가르시아 감독과 불화 때문에 주장직을 이어고 아스파스에게 빼앗긴 아픔을 맛보기도 했다.

주로 사용하는 발: 오른발 87% 우승/준우승 1부리그: 0-0 협회컵: 0-0 챔피언스: 0-0 클럽 월드컵: 0-0 UEFA 유로: 0-0 월드컵: 0-0

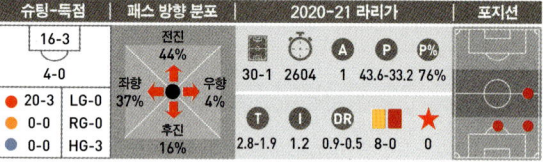

MF Renato TAPIA 14
레나토 타피아

SCOUTING REPORT
주로 중앙 수비형 미드필더로 활약하나 유사시 센터백으로도 활약한다. 강력한 태클과 제공권 장악 능력이 강점이며, 적당한 수준의 주력도 갖췄다. 볼 간수 능력도 수준급이다. 뛰어난 축구 지능 덕에 적재 적소에 위치하므로부터 자주 볼을 탈취한다. 다만 반칙 횟수가 많는 게 약점. 2020-21시즌에는 두 번이나 퇴장 당했다. 지난 시즌 막판 햄스트링을 다치긴 했으나 다행히도 빨리 회복했다.

PLAYER'S HISTORY
현재 페루에서 가장 뜨겁게 주목하는 유럽파 미드필더. 만 26세 젊은 선수지만 64경기에 달하는 A매치 출전 기록을 갖고 있다. 페예노르트 시절인 2016-17시즌 에레디비시에 우승을 경험했었다. 한때 레알 마드리드 이적설이 나돌 정도로 드높은 주가를 자랑했다.

주로 사용하는 발: 오른발 86% 우승/준우승 1부리그: 1-0 협회컵: 2-1 챔피언스: 0-0 클럽 월드컵: 0-0 코파아메리카: 0-1 월드컵: 0-0

FW Santi MINA 22
산티 미나

SCOUTING REPORT
2선 전 지역을 커버할 수 있는 멀티 플레이어. 주변 동료들과 패스를 통해 볼을 상대 진영 깊숙한 지점까지 끌어올리는 플레이를 펼친다. 지난 시즌에는 두 자릿수 득점을 올릴 정도로 물오른 득점력을 자랑했다. 다만 일대일 승부에서 약해 자주 파울을 범하고 공격권을 내주는 경우가 많다. 크로스도 부정확하다. 2015년 이후 무릎·종아리·어깨·햄스트링 등 갖가지 부위를 다쳐 고생하고 있다.

PLAYER'S HISTORY
셀타 유스 출신이며 2015년부터 4년간 발렌시아의 핵심 미드필더로 활약하며 스포르라이트를 받았다. 그러나 2017년 6월 성범죄 혐의로 파문을 일으켜 한때 커리어에 큰 위기를 겪은 선수기도 하다. 스페인 연령별 대표 단계를 밟았지만 A대표 기록은 없다.

주로 사용하는 발: 오른발 88% 우승/준우승 1부리그: 0-0 협회컵: 1-0 챔피언스: 0-0 클럽 월드컵: 0-0 UEFA 유로: 0-0 월드컵: 0-0

아이콘	의미
● 전체 슈팅 시도-득점	● 직접 프리킥 시도-득점	● PK 시도-득점	LG 왼발 득점	RG 오른발 득점	HG 헤더 득점	⏱ 출전횟수 선발-교체	⏱ 출전시간 분(MIN)	A 도움	P 평균패스 시도-성공	P% 패스 성공률	T 평균태클 시도-성공	I 평균 인터셉트	DR 평균드리블 시도-성공	🟨🟥 경고-퇴장	★ MOM

Néstor ARAÚJO 4 — DF
네스토르 아라우호

멕시코 축구 국가대표팀의 핵심 센터백. 셀타에서도 중용되고 있다. 대인 방어와 기복 없는 경기력으로 정평이 나 있다. 또한 한 수 앞서 상대 패스를 차단하는 노련한 수비도 펼친다. 발밑 기술도 수준급이라 볼을 탈취한 후에는 정확한 전진 패스로 빌드업에 기여한다. 다만 2019-20시즌 이후 거의 매 시즌 다이렉트 퇴장을 기록하고 있어 팀에 고민을 안겨주고 있다.

주로 사용하는 발: 오른발 84%

	우승	준우승
1부리그	2-1	
협회컵	2-0	
챔피언스	0-0	
클럽월드컵	0-0	
북중미 골드컵	1-1	
월드컵	0-0	

슈팅-득점: 6-0 / 0-0 / ● 0-0 LG-0 / ● 0-0 RG-0 / ● 0-0 HG-0

패스 방향 분포: 전진 36% / 좌향 36% / 우향 20% / 후진 8%

2020-21 라리가: 26-7 | 2424 | A 0 | P 48.0-40.0 | P% 83% | T 1.0-0.7 | I 1.3 | DR 0 | 🟨 5-0 | ★ 0

Joseph AIDOO 15 — DF
조셉 아이두

엄청난 에너지로 뒷마당을 휩쓸고 다니는 센터백. 문전 커버는 물론 우측 수비 배후가 열릴 때도 적극 가담해 빈틈을 틀어막는다. 일대일 수비에 능하며 태클이 강하다. 다만 수비수치고는 체격이 크지 않아 공중볼은 강하지 않다. 때로는 기복도 드러낸다. 하지만 부상이나 징계가 거의 없는 건 장점이다. 지난 2019년부터 가나 국가대표팀의 일원으로 뛰고 있다.

주로 사용하는 발: 오른발 81%

	우승	준우승
1부리그	1-0	
협회컵	0-1	
챔피언스	0-0	
클럽월드컵	0-0	
CAF 네이션스컵	0-0	
월드컵	0-0	

슈팅-득점: 8-0 / 1-0 / ● 9-0 LG-0 / ● 0-0 RG-0 / ● 0-0 HG-0

패스 방향 분포: 전진 41% / 좌향 28% / 우향 21% / 후진 10%

2020-21 라리가: 14-11 | 1285 | A 0 | P 24.9-20.4 | P% 82% | T 1.4-1.0 | I 1 | DR 0.1-0.1 | 🟨 3-0 | ★ 0

Denis SUÁREZ 6 — MF
데니스 수아레즈

한때 아스널에서도 활약했던 미드필더. 바르셀로나 유스 출신이며 2019-20시즌부터 셀타에서 뛰고 있다. 뛰어난 볼 터치, 스피디한 돌파력, 창의적인 패스로 찬스를 만들어간다. 슛도 수준급이다. 때문에 바르셀로나 시절 '제2의 이니에스타'라는 기대를 받기도 했다. 유스 시절 자잘한 부상이 많았으나 2020-21시즌에는 다치지 않고 풀 시즌을 소화했다.

주로 사용하는 발: 오른발 86%

	우승	준우승
1부리그	2-2	
협회컵	2-1	
챔피언스	0-0	
클럽월드컵	0-0	
UEFA 유로	0-0	
월드컵	0-0	

슈팅-득점: 4-0 / 12-0 / ● 16-0 LG-0 / ● 1-0 RG-0 / ● 0-0 HG-0

패스 방향 분포: 전진 30% / 좌향 25% / 우향 29% / 후진 17%

2020-21 라리가: 34-1 | 2864 | A 9 | P 54.3-45.9 | P% 84% | T 3.9-1.8 | I 0.6 | DR 1.7-1.0 | 🟨 10-0 | ★ 0

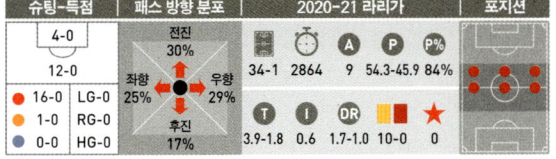

Fran BELTRÁN 8 — MF
프란 벨트란

2021년 6월 8일 리투아니아전을 통해 스페인 국가대표로도 데뷔했다. 정교한 짧은 패스를 주로 구사하며 이를 통해 팀의 볼 점유율 상승에 기여한다. 단 성공 확률이 떨어지는 전진 패스를 시도하는 것과 같은 무리한 플레이는 하지 않는다. 신체적 약점 때문에 공중볼 경합에서는 크게 밀린다. 커리어 내내 딱 두 번 부상을 당했는데 모두 햄스트링이었다.

주로 사용하는 발: 오른발 89%

	우승	준우승
1부리그	0-0	
협회컵	0-0	
챔피언스	0-0	
클럽월드컵	0-0	
UEFA 유로	0-0	
월드컵	0-0	

슈팅-득점: 6-1 / 13-2 / ● 19-3 LG-0 / ● 0-0 RG-3 / ● 0-0 HG-0

패스 방향 분포: 전진 23% / 좌향 35% / 우향 29% / 후진 13%

2020-21 라리가: 13-19 | 1392 | A 0 | P 23.9-21.7 | P% 91% | T 1.4-0.9 | I 0.5 | DR 0.3-0.3 | 🟨 3-0 | ★ 0

Brais MÉNDEZ 23 — MF
브라이스 멘데스

셀타가 크게 기대하고 있는 유망주. 잠깐이긴 했지만 유로 2020 개막을 앞두고 코로나19에 감염된 세르히오 부스케츠를 대신해 대표팀 캠프에 합류하기도 했다. 수비 가담 능력이 출중한 중앙 미드필더이며, 주로 숏 패스를 통해 경기를 운영한다. 최근에는 오른쪽 측면에서도 진가를 보이고 있다. 2년 전 햄스트링을 다치긴 했지만 그 외에는 부상 이력이 없다.

주로 사용하는 발: 오른발 87%

	우승	준우승
1부리그	0-0	
협회컵	0-0	
챔피언스	0-0	
클럽월드컵	0-0	
UEFA 유로	0-0	
월드컵	0-0	

슈팅-득점: 35-9 / 15-0 / ● 50-9 LG-7 / ● 1-0 RG-0 / ● 1-1 HG-2

패스 방향 분포: 전진 31% / 좌향 30% / 우향 19% / 후진 21%

2020-21 라리가: 30-4 | 2679 | A 0 | P 33.7-26.5 | P% 79% | T 3.2-1.7 | I 0.9 | DR 1.2-0.4 | 🟨 8-0 | ★ 1

Iago ASPAS 10 — FW
이아고 아스파스

셀타 비고 역대 통산 최다 득점자. 이 타이틀 하나만으로도 아스파스가 지니는 클럽 내 위상을 설명할 수 있다. 2020-21시즌에는 10-10 클럽을 달성하기도 했다. 페널티킥과 프리킥을 가리지 않는 데드볼 스페셜리스트다. 패스 역시 수준급. 다만 크로스는 살짝 아쉽다. 햄스트링과 종아리 부상이 잦다. 또한 최근 세 시즌 동안 꼬박꼬박 한 차례씩 퇴장당했다.

주로 사용하는 발: 왼발 75%

	우승	준우승
1부리그	0-0	
협회컵	0-0	
챔피언스	0-0	
클럽월드컵	0-0	
UEFA 유로	0-0	
월드컵	0-0	

슈팅-득점: 40-12 / 10-2 / ● 50-14 LG-9 / ● 6-1 RG-5 / ● 5-5 HG-0

패스 방향 분포: 전진 27% / 좌향 22% / 우향 28% / 후진 23%

2020-21 라리가: 33-0 | 2871 | A 13 | P 37.1-29.3 | P% 79% | T 1.0-0.4 | I 0.5 | DR 2.6-1.8 | 🟨 9-0 | ★ 8

GRANADA CF

구단 창립 : 1931년 홈구장 : 누에보 로스 카르메네스 대표 : 위 레나토 2020-21시즌 : 9위(승점 46점) 13승 7무 18패 47득점 65실점 닉네임 : Nazaríes, El Gran

팀 역사 만들었던 지난 시즌 신임 감독, 돌풍 이어가나

첫 유럽 대항전, '모든 것이 꿈'

유럽 대항전과의 병행이 아무렇지 않은 것처럼 파죽지세의 기운을 뿜어냈다. 리그에서도 스타일을 유지하며 상위권을 달렸고 유로파 리그 조별 리그 역시 안정적으로 풀어갔다. 32강 토너먼트 첫 상대는 이탈리아의 강호 나폴리. 하지만 그라나다의 위력은 상상 이상이었고 16강에서도 몰데를 꺾고 맨체스터 유나이티드를 만났다. 첫 유럽 대항전 도전이 멈춰서는 아쉬운 순간이었지만 그라나다의 용감한 도전은 찬사가 잇따랐다. 이제 체급을 올린 그라나다. 디에고 마르티네스 감독의 이탈이 최대 변수로 떠올랐다. 달콤한 꿈이 이어질 수 있을까?

과감한 스타일 변화, 성공할까

새로운 감독 모레노에게서도 마르티네스와 비슷한 성공을 기대하는 눈치다. 하지만 유소년과 성인팀 경험이 있던 전임 감독과는 달리 감독 경력이 부족한 편. 수비를 강하게 하면서 많이 뛰고 긴 패스를 적절히 섞는 등 그라나다에 필요한 전술을 입혔던 전임 감독처럼 얼마나 팀에 빠르게 자신의 전술적 색채를 입힐 수 있을 것인지가 관건이다. 바카, 에스쿠데로, 로치나 같은 노장 선수들이 팀이 흔들리지 않게끔 잘 도울 필요가 있다. 페루 출신 중앙 수비수 아브람이 유럽을 처음 경험하고 베테랑 오른쪽 풀백 아리아스도 임대됐다. 반면 솔다도, 풀키에 등은 다른 팀으로 이적했다. 주전 골키퍼였던 실바의 자리는 에스칸델로 대체한다.

ODDS CHECK

| bet365 | 배당률 500배 우승 확률 14위 | skybet | 배당률 500배 우승 확률 12위 |
| William HILL | 배당률 500배 우승 확률 13위 | 888sport | 배당률 500배 우승 확률 14위 |

*우승 확률이 높을수록 배당률은 낮아짐

SQUAD LIST

위치	번호	선수	국적	키	생년월일	전 소속팀
GK	1	Luís Maximiano	POR	190	99-01-05	Sporting CP
	13	Aarón Escandell	ESP	188	95-09-27	Málaga B
	31	Kane Sarr	SEN	190	00-04-21	Nàstic
	35	João Costa	POR	185	96-02-02	Mirandés
DF	2	Santiago Arias	COL	170	92-01-13	Atlético Madrid
	3	Sergio Escudero	ESP	176	89-09-02	Sevilla
	6	Germán Sánchez	ESP	188	86-10-31	Tenerife
	15	Carlos Neva	ESP	174	96-06-12	Marbella
	16	Víctor Díaz	ESP	183	88-06-12	Leganés
	17	Quini Marín	ESP	179	89-09-24	Rayo Vallecano
	18	Luis Abram	PER	180	96-02-20	Vélez Sarsfield
	22	Domingos Duarte	POR	192	95-03-10	Sporting CP
MF	4	Maxime Gonalons	FRA	187	89-03-10	Roma
	5	Luis Milla	ESP	175	94-10-07	Tenerife
	7	Alberto Soro	ESP	173	99-03-09	Real Madrid
	8	Yan Brice	CMR	176	97-08-26	Sevilla
	10	Antonio Puertas	ESP	175	92-02-21	Almería
	14	Monchu	ESP	173	99-09-13	Barcelona B
	19	Ángel Montoro	ESP	180	88-06-25	Las Palmas
	21	Rubén Rochina	ESP	181	91-03-23	Levante
	26	Isma	ESP	180	01-02-14	Granada B
	28	Raúl Torrente	ESP	193	01-03-01	Granada B
FW	9	Luis Suárez	COL	185	97-12-02	Watford
	11	Darwin Machís	VEN	170	93-02-07	Udinese
	20	Carlos Bacca	COL	181	86-09-08	Villarreal
	23	Jorge Molina	ESP	188	82-04-22	Getafe

2021-22 SEASON SCHEDULE

날짜	장소	상대팀	날짜	장소	상대팀
08-16	A	Villarreal	01-09	H	FC Barcelona
08-21	H	Valencia	01-19	A	Getafe
08-29	A	Rayo Vallecano	01-23	H	Osasuna
09-12	H	Real Betis	02-06	A	Real Madrid
09-19	A	FC Barcelona	02-13	A	Real Sociedad
09-22	H	Real Sociedad	02-20	H	Villarreal
09-26	A	Celta Vigo	02-27	H	Cádiz
10-03	H	FC Sevilla	03-06	A	Valencia
10-17	H	Atlético Madrid	03-13	H	Elche
10-24	A	Osasuna	03-20	A	Alavés
10-27	H	Getafe	04-03	H	Rayo Vallecano
10-31	A	Levante	04-10	A	FC Sevilla
11-07	A	Espanyol	04-17	H	Levante
11-21	H	Real Madrid	04-20	A	Atlético Madrid
11-28	A	Athletic Bilbao	05-01	H	Celta Vigo
12-05	H	Alavés	05-08	A	Mallorca
12-12	A	Cádiz	05-11	A	Athletic Bilbao
12-19	H	Mallorca	05-15	H	Real Betis
01-02	A	Elche	05-22	A	Espanyol

RANKING OF LAST 10YEARS

■ 2부 리그 ■ 3부 리그

17 42점 | 15 42점 | 15 41점 | 17 35점 | 16 39점 | 20 20점 | 10 | 2 | 7 56점 | 9 46점

11-12 | 12-13 | 13-14 | 14-15 | 15-16 | 16-17 | 17-18 | 18-19 | 19-20 | 20-21

MANAGER : Robert MORENO 로베르트 모레노

Personal Information
- 생년월일 : 1977.09.19. / 출생지 : 로스피탈렛 (스페인)
- 현역시절 포지션 : DF / 계약만료 : 2023.06.30
- 평균 재직 기간 : 1년 / 선호 포맷 : 4-3-3

History
주로 유소년을 가르치다 루이스 엔리케 감독을 만나 AS 로마-셀타 비고-바르셀로나-스페인 대표팀까지 동행했다. 엔리케 감독이 개인사로 스페인 대표팀에서 사임하자 그 자리를 물려받았는데, 엔리케 복귀로 성적과는 무관하게 자리를 내줬다.

Style
스페인 대표팀에서 9경기, AS 모나코에서 13경기를 치렀다. 엔리케 감독의 영향을 받아 점유를 바탕으로 하면서도 직선적인 공격을 추구하는 편. 짧은 패스 일변도의 전술 운용은 아니다. 다만 스페인 대표팀을 물려받았을 때 세밀한 부분에서 부족함을 나타낸 바 있다.

우승 - 준우승 횟수
- SPANISH LA LIGA: 0-0
- SPANISH COPA DEL REY: 0-1
- UEFA CHAMPIONS LEAGUE: 0-0
- UEFA EUROPA LEAGUE: 0-0
- FIFA CLUB WORLD CUP: 0-0
- UEFA-CONMEBOL INTERCONTINENTAL: 0-0

STADIUM

Nuevo Estadio de Los Cármenes

- 구장 오픈 : 1995년
- 구장 소유 : 그라나다 시
- 피치 규모 : 105 X 68m
- 구장 증개축 : 2011년
- 수용 인원 : 1만 9336명
- 잔디 종류 : 천연 잔디

평균 볼 점유율
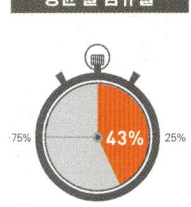
43%

GRANADA CF vs. OPPONENTS PER GAME STATS

그라나다 CF		vs		상대팀
득점	1.24		1.71	
슈팅	9.4		12.6	
유효슈팅	3.3		4.2	
오프사이드	2.2		1.4	
패스시도 PA	308		503	
패스성공 PC	215		399	
패스성공률 P%	70%		79%	
태클시도 TK	15.0		15.4	
볼소유자 압박 PR	132		121	
인터셉트 INT	10.7		8.5	
GK 선방	2.8		2.0	
파울	14.0		14.2	
경고	2.53		2.74	
퇴장	0.158		0.158	

시간대별 득점
- 76-90: 16
- 61-75: 7
- 46-60: 5
- 1-15: 4
- 16-30: 6
- 31-45: 9

시간대별 실점
- 76-90: 12
- 61-75: 12
- 46-60: 8
- 1-15: 6
- 16-30: 13
- 31-45: 14

위치별 슈팅-득점
- 25-5
- 179-35
- 155-7

공격 방향
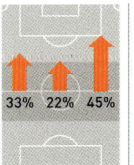
33% / 22% / 45%

볼 점유 위치
- 상대 진영 27%
- 중간 지역 44%
- 우리 진영 29%

포지션별 득점
- FW진 29골
- MF진 12골
- DF진 6골

상대 포지션별 실점
- DF진 7골
- MF진 13골
- FW진 44골
- 자책골 실점 1골

BASIC FORMATION

4-3-3

- 바카 (몰리나)
- 수아레스 (마치스) / 미야 (몬토로) / 몬추 (테키) / 푸에르타스 (로치나)
- 네바 (에스쿠데로) / 고날롱스 (에테키) / 아리아스 (퀴니)
- 산체스 (아브람) / 두아르테 (페페)
- 에스칸델 (양헬)

TOTO GUIDE 지난시즌 전적

상대팀	홈	원정
Atletico Madrid	1-2	1-6
Real Madrid	1-4	0-2
FC Barcelona	0-4	2-1
FC Sevilla	1-0	1-2
Real Sociedad	1-0	0-2
Real Betis	2-0	1-2
Villarreal	0-3	2-2
Celta Vigo	0-0	1-3
Athletic Bilbao	2-0	1-2
Osasuna	2-0	1-3
Cadiz	0-1	1-1
Valencia	2-1	1-2
Levante	1-1	2-2
Getafe	0-0	1-0
Alaves	2-1	2-4
Elche	2-1	1-0
Huesca	3-3	2-3
Valladolid	1-3	2-1
Eibar	4-1	0-2

득점 패턴

47골 — OPEN PLAY 31, COUNTER ATTACK 4, SET PLAY 9, PENALTY KICK 3

실점 패턴
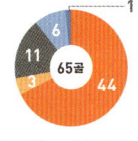
65골 — OPEN PLAY 44, COUNTER ATTACK 3, SET PLAY 11, PENALTY KICK 6, OWN GOAL 1

OFFENSE
오픈 플레이	E
카운터 어택	B
짧은 패스 게임	B
롱볼 연계 플레이	B
솔로 플레이	C
중거리 슈팅 / 직접 프리킥	
측면 공격	B
세트 플레이	C
위협적인 공격 횟수	E
슈팅 대비 득점	D
오프사이드 피하기	C
볼 점유율	D

DEFENSE
오픈 플레이 수비	D
카운터 어택 수비	C
짧은 패스 게임 수비	D
롱볼 연계 플레이수비	B
솔로 플레이 수비	D
중거리 슈팅 수비	D
측면 수비	C
세트 플레이 수비	D
공중전 능력	D
볼 쟁탈전 / 투쟁심	B
실수 조심	B
파울 주의	E

A 매우 우수함 B 우수함 C 평균 수준 D 부족함 E 많이 부족함

Arón ESCANDELL 13
아론 에스칸델

SCOUTING REPORT

긴 팔과 긴 다리를 활용해 선방하는 모습이 마치 다비드 데 헤아를 쏙 빼닮았다. 빠른 반사신경으로 승부를 보는 문지기다. 페널티킥 선방 능력이 좋고, 중거리슛 방어에 좀 더 특출난 모습을 보인다. 다만 발밑 기술은 그리 좋지 못해 롱패스의 비거리가 그리 길지 않고, 파울이 다소 잦다. 주전 경험이 많지 않다는 점도 불안요소. 그간 출전 기회가 드물었기에 이렇다 할 부상을 당한 적도 없다.

PLAYER'S HISTORY

2013-14시즌 하부리그 클럽인 아틀레티코 말라게뇨에서 데뷔했으며 이후 말라가 B팀 · 그라나다 B팀을 거쳐 2018-2019시즌부터 그라나다 1군에 콜업됐다. 하지만 2021-2022시즌을 앞두고 팀을 떠난 기존 주전 루이 실바가 떠난 덕에 주전 도약 기회를 잡았다.

Domingos DUARTE 22
도밍고스 두아르테

SCOUTING REPORT

거해에 가까울 정도로 큰 체격을 활용한 제공권 장악이 빼어나다. 때문에 공격 세트 피스 상황에서 커다란 강점을 발휘한다. 소위 '골 넣는 수비수'라 할 수 있다. 일대일 대응 수비에 매우 뛰어난 모습을 보이지만 민첩성이 떨어진다. 태클도 그리 정확하지는 않으며, 패스도 좀 아쉽다. 2021-22시즌 막바지에 무릎 부상으로 한 달을 쉬었다. 완전한 회복 여부가 관건이다.

PLAYER'S HISTORY

2014년 스포르팅 CP에서 데뷔했으며 이후 여러 포르투갈 클럽을 돌아다니다 2018년 데 포르티보 라 코루냐를 통해 스페인 무대로 넘어왔다. 그라나다 이적 후 붙박이로 기용되고 있으며, 지난해 11월 안도라전을 통해 포르투갈 국가대표 신고식을 치렀다.

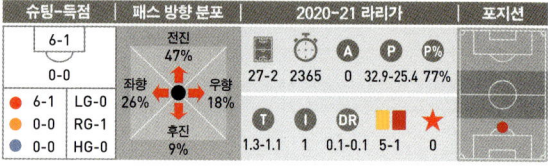

Luis MILLA 5
루이스 미야

SCOUTING REPORT

그라나다의 중원 사령관. 공격형과 수비형을 가리지 않는다. 찬스 창출에 진가를 보이는 뛰어난 패스 마스터이며, 외곽에서 벼락 같이 터지는 중거리 슛으로 골을 기록하기도 한다. 공격적 성향을 가졌음에도 불구하고 한 수 앞서 상대 패스 줄기를 읽는 지능도 겸비해 적지 않은 인터셉트를 기록한다. 지난 1월 햄스트링 부상 이후 넉 달 넘게 쉬고 있어 언제쯤 정상 컨디션을 되찾을 수 있을 지가 관건이다.

PLAYER'S HISTORY

아틀레티코 마드리드 유스 출신이나 데뷔 후 줄곧 하부리그 클럽을 전전했다. 1군급 전력으로 평가받은 시기는 2018년부터 3년간 활약한 테네리페 시절부터. 동명이인인 그의 부친은 1980년대 바르셀로나 중원을 지탱했던 레전드로 팬들에게 뜨거운 사랑을 받았었다.

Darwin MACHÍS 11
다르윈 마치스

SCOUTING REPORT

주로 왼쪽 날개로 출전하는 경우가 많으나 최전방과 2선에서는 측면과 중앙을 가리지 않는다. 낮고 강하게 깔리는 크로스로 골문 앞에 자리한 동료에게 찬스를 제공한다. 준수한 볼 키핑과 스피드를 자랑하며, 양발 사용도 능하다. 특히 왼쪽 측면에서 중앙으로 파고들어 골문을 겨냥하는 오른발 강슛은 그의 전매특허다. 지난 시즌 종아리와 햄스트링을 다쳤으나 회복 능력이 좋아 빠르게 복귀했다.

PLAYER'S HISTORY

A매치 27경기 출전 6골을 기록 중인 베네수엘라 국가대표 공격수. 2011년 만 18세의 어린 나이에 A대표에 선발되어 자국 내에서 한 때 '초신성'으로 불렸었다. 2012년 그라나다를 통해 유럽에 진출했으며, 주전으로 본격적으로 기용된 건 2019-20시즌 이후부터다.

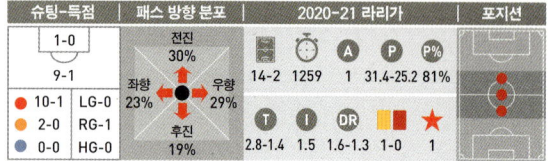

Dimitri FOULQUIER 2
디미트리 풀귀에 · DF

프랑스 연령별 국가대표를 거친 라이트백. 2013 터키 U-20 월드컵 우승 멤버였지만 A대표팀으로는 자신의 뿌리인 과달루페 국가대표팀을 선택했다. 2011년 렌느를 통해 프로에 데뷔했으며 지난해부터 그라나다에서 뛰고 있다. 기복 없는 경기력을 자랑하며 간혹 우측 미드필더로 전진 배치된다. 햄스트링 상태가 좋지 않다. 지난 시즌 세 번이나 같은 부상을 당했다.

주로 사용하는 발: 오른발 86%

	1부리그	협회컵	챔피언스
우승	0-0	0-0	0-0
준우승	클럽월드컵 0-0	UEFA 유로 0-0	월드컵 0-0

슈팅-득점: 7-0 / 1-0
- 8-0 LG-0
- 0-0 RG-0
- 0-0 HG-0

패스 방향 분포: 전진 48%, 좌향 31%, 우향 6%, 후진 15%

2020-21 라리가: 32-1 2672 4 23.4-16.5 71% 1.4-1.1 0.8 1.5-0.8 7-0

Maxime GONALONS 4
막심 고날롱 · MF

유망주 시절 프랑스 중원을 책임질 차세대 주자로 거론되기도 했으나 기대만큼 성장하진 못했다. 최후방 수비라인을 보호하는 홀딩형 수비형 MF다. 왕성한 활동량을 앞세워 중원을 장악한다. 탄탄한 피지컬을 십분 활용한 태클이 매우 수준급이다. 다만 수비에 비해 공격이 아쉽다. 특히 빌드업에 취약하다. 2021-2022시즌 내내 세 차례나 햄스트링 부상에 시달렸다.

주로 사용하는 발: 오른발 70%

	1부리그	협회컵	챔피언스
우승	0-3	1-0	0-0
준우승	클럽월드컵 0-0	UEFA 유로 0-0	월드컵 0-0

슈팅-득점: 4-0 / 0-0
- 4-0 LG-0
- 0-0 RG-0
- 0-0 HG-0

패스 방향 분포: 전진 29%, 좌향 25%, 우향 33%, 후진 13%

2020-21 라리가: 18-7 1483 1 28.3-23.4 83% 3.0-2.1 1.0-0.7 1-0

Carlos NEVA 15
카를로스 네바 · DF

프로 데뷔 후 주로 하부리그 팀에서 활약했으나 2018년 그라나다 유니폼을 입으면서 라 리가를 경험하기 시작했다. 악착같은 면모가 돋보이는 레프트백이며 오버래핑을 통해 크로스를 자주 시도하나 정확도가 낮은 점이 단점으로 지적된다. 수비적인 면에서는 영리한 위치 선정으로 가로채기에 성공하는 경우가 많다. 올해 두 차례 햄스트링 부상을 당했다.

주로 사용하는 발: 왼발 91%

	1부리그	협회컵	챔피언스
우승	0-0	0-0	0-0
준우승	클럽월드컵 0-0	UEFA 유로 0-0	월드컵 0-0

슈팅-득점: 3-0 / 5-0
- 8-0 LG-0
- 0-0 RG-0
- 0-0 HG-0

패스 방향 분포: 전진 53%, 좌향 5%, 우향 20%, 후진 22%

2020-21 라리가: 21-1 1800 9 17.0-11.6 68% 0.8-0.5 1.2 0.3-0.2 1-0

Yan ETEKI 8
얀 에테키 · MF

카메룬 내에서는 떠오르는 중앙 미드필더 유망주로 평가받는다. 세비야 유스 출신이며, 2019년 그라나다로 이적했다. 엄청난 활동량을 앞세워 상대 공격을 저지하는 1차 방어선 역할을 한다. 일대일 싸움에 상당히 능하고 태클을 깊게 넣는다. 패스는 정확하지 않으며 주로 숏 패스를 선호한다. 2021-22시즌 개막 직전 햄스트링을 다쳐 전력에서 이탈한 상태다.

주로 사용하는 발: 오른발 93%

	1부리그	협회컵	챔피언스
우승	0-0	0-0	0-0
준우승	클럽월드컵 0-0	UEFA 유로 0-0	월드컵 0-0

슈팅-득점: 2-0 / 5-0
- 7-0 LG-0
- 0-0 RG-0
- 0-0 HG-0

패스 방향 분포: 전진 31%, 좌향 24%, 우향 28%, 후진 17%

2020-21 라리가: 16-9 1324 14.0-10.9 78% 1.4-0.9 0.5 0.4-0.4 4-1

Antonio PUERTAS 10
안토니오 푸에르타스 · MF

2018-19시즌 그라나다 승격의 일등 공신. 2017년 그라나다 입단 후 핵심 2선 공격형 미드필더로 출전하고 있다. 주 포지션은 오른쪽 날개다. 지능적인 라인 브레이킹 실력을 갖췄으며 이를 통해 박스 안으로 돌파해 득점 찬스를 모색한다. 제공권 장악 능력도 수준급이다. 지난해 코로나19 확진 판정 받았다. 최근 3년간 크게 늘어난 퇴장 빈도를 줄이는 게 관건이다.

주로 사용하는 발: 오른발 78%

	1부리그	협회컵	챔피언스
우승	0-0	0-0	0-0
준우승	클럽월드컵 0-0	UEFA 유로 0-0	월드컵 0-0

슈팅-득점: 17-2 / 9-1
- 26-3 LG-1
- 0-0 RG-2
- 0-0 HG-0

패스 방향 분포: 전진 33%, 좌향 24%, 우향 19%, 후진 25%

2020-21 라리가: 22-13 2170 5 15.7-10.7 68% 1.4-0.8 0.3 1.9-1.2 6-0 3

Luis SUÁREZ 7
루이스 수아레스 · FW

2019-20시즌 사라고사에서 38경기에서 19골을 기록하며 2부리그 최고의 골잡이 중 하나로 각광받은 콜롬비아 골잡이. 2020-21시즌을 앞두고 그라나다에 입단했다. 빠른 발과 저돌적인 일대일 승부로 왼쪽 터치라인을 파괴하는 날개다. 최전방 공격수로 뛸 때는 뛰어난 탈압박 능력으로 공격을 주도한다. 햄스트링을 다쳐 두 달간 병상에 누웠으나 지금은 회복되었다.

주로 사용하는 발: 오른발 79%

	1부리그	협회컵	챔피언스
우승	0-0	0-0	0-0
준우승	클럽월드컵 0-0	코파아메리카 0-0	월드컵 0-0

슈팅-득점: 34-5 / 13-0
- 47-5 LG-1
- 0-0 RG-4
- 0-0 HG-0

패스 방향 분포: 전진 30%, 좌향 26%, 우향 23%, 후진 21%

2020-21 라리가: 18-9 1670 1 10.2-6.3 67% 1.1-0.7 1.6-1.2 6-0 3

ATHLETIC CLUB BILBAO

구단 창립 : 1898년 홈구장 : 산마메스 스타디움 대표 : 아이토르 엘리세히 2020-21시즌 : 10위(승점 46점) 11승 13무 14패 46득점 42실점 닉네임 : Los Leones

'바스크 혈통' 선수 수급 한계
결정력 있는 공격수의 영입이 시급

유럽 대항전 진출 실패, 10위권 유지에 만족

016-17시즌 리그 7위를 차지한 이후 계속 유럽 대항전 진출에 실패하고 있다. 지난 2시즌은 10위권에서 맴돌며 상위권과의 격차만 확인했다. 지난 시즌도 골 결정력에 발목이 잡혔다. 은퇴한 스트라이커 아리츠 아두리스에 대한 그리움만 쌓인다. 38경기에서 42골을 내준 수비는 크게 나무랄 곳이 없다. 하지만 중요한 순간이 경기를 해결해야 할 공격수가 보이지 않는다. 차세대 공격수로 기대했던 이나키 윌리암스의 골 결정력만 믿기에는 부담이 따른다. 빌바오에서 3시즌이나 10골을 넘긴 노장 라울 가르시아가 부상 회복에 구슬땀을 흘린다. 빠르고 날카로운 측면 선수들에 기대를 걸어야 하는 시즌이다.

끊임없이 배출되는 유소년 시스템

바스크 순혈주의를 표방하는 까닭에 재정이 부족하지 않아도 외부에서 좋은 선수를 영입하기 어렵다. 아두리스의 뒤를 이을 결정력 있는 중앙 공격수가 반드시 필요한데도 선수 수급이 어려운 이유 중 하나이다. 이번 여름 이적 시장에서는 지출이 거의 없었다. 기대했던 유망주 우나이 로페스 같은 선수들이 이적했을 뿐이다. 비비안, 모르시오, 사라가, 아히레사발라, 세라노 같은 선수들이 유스에서 승격했다. 강인한 바스크 혈통답게 유능한 골키퍼가 끊임없이 배출되는데, 이번에도 아히레사발라라는 걸출한 골키퍼가 스페인 No.1 우나이 시몬을 받친다.

ODDS CHECK

bet365	배당률 150배	우승 확률 7위	sky bet	배당률 150배	우승 확률 7위
William HILL	배당률 150배	우승 확률 7위	888sport	배당률 200배	우승 확률 7위

*우승 확률이 높을수록 배당률은 낮아짐

SQUAD LIST

위치	번호	선수	국적	키	생년월일	전 소속팀
GK	1	Unai Simón	ESP	190	97-06-11	Athletic Bilbao B
	13	Jokin Ezkieta	ESP	194	96-08-17	Barcelona B
	26	Julen Agirrezabala	ESP	187	00-12-26	Athletic Bilbao B
DF	2	Álex Petxarroman	ESP	179	97-02-06	Real Sociedad B
	3	Unai Núñez	ESP	186	97-01-30	Athletic Bilbao B
	4	Íñigo Martínez	ESP	182	91-05-17	Real Sociedad
	5	Yeray	ESP	183	95-01-24	Athletic Bilbao B
	12	Daniel Vivian	ESP	183	99-07-05	Athletic Bilbao B
	15	Íñigo Lekue	ESP	180	93-05-04	Athletic Bilbao B
	17	Yuri Berchiche	ESP	180	90-02-10	Paris St-Germain
	18	Óscar de Marcos	ESP	182	89-04-14	Alavés
	21	Ander Capa	ESP	173	92-02-08	Eibar
	23	Peru Nolaskoain	ESP	185	98-10-25	Athletic Bilbao B
	24	Mikel Balenziaga	ESP	177	88-02-29	Valladolid
	31	Aitor Paredes	ESP	186	00-04-29	Athletic Bilbao B
MF	6	Mikel Vesga	ESP	191	93-04-08	Alavés B
	7	Alex Berenguer	ESP	175	95-07-04	Torino
	8	Oihan Sancet	ESP	188	00-04-25	Athletic Bilbao B
	11	Jon Morcillo	ESP	183	98-09-15	Athletic Bilbao B
	14	Dani García	ESP	180	90-05-24	Eibar
	16	Unai Vencedor	ESP	176	00-11-15	Athletic Bilbao B
	19	Oier Zarraga	ESP	175	99-01-04	Athletic Bilbao B
	22	Raúl García	ESP	184	86-07-11	Atlético Madrid
	32	Beñat Prados	ESP	178	01-02-08	Athletic Bilbao B
FW	9	Iñaki Williams	ESP	186	94-06-15	Athletic Bilbao B
	10	Iker Muniain	ESP	169	92-12-19	Athletic Bilbao B
	20	Asier Villalibre	ESP	183	97-09-30	Basconia
	30	Nico Williams	ESP	181	02-07-12	Athletic Bilbao B
	33	Nico Serrano	ESP	178	03-03-05	Athletic Bilbao B
	34	Juan Artola	ESP	176	00-04-07	Athletic Bilbao B

2021-22 SEASON SCHEDULE

날짜	장소	상대팀	날짜	장소	상대팀
08-16	A	Elche	01-09	A	Alavés
08-21	H	FC Barcelona	01-19	H	Real Madrid
08-29	A	Celta Vigo	01-23	A	Rayo Vallecano
09-12	A	Mallorca	02-06	H	Espanyol
09-19	A	Atlético Madrid	02-13	A	Mallorca
09-22	H	Rayo Vallecano	02-20	H	Real Sociedad
09-26	H	Valencia	02-27	A	FC Barcelona
10-03	H	Alavés	03-06	H	Levante
10-17	A	Real Madrid	03-13	A	Real Betis
10-24	H	Villarreal	03-20	A	Getafe
10-27	A	Espanyol	04-03	H	Elche
10-31	A	Real Sociedad	04-10	A	Villarreal
11-07	H	Cádiz	04-17	H	Celta Vigo
11-21	A	Levante	04-20	H	Cádiz
11-28	H	Granada	05-01	H	Atlético Madrid
12-05	A	Getafe	05-08	A	Valencia
12-12	H	FC Sevilla	05-11	A	Granada
12-19	A	Real Betis	05-15	H	Osasuna
01-02	A	Osasuna	05-22	A	FC Sevilla

RANKING OF LAST 10YEARS

11-12	12-13	13-14	14-15	15-16	16-17	17-18	18-19	19-20	20-21
10	12	4	7	5	7	16	8	11	10
49점	45점	70점	55점	62점	63점	43점	53점	51점	46점

MANAGER : Marcelino 마르셀리노

Personal Information
생년월일 : 1965.08.14. / 출생지 : 카레녜스 (스페인)
현역시절 포지션 : MF / 계약만료 : 2022.06.30
평균 재직 기간 : 2년 / 선호 포맷 : 4-4-2

History
2006년 레크레아티보를 1부 리그로 승격시켰고 비야레알을 맡고서도 승격과 유럽 대항전으로 향했다. 이후 발렌시아 프로젝트에 참여하여 팀을 4위권으로 만들고 국왕컵 우승 타이틀도 안겼다. 그러나 구단주와 사이가 틀어지며 경질됐다.

Style
4-4-2포메이션을 기가 막히게 사용하고 높은 완성도를 자랑한다. 단순히 선수만 배치하는 것이 아니라 상대에 따라 점유와 역습을 적절히 섞을 수 있다. 다만 고정된 플랜A 전술에 의존하는 성향이기 때문에 한편으로 전술적으로 분석이 쉬운 스타일이라는 약점이 있다.

우승 - 준우승 횟수

	SPANISH LA LIGA	SPANISH COPA DEL REY	UEFA CHAMPIONS LEAGUE	UEFA EUROPA LEAGUE	FIFA CLUB WORLD CUP	UEFA-CONMEBOL INTERCONTINENTAL
	8-7	23-16	0-0	0-2	0-0	0-0

STADIUM

San Mamés Stadium

구장 오픈 : 2013년 구장 증개축 : -
구장 소유 : 산마메스 바리아 SL 수용 인원 : 5만 3289명
피치 규모 : 105 X 68m 잔디 종류 : 하이브리드 잔디

평균 볼 점유율

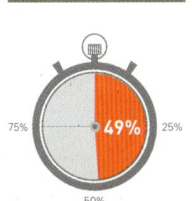

49%

ATHLETIC CLUB BILBAO vs. OPPONENTS PER GAME STATS

아슬레틱 빌바오 vs 상대팀

득점	슈팅	유효슈팅	오프사이드	패스시도 PA	패스성공	패스성공율 P%	볼소유자 압박 TK	인터셉트 PR	GK 선방 INT	파울	경고	퇴장
1.21	1.11	10.6	9.9	3.6	2.8	2.0	2.2	416 PA 480	327 PC 380	79% P% 79%		
13.8 TK 15.2	138 PR 131	9.1 INT 11.9	1.8	2.5	12.7	15.1	2.13	2.11	0.079	0.132		

시간대별 득점 | 시간대별 실점 | 위치별 슈팅-득점 | 공격 방향 | 볼 점유 위치 | 포지션별 득점 | 상대포지션별 실점

시간대별 득점: 76-15, 75-15, 11-16, 5-4, 7-4, 61-30, 60-46-45-31

시간대별 실점: 76-9, 75-5, 12-16, 6, 6-4, 61-30, 60-46-45-31

위치별 슈팅-득점:
30-14
229-26
145-3
*상대자책골 3골

공격 방향: 40% / 22% / 38%

볼 점유 위치:
상대 진영 30%
중간 지역 45%
우리 진영 25%

포지션별 득점:
FW진 18골
MF진 17골
DF진 8골
*상대자책골 3골

상대포지션별 실점:
DF진 5골
MF진 11골
FW진 25골
*자책골 실점 1골

BASIC FORMATION

4-4-2

산세트 / 가르시아
윌리암스 / 비야리브레
무니아인 / 윌리암스
베렝게르 / 모르시오
가르시아 / 사라가
벤세도르 / 베스가
발렌시아가 / 베르치체
데마르코스 / 카파
마르티네스 / 예라이
비비안 / 누녜스
시몬 / 아히레사빌라

TOTO GUIDE 지난시즌 전적

상대팀	홈	원정
Atletico Madrid	2-1	1-2
Real Madrid	0-1	1-3
FC Barcelona	2-3	1-2
FC Sevilla	2-1	1-0
Real Sociedad	0-1	1-1
Real Betis	4-0	0-0
Villarreal	1-1	1-1
Celta Vigo	0-2	0-0
Granada	2-1	0-2
Osasuna	2-2	0-1
Cadiz	0-1	4-0
Valencia	1-1	2-2
Levante	2-0	1-1
Getafe	5-1	1-1
Alaves	0-0	0-1
Elche	1-0	0-2
Huesca	2-0	0-1
Valladolid	2-2	1-2
Eibar	1-1	2-1

득점 패턴 | 실점 패턴

득점 패턴: 46골 / 28 / 7 / 4 / 3
실점 패턴: 42골 / 24 / 11 / 5 / 1 / 1

● OPEN PLAY ● COUNTER ATTACK ● SET PLAY
● PENALTY KICK ● OWN GOAL

OFFENSE | DEFENSE

OFFENSE		DEFENSE	
오픈 플레이	B	오픈 플레이 수비	B
카운터 어택	B	카운터 어택 수비	D
짧은 패스 게임	A	짧은 패스 게임 수비	C
롱볼 연계 플레이		롱볼 연계 플레이수비	
솔로 플레이	C	솔로 플레이 수비	C
중거리 슈팅 / 직접 프리킥	C	중거리 슈팅 수비	
측면 공격	B	측면 수비	B
세트 플레이	C	세트 플레이 수비	B
위협적인 공격 횟수		공중전 능력	C
슈팅 대비 득점	D	볼 쟁탈전 / 투쟁심	D
오프사이드 피하기	D	실수 조심	C
볼 점유율	D	파울 주의	C

A 매우 우수함 B 우수함 C 평균 수준 D 부족함 E 많이 부족함

Unai SIMÓN — GK — 1
우나이 시몬

SCOUTING REPORT
긴 팔과 큰 체격을 활용한 다이브로 중거리슛을 무마시키는 장면이 많다. 물론 골문 앞 지근거리에서 날아오는 슛을 방어하는 집중력도 우수한데다, 세컨드 볼을 허용해도 빠른 후속 동작으로 막아낸다. 우수한 빌드업 능력은 시몬의 특기, 특히 장거리 골킥의 정확도가 상당히 좋다. 단 갑작스러운 상대 중거리슛에서는 약한 면모를 보인다. 지난해 앓았던 편도선염을 제외하면, 커리어 내내 부상이 없다.

PLAYER'S HISTORY
올해 만 24세의 전도유망한 수문장. 아슬레틱 빌바오 유스 출신이며, 2018년 전임자 케파 아리사발라가의 첼시 이적 후부터 주전으로 출전 중이다. 현재 스페인 국가대표팀에서 주전으로 출전 중이며, 2020 도쿄 올림픽에서도 스페인 골문을 사수했다.

주로 사용하는 발: 오른발 92%
우승 — 1부리그: 0-0 / 협회컵: 0-2 / 챔피언스: 0-0
준우승 — 클럽 월드컵: 0-0 / UEFA 유로: 0-0 / 월드컵: 0-0

세이브-실점	패스 방향 분포	2020-21 라리가					포지션
45-34	전진 69%			S%	CS	P	
24-6	좌향 16% / 우향 15%	37-0	3330	63%	9	23.2-14.7	
109-40 TH-201	후진 0%	P%	LB	AD		★	
109-69 NK-265		63%	14.9-6.5	20-8	1-0		
6-1 KD-52							

Unai NÚÑEZ — DF — 3
우나이 누녜스

SCOUTING REPORT
빌드업보다는 차단과 봉쇄에 주력하는 센터백이다. 단단한 하드웨어를 활용한 맨투맨 수비가 강점이며, 공중볼 다툼에도 일가견이 있다. 위기 때 전방을 향해 길게 걷어내는 클리어가 많다. 또한 경기당 1회 이상의 인터셉트를 기록할 정도로 수싸움에 능하다. 공격 세트 피스 시에는 적극적으로 가담해 상대에게 부담을 준다. 부상 이력은 없으나 2019-20시즌부터 매년 퇴장 한 차례씩 당하고 있다.

PLAYER'S HISTORY
역시 빌바오 유스 출신이며 스페인 U-21대표팀의 핵심 수비수로 활동했다. 지난 2019년 8월 30일 유로 2000 지역예선 페로 제도전에서 A매치 데뷔를 했으나 이후 더는 부름을 받진 못하고 있다. 지역 대표팀인 바스크 대표팀 소속으로도 한 경기를 치렀다.

주로 사용하는 발: 오른발 88%
우승 — 1부리그: 0-0 / 협회컵: 0-2 / 챔피언스: 0-0
준우승 — 클럽 월드컵: 0-0 / UEFA 유로: 0-0 / 월드컵: 0-0

Unai LÓPEZ — MF — 12
우나이 로페스

SCOUTING REPORT
중앙 미드필더로서 최후방 수비라인에 근접해 보호하는 역할을 한다. 주변 동료들과 짧은 패스를 주고받으며 템포를 조율한다. 물론 중장거리 패스도 수준급이라 상대 수비 배후가 조금이라도 열려 있으면 킬 패스를 시도한다. 직접 프리킥은 라 리가 최고 수준으로 평가받는다. 다만 체격이 작아 상대 압박과 몸싸움에는 다소 약한 편이다. 지난 1월 한 달간 무릎 부상 때문에 전력에서 이탈한 바 있다.

PLAYER'S HISTORY
레알 소시에다드 유스 출신. 2014년 7월 에르네스토 발베르데 감독의 눈에 띄어 빌바오 1군 출전 기회를 잡았다. 하지만 경험이 부족해 레가네스 · 라요 바예카노로 임대 수련을 쌓았다. 스페인 연령별 대표 코스를 두루 밟았지만 A대표팀서 호출은 없었다.

주로 사용하는 발: 오른발 96%
우승 — 1부리그: 0-0 / 협회컵: 0-3 / 챔피언스: 0-0
준우승 — 클럽 월드컵: 0-0 / UEFA 유로: 0-0 / 월드컵: 0-0

Iñaki WILLIAMS — FW — 9
이냐키 윌리암스

SCOUTING REPORT
폭발적 주력을 가진 날개. 스피드만 따지면 라리가 최정상급이다. 동료의 패스 타이밍을 읽고 지능적으로 라인 브레이킹을 시도해 득점 찬스를 만든다는 점에서 아스널의 킬러 오바메양을 닮았다는 평도 있다. 다만 체격 조건에 비해 공중볼 다툼에서 다소 약한 편이며, 볼 터치 역시 다소 투박한 편이다. 유망주 시절에는 수시로 햄스트링 부상에 시달렸지만, 최근에는 그런 경향이 사라졌다.

PLAYER'S HISTORY
아프리카 이민자 가정에서 태어났지만, 빌바오 태생이라 '순혈주의'로 유명한 빌바오의 일원이 될 수 있었다. 2014년 12월 6일 빌바오 스타 공격수였던 아리츠 아두리스와 교체되어 라 리가에 데뷔했다. 스페인 국가대표로도 1경기에 출전했었다. 최근엔 부름이 없다.

주로 사용하는 발: 오른발 92%
우승 — 1부리그: 0-0 / 협회컵: 0-3 / 챔피언스: 0-0
준우승 — 클럽 월드컵: 0-0 / UEFA 유로: 0-0 / 월드컵: 0-0

DF Íñigo MARTÍNEZ 4
이니고 마르티네스

유스 시절을 레알 소시에다드에서 보냈으나 프로 데뷔는 빌바오에서 했다. 때문에 레알 소시에다드 팬들에게는 '배신자'라는 낙인이 찍혔다. 에메릭 라포르테의 공백을 메울 선수로 평가받으며 빌바오에 입성했다. 전임자처럼 발 다루는 기술이 뛰어난 빌드업형 센터백이다. 지난 시즌 가벼운 종아리 부상에 시달렸으며, 총 세 차례 퇴장을 당했다.

주로 사용하는 발: 오른발 82%

우승	1부리그: 0-0	협회컵: 0-2	챔피언스: 0-0
준우승	클럽 월드컵: 0-0	UEFA 유로: 0-0	월드컵: 0-0

슈팅-득점: 11-1 / 7-0 / 18-1 LG-0 / 1-0 RG-0 / 0-0 HG-1
패스 방향 분포: 전진 42%, 좌향 19%, 우향 34%, 후진 5%
2020-21 라리가: 28-0 / 2520 / A - / P 51.6-42.7 / P% 83% / T 1.4-0.8 / I 0.3-0.3 / DR 9-1

DF Yuri BERCHICHE 17
유리 베르지체

토트넘 유스 시절 꽤 대형 유망주로 평가받았으나 기대만큼 성장하진 못했다. 알제리 혼혈 레프트백이며, 2018-2019시즌부터 빌바오의 측면을 책임지고 있다. 상당히 공격성이 강한 레프트백이며 날카로운 왼발 킥의 소유자다. 때문에 데드볼 상황에서도 적극적으로 전담 키커로 나선다. 지난 2년간 두 차례나 스포츠 탈장 때문에 고생을 했다.

주로 사용하는 발: 왼발 92%

우승	1부리그: 1-0	협회컵: 1-2	챔피언스: 0-0
준우승	클럽 월드컵: 0-0	UEFA 유로: 0-0	월드컵: 0-0

슈팅-득점: 10-1 / 6-0 / 16-1 LG-1 / 0-0 RG-0 / 0-0 HG-0
패스 방향 분포: 전진 39%, 좌향 6%, 우향 44%, 후진 12%
2020-21 라리가: 21-2 / 1685 / A 3 / P 37.1-30.8 / P% 83% / T 1.7-0.9 / I 1.5-0.7 / DR 4-0

MF Iker MUNIAIN 10
이케르 무니아인

2009년 빌바오에서 데뷔해 단 한 번도 이적하지 않고 클럽에 충성한 '원 클럽 맨'. 날개 공격수이지만, 박스 안으로 저돌적으로 파고들어 직접 찬스를 노리는 인사이드 포워드 유형이다. 현란한 개인기와 빠른 발을 가져 적극적으로 드리블을 시도한다. 볼 간수 능력도 수준급이며 패스도 기본 이상이다. 2020-21시즌 막판 햄스트링 부상 때문에 2개월가량 쉬었다.

주로 사용하는 발: 오른발 95%

우승	1부리그: 0-0	협회컵: 0-4	챔피언스: 0-0
준우승	클럽 월드컵: 0-0	UEFA 유로: 0-0	월드컵: 0-0

슈팅-득점: 16-4 / 7-1 / 23-5 LG-1 / 1-0 RG-3 / 0-0 HG-1
패스 방향 분포: 전진 30%, 좌향 19%, 우향 32%, 후진 19%
2020-21 라리가: 23-5 / 1955 / A 3 / P 33.8-29.0 / P% 86% / T 1.4-0.7 / I 0.4 / DR 2.2-1.5 / 1-0 / ★ 1

MF Alex BERENGUER 7
알렉스 베렝게르

오사수나 유스 출신. 이후 오사수나 A팀·토리노 FC를 거쳐 지난해부터 빌바오의 측면 공격을 책임지고 있다. 돌파 능력이 좋고 침투하는 동료를 향한 패스를 곧잘 시도한다. 주로 왼쪽 측면에서 활약하는 반대발 윙어 유형의 선수. 연계 플레이를 통해 박스 중앙으로 파고들어 골을 노리는 플레이도 출중하다. 지난 5년간 징계나 부상 이력이 없는 선수다.

주로 사용하는 발: 오른발 86%

우승	1부리그: 0-0	협회컵: 0-2	챔피언스: 0-0
준우승	클럽 월드컵: 0-0	UEFA 유로: 0-0	월드컵: 0-0

슈팅-득점: 30-8 / 20-0 / 50-8 LG-1 / 4-0 RG-4 / 0-0 HG-3
패스 방향 분포: 전진 30%, 좌향 25%, 우향 18%, 후진 28%
2020-21 세리에A + 라리가: 29-8 / 2422 / A 4 / P 21.5-16.2 / P% 75% / T 2.5-1.3 / I 0.5 / DR 2.0-1.0 / 4-0 / ★ 2

MF Oihan SANCET 8
오이한 산세트

2018년 에두아르도 베리소 당시 감독의 눈에 띄어 1군 데뷔를 했다. 2019년 8월 바르셀로나전에서 데뷔했으며 스페인 U-19대표팀 중원의 한 축을 책임진 유망주다. 뛰어난 탈압박 능력을 가지고 있는 공격형 미드필더다. 순간적인 가속이 뛰어나며, 볼을 잃었을 때에도 빠르게 수비 전환을 한다. 중장거리보다는 짧은 패스를 활용해 경기를 풀어가는 걸 즐긴다.

주로 사용하는 발: 오른발 89%

우승	1부리그: 0-0	협회컵: 0-2	챔피언스: 0-0
준우승	클럽 월드컵: 0-0	UEFA 유로: 0-0	월드컵: 0-0

슈팅-득점: 15-2 / 3-0 / 18-2 LG-0 / 0-0 RG-1 / 0-0 HG-1
패스 방향 분포: 전진 25%, 좌향 26%, 우향 24%, 후진 26%
2020-21 라리가: 13-11 / 1035 / A 2 / P 14.6-10.8 / P% 74% / T 0.4-0.4 / I 0.1 / DR 1.0-0.7 / 2-0 / ★ 0

FW Asier VILLALIBRE 20
아시에르 비야리브레

강한 피지컬을 가진 스트라이커. 빌바오 유스 시스템을 착실히 거친 선수이나, 1군 커리어는 그리 좋지 못하다. 제공권과 몸싸움을 앞세우는 전형적인 타깃맨이다. 볼 터치와 패스는 다소 투박하다. 수비 압박에 볼을 지켜내지 못하고 공격권을 잃어버리는 경우도 잦다. 본래 부상이 거의 없는 선수였으나 지난 2년간 등·사타구니·햄스트링 등 자잘한 부상에 시달렸다.

주로 사용하는 발: 오른발 53%

우승	1부리그: 0-0	협회컵: 0-0	챔피언스: 0-0
준우승	클럽 월드컵: 0-0	UEFA 유로: 0-0	월드컵: 0-0

슈팅-득점: 30-4 / 8-0 / 38-4 LG-2 / 0-0 RG-0 / 0-0 HG-2
패스 방향 분포: 전진 21%, 좌향 31%, 우향 24%, 후진 24%
2020-21 라리가: 16-19 / 1586 / A 2 / P 8.0-5.2 / P% 67% / T 0.3-0.1 / I 0.5 / DR 0.3-0.1 / ★ -

CA OSASUNA

구단 창립 : 1950년 홈구장 : 엘 사다르 스타디움 대표 : 루이스 사발사 2020-21시즌 : 11위(승점 44점) 11승 11무 16패 37득점 48실점 닉네임 : Gorritxoak, Los Rojillos

2시즌 연속 잔류 성공, 경기장도 증축 '라리가에 뿌리'

2시즌 연속 안정적으로 잔류했다. 조심스러운 이적 시장을 보내면서도 경기장을 증축해서 꾸준한 수입을 늘리려고 한다. 불안하게 1부와 2부를 오가는 팀이 아니라 완전히 라리가에 뿌리내리려는 움직임이다.

MANAGER : Jagoba ARRASATE 자고바 아라사테

생년월일 : 1978.04.22. / 출생지 : 베리아투아 (스페인)
현역시절 포지션 : FW / 계약만료 : 2022.06.30
평균 재직 기간 : 3년 / 선호 포맷 : 4-4-2

감독 초보였던 소시에다드 시절과는 다르다. 이어진 누만시아에서의 아쉬움을 뒤로하고 오사수나에 합류, 1부 리그 승격에 만족하지 않고 계속 발전 중이다. 4-4-2포메이션을 선호한다.

우승-준우승 | ODDS CHECK

SPANISH LA LIGA	0-0	bet365	배당률 250배	우승 확률 11위
SPANISH COPA DEL REY	0-1	skybet	배당률 250배	우승 확률 9위
UEFA CHAMPIONS LEAGUE	0-0	William HILL	배당률 500배	우승 확률 13위
UEFA EUROPA LEAGUE	0-0	888sport	배당률 350배	우승 확률 10위
FIFA CLUB WORLD CUP	0-0			
UEFA-CONMEBOL INTERCONTINENTAL	0-0			

*우승 확률이 높을수록 배당률은 낮아진다

2021-22 SEASON SCHEDULE

날짜	장소	상대팀	날짜	장소	상대팀
08-14	H	Espanyol	01-09	H	Cádiz
08-23	H	Celta Vigo	01-19	H	Celta Vigo
08-29	A	Cádiz	01-23	A	Granada
09-12	H	Valencia	02-06	H	FC Sevilla
09-19	A	Alavés	02-13	A	Rayo Vallecano
09-22	H	real Betis	02-20	A	Atlético Madrid
09-26	A	Mallorca	02-27	A	Real Sociedad
10-03	H	Rayo Vallecano	03-06	H	Villarreal
10-17	A	Villarreal	03-13	A	FC Barcelona
10-24	H	Granada	03-20	H	Levante
10-27	A	Real Madrid	04-03	A	Real Betis
10-31	H	FC Sevilla	04-10	H	Alavés
11-07	A	Real Sociedad	04-17	A	Valencia
11-21	H	Atlético Madrid	04-20	H	Real Madrid
11-28	A	Elche	05-01	H	Elche
12-05	H	Levante	05-08	A	Espanyol
12-12	A	FC Barcelona	05-11	H	Getafe
12-19	A	Getafe	05-15	A	Athletic Bilbao
01-02	H	Athletic Bilbao	05-22	H	Mallorca

시간대별 득점 | 시간대별 실점 | 위치별 슈팅-득점 | 공격 방향 | 볼 점유 위치 | 포지션별 득점 | 상대포지션별 실점

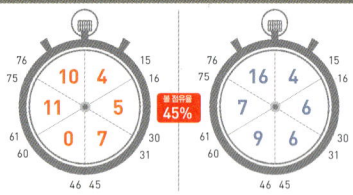

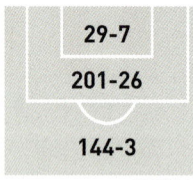
29-7
201-26
144-3
*상대자책골 1골

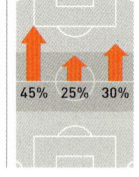
45% 25% 30%

상대 진영 28%
중간 지역 45%
우리 진영 27%

FW진 20골
MF진 13골
DF진 3골
*상대자책골 1골

DF진 6골
MF진 6골
FW진 32골
*자책골 실점 4골

BASIC FORMATION

4-1-4-1

부디미르 / 가르시아
가르시아 / 바르베로 · 몬카욜라 / 브라샤나츠 · 오이에르 / 마르티네스 · 토레스 / 바르흐
토로 / 자우메
크루스 / 산체스 · 비달 / 론칼리아
가르시아 / 나바스 · 아리다네 / 가르시아
에레라 / 레스

TOTO GUIDE 지난시즌 전적

상대팀	홈	원정
Atletico Madrid	1-3	1-2
Real Madrid	0-0	0-2
FC Barcelona	0-2	0-4
FC Sevilla	0-2	0-1
Real Sociedad	0-1	1-1
Real Betis	0-2	0-1
Villarreal	1-3	2-1
Celta Vigo	2-0	1-2
Granada	3-1	0-2
Athletic Bilbao	1-0	2-2
Cadiz	3-2	2-0
Valencia	3-1	1-1
Levante	1-3	1-0
Getafe	0-0	0-1
Alaves	1-1	1-0
Elche	2-0	2-2
Huesca	1-1	0-0
Valladolid	0-0	2-3
Eibar	2-1	0-0

득점 패턴 | 실점 패턴

37골 : 1, 5, 5, 24

48골 : 2, 5, 6, 2, 33

● OPEN PLAY ● COUNTER ATTACK ● SET PLAY
● PENALTY KICK ● OWN GOAL

OFFENSE | DEFENSE

항목	등급	항목	등급
오픈 플레이	A	오픈 플레이 수비	A
카운터 어택	C	카운터 어택 수비	C
짧은 패스 게임	C	짧은 패스 게임 수비	E
롱볼 연계 플레이	B	롱볼 연계 플레이수비	C
솔로 플레이	C	솔로 플레이 수비	C
중거리 슈팅 / 직접 프리킥	C	중거리 슈팅 수비	C
측면 공격	B	측면 수비	C
세트 플레이	C	세트 플레이 수비	B
위협적인 공격 횟수	C	공중전 능력	A
슈팅 대비 득점	D	볼 쟁탈전 / 투쟁심	C
오프사이드 피하기	C	실수 조심	C
볼 점유율	B	파울 주의	C

A 매우 우수함 B 우수함 C 평균 수준 D 부족함 E 많이 부족함

FW | **Ante BUDIMIR** | 17
안테 부디미르

SCOUTING REPORT

위풍당당한 피지컬이 최대 강점인 타깃맨. 위치 선정 능력도 좋아 문전에서 위력적인 고공 폭격을 퍼붓는다. 또한 수준급 발밑 기술과 제법 빠른 주력도 가졌기에 전방 압박 상황에서도 상당한 영향력을 발휘한다. 간혹 측면에서 빠져 동료에게 공간을 제공하는 등 다채로운 플레이를 펼쳐 수비수에게는 골머리 아픈 존재다. 다만 패스가 좀 더 정확해야 한다. 2021년 초 근육 부상에 잠깐 시달린 바 있다.

PLAYER'S HISTORY

2011년 NK 인테르 자프레시치에서 데뷔했다. 프로 데뷔 후 현 소속팀 오사수나를 포함해 총 열 팀을 돌아다닌 '저니맨'이다. 2시즌 연속으로 라리가에서 10골 이상을 넣으며 연착륙에 성공했다. 덕분에 지난해 10월 스위스전을 통해 크로아티아 국가대표로 데뷔했다.

주로 사용하는 발: 왼발 82%

	1부리그:	협회컵:	챔피언스:
우승			
준우승	클럽 월드컵:	UEFA 유로:	월드컵:

SQUAD LIST

위치	번호	선수	국적	키	생년월일	전 소속 팀
GK	1	Sergio Herrera	ESP	192	93-06-05	Huesca
	13	Juan Pérez	ESP	192	96-07-15	Osasuna B
	34	Yoel Ramírez	ESP	184	02-02-05	Osasuna B
DF	2	Nacho Vidal	ESP	180	95-01-24	Valencia B
	3	Juan Cruz	ESP	180	92-07-28	Elche
	4	Unai García	ESP	176	92-09-03	Osasuna B
	5	David García	ESP	185	94-02-14	Osasuna B
	15	Jonás Ramalho	ESP	181	93-06-10	Girona
	16	José Ángel	ESP	182	89-09-05	Eibar
	23	Aridane	ESP	186	89-03-23	Cádiz
	31	Unai Dufur	ESP	182	99-02-21	Vitoria
	32	Jesús Areso	ESP	182	99-07-02	Athletic Bilbao B
	39	Manu Sánchez	ESP	179	00-08-24	Atlético Madrid
MF	6	Oier Sanjurjo	ESP	178	86-05-25	Osasuna B
	8	Darko Brašanac	SRB	178	92-02-12	Betis
	10	Roberto Torres	ESP	176	89-03-07	Osasuna B
	11	Kike Barja	ESP	173	97-04-01	Osasuna B
	12	Jaume Grau	ESP	182	97-05-05	Real Madrid B
	14	Rubén García	ESP	171	93-07-14	Levante
	19	Javi Ontiveros	ESP	170	97-09-09	Villarreal
	21	Íñigo Pérez	ESP	178	88-01-18	Numancia
	22	Róber Ibañez	ESP	171	93-03-22	Getafe
	24	Lucas Torró	ESP	188	94-07-19	Eintracht Frankfurt
FW	9	Ezequiel Ávila	ARG	181	94-02-06	San Lorenzo
	17	Ante Budimir	CRO	190	91-07-22	Mallorca
	18	Kike	ESP	186	89-11-25	Eibar
	20	Barbero	ESP	187	98-08-17	Osasuna B

GK | **Sergio HERRERA** | 1
세르히오 에레라

알라베스 유스 출신. 오사수나가 2018-2019시즌 세군다 디비시온에서 승격했을 때 혁혁한 공을 세웠다. 가까운 거리에서 날아드는 슈팅 방어가 뛰어나며, 후속 동작으로 이어가는 속도도 빠르다. 위기에서 과감하게 전진 수비로 상대 공격을 무력화시키는 노련한 면모도 갖췄다. 롱 패스도 정확한 편이다. 1년 전 어깨를 다쳐 2개월간 전력에서 이탈한 바 있다.

DF | **David GARCÍA** | 5
다비드 가르시아

오사수나 유스 출신 성골 센터백. 2011년 오사수나 B팀에서 프로 데뷔한 후 줄곧 오사수나 한 팀에서만 뛴 '원 클럽 맨'이다. 뛰어난 위치 선정과 제공권 장악으로 골문 앞 하늘을 지배한다. 맨투맨 방어가 좋아 '엘 무로(El Muro: 벽)'라는 애칭으로 불린다. 롱패스를 통한 후방 빌드업보다는 클리어를 시도한다. 거의 매 시즌 한 차례씩 퇴장을 당했다.

MF | **Rubén GARCÍA** | 14
루벤 가르시아

2010년 레반테에서 프로 데뷔했다. 스페인 U-19대표 출신 레프트윙이지만 2선 전 지역을 커버한다. 뛰어난 체력을 앞세워 상대에게 전방 압박을 가한다. 그의 정교한 왼발 크로스는 오사수나의 주요 득점 루트 중 하나다. 박스 외곽에서 수비벽을 절묘하게 넘기는 왼발 프리킥이 주 무기다. 지난해부터 잔부상이 심해졌다. 햄스트링과 엉덩이를 다쳤다.

CADIZ CF

구단 창립 : 1910년 홈구장 : 누에보 미란디야 대표 : 마누엘 비스카이노 2020-21시즌 : 12위(승점 점) 11승 11무 16패 36득점 58실점 닉네임 : Los Piratas, El Submarino Amarillo

시즌 12위는 우연이 아니다. 올 시즌도 중위권 목표

지난 시즌 38경기 36골로 경기당 1골이 되지 않는 빈약한 공격력을 기록했다. 하지만 단단한 수비를 바탕으로 한 완벽한 승점 관리는 12위라는 성적을 가져다 주었다. 거기에 이번 시즌은 공격력을 보강하며 더 높은 순위를 목표로 한다.

MANAGER : Álvaro CERVERA 알바로 세르베라

생년월일 : 1965.09.20. / 출생지 : 산타 이사벨 (적도기니)
현역시절 포지션 : FW / 계약만료 : 2024.06.30
평균 재직 기간 : 2년 / 선호 포맷 : 4-2-3-1

적도 기니 출신으로 라싱, 마요르카, 발렌시아 등에서 선수 생활 이어갔다. 하부 리그에서 감독으로 데뷔한 이후 2015년 3부 리그에 있던 카디스 감독이 됐다. 부임 첫 시즌 2부 승격 그리고 3수 끝에 팀을 15시즌 만에 1부로 승격시켰다.

우승-준우승

SPANISH LA LIGA	0-0
SPANISH COPA DEL REY	0-0
UEFA CHAMPIONS LEAGUE	0-0
UEFA EUROPA LEAGUE	0-0
FIFA CLUB WORLD CUP	0-0
UEFA-CONMEBOL INTERCONTINENTAL	0-0

ODDS CHECK

bet365	배당률 1000배	우승 확률 17위
skybet	배당률 1000배	우승 확률 16위
William HILL	배당률 1000배	우승 확률 16위
888sport	-	-

*우승 확률이 높을수록 배당률은 낮아짐

2021-22 SEASON SCHEDULE

날짜	장소	상대팀	날짜	장소	상대팀
08-14	A	Levante	01-09	A	Osasuna
08-20	A	Real Betis	01-19	H	Espanyol
08-29	H	Osasuna	01-23	A	Levante
09-12	H	Real Sociedad	02-06	H	Mallorca
09-19	A	Celta Vigo	02-13	H	Celta Vigo
09-22	H	FC Barcelona	02-20	A	Getafe
09-26	A	Rayo Vallecano	02-27	A	Granada
10-03	H	Valencia	03-06	H	Rayo Vallecano
10-17	A	Espanyol	03-13	A	Atlético Madrid
10-24	H	Alavés	03-20	H	Villarreal
10-27	H	Villarreal	04-03	A	Valencia
10-31	H	Mallorca	04-10	H	Real Betis
11-07	A	Athletic bilbao	04-17	A	FC Barcelona
11-21	H	Getafe	04-20	H	Athletic Bilbao
11-28	H	Atlético Madrid	05-01	A	FC Sevilla
12-05	A	Elche	05-08	H	Elche
12-12	H	Granada	05-11	A	Real Sociedad
12-19	A	Real Madrid	05-15	H	Real Madrid
01-02	H	FC Sevilla	05-22	A	Alavés

시간대별 득점 | 시간대별 실점 | 위치별 슈팅-득점 | 공격 방향 | 볼 점유 위치 | 포지션별 득점 | 상대 포지션별 실점

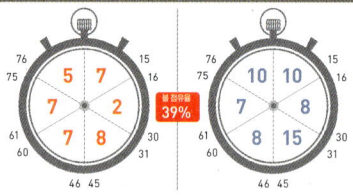
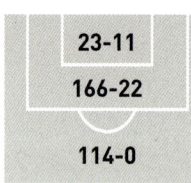

23-11
166-22
114-0

*상대자책골 3골

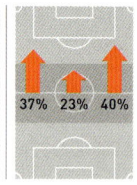

37% 23% 40%

상대 진영 25%
중간 지역 44%
우리 진영 31%

FW진 17골
MF진 10골
DF진 6골

*상대자책골 3골

DF진 3골
MF진 14골
FW진 40골

*자책골 실점 1골

BASIC FORMATION

4-2-3-1

네그레도 / 안도네

로사노 / 오스마이치
알렉스 / 페레아
살비 / 히메네스

온손 / 칼데론
알라르콘 / 마리

에스피노 / 아르사멘디아
필리 / 페레아
하로얀 / 칼라
이삭아 / 아카포

레데스마 / 힐

TOTO GUIDE 지난시즌 전적

상대팀	홈	원정
Atletico Madrid	2-4	0-4
Real Madrid	0-3	1-0
FC Barcelona	2-1	1-1
FC Sevilla	1-3	0-3
Real Sociedad	0-1	1-4
Real Betis	0-1	0-1
Villarreal	0-0	1-2
Celta Vigo	0-0	0-4
Granada	1-1	1-0
Athletic Bilbao	0-4	1-0
Osasuna	0-2	2-3
Valencia	2-1	1-2
Levante	2-2	2-2
Getafe	0-2	1-0
Alaves	3-1	1-1
Elche	1-3	1-1
Huesca	2-1	2-0
Valladolid	0-0	1-1
Eibar	1-0	2-0

득점 패턴 | 실점 패턴

36골: 3, 4, 5, 20, 4

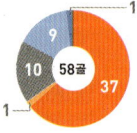
58골: 1, 9, 10, 37, 1

● OPEN PLAY ● COUNTER ATTACK ● SET PLAY ● PENALTY KICK ● OWN GOAL

OFFENSE | DEFENSE

오픈 플레이	D	오픈 플레이 수비	C
카운터 어택	B	카운터 어택 수비	B
짧은 패스 게임	E	짧은 패스 게임 수비	E
롱볼 연계 플레이	B	롱볼 연계 플레이수비	B
솔로 플레이	C	솔로 플레이 수비	E
중거리 슈팅 / 직접 프리킥	B	중거리 슈팅 수비	B
측면 공격	B	측면 수비	C
세트 플레이	C	세트 플레이 수비	D
위협적인 공격 횟수	E	공중전 능력	C
슈팅 대비 득점	B	볼 쟁탈전 / 투쟁심	B
오프사이드 피하기	B	실수 조심	C
볼 점유율	E	파울 주의	D

A 매우 우수함   B 우수함   C 평균 수준   D 부족함   E 많이 부족함

Jens JØNSSON 2
MF 옌스 욘슨

SCOUTING REPORT
주로 중앙 미드필더로 출전하지만, 수비진이 흔들릴 경우에는 센터백까지도 거뜬하게 소화한다. 패스가 매우 정확하다. 수비 위로 넘기는 로빙 패스는 물론 사이를 파고드는 침투 패스 모두 수준급. 이따금 외곽에서 터지는 중거리 슛도 그의 장기다. 상대 패스 줄기를 한수 앞서 내다보고 차단하는 축구 지능도 갖췄다. 때문에 인터셉트 횟수도 제법 많다. 지난 2년간 두 차례 햄스트링을 다쳤다.

PLAYER'S HISTORY
덴마크 U-16대표를 시작으로 모든 연령별 대표팀을 거쳤다. A대표로는 2020년 11월 처음 데뷔했다. 2016년 터키 클럽 콘야스포르에 입단, 2016-17 터키 FA컵 우승 주역으로 활약하며 주목받기 시작했다. 카디스 입단 후에도 핵심 중앙 MF로 활동 중이다.

주로 사용하는 발: 오른발 88%		
우승	1부리그: 0-1	협회컵: 1-0	챔피언스: 0-0
준우승	클럽월드컵: 0-0	UEFA 유로: 0-0	월드컵: 0-0

슈팅-득점 / 패스 방향 분포 / 2020-21 라리가 / 포지션
- 6-0 / 9-0
- 15-0 LG-0
- 0-0 RG-0
- 0-0 HG-0

전진 33%, 좌향 25%, 우향 24%, 후진 18%
33-2 2629 0 19.7-15.0 76%
2.4-1.6 1.5 0.6-0.4 6-0 0

Jeremías LEDESMA 1
GK 헤레미아스 레데스마

2020 도쿄 올림픽 본선서 아르헨티나 골문을 책임졌다. 아르헨티나 A대표팀에 콜업됐으나 출전은 없다. 지난해 임대 신분으로 카디스 유니폼을 입은 후 곧바로 주전을 꿰찼다. 긴 팔을 활용한 세이브가 상당히 안정적이다. 굴절 후 예상치 못한 궤적으로 날아드는 슈팅에도 대응 능력이 좋다. 던지기 비거리도 제법 길다. 다만 간혹 집중력이 크게 흔들린다.

주로 사용하는 발: 오른발 96%		
우승	1부리그: 1-0	협회컵: 0-0	챔피언스: 0-0
준우승	클럽월드컵: 0-0	코파아메리카: 1-2	월드컵: 0-0

세이브-실점 / 패스 방향 분포 / 2020-21 라리가 / 포지션
- 46-39 / 37-6
- 128-45 TH-62
- 128-83 NK-299
- 9-1 KD-64

전진 93%, 좌향 4%, 우향 3%, 후진 0%
32-0 2880 65% 9 29.5-13.3
45% 27.0-10.9 23-17 4

Fali JIMÉNEZ 3
DF 팔리 히메네스

탄탄한 체격 조건을 자랑하는 센터백. 2019년 겨울 이적 시장을 통해 카디스와 인연을 맺었다. 공수수와 일대일 싸움에서 상당히 강한 면모를 보이며, 수비 조율 능력도 준수하다. 공중볼 처리 능력도 좋기 때문에 세트 피스 공격 가담 빈도도 상당히 많다. 수비형 미드필더로도 전진 배치가 가능하다. 어지간해서는 다치지 않지만 퇴장 빈도가 상당히 많다.

주로 사용하는 발: 오른발 76%		
우승	1부리그: 0-0	협회컵: 0-0	챔피언스: 0-0
준우승	클럽월드컵: 0-0	UEFA 유로: 0-0	월드컵: 0-0

슈팅-득점 / 패스 방향 분포 / 2020-21 라리가 / 포지션
- 9-0 / 1-0
- 10-0 LG-0
- 1-0 RG-0
- 0-0 HG-0

전진 46%, 좌향 26%, 우향 21%, 후진 8%
29-5 2637 0 21.0-14.9 71%
1.3-0.6 0.7 0.2-0.1 11-0 0

Alberto PEREA 10
FW 알베르토 페레아

2017년 카디스 입단 전까지 주로 하부리그 클럽을 전전한 날개 공격수였다. 주로 레프트 윙으로 활약하지만 오른발 사용이 능숙한 인버티드 윙이다. 때문에 저돌적으로 중앙으로 파고들어 날카로운 슛을 날리기도 한다. 볼 컨트롤이 뛰어나다. 때문에 팀에서 돌격대장 구실을 하고 있다. 직접 프리킥 처리 능력도 우수하다. 단 지난 시즌 잔부상에 시달렸다.

주로 사용하는 발: 오른발 83%		
우승	1부리그: 0-0	협회컵: 0-0	챔피언스: 0-0
준우승	클럽월드컵: 0-0	UEFA 유로: 0-0	월드컵: 0-0

슈팅-득점 / 패스 방향 분포 / 2020-21 라리가 / 포지션
- 9-2 / 19-0
- 28-2 LG-0
- 4-0 RG-2
- 0-0 HG-0

전진 37%, 좌향 16%, 우향 29%, 후진 17%
16-11 1552 3 16.7-13.2 79%
2.1-1.0 0.4 4.1-2.8 0-0 0

SQUAD LIST

위치	번호	선수	국적	키	생년월일	전 소속 팀
GK	1	Jeremias Ledesma	ARG	186	93-02-13	Rosario Central
	13	David Gil	ESP	183	94-01-11	Getafe B
	26	Juan Flere	ITA	182	98-05-12	Xerez Deportivo
DF	3	Fali	ESP	186	93-08-12	Nàstic
	4	Marcos Mauro	ARG	188	91-01-09	Villarreal B
	5	Varazdat Haroyan	ARM	185	92-08-24	Astana
	15	Carlos Akapo	EQG	178	93-03-12	Huesca
	16	Cala	ESP	187	89-11-26	Las Palmas
	19	Santiago Arzamendia	PAR	172	98-05-05	Cerro Porteño
	20	Isaac Carcelén	ESP	178	93-04-23	Rayo Majadahonda
	22	Alfonso Espino	URU	170	92-01-05	Nacional(URU)
	32	Víctor Chust	ESP	182	00-03-05	Real Madrid B
MF	2	Jens Jønsson	DEN	182	93-01-10	Konyaspor
	6	José Mari	ESP	181	87-12-06	Levante
	7	Salvi	ESP	175	91-03-30	Villanovense
	8	Álex Fernández	ESP	180	92-10-15	Elche
	10	Alberto Perea	ESP	180	90-05-16	Barcelona B
	11	Álvaro Jiménez	ESP	176	95-05-19	Albacete
	12	Tomás Alarcón	CHI	174	99-01-19	O'Higgins
	14	Iván Alejo	ESP	186	95-02-10	Getafe
	28	Martín Calderón	ESP	183	99-03-01	Real Madrid B
	30	Álvaro Bastida	ESP	170	04-05-12	Cádiz B
FW	9	Anthony Lozano	HON	182	93-04-25	Girona
	17	Florin Andone	ROU	180	93-04-11	Brighton & HA
	18	Álvaro Negredo	ESP	185	85-08-20	Al-Nasr(UAE)
	21	Rubén Sobrino	ESP	185	92-06-01	Valencia

VALENCIA CF

구단 창립 : 1919년 홈구장 : 메스타야 대표 : 아닐 무르시 2020-21시즌 : 13위(승점 43점) 10승 13무 15패 50득점 53실점 닉네임 : Los murciélagos

내우외환의 연속, 터닝포인트는 언제쯤?

피터림 체제 이후 연일 계속되는 구단주의 과도한 간섭과 이적시장에서의 이해할 수 없는 움직임, 그로 인한 팀 분위기의 와해는 곧장 성적의 하락으로 이어졌다. 수비축구의 대가 보르달라스 감독은 팀을 다시 강팀으로 되돌릴 수 있을까?

MANAGER : José BORDALÁS 호세 보르달라스

생년월일 : 1964.03.05. / 출생지 : 알리칸테 (스페인)
현역시절 포지션 : FW / 계약만료 : 2023.06.30
평균 재직 기간 : 3년 / 선호 포맷 : 4-4-2

2015-16시즌 알라베스를 2부 리그 우승으로 이끌었다. 이후 헤타페에서 연이은 성공이 이어졌는데 단순하지만 많이 뛰고 거칠게 상대를 몰아붙이는 축구를 구사 중이다. 현 사라고사 감독 이니고 마르티네스와 사촌간이다.

우승-준우승

SPANISH LA LIGA	6-0
SPANISH COPA DEL REY	8-0
UEFA CHAMPIONS LEAGUE	0-0
UEFA EUROPA LEAGUE	1-0
FIFA CLUB WORLD CUP	0-0
UEFA-CONMEBOL INTERCONTINENTAL	0-0

ODDS CHECK

	배당률	우승 확률
bet365	150배	7위
skybet	250배	9위
William HILL	150배	7위
888sport	300배	9위

*우승 확률이 높을수록 배당률은 낮아짐

2021-22 SEASON SCHEDULE

날짜	장소	상대팀	날짜	장소	상대팀
08-13	H	Getafe	01-09	A	Real Madrid
08-21	A	Granada	01-19	H	FC Sevilla
08-29	H	Alavés	01-23	A	Atlético Madrid
09-12	A	Osasuna	02-06	H	Real Sociedad
09-19	H	Real Madrid	02-13	A	Alavés
09-22	A	FC Sevilla	02-20	H	FC Barcelona
09-26	H	Athletic Bilbao	02-27	A	Mallorca
10-03	A	Cádiz	03-06	H	Granada
10-17	H	FC Barcelona	03-13	A	Getafe
10-24	A	Mallorca	03-20	H	Elche
10-27	A	real Betis	04-03	H	Cádiz
10-31	H	Villarreal	04-10	A	Rayo Vallecano
11-07	A	Atlético Madrid	04-17	H	Osasuna
11-21	A	Real Sociedad	04-20	A	Villarreal
11-28	H	Rayo Vallecano	05-01	H	Levante
12-05	A	Celta Vigo	05-08	A	Athletic bilbao
12-12	H	Elche	05-11	H	Real Betis
12-19	A	Levante	05-15	A	Espanyol
01-02	H	Espanyol	05-22	H	Celta Vigo

시간대별 득점	시간대별 실점	위치별 슈팅-득점	공격 방향	볼 점유 위치	포지션별 득점	상대포지션별 실점

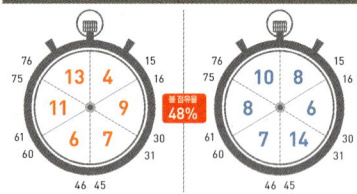

23-8
184-34
186-6

*상대자책골 2골

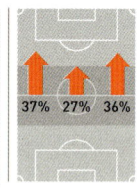

37% 27% 36%

상대 진영 25%
중간 지역 43%
우리 진영 33%

FW진 22골
MF진 13골
DF진 13골

*상대자책골 2골

DF진 6골
MF진 13골
FW진 32골

*자책골 실점 2골

BASIC FORMATION

4-4-2

게데스 (바예호) 고메스 (마라냥)
체리세프 (코스타) 솔레르 (무사)
라치치 (기아몬) 바스 (코엥드레디)
가야 (라토) 풀퀴에 (코헤이아)
알데레테 (디아카비) 가브리엘 (호세다)
마마르다쉬빌리 (자우메)

TOTO GUIDE 지난시즌 전적

상대팀	홈	원정
Atletico Madrid	0-1	1-3
Real Madrid	4-1	0-2
FC Barcelona	2-3	2-2
FC Sevilla	0-1	0-1
Real Sociedad	2-2	1-0
Real Betis	0-2	2-2
Villarreal	2-1	1-2
Celta Vigo	2-0	1-2
Granada	2-1	1-2
Athletic Bilbao	2-2	1-1
Osasuna	1-1	1-3
Cadiz	1-1	1-2
Levante	4-2	0-1
Getafe	2-2	0-3
Alaves	1-1	2-2
Elche	1-0	1-2
Huesca	1-1	0-0
Valladolid	3-0	1-0
Eibar	4-1	0-0

득점 패턴 | 실점 패턴

50골 — 8, 2, 9, 28, 3

53골 — 5, 2, 12, 33, 1

● OPEN PLAY ● COUNTER ATTACK ● SET PLAY ● PENALTY KICK ● OWN GOAL

OFFENSE | DEFENSE

오픈 플레이	C	오픈 플레이 수비	B
카운터 어택	B	카운터 어택 수비	C
짧은 패스 게임	B	짧은 패스 게임 수비	D
롱볼 연계 플레이	B	롱볼 연계 플레이수비	C
솔로 플레이	C	솔로 플레이 수비	D
중거리 슈팅 / 직접 프리킥	B	중거리 슈팅 수비	B
측면 공격	B	측면 수비	C
세트 플레이	C	세트 플레이 수비	E
위협적인 공격 횟수	B	공중전 능력	B
슈팅 대비 득점	B	볼 쟁탈전 / 투쟁심	B
오프사이드 피하기	D	실수 조심	C
볼 점유율	D	파울 주의	D

A 매우 우수함 B 우수함 C 평균 수준 D 부족함 E 많이 부족함

Carlos SOLER 10
MF 카를로스 솔레르

SCOUTING REPORT
'박스-투-박스' 미드필더. 히트맵을 보면 그 라운드 전 지역이 붉게 물들어 있다. 2~3년 전에는 RW로 출전했으나 이제는 중앙에 자리 잡았다. 축구 IQ가 높고, 시야가 넓으며 강한 투쟁심을 발휘한다. 세밀한 패스 콤비네이션, 칼날 스루패스는 압권이다. 가장 강력한 무기는 슈팅. 박스 외곽 중거리 슈팅은 물론이고, 직접 프리킥과 PK 전문 키커로 나선다. 지난 시즌 9차례 PK를 시도해 7개를 성공시켰다.

PLAYER'S HISTORY
발렌시아 출신 프랜차이즈 스타로 팬들의 신망이 두텁다. 2015년 발렌시아 2군에서 데뷔했고, 이듬해 1군으로 승격한 뒤 현재까지 활약 중이다. 스페인 U-23 대표 출신으로 도쿄 올림픽에 참가해 은메달을 목에 걸었다. 이강인의 절친이다.

주로 사용하는 발 : 오른발 88%

우승	1부리그 : 0-0	협회컵 : 1-0	챔피언스 : 0-0
준우승	클럽 월드컵 : 0-0	UEFA 유로 : 0-0	월드컵 : 0-0

17-9 / 20-2
- 37-11 LG-1
- 8-0 RG-10
- 9-7 HG-0

전진 25% / 좌향 33% / 우향 29% / 후진 13%

2020-21 라리가: 31-1 | 2737 | 8 | 44.7-38.4 | 86%
2.3-1.3 | 0.7 | 1.2-0.8 | 7-0 | 4

SQUAD LIST

위치	번호	선수	국적	키	생년월일	전 소속 팀
GK	1	Jaume Domènech	ESP	185	90-11-05	Huracán Valencia
	13	Jasper Cillessen	NED	185	89-04-22	Barcelona
	25	Cristian Rivero	ESP	188	98-03-21	Valencia B
	28	Giorgi Mamardashvili	GEO	199	00-09-29	Dinamo Tbilisi
DF	2	Thierry Correia	POR	179	99-03-09	Sporting CP
	3	Toni Lato	ESP	171	97-11-21	Valencia B
	5	Gabriel Paulista	BRA	185	90-11-26	Arsenal
	6	Hugo Guillamón	ESP	176	00-01-31	Valencia B
	12	Mouctar Diakhaby	FRA	189	96-12-19	Lyon
	14	José Luis Gayà	ESP	172	95-05-25	Valencia B
	15	Omar Alderete	PAR	187	96-12-26	Hertha Berlin
	20	Dimitri Foulquier	FRA	183	93-03-23	Granada
	24	Cristiano Piccini	ITA	189	92-09-26	Sporting CP
	32	Jesús Vázquez	ESP	182	03-01-02	Valencia B
	34	Joseda	ESP	180	02-05-01	Valencia B
MF	7	Gonçalo Guedes	POR	179	96-11-29	Paris St-Germain
	8	Uroš Račić	SRB	193	98-03-17	Valencia B
	10	Carlos Soler	ESP	180	97-01-02	Valencia B
	11	Hélder Costa	POR	178	94-01-12	Leeds U
	16	Álex Blanco	ESP	178	98-12-16	Valencia B
	17	Denis Cheryshev	RUS	179	90-12-26	Villarreal
	18	Daniel Wass	DEN	181	89-05-31	Celta Vigo
	23	Jason	ESP	178	94-07-06	Levante
	36	Alessandro Burlamaqui	PER	179	02-02-18	Espanyol B
FW	9	Maximiliano Gómez	URU	186	96-08-14	Celta Vigo
	19	Hugo Duro	ESP	177	99-11-10	Getafe
	21	Manu Vallejo	ESP	167	97-02-14	Cádiz
	22	Marcos André	BRA	184	96-10-20	Valladolid

Jaume DOMÉNECH 1
GK 후아메 도메네크

지역 라이벌 비야레알 유스 출신. 그러나 본격적인 커리어는 발렌시아에서 쌓았다. 패스는 약하지만 집중력과 반사 신경으로 승부하는 클래식한 문지기. 역동작이 걸린 상황에서도 곧잘 선방해낸다. 근거리에서 날아오는 슛에는 제법 강하며, 판단력이 좋아 전진 수비로 공격수의 침투를 무마시킨다. 다만 중거리 슛에는 약하다. 시즌 개막 전 무릎 부상을 당했다.

주로 사용하는 발 : 오른발 92%

우승	1부리그 : 0-0	협회컵 : 1-0	챔피언스 : 0-0
준우승	클럽 월드컵 : 0-0	UEFA 유로 : 0-0	월드컵 : 0-0

58-32 / 32-10
- 132-42 TH-105
- 132-90 NK-243
- 6-2 KD-49

전진 72% / 좌향 13% / 우향 16% / 후진 0%

2020-21 라리가: 28-0 | 2520 | 68% | 4 | 28.1-18.2
65% | 19.1-9.4 | 6-15 | 1-0 | 6

José GAYÀ 14
DF 호세 가야

한때 조르디 알바의 백업으로 스페인 A대표팀에 호출됐던 레프트백. 발렌시아 주장이다. 빠른 발과 강인한 체력을 앞세워 쉴 새 없이 터치라인을 오르내린다. 본래 공격수 출신이라 공격적 성향을 보인다. 크로스도 상당히 예리한 편이다. 하지만 배후를 자주 허용해 상대 공격수에게 역습 빌미를 제공한다. 부상도 잦다. 지난해에는 햄스트링과 내뒤부를 나눴다.

주로 사용하는 발 : 왼발 88%

우승	1부리그 : 0-0	협회컵 : 1-0	챔피언스 : 0-0
준우승	클럽 월드컵 : 0-0	UEFA 유로 : 0-0	월드컵 : 0-0

13-1 / 11-0
- 24-1 LG-1
- 2-0 RG-0
- 0-0 HG-0

전진 31% / 좌향 6% / 우향 45% / 후진 18%

2020-21 라리가: 32-1 | 2848 | 7 | 35.5-29.1 | 82%
2.8-1.8 | 1.2 | 1.5-1.0 | 6-0 | 2

Maxi GÓMEZ 9
FW 막시 고메스

탄탄한 피지컬을 자랑하는 우루과이 국가대표 출신 타깃맨. 강인한 피지컬을 활용해 몸싸움과 제공권 다툼에서 우위를 점한다. 스피드 역시 체격에 비해 느리지 않다. 다만 플레이스타일이 너무 투박하고 패스가 좋지 못해 주변 동료들과의 연계가 잘 이뤄지지 않는다. 오프사이드 빈도도 다소 많다. 지난 6월 바이러스에 감염되어 힘든 시기를 보냈다.

주로 사용하는 발 : 오른발 90%

우승	1부리그 : 0-0	협회컵 : 0-0	챔피언스 : 0-0
준우승	클럽 월드컵 : 0-0	코파아메리카 : 0-0	월드컵 : 0-0

33-7 / 21-0
- 54-7 LG-2
- 4-0 RG-4
- 0-0 HG-1

전진 29% / 좌향 22% / 우향 23% / 후진 27%

2020-21 라리가: 31-0 | 2699 | 1 | 17.7-11.6 | 66%
0.7-0.4 | 0.1 | 0.8-0.5 | 6-1 | 0

LEVANTE UD

구단 창립 : 1909년 홈구장 : 시우타드 데 발렌시아 대표 : 키코 카탈란 2020-21시즌 : 14위(승점 41점) 9승 14무 15패 46득점 57실점 닉네임 : Granotes

솔다도, 무스타피 영입으로 안정적인 잔류 꿈꿔

승격 이후 강등권과 아슬아슬한 줄타기 중이다. 노련한 공격수인 솔다도와 발렌시아에서 만개한 재능을 뽐냈던 무스타피의 리가 복귀를 통해 공수 양방으로 선수단의 수준을 올려 안정적인 잔류를 목표로 새 시즌을 맞았다.

MANAGER : Paco LÓPEZ 파코 로페스

생년월일 : 1967.09.19. / 출생지 : 시야 (스페인)
현역시절 포지션 : / 계약만료 : 2022.06.30
평균 재직 기간 : 3년 / 선호 포맷 : 4-4-2

2017-18시즌 팀이 강등 위기에 처하면서 소방수로 투입됐다. 극적인 잔류라는 큰 선물을 안기자 팀은 장기 계약으로 답례했다. 측면에서 빠르고 직선적인 움직임을 요구한다. 수비 보강을 위해 베테랑 수비수인 무스타피를 영입했다.

우승-준우승 | ODDS CHECK

SPANISH LA LIGA	0-0	bet365	배당금 250배 우승 확률 11위
SPANISH COPA DEL REY	0-0	sky bet	배당금 500배 우승 확률 12위
UEFA CHAMPIONS LEAGUE	0-0	William HILL	배당금 1000배 우승 확률 16위
UEFA EUROPA LEAGUE	0-0	888sport	배당금 350배 우승 확률 10위
FIFA CLUB WORLD CUP	0-0		
UEFA-CONMEBOL INTERCONTINENTAL	0-0		*우승 확률이 높을수록 배당률은 낮아짐

2021-22 SEASON SCHEDULE

날짜	장소	상대팀	날짜	장소	상대팀
08-14	A	Cádiz	01-09	H	Mallorca
08-22	H	Real Madrid	01-19	A	Atlético Madrid
08-29	A	Real Sociedad	01-23	H	Cádiz
09-12	H	Rayo Vallecano	02-06	A	Getafe
09-19	A	Elche	02-13	H	Real Betis
09-22	H	Celta Vigo	-02-20	A	Celta Vigo
09-26	A	FC Barcelona	02-27	H	Elche
10-03	A	Mallorca	03-06	A	Athletic Bilbao
10-17	H	Getafe	03-13	H	Espanyol
10-24	A	FC Sevilla	03-20	A	Osasuna
10-27	H	Atlético Madrid	04-03	H	Villarreal
10-31	H	Granada	04-10	A	FC Barcelona
11-07	A	Alavés	04-17	H	Granada
11-21	H	Athletic Bilbao	04-20	A	FC Sevilla
11-28	A	Real Betis	05-01	H	Valencia
12-05	H	Osasuna	05-08	A	Real Sociedad
12-12	A	Espanyol	05-11	H	Real Madrid
12-19	H	Valencia	05-15	A	Alavés
01-02	A	Villarreal	05-22	A	Rayo Vallecano

시간대별 득점 | 시간대별 실점 | 위치별 슈팅-득점 | 공격 방향 | 볼 점유 위치 | 포지션별 득점 | 상대 포지션별 실점

시간대별 득점: 9/7/16/15/76/75, 4/10/볼 점유율 52%, 8/8/61/60, 46/45

시간대별 실점: 11/12/16/15, 12/6, 8/8/61/30, 46/45

위치별 슈팅-득점: 24-8 / 210-34 / 148-3 •상대자책골 1골

공격 방향: 39% 24% 37%

볼 점유 위치: 상대 진영 30%, 중간 지역 43%, 우리 진영 27%

포지션별 득점: FW진 34골, MF진 9골, DF진 2골 •상대자책골 1골

상대 포지션별 실점: DF진 5골, MF진 17골, FW진 33골 •자책골 실점 2골

BASIC FORMATION

4-4-2

솔다도 (칸테로) / 로헤르 (고메스)
바르디 (캄파냐) / 모랄레스 (데푸로토스)
멜레로 (라도야) / 말사 (부크체비치)
클레르크 (프린케사) / 미라몬 (손)
로베르 (베주) / 두아르테 (무스타피)
아이토르 / 다니

TOTO GUIDE 지난시즌 전적

상대팀	홈	원정
Atletico Madrid	1-1	2-0
Real Madrid	0-2	2-1
FC Barcelona	3-3	0-1
FC Sevilla	0-1	0-1
Real Sociedad	2-1	0-1
Real Betis	4-3	0-2
Villarreal	1-5	1-2
Celta Vigo	1-1	0-2
Granada	2-2	1-1
Athletic Bilbao	1-1	0-2
Osasuna	0-1	3-1
Cadiz	2-2	2-2
Valencia	1-0	2-4
Getafe	3-0	1-2
Alaves	1-1	2-2
Elche	1-1	0-1
Huesca	0-2	1-1
Valladolid	2-2	1-1
Eibar	2-1	1-0

득점 패턴 | 실점 패턴

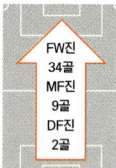 

득점: 46골 (36 open play, 5, 3, 1)
실점: 57골 (35, 8, 9, 3, 2)

● OPEN PLAY ● COUNTER ATTACK ● SET PLAY ● PENALTY KICK ● OWN GOAL

OFFENSE | DEFENSE

오픈 플레이	D	오픈 플레이 수비	C
카운터 어택	C	카운터 어택 수비	D
짧은 패스 게임	B	짧은 패스 게임 수비	D
롱볼 연계 플레이	C	롱볼 연계 플레이수비	B
솔로 플레이	C	솔로 플레이 수비	C
중거리 슈팅 / 직접 프리킥	C	중거리 슈팅 수비	C
측면 공격	B	측면 수비	E
세트 플레이	B	세트 플레이 수비	C
위협적인 공격 횟수	C	공중전 능력	D
슈팅 대비 득점	B	볼 쟁탈전 / 투쟁심	B
오프사이드 피하기	C	실수 조심	D
볼 점유율	C	파울 주의	C

A 매우 우수함 B 우수함 C 평균 수준 D 부족함 E 많이 부족함

José CAMPAÑA 24
MF 호세 캄파냐

SCOUTING REPORT
패스의 회전에 중점을 두는 정통파 플레이메이커. 레반테 이적 후 매년 팀 내 부동의 사령관으로 군림해왔다. 그러나 지난 시즌엔 햄스트링 부상이 여러 번 재발하며 리그 9경기에 출전하는 데 그쳤다. 다행히 올 시즌은 정상 컨디션으로 출발했다. 캄파냐의 패스 실력은 리그 최상급으로 꼽힌다. 짧은 패스 콤비네이션, 중거리 패스, 롱볼, 스루패스, 키패스 모두 압도적이다. 프리킥 때 전문 키커로 나선다.

PLAYER'S HISTORY
스페인 세비야 출신으로 2009년 고향 팀 세비야에서 데뷔했다. 크리스탈 팰리스, 뉘른베르크(임대), 삼프도리아, 포르투(임대), 알코르콘(임대)를 거쳐 2016년 레반테 유니폼을 입었다. 스페인 U-16, U-17, U-18, U-19, U-20, U-21 등 연령별 대표를 모두 거쳤다.

Aitor FERNÁNDEZ 13
GK 아이토르 페르난데스

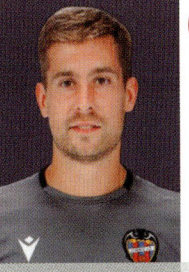

반사 신경이 특출난 수문장. 다만 박스 안에서의 활동 범위가 넓지 않다. 상대에 역습 상황이 주어져도 골문을 박차고 나오기보다는 자리를 지켜 세이브를 노린다. 스페인 연령별 국가대표를 두루 거쳤지만, A대표팀에서 뛴 적은 없다. 지난해 바야돌리드전에서 상대 선수와 충돌해 고환을 다치는 큰 부상을 당했다. 하지만 1주일 만에 복귀해 계속 출전했다.

Rúben VEZO 14
DF 루벤 베조

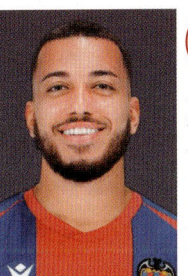

센터백과 라이트백을 두루 소화한다. 과감한 태클이 강점이며, 단단한 피지컬을 앞세운 몸싸움을 즐긴다. 볼을 탈취한 후 무리하게 전방 패스를 하기보다는 클리어를 선호하는 편이다. 2년 전 무릎 부상을 당한 이력이 있다. 2013년 비토리아에서 프로 데뷔했으며, 이듬해 발렌시아에 둥지를 옮겼다. 이후 임대를 전전하다 좋은 활약을 인정받은 레반테로 완전이적 했다.

Roger MARTÍ 9
FW 로헤르 마르티

2011년부터 레반테에서 뛰고 있다. 2016-2017 세군다 디비시온 득점왕이다. 정확하고 깔끔한 오른발 슛으로 득점을 책임지는 전형적인 골게터다. 수비 배후를 노리는 침투도 위협적이다. 다만 볼 간수 능력이 떨어지며, 패스도 정교하진 않다. 2선 공격 자원들의 보조가 필요한 타입이다. 지난해 발목 부상을 당했으나 2주 만에 털어내고 레반테의 최전방을 책임졌다.

SQUAD LIST

위치	번호	선수	국적	키	생년월일	전 소속 팀
GK	13	Aitor Fernández	ESP	182	91-05-03	Numancia
	34	Dani Cárdenas	ESP	186	97-03-28	Levante B
DF	2	Son	ESP	179	94-03-30	Ponferradina
	3	Enric Franquesa	ESP	174	97-02-15	Villarreal B
	4	Róber Pier	ESP	182	95-02-16	Deportivo La Coruña B
	6	Óscar Duarte	CRC	186	89-06-03	Espanyol
	14	Rúben Vezo	POR	182	94-04-25	Valencia
	15	Sergio Postigo	ESP	184	88-11-04	Spezia
	19	Carlos Clerc	ESP	180	92-02-21	Osasuna
	20	Jorge Miramón	ESP	176	89-06-02	Huesca
	23	Coke	ESP	182	87-04-26	Schalke
MF	5	Nemanja Radoja	SRB	184	93-02-06	Celta Vigo
	7	Álex Blesa	ESP	182	02-01-15	Levante B
	8	Pepelu	ESP	185	98-08-11	Levante B
	10	Enis Bardhi	MKD	169	95-07-02	Újpest
	11	José Luis Morales	ESP	180	87-07-23	Fuenlabrada
	12	Mickaël Malsa	FRA	178	95-10-12	Mirandés
	17	Nikola Vukčević	MNE	184	91-12-13	Sporting Braga
	22	Gonzalo Melero	ESP	183	94-01-02	Huesca
	24	José Campaña	ESP	176	93-05-30	Sampdoria
	25	Pablo Martínez	ESP	182	88-02-22	Alcorcón B
FW	9	Roger	ESP	179	91-01-03	Levante B
	16	Roberto Soldado	ESP	179	85-05-27	Granada
	18	Jorge De Frutos	ESP	173	97-02-20	Real Madrid B
	21	Dani Gómez	ESP	177	98-07-30	Real Madrid B
	29	Alejandro Cantero	ESP	182	00-06-08	Levante B

GETAFE CF

구단 창립 : 1983년 홈구장 : 콜리세움 알폰소 페레스 대표 : 앙헬 토레스 산체스 2020-21시즌 : 15위(승점 38점) 9승 11무 18패 28득점 43실점 닉네임 : Azulones

라리가 6년 경력 미첼, 10년 만에 헤타페 복귀

보르달라스의 지도력이 흔들리며 가까스로 강등을 면했다. 리그 38경기에서 겨우 28골을 넣었을 정도로 부실한 결정력이 가장 큰 문제. 이러한 난국을 타개할 대안으로 라미레스, 마시아스, 비톨로 등을 영입하며 공격진을 강화했다.

MANAGER : Míchel 미첼

생년월일 : 1963.03.23. / 출생지 : 마드리드 (스페인)
현역시절 포지션 : 골키퍼 / 계약만료 : 2023.06.30
평균 재직 기간 : 2년 / 선호 포맷 : 4-4-2

1990년 이탈리아 월드컵에서 대한민국을 상대로 해트트릭을 기록한 스타 플레이어 출신. 레알 마드리드에서 뛰며 리그 우승을 6회나 차지하였으나 감독으로 성적은 저조한 편이다. 한 팀에서 100경기 넘게 지휘한 것은 헤타페가 유일.

우승-준우승

SPANISH LA LIGA	0-0
SPANISH COPA DEL REY	0-0
UEFA CHAMPIONS LEAGUE	0-0
UEFA EUROPA LEAGUE	0-0
FIFA CLUB WORLD CUP	0-0
UEFA-CONMEBOL INTERCONTINENTAL	0-0

ODDS CHECK

	배당률	우승 확률
bet365	250배	11위
skybet	500배	12위
William HILL	500배	12위
888sport	350배	10위

*우승 확률이 높을수록 배당률은 낮아짐

2021-22 SEASON SCHEDULE

날짜	장소	상대팀	날짜	장소	상대팀
08-13	A	Valencia	01-09	A	FC Sevilla
08-23	H	FC Sevilla	01-19	H	Granada
08-29	A	FC Barcelona	01-23	A	Real Sociedad
09-12	H	Elche	02-06	H	Levante
09-19	A	Rayo Vallecano	02-13	A	Atlético Madrid
09-22	H	Atlético Madrid	02-20	H	Cádiz
09-26	A	Betis	02-27	A	Alavés
10-03	H	Real Sociedad	03-06	H	Espanyol
10-17	A	Levante	03-13	H	Valencia
10-24	H	Celta Vigo	03-20	A	Athletic Bilbao
10-27	A	Granada	04-03	H	Mallorca
10-31	H	Espanyol	04-10	A	Real Madrid
11-07	A	Villarreal	04-17	A	Villarreal
11-21	H	Cádiz	04-24	H	Celta Vigo
11-28	A	Mallorca	05-01	H	Real Betis
12-05	H	Athletic Bilbao	05-08	H	Rayo Vallecano
12-12	A	Alavés	05-11	A	Osasuna
12-19	H	Osasuna	05-15	H	FC Barcelona
01-02	H	Real Madrid	05-22	A	Elche

시간대별 득점 | 시간대별 실점 | 위치별 슈팅-득점 | 공격 방향 | 볼 점유 위치 | 포지션별 득점 | 상대 포지션별 실점

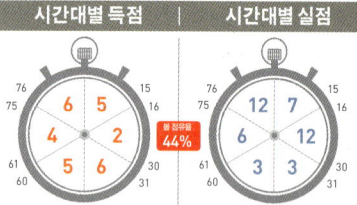

시간대별 득점: 15(6), 16(5), 30(2), 31(4), 45(5), 46(6), 60(6), 61(5), 75(6), 76(5) / 볼 점유율 44%

시간대별 실점: 15(7), 16(4), 30(12), 31(3), 45(3), 46(12), 60(6), 61(6), 75(12), 76(7)

위치별 슈팅-득점: 21-6 / 197-15 / 142-6
*상대자책골 1골

공격 방향: 39% / 23% / 38%

볼 점유 위치: 상대 진영 33% / 중간 지역 44% / 우리 진영 23%

포지션별 득점: FW진 17골 / MF진 9골 / DF진 1골
*상대자책골 1골

상대포지션별 실점: DF진 5골 / MF진 11골 / FW진 24골
*자책골 실점 3골

BASIC FORMATION

4-4-2

라미레스 (마타) / 위날 (마시아스)
알레냐 (안크토) / 비톨로 (이글레시아스)
아람바리 (압둘라이) / 막시모비치 (티모르)
올리베라 (실바) / 미트로비치 (카바코) / 체네 (체마)
소리아 (에네스)

TOTO GUIDE 지난시즌 전적

상대팀	홈	원정
Atletico Madrid	0-0	0-1
Real Madrid	0-0	0-2
FC Barcelona	1-0	2-5
FC Sevilla	0-1	0-3
Real Sociedad	0-1	0-3
Real Betis	3-0	0-1
Villarreal	1-3	0-1
Celta Vigo	1-1	0-1
Granada	0-1	0-0
Athletic Bilbao	1-1	1-5
Osasuna	1-0	0-0
Cadiz	0-1	2-0
Valencia	3-0	2-2
Levante	2-1	0-3
Alaves	0-0	0-0
Elche	1-1	3-1
Huesca	1-0	2-0
Valladolid	0-1	1-2
Eibar	0-1	0-0

득점 패턴 | 실점 패턴

득점 28골: OPEN PLAY 23, COUNTER ATTACK 1, SET PLAY 3, PENALTY KICK 1

실점 43골: OPEN PLAY 22, COUNTER ATTACK 4, SET PLAY 3, PENALTY KICK 7, OWN GOAL

OFFENSE | DEFENSE

OFFENSE		DEFENSE	
오픈 플레이	B	오픈 플레이 수비	A
카운터 어택	C	카운터 어택 수비	D
짧은 패스 게임	C	짧은 패스 게임 수비	D
롱볼 연계 플레이	C	롱볼 연계 플레이수비	C
솔로 플레이	C	솔로 플레이 수비	C
중거리 슈팅 / 직접 프리킥	C	중거리 슈팅 수비	C
측면 공격	C	측면 수비	C
세트 플레이	B	세트 플레이 수비	B
위협적인 공격 횟수	C	공중전 능력	B
슈팅 대비 득점	D	볼 쟁탈전 / 투쟁심	B
오프사이드 피하기	D	실수 조심	C
볼 점유율	D	파울 주의	C

A 매우 우수함 B 우수함 C 평균 수준 D 부족함 E 많이 부족함

Mauro ARAMBARRI 18
마우로 아람바리

SCOUTING REPORT
왕성한 활동량으로 중원을 휩쓰는 박스 투 박스 미드필더. 수비진 앞에서 1차 방어선 역할도 충실히 해낸다. 상대 패스 줄기를 먼저 읽고 사전 차단하는 능력도 수준급이다. 협력수비를 통한 방어 능력이 우수한 미드필더이나 패스 전개 능력이 약한 것이 단점이다. 또한 파울도 제법 많은 편이다. 2017-18시즌 이후 주로 근육 부상 때문에 매년 한 차례씩은 전력에서 이탈했었다.

PLAYER'S HISTORY
2013년 우루과이 클럽 데펜소르 스포르팅에서 데뷔했으며, 지롱드 드 보르도를 거쳐 2017년 헤타페에 합류했다. 2015 뉴질랜드 U-20 월드컵 당시 우루과이 중원의 핵으로 활약했다. 2020년 10월 칠레전에서 A매치 신고식을 치렀으며, 현재 4경기에 출전했다.

주로 사용하는 발: 왼발 88%

| 우승 | 1부리그 0-0 | 협회컵 0-0 | 챔피언스 0-0 |
| 준우승 | 클럽월드컵 0-0 | UEFA 유로 0-0 | 월드컵 0-0 |

슈팅-득점: 11-1 / 35-2 / 46-3 LG-0 / 6-0 RG-3 / 0-0 HG-0
패스 방향 분포: 전진 32%, 좌향 27%, 우향 31%, 후진 10%
2020-21 라리가: 33-1, 2990, 0, 28.3-20.7, 73%, T 3.6-1.9, I 1.2, DR 1.6-1.1, 11-0, ★1

David SORIA 13
다비드 소리아

세비야 시절인 2015-16 UEFA 유로파리그에서 베스트 일레븐 GK 부문에 선정될 정도로 실력을 인정받고 있다. 2020-21시즌에는 열 차례 무실점 경기를 기록했다. 큰 체격에도 불구하고 민첩한 움직임을 활용해 많은 세이브를 기록한다. 지능적인 전진 수비로 슛 각도를 최대한 줄이는 노련한 면모도 갖추었다. 지난 3년간 부상 없이 주전으로 뛰고 있다.

주로 사용하는 발: 오른발 96%

| 우승 | 1부리그 0-0 | 협회컵 0-2 | 챔피언스 0-0 |
| 준우승 | 클럽월드컵 0-0 | UEFA 유로 0-0 | 월드컵 0-0 |

세이브-실점: 31-27 / 22-4 / 84-31 TH-14 / 84-53 NK-195 / 7-1 KD-54
패스 방향 분포: 전진 93%, 좌향 5%, 우향 3%, 후진 0%
2020-21 라리가: 28-0, 2520, S% 63%, CS 10, P 30.0-13.7, P% 46%, LB 27.1-10.8, AD 12-13, 2-0, ★3

DJENÉ 2
제네

헤타페와 토고 축구 국가대표팀의 주장. 순간 가속도로 승부하는 공격수와 일대일 대결에서 절대 밀리지 않는 주력이 강점이다. 또한 강력한 태클도 그의 무기다. 작은 체격을 가진 센터백이지만 공중볼 경합에서도 크게 밀리지 않는 편이며, 수비 조율도 우수하다. 수비 성공 이후 기습적으로 롱 패스를 종종 시도한다. 단, 징왁도는 다소 모자란 편.

주로 사용하는 발: 오른발 77%

| 우승 | 1부리그 0-0 | 협회컵 0-0 | 챔피언스 0-0 |
| 준우승 | 클럽월드컵 0-0 | CAF 네이션스컵 0-0 | 월드컵 0-0 |

슈팅-득점: 2-0 / 0-0 / 2-0 LG-0 / 0-0 RG-0 / 0-0 HG-0
패스 방향 분포: 전진 45%, 좌향 24%, 우향 22%, 후진 10%
2020-21 라리가: 34-0, 2945, 1, 29.6-21.6, 73%, T 2.0-1.8, I 1.2, DR 6-2, 0, ★1

Enes ÜNAL 10
에네스 위날

잠깐이지만 맨체스터 시티 유니폼을 입은 적이 있다. 하지만 1군 기회를 얻지 못하고 줄곧 임대 선수로 활동해야 했다. 2016-17시즌 트벤테에서 18골을 성공시킨 적이 있다. 그러나 이후 득점력으로 주목받진 못했다. 제공권 경합에서 강하며, 2선 공격수와 연계도 준수한 편이다. 전술적 가치가 큰 공격수다. 지난해 햄스트링을 다쳐 한 달 가량 쉬었다.

주로 사용하는 발: 오른발 87%

| 우승 | 1부리그 0-0 | 협회컵 0-1 | 챔피언스 0-0 |
| 준우승 | 클럽월드컵 0-0 | UEFA 유로 0-0 | 월드컵 0-0 |

슈팅-득점: 31-3 / 7-1 / 38-4 LG-0 / 2-0 RG-4 / 1-1 HG-0
패스 방향 분포: 전진 36%, 좌향 20%, 우향 27%, 후진 17%
2020-21 라리가: 15-13, 1322, 2, 12.1-7.2, 59%, T 0.8-0.4, I 0.1, DR 1.3-0.7, 4-0, ★1

SQUAD LIST

위치	번호	선수	국적	키	생년월일	전 소속 팀
GK	1	Rubén Yáñez	ESP	190	93-10-12	Real Madrid
GK	13	David Soria	ESP	192	93-04-04	Sevilla
GK	27	Diego Conde	ESP	188	98-10-20	Atlético Madrid B
DF	2	Dakonam Djené	TOG	187	91-12-31	Sint-Truiden
DF	3	Erick Cabaco	URU	186	95-04-19	Levante
DF	4	Allan-Roméo Nyom	CMR	188	88-05-10	WBA
DF	6	Chema Rodríguez	ESP	189	92-03-03	Nottingham F
DF	14	Jonathan Silva	ARG	178	94-06-29	Leganés
DF	15	Jorge Cuenca	ESP	187	99-11-17	Villarreal
DF	17	Mathías Olivera	URU	184	97-10-31	Nacional(URU)
DF	21	Juan Iglesias	ESP	185	98-07-03	Logroñés
DF	22	Damián Suárez	URU	172	88-04-27	Elche
DF	23	Stefan Mitrović	SRB	187	90-05-22	Strasbourg
MF	5	Florentino Luis	POR	184	99-08-19	Benfica
MF	8	Vitolo	ESP	184	89-11-02	Atlético Madrid
MF	11	Carles Aleñà	ESP	180	98-01-05	Barcelona
MF	16	Jakub Jankto	CZE	184	96-01-19	Sampdoria
MF	18	Mauro Arambarri	URU	175	95-09-30	Boston River
MF	20	Nemanja Maksimović	SRB	184	95-01-26	Valencia
MF	24	David Tímor	ESP	185	89-10-17	Las Palmas
FW	7	Jaime Mata	ESP	185	88-10-24	Valladolid
FW	9	José Juan Macías	MEX	177	99-09-22	Guadalajara
FW	10	Enes Ünal	TUR	185	97-05-10	Villarreal
FW	12	Sandro Ramírez	ESP	172	95-07-09	Huesca
FW	19	Darío Poveda	ESP	185	97-03-13	Atlético Madrid B

DEPORTIVO ALAVÉS SAD

구단 창립 : 1921년 홈구장 : 멘디소로차 스타디움 대표 : 알폰소 페르난데스 2020-21시즌 : 16위(승점 38점) 9승 11무 18패 36득점 57실점 닉네임 : Blanquiazul

창단 이후 첫 6시즌 연속 1부 리그 '불안한 생존기'

구단 역사상 처음으로 6시즌 연속으로 '라리가에서 경쟁한다. 지난 두 시즌은 16위로 끝났을 정도로 불안한 시간의 연속. 안정적으로 잔류하고자 하는 마음에 전 포지션에 걸친 보강을 단행했다. 호셀루, 구이데티, 실라 등이 열쇠다.

MANAGER : Javier CALLEJA 하비에르 카예하

- 생년월일 : 1978.05.12. / 출생지 : 마드리드 (스페인)
- 현역시절 포지션 : MF / 계약만료 : 2023.06.30
- 평균 재직 기간 : 3년 / 선호 포맷 : 4-4-2

레알 마드리드 유스 출신으로 비야레알, 말라가에서 선수로 뛰었다. 비야레알 유소년 코치부터 B팀을 거쳐 1군 지휘봉까지 잡았다. 19-20시즌 비야레알을 리그 5위로 이끌며 유로파에 진출시킨 후 팀을 떠났다가 21년 알라베스 감독으로 선임 되었다.

우승-준우승

SPANISH LA LIGA	0-0
SPANISH COPA DEL REY	0-1
UEFA CHAMPIONS LEAGUE	0-0
UEFA EUROPA LEAGUE	0-1
FIFA CLUB WORLD CUP	0-0
UEFA-CONMEBOL INTERCONTINENTAL	0-0

ODDS CHECK

bet365	배당률 500배	우승 확률 14위
skybet	배당률 1000배	우승 확률 16위
William HILL	배당률 1000배	우승 확률 16위
888sport		

*우승 확률이 높을수록 배당률은 낮아짐

2021-22 SEASON SCHEDULE

날짜	장소	상대팀	날짜	장소	상대팀
08-14	H	Real Madrid	01-09	A	Athletic Bilbao
08-21	H	Mallorca	01-19	A	Real Betis
08-29	A	Valencia	01-23	H	FC Barcelona
09-12	A	Villarreal	02-06	A	Elche
09-19	H	Osasuna	02-13	H	Valencia
09-22	A	Espanyol	02-20	A	Real Madrid
09-26	H	Atlético Madrid	02-27	A	Getafe
10-03	A	Athletic Bilbao	03-06	H	FC Sevilla
10-17	H	Real Betis	03-13	A	Real Sociedad
10-24	A	Cádiz	03-20	H	Granada
10-27	H	Elche	04-03	A	Atlético Madrid
10-31	A	FC Barcelona	04-10	H	Osasuna
11-07	H	Levante	04-17	A	Rayo Vallecano
11-21	A	FC Sevilla	04-20	A	Mallorca
11-28	H	Celta Vigo	05-01	H	Villarreal
12-05	A	Granada	05-08	H	Celta Vigo
12-12	H	Getafe	05-11	A	Espanyol
12-19	A	Rayo Vallecano	05-15	A	Levante
01-02	H	Real Sociedad	05-22	H	Cádiz

시간대별 득점 | 시간대별 실점 | 위치별 슈팅-득점 | 공격 방향 | 볼 점유 위치 | 포지션별 득점 | 상대 포지션별 실점

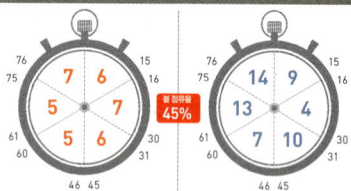

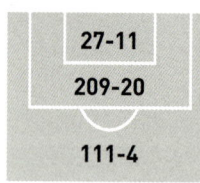
27-11
209-20
111-4
*상대자책골 1골

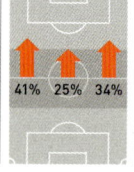
41% 25% 34%

상대 진영 25%
중간 지역 46%
우리 진영 29%

FW진 26골
MF진 5골
DF진 4골

DF진 3골
MF진 13골
FW진 41골
*상대자책골 1골

BASIC FORMATION (4-4-2)

호셀루 / 미겔 — 구이데티 / 실라
리오하 / 펠리스트리 — 폰스 / 은디아예 — 피나 / 모야 — 에드가르 / 가르시아
두아르테 / 로페스 — 르주노 / 로드리게스 — 라과르디아 / 미아즈가 — 시모 / 마르틴
파체코 / 시베라

TOTO GUIDE 지난시즌 전적

상대팀	홈	원정
Atletico Madrid	1-2	0-1
Real Madrid	1-4	2-1
FC Barcelona	1-1	1-5
FC Sevilla	1-2	0-1
Real Sociedad	0-0	0-4
Real Betis	0-1	2-3
Villarreal	2-1	1-3
Celta Vigo	1-3	0-2
Granada	4-2	1-2
Athletic Bilbao	1-0	0-0
Osasuna	0-1	1-1
Cadiz	1-1	1-3
Valencia	2-2	1-1
Levante	2-2	1-1
Getafe	0-0	0-0
Elche	0-2	2-0
Huesca	1-0	0-1
Valladolid	1-0	2-0
Eibar	2-1	0-1

득점 패턴 | 실점 패턴

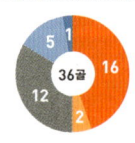
36골: 16, 2, 12, 5, 1

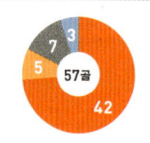
57골: 42, 5, 7, 3

● OPEN PLAY ● COUNTER ATTACK ● SET PLAY ● PENALTY KICK ● OWN GOAL

OFFENSE | DEFENSE

오픈 플레이	D	오픈 플레이 수비	D
카운터 어택	B	카운터 어택 수비	C
짧은 패스 게임	C	짧은 패스 게임 수비	D
롱볼 연계 플레이	B	롱볼 연계 플레이수비	B
솔로 플레이	C	솔로 플레이 수비	C
중거리 슈팅 / 직접 프리킥	C	중거리 슈팅 수비	C
측면 공격	B	측면 수비	C
세트 플레이	B	세트 플레이 수비	C
위협적인 공격 횟수	D	공중전 능력	A
슈팅 대비 득점	D	볼 쟁탈전 / 투쟁심	B
오프사이드 피하기	C	실수 조심	C
볼 점유율	D	파울 주의	D

A 매우 우수함 B 우수함 C 평균 수준 D 부족함 E 많이 부족함

FW JOSELU 9
호셀루

SCOUTING REPORT
큰 피지컬을 활용한 포스트플레이가 우수한 타깃맨이다. 단순히 몸 싸움을 즐기는 선수가 아니라 훌륭한 연계 플레이와 체격에 비해 빠른 발까지 갖췄다. 다만 부족한 득점력이 고질적 약점으로 거론된다. 따라서 전술적 측면으로는 가치가 있으나 골게터로서는 다소 부족하다는 극단의 평가가 오간다. 2009년 십자인대 파열 부상을 당한 무릎이 다소 약한 편. 다행히 지난 4년간 부상 소식은 없다.

PLAYER'S HISTORY
셀타 유스 출신. 독일에서 태어났다. 그래선지 호펜하임·프랑크푸르트 등 독일 클럽에서 뛴 이력도 있으며, 2017년에는 뉴캐슬 유나이티드를 통해 EPL도 누볐다. 알라베스 입단 첫 해인 2019-20시즌 11골을 넣었다. 이는 1부리그에서 기록한 첫 두 자릿수 득점이다.

주로 사용하는 발: 오른발 76%

	1부리그	협회컵	챔피언스
우승	1-1	0-0	0-0
준우승	클럽월드컵 0-0	UEFA 유로 0-0	월드컵 0-0

슈팅-득점: 70-8, 23-3
● 93-11 LG-2
● 4-2 RG-6
● 4-2 HG-3

패스 방향 분포: 전진 37%, 좌향 23%, 우향 18%, 후진 22%

2020-21 라리가: 34-3, 3038, 3, 1.5-0.8, 59%, 1.3-0.7, 0.4, 1.5-0.8, 1-0, ★5

GK Fernando PACHECO 1
페르난도 파체코

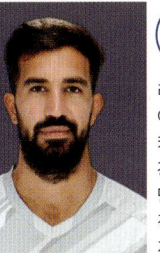

레알 마드리드 유스 출신이며, 2015년 알라베스 이적 이후 1군 무대에 데뷔를 했다. 반사 신경이 특출난 골키퍼이며 공격수와 일대일로 맞서는 상황에서 상당히 강하고, 근거리에서 날아오는 슛을 특히 잘 막는다. 다만 박스 외곽에서 터지는 중거리슛에는 다소 약하며, 전진 수비보다는 골문 앞에서 방어하는 걸 선호한다. 지난해 대퇴부 부상을 당했다.

주로 사용하는 발: 왼발 80%

	1부리그	협회컵	챔피언스
우승	1-2	1-1	0-0
준우승	클럽월드컵 1-0	UEFA 유로 0-0	월드컵 0-0

세이브-실점: 59-50, 25-7
● 141-57 TH-112
● 141-84 NK-300
● 3-0 KD-43

패스 방향 분포: 전진 72%, 좌향 12%, 우향 16%, 후진 0%

2020-21 라리가: 37-1, 3348, 60%, 9, 25.4-16.8, 66%, 17.1-8.6, 14-13, 1-0, ★3

DF Rubén DUARTE 3
루벤 두아르테

스페인 연령별 대표 출신 레프트백. 유사시 센터백도 가능하다. 2017년 알라베스에 입단했다. 한때 바르셀로나 공격수 루이스 수아레스의 하복부를 걷어차는 거친 플레이 때문에 구설에 오르기도 했다. 적극적인 오버래핑과 얼리 크로스를 즐기며, 제공권에도 강하다. 다만 패스 정확도는 조금 아쉽다. 지난 4월 가벼운 발목 부상을 당했으나 완쾌했다.

주로 사용하는 발: 왼발 86%

	1부리그	협회컵	챔피언스
우승	0-0	0-0	0-0
준우승	클럽월드컵 0-0	UEFA 유로 0-0	월드컵 0-0

슈팅-득점: 8-1, 6-0
● 14-1 LG-0
● 0-0 RG-0
● 0-0 HG-0

패스 방향 분포: 전진 51%, 좌향 4%, 우향 33%, 후진 12%

2020-21 라리가: 29-2, 2551, 1, 32.1-22.9, 71%, 2.7-1.8, 2.1, 0.4-0.2, 5-1, 0

 기타 부위 2골

MF Pere PONS 20
페레 폰스

2012년 지로나에서 데뷔했다. 지난 2020-21시즌 중족골 타박상을 입어 약 두 달간 경기에 출전하지 못했었다. 에너지 넘치는 수비형 미드필더이며, 주변 동료와 숏 패스를 주고받으며 팀 볼 점유율을 올리는 데 힘을 보태고 있다. 다만 패스 정확도는 좋지 못하다. 공격 세트 피스 찬스가 주어질 때 주로 박스 외곽에 대기해 세컨드 볼을 따내는 데 주력한다.

주로 사용하는 발: 오른발 81%

	1부리그	협회컵	챔피언스
우승	0-0	0-0	0-0
준우승	클럽월드컵 0-0	UEFA 유로 0-0	월드컵 0-0

슈팅-득점: 5-2, 4-0
● 9-2 LG-0
● 0-0 RG-2
● 0-0 HG-0

패스 방향 분포: 전진 33%, 좌향 25%, 우향 20%, 후진 22%

2020-21 라리가: 13-10, 1184, 0, 14.7-11.6, 79%, 1.3-0.7, 0.3, 1.2-0.4, 1-0, 0

SQUAD LIST

위치	번호	선수	국적	키	생년월일	전 소속 팀
GK	1	Fernando Pacheco	ESP	187	92-05-18	Real Madrid
	13	Antonio Sivera	ESP	185	96-08-11	Valencia B
DF	2	Tachi	ESP	185	97-09-10	Atlético Madrid B
	3	Rubén Duarte	ESP	172	95-10-18	Espanyol
	4	Matt Miazga	USA	190	95-07-19	Chelsea
	5	Víctor Laguardia	ESP	185	89-11-05	Zaragoza
	12	Saúl	ESP	183	94-11-09	Deportivo La Coruña
	21	Martín Aguirregabiria	ESP	178	96-05-10	Alavés B
	22	Florian Lejeune	FRA	188	91-05-20	Newcastle U
	23	Ximo	ESP	176	90-01-23	Las Palmas
	26	Abdelkabir Abqar	MAR	188	99-03-10	Málaga B
	27	Javi López	ESP	183	02-03-25	Alavés B
MF	6	Mamadou Loum	SEN	188	96-12-30	FC Porto
	8	Tomás Pina	ESP	184	87-10-14	Club Brugge
	11	Luis Rioja	ESP	173	93-10-16	Almería
	14	Manu García	ESP	182	86-04-26	Logroñés
	15	Toni Moya	ESP	180	98-03-20	Atlético Madrid B
	17	Edgar	ESP	185	90-04-30	Cruz Azul
	19	Iván Martín	ESP	178	99-02-14	Villarreal B
	20	Pere Pons	ESP	177	93-02-20	Girona
FW	7	Mamadou Sylla	SEN	184	94-03-20	Girona
	9	Joselu	ESP	191	90-03-27	Newcastle U
	10	John Guidetti	SWE	181	92-04-15	Celta Vigo
	18	Facundo Pellistri	URU	174	01-12-20	Manchester U
	24	Miguel De La Fuente	ESP	182	99-09-03	Valladolid B

ELCHE CF

구단 창립 : 1923년 홈구장 : 마누엘 마르티네스 발레로 대표 : 호아킨 부이트라고 2020-21시즌 : 17위(승점 36점) 8승 12무 18패 34득점 55실점 닉네임 : Los Franjiverdes, Los Ilicitanos

마지막 날 결정된 잔류, "에스크리바 효과"에 모두가 환호

지난 시즌 마지막 38R에서 극적으로 잔류에 성공했다. 엘체의 강등을 막은 것은 과거 여러 팀들의 강등을 막아낸 '특급 소방수' 에스크리바 감독. 전 포지션에 걸쳐 충실한 보강을 했기 때문에 이번 시즌은 더 높은 성적을 목표로 하고 있다.

MANAGER : Fran ESCRIBÁ 프란 에스크리바

생년월일 : 1965.05.03. / 출생지 : 발렌시아 (스페인)
현역시절 포지션 : FW / 계약만료 : 2022.06.30
평균 재직 기간 : 2년 / 선호 포맷 : 4-4-2

어시스턴트 경력을 마치고 처음 감독직을 맡았던 곳이 엘체였다. 팀을 곧바로 라리가로 승격시키면서 유망한 젊은 감독으로 부각되기 시작했다. 4-4-2포메이션을 선호하지만 완성도가 부족한 까닭에 경기가 단조로워지는 경향이 나타난다.

우승-준우승

SPANISH LA LIGA	0-0
SPANISH COPA DEL REY	0-1
UEFA CHAMPIONS LEAGUE	0-0
UEFA EUROPA LEAGUE	0-0
FIFA CLUB WORLD CUP	0-0
UEFA-CONMEBOL INTERCONTINENTAL	0-0

ODDS CHECK

bet365	배당률 1000배	우승 확률 17위
skybet	배당률 1000배	우승 확률 16위
William HILL	배당률 1000배	우승 확률 16위
888sport	배당률 750배	우승 확률 15위

*우승 확률이 높을수록 배당률은 낮아진다

2021-22 SEASON SCHEDULE

날짜	장소	상대팀	날짜	장소	상대팀
08-16	H	Athletic Bilbao	01-09	A	Espanyol
08-22	A	Atlético Madrid	01-19	A	Villarreal
08-29	H	FC Sevilla	01-23	H	Real Madrid
09-12	A	Getafe	02-06	H	Alavés
09-19	H	Levante	02-13	A	FC Sevilla
09-22	A	Villarreal	02-20	H	Rayo Vallecano
09-26	A	Real Sociedad	02-27	A	Levante
10-03	H	Celta Vigo	03-06	H	FC Barcelona
10-17	A	Rayo Vallecano	03-13	A	Granada
10-24	H	Espanyol	03-20	H	Valencia
10-27	A	Alavés	04-03	A	Athletic Bilbao
10-31	H	Real Madrid	04-10	H	Real Sociedad
11-07	A	Mallorca	04-17	H	Mallorca
11-21	H	Real Betis	04-20	A	Real Betis
11-28	A	Osasuna	05-01	H	Osasuna
12-05	H	Cádiz	05-08	A	Cádiz
12-12	A	Valencia	05-11	H	Atlético Madrid
12-19	A	FC Barcelona	05-15	A	Celta Vigo
01-02	H	Granada	05-22	H	Getafe

시간대별 득점 | 시간대별 실점 | 위치별 슈팅-득점 | 공격 방향 | 볼 점유 위치 | 포지션별 득점 | 상대 포지션별 실점

시간대별 득점: 76/4/15, 75/4/16, 7/7, 4, 6/9/31, 61/30, 46/45 (볼 점유율 48%)

시간대별 실점: 76/13/15, 75/6/16, 10/7, 7/12, 6/9/31, 61/30, 46/45

위치별: 24-8 / 156-21 / 88-4 *상대자책골 1골

공격 방향: 38% / 21% / 41%

볼 점유 위치: 상대 진영 21%, 중간 지역 45%, 우리 진영 34%

포지션별 득점: FW진 15골, MF진 15골, DF진 3골 *상대자책골 1골

상대 포지션별 실점: DF진 6골, MF진 15골, FW진 33골 *자책골 실점 1골

BASIC FORMATION

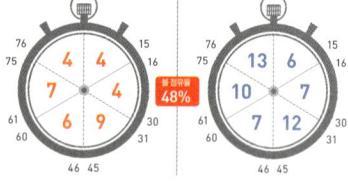

3-5-2

보예 베네데토 / 미야 카리오
마르코네 모렌테 / 구티 군바우
모히카 호세마 / 피델 오마르 / 호산 팔라시오스
곤살레스 비가스 / 베르무 파스토르 / 로코 바란가
카시야 / 바디아

TOTO GUIDE 지난시즌 전적

상대팀	홈	원정
Atletico Madrid	0-1	1-3
Real Madrid	1-1	1-2
FC Barcelona	0-2	0-3
FC Sevilla	2-1	0-2
Real Sociedad	0-3	0-2
Real Betis	1-1	1-3
Villarreal	2-2	0-0
Celta Vigo	1-1	1-3
Granada	0-1	1-2
Athletic Bilbao	2-0	0-1
Osasuna	2-2	0-2
Cadiz	1-1	3-1
Valencia	2-1	0-1
Levante	1-0	1-1
Getafe	1-3	1-1
Alaves	0-2	2-0
Huesca	0-0	1-3
Valladolid	1-1	2-2
Eibar	1-0	1-0

득점 패턴 | 실점 패턴

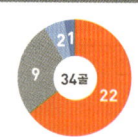
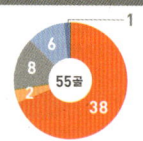

득점: 34골 — 21, 9, 22
실점: 55골 — 1, 6, 8, 2, 38

● OPEN PLAY ● COUNTER ATTACK ● SET PLAY ● PENALTY KICK ● OWN GOAL

OFFENSE | DEFENSE

오픈 플레이	E	오픈 플레이 수비	D
카운터 어택	C	카운터 어택 수비	D
짧은 패스 게임	B	짧은 패스 게임 수비	D
롱볼 연계 플레이	C	롱볼 연계 플레이 수비	C
솔로 플레이	C	솔로 플레이 수비	E
중거리 슛팅 / 직접 프리킥	C	중거리 슛팅 수비	E
측면 공격	B	측면 수비	D
세트 플레이	C	세트 플레이 수비	C
위협적인 공격 횟수	E	공중전 능력	D
슈팅 대비 득점	D	볼 탈취전 / 투쟁심	B
오프사이드 피하기	E	실수 조심	E
볼 점유율	D	파울 주의	D

A 매우 우수함 B 우수함 C 평균 수준 D 부족함 E 많이 부족함

MF Raúl GUTI — 8
라울 구티

SCOUTING REPORT
공격형과 수비형을 가리지 않는 중앙 미드필더. 박스 외곽에서 오른발 중거리 슛을 시도하는 빈도가 많으나 정확도는 그리 좋지 않다. 역습 상황에서 박스 안으로 진입해 직접 골문을 노린다. 배후 침투하는 동료를 살리는 패스를 자주 시도하나 어시스트로 이어지는 경우는 많지 않다. 3년 전만 해도 근육 부상에 자주 시달렸으나 지금은 그런 기미를 찾아볼 수 없을 정도로 튼튼해졌다.

PLAYER'S HISTORY
사라고사 유스 출신. 2019-20시즌 다섯 골을 성공시키며 커리어 하이를 기록했다. 당시 비야레알·레알 베티스의 관심을 받았으나, 지난해 이적료 400만 유로를 기록하며 엘체에 입단했다. 계약 기간은 5년이다. 현재 엘체에서 가장 잠재성이 큰 선수로 평가된다.

주로 사용하는 발: 오른발 96%
우승 1부리그: 0-0 / 협회컵: 0-0 / 챔피언스: 0-0
준우승 클럽 월드컵: 0-0 / UEFA 유로: 0-0 / 월드컵: 0-0

슈팅-득점: 10-2 / 17-1
LG 27-3 / RG 0-0 / HG 0-0
전진 28% / 좌향 27% / 우향 26% / 후진 19%
2020-21 라리가: 33-3, 2876, 1, 35.5-29.8, 84%
T 2.3-1.3 / I 1.4 / DR 1.3-0.8 / 3-1 / ★ 0

GK Édgar BADÍA — 13
에드가 바디아

전형적인 숏 스토퍼. 골키퍼로서는 단신으로 공중볼에서 약점을 가지고 있지만 좋은 롱패스를 가지고 있고, 집중력이 좋아 세이브와 페널티 방어 능력이 우수하다. 스페인 연령별 국가대표 경력을 쌓았으며, 2016년에는 카탈루냐 비공식 국가대표팀 수문장으로 두 경기를 소화한 적이 있다. 프로 데뷔 후 지금껏 부상 이력이 없다.

주로 사용하는 발: 오른발 88%
우승 1부리그: 0-0 / 협회컵: 0-0 / 챔피언스: 0-0
준우승 클럽 월드컵: 0-0 / UEFA 유로: 0-0 / 월드컵: 0-0

세이브-실점: 61-41 / 34-5
TH 141-46 / 143 / NK 141-95 / 283 / KD 9-3 / 40
전진 65% / 좌향 18% / 우향 17% / 후진 0%
2020-21 라리가: 30-0, 2700, 67%, S 5, CS 33.5-24.1
P% 72% / LB 17.7-8.7 / AD 7-11 / 0-0 / ★ 2

DF Diego GONZÁLEZ — 4
디에고 곤잘레스

스페인 U-21 대표 출신 왼발잡이 센터백. 때에 따라서는 레프트백으로 뛸 수 있다. 유망주 시절 AS 로마·리버풀·레알 마드리드의 관심을 받기도 했다. 2020년 9월 자유계약으로 엘체에 합류했다. 강인한 피지컬을 활용한 맨투맨 수비에 능하다. 태클이 정확하지 않아 다소 파울이 많다. 또 패스가 정교하진 않으며, 위기 상황에서 집중력 유시에 애먹는다.

주로 사용하는 발: 왼발 53%
우승 1부리그: 0-0 / 협회컵: 0-1 / 챔피언스: 0-0
준우승 클럽 월드컵: 0-0 / UEFA 유로: 0-0 / 월드컵: 0-0

슈팅-득점: 5-1 / 0-0
LG 5-1 / RG 0-0 / HG 0-0
전진 33% / 좌향 22% / 우향 38% / 후진 6%
2020-21 라리가: 15-4, 1280, 0, 39.1-34.7, 89%
T 0.9-0.6 / I 1.1 / DR 0.4-0.4 / 5-0 / ★ 0

FW Lucas BOYÉ — 9
루카스 보예

2016년 토리노 FC 입단 이후 임대를 거듭하는 등 다소 불안한 커리어를 보였었다. 그러나 2020-21시즌 엘체 임대 이적 이후 활약상을 인정받아 완전 이적에 성공했다. 최전방 공격수와 왼쪽 날개를 두루 소화한다. 개인기를 활용해 좁은 공간에서도 과감하게 돌파를 시도한다. 골 결정력은 조금 더 향상시켜야 한다. 2년 전 스포츠 헤르니아에 시달렸다.

주로 사용하는 발: 오른발 82%
우승 1부리그: 0-1 / 협회컵: 0-1 / 챔피언스: 0-0
준우승 클럽 월드컵: 0-0 / 코파아메리카: 0-0 / 월드컵: 0-0

슈팅-득점: 39-6 / 19-1
LG 58-7 / RG 3-0 / HG 0-0
전진 19% / 좌향 28% / 우향 23% / 후진 30%
2020-21 라리가: 32-2, 2713, 2, 18.6-14.4, 78%
T 2.5-1.4 / I 0.6 / DR 3.4-1.9 / 7-1 / ★ 3

SQUAD LIST

위치	번호	선수	국적	키	생년월일	전 소속 팀
GK	1	Francisco Casilla	ESP	190	86-10-02	Leeds U
GK	13	Edgar Badía	ESP	181	92-02-12	Reus
GK	25	Axel Werner	ARG	192	96-02-28	Atlético Madrid
GK	28	Lluis Andreu	ESP	189	99-07-27	Zamora
DF	3	Enzo Roco	CHI	188	92-08-16	Fatih Karagümrük
DF	4	Diego González	ESP	185	95-01-28	Málaga
DF	5	Gonzalo Verdú	ESP	185	88-10-21	Cartagena
DF	6	Pedro Bigas	ESP	181	90-05-15	Eibar
DF	14	Helibelton Palacios	COL	177	93-06-11	Atlético Nacional
DF	19	Antonio Barragán	ESP	187	87-06-12	Betis
DF	22	Johan Mojica	COL	185	92-08-21	Girona
DF	24	Josema	ESP	182	96-06-06	Extremadura
MF	8	Guti	ESP	180	96-12-30	Zaragoza
MF	10	Pere Milla	ESP	179	92-09-23	Eibar
MF	11	Tete Morente	ESP	180	96-12-04	Málaga
MF	16	Fidel	ESP	177	89-10-27	Las Palmas
MF	17	Josan	ESP	175	89-12-03	Albacete
MF	21	Omar Mascarell	ESP	181	93-02-02	Schalke
MF	23	Iván Marcone	ARG	178	90-06-03	Boca Juniors
MF	26	John Chetauya	ESP	185	00-09-25	Villarreal C
MF	30	César	ESP	183	01-04-23	Elche B
FW	7	Guido Carrillo	ARG	190	91-05-25	Southampton
FW	9	Lucas Boyé	ARG	180	96-02-28	Torino
FW	18	Darío Benedetto	ARG	175	86-01-10	Marseille
FW	20	Pablo Piatti	ARG	163	89-03-31	Toronto FC

RCD ESPANYOL

구단 창립 : 1900년 홈구장 : RCDE 스타디움 대표 : 천양성 2020-21시즌 : 2부 1위(승점 82점) 24승 10무 8패 71득점 28실점 닉네임 : Periquitos, Blanquiazules

라리가 복귀, "우리가 있을 곳은 역시 1부 리그"

일찌감치 세군다 리가 우승을 결정하고 1시즌 만에 바로 라리가 복귀를 알렸다. 2부 리그에서는 압도적이었던 공수 전력이 얼마나 경쟁력 있게 유지될지가 관건이다. 그라나다의 핵심이었던 양헬 에레라가 임대로 합류했다.

MANAGER : Vicente MORENO 비센테 모레노

생년월일 : 1974.10.26. / 출생지 : 발렌시아 (스페인)
현역시절 포지션 : 골키퍼 / 계약만료 : 2023.06.30
평균 재직 기간 : 2년 / 선호 포맷 : 4-4-2

세레스에서 400경기 가까이 뛰며 2부 우승까지도 경험한 레전드. 하지만 은퇴 후 곧바로 세레스 감독이 됐다가 실망스럽게 물러났다. 3부였던 마요르카를 1부까지 승격시키면서 승격 전도사가 됐다. 에스파뇰 부임 첫 시즌도 승격에 성공.

우승-준우승 | ODDS CHECK

SPANISH LA LIGA	0-0	bet365	배당률 500배	우승 확률 14%
SPANISH COPA DEL REY	4-5	skybet	배당률 500배	우승 확률 12%
UEFA CHAMPIONS LEAGUE	0-0	WilliamHILL	배당률 500배	우승 확률 11%
UEFA EUROPA LEAGUE	0-2	888sport	배당률 500배	우승 확률 14%
FIFA CLUB WORLD CUP	0-0			
UEFA-CONMEBOL INTERCONTINENTAL	0-0			

*우승 확률이 높을수록 배당률은 낮아짐

2021-22 SEASON SCHEDULE

날짜	장소	상대팀	날짜	장소	상대팀
08-14	A	Osasuna	01-09	A	Elche
08-21	H	Villarreal	01-19	A	Cádiz
08-29	A	Mallorca	01-23	H	Real Betis
09-12	H	Atlético Madrid	02-06	A	Athletic Bilbao
09-19	A	Real Betis	02-13	H	FC Barcelona
09-22	H	Alavés	02-20	A	FC Sevilla
09-26	A	FC Sevilla	02-27	H	Villarreal
10-03	H	Real Madrid	03-06	A	Getafe
10-17	A	Cádiz	03-13	H	Levante
10-24	H	Elche	03-20	A	Mallorca
10-27	H	Athletic Bilbao	04-03	H	Real Sociedad
10-31	A	Getafe	04-10	H	Celta Vigo
11-07	H	Granada	04-17	A	Atlético Madrid
11-21	A	FC Barcelona	04-20	H	Rayo Vallecano
11-28	H	Real Sociedad	05-01	A	Real Madrid
12-05	A	Rayo Vallecano	05-08	H	Osasuna
12-12	H	Levante	05-11	A	Alavés
12-19	A	Celta Vigo	05-15	H	Valencia
01-02	A	Valencia	05-22	A	Granada

2부 리그

시간대별 득점
볼 점유율 55%
76 13 14 15 16
75 11 11
61 10 12 30
60 31
46 45

시간대별 실점
76 7 4 15 16
75 3
61 9 4 30
60 31
46 45

위치별 슈팅-득점
PA안 321-61
PA밖 228-9
*상대자책골 1골

신체 부위별 득점
왼발 15 | 오른발 40
헤더 15 | 기타 부위 0
*상대자책골 1골

패스 / 수비
패스 시도-성공 평균 450-370
성공률 82%
평균 태클 12.4
평균 인터셉트 8.4

포지션별 득점
FW진 41골
MF진 24골
DF진 5골
*상대자책골 1골

상대 포지션별 실점
DF진 3골
MF진 4골
FW진 20골
*자책골 실점 1골

BASIC FORMATION
4-4-2

토마스 우레이 / 디마타 로렌
푸아도 메라메드 / 엠바르바 모를라네스
다르데르 바레 / 에레라 멜렌도
페드라사 디닥 / 힐 비달
카브레라 칼레로 / 고메스 로페스
로페스 / 오이에르

TOTO GUIDE 지난 시즌 2부리그 맞대결 전적

상대팀	홈	원정
Mallorca	0-0	2-1
Leganes	2-1	0-2
Almeria	2-1	1-1
Girona	1-2	0-1
Rayo Vallecano	2-3	0-1
Sporting Gijon	2-0	1-1
Ponferradina	2-0	4-1
Las Palmas	4-0	0-1
Mirandes	2-0	2-2
Fuenlabrada	4-0	1-1
Malaga	3-0	3-0
Real Oviedo	1-1	2-0
Tenerife	1-1	0-1
Real Zaragoza	2-0	0-0
Cartagena	0-2	3-1
Alcorcon	1-0	0-1
Lugo	2-1	1-1
Sabadell	1-0	1-0
Logrones	4-0	3-0
Castellon	2-0	3-1
Albacete	3-0	3-1

OFFENSE | DEFENSE

항목	등급	항목	등급
오픈 플레이	D	오픈 플레이 수비	D
카운터 어택	C	카운터 어택 수비	C
짧은 패스 게임	C	짧은 패스 게임 수비	C
롱볼 연계 플레이	C	롱볼 연계 플레이수비	B
솔로 플레이	C	솔로 플레이 수비	C
중거리 슈팅 / 직접 프리킥	C	중거리 슈팅 수비	C
측면 공격	B	측면 수비	C
세트 플레이	B	세트 플레이 수비	B
위협적인 공격 횟수	B	공중전 능력	D
슈팅 대비 득점	C	볼 쟁탈전 / 투쟁심	B
오프사이드 피하기	D	실수 조심	D
볼 점유율	C	파울 주의	C

A 매우 우수함 B 우수함 C 평균 수준 D 부족함 E 많이 부족함

FW Raúl DE TOMÁS 11
라울 데토마스

SCOUTING REPORT
빼어난 드리블 스킬로 수비수와 매치업에 전혀 주눅 들지 않는 모습을 보인다. 또한 상대 박스 인근에서 상당히 많은 파울을 유도한다. 정교한 오른발 킥 능력을 갖춰 페널티 키커 혹은 골문을 정면으로 겨냥하는 프리키커로 활동한다. 측면 크로스를 골문 앞에서 해결하는 헤더슛도 위력적이다. 지난해 코로나 확진과 가벼운 부상으로 출전하지 못한 7경기를 제외하고 대부분 주전으로 출장했다.

PLAYER'S HISTORY
레알 마드리드 유스 출신이나, 레알 마드리드의 화려한 공격진에 밀려 기회를 잡은 적은 없었다. 임대를 전전하다 2019-2020시즌 벤피카로 완전 이적했으며, 에스파뇰과는 2019-20시즌부터 함께 했다. 2020-21 세군다 디비시온에서 23골을 기록, 득점왕을 차지했다.

주로 사용하는 발: 오른발 79%
우승 1부리그: 0-1 협회컵: 1-0 챔피언스: 1-0
준우승 클럽 월드컵: 1-0 UEFA 유로: 0-0 월드컵: 0-0

SQUAD LIST

위치	번호	선수	국적	키	생년월일	전 소속 팀
GK	1	Oier Olazábal	ESP	189	89-09-14	Levante
	13	Diego López	ESP	196	81-11-03	Milan
DF	2	Miguelón	ESP	170	96-01-18	Villarreal
	3	Adrià Pedrosa	ESP	176	98-05-13	Espanyol B
	4	Leandro Cabrera	URU	187	91-06-17	Getafe
	5	Fernando Calero	ESP	183	95-06-27	Valladolid
	12	Óscar Gil	ESP	173	98-04-26	Elche B
	17	Dídac	ESP	185	89-06-09	AEK
	22	Aleix Vidal	ESP	177	89-08-21	Sevilla
	24	Sergi Gómez	ESP	181	92-07-28	Sevilla
MF	6	Manu Morlanes	ESP	178	99-01-12	Villarreal
	7	Wu Lei	CHN	172	91-11-19	Shanghai SIPG
	8	Fran Mérida	ESP	175	90-03-04	Osasuna
	10	Sergi Darder	ESP	180	93-12-22	Lyon
	14	Óscar Melendo	ESP	167	97-08-23	Espanyol B
	15	David López	ESP	183	89-10-09	Napoli
	19	Álvaro Vadillo	ESP	180	94-09-12	Celta Vigo
	20	Keidi Bare	ALB	174	97-08-28	Málaga B
	25	Yangel Herrera	VEN	184	98-01-07	Manchester C
FW	9	Javi Puado	ESP	177	98-05-25	Espanyol B
	11	Raúl de Tomás	ESP	178	94-10-17	Benfica
	16	Loren Morón	ESP	180	93-12-30	Betis
	18	Landry Dimata	BEL	185	97-09-01	Anderlecht
	23	Adri Embarba	ESP	173	92-05-07	Rayo Vallecano

GK Diego LÓPEZ 13
디에고 로페스

한때 이케르 카시야스를 밀어내고 레알 마드리드 골문을 책임졌을 정도로 인정받았던 베테랑 골키퍼. 이후 AC 밀란에서도 뛰었다. 2m에 육박하는 큰 체격에도 불구하고 우수한 반사 신경을 지녔으며, 손을 활용한 선방이 특출난 선수다. 상대 크로스를 골문 앞에서 노련하게 막아내며, PK 방어도 수준급이다. 5년 전에 잦은 무릎 부상에 시달렸지만 지금은 문제없다.

주로 사용하는 발: 오른발 86%
우승 1부리그: 1-4 협회컵: 1-2 챔피언스: 1-0
준우승 클럽 월드컵: 0-0 UEFA 유로: 0-0 월드컵: 0-0

DF Adrià PEDROSA 3
아드리아 페드로사

에스파뇰 유스 출신인 성골 레프트백. 스페인 U-21 대표로도 8경기에 출전해 2골을 기록했다. 왼쪽 미드필더 포지션도 소화할 수 있다. 발밑 테크닉에 자신감이 있어 적극적으로 드리블을 시도하며, 묵직한 왼발 중거리 슛이 위협적이다. 다만 수비 가담에서 다소 약점이 있으며, 크로스 정확도는 좀 더 높여야 한다. 2년 전에 수차례 햄스트링 부상을 당한 바 있다.

주로 사용하는 발: 오른발 87%
우승 1부리그: 0-0 협회컵: 0-0 챔피언스: 0-0
준우승 클럽 월드컵: 0-0 UEFA 유로: 0-0 월드컵: 0-0

MF Sergi DARDER 10
세르지 다르데르

스페인 U-17대표부터 U-21대표까지 두루 거쳤다. 에스파뇰 유스 출신이다. 말라가·올림피크 리옹에서 수련을 쌓은 후 2018년부터 다시 팀에 돌아왔다. 에너지 넘치는 박스 투 박스 미드필더이며, 우측면에서 뛸 때 골문 앞 동료에게 핀 포인트 크로스를 날린다. 다만 위기에서 다소 흔들리는 경우가 종종 있다. 부상은 많지 않지만 거의 매 시즌 퇴장을 당했다.

주로 사용하는 발: 오른발 93%
우승 1부리그: 0-1 협회컵: 0-0 챔피언스: 0-0
준우승 클럽 월드컵: 0-0 UEFA 유로: 0-0 월드컵: 0-0

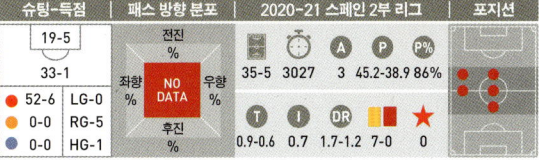

RCD MALLORCA

구단 창립 : 1916년 홈구장 : 비시트 마요르카 에스타디 대표 : 앤디 콜버그 2020-21시즌 : 2부 2위(승점 82점) 24승 10무 8패 54득점 28실점 닉네임 : Los Piratas, Los Bermellones

다시 승격한 마요르카, 이강인-쿠보 '한일 듀오' 결성

라리가에 밀려나 3부까지 추락했던 실수를 반복하지 않았다. 지난 시즌 세군다 리가에서 2위를 차지하며 승격했고 전력 보강을 통해 잔류에 대한 강한 희망을 보였다. 이강인 선수의 새로운 팀으로 일본 유망주 쿠보와 동료로 만나게 됐다.

MANAGER : Luis GARCÍA 루이스 가르시아

- 생년월일 : 1972.12.01. / 출생지 : 마드리드 (스페인)
- 현역시절 포지션 : DF / 계약만료 : 2022.06.30
- 평균 재직 기간 : 2년 / 선호 포맷 : 4-2-3-1

선수 생활을 일찍 마치고 지도자로 방향을 틀었다. 스페인, UAE, 중국, 사우디아라비아 등 각지에서 다양한 경험을 쌓는 중이다. 마요르카는 벌써 감독으로만 12번째 직장. 마요르카 부임 첫 시즌부터 승격이라는 큰 선물을 안겼다.

우승-준우승

- SPANISH LA LIGA 0-0
- SPANISH COPA DEL REY 1-2
- UEFA CHAMPIONS LEAGUE 0-0
- UEFA EUROPA LEAGUE 0-0
- FIFA CLUB WORLD CUP 0-0
- UEFA-CONMEBOL INTERCONTINENTAL 0-0

ODDS CHECK

- bet365 : 배당률 1000배 / 우승 확률 17위
- sky bet : 배당률 1000배 / 우승 확률 16위
- William HILL : 배당률 400배 / 우승 확률 11위
- 888sport : 배당률 750배 / 우승 확률 17위

*우승 확률이 높을수록 배당률은 낮아짐

2021-22 SEASON SCHEDULE

날짜	장소	상대팀	날짜	장소	상대팀
08-14	A	Real Betis	01-09	A	Levante
08-21	A	Alavés	01-19	H	Real Sociedad
08-29	H	Espanyol	01-23	A	Villarreal
09-12	A	Athletic Bilbao	02-06	A	Cádiz
09-19	H	Villarreal	02-13	H	Athletic Bilbao
09-22	A	Real Madrid	02-20	A	Real Betis
09-26	H	Osasuna	02-27	H	Valencia
10-03	H	Levante	03-06	A	Celta Vigo
10-17	A	Real Sociedad	03-13	H	Real Madrid
10-24	H	Valencia	03-20	A	Espanyol
10-27	H	FC Sevilla	04-03	H	Getafe
10-31	A	Cádiz	04-10	A	Atlético Madrid
11-07	H	Elche	04-17	H	Elche
11-21	H	Rayo Vallecano	04-20	H	Alavés
11-28	H	Getafe	05-01	A	FC Barcelona
12-05	A	Atlético Madrid	05-08	H	Granada
12-12	H	Celta Vigo	05-11	A	FC Sevilla
12-19	A	Granada	05-15	H	Rayo Vallecano
01-02	H	FC Barcelona	05-22	A	Osasuna

2부리그

시간대별 득점
볼 점유율 54%
7 10 / 15 16 / 8 10 / 76 30 / 11 8 / 61 31 / 60 46 45

시간대별 실점
3 4 / 15 16 / 8 4 / 75 30 / 2 7 / 61 31 / 60 46 45

위치별 슈팅-득점

PA안 269-46
PA밖 212-7

신체 부위별 득점
왼발 23 / 오른발 23
헤더 7 / 기타 부위 0

상대자책골 1골

패스 / 수비
패스 시도-성공
평균 415-332
성공률 80%
평균 태클 13.1
평균 인터셉트 7.2
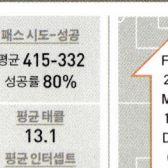

포지션별 득점
FW진 29골
MF진 18골
DF진 6골

상대자책골 1골

상대 포지션별 실점
DF진 7골
MF진 7골
FW진 14골

BASIC FORMATION

4-2-3-1

- 프라츠 (앙헬)
- 다니 (라고) / 이강인 (세비야) / 쿠보 (음불라)
- 바타글리아 (갈라레타) / 바바 (페바스)
- 올리반 (자우메) / 마페오 (사스트레)
- 발리엔트 (센들라르) / 루소 (라이요)
- 레이나 / 그레이프

TOTO GUIDE 지난 시즌 2부리그 맞대결 전적

상대팀	홈	원정
Espanyol	1-2	0-0
Leganes	1-0	1-0
Almeria	2-0	1-0
Girona	1-0	1-0
Rayo Vallecano	0-1	3-1
Sporting Gijon	0-0	0-2
Ponferradina	3-0	2-2
Las Palmas	0-1	1-1
Mirandes	2-1	0-0
Fuenlabrada	2-3	1-4
Malaga	3-1	1-1
Real Oviedo	0-0	2-2
Tenerife	2-0	1-0
Real Zaragoza	2-1	0-0
Cartagena	2-1	2-1
Alcorcon	2-0	1-0
Lugo	2-0	1-0
Sabadell	1-0	0-1
Logrones	4-0	1-0
Castellon	3-1	0-1
Albacete		

OFFENSE | DEFENSE

오펜스		디펜스	
오픈 플레이	C	오픈 플레이 수비	C
카운터 어택	C	카운터 어택 수비	C
짧은 패스 게임	A	짧은 패스 게임 수비	C
롱볼 연계 플레이	C	롱볼 연계 플레이수비	B
솔로 플레이	C	솔로 플레이 수비	C
중거리 슈팅 / 직접 프리킥	B	중거리 슈팅 수비	D
측면 공격	B	측면 수비	C
세트 플레이	C	세트 플레이 수비	B
위협적인 공격 횟수	C	공중전 능력	B
슈팅 대비 득점	C	볼 쟁탈전 / 투쟁심	C
오프사이드 피하기	D	실수 조심	C
볼 점유율	D	파울 주의	C

A 매우 우수함 B 우수함 C 평균 수준 D 부족함 E 많이 부족함

MF LEE Kang-in 19
이강인

SCOUTING REPORT
발렌시아에서의 마음고생을 털고 마요르카에서 새 출발 한다. 큰 기회의 장이 열린 셈이다. 볼을 잘 지키고, 상대의 압박에서 잘 벗어나며 정확한 볼 컨트롤로 빌드업을 이끈다. 상대의 빈틈을 무너뜨리는 칼날 패스로 기회를 만든다. '패스 마스터' 유형이지만, 적극적으로 박스 안으로 쇄도해 직접 득점까지 노린다. 느린 발과 적은 수비 가담이 단점으로 지적되며 카드를 자주 받는 것 또한 개선이 필요하다.

PLAYER'S HISTORY
2008년 인천 유나이티드 U-12팀을 통해 축구에 정식 입문했으며, 2011년 스페인 발렌시아로 건너가 현지 유스팀에서 성장했다. 2019 FIFA 폴란드 U-20 월드컵서 한국의 준우승을 이끌었으며, 대회 MVP까지 수상했다. 현재 한국에서 가장 뜨거운 영 스타다.

주로 사용하는 발: 왼발 93%
우승 - 1부리그: 0-0, 협회컵: 1-0, 챔피언스: 0-0
준우승 - 클럽 월드컵: 0-0, AFC 아시안컵: 0-0, 월드컵: 0-0

슈팅-득점: 9-0 / 16-0
25-0 LG-0
5-0 RG-0
0-0 HG-0

패스 방향 분포: 전진 25%, 좌향 34%, 우향 16%, 후진 25%

2020-21 라리가: 15-9 1267 A 4 20.8-18.0 P% 86%
T 1.8-0.6 I 0.1 DR 1.9-1.6 1-0 ★ 1

SQUAD LIST

위치	번호	선수	국적	키	생년월일	전 소속 팀
GK	1	Manolo Reina	ESP	185	85-04-01	Nàstic
	13	Dominik Greif	SVN	197	97-04-06	Slovan Bratislava
DF	2	Joan Sastre	ESP	174	97-04-30	Mallorca B
	3	Brian Oliván	ESP	177	94-04-01	Cádiz
	5	Franco Russo	ARG	186	94-10-25	Ontinyent
	15	Pablo Maffeo	ESP	173	97-07-12	Stuttgart
	18	Jaume	ESP	171	88-03-18	Villarreal
	20	Aleksandar Sedlar	SRB	178	91-12-13	Piast Gliwice
	21	Antonio Raíllo	ESP	186	91-10-08	Espanyol
	24	Martin Valjent	SVK	186	95-12-11	Chievo Verona
MF	4	Iñigo Ruiz de Galarreta	ESP	174	93-08-06	Las Palmas
	6	Aleix Febas	ESP	171	96-02-02	Real Madrid B
	8	Salva Sevilla	ESP	178	84-03-18	Espanyol
	10	Antonio Sánchez	ESP	179	97-04-22	Mallorca B
	11	Lago Junior	CIV	182	90-12-31	Mirandés
	12	Iddrisu Baba	GHA	185	96-01-22	Leganés B
	14	Dani Rodríguez	ESP	177	88-06-06	Albacete
	16	Rodrigo Battaglia	ARG	183	91-07-12	Sporting CP
	17	Takefusa Kubo	JPN	170	01-06-04	Real Madrid
	19	Lee Kang-In	KOR	173	01-02-19	Valencia
FW	7	Jordi Mboula	ESP	183	99-03-16	Monaco
	9	Abdón Prats	ESP	181	92-02-17	Racing Santander
	22	Ángel	ESP	172	87-04-26	Getafe
	23	Amath Ndiaye	SEN	173	96-07-16	Getafe
	26	Fernando Niño	ESP	190	00-10-24	Villarreal B

GK Manolo REINA 1
마놀로 레이나

2004년 말라가에서 데뷔해 레반테 등 여러 클럽을 돌아다니며 활약한 잔뼈 굵은 수문장. 키프로스·그리스 리그에서도 뛴 적이 있으나 출전 기회는 많지 않다. 마요르카 골문은 2017년부터 책임지고 있다. 박스 안 활동 반경이 그리 넓진 않다. 수준급 반사 신경과 볼 캐치 능력을 가졌다. 커리어 내내 이렇다 할 퇴장 징계가 없었으며 부상도 별로 없었다.

주로 사용하는 발: 오른발 92%
우승 - 1부리그: 0-0, 협회컵: 0-0, 챔피언스: 0-0
준우승 - 클럽 월드컵: 0-0, UEFA 유로: 0-0, 월드컵: 0-0

세이브-실점: 45-18 / 31-7
101-25
101-76
4-0

패스 방향 분포: NO DATA

2020-21 스페인 2부 리그: 39-0 3510 S% 76% CS 22 P 25.8-17.8
P% 69% LB 12.4-4.7 2-0

DF Martin VALJENT 24
마르틴 발리엔트

일대일 방어가 뛰어난 슬로바키아 센터백. 유사시 오른쪽 풀백으로도 뛸 수 있다. 다만 패스 등 발밑 기술이 그리 좋진 않다. 슬로바키아 연령별 대표를 두루 거쳤으며, A매치 9경기 출전 기록을 갖고 있다. 2018년 임대 신분으로 2부리그에 있던 마요르카와 인연을 맺어 팀의 승격에 공헌하였고, 그러한 활약을 바탕으로 완전이적에 성공해 현재 주전으로 활약중이다.

주로 사용하는 발: 오른발 92%
우승 - 1부리그: 0-0, 협회컵: 0-0, 챔피언스: 0-0
준우승 - 클럽 월드컵: 0-0, UEFA 유로: 0-0, 월드컵: 0-0

슈팅-득점: 9-1 / 3-0
12-1 LG-0
0-0 RG-0
0-0 HG-1

패스 방향 분포: NO DATA

2020-21 스페인 2부 리그: 33-0 2964 A 1 49.0-43.1 P% 88%
T 0.8-0.5 I 0.6 DR 0.3-0.2 7-0

MF Dani RODRÍGUEZ 14
다니 로드리게스

2007년 데포르티보 B팀에서 프로에 데뷔했으며, 2018년부터 마요르카에서 활약하고 있다. 주로 왼쪽 공격형 미드필더로 활약하지만 중앙은 물론 오른쪽도 커버 가능하다. 박스 외곽에서 터지는 오른발 중거리 슛이 강점이다. 또한 숏 패스를 주고받으며 동료와 연계 플레이를 펼치며 지능적으로 탈압박하는 걸 즐긴다. 부상은 딱히 없으나 퇴장 징계가 다소 많은 편이다.

주로 사용하는 발: 오른발 81%
우승 - 1부리그: 0-0, 협회컵: 0-0, 챔피언스: 0-0
준우승 - 클럽 월드컵: 0-0, UEFA 유로: 0-0, 월드컵: 0-0

슈팅-득점: 37-5 / 26-3
63-8 LG-4
0-0 RG-4
3-2 HG-0

패스 방향 분포: NO DATA

2020-21 스페인 2부 리그: 35-3 3065 A 5 30.1-24.7 P% 82%
T 1.7-1.0 I 0.4 DR 3.3-2.2 8-0

RAYO VALLECANO

구단 창립 : 1924년 홈구장 : 캄포 데 풋볼 데 바예카스 대표 : 라울 마르틴 프레사 2020-21시즌 : 2부 6위(승점 67점) 19승 10무 13패 / 승강 PO 3승 1패 닉네임 : Los Franjirrojos , Los Vallecanos

"반갑다, 남자의 팀" 승격 기적을 잔류 기적으로

승리 아니면 패배, 과르디올라의 바르셀로나를 점유율로 앞섰던 라요 바예카노가 돌아왔다. 승격의 기적이 잔류의 기적으로 바뀌어야 하는 시즌. 맨체스터 유나이티드 출신 베베, 지네딘 지단의 아들 루카 지단 등이 활약한다.

MANAGER : Andoni IRAOLA 안도니 이라올라

생년월일 : 1982.6.22. / 출생지 : 우수르빌 (스페인)
현역시절 포지션 : DF / 계약만료 : 2022.06.30
평균 재직 기간 : 1년 / 선호 포맷 : 4-2-3-1

빌바오의 레전드 풀백 출신 감독. 키프러스 리그를 거쳐 스페인 2부리그 미란데스의 감독으로 취임해 팀 창단 92년만의 국왕컵 준결승 진출을 이끌었고, 그 능력을 인정받아 라요 바예카노 감독으로 부임했고, 첫해에 라요를 승격시켰다.

우승-준우승

SPANISH LA LIGA	0-0
SPANISH COPA DEL REY	0-0
UEFA CHAMPIONS LEAGUE	0-0
UEFA EUROPA LEAGUE	0-0
FIFA CLUB WORLD CUP	0-0
UEFA-CONMEBOL INTERCONTINENTAL	0-0

ODDS CHECK

업체	배당률	우승확률
bet365	배당률 1000배	우승 확률 17위
skybet	배당률 1000배	우승 확률 16위
William HILL	배당률 1000배	우승 확률 16위
888sport	배당률 750배	우승 확률 17위

*우승 확률이 높을수록 배당률은 낮아짐

2021-22 SEASON SCHEDULE

날짜	장소	상대팀	날짜	장소	상대팀
08-15	A	FC Sevilla	01-09	H	Real Betis
08-22	H	Real Sociedad	01-19	H	FC Barcelona
08-29	H	Granada	01-23	H	Athletic Bilbao
09-12	A	Levante	02-06	A	Celta Vigo
09-19	H	Getafe	02-13	H	Osasuna
09-22	A	Athletic Bilbao	02-20	H	Elche
09-26	H	Cádiz	02-27	H	Real Madrid
10-03	A	Osasuna	03-06	A	Cádiz
10-17	H	Elche	03-13	H	FC Sevilla
10-24	H	Real Betis	03-20	A	Atlético Madrid
10-27	H	FC Barcelona	04-03	A	Granada
10-31	H	Celta Vigo	04-10	H	Valencia
11-07	H	Real Madrid	04-17	H	Alavés
11-21	H	Mallorca	04-20	A	Espanyol
11-28	H	Valencia	05-01	H	Real Sociedad
12-05	H	Espanyol	05-08	H	Getafe
12-12	A	Villarreal	05-11	A	Villarreal
12-19	H	Alavés	05-15	A	Mallorca
01-02	A	Atlético Madrid	05-22	H	Levante

2부리그

시간대별 득점
볼 점유율 54%
76-90: 16 | 15-30: 7 | 16
75-: 11 | 15-: 7
61-75: 8 | 30-45: 11
46-60 | 45-

시간대별 실점
76-90: 6 | 15-30: 10
75-: 9 | 15-: 9
61-75: 5 | 30-45: 7
46-60 | 45-

위치별 슈팅-득점
PA안 322-43
PA밖 239-12

신체 부위별 득점
왼발 23 | 오른발 24
헤더 8 | 기타부위 0
상대자책골 5골

패스 / 수비
패스 시도-성공 평균 394-306
성공률 78%
평균 태클 13.8
평균 인터셉트 9.4

포지션별 득점
FW진 29골
MF진 18골
DF진 8골
상대자책골 5골

상대 포지션별 실점
DF진 6골
MF진 15골
FW진 20골
자책골 실점 2골

BASIC FORMATION

4-2-3-1

은테카
마르틴

가르시아 / 베베   트레호 / 팔라손   마르셀란사 / 포손

코메사냐 / 시스   발렌틴 / 로페스

가르시아 / 로드리게스   이반 / 에르난데스

카테나 / 마라스   사벨리크 / 수아레스

드미트리에프스키 / 지단

TOTO GUIDE 지난 시즌 2부리그 맞대결 전적

상대팀	홈	원정
Espanyol	1-0	3-2
Mallorca	1-3	1-0
Leganes	1-1	0-1
Almeria	0-1	1-0
Girona	2-1	0-0
Sporting Gijon	0-1	1-1
Ponferradina	1-1	0-3
Las Palmas	2-0	1-1
Mirandes	0-1	2-0
Fuenlabrada	2-0	2-1
Malaga	4-0	0-2
Real Oviedo	4-1	0-0
Tenerife	0-1	0-1
Real Zaragoza	3-2	2-1
Cartagena	0-0	2-2
Alcorcon	2-1	3-0
Lugo	0-1	0-1
Sabadell	2-1	0-2
Logrones	2-1	0-1
Castellon	2-1	1-0
Albacete	2-2	1-2

OFFENSE | DEFENSE

항목	등급	항목	등급
오픈 플레이	C	오픈 플레이 수비	E
카운터 어택	C	카운터 어택 수비	D
짧은 패스 게임	B	짧은 패스 게임 수비	D
롱볼 연계 플레이	B	롱볼 연계 플레이수비	C
솔로 플레이	C	솔로 플레이 수비	C
중거리 슈팅 / 직접 프리킥	B	중거리 슈팅 수비	C
측면 공격	A	측면 수비	C
세트 플레이	C	세트 플레이 수비	C
위협적인 공격 횟수	B	공중전 능력	B
슈팅 대비 득점	B	볼 쟁탈전 / 투쟁심	B
오프사이드 피하기	C	실수 조심	C
볼 점유율	E	파울 주의	D

A 매우 우수함 B 우수함 C 평균 수준 D 부족함 E 많이 부족함

FW Álvaro GARCÍA 18
알바로 가르시아

SCOUTING REPORT
주로 2선 왼쪽 날개 공격수로 활약한다. 터치라인 끝까지 파고들어 크로스를 날려 동료들의 득점을 돕는 유형이다. 공간이 열리면 빠른 주력으로 승부하기도 하고, 수비수가 앞을 막아도 순간 스피드로 크로스 각을 만들어낸다. 활동량도 많아 수비 가담도 상당히 많다. 다만 패스 정확도가 썩 좋지 못하며 공중볼 다툼에서도 열세를 보인다. 2017-18시즌 이후에는 부상이나 징계에 발목 잡힌 적이 없다.

PLAYER'S HISTORY
2011년 우트레라에서 프로 데뷔했다. 2018년 우에스카 이적을 눈앞에 뒀으나 공식 발표가 나온 지 몇 시간 후 돌연 마음을 바꿔 라요 바예카노로 발걸음을 옮겨 지금까지 뛰고 있다. 2017-18시즌 세군다 디비시온에서 딱 한 차례 두 자릿수 득점에 성공했다.

주로 사용하는 발: 왼발 68%

| 우승 | 1부리그 : 0-0 | 협회컵 : 0-0 | 챔피언스 : 0-0 |
| 준우승 | 클럽 월드컵 : 0-0 | UEFA 유로 : 0-0 | 월드컵 : 0-0 |

SQUAD LIST

위치	번호	선수	국적	키	생년월일	전 소속 팀
GK	1	Luca Zidane	FRA	183	98-05-13	Real Madrid B
	13	Stole Dimitrievski	MKD	188	93-12-23	Nàstic
	—	Mauricio Arboleda	COL	183	96-04-21	Banfield
DF	2	Nikola Maraš	SRB	192	95-12-19	Almería
	5	Alejandro Catena	ESP	194	94-10-28	Reus
	19	Kévin Rodrigues	POR	170	94-03-05	Real Sociedad
	20	Iván Balliu	ALB	175	92-01-01	Almería
	24	Esteban Saveljich	ARG	187	91-05-02	Levante
	27	Iker Recio	ESP	185	01-06-17	Atlético Madrid B
	33	Fran García	ESP	167	99-08-14	Real Madrid B
MF	4	Mario Suárez	ESP	185	87-02-24	Guizhou Hengfeng
	6	Santi Comesaña	ESP	184	96-10-05	Coruxo
	7	Isi Palazón	ESP	169	94-12-27	Ponferradina
	9	Randy Nteka	FRA	189	97-12-06	Fuenlabrada
	10	Bebé	POR	190	90-07-12	Eibar
	12	Unai López	ESP	175	95-10-30	Athletic Bilbao
	17	Martín Merquelanz	ESP	176	95-06-12	Real Sociedad
	18	Álvaro García	ESP	168	92-10-27	Cádiz
	21	Pathé Ciss	SEN	183	94-03-16	Fuenlabrada
	22	José Ángel Pozo	ESP	170	96-03-15	Almería
	23	Óscar Valentín	ESP	177	94-08-20	Rayo Majadahonda
FW	8	Óscar Trejo	ARG	180	88-04-26	Toulouse
	11	Andrés Martín	ESP	174	99-07-11	Córdoba
	14	Yacine Qasmi	MAR	181	91-01-03	Elche
	16	Sergi Guardiola	ESP	180	91-05-29	Valladolid
	29	Sergio Moreno	ESP	178	99-01-01	Rayo B
	—	Radamel Falcao García	COL	177	86-02-10	Galatasaray

GK Stole DIMITRIEVSKI 13
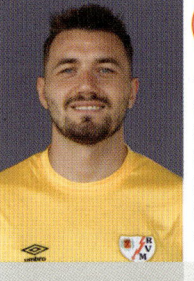
스톨레 디미트리예프스키

유로 2020 본선에서 북마케도니아의 골문을 지킨 수문장. 2011년 라보트니치키 스코페에서 데뷔했으며, 2019년 라요 바예카노에 입단했다. 중거리슛에 특히 강한 모습을 보이며 기복 없이 평균 이상의 경기력을 보인다. 제공권 장악과 전진 수비도 수준급이다. 다만 잔 실수가 다소 많은 편이다. 2020-21시즌 코로나19 확진 판정을 받았으나 이내 회복한 바 있다.

주로 사용하는 발: 오른발 94%

DF Alejandro CATENA 2

알레한드로 카테나

2013년 모스톨레스에서 데뷔했으며 2018년 라요 바예카노에 합류하기 전까지 줄곧 하부리그 클럽에서 뛰었다. 2m에 가까운 장신을 자랑하는 센터백이며, 이렇다 할 부상 이력이 없을 정도로 강철 피지컬을 자랑한다. 신체적 이점을 활용한 제공권 장악에 출중한 면모를 보인다. 세트 피스 시에도 적극적으로 공격에 가담하는 편이다. 다만 파울이 다소 잦은게 흠이다.

주로 사용하는 발: 오른발

MF Santi COMESAÑA 6

산티 코메사냐

2015년 코루소에서 데뷔했으며, 2016-17시즌부터 라요 바예카노의 핵심 중원 자원으로 활약하고 있다. 뛰어난 볼 컨트롤과 중거리 슛 능력을 장착했으며, 수비형과 공격형을 가리지 않는 박스 투 박스 유형이다. 오른발을 주 발로 사용하나 왼발로 하는 플레이 역시 퍼포먼스가 좋다. 부상 이력은 없지만 퇴장 징계 이력이 다소 많은 편이다.

주로 사용하는 발: 오른발 84%

Bundesliga Preview

유럽축구 절대 강자
바이에른 뮌헨
전무후무
리그 10연패 連霸 목표

'아무도 그들을 막을 수 없다'. 바이에른 뮌헨의 독주는 이번 시즌도 계속될 전망이다. 독일을 넘어 유럽 대륙까지 휘어잡고 있는 이 분위기는 멈출 수 없어 보인다. 최강팀을 견제할 다크호스로 도르트문트와 라이프치히가 가장 먼저 거론된다. 뮌헨의 진정한 라이벌 도르트문트, 매 시즌 상승세를 보이는 라이프치히는 뮌헨과 함께 분데스리가 3강을 형성한다. 유로파 리그와 컨퍼런스 리그, 중위권과 강등권 전쟁까지. 2021-22 시즌의 분데스리가의 막이 올랐다.

분데스리가 영원한 우승후보
올 시즌 트레블 향해 "GO"

전무후무한 4대 리그(스페인, 잉글랜드, 이탈리아, 독일)의 리그 10연패 달성. 아직 아무도 이룬 클럽이 없다. 지난 시즌 유벤투스가 도전했지만 실패했다. 분데스리가 최강, 바이에른 뮌헨이 올시즌 이 '어려운 일'에 도전한다.

나겔스만의 뮌헨은 리그 10연패를 바라보고 있다. 리그 최강 공격수 레반도프스키가 건재하며 나브리와 사네, 뮐러가 2선에서 지원한다. 특히, 무시알라의 성장 곡선이 가파르다. 그는 독일 대표팀에서도 플릭 감독에게 중용되고 있다.

키미히와 고레츠카 미드필더 라인은 유럽 정상급이다. 두 선수는 독일 대표팀에서도 나란히 주전으로 뛰고 있다.

다소 불안한 점은 수비진에 있다. 알라바, 보아텡, 마르티네즈가 떠났다. 올시즌 분데스리가 최고 이적료를 기록한 우파메카노가 합류했지만 쥘레와 호흡을 맞출 시간이 어느정도 필요하다. 또한, 백업 멤버들 중 신예들이 많기에 골키퍼 노이어와 함께 최적의 조합을 찾아야 한다.

몇 가지 불안한 문제에도 불구하고 바이에른은 올 시즌 가장 강력한 우승후보다. 선수들의 부상, 슬럼프만 조심한다면 말이다.

과거 '이변의 주인공'에서
진짜 강호가 된 라이프치히

'웬만해선 이기기 힘들다.'
라이프치히는 전력이 탄탄하고 스쿼드가 두텁다. 라커룸의 분위기도 활기차다. 시즌을 거듭하며 챔피언스리그까지 참가했다. 유럽 대항전에서의 '큰 무대 경험치'도 착실하게 쌓이고 있다.
가장 돋보이는 장면은 이적시장에서의 선수 영입. 지난 시즌 최고 공격수 안드레 실바를 2300만 유로로 데려왔다. 모리바, 그바르디올, 시마칸과 같은 유망주들과 앙헬리뇨, 헨릭스를 완전히 영입했다. 전체적인 전력이 업그레이드 됐다. 전통 강호 레버쿠젠, 프랑크푸르트, 볼프스부르크도 쉽게 이기기 힘든 팀이 됐다.
반면 아쉬운 점도 있었다. 나겔스만 감독이 팀을 떠났다. 그는 팀을 확실히 키운 단순한 지도자가 아니라 클럽의 '철학'을 만든 중요한 인물이었다. 주축 센터백 우파메카노, 캡틴 자비처도 이적했다. 공교롭게 이들 3명이 모두 바이에른 뮌헨으로 갔다. 이 변수가 어떠한 결과로 이어질지는 시즌이 끝나면 알 수 있을 것이다
대한민국의 황희찬은 더 많은 공격 기회를 잡기 위해 라이프치히를 떠나 울버햄튼의 유니폼을 입었다.

'홀란 지키기'는 일단 성공
'도르트문트 역습'은 지금부터

지난여름 도르트문트 최대의 과제는 '홀란 지키기'였다. 일단 올 시즌은 남기로 했다. 내년 여름 걱정은 그때 가서 하면 된다. 홀란은 현재 분데스리가는 물론이고 전 유럽을 통틀어 메시, 음바페, 네이마르, 레반도프스키, 루카쿠, 케인에 비교되는 거물 공격수다.

로이스, 아자르, 레이나, 브란트는 확실한 2선 자원이다. 여기에 벨링엄과 다후드, 비첼 등 미드필더들은 여전히 좋은 경기력을 유지한다.

올시즌 도르트문트는 신임 로제 감독이 지휘봉을 잡았다. 도르트문트와 어떻게 인연을 이어갈지 궁금하다. 일단 스타트는 잘 끊었다. 그러나 아직은 미지수다. 벌써부터 많은 전문가들의 평가가 엇갈리고 있다. 좀 더 지켜봐야 할 것이다.

올 시즌은 독일에서 홀란의 마지막 시즌이 될 가능성이 높다. 시즌이 끝나면 레알 마드리드, 맨체스터 유나이티드, 첼시와 같은 '메가 클럽'들이 그를 노리고 '쩐의 전쟁'을 벌일 것이다.

대한민국 출신 분데스리가 듀오
정우영과 이재성 활약에 기대

정우영은 프라이부르크의 공격 중심 전술에 중요한 키가 될 수 있다. 올시즌은 정우영이 윙으로 더 많이 출전할 것이다. 현재까지는 기대에 걸맞는 경기력을 보여주고 있기에 주전 경쟁에서 유리한 상황이다. 향후 공격 포인트가 차곡차곡 쌓인다면 더 큰 꿈을 꿀 수도 있을 것이다.

긴 머리를 트레이드마크로 삼고 있는 이재성은 당초 계획대로 분데스리가에 정착했다. 지난 시즌 홀슈타인 킬에서 컵대회 포함 총 40경기에 출전해 8골-7도움을 기록했다. 마인츠는 이재성에게 '7번 저지'를 줬다. 대한민국 대표팀의 주전 공격형 미드필더이기에 팀에서도 잘 정착할 가능성이 높다. 독일어를 잘 하고, 팀원들과 호흡도 잘 맞는다. 이재성의 성공 신화는 지금부터 시작이라고 봐야 한다.

FC BAYERN MÜNCHEN

사상 최초, 분데스리가 10연패(連霸) 도전

구단 창립 : 1900년 **홈구장** : 알리안츠 아레나 **대표** : 헤르베르트 하이너 **2020-21시즌** : 1위(승점 78점) 24승 6무 4패 99득점 44실점 **닉네임** : Der FCB, Die Bayern

전무후무한 리그 9연패, 아쉬웠던 챔피언스리그

41득점으로 게르트 뮐러의 단일시즌 최다 골을 경신한 레반도프스키의 압도적인 활약에 힘입어 분데스리가 역사상 최초로 9연패라는 전무후무한 기록을 남겼다. 지난 시즌 UEFA 슈퍼컵이나 FIFA 클럽 월드컵 등 참가하는 대회에서 여전히 많은 트로피를 들어 올렸지만, 뚜렷한 전력보강 없이 여러 대회에 참가한 선수단의 컨디션과 부상 관리에 어려움을 겪으며 디펜딩 챔피언으로 참가한 챔피언스리그에서 PSG에 일격을 맞고 8강에서 대회를 마친 것은 아쉬움으로 남았다.

'나겔스만의 아이들', 이적 시장에서 영입

플릭이 떠나고 나겔스만이 왔다. 전 유럽을 통틀어 가장 촉망받는 감독인 나겔스만은 팀을 곧바로 재정비했다. 베테랑들과 이별을 결정했고, 새로운 얼굴들을 데리고 왔다. 황금기를 이끈 알라바, 보아텡, 마르티네즈가 떠났다. 라이프치히에서 함께 한 우파메카노와 자비처가 공백을 메우게 되었다. 이번 시즌 분데스리가 최고의 이적료를 기록한 우파메카노는 보아텡과 알라바가 빠진 수비진에 단단함을 더해주며 뮌헨의 10년을 이끌 재목으로 평가된다. 리그 최고의 유틸리티성을 가진 자비처는 다소 얇은 선수단에 유용한 자원이 될 것으로 기대를 받고 있다.

나겔스만과 함께 새로운 황금기는 도래할 것인가

2021-22 시즌의 목표는 단연 트레블 그 이상이다. 아쉬웠던 지난 시즌의 기억을 남긴 채 챔피언스리그 우승을 바라본다. 나겔스만의 첫 시즌이라는 점과 베테랑들의 이별, 기존 선수들의 건재함은 뮌헨의 리그 우승이 가능할 것이라 본다. 세계 최고의 공격수 레반도프스키는 여전히 강하며 뮐러, 나브리는 뛰어나다. 특히 키미히와 고레츠카가 버틴 중원은 유럽에서도 손꼽히는 파트너십이다. 우파메카노의 적응과 팀원들의 실수를 최소화한다면 멋진 시즌으로 남을 것이다. 무시알라와 니앙주와 같은 유망주들의 성장세를 지켜보는 것도 또 하나의 재미다.

MANAGER : Julian NAGELSMANN 율리안 나겔스만

Personal Information
- 생년월일 : 1987.07.23 / 출생지 : 랑스베리(독일)
- 현역시절 포지션 : 수비수 / 계약만료 : 2026.06.30
- 평균 재직 기간 : 3년 / 선호 포맷 : 3-4-2-1

History
1987년생으로 이제 갓 30대 중반이다. 1860 뮌헨, 아우크스부르크에서 선수 생활을 했으나 고질적인 무릎 부상으로 인해 일찍 선수 경력을 마감했다. 곧바로 호펜하임 U-17, U-19를 거쳐 28살이라는 어린 나이에 1군 감독이 되었다. 이후 라이프치히를 이끌며 차세대 지도자로 전 유럽에 이름을 알렸다. 지난 시즌 라이프치히의 리그 2위를 이끌었고 이번 시즌 바이에른 뮌헨의 지휘봉을 잡았다.

Style
전 세계에서 가장 뜨거운 감독, 단연 나겔스만이다. 30대 중반의 나이로 노이어보다도 어리다. 전술 구사 능력이 뛰어나며 상황마다 지시가 빠르고 변화무쌍하다. 분데스리가 최연소 감독이자 챔피언스리그 토너먼트 최연소 감독으로서 이번 시즌엔 리그 최강 뮌헨에 입성했다. 6관왕을 달성했던 플릭의 후임이라 부담감이 크다. 3백과 포백 전술을 유용하게 쓰고 빠른 공격 전환, 빌드업의 중요성, 오프 더 볼의 상황을 매우 강조한다.

SQUAD LIST

위치	번호	선수	국적	키	생년월일	전 소속팀
GK	1	Manuel Neuer	GER	192	86-03-27	Schalke
	26	Sven Ulreich	GER	192	88-08-03	Hamburg
	36	Christian Früchtl	GER	193	00-01-28	None
DF	2	Dayot Upamecano	FRA	188	98-10-27	RB Leipzig
	3	Omar Richards	ENG	185	98-02-15	Reading
	4	Niklas Süle	GER	194	95-09-03	1899 Hoffenheim
	5	Benjamin Pavard	FRA	182	96-03-28	Stuttgart
	19	Alphonso Davies	CAN	183	00-11-02	Vancouver Whitecaps
	20	Bouna Sarr	FRA	177	92-01-31	Marseille
	21	Lucas Hernández	FRA	184	96-02-14	Atlético Madrid
	23	Tanguy Nianzou	FRA	187	02-06-07	Paris St-Germain
	44	Josip Stanišić	GER	186	00-04-02	None
MF	6	Joshua Kimmich	GER	176	95-02-08	Stuttgart
	7	Serge Gnabry	GER	173	95-07-14	Werder Bremen
	8	Leon Goretzka	GER	189	95-02-06	Schalke
	11	Kingsley Coman	FRA	178	96-06-13	Juventus
	17	Mickaël Cuisance	FRA	181	99-08-16	B Mönchengladbach
	18	Marcel Sabitzer	AUT	176	94-03-17	RB Leipzig
	22	Marc Roca	ESP	184	96-11-26	Espanyol
	24	Corentin Tolisso	FRA	165	94-08-03	Lyon
	37	Taylor Booth	USA	174	01-05-31	Real Salt Lake
	42	Jamal Musiala	GER	181	03-02-26	Chelsea
FW	9	Robert Lewandowski	POL	184	88-08-21	Borussia Dortmund
	10	Leroy Sané	GER	183	96-01-11	Manchester C
	13	Eric Maxim Choupo-Moting	CMR	189	89-03-23	Paris St-Germain
	25	Thomas Müller	GER	186	89-09-13	None
	40	Malik Tillman	GER	186	02-05-28	None

2021-22 SEASON SCHEDULE

날짜	장소	상대팀	날짜	장소	상대팀
08-13	A	M'Gladbach	01-08	H	M'Gladbach
08-22	H	FC Köln	01-15	A	FC Köln
08-28	H	Hertha Berlin	01-22	A	Hertha Berlin
09-11	A	RB Leipzig	02-05	H	RB Leipzig
09-18	H	Bochum	02-12	A	Bochum
09-24	A	Greuther Fürth	02-19	H	Greuther Fürth
10-02	H	Eint Frankfurt	02-26	A	Eint Frankfurt
10-16	A	Leverkusen	03-05	H	Leverkusen
10-23	H	Hoffenheim	03-12	A	Hoffenheim
10-30	A	Union Berlin	03-19	H	Union Berlin
11-06	H	Freiburg	04-02	A	Freiburg
11-20	A	FC Augsburg	04-09	H	FC Augsburg
11-27	H	Arminia Bielefeld	04-16	A	Arminia Bielefeld
12-04	A	Dortmund	04-23	H	Dortmund
12-11	H	Mainz 05	04-30	A	Mainz 05
12-15	A	Stuttgart	05-07	H	Stuttgart
12-18	H	Wolfsburg	05-14	A	Wolfsburg

RANKING OF LAST 10 YEARS

시즌	11-12	12-13	13-14	14-15	15-16	16-17	17-18	18-19	19-20	20-21
순위	2	1	1	1	1	1	1	1	1	1
승점	73점	91점	90점	79점	88점	82점	84점	78점	82점	78점

STRENGTHS & WEAKNESSES

OFFENSE		DEFENSE	
오픈 플레이	A	오픈 플레이 수비	A
카운터 어택	C	카운터 어택 수비	C
짧은 패스 게임	A	짧은 패스 게임 수비	C
롱볼 연계 플레이	C	롱볼 연계 플레이 수비	B
솔로 플레이	A	솔로 플레이 수비	C
중거리 슈팅 / 직접 프리킥	C	중거리 슈팅 수비	A
측면 공격	A	측면 수비	B
세트 플레이	A	세트 플레이 수비	A
위협적인 공격 횟수	A	공중전 능력	C
슈팅 대비 득점	A	볼 쟁탈전 / 투쟁심	B
오프사이드 피하기	D	실수 조심	C
볼 점유율	A	파울 주의	C

A 매우 우수함 B 우수함 C 평균 수준 D 부족함 E 많이 부족함

STADIUM

Allianz Arena

구장 오픈 : 2005년	구장 증개축 : -
구장 소유 : 뮌헨 슈타디온 GmbH	수용 인원 : 7만 5024명
피치 규모 : 105 X 68m	잔디 종류 : 천연 잔디

ODDS CHECK

베팅회사	Bundesliga		Champions League	
	배당률	우승 확률	배당률	우승 확률
bet365	0.22배	1위	7배	3위
sky bet	0.2배	1위	7배	3위
William HILL	0.18배	1위	8배	3위
888sport	0.22배	1위	7배	3위

*우승 확률이 높을수록 배당률은 낮아짐

20-21 SEASON TOP5

득점		어시스트		경고-퇴장	
R.레반도프스키	41	T.뮐러	18	J.보아텡	6-0
T.뮐러	11	J.키미히	10	A.데이비스	2-1
S.나브리	10	K.코망	10	R.레반도프스키	4-0
L.자네	6	L.자네	9	J.키미히	4-0
J.무시알라	6	R.레반도프스키	7	S.나브리	4-0

BASIC FORMATION

4-2-3-1

TOTO GUIDE 지난시즌 전적

상대팀	홈	원정
RB Leipzig	3-3	1-0
Dortmund	4-2	3-2
Wolfsburg	2-1	3-2
E. Frankfurt	5-0	1-2
Leverkusen	2-0	2-1
Union Berlin	1-1	1-1
Monchengladbach	6-0	2-3
Stuttgart	4-0	3-1
Freiburg	2-1	2-2
Hoffenheim	4-1	1-4
Mainz 05	5-2	1-2
FC Augsburg	5-2	1-0
Hertha Berlin	4-3	1-0
Arminia Bielefeld	3-3	4-1
FC Koln	5-1	2-1
Werder Bremen	1-1	3-1
Schalke 04	8-0	4-0

TACTICS & FUNCTIONS

OFFENSE

- 경기 운영 : 압도적인 점유율, 측면 공격
- 짧은 패스 / 긴 패스 비율 : 9.6대1
- 역습 시작 위치 : 매우 앞쪽
- 직접 프리킥 : 레반도프스키, 자비처
- 중거리 슈팅 : 자네, 키미히, 레반도프스키
- 세트피스 헤딩 : 레반도프스키, 우파메카노, 쥘레
- 드리블 : 데이비스, 자네, 무시알라
- 결정적 패스 : 키미히, 레반도프스키, 무시알라

DEFENSE

- 존디펜스 : 지역과 대인 기반 혼합형
- 맨투맨 : 지역과 대인 기반 혼합형
- 세로 방향 프레싱 위치 : 매우 앞쪽
- 오프사이드 트랩 위치 : 골라인에서 20~22m
- 미드필드 스크리너 : 키미히, 자비처
- 공수 밸런스 유지 : 고레츠카, 톨리소
- 수비진 라인 컨트롤 : 쥘레, 에르난데스
- 수비진 옵셔널 스토퍼 : 우파메카노, 니안주

BUNDESLIGA 2020-21 PERFORMANCE

FC BAYERN MÜNCHEN vs. OPPONENTS PER GAME STATS

바이에른 뮌헨 vs 상대팀

득점	슈팅	유효슈팅	오프사이드	패스시도	패스성공	패스성공률	볼소유시 압박	인터셉트	GK 선방	파울	경고	퇴장
2.91 / 1.29	17.1 / 10.1	6.9 / 3.8	2.2 / 3.1	595 / 424	509 / 323	86% / 76%						
17.2 / 19.3	147 / 165	11.7 / 13.9	2.4 / 3.8	9.3 / 13.4	1.29 / 1.47	0.088 / 0.000						

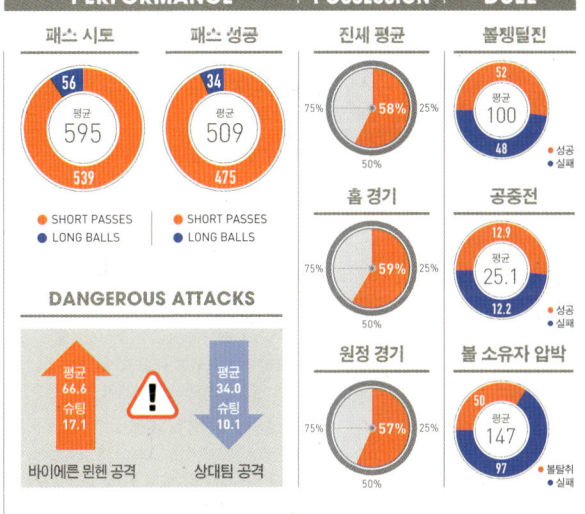

Manuel NEUER 1
마누엘 노이어 (GK)

SCOUTING REPORT
명실공히 세계 최고의 골키퍼. 바이에른의 성벽을 수호하는 문지기. 골키퍼가 가져야 할 모든 능력을 선보인다. 큰 키와 긴 팔로 공중볼 캐치를 하며 세트피스 상황에선 강력한 펀칭을 해낸다. 모두가 알고 있듯이 페널티 박스 밖에서 '최종 스위퍼' 역할까지도 수행한다. 발밑이 좋아 빌드업의 시발점이 되며 엄청난 반사 신경으로 골을 막아낸다. 리더십도 뛰어나 경기장에서 누구보다도 큰 호통을 발산한다.

PLAYER'S HISTORY
샬케 유스 출신으로 2005년 1군 스쿼드에 이름을 올렸다. 다음 시즌부터 주전으로 나서게 되었고, 6시즌간 활약하면서 팀의 주장 역할까지 맡았다. 11-12 시즌 독일 최강 바이에른으로 이적했다. 11년 동안 9번의 리그 우승을 이끌었다. 2014 브라질 월드컵의 챔피언이다.

| 주로 사용하는 발: 오른발 80% | 우승 | 1부리그: 9-3 | 협회컵: 6-2 | 챔피언스: 2-1 |
| | 준우승 | 클럽 월드컵: 2-0 | UEFA 유로: 0-0 | 월드컵: 1-0 |

세이브-실점: 58-38 / 23-4
- 123-42 TH-189
- 123-81 NK-186
- 3-1 KD-207

패스 방향 분포: 전진 47%, 좌향 31%, 우향 22%, 후진 0%

2020-21 분데스리가: 33-0 / 2970 / 66% / 9 / 34.2-28.8 / P% 84% / LB 11.2-6.8 / AD 5-5 / 1-0 / 1

Dayot UPAMECANO 2
다요 우파메카노 (DF)

SCOUTING REPORT
잠재력이 무궁무진한 센터백. 발이 빨라 공간을 침투하는 상대 공격수를 쉽게 커버한다. 긴 다리로 시도하는 순간적인 태클은 우파메카노의 주특기다. 점프력이 좋아 공중전에서 좋은 모습을 보여준다. 헤딩 커팅, 맨마킹, 클리어링까지 3박자 고르게 갖춘 수비수다. 시즌이 한창이던 중반에 뮌헨으로의 이적을 발표했다. 시기가 적절치 않아 많은 비판이 있었고 라이프치히의 서포터즈에게는 애증의 존재가 되었다.

PLAYER'S HISTORY
2015년 잘츠부르크 소속으로 리퍼링으로 한 시즌 임대를 다녀왔다. 16-17 시즌 라이프치히로 이적했다. 5시즌 활약하면서 리그 최고의 센터백으로 올라섰다. 프랑스 17세 이하의 유럽 선수권에서 정상에 올랐다. 성인 대표팀에도 데뷔했지만, 유로 본선에 참가하지 못했다.

| 주로 사용하는 발: 오른발 87% | 우승 | 1부리그: 1-2 | 협회컵: 1-2 | 챔피언스: 0-0 |
| | 준우승 | 클럽 월드컵: 0-0 | UEFA 유로: 0-0 | 월드컵: 0-0 |

슈팅-득점: 13-1 / 1-0
- 14-1 LG-0
- 0-0 RG-1
- 0-0 HG-0

패스 방향 분포: 전진 34%, 좌향 26%, 우향 31%, 후진 9%

2020-21 분데스리가: 27-2 / 2333 / 0 / 76.0-67.3 / 84% / DR 1.5-1.3 / 0.6-0.4 / 6-0 / 3

Alphonso DAVIES 19
알폰소 데이비스 (DF)

SCOUTING REPORT
팀을 넘어 전 유럽 대륙에서 가장 빠른 윙백. 엄청난 스피드와 탄력있는 몸에서 나오는 파워로 터치 라인을 지배한다. 오프 더 볼 상황에서 공간 창출 능력이 좋다. 과감한 돌파 후 시도하는 크로스가 예리하고 직접 중앙으로 침투하여 공격의 마무리까지 한다. 윙어 출신답게 볼을 다루는 기술이 좋고 뛰어난 개인기로 상대 수비수를 제친다. 수비 포지션으로 복귀하는 속도도 빨라 현시점 최고의 레프트 백이다.

PLAYER'S HISTORY
2016년 벤쿠버 화이트캡스에서 1군 스쿼드에 올랐다. 2018 시즌 리그에서 8골을 넣었고 재능을 인정받아 뮌헨으로 이적했다. 2019년부터 본격적으로 주전급으로 기용되었다. 캐나다 대표팀의 에이스로서 캐나다 올해의 선수상을 2번 수상했다. 이제 20살을 갓 넘겼다.

| 주로 사용하는 발: 왼발 82% | 우승 | 1부리그: 3-2 | 협회컵: 2-0 | 챔피언스: 1-0 |
| | 준우승 | 클럽 월드컵: 1-0 | UEFA 유로: 0-0 | 월드컵: 0-0 |

슈팅-득점: 1-1 / 3-0
- 4-1 LG-1
- 0-0 RG-0
- 0-0 HG-0

패스 방향 분포: 전진 28%, 좌향 5%, 우향 45%, 후진 22%

2020-21 분데스리가: 22-1 / 1769 / 2 / 56.2-50.4 / 90% / T 2.2-1.7 / I 4.2-2.7 / DR 2-1 / ★

Leon GORETZKA 8
레온 고레츠카 (MF)

SCOUTING REPORT
월드 클래스 중앙 미드필더. 원래 포지션은 오른쪽 풀백이었지만 포지션 변경 후에도 리그 최고 레벨의 선수로 자리매김했다. 기본적으로 볼 키핑과 발기술이 좋아 볼을 잘 다루고 탈압박에도 좋은 모습을 보인다. 직접 측면에서 볼을 몰고 가 크로스를 올리기도 하며 상대의 압박이 멀어진 틈을 타 중거리 슈팅을 종종 시도한다. 상대의 역습 시 반칙으로 볼을 잘 끊어내며 적극적인 압박도 좋다.

PLAYER'S HISTORY
2020년 피파와 UEFA 올해의 팀, 클럽 월드컵의 브론즈 볼 수상자. 보훔 유스 출신으로 샬케에서 5시즌을 뛴 뒤 자국 명문 바이에른으로 이적했다. 2018년부터 꾸준히 성장을 거듭해 지금은 팀의 핵심 미드필더가 되었고, 대표팀에서도 중요한 자원으로 평가된다.

| 주로 사용하는 발: 오른발 93% | 우승 | 1부리그: 3-1 | 협회컵: 2-0 | 챔피언스: 1-0 |
| | 준우승 | 클럽 월드컵: 1-0 | UEFA 유로: 0-0 | 월드컵: 0-0 |

슈팅-득점: 26-3 / 16-2
- 42-5 LG-0
- 0-0 RG-4
- 0-0 HG-1

패스 방향 분포: 전진 25%, 좌향 27%, 우향 33%, 후진 16%

2020-21 분데스리가: 18-6 / 1707 / 5 / 43.5-38.2 / 88% / T 2.5-1.5 / I 1.8 / DR 0.8-0.5 / 2-0 / ★

Thomas MÜLLER 25
MF 토마스 뮐러

SCOUTING REPORT
바이에른 뮌헨의 원클럽맨. 총 583경기를 뛴 리빙 레전드. 아직 30대 초반으로 경기력만 유지하면 700여 경기까지 출전할 수 있을 것이다. 최전방은 물론, 측면과 쳐진 공격수로도 출전한다. 상황에 따라서는 미드필더로도 뛰는데 동료와의 연계 플레이, 패싱 게임, 탈압박에 뛰어나기 때문이다. 매우 빠르거나 상대를 휘어잡을만한 개인 기술은 없지만 영리한 위치 선정으로 골을 터트린다.

PLAYER'S HISTORY
2008년 뮌헨 1군 스쿼드에 등록되었다. 무려 14시즌 동안 뛰고 있다. 10번의 리그 우승을 시작으로 13개의 컵 대회 우승, 2번의 챔피언스리그 우승까지 차지했다. 독일 대표팀 소속으로는 2014 브라질 월드컵의 우승을 기록했다. 2010 남아공 월드컵의 골든부츠의 주인공.

주로 사용하는 발: 오른발 84%
우승 | 1부리그: 10-2 | 협회컵: 6-2 | 챔피언스: 2-2
준우승 | 클럽월드컵: 2-0 | UEFA 유로: 0-0 | 월드컵: 1-0

슈팅-득점: 41-10 / 10-1 / 51-11 LG-4 / 0-0 RG-4 / 1-1 HG-1
패스 방향 분포: 전진 26% 좌향 28% 우향 22% 후진 24%
2020-21 분데스리가: 31-1 / 2683 / 18 / 43.5-32.6 / 75%
T 3.1-1.5 / I 0.7 / DR 1.1-0.8 / 0-0 / ★ 3

Joshua KIMMICH 6
MF 요주아 키미히

SCOUTING REPORT
월드 클래스 중앙 미드필더. 원래 포지션은 오른쪽 풀백이었지만 포지션 변경 후에도 리그 최고 레벨의 선수로 자리매김했다. 볼 관리 및 간수 능력이 뛰어나다. 기본적으로 볼을 잘 다루고 탈압박에도 좋은 모습을 보인다. 직접 측면에서 볼을 몰고 가 크로스를 올리기도 하며 상대의 압박이 멀어진 틈을 타 중거리 슈팅을 종종 시도한다. 상대의 역습 시 반칙으로 볼을 잘 끊어내며 적극적인 압박도 좋다.

PLAYER'S HISTORY
2020년 피파와 UEFA 올해의 팀, 클럽 월드컵의 브론즈 볼 수상자. 슈투트가르트 유스 팀의 출신으로 라이프치히에서 두 시즌을 보내고 자국 명문 바이에른으로 이적했다. 2015년부터 꾸준히 뛰고 있고 리그 6연속 우승을 이끌었다. 독일 대표팀의 핵심 미드필더다.

주로 사용하는 발: 오른발 82%
우승 | 1부리그: 6-0 | 협회컵: 0-0 | 챔피언스: 1-0
준우승 | 클럽월드컵: 1-0 | UEFA 유로: 0-0 | 월드컵: 0-0

슈팅-득점: 10-2 / 27-2 / 37-4 LG-0 / 1-0 RG-3 / 0-0 HG-1
패스 방향 분포: 전진 29% 좌향 26% 우향 32% 후진 13%
2020-21 분데스리가: 25-2 / 2197 / 10 / 71.0-62.7 / 88%
T 3.1-1.5 / I 1.3 / DR 1.4-1.1 / 4-0 / ★ 1

Robert LEWANDOWSKI 9
FW 로베르트 레반도프스키

SCOUTING REPORT
자타공인 세계 최고의 '9번' 공격수. 최전방에서 가장 멋진 모습을 보여주는 스트라이커. 뛰어난 골 감각으로 위치를 가리지 않고 골망을 흔든다. 바이시클 킥, 발리슛, 헤딩 슛을 포함해 다양한 자세로도 골 맛을 본다. 볼을 다루는 기술도 좋고 동료와 연계 플레이도 뛰어난 모습을 보인다. 어느덧 30대 중반의 나이로 접어들지만 오히려 신체적인 밸런스는 더 좋아지고 있다. 득점포의 행보는 줄어들지 않는다.

PLAYER'S HISTORY
2005년 레기아 바르샤바를 시작으로 자국 명문 레흐 포츠난에서 활약했다. 곧바로 도르트문트로 이적했고, 클롭과 함께 2시즌 연속 우승을 이끌었다. 2014년 뮌헨으로 합류 후 300골을 넣었다. 폴란드 대표팀의 주장으로서 대표팀 역사상 가장 많은 골을 넣고 있다.

주로 사용하는 발: 오른발 87%
우승 | 1부리그: 10-2 | 협회컵: 5-2 | 챔피언스: 1-1
준우승 | 클럽월드컵: 1-0 | UEFA 유로: 0-0 | 월드컵: 0-0

슈팅-득점: 115-38 / 22-3 / 137-41 LG-4 / 5-0 RG-32 / 9-8 HG-5
패스 방향 분포: 전진 23% 좌향 21% 우향 26% 후진 30%
2020-21 분데스리가: 28-1 / 2463 / 7 / 22.8-17.5 / 77%
T 0.9-0.5 / I 0.1 / DR 1.5-0.8 / 4-0 / ★ 11

Serge GNABRY 7
FW 세르주 나브리

SCOUTING REPORT
정말 막기 힘든 윙 포워드. 공격에 관여된 모든 포지션에서 뛴다. 볼을 가진 상태에서 영리한 판단으로 킬 패스, 전진 패스를 시도한다. 동료와 2대1 패스를 주고받으며 상대의 수비벽을 허문다. 엄청난 주력과 스프린트로 로베리에 대한 그리움을 단숨에 잊게끔 했다. 뮌헨 공격 전술에 있어 없어서는 안 될 존재가 되었고 수비 가담에도 열정적인 모습을 보여준다. 방향 전환에 이은 인사이드 킥은 예술이다.

PLAYER'S HISTORY
아스날 아카데미에서 뛰어난 재능을 인정받았다. 하지만 WBA로 한 시즌 임대를 다녀왔음에도 3시즌 동안 기회를 잡지 못했다. 브레멘으로 이적했고 호펜하임에서 본격적으로 재조명을 받았다. 2018년 뮌헨으로 이적 후 리그 두 자릿수 골을 꼬박꼬박 넣어주고 있다.

주로 사용하는 발: 오른발 77%
우승 | 1부리그: 3-1 | 협회컵: 4-0 | 챔피언스: 1-0
준우승 | 클럽월드컵: 1-0 | UEFA 유로: 0-0 | 월드컵: 0-0

슈팅-득점: 41-10 / 18-0 / 59-10 LG-5 / 0-0 RG-3 / 0-0 HG-2
패스 방향 분포: 전진 21% 좌향 24% 우향 23% 후진 32%
2020-21 분데스리가: 20-7 / 1654 / 2 / - / 84%
T 2.2-1.4 / I 1 / DR 1.9-0.9 / 4-0 / ★ 1

GK Sven ULREICH 26
슈벤 올라이히

뮌헨의 서브 키퍼. 일대일 상황에서 빠른 판단을 기본으로 전진한다. 다이빙의 시도가 좋고 사각지대로의 방어가 좋다. 공중볼 캐치, 안정적인 경기 운영이 장점이다. 슈투트가르트의 유스를 거쳐 7시즌 동안 1군의 넘버원으로 활약했다. 2015년 바이에른으로 이적했으나 최고의 수문장 노이어의 벽을 넘지 못하고 있다. 지난 시즌엔 또 다른 명문 함부르크로 임대를 다녀왔다.

주로 사용하는 발: 오른발 90%

	우승			
	1부리그: 5-0	협회컵: 3-2	챔피언스: 1-0	
준우승	클럽월드컵: 0-0	UEFA 유로: 0-0	월드컵: 0-0	

DF Omar RICHARDS 3
오마 리차즈

이번 시즌 바이에른에 합류한 잉글랜드산 레프트 백. 데이비스의 백업 자원으로 출전할 전망이다. 엄청난 스프린트를 보여준다. 과감한 돌파와 드리블이 최대 장점. 하지만 수비 시 뒷공간 노출과 크로스의 마무리가 아쉽다. 레딩 아카데미를 거쳐 1군에 등록되었다. 4시즌 동안 챔피언십에서 활약했고, 잉글랜드 U-21 출신이다.

주로 사용하는 발: 왼발

	우승			
	1부리그: 0-0	협회컵: 0-0	챔피언스: 0-0	
준우승	클럽월드컵: 0-0	UEFA 유로: 0-0	월드컵: 0-0	

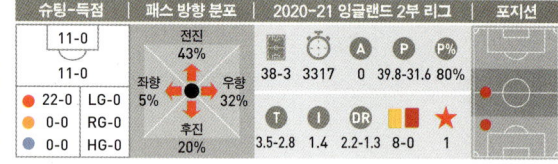

DF Niklas SÜLE 4
니클라스 쥘레

바이에른의 벽. 다부진 피지컬과 뛰어난 대인 마킹, 공중전에서 가공할만한 모습을 보여준다. 지난 시즌 경기당 1.6개의 태클과 1.7개의 클리어링에 성공했다. 발밑이 세밀하지 못하고 속도가 느려 종종 실수를 연발한다. 2013년 호펜하임에서 데뷔했다. 독일 연령별 대표팀을 모두 거친 엘리트로서 2016 리우 올림픽의 은메달리스트다. 유로 본선에 참가했지만 17분만 뛰었다.

주로 사용하는 발: 오른발 82%

	우승			
	1부리그: 4-0	협회컵: 2-1	챔피언스: 1-0	
준우승	클럽월드컵: 1-0	UEFA 유로: 0-0	월드컵: 0-0	

DF Benjamin PAVARD 5
벤자맹 파바르

프랑스 대표팀의 주전 라이트 백. 센터백으로도 출전이 가능하다. 3백 전술에도 뛰며 수비 전술의 이해가 상당히 뛰어나다. 주력이 좋고 민첩성이 뛰어나며 드리블이 수준급이다. 지난 시즌 코로나 확진으로 리그 3경기를 결장했다. 그 외 나머지는 로테이션 체제로 휴식을 가졌다. 릴의 유스 출신으로 슈투트가르트를 거쳐 2019년 바이에른 뮌헨으로 5년 계약을 맺었다.

주로 사용하는 발: 오른발 94%

	우승			
	1부리그: 2-0	협회컵: 1-0	챔피언스: 1-0	
준우승	클럽월드컵: 1-0	UEFA 유로: 0-0	월드컵: 1-0	

DF BOUNA SARR 20
부나 사르

볼 키핑이 뛰어난 라이트 백. 파바르의 백업으로 영입되었으며 센터백과 중앙 미드필더의 포지션에서도 뛴다. 돌파 후 시도하는 크로스가 좋고 수비적인 능력이 좋은 풀백. 메츠의 아카데미를 거쳐 1군에 데뷔해 팀을 승격시킨 후 마르세유로 이적했다. 6시즌 활약하면서 리그 정상급 라이트 백으로 성장했고, 지난 시즌 바이에른 뮌헨의 셔츠를 입었다. 현재까지도 백업이다.

주로 사용하는 발: 오른발 89%

	우승			
	1부리그: 1-1	협회컵: 0-1	챔피언스: 0-0	
준우승	클럽월드컵: 1-0	UEFA 유로: 0-0	월드컵: 0-0	

DF LUCAS HERNÁNDEZ 21
루카 에르난데스

바이에른 뮌헨의 역사상 최대 이적료를 발생시킨 장본인. 레프트 백은 물론 센터백도 가능한 멀티 플레이어다. 대인 마킹, 스탠딩 태클, 돌파 후 시도하는 얼리 크로스가 좋다. 지난 시즌엔 잦은 부상과 코로나 확진으로 많은 경기에 나서지 못했다. 아틀레티코 마드리드 출신으로 동생인 테오 에르난데스와 유망주로 손꼽혔다. 프랑스 대표팀의 주축 수비수로도 활약하고 있다.

주로 사용하는 발: 왼발 93%

	우승			
	1부리그: 3-2	협회컵: 1-0	챔피언스: 1-2	
준우승	클럽월드컵: 1-0	UEFA 유로: 0-0	월드컵: 1-0	

MF Marcel SABITZER 18
마르셀 자비처

공수의 밸런스가 뛰어난 미드필더. 공격적인 재능은 물론, 포백 보호까지 가능하다. 활동량이 많고 종종 시도하는 중거리 슛이 예술이다. 패스의 질이 좋고 정확도가 높다. 매 이적 시장 때마다 링크가 끊이질 않는다. 2014년 라이프치히에 입단 후 팀의 승격을 주도했다. 오스트리아 대표팀의 에이스로 팀 내 세 손가락 안에 꼽힌다.

주로 사용하는 발: 발 83%

우승	1부리그: 1-3	협회컵: 1-2	챔피언스: 0-0
준우승	클럽월드컵: -	UEFA 유로: 0-0	월드컵: 0-0

슈팅-득점: 17-7 / 43-1
● 60-8 LG-0
● 5-0 RG-8
● 4-4 HG-0

패스 방향 분포: 전진 33%, 좌향 24%, 우향 24%, 후진 19%

2020-21 분데스리가: 24-3 2031 3 66.5-58.5 80%
T 2.0-1.1 I 1.3 DR 0.9-0.6 8-0 1

MF Corentin TOLISSO 24
코랑탱 톨리소

바이에른을 사랑하는 남자. 프랑스 대표팀의 로테이션 멤버. 볼 배급력이 뛰어나고 원 터치 패스를 선호한다. 동료와의 연계 플레이 후 전진 패스를 시도한다. 지난 시즌은 다소 아쉬웠다. 초반 기회를 잡았으나 퇴장으로 결장했고 돌아온 이후에는 인대 부상으로 후반부 모두 뛰지 못했다. 이번 시즌은 재기를 위한 시간이다. 유로 본선에도 참가했으나 주로 교체로 나왔다.

주로 사용하는 발: 오른발

우승	1부리그: 4-2	협회컵: 2-1	챔피언스: 1-0
준우승	클럽월드컵: 1-0	UEFA 유로: 0-0	월드컵: 1-0

슈팅-득점: 10-1 / 2-0
● 12-1 LG-0
● 0-0 RG-0
● 0-0 HG-1

패스 방향 분포: 전진 29%, 좌향 26%, 우향 29%, 후진 16%

2020-21 분데스리가: 7-9 778 4 33.8-29.4 87%
T 2.4-1.2 I 0.4 DR 0.5-0.2 1-1 0

MF Kingsley COMAN 11
킹슬리 코망

부상만 없다면 더 큰 선수가 될 재목. 터치 라인을 지배하는 윙 포워드. 엄청난 주력과 뛰어난 발기술로 무장했다. 상대 수비수에겐 악몽과도 같은 개인 기술을 지녔다. 지난 시즌 그나마 꾸준히 출장했다. 리그 29경기에 출장했고 12개의 도움을 기록했다. 10라운드 라이프치히전에선 한 경기에서 3개의 어시스트를 기록하기도 했다. 프랑스 대표팀으로 유로 2020에 참가했다.

주로 사용하는 발: 오른발 78%

우승	1부리그: 9-0	협회컵: 4-1	챔피언스: 1-1
준우승	클럽월드컵: 1-0	UEFA 유로: 0-1	월드컵: 0-0

슈팅-득점: 33-3 / 19-2
● 52-5 LG-5
● 0-0 RG-4
● 0-0 HG-1

패스 방향 분포: 전진 16%, 좌향 20%, 우향 32%, 후진 33%

2020-21 분데스리가: 23-6 1767 10 25.5-21.7 85%
T 1.1-0.5 I 0.1 DR 3.2-1.9 1-0 1

MF Jamal MUSIALA 42
자말 무시알라

바이에른의 뉴 키드. 독일에 매료되어 국적도 잉글랜드에서 귀화한 영 플레이어. 민첩한 발놀림과 공격 지역에서 창의적인 볼터치, 센스가 뛰어나다. 지난 시즌에 1라운드에서부터 골을 터트렸고, 29라운드에선 멀티골을 넣기도 했다. 재능을 인정받아 유로 2020에 독일 대표팀 소속으로 차출되었다. 다 합하여 9분밖에 출장하지 않았지만, 앞으로의 미래가 너 기대되는 미드필더.

주로 사용하는 발: 오른발 88%

우승	1부리그: 2-0	협회컵: 1-0	챔피언스: 1-0
준우승	클럽월드컵: 1-0	UEFA 유로: 0-0	월드컵: 0-0

슈팅-득점: 20-5 / 6-1
● 26-6 LG-1
● 0-0 RG-4
● 0-0 HG-1

패스 방향 분포: 전진 23%, 좌향 20%, 우향 32%, 후진 25%

2020-21 분데스리가: 7-19 871 1 15.9-13.3 84%
T 1.3-0.8 I 0.5 DR 2.5-1.7 1-1 3

FW LeRoy SANE 10
르로이 자네

뮌헨의 10번 셔츠. 로벤의 뒤를 잇는 독일산 크랙. 순간적인 방향 전환과 볼 터치로 상대를 쉽게 제친다. 주력의 템포를 조절하여 팀의 스피드에 영향을 준다. 지난 시즌엔 리그 32경기에 출전해 6골과 10개의 어시스트를 기록했다. 경기당 1.9개의 드리블 돌파에 성공했고 팀의 주전 공격수로 맹활약했다. 샬케 유스 출신으로서 맨체스터 시티에서 4시즌 동안 뛰었다.

주로 사용하는 발: 왼발 84%

우승	1부리그: 3-0	협회컵: 1-0	챔피언스: 0-0
준우승	클럽월드컵: 1-0	UEFA 유로: 0-0	월드컵: 0-0

슈팅-득점: 31-3 / 26-3
● 57-6 LG-5
● 0-0 RG-1
● 0-0 HG-0

패스 방향 분포: 전진 22%, 좌향 40%, 우향 9%, 후진 29%

2020-21 분데스리가: 18-14 1807 9 22.9-17.9 78%
T 1.1-0.6 I 0.3 DR 3.3-1.9 2-0 2

FW Eric MAXIM CHOUPO-MOTING 13
에릭 슈포모팅

레반도프스키의 백업 공격수. 많은 경험을 가진 베테랑 스트라이커. 다부진 피지컬에서 나오는 파워풀한 슈팅과 몸싸움이 주특기다. 공중전에 높은 승률을 보이고 거친 파울도 마다하지 않는다. 함부르크에서 시작하여 뉘른베르크, 마인츠, 샬케, 스토크 시티에서 뛰었다. 파리 생제르망의 소속으로 2시즌 활약 후 지난 시즌 뮌헨으로 입단했다. 카메룬 대표팀의 주장으로 활약한다.

주로 사용하는 발: 오른발 80%

우승	1부리그: 3-0	협회컵: 1-1	챔피언스: 0-1
준우승	클럽월드컵: 1-0	UEFA 유로: 0-0	월드컵: 0-0

슈팅-득점: 18-3 / 2-0
● 20-3 LG-1
● 0-0 RG-1
● 0-0 HG-1

패스 방향 분포: 전진 18%, 좌향 21%, 우향 28%, 후진 34%

2020-21 분데스리가: 8-14 812 0 9.9-7.8 79%
T 0.5-0.4 I 0.1 DR 0.9-0.7 2-0 0

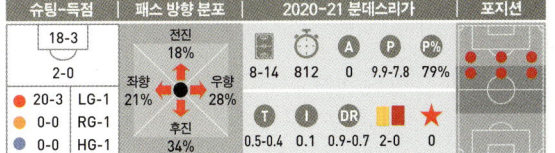

탄탄한 스쿼드, 리그 신흥강호 등극

구단 창립 : 2009년 **홈구장** : 레드불 아레나 **대표** : 올리버 민츨라프 **2020-21시즌** : 2위(승점 65점) 19승 8무 7패 60득점 32실점 **닉네임** : Die Roten Bullen

리그 2위, 명실상부 분데스리가 강팀으로
탄탄한 팀 재정과 젊고 역동적인 선수단을 바탕으로 2016-17 시즌 이후 4년 만에 리그 2위를 차지하며 명실상부 분데스리가의 신흥강호로 거듭났다. 리그에서는 3골 이상 실점한 경기가 없을 정도로 안정감 있는 수비력을 바탕으로 중반부 이후 계속 2위 자리에서 뮌헨과의 우승 레이스를 이어갔고, 챔피언스리그에서도 PSG와 맨유, 이스탄불의 강자인 바샥셰히르와 한 조에 속하면서 16강 진출이 어려울 것으로 보였지만 당당하게 경쟁을 이겨내고 16강에 진출했다.

변화 겪은 라이프치히, 새 얼굴 대거 영입
나겔스만 감독이 떠났고 스쿼드에도 많은 변화를 맞이했다. 우파메카노와 자비처가 뮌헨으로 이적했고 코나테, 쇠를로트, 황희찬, 루크만은 팀을 떠났다. 그 자리를 채우기 위해 많은 선수가 합류했다. 프랑크푸르트의 선봉장 안드레 실바가 입성했다. 크로아티아의 미래 그바르디올, 바르셀로나에서 모리바를 데려왔다. 시마칸, 클라크는 준척급 자원이다. 측면 수비수 앙헬리뇨와 헨릭스는 완전 영입에 성공했다. 스쿼드의 전체적인 보강이 이루어졌고 균형에 맞는 영입으로 평가받고 있다. 특히 공격력을 업그레이드 시키기 위한 안드레 실바의 골 기록이 포인트다.

나겔스만 없이 생존하는 법을 배워야 하는 시즌
이번 시즌 팀의 가장 큰 변화는 벤치에서 시작됐다. 천재적인 전술 역량으로 라이프치히를 강팀으로 탈바꿈시킨 나겔스만은 더 이상 벤치에 없다. 그를 대신해 잘츠부르크에서 좋은 지도력을 보여준 제시 마치 감독을 선임해 팀은 새로운 페이즈에 접어들고 있다. 현재의 전력을 유지하면서 진출해 있는 챔피언스리그에서 지난 시즌 16강 이상의 성적을 기대해야 하고, 리그에서는 진정 우승 레이스에 참가할 자격이 있는 팀인지를 스스로 증명해야 할 아주 중요한 시즌이 될 것이다. 과연 나겔스만 없이도 붉은 황소 군단은 질주를 이어나갈 수 있을까.

MANAGER : Jesse MARSCH 제시 마치

Personal Information
- 생년월일 : 1973.11.08 / 출생지 : 러신(미국)
- 현역시절 포지션 : 미드필더 / 계약만료 : 2023.06.30
- 평균 재직 기간 : 3년 / 선호 포맷 : 4-4-2

History
MLS의 시카고 파이어, DC 유나이티드에서 선수 생활을 보냈다. 은퇴 후에 2010년 미국 대표팀의 수석 코치로 지도자 커리어를 시작했다. 몬트리올 임팩트와 프린스턴 타이거즈, 뉴욕 레드불스를 거쳤다. 유럽 입성은 2018년 라이프치히에서 시작했다. 잘츠부르크에서 리그 2연패를 달성했다.

Style
잘츠부르크를 이끌며 두 시즌 연속으로 더블을 기록했다. 주로 4-4-2, 4-2-3-1의 포메이션을 사용한다. 수비의 안정적인 면을 중시하며 팀내 소통을 강조한다. 전술적으로 유연하며 변화무쌍했던 나겔스만의 라이프치히와는 다른 색을 나타낸다. 매섭게 몰아칠 때는 공격적인 전술도 자주 사용한다. 지난 시즌 팀의 성공을 자신의 색깔과 함께 이어나갈 수 있을지 귀추가 주목되고 있다.

우승 - 준우승 횟수

SQUAD LIST

위치	번호	선수	국적	키	생년월일	전 소속팀
GK	1	Péter Gulácsi	HUN	190	90-05-06	Red Bull Salzburg
	13	Philipp Tschauner	GER	196	85-11-03	Hannover 96
	31	Josep Martínez	ESP	191	98-05-27	Las Palmas
DF	2	Mohamed Simakan	FRA	187	00-05-03	Strasbourg
	3	Angeliño	ESP	176	97-01-04	Manchester C
	4	Willi Orbán	HUN	185	92-11-03	Kaiserslautern
	16	Lukas Klostermann	GER	185	96-06-03	Bochum
	22	Nordi Mukiele	FRA	185	97-11-01	Montpellier
	23	Marcel Halstenberg	GER	186	91-09-27	St Pauli
	32	Joško Gvardiol	CRO	185	02-01-23	Dinamo Zagreb
	39	Benjamin Henrichs	GER	181	97-02-23	Monaco
	43	Marcelo Saracchi	URU	172	98-04-23	River Plate
MF	8	Amadou Haidara	MLI	175	98-01-31	Red Bull Salzburg
	14	Tyler Adams	USA	175	99-02-14	New York Red Bulls
	17	Dominik Szoboszlai	HUN	186	00-10-25	Red Bull Salzburg
	18	Christopher Nkunku	FRA	175	97-11-14	Paris St-Germain
	25	Dani Olmo	ESP	179	98-05-07	Dinamo Zagreb
	26	Ilaix Moriba	ESP	185	03-01-19	Barcelona B
	27	Konrad Laimer	AUT	179	97-05-27	Red Bull Salzburg
	37	Sidney Raebiger	GER	176	05-04-17	None
	44	Kevin Kampl	SVN	180	90-10-09	Bayer Leverkusen
	47	Joscha Wosz	GER	174	02-07-20	None
FW	9	Yussuf Poulsen	DEN	193	94-06-15	Lyngby
	10	Emil Forsberg	SWE	179	91-10-23	Malmö FF
	21	Brian Brobbey	NED	180	02-02-01	Ajax
	33	André Silva	POR	185	95-11-06	Eintracht Frankfurt
	38	Hugo Novoa	ESP	182	03-01-24	Deportivo La Coruña

2021-22 SEASON SCHEDULE

날짜	장소	상대팀	날짜	장소	상대팀
08-15	A	Mainz 05	01-08	H	Mainz 05
08-20	H	Stuttgart	01-15	A	Stuttgart
08-29	A	Wolfsburg	01-22	H	Wolfsburg
09-11	H	Bayern München	02-05	A	Bayern München
09-18	A	FC Köln	02-12	H	FC Köln
09-25	H	Hertha Berlin	02-19	A	Hertha Berlin
10-02	A	Bochum	02-26	H	Bochum
10-16	A	Freiburg	03-05	H	Freiburg
10-23	H	Greuther Fürth	03-12	A	Greuther Fürth
10-30	A	Eint Frankfurt	03-19	H	Eint Frankfurt
11-06	H	Dortmund	04-02	A	Dortmund
11-20	A	Hoffenheim	04-09	H	Hoffenheim
11-27	H	Leverkusen	04-16	A	Leverkusen
12-04	A	Union Berlin	04-23	H	Union Berlin
12-11	H	M'Gladbach	04-30	A	M'Gladbach
12-15	A	FC Augsburg	05-07	H	FC Augsburg
12-18	H	Arminia Bielefeld	05-14	A	Arminia Bielefeld

RANKING OF LAST 10YEARS

STRENGTHS & WEAKNESSES

OFFENSE		DEFENSE	
오픈 플레이	B	오픈 플레이 수비	A
카운터 어택	C	카운터 어택 수비	C
짧은 패스 게임	B	짧은 패스 게임 수비	A
롱볼 연계 플레이	C	롱볼 연계 플레이 수비	B
솔로 플레이	B	솔로 플레이 수비	C
중거리 슈팅 / 직접 프리킥	A	중거리 슈팅 수비	C
측면 공격	B	측면 수비	C
세트 플레이	A	세트 플레이 수비	B
위협적인 공격 횟수	A	공중전 능력	A
슈팅 대비 득점	D	볼 쟁탈전 / 투쟁심	C
오프사이드 피하기	D	실수 조심	D
볼 점유율	B	파울 주의	C

A 매우 우수함 B 우수함 C 평균 수준 D 부족함 E 많이 부족함

STADIUM

Red Bull Arena

구장 오픈 : 2004년	구장 증개축 : 2016년
구장 소유 : RB 라이프치히	수용 인원 : 4만 2959명
피치 규모 : 105 X 68m	잔디 종류 : 천연 잔디

ODDS CHECK

베팅회사	Bundesliga		Champions League	
	배당률	우승 확률	배당률	우승 확률
bet365	10배	3위	100배	17위
sky bet	12배	5위	66배	13위
William HILL	14배	3위	100배	16위
888sport	10배	3위	100배	17위

*우승 확률이 높을수록 배당률은 낮아짐

20-21 SEASON TOP5

득점		어시스트		경고-퇴장	
M.자비처	8	D.올모	9	M.자비처	8-0
E.포르스베리	7	C.은쿤쿠	6	D.우파메카노	6-0
C.은쿤쿠	6	안젤리뇨	4	K.캄플	6-0
D.올모	5	E.포르스베리	4	N.무키엘레	5-0
Y.포울슨	5	Y.포울슨	4	W.오르반	4-0

BASIC FORMATION

4-2-3-1

실바 / 포울슨
은쿤쿠 (앙헬리뇨), 포르스베리 (올모), 소보슬라이 (하이다라)
하이다라 (캄플), 아담스 (하이다라)
그바르디올 (앙헬리뇨), 시마칸 (할스텐베르크), 오르반 (클로스터만), 클로스터만 (무키엘레)
굴라치 / 마르티네스

TOTO GUIDE 지난시즌 전적

상대팀	홈	원정
Bayern München	0-1	3-3
Dortmund	1-3	2-3
Wolfsburg	2-2	2-2
E. Frankfurt	1-1	1-1
Leverkusen	1-0	1-1
Union Berlin	1-0	1-2
Monchengladbach	3-2	0-1
Stuttgart	2-0	1-0
Freiburg	3-0	3-0
Hoffenheim	0-0	1-0
Mainz 05	3-1	2-3
FC Augsburg	2-1	2-0
Hertha Berlin	2-1	3-0
Arminia Bielefeld	2-1	1-0
FC Koln	0-0	1-2
Werder Bremen	2-0	4-1
Schalke 04	4-0	3-0

TACTICS & FUNCTIONS

OFFENSE

- 경기 운영 : 점유율과 역습 혼합
- 짧은 패스 / 긴 패스 비율 : 10.6대1
- 역습 시작 위치 : 비교적 앞쪽
- 직접 프리킥 : 소보슬라이, 앙헬리뇨, 은쿤쿠
- 중거리 슈팅 : 올모, 하이다라, 실바
- 세트피스 헤딩 : 시마칸, 오르반, 앙헬리뇨
- 드리블 : 시마칸, 그바르디올, 은쿤쿠
- 결정적 패스 : 은쿤쿠, 포르스베리, 소보슬라이

DEFENSE

- 존디펜스 : 지역방어 기반 존디펜스
- 맨투맨 : 대인과 지역 기반 혼합형
- 세로 방향 프레싱 위치 : 매우 앞쪽
- 오프사이드 트랩 위치 : 골라인에서 19~21m
- 미드필드 스크리너 : 하이다라, 캄플
- 공수 밸런스 유지 : 아담스, 하이다라
- 수비진 라인 컨트롤 : 오르반, 클로스터만
- 수비진 옵셔널 스토퍼 : 시마칸, 할스텐베르크

BUNDESLIGA 2020-21 PERFORMANCE

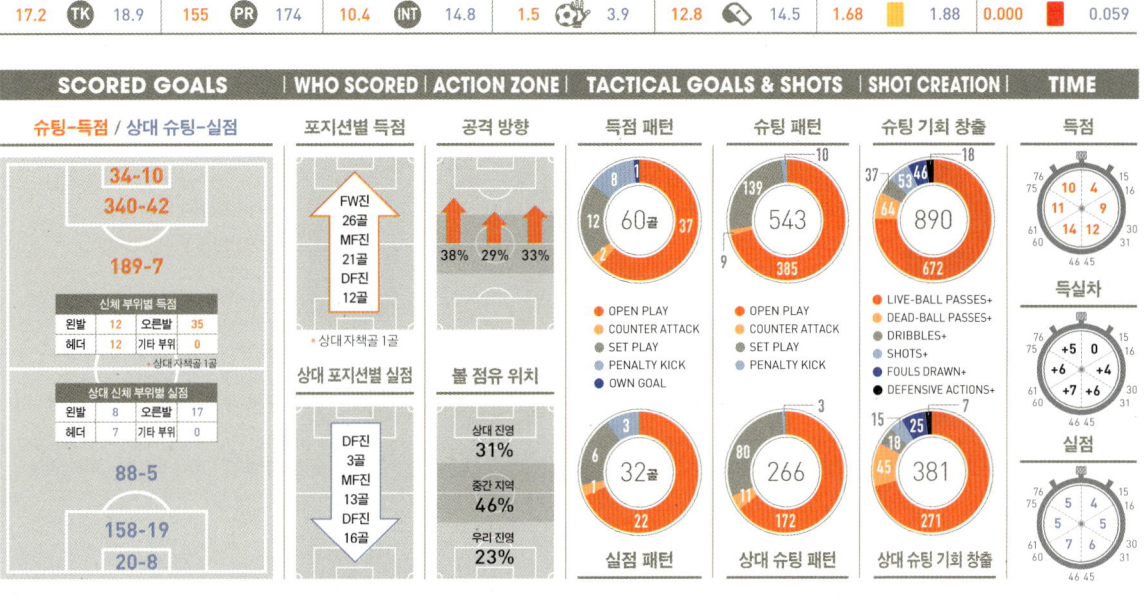

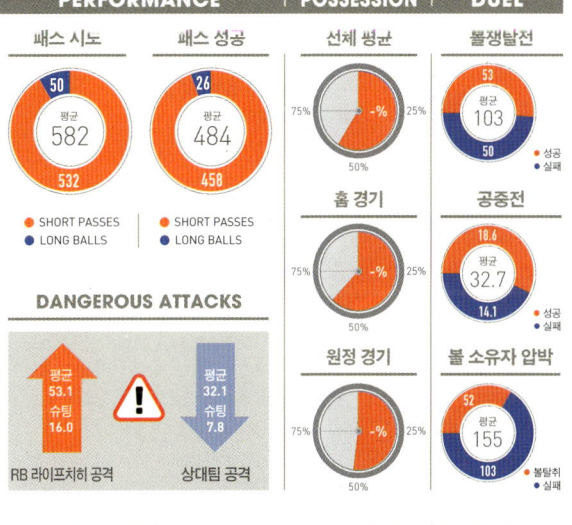

Péter GULÁCSI 1
페테르 굴라치 — GK

SCOUTING REPORT
라이프치히의 영원한 수호신. 팀의 부주장이자 어느덧 일곱 시즌째 팀에서 활약하고 있다. 리더십이 좋고 동료를 아우르는 모습이 뛰어나다. 스파이더맨을 연상케 하는 반사 신경과 슈퍼 세이브의 발생 빈도가 높다. 지난 시즌 리그 33경기에서 15개의 클린 시트를 기록했다. 역동작에 걸린 상황에서 빠르게 반응하여 볼을 쳐내는 것이 포인트. 집중력이 높아 상대 슈팅의 볼을 끝까지 보고 방어해낸다.

PLAYER'S HISTORY
리버풀 출신으로 헤레포드, 트란메레, 헐시티에서 임대 생활을 보냈다. 2013년 잘츠부르크로 이적을 결정했고, 두 시즌 활약하면서 좋은 모습을 보였다. 15-16 시즌 자매 클럽인 라이프치히로 300만 파운드로 이적하였다. 헝가리 대표팀의 주전 골리로 유로 본선에도 뛰었다.

주로 사용하는 발: 오른발 90%

	우승	준우승
1부리그	2-2	
협회컵	2-3	
챔피언스	0-0	
클럽 월드컵	0-0	
UEFA 유로	0-0	
월드컵	0-0	

Lukas KLOSTERMANN 16
루카스 클로스테르만 — DF

SCOUTING REPORT
언터처블의 라이트 백. 본래 포지션은 풀백이지만 센터백으로도 출전이 가능하다. 지난 시즌은 3백 전술 운영 시 오른쪽 스위퍼로 출전했다. 대인 마킹이 좋고 스탠딩 태클, 슬라이딩 태클이 뛰어나다. 상대가 볼 관리하는 타이밍을 파악해 발을 쭉 뻗어 인터셉트한다. 주력이 좋고 몸싸움, 제공권이 뛰어나다. 지난 시즌에는 리그 5라운드부터 무릎 부상으로 9경기 연속 결장을 하기도 했다.

PLAYER'S HISTORY
라이프치히의 유소년 팀 출신이나 보훔에서 성인 무대 데뷔를 했다. 2부 리그였지만 좋은 모습을 보였고, 2014년 당시 2부 리그였던 라이프치히로 이적한다. 벌써 8시즌째 팀에서 활약하고 있으며 차기 주장단으로 꼽힌다. 독일 대표팀에도 꾸준히 차출, 유로 2020에 참가했다.

주로 사용하는 발: 오른발 80%

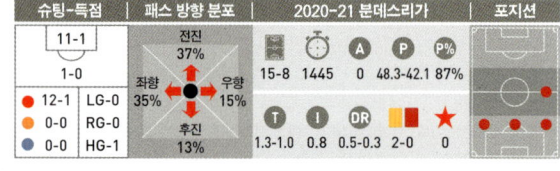

Nordi MUKIELE 22
노르디 무키엘레 — DF

SCOUTING REPORT
3백 전술에 최적화된 윙백. 발이 빠르고 민첩하다. 주력이 상당히 빨라 돌파 후 시도하는 크로스가 날카롭다. 스프린트 후 공간을 찾아 뛰어 들어가는 모습은 충분히 빅클럽 스카우터들의 눈에 들 만하다. 점프가 높아 공중볼 커팅, 볼 획득에 기여한다. 태클의 정확도가 좋고 지난 시즌 경기당 1.6개의 스탠딩, 슬라이딩 태클에 성공했다. 하지만 밸런스가 불안하여 볼을 쉽게 빼앗기는 모습이 종종 있다.

PLAYER'S HISTORY
프랑스 연령별 대표팀에 모두 포함된 엘리트 출신으로서 21세 이하의 팀에서 활약했다. 라발의 유스 출신으로 몽펠리에서 재능을 인정받았다. 2018년 라이프치히로 입단 후 꾸준히 주전급 자원으로 기용된다. 20대 초반의 나이라 경험만 쌓인다면, 대성할 재목이다.

주로 사용하는 발: 오른발 91%

Marcel HALSTENBERG 23
마르셀 할스텐베르크 — DF

SCOUTING REPORT
'좌 할스텐베르크, 우 클로스테르만'으로 불리우는 라이프치히의 주전 레프트백. 강인한 피지컬에서 나오는 맨마킹, 몸싸움이 뛰어나다. 쉽게 상대에게 공간을 내주지 않는 것이 특기며 볼을 가로채 롱패스로 종종 시도한다. 전진 패스의 세밀함이 다소 아쉽지만 상대 공격의 저지선 역할을 충분히 잘 해낸다. 주력이 좋고 터치 라인에서 시도하는 얼리 크로스가 매력적이다. 지난시즌 잔 부상으로 24경기만 뛰었다.

PLAYER'S HISTORY
하노버에서 시작했고 도르트문트 B팀, 세인트파울리를 거쳐 라이프치히로 입단했다. 대기만성형의 풀백으로서 2부 리그였던 라이프치히의 승격을 주도했다. 팀에서 6시즌째 활약하고 있는 중견 선수로서 독일 대표팀에도 차출되었다. 유로 2020의 본선 무대에서도 활약했다.

주로 사용하는 발: 왼발 86%

Tyler ADAMS 14
타일러 애덤스 MF

SCOUTING REPORT
라이프치히의 어린 지휘관. 엄청난 지구력과 넓은 활동 반경으로 중원을 지배한다. 기본적으로 볼 컨트롤이 좋고 세밀한 터치가 인상적이다. 탈압박 후 측면으로 보내는 롱패스가 좋으며 빠른 주력으로 직접 볼을 몰고 가 빌드업의 주체가 되기도 한다. 하지만 나이가 어려 시야가 좁은 상황을 연출하기도 하며 파울의 빈도도 잦다. 지난 시즌 등, 인대 부상으로 6경기 결장했다. 18라운드에선 골을 터트렸다.

PLAYER'S HISTORY
자국 명문 뉴욕 레드불스의 출신으로 어린 나이에 주전으로 활약했다. 2019년 라이프치히로 이적했고 지난 시즌 본격적으로 많은 기회를 얻었다. 미국 연령별 대표팀에 모두 콜업되었고 코스타리카와의 A매치에선 주장 완장을 차기도 했다. 미국 대표팀의 미래다.

주로 사용하는 발: 오른발 85% | 우승/준우승 | 1부리그: 1-0 클럽월드컵: 0-0 | 협회컵: 0-2 북중미골드컵: 0-0 | 챔피언스: 0-0 월드컵: 0-0

슈팅-득점	패스 방향 분포	2020-21 분데스리가	포지션
3-1 / 4-0 / 7-1 LG-0 / 0-0 RG-1 / 0-0 HG-0	전진 30% 좌향 33% 우향 14% 후진 23%	21-6 1853 1 47.3-40.6 86% / 1.8-1.3 1.1 1.0-0.6 3-0 0	

Dani OLMO 25
다니 올모 MF

SCOUTING REPORT
클럽 하우스의 공격 첨병. 일단 빠르다. 가속력이 붙는다면 상대가 막기 힘들다. 라 마시아 출신 특유의 세밀한 패스와 볼 관리 능력이 뛰어나다. 개인 기술로 선보이며 돌파하고 직접 골망까지 흔들기도 한다. 하지만 경기 기복이 심한 편이고 연계 플레이 후 마무리하는 모습은 아쉬운 부분이 많다. 지난 시즌은 리그 마지막 두 경기만 결장했을 뿐, 리그 32경기에 출전했다. 무려 10개의 어시스트도 기록했다.

PLAYER'S HISTORY
바르셀로나의 아카데미를 거쳐 디나모 자그레브에서 1군 데뷔를 했다. 센세이션한 움직임을 보였고, 10대의 나이로 많은 경험을 쌓았다. 여섯 시즌을 뛰며 2019년 라이프치히로 이적했다. 스페인 연령별 대표팀에 모두 포함되었고 도쿄 올림픽의 은메달 리스트이기도 하다.

주로 사용하는 발: 오른발 86% | 우승/준우승 | 1부리그: 4-2 클럽월드컵: 0-0 | 협회컵: 4-2 UEFA 유로: 0-0 | 챔피언스: 0-0 월드컵: 0-0

슈팅-득점	패스 방향 분포	2020-21 분데스리가	포지션
41-5 / 36-0 / 77-5 LG-0 / 0-0 RG-5 / 1-1 HG-0	전진 32% 좌향 29% 우향 19% 후진 21%	26-6 2207 9 39.0-34.4 78% / 1.3-0.7 0.4 2.0-1.0 1-0 2	

Dominik SZOBOSZLAI 17
도미니크 소보슬러이 MF

SCOUTING REPORT
시즌 전반기에 펄펄 날았다. 그러나 2021년 1월 5일, 사타구니를 크게 다쳤고, 시즌 후반기를 통째로 날렸다. 올 시즌은 정상 컨디션으로 출발했다. 소보슬러이는 '2선 공격수'로 리그에서 손꼽히는 '킥의 대가'다. 박스 외곽에서 터뜨리는 오른발 중거리 슈팅과 직접 프리킥은 '치명적인 무기'다. 또한 팀의 PK 전문 키커 중 1명이다. 시야가 넓고, 전방으로 부채살처럼 뿌려주는 '핀포인트 패스'는 압권이다.

PLAYER'S HISTORY
헝가리 세케시페에르바 출신. 2017년 리퍼링에서 데뷔했고, 잘츠부르크를 거쳐 2021년 라이프치히로 이적했다. U-17, U-19, U-21 등 헝가리 연령별 대표를 차례로 지낸 '축구 엘리트'다. 2019년 3월 슬로바키아와의 유로 2020 예선 때 헝가리 국가대표로 데뷔했다.

주로 사용하는 발: 오른발 89% | 우승/준우승 | 1부리그: 3-1 클럽월드컵: 0-0 | 협회컵: 2-2 UEFA 유로: 0-0 | 챔피언스: 0-0 월드컵: 0-0

슈팅-득점	패스 방향 분포	2020-21 분데스리가	포지션
9-4 / 9-0 / 18-4 LG-0 / 7-0 RG-4 / 3-3 HG-0	전진 25% 좌향 23% 우향 29% 후진 23%	11-1 800 7 34.6-27.3 79% / 0.7-0.4 0.3 2.1-0.8 0-0 0	

André SILVA 33
안드레 실바 FW

SCOUTING REPORT
라이프치히의 새로운 스트라이커. 포르투갈 대표팀 출신의 주포로 지난 시즌 부족했던 공격력을 채우기 위해 합류했다. 최전방에서 뛰지만 상황에 따라선 측면에서 볼을 잡아 직접 배급을 한다. 크로스 시도도 잦고 발기술이 좋아서 동료와의 연계 플레이도 좋다. 지난 시즌 프랑크푸르트에서 보여준 '눈부신' 골 폭풍은 많은 이들을 놀라게 했다. 홀란드를 넘어 리그 28골을 넣으며 득점랭킹 2위에 등극했다.

PLAYER'S HISTORY
자국 명문 포르투 출신으로 성인 무대까지 데뷔했다. 포르투갈 연령별 대표팀에 모두 포함된 엘리트 출신이라 시작부터 많은 관심을 불러모았다. 하지만 밀란, 세비야에서 실패를 맛보았고 프랑크푸르트에서 부활했다. 라이프치히에서의 시간이 커리어의 분수령이 된다.

주로 사용하는 발: 오른발 88% | 우승/준우승 | 1부리그: 0-1 클럽월드컵: 0-0 | 협회컵: 0-2 UEFA 유로: 0-0 | 챔피언스: 0-0 월드컵: 0-0

슈팅-득점	패스 방향 분포	2020-21 분데스리가	포지션
102-28 / 15-0 / 117-28 LG-3 / 3-0 RG-16 / 7-7 HG-8	전진 20% 좌향 24% 우향 22% 후진 33%	32-0 2771 5 23.4-17.2 73% / 0.6-0.3 0.1 1.8-0.8 1-0 8	

*기타 부위 1골

Josep MARTINEZ 31
GK 호셉 마르티네스

라이프치히의 백업 골키퍼. 주전 골리인 굴라치의 벽이 너무 높아 출장 기회조차도 크게 없다. 191cm 장신에서 나오는 숏 스토퍼가 좋고 하프라인까지 던지는 롱 스로잉이 특기다. 바르셀로나 유스 출신으로 발기술이 좋고 빌드업에 부담감을 가지지 않는다. 스페인 21세 이하의 출신으로 라스 팔마스에서 좋은 모습을 보였다. 아직도 기회가 많은 20대 초반의 골키퍼다.

주로 사용하는 발: 오른발

우승	1부리그: 0-1	협회컵: 0-1	챔피언스: 0-0
준우승	클럽월드컵: 0-0	UEFA 유로: 0-0	월드컵: 0-0

세이브-실점: 1-2 / 1-0
● 4-2 TH-44
● 4-2 NK-5
○ 0-0 KD-16

패스 방향 분포: 전진 37%, 좌향 33%, 우향 30%, 후진 0%

2020-21 분데스리가
S% 1-0, 90, CS 50%, P 0, 46.0-34.0
P% 74%, LB 16.0-5.0, AD 0-2

ANGELIÑO 3
DF 앙헬리뇨

빠른 발을 바탕으로 한 공격형 윙백의 정석. 오프 더 볼 상황에서 공간 침투 후 시도하는 원 터치 슈팅이 인상적이다. 맨체스터 시티의 유스 출신으로 많은 클럽에서 임대 생활을 거쳤다. 2018년 PSV임대를 통해 좋은 모습을 보여 맨시티로 복귀했으나 팀 전술에 맞지 않아 라이프치히로 다시 임대된 후 완전 이적하였다. 기회의 필요성에 대해 누구보다도 잘 알고 있는 선수다.

주로 사용하는 발: 왼발 92%

우승	1부리그: 0-2	협회컵: 0-1	챔피언스: 0-0
준우승	클럽월드컵: 0-0	UEFA 유로: 0-0	월드컵: 0-0

슈팅-득점: 28-3 / 7-1
● 35-4 LG-2
● 4-1 RG-0
○ 0-0 HG-2

패스 방향 분포: 전진 32%, 좌향 4%, 우향 38%, 후진 26%

2020-21 분데스리가
24-2, 2165, A 4, P 42.8-31.9, P% 74%
T 1.6-1.2, I 1.2-0.6, DR 2-0

Willi ORBAN 4
DF 윌리 오르반

헝가리 특급 센터백. 자국 대표팀 동료인 굴라치와 함께 라이프치히의 수비 성벽을 굳건히 지킨다. 3백 전술에서 안정적인 수비를 선보이며 공중전 장악, 뛰어난 위치 선정, 인터셉트의 빈도가 높다. 지난 시즌 별다른 부상 없이 시즌을 보냈고 이번 시즌도 마찬가지일 것이다. 독일 21세 이하의 대표팀 출신이나 헝가리 국적을 택했고, 대표팀 소속으로 25경기에 5골을 넣고 있다.

주로 사용하는 발: 오른발 82%

우승	1부리그: 0-2	협회컵: 0-2	챔피언스: 0-0
준우승	클럽월드컵: 0-0	UEFA 유로: 0-0	월드컵: 0-0

슈팅-득점: 23-4 / 0-0
● 23-4 LG-0
● 0-0 RG-1
○ 0-0 HG-3

패스 방향 분포: 전진 37%, 좌향 28%, 우향 29%, 후진 6%

2020-21 분데스리가
25-4, 2361, A 1, P 72.0-63.0, P% 88%
T 1.9-1.4, I 1.4, DR 0.4-0.3, 4-0, 2

Joško GVARDIOL 32
DF 요시코 그바르디올

크로아티아 대표팀의 신성. 수비의 전 지역을 커버할 수 있는 멀티 플레이어. 장기적으로 보았을 때 할스텐베르크의 대체 자원이 될 수 있다. 엄청난 주력을 지녔고 스리백 전술에선 스위퍼로도 가능하다. 강력한 피지컬을 활용한 대인 마킹이 뛰어나다. 크로아티아 연령별 대표팀에 모두 소집되었고 자국 명문 디나모 자그레브에서 활약했다. 유로 2020의 주전 멤버로 활약했다.

주로 사용하는 발: 오른발 70%

우승	1부리그: 2-0	협회컵: 1-0	챔피언스: 0-0
준우승	클럽월드컵: 0-0	UEFA 유로: 0-0	월드컵: 0-0

슈팅-득점: 11-2 / 2-0
● 13-2 LG-0
● 0-0 RG-2
○ 0-0 HG-0

패스 방향 분포: NO DATA

2020-21 크로아티아 1부 리그
21-4, 1754, A 2, P 45.2-38.0, P% 84%
T 1.6-1.0, I 1.7, DR 1.7-1.4, 0-0

Amadou HAIDARA 8
MF 아마두 하이다라

중원의 살림꾼. 공격적인 재능도 겸비한 중앙 미드필더. 경기 조율 능력, 볼 관리 능력, 상대의 공격을 차단하는 것을 즐긴다. 지난 시즌 경기당 1개의 가로채기를 기록했다. 잘츠부르크를 거쳐 2019년 라이프치히로 이적했다. 19-20 시즌부터 주전으로 올라섰다. 말리 대표팀의 주축 멤버로 활약하고 있고, 2015년 FIFA U-17 월드컵에서는 결승전에 진출하기도 했다.

주로 사용하는 발: 오른발 88%

우승	1부리그: 2-1	협회컵: 1-3	챔피언스: 0-0
준우승	클럽월드컵: 0-0	UEFA 유로: 0-0	월드컵: 0-0

슈팅-득점: 19-2 / 24-1
● 43-3 LG-0
● 1-0 RG-2
○ 0-0 HG-1

패스 방향 분포: 전진 28%, 좌향 25%, 우향 24%, 후진 23%

2020-21 분데스리가
21-10, 1910, A 1, P 32.9-26.4, P% 80%
T 2.4-1.6, I 1, DR 1.0-0.6, 4-0, 1

Emil FORSBERG 10
MF 에밀 포르스베리

콤팩트 패스와 킥을 가진 스웨덴산 플레이 메이커. 클럽의 10번 셔츠 주인공. 빠른 발을 가지진 않았지만 번뜩이는 패스와 창의적인 움직임으로 공간을 잘 이용한다. 팀의 세트피스를 책임지고 있고 수비적인 공헌도 역시 좋아지고 있다. 말뫼에서 좋은 모습을 보였고 라이프치히로는 2014년에 합류했다. 어느덧 여덟 시즌째 활약하고 있고 스웨덴 대표팀에서도 중견 선수가 되었다.

주로 사용하는 발: 오른발 90%

우승	1부리그: 2-2	협회컵: 0-2	챔피언스: 0-0
준우승	클럽월드컵: 0-0	UEFA 유로: 0-0	월드컵: 0-0

슈팅-득점: 26-6 / 9-1
● 35-7 LG-1
● 2-0 RG-5
○ 3-2 HG-1

패스 방향 분포: 전진 25%, 좌향 23%, 우향 24%, 후진 28%

2020-21 분데스리가
20-9, 1552, A 4, P 19.6-15.5, P% 79%
T 1.1-0.8, I 1, DR 1.0-0.7, 0-0, 1

MF Christopher NKUNKU 18
크리스토퍼 은쿤쿠

라이프치히가 자랑하는 흑표범. 빠른 돌파에 이은 땅볼 슈팅, 얼리 크로스가 좋다. 직접 중앙으로 침투하여 동료와의 연계 플레이, 마무리까지 겸한다. 지난 시즌 발목 부상에도 불구하고 리그 28경기에 출전했다. 묀헨글라드바흐 전에서 1골과 1도움을 기록한 23라운드는 최고의 경기였다. PSG의 유스 출신으로 기회를 얻기 위해 이적을 선택했다. 프랑스 U-20, U-21 출신이다.

주로 사용하는 발: 오른발 92%

우승	1부리그: 3-2	협회컵: 3-2	챔피언스: 0-0
준우승	클럽 월드컵: 0-0	UEFA 유로: 0-0	월드컵: 0-0

슈팅-득점: 36-5 / 19-1
- 55-6 LG-2
- 6-0 RG-4
- 0-0 HG-0

패스 방향 분포: 전진 22%, 좌향 20%, 우향 28%, 후진 30%

2020-21 분데스리가: 19-9 1895 6 29.8-25.1 84%
0.9-0.6 0.3 2.2-1.3 2-0 3

MF Kevin KAMPL 44
케빈 캄플

라이프치히의 창을 자처한 공격형 미드필더. 창의적인 움직임, 공간 침투 능력, 킬 패스가 좋다. 하지만 공격의 마무리가 세밀하지 못하고 활동량이 적다. 지난 시즌 27경기에 출전했지만 1개의 어시스트만 기록했었다. 공격포인트를 통해 진가를 보여줄 필요가 있다. 레버쿠젠 유스 출신으로 많은 클럽을 전전했다. 슬로베니아 대표팀 출신으로 2018년 개인적인 이유로 은퇴를 했다.

주로 사용하는 발: 발 90%

우승	1부리그: 1-3	협회컵: 1-3	챔피언스: 0-0
준우승	클럽 월드컵: 0-0	UEFA 유로: 0-0	월드컵: 0-0

슈팅-득점: 2-0 / 12-0
- 14-0 LG-0
- 0-0 RG-0
- 0-0 HG-0

패스 방향 분포: 전진 24%, 좌향 29%, 우향 28%, 후진 19%

2020-21 분데스리가: 24-3 1649 1 51.3-46.1 90%
2.0-1.4 1.1 1.4-1.0 1-0 -

DF Mohamed SIMAKAN 2
모하메드 시마칸

스트라스부르 소속으로 리그앙 전반기에는 좋은 활약을 보였다. 그러나 2021년 1월, 무릎을 크게 다쳐 시즌 아웃 됐다. 지난여름, 라이프치히로 옮겼고, 올 시즌은 정상 컨디션으로 출발했다. 당당한 체격에 투쟁심이 강하며 상대의 볼만 정확히 걷어내는 태클 기술이 압권이다. 결정적인 순간의 클리어링 혹은 블로킹은 그의 가치를 높여준다. 아직 패스가 불안정하다.

주로 사용하는 발: 오른발 90%

우승	1부리그: 0-0	협회컵: 0-0	챔피언스: 0-0
준우승	클럽 월드컵: 0-0	UEFA 유로: 0-0	월드컵: 0-0

슈팅-득점: 11-1 / 3-0
- 14-1 LG-0
- 0-0 RG-0
- 0-0 HG-1

패스 방향 분포: 전진 33%, 좌향 36%, 우향 21%, 후진 10%

2020-21 리그앙: 19-0 1619 1 42.1-34.6 82%
2.2-1.7 1.6 0.7-0.5 2-0 1

FW Yussuf POULSEN 9
유수프 포울슨

라이프치히의 최전방을 책임지는 주포. 발밑이 좋고 동료와의 연계 플레이가 훌륭하다. 고공 헤딩에 뛰어나고 순간의 찬스가 나면 주저 없이 중거리 슛을 때리기도 한다. 실바의 영입으로 백업 공격수로 나설 것이나 출전 기회는 꾸준할 전망이다. 덴마크 청소년 대표팀을 거쳐 성인 대표팀에서도 주전으로 활약한다. 지난 유로 2020에서는 조별 무대에서 2골이나 터뜨렸다.

주로 사용하는 발: 오른발 82%

우승	1부리그: 0-2	협회컵: 0-1	챔피언스: 0-0
준우승	클럽 월드컵: 0-0	UEFA 유로: 0-0	월드컵: 0-0

슈팅-득점: 37-4 / 8-1
- 45-5 LG-1
- 0-0 RG-3
- 0-0 HG-1

패스 방향 분포: 전진 22%, 좌향 25%, 우향 21%, 후진 32%

2020-21 분데스리가: 14-13 1352 4 15.0-11.0 73%
2.0-0.5 0.2 1.4-1.0 4-1 3

BORUSSIA DORTMUND

시즌 초반 잡음 극복하고 컵 대회 우승 마무리

구단 창립: 1909년 **홈구장**: 베스트팔렌 슈타디온 **대표**: 라인하르트 라우발 **2020-21시즌**: 3위(승점 64점) 20승 4무 10패 75득점 46실점 **닉네임**: Die Borussen, Die Schwarzgelben

'롤러 코스터' 시즌, 리그 종반 7연승 위기 극복

챔피언스리그 진출과 포칼 컵 우승을 거두어 결과적으로는 크게 나쁘지 않은 성적표를 얻었다. 하지만 시즌 내내 팀 분위기는 불안했다. 파브르 감독이 약체 슈투트가르트에게 충격 패를 당하며 끝내 경질되었다. 테르지치 대행으로 시즌을 치러냈다. 시즌 중후반까지 5위권에 머물며 챔피언스리그 진출마저도 쉽지 않았다. 후반기에 팀 분위기를 다시 다잡으며 리그 종료까지 7연승을 기록하며 리그에서 3위로, 챔피언스리그에서도 8강까지 가는 준수한 성적으로 시즌을 마무리했다. 홀란과 산초의 공격 조합, 레이나를 비롯한 유망주들의 성장세가 돋보였다.

적재적소 영입, 산초의 '공백 메우기' 프로젝트

산초가 결국은 8500만 유로의 거액으로 맨체스터 유나이티드로 떠났다. 그 자금으로 말렌, 코벨을 데려왔다. 그리고 리그에서 인정을 받은 폰그라지치를 자유계약으로 영입했다. 이적 건은 많지 않았으나 공수에 걸쳐 필요한 자원들을 영입해 무난한 이적 시장으로 평가받는다. 산초의 공백을 메우는 것이 핵심 포인트가 될 것이다. 팀에서 오랫동안 활약했던 피슈첵과 딜레이니와의 이별은 아쉬운 부분이다. 주드 벨링엄이나 레이나 같은 젊은 유망주들이 팀의 주축이 되어 충실히 새로운 도약을 준비하는 시즌이 되어야 할 것이다.

뮌헨 막기 위한 대항마, '꿀벌 군단' 재도약

기대 이하의 모습을 보인 파브르를 대신해 이번 시즌은 로제가 지휘봉을 잡게 되었다. 분데스리가에서 손꼽히는 전략가이며 전술적인 배치가 뛰어난 감독이라 벌써부터 많은 기대가 된다. 뮌헨을 잡기 위해 라이프치히와 함께 강력한 영향력을 행사할 것이다. 많은 언론은 이번 시즌이 홀란과 함께 하는 마지막 시즌이라고 생각한다. 확실한 공격수가 존재하기 때문에 리그를 넘어 챔피언스리그에서도 더 높은 라운드로 진출하길 원한다. 벨링엄, 레이나, 말렌, 모우코코와 같은 유망주들의 성장이 중요하며 로이스와 후멜스와 같은 베테랑의 건재함도 훌륭하다.

MANAGER : Marco ROSE 마르코 로제

Personal Information
- 생년월일: 1976.09.11 / 출생지: 라이프치히(독일)
- 현역시절 포지션: 수비수 / 계약만료: 2024.06.30
- 평균 재직 기간: 2년 / 선호 포맷: 4-2-3-1

History
독일 출신의 유망한 감독. 선수 시절 마인츠에서 클럽과 선수로 감독으로 함께했다. 은퇴 후 마인츠에서 수석 코치로 일했다. 2017년 잘츠부르크를 이끌었다. 리그 2연패, 오스트리아 축구 역사상 처음으로 챔스 4강을 이끌었다. 그 후 묀헨글라드바흐를 이끌었다.

Style
빠른 압박을 강조하며 선수들에게 강력한 체력을 요구한다. 유기적인 볼 흐름과 매 순간순간 팀의 변화를 고민한다. 선수 시절 인연을 맺은 클롭, 투헬의 수석 코치로 있으면서 많은 점을 배웠다. 주로 포백을 애용하며 공격 진영의 선수들에겐 특별히 포지션을 구속하지 않는다. 선수들이나 코칭스탭과 소통을 중요시하며 클럽의 일원으로서 용감한 축구를 하도록 선수들에게 신념을 주입하는 능력 또한 탁월하여 어린 선수들이 많은 도르트문트에는 최적의 선임이라고 할 수 있다.

	German Bundesliga	German DFB Pokal	UEFA Champions League
우승-준우승 횟수	8-9	5-5	1-1

	UEFA Europa League	FIFA Club World Cup	UEFA-CONMEBOL Intercontinental
	0-2	0-0	1-0

SQUAD LIST

위치	번호	선수	국적	키	생년월일	전 소속팀
GK	1	Gregor Kobel	SUI	193	97-12-06	Stuttgart
GK	25	Luca Unbehaun	GER	186	01-02-27	Bochum
GK	35	Marwin Hitz	SUI	192	87-09-18	Augsburg
GK	38	Roman Bürki	SUI	185	90-11-14	Freiburg
DF	2	Mateu Morey	ESP	172	00-03-02	Barcelona B
DF	4	Soumaila Coulibaly	FRA	190	03-10-14	Paris St-Germain
DF	5	Dan-Axel Zagadou	FRA	195	99-06-03	Paris St-Germain
DF	13	Raphaël Guerreiro	POR	170	93-12-22	Lorient
DF	14	Nico Schulz	GER	183	93-04-01	1899 Hoffenheim
DF	15	Mats Hummels	GER	192	88-12-16	Bayern München
DF	16	Manuel Akanji	SUI	187	95-07-19	Basel
DF	24	Thomas Meunier	BEL	191	91-09-12	Paris St-Germain
DF	29	Marcel Schmelzer	GER	181	88-01-22	Magdeburg
DF	34	Marin Pongračić	CRO	189	97-09-11	Wolfsburg
MF	7	Giovanni Reyna	USA	183	02-11-13	New York C
MF	8	Mahmoud Dahoud	GER	176	96-01-01	B Mönchengladbach
MF	10	Thorgan Hazard	BEL	174	93-03-29	B Mönchengladbach
MF	19	Julian Brandt	GER	183	96-05-02	Bayer Leverkusen
MF	20	Reinier	BRA	185	02-01-19	Real Madrid
MF	22	Jude Bellingham	ENG	180	03-06-29	Birmingham C
MF	23	Emre Can	GER	184	94-01-12	Juventus
MF	28	Axel Witsel	BEL	186	89-01-12	Tianjin Quanjian
MF	30	Felix Passlack	GER	170	98-05-29	RW Oberhausen
MF	37	Tobias Raschl	GER	177	00-02-21	Fortuna Düsseldorf
MF	39	Marius Wolf	GER	187	95-05-27	Eintracht Frankfurt
FW	9	Erling Håland	NOR	191	00-07-21	Red Bull Salzburg
FW	11	Marco Reus	GER	180	89-05-31	B Mönchengladbach
FW	21	Donyell Malen	NED	179	99-01-09	PSV Eindhoven
FW	27	Steffen Tigges	GER	193	98-07-31	Osnabrück
FW	18	Ansgar Knauff	GER	180	02-01-10	Hannover 96
FW	18	Youssoufa Moukoko	CMR	179	04-11-20	St Pauli
FW	21	Donyell Malen	NED	176	99-01-09	PSV Eindhoven
FW	27	Steffen Tigges	GER	193	98-07-31	Osnabrück
FW	36	Ansgar Knauff	GER	180	02-01-10	Hannover 96

2021-22 SEASON SCHEDULE

날짜	장소	상대팀	날짜	장소	상대팀
08-14	H	Eint Frankfurt	01-08	A	Eint Frankfurt
08-21	A	Freiburg	01-15	H	Freiburg
08-27	H	Hoffenheim	01-22	A	Hoffenheim
09-11	A	Leverkusen	02-05	H	Leverkusen
09-19	H	Union Berlin	02-12	A	Union Berlin
09-25	A	M'Gladbach	02-19	H	M'Gladbach
10-02	H	FC Augsburg	02-26	A	FC Augsburg
10-16	H	Mainz 05	03-05	A	Mainz 05
10-23	A	Arminia Bielefeld	03-12	H	Arminia Bielefeld
10-30	H	FC Köln	03-19	A	FC Köln
11-06	A	RB Leipzig	04-02	H	RB Leipzig
11-20	H	Stuttgart	04-09	A	Stuttgart
11-27	A	Wolfsburg	04-16	H	Wolfsburg
12-04	H	Bayern München	04-23	A	Bayern München
12-11	A	Bochum	04-30	H	Bochum
12-15	H	Greuther Fürth	05-07	A	Greuther Fürth
12-18	A	Hertha Berlin	05-14	H	Hertha Berlin

RANKING OF LAST 10YEARS

11-12	12-13	13-14	14-15	15-16	16-17	17-18	18-19	19-20	20-21
1 (81점)	2 (66점)	2 (71점)	7 (46점)	2 (78점)	3 (64점)	5 (55점)	2 (76점)	2 (69점)	3 (64점)

STRENGTHS & WEAKNESSES

OFFENSE		DEFENSE	
오픈 플레이	A	오픈 플레이 수비	A
카운터 어택	A	카운터 어택 수비	D
짧은 패스 게임	A	짧은 패스 게임 수비	D
롱볼 연계 플레이	C	롱볼 연계 플레이 수비	C
솔로 플레이	A	솔로 플레이 수비	C
중거리 슈팅 / 직접 프리킥	B	중거리 슈팅 수비	D
측면 공격	C	측면 수비	C
세트 플레이	B	세트 플레이 수비	C
위협적인 공격 횟수	A	공중전 능력	B
슈팅 대비 득점	B	볼 쟁탈전 / 투쟁심	B
오프사이드 피하기	E	실수 조심	C
볼 점유율	A	파울 주의	C

A 매우 우수함 B 우수함 C 평균 수준 D 부족함 E 많이 부족함

STADIUM

Westfalenstadion

구장 오픈 : 1974년   구장 증개축 : 1992, 1999. 2003, 2006년
구장 소유 : 보루시아 도르트문트 GmbH   수용 인원 : 8만 1365명
피치 규모 : 105 X 68m   잔디 종류 : 천연 잔디

ODDS CHECK

베팅회사	Bundesliga		Champions League	
	배당률	우승 확률	배당률	우승 확률
bet365	5.5배	2위	33배	11위
sky bet	0.44배	2위	33배	11위
William HILL	5.5배	2위	33배	11위
888sport	5.5배	2위	29배	11위

*우승 확률이 높을수록 배당률은 낮아짐

20-21 SEASON TOP5

득점		어시스트		경고-퇴장	
E.홀란	27	J.산초	11	J.벨링엄	4-1
J.산초	8	R.게레이루	10	M.후멜스	6-0
M.로이스	8	E.홀란	6	T.딜레이니	6-0
M.후멜스	5	M.로이스	6	E.잔	5-0
R.게레이루	5	G.레이나	6	M.아칸지	4-0

BASIC FORMATION

4-2-3-1

TOTO GUIDE 지난시즌 전적

상대팀	홈	원정
Bayern München	2-3	2-4
RB Leipzig	3-2	3-1
Wolfsburg	2-0	2-0
E. Frankfurt	1-2	1-1
Leverkusen	3-1	1-2
Union Berlin	2-0	1-2
Monchengladbach	3-0	2-4
Stuttgart	1-5	3-2
Freiburg	4-0	1-2
Hoffenheim	2-2	1-0
Mainz 05	1-1	3-1
FC Augsburg	3-1	0-2
Hertha Berlin	2-0	5-2
Arminia Bielefeld	3-0	2-0
FC Köln	1-2	2-2
Werder Bremen	4-1	2-1
Schalke 04	3-0	4-0

TACTICS & FUNCTIONS

OFFENSE

경기 운영 : 높은 점유율, 위력적 역습
짧은 패스 / 긴 패스 비율 : 9.8대1
역습 시작 위치 : 비교적 중간 지역
직접 프리킥 : 로이스, 게레이루, 브란트
중거리 슈팅 : 게레이루, 로이스, 다우드
세트피스 헤딩 : 후멜스, 홀란, 아칸지
드리블 : 아자르, 벨링엄, 잔
결정적 패스 : 게레이루, 레이나, 로이스

DEFENSE

존디펜스 : 지역과 대인 기반 혼합형
맨투맨 : 지역방어 기반의 맨투맨
세로 방향 프레싱 위치 : 비교적 중간 지역
오프사이드 트랩 위치 : 골라인에서 18~20m
미드필드 스크리너 : 벨링엄, 비첼
공수 밸런스 유지 : 다우드, 레이나
수비진 라인 컨트롤 : 아칸지, 잔
수비진 옵셔널 스토퍼 : 후멜스, 비첼

BUNDESLIGA 2020-21 PERFORMANCE

BORUSSIA DORTMUND vs. OPPONENTS PER GAME STATS

도르트문트 vs 상대팀

독점 | 슈팅 | 유효슈팅 | 오프사이드 | 패스시도(PA) | 패스성공(PC) | 패스성공률(P%) | 태클시도(TK) | 볼소유자 압박(PR) | 인터셉트(INT) | GK 선방 | 파울 | 경고 | 퇴장

| 2.21 | 1.35 | 14.6 | 11.4 | 5.7 | 3.9 | 2.0 | 1.2 | 616 (PA) 443 | 526 (PC) 347 | 86% (P%) 78% |
| 17.4 (TK) 18.5 | 141 (PR) 172 | 12.1 (INT) 14.7 | 2.7 | 3.2 | 10.6 | 13.1 | 1.26 | 1.82 | 0.029 | 0.029 |

SCORED GOALS | WHO SCORED | ACTION ZONE | TACTICAL GOALS & SHOTS | SHOT CREATION | TIME

슈팅-득점 / 상대 슈팅-실점
37-16
309-52
149-6

신체 부위별 득점
왼발 35 / 오른발 32
헤더 7 / 기타 부위 0
*상대자책골 1골

상대 신체 부위별 실점
왼발 14 / 오른발 21
헤더 10 / 기타 부위 0
*자책골 실점 1골
156-7
203-29
27-9

포지션별 득점
FW진 52골
MF진 8골
DF진 14골
*상대자책골 1골

상대 포지션별 실점
DF진 7골
MF진 13골
DF진 25골
*상대자책골 1골

공격 방향
38% 24% 38%

볼 점유 위치
상대 진영 30%
중간 지역 45%
우리 진영 25%

독점 패턴 75골
- OPEN PLAY 53
- COUNTER ATTACK 5
- SET PLAY 13
- PENALTY KICK 3
- OWN GOAL 1

실점 패턴 46골
- 11 / 6 / 1 / 24 / 4

슈팅 패턴 495
- OPEN PLAY 356
- COUNTER ATTACK 18
- SET PLAY 114
- PENALTY KICK 7

상대 슈팅 패턴 386
- 281 / 22 / 77 / 6

슈팅 기회 창출 812
- LIVE-BALL PASSES+ 597
- DEAD-BALL PASSES+ 53
- DRIBBLES+ 56
- SHOTS+ 45
- FOULS DRAWN+ 40
- DEFENSIVE ACTIONS+ 21

상대 슈팅 기회 창출 586
- 445 / 35 / 33 / 27 / 27 / 19

득점 (시간대별)
46-60: 21, 61-75: 13, 76-90: 17, 1-15: 7, 16-30: 7, 31-45: 10

득실차
46-60: +7, 61-75: +10, 76-90: +6, 1-15: 0, 16-30: +3, 31-45: +3

실점
46-60: 14, 61-75: 3, 76-90: 11, 1-15: 15, 16-30: 4, 31-45: 7

PERFORMANCE | POSSESSION | DUEL

패스 시도 평균 616 (SHORT PASSES 559 / LONG BALLS 57)
패스 성공 평균 526 (SHORT PASSES 492 / LONG BALLS 34)

전체 평균 58%
홈 경기 59%
원정 경기 56%

볼쟁탈전 평균 95 (성공 51 / 실패 44)
공중전 평균 23.3 (성공 12.8 / 실패 10.5)
볼 소유자 압박 평균 141 (불탈취 48 / 실패 93)

DANGEROUS ATTACKS

도르트문트 공격: 평균 51.6 / 슈팅 14.6
상대팀 공격: 평균 38.5 / 슈팅 11.4

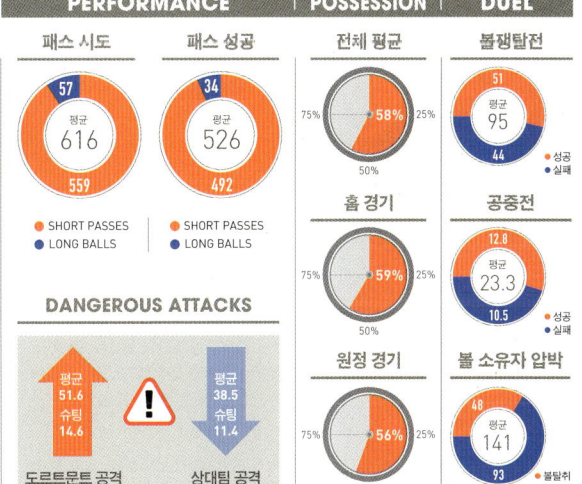

상대유효슛 시도-실점
 상대유효슛 시도-선방
 상대 PK 시도-선방
 전체 슈팅 시도-득점
 직접 프리킥 시도-득점
 TH 던지기
 NK 골킥
 KD 평균골킥 거리(m)
 LG 왼발 득점
 RG 오른발 득점
 HG 헤더 득점
 출전횟수 선발-교체
 출전시간 분(MIN)
 S% GK 선방률
 CS GK 클린시트
 A 도움 · P 평균패스 시도-성공 · P% 패스 성공률 · LB 평균볼 캐치-편칭 · AD 공중볼 시도-성공 · T 평균 태클 · I 인터셉트 시도-성공 · DR 평균드리블 · 페어플레이 경고-퇴장 · MOM

Gregor KOBEL 1
그레고어 코벨 GK

SCOUTING REPORT
슈투트가르트에서 연일 '선방쇼'를 펼쳤다. 여름 이적시장 때 도르트문트 유니폼을 입었다. 운동 능력이 뛰어나고, 강력한 카리스마를 내뿜는다. 반사 신경을 활용한 슈퍼 세이브는 압권이다. 역동작에서 발을 쭉 뻗어 막기도 한다. 골킥 평균 비거리 23m로 짧은 편이다. 골킥을 빌드업에 활용하기 위해 센터백에게 정확히 내줬다는 뜻이다. 가끔 볼을 세이브 한 후 완벽히 처리하지 못해 위험을 맞기도 한다.

PLAYER'S HISTORY
2016년 호펜하임에서 데뷔했고, 아우크스부르크(임대), 슈투트가르트(임대 후 이적)를 거쳐 2021년 도르트문트로 옮겼다. U-17, U-18, U-19, U-20, U-21 등 스위스 연령별 대표를 모두 거쳤다. 2021년 9월 그리스 평가전 때 스위스 국가대표로 데뷔전을 치렀다.

| 주로 사용하는 발 : 오른발 81% | 우승 / 준우승 | 1부리그 : 0-0 / 클럽 월드컵 : 0-0 | 협회컵 : 0-0 / UEFA 유로 : 0-0 | 챔피언스 : 0-0 / 월드컵 : 0-0 |

세이브-실점	패스 방향 분포	2020-21 분데스리가	포지션
74-51 / 30-3 / ● 158-54 TH-200 / ● 158-104 NK-276 / ● 7-2 KD-23	전진 59% / 좌향 19% 우향 22% / 후진 0%	33-0 2970 66% 5 30.7-24.4 / P% 80% LB 10.8-4.6 AD 15-11 경고 0-0 ★ 1	

Raphaël GUERREIRO 13
하파엘 게레이루 DF

SCOUTING REPORT
포르투갈 출신의 주전 윙백. 상황에 따라서는 윙 포워드로도 출전한다. 빠른 발을 가졌고 스프린트 후 시도하는 얼리 크로스, 땅볼 크로스가 좋다. 동료와 2대1 월패스 후에 직접 중앙으로 침투한다. 인사이드 킥이 좋고 볼 배급력이 뛰어나다. 지난 시즌 경기당 1.2개의 드리블에 성공했고 11개의 도움을 기록했다. 특히, 뮌헨과 라이프치히 전에선 2개의 도움을 기록하며 자신의 가치를 높였다.

PLAYER'S HISTORY
포르투갈 출신이지만 프랑스 리그에서 데뷔했다. 캉의 유스 팀을 거쳐 프로에 데뷔했다. 로리앙으로 이적 후에 리그 정상급 레프트 백으로 올라섰고, 2016년 도르트문트로 이적했다. 유로 2016의 우승에 힘입어 더욱 주목을 받기 시작했고, 포르투갈 대표팀의 주축 멤버다.

| 주로 사용하는 발 : 왼발 94% | 우승 / 준우승 | 1부리그 : 0-0 / 클럽 월드컵 : 0-0 | 협회컵 : 0-0 / UEFA 유로 : 0-0 | 챔피언스 : 0-0 / 월드컵 : 0-0 |

슈팅-득점	패스 방향 분포	2020-21 분데스리가	포지션
20-5 / 17-0 / ● 37-5 LG-5 / ● 3-0 RG-0 / ● 0-0 HG-0	전진 36% / 좌향 8% 우향 42% / 후진 14%	25-2 2224 10 70.4-61.2 87% / T 1.7-1.1 I 1.8-1.2 DR 경고 0-0 ★ 3	

MATS HUMMELS 15
마츠 후멜스 DF

SCOUTING REPORT
한 시대를 풍미한 센터백. 뛰어난 대인 마킹과 경기를 조율하는 능력, 수비 지역을 넘어 팀의 전체적인 흐름을 지배하는 모습까지. 팀의 리더로서 좋은 영향력을 행사한다. 전성기만큼의 경기력을 보여주는 것은 아니지만 여전히 적재적소에 태클이 들어가고, 오프 사이드 트랩 등 수비 전술을 주도한다. 지난 시즌 카드 누적으로 단 1경기만 결장했고, 모든 경기에 출장했다. 6라운드에는 멀티골도 넣었다.

PLAYER'S HISTORY
독일의 명문 바이에른과 도르트문트만을 두 번씩이나 오고 간 이력이 있다. 뮌헨의 유스 출신이나 2008년 도르트문트로 임대 후 이적했고, 9시즌 활약 후 리턴했다. 2018년엔 뮌헨에서 다시 도르트문트로 돌아왔고 지금껏 활약한다. 독일 대표팀에서도 유로 본선에 뛰었다.

| 주로 사용하는 발 : 오른발 65% | 우승 / 준우승 | 1부리그 : 0-0 / 클럽 월드컵 : 0-0 | 협회컵 : 0-0 / UEFA 유로 : 0-0 | 챔피언스 : 0-0 / 월드컵 : 0-0 |

슈팅-득점	패스 방향 분포	2020-21 분데스리가	포지션
29-5 / 1-0 / ● 30-5 LG-1 / ● 0-0 RG-1 / ● 0-0 HG-3	전진 29% / 좌향 28% 우향 39% / 후진 4%	32-1 2817 0 80.0-70.1 88% / T 2.2-1.8 I 2.2 DR 0.3-0.2 경고 6-0 ★ 2	

Jude BELLINGHAM 22
주드 벨링엄 MF

SCOUTING REPORT
도르트문트와 잉글랜드 대표팀의 차세대 주자. CM, DM, AM을 넘나든다. 히트맵을 보면 완벽한 '박스-투-박스 MF'다. 볼 터치가 간결하고, 개인 기술이 화려하며 상대의 압박에서 잘 벗어난다. 태클, 인터셉트 등 수비력도 갖췄다. 박스 외곽에서 심심찮게 터뜨리는 오른발 중거리 슈팅도 위력적이다. 유스 시절 윙어였으나 성인팀으로 승격하면서 중앙으로 자리를 옮겼다. 가끔 흥분해서 과격한 파울을 범한다.

PLAYER'S HISTORY
2019년 버밍엄 시티에서 데뷔했다. 2020년 7월 2900만 유로에 도르트문트로 이적했다. 잉글랜드 U-15부터 U-21까지 연령별 대표를 모두 지냈다. 잉글랜드 국가대표로 유로 2020에 출전했다. 당시 크로아티아전 때 만 17세 349일의 역대 최연소 출전 기록을 세웠다.

| 주로 사용하는 발 : 오른발 87% | 우승 / 준우승 | 1부리그 : 0-0 / 클럽 월드컵 : 0-0 | 협회컵 : 0-0 / UEFA 유로 : 0-0 | 챔피언스 : 0-0 / 월드컵 : 0-0 |

슈팅-득점	패스 방향 분포	2020-21 분데스리가	포지션
17-1 / 16-0 / ● 33-1 LG-0 / ● 0-0 RG-1 / ● 0-0 HG-0	전진 31% / 좌향 25% 우향 29% / 후진 15%	19-10 1705 3 35.2-29.8 84% / T 2.6-1.7 I 0.8 DR 1.6-1.0 경고 4-1 ★ 0	

Axel WITSEL 28
MF 악셀 비첼

SCOUTING REPORT
재미있는 아프로 헤어스타일이 트레이드 마크인 미드필더. 큰 체구와는 다르게 부드러운 움직임이 돋보인다. 상대 선수와의 볼 다툼에서 쉽게 지지 않고 탈압박에 능하다. 동료와 몇 번의 패스를 주고받은 후 전진 패스를 시도한다. 지난 시즌 경기당 1.5개의 인터셉트를 기록했다. 좋은 폼에도 불구하고 15라운드에 당한 아킬레스건 부상으로 지난 시즌에는 겨우 15경기 밖에 출전하지 못해 아쉬움을 남겼다.

PLAYER'S HISTORY
벨기에의 명문 스탕다르 리에쥬에서 데뷔했다. 2011년 벤피카로 이적했고, 곧장 제니트로 떠났다. 그 후 중국 리그의 텐진을 거쳐 2018년 도르트문트로 입성했다. 벨기에 대표팀의 주축 멤버로서 센츄리 클럽에 가입했다. 부상에서 돌아온 유로 2020에서 좋은 활약을 보여줬다.

주로 사용하는 발: 오른발 92%
우승 / 준우승 — 1부리그: 0-0 / 협회컵: 0-0 / 챔피언스: 0-0 / 클럽 월드컵: 0-0 / UEFA 유로: 0-0 / 월드컵: 0-0

슈팅-득점: 4-0 / 8-0 / 12-0 LG-0 / 0-0 RG-0 / 0-0 HG-0
패스 방향 분포: 전진 23% / 좌향 30% / 우향 30% / 후진 18%
2020-21 분데스리가: 13-2 / 1130 / A 0 / P 52.9-49.5 / P% 94%
T 1.7-1.2 / I 1.5 / DR 0.5-0.5 / 4-0 / ★ 0

Erling HAALAND 9
FW 엘링 홀란

SCOUTING REPORT
메날두 시대 이후 음바페와 함께 세계 축구계의 새 아이콘이 될 것으로 평가받는 공격수. 엄청난 피지컬에서 나오는 폭발적인 슈팅, 공중전에서의 강함, 오프 사이드 트랩을 뚫는 스프린트까지. 시즌이 거듭되면서 더욱 파괴력 있는 모습을 보여주고 있다. 큰 키를 가졌지만, 발이 빠르고 동료를 이용하는 플레이에도 뛰어나다. 승부에 이기고자 하는 집념, 집중력이 강해 팀 안에 위닝 멘탈리티까지 심어준다.

PLAYER'S HISTORY
몰데를 거쳐서 2018년 잘츠부르크로 완전 이적했다. 27경기에 29골을 넣는 놀라운 활약을 보였고 19-20 시즌을 앞두고 도르트문트로 이적했다. 한 경기당 한 골을 넣고 있는 괴물과도 같은 행보가 홀란드를 지구에서 가장 비싼 공격수로 만들어버렸다.

주로 사용하는 발: 오른발 77%
우승 / 준우승 — 1부리그: 0-0 / 협회컵: 0-0 / 챔피언스: 0-0 / 클럽 월드컵: 0-0 / UEFA 유로: 0-0 / 월드컵: 0-0

슈팅-득점: 85-26 / 8-1 / 93-27 LG-24 / 0-0 RG-2 / 4-2 HG-1
패스 방향 분포: 전진 21% / 좌향 30% / 우향 19% / 후진 30%
2020-21 분데스리가: 27-1 / 2410 / A 6 / P 16.3-11.8 / P% 73%
T 0.4-0.3 / I 0.1 / DR 1.7-1.1 / 2-0 / ★ 8

Thorgan HAZARD 10
FW 토르강 아자르

SCOUTING REPORT
벨기에가 낳은 또 다른 슈퍼 스타. 도르트문트의 10번 셔츠를 입은 주인공. 공격에 관여된 모든 지역을 커버한다. 측면에서 중앙으로 돌파한 후 시도하는 슈팅은 아자르의 주특기다. 볼 터치가 간결하고 동료와의 패스를 통해 빌드업을 시작한다. 지난 시즌 85.9%의 패스 성공률을 기록했고 경기당 1.1개의 롱패스도 시도했다. 친형인 에당 아자르에 가려졌던 시간이 지난 시즌엔 역전되는 순간이었다.

PLAYER'S HISTORY
2011년 렌스의 유스팀을 거쳐 프로 데뷔를 했다. 첼시로의 이적 후 묀헨글라드바흐로 임대를 떠났고, 다섯 시즌 동안 리그 정상급 공격 자원으로 올라섰다. 19-20 시즌 2500만 유로의 5년 계약으로 도르트문트에 합류했다. 벨기에 대표팀의 주축으로 유로에서도 맹활약했다.

주로 사용하는 발: 오른발 82%
우승 / 준우승 — 1부리그: 0-0 / 협회컵: 0-0 / 챔피언스: 0-0 / 클럽 월드컵: 0-0 / UEFA 유로: 0-0 / 월드컵: 0-0

슈팅-득점: 7-1 / 3-0 / 10-1 LG-0 / 1-0 RG-1 / 0-0 HG-0
패스 방향 분포: 전진 26% / 좌향 24% / 우향 27% / 후진 24%
2020-21 분데스리가: 8-8 / 653 / A 3 / P 20.4-17.5 / P% 86%
T 1.1-0.5 / I 0.6 / DR 0.8-0.4 / 0 / ★ 0

Marco REUS 11
FW 마르코 로이스

SCOUTING REPORT
도르트문트의 캡틴. 12-13 시즌 챔피언스리그 결승전 멤버. 레반도프스키와 괴체, 사힌이 떠났지만 끝까지 클럽에 남아 서포터즈와 코칭 스태프의 신망이 두텁다. 윙 포워드로 나서지만 경험이 많아지면서 경기를 읽는 시야, 조율 능력이 좋아졌다. 공격형 미드필더와 실질적인 지휘관 역할을 한다. 도르트문트 공격의 핵심으로 공격의 지휘관이자 어느 위치에서나 골을 넣을 수 있는 능력도 있다.

PLAYER'S HISTORY
불운의 아이콘이지만 인내심의 사나이다. 잦은 부상으로 인해 많은 대표팀 승선 기회를 날렸다. 하지만 도르트문트에 꾸준히 남으면서 경기력을 회복했고, 어느덧 10년째 뛰고 있다. 보루센의 아이콘으로서 로이스만한 로맨틱 가이도 없다. 마치 로마의 토티와도 같다.

주로 사용하는 발: 오른발 78%
우승 / 준우승 — 1부리그: 0-0 / 협회컵: 0-0 / 챔피언스: 0-0 / 클럽 월드컵: 0-0 / UEFA 유로: 0-0 / 월드컵: 0-0

슈팅-득점: 39-7 / 17-1 / 56-8 LG-2 / 6-1 RG-6 / 2-0 HG-0
패스 방향 분포: 전진 25% / 좌향 23% / 우향 27% / 후진 25%
2020-21 분데스리가: 27-5 / 2295 / A 6 / P 33.1-27.1 / P% 82%
T 1.8-1.0 / I 0.4 / DR 2.0-1.3 / 1-0 / ★ 0

● 상대유효슈팅 시도-실점	
● 상대유효슈팅 시도-선방	
● 상대PK 시도-득점	
● 전체 슈팅 시도-득점	
● 직접 프리킥 시도-득점	
PK	PK
TH	던지기
NK	골킥
KD	평균골킥 거리(m)
LG	왼발 득점
RG	오른발 득점
HG	헤더 득점
⏱	출전횟수 선발-교체
S%	출전시간 분(MIN)
GK	GK 선방률
CS	GK 클린시트
A	도움
P	평균패스 시도-성공
P%	패스 성공률
LB	평균롱볼 시도-성공
AD	공중볼 캐치-펀칭
T	평균태클 시도-성공
I	평균 인터셉트
DR	평균드리블 시도-성공
▪▪	페어플레이 경고-퇴장
★	MOM

GK 35 — Marwin HITZ (마르빈 히츠)

지난 시즌 뷔르키와 출전 시간을 반분했다. 올 시즌엔 슈투트가르트에서 영입된 코벨의 백업으로 대기한다. 히츠는 민첩한 움직임을 이용해 '슈퍼 세이브'를 펼치는 유형이다. 상대가 슈팅할 때까지 기다리다 슈팅 방향으로 동물의 촉수처럼 손을 뻗는다. 히트맵을 보면 활동 범위가 꽤 넓은 편이다. 골킥 평균 비거리 38m였다. 골킥을 빌드-업에 많이 활용했다는 뜻이다.

주로 사용하는 발: 오른발 87%

	우승	준우승
1부리그	1-2	
협회컵	1-0	
챔피언스	0-0	
클럽월드컵	0-0	UEFA 유로: 0-0	월드컵: 0-0

세이브-실점: 16-14 / 13-2
● 45-16 TH-69
● 25-29 NK-123
● 2-0 KD-38

패스 방향 분포: 전진 57%, 좌향 23%, 우향 20%, 후진 0%

2020-21 분데스리가: 16-0, 1396, 64%, 7, 29.9-24.2, 81%, 11.6-6.1 | P%, LB, ▪, ★

DF 2 — Mateu MOREY (마테우 모레이)

모니에의 백업 라이트 백. 바르셀로나 라 마시아 출신답게 볼을 다루는 기술이 좋고 패싱 게임을 선호한다. 직접 중앙으로 돌파하는 모습도 종종 연출해낸다. 지난 시즌에는 주로 벤치 멤버로 시작했다. 리그 13경기에 출전했고 3개의 어시스트를 기록했다. 특히 28, 29라운드 2경기 연속 도움을 기록하면서 많은 박수를 받았다. 2017년 U-17 유럽 선수권에도 참가하였다.

주로 사용하는 발: 오른발 88%

	우승	준우승
1부리그	0-0	
협회컵	0-0	
챔피언스	0-0	
클럽월드컵	0-0	UEFA 유로: 0-0	월드컵: 0-0

슈팅-득점: 1-0 / 1-0
● 2-0 LG-0
● 0-0 RG-0
● 0-0 HG-0

패스 방향 분포: 전진 28%, 좌향 43%, 우향 4%, 후진 25%

2020-21 분데스리가: 10-3, 834, 2, 48.6-41.7, 86%, 1.2-1.0, 1.4, 0.4-0.3, 1-0, ★

DF 5 — Dan-Axel ZAGADOU (단-악셀 자가두)

일찍이 대형 유망주로 평가받은 수비수. 196cm라는 큰 키에서 나오는 파워풀한 맨마킹, 공중전에서의 강점이 특기다. 도르트문트의 차세대 센터백으로 불렸으나, 지난 시즌 무릎 부상으로 리그에서 단 9경기밖에 출전하지 못했다. 풀타임 출전은 단 1경기밖에 되지 않았다. 파리 생제르망의 유스 출신으로 2017년 도르트문트로 입성했다.

주로 사용하는 발: 왼발 84%

	우승	준우승
1부리그	0-0	
협회컵	0-0	
챔피언스	0-0	
클럽월드컵	0-0	UEFA 유로: 0-0	월드컵: 0-0

슈팅-득점: 1-0 / 0-0
● 1-0 LG-0
● 0-0 RG-0
● 0-0 HG-0

패스 방향 분포: 전진 33%, 좌향 20%, 우향 39%, 후진 7%

2020-21 분데스리가: 3-6, 275, 0, 27.3-23.6, 85%, 0.2-0.2, 0.7, 0.1, 0-0, ▪▪, ★

DF 14 — Nico SCHULZ (니코 슐츠)

다부진 돌파가 인상적인 레프트 백. 게레이로와 더불어 도르트문트의 왼쪽을 책임지고 있다. 엄청난 가속을 기반으로 터치 라인을 돌파한다. 상대를 앞에 둔 채 시도하는 얼리 크로스가 좋고 볼 컨트롤이 세밀하다. 지난 시즌에는 리그에서 13경기만 출전했다. 초반 부상도 있었기에 유로 본선에는 참가하지 못했다. 헤르타의 유스 출신으로 묀헨글라드바흐, 호펜하임에서 활약했다.

주로 사용하는 발: 왼발 84%

	우승	준우승
1부리그	0-0	
협회컵	0-0	
챔피언스	0-0	
클럽월드컵	0-0	UEFA 유로: 0-0	월드컵: 0-0

슈팅-득점: 0-0 / 2-0
● 2-0 LG-0
● 0-0 RG-0
● 0-0 HG-0

패스 방향 분포: 전진 36%, 좌향 4%, 우향 44%, 후진 16%

2020-21 프리미어리그: 6-7, 603, 0, 30.2-24.9, 83%, 1.4-0.7, 0.5, 0.2-0.2, 1-0, ★

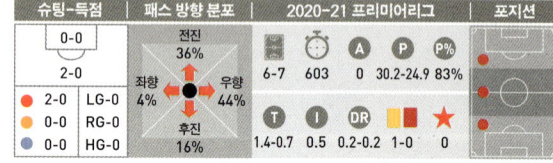

DF 16 — Manuel AKANJI (마누엘 아칸지)

도르트문트의 주전 센터백. 발이 빠르고 민첩하여 상대의 공간 침투 방어에 뛰어나다. 점프력이 좋아 헤딩 컷팅을 잘하며 상대가 등지는 상황에서 발을 뻗어 태클한다. 지난 시즌 경기당 1.5개의 태클을 성공했고, 2.5개의 클리어링을 기록했다. 스위스 대표팀의 주축 수비수로도 성장했다. 유로 본선에선 풀타임 활약을 했다. 올시즌 더욱 기대되는 선수다.

주로 사용하는 발: 왼발 82%

	우승	준우승
1부리그	0-0	
협회컵	0-0	
챔피언스	0-0	
클럽월드컵	0-0	UEFA 유로: 0-0	월드컵: 0-0

슈팅-득점: 1-0 / 0-0
● 1-0 LG-0
● 0-0 RG-0
● 0-0 HG-0

패스 방향 분포: 전진 36%, 좌향 35%, 우향 24%, 후진 6%

2020-21 분데스리가: 26-2, 2350, 0, 75.6-69.6, 92%, 1.9-1.5, 1.8, 0.4-0.3, 4-0, 1

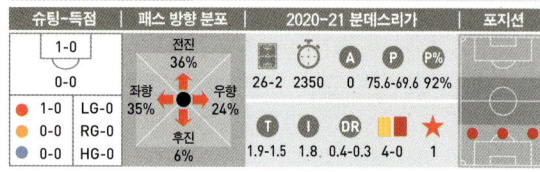

DF 24 — Thomas MEUNIER (토마스 뫼니에)

부동의 라이트 윙백. 3백 전술을 잘 이해하고 있다. 큰 키를 가져 공중전에 강점을 보이는 측면 수비수. 볼을 다루는 기술이 좋고 상대 수비와의 일대일 대결을 즐긴다. 비르통을 거쳐 클럽 브뤼헤에서 본격적으로 재능을 인정받았다. 2016년 PSG로 입단 후 4시즌 동안 3번의 리그 우승에 기여했다. 지난 시즌 도르트문트로 입단했고 이적한 첫 시즌에 만족할만한 평가를 받았다.

주로 사용하는 발: 오른발 89%

	우승	준우승
1부리그	0-0	
협회컵	0-0	
챔피언스	0-0	
클럽월드컵	0-0	UEFA 유로: 0-0	월드컵: 0-0

슈팅-득점: 6-1 / 6-0
● 12-1 LG-0
● 0-0 RG-1
● 0-0 HG-0

패스 방향 분포: 전진 31%, 좌향 41%, 우향 5%, 후진 23%

2020-21 분데스리가: 17-4, 1474, 1, 50.8-41.7, 82%, 1.9-1.4, 0.9, 1.0-0.7, 3-0, 1

●	전체 슈팅 시도-득점
●	직접 프리킥 시도-득점
LG	PK 시도-득점
RG	왼발 득점
HG	오른발 득점
⏱	헤더 득점
A	출전횟수 선발-교체
P	출전시간 분(MIN)
P%	도움
T	평균패스 시도-성공
I	패스 성공률
DR	평균태클 시도-성공
★	평균 인터셉트
	평균드리블 시도-성공
	페어플레이 경고-퇴장
	MOM

Mahmoud DAHOUD 8
마흐무드 다우드 — MF

탈압박이 자연스러운 미드필더. 볼 터치가 좋고 간수 능력이 뛰어나 쉽게 빼앗기지 않는다. 바디 페인팅으로 상대를 제친 후 시도하는 전진 패스가 일품. 지난 시즌 초중반까지는 벤치에서 대기했으나 후반부에 주전으로 나섰다. 뮌헨글라드바흐의 유소년 팀 출신으로 프로 데뷔까지 했다. 2017년 도르트문트로 합류 후에 고전했던 시즌도 있었지만 최근 주전으로 급부상하였다.

주로 사용하는 발: 오른발 88%

우승	1부리그: 0-0	협회컵: 0-0	챔피언스: 0-0
준우승	클럽월드컵: 0-0	UEFA 유로: 0-0	월드컵: 0-0

슈팅-득점: 1-0 / 15-1 / 16-1 LG-0 / 1-0 RG-1 / 0-0 HG-0
패스 방향 분포: 전진 24%, 좌향 30%, 우향 30%, 후진 16%
2020-21 분데스리가: 15-6 / 1264 / 1 / 43.6-37.7 / 86% / 2.6-1.4 / 0.9 / 1.2-1.0 / 3-0 / 1

Julian BRANDT 19
율리안 브란트 — MF

도르트문트의 상징색, 노란색과 잘 어울리는 금발의 공격수. 측면을 포함해 최전방에서도 뛸 수 있다. 순간적인 방향 전환으로 상대를 제치고, 센스 있는 온 더 볼 상황에서 슈팅까지 만든다. 지난 시즌 큰 부상 없이 시즌을 보냈다. 리그 31경기에 출전했지만, 3골과 2개의 도움으로 공격 포인트가 다소 부진했다. 레버쿠젠 소속으로 6시즌을 뛰었고, 2019년 도르트문트와 계약했다.

주로 사용하는 발: 오른발 83%

우승	1부리그: 0-0	협회컵: 0-0	챔피언스: 0-0
준우승	클럽월드컵: 0-0	UEFA 유로: 0-0	월드컵: 0-0

슈팅-득점: 13-1 / 9-2 / 22-3 LG-1 / 1-0 RG-2 / 0-0 HG-0
패스 방향 분포: 전진 19%, 좌향 28%, 우향 29%, 후진 24%
2020-21 분데스리가: 17-14 / 1494 / 2 / 28.8-24.5 / 85% / 1.9-0.9 / 0.5 / 1.3-0.7 / 5-0 / ★

Marin PONGRAČIĆ 34
마린 폰그라치치 — DF

지난해 11월 17일 코로나에 감염 돼 보름 넘게 결장했다. 이후 주전 경쟁에서 밀렸다. 올 시즌 도르트문트에서도 아칸지, 후멜스의 뒤를 받쳤다. 폰그라치치는 좋은 신체와 강한 운동 능력을 지녔다. 정확한 태클과 강력한 마킹을 구사한다. 수비에 특화된 선수로 공격 가담은 많지 않다. 지난 8월 31일, 1000만 유로 규모의 선택 이적 조항을 달고 도르트문트로 임대됐다.

주로 사용하는 발: 오른발 79%

우승	1부리그: 2-0	협회컵: 1-1	챔피언스: 0-0
준우승	클럽월드컵: 0-0	UEFA 유로: 0-0	월드컵: 0-0

슈팅-득점: 1-0 / 0-0 / 1-0 LG-0 / 0-0 RG-0 / 0-0 HG-0
패스 방향 분포: 전진 36%, 좌향 32%, 우향 22%, 후진 10%
2020-21 분데스리가: 7-3 / 578 / 0 / 32.0-27.2 / 85% / 1.5-1.3 / 1.1 / 0.0-0.0 / 0-1 / ●

Emre CAN 23
엠레 잔 — MF

많은 빅클럽, 경험을 터득한 미드필더. 다양한 포지션을 소화한다. 3백 포메이션에선 스위퍼로도 출전한다. 축구 IQ가 높고 전술적인 이해도가 높아 감독 입장에서는 최고의 카드임에 틀림이 없다. 뮌헨의 유스 출신으로 레버쿠젠, 리버풀, 유벤투스에서 활약했다. 2019년 겨울에 도르트문트로 임대 후 완전 이적에 성공했다. 독일 대표팀 소속으로 유로 본선에서 활약했다.

주로 사용하는 발: 오른발 78%

우승	1부리그: 0-0	협회컵: 0-0	챔피언스: 0-0
준우승	클럽월드컵: 0-0	UEFA 유로: 0-0	월드컵: 0-0

슈팅-득점: 9-1 / 8-0 / 17-1 LG-0 / 0-0 RG-0 / 0-0 HG-1
패스 방향 분포: 전진 32%, 좌향 38%, 우향 21%, 후진 9%
2020-21 분데스리가: 23-5 / 2134 / 4 / 62.3-54.2 / 87% / 2.1-1.5 / 1.7 / 1.3-1.1 / 5-0 / ★

Giovanni REYNA 7
지오바니 레이나 — MF

산초가 떠난 후 새로운 7번 셔츠의 주인공이 되었다. 10대의 나이임에도 리그에서 4골과 7개의 도움을 기록하며 자신의 능력을 유감없이 보여주고 있다. 창의적인 무브먼트, 오프 더 볼 상황에서 센스있는 공간 창출 능력, 볼을 다루는 기술이 뛰어나다. 산초의 이적으로 인해 더 많은 기회를 얻을 것이다. 미국 대표팀의 차세대 에이스로 전설 클라우디오 레이나의 아들이다.

주로 사용하는 발: 오른발 89%

우승	1부리그: 0-0	협회컵: 0-0	챔피언스: 0-0
준우승	클럽월드컵: 0-0	북중미 골드컵: 0-0	월드컵: 0-0

슈팅-득점: 25-3 / 13-1 / 38-4 LG-0 / 0-0 RG-4 / 0-0 HG-0
패스 방향 분포: 전진 17%, 좌향 26%, 우향 26%, 후진 31%
2020-21 분데스리가: 23-9 / 1984 / 5 / 27.3-22.6 / 83% / 1.3-0.8 / 0.3 / 2.3-1.4 / 5-1 / 2

Youssoufa MOUKOKO 18
유수파 무코코 — FW

차세대 레코드 브레이커. 분데스리가, 챔피언스리그 역대 최연소 출전한 공격수. 16살 28일이라는 나이로 리그 최연소 득점 기록까지 가지고 있다. 골문 앞에서 먹잇감을 노리는 결정력이 탁월하고 민첩한 몸놀림으로 상대를 제친다. 도르트문트 유스의 산물로 독일 U-16 팀에서 활약 후 20세 이하의 팀에서 뛰고 있다. 홀란드가 이적한다면 다음 9번은 무코코로 예상하고 있다.

주로 사용하는 발: 왼발

우승	1부리그: 0-0	협회컵: 0-0	챔피언스: 0-0
준우승	클럽월드컵: 0-0	UEFA 유로: 0-0	월드컵: 0-0

슈팅-득점: 14-3 / 6-0 / 20-3 LG-2 / 0-0 RG-1 / 0-0 HG-0
패스 방향 분포: 전진 19%, 좌향 28%, 우향 25%, 후진 28%
2020-21 분데스리가: 2-12 / 416 / 0 / 4.9-3.6 / 75% / 0.2-0.2 / 0 / 1.0-0.6 / 0-0 / ★

VFL WOLFSBURG

만족할 성적표, 유럽 무대도 선전 기대

구단 창립 : 1945년 **홈구장** : 폭스바겐 아레나 **대표** : 프랑크 비터 **2020-21시즌** : 4위(승점 61점) 17승 10무 7패 61득점 37실점 **닉네임** : Die Wölfe

챔피언스리그 복귀, 멋진 시즌 피날레

안 좋은 스타트였지만 끝은 밝았다. 볼프스부르크 역사상 3번째로 챔피언스리그 진출에 성공했다. 열악했던 구단 재정에 힘을 얻게 되었고, 선수들 역시 동기부여가 확실히 되었다. 리그 4라운드까지 내리 무승부를 기록하며 승리가 없었다. 하지만 꾸준히 승점을 쌓았고, 12라운드 뮌헨전까지 단 한 경기도 패배하지 않았다. 수비력이 좋았고 리그 내에서 라이프치히에 이어 두 번째로 최소 실점을 기록했다. 리그 중반부터 챔피언스리그 진출권에 포함되었고 4위권을 단 한 번도 벗어나지 않았다. 서포터즈가 만족할만한 시즌으로 기억된다.

챔피언스리그 치르기 위한 확실한 보강

챔피언스리그 진출을 했기에 대대적인 보강이 필요했다. 쾰른의 중앙 수비수인 보르나우를 1350만 유로로 데려왔다. 강했던 수비력을 더욱 보강한 셈이다. 토리노로 떠난 브레칼로의 공백은 벤피카의 공격수 발드슈미트, 디나모 모스크바에서 필립으로 메꾸었다. 맨체스터 시티의 유망주 은메차를 완전 영입에 성공했다. 벨기에 대표팀이 주목하고 있는 브랑크스도 데려왔다. 대한민국의 황의조를 영입한다는 이야기도 있었지만 실현되진 않았다. 챔피언스리그 복귀를 위해 내실있는 이적시장에서의 활동으로 탄탄한 선수진이 구성 되었다.

새 감독 판보멜, CF 베그호르스트 주목

볼프스부르크의 상승세는 계속될 전망이다. 수비 진영의 안정감이 가장 크다. 프랑스가 자랑하는 라크루아, 미국이 내세우는 브룩스는 철의 센터백을 구축한다. 최전방에서 활약하는 베그호르스트는 강력한 무기다. 레반도프스키, 홀란에게 뒤지지 않는 득점력을 보여준다. 지난 시즌 팀을 이끈 글라스너 감독과의 이별로 인해 네덜란드의 레전드 판 보멜이 새롭게 지휘봉을 잡았다. 팀을 재정비하는 시간이 걸릴 것이나 선수 시절에도 호흡을 강조했기 때문에 큰 무리는 없을 것이다. 챔피언스리그를 병행해야 하는 스케줄, 리그와 잘 분배하는 것이 포인트다.

MANAGER : Mark VAN BOMMEL 마르크 판 보멜

Personal Information
- **생년월일** : 1977.04.22 / **출생지** : 마스브라트(네덜란드)
- **현역시절 포지션** : 미드필더 / **계약만료** : 2023.06.30
- **평균 재직 기간** : 1년 / **선호 포맷** : 4-3-3

History
네덜란드 대표팀 출신의 레전드. 선수 시절 바르셀로나를 비롯해 바이에른 뮌헨, PSV, 밀란에서 활약했다. 2014년 네덜란드 U-17팀을 시작으로 지도자 생활을 시작했다. PSV에서 한 시즌 감독 후 이번 시즌 볼프스부르크로 글라스너의 후임이 되었다.

Style
선수들과의 소통, 호흡을 강조한다. 본래 수비형 미드필더 출신답게 가장 중요한 부분을 안정적인 수비로 꼽는다. 4-2-3-1과 변형된 4-4-2의 포메이션을 애용한다. 다른 스타 선수 출신 지도자와는 다르게 눈에 띌만한 지도자 경력은 없다. 볼프스부르크 선임 후 맞은 프리시즌에서 좋지 못한 경기력으로 비판을 받기도 했지만, 우려와 달리 리그에서는 4연승으로 선두를 질주하고 있다.

SQUAD LIST

위치	번호	선수	국적	키	생년월일	전 소속 팀
GK	1	Koen Casteels	BEL	196	92-06-25	1899 Hoffenheim
GK	12	Pavao Pervan	AUT	194	87-11-13	LASK Linz
GK	30	Niklas Klinger	GER	186	95-10-13	None
GK	35	Philipp Schulze	GER	190	03-01-29	None
DF	2	William	BRA	176	95-04-03	Internacional
DF	3	Sebastiaan Bornauw	BEL	190	99-03-22	Köln
DF	4	Maxence Lacroix	FRA	190	00-04-06	Sochaux
DF	5	Micky van de Ven	NED	193	01-04-19	FC Volendam
DF	6	Paulo Otávio	BRA	173	94-11-23	Ingolstadt
DF	15	Jérôme Roussillon	FRA	175	93-01-06	Montpellier
DF	18	Anselmo García McNulty	IRL	187	03-02-19	Betis
DF	19	Kevin Mbabu	SUI	184	95-04-19	Young Boys
DF	25	John Brooks	USA	193	93-01-28	Hertha Berlin
DF	38	Jannis Lang	GER	188	02-07-12	Energie Cottbus
MF	8	Aster Vranckx	BEL	183	02-10-04	Mechelen
MF	11	Renato Steffen	SUI	170	91-11-03	Basel
MF	14	Admir Mehmedi	SUI	183	91-03-16	Bayer Leverkusen
MF	20	Ridle Baku	GER	176	98-04-08	Mainz
MF	22	Felix Nmecha	ENG	186	00-10-10	Manchester C
MF	23	Josuha Guilavogui	FRA	187	90-09-19	Wolfsburg
MF	24	Xaver Schlager	AUT	174	97-09-28	Red Bull Salzburg
MF	27	Maximilian Arnold	GER	183	94-05-27	Dynamo Dresden
MF	28	Dodi Lukebakio	BEL	187	97-09-24	Hertha Berlin
MF	31	Yannick Gerhardt	GER	184	94-03-13	Köln
MF	44	Marvin Stefaniak	GER	178	95-02-03	Dynamo Dresden
FW	7	Luca Waldschmidt	GER	177	96-05-19	Benfica
FW	9	Wout Weghorst	NED	197	92-08-07	AZ Alkmaar
FW	10	Lukas Nmecha	GER	185	98-12-12	Manchester C
FW	17	Maximilian Philipp	GER	179	94-03-01	Dynamo Moscow
FW	21	Bartosz Białek	POL	191	01-11-11	Zagł bie Lubin
FW	33	Daniel Ginczek	GER	190	91-04-13	Stuttgart

2021-22 SEASON SCHEDULE

날짜	장소	상대팀	날짜	장소	상대팀
08-14	H	Bochum	01-08	A	Bochum
08-21	A	Hertha Berlin	01-15	H	Hertha Berlin
08-29	H	RB Leipzig	01-22	A	RB Leipzig
09-11	A	Greuther Fürth	02-05	H	Greuther Fürth
09-19	H	Eint Frankfurt	02-12	A	Eint Frankfurt
09-25	A	Hoffenheim	02-19	H	Hoffenheim
10-02	H	M'Gladbach	02-26	A	M'Gladbach
10-16	A	Union Berlin	03-05	H	Union Berlin
10-23	H	Freiburg	03-12	A	Freiburg
10-30	A	Leverkusen	03-19	H	Leverkusen
11-06	H	Augsburg	04-02	A	Augsburg
11-20	A	Arminia Bielefeld	04-09	H	Arminia Bielefeld
11-27	H	Dortmund	04-16	A	Dortmund
12-04	A	Mainz 05	04-23	H	Mainz 05
12-11	H	Stuttgart	04-30	A	Stuttgart
12-15	H	FC Köln	05-07	A	FC Köln
12-18	A	Bayern München	05-14	H	Bayern München

RANKING OF LAST 10 YEARS

11-12	12-13	13-14	14-15	15-16	16-17	17-18	18-19	19-20	20-21
8위 44점	11위 43점	5위 60점	2위 69점	8위 45점	16위 37점	16위 33점	6위 55점	7위 49점	4위 61점

STRENGTHS & WEAKNESSES

OFFENSE		DEFENSE	
오픈 플레이	C	오픈 플레이 수비	B
카운터 어택	C	카운터 어택 수비	C
짧은 패스 게임	B	짧은 패스 게임 수비	C
롱볼 연계 플레이	C	롱볼 연계 플레이 수비	C
솔로 플레이	C	솔로 플레이 수비	C
중거리 슈팅 / 직접 프리킥	A	중거리 슈팅 수비	B
측면 공격	B	측면 수비	C
세트 플레이	B	세트 플레이 수비	C
위협적인 공격 횟수	B	공중전 능력	C
슈팅 대비 득점	C	볼 쟁탈전 / 투쟁심	A
오프사이드 피하기	D	실수 조심	C
볼 점유율	B	파울 주의	E

A 매우 우수함　B 우수함　C 평균 수준　D 부족함　E 많이 부족함

STADIUM

Volkswagen Arena

구장 오픈 : 2002년　구장 증개축 : -
구장 소유 : 볼프스부르크 AG　수용 인원 : 3만명
피치 규모 : 105 X 68m　잔디 종류 : 하이브리드 잔디

ODDS CHECK

베팅회사	Bundesliga		Champions League	
	배당률	우승 확률	배당률	우승 확률
bet365	50배	5위	150배	18위
skybet	10배	4위	150배	17위
William HILL	50배	5위	150배	18위
888sport	50배	5위	150배	20위

*우승 확률이 높을수록 배당률은 낮아짐

20-21 SEASON TOP5

득점		어시스트		경고-퇴장	
W.베그호르스트	20	W.베그호르스트	8	M.아놀트	7-1
J.브레칼로	7	R.바쿠	6	P.오타비오	7-1
R.바쿠	6	M.아놀트	6	K.음바부	7-0
M.필립	6	X.슐라거	4	X.슐라거	7-0
R.스테펜	5	Y.게르하르트	4	M.라크루아	5-0

BASIC FORMATION

4-2-3-1

TOTO GUIDE 지난시즌 전적

상대팀	홈	원정
Bayern München	2-3	1-2
RB Leipzig	2-2	2-2
Dortmund	0-2	0-2
E. Frankfurt	2-1	3-4
Leverkusen	0-0	1-0
Union Berlin	3-0	2-2
Monchengladbach	0-0	1-1
Stuttgart	1-0	3-1
Freiburg	3-0	1-1
Hoffenheim	2-1	1-2
Mainz 05	2-3	2-0
FC Augsburg	0-0	2-0
Hertha Berlin	2-0	1-1
Arminia Bielefeld	2-1	3-0
FC Köln	1-0	2-2
Werder Bremen	5-3	2-1
Schalke 04	5-0	2-0

TACTICS & FUNCTIONS

OFFENSE

경기 운영 : 점유율과 역습의 혼합
짧은 패스 / 긴 패스 비율 : 6.3대1
역습 시작 위치 : 비교적 앞쪽
직접 프리킥 : 아놀트, 필립, 발트슈미트
중거리 슈팅 : 아놀트, 슐라거, 바쿠
세트피스 헤딩 : 음바부, 브룩스, 베그호르스트
드리블 : 루시옹, 음바부, 슐라거
결정적 패스 : 음바부, 필립, 아놀트

DEFENSE

존디펜스 : 지역과 대인 기반 혼합형
맨투맨 : 지역과 대인 기반 혼합형
세로 방향 프레싱 위치 : 비교적 중간 지역
오프사이드 트랩 위치 : 골라인에서 18~20m
미드필드 스크리너 : 슐라거, 게르하르트
공수 밸런스 유지 : 아놀트, 길라보기
수비진 라인 컨트롤 : 라크로, 보르니우
수비진 옵셔널 스토퍼 : 브룩스, 판데펜

BUNDESLIGA 2020-21 PERFORMANCE

VfL WOLFSBURG vs. OPPONENTS PER GAME STATS

볼프스부르크 vs 상대팀

	득점	슈팅	유효슈팅	오프사이드	패스시도 (PA)	패스성공 (PC)	패스성공% (P%)	태클 (TK)	볼소유시 압박 (PR)	인터셉트 (INT)	GK 선방	파울	경고	퇴장
볼프스부르크	1.79	14.1	4.9	2.3	458	358	78%	20.1	171	14.0	2.5	13.0	1.65	0.088
상대팀	1.09	10.7	3.4	1.7	483	366	76%	16.9	150	12.6	3.1	13.2	1.79	0.059

SCORED GOALS | WHO SCORED | ACTION ZONE | TACTICAL GOALS & SHOTS | SHOT CREATION | TIME

슈팅-득점 / 상대 슈팅-실점
- 20-5
- 268-40
- 190-12

신체 부위별 득점
| 왼발 | 14 | 오른발 | 34 |
| 헤더 | 9 | 기타 부위 | 0 |
* 상대자책골 4골

상대 신체 부위별 실점
| 왼발 | 7 | 오른발 | 23 |
| 헤더 | 6 | 기타 부위 | 0 |
* 자책골 실점 1골

- 110-2
- 233-27
- 20-7

포지션별 득점
- FW진 35골
- MF진 17골
- DF진 5골
* 상대자책골 4골

상대 포지션별 실점
- DF진 5골
- MF진 10골
- DF진 21골
* 상대자책골 1골

공격 방향
34% / 28% / 38%

볼 점유 위치
- 상대 진영 29%
- 중간 지역 44%
- 우리 진영 27%

득점 패턴 (61골)
- OPEN PLAY
- COUNTER ATTACK
- SET PLAY
- PENALTY KICK
- OWN GOAL

슈팅 패턴 (478)
- OPEN PLAY
- COUNTER ATTACK
- SET PLAY
- PENALTY KICK

슈팅 기회 창출 (702)
- LIVE-BALL PASSES+
- DEAD-BALL PASSES+
- DRIBBLES+
- SHOTS+
- FOULS DRAWN+
- DEFENSIVE ACTIONS+

실점 패턴 (37골)
상대 슈팅 패턴 (363)
상대 슈팅 기회 창출 (532)

TIME
득점 / **득실차** / **실점**

PERFORMANCE | POSSESSION | DUEL

패스 시도
평균 458 (SHORT PASSES 63 / LONG BALLS 395)

패스 성공
평균 358 (SHORT PASSES 32 / LONG BALLS 326)

전체 평균
51%

홈 경기
52%

원정 경기
50%

볼 킵팅팀진
평균 107 (성공 54 / 실패 53)

공중전
평균 33.9 (성공 16.9 / 실패 17.0)

볼 소유자 압박
평균 171 (볼탈취 57 / 실패 114)

DANGEROUS ATTACKS
- 볼프스부르크: 평균 47.9, 슈팅 14.1
- 상대팀 공격: 평균 46.1, 슈팅 10.7

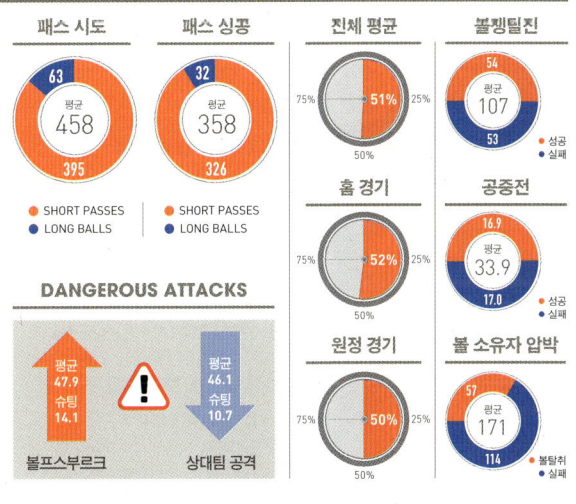

| 상대유효슛 시도-실점 | 상대유효슛 시도-선방 | 상대 PK 시도-선방 | 전체 슈팅 시도-득점 | 직접 프리킥 시도-득점 | PK | TH 던지기 | NK 꺾기 | KD 평균골킥 거리(m) | LG 왼발 득점 | RG 오른발 득점 | HG 헤더 득점 | 출전횟수 선발-교체 | 출전시간 분(MIN) | S% GK 선방율 | CS GK 클린시트 | A 도움 | P 평균패스 시도-성공 | P% 패스 성공율 | LB 평균롱볼 시도-성공 | AD 공중볼 캐치-펀칭 | T 평균태클 시도-성공 | I 평균 인터셉트 | DR 평균드리블 시도-성공 | 페어플레이 경고-퇴장 | ★ MOM |

Koen CASTEELS GK 1
쿤 카스텔스

SCOUTING REPORT
볼프스부르크의 캡틴이자 수호신. 넘버원 골키퍼로 팀에서 차지하는 영향력이 상당하다. 지난 시즌 2번의 결장을 제외하곤 모든 경기에서 풀타임 출장을 했다. 안정적인 경기 운영이 돋보인다. 역동작에 걸려도 '풋 세이브'를 잘 해낸다. 세트피스 상황에선 펀칭으로 방어하고 상대와의 일대일 대결에선 침착한 선택을 한다. 특히 사각지대로 뻗어 나가는 슈팅을 한 손으로 막아내는 모습은 가히 박수감이다.

PLAYER'S HISTORY
호펜하임 유소년 팀 출신으로 1군에 데뷔했다. 두 시즌 활약 후에 브레멘으로 임대를 다녀왔고 2015년 볼프스부르크로 입단한다. 베날리오의 다음이 되어 팀의 1번이 되었다. 벨기에의 대표팀 소속으로는 써드 키퍼로 자리 잡았고 유로 2020 본선에서는 참가하지 못했다.

주로 사용하는 발: 왼발 79%		우승	1부리그: 1-0	협회컵: 0-0	챔피언스: 0-0
		준우승	클럽 월드컵: 0-0	UEFA 유로: 0-0	월드컵: 0-0

세이브-실점	패스 방향 분포	2020-21 분데스리가	포지션
50-31 26-2 ● 109-33 TH-157 ● 109-76 NK-203 ● 5-2 KD-48	전진 53% 좌향 21% 우향 26% 후진 0%	⏱ S% CS P 32-0 2880 70% 14 33.9-24.5 P% LB AD ★ 72% 17.0-7.7 23-13 1	

Maxence LACROIX DF 4
막상스 라크루아

SCOUTING REPORT
볼프스부르크를 넘어 리그 최고의 벽으로 올라선 센터백. 190cm의 큰 키에서 나오는 공중전은 가공할만한 파워를 보여준다. 상대 공격수와의 어깨 싸움에서 전혀 밀리지 않는다. 오히려 튕겨 나가는 선수가 절반 이상이다. 더욱 놀라운 점은 체구가 큼에도 발이 빠르다는 점이다. 가속력이 빠르고 점프력까지 좋아 빌드업에 장점을 가질 수 있다. 20대 초반의 나이라는 점은 몸값의 상승에 크게 영향을 미친다.

PLAYER'S HISTORY
소쇼에서 프로 데뷔를 했다. 19-20 시즌부터 본격적으로 기회를 잡았고, 지난 시즌 볼프스부르크의 셔츠를 입었다. 최고의 이적생으로 불릴만한 경기력을 보여주었고 리그 4위의 영광을 얻는데 많은 영향력을 행사했다. 프랑스 연령별 대표팀에 모두 콜업된 엘리트다.

주로 사용하는 발: 오른발 85%		우승	1부리그: 0-0	협회컵: 0-0	챔피언스: 0-0
		준우승	클럽 월드컵: 0-0	UEFA 유로: 0-0	월드컵: 0-0

슈팅-득점	패스 방향 분포	2020-21 분데스리가	포지션
16-1 0-0 ● 16-1 LG-0 ● 0-0 RG-0 ● 0-0 HG-0	전진 37% 좌향 36% 우향 21% 후진 6%	⏱ A P P% 29-1 2591 1 58.9-49.1 83% T I DR ★ 2.3-1.6 2.2 0.5 1	

Paulo OTÁVIO DF 6
파울로 오타비오

SCOUTING REPORT
호베르투 카를로스를 롤모델로 삼고 있는 브라질산 레프트 백. 리그 내에서 손꼽히는 달리기 주자. 터치 라인을 파고들어 돌진하며 직접 중앙으로 침투하는 모습도 보인다. 남미 출신답게 드리블 기술이 뛰어나다. 볼 컨트롤이 좋고 몸의 밸런스가 뛰어나 쉽게 넘어지지 않는다. 지난 시즌 24라운드에서 '살인 태클'을 하면서 4경기 결장이라는 중대한 사고를 쳤다. 많은 이들에게 비판을 받았던 시즌이다.

PLAYER'S HISTORY
대기만성형의 선수. 아틀레치쿠 파라나엔시에서 본격적으로 프로에 뛰어들었으나 코치리바 소속으로 많은 팀에서 임대 생활을 보냈었다. 2017년 잉골슈타트로의 이적으로 주목을 받기 시작했고 19-20 시즌 볼프스부르크로 입단했다. 이적한 첫 시즌도 부상으로 고생했다.

주로 사용하는 발: 왼발 89%		우승	1부리그: 0-0	협회컵: 0-0	챔피언스: 0-0
		준우승	클럽 월드컵: 0-0	코파 아메리카: 0-0	월드컵: 0-0

슈팅-득점	패스 방향 분포	2020-21 분데스리가	포지션
4-0 10-0 ● 14-0 LG-0 ● 0-0 RG-0 ● 0-0 HG-0	전진 37% 좌향 4% 우향 40% 후진 19%	⏱ A P P% 19-4 1738 2 32.4-24.2 75% T I DR ★ 3.8-2.6 1.8 1.7-0.8 7-1 1	

John BROOKS DF 25
존 브룩스

SCOUTING REPORT
제공권이 최고의 무기인 디펜더. 이미 볼프스부르크의 서포터즈 사이에서는 '캡틴 브룩스'라는 별명을 쓴다. 피지컬이 다부지고 터프함이 가미된 수비력은 리그 내에서도 손꼽힌다. 지난 시즌 리그 32경기에 출전해 2골을 넣었는데 헤더와 왼발로 각각 골 맛을 보았다. 특히 경기당 4개나 되는 클리어링 기록은 팀의 위기 상황에서 가장 믿을만한 선수 중 하나라는 증거. 라크루아와 좋은 호흡을 보인다.

PLAYER'S HISTORY
헤르타 베를린의 아카데미 출신. 팀이 2부 리그에 소속되었을 때 승격을 함께 이루었다. 승격 후에도 4시즌 동안 활약했고 2017년 볼프스부르크와 계약했다. 그의 이적료인 2000만 유로는 미국 축구 선수 역사상 최다 이적료 기록이다. 독일 U-20에서 뛰기도 했다.

주로 사용하는 발: 왼발 80%		우승	1부리그: 0-0	협회컵: 0-0	챔피언스: 0-0
		준우승	클럽 월드컵: 0-0	북중미 골드컵: 0-0	월드컵: 0-0

슈팅-득점	패스 방향 분포	2020-21 분데스리가	포지션
18-2 1-0 ● 19-2 LG-1 ● 0-0 RG-0 ● 0-0 HG-1	전진 36% 좌향 20% 우향 36% 후진 9%	⏱ A P P% 31-1 2774 0 60.3-50.2 83% T I DR ★ 2.2-1.5 1.7 0.3-0.2 5-0 1	

전체 슈팅 시도-득점 | 직접 프리킥 시도-득점 | PK 시도-득점 | LG 왼발 득점 | RG 오른발 득점 | HG 헤더 득점 | 출전횟수 선발-교체 | 출전시간 분(MIN) | A 도움 | P 평균패스 시도-성공 | P% 평균패스 성공률 | T 평균태클 시도-성공 | I 평균 인터셉트 | DR 평균드리블 시도-성공 | 페어플레이 경고-퇴장 | MOM

MF Josuha GUILAVOGUI 23
조슈아 길라보기

SCOUTING REPORT
센터백까지 겸할 수 있는 홀딩형 미드필더. 팀에서 헌신하는 모습이 많고 궂은일을 마다하지 않는 선수. 볼을 커트한 이후 전진 패스를 시도하지 않고 측면으로 돌린다. 188cm의 체구에서 나오는 제공권, 터프한 맨마킹이 뛰어나다. 지난 시즌은 리그 초반 주장으로서 역할을 다했지만, 근육 부상으로 결장하기 시작했고 컨디션 저하로 많은 경기에 나오지 못해 아쉬움을 남겼다. 이번 시즌은 매우 중요하다.

PLAYER'S HISTORY
생테티엔의 유스 출신으로 2009년에 프로 무대에 데뷔했다. 리그 최고의 홀딩형 미드필더 재목이란 평가와 함께 아틀레티코 마드리드로 이적을 선택했지만, 곧바로 리턴했다. 2014년 볼프스부르크로 합류 후 7시즌째 주장단으로 뛰고 있다. A매치 기록은 7경기 뛰었다.

| 주로 사용하는 발: 오른발 88% | 우승 | 1부리그: 0-1 | 협회컵: 1-0 | 챔피언스: 0-0 |
| | 준우승 | 클럽 월드컵: 0-0 | UEFA 유로: 0-0 | 월드컵: 0-0 |

슈팅-득점	패스 방향 분포	2020-21 분데스리가	포지션
3-0 / 2-0	전진 35% 좌향 28% 우향 25% 후진 13%	7-13 737 0 21.5-18.1 84%	
● 5-0 LG-0		1.2-0.9 1.5 0.8-0.5 3-0 2	
● 0-0 RG-0			
● 0-0 HG-0			

MF Xaver SCHLAGER 24
크사버 슐라거

SCOUTING REPORT
볼프스부르크 중원의 핵심 키 포인트. 슐라거가 있고 없고의 차이가 심하다. 중원의 터줏대감으로 자리 잡으면서 길라보기의 영향력까지 닮아가고 있다. 엄청난 지구력과 중원의 넓은 지역을 커버하는 모습, 과감한 태클로 상대의 공격을 막아낸다. 특히, 탈압박 후 시도하는 전방으로의 킬 패스가 일품이다. 이미 빅클럽의 쇼핑 리스트 상위권에 위치하였다. 지난 시즌 경기당 2.1개의 태클에 성공했다.

PLAYER'S HISTORY
잘츠부르크 유스 출신으로 리퍼링에서 프로 데뷔 후 2015년 잘츠부르크로 돌아왔다. 네 시즌 동안 4번의 리그 우승을 이끌었고 많은 기대를 받고 볼프스부르크로 합류했다. 오스트리아의 연령별 대표팀을 거쳐 성인 대표팀의 주축이며 유로 본선의 주전으로도 뛰었다.

| 주로 사용하는 발: 왼발 66% | 우승 | 1부리그: 4-0 | 협회컵: 3-1 | 챔피언스: 0-0 |
| | 준우승 | 클럽 월드컵: 0-0 | UEFA 유로: 0-0 | 월드컵: 0-0 |

슈팅-득점	패스 방향 분포	2020-21 분데스리가	포지션
13-1 / 35-1	전진 35% 좌향 27% 우향 23% 후진 15%	30-2 2640 4 38.9-29.9 77%	
● 48-2 LG-0		3.5-2.1 1.7 1.6-1.3 7-0 2	
● 0-0 RG-1			
● 0-0 HG-0			

MF Maximilian ARNOLD 27
막시밀리안 아놀트

SCOUTING REPORT
폭스바겐 아레나의 원클럽맨. 2011년 프로에 데뷔한 이후 지금까지 팀에서 활약하고 있다. 명실상부한 중원 지휘관이다. 최고의 무기는 폭발적인 프리킥. 먼거리 직사포, 가까운 거리 스핀킥 모두 정확하게 골대 모서리로 날아간다. 정확한 장-단 패스, 저돌적인 드리블도 강점이다. 84%의 패스 성공률을 기록하며 도움을 6개나 올렸다. 문제는 카드 수집. 지난 시즌 2번이나 출전 정지 처분을 받았다.

PLAYER'S HISTORY
2009년, 볼프스부르크 유스 아카데미에 입단했고, 2011년 이 팀 1군에서 데뷔했다. 그후 10년 넘게 볼프스부르크에서만 뛰었다. '프랜차이즈 스타'다. 독일 연령별 대표팀에 모두 포함된 '축구 엘리트' 출신이다. 2020 도쿄 올림픽에선 주장으로 팀을 이끌었다.

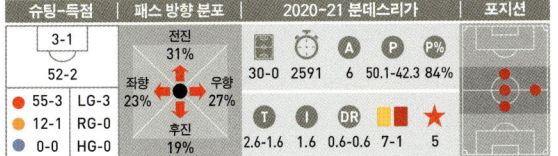

| 주로 사용하는 발: 왼발 78% | 우승 | 1부리그: 0-1 | 협회컵: 1-0 | 챔피언스: 0-0 |
| | 준우승 | 클럽 월드컵: 0-0 | UEFA 유로: 0-0 | 월드컵: 0-0 |

슈팅-득점	패스 방향 분포	2020-21 분데스리가	포지션
3-1 / 52-2	전진 31% 좌향 23% 우향 27% 후진 19%	30-0 2591 6 50.1-42.3 84%	
● 55-3 LG-3		2.6-1.6 1.6 0.6-0.6 7-1 5	
● 12-1 RG-0			
● 0-0 HG-0			

FW Wout WEGHORST 9
바우트 베그호르스트

SCOUTING REPORT
볼프스부르크의 챔피언스리그 진출을 이끈 선봉장. 지난 시즌에 리그에서만 20골을 넣었다. 컵 대회를 포함하면 총 41경기에서 25골과 9개의 도움을 기록했다. 197cm의 큰 체구에서 나오는 제공권과 고공 헤더는 가장 무서운 무기다. 골문 앞에서의 마무리 능력이 뛰어나고 아크로바틱한 골도 터트린다. 특히 슈팅의 세기가 강하고 공격적인 성향은 상대 수비수에게는 큰 부담감으로 다가온다.

PLAYER'S HISTORY
2012년 에멘에서 데뷔했다. 2부 리그지만 득점포를 가동했고 14-15 시즌 헤라클레스 아르멜로에서 1부 리그 두 자릿수 골에 성공했다. 알크마르에서의 활약상은 더 좋아졌고 2018년 볼프스부르크와 4년 계약을 맺는다. 네덜란드 대표로 유로에서도 뛰었다.

| 주로 사용하는 발: 오른발 89% | 우승 | 1부리그: 0-0 | 협회컵: 0-1 | 챔피언스: 0-0 |
| | 준우승 | 클럽 월드컵: 0-0 | UEFA 유로: 0-0 | 월드컵: 0-0 |

슈팅-득점	패스 방향 분포	2020-21 분데스리가	포지션
83-20 / 10-0	전진 24% 좌향 23% 우향 28% 후진 25%	33-1 2950 8 23.1-15.2 66%	
● 93-20 LG-1		0.9-0.4 1.0 1.0-0.5 3-0 6	
● 0-0 RG-14			
● 3-2 HG-5			

GK Pavao PERVAN 12
파바오 페르반

오스트리아산 백업 골키퍼. 카스텔스의 벽이 너무 높아 주전으로 나서기엔 버겁다. 194cm의 큰 키에서 나오는 펀칭, 숏 스토퍼, 공중볼 캐치가 좋다. 지난 시즌엔 단 2경기만 출전했다. 컵 대회에서도 마찬가지였다. LASK에서 152경기를 출전했으며 오스트리아 대표팀에선 바흐만의 뒤를 잇는 선수로 유로 본선에 참가했다.

주로 사용하는 발: 오른발 86%
우승 / 준우승
1부리그: 0-0 / 클럽 월드컵: 0-0
협회컵: 0-0 / UEFA 유로: 0-0
챔피언스: 0-0 / 월드컵: 0-0

세이브-실점: 5-4 / 5-0
14-4 TH-6
14-10 NK-18
0-0 KD-45

패스 방향 분포
전진 59%
좌향 20% / 우향 22%
후진 0%

2020-21 분데스리가
2-0 180 71% 0 32.5-22.0
P% LB AD
68% 15.5-6.0

DF Jérôme ROUSSILLON 15
제롬 루시옹

볼프스부르크의 준주전급 레프트 백. 상황에 따라서는 오른쪽에서도 뛴다. 오스타비우의 백업으로 위치하지만 지난 시즌 초중반까지는 주전 경쟁에 앞섰다. 하지만 중후반 부상으로 기회를 잡지 못했다. 가속력이 빠르고 드리블 기술, 볼 컨트롤이 좋다. 측면 윙어로도 나설 수 있다. 소쇼의 유스 출신으로 몽펠리에를 거쳐 볼프스부르크로 입단했다. 프랑스 U-18, U-20 출신이다.

주로 사용하는 발: 왼발 87%
우승 / 준우승
1부리그: 0-0 / 클럽 월드컵: 0-0
협회컵: 0-0 / UEFA 유로: 0-0
챔피언스: 0-0 / 월드컵: 0-0

슈팅-득점: 4-0 / 7-0
11-0 LG-0
0-0 RG-0
0-0 HG-0

패스 방향 분포
전진 33%
좌향 8% / 우향 41%
후진 18%

2020-21 분데스리가
14-6 1231 2 25.5-19.8 77%
T I DR
1.7-1.2 1.4-0.9 5-0

DF Kevin MBABU 19
케빈 음바부

언터쳐블 라이트 백. 3백 전술에선 우측면 윙 포워드로도 출전한다. 볼 관리 능력이 뛰어나고 상대 선수와의 일대일 대결에서 끈질긴 수비를 해낸다. 지난 시즌 경기당 2.3개의 태클에 성공했다. 독특한 레게 머리로도 유명한데, 뉴캐슬 소속으로 레인저스와 영 보이즈에서 뛰었다. 2019년 볼프스부르크로 이적했고 스위스 대표팀의 주축 멤버로서 유로 본선에서도 맹활약을 했다.

주로 사용하는 발: 오른발 85%
우승 / 준우승
1부리그: 2-1 / 클럽 월드컵: 0-0
협회컵: 0-1 / UEFA 유로: 0-0
챔피언스: 0-0 / 월드컵: 0-0

슈팅-득점: 9-0 / 2-0
11-0 LG-0
0-0 RG-0
0-0 HG-0

패스 방향 분포
전진 26%
좌향 34% / 우향 14%
후진 26%

2020-21 분데스리가
19-3 1646 1 36.0-24.8 69%
T I DR
2.8-2.3 1 2.9-1.6 7-0 1

DF Ridle BAKU 20
리들 바쿠

리그 내에서 손꼽히는 우측 날개 유망주. 본래 포지션은 오른쪽 풀백이나 가속력이 상당하고 스프린트 후 시도하는 돌파가 저돌적이다. 상대 수비수가 홀릴만한 기술과 드리블은 볼프스부르크의 챔피언스리그 진출에 많은 영향력을 끼쳤다. 마인츠 출신으로 지난 시즌 영입되었고 리그 6골과 8개의 어시스트를 기록하며 만족할만한 이적생이 되었다. 독일 U-21 출신이다.

주로 사용하는 발: 오른발 82%
우승 / 준우승
1부리그: 0-0 / 클럽 월드컵: 0-0
협회컵: 0-0 / UEFA 유로: 0-0
챔피언스: 0-0 / 월드컵: 0-0

슈팅-득점: 18-3 / 17-3
35-6 LG-3
0-0 RG-2
0-0 HG-1

패스 방향 분포
전진 29%
좌향 43% / 우향 8%
후진 20%

2020-21 분데스리가
33-1 2858 7 % %
T I DR
1-0

MF Aster VRANCKX 8
아스테르 브랑크스

벨기에의 청소년 대표팀 출신으로 가장 주목받고 있는 선수. 후방 플레이 메이커의 기질이 다분하고 빌드업의 시발점이 된다. 패스의 질과 세기가 좋고 상대의 공격을 잘 차단한다. 메헬렌에서 데뷔 후 지난 시즌 최고의 활약을 보여주었다. 이번 시즌 800만 유로에 볼프스부르크로 이적했다. 첫 시즌이라 제한된 출장 기회 속에서 가능성을 보여줄 필요가 있다.

주로 사용하는 발: 오른발
우승 / 준우승
1부리그: 0-0 / 클럽 월드컵: 0-0
협회컵: 0-0 / UEFA 유로: 0-0
챔피언스: 0-0 / 월드컵: 0-0

슈팅-득점: 18-4 / 14-0
32-4 LG-2
0-0 RG-2
0-0 HG-0

패스 방향 분포: NO DATA

2020-21 벨기에 1부 리그
17-12 1583 2 22.9-17.9 80%
T I DR
2.2-1.4 0.5 0.5-0.3 4-1 0

| | 전체 슈팅 시도-득점 | 직접 프리킥 시도-득점 | PK 시도-득점 | LG 왼발 득점 | RG 오른발 득점 | HG 헤더 득점 | 출전횟수 선발-교체 | 출전시간 분(MIN) | A 도움 | P 평균패스 시도-성공 | P% 패스 성공률 | T 평균태클 시도-성공 | I 평균 인터셉트 | DR 평균드리블 시도-성공 | 페어플레이 경고-퇴장 | MOM |

MF Maximilian PHILIPP 17
막시밀리안 필립

공격에 관여된 모든 지역에서 활동한다. 측면에서 시작하여 중앙으로의 침투, 마무리까지 한다. 위력적인 슈팅과 활동량을 바탕으로 한 수비 가담이 좋다. 프라이부르크에서 기회를 잡았고, 도르트문트로의 이적이 성사되었다. 실패를 맛본 후 디나모 모스크바로 떠났으나 볼프스부르크로 임대를 왔다. 지난 시즌 리그 24경기 6골 2도움의 좋은 활약을 통해 완전 이적에 성공했다.

주로 사용하는 발 : 오른발 78%

	우승	준우승
1부리그	0-1	
클럽 월드컵		
협회컵	0-0	
UEFA 유로	0-0	
챔피언스	0-0	
월드컵	0-0	

슈팅-득점	패스 방향 분포	2020-21 러시아 1부 + 분데스리가	포지션
26-6 / 13-1 / 39-7 LG-1 / 1-0 RG-6 / 1-1 HG-0	전진 21% / 좌향 23% / 우향 25% / 후진 31%	17-11 508 2 15.1-11.7 78% 1.4-0.6 0.3 0.6-0.4 5-0 1	

MF Yannick GERHARDT 31
야닉 게르하르트

볼프스부르크의 멀티 플레이어. 공격형 미드필더로 뛰는 것을 선호하나, 상황에 따라서는 측면 윙 포워드 그리고 양쪽 풀백으로 뛴다. 볼 컨트롤이 좋고 측면으로 열어주는 로빙 패스, 중거리 슛을 자주 구사한다. 쾰른의 유스 출신으로 팀의 승격을 이끌었고, 2016년 볼프스부르크로 이적했다. 다섯 시즌째 팀에서 뛰고 있으며 독일 청소년 대표팀 출신으로 A 대표팀에서도 뛰었다.

주로 사용하는 발 : 왼발 76%

	우승	준우승
1부리그	0-0	
클럽 월드컵		
협회컵	0-0	
UEFA 유로	0-0	
챔피언스	0-0	
월드컵	0-0	

슈팅-득점	패스 방향 분포	2020-21 분데스리가	포지션
24-2 / 7-0 / 31-2 LG-2 / 0-0 RG-2 / 0-0 HG-0	전진 35% / 좌향 22% / 우향 25% / 후진 18%	21-8 1934 4 23.3-17.7 76% 2.9-1.8 0.7 1.0-0.5 3-0 1	

MF Elvis REXHBECAJ 37
엘비스 레츠베차이

중앙 미드필더. 수비형 미드필더로도 나서지만 경기 조율 능력이 뛰어나다. 볼 터치가 좋고 간수 능력이 뛰어나 쉽게 볼을 빼앗기지 않는다. 지난 시즌 리그 30경기에 출전하여 5골과 2개의 도움을 기록했다. 볼프스부르크의 유스 출신으로 쾰른에서도 활약했다. 이번 시즌을 앞두고 보훔으로 임대 이적했다. 분데스리가에서 총 73경기에 출전했다.

주로 사용하는 발 : 왼발 78%

	우승	준우승
1부리그	0-0	
클럽 월드컵		
협회컵	0-0	
UEFA 유로	0-0	
챔피언스	0-0	
월드컵	0-0	

슈팅-득점	패스 방향 분포	2020-21 분데스리가	포지션
11-4 / 17-1 / 28-5 LG-5 / 3-0 RG-0 / 0-0 HG-0	전진 46% / 좌향 18% / 우향 20% / 후진 16%	20-10 1835 2 19.2-12.8 66% 2.9-1.8 0.9 0.9-0.4 4-0 2	

FW Renato STEFFEN 11
레나토 스테펜

반 봄멜 감독의 측면 공격수. 키는 작지만 매우 빠르고 발놀림이 좋다. 바디 페인팅으로 상대를 교란하며 돌파한다. 지난 시즌은 후반부에 발목 부상으로 빠른 시즌 아웃을 당했다. 22라운드에선 멀티골을 터트리기도 했다. 영 보이즈와 바젤에서 주목받기 시작했고 스위스 대표팀의 일원으로 활약하고 있다.

주로 사용하는 발 : 왼발 88%

	우승	준우승
1부리그	2-1	
클럽 월드컵	0-0	
협회컵	1-0	
UEFA 유로	0-0	
챔피언스	0-0	
월드컵	0-0	

슈팅-득점	패스 방향 분포	2020-21 분데스리가	포지션
23-4 / 7-1 / 30-5 LG-4 / 0-0 RG-0 / 0-0 HG-1	전진 27% / 좌향 22% / 우향 26% / 후진 25%	19-2 1578 4 27.5-20.7 75% 1.7-1.1 0.9-0.4 3-0 1	

FW Bartosz BIAŁEK 21
바르토시 비와에크

제2의 레반도프스키를 꿈꾸는 폴란드의 유망주. 큰 키에서 나오는 제공권이 좋다. 반응이 좋고 민첩하여 골문 앞에서 긴 다리로 쭉 뻗어 럭키 골도 터트린다. 자그웽비에 루빈에서 데뷔했다. 지난 시즌 4년 계약으로 볼프스부르크로 이적했다. 주로 벤치에서 시작했지만 리그 19경기에 출전해 2골을 넣었다. 9라운드 브레멘전에서 종료 직전 데뷔골을 넣었다.

주로 사용하는 발 : 오른발 87%

	우승	준우승
1부리그	0-0	
클럽 월드컵	0-0	
협회컵	0-0	
UEFA 유로	0-0	
챔피언스	0-0	
월드컵	0-0	

슈팅-득점	패스 방향 분포	2020-21 분데스리가	포지션
8-2 / 1-0 / 9-2 LG-0 / 0-0 RG-0 / 0-0 HG-0	전진 30% / 좌향 20% / 우향 27% / 후진 23%	1-18 270 0 4.2-2.9 70% 0.3-0.3 0.2 0.5-0.1 1-0	

EINTRACHT FRANKFURT

구단 창립 : 1899년 홈구장 : 도이치방크 파크 대표 : 페터 피셔 2020-21시즌 : 5위(승점 60점) 16승 12무 6패 69득점 53실점 닉네임 : SGE, Die Adler, Launische Diva

'돌풍의 팀', 올 시즌도 상승세 이어갈까

놀라운 선전, 아쉬운 유로파 행

프랑크푸르트에게 지난 시즌은 경이적이었다. 아무도 예상하지 못한 선전을 거듭했다. 시즌 초중반까지 중위권에만 머물렀다. 리그 12R부터 반전이 시작됐다. 10경기 무패 행진을 거듭했고 22R에선 바이에른 뮌헨을 2대1로 잡아내며 드라마틱한 반전을 이뤄내고 챔피언스리그 진출권까지 순위가 올라갔다. 하지만 뒷심이 부족해 리그 득점 2위의 안드레 실바와 리그 도움 2위의 필립 코스티치의 맹활약에도 5위라는 다소 아쉬운 성적으로 챔피언스리그 진출에는 실패했다. 실바의 공백을 메우며 전 시즌의 성공을 이어갈 수 있을까.

글라스너로 바뀐 프랑크푸르트, 시간이 필요

유로파를 이끈 안드레 실바가 라이프치히로 떠났다. 2300만 유로의 이적료를 팀에다가 안겨다 주었다. 요벨리치, 론노우도 이적했다. 그 빈자리를 채우기 위해서 리버 플라테 특급 공격수 보레가 입단했다. 유로파도 병행해야 하는 스케줄 줄이기에 선수단의 보강은 절실했다. 덴마크의 유망주 린스트룀이 합류했고 마타노비치가 프랑크푸르트의 셔츠를 입었다. 가장 큰 변화는 당연히 휘터 감독이 떠난 점이다. 볼프스부르크의 독주를 이끈 글라스너가 합류했지만 두 감독의 성향은 다르다. 또 클럽에 접목시킨 전술도 달라 적응하는데 시간이 필요할 것이다.

SQUAD LIST

위치	번호	선수	국적	키	생년월일	전 소속팀
GK	1	Kevin Trapp	GER	189	90-07-08	Paris St-Germain
	31	Jens Grahl	GER	196	88-09-22	Stuttgart
	40	Diant Ramaj	KVX	186	01-09-19	Heidenheim
DF	2	Evan Ndicka	FRA	190	99-08-20	Auxerre
	13	Martin Hinteregger	AUT	184	92-09-07	Augsburg
	18	Almamy Touré	MLI	182	96-04-28	Monaco
	20	Makoto Hasebe	JPN	177	84-01-18	Nürnberg
	24	Danny da Costa	GER	175	93-07-13	Bayer Leverkusen
	25	Christopher Lenz	GER	180	94-09-22	Union Berlin
	35	Tuta	BRA	184	99-07-04	São Paulo
	37	Eric Durm	GER	183	92-05-12	Huddersfield T
MF	3	Stefan Ilsanker	AUT	186	89-05-18	RB Leipzig
	6	Kristijan Jakić	CRO	181	97-05-14	Dinamo Zagreb
	7	Ajdin Hrustić	AUS	184	96-07-05	FC Groningen
	8	Djibril Sow	SUI	179	97-02-06	Young Boys
	10	Filip Kostić	SRB	180	92-11-01	Hamburg
	15	Daichi Kamada	JPN	180	96-08-05	Sagan Tosu
	17	Sebastian Rode	GER	179	90-10-11	Borussia Dortmund
	22	Timmy Chandler	USA	186	90-03-29	Nürnberg
	23	Jens Petter Hauge	NOR	184	99-10-12	Milan
	27	Aymen Barkok	MAR	188	98-05-21	Kickers Offenbach
	29	Jesper Lindstrøm	DEN	182	00-02-29	Brøndby
	32	Amin Younes	GER	168	93-08-06	Napoli
	45	Martin Pečar	SVN	175	02-07-05	Olimpija Ljubljana
FW	9	Sam Lammers	NED	191	97-04-30	Atalanta
	19	Rafael Santos Borré	COL	174	95-09-15	River Plate
	21	Ragnar Ache	NED	182	98-07-28	Sparta Rotterdam
	28	Fabio Blanco	ESP	179	04-02-18	Valencia B
	39	Gonçalo Paciência	POR	184	94-08-01	FC Porto

2021-22 SEASON SCHEDULE

날짜	장소	상대팀	날짜	장소	상대팀
08-14	A	Dortmund	01-08	H	Dortmund
08-21	H	FC Augsburg	01-15	A	FC Augsburg
08-28	A	Arminia Bielefeld	01-22	H	Arminia Bielefeld
09-12	H	Stuttgart	02-05	A	Stuttgart
09-19	A	Wolfsburg	02-12	H	Wolfsburg
09-25	H	FC Köln	02-19	A	FC Köln
10-02	A	Bayern München	02-26	H	Bayern München
10-16	H	Hertha Berlin	03-05	A	Hertha Berlin
10-23	A	Bochum	03-12	H	Bochum
10-30	H	RB Leipzig	03-19	A	RB Leipzig
11-06	A	Greuther Fürth	04-02	H	Greuther Fürth
11-20	H	Freiburg	04-09	A	Freiburg
11-27	A	Union Berlin	04-16	H	Union Berlin
12-04	H	Hoffenheim	04-23	A	Hoffenheim
12-11	H	Leverkusen	04-30	A	Leverkusen
12-15	A	M'Gladbach	05-07	H	M'Gladbach
12-18	H	Mainz 05	05-14	A	Mainz 05

RANKING OF LAST 10YEARS

11-12	12-13	13-14	14-15	15-16	16-17	17-18	18-19	19-20	20-21
2	6	13	9	16	11	8	7	9	5
68점	51점	36점	43점	36점	42점	49점	54점	45점	60점

MANAGER : Oliver GLASNER 올리버 글라스너

Personal Information
생년월일 : 1974.08.28 / 출생지 : 잘츠부르크(오스트리아)
현역시절 포지션 : 수비수 / 계약만료 : 2024.06.30
평균 재직 기간 : 2년 / 선호 포맷 : 4-2-3-1

History
리트에서 오랜 시간 활약한 원클럽맨. 은퇴 후 리트에서 지도자 생활을 시작했다. 린츠, 볼프스부르크에서 좋은 모습을 보였다. 볼프스부르크를 챔피언스리그 진출권에 올려놓고, 프랑크푸르트로 합류했다.

Style
3백과 포백 전술을 잘 쓰는 오스트리아 출신의 감독. 전술 변화에 유동적이고 수비 전술을 중시한다. 3-4-1-2와 4-2-3-1의 포메이션을 애용한다. 지난 시즌에 볼프스부르크의 고공 행진을 이끌었다. 시즌 종료 후 프랑크푸르트로 팀을 옮겼고 적응의 시간이 필요할 것이다. 구단 스태프들과의 불화에 있어 자유롭지 못한 편이다.

	GERMAN BUNDESLIGA	GERMAN DFB POKAL	UEFA CHAMPIONS LEAGUE
우승 – 준우승 횟수	1-1	5-3	0-1
	UEFA EUROPA LEAGUE	FIFA CLUB WORLD CUP	UEFA-CONMEBOL INTERCONTINENTAL
	1-0	0-0	0-0

STADIUM
Deutsche Bank Park

구장 오픈 : 1925년   구장 증개축 : 1937년, 1953년, 1974년, 2005년
구장 소유 : 발트슈타디온 프로젝트 회사   수용 인원 : 5만 1500명
피치 규모 : 105 X 68m   잔디 종류 : 천연 잔디

평균 볼 점유율
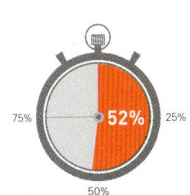
52%

EINTRACHT FRANKFURT vs. OPPONENTS PER GAME STATS

프랑크푸르트 vs 상대팀	득점	슈팅	유효슈팅	오프사이드	패스시도	패스성공	패스성공률	태클시도	볼소유자압박	인터셉트	GK선방	파울	경고	퇴장
	2.03 / 1.56	13.2 / 12.8	5.1 / 4.4	2.0 / 2.4	491 / 464	391 / 351	80% / 76%	19.5 / 17.7	160 / 151	12.6 / 13.3	3.1 / 3.0	13.5 / 12.5	2.35 / 1.88	0.029 / 0.000

시간대별 득점
76 15 / 13 8 / 18 11 / 8 11 / 61 30 / 60 46 45 31

시간대별 실점
76 15 / 12 10 / 8 4 / 14 5 / 61 30 / 60 46 45 31

위치별 슈팅-득점
45-18
274-43
131-2
*상대자책골 6골

공격 방향
상대 진영 29%
중간 지역 45%
우리 진영 26%
38% / 28% / 34%

볼 점유 위치
(상대 진영 / 중간 지역 / 우리 진영)

포지션별 득점
FW진 50골
MF진 4골
DF진 9골
*상대자책골 6골

상대 포지션별 실점
DF진 5골
MF진 10골
FW진 36골
*자책골 실점 2골

BASIC FORMATION
4-2-3-1

보레 / 아체
코스티치 / 페차르   린드스트롬 / 가마다   하우게 / 다코스타
흐루스티치 / 로데   소우 / 일잔커
렌츠 / 슈뢰더   힌테레거 / 하세베   은디카 / 투타   두름 / 챈들러
트랍 / 라마이

TOTO GUIDE 지난시즌 전적

상대팀	홈	원정
Bayern München	2-1	0-5
RB Leipzig	1-1	1-1
Dortmund	1-1	2-1
Wolfsburg	4-3	1-2
Leverkusen	2-1	1-3
Union Berlin	5-2	3-3
Monchengladbach	3-3	0-4
Stuttgart	1-1	2-2
Freiburg	3-1	2-2
Hoffenheim	2-1	3-1
Mainz 05	1-1	2-0
FC Augsburg	2-0	2-0
Hertha Berlin	3-1	3-1
Arminia Bielefeld	1-1	5-1
FC Köln	2-0	1-1
Werder Bremen	1-1	1-2
Schalke 04	3-1	3-4

득점 패턴
69골 : OPEN PLAY 39, 13, 8, 6
실점 패턴
53골 : 36, 8, 3, 4, 2

OPEN PLAY / COUNTER ATTACK / SET PLAY / PENALTY KICK / OWN GOAL

OFFENSE | DEFENSE

OFFENSE		DEFENSE	
오픈 플레이	B	오픈 플레이 수비	A
카운터 어택	C	카운터 어택 수비	E
짧은 패스 게임	C	짧은 패스 게임 수비	D
롱볼 연계 플레이	C	롱볼 연계 플레이 수비	C
솔로 플레이	C	솔로 플레이 수비	D
중거리 슈팅 / 직접 프리킥	B	중거리 슈팅 수비	E
측면 공격	B	측면 수비	C
세트 플레이	B	세트 플레이 수비	A
위협적인 공격 횟수	C	공중전 능력	B
슈팅 대비 득점	C	볼 쟁탈전 / 투쟁심	B
오프사이드 피하기	C	실수 조심	D
볼 점유율	B	파울 주의	D

A 매우 우수함   B 우수함   C 평균 수준   D 부족함   E 많이 부족함

Kevin TRAPP GK 1
케빈 트랍

SCOUTING REPORT
팀의 철벽. 지난 시즌 마지막 라운드만 제외하고 모든 리그 경기에 풀타임 출전했다. 다부진 체구와 잘생긴 외모로도 유명한 골키퍼. 공중볼 캐치, 슛 스토퍼, 뛰어난 반사 신경이 주된 장점이다. 끊임없는 수비진들과의 소통을 통한 라인 컨트롤과 팀의 사기를 돋우는 파이팅 등 수비진에 대한 리딩이 좋지만 종종 어이가 없는 실수를 하며 패배의 빌미를 제공하기도 한다. 하프 라인까지 롱 스로잉을 던질 수 있다.

PLAYER'S HISTORY
카이저슬라우테른의 유스 출신으로 2012년 프랑크푸르트로의 이적을 기점으로 리그 정상급 골키퍼로 성장했다. 5년 계약으로 PSG로 입단 후에 대형 골키퍼로 자리잡을 것 같았지만 아레올라에게 밀렸다. 프랑크푸르트로의 리턴을 통해 가치를 증명해 냈다.

Evan N'DICKA DF 2
에반 은디카

SCOUTING REPORT
프랑크푸르트의 유로파 본선 진출에 공을 세운 센터백. 192cm의 엄청난 하드 웨어, 파워풀한 대인 마크가 주요 장점이다. 제공권 장악과 위기 상황에서 걷어내기, 슬라이딩 태클의 성공은 상대 공격수에게 악몽과도 같다. 지난 시즌 초반 인대 부상으로 결장했기 때문에 23경기밖에 출전하지 못했다. 하지만 헤딩으로만 3골을 넣었고 팀의 어려운 상황에 넣은 골이라 더욱 값졌다. 이번 시즌은 더 좋을 것이다.

PLAYER'S HISTORY
2017년 옥세르 아카데미를 거쳐 프로에 데뷔했다. 2부 리그지만 꾸준히 기회를 얻었고 수비 강화를 꿈꾸던 프랑크푸르트의 스카우터에게 포착되었다. 18-19 시즌부터 주전으로 활약하고 있다. 프랑스 연령별 대표팀에 모두 부름을 받았고 성인 대표팀 차출은 아직이다.

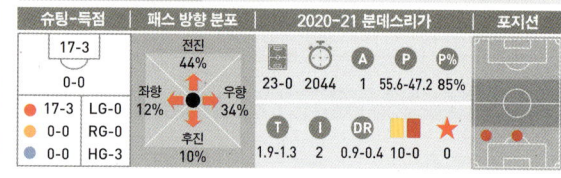

Filip KOSTIĆ MF 10
필립 코스티치

SCOUTING REPORT
10번을 달고 뛰는 팀의 에이스. 윙백과 윙어의 경계가 없는 스피드 스타. 엄청난 가속과 불이 붙기 시작하면 상대 수비수가 따라가기 힘들어진다. 볼을 가진 상태에서 일대일 대결을 피하지 않고 오프 더 볼 상황에선 공간 활용을 잘 한다. 휘슬이 울리는 순간까지 자신의 경기력을 최대한으로 발휘할 수 있고, 슈팅의 강도와 정확도가 예리하다. 지난 시즌 뮐러에 이어 리그에서 17개의 도움을 기록했다.

PLAYER'S HISTORY
라드니츠키에서 프로 무대에서 등장했다. 흐로닝언과 슈투트가르트를 거쳐 함부르크에서 활약했다. 2018년 프랑크푸르트에 왔고 두 번째 시즌까지 리그 두 자릿수 골을 기록했다. 세르비아 대표팀에서 꾸준히 차출되고 있고 월드컵 예선에선 포르투갈을 상대로 골을 기록했다.

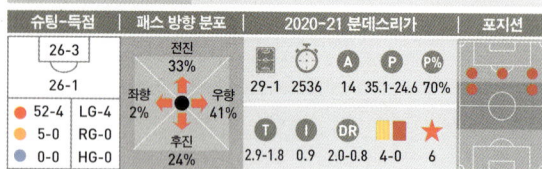

Kamada DAICHI MF 15
가마다 다이치

SCOUTING REPORT
차세대 일본 대표팀의 얼굴. 공격적인 재능이 뛰어난 미드필더. 좁은 공간에서 상대의 태클을 쉽게 피한다. 개인 기술이 좋고 상대 선수의 강력한 압박에도 쉽게 밀리지 않는다. 자신만의 플레이를 펼치며 측면으로 열어주는 로빙 패스도 좋다. 지난 시즌 큰 부상이 없이 리그 32경기에 출전해 5골과 15개의 도움을 기록했다. 리그 내에서도 다섯 손가락 안에 드는 '명품 도우미'로 등극했다.

PLAYER'S HISTORY
사간 도스를 거쳐 2017년 프랑크푸르트로 이적했다. 18-19 시즌 신트트라위던으로 임대를 다녀온 후 꾸준히 주전으로 기용되고 있다. 지난 시즌엔 팀을 유로파 진출로 이끌었다. 일본 대표팀에서도 자신의 입지를 다지고 있다. 성인 대표팀에서 13경기에 출전 5골을 넣었다.

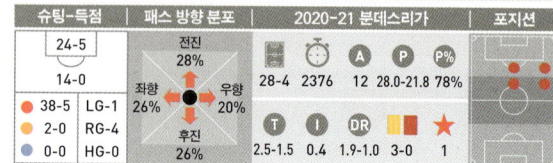

| 전체슈팅 시도-득점 | 직접프리킥 시도-득점 | PK 시도-득점 | LG 왼발 득점 | RG 오른발 득점 | HG 헤더 득점 | 출전횟수 선발-교체 | 출전시간 분(MIN) | A 도움 | P 평균패스 시도-성공 | P% 패스 성공률 | T 평균태클 시도-성공 | I 평균 인터셉트 | DR 평균드리블 시도-성공 | 페어플레이 경고-퇴장 | ★ MOM |

DF Martin HINTEREGGER 13
마르틴 힌테레거

수비 전술의 이해도가 높은 디펜더. 센터백으로서 큰 키는 아니지만, 정확한 위치 선정과 빠른 판단으로 지능적인 수비를 한다. 팀의 부주장으로서 리더쉽이 좋고 책임감 있는 플레이를 한다. 잘츠부르크 유스 출신으로 묀헨글라드바흐와 아우크스부르크에서 활약했다. 오스트리아 대표팀 주전 센터백으로 지난 유로 본선에서도 활약했다. 16강 이탈리아 전에서도 120분 출전했다.

주로 사용하는 발 : 왼발 81%

| 우승 | 1부리그 : 4-2 | 협회컵 : 3-0 | 챔피언스 : 0-0 |
| 준우승 | 클럽 월드컵 : 0-0 | UEFA 유로 : 0-0 | 월드컵 : 0-0 |

슈팅-득점: 20-2 / 3-0 / 23-2 LG-0 / 0-0 RG-0 / 0-0 HG-2

패스 방향 분포: 전진 43% / 좌향 21% / 우향 29% / 후진 7%

2020-21 분데스리가: 29-0 2528 1 63.9-52.2 82% / 3.6-2.7 1.5 0.5-0.2 4-0

DF TUTA 35
투타

99년생으로 장래가 더 기대되는 센터백. 발밑이 좋고 개인 기술이 현란하다. 브라질 대표팀 출신의 티아구 실바가 롤 모델이며 지난 시즌엔 주로 벤치에서 시작했다. 후반부에는 주전으로 종종 기용되기도 했다. 자국 명문 상파울루 유소년 팀을 거쳐 2019년 프랑크푸르트로 입단했다. 19-20 시즌 코트리리코로 한 시즌 임대를 다녀왔다. 아직 경험이 부족해 파울이 잦은 편이다.

주로 사용하는 발 : 오른발 89%

| 우승 | 1부리그 : 0-0 | 협회컵 : 0-0 | 챔피언스 : 0-0 |
| 준우승 | 클럽 월드컵 : 0-0 | UEFA 유로 : 0-0 | 월드컵 : 0-0 |

슈팅-득점: 3-0 / 1-0 / 4-0 LG-0 / 0-0 RG-0 / 0-0 HG-0

패스 방향 분포: 전진 41% / 좌향 37% / 우향 11% / 후진 11%

2020-21 분데스리가: 16-3 1459 0 50.9-43.3 85% / 1.7-0.6 0.4 0.5-0.0 5-0

MF Djibril SOW 8
지브릴 소우

프랑크푸르트의 허리를 책임지는 살림꾼. 활동 범위가 넓고 지구력이 좋아 상대의 공격 차단에 일등 공신이다. 지난 시즌 경기당 2.1개의 태클을 성공시켰고 힌테어거와 함께 프랑크푸르트의 '태클왕' 으로 불린다. 취리히에서 시작해 묀헨글라드바흐, 영 보이즈에서 활약했다. 스위스 연령별 대표팀을 모두 거친 유망주로서 어느덧 성인 대표팀에서 벌 반급 성장했다.

주로 사용하는 발 : 오른발 83%

| 우승 | 1부리그 : 0-0 | 협회컵 : 0-0 | 챔피언스 : 0-0 |
| 준우승 | 클럽 월드컵 : 0-0 | 코파아메리카 : 0-0 | 월드컵 : 0-0 |

슈팅-득점: 3-0 / 8-0 / 11-0 LG-0 / 0-0 RG-0 / 0-0 HG-0

패스 방향 분포: 전진 26% / 좌향 32% / 우향 24% / 후진 18%

2020-21 분데스리가: 25-3 2180 2 43.0-37.8 88% / 2.9-2.1 1.8 1.0-0.6 6-0

MF Sebastian RODE 17
세바스티안 로데

클럽의 캡틴. 다부진 체구와 지칠 줄 모르는 에너자이저 같은 활동량으로 중원을 씹어 먹는다. 지난 시즌 무릎과 인대 부상으로 5경기 결장했고, 카드 누적으로 두 경기를 쉬었을 정도로 플레이가 거친 단점이 있다. 독일의 명문 뮌헨과 도르트문트에서 모두 활약한 선수로서 성인 대표팀에서 활약한 이력은 없다. 2019년 프랑크푸르트로 입유 후 팀의 중심축을 잡고 있다.

주로 사용하는 발 : 오른발 82%

| 우승 | 1부리그 : 2-0 | 협회컵 : 2-0 | 챔피언스 : 0-0 |
| 준우승 | 클럽 월드컵 : 0-0 | UEFA 유로 : 0-0 | 월드컵 : 0-0 |

슈팅-득점: 0-0 / 3-1 / 3-1 LG-1 / 0-0 RG-0 / 0-0 HG-0

패스 방향 분포: 전진 29% / 좌향 28% / 우향 27% / 후진 16%

2020-21 분데스리가: 19-8 1630 0 37.7-32.3 86% / 2.8-1.6 1.7 0.3-0.2 10-0

FW Rafael SANTOS BORRÉ 19
라파엘 산토스 보레

안드레 실바의 다음이 될 공격수. '공격수 부자' 콜롬비아 대표팀의 뉴 페이스. 뒷공간으로의 침투가 좋고 골문 앞에서의 결정력이 탁월하다. 몰아치기에도 능해 지난 시즌 리버 플레이트에서 한 경기에 4골을 터트린 적도 있다. 아틀레티코 마드리드 소속으로 데포르티보, 비야레알에서 임대를 다녀왔지만 실패하였다. 리버 플레이트에서 주전으로 성장한 후 다시 빅 리그에 도전한다.

주로 사용하는 발 : 오른발

| 우승 | 1부리그 : 2-3 | 협회컵 : 2-0 | 챔피언스 : 0-0 |
| 준우승 | 클럽 월드컵 : 0-0 | 코파아메리카 : 0-0 | 월드컵 : 0-0 |

슈팅-득점: 37-11 / 3-1 / 40-12 LG-1 / 0-0 RG-10 / 3-1 HG-1

패스 방향 분포: 전진 20% / 좌향 24% / 우향 22% / 후진 33%

2020-21 아르헨티나 1부 리그: 18-2 1358 1 19.4-14.0 72% / 0.9-0.5 0.3 1.1-0.6 5-0

FW Amin YOUNES 32
아민 유네스

프랑크푸르트의 공격 첨병. 최전방, 측면, 공격형 미드필더까지 뛴다. 세밀한 볼 터치와 날렵한 움직임, 상대 수비수를 혼란하게 만드는 개인 기술도 가졌다. 지난 시즌 나폴리에서 2년 임대 계약으로 합류했다. 묀헨글라드바흐의 출신으로 아약스에서 3시즌 동안 맹활약했다. 큰 기대를 안고 나폴리로 합류했지만 주전 경쟁에서 밀렸다. 독일 청소년 대표팀에 꾸준히 콜업되었다.

주로 사용하는 발 : 오른발 85%

| 우승 | 1부리그 : 0-4 | 협회컵 : 1-0 | 챔피언스 : 0-0 |
| 준우승 | 클럽 월드컵 : 0-0 | UEFA 유로 : 0-0 | 월드컵 : 0-0 |

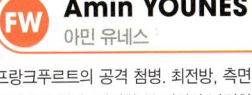

슈팅-득점: 23-3 / 10-0 / 33-3 LG-1 / 0-0 RG-2 / 0-0 HG-0

패스 방향 분포: 전진 29% / 좌향 18% / 우향 32% / 후진 21%

2020-21 분데스리가: 16-10 1401 3 23.5-17.9 77% / 2.0-1.0 0.5 3.1-2.0 5-0

BAYER 04 LEVERKUSEN

구단 창립 : 1904년 홈구장 : 바이 아레나 대표 : 페르난도 카로 2020-21시즌 : 6위(승점 52점) 14승 10무 10패 53득점 39실점 닉네임 : Die Werkself

'적장' 세오아네 영입, 스쿼드 리빌딩의 출발점

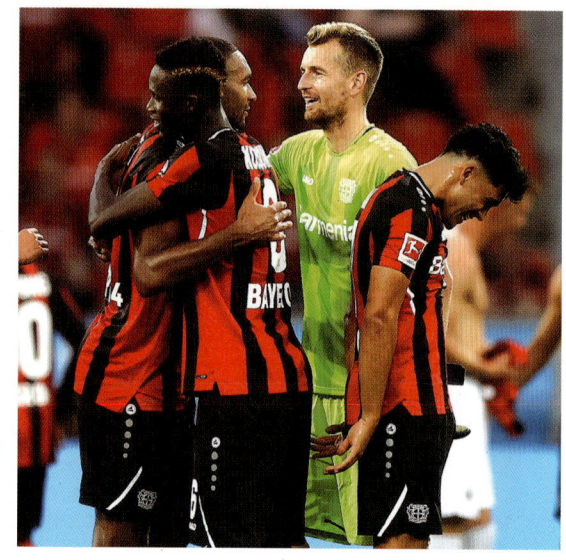

개막 12경기 연속 무패, 후반기 들쭉날쭉
스타트는 아쉬웠다. 1R부터 3경기 연속 무승부였다. 하지만 4R 이후 5연승을 거두면서 급상승했다. 11R와 12R에선 2주 연속 분데스리가 1위였다. 13R 바이에른 뮌헨전 까지 단 1패만을 기록한 레버쿠젠은 시즌 초반 최고의 팀이었다. 다만 중반부터 경기력의 저하가 눈에 띄었고, 보츠 감독의 전술 전략이 상대에게 파훼되기 시작하면서 경기력에 문제가 생겼다. 결국, 26R에서 울프 감독 대행 체제로 개편 되었다. 감독이 바뀌어도 들쭉날쭉한 경기력은 여전했고, 가까스로 유로파행 티켓을 얻었다. 강팀들과의 경기에서 소극적이 되는 경향이 경기력과 스코어에 그대로 반영이 되어버렸다. 유로파 리그에선 조별 라운드를 통과했으나 16강전에서 영보이스에게 졌다.

벤더 형제 떠나고, 세오아네 감독 합류
영보이스 감독이던 세오아네와 계약했다. 베일리가 3200만 유로에 아스톤 빌라로 이적했다. 팀에서 중고참이던 예드바이, 웬델도 떠났다. 드라고비치와 그레이도 팀과의 이별을 택했다. 가장 큰 아픔은 벤더 형제와의 결별이다. 레버쿠젠에서 많은 것을 함께 한 주장, 주축 멤버로서 서포터즈의 아픔이 컸다. 세오아네 감독은 유로파 무대를 중점적으로 레버쿠젠의 부흥을 생각한다. 리그에서는 챔피언스리그 진출을 목표로 하고 있다. 매서운 공격력이 그것을 대변한다.

SQUAD LIST

위치	번호	선수	국적	키	생년월일	전 소속팀
GK	1	Lukáš Hrádecký	FIN	187	89-11-24	Eintracht Frankfurt
	36	Niklas Lomb	GER	188	93-07-28	None
	40	Andrey Lunev	RUS	189	91-11-13	Zenit St Petersburg
DF	3	Panagiotis Retsos	GRE	184	98-08-09	Olympiakos
	4	Jonathan Tah	GER	192	96-02-11	Hamburg
	5	Mitchel Bakker	NED	178	00-06-20	Paris St-Germain
	6	Odilon Kossounou	SWE	194	01-01-04	Club Brugge
	12	Edmond Tapsoba	BFA	190	99-02-02	Vitória Guimarães
	22	Daley Sinkgraven	NED	179	95-07-04	Ajax
	24	Timothy Fosu-Mensah	NED	190	98-01-02	Manchester U
	30	Jeremie Frimpong	NED	175	00-12-10	Celtic
	33	Piero Hincapié	ECU	183	02-01-09	Talleres Córdoba
MF	8	Robert Andrich	GER	185	94-09-22	Union Berlin
	10	Kerem Demirbay	GER	185	93-07-03	1899 Hoffenheim
	11	Nadiem Amiri	GER	178	96-10-27	1899 Hoffenheim
	15	Julian Baumgartlinger	AUT	181	88-01-02	Mainz
	20	Charles Aránguiz	CHI	172	89-04-17	Internacional
	25	Exequiel Palacios	ARG	177	98-10-05	River Plate
	27	Florian Wirtz	GER	175	03-05-03	Köln
	29	Zidan Sertdemir	DEN	182	05-02-04	FC Nordsjælland
	31	Amine Adli	FRA	174	00-05-10	Toulouse
	38	Karim Bellarabi	GER	183	90-04-08	Eintracht Braunschweig
	39	Sadik Fofana	GER	192	03-05-16	Alemannia Aachen
FW	7	Paulinho	BRA	174	00-07-15	Vasco da Gama
	13	Lucas Alario	ARG	180	92-10-08	River Plate
	14	Patrik Schick	CZE	186	96-01-24	Roma
	17	Joel Pohjanpalo	FIN	184	94-09-13	HJK Helsinki
	19	Moussa Diaby	FRA	170	99-07-07	Paris St-Germain

2021-22 SEASON SCHEDULE

날짜	장소	상대팀	날짜	장소	상대팀
08-14	A	Union Berlin	01-08	H	Union Berlin
08-21	H	M'Gladbach	01-15	A	M'Gladbach
08-28	A	FC Augsburg	01-22	H	FC Augsburg
09-11	H	Dortmund	02-05	A	Dortmund
09-19	A	Stuttgart	02-12	H	Stuttgart
09-25	H	Mainz 05	02-19	A	Mainz 05
10-02	A	Arminia Bielefeld	02-26	H	Arminia Bielefeld
10-16	H	Bayern München	03-05	A	Bayern München
10-23	A	FC Köln	03-12	H	FC Köln
10-30	H	Wolfsburg	03-19	A	Wolfsburg
11-06	A	Hertha Berlin	04-02	H	Hertha Berlin
11-20	H	Bochum	04-09	A	Bochum
11-27	A	RB Leipzig	04-16	H	RB Leipzig
12-04	H	Greuther Fürth	04-23	A	Greuther Fürth
12-11	A	Eint Frankfurt	04-30	H	Eint Frankfurt
12-15	H	Hoffenheim	05-07	A	Hoffenheim
12-18	A	Freiburg	05-14	H	Freiburg

RANKING OF LAST 10 YEARS

시즌	11-12	12-13	13-14	14-15	15-16	16-17	17-18	18-19	19-20	20-21
순위	5	3	4	4	3	12	5	4	5	6
승점	54점	65점	61점	61점	60점	41점	55점	58점	63점	52점

MANAGER : Gerardo SEOANE 헤라르도 세오아네

Personal Information
생년월일 : 1978.10.30 / 출생지 : 루체른(스위스)
현역시절 포지션 : 미드필더 / 계약만료 : 2024.06.30
평균 재직 기간 : 3년 / 선호 포맷 : 4-4-2

History
1978년생의 스위스 감독, 루체른에서 은퇴했다. 곧바로 유스팀을 맡았고 2018년 영보이스로 1군 감독이 되었다. 3시즌 연속 우승을 했고 유로파에서의 행보를 기점으로 레버쿠젠의 감독이 되었다.

Style
수비 진영의 안정감을 맞춘 뒤 공격을 진행한다. 빠른 공격을 전개하고 압박 전술에 강하다. 상대의 볼 탈취 후 바로 역습을 실행한다. 4-2-3-1의 포메이션을 자주 쓰고 측면 공격수를 포함해 공격 진영에서 특별한 포지션을 구축하지 않는다. 영보이스를 이끌고 지난 시즌에 레버쿠젠을 격파한 장본인으로 이젠 레버쿠젠의 감독이 되었다.

우승 - 준우승 횟수
- GERMAN BUNDESLIGA: 0-5
- GERMAN DFB POKAL: 1-3
- UEFA CHAMPIONS LEAGUE: 0-1
- UEFA EUROPA LEAGUE: 1-0
- FIFA CLUB WORLD CUP: 0-0
- UEFA-CONMEBOL INTERCONTINENTAL: 0-0

STADIUM
BayArena
- 구장 오픈 : 1958년
- 구장 증개축 : 1997년, 2009년
- 구장 소유 : 바이에르 AG
- 수용 인원 : 3만 210명
- 피치 규모 : 105 X 68m
- 잔디 종류 : 천연 잔디

평균 볼 점유율

57% (75% / 25% / 50%)

BAYER 04 LEVERKUSEN vs. OPPONENTS PER GAME STATS

바이에르 레버쿠젠 vs 상대팀

	득점	슈팅	유효슈팅	오프사이드	패스시도 PA	패스성공	패스성공률 P%	태클시도	볼유지 압박	인터셉트	GK 선방	파울	경고	퇴장
	1.56	13.0	4.9	2.2	588	430 PC	324	84%	75%					
	1.15	10.2	3.2	2.1		496								
	16.4 TK	141 PR	9.5 INT	2.2	3.5	12.7	1.71	1.47	0.000		0.088			
	21.0	176	13.1			12.0								

시간대별 득점
76: 16 / 75: 10 / 16
9 / 10
5 / 3 / 30
61 / 60 / 31 / 46 / 45

시간대별 실점
15: 10 / 7
4 / 5
10 / 3
46 / 45

위치별 슈팅-득점
36-15
248-30
159-7
*상대자책골 1골

공격 방향
33% / 28% / 39%

볼 점유 위치
- 상대 진영 29%
- 중간 지역 46%
- 우리 진영 25%

포지션별 득점
- FW진 33골
- MF진 13골
- DF진 6골
*상대자책골 1골

상대포지션별 실점
- DF진 3골
- MF진 7골
- FW진 27골
*자책골 실점 2골

BASIC FORMATION

4-2-3-1

쉬크 / 알라리오
파울리뉴 / 아미리
데미르바이 / 비르츠
디아비 / 벨라라비
팔라시오스 / 바움가틀링거
아랑기스 / 안드리치
바커 / 싱크라븐
프림퐁 / 레초스
타 / 탑소바
코수누 / 포수-멘사
흐라데키 / 루네프

TOTO GUIDE 지난시즌 전적

상대팀	홈	원정
Bayern München	1-2	0-2
RB Leipzig	1-1	0-1
Dortmund	2-1	1-3
Wolfsburg	0-1	0-0
E. Frankfurt	3-1	1-2
Union Berlin	1-1	0-1
Monchengladbach	4-3	1-0
Stuttgart	5-2	1-1
Freiburg	1-2	4-2
Hoffenheim	4-1	0-0
Mainz 05	2-2	1-0
FC Augsburg	3-1	1-1
Hertha Berlin	0-0	0-3
Arminia Bielefeld	1-2	2-1
FC Köln	3-0	4-0
Werder Bremen	1-1	0-0
Schalke 04	2-1	3-0

득점 패턴 (53골)

31 / 10 / 8 / 3 / 1

실점 패턴 (39골)
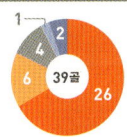
26 / 6 / 4 / 2 / 1

● OPEN PLAY ● COUNTER ATTACK ● SET PLAY
● PENALTY KICK ● OWN GOAL

OFFENSE		DEFENSE	
오픈 플레이	C	오픈 플레이 수비	B
카운터 어택		카운터 어택 수비	D
짧은 패스 게임	A	짧은 패스 게임 수비	C
롱볼 연계 플레이		롱볼 연계 플레이 수비	
솔로 플레이	A	솔로 플레이 수비	C
중거리 슈팅 / 직접 프리킥		중거리 슈팅 수비	D
측면 공격	B	측면 수비	C
세트 플레이	C	세트 플레이 수비	B
위협적인 공격 횟수		공중전 능력	D
슈팅 대비 득점	C	볼 쟁탈전 / 투쟁심	A
오프사이드 피하기	D	실수 조심	D
볼 점유율	B	파울 주의	D

A 매우 우수함 B 우수함 C 평균 수준 D 부족함 E 많이 부족함

Lukás HRÁDECKY 1
루카스 흐라데키 · GK

SCOUTING REPORT
벤더의 은퇴로 인해 이번 시즌부터 주장 완장을 차게 된 골키퍼. 팀의 넘버원 골리로서 많은 선방을 하였다. 분데스리가에서 잔뼈가 굵은 베테랑 선수. 침착한 경기 운영이 돋보이며 반사 신경이 뛰어나다. 상대와의 일대일 상황에선 빠른 판단으로 전진하는 모습도 종종 있다. 프리킥에 대한 방어가 좋으나 발밑이 불안한 점은 단점으로 지적된다. 지난 시즌은 인대 부상으로 4경기 결장했다.

PLAYER'S HISTORY
핀란드 대표팀의 수호신으로서 브뢴뷔에서 주목을 받기 시작했다. 2015년 프랑크푸르트로 이적했고 3시즌 동안 주전 골키퍼로 활약했다. 아스날로 떠나간 레노의 대체자로 선택이 되어 레버쿠젠의 주전 장갑을 받았다. 현재까지 결과는 성공적이며 팀에 대한 애정도 높다.

주로 사용하는 발: 오른발 78% | 우승 1부리그: 1-0, 협회컵: 2-2, 챔피언스: 0-0 | 준우승 클럽 월드컵: 0-0, UEFA 유로: 0-0, 월드컵: 0-0

세이브-실점: 39-26, 17-3
85-29 TH-180, 85-56 NK-176, 2-1 KD-181
패스 방향 분포: 전진 57%, 좌향 22%, 우향 21%, 후진 0%
2020-21 분데스리가: 29-0, 2566, S% 8, CS 41.7-31.1, P% 75%, LB 18.0-7.7, 17-11, ★ 1-0, 0

Edmond TAPSOBA 12
에드몽 탑소바 · DF

SCOUTING REPORT
부르키나파소산 대형 센터백 유망주. 엄청난 탄력을 지닌 뉴 페이스. 태클과 인터셉트 능력이 좋고, 특히 발이 빠른데다 수비 범위도 넓어 위기 상황에서 갑자기 나타나 몸을 던져 팀을 구해낸다. 공격적인 재능도 좋아 과감한 전진도 시도한다. 지난 시즌에는 경기당 1.7개의 태클과 2.9개의 클리어링에 성공했다. 코로나 확진으로 2경기 결장했고 그 외 31경기에 출전해 1골을 성공시켰다.

PLAYER'S HISTORY
비토리아에서 자신의 재능을 유감없이 펼쳤다. 센터백임에도 불구하고 32경기에서 8골을 터트렸다. PK 전담 키커로 나선 적도 있을 만큼 임팩트 강한 킥을 시도한다. 지난 시즌 레버쿠젠의 셔츠를 입었고 1800만 유로의 이적료를 발생시켰다. 자국 대표팀에서도 주전이다.

주로 사용하는 발: 오른발 86% | 우승 1부리그: 0-0, 협회컵: 0-1, 챔피언스: 0-0 | 준우승 클럽 월드컵: 0-0, CAF 네이션스컵: 0-0, 월드컵: 0-0

슈팅-득점: 13-1, 3-0
16-1 LG-0, 0-0 RG-1, 0-0 HG-0
패스 방향 분포: 전진 31%, 좌향 25%, 우향 36%, 후진 8%
2020-21 분데스리가: 29-2, 2651, A 0, P 90.4-81.2, P% 90%, T 2.5-1.7, I 1.5, DR 1.0-0.6, 5-0, ★ 2

Florian WIRTZ 27
플로리안 비르츠 · MF

SCOUTING REPORT
독일을 넘어 유럽의 모든 클럽들이 노리고 있는 공격형 미드필더. 섬세한 볼 터치와 과감한 돌파 그리고 센스있는 무브먼트까지 보여준다. 동료를 이용한 간결한 패스를 통해 공간을 파고드는 플레이가 가장 큰 장점으로 꼽히는 선수. 지난 시즌 코로나 확진, 무릎 부상으로 리그 29경기에 출전했고 5골과 6개의 도움을 기록했다. 6라운드부터는 3경기 연속 도움을 올리며 자신의 가치를 더욱 드높였다.

PLAYER'S HISTORY
레버쿠젠 역사상 최연소로 출전한 선수. 하베르츠 이후 가장 뛰어난 재능으로 인정받고 있다. 퀼른을 떠나 레버쿠젠 아카데미로 합류했고 곧바로 1군에 데뷔했다. 독일 연령별 대표팀에 모두 콜업되었고 U-21 팀에서 활약하고 있다. 성인 대표팀 차출도 시간 문제다.

주로 사용하는 발: 오른발 89% | 우승 1부리그: 0-0, 협회컵: 0-1, 챔피언스: 0-0 | 준우승 클럽 월드컵: 0-0, UEFA 유로: 0-0, 월드컵: 0-0

슈팅-득점: 19-4, 12-1
31-5 LG-1, 0-0 RG-3, 0-0 HG-1
패스 방향 분포: 전진 29%, 좌향 25%, 우향 24%, 후진 23%
2020-21 분데스리가: 25-4, 2230, A 5, P 34.6-26.9, P% 78%, T 2.1-1.2, I 0.3, DR 3.1-2.1, 1-0, ★ 0

Patrik SCHICK 14
파트리크 쉬크 · FW

SCOUTING REPORT
레버쿠젠의 주전 공격수. 큰 키를 활용한 제공권 능력이 좋고 양발을 모두 잘 쓰는 스트라이커지만 왼발 득점이 많은 편이다. 빠른 발을 가지진 않았지만, 순간적인 판단력과 민첩성, 퍼스트 터치가 매우 좋다. 드리블 기술이 좋고 볼 컨트롤이 섬세하다. 아크로바틱한 슈퍼 골도 종종 터트리는 편이다. 지난 시즌 리그에선 다소 아쉬웠다. 근육 부상으로 초반 4경기에 결장했고 리그에서 29경기 출전하여 9골만 넣었다.

PLAYER'S HISTORY
삼프도리아에서 기량을 인정받아 로마로 이적했으나 부진을 거듭한 끝에 라이프치히로의 임대를 통해 분데스리가와 인연을 맺었고, 지난 시즌 폴란트의 대체자로 레버쿠젠에 영입되었다. 체코 대표팀 소속으로 유로 2020에서 5골로 실버 부츠를 수상했다.

주로 사용하는 발: 왼발 82% | 우승 1부리그: 1-1, 협회컵: 1-0, 챔피언스: 0-0 | 준우승 클럽 월드컵: 0-0, UEFA 유로: 0-0, 월드컵: 0-0

슈팅-득점: 50-9, 6-0
56-9 LG-7, 1-0 RG-1, 0-0 HG-1
패스 방향 분포: 전진 19%, 좌향 28%, 우향 25%, 후진 28%
2020-21 분데스리가: 29-9, 1865, A 1, P 14.6-10.3, P% 69%, T 0.3-0.1, I 0.1, DR 1.0-0.7, 4-0, ★ 0

| | 전체 슈팅 시도-득점 | 직접 프리킥 시도-득점 | PK 시도-득점 | LG 왼발 득점 | RG 오른발 득점 | HG 헤더 득점 | 출전횟수 선발-교체 | 출전시간 분(MIN) | A 도움 | P 평균패스 시도-성공 | P% 패스 성공률 | T 평균태클 시도-성공 | I 평균 인터셉트 | DR 평균드리블 시도-성공 | 페어플레이 경고-퇴장 | MOM |

DF Daley SINKGRAVEN 22
달리 싱크라븐

레버쿠젠의 왼쪽을 책임지는 네덜란드산 풀백. 상황에 따라서는 중앙 미드필더까지 겸한다. 공격적인 재능이 좋아 3백 전술에선 왼쪽 날개로 주로 출장한다. 주력이 좋고 볼 관리 능력이 뛰어나다. 헤렌벤 유스 출신으로 아약스로 이적했다. 5시즌 동안 머물렀으나 많은 기회를 얻지 못했고, 2019년 레버쿠젠으로 합류했다. 네덜란드 U-18, U-19, U-21 대표팀 출신이다.

주로 사용하는 발: 왼발 82%

| 우승 | 1부리그: 1-4 | 협회컵: 1-1 | 챔피언스: 0-0 |
| 준우승 | 클럽 월드컵: 0-0 | UEFA 유로: 0-0 | 월드컵: 0-0 |

슈팅-득점: 3-0 / 3-0 / LG-0 6-0 / RG-0 0-0 / HG-0 0-0
패스 방향 분포: 전진 32%, 좌향 5%, 우향 40%, 후진 23%
2020-21 분데스리가: 19-3 1574 0 49.1-40.2 82% 2.2-1.5 1 1.7-1.3 4-0

DF Jeremie FRIMPONG 30
제레미 프림퐁

싱크라븐과 함께 레버쿠젠의 '네덜란드판 날개'를 구성하는 주인공이다. 지난 시즌 겨울 이적 시장을 통해 셀틱에서 합류했다. 10대의 나이임에도 불구하고 볼 컨트롤과 경기의 흐름을 읽는 능력이 좋다. 빠른 가속력을 기반으로 터치 라인에서 좋은 모습을 보여준다. 맨체스터 시티의 유스 출신으로 네덜란드 청소년 대표팀에서 활약했다. 이번 시즌 주목해야 할 유망주다.

주로 사용하는 발: 오른발 90%

| 우승 | 1부리그: 1-0 | 협회컵: 1-0 | 챔피언스: 0-0 |
| 준우승 | 클럽 월드컵: 0-0 | UEFA 유로: 0-0 | 월드컵: 0-0 |

슈팅-득점: 12-1 / 5-0 / LG-0 17-1 / RG-1 0-0 / HG-0 0-0
패스 방향 분포: 전진 27%, 좌향 39%, 우향 3%, 후진 31%
2020-21 스코틀랜드 1부 + 분데스리가: 23-9 2109 2 32.3-27.5 85% 1.0-0.6 0.4 2.8-1.4 1-0

MF Kerem DEMIRBAY 10
케렘 데미르바이

레버쿠젠의 10번이자 구단 역사상 최다 이적료를 발생시키고 합류한 사나이. 공격적인 재능이 돋보이는 중앙 미드필더. 볼을 소유하며 공간 패스, 직접 해결하는 모습이 좋다. 니겔스만의 지도 아래 호펜하임에서 좋은 모습을 보였다. 도르트문트 유스 출신으로 함부르크와 카이저슬라우테른에서 뛰었다. 터키 U-21 출신이지만 2017년 녹일로 귀화해 컨페더레이션스컵에 출전했다.

주로 사용하는 발: 왼발 83%

| 우승 | 1부리그: 0-0 | 협회컵: 0-1 | 챔피언스: 0-0 |
| 준우승 | 클럽 월드컵: 0-0 | UEFA 유로: 0-0 | 월드컵: 0-0 |

슈팅-득점: 10-2 / 34-2 / LG-4 44-4 / RG-0 5-0 / HG-0 0-0
패스 방향 분포: 전진 31%, 좌향 25%, 우향 26%, 후진 17%
2020-21 분데스리가: 20-9 1748 4 38.2-30.9 81% 2.2-1.6 0.3 1.4-0.8 2-0 3

MF Exequiel PALACIOS 25
에세키엘 팔라시오스

클럽에서 오래 활동한 아랑기스와 마찬가지로 남미 출신의 중앙 미드필더. 볼 배급이 좋고 주력도 준수한 편이다. 몸 밸런스가 좋아 유연한 움직임으로 볼을 빼앗기지 않는다. 특히 지구력이 좋아 중원에서 넓은 범위의 활동량을 보인다. 자국 명문 리버 플라테 출신으로 코파 아메리카 2021의 우승 멤버이기도 하다.

주로 사용하는 발: 오른발 89%

| 우승 | 1부리그: 0-1 | 협회컵: 3-1 | 챔피언스: 0-0 |
| 준우승 | 클럽 월드컵: 0-1 | 코파아메리카: 1-0 | 월드컵: 0-0 |

슈팅-득점: 1-0 / 1-0 / LG-0 0-0 / RG-0 0-0 / HG-0 0-0
패스 방향 분포: 전진 28%, 좌향 32%, 우향 25%, 후진 16%
2020-21 분데스리가: 7-2 572 0 45.6-39.5 87% 4.9-3.4 1.3 0.7-0.7 1-0

FW Moussa DIABY 19
무사 디아비

레버쿠젠의 핵심 크랙. 측면과 중앙 모두에서 자신만의 기량을 펼친다. 빠른 돌파와 놀라운 개인기, 상대의 가랑이 사이에 볼을 넣어 종종 돌파한다. 측면에서 직접 볼을 몰고 와 해결한다. 지난 시즌 리그 32경기에 출전하여 4골과 12개의 도움을 기록했다. 20라운드 슈투트가르트 전에선 3개의 어시스트를 한 경기에 기록하기도 했다. PSG 유스 출신이다.

주로 사용하는 발: 왼발 71%

| 우승 | 1부리그: 1-0 | 협회컵: 0-2 | 챔피언스: 0-0 |
| 준우승 | 클럽 월드컵: 0-0 | UEFA 유로: 0-0 | 월드컵: 0-0 |

슈팅-득점: 35-3 / 15-1 / LG-3 50-4 / RG-1 0-0 / HG-0 0-0
패스 방향 분포: 전진 14%, 좌향 21%, 우향 26%, 후진 39%
2020-21 분데스리가: 28-4 2394 10 25.1-21.1 84% 0.8-0.4 0.4 3.7-1.8 5-0 2

1.FC UNION BERLIN

구단 창립 : 1966년 홈구장 : 알텐 푀르스터라이 대표 : 디르크 칭클러 2020-21시즌 : 7위(승점 50점) 12승 14무 8패 50득점 43실점 닉네임 : Die Eisernen

승격팀의 돌풍, 유럽 대항전까지 이어지나

승격팀의 유쾌한 반란, 팀을 최초로 유럽 무대로 이끌다

승격 이후 단 두 시즌 만에 리그 7위로 시즌을 마무리하며 분데스리가에 신선한 돌풍을 몰고 왔다. 리그 네 번째로 실점을 적게 했을 정도의 짠물 수비를 바탕으로 뮌헨이나 레버쿠젠을 상대로도 지지 않는 등 단단한 모습을 보이며 시즌 내내 리그 10위 밖으로 단 한 번도 밀려나지 않았을 정도로 꾸준하게 좋은 경기력을 보여 주었다. 스타 플레이어에 의존하지 않고 팀 플레이를 통해 얻어낸 성과이기 때문에 더더욱 의미 있는 결과이며, 이것이 향후 팀의 성적에 한 번 더 기대를 하게 되는 요소가 된다. 유로파 컨퍼런스 리그에서 좋은 모습을 볼 수 있을까.

실속있는 보강, 성공적이었던 지난 시즌을 이어갈 수 있을까

모기업의 든든한 자금력과 타 리그에 직접적으로 연계된 팀을 통해 인재 풀을 만들고 그것을 기반으로 좋은 성적을 냈던 라이프치히와 대조적인 행보를 보인다. 지난 시즌 임대를 통해 좋은 모습을 보였던 아워니이의 완전 이적과 함께 엔도, 크노헤, 뢰노우 같은 상대적으로 저렴한 선수들로 실속있게 선수단의 두께를 채웠다. 피셔 감독의 지도력 역시 더욱 좋아지고 있어 크루제, 트리멜, 크노헤와 같은 주전 멤버들도 잘 따른다. 최근 분데스리가에서 가장 인기가 급상승한 클럽이다.

ODDS CHECK

| bet365 | 배당률 500배 우승 확률 10위 | sky bet | 배당률 200배 우승 확률 10위 |
| William HILL | 배당률 200배 우승 확률 7위 | 888sport | 배당률 500배 우승 확률 9위 |

*우승 확률이 높을수록 배당률은 낮아짐

SQUAD LIST

위치	번호	선수	국적	키	생년월일	전 소속 팀
GK	1	Andreas Luthe	GER	194	87-03-10	Augsburg
	12	Jakob Busk	DEN	189	93-09-12	FC København
	19	Frederik Rønnow	DEN	188	92-08-04	Eintracht Frankfurt
DK	3	Paul Jaeckel	GER	188	98-07-22	Greuther Fürth
	4	Rick van Drongelen	NED	185	98-12-20	Hamburg
	5	Marvin Friedrich	GER	190	95-12-13	Augsburg
	6	Julian Ryerson	NOR	183	97-11-17	Viking
	20	Bastian Oczipka	GER	184	89-01-12	Schalke
	23	Niko Gießelmann	GER	181	91-09-26	Fortuna Düsseldorf
	25	Timo Baumgartl	GER	189	96-03-04	PSV Eindhoven
	26	Tymoteusz Puchacz	POL	180	99-01-23	Lech Poznan
	28	Christopher Trimmel	AUT	189	87-02-24	Rapid Vienná
	31	Robin Knoche	GER	172	92-05-22	Wolfsburg
MF	7	Levin Öztunali	GER	176	96-03-15	Mainz
	8	Rani Khedira	GER	185	94-01-27	Augsburg
	15	Paweł Wszołek	POL	184	92-04-30	Legia Warszawa
	18	Keita Endo	JPN	175	97-11-22	Yokohama F Marinos
	21	Grischa Prömel	GER	182	95-01-09	Karlsruhe
	24	Genki Haraguchi	JPN	177	91-05-09	Hannover 96
	29	Laurenz Dehl	GER	179	01-12-12	None
	30	Kevin Möhwald	GER	183	93-07-03	Werder Bremen
	35	Fabio Schneider	GER	183	02-07-31	None
FW	9	Andreas Voglsammer	GER	178	92-01-09	Arminia Bielefeld
	10	Max Kruse	GER	188	88-03-19	Fenerbahçe
	11	Anthony Ujah	NGA	183	90-11-20	Mainz
	14	Taiwo Awoniyi	NGA	178	97-08-12	Liverpool
	17	Kevin Behrens	GER	184	91-02-03	Sandhausen
	27	Sheraldo Becker	NED	180	95-02-09	ADO Den Haag
	36	Cedric Teuchert	GER	180	97-01-14	Schalke
	39	Suleiman Abdullahi	NGA	185	96-12-10	Eintracht Braunschweig

2021-22 SEASON SCHEDULE

날짜	장소	상대팀	날짜	장소	상대팀
08-14	H	Leverkusen	01-08	A	Leverkusen
08-22	A	Hoffenheim	01-15	H	Hoffenheim
08-29	H	M'Gladbach	01-22	A	M'Gladbach
09-11	H	FC Augsburg	02-05	A	FC Augsburg
09-19	A	Dortmund	02-12	H	Dortmund
09-25	H	Arminia Bielefeld	02-19	A	Arminia Bielefeld
10-02	A	Mainz 05	02-26	H	Mainz 05
10-16	H	Wolfsburg	03-05	A	Wolfsburg
10-23	A	Stuttgart	03-12	H	Stuttgart
10-30	H	Bayern München	03-19	A	Bayern München
11-06	A	FC Köln	04-02	H	FC Köln
11-20	H	Hertha Berlin	04-09	A	Hertha Berlin
11-27	A	Eint Frankfurt	04-16	H	Eint Frankfurt
12-04	H	RB Leipzig	04-23	A	RB Leipzig
12-11	A	Greuther Fürth	04-30	H	Greuther Fürth
12-15	H	Freiburg	05-07	A	Freiburg
12-18	A	Bochum	05-14	H	Bochum

RANKING OF LAST 10YEARS

2부 리그 3부 리그

11-12	12-13	13-14	14-15	15-16	16-17	17-18	18-19	19-20	20-21
7	7	9	7	6	4	8	3	11 41점	7 50점

MANAGER : Urs FISCHER 우르스 피셔

Personal Information
생년월일 : 1966.02.20 / 출생지 : 취리히(스위스)
현역시절 포지션 : 수비수 / 계약만료 : 2022.06.30
평균 재직 기간 : 3년 / 선호 포맷 : 3-4-1-2

History
팀의 승격을 이룬 감독. 스위스의 취리히 레전드 출신으로 뚝심한 성품을 지녔다. 취리히, 툰, 바젤을 거쳐서 우니온 베를린에 합류했다. 성적을 잘 내고 있어서 피셔의 베를린은 꾸준히 볼 예정이다.

Style
측면 윙백과 3백 전술을 혼합해 경기를 치룬다. 압박 전술과 대인 마킹, 동료들과의 연계 플레이를 강조한다. 2018년부터 베를린을 이끌고 있고 팀의 승격까지 이뤄낸 감독으로 선수들과 구단에 신망이 높고 구단 프런트와의 관계도 좋다. 지난 시즌의 활약을 바탕 20-21 시즌 분데스리가 감독 중에서 유일하게 소속팀이 바뀌지 않았다.

우승 - 준우승 횟수

	GERMAN BUNDESLIGA	GERMAN DFB POKAL	UEFA CHAMPIONS LEAGUE
	0-1	0-1	0-0
	UEFA EUROPA LEAGUE	FIFA CLUB WORLD CUP	UEFA-CONMEBOL INTERCONTINENTAL
	0-0	0-0	0-0

STADIUM

Stadion An der Alten Försterei

구장 오픈 : 1920년   구장 증개축 : 총 6회(최근 2013년)
구장 소유 : 피르스터리 슈타디온 오퍼레이션   수용 인원 : 2만 2012명
피치 규모 : 109 X 73m   잔디 종류 : 천연 잔디

평균 볼 점유율

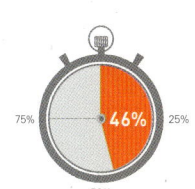

46%

1.FC UNION BERLIN vs. OPPONENTS PER GAME STATS

우니온 베를린 vs 상대팀

득점	슈팅	유효슈팅	오프사이드	패스시도	패스성공	패스성공률	볼소유율	압박	인터셉트	GK 신방	파울	경고	퇴장
1.47	1.26	11.7	10.8	4.2	3.8	2.5	1.5	423 (PA) 572	322 (PC) 463	76% (P%) 81%			
17.2 (TK) 14.8	146 (PR) 11.9	139 (INT) 2.8	2.6	12.8	12.3	1.62	1.88	0.059	0.059				

시간대별 득점 | 시간대별 실점 | 위치별 슈팅-득점 | 공격 방향 | 볼 점유 위치 | 포지션별 득점 | 상대 포지션별 실점

  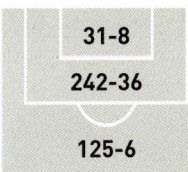 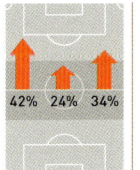 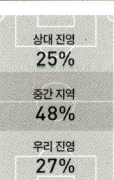  

시간대별 득점: 76-10 / 75-11 / 15-16 / 9-6 / 9-5 / 30-6 / 61-9 / 60-31 / 46-45

시간대별 실점: 76-3 / 75-11 / 15-16 / 9-6 / 9-7 / 30-9 / 61-9 / 60-31 / 46-45

위치별 슈팅-득점: 31-8 / 242-36 / 125-6

공격 방향: 42% / 24% / 34%

볼 점유 위치: 상대 진영 25% / 중간 지역 48% / 우리 진영 27%

포지션별 득점: FW진 34골 / MF진 8골 / DF진 8골

상대 포지션별 실점: DF진 5골 / MF진 6골 / FW진 30골
* 자책골 실점 2골

BASIC FORMATION

3-5-2

크루제 (베커) | 아워니이 (포글스만)
하라구치 (엔도) | 임바츠 (외즈날리)
기셀만 (오지프카) | 케디라 (프리멜) | 트리멜 (리에르손)
바움가틀 (판드롱홀렌) | 크노헤 (프리드리히) | 예켈 (리에르손)
루테 (뢰노)

TOTO GUIDE 지난시즌 전적

상대팀	홈	원정
Bayern München	1-1	1-1
RB Leipzig	2-1	0-1
Dortmund	2-1	0-2
Wolfsburg	2-2	0-3
E. Frankfurt	3-3	2-5
Leverkusen	1-0	1-1
Monchengladbach	1-1	1-1
Stuttgart	2-1	2-2
Freiburg	1-1	1-0
Hoffenheim	1-1	3-1
Mainz 05	4-0	0-1
FC Augsburg	1-3	1-2
Hertha Berlin	1-1	1-3
Arminia Bielefeld	5-0	0-0
FC Köln	2-1	2-1
Werder Bremen	3-1	2-0
Schalke 04	0-0	1-1

득점 패턴 | 실점 패턴

득점 패턴: 50골 (15 / 28 / 5 / 2)
실점 패턴: 43골 (8 / 26 / 4 / 2)

● OPEN PLAY ● COUNTER ATTACK ● SET PLAY ● PENALTY KICK ● OWN GOAL

OFFENSE | DEFENSE

OFFENSE		DEFENSE	
오픈 플레이	E	오픈 플레이 수비	C
카운터 어택	B	카운터 어택 수비	C
짧은 패스 게임	B	짧은 패스 게임 수비	E
롱볼 연계 플레이	C	롱볼 연계 플레이수비	C
솔로 플레이	C	솔로 플레이 수비	D
중거리 슈팅 / 직접 프리킥	C	중거리 슈팅 수비	C
측면 공격	C	측면 수비	C
세트 플레이	A	세트 플레이 수비	B
위협적인 공격 횟수	C	공중전 능력	B
슈팅 대비 득점	C	볼 쟁탈전 / 투쟁심	C
오프사이드 피하기	D	실수 조심	C
볼 점유율	E	파울 주의	C

A 매우 우수함 B 우수함 C 평균 수준 D 부족함 E 많이 부족함

GK Andreas LUTHE 1
안드레아스 루테

SCOUTING REPORT
베를린의 주전 골키퍼. 30대 중반의 나이로 접어들면서 경험과 여유가 더 생겼다. 베테랑의 향기가 나며 안정적인 경기 운영을 잘 해낸다.

페널티 박스 밖에서 종종 자리하며 상대의 중거리 슛에 대한 방어도 좋다. 다이빙을 잘 뛰나 역동작에 걸려 실수하는 모습도 있다. 지난 시즌엔 개인 사유와 무릎 부상으로 연이어 3경기 결장했다. 31경기에 출전하여 5개의 클린 시트를 기록했다.

PLAYER'S HISTORY
보훔의 유스 팀을 거쳐 6시즌간 팀의 주전 골키퍼로 활약했다. 서포터즈가 사랑한 선수였고 1부 리그 소속이던 아우크스부르크로의 이적은 마음이 아팠다. 지난 시즌 베를린으로 입단했고 단숨에 주전 골키퍼로 자리 잡았다. 이번 시즌도 큰 부상이 없는 한 주전으로 나선다.

주로 사용하는 발: 오른발 89%

	우승	준우승
1부리그	0-0	0-0
협회컵	0-0	0-0
챔피언스	0-0	0-0
클럽 월드컵	0-0	0-0
UEFA 유로	0-0	0-0
월드컵	0-0	0-0

세이브-실점: 68-38 / 23-4
● 133-42 TH-106
● 133-91 NK-216
● 5-1 KD-34

패스 방향 분포: 전진 64%, 좌향 21%, 우향 15%, 후진 0%

2020-21 분데스리가: 31-0, 2769, 5%, CS 5, 33.3-22.7, P% 68%, LB 17.2-6.9, AD 16-5, 1-0, ★ 3

DF Marvin FRIEDRICH 5
마빈 프리드리히

SCOUTING REPORT
유쾌한 웃음이 멋진 센터백. 최후방에서 동료들에게 소통을 자주 한다. 190cm의 큰 키에서 나오는 헤딩은 공포와도 가깝다. 지난 시즌 리그에서 헤딩으로만 4골을 터뜨리며 팀 내에서 '헤딩 마스터'로 불린다. 리더쉽도 좋아 주장 완장을 차고 경기장에 나서기도 한다. 부상에 대한 자기 관리가 철저해 지난 시즌 전 경기에 출전했다. 옐로우 카드도 1장밖에 받지 않을 만큼 깔끔한 태클을 자랑한다.

PLAYER'S HISTORY
아카데미의 천국인 샬케 출신으로 2014년에 1군 데뷔를 했다. 아우크스부르크로 이적하면서 출장 기회에 대한 욕심이 생겼고, 17-18 시즌 2부 리그였던 베를린으로 합류했다. 팀의 승격을 주도했고 코칭 스태프와의 신뢰가 두텁다. 독일 U-19, U-20 대표팀 출신이다.

주로 사용하는 발: 오른발 86%

	우승	준우승
1부리그	0-0	0-0
협회컵	0-0	0-0
챔피언스	0-0	0-0
클럽 월드컵	0-0	0-0
UEFA 유로	0-0	0-0
월드컵	0-0	0-0

슈팅-득점: 22-5 / 3-0
● 25-5 LG-0
● 0-0 RG-1
● 0-0 HG-4

패스 방향 분포: 전진 46%, 좌향 32%, 우향 13%, 후진 9%

2020-21 분데스리가: 34-0, 3060, A 2, P 53.0-42.2, P% 80%, T 1.8-1.4, I 1.5, DR 0.4-0.4, ★ 2

MF Robert ANDRICH 30
로베르트 안드리히

SCOUTING REPORT
중원을 헤집고 다닌다. 기본적으로 볼 컨트롤이 좋고 동료와 주고받는 숏 패싱 게임을 선호한다. 거리에 상관없이 중거리 슛을 때리며 슛의 세기가 꽤 강력하다. 지난 시즌 근육 부상으로 많은 경기에 나서지 못했다. 리그 24경기에만 출전했고 3골을 넣었다. 거친 플레이를 하면서 상대와의 볼 다툼을 많이 하는 까닭에 경고만 7장 받았다. 이번 시즌은 부상 없이 뛰고 싶은 마음이 클 것이다.

PLAYER'S HISTORY
호펜하임의 유스 출신으로 카를스루에를 거쳐 2017년 우니온 베를린에 입단했다. 팀의 준주전급 멤버로 활약하며 승격을 주도했다. 2016 리우 올림픽에서 독일 대표팀으로 출전해 은메달 리스트로 이름을 올리기도 했다. 출생 지역은 슈투트가르트다.

주로 사용하는 발: 발 76%

	우승	준우승
1부리그	0-0	0-0
협회컵	0-0	0-0
챔피언스	0-0	0-0
클럽 월드컵	0-0	0-0
UEFA 유로	0-0	0-0
월드컵	0-0	0-0

슈팅-득점: 9-1 / 32-4
● 41-5 LG-2
● 4-1 RG-3
● 0-0 HG-0

패스 방향 분포: 전진 35%, 좌향 28%, 우향 19%, 후진 18%

2020-21 분데스리가: 29-0, 2529, A 2, P 48.8-38.8, P% 80%, T 2.8-1.8, I 0.8, DR 0.9-0.6, ★ 5-1, 3

FW Max KRUSE 10
막스 크루제

SCOUTING REPORT
누가 뭐라고 해도 베를린의 에이스. 공격 지역에 관여된 모든 포지션을 소화한다. 30대 중반이 되면서 측면보다 처진 공격수 역할을 자처한다. 동료와의 연계 플레이를 통해 빌드업을 이끌어가며 해결사의 역할도 수행한다. 지난 시즌 우니온 베를린으로 입단한 이적생으로서 단숨에 팀에 녹아들었다. 시간이 지나면서 특유의 기행과 구설수는 줄어들었고 진정으로 축구를 즐기는 모습을 보여준다.

PLAYER'S HISTORY
브레멘의 아카데미를 거쳐 1군에 데뷔했다. 파울리, 프라이부르크, 묀헨글라드바흐, 볼프스부르크와 페네르바체에서 뛰었다. 수많은 클럽을 거쳐 터득한 경험치가 베를린에서 잘 발휘되고 있다. 독일 청소년 대표팀과 성인 대표팀에서도 활약했고 도쿄 올림픽에도 출전했다.

주로 사용하는 발: 왼발 75%

	우승	준우승
1부리그	0-0	0-0
협회컵	0-1	0-0
챔피언스	0-0	0-0
클럽 월드컵	0-0	0-0
UEFA 유로	0-0	0-0
월드컵	0-0	0-0

슈팅-득점: 24-10 / 6-1
● 30-11 LG-7
● 1-0 RG-1
● 6-5 HG-3

패스 방향 분포: 전진 22%, 좌향 21%, 우향 26%, 후진 31%

2020-21 분데스리가: 19-3, 1637, A 5, P 31.0-24.2, P% 78%, T 0.6-0.3, I 0.1, DR 0.8-0.5, ★ 2

DF Christopher TRIMMEL 28
크리스토퍼 트리멜

베를린의 싸움꾼이자 캡틴. 지난 시즌 9장으로 팀 내에서 가장 많은 카드를 받았지만 가장 많이 팀을 위해 헌신한 디펜더. 3백 전술에 특화된 오른쪽 윙백. 공수 밸런스가 고르고 팀을 위한 리더십이 특출나다. 2014년부터 우니온 베를린에서 뛰었고 2부 리그였던 팀과 같이 승격한 리빙 레전드다. 베를린에서의 좋은 활약 덕분에 지난 유로 본선에 약 9년여 만에 출전하였다.

주로 사용하는 발: 오른발 87%

우승	1부리그: 0-3	협회컵: 0-0	챔피언스: 0-0
준우승	클럽월드컵: 0-0	UEFA 유로: 0-0	월드컵: 0-0

슈팅-득점: 3-1 / 5-0 / 8-1 LG-0 / 0-0 RG-1 / 0-0 HG-0

패스 방향 분포: 전진 39%, 좌향 36%, 우향 3%, 후진 22%

2020-21 분데스리가: 30-1 / 2580 / A 9 / P 33.9-25.1 / P% 74%
T 2.5-1.6 / I 1.6 / DR 0.6-0.3 / 🟨🟥 9-0 / ★ 4

DF Robin KNOCHE 31
로빈 노헤

언터처블 센터백. 다부진 체구와 카리스마 있는 인상, 하드웨어는 상대에게 압박감을 준다. 강력한 맨마킹, 제공권 장악이 특기다. 지난 시즌에 단 한 번의 결장도 없이 전 경기 출전했다. 19라운드 묀헨글라드바흐 전에선 헤딩골도 작렬했다. 볼프스부르크 출신으로 1군에도 출전했다. 무려 아홉 시즌동안 팀에서 가장 영향력 있는 수비수였다. 지난 시즌 베를린에 입단했다.

주로 사용하는 발: 오른발 89%

우승	1부리그: 0-1	협회컵: 1-0	챔피언스: 0-0
준우승	클럽월드컵: 0-0	UEFA 유로: 0-0	월드컵: 0-0

슈팅-득점: 12-1 / 0-0 / 12-1 LG-0 / 0-0 RG-0 / 0-0 HG-1

패스 방향 분포: 전진 37%, 좌향 24%, 우향 33%, 후진 6%

2020-21 분데스리가: 34-0 / 3043 / A 0 / P 61.3-51.6 / P% 84%
T 1.8-1.3 / I 1.4 / DR 0.4-0.2 / 🟨🟥 4-0 / ★ 1

MF Rani KHEDIRA 8
라니 케디라

수비력이 좋은 미드필더. 3백 전술에서 측면 윙백들의 돌파 후 생기는 공간 수비가 좋다. 활동량이 많고 패스의 흐름을 끊기지 않게 한다. 안정적인 빌드업이 장점이나 발이 느려 역습 시 반칙으로 끊어내는 경우가 많다. 슈투트가르트의 유소년 팀 출신으로 라이프치히와 아우크스부르크에서 뛰었다. 독일 연령별 대표팀에 모두 콜업되었고 은퇴한 사미 케디라의 동생이다.

주로 사용하는 발: 오른발 88%

우승	1부리그: 0-1	협회컵: 0-1	챔피언스: 0-0
준우승	클럽월드컵: 0-0	UEFA 유로: 0-0	월드컵: 0-0

슈팅-득점: 5-1 / 5-0 / 10-1 LG-0 / 0-0 RG-0 / 0-0 HG-0

패스 방향 분포: 전진 40%, 좌향 25%, 우향 20%, 후진 15%

2020-21 분데스리가: 23-4 / 1829 / A 0 / P 24.2-17.2 / P% 71%
T 1.4-1.1 / I 1.1 / DR 0.1-0.1 / 🟨🟥 5-0 / ★ 1

MF Grischa PRÖMEL 21
그리샤 프뢰멜

미드필드 진영과 후방에서 궂은일도 마다하지 않는 우니온의 살림꾼. 투지 넘치는 플레이 덕분에 반칙이 잦아 지난 시즌 총 7장의 옐로카드를 받았다. 19-20 시즌 슬개건염으로 장기간 결장한 후 거듭되는 부상이 약점으로 지적되는 선수. 호펜하임 유스 출신으로 칼스루헤SC를 거쳐 2017년 2부리그 소속이던 우니온에 입단해 팀의 승격에 큰 공헌을 했다.

주로 사용하는 발: 오른발 81%

우승	1부리그: 0-0	협회컵: 0-0	챔피언스: 0-0
준우승	클럽월드컵: 0-0	UEFA 유로: 0-0	월드컵: 0-0

슈팅-득점: 15-3 / 5-0 / 20-3 LG-0 / 0-0 RG-0 / 0-0 HG-3

패스 방향 분포: 전진 30%, 좌향 23%, 우향 21%, 후진 26%

2020-21 분데스리가: 21-3 / 1827 / A 1 / P 29.3-23.0 / P% 78%
T 2.3-1.6 / I 1.3-0.7 / DR 7-0 / 🟨🟥 ★

MF Paweł WSZOŁEK 15
파베우 프쇼웨크

이번 시즌 새로 영입된 폴란드 출신의 오른쪽 윙어. 자국 리그를 포함해 세리에A 와 잉글리시 챔피언십 등 다양한 리그에서 300경기 가까이 출장하며 경험을 쌓았다. 지난 시즌 폴란드 리그 소속인 레기아에서 리그에서만 24경기 3골 7어시스트라는 준수한 활약을 펼쳤고 이번 시즌 부족한 팀의 전문 오른쪽 윙어 뎁스를 두텁게 해 줄 것으로 보인다.

주로 사용하는 발: 오른발

우승	1부리그: 2-0	협회컵: 0-0	챔피언스: 0-0
준우승	클럽월드컵: 0-0	UEFA 유로: 0-0	월드컵: 0-0

슈팅-득점: 득점 3골

패스 방향 분포: NO DATA

2020-21 폴란드 1부 리그: 18-6 / 1578 / A 5 / 🟨🟥 1-0

FW Sheraldo BECKER 27
셰랄도 베케르

측면을 열어주는 공격수. 중앙보다는 오른쪽 측면에서 시작하는 것을 선호한다. 빠른 발을 이용한 침투, 크로스 시도가 좋다. 지난 시즌 초반의 흐름은 좋았다. 하지만 발목 부상으로 중반부터 출전하지 못했다. 리그의 마지막 라운드에 복귀했고 1개의 도움을 기록하며 유종의 미를 거뒀다. 네덜란드 연령별 대표팀을 모두 거친 엘리트 출신이지만 수리남으로 귀화를 선택했다.

주로 사용하는 발: 오른발 83%

우승	1부리그: 0-0	협회컵: 0-0	챔피언스: 0-0
준우승	클럽월드컵: 0-0	북중미 골드컵: 0-0	월드컵: 0-0

슈팅-득점: 19-2 / 12-1 / 31-3 LG-1 / 0-0 RG-2 / 0-0 HG-0

패스 방향 분포: 전진 21%, 좌향 32%, 우향 19%, 후진 28%

2020-21 분데스리가: 15-3 / 1114 / A 1 / P 14.9-10.3 / P% 69%
T 0.4-0.3 / I 0.3 / DR 1.6-0.8 / 🟨🟥 2-0 / ★ 2

BORUSSIA MÖNCHENGLADBACH

구단 창립 : 1900년 홈구장 : 보루시아 파크 대표 : 롤프 쾨니스 2020-21시즌 : 8위(승점 49점) 13승 10무 11패 64득점 56실점 닉네임 : Die Fohlen , Die Borussen

반전 꿈꾸는 묀헨글라드바흐, 하락세 멈출까

챔피언스리그 16강 진출, 리그에선 기대 이하

아쉬운 시즌이었다. 끊이지 않는 언론의 흔들기, 로제 감독과의 불화가 팀을 계속 시끄럽게 만들었다. 완성도 높은 스쿼드로 챔피언스리그도 병행해야 하는 팀이지만 리그에서의 성적이 좋지 못했다. 개막전부터 도르트문트에게 3대0으로 완패를 당했다. 특히 리그 중반 22라운드에선 내리 4연패를 기록했다. 로제 감독의 도르트문트행이 점점 가시화되면서 팀 분위기도 좋지 못했다. 32라운드 바이에른 뮌헨에게 6골이나 내주며 가장 큰 패배를 당하기도 했다. 챔피언스리그에서 인테르를 무찌르고 16강에 진출한 것과는 다른 분위기였다. 챔피언스리그에서는 맨시티에게 비록 패했지만 좋은 경기력을 통해 경쟁력을 보여준 시즌이었다.

주축 멤버 방어 성공, 휘터의 도전 "Let's go"

뚜렷한 이적시장에서의 큰 활동은 없었지만 유럽 빅 팀들이 호시탐탐 노리고 있는 알짜 주전급 선수들을 모두 지켜냈다. 공격진의 튀랑, 플레아, 슈틴들을 포함해 중원의 자카리아와 노이하우스, 긴터와 엘베디의 수비진도 건재하다. 울프를 라이프치히에서 완전 영입했고, 헤르타 베를린의 유망주 네츠를 데려왔다. 프랑크푸르트의 돌풍을 이끈 휘터 감독을 선임했다. 로제 감독의 악몽을 잠재우기 위한 확실한 카드지만 수비력이 부족한 것으로 평가된다.

SQUAD LIST

위치	번호	선수	국적	키	생년월일	전 소속팀
GK	1	Yann Sommer	SUI	183	88-12-17	Basel
	21	Tobias Sippel	GER	180	88-03-22	Kaiserslautern
	41	Jan Olschowsky	GER	182	01-11-18	None
DF	4	Mamadou Doucouré	FRA	182	98-05-21	Paris St-Germain
	15	Jordan Beyer	GER	187	00-05-19	Fortuna Düsseldorf
	18	Stefan Lainer	AUT	175	92-08-27	Red Bull Salzburg
	20	Luca Netz	GER	180	03-05-15	Hertha Berlin
	24	Tony Jantschke	GER	177	90-04-07	None
	25	Ramy Bensebaini	ALG	186	95-04-16	Rennes
	28	Matthias Ginter	GER	187	94-01-19	Borussia Dortmund
	29	Joe Scally	USA	178	02-12-31	New York C
	30	Nico Elvedi	SUI	188	96-09-30	Zürich
	33	Kaan Kurt	GER	174	01-12-21	Duisburg
MF	6	Christoph Kramer	GER	190	91-02-19	Bayer Leverkusen
	8	Denis Zakaria	SUI	191	96-11-20	Young Boys
	11	Hannes Wolf	AUT	179	99-04-16	RB Leipzig
	13	Lars Stindl	GER	180	88-08-26	Hannover 96
	17	Kouadio Koné	FRA	176	01-05-17	Toulouse
	22	László Bénes	SVK	173	97-09-09	MSK Žilina
	23	Jonas Hofmann	GER	176	92-07-14	Borussia Dortmund
	26	Torben Müsel	GER	185	99-07-25	Kaiserslautern
	32	Florian Neuhaus	GER	179	97-03-16	1860 München
	34	Conor Noß	IRL	181	01-01-01	None
FW	7	Patrick Herrmann	GER	179	91-02-12	Saarbrücken
	10	Marcus Thuram	FRA	188	97-08-06	Guingamp
	14	Alassane Pléa	FRA	180	93-03-10	Nice
	36	Breel Embolo	SUI	184	97-02-14	Schalke
	37	Keanan Bennetts	ENG	183	99-03-09	Tottenham H
	39	Mika Schroers	GER	181	02-02-04	None

2021-22 SEASON SCHEDULE

날짜	장소	상대팀	날짜	장소	상대팀
08-13	H	Bayern München	01-08	A	Bayern München
08-21	A	Leverkusen	01-15	H	Leverkusen
08-29	A	Union Berlin	01-22	H	Union Berlin
09-12	H	Arminia Bielefeld	02-05	A	Arminia Bielefeld
09-18	A	FC Augsburg	02-12	H	FC Augsburg
09-25	H	Dortmund	02-19	A	Dortmund
10-02	A	Wolfsburg	02-26	H	Wolfsburg
10-16	H	Stuttgart	03-05	A	Stuttgart
10-23	A	Hertha Berlin	03-12	H	Hertha Berlin
10-30	H	Bochum	03-19	A	Bochum
11-06	A	Mainz 05	04-02	H	Mainz 05
11-20	H	Greuther Fürth	04-09	A	Greuther Fürth
11-27	A	FC Köln	04-16	H	FC Köln
12-04	H	Freiburg	04-23	A	Freiburg
12-11	A	RB Leipzig	04-30	H	RB Leipzig
12-15	H	Eint Frankfurt	05-07	A	Eint Frankfurt
12-18	A	Hoffenheim	05-14	H	Hoffenheim

RANKING OF LAST 10 YEARS

11-12	12-13	13-14	14-15	15-16	16-17	17-18	18-19	19-20	20-21
4위 60점	8위 47점	6위 55점	3위 66점	4위 55점	9위 45점	9위 47점	5위 55점	4위 65점	8위 49점

MANAGER : Adi HÜTTER 아디 휘터

Personal Information
생년월일 : 1970.02.11 / 출생지 : 호헤넴(오스트리아)
현역시절 포지션 : 미드필더 / 계약만료 : 2024.06.30
평균 재직 기간 : 3년 / 선호 포맷 : 3-4-1-2

History
잘츠부르크 2군 감독으로 지도자 생활을 시작하였다. 몇 개의 클럽을 거쳐 1군 감독으로 컴백했고 영보이즈를 3시즌 지휘했다. 프랑크푸르트의 성공을 이끌었고 로제 감독의 후임으로 묀헨글라드바흐에 부임했다.

Style
주로 4-2-3-1 포메이션을 애용하나 상황에 따라서는 3백 전술도 사용한다. 공격을 좋아하는 감독으로서 선수들에게 90분 내내 강력한 체력을 요구한다. 압박 전술, 오프 더 볼 상황에서의 무브먼트, 세트피스의 중요성을 강조한다. 다만 수비 전술의 세밀함이 부족하고 묀헨글라드바흐의 스쿼드 특성과 맞아가기엔 시간이 필요하다.

우승 - 준우승 횟수
- GERMAN BUNDESLIGA : 5-2
- GERMAN DFB POKAL : 3-2
- UEFA CHAMPIONS LEAGUE : 0-1
- UEFA EUROPA LEAGUE : 2-2
- FIFA CLUB WORLD CUP : 0-0
- UEFA-CONMEBOL INTERCONTINENTAL : 0-1

STADIUM

Borussia-Park

구장 오픈 : 2004년
구장 증개축 : -
구장 소유 : 보루시아 묀헨글라드바흐
수용 인원 : 5만 4057명
피치 규모 : 105 X 68m
잔디 종류 : 천연 잔디

평균 볼 점유율
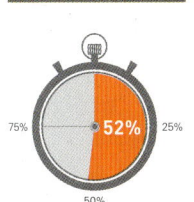
52%

BORUSSIA MÖNCHENGLADBACH vs OPPONENTS PER GAME STATS

묀헨글라드바흐 vs 상대팀

	득점	슈팅	유효슈팅	오프사이드	패스시도	패스성공	패스성공률	태클시도	볼소유시 압박	인터셉트	GK 선방	파울	경고	퇴장
묀헨글라드바흐	1.88	13.4	5.2	2.4	515	422	82%	16.5	142	12.8	2.8	11.6	1.79	0.059
상대팀	1.65	13.4	4.2	2.0	518	412	80%	16.8	158	13.3	3.2	14.6	2.21	0.088

시간대별 득점
76:10 15:12 16
75:9 30:10
61:14 31:9
60 46 45

시간대별 실점
76:17 15:4 16
75:6 30:11
61:10 31:8
60 46 45

위치별 슈팅-득점
27-8
285-49
142-6
• 상대자책골 1골

공격 방향
34% 29% 37%

볼 점유 위치
상대 진영 27%
중간 지역 46%
우리 진영 27%

포지션별 득점
FW진 33골
MF진 18골
DF진 12골

상대 포지션별 실점
DF진 3골
MF진 13골
FW진 40골
• 상대자책골 1골

BASIC FORMATION

4-2-3-1

플레아 (엠볼로)
볼프 (튀랑) / 슈틴들 (베네스) / 호프만 (헤르만)
노이하우스 (호프만) / 크라머 (자카리아)
스컬리 (벤세바이니) / 엘베디 (자카리아) / 긴터 (바이어) / 라이너 (스컬리)
조머 (지펠)

TOTO GUIDE 지난시즌 전적

상대팀	홈	원정
Bayern München	3-2	0-6
RB Leipzig	1-0	2-3
Dortmund	4-2	0-3
Wolfsburg	1-1	0-0
E. Frankfurt	4-0	3-3
Leverkusen	0-1	3-4
Union Berlin	1-1	1-1
Stuttgart	1-2	2-2
Freiburg	2-1	2-2
Hoffenheim	1-2	2-3
Mainz 05	1-2	3-2
FC Augsburg	1-1	1-3
Hertha Berlin	1-1	2-2
Arminia Bielefeld	5-0	1-0
FC Köln	1-2	3-1
Werder Bremen	1-0	4-2
Schalke 04	4-1	3-0

득점 패턴 | 실점 패턴

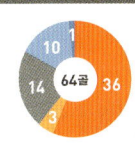
64골: 10, 1, 36, 3, 14

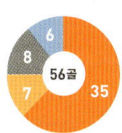
56골: 6, 8, 35, 7

● OPEN PLAY ● COUNTER ATTACK ● SET PLAY ● PENALTY KICK ● OWN GOAL

OFFENSE | DEFENSE

OFFENSE		DEFENSE	
오픈 플레이	B	오픈 플레이 수비	C
카운터 어택	A	카운터 어택 수비	B
짧은 패스 게임	B	짧은 패스 게임 수비	D
롱볼 연계 플레이	C	롱볼 연계 플레이수비	B
솔로 플레이	A	솔로 플레이 수비	C
중거리 슈팅 / 직접 프리킥	B	중거리 슈팅 수비	D
측면 공격	C	측면 수비	C
세트 플레이	B	세트 플레이 수비	D
위협적인 공격 횟수	B	공중전 능력	B
슈팅 대비 득점	B	볼 쟁탈전 / 투쟁심	B
오프사이드 피하기	E	실수 조심	C
볼 점유율	B	파울 주의	D

A 매우 우수함 B 우수함 C 평균 수준 D 부족함 E 많이 부족함

| 상대유효슛 시도-실점 | 상대유효슛 시도-선방 | 상대 PK 시도-득점 | 전체 슈팅 시도-득점 | 직접 프리킥 시도-득점 | PK | TH 던지기 | NK 헤딩 | KD 평균골킥 거리(m) | LG 왼발 득점 | RG 오른발 득점 | HG 헤더 득점 | 출전횟수 선발-교체 | 출전시간 분(MIN) | S% 클린시트 | CS GK 선방율 | A 도움 | P 평균패스 시도-성공 | P% 패스 성공률 | LB 평균롱볼 캐치-편칭 | AD 평균공중볼 시도-성공 | T 평균태클 시도-성공 | I 평균 인터셉트 | DR 평균드리블 시도-성공 | 페어플레이 경고-퇴장 | MOM |

GK Yann SOMMER 1
얀 조머

SCOUTING REPORT
묀헨글라드바흐의 특급 수호신. 183cm로 골키퍼로서 큰 키를 가지지는 않았지만, 리그에서 가장 뛰어난 반사 신경을 보여준다. 양쪽 끝을 모두 커버할만한 점프력과 다이빙을 시도한다. 공격수와의 일대일 상황에서는 주로 전진하여 슈팅의 각도를 좁힌다. 지난 시즌 퇴장으로 인한 결장, 부상으로 3경기 결장했다. 나머지 모든 경기에 출전했고 주장 완장을 차기도 했다. 분데스리가에서 경쟁력 있는 골키퍼.

PLAYER'S HISTORY
스위스 최고 골키퍼. 바젤에서 데뷔해 팀의 스위스 리그 4연패를 이끌었다. 2014년 묀헨글라드바흐와 5년 계약을 맺었다. 어느덧 8시즌째 팀의 골문을 지키고 있다. 스위스 대표팀의 주전 골키퍼로서 유로 2020의 본선에서도 풀타임 출전하며 좋은 모습을 보였다.

주로 사용하는 발: 오른발 78%
우승 / 준우승
1부리그: 4-0 / 협회컵: 1-2 / 챔피언스: 0-0
클럽 월드컵: 0-0 / UEFA 유로: 0-0 / 월드컵: 0-0

세이브-실점
56-46
26-4
● 132-50 TH-125
● 132-82 NK-211
● 6-0 KD-207

패스 방향 분포
전진 46%
좌향 25% 우향 29%
후진 0%

2020-21 분데스리가
31-0 | 2713 | 62% | 6 | 36.0-28.9
P% | LB | AD
80% | 13.0-6.3 | 7-4 | 1-1

DF Matthias GINTER 28
마티아스 긴터

SCOUTING REPORT
리그에서 가장 저평가 받고있는 센터백. 시간이 흐르면서 경험이 쌓이고 여유 있는 모습까지 갖추고 있다. 상황에 따라서는 홀딩형 미드필더로 나서기 때문에 볼 배급력, 볼 컨트롤이 좋다. 빌드업의 시작점이 되며 측면으로 열어주는 로빙 패스가 정확하다. 지난 시즌 3.9개의 롱 패스에 성공했다. 3.3개의 클리어링까지 더하며 위기 상황에서 팀을 가장 많이 구해냈다. 부상도 없이 전 경기 출전하기도 했다.

PLAYER'S HISTORY
프라이부르크의 출생으로 유소년 팀까지 졸업했다. 1군 무대에 데뷔 후 도르트문트로의 오퍼를 받는다. 3시즌 활약 후 2017년 묀헨글라드바흐와의 계약에 성공한다. 독일 대표팀의 주축 멤버로 활약하고 있으며 2014 브라질 월드컵의 위너, 리우 올림픽의 은메달 리스트이다.

주로 사용하는 발: 오른발 82%
우승 / 준우승
1부리그: 0-1 / 협회컵: 1-2 / 챔피언스: 0-0
클럽 월드컵: 0-0 / UEFA 유로: 0-0 / 월드컵: 1-0

슈팅-득점
21-2
2-0
● 23-2 LG-0
● 0-0 RG-0
● 0-0 HG-2

패스 방향 분포
전진 40%
좌향 39% 우향 13%
후진 8%

2020-21 분데스리가
34-0 | 3060 | 1 | 68.9-58.5 | 85%
T | I | DR
1.1-0.8 | 1.5 | 0.3-0.3 | 2-0

MF Florian NEUHAUS 32
플로리안 노이하우스

SCOUTING REPORT
묀헨글라드바흐의 야전 사령관. 시즌을 거듭하면서 가파른 성장세를 보여주고 있다. 기본적으로 볼 간수 능력이 좋고 터치, 개인 기술, 탈압박이 뛰어나다. 특히 로빙 패스의 시도와 성공률이 리그 내에서도 손꼽힌다. 90분 내내 뛸 수 있는 스태미너와 반응, 민첩성이 좋아 상대의 공격 차단에 큰 힘이 된다. 다만 발이 느린 편이고 수비 역할에 대한 태클의 시도가 빈번하지 않다. 많은 빅클럽이 노리고 있다.

PLAYER'S HISTORY
1860 뮌헨의 아카데미를 거쳐 프로에도 데뷔했다. 2부 리그였지만 리그 15경기에 출전하며 스카우터의 눈길을 사로잡았다. 2017년 묀헨글라드바흐로 이적을 결정했고, 본격적으로 기회를 잡으며 리그 최고의 중앙 미드필더로 성장했다. 유로 2020의 최종 엔트리에 들었다.

주로 사용하는 발: 오른발 81%
우승 / 준우승
1부리그: 0-0 / 협회컵: 0-0 / 챔피언스: 0-0
클럽 월드컵: 0-0 / UEFA 유로: 0-0 / 월드컵: 0-0

슈팅-득점
16-4
33-2
● 49-6 LG-1
● 2-0 RG-5
● 0-0 HG-0

패스 방향 분포
전진 34%
좌향 19% 우향 35%
후진 12%

2020-21 분데스리가
30-3 | 2632 | 5 | 52.9-44.6 | 84%
T | I | DR
2.8-1.5 | 1.5 | 1.9-1.3 | 9-0

FW Marcus THURAM 10
마르쿠 튀랑

SCOUTING REPORT
가공할만한 돌파력을 지닌 공격 선봉장. 측면에서 시작해 중앙으로 침투하는 모습은 마치 흑표범을 연상케 한다. 오프 더 볼 상황에서는 공간을 끊임없이 찾으며 찬스 메이킹의 방점을 찍는다. 지난 시즌에 경기당 1.8개의 드리블에 성공하며 팀의 공격을 이끌었다. 다만 공격 포인트가 현저히 낮았고 13라운드 호펜하임 전에선 상대 선수에게 침을 뱉는 비신사적인 행위로 4경기 결장란 중징계를 받았다.

PLAYER'S HISTORY
소쇼를 거쳐 갱강에서 재능을 인정받았다. 특히 18-19 시즌 리그에서 13골을 넣으며 본격적으로 빅리그의 쇼핑 리스트에 오르기 시작했다. 2019년 묀헨글라드바흐로 이적했고, 프랑스 대표팀의 A매치에도 4경기 소화했다. 대표팀 레전드 릴리앙 튀랑의 아들이다.

주로 사용하는 발: 오른발 79%
우승 / 준우승
1부리그: 0-0 / 협회컵: 0-0 / 챔피언스: 0-0
클럽 월드컵: 0-0 / UEFA 유로: 0-0 / 월드컵: 0-0

슈팅-득점
49-8
9-0
● 58-8 LG-2
● 0-0 RG-3
● 0-0 HG-2

패스 방향 분포
전진 25%
좌향 12% 우향 36%
후진 28%

2020-21 분데스리가
20-9 | 1740 | 2 | 19.0-13.6 | 71%
T | I | DR
1.3-0.8 | 0.5 | 2.6-1.6 | 3-1

DF Ramy BENSEBAINI 25
라미 벤세바이니

주전 레프트 백. 키가 크고 제공권이 좋아 풀백으로서 플러스 요인이 많다. 상대의 역습 상황에서도 집중력을 놓지 않고 클리어 해낸다. 지난 시즌은 코로나 확진으로 6경기 결장했고, 근육과 경고 누적 등으로 리그 25경기에만 출전했다. 알제리 대표팀의 주전으로도 나서며 이적 시장 때마다 빅클럽과의 링크가 끊이지 않는다. 자국리그와 프랑스 리그를 거쳤다.

주로 사용하는 발: 왼발 79%
우승 — 1부리그: 0-0 | 협회컵: 1-0 | 챔피언스: 0-0
준우승 — 클럽월드컵: 0-0 | CAF 네이션스컵: 1-0 | 월드컵: 0-0

슈팅-득점: 17-4 / 5-0
22-4 LG-1
0-0 RG-0
1-1 HG-2

패스 방향 분포: 전진 41%, 좌향 7%, 우향 36%, 후진 16%

2020-21 분데스리가: 20-5 | 1814 | 0 | 42.9-34.7 | 81%
T 2.4-1.7 | I 1.9 | DR 0.9-0.5 | 7-0 | 1

DF Nico ELVEDI 30
니코 엘베디

긴터와 함께 벽을 세우고 있는 수비수. 스위스산 특급 센터백이란 별명답게 지난 시즌도 좋은 수비를 보여주었다. 강인한 피지컬을 앞세워 상대의 등지는 플레이에 쉽게 공간을 내주지 않는다. 제공권, 점프력, 태클의 3박자를 갖추었다. 18라운드 도르트문트 전에선 멀티골을 넣으며 팀의 승리에 기여했다. 스위스 대표팀의 주전으로 출전하며 유로 본선에서도 풀타임 활약을 했다.

주로 사용하는 발: 오른발 69%
우승 — 1부리그: 0-0 | 협회컵: 1-0 | 챔피언스: 0-0
준우승 — 클럽월드컵: 0-0 | UEFA 유로: 0-0 | 월드컵: 0-0

슈팅-득점: 12-3 / 0-0
12-3 LG-0
0-0 RG-0
0-0 HG-0

패스 방향 분포: 전진 31%, 좌향 23%, 우향 40%, 후진 6%

2020-21 분데스리가: 29-0 | 2538 | 0 | 65.3-59.6 | 91%
T 2.1-1.7 | I 2.2 | DR 1-0.5 | 1-0 | 1

MF Denis ZAKARIA 8
데니스 자카리아

성장 동력이 하락세를 탔다. 지난 시즌 무릎 부상으로 초반 경기를 결장했고, 복귀한 이후에도 경기력 회복이 제대로 되지 않았다. 특유의 중원 장악이나 탈압박에서도 합격점을 받지 못했다. 이번 시즌은 부활의 신호탄을 터뜨려야만 한다. 스위스 대표팀 주축 멤버로 유로 조별 라운드에서 진출했다. 스페인과의 8강전에선 연장전까지 갔지만 아쉽게 패배의 맛을 보았다.

주로 사용하는 발: 오른발 98%
우승 — 1부리그: 0-0 | 협회컵: 0-2 | 챔피언스: 0-0
준우승 — 클럽월드컵: 0-0 | UEFA 유로: 0-0 | 월드컵: 0-0

슈팅-득점: 4-1 / 7-0
11-1 LG-1
0-0 RG-0
0-0 HG-0

패스 방향 분포: 전진 30%, 좌향 27%, 우향 27%, 후진 17%

2020-21 분데스리가: 15-10 | 1420 | 1 | 25.6-22.5 | 88%
T 1.6-1.2 | I 0.9 | DR 1.3-0.8 | 5-0 | 0

MF Hannes WOLF 11
하네스 볼프

임대를 온 후 완전 영입에 성공했다. 빠른 돌파와 센스있는 움직임, 오프 더 볼 상황에서 좁은 공간의 활용법이 좋다. 다만 많은 기회를 받은 것에 비해 공격 포인트가 낮아 아쉽다. 라이퍼링에서 프로 데뷔를 했다. 잘츠부르크와 라이프치히를 거쳐 묀헨글라트바흐로 합류했다. 오스트리아 U-21 출신이지만 A대표팀은 아직이다.

주로 사용하는 발: 왼발 60%
우승 — 1부리그: 3-0 | 협회컵: 2-1 | 챔피언스: 0-0
준우승 — 클럽월드컵: 0-0 | UEFA 유로: 0-0 | 월드컵: 0-0

슈팅-득점: 14-3 / 2-0
16-3 LG-2
0-0 RG-1
0-0 HG-0

패스 방향 분포: 전진 26%, 좌향 25%, 우향 22%, 후진 27%

2020-21 분데스리가: 14-18 | 1372 | 4 | 17.0-13.0 | 76%
T 1.7-0.8 | I 0.3 | DR 1.2-0.5 | 2-0 | 1

FW Lars STINDL 13
라스 슈틴들

팀의 주장. 라커룸에서 신망이 두텁고 코칭 스태프와의 연결 고리 역할을 잘 해낸다. 주로 공격형 미드필더와 최전방 공격수 사이에 위치하며 측면에서도 공격을 이끈다. 지난 시즌 리그 30경기에 출전하여 14골과 10개의 도움을 기록했다. 10-10을 성공하면서 팀의 부진 속에 그나마 힘이 되었다. 2015년부터 묀헨글라트바흐에 뛰었고 대표팀에선 11경기 활약했다.

주로 사용하는 발: 오른발 78%
우승 — 1부리그: 0-0 | 협회컵: 0-0 | 챔피언스: 0-0
준우승 — 클럽월드컵: 0-0 | UEFA 유로: 0-0 | 월드컵: 0-0

슈팅-득점: 35-13 / 21-1
56-14 LG-2
7-1 RG-11
7-6 HG-1

패스 방향 분포: 전진 21%, 좌향 27%, 우향 25%, 후진 26%

2020-21 분데스리가: 23-7 | 1967 | 8 | 33.4-27.8 | 83%
T 1.6-0.8 | I 0.4 | DR 0.5-0.3 | 6-0 | 1

FW Alassane PLÉA 14
알라산 플레

튀랑, 슈틴들과 공격을 지휘한다. 빠른 돌파와 뛰어난 개인기로 상대를 제친다. 측면에서도 뛰며 강한 슈팅으로 파 포스트 쪽 골대를 자주 노린다. 지난 시즌은 코로나 확진과 잔 부상들이 겹쳐 리그에서 6골이라는 저조한 기록으로 마감했다. 프랑스 연령별 대표팀을 모두 거친 엘리트로서 성인 대표팀에서 1경기 출전했다. 구단 역사상 최고 이적료의 사나이다.

주로 사용하는 발: 오른발 86%
우승 — 1부리그: 0-0 | 협회컵: 1-0 | 챔피언스: 0-0
준우승 — 클럽월드컵: 0-0 | UEFA 유로: 0-0 | 월드컵: 0-0

슈팅-득점: 39-2 / 23-4
62-6 LG-1
0-0 RG-5
0-0 HG-0

패스 방향 분포: 전진 23%, 좌향 23%, 우향 28%, 후진 26%

2020-21 분데스리가: 19-10 | 1807 | 1 | 22.3-16.8 | 75%
T 1.2-0.7 | I 0.2 | DR 1.5-0.9 | 2-0 | 1

VfB STUTTGART

구단 창립 : 1893년 홈구장 : 메르세데스-벤츠 아레나 대표 : 클라우스 포흐트 2020-21시즌 : 9위(승점 45점) 12승 9무 13패 56득점 55실점 닉네임 : Die Roten, Die Schwaben

중위권 유지, 다음 목표는 유럽 대항전

개막전 패배 후 8경기 무패, 잔류 성공

돌아온 슈투트가르트는 잔류에 성공했다. 전통의 명가 슈투트가르트를 이번 시즌도 1부 리그에서 볼 수가 있다. 많은 기대를 안고 무수히 많은 팬들의 응원이 뒤따랐다. 개막전에 패배했지만 바로 대승을 거두었고 9라운드 뮌헨전까지 무패를 기록했다. 특히 11라운드 도르트문트를 상대로 5골이나 뽑아내며 슈투트가르트의 복귀를 온 세상에 알렸다. 하지만 시즌 후반부로 갈수록 불안한 경기력을 보여주며 연이어 패배했다. 내리 4연패를 기록했고 리그에서 10위권으로 머물렀다. 컵 대회에서는 16강에 진출했지만 뮌헨글라드바흐에게 고배를 마셨다. 전반적으로 만족할만한 시즌이었다.

유로파 리그 진출, 어디까지 올라갈까

슈투트가르트의 공격을 이끌었던 곤잘레스가 2350만 유로라는 큰 금액에 피오렌티나로 이적했다. 골문을 지키던 코벨은 도르트문트로 떠나 뷔르키와 더 높은 수준에서 경쟁을 펼치게 되었다. 이 두 선수의 공백을 메꿀 필요가 있었고 마인츠의 주전 골리 뮐러가 왔다. 주전 공격수 칼리아지치가 건재하고 엔도 와타루는 당당히 주장 완장까지 차게 되었다. 마타라초 감독의 지도력이 빛을 보이고 있고 팀원들 간의 믿음이 두텁다. 중원에 위치한 망갈라, 와망기투카는 빅클럽의 관심을 받고 있다. 이번 시즌은 유로파 리그 진출이 목표다.

ODDS CHECK

| bet365 | 배당률 500배 우승 확률 10위 | sky bet | 배당률 250배 우승 확률 12위 |
| William HILL | 배당률 500배 우승 확률 10위 | 888sport | 배당률 500배 우승 확률 9위 |

*우승 확률이 높을수록 배당률은 낮아짐

SQUAD LIST

위치	번호	선수	국적	키	생년월일	전 소속팀
GK	1	Florian Müller	GER	192	97-11-13	Mainz
	33	Fabian Bredlow	GER	191	95-03-02	Nürnberg
	42	Florian Schock	GER	199	01-05-22	None
DF	2	Waldemar Anton	GER	182	96-07-20	Hannover 96
	4	Marc-Oliver Kempf	GER	186	95-01-28	Freiburg
	5	Konstantinos Mavropanos	GRE	192	97-12-11	Arsenal
	15	Pascal Stenzel	GER	184	96-03-20	Freiburg
	16	Atakan Karazor	GER	190	96-10-13	Holstein Kiel
	24	Borna Sosa	CRO	184	98-01-21	Dinamo Zagreb
MF	3	Wataru Endo	JPN	176	93-02-09	Sint-Truiden
	6	Clinton Mola	ENG	183	01-02-15	Chelsea
	7	Tanguy Coulibaly	FRA	175	01-02-18	Paris St-Germain
	8	Enzo Millot	FRA	175	02-07-17	Monaco
	10	Daniel Didavi	GER	179	90-02-21	Wolfsburg
	11	Erik Thommy	GER	174	94-08-20	Augsburg
	20	Philipp Förster	GER	190	95-02-04	Sandhausen
	21	Philipp Klement	GER	174	92-09-09	Paderborn
	22	Chris Führich	GER	178	98-01-09	Paderborn
	23	Orel Mangala	BEL	180	98-03-18	Anderlecht
	25	Lilian Egloff	GER	183	02-08-20	None
	28	Nikolas Nartey	DEN	185	00-02-22	Köln
	29	Momo Cissé	GUI	178	02-10-17	Le Havre
	30	Roberto Massimo	GER	185	00-10-12	Arminia Bielefeld
	32	Naouirou Ahamada	FRA	183	02-03-29	Juventus U23
	34	Ömer Faruk Beyaz	TUR	171	03-08-29	Fenerbahçe
	37	Hiroki Ito	JPN	186	99-05-12	Júbilo Iwata
FW	9	Saša Kalajdžić	AUT	200	97-07-07	Admira Wacker
	14	Silas Katompa Mvumpa	COD	185	98-10-06	Paris FC
	17	Omar Marmoush	EGY	177	99-02-07	Wolfsburg
	18	Hamadi Al Ghaddioui	MAR	190	90-09-22	Jahn Regensburg
	19	Wahid Faghir	DEN	185	03-07-29	Vejle
	44	Mohamed Sankoh	NED	180	03-10-16	Stoke C

2021-22 SEASON SCHEDULE

날짜	장소	상대팀	날짜	장소	상대팀
08-14	H	Greuther Fürth	01-08	A	Greuther Fürth
08-20	A	RB Leipzig	01-15	H	RB Leipzig
08-28	H	Freiburg	01-22	A	Freiburg
09-12	A	Eint Frankfurt	02-05	H	Eint Frankfurt
09-19	H	Leverkusen	02-12	A	Leverkusen
09-26	A	Bochum	02-19	H	Bochum
10-02	H	Hoffenheim	02-26	A	Hoffenheim
10-16	A	M'Gladbach	03-05	H	M'Gladbach
10-23	H	Union Berlin	03-12	A	Union Berlin
10-30	A	FC Augsburg	03-19	H	FC Augsburg
11-06	H	Arminia Bielefeld	04-02	A	Arminia Bielefeld
11-20	A	Dortmund	04-09	H	Dortmund
11-27	H	Mainz 05	04-16	A	Mainz 05
12-04	H	Hertha Berlin	04-23	A	Hertha Berlin
12-11	A	Wolfsburg	04-30	H	Wolfsburg
12-15	H	Bayern München	05-07	A	Bayern München
12-18	A	FC Köln	05-14	H	FC Köln

RANKING OF LAST 10YEARS

MANAGER : Pellegrino MATARAZZO 펠레그리노 마타라초

Personal Information
생년월일 : 1977.11.28 / 출생지 : 뉴저지(미국)
현역시절 포지션 : 미드필더 / 계약만료 : 2024.06.30
평균 재직 기간 : 2년 / 선호 포맷 : 3-4-2-1

History
뉘른베르크에서 은퇴했고 바로 2군 팀의 수석 코치로 등장했다. 꾸준히 유소년 팀을 맡았고 2018년 호펜하임의 수석 코치를 거쳐 2019년 슈투트가르트로 합류했다. 팀의 승격을 이룬 은인과도 같은 감독이다.

Style
이탈리아계 미국인 출신 감독으로 강등되었던 슈투트가르트를 다시 1부리그로 이끌었다. 3백 전술을 기반으로 한 3-4-2-1의 포메이션을 구사한다. 중원에서의 거친 몸싸움이나 제공권 장악에 중점을 둔다. 선수들과의 소통을 잘하며 구단 프런트와의 관계도 좋다. 슈투트가르트의 서포터즈에게도 상당히 인기가 많은 감독이다.

	우승 - 준우승 횟수
GERMAN BUNDESLIGA	5-4
GERMAN DFB POKAL	3-3
UEFA CHAMPIONS LEAGUE	0-0
UEFA EUROPA LEAGUE	0-1
FIFA CLUB WORLD CUP	0-0
UEFA-CONMEBOL INTERCONTINENTAL	0-0

STADIUM : Mercedes-Benz Arena
구장 오픈 : 1933년 / 구장 증개축 : 총 5회(최근 2011년)
구장 소유 : 슈타디온 네카르파크 GmbH & Co. / 수용 인원 : 6만 441명
피치 규모 : 105 X 68m / 잔디 종류 : 천연 잔디

평균 볼 점유율
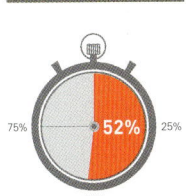
52%

VfB STTUTGART vs. OPPONENTS PER GAME STATS

슈투트가르트 vs 상대팀

	독점	슈팅	유효슈팅	오프사이드	패스시도 PA	패스성공 PC	패스성공률 P%	태클시도 TK	볼소유자압박 PR	인터셉트 INT	GK 선방	파울	경고	퇴장
슈투트가르트	1.65	13.4	4.7	1.6	478	387	81%	16.8	137	12.5	3.3	12.4	1.85	0.059
상대팀	1.62	13.4	4.8	1.3	491	384	78%	21.3	171	13.4	3.1	15.4	2.03	0.088

시간대별 득점
76-15: 7
75-16: 18
61-30: 8
60-31: 5
46-45: 10, 8

시간대별 실점
76-15: 6
75-16: 7
61-30: 11
60-31: 10
46-45: 11, 10

위치별 슈팅-득점
18-7
289-41
149-6
*상대자책골 2골

공격 방향
37% 28% 35%

볼 점유 위치
상대 진영 28%
중간 지역 44%
우리 진영 28%

포지션별 득점
FW진 35골
MF진 15골
DF진 4골
*상대자책골 2골

상대 포지션별 실점
DF진 6골
MF진 11골
FW진 36골
*자책골 실점 2골

BASIC FORMATION (3-4-2-1)

- 알가디위 / 칼라이지지
- 클리모비츠 / 디다비
- 피르스터 / 망갈라
- 소사 / 쿨리발리
- 엔도 / 이토
- 클레멘트 / 아마다
- 마시모 / 음붐파
- 켐프 / 올라
- 안톤 / 카라조르
- 마브로파노스 / 슈텐즐
- 뮐러 / 브레틀로

TOTO GUIDE 지난시즌 전적

상대팀	홈	원정
Bayern München	1-3	0-4
RB Leipzig	0-1	0-2
Dortmund	2-3	5-1
Wolfsburg	1-3	0-1
E. Frankfurt	2-2	1-1
Leverkusen	1-1	2-5
Union Berlin	2-2	1-2
Monchengladbach	2-2	2-1
Freiburg	2-3	1-2
Hoffenheim	2-0	3-3
Mainz 05	2-0	4-1
FC Augsburg	2-1	4-1
Hertha Berlin	1-1	2-0
Arminia Bielefeld	0-2	0-3
FC Köln	1-1	1-0
Werder Bremen	1-0	2-1
Schalke 04	5-1	1-1

득점 패턴 (56골)
OPEN PLAY 31 / COUNTER ATTACK 7 / SET PLAY 10 / PENALTY KICK 6 / OWN GOAL 2

실점 패턴 (55골)
OPEN PLAY 39 / COUNTER ATTACK 3 / SET PLAY 7 / PENALTY KICK 5 / OWN GOAL 1

OFFENSE | DEFENSE

OFFENSE		DEFENSE	
오픈 플레이	A	오픈 플레이 수비	D
카운터 어택	A	카운터 어택 수비	D
짧은 패스 게임	A	짧은 패스 게임 수비	E
롱볼 연계 플레이	C	롱볼 연계 플레이수비	C
솔로 플레이	C	솔로 플레이 수비	D
중거리 슈팅/직접 프리킥	C	중거리 슈팅 수비	B
측면 공격	C	측면 수비	D
세트 플레이	B	세트 플레이 수비	D
위협적인 공격 횟수	C	공중전 능력	B
슈팅 대비 득점	C	볼 쟁탈전 / 투쟁심	B
오프사이드 피하기	C	실수 조심	C
볼 점유율	A	파울 주의	D

A 매우 우수함 / B 우수함 / C 평균 수준 / D 부족함 / E 많이 부족함

GK Florian MÜLLER 1
플로리안 뮐러

SCOUTING REPORT
프라이부르크에서 넘어온 새로운 넘버원. 중거리 슛에 대한 세이브가 뛰어나다. 몸을 날려서 긴 팔로 사각지대의 방어를 해낸다. 스탭 후에 역동작에 걸릴 때는 점프를 한 후 펀칭을 시도한다. 상대와의 일대일 상황에선 침착하게 페널티 박스 밖을 벗어나지 않고 다음을 예방한다. 도르트문트로 떠난 코벨의 대체 자원으로 영입된 만큼 자신의 입지를 다지는 것이 첫 번째 목표다. 현재까지의 행보는 나쁘지 않다.

PLAYER'S HISTORY
2016년 마인츠의 유스를 거쳐 데뷔했다. 줄곧 기회를 잡지 못하다 지난 시즌 프라이부르크로 임대된 후에 본격적으로 주전 골리의 영향력을 행사했다. 이번 시즌 4년 계약으로 슈투트가르트의 1번 셔츠를 입었다. 독일 청소년 대표팀 출신으로 도쿄 올림픽의 주전으로 참가했다.

DF Waldemar ANTON 2
발데마르 안톤

SCOUTING REPORT
하노버의 주장 출신인 수비수. 안톤이 없는 슈투트가르트의 수비는 생각이 나지 않을 정도로 많은 영향력을 행사한다. 점프력이 좋고 공중전의 강점을 지녔다. 상대에게 질풍처럼 달려가 슬라이딩 태클을 하는 장면과 공격 수와의 거친 몸싸움에서 지지 않는 모습은 많은 박수를 이끌어낸다. 지난 시즌 인대 부상으로 리그 초반 3경기를 결장했고 그 외 나머지 모든 경기에서 풀타임에 가까운 활약을 했다.

PLAYER'S HISTORY
하노버의 유스 출신으로 프로 무대에 바로 데뷔했다. 팀의 강등을 2번이나 보았고 1번의 승격을 함께 했다. 지난 시즌 두 번째 강등으로 인해 슈투트가르트로 이적을 결정했다. 21세 이하의 독일 대표팀 출신으로 11경기 출장했다. 2019 U-21 유럽 선수권도 참가하였다.

MF Orel MANGALA 23
오렐 망갈라

SCOUTING REPORT
슈투트가르트의 청소부. 중원의 살림꾼 역할을 수행하며 넘치는 스테미너로 상대의 공격을 차단한다. 경기당 1.1개의 인터셉트에 성공했으며 84.6%의 패스 성공률을 보였다. 볼 컨트롤이 좋고 좁은 공간에서 기묘한 드리블로 돌파한다. 25라운드에 근육 부상으로 교체된 후에 빠르게 시즌을 마무리했다. 유로 본선으로 향하는 도전 역시 멈추어서 아쉬웠다. 이번 시즌은 다시 일어선다.

PLAYER'S HISTORY
벨기에 연령별 대표팀에 모두 부름을 받으며 차세대 홀딩형 미드필더로 주목을 받는다. 도르트문트와 슈투트가르트의 유스를 거쳐 1군에 데뷔했다. 18-19 시즌 함부르크로 임대를 다녀온 후 본격적으로 준주전급 기회를 찾았다. 팀 내에서 가장 몸값이 높은 선수다.

FW Saša KALAJDŽIĆ 9
사샤 칼라이지치

SCOUTING REPORT
슈투트가르트의 최전방 공격수. 2m의 신장에서 터져나오는 헤딩슛은 칼라이지치의 주특기. 세트피스의 상황에서 가장 확실한 공격과 수비의 옵션이다. 큰 키를 가졌지만, 발놀림도 좋다. 기본적으로 볼 컨트能력이 뛰어나고 동료와의 연계 플레이를 통해 전진을 시도한다. 지난 시즌에는 리그에서 16골을 폭발했다. 리그 19라운드부터는 7경기 연속골을 성공시켰고 팀의 약진에 가장 많은 공헌을 했다.

PLAYER'S HISTORY
비엔나 출생으로 아드미라 바커에서 프로 데뷔를 했다. 18-19 시즌 15경기에 8골을 넣으며 스카우터의 눈에 포착되었고 2019년 분데스리가의 명문 슈투트가르트로 이적했다. 오스트리아의 21세 이하 대표팀 출신으로 유로 본선 무대도 밟았다. 16강전에는 골 맛까지 보았다.

DF Marc-Oliver KEMPF 4
마르크 올리버 켐프

슈투트가르트의 주장단. 다부진 체구에서 나오는 맨 마킹과 태클이 인상적이다. 큰 부상 없이 지난 시즌을 보냈고 경기당 1.5개의 태클과 2.9개의 클리어링에 성공했다. 프랑크푸르트의 유스 출신으로 프라이부르크를 거쳐 2018년 슈투트가르트로 이적했다. 팀의 강등과 승격을 함께 했기에 서포터즈의 사랑을 받고 있다. 독일 연령별 대표팀에 꾸준히 부름을 받았다.

주로 사용하는 발: 왼발 84%

우승	1부리그: 0-0	협회컵: 0-0	챔피언스: 0-0
준우승	클럽 월드컵: 0-0	UEFA 유로: 0-0	월드컵: 0-0

슈팅-득점: 12-2 / 5-0
- 17-2 LG-1
- 0-0 RG-0
- 0-0 HG-1

패스 방향 분포: 전진 35%, 좌향 23%, 우향 36%, 후진 6%

2020-21 분데스리가: 32-0 / 2734 / 1 / 56.6-46.7 / 82% / 2.2-1.5 / 2.1 / 0.7-0.6 / 5-0 / 1

DF Konstantinos MAVROPANOS 5
콘스탄티노스 마브로파노스

슈투트가르트의 주장단. 다부진 체구에서 나오는 맨 마킹과 태클이 인상적이다. 큰 부상 없이 지난 시즌을 보냈고 경기당 1.5개의 태클과 2.9개의 클리어링에 성공했다. 프랑크푸르트의 유스 출신으로 프라이부르크를 거쳐 2018년 슈투트가르트로 이적했다. 팀의 강등과 승격을 함께 했기에 서포터즈의 사랑을 받고 있다. 독일 연령별 대표팀에 꾸준히 부름을 받았다.

주로 사용하는 발: 오른발 82%

우승	1부리그: 0-0	협회컵: 0-0	챔피언스: 0-0
준우승	클럽 월드컵: 0-0	UEFA 유로: 0-0	월드컵: 0-0

슈팅-득점: 13-0 / 2-0
- 15-0 LG-0
- 0-0 RG-0
- 0-0 HG-0

패스 방향 분포: 전진 45%, 좌향 40%, 우향 6%, 후진 9%

2020-21 분데스리가: 19-2 / 1474 / 0 / 46.1-36.5 / 79% / 2.9-2.0 / 2.8 / 0.7-0.4 / 5-0 / 1

MF Endo WATARU 3
엔도 와타루

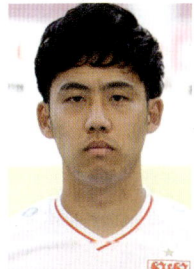

클럽의 캡틴. 동양인으로서 독일의 전통 명문 슈투트가르트의 주장으로 임명되어 많은 이들에게 화제가 되었다. 포백을 보호하며 팀에 대해 늘 헌신적인 태도로 다가간다. 볼을 다루는 기술이 좋고 전방으로 연결하는 전진 패스, 로빙 패스가 뛰어나다. 일본 대표팀의 주축 멤버로서 지난 도쿄 올림픽에서도 참가했다. A매치 출선 기록은 28경기에 나섰고 2골을 성공시켰다.

주로 사용하는 발: 오른발 81%

우승	1부리그: 0-1	협회컵: 0-0	챔피언스: 0-0
준우승	클럽 월드컵: 0-0	AFC 아시안컵: 0-1	월드컵: 0-0

슈팅-득점: 12-2 / 16-1
- 28-3 LG-1
- 0-0 RG-2
- 0-0 HG-0

패스 방향 분포: 전진 33%, 좌향 27%, 우향 25%, 후진 15%

2020-21 분데스리가: 33-0 / 2957 / 3 / 55.1-46.0 / 84% / 3.2-2.0 / 1.5 / 1.6-1.2 / 5-0 / 1

MF Silas KATOMPA 14
사일러스 카톰파

좌우 측면을 가리지 않고 뛴다. 공격적인 재능이 뛰어나고 개인 기술이 좋아 상대와의 일대일을 즐긴다. 빠른 돌파 후 시도하는 얼리 크로스, 직접 볼을 몰고 가 인사이드 킥으로 골망을 흔든다. 지난 시즌에 리그에서 11골을 넣으며 팀 내에서 두 번째 최다득점자가 되었다. 알레스에서 데뷔하여 파리FC를 거쳐 2019년에 슈투트가르트로 입단했다. 대표팀 사출은 없다.

주로 사용하는 발: 오른발 92%

우승	1부리그: 0-0	협회컵: 0-0	챔피언스: 0-0
준우승	클럽 월드컵: 0-0	CAF 네이션스컵: 0-0	월드컵: 0-0

슈팅-득점: 39-11 / 5-0
- 44-11 LG-1
- 0-0 RG-10
- 3-0 HG-0

패스 방향 분포: 전진 30%, 좌향 30%, 우향 11%, 후진 30%

2020-21 분데스리가: 24-1 / 1931 / 4 / 17.0-12.0 / 71% / 2.8-1.9 / 0.9 / 3.4-1.9 / 6-0 / 3

MF Borna SOSA 24
보르나 소사

슈투트가르트의 도움왕. 자로 잰 듯한 크로스가 일품이며 일각에선 '명품 크로스' 라고도 부른다. 금발의 외모를 가져 여성팬이 특히 많다. 주력이 좋고 터치 라인을 타고 드리블을 종종 시도한다. 자국 명문 디나모 자그레브의 출신으로 2018년 슈투트가르트로 입단했다. 크로아티아의 연령별 스쿼드에 모두 들었으나 아직까지 성인 대표팀에 대한 발탁은 없는 상태다.

주로 사용하는 발: 왼발 93%

우승	1부리그: 3-1	협회컵: 4-0	챔피언스: 0-0
준우승	클럽 월드컵: 0-0	UEFA 유로: 0-0	월드컵: 0-0

슈팅-득점: 8-0 / 6-0
- 14-0 LG-0
- 2-0 RG-0
- 0-0 HG-0

패스 방향 분포: 전진 35%, 좌향 1%, 우향 45%, 후진 19%

2020-21 분데스리가: 25-1 / 2047 / 9 / 34.0-26.4 / 78% / 1.2-2.0 / 1.2 / 1.6-1.0 / 2-0 / 1

FW Philipp FÖRSTER 20
필립 푀르스터

창의적인 움직임, 공간 활용 능력, 세밀한 볼 터치가 인상적인 공격형 미드필더. 다만 연계 플레이에서 아쉬운 점을 보이고 공격 포인트가 낮은 것도 발전이 필요하다. 많은 클럽을 전전하다 2019년 슈투트가르트와 인연을 맺었다. 팀의 승격에 공헌했고 지금까지 공격의 지휘관 역할을 수행한다. 지난 시즌엔 잦은 부상으로 리그 초반에 결장했지만 이후 꾸준히 출장하고 있다.

주로 사용하는 발: 왼발 87%

우승	1부리그: 0-0	협회컵: 0-0	챔피언스: 0-0
준우승	클럽 월드컵: 0-0	UEFA 유로: 0-0	월드컵: 0-0

슈팅-득점: 15-3 / 5-0
- 20-3 LG-2
- 0-0 RG-1
- 1-0 HG-0

패스 방향 분포: 전진 29%, 좌향 15%, 우향 30%, 후진 26%

2020-21 분데스리가: 17-8 / 1521 / 1 / 26.4-21.1 / 80% / 1.6-0.9 / 0.6 / 1.2-0.4 / 4-0 / 0

SC FREIBURG

구단 창립 : 1904년 홈구장 : SC 슈타디온 대표 : 프리츠 켈러 2020-21시즌 : 10위(승점 45점) 12승 9무 13패 52득점 52실점 닉네임 : Breisgau-Brasilianer

감독 신임받는 정우영, 공격진 주전 경쟁

'강공약수(强攻弱守)', 상승곡선 그리다 멈칫
매력적인 공격 축구를 구사하는 팀. 지난 시즌에도 비슷한 분위기였다. 창의적인 움직임을 기반으로 화끈하게 골을 넣었다. 그러나 수비의 부족함도 동시에 노출했다. 득점과 실점이 모두 54골로 같았다. 리그 초반은 암흑이었다. 8라운드까지 1번의 승리밖에 없었다. 도르트문트, 레버쿠젠, 라이프치히에게 모두 3골 이상을 내주었다. 수비 진영의 잦은 실책, 미드필더의 소극적인 대처가 주된 이유였다. 하지만 11라운드부터 리그 5연승을 기록하며 반전이 펼쳐졌다. 특히 쾰른에게 5골이나 성공시키며 강력한 공격력을 바탕으로 리그 9위까지 올랐으나 거기까지였다. 기복이 심한 경기력을 꾸준히 유지하는 것이 관건이다.

유로파리그, 컵 대회에서 성적 낼 수 있을까
분데스리가의 코리안 듀오가 헤어졌다. 권창훈이 수원으로 컴백했고, 정우영은 여전히 주전 경쟁을 펼치고 있다. 좋은 모습을 보이는 정우영의 상승 곡선이 심상치가 않다. 중원의 핵심 자원이었던 산타마리아가 이적을 택하면서 그의 공백을 메우는 것이 최우선 과제가 되었고, 그를 위해 베르더 브레멘에서 에게슈타인을 영입하였다. 슈트라이히 감독은 초반에 경질 위기가 있었지만 잘 이겨냈다. 이번 시즌에도 프라이부르크를 책임진다. 다만 기복이 심한 경기력에 대해선 책임을 회피할 수가 없다. 지난 시즌의 기복을 줄여 유럽대항전 진출을 목표로 한다.

ODDS CHECK

	배당률	우승 확률		배당률	우승 확률
bet365	750배	13위	skybet	500배	13위
William HILL	250배	9위	888sport	600배	12위

*우승 확률이 높을수록 배당률은 낮아짐

SQUAD LIST

위치	번호	선수	국적	키	생년월일	전 소속팀
GK	1	Benjamin Uphoff	GER	190	93-08-08	Karlsruhe
	21	Noah Atubolu	GER	190	02-05-25	None
	26	Mark Flekken	NED	195	93-06-13	Duisburg
DF	3	Philipp Lienhart	AUT	185	96-07-11	Real Madrid B
	4	Nico Schlotterbeck	GER	191	99-12-01	Karlsruhe
	5	Manuel Gulde	GER	183	91-02-12	Karlsruhe
	17	Lukas Kübler	GER	183	92-08-30	Sandhausen
	23	Dominique Heintz	GER	190	93-08-15	Köln
	25	Kiliann Sildillia	FRA	186	02-05-16	Metz
	30	Christian Günter	GER	184	93-02-28	None
	31	Keven Schlotterbeck	GER	189	97-04-28	TSG Backnang
MF	7	Jonathan Schmid	FRA	177	90-06-26	Augsburg
	8	Maximilian Eggestein	GER	181	96-12-08	Werder Bremen
	14	Yannik Keitel	GER	184	00-02-15	None
	19	Janik Haberer	GER	187	94-04-02	1899 Hoffenheim
	22	Roland Sallai	HUN	180	97-05-22	APOEL
	27	Nicolas Höfler	GER	181	90-03-09	Pfullendorf
	29	Jeong Woo-Yeong	KOR	179	99-09-20	Bayern München
	32	Vincenzo Grifo	ITA	180	93-04-07	1899 Hoffenheim
	33	Noah Weißhaupt	GER	180	01-09-20	None
FW	9	Lucas Höler	GER	184	94-07-10	Sandhausen
	11	Ermedin Demirović	BIH	184	98-03-25	Alavés
	18	Nils Petersen	GER	186	88-12-06	Werder Bremen
	20	Kevin Schade	GER	183	01-11-27	Energie Cottbus
	45	Nishan Burkart	SUI	174	00-01-31	Manchester U

2021-22 SEASON SCHEDULE

날짜	장소	상대팀	날짜	장소	상대팀
08-14	A	Arminia Bielefeld	01-08	H	Arminia Bielefeld
08-21	H	Dortmund	01-15	A	Dortmund
08-28	A	Stuttgart	01-22	H	Stuttgart
09-11	H	FC Köln	02-05	A	FC Köln
09-18	A	Mainz 05	02-12	H	Mainz 05
09-26	H	FC Augsburg	02-19	A	FC Augsburg
10-02	A	Hertha Berlin	02-26	H	Hertha Berlin
10-16	H	RB Leipzig	03-05	A	RB Leipzig
10-23	A	Wolfsburg	03-12	H	Wolfsburg
10-30	H	Greuther Fürth	03-19	A	Greuther Fürth
11-06	A	Bayern München	04-02	H	Bayern München
11-20	H	Eint Frankfurt	04-09	A	Eint Frankfurt
11-27	A	Bochum	04-16	H	Bochum
12-04	H	M'Gladbach	04-23	A	M'Gladbach
12-11	H	Hoffenheim	04-30	A	Hoffenheim
12-15	H	Union Berlin	05-07	A	Union Berlin
12-18	A	Leverkusen	05-14	H	Leverkusen

RANKING OF LAST 10YEARS

11-12	12-13	13-14	14-15	15-16	16-17	17-18	18-19	19-20	20-21
12 / 40점	5 / 51점	14 / 36점	17 / 34점	1	7 / 48점	15 / 36점	13 / 36점	8 / 48점	10 / 45점

MANAGER : Christian STREICH 크리스티안 슈트라이히

Personal Information
- 생년월일 : 1965.06.11 / 출생지 : 바일암라인(독일)
- 현역시절 포지션 : 미드필더 / 계약만료 : 2022.06.30
- 평균 재직 기간 : 10년 / 선호 포맷 : 5-4-1

History
2011년부터 프라이부르크를 이끌고 있다. 은퇴도 프라이부르크에서 했고 오랫동안 유스팀, 수석 코치로도 함께 했다. 어느덧 65살의 나이지만 전술적인 유연함이 좋다. 팬덤이 확실한 감독이다.

Style
'미스터 프라이부르크' 로 불리우는 감독. 특별한 포메이션에 얽매이지 않고 경기를 치룬다. 그때의 상황에 맞춰서 출전하고 5-4-1, 4-4-2, 4-3-3의 여러 포지션을 소화해낸다. 공격을 중시하지만, 수비에 있어서 보완이 필요하다. 지난 시즌 위기를 겪으며 비판의 여론이 있었지만 다행히 위기를 잘 넘겼다.

우승 - 준우승 횟수
- GERMAN BUNDESLIGA : 0-0
- GERMAN DFB POKAL : 0-0
- UEFA CHAMPIONS LEAGUE : 0-0
- UEFA EUROPA LEAGUE : 0-0
- FIFA CLUB WORLD CUP : 0-0
- UEFA-CONMEBOL INTERCONTINENTAL : 0-0

STADIUM
- 구장 오픈 : 2021년
- 구장 소유 : 프라이부르크 시
- 피치 규모 : 105 X 68m
- 구장 증개축 : -
- 수용 인원 : 3만 4700명
- 잔디 종류 : 천연 잔디

평균 볼 점유율
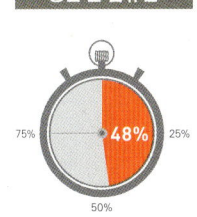
48%

SC FREIBURG vs. OPPONENTS PER GAME STATS

프라이부르크 vs 상대팀

독점	슈팅	유효슈팅	오프사이드	패스시도	패스성공	패스성공률	태클시도	볼소유점유	인터셉트	GK 선방	파울	경고	퇴장
1.53	11.4	4.4	1.6	423	527	331	425	78%	81%				
1.53	14.8	4.2	1.3										

| 14.7 | 15.0 | 148 | 137 | 13.3 | 9.5 | 3.7 | 2.9 | 12.9 | 13.5 | 1.85 | 1.59 | 0.000 | 0.000 |

시간대별 득점
- 76-90: 10, 8
- 61-75: 10, 7
- 46-60: 10, 7
- 31-45:
- 16-30:
- 1-15:

시간대별 실점
- 13, 5
- 10, 7
- 8

위치별 슈팅-득점
- 30-13
- 234-35
- 125-3
*상대자책골1골

공격 방향

35% 27% 38%

볼 점유 위치
- 상대 진영 28%
- 중간 지역 43%
- 우리 진영 29%

포지션별 득점
- FW진 38골
- MF진 9골
- DF진 4골
*상대자책골1골

상대포지션별실점
- DF진 0골
- MF진 8골
- FW진 36골
*자책골 실점 2골

BASIC FORMATION

4-4-2

- 휠러 / 페테르센
- 정우영 / 데미로비치
- 그리포 / 귄터
- 셜레이 / 정우영
- 회플러 / 하버러
- 케이텔 / 에게스타인
- 귄터 / 에제크웰
- 퀘블러 / 슈미트
- 슐로터벡 / 하인츠
- 린하르트 / 굴데
- 플레컨 / 우프호프

TOTO GUIDE 지난시즌 전적

상대팀	홈	원정
Bayern München	2-2	1-2
RB Leipzig	0-3	0-3
Dortmund	2-1	0-4
Wolfsburg	1-1	0-3
E. Frankfurt	2-2	1-3
Leverkusen	2-4	2-1
Union Berlin	0-1	1-1
Monchengladbach	2-2	1-2
Stuttgart	2-1	3-2
Hoffenheim	1-1	3-1
Mainz 05	1-3	0-1
FC Augsburg	2-0	1-1
Hertha Berlin	4-1	0-3
Arminia Bielefeld	2-0	0-1
FC Köln	5-0	4-1
Werder Bremen	1-1	0-0
Schalke 04	4-0	2-0

득점 패턴
- 52골
- 30 (OPEN PLAY)
- 6, 10, 5, 1

실점 패턴
- 52골
- 36 (OPEN PLAY)
- 4, 7, 3, 2

● OPEN PLAY ● COUNTER ATTACK ● SET PLAY
● PENALTY KICK ● OWN GOAL

OFFENSE | DEFENSE

OFFENSE		DEFENSE	
오픈 플레이	C	오픈 플레이 수비	D
카운터 어택	C	카운터 어택 수비	C
짧은 패스 게임	B	짧은 패스 게임 수비	D
롱볼 연계 플레이	B	롱볼 연계 플레이수비	C
솔로 플레이		솔로 플레이 수비	
중거리 슈팅 / 직접 프리킥	A	중거리 슈팅 수비	B
측면 공격		측면 수비	C
세트 플레이	B	세트 플레이 수비	C
위협적인 공격 횟수	E	공중전 능력	C
슈팅 대비 득점		볼 쟁탈전 / 투쟁심	D
오프사이드 피하기	C	실수 조심	B
볼 점유율	D	파울 주의	C

A 매우 우수함   B 우수함   C 평균 수준   D 부족함   E 많이 부족함

GK Mark FLEKKEN 26
마크 플레켄

SCOUTING REPORT
프라이부르크의 주전 골리. 26번 셔츠를 입고 있지만 가장 믿을만한 수문장이다. 카리스마가 있고 수비 라인을 직접 리딩할 만큼 콜 플레이를 선호한다. 특히 중거리 슛에 대한 방어가 뛰어나고 공중볼 처리도 좋다. 발밑의 사용이 다소 아쉬워 빌드업을 기대하기엔 어렵다. 지난 시즌 주전으로 나섰던 뮐러가 슈투트가르트로 떠났다. 그리고 팔꿈치 부상으로 시즌 전체를 뛰지 못했기에 이번 시즌은 매우 중요하다.

PLAYER'S HISTORY
아르메니아 아헨에서 데뷔했다. 그로이터 퓌르트와 뒤스부르크를 거쳐 2018년에 프라이부르크의 스쿼드로 합류했다. 주로 세컨 키퍼로 있었으나 슈볼로의 이적으로 인해 기회를 잡았다. 경험이 부족하기 때문에 이번 시즌이 본격적인 시험대가 될 것으로 보인다.

주로 사용하는 발: 오른발 75%
우승 1부리그: 0-0 협회컵: 0-0 챔피언스: 0-0
준우승 클럽월드컵: 0-0 UEFA 유로: 0-0 월드컵: 0-0

세이브-실점 6-6 / 6-0
18-6 TH-9
18-12 NK-27
3-0 KD-0
전진 66% 좌향 9% 우향 25% 후진 0%
2020-21 분데스리가: 3-0 270 67% 0 37.7-27.3
P% 73% LB 211.23 AD 0-2 ★ 0

DF Philipp LIENHART 3
필립 린하르트

SCOUTING REPORT
과거 레알 마드리드의 품에 있었던 센터백. 뛰어난 피지컬을 기반으로 제공권, 공중볼 다툼, 세트피스 시 수비 본연의 역할을 이행한다. 상대 공격수와의 몸싸움에서 쉽게 밀리지 않으나 발이 느린 탓에 공간으로 인한 침투에는 약한 모습을 보인다. 프로 정신이 투철해 자기 관리에 엄격한 선수로 평가받고 있으며, 지난 시즌에는 큰 부상 없이 리그 전 경기에 선발 출장해 무려 2,993분이나 뛰었다.

PLAYER'S HISTORY
라피드 빈을 거쳐 레알 마드리드 아카데미로 이적했다. 지단에 의해 카스티야로 승격했고 1군에 데뷔도 했다. 하지만 기회는 부족했으며, 임대를 결정해야만 했다. 2017년 프라이부르크로 향했고 완전 이적에도 성공했다. 오스트리아의 주축으로서 유로 본선에도 뛰었다.

주로 사용하는 발: 오른발 90%
우승 1부리그: 0-1 협회컵: 0-0 챔피언스: 1-0
준우승 클럽월드컵: 0-0 UEFA 유로: 0-0 월드컵: 0-0

슈팅-득점 10-4 / 0-0
10-4 LG-0
0-0 RG-1
0-0 HG-3
전진 33% 좌향 43% 우향 16% 후진 9%
2020-21 분데스리가: 34-0 2994 0 57.0-48.4 85%
T 0.9-0.6 I 1.2 DR 0.2-0.1 4-0 ★

MF JEONG Woo-yeong 29
정우영

SCOUTING REPORT
프라이부르크의 날렵한 조커. 이번 시즌 대한민국 대표팀 출신으로 분데스리가에서 뛰는 두 명 중 한 명. 측면에서 볼을 잡고 툭툭 치며 드리블을 구사한다. 공간 침투, 스루 패스를 받기 위한 오프 더 볼 상황에서의 무브먼트가 뛰어나다. 지난 시즌 특별한 부상은 없었으나 풀타임 출장은 없었다. 26경기에 나서 4골을 넣었고 팀 내에서 나름의 입지를 굳혔다. 대표팀 차출을 위해 더 많은 출장이 필요하다.

PLAYER'S HISTORY
독일 최강 바이에른 뮌헨의 아카데미 출신으로 1군 데뷔까지 하였다. 출장 기회를 얻기 위해 프라이부르크에 입단했고 이번 시즌은 더 많은 기회를 얻어야만 한다. 대한민국 연령별 대표팀에 모두 포함되었고 벤투 감독의 성인 대표팀에서 1경기 출장했다.

주로 사용하는 발: 오른발 84%
우승 1부리그: 2-0 협회컵: 2-0 챔피언스: 0-0
준우승 클럽월드컵: 0-0 AFC 아시안컵: 0-0 월드컵: 0-0

슈팅-득점 10-3 / 4-1
14-4 LG-3
0-0 RG-1
0-0 HG-0
전진 31% 좌향 27% 우향 19% 후진 23%
2020-21 분데스리가: 7-19 819 0 13.8-10.5 76%
T 0.7-0.3 I 0.4 DR 0.8-0.4 1 ★

FW Ermedin DEMIROVIC 11
에르메딘 데미로비치

SCOUTING REPORT
프라이부르크의 선봉장. 최전방에서 측면 공격수들과 함께 호흡을 잘 맞추는 편이다. 연계 플레이에 능하고 볼 컨트롤이 뛰어나다. 짧은 패스 게임을 통해 찬스 메이킹을 하며 직접 골망을 흔드는 것보다 동료와의 연계를 통한 기회 창출에 더 강점을 보인다. 지난 시즌 리그에서 30경기 출전하여 5골과 10개의 도움을 기록했다. 15라운드에서는 1골과 2개의 어시스트를 올리며 만점 활약도를 보였다.

PLAYER'S HISTORY
라이프치히의 유스팀을 거쳐 알라베스로 이적했다. 소쇼, 알메이라, 갈랭을 거쳐 지난 시즌에 프라이부르크로 입단했다. 이적한 첫 시즌이라 적응기가 필요했지만, 팀에 금세 녹아들었다. 보스니아-헤르체고비나 대표팀에서도 부름을 받으며 A매치 4경기에 출장했다.

주로 사용하는 발: 오른발 93%
우승 1부리그: 0-0 협회컵: 0-0 챔피언스: 0-0
준우승 클럽월드컵: 0-0 UEFA 유로: 0-0 월드컵: 0-0

슈팅-득점 34-5 / 8-0
42-5 LG-0
0-0 RG-4
0-0 HG-1
전진 46% 좌향 13% 우향 25% 후진 17%
2020-21 분데스리가: 19-11 1510 6 8.2-4.4 53%
T 1.0-0.5 I 0.0 DR 0.9-0.5 7-0 ★

| 전체 슈팅 시도-득점 | 직접 프리킥 시도-득점 | PK 시도-득점 | LG 왼발 득점 | RG 오른발 득점 | HG 헤더 득점 | 출전횟수 선발-교체 | 출전시간 분(MIN) | A 도움 | P 평균패스 시도-성공 | P% 패스 성공률 | T 평균태클 시도-성공 | I 평균 인터셉트 | DR 평균드리블 시도-성공 | 페어플레이 경고-퇴장 | MOM |

DF Christian GÜNTER 30
크리스티안 귄터

원클럽맨이자 캡틴. 부동의 레프트 백. 공수의 밸런스가 균형을 이루는 풀백이다. 3백 전술을 잘 이해하고 있고 엄청난 가속력으로 측면을 지배한다. 지난 시즌에는 단 한 경기의 결장도 없이 3060분이라는 경이적인 출장 시간을 기록했다. 2012년 프라이부르크의 유스를 거쳐 1군에 등록되었다. 지금까지 12시즌째 팀의 측면을 책임지고 있다.

주로 사용하는 발 : 왼발 86%

| 우승 | 1부리그 : 0-0 | 협회컵 : 0-0 | 챔피언스 : 0-0 |
| 준우승 | 클럽 월드컵 : 0-0 | UEFA 유로 : 0-0 | 월드컵 : 0-0 |

슈팅-득점: 9-1 / 17-2 / 26-3 LG-3 / 1-0 RG-0 / 0-0 HG-0

패스 방향 분포: 전진 39%, 좌향 5%, 우향 35%, 후진 21%

2020-21 분데스리가: 34-0 / 3060 / A 3 / P 33.0-24.9 / P% 76% / T 1.8-0.9 / I 0.9 / DR 1.4 / 경고 ★ 3

DF Manuel GULDE 5
마누엘 굴데

수비의 책임자로 불리는 센터백. 3백 전술에서는 오른쪽 스위퍼나 중앙에 뛴다. 제공권이 좋고 맨마킹이 뛰어나다. 하지만 빠른 윙어에 대한 공간 침투를 막기 버거워하기도 한다. 호펜하임의 유스를 거쳐 파데보른, 카를스루에에서 뛰었다. 2016년 프라이부르크에 입단했고 팀의 수비 라인에서 중심축 역할을 맡아오고 있다.

주로 사용하는 발 : 오른발 77%

| 우승 | 1부리그 : 0-0 | 협회컵 : 0-0 | 챔피언스 : 0-0 |
| 준우승 | 클럽 월드컵 : 0-0 | UEFA 유로 : 0-0 | 월드컵 : 0-0 |

슈팅-득점: 9-2 / 0-0 / 9-2 LG-0 / 0-0 RG-0 / 0-0 HG-2

패스 방향 분포: 전진 34%, 좌향 20%, 우향 36%, 후진 10%

2020-21 분데스리가: 22-5 / 1959 / A 0 / P 37.9-33.2 / P% 88% / T 1.6-0.9 / I 1.4 / DR 0.2-0.1 / 경고 ★ 3

MF Maximilian EGGESTEIN 8
마시밀리안 에게스타인

이적한 산타마리아의 8번 셔츠를 받았다. 브레멘의 소속으로 리그에서 잔뼈가 굵은 미드필더. 중원에서 거친 플레이를 마다하지 않고 볼을 위해 싸운다. 볼 간수 능력이 좋고 열정적이다. 브레멘의 유스를 거쳐 프로 데뷔를 한 만큼 팀에 오랫동안 남을 것으로 예상했지만 브레멘의 강등으로 이적을 택했다. 엘리트 코스를 밟은 선수인 만큼 이번 시즌 활약이 기대된다.

주로 사용하는 발 : 오른발 83%

| 우승 | 1부리그 : 0-0 | 협회컵 : 0-0 | 챔피언스 : 0-0 |
| 준우승 | 클럽 월드컵 : 0-0 | UEFA 유로 : 0-0 | 월드컵 : 0-0 |

슈팅-득점: 5-2 / 17-0 / 22-2 LG-2 / 0-0 RG-0 / 0-0 HG-0

패스 방향 분포: 전진 26%, 좌향 26%, 우향 31%, 후진 17%

2020-21 프리미어리그: 33-0 / 2943 / A 5 / P 40.5-30.9 / P% 76% / T 3.0-1.7 / I 1.3 / DR 0.6-0.4 / 경고 5-0 / ★ 1

MF Roland SALLAI 22
롤런드 설러이

프라이부르크의 크랙을 자처한다. 가속이 붙은 스프린트가 대단하다. 몇 번의 터치와 방향 전환으로 상대가 막기 힘든 공간을 찾아 돌파한다. 동료와 주고받는 월패스로 직접 골까지 터뜨린다. 인사이드 킥이 멋지고 정확하다. 지난 시즌 리그에서 8골과 6개의 어시스트를 기록했다. 헝가리 대표팀 소속으로 유로 조별 라운드에서도 뛰었고 2개의 도움까지 이루어냈다.

주로 사용하는 발 : 오른발 77%

| 우승 | 1부리그 : 0-0 | 협회컵 : 0-0 | 챔피언스 : 0-0 |
| 준우승 | 클럽 월드컵 : 0-0 | UEFA 유로 : 0-0 | 월드컵 : 0-0 |

슈팅-득점: 33-8 / 14-0 / 47-8 LG-1 / 3-0 RG-6 / 1-1 HG-1

패스 방향 분포: 전진 35%, 좌향 27%, 우향 16%, 후진 22%

2020-21 분데스리가: 22-6 / 1674 / A 3 / P 15.3-11.6 / P% 76% / T 0.9-0.6 / I 0.4 / DR 1.6-0.6 / 경고 5-0 / ★ 3

MF Nicolas HÖFLER 27
니콜라스 회플러

프라이부르크의 다부진 척추. 강인한 인상과 남자다운 카리스마로 경기장을 지배한다. 볼의 흐름을 커팅하여 곧바로 전진 패스를 시도한다. 다만 파울이 많아 지난 시즌에는 11장의 경고를 받았다. 프라이부르크의 원클럽맨으로서 2010년 1군에서 데뷔하였다. 어느덧 10년이 넘는 시간 동안 223경기에 출전한 베테랑 선수가 되었다. 독일 U-18 대표팀 출신이다.

주로 사용하는 발 : 오른발 69%

| 우승 | 1부리그 : 0-0 | 협회컵 : 0-0 | 챔피언스 : 0-0 |
| 준우승 | 클럽 월드컵 : 0-0 | UEFA 유로 : 0-0 | 월드컵 : 0-0 |

슈팅-득점: 13-1 / 7-0 / 20-1 LG-0 / 0-0 RG-1 / 0-0 HG-0

패스 방향 분포: 전진 32%, 좌향 28%, 우향 24%, 후진 16%

2020-21 분데스리가: 30-1 / 2730 / A 3 / P 44.5-37.6 / P% 85% / T 2.9-2.1 / I 1.3 / DR 1.6-1.1 / 경고 11-0 / ★ 0

MF Vincenzo GRIFO 32
빈첸초 그리포

설러이와 함께 프라이부르크의 공격 날개. 중앙보다는 측면에서 해결하는 것을 선호한다. 물론, 상황에 따라서는 직접 중거리 슛, 인사이드 킥, 발리슛으로도 마무리한다. 지난 시즌 리그에서 안타깝게 '10-10 클럽'에 들지 못했다. 9골과 10개의 어시스트를 기록했고 리그 33라운드 바이에른 뮌헨전에서는 1경기에 두 개의 도움을 기록하기도 했다.

주로 사용하는 발 : 발 90%

| 우승 | 1부리그 : 0-0 | 협회컵 : 0-0 | 챔피언스 : 0-0 |
| 준우승 | 클럽 월드컵 : 0-0 | UEFA 유로 : 0-0 | 월드컵 : 0-0 |

슈팅-득점: 36-9 / 22-0 / 58-9 LG-0 / 7-0 RG-8 / 4-4 HG-1

패스 방향 분포: 전진 30%, 좌향 16%, 우향 30%, 후진 25%

2020-21 분데스리가: 27-4 / 2328 / A 10 / P 32.3-25.4 / P% 79% / T 1.2-0.6 / I 0.9 / DR 1.8-1.0 / 경고 2-0 / ★ 4

TSG 1899 HOFFENHEIM

구단 창립 : 1899년 | 홈구장 : 라인-네카르 아레나 | 대표 : 크리스티안 바움가트너 | 2020-21시즌 : 11위(승점 43점) 11승 10무 13패 52득점 54실점 | 닉네임 : Die Kraichgauer, achtzehn99

유럽 대항전 재진출 목표, 회네스 감독의 큰 그림

유럽 대항전 진출을 목표로 했으나 아쉽게 뜻을 이루지 못했다. 여름 이적 시장 때 바이에른의 리차즈, 샬케의 루디 등 8명을 영입했고, 벨포딜(헤르타), 바이어(하노버) 등 12명을 내보냈다. 올 시즌 목표는 유로파 진출이다.

MANAGER : Sebastian HOENESS 제바스티안 회네스

- 생년월일 : 1982.05.12 / 출생지 : 뮌헨(독일)
- 현역시절 포지션 : 미드필더 / 계약만료 : 2023.06.30
- 평균 재직 기간 : 1년 / 선호 포맷 : 4-2-3-1

헤르타 베를린에서 은퇴했다. 라이프치히, 바이에른 뮌헨의 유소년 팀을 담당했다. 지난 시즌 호펜하임의 지휘봉을 잡았고 유로파 리그에서 16강까지 올려놓았다. 바이에른 뮌헨의 레전드인 디터 회네스의 아들로도 유명하다.

우승-준우승

- GERMAN BUNDESLIGA 0-0
- GERMAN DFB POKAL 0-0
- UEFA CHAMPIONS LEAGUE 0-0
- UEFA EUROPA LEAGUE 0-0
- FIFA CLUB WORLD CUP 0-0
- UEFA-CONMEBOL INTERCONTINENTAL 0-0

ODDS CHECK

	배당률	우승 확률
bet365	250배	8위
sky bet	200배	10위
William HILL	200배	7위
888sport	250배	9위

*우승 확률이 높을수록 배당률은 낮아짐

2021-22 SEASON SCHEDULE

날짜	장소	상대팀	날짜	장소	상대팀
08-14	A	FC Augsburg	01-08	H	FC Augsburg
08-22	H	Union Berlin	01-15	A	Union Berlin
08-27	A	Dortmund	01-22	H	Dortmund
09-11	H	Mainz 05	02-05	A	Mainz 05
09-18	A	Arminia Bielefeld	02-12	H	Arminia Bielefeld
09-25	H	Wolfsburg	02-19	A	Wolfsburg
10-02	A	Stuttgart	02-26	H	Stuttgart
10-16	H	FC Köln	03-05	A	FC Köln
10-23	A	Bayern München	03-12	H	Bayern München
10-30	H	Hertha Berlin	03-19	A	Hertha Berlin
11-06	A	Bochum	04-02	H	Bochum
11-20	H	RB Leipzig	04-09	A	RB Leipzig
11-27	A	Greuther Fürth	04-16	H	Greuther Fürth
12-04	H	Eint Frankfurt	04-23	A	Eint Frankfurt
12-11	A	Freiburg	04-30	H	Freiburg
12-15	H	Leverkusen	05-07	A	Leverkusen
12-18	A	M'Gladbach	05-14	H	M'Gladbach

시간대별 득점 / 시간대별 실점 / 위치별 슈팅-득점 / 공격 방향 / 볼 점유 위치 / 포지션별 득점 / 상대 포지션별 실점

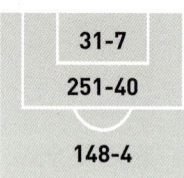
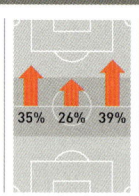

*상대자책골 1골 / *상대자책골 1골 / *자책골 실점 2골

BASIC FORMATION (4-2-3-1)

크라마리치 / 베부
라슨 / 아다미안 | 다부르 / 그릴리치 | 바움가트너 / 가치노비치
슈틸러 / 사마세쿠 | 루디 / 가이거
라움 / 비차크치치 | 아크포구마 / 브레네트
포그트 / 노르트베이트 | 포슈 / 리차즈
바우만 / 펜트케

TOTO GUIDE 지난시즌 전적

상대팀	홈	원정
Bayern München	4-1	1-4
RB Leipzig	0-1	0-0
Dortmund	0-1	2-2
Wolfsburg	2-1	1-2
E. Frankfurt	1-3	1-2
Leverkusen	0-0	1-4
Union Berlin	1-3	1-1
Monchengladbach	3-2	2-1
Stuttgart	3-3	0-2
Freiburg	1-3	1-1
Mainz 05	1-2	1-1
FC Augsburg	3-1	1-2
Hertha Berlin	2-1	3-0
Bielefeld	0-0	1-1
FC Köln	3-0	3-2
Werder Bremen	4-0	1-1
Schalke 04	4-2	0-4

득점 패턴 | 실점 패턴

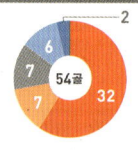

52골 / 54골

● OPEN PLAY ● COUNTER ATTACK ● SET PLAY ● PENALTY KICK ● OWN GOAL

OFFENSE | DEFENSE

OFFENSE		DEFENSE	
오픈 플레이	C	오픈 플레이 수비	C
카운터 어택	B	카운터 어택 수비	E
짧은 패스 게임	A	짧은 패스 게임 수비	D
롱볼 연계 플레이	C	롱볼 연계 플레이수비	C
솔로 플레이	C	솔로 플레이 수비	C
중거리 슈팅/직접 프리킥	A	중거리 슈팅 수비	B
측면 공격	C	측면 수비	B
세트 플레이	B	세트 플레이 수비	C
위협적인 공격 횟수	C	공중전 능력	E
슈팅 대비 득점	A	볼 쟁탈전 / 투쟁심	A
오프사이드 피하기	B	실수 조심	D
볼 점유율	C	파울 주의	C

A 매우 우수함 B 우수함 C 평균 수준 D 부족함 E 많이 부족함

FW Andrej KRAMARIĆ 27
안드레이 크라마리치

SCOUTING REPORT
두 자릿수 골을 반드시 터트려주는 크로아티아산 공격수. 볼 터치가 부드럽고 동료를 잘 이용한다. 엄청난 활동량으로 공격진 어디에서든 뛸 수 있고, 뛰어난 드리블 기술과 현란한 개인기로 상대를 제친다. 골문 앞에서의 결정력이 탁월하며 지난 시즌엔 리그 20골을 터트려 호펜하임의 하락세를 막아냈다. 개막전의 사나이답게 지난 시즌엔 해트트릭을 달성했고 이번 시즌엔 1경기에 3개의 도움을 기록했다.

PLAYER'S HISTORY
크로아티아의 명문 디나모 자그레브에서 프로 커리어를 시작했다. 2015년에는 레스터 시티로 이적하며 빅 리그 진출을 시도했지만 기회를 잡지 못하고 호펜하임으로 임대를 왔다. 그것이 인연이 되어 지금까지 활약한다. 크로아티아의 주전 공격수로 유로에서도 뛰었다.

주로 사용하는 발: 왼발 85%
우승 1부리그: 2-2 협회컵: 2-1 챔피언스: 0-0
준우승 클럽 월드컵: 0-0 UEFA 유로: 0-1 월드컵: 0-0

슈팅-득점	패스 방향 분포	2020-21 분데스리가	포지션
61-18 / 35-2	전진 22% / 좌향 21% / 우향 26% / 후진 31%	A 26-2 / 2386 / 5 / P 31.9-26.2 / P% 82% / T 0.4-0.1 / I 0.3 / DR 1.8-0.9 / 2-0 / ★ 8	
● 96-20 LG-3			
● 7-2 RG-16			
● 5-5 HG-1			

SQUAD LIST

위치	번호	선수	국적	키	생년월일	전 소속 팀
GK	1	Oliver Baumann	GER	187	90-06-02	Freiburg
	12	Philipp Pentke	GER	191	85-05-01	Jahn Regensburg
	36	Nahuel Noll	GER	188	03-03-17	1860 München
	37	Luca Philipp	GET	192	00-11-28	None
DF	2	Joshua Brenet	NED	181	94-03-20	PSV Eindhoven
	3	Pavel Kaderábek	CZE	182	92-04-25	Sparta Prague
	4	Ermin Bicakcic	BIH	185	90-01-24	Eintracht Braunschweig
	6	Håvard Nordtveit	NOR	188	90-06-21	West Ham U
	15	Kasim Adams	GHA	190	95-06-22	Young Boys
	21	Benjamin Hübner	GER	193	89-07-04	Ingolstadt
	22	Kevin Vogt	GER	194	91-09-23	Köln
	25	Kevin Akpoguma	GER	190	95-04-19	Karlsruhe
	28	Chris Richards	USA	188	00-03-28	Bayern München
	30	Marco John	GER	182	02-04-02	Union Heilbronn
	32	Melayro Bogarde	NED	182	02-05-28	Feyenoord
	38	Stefan Posch	AUT	188	97-05-14	Admira Wacker Mödling
	43	Noah König	GER	188	03-05-17	None
	45	Fabian Rüth	GER	187	01-07-02	Bayer Leverkusen
MF	8	Dennis Geiger	GER	172	98-06-10	None
	11	Florian Grillitsch	AUT	187	95-08-07	Werder Bremen
	13	Angelo Stiller	GER	183	01-04-04	Bayern München
	14	Christoph Baumgartner	AUT	178	99-08-01	SKN St. Pölten
	16	Sebastian Rudy	GER	179	90-02-28	Schalke
	18	Diadie Samassékou	MLI	177	96-01-11	Red Bull Salzburg
	19	Mijat Gacinovic	BIH	182	95-02-08	Eintracht Frankfurt
	39	Tom Bischof	GER	175	05-06-28	None
FW	7	Jacob Bruun Larsen	DEN	183	98-09-19	Borussia Dortmund
	9	Ihlas Bebou	TOG	183	94-04-23	Hannover 96
	10	Munas Dabbur	ISR	181	92-05-14	Sevilla
	23	Sargis Adamyan	ARM	184	93-05-23	Jahn Regensburg
	27	Andrej Kramaric	CRO	177	91-06-19	Leicester C
	29	Robert Skov	DEN	185	96-05-20	FC København
	33	Georginio Rutter	FRA	182	02-04-20	Rennes

GK Oliver BAUMANN 1
올리버 바우만

호펜하임의 주장. 2014년부터 팀에서 주전 골키퍼로 활약하고 있다. 클럽의 역사에도 남을 수문장이며 팀에 대한 충성도가 높다. 반사 신경, 숏스토핑, 다이빙이 뛰어나다. 좋은 발밑을 가졌으나 종종 집중력에 문제를 보이는 것이 단점. 프라이부르크의 유스 출신으로 주전으로 활약하다가 이적을 했다. 독일 연령별 대표팀에 모두 포함된 엘리트다.

주로 사용하는 발: 오른발 81%
우승 1부리그: 0-0 협회컵: 0-0 챔피언스: 0-0
준우승 클럽 월드컵: 0-0 UEFA 유로: 0-0 월드컵: 0-0

세이브-실점	패스 방향 분포	2020-21 분데스리가	포지션
60-45 / 23-6	전진 56% / 좌향 22% / 우향 21% / 후진 0%	S% 31-0 / 2790 / 63% / CS 6 / P 37.8-28.2 / P% 75% / LB 15.1-5.7 / AD 12-6 / 1-0 / ★ 0	
● 131-51 TH-174			
● 131-83 NK-204			
● 9-2 KD-32			

DF Stefan POSCH 38
슈테판 포쉬

중앙수비수, 오른쪽 풀백을 포함해 수비 전 지역에서 활약하는 멀티 플레이어. 저돌적인 돌파를 막기 위해 당찬 블로킹으로 상대와의 대결에서 승리한다. 거친 플레이로 인해 파울이 많고 지난 시즌엔 9장의 경고와 1번의 퇴장을 당했다. 오스트리아 U-21 대표팀 출신으로 성인 대표팀에서도 활약한다. 유로 본선에선 벤치에서 대기했다.

주로 사용하는 발: 오른발 86%
우승 1부리그: 0-0 협회컵: 0-0 챔피언스: 0-0
준우승 클럽 월드컵: 0-0 UEFA 유로: 0-0 월드컵: 0-0

슈팅-득점	패스 방향 분포	2020-21 분데스리가	포지션
6-0 / 4-0	전진 40% / 좌향 34% / 우향 15% / 후진 11%	25-1 / 2124 / 0 / P 51.6-40.8 / P% 79% / T 2.8-2.0 / I 1.4 / DR 0.7-0.3 / 9-1 / ★ 1	
● 10-0 LG-0			
● 1-0 RG-0			
● 0-0 HG-0			

MF Christoph BAUMGARTNER 14
크리스토프 바움가트너

호펜하임 공격의 에이스. 빠르고 영리하다. 축구 IQ가 높아 전술에 대한 이해도가 높다. 측면 윙 포워드는 물론 공격형 미드필더, 최전방 공격수까지 여러 포지션을 소화한다. 지난 시즌 리그 31경기에 출전해 6골과 5개의 도움을 기록했다. 다만 승리에 대한 열망이 강한 편이라 잦은 파울과 경고가 많다. 오스트리아의 주전 공격형 미드필더로서 유로2020 조별 라운드에서 뛰었다.

주로 사용하는 발: 오른발 90%
우승 1부리그: 0-0 협회컵: 0-0 챔피언스: 0-0
준우승 클럽 월드컵: 0-0 UEFA 유로: 0-0 월드컵: 0-0

슈팅-득점	패스 방향 분포	2020-21 분데스리가	포지션
43-5 / 18-1	전진 28% / 좌향 17% / 우향 29% / 후진 25%	28-3 / 2380 / 3 / P 29.4-22.0 / P% 75% / T 2.6-1.4 / I 0.8 / DR 2.3-1.1 / 7-0 / ★ 2	
● 61-6 LG-0			
● 1-0 RG-0			
● 0-0 HG-1			

1.FSV MAINZ 05

구단 창립 : 1905년 홈구장 : 메바 아레나 대표 : 슈테판 호프만 2020-21시즌 : 12위(승점 39점) 10승 9무 15패 39득점 56실점 닉네임 : Die Nullfünfer, Karnevalsverein

'소방수' 스벤손 투입 후 반전, 이재성 영입 주목

25라운드까지 강등권에 있었다. 최악의 순간 스벤손 감독이 소방수로 투입됐으며, 위기를 넘기며 13위로 시즌을 마쳤다. 스타치(350만 유로), 비트머(250만 유로), 이재성(FA) 등을 영입했다. 올 시즌 목표는 유로파 진출이다.

MANAGER : BO SVENSSON 보 스벤손

생년월일 : 1979.08.04 / 출생지 : 스코르핑(덴마크)
현역시절 포지션 : 수비수 / 계약만료 : 2025.06.30
평균 재직 기간 : 1년 / 선호 포맷 : 3-4-1-2

덴마크 출신의 지도자로 마인츠에서 8시즌을 뛰고 은퇴했다. 곧바로 마인츠에서 지도자 생활을 시작했고 2019년 리퍼링의 감독이 되었다. 지난 시즌 강등권에 있던 마인츠에 부임해 팀을 12위까지 올려놓으며 후반기 최고의 모습을 보였다.

우승-준우승 / ODDS CHECK

GERMAN BUNDESLIGA	0-0	bet365 배당률 500배	우승 확률 10위
GERMAN DFB POKAL	0-0	sky bet 배당률 100배	우승 확률 8위
UEFA CHAMPIONS LEAGUE	0-0	William HILL 배당률 500배	우승 확률 10위
UEFA EUROPA LEAGUE	0-0	888sport 배당률 500배	우승 확률 10위
FIFA CLUB WORLD CUP	0-0		
UEFA-CONMEBOL INTERCONTINENTAL	0-0		*우승 확률이 높을수록 배당률은 낮아짐

2021-22 SEASON SCHEDULE

날짜	장소	상대팀	날짜	장소	상대팀
08-15	A	RB Leipzig	01-08	H	RB Leipzig
08-21	A	Bochum	01-15	H	Bochum
08-28	H	Greuther Fürth	01-22	A	Greuther Fürth
09-11	A	Hoffenheim	02-05	H	Hoffenheim
09-18	H	Freiburg	02-12	A	Freiburg
09-25	A	Leverkusen	02-19	H	Leverkusen
10-02	H	Union Berlin	02-26	A	Union Berlin
10-16	A	Dortmund	03-05	H	Dortmund
10-23	H	FC Augsburg	03-12	A	FC Augsburg
10-30	A	Arminia Bielefeld	03-19	H	Arminia Bielefeld
11-06	H	M'Gladbach	04-02	A	M'Gladbach
11-20	A	FC Köln	04-09	H	FC Köln
11-27	H	Stuttgart	04-16	A	Stuttgart
12-04	A	Wolfsburg	04-23	A	Wolfsburg
12-11	H	Bayern München	04-30	A	Bayern München
12-15	A	Hertha Berlin	05-07	H	Hertha Berlin
12-18	A	Eint Frankfurt	05-14	H	Eint Frankfurt

시간대별 득점 | 시간대별 실점 | 위치별 슈팅-득점 | 공격 방향 | 볼점유 위치 | 포지션별 득점 | 상대포지션별 실점

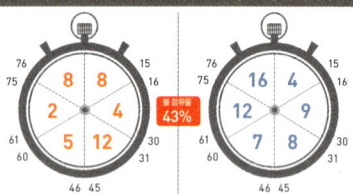
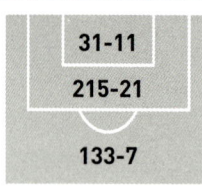
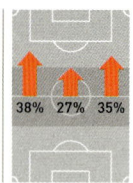

31-11 / 215-21 / 133-7
공격 방향: 38% 27% 35%
볼점유 위치: 상대 진영 28%, 중간 지역 44%, 우리 진영 28%
포지션별 득점: FW진 25골, MF진 7골, DF진 7골
상대포지션별 실점: DF진 5골, MF진 11골, FW진 38골
*자책골 실점 2골

BASIC FORMATION (3-5-2)

부르카르트 / 이재성
설러이 / 오니시워
보에티우스 / 이재성
마르틴스 / 네벨
뤼코키 / 마틴
코어 / 파팰라
비트머 / 브로신스키
니아카테 / 해크
벨 / 네메트
쥐스트 / 네메트
첸트너 / 다흐멘

TOTO GUIDE 지난시즌 전적

상대팀	홈	원정
Bayern München	2-1	2-5
RB Leipzig	3-2	1-3
Dortmund	1-3	1-1
Wolfsburg	0-2	3-2
E. Frankfurt	0-2	1-1
Leverkusen	0-1	2-2
Union Berlin	1-0	0-4
Monchengladbach	2-3	2-1
Stuttgart	1-4	0-2
Freiburg	1-0	3-1
Hoffenheim	1-1	2-1
FC Augsburg	0-1	1-3
Hertha Berlin	1-1	0-0
Arminia Bielefeld	1-1	1-2
FC Köln	0-1	3-2
Werder Bremen	0-1	1-0
Schalke 04	2-2	0-0

득점 패턴 | 실점 패턴

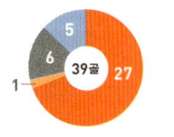
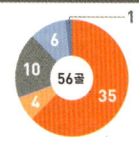

득점 패턴: 39골 (27 OPEN PLAY, 6, 5, 1)
실점 패턴: 56골 (35, 10, 6, 4, 1)
● OPEN PLAY ● COUNTER ATTACK ● SET PLAY ● PENALTY KICK ● OWN GOAL

OFFENSE | DEFENSE

오픈 플레이	D	오픈 플레이 수비	B
카운터 어택	C	카운터 어택 수비	C
짧은 패스 게임	B	짧은 패스 게임 수비	C
롱볼 연계 플레이	C	롱볼 연계 플레이수비	C
솔로 플레이	B	솔로 플레이 수비	D
중거리 슈팅 / 직접 프리킥	A	중거리 슈팅 수비	B
측면 공격	C	측면 수비	D
세트 플레이	C	세트 플레이 수비	D
위협적인 공격 횟수	D	공중전 능력	D
슈팅 대비 득점	D	볼 쟁탈전 / 투쟁심	B
오프사이드 피하기	D	실수 조심	C
볼 점유율	D	파울 주의	D

A 매우 우수함 B 우수함 C 평균 수준 D 부족함 E 많이 부족함

MF LEE Jae-Sung 7
이재성

SCOUTING REPORT
분데스리가 2부에서 5골·6도움을 기록했고, 여름 이적시장 때 마인츠에 합류했다. 테크닉이 우수한 2선 공격수다. AM, LW, RW를 넘나든다. 팀의 전술 구성에 따라 CF 혹은 '폴스9'으로 나설 수도 있다. 볼 터치가 세밀하고, 바디 페인팅 혹은 간결한 드리블로 상대를 쉽게 제친다. '오프 더 볼'에서 빠르고 날카롭게 침투한다. 동료와 주고받는 짧은 패스 콤비네이션, 킬패스, 스루패스는 강력한 무기다.

PLAYER'S HISTORY
K리그 최강 전북 현대에서 181경기에 출전했다. 31골과 44개의 도움을 기록했고 4번의 리그 우승에 일조했다. 리그 올해의 팀에는 3번이나 포함되었고, 2018년 홀슈타인 킬로 이적했다. 3시즌 활약 후 올 시즌 분데스리가 마인츠로 합류했다. 계약 기간은 3년이다.

주로 사용하는 발: 왼발
우승 — 1부리그: 3-1 | 협회컵: 1-0 | 챔피언스: 0-0
준우승 — 클럽 월드컵: 0-0 | UEFA 유로: 0-0 | 월드컵: 0-0

GK Robin ZENTNER 27
로빈 첸트너

마인츠의 최후방 보루. 지난 시즌 리그 31경기에 나서서 5개의 클린 시트를 기록했다. 팀의 수비력이 부족했지만 첸트너의 선방이 없었다면 더 많은 승점을 잃었을 것이다. 3경기에 결장했을 뿐 리그 31경기에 모두 출전했다. 마인츠의 유스 출신으로 2015년 홀슈타인 킬로 임대를 다녀왔다. 복귀 후 주전으로 올라섰다. 독일 17세 이하의 대표팀 출신으로 1경기 출장한 기록이 있다.

주로 사용하는 발: 오른발 89%
우승 — 1부리그: 0-0 | 협회컵: 0-0 | 챔피언스: 0-0
준우승 — 클럽 월드컵: 0-0 | UEFA 유로: 0-0 | 월드컵: 0-0

DF Jeremiah St.JUSTE 4
예레미아 세인트쥐스트

대형 센터백. 상대가 코너킥 상황에서 마인츠의 골문으로 헤딩을 시도하기는 쉽지 않다. 세인트쥐스트의 제공권이 대단하기 때문이다. 3백에서는 오른쪽 스토퍼로 출전한다. 주력이 빨라 상대 레프트윙에겐 무덤과도 같다. 지난 시즌 가벼운 부상으로 2경기만 결장했다. 경기당 태클과 인터셉트를 각각 2개 정도씩 성공시켰다. 네덜란드 U-20, U-21 대표 출신이다.

주로 사용하는 발: 오른발
우승 — 1부리그: 0-0 | 협회컵: 1-0 | 챔피언스: 0-0
준우승 — 클럽 월드컵: 0-0 | UEFA 유로: 0-0 | 월드컵: 0-0

SQUAD LIST

위치	번호	선수	국적	키	생년월일	전 소속 팀
GK	1	Finn Dahmen	GER	186	98-03-27	None
	27	Robin Zentner	GER	193	94-10-28	None
	33	Omer Hanin	ISR	191	98-05-14	Hapoel Hadera
	41	Marius Liesegang	GER	189	00-01-07	Magdeburg
DF	3	Aarón	ESP	180	97-04-22	Espanyol
	4	Jerry St. Juste	NED	185	96-10-19	Feyenoord
	16	Stefan Bell	GER	192	91-08-24	None
	18	Daniel Brosinski	GER	178	88-07-17	Greuther Fürth
	19	Moussa Niakhaté	FRA	175	96-03-08	Metz
	23	Anderson Lucoqui	GER	180	97-07-06	Arminia Bielefeld
	30	Silvan Widmer	SUI	183	93-03-05	Basel
	34	David Nemeth	AUT	191	01-03-18	Mattersburg
	42	Alexander Hack	GER	193	93-09-08	Unterhaching
MF	5	Jean-Paul Boëtius	NED	182	94-03-22	Feyenoord
	6	Anton Stach	GER	192	98-11-15	Greuther Fürth
	7	Lee Jae-Song	KOR	180	92-08-10	Holstein Kiel
	8	Leandro Barreiro	LUX	170	00-01-03	Erpeldange
	22	Kevin Stöger	AUT	175	93-08-27	Fortuna Düsseldorf
	24	Merveille Papela	GER	174	01-01-18	None
	25	Niklas Tauer	GER	177	01-02-17	None
	26	Paul Nebel	GER	169	02-10-10	Kickers Offenbach
	31	Dominik Kohr	GER	183	94-01-31	Eintracht Frankfurt
	35	Stephan Fürstner	GER	178	87-09-11	Eintracht Braunschweig
	36	Kaito Mizuta	JPN	182	00-04-08	Straelen
FW	9	Karim Onisiwo	AUT	188	92-03-17	Mattersburg
	11	Marcus Ingvartsen	DEN	186	96-01-04	Union Berlin
	28	Ádám Szalai	HUN	193	87-12-09	1899 Hoffenheim
	29	Jonathan Burkardt	GER	180	00-07-11	None
	43	Romario Rösch	GER	180	99-07-01	Augsburg

FW Karim ONISIWO 9
카림 오니시워

측면에서도 뛰지만 최전방 공격수의 옷이 더 잘 어울린다. 188cm의 큰 키에서 나오는 헤더가 일품이다. 좁은 공간에서 볼을 컨트롤하여 측면으로 열어준다. 지난 시즌은 공격 포인트가 부족했다. 리그 4골만 터뜨렸고 그마저도 리그 중후반에 넣었다. 이번 시즌 좋은 모습을 보이기 위해선 공격 포인트의 필요성이 더욱 절실하다. 오스트리아 대표팀으로 유로에선 백업으로 나섰다.

주로 사용하는 발: 오른발 80%
우승 — 1부리그: 0-0 | 협회컵: 0-0 | 챔피언스: 0-0
준우승 — 클럽 월드컵: 0-0 | UEFA 유로: 0-0 | 월드컵: 0-0

FC AUGSBURG 1907

구단 창립 : 1907년　**홈구장** : WWK 아레나　**대표** : 클라우스 호프만　**2020-21시즌** : 13위(승점 36점) 10승 6무 18패 36득점 54실점　**닉네임** : Fuggerstädter

바인치에를 컴백, 700만 유로에 영입한 도르슈 주목

지난 시즌 예상외로 부진했다. 강등권이 결정되는 마지막 3경기에 바인치에를 감독이 부임했고, 대반전을 이뤄냈다. 700만 유로 거금을 들여 MF 도르슈를 영입했다. 기존의 바르가스, 한과 함께 팀을 이끌 것이다.

MANAGER : Markus WEINZIERL 마르쿠스 바인치에를

- 생년월일 : 1974.12.28 / 출생지 : 스트라우빙(독일)
- 현역시절 포지션 : 미드필더 / 계약만료 : 2022.06.30
- 평균 재직 기간 : 1년 / 선호 포맷 : 4-2-3-1

바이에른 뮌헨의 선수 출신으로 얀 레겐스부르크에서 은퇴했다. 곧바로 수석 코치를 겸했고 2008년부터 2012년까지 팀을 이끌었다. 2012-13 시즌 아우크스부르크의 지휘봉을 잡았고 샬케, 슈투트가르트를 거쳐 다시 팀으로 돌아왔다.

우승-준우승

GERMAN BUNDESLIGA	0-0
GERMAN DFB POKAL	0-0
UEFA CHAMPIONS LEAGUE	0-0
UEFA EUROPA LEAGUE	0-0
FIFA CLUB WORLD CUP	0-0
UEFA-CONMEBOL INTERCONTINENTAL	0-0

ODDS CHECK

북메이커	배당률	우승확률
bet365	배당률 750배	우승 확률 13위
sky bet	배당률 1000배	우승 확률 15위
William HILL	배당률 500배	우승 확률 10위
888sport	배당률 600배	우승 확률 9위

*우승 확률이 높을수록 배당률은 낮아짐

2021-22 SEASON SCHEDULE

날짜	장소	상대팀	날짜	장소	상대팀
08-14	H	Hoffenheim	01-08	A	Hoffenheim
08-21	A	Eint Frankfurt	01-15	H	Eint Frankfurt
08-28	H	Leverkusen	01-22	A	Leverkusen
09-11	A	Union Berlin	02-05	H	Union Berlin
09-18	H	M'Gladbach	02-12	A	M'Gladbach
09-26	A	Freiburg	02-19	H	Freiburg
10-02	H	Dortmund	02-26	A	Dortmund
10-16	H	Arminia Bielefeld	03-05	A	Arminia Bielefeld
10-23	A	Mainz 05	03-12	H	Mainz 05
10-30	H	Stuttgart	03-19	A	Stuttgart
11-06	A	Wolfsburg	04-02	H	Wolfsburg
11-20	H	Bayern München	04-09	A	Bayern München
11-27	A	Hertha Berlin	04-16	H	Hertha Berlin
12-04	H	Bochum	04-23	A	Bochum
12-11	A	FC Köln	04-30	H	FC Köln
12-15	H	RB Leipzig	05-07	A	RB Leipzig
12-18	A	Greuther Fürth	05-14	H	Greuther Fürth

시간대별 득점 / 시간대별 실점 / 위치별 슈팅-득점 / 공격 방향 / 볼 점유 위치 / 포지션별 득점 / 상대 포지션별 실점

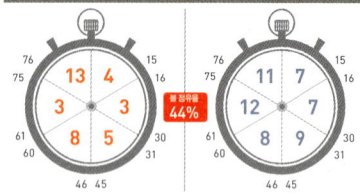
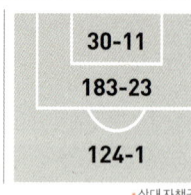
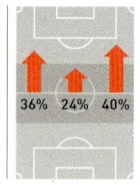

*상대자책골 1골　*상대자책골 1골　*자책골 실점 3골

BASIC FORMATION (4-2-3-1)

니덜레시너 / 핀보가손
바르가스 / 제키리 — 옌손 / 한 — 한 / 칼리주리
도슈 / 스트로블 — 프람베르거 / 모라베크
이아고 / 페터슨 — 굼니 / 하우엘레우
우도카이 / 빈테르 — 옥스포드 / 프람베르거
기키에비츠 / 쿠베카

TOTO GUIDE 지난시즌 전적

상대팀	홈	원정
Bayern München	0-1	2-5
RB Leipzig	0-2	1-2
Dortmund	2-0	1-3
Wolfsburg	0-2	0-0
E. Frankfurt	0-2	0-2
Leverkusen	1-1	1-3
Union Berlin	2-1	3-1
Monchengladbach	3-1	1-1
Stuttgart	1-4	1-2
Freiburg	1-1	0-2
Hoffenheim	2-1	1-3
Mainz 05	3-1	1-0
Hertha Berlin	0-3	1-2
Arminia Bielefeld	0-0	1-0
FC Köln	2-3	1-0
Werder Bremen	2-0	0-2
Schalke 04	2-2	0-1

득점 패턴 | 실점 패턴

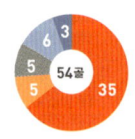

● OPEN PLAY　● COUNTER ATTACK　● SET PLAY　● PENALTY KICK　● OWN GOAL

OFFENSE | DEFENSE

항목	등급	항목	등급
오픈 플레이	D	오픈 플레이 수비	D
카운터 어택	B	카운터 어택 수비	E
짧은 패스 게임	C	짧은 패스 게임 수비	C
롱볼 연계 플레이	B	롱볼 연계 플레이수비	B
솔로 플레이	C	솔로 플레이 수비	E
중거리 슈팅 / 직접 프리킥	C	중거리 슈팅 수비	E
측면 공격	B	측면 수비	C
세트 플레이	C	세트 플레이 수비	B
위협적인 공격 횟수	C	공중전 능력	D
슈팅 대비 득점	D	볼 쟁탈전 / 투쟁심	C
오프사이드 피하기	C	실수 조심	E
볼 점유율	D	파울 주의	C

A 매우 우수함　B 우수함　C 평균 수준　D 부족함　E 많이 부족함

André HAHN 28

FW 안드레 한

SCOUTING REPORT

지난 시즌 아우크스부르크의 득점왕. 리그에서 8골과 5개의 도움을 기록했다. 최전방을 포함해 좌우 측면 윙 포워드로 출전했다. 우측에서 시작하는 것을 선호하며 중앙으로 돌파 후 시도하는 킥이 날카롭다. 기회가 났을 때 중거리 슛을 종종 시도하며 파워가 강하다. 지구력이 좋고 근육이 탄탄해 상대 수비수의 강한 압박에도 쉽게 볼을 내주지 않는다. 코로나 확진으로 리그 초반의 4경기에 결장했다.

PLAYER'S HISTORY

함부르크의 유년 팀 출신. 많은 클럽을 전전하다 2013년 아우크스부르크에서 두 자리수 득점을 기록하며 마침내 이름을 알렸다. 이를 기점으로 묀헨글라드바흐와 함부르크에서 활약했다. 2018년 아우크스부르크로 리턴했고 지금까지 130경기 이상 뛰었다.

주로 사용하는 발: 오른발 83%			
우승	1부리그: 0-0	협회컵: 0-0	챔피언스: 0-0
준우승	클럽월드컵: 0-0	UEFA 유로: 0-0	월드컵: 0-0

슈팅-득점	패스 방향 분포	2020-21 프리미어리그	포지션
33-7 10-1	전진 29% 좌향 20% 우향 25% 후진 26%	24-5 2047 3 14.4-8.2 57% T I DR 2.3-1.1 0.5 1.4-0.6 4-0 1	
43-8 LG-2			
0-0 RG-5			
0-0 HG-1			

SQUAD LIST

위치	번호	선수	국적	키	생년월일	전 소속 팀
GK	1	Rafał Gikiewicz	POL	190	87-10-26	Union Berlin
	25	Daniel Klein	GER	191	01-03-13	1899 Hoffenheim
	40	Tomáš Koubek	CZE	197	92-08-26	Rennes
DF	2	Robert Gumny	POL	177	98-06-04	Lech Poznań
	3	Mads Pedersen	DEN	178	96-09-01	FC Nordsjælland
	6	Jeffrey Gouweleeuw	NED	187	91-07-10	AZ Alkmaar
	19	Felix Uduokhai	GER	192	97-09-09	Wolfsburg
	22	Iago	BRA	181	97-03-23	Internacional
	26	Frederik Winther	DEN	186	01-01-04	Lyngby
	32	Raphael Framberger	GER	179	95-09-06	None
	39	Dominic Schmidt	GER	185	01-03-12	None
MF	4	Reece Oxford	ENG	190	98-12-16	West Ham U
	5	Tobias Strobl	GER	186	90-05-12	B Mönchengladbach
	8	Carlos Gruezo	ECU	171	95-04-19	FC Dallas
	10	Arne Maier	GER	183	99-01-08	Hertha Berlin
	14	Jan Morávek	CZE	179	89-11-01	Schalke
	16	Ruben Vargas	SUI	174	98-08-05	Luzern
	17	Noah-Joel Sarenren-Bazee	GER	182	96-08-21	Hannover 96
	20	Daniel Caligiuri	GER	182	88-01-15	Schalke
	24	Fredrik Jensen	FIN	183	97-09-09	FC Twente
	28	André Hahn	GER	185	90-08-13	Hamburg
	30	Niklas Dorsch	GER	175	98-01-15	KAA Gent
	41	Tim Civeja	GER	180	02-01-04	None
FW	7	Florian Niederlechner	GER	187	90-10-24	Freiburg
	9	Sergio Córdova	VEN	188	97-08-09	Caracas
	11	Michael Gregoritsch	AUT	190	94-04-18	Hamburg
	21	Andi Zeqiri	SUI	181	99-06-22	Brighton & HA
	27	Alfreð Finnbogason	ISL	184	89-02-01	Real Sociedad
	29	Lasse Günther	GER	183	03-03-21	Bayern Munich

Rafał GIKIEWICZ 1

GK 라파우 기키에비츠

팀의 절대적인 수호신. 지난 시즌 리그 전 경기에 풀타임으로 출전했다. 반사 신경이 좋고 상대 선수와의 일대일 대결에서 여러 상황을 놓고 대처한다. 펀칭과 캐치를 적절히 섞어 방어한다. 어느덧 30대 중반의 나이가 되어 베테랑 대접을 받는다. 2016년 프라이부르크에서부터 분데스리가와 인연을 맺었다. 우니온 베를린의 승격을 주도했고 지난 시즌에 아우크스부르크로 왔다.

주로 사용하는 발: 오른발 83%			
우승	1부리그: 1-1	협회컵: 1-1	챔피언스: 0-0
준우승	클럽월드컵: 0-0	UEFA 유로: 0-0	월드컵: 0-0

세이브-실점	패스 방향 분포	2020-21 프리미어리그	포지션
91-51 36-3	전진 60% 좌향 20% 우향 20% 후진 0%	34-0 3060 71% 7 34.4-22.1 S% CS P	
181-54 TH-215		P% LB AD ★	
181-127 NK-298		64% 19.1-7.9 24-11 2	
9-1 KD-43			

Felix UDUOKHAI 19

DF 펠릭스 우두오카이

볼프스부르크에서 보여준 수비력이 더욱 농익었다. 노련미가 쌓여 여유로운 커팅도 보여준다. 왼발을 쓰는 센터백으로 제공권 장악, 대인 마킹에 강점을 보인다. 상대 공격수가 등지는 상황에서 스탠딩 태클로 간결하게 볼 처리한다. 2019년 아우크스부르크로 임대를 왔고 완전이적에 성공했다. 리더십이 좋아 주장 완장까지 찬다. 도쿄 올림픽에 독일 대표로 출전했다.

주로 사용하는 발: 왼발 76%			
우승	1부리그: 0-0	협회컵: 0-0	챔피언스: 0-0
준우승	클럽월드컵: 0-0	UEFA 유로: 0-0	월드컵: 0-0

슈팅-득점	패스 방향 분포	2020-21 프리미어리그	포지션
11-1 2-0	전진 38% 좌향 15% 우향 37% 후진 10%	29-0 2610 0 50.4-41.2 82% A P%	
13-1 LG-0		T I DR ★	
0-0 RG-0		1.4-1.1 1.9 0.7-0.5 5-0 1	
0-0 HG-1			

Rubén VARGAS 16

MF 루벤 바르가스

부동의 측면 공격수. 빠른 발을 이용하여 측면에서부터 공격을 시도한다. 지난 시즌은 주로 벤치 멤버로 나섰지만, 리그 30경기 출전하여 6골을 기록했다. 루체른의 유스를 거쳐 프로에 데뷔했다. 두 시즌을 뛰며 좋은 평가를 받았고 2019년 아우크스부르크로 합류했다. 스위스 대표팀에 꾸준히 차출되었고 유로 2020의 조별 라운드에선 조커로 나와 제 몫을 다하였다.

주로 사용하는 발: 오른발 86%			
우승	1부리그: 0-0	협회컵: 0-0	챔피언스: 0-0
준우승	클럽월드컵: 0-0	UEFA 유로: 0-0	월드컵: 0-0

슈팅-득점	패스 방향 분포	2020-21 프리미어리그	포지션
27-6 11-0	전진 25% 좌향 12% 우향 31% 후진 32%	18-12 1615 3 17.0-13.0 76% A P P%	
38-6 LG-0		T I DR ★	
1-0 RG-4		1.1-0.6 0.6 2.3-1.2 2-1 2	
0-0 HG-2			

HERTHA BERLIN SC

구단 창립 : 1892년　홈구장 : 베를린 올림피아슈타디온　대표 : 베르너 게겐바우어　2020-21시즌 : 14위(승점 35점) 8승 11무 15패 41득점 52실점　닉네임 : Die Alte Dame

'전하후상(前下後上)' 잔류, 올 시즌 유로파 목표

강등 위기까지 몰렸으나 리그 후반기 좋은 성적을 내며 잔류했다. 이적 시장 때 코르도바를 이적시키며 2000만 유로를 받았고, 제르다(800만 유로), 에켈렌캠프(3백만 유로)를 영입했다. 올 시즌 목표는 유로파 진출이다.

MANAGER : Dárdai PÁL 다르더이 팔

생년월일 : 1976.05.16 / 출생지 : 펙스(헝가리)
현역시절 포지션 : 미드필더 / 계약만료 : 2022.06.30
평균 재직 기간 : 3년 / 선호 포맷 : 4-2-3-1

헤르타 베를린이 사랑하는 선수이자 감독. 베를린에서 은퇴한 후에 유스팀 감독으로 지도자 생활을 시작했다. 헝가리 대표팀 감독을 거쳐 베를린의 1군을 맡았다. 잠시 코디네이터로 떠났다가 지난 시즌 라바디아의 소방수로 돌아왔다.

우승-준우승

GERMAN BUNDESLIGA	2-5
GERMAN DFB POKAL	0-3
UEFA CHAMPIONS LEAGUE	0-0
UEFA EUROPA LEAGUE	0-0
FIFA CLUB WORLD CUP	0-0
UEFA-CONMEBOL INTERCONTINENTAL	0-0

ODDS CHECK

bet365	배당률 250배	우승 확률 8위
sky bet	배당률 100배	우승 확률 8위
William HILL	배당률 500배	우승 확률 10위
888sport	배당률 220배	우승 확률 7위

*우승 확률이 높을수록 배당률은 낮아짐

2021-22 SEASON SCHEDULE

날짜	장소	상대팀	날짜	장소	상대팀
08-15	H	FC Köln	01-08	A	FC Köln
08-21	H	Wolfsburg	01-15	A	Wolfsburg
08-28	A	Bayern München	01-22	H	Bayern München
09-12	A	Bochum	02-05	H	Bochum
09-17	H	Greuther Fürth	02-12	A	Greuther Fürth
09-25	A	RB Leipzig	02-19	H	RB Leipzig
10-02	H	Freiburg	02-26	A	Freiburg
10-16	A	Eint Frankfurt	03-05	H	Eint Frankfurt
10-23	H	M'Gladbach	03-12	A	M'Gladbach
10-30	A	Hoffenheim	03-19	H	Hoffenheim
11-06	H	Leverkusen	04-02	A	Leverkusen
11-20	A	Union Berlin	04-09	H	Union Berlin
11-27	H	FC Augsburg	04-16	A	FC Augsburg
12-04	A	Stuttgart	04-23	H	Stuttgart
12-11	H	Arminia Bielefeld	04-30	A	Arminia Bielefeld
12-15	A	Mainz 05	05-07	H	Mainz 05
12-18	H	Dortmund	05-14	A	Dortmund

시간대별 득점 / 시간대별 실점 / 위치별 슈팅-득점 / 공격 방향 / 볼 점유 위치 / 포지션별 득점 / 상대 포지션별 실점

17-7
222-30
144-3

*상대자책골 1골

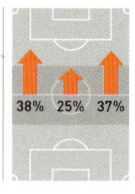

38% 25% 37%

상대 진영 26%
중간 지역 45%
우리 진영 29%

FW진 29골
MF진 5골
DF진 6골

*상대자책골 1골

DF진 6골
MF진 5골
FW진 29골

*자책골 실점 1골

BASIC FORMATION

4-2-3-1

셀케 / 피옹테크
딜로순 / 요베티치
세르다르 / 리처
루케바키오 / 다리다
아스카시바르 / 에켈렌캄프
투사르 / 다리다
플라텐하트 / 미텔슈테트
페카리크 / 페카리크
슈타르크 / 다르다이
보아타 / 토루나리가
슈볼로프 / 크리스텐슨

TOTO GUIDE 지난시즌 전적

상대팀	홈	원정
Bayern München	0-1	3-4
RB Leipzig	0-3	1-2
Dortmund	2-5	0-2
Wolfsburg	1-1	0-2
E. Frankfurt	1-3	1-3
Leverkusen	3-0	0-0
Union Berlin	3-1	1-1
Monchengladbach	2-2	1-1
Stuttgart	0-2	1-1
Freiburg	3-0	1-4
Hoffenheim	0-3	1-2
Mainz 05	0-0	0-1
FC Augsburg	2-1	3-0
Arminia Bielefeld	0-0	0-1
FC Köln	0-0	0-0
Werder Bremen	1-4	4-1
Schalke 04	3-0	2-1

득점 패턴 / 실점 패턴

41골 : 28 / 5 / 4 / 3 / 1
52골 : 32 / 12 / 7 / 1

● OPEN PLAY ● COUNTER ATTACK ● SET PLAY
● PENALTY KICK ● OWN GOAL

OFFENSE | DEFENSE

오픈 플레이	D	오픈 플레이 수비	C
카운터 어택	B	카운터 어택 수비	C
짧은 패스 게임	B	짧은 패스 게임 수비	C
롱볼 연계 플레이	C	롱볼 연계 플레이수비	C
솔로 플레이	C	솔로 플레이 수비	B
중거리 슈팅 / 직접 프리킥	C	중거리 슈팅 수비	C
측면 공격	B	측면 수비	D
세트 플레이	C	세트 플레이 수비	C
위협적인 공격 횟수	D	공중전 능력	D
슈팅 대비 득점	D	볼 쟁탈전 / 투쟁심	C
오프사이드 피하기	D	실수 조심	C
볼 점유율	C	파울 주의	C

A 매우 우수함　B 우수함　C 평균 수준　D 부족함　E 많이 부족함

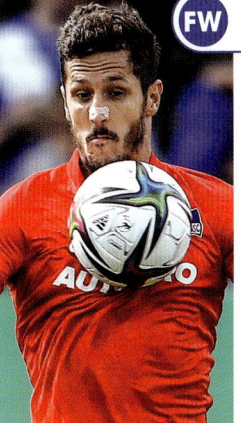

FW | Stevan JOVETIĆ | 19
스테반 요베티치

SCOUTING REPORT
"몬테네그로의 바조"로 불린다. 드리블, 패스, 킥 등 볼을 다루는 테크닉이 매우 우수하다. 그는 프로 초창기만 해도 최전방에 포진해 스피드, 돌파, 득점에 주력하던 선수였다. 그러나 2010-11시즌 무릎 십자인대를 다친 후 플레이 스타일을 바꿨다. 위치를 조금 내려 미드필더와 공격진 사이에서 드리블, 공간창출에 주력하는 스타일로 바뀐 것이다. 2선 공격수로 위치를 바꾸고 슈팅 파워가 크게 향상됐다.

PLAYER'S HISTORY
2006년 파르티잔에서 데뷔했다. 피오렌티나, 맨체스터 시티, 인테르 밀란(임대 후 이적), 세비야(임대), AS 모나코를 거쳐 2021년 헤르타 베를린으로 이적했다. 몬테네그로 U-19, U-21 대표 출신이다. 2007년 3월 헝가리 평가전 때 몬테네그로 A대표로 데뷔했다.

| 주로 사용하는 발: 오른발 89% | 우승 | 1부리그: 1-3 | 협회컵: 1-1 | 챔피언스: 0-0 |
| | 준우승 | 클럽 월드컵: 0-0 | 코파아메리카: 0-0 | 월드컵: 0-0 |

SQUAD LIST

위치	번호	선수	국적	키	생년월일	전 소속 팀
GK	1	Alexander Schwolow	GER	189	92-06-02	Freiburg
	12	Nils-Jonathan Körber	GER	186	96-11-13	None
	22	Rune Almenning Jarstein	NOR	190	84-09-29	Viking
	32	Oliver Christensen	DEN	190	99-03-22	Odense
DF	2	Peter Pekarik	SVK	176	86-10-30	Wolfsburg
	4	Dedryck Boyata	BEL	188	90-09-08	Celtic
	5	Niklas Stark	GER	188	95-04-14	Nürnberg
	13	Lukas Klünter	GER	184	96-05-26	Köln
	17	Maximilian Mittelstädt	GER	178	97-03-18	None
	21	Marvin Plattenhardt	GER	179	92-01-26	Nürnberg
	25	Jordan Torunarigha	GER	189	97-08-07	Chemnitzer FC
	31	Márton Dárdai	GER	188	02-02-12	None
	42	Deyovaisio Zeefuik	NED	185	98-03-11	FC Groningen
MF	6	Vladimír Darida	CZE	170	90-08-08	Freiburg
	8	Suat Serdar	GER	183	97-04-11	Schalke
	10	Jurgen Ekkelenkamp	NED	183	00-04-05	Ajax
	18	Santiago Ascacibar	ARG	168	97-02-25	Stuttgart
	23	Marco Richter	GER	176	97-11-24	Augsburg
	27	Kevin-Prince Boateng	GHA	185	87-03-06	Monza
	29	Lucas Tousart	FRA	175	97-04-29	Lyon
	30	Dennis Jastrzembski	GER	176	00-02-20	Holstein Kiel
	36	Ruwen Werthmüller	SUI	183	01-01-28	None
	40	Jonas Michelbrink	GER	180	01-06-23	None
FW	7	Davie Selke	GER	192	95-01-20	RB Leipzig
	9	Krzysztof Piątek	POL	183	95-07-01	Milan
	11	Myziane Maolida	FRA	180	99-02-14	Nice
	14	Ishak Belfodil	ALG	191	92-01-12	1899 Hoffenheim
	19	Stevan Jovetić	MNE	183	89-11-02	Monaco

GK | Alexander SCHWOLOW | 1
알렉산더 슈볼로프

베를린의 최후방을 사수하는 골키퍼. 완전한 주전으로 보기엔 어려운 지난 시즌이었다. 볼 처리가 미숙해 실수를 연발했고 시즌 중반 베테랑 야르스테인에게 밀린 적도 있다. 다행히 야르스테인의 코로나 확진으로 주전 장갑을 되찾았다. 큰 키에서 나오는 숏 스토퍼와 롱 스로잉이 좋다. 프라이부르크 출신으로 아르메니아 빌레펠트로 임대를 다녀온 후 지난 시즌 베를린으로 왔다.

| 주로 사용하는 발: 오른발 82% | 우승 | 1부리그: 0-0 | 협회컵: 0-0 | 챔피언스: 0-0 |
| | 준우승 | 클럽 월드컵: 0-0 | UEFA 유로: 0-0 | 월드컵: 0-0 |

DF | Niklas STARK | 5
니클라스 슈타크

언터쳐블 센터백이자 팀의 캡틴. 수비형 미드필더도 겸해서 출전한다. 볼 컨트롤이 안정적이고 후방에서 빌드업을 주도한다. 지난 시즌 특별한 부상 없이 리그 33경기에 출전했다. 파울도 많지 않았고 군더더기 없는 수비로 팀을 이끌었다. 뉘른베르크에서 데뷔했다. 기회를 잡기 위해 2015년 헤르타 베를린과 계약했다. 독일 연령별 대표팀에 모두 포함된 유망주다.

| 주로 사용하는 발: 오른발 93% | 우승 | 1부리그: 0-0 | 협회컵: 0-0 | 챔피언스: 0-0 |
| | 준우승 | 클럽 월드컵: 0-0 | UEFA 유로: 0-0 | 월드컵: 0-0 |

MF | Lucas TOUSART | 29
뤼카 투사르

헤르타 베를린의 싸움꾼. 투쟁심이 뛰어나고 상대와의 몸싸움을 통해 볼을 탈취한다. 경기당 1.3개의 태클과 함께 1.5개의 가로채기에 성공했다. 카드 누적과 부상으로 지난 시즌 26경기에만 출전했다. 리옹에서 본격적으로 기회를 잡았고, 지난 시즌에 베를린으로 합류했다. 프랑스 청소년 대표팀에 꾸준히 포함되었지만 성인 대표팀에선 뛰지 못했다. 도쿄 올림픽엔 출전했다.

| 주로 사용하는 발: 오른발 87% | 우승 | 1부리그: 0-1 | 협회컵: 0-0 | 챔피언스: 0-0 |
| | 준우승 | 클럽 월드컵: 0-0 | UEFA 유로: 0-0 | 월드컵: 0-0 |

DSC ARMINIA BIELEFELD

구단 창립 : 1905년 홈구장 : 빌레펠터 알름 대표 : 한스-위르겐 라우퍼 2020-21시즌 : 15위(승점 35점) 9승 8무 17패 26득점 52실점 닉네임 : Die Arminen, Die Blauen

시즌 막판 1승 2무로 잔류, 13명 영입으로 반전 노려

시즌 막판 헤르타, 호펜하임, 슈투트가르트전에서 1승 2무를 거둬 가까스로 잔류했다. 이적 시장 때 18명을 내보내고 13명을 영입하는 등 활발한 이적시장에서의 행보를 통해 팀의 리빌딩을 시도했다.

MANAGER : Frank KRAMER 프랑크 크라머

생년월일 : 1972.05.03 / 출생지 : 멤밍겐(독일)
현역시절 포지션 : 미드필더 / 계약만료 : 2023.06.30
평균 재직 기간 : 1년 / 선호 포맷 : 4-3-3

독일 대표팀의 U-18, U-19, U-20 대표팀을 지휘했다. 급박한 빌레펠트의 상황에 맞춰 지난 시즌 팀에 합류했다. 지난 시즌 강등을 막아낸 능력을 바탕으로 이번 시즌 진일보한 모습을 기대해 볼 수 있다.

우승-준우승

- GERMAN BUNDESLIGA 0-0
- GERMAN DFB POKAL 0-0
- UEFA CHAMPIONS LEAGUE 0-0
- UEFA EUROPA LEAGUE 0-0
- FIFA CLUB WORLD CUP 0-0
- UEFA-CONMEBOL INTERCONTINENTAL 0-0

ODDS CHECK

	배당	우승 확률
bet365	배당률 750배	우승 확률 13위
sky bet	배당률 1000배	우승 확률 15위
William HILL	배당률 1000배	우승 확률 15위
888sport	배당률 600배	우승 확률 12위

*우승 확률이 높을수록 배당률은 낮아짐

2021-22 SEASON SCHEDULE

날짜	장소	상대팀	날짜	장소	상대팀
08-14	H	Freiburg	01-08	A	Freiburg
08-21	A	Greuther Fürth	01-15	H	Greuther Fürth
08-28	H	Eint Frankfurt	01-22	A	Eint Frankfurt
09-12	A	M'Gladbach	02-05	H	M'Gladbach
09-18	H	Hoffenheim	02-12	A	Hoffenheim
09-25	A	Union Berlin	02-19	H	Union Berlin
10-02	H	Leverkusen	02-26	A	Leverkusen
10-16	A	FC Augsburg	03-05	H	FC Augsburg
10-23	H	Dortmund	03-12	A	Dortmund
10-30	H	Mainz 05	03-19	A	Mainz 05
11-06	A	Stuttgart	04-02	H	Stuttgart
11-20	H	Wolfsburg	04-09	A	Wolfsburg
11-27	A	Bayern München	04-16	H	Bayern München
12-04	H	FC Köln	04-23	A	FC Köln
12-11	A	Hertha Berlin	04-30	H	Hertha Berlin
12-15	H	Bochum	05-07	A	Bochum
12-18	A	RB Leipzig	05-14	H	RB Leipzig

시간대별 득점 / 시간대별 실점 / 위치별 슈팅-득점 / 공격 방향 / 볼 점유 위치 / 포지션별 득점 / 상대 포지션별 실점

시간대별 득점: 76 5 1 15 / 5 4 2 / 8 3 6 / 61 30 / 60 46 45 31
볼 점유율 44%

시간대별 실점: 9 1 / 7 11 / 15 3 / 46 45

위치별 슈팅-득점: 19-3 / 178-15 / 136-5 (상대자책골 3골)

공격 방향: 33% 27% 40%

볼 점유 위치: 상대 진영 26% / 중간 지역 44% / 우리 진영 30%

포지션별 득점: FW진 18골 / MF진 4골 / DF진 1골 (상대자책골 3골)

상대 포지션별 실점: DF진 8골 / MF진 16골 / FW진 27골 (자책골 실점 1골)

BASIC FORMATION

4-4-2

라스메 크뤼거 · 클로스 시에라
오쿠가와 해크
쇼프 비머 · 쿤제 바실리아디스
프리틀 페르난데스
라우르슨 안드라데 · 브루너 메디나
닐손 브루너 · 피퍼 라모스
모레노 / 카피노

TOTO GUIDE 지난시즌 전적

상대팀	홈	원정
Bayern München	1-4	3-3
RB Leipzig	0-1	1-2
Dortmund	0-2	0-3
Wolfsburg	0-3	1-2
E. Frankfurt	1-5	1-1
Leverkusen	1-2	2-1
Union Berlin	0-0	0-5
Monchengladbach	0-1	0-5
Stuttgart	3-0	2-0
Freiburg	1-0	0-2
Hoffenheim	1-1	0-0
Mainz 05	2-1	1-1
FC Augsburg	0-1	0-0
Hertha Berlin	1-0	0-0
FC Köln	1-0	1-3
Werder Bremen	0-2	0-1
Schalke 04	1-0	1-0

득점 패턴 / 실점 패턴

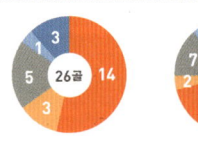

득점: 26골 (3, 5, 26, 14)
실점: 52골 (1, 5, 2, 52, 37)

● OPEN PLAY ● COUNTER ATTACK ● SET PLAY ● PENALTY KICK ● OWN GOAL

OFFENSE | DEFENSE

OFFENSE		DEFENSE	
오픈 플레이	D	오픈 플레이 수비	D
카운터 어택	C	카운터 어택 수비	C
짧은 패스 게임		짧은 패스 게임 수비	
롱볼 연계 플레이	B	롱볼 연계 플레이수비	C
솔로 플레이		솔로 플레이 수비	
중거리 슈팅 / 직접 프리킥	A	중거리 슈팅 수비	
측면 공격	B	측면 수비	D
세트 플레이	C	세트 플레이 수비	B
위협적인 공격 횟수		공중전 능력	B
슈팅 대비 득점	D	볼 쟁탈전 / 투쟁심	B
오프사이드 피하기		실수 조심	C
볼 점유율	D	파울 주의	C

A 매우 우수함 B 우수함 C 평균 수준 D 부족함 E 많이 부족함

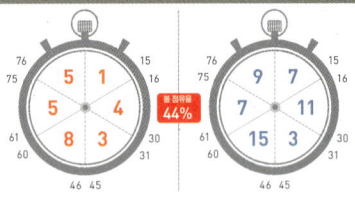

DF Amos PIEPER 2
아모스 피퍼

SCOUTING REPORT
아르메니아 빌레펠트의 성벽. 강인한 체구에서 나오는 맨 마킹, 제공권이 뛰어나다. 높은 점프를 이용한 헤딩 커팅이 주요 장점이다. 태클을 시도할 때 미리 동선을 예측하기 때문에 성공률이 높은 편이다. 박스 외곽에서 시도하는 롱 패스는 빌드업의 시작이 된다. 지난 시즌에는 근육 부상과 카드 누적으로 리그 30경기에 출전했다. 21라운드 바이에른 전에서는 헤딩으로 골 맛을 보기도 했다.

PLAYER'S HISTORY
도르트문트의 아카데미를 거쳤다. 2016-17, 유스리그 우승을 이끌었다. 독일 연령별 대표팀에 모두 콜업되었고 지난 21세 이하의 유럽 선수권에선 독일 대표팀의 주전으로 뛰었다. 이번 도쿄 올림픽에도 출전했으나 안타깝게도 좋은 결과를 얻지는 못했다.

주로 사용하는 발: 오른발 86%

우승 — 1부리그: 0-1, 협회컵: 0-1, 챔피언스: 0-0
준우승 — 클럽 월드컵: 0-0, UEFA 유로: 0-0, 월드컵: 0-0

슈팅-득점: 10-1 / 4-0 / 14-1 LG-0 / 0-0 RG-0 / 0-0 HG-0
패스 방향 분포: 전진 34%, 좌향 30%, 우향 26%, 후진 10%
2020-21 분데스리가: 30-0 / 2684 / 1 / 50.7-42.0 / 83% / 2.4-1.9 / 2.2 / 0.4-0.3 / 6-0 / 2

GK Stefan ORTEGA 1
슈테판 오르테가

지난 시즌 분데스리가 잔류의 일등공신. 이번 시즌이 지나면 200경기 이상 출전하게 되며 클럽의 입장에서는 또 하나의 레전드를 맞이하게 된다. 리더십이 뛰어나며 동료들의 콜 플레이를 선호한다. 상대와의 일대일 상황에서 전진하는 모습을 보인다. 아르메니아 빌레펠트의 유스 출신으로 1860 뮌헨으로 잠시 갔다가 2017년에 클럽으로 리턴했다.

주로 사용하는 발: 오른발 85%

우승 — 1부리그: 0-0, 협회컵: 0-0, 챔피언스: 0-0
준우승 — 클럽 월드컵: 0-0, UEFA 유로: 0-0, 월드컵: 0-0

세이브-실점: 84-46 / 33-6 / 171-52 TH-116 / 171-119 NK-246 / 6-1 KD-47
패스 방향 분포: 전진 58%, 좌향 19%, 우향 23%, 후진 0%
2020-21 분데스리가: 34-0 / 3060 / 70% / 11 / 53.7-37.9 / 71% / 30.4-14.8 / 1-0 / 2

MF Manuel PRIETL 19
마누엘 프리틀

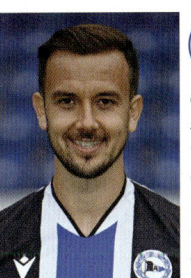

아르메니아 빌레펠트의 부주장. 분데스리가 내에서도 손꼽히는 지구력을 가졌다. 90분 내내 팀을 위해 헌신한다. 볼 터치가 다소 투박하나, 상대의 역습 차단에 뛰어난 모습을 보인다. 지난 시즌 2.3개의 태클에 성공하며 팀 내 최다 수치를 기록했다. 2016년부터 아르메니아 빌레펠트에서 활약했다. 팀의 승격을 함께 했기 때문에 서포터즈와 코칭 스태프의 신임을 받고 있다.

주로 사용하는 발: 오른발 71%

우승 — 1부리그: 0-0, 협회컵: 0-0, 챔피언스: 0-0
준우승 — 클럽 월드컵: 0-0, UEFA 유로: 0-0, 월드컵: 0-0

슈팅-득점: 2-0 / 16-1 / 18-1 LG-0 / 0-0 RG-1 / 0-0 HG-0
패스 방향 분포: 전진 30%, 좌향 27%, 우향 25%, 후진 18%
2020-21 분데스리가: 28-0 / 2518 / 1 / 34.7-27.7 / 80% / 4.5-2.3 / 1.6 / 1.0-0.7 / 3-0 / 0

SQUAD LIST

위치	번호	선수	국적	키	생년월일	전 소속 팀
GK	1	Stefan Ortega	GER	183	92-11-06	1860 Munich
	13	Stefanos Kapino	GRE	196	94-03-18	Werder Bremen
	35	Arne Schulz	GER	190	03-03-23	None
DF	2	Amos Pieper	GER	192	98-01-17	Borussia Dortmund
	3	Guilherme Ramos	POR	191	97-08-11	Feirense
	4	Joakim Nilsson	SWE	182	94-02-06	IF Elfsborg
	5	Jacob Laursen	DEN	179	94-11-17	Odense
	6	Lennart Czyborra	GER	181	99-05-03	Genoa
	15	Nathan de Medina	BEL	183	97-10-08	Excel Mouscron
	27	Cédric Brunner	SUI	181	94-02-17	Zürich
MF	8	Alessandro Schöpf	AUT	171	94-02-07	Schalke
	11	Masaya Okugawa	JPN	176	96-04-14	Red Bull Salzburg
	16	Fabian Kunze	GER	183	98-06-14	Rödinghausen
	19	Manuel Prietl	AUT	187	91-08-03	Mattersburg
	20	Patrick Wimmer	AUT	182	01-05-30	Austria Vienna
	21	Robin Hack	GER	176	98-08-27	Nürnberg
	22	Edimilson Fernandes	SUI	190	96-04-15	Mainz
	30	Andrés Andrade	PAN	187	98-10-16	LASK Linz
	37	Vladislav Cherny	RUS	172	03-06-21	Paderborn
	39	Sebastian Vasiliadis	GER	177	97-10-04	Paderborn
FW	9	Fabian Klos	GER	194	87-12-02	Wolfsburg II
	10	Bryan Lasme	FRA	188	98-11-14	Sochaux
	18	Florian Krüger	GER	185	99-02-13	Erzgebirge Aue
	23	Janni Serra	GER	193	98-03-13	Holstein Kiel

FW Fabian KLOS 9
파비안 클로스

클럽의 캡틴으로서 아르메니아 빌레펠트에서만 10년 넘게 뛰었다. 350경기 넘게 출장했다. 194cm의 큰 키에서 나오는 헤딩슛이 주특기이다. 골문 앞에서의 마무리 능력이 좋으나 발밑이 투박하고 발이 느려 역습에 적합한 옵션은 아니다. 하지만 슈팅이 강하고 골 냄새를 잘 맡아 하부 팀에겐 효과적인 공격수다. 지난 시즌 팀의 잔류를 확정짓는 PK를 성공시켰다.

주로 사용하는 발: 오른발 79%

우승 — 1부리그: 0-0, 협회컵: 0-0, 챔피언스: 0-0
준우승 — 클럽 월드컵: 0-0, UEFA 유로: 0-0, 월드컵: 0-0

슈팅-득점: 43-4 / 11-1 / 54-5 LG-2 / 0-0 RG-2 / 2-1 HG-1
패스 방향 분포: 전진 21%, 좌향 24%, 우향 23%, 후진 32%
2020-21 분데스리가: 32-2 / 2725 / 2 / 23.3-12.8 / 55% / 1.3-0.7 / 0.1 / 1.0-0.2 / 4-0 / 0

1. FC KÖLN

구단 창립 : 1948년 **홈구장** : 라인에네르기슈타디온 **대표** : 베르너 볼프 **2020-21시즌** : 16위(승점 33점) 8승 9무 17패 34득점 60실점 **닉네임** : Die Geiβböcke, Effzeh

가까스로 잔류한 전통 강호, 부활의 깃발을 들다

리그 16위를 기록해 PO를 거쳐 잔류했다. 핵심 자원이었던 보르나우와 야콥스을 이적시키며 공백에 대한 우려를 낳았지만, 자유계약과 임대로 15명의 선수를 영입하며 스쿼드에 깊이를 더했다. 전통의 강호는 부활할 수 있을 것인가.

MANAGER : Steffen BAUMGART 슈테펜 바움가르트

- 생년월일 : 1972.01.05 / 출생지 : 로스톡(독일)
- 현역시절 포지션 : 공격수 / 계약만료 : 2023.06.30
- 평균 재직 기간 : 3년 / 선호 포맷 : 4-4-2

1972년생의 독일 출신 감독. 파더보른을 이끌고 3부 리그에서 1부 리그까지 승격시켰다. 기량을 인정받아 여러 클럽들이 오퍼를 보냈고 이번 시즌을 앞두고 쾰른의 지휘봉을 잡았다. 카리스마가 넘치는 지도력이 인상적이다.

우승-준우승

- GERMAN BUNDESLIGA 3-7
- GERMAN DFB POKAL 4-6
- UEFA CHAMPIONS LEAGUE 0-0
- UEFA EUROPA LEAGUE 0-1
- FIFA CLUB WORLD CUP 0-0
- UEFA-CONMEBOL INTERCONTINENTAL 0-0

ODDS CHECK

	배당률	우승 확률
bet365	750배	13위
skybet	500배	13위
William HILL	500배	10위
888sport	-	-

*우승 확률이 높을수록 배당률은 낮아집니다

2021-22 SEASON SCHEDULE

날짜	장소	상대팀	날짜	장소	상대팀
08-15	H	Hertha Berlin	01-08	A	Hertha Berlin
08-22	A	Bayern München	01-15	H	Bayern München
08-28	H	Bochum	01-22	A	Bochum
09-11	A	Freiburg	02-05	H	Freiburg
09-18	H	RB Leipzig	02-12	A	RB Leipzig
09-25	A	Eint Frankfurt	02-19	H	Eint Frankfurt
10-02	H	Greuther Fürth	02-26	A	Greuther Fürth
10-16	A	Hoffenheim	03-05	H	Hoffenheim
10-23	H	Leverkusen	03-12	A	Leverkusen
10-30	A	Dortmund	03-19	H	Dortmund
11-06	H	Union Berlin	04-02	A	Union Berlin
11-20	A	Mainz 05	04-09	H	Mainz 05
11-27	H	M'Gladbach	04-16	A	M'Gladbach
12-04	A	Arminia Bielefeld	04-23	H	Arminia Bielefeld
12-11	H	FC Augsburg	04-30	A	FC Augsburg
12-15	A	Wolfsburg	05-07	H	Wolfsburg
12-18	H	Stuttgart	05-14	A	Stuttgart

시간대별 득점 / 시간대별 실점 / 위치별 슈팅-득점 / 공격 방향 / 볼 점유 위치 / 포지션별 득점 / 상대 포지션별 실점

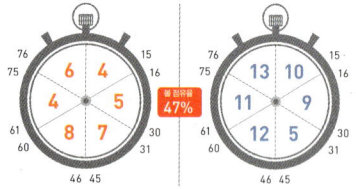

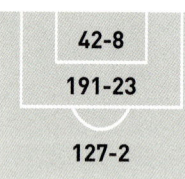
- 42-8
- 191-23
- 127-2
- 상대자책골 1골

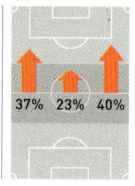
37% 23% 40%

상대 진영 25%
중간 지역 45%
우리 진영 30%

FW진 6골
MF진 25골
DF진 2골

DF진 7골
MF진 10골
FW진 43골
상대자책골 1골

BASIC FORMATION

4-4-2

- 모데스테 / 안데르손
- 우트 / 틸만
- 두다 / 외잔
- 카인츠 / 오부즈
- 류비치치 / 신들러
- 스키리 / 사우브
- 헥터 / J.호른
- 슈미츠 / 에이지부에
- 치호스 / 킬리안
- 메레 / 휘비스
- T.호른 / 우르빅

TOTO GUIDE 지난시즌 전적

상대팀	홈	원정
Bayern München	1-2	1-5
RB Leipzig	2-1	0-0
Dortmund	2-2	2-1
Wolfsburg	2-2	0-1
E. Frankfurt	1-1	0-2
Leverkusen	0-4	1-2
Union Berlin	1-2	1-2
Monchengladbach	1-3	2-1
Stuttgart	0-1	1-1
Freiburg	1-4	0-5
Hoffenheim	2-3	0-3
Mainz 05	2-3	1-0
FC Augsburg	0-1	3-2
Hertha Berlin	0-0	0-0
Arminia Bielefeld	3-1	0-1
Werder Bremen	1-1	1-1
Schalke 04	1-0	2-1

득점 패턴 / 실점 패턴

34골: 7, 22, 4, 1

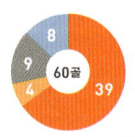
60골: 39, 4, 8

- OPEN PLAY
- COUNTER ATTACK
- SET PLAY
- PENALTY KICK
- OWN GOAL

OFFENSE | DEFENSE

OFFENSE		DEFENSE	
오픈 플레이	A	오픈 플레이 수비	B
카운터 어택	C	카운터 어택 수비	C
짧은 패스 게임	C	짧은 패스 게임 수비	D
롱볼 연계 플레이	B	롱볼 연계 플레이 수비	C
솔로 플레이	C	솔로 플레이 수비	E
중거리 슈팅 / 직접 프리킥	C	중거리 슈팅 수비	C
측면 공격	A	측면 수비	D
세트 플레이	C	세트 플레이 수비	C
위협적인 공격 횟수	C	공중전 능력	B
슈팅 대비 득점	B	볼 쟁탈전 / 투쟁심	A
오프사이드 피하기	C	실수 조심	C
볼 점유율	B	파울 주의	E

A 매우 우수함 B 우수함 C 평균 수준 D 부족함 E 많이 부족함

MF Ellyes SKHIRI 28
엘리에스 스키리

SCOUTING REPORT
쾰른의 에너자이저. 90분 내내 제 기량을 발휘할 수 있는 강한 체력을 가졌다. 인터셉트와 패스가 좋은 만능형 미드필더. '박스 투 박스'의 과정을 통해 공격으로 전환하는 속도가 빠른 편이다. 볼을 가진 상대에게 저돌적으로 접근해 슬라이딩 태클을 시도한다. 지난 시즌 경기당 2.6개의 태클 성공률을 보였다. 특별한 부상 없이 리그 32경기에 출전했다. 9라운드 도르트문트 전에선 멀티골을 터트리기도 했다.

PLAYER'S HISTORY
몽펠리에의 유스 출신으로 1군 무대까지 올랐다. 4시즌 동안 주축 멤버로 활약 후 2019년에 쾰른으로 입단했다. 넘치는 에너지로 대변되는 그는 튀니지의 주전 미드필더로 활약하고 있다. 2019년 아프리카 네이션스 컵에선 4위에 올랐고, 2018 러시아 월드컵에도 참여했다.

| 주로 사용하는 발: 오른발 88% | 우승 | 1부리그 : 0-0 | 협회컵 : 0-0 | 챔피언스 : 0-0 |
| | 준우승 | 클럽 월드컵 : 0-0 | UEFA 유로 : 0-0 | 월드컵 : 0-0 |

슈팅-득점	패스 방향 분포	2020-21 분데스리가	포지션
13-5 / 4-0 / 17-5 LG-1 / 0-0 RG-2 / 0-0 HG-2	전진 34% / 좌향 26% / 우향 26% / 후진 14%	31-1 2676 3 42.9-36.8 86% / 3.8-2.3 2.1 1.0-0.7 4-0 2	

GK Timo HORN 1
티모 호른

쾰른의 도시가 사랑하는 남자. 오로지 쾰른에서만 프로의 생활을 이어나가고 있고 그럴 것으로 평가된다. 반사 신경이 뛰어나고 상대 공격수와의 눈치 싸움을 통해 세이브를 해낸다. 2012년 당시 2부 리그였던 쾰른에서 주전으로 올라섰다. 어느덧 300경기를 돌파했고 독일 연령별 대표팀에 꾸준히 콜업된 특별한 유망주였다. 리우 올림픽에는 독일 대표팀의 주전으로 참가했었다.

| 주로 사용하는 발: 왼발 80% | 우승 | 1부리그 : 0-0 | 협회컵 : 0-0 | 챔피언스 : 0-0 |
| | 준우승 | 클럽 월드컵 : 0-0 | UEFA 유로 : 0-0 | 월드컵 : 0-0 |

세이브-실점	패스 방향 분포	2020-21 분데스리가	포지션
66-52 / 30-7 / 155-59 TH-117 / 155-96 NK-215 / 8-1 KD-37	전진 62% / 좌향 18% / 우향 20% / 후진 0%	34-0 3010 62% 5 35.6-25.9 / 73% 18.6-9.1 12-6 0-0	

DF Jonas HECTOR 14
요나스 헥터

클럽의 주장. 호른과 함께 쾰른의 정체성이라고 불리우는 수비수. 수비형 미드필더와 레프트 백을 겸해서 출장한다. 공수의 밸런스가 좋고 헌신적인 태클, 상대 공격수에게 집중력 있는 수비를 보여주며 끈질긴 마킹으로 유명하다. 2012년 쾰른의 1군으로 합류한 이후 10년 가까이 팀의 수비를 책임진다. 독일 대표팀 소속으로도 43경기에 출전했고 러시아 월드컵에 참가했다.

| 주로 사용하는 발: 왼발 74% | 우승 | 1부리그 : 0-0 | 협회컵 : 0-0 | 챔피언스 : 0-0 |
| | 준우승 | 클럽 월드컵 : 0-0 | UEFA 유로 : 0-0 | 월드컵 : 0-0 |

슈팅-득점	패스 방향 분포	2020-21 분데스리가	포지션
19-3 / 8-0 / 27-3 LG-2 / 0-0 RG-0 / 0-0 HG-1	전진 1% / 좌향 20% / 우향 29% / 후진 21%	15-4 1294 1 28.5-22.4 79% / 2.8-1.8 0.5-0.3 2-0 1	

SQUAD LIST

위치	번호	선수	국적	키	생년월일	전 소속 팀
GK	1	Timo Horn	GER	190	93-05-12	None
	20	Marvin Schwäbe	GER	195-04-25		Brøndby
	44	Matthias Köbbing	GER	196	97-05-28	Homburg
DF	2	Benno Schmitz	GER	182	94-11-17	RB Leipzig
	3	Noah Katterbach	GER	180	01-04-13	None
	4	Timo Hübers	GER	190	96-07-20	Hannover 96
	5	Rafael Czichos	GER	188	90-05-14	Holstein Kiel
	15	Luca Kilian	GER	190	99-09-01	Mainz
	19	Kingsley Ehizibue	NED	187	95-05-25	PEC Zwolle
	22	Jorge Meré	ESP	182	97-04-17	Sporting Gijón
	23	Jannes Horn	GER	186	97-02-06	Wolfsburg
	26	Sava-Arangel Čestić	GER	192	01-02-19	Schalke
MF	6	Salih Özcan	GER	180	98-01-11	West Köln
	7	Dejan Ljubičić	AUT	186	97-10-08	Rapid Vienna
	11	Florian Kainz	AUT	174	92-10-24	Werder Bremen
	14	Jonas Hector	GER	185	90-05-27	Auersmacher
	17	Kingsley Schindler	GER	183	93-07-12	Holstein Kiel
	18	Ondrej Duda	SVK	183	94-12-15	Hertha Berlin
	21	Louis Schaub	AUT	177	94-12-29	Rapid Vienna
	25	Tim Lemperle	GER	187	02-02-05	FSV Frankfurt
	28	Ellyes Skhiri	TUN	185	95-05-10	Montpellier
	29	Jan Thielmann	GER	178	02-05-26	Eintracht Trier
	36	Niklas Hauptmann	GER	176	96-06-27	Dynamo Dresden
FW	9	Sebastian Andersson	SWE	190	91-07-15	Union Berlin
	13	Mark Uth	GER	185	91-08-24	Schalke
	27	Anthony Modeste	FRA	186	88-04-14	Tianjin Quanjian
	30	Marvin Obuz	GER	170	02-01-25	None
	31	Tomáš Ostrák	CZE	176	00-02-05	Frýdek-Místek

FW Ondrej DUDA 18
온드레이 두다

쾰른에서 가장 빛나는 공격 자원. 공격형 미드필더의 역할을 누구보다도 잘 해낸다. 볼 터치가 부드럽고 창의적인 패스와 축구 센스가 뛰어나다. 지난 시즌에는 별다른 부상도 없이 리그 32경기에 출전해 7골과 6개의 도움을 기록했다. 슬로바키아 대표팀의 주전 공격형 미드필더로도 활약한다. 유로 2020의 조별 라운드에도 출전했지만 안타깝게 16강 진출에는 실패했다.

| 주로 사용하는 발: 오른발 88% | 우승 | 1부리그 : 2-1 | 협회컵 : 2-0 | 챔피언스 : 0-0 |
| | 준우승 | 클럽 월드컵 : 0-0 | UEFA 유로 : 0-0 | 월드컵 : 0-0 |

슈팅-득점	패스 방향 분포	2020-21 분데스리가	포지션
26-6 / 24-1 / 50-7 LG-1 / 4-0 RG-6 / 4-3 HG-0	전진 % / 좌향 % / 우향 % / 후진 %	32-0 2556 4 34.5-26.4 77% / 2.1-1.1 0.6 2.3-1.6 6-1 0	

VFL BOCHUM 1848

구단 창립 : 1848년 홈구장 : 보노비아 루흐르슈타디온 대표 : 한스-페터 빌리스 2020-21시즌 : 2부 1위(승점 67점) 21승 4무 9패 66득점 39실점 닉네임 : Die Unabsteigbaren

2부 리그 챔피언, 알짜 영입으로 1부 리그 도전

2부 리그 23R 이후 줄곧 1위를 지켰고, 1부 리그로 복귀했다. 이적 시장에서 CF 폴터(FA), MF 레즈베차이(임대) 등 주전급 선수들을 무상 영입해 전력을 보강했다. 승격 첫 시즌 이변을 일으킬 수 있을까.

MANAGER : Thomas REIS 토마스 라이스

생년월일 : 1973.10.04 / 출생지 : 웨르트하임(독일)
현역시절 포지션 : 미드필더 / 계약만료 : 2023.06.30
평균 재직 기간 : 2년 / 선호 포맷 : 4-2-3-1

구단과 서포터즈에게 많은 사랑을 받는 감독. 지도자 생활을 보훔에서 시작했다. 수석 코치와 유소년 팀을 거쳐 지난 2019년에 1군 감독이 되었다. 2시즌 만에 당당히 리그 우승을 차지하며 1부 리그로 보훔을 이끄는데 성공했다.

우승-준우승

GERMAN BUNDESLIGA	0-0
GERMAN DFB POKAL	0-0
UEFA CHAMPIONS LEAGUE	0-0
UEFA EUROPA LEAGUE	0-0
FIFA CLUB WORLD CUP	0-0
UEFA-CONMEBOL INTERCONTINENTAL	0-0

ODDS CHECK

	배당률	우승 확률
bet365	배당률 1000배	우승 확률 17위
skybet	배당률 1000배	우승 확률 15위
William HILL	배당률 1000배	우승 확률 15위
888sport	배당률 750배	우승 확률 15위

*우승 확률이 높을수록 배당률은 낮아진다

2021-22 SEASON SCHEDULE

날짜	장소	상대팀	날짜	장소	상대팀
08-14	A	Wolfsburg	01-08	A	Wolfsburg
08-21	H	Mainz 05	01-15	A	Mainz 05
08-28	A	FC Köln	01-22	H	FC Köln
09-12	H	Hertha Berlin	02-05	A	Hertha Berlin
09-18	A	Bayern München	02-12	H	Bayern München
09-26	H	Stuttgart	02-19	A	Stuttgart
10-02	A	RB Leipzig	02-26	H	RB Leipzig
10-16	A	Greuther Fürth	03-05	H	Greuther Fürth
10-23	H	Eint Frankfurt	03-12	A	Eint Frankfurt
10-30	A	M'Gladbach	03-19	H	M'Gladbach
11-06	H	Hoffenheim	04-02	A	Hoffenheim
11-20	A	Leverkusen	04-09	H	Leverkusen
11-27	H	Freiburg	04-16	A	Freiburg
12-04	A	FC Augsburg	04-23	H	FC Augsburg
12-11	H	Dortmund	04-30	A	Dortmund
12-15	A	Arminia Bielefeld	05-07	H	Arminia Bielefeld
12-18	H	Union Berlin	05-14	A	Union Berlin

2부 리그

시간대별 득점 (볼 점유율 58%)
76: 21, 15: 7, 16: 12, 30: 9, 31: 12, 45: 5, 46: 60, 61: -

시간대별 실점
76: 10, 15: 5, 16: 7, 30: 7, 31: 8, 45: 2, 46: 60, 61: -

위치별 슈팅-득점
PA안 280-53
PA밖 168-11

신체 부위별 득점
왼발 18 / 오른발 35
헤더 11 / 기타 부위 0
*상대자책골 2골

패스 / 수비
패스 시도-성공 평균 367-104
성공률 78%
평균 태클 14.4
평균 인터셉트 11.9

포지션별 득점
FW진 26골
MF진 33골
DF진 5골
*상대자책골 2골

상대 포지션별 실점
DF진 3골
MF진 16골
FW진 20골

BASIC FORMATION

4-3-3

폴터 / 노보트니
홀트만 / 안트위-아제이
출러 / 아사노
레즈베차이 / 블룸
로실라 / 판토비치
테세 / 로실라
소아레스 / 스타필리디스
감보아 / 보크호른
람프로풀로스 / 마쇼비치
코차프 / 라이치
리만 / 에서

TOTO GUIDE 지난 시즌 2부리그 맞대결 전적

상대팀	홈	원정
Greuther Furth	0-2	2-1
Holstein Kiel	2-1	1-3
Hamburger SV	0-2	3-1
Dusseldorf	5-0	3-0
Karlsruher SC	1-2	1-0
Darmstadt	2-1	1-3
Heidenheim	3-0	2-0
Paderborn	3-0	0-3
Sankt Pauli	2-2	3-2
FC Nurnberg	3-1	1-1
Erzgebirge Aue	2-0	0-1
Hannover 96	4-3	0-2
Regensburg	5-1	2-0
Sandhausen	3-1	1-1
Osnabruck	0-0	2-1
Braunschweig	2-0	1-2
Wurzburger K.	3-0	3-2

OFFENSE | DEFENSE

오픈 플레이	E	오픈 플레이 수비	E
카운터 어택	C	카운터 어택 수비	C
짧은 패스 게임	C	짧은 패스 게임 수비	C
롱볼 연계 플레이	B	롱볼 연계 플레이수비	C
솔로 플레이	C	솔로 플레이 수비	C
중거리 슈팅 / 직접 프리킥	C	중거리 슈팅 수비	C
측면 공격	B	측면 수비	D
세트 플레이	C	세트 플레이 수비	D
위협적인 공격 횟수	E	공중전 능력	C
슈팅 대비 득점	C	볼 쟁탈전 / 투쟁심	B
오프사이드 피하기	C	실수 조심	C
볼 점유율	D	파울 주의	D

A 매우 우수함 B 우수함 C 평균 수준 D 부족함 E 많이 부족함

ASANO Takuma 10
아사노 타쿠마 (MF)

SCOUTING REPORT

보훔의 10번 셔츠를 입은 주인공. 측면 공격수로 나서지만 직접 해결하는 능력이 탁월하다. 볼을 다루는 기술이 좋고 스피드와 테크닉이 가미된 드리블은 상대 수비수에겐 부담감으로 다가온다. 측면에서 시도하는 얼리 크로스와 스루 패스도 좋다. 지난 시즌 파르티잔에서 보여준 골 폭풍은 가히 놀라웠다. 리그 33경기에서 18골을 넣었고, 5라운드까지 6골을 성공시켰다. 보훔의 공격에 큰 힘이 될 것이다.

PLAYER'S HISTORY

산프레체 히로시마에서 데뷔했다. 아스날과의 이적이 성사되었지만, 단 한 경기도 뛰지 못하고 임대를 전전했다. 슈투트가르트, 하노버를 거쳐 2019년 파르티잔으로 이적했다. 77경기에서 30골을 넣었고 승격한 보훔과 이번 시즌에 계약을 맺었다.

주로 사용하는 발	오른발	우승	1부리그 : 2-2	협회컵 : 1-2	챔피언스 : 0-0
		준우승	클럽 월드컵 : 0-0	AFC 아시안컵 : 0-0	월드컵 : 0-0

Manuel RIEMANN 1
마누엘 리만 (GK)

보훔 1부 승격의 일등 공신. 최후방에서 골문을 사수했다. 리그 30경기에서 11개의 클린 시트를 기록했고 팀의 실점을 최소화 시키는데 공헌했다. 시즌 막판에는 손 골절로 이탈했지만 뛰어난 반사 신경과 다이빙 능력으로 팀의 승격을 주도했다. 2015년부터 보훔의 스쿼드에서 활약했다. 주로 2부와 3부 리그에서 활약했기에 1부 리그의 공격수들을 막는데 역부족일 수도 있다.

ARMEL BELLA-KOTCHAP 37
아르멜 벨라-코챱 (DF)

성장 가능성이 무궁무진한 센터백. 10대의 나이임에도 불구하고 팀의 주전으로 나섰다. 지난 시즌 팀의 승격을 도왔다. 리그 초반 벤치에서 대기했지만 8라운드부터 주전으로 출전했다. 다부진 피지컬에서 나오는 스탠딩 태클과 맨 마킹이 좋다. 깔끔한 태클과 간결한 클리어링으로 경고도 적게 받는다. 독일 연령별 대표팀에 포함됐었고 20세 이하의 팀에서 1경기 활약했다.

Simon ZOLLER 9
시몬 촐러 (FW)

지난 시즌 가장 돋보였던 공격수. 최전방 스트라이커답게 상대 수비와의 몸싸움을 즐긴다. 등지는 플레이를 잘하며 빠른 발을 이용해 측면에서도 좋은 모습을 보여준다. 지난 시즌 리그에서 15골과 10개의 도움을 기록했다. 보훔의 승격에 공헌했으며 본격적으로 1부 리그에 발을 디뎠다. 카를스루에의 유스 출신으로 2019년에 보훔에서 자리를 잡았다. 대기만성형의 공격수다.

SQUAD LIST

위치	번호	선수	국적	키	생년월일	전 소속팀
GK	1	Manuel Riemann	GER	185	88-09-09	Sandhausen
GK	21	Michael Esser	GER	198	87-11-22	Hannover 96
GK	34	Paul Grave	GER	193	01-04-10	None
DF	2	Cristian Gamboa	CRC	175	89-10-24	Celtic
DF	3	Danilo Soares	BRA	170	91-10-29	1899 Hoffenheim
DF	4	Erhan Mašović	SRB	187	98-11-22	Club Brugge
DF	5	Saulo Decarli	SUI	186	92-02-04	Club Brugge
DF	11	Herbert Bockhorn	UGA	176	95-01-31	Huddersfield T
DF	16	Kostas Stafylidis	GRE	176	93-12-02	1899 Hoffenheim
DF	24	Vasilios Lampropoulos	GRE	185	90-03-31	Deportivo La Coruña
DF	29	Maxim Leitsch	GER	188	98-05-18	None
DF	37	Armel Bella-Kotchap	GER	190	01-12-11	Duisburg
MF	6	Patrick Osterhage	GER	184	00-02-01	Borussia Dortmund
MF	7	Danny Blum	GER	184	91-01-07	Eintracht Frankfurt
MF	8	Anthony Losilla	FRA	185	86-03-10	Dynamo Dresden
MF	10	Takuma Asano	JPN	171	94-11-10	Partizan Belgrade
MF	13	Raman Chibsah	GHA	178	93-03-10	Gaziantep
MF	20	Elvis Rexhbecaj	GER	182	97-11-01	Wolfsburg
MF	22	Christopher Antwi-Adjej	GER	173	94-02-07	Paderborn
MF	23	Robert Tesche	GER	180	87-05-27	Birmingham C
MF	38	Eduard Löwen	GER	188	97-01-28	Hertha Berlin
FW	9	Simon Zoller	GER	179	91-06-26	Köln
FW	14	Tom Weilandt	GER	187	92-04-27	Greuther Fürth
FW	15	Soma Novothny	HUN	185	94-06-16	Újpest
FW	17	Gerrit Holtmann	GER	183	95-03-25	Mainz
FW	27	Miloš Pantović	SRB	185	96-07-07	Bayern Munich
FW	32	Tarsis Bonga	GER	196	97-01-10	Chemnitzer FC
FW	35	Silvère Ganvoula	CGO	183	96-06-22	Anderlecht
FW	40	Sebastian Polter	GER	192	91-04-01	Fortuna Sittard

SPVGG GREUTHER FÜRTH

구단 창립 : 1903년　홈구장 : 스포르트파크 론호프　대표 : 프레드 회플러　2020-21시즌 : 2부 2위(승점 64점) 18승 10무 6패 69득점 44실점　닉네임 : Kleeblätter

이적 시장에서 14명 영입, 객관적인 전력은 강등권

5R부터 내리 5연승하며 상위권으로 올라섰고, 끝까지 순위를 유지해 승격했다. 이적 시장에서 스타를 마인츠로 보내며 350만 유로를 받았으나 14명을 FA 혹은 임대로 영입해 흑자를 봤다. 올시즌 잔류가 중요한 과제다.

MANAGER : Stefan LEITL 슈테판 라이틀

생년월일 : 1977.08.29 / 출생지 : 뮌헨(독일)
현역시절 포지션 : 미드필더 / 계약만료 : 2023.06.30
평균 재직 기간 : 4년 / 선호 포맷 : 4-3-1-2

잉골슈타트에서 주전으로 활약한 선수. 은퇴하자마자 유소년 팀을 맡았고, 2017년 1군 감독까지 역임했다. 2019년이 되고 나서 그로이터 퓌르트의 지휘봉을 잡았다. 지난 시즌 팀을 이끌고 1부 리그에서 승격하는 기쁨을 맞이했다.

우승-준우승

GERMAN BUNDESLIGA	3-1
GERMAN DFB POKAL	0-0
UEFA CHAMPIONS LEAGUE	0-0
UEFA EUROPA LEAGUE	0-0
FIFA CLUB WORLD CUP	0-0
UEFA-CONMEBOL INTERCONTINENTAL	0-0

ODDS CHECK

bet365	배당금 1000배	우승 확률 17위
sky bet	배당금 1000배	우승 확률 15위
William HILL	배당금 1000배	우승 확률 15위
888sport	-	-

*우승 확률이 높을수록 배당률 낮아짐

2021-22 SEASON SCHEDULE

날짜	장소	상대팀	날짜	장소	상대팀
08-14	A	Stuttgart	01-08	H	Stuttgart
08-21	H	Arminia	01-15	A	Arminia
08-28	H	Mainz 05	01-22	A	Mainz 05
09-11	H	Wolfsburg	02-05	A	Wolfsburg
09-17	A	Hertha BSC	02-12	H	Hertha BSC
09-24	H	Bayern Munich	02-19	A	Bayern Munich
10-02	A	Köln	02-26	H	Köln
10-16	H	Bochum	03-05	A	Bochum
10-23	A	RB Leipzig	03-12	H	RB Leipzig
10-30	H	Freiburg	03-19	A	Freiburg
11-06	H	Eint Frankfurt	04-02	A	Eint Frankfurt
11-20	A	M'Gladbach	04-09	H	M'Gladbach
11-27	H	Hoffenheim	04-16	A	Hoffenheim
12-04	A	Leverkusen	04-23	H	Leverkusen
12-11	H	Union Berlin	04-30	A	Union Berlin
12-15	A	Dortmund	05-07	H	Dortmund
12-18	H	Augsburg	05-14	A	Augsburg

2부리그

시간대별 득점
볼 점유율 55%
76/14/12/16
75/9/17/15
61/10/7/30
60/46/45/31

시간대별 실점
/6/15
/5/6/16
/8/10/30
46/45/31

위치별 슈팅-득점
PA안 317-62
PA밖 175-4
*상대자책골 3골

신체 부위별 득점
왼발 22 / 오른발 33
헤더 11 / 기타 부위 0
*상대자책골 3골

패스 / 수비
패스 시도-성공
평균 459-367
성공률 80%
평균 태클 13.4
평균 인터셉트 11.3

포지션별 득점
FW진 36골
MF진 24골
DF진 6골
*상대자책골 3골

상대 포지션별 실점
DF진 8골
MF진 8골
FW진 26골
*자책골 실점 2골

BASIC FORMATION
4-4-2

흐로고타 이텐 / 아비아마 베어크린
닐센 두지아크
그린 케어 / 세긴 틸만
사르페이 조이페르트
이터 빌렘스 / B.파바르 N.뒤부아
호그아 피어히버 / 바우어 웅
부르헤르트 / 푼크

TOTO GUIDE 지난 시즌 2부리그 맞대결 전적

상대팀	홈	원정
Bochum	1-2	2-0
Holstein Kiel	2-1	3-1
Hamburger SV	0-1	0-0
Dusseldorf	3-2	3-3
Karlsruher SC	2-2	2-3
Darmstadt	0-4	2-2
Heidenheim	0-1	1-0
Paderborn	1-1	4-2
Sankt Pauli	2-1	1-2
FC Nurnberg	2-2	3-2
Erzgebirge Aue	3-0	1-1
Hannover 96	4-1	2-2
Regensburg	3-1	2-1
Sandhausen	3-2	3-0
Osnabruck	1-1	1-0
Braunschweig	3-0	3-0
Wurzburger K.	4-1	2-2

OFFENSE | DEFENSE

오픈 플레이	C	오픈 플레이 수비	E
카운터 어택	B	카운터 어택 수비	C
짧은 패스 게임	B	짧은 패스 게임 수비	E
롱볼 연계 플레이	C	롱볼 연계 플레이수비	B
솔로 플레이	C	솔로 플레이 수비	D
중거리 슈팅 / 직접 프리킥	C	중거리 슈팅 수비	D
측면 공격	B	측면 수비	C
세트 플레이	C	세트 플레이 수비	C
위협적인 공격 횟수	C	공중전 능력	D
슈팅 대비 득점	C	볼 쟁탈전 / 투쟁심	C
오프사이드 피하기	D	실수 조심	C
볼 점유율	C	파울 주의	C

A 매우 우수함　B 우수함　C 평균 수준　D 부족함　E 많이 부족함

FW Branimir HRGOTA 10
브라니미르 호르고타

SCOUTING REPORT
그로이터 퓌르트의 주장. 최전방에서 공격을 이끄는 선봉장이다. 볼 관리 능력이 좋고 발이 빠르지 않으나 순간적인 스프린트 후 시도하는 원 터치 슈팅이 일품이다. 상대의 골문 앞에서 높은 결정력을 보여준다. 지난 시즌 리그 31경기에 출전하여 16골을 작렬했다. 19라운드와 20라운드에선 2경기 연속 멀티골을 터트리며 팀을 긍정적으로 바꾸었다. 동료들과의 호흡도 좋아 '진짜 주장'이라는 평가가 많다.

PLAYER'S HISTORY
묀헨글라드바흐의 시절 뛰어난 유망주로 평가받았다. 네 시즌 동안 88경기에 출전하여 19골을 넣었다. 2016년 프랑크푸르트로 이적하게 되었고 좋지 못한 폼을 보이다 그로이터 퓌르트로 합류했다. 스웨덴 연령별 대표팀에서 꾸준히 콜업되며 A대표팀에서도 뛰었다.

주로 사용하는 발: 왼발
우승: 1부리그 0-0, 협회컵 1-1, 챔피언스 0-0
준우승: 클럽 월드컵 0-0, UEFA 유로 1-0, 월드컵 0-0

슈팅-득점: 60-16, 36-0
96-16 LG-12
4-0 RG-4
4-4 HG-0

29-2 2539 6 23.6-17.6 75%
1.5-0.8 0.2 3.2-1.6 2-0 4

SQUAD LIST

위치	번호	선수	국적	키	생년월일	전 소속팀
GK	1	Marius Funk	GER	187	96-01-01	Stuttgart II
	25	Leon Schaffran	GER	186	98-07-31	Hertha Berlin II
	30	Sascha Burchert	GER	185	89-10-30	Hertha Berlin
	41	Lasse Schulz	FIN	198	03-03-29	FC Honka
DF	2	Simon Asta	GER	178	01-01-25	Augsburg
	4	Maximilian Bauer	GER	189	00-02-09	None
	5	Justin Hoogma	NED	184	98-06-11	1899 Hoffenheim
	15	Jetro Willems	NED	169	94-03-30	Eintract Frankfurt
	18	Marco Meyerhöfer	GER	179	95-11-18	Waldhof Mannheim
	23	Gideon Jung	GER	189	94-09-09	Hamburg
	24	Nick Viergever	NED	182	89-08-03	PSV Eindhoven
	27	Gian-Luca Itter	GER	185	99-01-09	Freiburg
	29	Elias Kratzer	GER	178	00-01-08	Bayern München
	32	Abdourahmane Barry	FRA	189	00-02-21	FC Liefering
MF	6	Adrian Fein	GER	186	99-03-18	Bayern München
	8	Nils Seufert	GER	179	97-02-03	Arminia Bielefeld
	13	Max Christiansen	GER	187	96-09-25	Waldhof Mannheim
	14	Hans Nunoo Sarpei	GHA	178	98-08-09	Stuttgart
	17	Jessic Ngankam	GER	184	00-07-20	Hertha Berlin
	21	Timothy Tillman	GER	182	99-01-04	Bayern München
	22	Sebastian Griesbeck	GER	189	90-10-03	Union Berlin
	28	Jeremy Dudziak	GER	174	95-08-09	Hamburg
	33	Paul Seguin	GER	186	95-03-09	Wolfsburg
	37	Julian Green	USA	172	95-06-09	Stuttgart
	39	Mert-Yusuf Torlak	GER	173	02-07-09	None
FW	7	Robin Kehr	GER	189	00-02-22	Borussia Dortmund
	9	Emil Berggreen	DEN	194	93-05-10	FC Twente
	10	Branimir Hrgota	SWE	182	93-01-12	Eintracht Frankfurt
	11	Dickson Abiama	NGA	184	98-11-09	Eltersdorf
	16	Håvard Nielsen	NOR	187	93-07-15	Fortuna Düsseldorf
	19	Cedric Itten	SUI	189	96-12-09	Rangers
	40	Jamie Leweling	GER	184	01-02-09	Nürnberg

GK Sascha BURCHERT 30
사샤 부르헤르트

그로이터 퓌르트의 골문을 여섯 시즌째 지키고 있다. 경기 조율 능력이 좋고 수비수와의 콜 플레이, 공중볼 캐치가 뛰어나다. 헤르타 베를린의 유스 출신으로 기회를 잡지 못한 상태로 그로이터 퓌르트로 이적했다. 당시 2부 리그였지만 지난 시즌 승격을 이루는데 크게 기여했다. 리더쉽도 뛰어나 주장 완장을 차고 출장한다. 큰 부상 없이 리그 33경기에 나섰다.

주로 사용하는 발: 오른발
우승: 1부리그 0-0, 협회컵 0-0, 챔피언스 0-0
준우승: 클럽 월드컵 0-0, UEFA 유로 0-0, 월드컵 0-0

세이브-실점: 58-37, 24-7
126-44
126-82
2-0

33-0 2970 65% 7 35.7-27.7
78% 14.7-6.9 2-0

DF Maximilian BAUER 4
막시밀리안 바우어

팀의 주전 센터백. 상황에 따라선 풀백으로도 활약할 수 있다. 공중볼 경합에서 자신감을 보이고 세트피스 상황에서 헤딩슛을 종종 시도한다. 지난 시즌엔 3라운드에서 헤더로 골을 터트렸다. 햄스트링과 카드 누적으로 29경기에 출전했다. 거친 파울을 자주 하며 상대 공격수와의 혈전으로 늘 상처를 입곤 한다. 그로이터 퓌르트의 유스 출신으로 독일 U-18, U-19 출신이다.

주로 사용하는 발: 오른발
우승: 1부리그 0-0, 협회컵 0-0, 챔피언스 0-0
준우승: 클럽 월드컵 0-0, UEFA 유로 0-0, 월드컵 0-0

슈팅-득점: 7-2, 1-0
8-2 LG-1
0-0 RG-0
0-0 HG-1

25-4 2283 0 52.8-45.4 86%
1.2-0.9 0.8 0.2-0.1 7-0 1

MF Paul SEGUIN 33
폴 세긴

그로이터 퓌르트의 언성 히어로. 상대 미드필더와의 싸움에서 늘 치열한 모습을 보인다. 거친 태클과 볼 다툼을 잘하며 기본적으로 압박 능력이 뛰어나다. 직접 빌드업을 시작하여 골까지 흔들기도 한다. 지난 시즌 리그 5라운드부터 4경기 연속골을 넣기도 했다. 볼프스부르크의 유스 출신으로 임대를 전전하다 크로이터 퓌르트에 정착했다. 엄청난 활동량을 가진 미드필더다.

주로 사용하는 발: 오른발
우승: 1부리그 0-1, 협회컵 1-0, 챔피언스 0-0
준우승: 클럽 월드컵 0-0, UEFA 유로 0-0, 월드컵 0-0

슈팅-득점: 19-7, 20-0
39-7 LG-1
2-0 RG-6
1-0 HG-0

33-0 2838 8 54.8-44.8 82%
2.4-1.6 0.7 1.5-0.8 9-0 5

세리에 A 무대의 118번째 우승컵은 어느 팀이 차지할까, 그 어느 때보다도 예상하기 어렵다. 디펜딩 챔피언 인테르 밀란은 우승 공신 콘테 감독, 공격수 루카쿠와 이별했다. 우승에 절대적인 영향을 미쳤던 두 인물의 빈자리는 무척 커보인다. 인테르 밀란이 주춤한 사이 '동향 라이벌' AC 밀란, 이탈리아 역대 최다 우승팀 유벤투스, 무리뉴 감독의 AS 로마, 돌풍의 팀 아탈란타, 명장 사리 감독이 지휘봉을 잡은 라치오 등 많은 팀들이 스쿠데토를 노린다. 마침내 이탈리아에 펼쳐진 전국시대, 과연 난세를 평정할 영웅은 누가 될 것인가.

유벤투스 10연패 저지한 인테르
인테르 트로피 되찾으려는 유벤투스

인테르 밀란은 지난 시즌 콘테 감독의 용병술과 '괴물 센터포워드' 루카쿠의 활약에 힘입어 유벤투스의 리그 10연패를 저지하고 우승했다. 성공적인 2번째 시즌을 보냈지만 콘테는 구단과의 불화를 봉합하지 못하고 결국 떠나버렸다. 또한 공수의 핵심자원이었던 루카쿠와 하키미마저 이적하며 변화가 불가피한 시즌을 맞았다.

올 시즌 인테르는 대폭적인 변화를 겪었다. 라치오에서 성공적인 시즌을 보냈던 인자기 감독이 지휘봉을 잡았다. 그는 세리에 A 경험이 풍부하고, 라치오를 이끌며 해마다 좋은 성적을 냈다. 인테르의 전술적인 흐름과 맞는 감독이라는 평이다.

인자기 감독은 스쿼드에 자신의 색을 입혔다. 라이벌 AC 밀란에서 찰하놀루를 데려왔고, 하키미의 대체자로 둠프리스를 영입했다. 루카쿠의 빈자리는 베테랑 제코에게 맡겼다. 물론 그가 루카쿠가 해냈던 역할을 완벽히 메울 수 있을지는 미지수다.

리그 9연패를 달리던 유벤투스는 10연패 문턱에서 인테르에 덜미를 잡혔다. 여기에 크리스티아누 호날두까지 맨유로 이적하며 공격에 구멍이 생겼다. 하지만 기존의 디발라, 키에사 등을 중심으로 똘똘 뭉쳐 인테르에 빼앗긴 스쿠데토 트로피를 되찾겠다는 각오를 다졌다. 올 시즌 유벤투스와 인테르가 펼칠 우승 경쟁은 세리에A 최고의 명장면들을 연출할 것이다.

우승의 복병 AC 밀란과 아탈란타
선수와 감독간 두터운 신뢰감 형성

현재 리그에서 가장 분위기가 좋은 팀은 AC 밀란과 아탈란타다. 잦은 감독 교체로 방향성을 잃고 부진을 거듭하던 밀란은 피올리 감독이 부임하며 팀을 정상궤도로 올려놓았다. 특히 즐라탄을 영입한 건 정말 '신의 한 수'였다. 그는 팀의 규율을 잡고, 후배들에게 투쟁심을 무장시켰다. 여기에 최전방에서 많은 골을 터뜨렸다. 즐라탄의 활약에 힘입어 AC 밀란은 9년 만에 챔피언스리그 무대로 복귀했다.

'돌풍의 팀' 아탈란타도 분위기가 좋다. '가스페리니의 아이들'은 지난 시즌 몇차례 위기를 맞았으나 잘 넘겼고, 결국 시즌 3위에 오르며 챔피언스리그에서 뛰게 되었다. 골리니, 로메로가 빠져나간 수비진이 걱정되지만 충분히 저력 있는 스쿼드를 갖추었다. 무리엘, 일리치치, 말리노프스키로 이어지는 공격진, 파살리치, 페시나, 더룬의 중원은 여전히 위력적이다.

'감독 리턴즈'…"I'm back"
'영광의 순간' 이끈 명장들 컴백

인테르와 함께 트레블이라는 역사를 써냈던 '스페셜 원' 무리뉴가 AS로마로 복귀하며 이탈리아로 돌아왔다. 폰세카 감독의 후임으로 임명된 무리뉴는 여전히 경쟁력 있는 지도자다. 그는 로마 지휘봉을 잡은 직후 많은 변화를 줬다. 제코가 인테르로 떠난 자리에 첼시에서 뛰던 태미 에이브러햄을 영입해 한층 젊은 팀을 구성했다. 무리뉴의 AS 로마는 첫 시즌부터 리그 우승을 정조준한다.

'사리볼'을 전파했던 사리 감독이 라치오 지휘봉을 잡았다. 그는 유벤투스를 이끈 다음 잠시 공백기를 가졌고, 올 시즌 세리에 A 무대로 복귀했다. 오랫동안 라치오를 이끌던 인자기 감독의 후임이라 여러 면에서 비교가 될 것이다.

나폴리에는 '폴스 나인'의 선구자 스팔레티 감독이 부임했다. 그는 AS 로마 감독 시절 토티를 가짜 9번으로 기용하며 혁명을 일으킨 바 있다. 스팔레티 감독은 나폴리의 유럽 대항전 진출에 초점을 맞추고 있다.

잔류는 '천국', 강등은 '지옥'
하위권 팀들, 그들의 생존법

2021-22 시즌의 강등권 경쟁. 올 시즌도 치열하게 전개될 것이다. 칼리아리, 토리노, 스페치아는 지난 시즌 정말 힘들게 살아남았다. 15위를 기록했던 스페치아는 18위 베네벤토와 승점이 단 4점 밖에 차이가 나지 않았다.

올 시즌 세리에 A의 중하위권 클럽들은 이미 '전력 평준화'가 되었다. 토리노는 부족한 공격력을 강화하기 위해 볼프스부르크의 브레칼로를 영입했고, 레스터에서 프라옛을 임대로 합류시켰다. 토리노는 공격과 수비를 폭넓게 보강하며 중위권 진출의 발판을 마련했다는 평가를 받았다. 그리고 올시즌 승격한 엠폴리, 살레르니타나, 베네치아의 행보는 더욱 주목을 받는다. 공격적인 경기 운영으로 2부리그에서 좋은 경기력을 보여줬기 때문에 잔류에 대한 기대가 크다.

INTER MILAN

리그 2연패(連霸) 위해 많은 것 바꿔

구단 창립 : 1908년 **홈구장** : 주세페 메아차(산시로) **대표** : 스티븐 장 **2020-21시즌** : 1위(승점 91점) 28승 7무 3패 89득점 35실점 **닉네임** : I Nerazzurri, La Beneamata

유벤투스에게서 스쿠데토 되찾다

리그 19번째 우승을 차지하며 유벤투스의 독주를 막아내는데 성공했다. 콘테 감독 특유의 응집력 있는 플레이가 살아났고 루카쿠와 라우타로, 바렐라와 같은 선수들은 특히나 뛰어난 활약을 펼쳤다. 리그 초반에 주춤했지만, 리그 22라운드부터 리그 1위 자리에서 내려오지 않았다. 유벤투스와의 대결에선 1승 1패를 기록했고 밀라노 더비에서도 마찬가지였다. 리그 20라운드부터는 리그 13연승을 했으며 스쿠데토 획득에 중요한 기간이었다. 다만 챔피언스리그에선 조별 라운드 탈락을 하며 아쉬웠다. 컵 대회에서도 유벤투스에게 고배를 마셨다.

루카쿠 떠난 자리, 새 얼굴들이 대체자

지난 시즌 인테르를 우승으로 이끈 핵심 인물인 콘테와 루카쿠가 모두 팀을 떠났다. 첼시로 돌아간 루카쿠와 파리로 떠난 하키미는 각각 무려 1억 1500만 유로와 6000만 유로라는 거액으로 둥지를 옮겼다. 막대한 자금을 충당했지만 이적에 있어서는 소극적이었다. 벨기에의 신성 판호스던을 리턴시켰고 밀란의 10번인 찰하놀루를 에릭센의 대체자로 데려왔다. 라치오의 코레아를 임대 형식으로 합류시켰고, 루카쿠의 대체자로 로마의 백전노장 제코를 영입했다. 기존 자원들과 영입생들의 조화를 얼마나 빨리 이끌어내는지가 이번 시즌의 주요 과제다.

챔피언스리그에서의 행보, 주목하라

세리에에서 잔뼈가 굵은 인자기 감독은 콘테의 뒤를 이어 지휘봉을 잡았다. 주포 루카쿠가 떠났지만 라우타로는 잔류했다. 제코의 경험이 중요해졌고, 코레아가 합류한 측면은 더욱 날카롭고 빨라졌다. 하키미의 빈자리가 아쉽지만 둠프리스의 영입으로 출혈을 막았다. 스쿼드가 여전히 두껍고 수비진의 막강한 존재감은 인테르의 2연패의 열쇠가 될 것이다. 바스토니, 더 프레이, 슈크리니아르는 상대의 공격을 쉽게 허용하지 않을 것이다. 이번 시즌은 챔피언스리그에서 더 큰 목표를 세우고 있다. 지난 시즌에 조별 탈락했던 아픔을 이번엔 설욕해야만 한다.

MANAGER : Simone INZAGHI 시모네 인자기

Personal Information
- 생년월일 : 1976.04.05 출생지 : 피아센자(이탈리아)
- 현역시절 포지션 : 공격수 계약만료 : 2023.06.30
- 평균 재직 기간 : 4년 선호 포맷 : 3-5-2

History
이탈리아 대표팀 레전드 필리포 인자기의 동생. 선수 시절에는 라치오에서 오랫동안 활약했으나 형에게 가려져 있었다. 하지만 라치오의 유스 감독을 거쳐 1군 감독이 되면서 반등을 이뤄냈다. 2018-19 코파 이탈리아 컵과 2017년 2019년 수페르코파에서 우승했다.

Style
주로 3백 전술을 구사한다. 3-5-2의 포메이션을 기점으로 변형된 전술을 구사한다. 양쪽 윙백의 공격 전개 능력을 중시하며 미드필더에서의 볼 점유율에 힘쓴다. 진지한 면이 많고 신중한 선택으로 교체를 선택한다. 상황에 따라선 과감한 선수 기용도 눈에 띄는 편이다. 콘테 감독의 후임으로 인테르호에 탑승했다. 리그에서 워낙 잔뼈가 굵은 감독이라 적응에는 문제없다. 오히려 더욱 멋진 경기력을 보여줄 것으로 예상된다.

우승 - 준우승 횟수

ITALIAN SERIE-A	ITALIAN COPPA ITALIA	UEFA CHAMPIONS LEAGUE	UEFA EUROPA LEAGUE	FIFA CLUB WORLD CUP	UEFA-CONMEBOL INTERCONTINENTAL
19-15	7-6	3-2	3-2	1-0	2-0

SQUAD LIST

위치	번호	선수	국적	키	생년월일	전 소속 팀
GK	1	Samir Handanovič	SVN	193	84-07-14	Udinese
GK	21	Alex Cordaz	ITA	188	83-01-01	Crotone
GK	97	Ionuț Andrei Radu	ROU	188	97-05-28	Genoa
DF	2	Denzel Dumfries	NED	185	96-04-18	PSV Eindhoven
DF	6	Stefan de Vrij	NED	188	92-02-05	Lazio
DF	11	Aleksandar Kolarov	SRB	187	85-11-10	Roma
DF	13	Andrea Ranocchia	ITA	195	88-02-16	Genoa
DF	32	Federico Dimarco	ITA	175	97-11-10	None
DF	33	Danilo D'Ambrosio	ITA	180	88-09-09	Torino
DF	36	Matteo Darmian	ITA	182	89-12-02	Parma
DF	37	Milan Škriniar	SVK	187	95-02-11	Sampdoria
DF	95	Alessandro Bastoni	ITA	190	99-04-13	Atalanta
MF	5	Roberto Gagliardini	ITA	188	94-04-07	Atalanta
MF	8	Matías Vecino	URU	187	91-08-24	Fiorentina
MF	12	Stefano Sensi	ITA	168	95-08-05	Sassuolo
MF	19	Joaquín Correa	ARG	188	94-08-13	Lazio
MF	20	Hakan Çalhanoğlu	TUR	178	94-02-08	Milan
MF	22	Arturo Vidal	CHI	181	87-05-22	Barcelona
MF	23	Nicolò Barella	ITA	172	97-02-07	Cagliari
MF	24	Christian Eriksen	DEN	182	92-02-14	Tottenham H
MF	77	Marcelo Brozović	CRO	181	92-11-16	Dinamo Zagreb
FW	7	Alexis Sánchez	CHI	169	88-12-19	Manchester U
FW	9	Edin Džeko	BIH	193	86-03-17	Roma
FW	10	Lautaro Martínez	ARG	174	97-08-22	Racing Club
FW	14	Ivan Perišić	CRO	186	89-02-02	Wolfsburg
FW	48	Martín Satriano	URU	187	01-02-20	Nacional(URU)

2021-22 SEASON SCHEDULE

날짜	장소	상대팀	날짜	장소	상대팀
08-21	H	Genoa	01-06	A	Bologna
08-27	A	Hellas Verona	01-09	H	Lazio
09-12	A	Sampdoria	01-16	H	Atalanta
09-19	H	Bologna	01-23	A	Venezia
09-22	A	Fiorentina	02-06	A	AC Milan
09-26	H	Atalanta	02-13	H	Napoli
10-03	A	Sassuolo	02-20	A	Sassuolo
10-17	A	Lazio	02-27	H	Genoa
10-24	H	Juventus	03-06	H	Salernitana
10-27	H	Empoli	03-13	A	Torino
10-31	A	Udinese	03-20	H	Fiorentina
11-07	A	AC Milan	04-03	A	Juventus
11-21	H	Napoli	04-10	H	Hellas Verona
11-28	A	Venezia	04-16	A	Spezia
12-01	H	Spezia	04-24	H	AS Roma
12-05	A	AS Roma	05-01	A	Udinese
12-12	H	Cagliari	05-08	H	Empoli
12-19	A	Salernitana	05-15	A	Cagliari
12-22	H	Torino	05-22	H	Sampdoria

RANKING OF LAST 10 YEARS

시즌	11-12	12-13	13-14	14-15	15-16	16-17	17-18	18-19	19-20	20-21
순위	6	9	5	8	4	7	4	4	2	1★
승점	58점	54점	60점	55점	67점	62점	72점	69점	82점	91점

STRENGTHS & WEAKNESSES

OFFENSE		DEFENSE	
오픈 플레이	B	오픈 플레이 수비	B
카운터 어택	A	카운터 어택 수비	C
짧은 패스 게임	B	짧은 패스 게임 수비	C
롱볼 연계 플레이	C	롱볼 연계 플레이 수비	B
솔로 플레이	C	솔로 플레이 수비	D
중거리 슈팅 / 직접 프리킥	A	중거리 슈팅 수비	C
측면 공격	B	측면 수비	B
세트 플레이	A	세트 플레이 수비	A
위협적인 공격 횟수	B	공중전 능력	D
슈팅 대비 득점	B	볼 쟁탈전 / 투쟁심	B
오프사이드 피하기	C	실수 조심	D
볼 점유율	A	파울 주의	C

A 매우 우수함 B 우수함 C 평균 수준 D 부족함 E 많이 부족함

STADIUM

Guiseppe Meazza(San Siro)

구장 오픈 : 1926년 구장 증개축 : 1935년, 1955년, 1990년, 2016년
구장 소유 : 밀라노 시   수용 인원 : 7만 5923명
피치 규모 : 105 X 68m   잔디 종류 : 하이브리드 잔디

ODDS CHECK

베팅회사	Serie A		Champions League	
	배당률	우승 확률	배당률	우승 확률
bet365	2.25배	2위	28배	10위
skybet	2.25배	2위	28배	10위
WilliamHILL	2.2배	2위	22배	8위
888sport	2.2배	2위	22.5배	10위

*우승 확률이 높을수록 배당률은 낮아짐

20-21 SEASON TOP5

득점		어시스트		경고-퇴장	
R.루카쿠	24	R.루카쿠	11	M.브로조비치	7-1
L.마르티네스	17	A.하키미	8	A.하키미	6-0
A.하키미	7	N.바렐라	7	A.바스토니	6-0
A.산체스	7	L.마르티네스	6	L.마르티네스	5-0
I.페리시치	4	M.브로조비치	6	N.바렐라	5-0

BASIC FORMATION

3-5-2

TOTO GUIDE 지난시즌 전적

상대팀	홈	원정
AC Milan	1-2	3-0
Atalanta	1-0	1-1
Juventus	2-0	2-3
Napoli	1-0	1-1
Lazio	3-1	1-1
AS Roma	3-1	2-2
Sassuolo	2-1	3-0
Sampdoria	5-1	1-2
Hellas Verona	1-0	2-1
Genoa	3-0	2-0
Bologna	3-1	1-0
Udinese	5-1	0-0
Fiorentina	4-3	2-0
Spezia	2-1	1-1
Cagliari	1-0	3-1
Torino	4-2	2-1
Benevento	4-0	5-2
Crotone	6-2	2-0
Parma	2-2	2-1

TACTICS & FUNCTIONS

OFFENSE

경기 운영 : 높은 점유율, 효율적 역습
짧은 패스 / 긴 패스 비율 : 11.0대1
역습 시작 위치 : 비교적 중간 지역
직접 프리킥 : 찰하놀루, 에릭슨, 산체스
중거리 슈팅 : 찰하놀루, 바렐라, 브로조비치
세트피스 헤딩 : 더프레이, 시크리니아르, 마르티네스
드리블 : 바렐라, 브로조비치, 마르티네스
결정적 패스 : 찰하놀루, 브로조비치, 바렐라

DEFENSE

존디펜스 : 지역방어 기반의 존디펜스
맨투맨 : 지역과 대인 기반 혼합형
세로 방향 프레싱 위치 : 비교적 중간 지역
오프사이드 트랩 위치 : 골라인에서 18~20m
미드필드 스크리너 : 브로조비치, 베시노
공수 밸런스 유지 : 찰하놀루, 에릭슨
수비진 라인 컨트롤 : 더프레이, 라노키아
수비진 옵셔널 스토퍼 : 바스토니, 시크리니아르

SERIE-A 2020-21 PERFORMANCE

INTER MILAN vs. OPPONENTS PER GAME STATS

인테르 밀란 vs 상대팀

	인테르 밀란	상대팀
득점	2.34	0.92
슈팅	14.5	10.2
유효슈팅	5.4	2.9
오프사이드	1.7	0.8
PA 패스시도	527	519
PC 패스성공	459	438
P% 패스성공률	87%	84%
TK 태클시도	14.2	13.6
PR 볼소유자 압박	134	149
INT 인터셉트	9.8	12.6
GK 선방	2.2	3.2
파울	12.4	13.6
경고	1.55	2.21
퇴장	0.053	0.079

SCORED GOALS | WHO SCORED | ACTION ZONE | TACTICAL GOALS & SHOTS | SHOT CREATION | TIME

슈팅-득점 / 상대 슈팅-실점
- 44-19
- 334-56
- 174-9

신체 부위별 득점
- 왼발 32 / 오른발 37
- 헤더 14 / 기타 부위 1
- 상대자책골 5골

상대 신체 부위별 실점
- 왼발 9 / 오른발 22
- 헤더 3 / 기타 부위 0
- 자책골 1실점

- 147-6
- 210-21
- 29-7

포지션별 득점
- FW진 52골
- MF진 13골
- DF진 19골
- 상대자책골 5골

상대 포지션별 실점
- DF진 3골
- MF진 15골
- DF진 16골
- 자책골 실점 1골

공격 방향
33% / 28% / 39%

볼 점유 위치
- 상대 진영 29%
- 중간 지역 44%
- 우리 진영 27%

독점 패턴 (89골)
8 / 5 / 11 / 56 / 9
- OPEN PLAY
- COUNTER ATTACK
- SET PLAY
- PENALTY KICK
- OWN GOAL

슈팅 패턴 (552)
9 / 135 / 34 / 374
- OPEN PLAY
- COUNTER ATTACK
- SET PLAY
- PENALTY KICK

슈팅 기회 창출 (876)
41 / 15 / 36 / 42 / 66 / 676
- LIVE-BALL PASSES+
- DEAD-BALL PASSES+
- DRIBBLES+
- SHOTS+
- FOULS DRAWN+
- DEFENSIVE ACTIONS+

실점 패턴 (35골)
5 / 1 / 6 / 21 / 2

상대 슈팅 패턴 (386)
7 / 89 / 12 / 278

상대 슈팅 기회 창출 (616)
20 / 29 / 41 / 55 / 451 / 20

득점 (TIME)
- 76-15: 19 / 11
- 61-30: 24 / 9
- 46-45: 15 / 11

득실차
- +12 / +7
- +16 / +5
- +12 / +2

실점
- 76-15: 7 / 4
- 61-30: 6 / 9
- 46-45: 3 / 3

PERFORMANCE | POSSESSION | DUEL

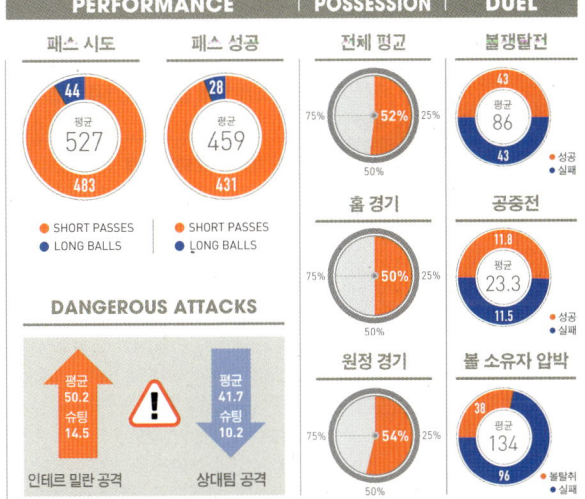

패스 시도 평균 527 (44 LONG BALLS / 483 SHORT PASSES)
패스 성공 평균 459 (28 LONG BALLS / 431 SHORT PASSES)

전체 평균: 52%
홈 경기: 50%
원정 경기: 54%

불쟁탈전: 평균 86 (43 성공 / 43 실패)
공중전: 평균 23.3 (11.8 / 11.5)
볼 소유자 압박: 평균 134 (38 볼탈취 / 96 실패)

DANGEROUS ATTACKS
- 인테르 밀란 공격: 평균 50.2 / 슈팅 14.5
- 상대팀 공격: 평균 41.7 / 슈팅 10.2

GK Samir HANDANOVIČ 1
사미르 한다노비치

SCOUTING REPORT
쥬세페 메아짜의 수호신. 부연 설명이 필요 없는 인테르의 리빙 레전드. 어느덧 400경기 출장을 앞둔 선수. 리그 최고의 숏 스토퍼와 반사 신경, 수비 진영을 통제하는 리더십 등 여러 부분에서 탑 클래스로 평가받는다. 시합 내내 집중하며 실수를 줄여간다. 지난 시즌 리그 37경기에 출전해 15개의 클린 시트를 기록했다. 당당히 주장 완장을 차고 스쿠데토를 들어 올렸고, 이번 시즌도 우승 조준이다.

PLAYER'S HISTORY
2003년 돔잘레에서 프로 데뷔를 했다. 이탈리아로 떠나와 우디네세의 소속으로 트레비소, 라치오, 리미니에서 임대 생활을 했다. 2012년 세자르의 다음이 되어 인테르로 입성했다. 무려 10시즌째 활약 중이고 매시즌 마다 경기에 출전했다. 그러나 타이틀은 딱 하나밖에 없다.

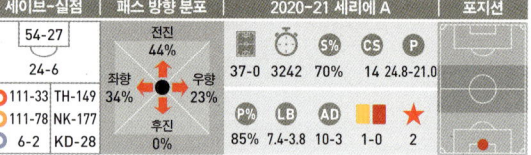

DF Milan ŠKRINIAR 37
밀란 시크리니아르

SCOUTING REPORT
인테르의 만리장성. 다부진 신체 조건에도 느린 편이 아니다. 순간적인 방향 전환이 빠르다. 공중 경합의 승리는 매경기 마다 자주 볼 수 있다. 안정적인 패스감을 익혀 빌드업의 시발점이 되기도 한다. 지난 시즌 경기당 1.5개의 태클에 성공했다. 2.7개의 클리어링은 리그 내에서도 손꼽히는 기록이다. 리그 초반 코로나 확진으로 3경기 결장했다. 거친 파울을 자주 시도하지만, 경고 카드는 단 3장만 받았다.

PLAYER'S HISTORY
2012년 질리나 1군에 콜업되었다. 13-14 시즌 비온 즐라테로 임대 다녀왔고, 2016년 삼프도리아로 이적했다. 16-17 시즌 최고의 활약을 펼쳤고 그 다음 시즌 네라주리의 셔츠를 입는다. 5시즌 연속 주전 수비수로 기용되고 있고 슬로바키아 주전 센터백으로 활약하고 있다.

DF Alessandro BASTONI 95
알레산드로 바스토니

SCOUTING REPORT
카테나치오의 미래. 엄청난 잠재력을 지닌 수비수. 동년배 디펜더 중 가장 돋보이는 행보를 보여주고 있다. 190cm의 큰 키와 공중전에서의 강함, 상대 공격수와의 일대일 찬스에서 쉽게 패배하지 않는다. 지난 시즌 완벽히 주전으로 올라섰고 슈크리니아르와 더 프라이와 함께 리그 최고의 3백을 구축했다. 리그에서 경기당 1.2개의 태클을 기록했고 스탠딩, 슬라이딩 태클, 몸을 던지는 열정까지 겸비했다.

PLAYER'S HISTORY
아탈란타 아카데미 출신으로 2017년 인테르로 영입된 후 바로 아탈란타와 파르마에서 임대 생활을 보냈다. 19-20 시즌부터 본격적으로 기용되기 시작했고 콘테 감독의 절대적인 지지를 받으며 주전으로 올라섰다. 이탈리아 연령별 대표팀을 모두 겪었고, 유로 우승 멤버다.

MF Nicolò BARELLA 23
니콜로 바렐라

SCOUTING REPORT
현시점 유럽 최고의 중앙 미드필더 중 한 명으로 꼽힌다. 부드러운 볼 터치, 민첩한 바디 모션, 자유로운 탈압박, 간간이 터져 나오는 득점도 좋다. 경기 조율을 잘하며 직접 볼을 몰고 공격의 마무리까지 하기도 한다. 활동량도 좋다. 90분 내내 경기력을 유지할 수 있으며 동료와의 패싱 게임으로 게임을 풀어간다. 상대의 역습 시 단숨에 수비 라인으로 복귀한다. 공중볼에 대한 약점은 여전히 부각되고 있다.

PLAYER'S HISTORY
2014년 칼리아리에서 데뷔했다. 코모로 잠시 임대를 다녀왔고, 1부 리그로 복귀하자마자 주전으로 활약했다. 2019년 인테르로 임대를 왔고 그 다음 시즌 완전 이적에 성공했다. 이탈리아 U-19 유럽 선수권 결승, FIFA U-20 월드컵에서 3위. 이번엔 유로2020에서 우승했다.

| 전체 슈팅 시도-득점 | 직접 프리킥 시도-득점 | PK 시도-득점 | LG 왼발 득점 | RG 오른발 득점 | HG 헤더 득점 | 출전횟수 선발-교체 | 출전시간 분(MIN) | A 도움 | P 평균패스 시도-성공 | P% 패스 성공률 | T 평균태클 시도-성공 | I 평균 인터셉트 | DR 평균드리블 시도-성공 | 페어플레이 경고-퇴장 | MOM |

MF Marcelo BROZOVIĆ 77
마르셀로 브로조비치

SCOUTING REPORT
인테르의 패스 마스터. 지난 시즌 89.6%의 패스 성공률을 자랑한다. 수비수가 아닌 미드필더 중 최고의 수치라 더욱 높은 평가를 받는다. 엄청난 스테미너를 기반으로 중원을 휘젓고 다닌다. 3백 보호와 윙백들의 공격 시 빈공간을 채운다. 특히 로빙 패스의 정확도와 세기는 리그 탑 클래스다. 중거리 슛의 상황이 발생하면 과감히 때리며, 파워도 좋다. 다만 스프린트가 느려 종종 역습에 고전한다.

PLAYER'S HISTORY
본격적으로 주목을 받기 시작한 것은 자국 명문 디나모 자그레브에서의 활약이다. 3시즌 활약하면서 리그 2연패를 이끌었다. 모드리치, 코바치치와 함께 대표팀 중원을 책임지고 있고 14-15 시즌부터 인테르의 허리로 불리고 있다. 몇 시즌은 더 높은 수준을 보여줄 것이다.

| 주로 사용하는 발: 오른발 85% | 우승 준우승 | 1부리그: 3-1 클럽 월드컵: 0-0 | 협회컵: 0-1 UEFA 유로: 0-1 | 챔피언스: 0-0 월드컵: 0-0 |

슈팅-득점	패스 방향 분포	2020-21 세리에 A	포지션
4-1 / 21-1 / 25-2 LG-1 / 1-0 RG-1 / 0-0 HG-0	전진 29% / 좌향 31% / 우향 29% / 후진 10%	29-4 2585 6 66.7-59.7 90% / 2.9-1.6 1.2 0.4-0.3 7-1 1	

MF Hakan ÇALHANOĞLU 20
하칸 찰하놀루

SCOUTING REPORT
세리에 A 최고의 공격형 미드필더. 빠르진 않지만 정확한 킬패스를 자랑한다. 왕성한 활동량보다는 템포 조절을 통한 패스 플레이를 잘한다. 킥력이 좋다. 로빙 패스, 숏패스, 스루 패스 등 여러 패스의 구질과 정확도가 높다. 특히 유럽 최고 수준의 데드볼 스페셜리스트로서 프리킥 상황에서 위협적인 볼을 만든다. 다만 거친 플레이에 이은 압박에 약하고, 경기 기복이 있는 편이라 아쉬울 때가 많다.

PLAYER'S HISTORY
카를스루에와 함부르크에서 재능을 뽐냈다. 독일 명문 레버쿠젠으로의 이적은 신의 한수였다. 입단 첫 시즌부터 33경기에 리그 8골을 넣었다. 잡음이 발생했지만 2017년 밀란으로 합류한다. 클럽의 레전드 백넘버 10번을 받았다. 그 후 이번 시즌 라이벌 인테르로 왔다.

| 주로 사용하는 발: 오른발 91% | 우승 준우승 | 1부리그: 0-1 클럽 월드컵: 0-0 | 협회컵: 0-1 UEFA 유로: 0-0 | 챔피언스: 0-0 월드컵: 0-0 |

슈팅-득점	패스 방향 분포	2020-21 세리에 A	포지션
23-4 / 60-0 / 83-4 LG-4 / 16-0 RG-4 / 1-1 HG-0	전진 26% / 좌향 22% / 우향 33% / 후진 19%	30-3 2629 9 41.7-35.0 84% / 1.4-0.9 0.5 1.8-1.1 4-0 4	

FW Edin DŽEKO 9
에딘 제코

SCOUTING REPORT
지난 시즌 폰세카 감독과의 불화, 코로나 감염 등으로 마음고생을 했다. 여름 이적시장 때 인테르 밀란으로 옮겼다. 제코는 타깃맨으로서 박스 안에서 위치를 잘 잡고, 기회를 잡으면 정확한 슈팅으로 마무리한다. 골잡이로서 매우 냉정하고, 힐킥, 칩샷 등 감각적인 골도 선보인다. 양발을 고루 사용하고 박스 내외곽을 넘나든다. 로마 시절에 비해 인테르에서 활동폭이 훨씬 넓어졌다(히트맵 분석 결과).

PLAYER'S HISTORY
볼프스부르크, AS 로마, 맨체스터 시티 등 유럽 빅클럽들을 두루 거쳤고, 2021년 인테르 밀란 유니폼을 입었다. 보스니아 헤르체고비나 국가대표로 2014 브라질 월드컵에 출전했다. 아내 암라 살라이지치는 유명 가수로 뮤직비디오에 출연한 바 있는 모델 겸 배우다.

| 주로 사용하는 발: 오른발 78% | 우승 준우승 | 1부리그: 클럽 월드컵: 0-0 | 협회컵: UEFA 유로: 0-0 | 챔피언스: 월드컵: 0-0 |

슈팅-득점	패스 방향 분포	2020-21 세리에 A	포지션
61-7 / 9-0 / 70-7 LG-2 / 0-0 RG-4 / 1-0 HG-1	전진 26% / 좌향 23% / 우향 28% / 후진 23%	20-7 1828 3 18.0-12.4 69% / 0.5-0.3 0.4 2.0-1.0 2-0 3	

FW Lautaro MARTÍNEZ 10
라우타로 마르티네스

SCOUTING REPORT
인테르의 돌격 대장. 빠르고 무섭다. 상대 수비수가 막기에 상당히 버겁다. 볼을 깊게 차며 단숨에 스프린트를 시도한다. 터치 한 번에 역방향 움직임을 보여주고 과감히 골망을 흔든다. 슈팅의 강도가 세며 산 시로의 골대 그물이 찢어질 정도다. 탄력이 좋아 점프력이 높다. 세트피스 상황에서 헤딩으로 위협을 준다. 투톱으로 나올 때 동료와의 호흡을 중시한다. 압박 상황에서의 1차 저지선 역할은 좋지 않은 편.

PLAYER'S HISTORY
인테르의 10번이다. 레전드들이 거쳐간 위대한 번호를 받았다. 2015년 라싱 클루브에서 프로에 뛰어들었다. 16-17 시즌부터 기회를 받기 시작했다. 폭발적인 잠재력을 기반으로 18-19 시즌 인테르로 합류했다. 2500만 유로로 이적했지만, 지금으로 보면 저렴한 가격이다.

| 주로 사용하는 발: 오른발 78% | 우승 준우승 | 1부리그: 1-1 클럽 월드컵: 0-0 | 협회컵: 0-0 코파아메리카: 1-0 | 챔피언스: 0-0 월드컵: 0-0 |

슈팅-득점	패스 방향 분포	2020-21 세리에 A	포지션
85-16 / 24-1 / 109-17 LG-6 / 0-0 RG-7 / 2-2 HG-4	전진 21% / 좌향 20% / 우향 37% / 후진 22%	30-8 2576 6 14.5-9.9 68% / 1.1-0.7 0.7 1.9-0.9 5-0 5	

○ 상대유효슛 시도-실점	● 상대유효슛 시도-선방	○ 상대 PK 시도-선방
TH 던지기	NK 골킥	KD 평균골킥 거리(m)
LG 왼발 득점	RG 오른발 득점	HG 헤더 득점
⏱ 출전횟수 선발-교체	5% 출전시간 분(MIN)	CS GK 클린시트
A 도움	P 평균패스 시도-성공	P% 패스 성공률
LB 공중볼 캐칭·펀칭	AD 평균태클 시도-성공	T 평균 인터셉트
I 평균드리블 시도-성공	DR 경고·퇴장	★ MOM

GK Ionuț RADU 97
이오누츠 라두

중거리 슛에 대한 판단이 좋다. 다이빙에 이은 펀칭을 종종 시도한다. 상대와의 일대일 상황에선 섣불리 나가지 않고 상대의 발을 집중한다. 공중볼 캐치가 다소 미숙한 점은 아쉬운 부분이다. 인테르의 유스 출신으로 아벨리노, 제노아에서 활약했다. 2019년 다시 인테르로 재영입이 되었고 제노아, 파르마에서 임대 생활을 보냈다. 이번 시즌은 한다노비치의 뒤를 지킬 것이다.

주로 사용하는 발: 오른발 88%

| 우승 | 1부리그: 1-0 | 협회컵: 0-0 | 챔피언스: 0-0 |
| 준우승 | 클럽 월드컵: 0-0 | UEFA 유로: 0-0 | 월드컵: 0-0 |

세이브-실점: 3-1 / 2-0
● 6-1 TH-11
● 6-5 NK-10
● 0-0 KD-15

패스 방향 분포: 전진 27%, 좌향 30%, 우향 43%, 후진 0%

2020-21 세리에 A: 1-1 / 135 / 83% / 0 / 22.0-21.0 / P% 96% / LB 1.5-0.5 / AD 0-1 / ★

DF Stefan DE VRIJ 6
스테판 더 프레이

네덜란드 수비의 기둥. 상대 공격수에게 공간을 쉽게 내주지 않는다. 수비 진영을 이끄는 실질적인 리더. 침착한 판단과 날카로운 태클은 가장 큰 장점이다. 숏패스로 후방에서 빌드업을 시작한다. 3백의 전술적인 특성상 유럽 전체를 놓고 볼 때 가장 이상적인 수비를 한다. 길목에서 차단하는 인터셉트가 좋고, 지난 시즌 경기당 1.3개의 가로채기를 기록했다.

주로 사용하는 발: 오른발 85%

| 우승 | 1부리그: 1-3 | 협회컵: 0-2 | 챔피언스: 0-0 |
| 준우승 | 클럽 월드컵: 0-0 | UEFA 유로: 0-0 | 월드컵: 0-0 |

슈팅-득점: 12-1 / 0-0
● 12-1 LG-0
● 0-0 RG-0
● 0-0 HG-1

패스 방향 분포: 전진 18%, 좌향 38%, 우향 40%, 후진 5%

2020-21 세리에 A: 30-2 / 2732 / 0 / 61.3-57.4 / 94% / T 1.2-0.9 / I 1.3 / DR 0-2 / ★

DF Danilo D'AMBROSIO 33
다닐로 담브로시오

측면 풀백으로 출전하지만, 상황에 따라서는 3백의 센터백으로도 나선다. 다부진 체격과 빠른 발놀림이 그가 가진 큰 무기다. 수비 감각이 더 좋아져 뒷공간에 대한 방어가 좋다. 하지만 지난 시즌은 많은 기회를 잡지 못했다. 부상도 잦았고 결장도 많았다. 코로나 확진은 치명적이었다. 리그 19경기에 출전했고 3골을 넣었다. 이번 시즌은 재기를 위한 발판이 되는 시간이다.

주로 사용하는 발: 오른발 73%

| 우승 | 1부리그: 1-1 | 협회컵: 0-0 | 챔피언스: 0-0 |
| 준우승 | 클럽 월드컵: 0-0 | UEFA 유로: 0-0 | 월드컵: 0-0 |

슈팅-득점: 6-3 / 2-0
● 8-3 LG-0
● 0-0 RG-0
● 0-0 HG-3

패스 방향 분포: 전진 33%, 좌향 39%, 우향 17%, 후진 12%

2020-21 세리에 A: 7-12 / 689 / 0 / 23.5-21.6 / % / T 1.3-0.8 / I 0.2 / DR 0.4-0.2 / 0 / ★

DF Matteo DARMIAN 36
마테오 다르미안

클럽의 멀티 플레이어. 좌우를 가리지 않고 뛴다. 풀백은 물론 3백의 중앙 수비수, 윙어로도 나선다. 활동량이 좋고 수비 전술에 대한 이해가 높아 '카테나치오' 명성에 크게 기여하는 선수 중 하나. 지난 시즌 인테르로 임대왔지만 이번 시즌 완전 영입에 성공했다. 밀란 유스 출신으로 토리노, 맨유 등에서 뛰었다.

주로 사용하는 발: 오른발 82%

| 우승 | 1부리그: 1-1 | 협회컵: 1-2 | 챔피언스: 1-0 |
| 준우승 | 클럽 월드컵: 0-0 | UEFA 유로: 0-0 | 월드컵: 0-0 |

슈팅-득점: 9-3 / 0-0
● 9-3 LG-1
● 0-0 RG-2
● 0-0 HG-0

패스 방향 분포: 전진 29%, 좌향 28%, 우향 18%, 후진 24%

2020-21 세리에 A: 14-12 / 1161 / 3 / 14.8-12.4 / 84% / T 1.6-1.2 / I 0.7 / DR 0.3-0.1 / 4-0 / 1

MF Roberto GAGLIARDINI 5
로베르토 갈리아디니

바렐라와 브로조비치를 보호하는 미드필더. 공수의 밸런스가 좋은 허리 자원. 볼 터치가 좋고 배급력이 뛰어나다. 넘치는 스태미나로 중원에서 넓은 활동 반경을 자랑한다. 아탈란타 아카데미에서 체세나, 스페치아, 비첸차, 인테르로 임대되었다. 2018년 인테르로 완전 영입되었고 이탈리아 U-20, U-21 대표팀 출신이다.

주로 사용하는 발: 오른발 88%

| 우승 | 1부리그: 1-1 | 협회컵: 0-0 | 챔피언스: 0-0 |
| 준우승 | 클럽 월드컵: 0-0 | UEFA 유로: 0-0 | 월드컵: 0-0 |

슈팅-득점: 12-3 / 5-0
● 17-3 LG-1
● 0-0 RG-2
● 0-0 HG-3

패스 방향 분포: 전진 27%, 좌향 21%, 우향 28%, 후진 23%

2020-21 세리에 A: 14-14 / 1228 / 3 / 21.0-18.3 / 87% / T 1.9-1.1 / I 0.7 / DR 1-0 / 2-0 / 2

MF Matías VECINO 8
마티아스 베시노

지난 시즌엔 거의 뛰지 못했다. 무릎 부상으로 시즌 중반까지 결장했다. 후반부에 복귀했지만 아쉬운 시간이었다. 세리에 A의 베테랑 미드필더로 경험이 많고 볼 키핑과 간결한 터치가 좋다. 우루과이 대표팀의 중원 사령관 역할을 담당한다. 코파 아메리카 2021에서는 5경기 모두 출전하며 재기의 발판을 마련했다.

주로 사용하는 발: 오른발 94%

| 우승 | 1부리그: 2-1 | 협회컵: 0-0 | 챔피언스: 0-0 |
| 준우승 | 클럽 월드컵: 0-0 | 코파아메리카: 0-0 | 월드컵: 0-0 |

슈팅-득점: 4-0 / 2-1
● 6-1 LG-0
● 0-0 RG-1
● 0-0 HG-0

패스 방향 분포: 전진 33%, 좌향 27%, 우향 19%, 후진 20%

2020-21 세리에 A: 3-5 / 280 / 1 / 15.5-12.9 / 83% / T 0.8-0.1 / I 0.5 / DR 0.3-0.1 / 0 / ★

Stefano SENSI 12 — MF
스테파노 센시

168cm의 작은 키지만 엄청난 활동량과 특유의 패스 능력으로 단점을 커버한다. 작은 거인이라는 별명과도 같이 투지 높은 태클, 거친 파울에도 쉽게 밀리지 않는다. 부상과 카드 결장으로 많은 경기에 나서진 못했다. 이탈리아 17세 이하의 대표팀부터 차출되었고, 성인 대표팀 소속으로는 8경기에 나서 3골을 넣었다.

주로 사용하는 발: 오른발 83%
우승 1부리그: 1-1 협회컵: 0-0 챔피언스: 0-0
준우승 클럽월드컵: 0-0 UEFA 유로: 0-0 월드컵: 0-0

슈팅-득점: 5-0 / 13-0 / 18-0 LG-0 / 1-0 RG-0 / 0-0 HG-0
패스 방향 분포: 전진 27%, 좌향 21%, 우향 35%, 후진 17%
2020-21 세리에 A: 4-14 596 4 21.7-19.1 88%
T 0.9-0.5 I 0.4 DR 0.8-0.4 1-1

Ivan PERIŠIĆ 14 — MF
이반 페리시치

가장 좋았던 경기는 23라운드 밀라노 더비. 2개의 도움을 기록하며 자신의 가치를 보여주었다. 측면을 허무는 드리블과 민첩한 움직임, 파 포스트 쪽을 향해 시도하는 인사이드 킥은 공식과도 같다. 도르트문트와 볼프스부르크에서 주목받기 시작했고, 2015년 인테르로 입성했다. 19-20 시즌 뮌헨으로 임대를 다녀왔다. 센추리 클럽에 가입한 크로아티아의 살아있는 전설이다.

주로 사용하는 발: 오른발 58%
우승 1부리그: 3-2 협회컵: 3-0 챔피언스: 1-0
준우승 클럽월드컵: 0-0 UEFA 유로: 0-0 월드컵: 0-1

슈팅-득점: 31-4 / 4-0 / 35-4 LG-4 / 0-0 RG-3 / 0-0 HG-1
패스 방향 분포: 전진 29%, 좌향 4%, 우향 40%, 후진 27%
2020-21 세리에 A: 20-12 1803 4 19.0-14.5 76%
T 1.3-0.7 I 0.6 DR 0.6-0.2 0-1

Arturo VIDAL 22 — MF
아르투로 비달

클라스는 영원한 법. 어느덧 30대 중후반이지만, 번뜩이는 재치와 중원 조율 능력, 육각형 미드필더의 표본은 여전하다. 지난 시즌 후반 무릎 부상으로 많은 경기에 뛰지 못했다. 자기 관리가 더더욱 필요한 시즌이다. 2007년 레버쿠젠을 시작으로 성공적인 유럽 행보를 달렸다. 유벤투스, 뮌헨, 바르셀로나에서 주전으로 활약했고 칠레 대표팀에서 2번의 코파 아메리카 위너다.

주로 사용하는 발: 오른발 84%
우승 1부리그: 11-12 협회컵: 2-3 챔피언스: 0-1
준우승 클럽월드컵: 0-0 코파아메리카: 2-0 월드컵: 0-0

슈팅-득점: 15-1 / 6-0 / 21-1 LG-0 / 0-0 RG-0 / 0-0 HG-1
패스 방향 분포: 전진 25%, 좌향 28%, 우향 29%, 후진 18%
2020-21 세리에 A: 14-9 1144 1 32.1-27.8 87%
T 2.4-1.3 I 1.3 DR 0.2-0.1 3-0

Christian ERIKSEN 24 — MF
크리스티안 에릭센

아약스 아카데미 출신으로 2013년 토트넘으로 이적해 8시즌동안 공격의 핵심 역할을 수행하며 팀을 챔피언스리그 준우승으로 이끌었다. 덴마크 대표팀에서도 109경기를 뛴 월드클래스 공격형 미드필더. 지난 시즌 밀라노로 이적해 드디어 본인 커리어에 우승 트로피를 추가했다. 유로에서 불의의 심장마비로 잠시 피치를 떠나 있지만 곧 다시 볼 수 있기를 기대해 본다.

주로 사용하는 발: 오른발 76%
우승 1부리그: 4-3 협회컵: 1-1 챔피언스: 0-1
준우승 클럽월드컵: 0-0 UEFA 유로: 0-0 월드컵: 0-0

슈팅-득점: 8-0 / 22-3 / 30-3 LG-1 / 7-1 RG-2 / 0-0 HG-0
패스 방향 분포: 전진 25%, 좌향 27%, 우향 29%, 후진 19%
2020-21 세리에 A: 17-9 1393 0 36.6-32.0 87%
T 1.0-0.5 I 0.3 DR 0.6-0.4 0-1

Alexis SÁNCHEZ 7 — FW
알렉시스 산체스

인테르의 7번. 동료 루카쿠가 떠나서 마음이 아플 것이다. 상대를 세워둔 상태로 순간적인 역동작으로 슛을 시도한다. 스프린트는 예전만큼 빠르지 않으나, 경기를 보는 시야는 더 넓어졌다. 지난 시즌 부상으로 6경기 결장했다. 파르마와 삼프도리아전에서는 멀티골까지 터뜨렸다. 코파 아메리카에 참가했지만, 부상으로 예선에서 나오지 못했고 브라질전에서 45분 출전했다.

주로 사용하는 발: 오른발 94%
우승 1부리그: 4-5 협회컵: 3-2 챔피언스: 0-0
준우승 클럽월드컵: 0-0 코파아메리카: 2-0 월드컵: 0-0

슈팅-득점: 20-7 / 9-0 / 29-7 LG-1 / 4-0 RG-5 / 1-0 HG-1
패스 방향 분포: 전진 23%, 좌향 20%, 우향 34%, 후진 22%
2020-21 세리에 A: 12-18 1139 5 16.0-12.8 80%
T 0.9-0.5 I 0.2 DR 1.2-0.8 0-0

# AC MILAN

'전통 명가', 9년 만에 챔피언스리그 복귀

구단 창립 : 1899년 **홈구장** : 산시로(주세페 메아차) **대표** : 파울로 스카로니 **2020-21시즌** : 2위(승점 79점) 24승 7무 7패 74득점 41실점 **닉네임** : I Rossoneri, Il Diavolo

챔피언스리그로 돌아온 '포르자' 로소넬리

밀란이 돌아왔다. 7번의 빅 이어를 들어올린 밀란이 드디어 9년만의 챔피언스리그에 복귀를 알렸다. 지난 시즌 유벤투스가 주춤하는 사이 인테르와 함께 이탈리아 축구의 중심을 밀라노로 옮겨 오는 데 성공했다. 시즌 전반기에 잡은 1위를 21라운드가 될 때 까지 계속 유지했다. 아쉽게 밀라노 더비에서 패배했고 나폴리와 사수올로, 라치오에게 연달아 승점을 헌납하며 잠시 5위권까지 떨어졌으나 다시 반등하여 2위로 시즌을 마쳤다. 유로파 리그 16강에서는 맨체스터 유나이티드에게 탈락했고, 컵 대회에서 인테르에게 패배를 당했다.

새롭게 판을 짜는 피올리의 밀란

보이지 않는 출혈이 컸던 이적 시장이었다. 팀의 주전 수문장 돈나룸마가 자유계약으로 파리 생제르망으로 이적했다. 찰하놀루 역시 인테르로 떠났다. 서포터즈의 비난이 많았다. 그것을 잠재우기 위해 릴의 넘버원 마이난을 데려왔고, 첼시에서 토모리, 브레시아에서 토날리를 완전 영입했다. 디아즈와 발로-투레의 합류, 플로렌지와 펠레그리, 지루의 영입을 통해 내실을 다졌다. 특히 공격 진영에 힘을 더해줄 지루는 즐라탄의 체력 안배에 큰 도움이 된다. 돈나룸마와 찰하놀루의 대체자원으로 영입된 선수들의 활약에 따라 시즌의 향배가 갈릴 것이다.

'황제' 이브라히모비치, 챔스 무대 정조준

몇 년 만에 챔피언스리그에서 밀란을 보는 것인가. 사람들이 염원한 결과가 이루어졌다. 리그 우승은 물론 챔피언스리그에서의 발자취가 중요한 목표다. 즐라탄에겐 더도 없이 좋은 일이다. 선수단 전체에 골고루 새로운 얼굴들이 영입 되었다. 공수의 밸런스가 맞아가고 있고 팀의 경험도 쌓였다. 2021-22 시즌 챔피언스리그 진출권과 컵 대회에서 트로피를 타는 것이 목표다. 피올리 감독의 지도력은 긍정적이며 구단 수뇌부들과의 관계도 좋은 편이다. 이번 시즌 챔피언스리그와 병행할 리그 초반의 스케줄이 중요하다. 첫 단추를 잘 끼워야 좋은 결과가 이어진다.

MANAGER : Stefano PIOLI 스테파노 피올리

Personal Information
생년월일 : 1965.10.20 / 출생지 : 파르마(이탈리아)
현역시절 포지션 : 수비수 / 계약만료 : 2022.06.30
평균 재직 기간 : 2년 / 선호 포맷 : 4-3-1-2

History
베로나와 피오렌티나에서 선수 생활의 전성기를 보냈다. 2003년 살레르니타나를 시작으로 무수히 많은 클럽의 감독을 역임했다. 인테르, 피오렌티나를 거쳐서 밀란에 합류했다. 많은 걱정이 있었지만, 밀란을 9년 만에 챔피언스리그에 복귀시켰다.

Style
이탈리아 리그에서 많은 경험을 한 감독. 이탈리아 출신 감독이지만 포백을 주로 애용한다. 4-2-3-1의 포메이션을 구사하며 최전방의 구심점에 즐라탄을 세운다. 수비력을 강조하며 동료들과의 소통을 끊이지 않게 한다. 측면 활용보다는 중앙 지향적인 전술 운영이 많고 셋피스를 중시한다. 무너져가던 밀란을 일으켜 세우고 있기에 팀과 서포터즈 그리고 선수들의 신망을 받고 있다.

SQUAD LIST

위치	번호	선수	국적	키	생년월일	전 소속팀
GK	1	Ciprian Tătărușanu	ROU	198	86-02-09	Lyon
GK	16	Mike Maignan	FRA	187	95-07-03	Lille
GK	77	Alessandro Plizzari	ITA	187	00-03-12	None
GK	96	Andreas Jungdal	DEN	191	02-02-22	Vejle
DF	2	Davide Calabria	ITA	176	96-12-06	None
DF	5	Fodé Ballo-Touré	FRA	177	97-01-03	Monaco
DF	13	Alessio Romagnoli	ITA	185	95-01-12	Roma
DF	14	Andrea Conti	ITA	184	94-03-02	Atalanta
DF	19	Théo Hernández	FRA	184	97-10-06	Real Madrid
DF	20	Pierre Kalulu	FRA	179	00-07-05	Lyon
DF	23	Fikayo Tomori	ENG	184	97-12-19	Chelsea
DF	24	Simon Kjær	DEN	190	89-03-26	Sevilla
DF	25	Alessandro Florenzi	ITA	173	91-03-11	Roma
DF	46	Matteo Gabbia	ITA	185	99-10-21	None
DF	91	Luca Stanga	ITA	181	02-01-23	None
MF	4	Ismaël Bennacer	ALG	175	97-12-01	Empoli
MF	7	Samu Castillejo	ESP	182	95-01-18	Villarreal
MF	8	Sandro Tonali	ITA	181	00-05-08	Brescia
MF	10	Brahim Díaz	ESP	171	99-08-03	Real Madrid
MF	30	Junior Messias	BRA	179	91-05-13	Crotone
MF	33	Rade Krunić	BIH	184	93-10-07	Empoli
MF	41	Tiemoué Bakayoko	FRA	185	94-08-17	Chelsea
MF	56	Alexis Saelemaekers	BEL	180	99-06-27	Anderlecht
MF	62	Enrico Di Gesù	ITA	179	02-03-26	None
MF	79	Franck Kessié	CIV	183	96-12-19	Atalanta
FW	9	Olivier Giroud	FRA	192	86-09-30	Chelsea
FW	11	Zlatan Ibrahimović	SWE	195	81-10-03	LA Galaxy
FW	12	Ante Rebić	CRO	185	93-09-21	Eintracht Frankfurt
FW	17	Rafael Leão	POR	188	99-06-10	Lille
FW	27	Daniel Maldini	ITA	181	01-10-11	None
FW	64	Pietro Pellegri	ITA	191	01-03-17	Monaco
FW	70	Andrea Capone	ITA	180	02-03-18	None

2021-22 SEASON SCHEDULE

날짜	장소	상대팀	날짜	장소	상대팀
08-23	A	Sampdoria	01-06	H	AS Roma
08-29	H	Cagliari	01-09	A	Venezia
09-12	H	Lazio	01-16	H	Spezia
09-19	A	Juventus	01-23	A	Juventus
09-22	H	Venezia	02-06	A	Inter Milan
09-26	A	Spezia	02-13	H	Sampdoria
10-03	H	Atalanta	02-20	A	Salernitana
10-17	H	Hellas Verona	02-27	H	Udinese
10-24	A	Bologna	03-06	A	Napoli
10-27	H	Torino	03-13	H	Empoli
10-31	H	AS Roma	03-20	A	Cagliari
11-07	A	Inter Milan	04-03	H	Bologna
11-21	H	Fiorentina	04-10	A	Torino
11-28	A	Sassuolo	04-16	H	Genoa
12-01	H	Genoa	04-24	A	Lazio
12-05	A	Salernitana	05-01	H	Fiorentina
12-12	A	Udinese	05-08	A	Hellas Verona
12-19	H	Napoli	05-15	H	Atalanta
12-22	A	Empoli	05-22	A	Sassuolo

RANKING OF LAST 10YEARS

11-12: 1위 82점
12-13: 3위 72점
13-14: 8위 57점
14-15: 10위 52점
15-16: 7위 57점
16-17: 6위 63점
17-18: 6위 64점
18-19: 5위 68점
19-20: 6위 66점
20-21: 2위 79점

STRENGTHS & WEAKNESSES

OFFENSE		DEFENSE	
오픈 플레이	C	오픈 플레이 수비	B
카운터 어택	B	카운터 어택 수비	C
짧은 패스 게임	B	짧은 패스 게임 수비	D
롱볼 연계 플레이	C	롱볼 연계 플레이 수비	B
솔로 플레이	C	솔로 플레이 수비	C
중거리 슈팅 / 직접 프리킥	A	중거리 슈팅 수비	B
측면 공격	B	측면 수비	C
세트 플레이	B	세트 플레이 수비	D
위협적인 공격 횟수	C	공중전 능력	C
슈팅 대비 득점	B	볼 쟁탈전 / 투쟁심	A
오프사이드 피하기	C	실수 조심	D
볼 점유율	C	파울 주의	C

A 매우 우수함　B 우수함　C 평균 수준　D 부족함　E 많이 부족함

STADIUM

San Siro(Giuseppe Meazza)

구장 오픈 : 1926년　구장 증개축 : 1935년, 1955년, 1990년, 2016년
구장 소유 : 밀라노 시　수용 인원 : 7만 5923명
피치 규모 : 105 X 68m　잔디 종류 : 하이브리드 잔디

ODDS CHECK

베팅회사	Serie A		Champions League	
	배당률	우승 확률	배당률	우승 확률
bet365	10배	5위	80배	15위
sky bet	11배	5위	66배	13위
William HILL	10배	6위	66배	14위
888sport	11배	6위	80배	15위

*우승 확률이 높을수록 배당률은 낮아짐

20-21 SEASON TOP5

득점		어시스트		경고-퇴장	
Z.이브라히모비치	15	H.찰하놀루	7	T.에르난데스	9-0
F.케시에	13	R.레앙	6	F.케시에	8-0
A.레비치	11	T.에르난데스	5	A.살레마에케이스	5-1
T.에르난데스	7	F.케시에	4	D.칼라브리아	7-0
R.레앙	6	A.살레마에케이스	4	A.로마뇰리	7-0

BASIC FORMATION

4-2-3-1

TOTO GUIDE 지난시즌 전적

상대팀	홈	원정
Inter Milan	0-3	2-1
Atalanta	0-3	2-0
Juventus	1-3	3-0
Napoli	0-1	3-1
Lazio	3-2	0-3
AS Roma	3-3	2-1
Sassuolo	1-2	2-1
Sampdoria	1-1	2-1
Hellas Verona	2-2	2-0
Genoa	2-1	2-2
Bologna	2-0	2-1
Udinese	1-1	2-1
Fiorentina	2-0	3-2
Spezia	3-0	0-2
Cagliari	0-0	2-0
Torino	2-0	7-0
Benevento	2-0	2-0
Crotone	4-0	2-0
Parma	2-2	3-1

TACTICS & FUNCTIONS

OFFENSE

경기 운영 : 평균 점유율, 높은 역습 성공률
짧은 패스 / 긴 패스 비율 : 8.4대1
역습 시작 위치 : 매우 앞쪽
직접 프리킥 : 이브라히모비치, 에르난데스, 토날리
중거리 슈팅 : 이브라히모비치, 살레메커스, 에르난데스
세트피스 헤딩 : 지루, 이브라히모비치, 케어
드리블 : 레앙, 에르난데스, 베나세르
결정적 패스 : 레비치, 에르난데스 살레메커스

DEFENSE

존디펜스 : 지역과 대인 기반 혼합형
맨투맨 : 지역과 대인 기반 혼합형
세로 방향 프레싱 위치 : 비교적 중간 지역
오프사이드 트랩 위치 : 18~20m
미드필드 스크리너 : 크루니치, 케시에
공수 밸런스 유지 : 토날리, 바카요코
수비진 라인 컨트롤 : 케어, 칼룰루
수비진 옵셔널 스토퍼 : 토모리, 가비아

SERIE-A 2020-21 PERFORMANCE

AC MILAN vs. OPPONENTS PER GAME STATS

AC 밀란 vs 상대팀

항목	AC 밀란	상대팀
득점	1.95	1.08
슈팅	14.7	12.3
유효슈팅	5.4	3.4
오프사이드	2.4	1.1
패스시도 (PA)	470	477
패스성공 (PC)	395	386
패스성공률 (P%)	84%	81%
태클 (TK)	17.9	15.6
볼소유 압박 (PR)	154	137
인터셉트 (INT)	10.1	11.2
GK 선방	2.5	3.4
파울	15.0	15.1
경고	2.11	2.18
퇴장	0.105	0.105

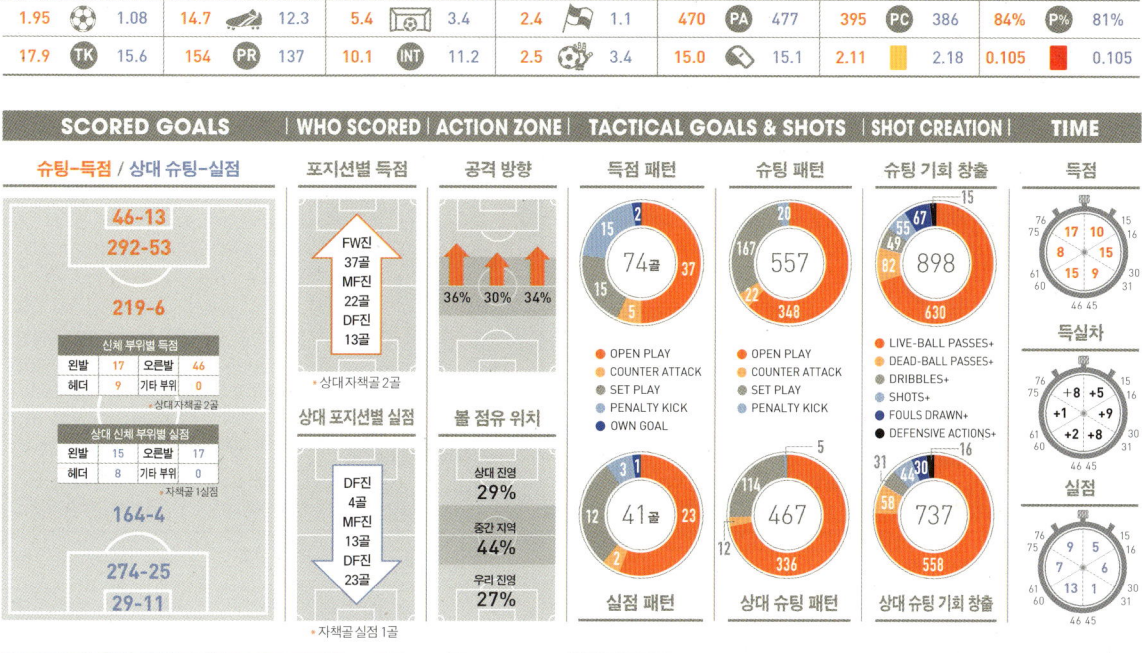

SCORED GOALS
슈팅-득점 / 상대 슈팅-실점
- 46-13
- 292-53
- 219-6

신체 부위별 득점: 왼발 17, 오른발 46, 헤더 9, 기타 부위 0
상대자책골 2골

상대 신체 부위별 실점: 왼발 15, 오른발 17, 헤더 8, 기타 부위 0
자책골 1실점
- 164-4
- 274-25
- 29-11

WHO SCORED
포지션별 득점: FW진 37골, MF진 22골, DF진 13골
상대자책골 2골

상대 포지션별 실점: DF진 4골, MF진 13골, DF진 23골
자책골 실점 1골

ACTION ZONE
공격 방향: 36% / 30% / 34%
볼 점유 위치: 상대 진영 29%, 중간 지역 44%, 우리 진영 27%

TACTICAL GOALS & SHOTS
득점 패턴: 74골 (OPEN PLAY, COUNTER ATTACK, SET PLAY, PENALTY KICK, OWN GOAL)
슈팅 패턴: 557
실점 패턴: 41골
상대 슈팅 패턴: 467

SHOT CREATION
슈팅 기회 창출: 898 (LIVE-BALL PASSES+, DEAD-BALL PASSES+, DRIBBLES+, SHOTS+, FOULS DRAWN+, DEFENSIVE ACTIONS+)
상대 슈팅 기회 창출: 737

TIME
득점: 17 / 10 / 8 / 15 / 15 / 9
득실차: +8 / +5 / +1 / +9 / +2 / +8
실점: 9 / 5 / 7 / 6 / 13 / 1

PERFORMANCE
패스 시도: 평균 470 (SHORT PASSES 420, LONG BALLS 50)
패스 성공: 평균 395 (SHORT PASSES 369, LONG BALLS 26)

DANGEROUS ATTACKS
AC 밀란 공격: 평균 48.4, 슈팅 14.7
상대팀 공격: 평균 45.3, 슈팅 12.3

POSSESSION
전체 평균: 51%
홈 경기: 53%
원정 경기: 50%

DUEL
볼쟁탈전: 평균 105 (성공 55, 실패 50)
공중전: 평균 29.7 (성공 15.2, 실패 14.5)
볼 소유자 압박: 평균 154 (볼탈취 45, 실패 109)

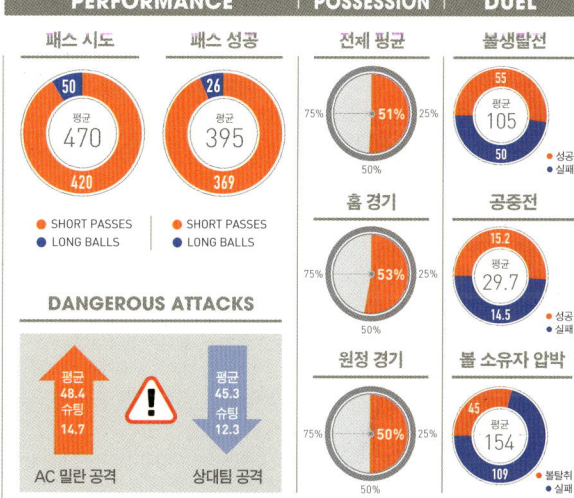

Mike MAIGNAN 16
미케 매냥 — GK

SCOUTING REPORT
밀란의 새로운 넘버원. 마치 흑표범과도 같은 반사 신경을 자랑한다. 파 포스트 쪽으로 향하는 볼을 잘 막는다. 몸이 활처럼 휘어 탄력적인 세이브를 선보인다. 일대일 상황에서는 상대의 각도를 좁히기 위해 전진한다. 프리킥 방어 시 여유로운 펀칭으로 튕겨낸다. 지난 시즌 리그 38경기에서 21개의 클린시트를 기록했다. 릴의 리그 우승에 공헌했고 파리로 떠난 돈나룸마의 그림자를 확실히 지울 것이다.

PLAYER'S HISTORY
PSG 유스 출신으로 2015년 릴로 이적했다. 17-18 시즌부터 본격적으로 주전으로 올라섰다. 엔예마의 다음으로 좋은 모습을 보였고 지난 시즌엔 릴을 우승 시켰다. 이번 시즌 밀란으로 이적했고, 프랑스 연령별 대표팀을 거쳤고 지난 유로2020에는 벤치에서 대기했다.

주로 사용하는 발: 오른발 87%
우승 — 1부리그: 3-1, 협회컵: 1-0, 챔피언스: 0-0
준우승 — 클럽 월드컵: 0-0, UEFA 유로: 0-0, 월드컵: 0-0

Alessio ROMAGNOLI 13
알레시오 로마뇰리 — DF

SCOUTING REPORT
밀란의 언터처블 디펜더. 클럽의 주장이자 수비 진영의 진정한 리더. 라커룸에서 동료들에게 신망이 높고 코칭 스태프와도 소통을 잘한다. 침착하게 수비 진영을 이끈다. 오프 사이드 트랩, 3백 전술 운영에 장점을 보인다. 공중전에서 상대 공격수에게 밀리지 않고 스탠딩 태클은 리그 최고로 꼽힌다. 후방 빌드업은 시도만큼 세밀하진 않다. 지난 시즌 경기당 3.5개의 클리어링, 1.1개의 인터셉트를 기록했다.

PLAYER'S HISTORY
2012년 로마에서 데뷔했다. 번뜩이는 잠재력을 보이며 일찌감치 대형 유망주로 주목받았다. 14-15 시즌 삼프도리아에 한 시즌 임대를 다녀왔고, 2015년 밀란으로 입성했다. 어느덧 7시즌째 활약하고 있다. 지난 시즌은 종아리 부상을 겪었고, 후반기엔 토모리에게 밀렸다.

주로 사용하는 발: 왼발 88%
우승 — 1부리그: 0-2, 협회컵: 0-3, 챔피언스: 0-0
준우승 — 클럽 월드컵: 0-0, UEFA 유로: 0-0, 월드컵: 0-0

Theo HERNÁNDEZ 19
테오 에르난데스 — DF

SCOUTING REPORT
리그를 넘어 유럽에서도 손꼽히는 레프트 백. 엄청난 주력과 다부진 체구로 터치 라인을 지배한다. 볼을 다루는 기술이 좋고 한 번의 터치로 상대 수비수의 역방향으로 돌진한다. 가장 돋보이는 능력은 팀의 공격 템포를 끊지 않고 자신의 플레이를 펼치는 모습이다. 얼리 크로스, 낮게 깔아주는 킬패스, 동료와 2대1 월패스로 공격 기회를 잡는다. 뒷공간의 수비 커버도 좋아 현재로선 큰 단점이 보이지 않는다.

PLAYER'S HISTORY
아틀레티코 마드리드 아카데미를 거쳐 1군에 데뷔했다. 데포르티보로 1시즌 임대를 다녀왔고 레알 마드리드의 러브콜을 받는다. 기회를 잡지 못해 2018년 소시에다드로 임대를 갔다오고 19-20 시즌 밀란으로 완전 이적했다. 뮌헨의 뤼카 에르난데스와는 친형제 사이다.

주로 사용하는 발: 왼발 93%
우승 — 1부리그: 0-1, 협회컵: 0-1, 챔피언스: 1-1
준우승 — 클럽 월드컵: 1-0, UEFA 유로: 0-0, 월드컵: 0-0

Simon KJAER 24
시몬 키예르 — DF

SCOUTING REPORT
덴마크 대표팀의 캡틴. 리더십이 투철하다. 동료들과의 소통을 중시하고 궂은일을 마다하지 않는다. 일대일 대인 마킹이 좋고 위기 상황에서 몸을 날려 골을 사수한다. 수비 전술의 이해도가 뛰어나다. 과거 유망주 시절엔 불안했던 멘탈 관리에서도 이젠 제법 안정적이 되었다. 상대 팀의 전진 패스를 쉽게 차단한다. 지난 시즌 경기당 1.5개의 가로채기를 기록했고 리그 최다 4.3개의 클리어링에 성공했다.

PLAYER'S HISTORY
많은 클럽에서 뛰었다. 미트윌란에서 시작해 팔레르모와 볼프스부르크, 로마, 릴, 페네르바체와 세비야에서 활약했다. 아탈란타에서 임대를 보냈고, 밀란으로 완전 이적했다. 대표팀의 리더로서 지난 유로2020에서 에릭센을 보호하는 모습은 많은 이들에게 감명을 주었다.

주로 사용하는 발: 오른발 82%
우승 — 1부리그: 0-4, 협회컵: 0-2, 챔피언스: 0-0
준우승 — 클럽 월드컵: 0-0, UEFA 유로: 0-0, 월드컵: 0-0

Ismaël BENNACER 4
이스마엘 베나세르 · MF

SCOUTING REPORT
로쏘네리 중원의 에너자이저. 엄청난 활동량과 지구력으로 밀란의 허리를 책임지고 있다. 볼 관리 능력이 좋고 여러 기술을 갖춘 드리블로 상대의 압박에서 벗어난다. 탈압박 후 시도하는 전진 패스, 로빙 패스는 그의 확실한 공격 옵션이다. 직접 공간이 난다면 외곽에서 중거리 슛도 시도한다. 지난 시즌은 근육 부상으로 리그 21경기에만 출전했다. 리그 후반기에 돌아온 후 35라운드에서 도움을 기록했다.

PLAYER'S HISTORY
아스날의 유스 출신으로 리그 컵에서 1경기 출장했다. 2016년 툴루즈로 임대를 다녀왔고 그 다음 시즌에 엠폴리로 완전 이적한다. 두 시즌 동안 재능을 만개한 후 19-20 시즌 밀란의 셔츠를 입었다. 프랑스 U-19 출신이지만 알제리 대표팀 소속으로 26경기 뛰었다.

주로 사용하는 발: 왼발 89%
우승 — 1부리그: 0-2, 협회컵: 0-0, 챔피언스: 0-0
준우승 — 클럽 월드컵: 0-0, CAF 네이션스컵: 1-0, 월드컵: 0-0

슈팅-득점	패스 방향 분포	2020-21 세리에 A					포지션
2-0	전진 32%	17-4	1336	2	46.0-40.5	88%	
10-0	좌향 32% / 우향 25%						
12-0 LG-0	후진 12%	T 2.7-1.9	I 1	DR 1.7-1.4	4-0	★ 0	
0-0 RG-0							
0-0 HG-0							

Franck KESSIÉ 79
프랑크 케시에 · MF

SCOUTING REPORT
리그 최고의 중앙 미드필더. 넘치는 힘과 중원의 넓은 지역에서 공수 모두에 걸친 활약상을 남기고 있다. 특히 지난 시즌엔 리그에서만 13골과 6개의 어시스트를 기록하며 공격적인 재능을 유감없이 뽐냈다. 주로 수비적으로 기용되는 선수임에도 이브라히모비치 다음으로 많은 골을 넣은 것. 강력한 태클, 투쟁심으로 똘똘 뭉친 맨 마킹은 상대에게 깊은 한숨을 준다. 파울이 많고, 경고만 8장 받았다.

PLAYER'S HISTORY
2015년 아탈란타에서 1군에 등록되었다. 체세나로 한 시즌 임대 다녀온 후 16-17 시즌 괴물과도 같은 활약상을 보이며 밀란으로 합류했다. 임대로 왔지만 완전 이적에 성공했고, 어느덧 5시즌째 활약하고 있다. 코트디부아르 대표팀에서도 주축 미드필더로 맹활약하고 있다.

주로 사용하는 발: 오른발 81%
우승 — 1부리그: 0-1, 협회컵: 0-1, 챔피언스: 0-0
준우승 — 클럽 월드컵: 0-0, CAF 네이션스컵: 0-0, 월드컵: 0-0

슈팅-득점	패스 방향 분포	2020-21 세리에 A					포지션
42-13	전진 25%	36-1	3230	4	53.9-48.0	89%	
7-0	좌향 27% / 우향 35%						
49-13 LG-0	후진 12%	T 1.9-1.4	I 1.2	DR 1.5-1.2	8-0	★ 2	
0-0 RG-13							
13-11 HG-0							

Zlatan IBRAHIMOVIĆ 11
즐라탄 이브라히모비치 · FW

SCOUTING REPORT
'즐라탄은 즐라탄'이다. 철인과도 같은 자기 관리로 여전히 유럽 빅리그의 1부 리그에서 활약한다. 리그 15골을 넣어 팀 내 최다 골의 사나이다. 공격수가 갖춰야 할 모든 것을 가지고 있다. 상대 선수와의 볼 다툼, 키핑 능력, 공중전에서의 강함. 30대 후반을 넘어 40대를 바라보기에 활동량은 확실히 낮다. 하지만 순간의 터치와 귀신과도 같은 골 냄새는 역시나 대단하다. 올 시즌이 마지막이 될 수가 있다.

PLAYER'S HISTORY
유럽 최고의 스트라이커로 활약했다. 아약스를 시작으로 유벤투스, 인테르, 바르셀로나, 파리 생제르망, 맨체스터 유나이티드에서 자신만의 커리어를 만들었다. 돌아온 밀란에서 여전히 자신감을 뽐내고 있고, 지난 유로2020에선 스웨덴 대표팀으로의 복귀까지 거론되었었다.

주로 사용하는 발: 오른발 87%
우승 — 1부리그: 12-4, 협회컵: 3-2, 챔피언스: 0-0
준우승 — 클럽 월드컵: 1-0, UEFA 유로: 0-0, 월드컵: 0-0

슈팅-득점	패스 방향 분포	2020-21 세리에 A					포지션
62-15	전진 29%	18-1	1498	2	27.5-19.8	72%	
19-0	좌향 23% / 우향 28%						
81-15 LG-4	후진 21%	T 0.4-0.3	I 0.3	DR 1.2-0.6	2-1	★ 8	
7-0 RG-8							
6-3 HG-0							

Rafael LEÃO 17
하파엘 레앙 · FW

SCOUTING REPORT
본격적으로 기회를 잡은 신예 포르투갈산 공격수. 빠르고 민첩하다. 상대 수비의 빈공간을 찾아 들어가 직접 슈팅까지 만든다. 최전방은 물론, 측면 윙 포워드로도 출전한다. 양쪽 사이드에서 대기하다 볼을 받은 후 인사이드로 연결하는 슈팅은 꽤 매력적이다. 다만 공중전에서 쉽게 밀리는 면이나 수비 공헌도가 부족한 점은 반드시 보완해야 할 부분이다. 6골을 넘어 이번 시즌은 두 자릿수 골이 목표다.

PLAYER'S HISTORY
스포르팅 아카데미에서 시작했다. B팀을 거쳐 1군에 데뷔했다. 이미 포르투갈 연령별 대표팀에 모두 포함된 엘리트로서 재능을 인정받았으며 프랑스 명문 릴로 이적했다. 첫 시즌에 리그 8골을 넣고 2019년 밀란으로 이적했다. 지금까지의 성장 곡선은 나쁘지 않다.

주로 사용하는 발: 오른발 82%
우승 — 1부리그: 0-2, 협회컵: 0-1, 챔피언스: 0-0
준우승 — 클럽 월드컵: 0-0, UEFA 유로: 0-0, 월드컵: 0-0

슈팅-득점	패스 방향 분포	2020-21 세리에 A					포지션
30-5	전진 21%	22-8	1934	6	15.3-11.6	76%	
13-1	좌향 20% / 우향 32%						
43-6 LG-0	후진 27%	T 0.7-0.4	I 0.9	DR 2.2-1.3	5-0	★ 0	
0-0 RG-6							
0-0 HG-0							

상대유효효 시도-실점
 상대유효효 시도-선방
 상대 시도-선방
 전체 슈팅 시도-득점
 직접 프리킥 시도-득점
TH 던지기
NK 골킥
KD 평균골킥 거리(m)
LG 왼발 득점
RG 오른발 득점
HG 헤더 득점
 출전횟수 선발-교체
 출전시간 분(MIN)
S% GK 선방률
CS GK 클린시트
A 도움
P 평균패스 시도-성공
P% 평균패스 캐치·펀칭
LB 평균롱볼 시도-성공
AD 공중볼 시도-성공
T 평균태클
I 평균 인터셉트
DR 평균드리블 시도-성공
 페어플레이 경고-퇴장
★ MOM

GK 1 Ciprian TĂTĂRUȘANU
치프리안 터터루샤누

장발이 된 세컨 골리. 숏 스토퍼가 좋고 반응이 좋아 골문 위로 펀칭한다. 다이빙의 타이밍이 좋아 낮게 깔려오는 슈팅에 대한 방어가 좋다. 다만 출전 기회가 적으니 경기 조율 능력이 부족하다. 자국 명문 부쿠레슈티에서 전성기를 보냈고, 지난 시즌에 밀란으로 합류했다. 루마니아 대표팀으로 73경기나 뛴 베테랑이다.

주로 사용하는 발: 오른발 84%

	우승	준우승
1부리그	2-1	
협회컵	1-1	
챔피언스	0-0	
클럽 월드컵	0-0	
UEFA 유로	0-0	
월드컵	0-0	

세이브-실점: 2-3 / 2-0
🔴 7-3 TH-7
🟠 7-4 NK-4
🔵 1-0 KD-28

패스 방향 분포: 전진 39%, 좌향 56%, 우향 6%, 후진 0%

2020-21 세리에 A
⏱ 1-0 90 S% 5% CS 0 P 18.0-16.0
LB AD ★
P% 89% 4.0-2.0

DF 2 Davide CALABRIA
다비데 칼라브리아

로쏘네리의 라이트 백. 공수의 밸런스가 좋다. 공격적인 오버 래핑의 시도, 수비시 강력한 맨마킹 능력, 볼 관리 능력이 좋다. 경험적인 측면에서도 좋은 시즌이었다. 다만 갖가지 부상으로 이탈리아 대표팀의 일원으로는 많은 시간을 함께하지 못했다. 밀란의 유스 출신으로 8시즌째 팀의 일원으로 활약 중이다. 팀에서 차기 주장으로 거론되고 있는, 이탈리아의 엘리트 출신이다.

주로 사용하는 발: 오른발 91%

	우승	준우승
1부리그	0-1	
협회컵	0-2	
챔피언스	0-0	
클럽 월드컵	0-0	
UEFA 유로	0-0	
월드컵	0-0	

슈팅-득점: 11-1 / 13-1
🔴 24-2 LG-0
🟠 0-0 RG-2
🔵 0-0 HG-0

패스 방향 분포: 전진 43%, 좌향 39%, 우향 5%, 후진 13%

2020-21 세리에 A
⏱ 30-2 2652 A 1 P 46.5-36.9 P% 79%
T I DR ★
4.3-3.2 1.2 1.1-0.6 7-0

DF 23 Fikayo TOMORI
피카요 토모리

터프하고 강력하다. 공중전에서 강점을 지닌 센터백이다. 3백에서도 활약할 수 있고 수비 전술의 이해도가 높다. 발이 빨라 상대 공격수의 침투를 잘 막는 편이다. 지난 시즌 첼시에서 임대를 왔고 시즌을 앞두고 완전 이적에 성공했다. 로마뇰리의 공백을 잘 메꿨고 큰 부상이 없다면 이번 시즌도 주전으로 활약할 것이다.

주로 사용하는 발: 오른발 72%

	우승	준우승
1부리그	0-1	
협회컵	0-1	
챔피언스	0-0	
클럽 월드컵	0-0	
UEFA 유로	0-0	
월드컵	0-0	

슈팅-득점: 5-1 / 0-0
🔴 5-1 LG-0
🟠 0-0 RG-0
🔵 0-0 HG-1

패스 방향 분포: 전진 33%, 좌향 28%, 우향 33%, 후진 5%

2020-21 프리미어리그 + 세리에 A
⏱ 16-2 1511 A 0 P 52.2-46.4 P% 89%
T I DR ★
2.0-1.7 1.1 0.2-0.2 1

DF 46 Matteo GABBIA
마테오 가비아

아주리 연령별 대표팀에 순차적으로 부름을 받은 수비수. 일찍감치 뛰어난 재능으로 유명했다. 상대의 등지는 플레이에 밀리지 않고 다리를 뻗어 태클한다. 인터셉트 후 시도하는 전진 패스가 좋다. 지난 시즌은 악몽이었다. 코로나 확진, 인대 부상으로 시즌 절반 넘게 결장했고, 돌아온 이후에도 벤치에서 대기했다. 이번 시즌은 성장을 위한 발판이 되는 시간이다.

주로 사용하는 발: 오른발 83%

	우승	준우승
1부리그	0-1	
협회컵	0-1	
챔피언스	0-0	
클럽 월드컵	0-0	
UEFA 유로	0-0	
월드컵	0-0	

슈팅-득점: 4-0 / 1-0
🔴 5-0 LG-0
🟠 0-0 RG-0
🔵 0-0 HG-0

패스 방향 분포: 전진 25%, 좌향 32%, 우향 34%, 후진 9%

2020-21 세리에 A
⏱ 7-1 557 A 0 P 45.0-41.3 P% 92%
T I DR ★
1.1-1.1 0.4 0.0-0.0 2-0

MF 7 Samu CASTILLEJO
사무 카스티예호

밀란의 측면 공격수. 민첩한 움직임과 바디 밸런스가 좋다. 마르세유 턴, 플립플랍과 같은 개인기를 통해 돌파한다. 다만 골문 앞에서 마무리가 약하고 공격 포인트가 적은 것이 흠. 말라가 유스 출신으로 비야레알에서 3시즌 활약했다. 18-19 시즌 밀란으로 이적했고, 꾸준히 출장 기회를 받고 있다. 스페인 U-17, U-21 대표팀에서 활약했다. 아직 성인 대표팀의 부름은 없다.

주로 사용하는 발: 왼발 83%

	우승	준우승
1부리그	0-1	
협회컵	0-1	
챔피언스	0-0	
클럽 월드컵	0-0	
UEFA 유로	0-0	
월드컵	0-0	

슈팅-득점: 14-1 / 11-0
🔴 25-1 LG-1
🟠 1-0 RG-0
🔵 0-0 HG-0

패스 방향 분포: 전진 19%, 좌향 39%, 우향 10%, 후진 32%

2020-21 세리에 A
⏱ 12-16 1178 A 0 P 14.5-12.2 P% 84%
T I DR ★
1.8-0.9 0.1 1.7-1.1 5-0

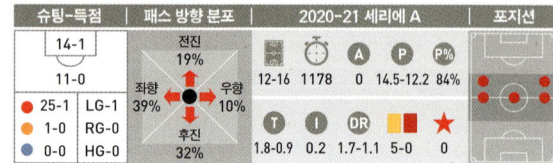

전체 슈팅 직접 프리 PK 왼발 오른발 헤더 출전횟수 출전시간 도움 평균패스 패스 평균태클 평균 평균드리블 페어플레이 MOM
시도-득점 시도-득점 시도-득점 득점 득점 득점 선발-교체 분(MIN) 시도-성공 성공률 시도-성공 인터셉트 시도-성공 경고-퇴장

MF Rade KRUNIĆ 33
라데 크루니치

공격적인 면모가 돋보이는 미드필더. 상황에 따라서는 볼란치 역할도 수행한다. 주력이 빠르진 않지만 볼 컨트롤, 간수 능력이 좋다. 동료와 주고 받는 2대1 패스 후 사이드로 열어주는 전개가 일품이다. 엠폴리에서 주목받기 시작했고, 보스니아 중원의 현재이자 미래로 불린다. 지난 시즌은 코로나 확진을 제외하면 큰 부상은 없었다. 유로파, 리그 경기에 꾸준히 출장했다.

주로 사용하는 발: 오른발 87%

우승	1부리그: 0-1	협회컵: 0-0	챔피언스: 0-0
준우승	클럽 월드컵: 0-0	UEFA 유로: 0-0	월드컵: 0-0

슈팅-득점 / 패스 방향 분포 / 2020-21 세리에 A / 포지션

슈팅-득점	패스 방향 분포	출전	A	P	P%
3-0 / 5-1	전진 26% 좌향 20% 우향 29% 후진 24%	5-20 706	2	10.6-9.2	87%
8-1 LG-0		T	I	DR	
1-1 RG-1		1.0-0.6	0.4	0.4-0.2	3-0 1
0-0 HG-0					

MF Alexis SAELEMAEKERS 56
알렉시스 살레마커르스

벨기에 대표팀 승선이 목표인 윙어. 상황에 따라서는 측면 윙백 기용도 가능하다. 터치 라인을 타고 달려 상대를 돌파한다. 중앙 지향적인 모습보다는 얼리 크로스와 같이 클래식 윙어의 성향도 보이곤 한다. 자국 명문 안데를레흐트 아카데미 출신으로 2019년 밀란으로 임대왔다. 완전 이적에 성공했고, 지난 시즌엔 스타팅 멤버에 줄곧 있었다. 공격 포인트가 부족한 것은 흠이다.

주로 사용하는 발: 오른발 80%

우승	1부리그: 0-1	협회컵: 0-0	챔피언스: 0-0
준우승	클럽 월드컵: 0-0	UEFA 유로: 0-0	월드컵: 0-0

슈팅-득점	패스 방향 분포	출전	A	P	P%
12-2 / 16-0	전진 20% 좌향 38% 우향 12% 후진 30%	27-5 2037	4	25.1-20.8	83%
28-2 LG-1		T	I	DR	
0-0 RG-0		2.6-1.3	0.8	1.9-1.2	5-1 1
0-0 HG-0					

FW Ante REBIĆ 12
안테 레비치

다부진 카리스마로 무장한 크로아티아산 공격수. 최전방은 물론 측면에서도 된다. 최근에는 측면에서 중앙으로 돌파하는 것을 선호한다. 강한 슈팅으로 마무리하고 거친 몸싸움을 마다하지 않는다. 지난 시즌 잔 부상이 많아 많은 경기에 나오지 못했다. 유로파에서 퇴장도 있었지만, 리그 27경기에서만 11골과 7개의 도움을 기록했다. 뉴로2020에서는 수석 멤버로 활약했다.

주로 사용하는 발: 오른발 70%

우승	1부리그: 0-1	협회컵: 1-2	챔피언스: 0-0
준우승	클럽 월드컵: 0-0	UEFA 유로: 0-0	월드컵: 0-1

슈팅-득점	패스 방향 분포	출전	A	P	P%
34-9 / 9-2	전진 29% 좌향 17% 우향 36% 후진 18%	20-7 1782	4	14.8-10.0	68%
43-11 LG-2		T	I	DR	
0-0 RG-7		2.0-1.0	0.3	1.5-0.7	4-1 3
0-0 HG-2					

FW Olivier GIROUD 9
올리비에 지루

산 시로에 합류한 뉴 페이스. 9번의 셔츠와 너무나도 잘 어울리는 공격수. 공중전에서 큰 강점을 보이고 상대 수비수와의 볼 다툼, 대인 마킹에서 쉽게 지지 않는다. 골문 앞에서의 마무리 능력이 좋고 특히 동료와의 연계 플레이가 훌륭하다. 아스날, 첼시에서 활약하며 EPL 정상급 골게터로 군림했다. 프랑스 대표팀 역사상 앙리에 이어 두 번째로 많은 A매치 골을 넣었다.

주로 사용하는 발: 왼발 81%

우승	1부리그: 1-1	협회컵: 4-2	챔피언스: 1-0
준우승	클럽 월드컵: 0-0	UEFA 유로: 0-1	월드컵: 1-0

슈팅-득점	패스 방향 분포	출전	A	P	P%
24-4 / 5-0	전진 24% 좌향 24% 우향 27% 후진 27%	8-9 747	0	12.9-9.0	70%
29-4 LG-1		T	I	DR	
0-0 RG-3		0.6-0.2	0.3	0.1-0.1	1-1
0-0 HG-1					

FW Daniel MALDINI 27
다니엘 말디니

이탈리아의 전설 파울로 말디니의 둘째 아들이다. 다니엘은 수비수였던 아버지와는 달리 공격수로 활약 중이다. 밀란 아카데미 출신으로 동료들 중에서 발군의 기량을 발휘하면서 1군으로 승격했다. 기본적으로 볼을 잘 다루고, 전반적인 테크닉이 우수한 선수다. 특히 볼 키핑과 패스가 정확하다. 아직 어린 선수라 경험이 더 필요하다. 파워, 몸싸움도 향상시켜야 한다.

주로 사용하는 발: 오른발

우승	1부리그: 0-1	협회컵: 0-0	챔피언스: 0-0
준우승	클럽 월드컵: 0-0	UEFA 유로: 0-0	월드컵: 0-0

슈팅-득점	패스 방향 분포	출전	A	P	P%
1-0 / 0-0	전진 23% 좌향 46% 우향 15% 후진 15%	0-5 26	0	2.6-2.4	92%
1-0 LG-0		T	I	DR	
0-0 RG-0		0.6-0.0	0.0	0.4-0.4	0-0
0-0 HG-0					

가스페리니의 '닥공', 이번 시즌도 관통한다

구단 창립 : 1907년 **홈구장** : 게비스 스타디움 **대표** : 안토니오 페르카시 **2020-21시즌** : 3위(승점 78점) 23승 9무 6패 90득점 47실점 **닉네임** : La Dea, I Nerazzurri

2020-21 세리에 A 최고 공격의 팀

위기의 순간이 많았다. 리그 초반에 2연패를 당하며 순위가 고꾸라졌다. 11라운드 피오렌티나전에서 반등에 성공했다. 시즌 중반을 거쳐 꾸준히 승점을 쌓았고 다시 챔피언스리그 진출권을 획득했다. 이번 시즌의 아탈란타는 생각보다 기복이 심했다. 지난 시즌 90골을 넣으며 리그 내 최다 득점한 클럽이었다. 하지만 수비 불안으로 실책이 잦았다. 매섭게 몰아칠 때는 '아탈란타식' 공격력이 빛을 더했다. 시즌 후반부 연이어 승리하며 2위 자리까지 올라갔지만, 최종 라운드 밀란과의 대결에서 패배하며 최종 순위 3위로 시즌을 마감했다.

누구보다 바빴던 아탈란타의 스태프

팀을 후방을 책임지던 골리니와 로메로가 떠났다. 두 선수 다 토트넘으로 이적했고 아탈란타는 새로운 수문장과 센터백을 데려왔다. 우디네세에서 무소를 영입했고 유벤투스에서 데미랄을 합류시켰다. 알크마르에서 온 코프메이너르스는 가스페리니 감독 전술과 잘 맞을 것으로 평가된다. 측면 윙백인 자파코스타는 즉시 전력감이다. 특히 3백의 날개로서 적절한 영입이다. 그 어느 때보다 바빴던 아탈란타의 이적 시장. 이번 시즌은 전력 보강을 통해 팀의 구성이 더 좋아졌다.

마침내 트로피의 주인공이 될 수 있을까

이탈리아의 신흥 강호로 떠오른 아탈란타. 그들의 건재함은 여전하다. 가스페리니 감독의 지휘 아래 자신들의 옷을 잘 입고 있다. 지난 시즌 기복 있는 경기력을 보여주며 아쉽기도 했지만, 엄청난 공격력은 여전하다. 챔피언스리그에서의 도전도 주목할만하다. 맨체스터 유나이티드를 제외하면 비야레알, 영보이스와 함께 충분히 해볼만한 조편성이다. 8강 이상의 행보를 목표로 두고 있고 리그에서는 챔피언스리그 진출권이 최종 목표다. 몇 시즌 전부터 상승세인 클럽의 분위기에 방점을 찍을만한 트로피가 필요하다. 컵 대회의 우승이 가장 절실한 시즌이다.

MANAGER : Gian PIERO GASPERINI 지안 피에로 가스페리니

Personal Information
- 생년월일 : 1958.01.26 / 출생지 : 그루글리아스코(이탈리아)
- 현역시절 포지션 : 미드필더 / 계약만료 : 2022.06.30
- 평균 재직 기간 : 4년 / 선호 포맷 : 3-4-1-2

History
1958년생으로 은퇴하자마자 유벤투스 유스팀을 맡았다. 제노아를 이끌며 본격적으로 유명세를 탔고 인테르, 팔레르모, 제노아를 다시 거쳐 2016년 아탈란타로 입성했다. 클럽 역사상 첫 챔피언스리그 8강 신화를 이룩한 클럽의 '리빙 레전드' 감독으로 불린다.

Style
세리에 A의 최고 전략가이자 공격적인 감독. 3백을 기점으로 양쪽 윙백의 공격 가담, 최고의 호흡을 자랑하는 중원 라인이 보유했다. 특히 윙백의 활용 가치가 전 유럽에서 가장 도드라진 감독이다. 아쉬운 점은 가스페리니 축구의 스타일이 많이 읽혀 해법도 다양하다. 리그를 뒤흔든 전술 운영이 이제는 새롭지 않다. 이번 시즌의 가스페리니 감독은 좀 더 나은 모습을 보여줄 것이다. 그것이 필요한 시즌이 되었다.

우승-준우승 횟수	ITALIAN SERIE-A	ITALIAN COPPA ITALIA	UEFA CHAMPIONS LEAGUE	UEFA EUROPA LEAGUE	FIFA CLUB WORLD CUP	UEFA-CONMEBOL INTERCONTINENTAL
	0-0	1-4	0-0	0-0	0-0	0-0

SQUAD LIST

위치	번호	선수	국적	키	생년월일	전 소속팀
GK	1	Juan Musso	ARG	191	94-05-06	Udinese
	31	Francesco Rossi	ITA	193	91-04-27	None
	57	Marco Sportiello	ITA	192	92-05-10	Poggibonsi
DF	2	Rafael Tolói	ITA	185	90-10-10	São Paulo
	3	Joakim Mæhle	DEN	184	97-05-20	KRC Genk
	6	José Luis Palomino	ARG	188	90-01-05	Ludogorets Razgrad
	8	Robin Gosens	GER	183	94-07-05	Heracles Almelo
	13	Giuseppe Pezzella	ITA	187	97-11-29	Parma
	19	Berat Djimsiti	ALB	190	93-02-19	Zürich
	28	Merih Demiral	TUR	192	98-03-05	Juventus
	33	Hans Hateboer	NED	185	94-01-09	FC Groningen
	42	Giorgio Scalvini	ITA	194	03-12-11	None
	66	Matteo Lovato	ITA	188	00-02-14	Verona
	77	Davide Zappacosta	ITA	185	92-06-11	Chelsea
MF	7	Teun Koopmeiners	NED	183	98-02-28	AZ Alkmaar
	11	Remo Freuler	SUI	180	92-04-15	Luzern
	15	Marten de Roon	NED	185	91-03-29	Middlesbrough
	18	Ruslan Malinovskyi	UKR	181	93-05-04	KRC Genk
	32	Matteo Pessina	ITA	183	97-04-21	Milan
	59	Aleksey Miranchuk	RUS	182	95-10-17	Lokomotiv Moscow
	88	Mario Pašalić	CRO	188	95-02-09	Chelsea
FW	9	Luis Muriel	COL	179	91-04-16	Sevilla
	72	Josip Iličić	SVN	190	88-01-29	Fiorentina
	91	Duván Zapata	COL	189	91-04-01	Sampdoria
	99	Roberto Piccoli	ITA	190	01-01-27	None

2021-22 SEASON SCHEDULE

날짜	장소	상대팀	날짜	장소	상대팀
08-21	A	Torino	01-06	H	Torino
08-28	H	Bologna	01-09	A	Udinese
09-12	H	Fiorentina	01-16	H	Inter Milan
09-19	A	Salernitana	01-23	A	Lazio
09-22	H	Sassuolo	02-06	A	Cagliari
09-26	A	Inter Milan	02-13	H	Juventus
10-03	H	AC Milan	02-20	A	Fiorentina
10-17	A	Empoli	02-27	H	Sampdoria
10-24	H	Udinese	03-06	A	AS Roma
10-27	H	Sampdoria	03-13	H	Genoa
10-31	A	Lazio	03-20	A	Bologna
11-07	H	Cagliari	04-03	H	Napoli
11-21	H	Spezia	04-10	A	Sassuolo
11-28	A	Juventus	04-16	H	Hellas Verona
12-01	H	Venezia	04-24	A	Venezia
12-05	A	Napoli	05-01	A	Salernitana
12-12	H	Hellas Verona	05-08	A	Spezia
12-19	H	AS Roma	05-15	A	AC Milan
12-22	A	Genoa	05-22	H	Empoli

RANKING OF LAST 10 YEARS

11-12	12-13	13-14	14-15	15-16	16-17	17-18	18-19	19-20	20-21
12	15	11	17	13	4	7	3	3	3
46점	40점	50점	37점	45점	72점	60점	69점	78점	78점

STRENGTHS & WEAKNESSES

OFFENSE		DEFENSE	
오픈 플레이	B	오픈 플레이 수비	C
카운터 어택	B	카운터 어택 수비	B
짧은 패스 게임	B	짧은 패스 게임 수비	C
롱볼 연계 플레이	C	롱볼 연계 플레이 수비	C
솔로 플레이	A	솔로 플레이 수비	C
중거리 슈팅 / 직접 프리킥	B	중거리 슈팅 수비	D
측면 공격	B	측면 수비	C
세트 플레이	C	세트 플레이 수비	B
위협적인 공격 횟수	A	공중전 능력	A
슈팅 대비 득점	B	볼 쟁탈전 / 투쟁심	A
오프사이드 피하기	C	실수 조심	D
볼 점유율	B	파울 주의	C

A 매우 우수함 B 우수함 C 평균 수준 D 부족함 E 많이 부족함

STADIUM

Gewiss Stadium

구장 오픈 : 1928년 구장 증개축 : 1949년, 1984년, 2015년, 2021년
구장 소유 : 스타디오 아탈란타 SRL 시 수용 인원 : 2만 1000명
피치 규모 : 105 X 68m 잔디 종류 : 하이브리드 잔디

BASIC FORMATION

3-4-2-1

무리엘 / 사파타
말리노프스키 / 페클리 — 일리치치 / 미란추크
고젠스 / 페첼라 — 페시나 / 프로일러 — 파샬리치 / 더룬 — 메홀 / 마티엘로
팔로미노 / 로바토 — 데미랄 / 톨로이 — 짐시티 / 로바토
무소 / 스포르티엘로

ODDS CHECK

베팅회사	Serie A		Champions League	
	배당률	우승 확률	배당률	우승 확률
bet365	5배	3위	50배	12위
sky bet	4.5배	3위	50배	12위
William HILL	5배	3위	40배	12위
888sport	4.75배	3위	55배	13위

*우승 확률이 높을수록 배당률은 낮아짐

TOTO GUIDE 지난시즌 전적

상대팀	홈	원정
Inter Milan	1-1	0-1
AC Milan	0-2	3-0
Juventus	1-0	1-1
Napoli	4-2	1-4
Lazio	1-3	4-1
AS Roma	4-1	1-1
Sassuolo	5-1	1-1
Sampdoria	1-3	2-0
Hellas Verona	0-2	2-0
Genoa	0-0	4-3
Bologna	5-0	2-2
Udinese	3-2	1-1
Fiorentina	3-0	3-2
Spezia	3-1	0-0
Cagliari	5-2	1-0
Torino	3-3	4-2
Benevento	2-0	4-1
Crotone	5-1	2-1
Parma	3-0	5-2

20-21 SEASON TOP5

득점		어시스트		경고-퇴장	
L.무리엘	22	R.말리노프스키	12	M.더론	8-1
D.사파타	15	D.사파타	9	C.로메로	10-0
R.고젠스	11	J.일리치치	9	R.톨로이	10-0
R.말리노프스키	8	L.무리엘	9	R.고젠스	7-1
J.일리치치	6	R.고젠스	6	B.짐시티	8-0

TACTICS & FUNCTIONS

OFFENSE

경기 운영 : 점유율과 역습, 측면 공격
짧은 패스 / 긴 패스 비율 : 9.2대1
역습 시작 위치 : 매우 앞쪽
직접 프리킥 : 말리노프스키, 무리엘, 일리치치
중거리 슈팅 : 말리노프스키, 더룬, 무리엘
세트피스 헤딩 : 고젠스, 팔로미노, 짐시티
드리블 : 일리치치, 말리노프스키, 무리엘
결정적 패스 : 말리토프스키, 일리치치, 무리엘

DEFENSE

존디펜스 : 지역과 대인 기반 혼합형
맨투맨 : 대인방어 기반의 맨투맨
세로 방향 프레싱 위치 : 매우 앞쪽
오프사이드 트랩 위치 : 골라인에서 20~22m
미드필드 스크리너 : 파샬리치, 더룬
공수 밸런스 유지 : 페시나, 프로일러
수비진 라인 컨트롤 : 데미랄, 톨로이
수비진 옵셔널 스토퍼 : 짐시티, 팔로미노

SERIE-A 2020-21 PERFORMANCE

ATALANTA BC vs. OPPONENTS PER GAME STATS

아탈란타 BC vs 상대팀

득점	슈팅	유효슈팅	오프사이드	패스시도(PA)	패스성공(PC)	패스성공률(P%)	태클시도(TK)	볼소유자 압박(PR)	인터셉트(INT)	GK 선방	파울	경고	퇴장
2.37 / 1.24	16.3 / 8.6	6.1 / 2.9	1.5 / 1.1	540 / 482	451 / 379	84% / 79%	17.7 / 20.1	149 / 165	13.2 / 13.7	1.7 / 3.7	17.1 / 15.3	1.74 / 2.29	0.079 / 0.105

SCORED GOALS
슈팅-득점 / 상대 슈팅-실점
- 38-11
- 404-68
- 179-11

신체 부위별 득점: 왼발 40, 오른발 42, 헤더 8, 기타 부위 0

상대 신체 부위별 실점: 왼발 19, 오른발 22, 헤더 6, 기타 부위 0 (자책골 실점 1골)

- 127-7
- 194-32
- 19-7

WHO SCORED
포지션별 득점: FW진 49골, MF진 32골, DF진 9골

상대 포지션별 실점: DF진 6골, MF진 14골, DF진 26골 (자책골 실점 1골)

ACTION ZONE
공격 방향: 38% / 27% / 35%

볼 점유 위치: 상대 진영 34%, 중간 지역 44%, 우리 진영 22%

TACTICAL GOALS & SHOTS
득점 패턴 (90골): OPEN PLAY 72, COUNTER ATTACK 5, SET PLAY 6, PENALTY KICK 7, OWN GOAL

슈팅 패턴 (621): OPEN PLAY 448, COUNTER ATTACK 23, SET PLAY 143, PENALTY KICK 7

실점 패턴 (47골): 30 / 5 / 7 / 4 / 1

상대 슈팅 패턴 (340): 224 / 96 / 12 / 8

SHOT CREATION
슈팅 기회 창출 (1028): LIVE-BALL PASSES+ 787, DEAD-BALL PASSES+ 63, DRIBBLES+ 62, SHOTS+ 53, FOULS DRAWN+ 45, DEFENSIVE ACTIONS+ 18

상대 슈팅 기회 창출 (492): 329 / 39 / 41 / 40 / 26 / 17

TIME
득점: 14, 10, 17, 14, 18, 17

득실차: +3, +5, +10, +8, +7, +10

실점: 11, 5, 7, 6, 11, 7

PERFORMANCE
패스 시도: 평균 540 (SHORT PASSES 487, LONG BALLS 53)

패스 성공: 평균 451 (SHORT PASSES 423, LONG BALLS 28)

DANGEROUS ATTACKS
아탈란타 공격: 평균 62.1, 슈팅 16.3

상대팀 공격: 평균 31.9, 슈팅 8.6

POSSESSION
전체 평균: 54%

홈 경기: 55%

원정 경기: 52%

DUEL
볼쟁탈전: 평균 111 (성공 56, 실패 55)

공중전: 평균 30.4 (성공 16.8, 실패 13.6)

볼 소유자 압박: 평균 149 (볼뺏취 48, 실패 101)

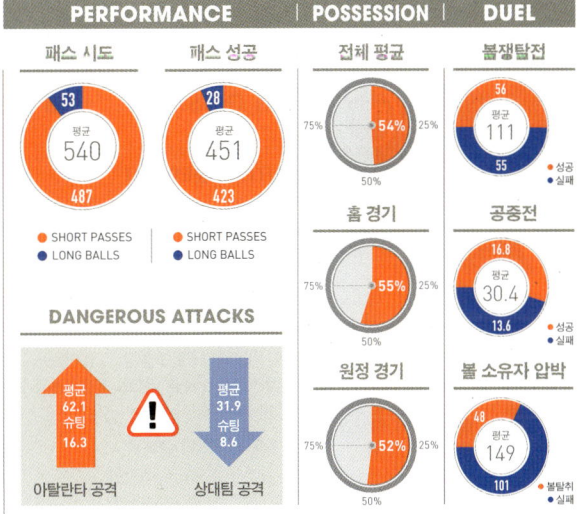

Juan MUSSO 1
후안 무소

SCOUTING REPORT
아탈란타 골문을 지키는 새로운 수문장. 토트넘으로 떠나간 골리니의 대체 자원. 이미 리그에서 수준급 골키퍼로 정평이 났다. 피지컬이 좋고 상체 근육이 발달되어 있다. 다이빙을 잘하고 펀칭의 강도가 세다. 특히 '풋 세이브'를 잘하는 골리다. 역동작에 걸릴 때 반대쪽 팔을 높게 들어 방어한다. 1대1 위기에선 거리를 좁혀 전진하나 상황에 따라서는 골문을 지키기도 한다. 시간 지연으로 종종 경고를 받는다.

PLAYER'S HISTORY
아르헨티나의 라싱 클럽에서 1군에 데뷔했다. 2017년 본격적으로 기회를 잡았고 다음 해에 유럽 진출의 시작인 우디네세로 향했다. 3시즌 동안 리그 정상급 골키퍼로 평가받았고, 이번 시즌 아탈란타로 입단했다. 자국 대표팀 소속으론 코파 아메리카에서 우승을 차지했다.

| 주로 사용하는 발 : 오른발 91% | 우승 | 1부리그 : 1-0 | 협회컵 : 0-1 | 챔피언스 : 0-0 |
| | 준우승 | 클럽 월드컵 : 0-0 | 코파아메리카 : 1-0 | 월드컵 : 0-0 |

세이브-실점	패스 방향 분포	2020-21 세리에 A	포지션
52-45 / 46-6 / 149-51 TH-171 / 149-98 NK-253 / 13-0 KD-33	전진 57% / 좌향 25% 우향 18% / 후진 0%	35-0 3148 66% 8 24.1-17.1 71% 12.3-5.5 23-4 0-0 1	

Rafael TOLÓI 2
하파엘 톨로이

SCOUTING REPORT
클럽의 주장. 파푸가 떠나고 나서 완장을 이어받았다. 팔로 상대의 등을 밀치고 어깨를 먼저 넣어 몸싸움을 이긴다. 팀에 대한 헌신이 뛰어나고 경기 내내 소리치며 동료들에게 사기를 불어 넣는다. 압박 전술에 능하며 수비 시 3백에 대한 이해도가 상당히 높다. 발이 빠르진 않으나 점프가 높고 헤딩 커팅에 뛰어나다. 지난 시즌 경기당 2개의 클리어링을 했고 1.6번의 태클에 성공했다. 수비 진영의 확실한 리더다.

PLAYER'S HISTORY
고이아스에서 데뷔 후 상파울루에서 재능을 뽐냈다. 4시즌 활약했고 로마의 러브콜에 힘입어 임대 형식으로 유럽 진출을 한다. 2015년 아탈란타로 입단했다. 브라질 U-20 출신이나 이탈리아로 귀화를 했고 라이트백으로 참가해 유로2020의 우승을 도왔다.

| 주로 사용하는 발 : 오른발 90% | 우승 | 1부리그 : 0-2 | 협회컵 : 0-2 | 챔피언스 : 0-0 |
| | 준우승 | 클럽 월드컵 : 0-0 | UEFA 유로 : 1-0 | 월드컵 : 0-0 |

슈팅-득점	패스 방향 분포	2020-21 세리에 A	포지션
26-2 / 3-0 / 29-2 LG-2 / 0-0 RG-1 / 0-0 HG-1	전진 40% / 좌향 34% 우향 19% / 후진 8%	29-2 2541 0 52.0-43.3 83% 2.4-1.3 1.1 0.5-0.3 10-0 0	

Robin GOSENS 8
로빈 고젠스

SCOUTING REPORT
자타공인 세리에 A 최고의 레프트 백. 카메라로 잡기 힘든 스피드를 가졌다. 과감한 돌파 후 시도하는 얼리 크로스, 땅볼 크로스는 아탈란타 공격의 핵심 전술이다. 세밀한 볼 터치부터 과감한 '치달'은 알고도 막기 힘들다. 90분 내내 뛸 수 있는 지구력과 윙백임에도 불구하고 헤딩 커팅에 강점을 보인다. 그의 이름은 언제나 많은 클럽의 쇼핑 리스트 최상위권에 위치해 있다. 뚜렷한 단점을 찾기 힘들다.

PLAYER'S HISTORY
2014년 피테서, 도르트레흐트에서 프로에 발을 디뎠다. 헤라클레스 알멜로를 거쳐 2017년 아탈란타로 합류했다. 독일 국적을 가졌지만 독일 클럽에서 뛰지 않은 케이스로 이번 유로에서는 대표팀의 주축으로 활약했다. 2019-20 시즌 세리에 A 올해의 팀에 선정되었다.

| 주로 사용하는 발 : 왼발 91% | 우승 | 1부리그 : 0-0 | 협회컵 : 0-2 | 챔피언스 : 0-0 |
| | 준우승 | 클럽 월드컵 : 0-0 | UEFA 유로 : 0-0 | 월드컵 : 0-0 |

슈팅-득점	패스 방향 분포	2020-21 세리에 A	포지션
48-11 / 4-0 / 52-11 LG-6 / 0-0 RG-2 / 0-0 HG-3	전진 32% / 좌향 5% 우향 44% / 후진 19%	30-2 2539 6 43.1-35.3 82% 2.2-1.4 1.3 1.3-0.8 7-1 3	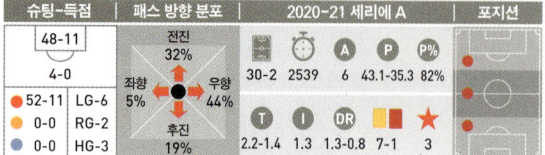

Berat DJIMSITI 19
베라트 짐시티

SCOUTING REPORT
'알바니아의 비디치'로 불리는 센터백. 반삭의 얼굴과 거친 플레이를 피하진 않는 점이 닮았다. 지난 시즌에는 경기당 1.9개의 가로채기를 기록했고 2.5개의 클리어링으로 자신의 몸값을 더 올렸다. 꾸준히 스타팅 멤버에 이름을 올렸고 이번 시즌 역시 주전으로 나설 것이다. 스위스 연령별 대표팀에 모두 콜업 되었지만, 알바니아의 국적을 선택했다. 191cm의 큰 피지컬이 핵심 무기다.

PLAYER'S HISTORY
알바니아계 이민 2세로 스위스 취리히에서 태어났다. 이중국적이지만 알바니아 국가대표를 선택했다. 2010년 FC 취리히 2군에서 데뷔했고, 이듬해 이 팀 1군으로 승격했다. 2016년 아탈란타로 이적했고, 아벨리노, 베네벤토에 임대 신분으로 가서 좋은 활약을 보였다.

| 주로 사용하는 발 : 오른발 77% | 우승 | 1부리그 : 0-0 | 협회컵 : 1-2 | 챔피언스 : 0-0 |
| | 준우승 | 클럽 월드컵 : 0-0 | UEFA 유로 : 0-0 | 월드컵 : 0-0 |

슈팅-득점	패스 방향 분포	2020-21 세리에 A	포지션
18-0 / 2-0 / 20-0 LG-0 / 0-0 RG-0 / 0-0 HG-0	전진 38% / 좌향 23% 우향 31% / 후진 8%	28-5 2629 2 52.6-46.1 87% 1.8-1.2 0.4-0.3 8-0 0	

MF Remo FREULER 11
레모 프로일러

SCOUTING REPORT
중원의 야전 사령관. 간결한 볼 터치와 어지러운 중원 싸움에 심플함을 가져다 준 미드필더. 원 터치 패스와 탈압박 후 시도하는 로빙 패스가 일품이다. 지난 시즌 리그에서 89%의 패스 성공률을 기록했는데 이는 팀 내 최다 수치다. 동료와 주고 받는 숏패싱으로 빌드업의 시작, 중간을 이끈다. 리더쉽도 좋아 종종 주장 완장을 차기도 한다. 특별한 부상 없이 시즌을 보냈고 15라운드에선 2개의 도움을 기록했다.

PLAYER'S HISTORY
스위스의 주전 미드필더로서 빈터투어에서 프로 데뷔를 했다. 그라스호퍼 클럽 취리히에서 활약 후 빈터투어로 리턴했다. 루체른을 거쳐서 아탈란타로 입단했다. 2016년 이후 꾸준히 뛰고 있다. 스위스 대표팀 소속으론 유로2020에서도 주전으로 맹활약을 펼쳤다.

MF Marten DE ROON 15
마르턴 더룬

SCOUTING REPORT
아탈란타의 단단한 척추. 중원의 청소부라는 닉네임이 적합하다. 다소 거칠지만, 꼭 필요한 움직임을 보인다. 상대의 볼 흐름을 차단하고 위기 상황에선 슬라이딩 태클을 시도한다. 경험을 쌓으면서 노련함까지 갖춰 경기를 보는 시야도 넓어졌다. 경기당 2개의 인터셉트와 함께 2.3개의 태클 성공은 팀에게 얼마나 필요한 존재인지 알 수 있는 부분이다. 지난 시즌 리그 35경기 출전, 챔스에선 6경기에 나섰다.

PLAYER'S HISTORY
2010년 스파르타 로테르담에서 1군에 등록되었다. 헤렌벤을 거쳐 아탈란타로 합류했다. 그 사이에 미들즈브러로 한 시즌 외도했지만. 다시금 리턴했다. 네덜란드 U-19 대표팀을 거쳐 성인 대표팀에서도 활약 중이다. 유로2020에선 수비형 미드필더로 3경기 출전했다.

FW Luis MURIEL 9
루이스 무리엘

SCOUTING REPORT
지난 시즌 호날두, 루카쿠에 이어 리그 세 번째로 많이 득점한 골게터. 경기당 1.5개의 드리블을 성공시켰다. 가속을 하게 되면 엄청난 스프린트를 보여준다. 민첩한 발놀림으로 상대를 제치고 반박자 빠른 슛팅을 한다. 상대 골키퍼가 막기 힘든 공간으로 슛을 하고 골망을 흔든다. 문전에서 골냄새를 맡는 능력은 리그에서도 최고급이다. 다만 상대의 역습에 대한 1차 저지선에선 아쉬운 모습을 보인다.

PLAYER'S HISTORY
콜롬비아산 특급 공격수로 불린다. 데포르티보 칼리를 시작으로 우디네세, 그라나다, 레체, 삼프도리아에서 활약했다. 세비야와 피오렌티나를 지나 2019년 아탈란타로 합류했다. 콜롬비아 대표팀에선 팔카오의 대체 자원으로 꼽히며 가장 득점이 필요한 순간에 꼭 넣어준다.

FW Duván ZAPATA 91
두반 사파타

SCOUTING REPORT
대표팀 동료인 무리엘과 환상의 파트너 쉽을 보이고 있다. 다부진 체구와 폭발적인 근육은 자바타의 스피드에 주된 동력이다. 볼을 길게 차 놓고 공간을 향해 뛴다. 공중전에서의 집중력이 매우 높다. 박스 외곽을 포함해 골문을 위협할만한 위치에서 슛을 시도한다. 슛팅의 강도가 세고 골문 앞에서의 마무리 능력이 뛰어나다. 지난 시즌 리그 15골과 10개의 도움을 기록했다. 큰 부상도 없는 시즌이었다.

PLAYER'S HISTORY
오른발을 잘 쓰는 포워드. 아메리카 데 칼리에서 1군에 데뷔했다. 에스투디안테스를 거쳐 나폴리로 입단했다. 우디네세와 삼프도리아를 지나 2018년 아탈란타의 셔츠를 입었다. 2시즌 임대 형식으로 왔고 지난 시즌 완전 영입이 이루어졌다. 어느새 30대의 공격수가 되었다.

Marco SPORTIELLO 57
마르코 스포르티엘로

침착한 경기 운영이 장점인 골키퍼. 다이빙하는 범위가 좁으나 선방하는 모습이 안정적이다. 롱 스로잉을 잘하며 슛 스토퍼, 세트피스 상황에서 펀칭을 자주 시도한다. 지난 시즌 골리니의 부상으로 생각보다 많은 경기에 출전을 했다. 아탈란타 유스 출신이라는 점과 팀에 대한 그의 애정은 서포터즈의 사랑을 받기에 충분하다. 이탈리아 U-21 대표팀 차출 기록이 있다.

주로 사용하는 발: 오른발 93%

우승	1부리그: 0-0	협회컵: 0-1	챔피언스: 0-0
준우승	클럽 월드컵: 0-0	UEFA 유로: 0-0	월드컵: 0-0

세이브-실점: 18-19 / 8-2
- 47-21 TH-69
- 47-26 NK-56
- 2-1 KD-43

패스 방향 분포: 전진 50%, 좌향 26%, 우향 24%, 후진 0%

2020-21 세리에 A: 13-2, 1259, 55%, 2, 20.1-16.1
P%: 80%, LB: 7.8-3.9, 0

Joakim MÆHLE 3
요아킴 멜레

터프함과 다부진 체구가 인상적인 덴마크산 풀백. 이미 덴마크 대표팀에선 주전으로 활약하고 있다. 지난 시즌 겨울 이적 시장을 통해 아탈란타에 합류했다. 터치 라인의 스피드 스타답게 돌파를 즐기고 직접 중앙으로 돌진하는 모습을 보인다. 체력과 지구력이 좋아 출전 시간만 보장된다면 또 한 명의 대형 레프트 백을 볼 수 있을 전망이다. 다만 플레이의 마무리 능력은 아쉽다.

주로 사용하는 발: 오른발 89%

우승	1부리그: 1-0	협회컵: 0-2	챔피언스: 0-0
준우승	클럽 월드컵: 0-0	UEFA 유로: 0-0	월드컵: 0-0

슈팅-득점: 15-0 / 6-0
- 21-0 LG-0
- 0-0 RG-0
- 0-0 HG-0

패스 방향 분포: 전진 35%, 좌향 30%, 우향 12%, 후진 23%

2020-21 세리에 A: 12-8, 1211, 2, 29.3-23.7, 81%
T: 1.5-1.0, I: 0.6, DR: 1.6-0.8, 0

JOSÉ LUIS PALOMINO 6
호세 루이스 팔로미노

가스페리니 감독이 사랑하는 수비수. 3백 전술을 너무나도 잘 이해하는 디펜더. 성실한 모습과 수비 시 온몸을 바쳐 골을 막아낸다. 산 로렌조에서 프로 데뷔를 했다. 아르헨티노스 주니어스를 거쳐서 메츠, 루도고레츠 라즈그라드에서 활약했다. 2017년 아탈란타로 입단했고 어느덧 150경기를 돌파한 클럽의 중고참이다.

주로 사용하는 발: 왼발 84%

우승	1부리그: 1-0	협회컵: 0-2	챔피언스: 0-0
준우승	클럽 월드컵: 0-0	코파아메리카: 0-0	월드컵: 0-0

슈팅-득점: 3-1 / 1-0
- 4-1 LG-1
- 0-0 RG-0
- 0-0 HG-0

패스 방향 분포: 전진 39%, 좌향 25%, 우향 32%, 후진 4%

2020-21 세리에 A: 25-11, 2423, 2, 42.1-34.9, 83%
T: 2.5-1.9, I: 2.2, DR: 0.1-0.1, 3-0, 1

Hans HATEBOER 33
한스 하테부르

우측면 날개. 3백 전술에서 가장 돋보이는 윙백이다. 발이 빠르고 크로스의 정확도가 높다. 동료와 주고받는 패스로 단숨에 중앙으로 돌진하기도 한다. 지난 시즌 중후반부엔 발목 부상으로 거의 시즌 아웃 판정을 받았다. 33라운드에 복귀했지만 아직까지도 부상에서 헤어나오지 못했다. 네덜란드 20세 이하의 대표팀, U-21를 거쳐 성인 대표팀에서 활약한다.

주로 사용하는 발: 오른발 81%

우승	1부리그: 0-0	협회컵: 1-2	챔피언스: 0-0
준우승	클럽 월드컵: 0-0	UEFA 유로: 0-0	월드컵: 0-0

슈팅-득점: 25-2 / 2-0
- 27-2 LG-0
- 0-0 RG-2
- 0-0 HG-0

패스 방향 분포: 전진 26%, 좌향 50%, 우향 4%, 후진 21%

2020-21 세리에 A: 20-2, 1765, 1, 38.7-33.8, 87%
T: 1.7-1.3, I: 0.8, DR: 0.6-0.2, 3-0, 0

Ruslan MALINOVSKYI 18
루슬란 말리노프스키

지난 시즌 세리에 A 어시스트 왕이자, 우크라이나산 특급 공격형 미드필더. 저돌적인 돌파와 창의적인 센스는 상대 수비수에게 악몽과도 같다. 민첩한 발놀림과 전진 패스, 공간을 허무는 킬패스는 리그를 통틀어 최고의 능력이다. 자국 명문 샤흐타르 출신으로 헹크에서의 활약 후 2019년 아탈란타로 입단했다. 우크라이나 대표팀의 에이스로서 유로 2020에서도 맹활약을 했다.

주로 사용하는 발: 왼발 89%

우승	1부리그: 2-0	협회컵: 0-2	챔피언스: 0-0
준우승	클럽 월드컵: 0-0	UEFA 유로: 0-0	월드컵: 0-0

슈팅-득점: 28-5 / 39-3
- 67-8 LG-8
- 12-1 RG-0
- 1-1 HG-0

패스 방향 분포: 전진 29%, 좌향 39%, 우향 21%, 후진 12%

2020-21 세리에 A: 22-14, 1883, 12, 27.6-22.1, 80%
T: 0.9-0.6, I: 2.4, DR: 1.3-0.9, 0, 4

| 전체 슈팅 시도-득점 | 직접 프리킥 시도-득점 | PK 시도-득점 | LG 왼발 득점 | RG 오른발 득점 | HG 헤더 득점 | 출전횟수 선발-교체 | 출전시간 분(MIN) | A 도움 | P 패스 시도-성공 | P% 패스 성공률 | T 평균태클 시도-성공 | I 평균 인터셉트 | DR 평균드리블 시도-성공 | 페어플레이 경고-퇴장 | ★ MOM |

MF Matteo PESSINA 32
마테오 페시나

중원의 모든 포지션을 소화하지만, 공격적인 롤을 맡을 때 더욱 재미를 본다. 지난 시즌 초반 무릎 부상으로 4경기 결장했지만, 꾸준히 출장을 했다. 세밀한 볼 터치를 기본으로 동료와 주고받는 숏패스는 점유율을 높이는데 큰 역할을 한다. 다만 발이 느린 편이고 중거리 슛의 세기와 시도가 낮다. 이탈리아 연령별 대표팀에 모두 포함되었고 지난 유로에서는 2골을 넣기도 했다.

주로 사용하는 발: 왼발 86%

우승	1부리그: 0-0	협회컵: 0-2	챔피언스: 0-0
준우승	클럽 월드컵: 0-0	UEFA 유로: 1-0	월드컵: 0-0

슈팅-득점: 17-2, 5-0, 22-2 LG-1, 0-0 RG-1, 0-0 HG-0

패스 방향 분포: 전진 29%, 좌향 31%, 우향 25%, 후진 15%

2020-21 세리에 A: 21-7 1657 2 33.1-27.9 84%
T 1.1-0.6 I 0.6 DR 1.3-0.5 2-0 ★ 0

MF Aleksei MIRANCHUK 59
알렉세이 미란추크

지난 시즌에 영입된 러시안 특급 미드필더. 공격적인 재능은 물론 상황에 따라선 수비적인 역할도 가능한 선수. 부지런한 활동량과 뛰어난 개인기는 그의 가치를 높이는 주된 능력이다. 지난 시즌은 많은 기회를 잡지 못했다. 주전 경쟁에서 밀려 공격 포인트도 적었다. 로코모티브 모스크바에서 9시즌 활약 후 아탈란타로 입단했다. 러시아 대표팀 소속으로 유로에 참가했다.

주로 사용하는 발: 왼발 88%

우승	1부리그: 1-2	협회컵: 3-1	챔피언스: 0-0
준우승	클럽 월드컵: 0-0	UEFA 유로: 0-0	월드컵: 0-0

슈팅-득점: 11-3, 4-1, 15-4 LG-4, 1-0 RG-0, 0-0 HG-0

패스 방향 분포: 전진 22%, 좌향 31%, 우향 26%, 후진 22%

2020-21 세리에 A: 4-21 661 2 15.4-12.3 80%
T 1.1-1.0 I 0.1 DR 0.9-0.6 1-0 ★ 0

MF Mario PAŠALIĆ 88
마리오 파샬리치

깔끔한 볼 관리 능력이 일품인 선수. 지난 시즌의 초반은 좋았다. 3라운드에서 1골과 1도움을 기록했지만, 시즌 중반 탈장으로 11경기에 결장했다. 돌아온 이후에는 주전 자리에서 멀어졌고 주로 교체 멤버로 출전했다. 크로아티아 연령별 대표팀에 모두 포함된 엘리트로서 이번 시즌의 목표는 자신의 존재감을 되찾는 것이다. 유로 2020에서는 벤치 멤버로 경기에 나섰다.

주로 사용하는 발: 오른발 72%

우승	1부리그: 0-0	협회컵: 1-2	챔피언스: 0-0
준우승	클럽 월드컵: 0-0	UEFA 유로: 0-0	월드컵: 0-0

슈팅-득점: 18-6, 2-0, 20-6 LG-2, 0-0 RG-4, 0-0 HG-0

패스 방향 분포: 전진 23%, 좌향 28%, 우향 37%, 후진 13%

2020-21 세리에 A: 10-15 1115 2 26.5-22.9 86%
T 1.3-1.0 I 0.3 DR 1.1-0.4 2-2 ★ 2

FW Sam LAMMERS 7
샘 라머스

백업 공격수. 번뜩이는 슛팅과 오프 사이드 트랩을 뚫는 움직임이 좋다. 지난 시즌 초반 리그 2연속골을 넣었지만, 그 후로 골맛을 보진 못했다. 자국 명문 PSV 유스 출신으로 2018엔 헤렌벤으로 한 시즌 임대를 다녀왔다. 19골을 넣으며 단숨에 블루칩으로 성장했고 지난 시즌 아탈란타로 입단했다. 191cm의 피지컬을 살려 이번 시즌 자신의 가치를 보여야만 한다.

주로 사용하는 발: 오른발

우승	1부리그: 1-0	협회컵: 0-1	챔피언스: 0-0
준우승	클럽 월드컵: 0-0	UEFA 유로: 0-0	월드컵: 0-0

슈팅-득점: 8-2, 2-0, 10-2 LG-1, 0-0 RG-1, 0-0 HG-0

패스 방향 분포: 전진 23%, 좌향 27%, 우향 32%, 후진 18%

2020-21 네덜란드 1부 + 세리에 A: 15-1 329 2 8.2-6.4 79%
T 0.6-0.1 I 0.1 DR 1.1-0.8 1-0 ★ 0

FW Josip ILIČIĆ 72
요십 일리치치

클럽의 살아있는 레전드. 불과 다섯 시즌밖에 뛰지 않았지만 UEFA 최고령 원정 해트트릭과 구단 역사상 최다점 승리를 할 때 해트트릭을 기록했다. 진기한 기록의 사나이로 서포터즈의 애정이 깊은 공격수다. 지난 시즌도 리그 28경기에 나서 6골과 10개의 도움을 기록했다. 슬로베니아 대표팀 소속으로 7골만 터트리면 자호비치를 넘어 팀 역사상 최다 골의 사나이가 된다.

주로 사용하는 발: 왼발 84%

우승	1부리그: 0-0	협회컵: 1-1	챔피언스: 0-0
준우승	클럽 월드컵: 0-0	UEFA 유로: 0-0	월드컵: 0-0

슈팅-득점: 29-5, 30-1, 59-6 LG-5, 4-0 RG-1, 2-2 HG-0

패스 방향 분포: 전진 26%, 좌향 40%, 우향 16%, 후진 18%

2020-21 세리에 A: 17-11 1532 9 32.2-24.9 78%
T 0.9-0.3 I 0.1 DR 3.5-2.0 2-0 ★ 4

JUVENTUS FC

이탈리아 최강팀, 명예 회복 한다

구단 창립 : 1897년 **홈구장** : 유벤투스 스타디움 **대표** : 안드레아 아녤리 **2020-21시즌** : 4위(승점 78점) 23승 9무 6패 77득점 38실점 **닉네임** : I Bianconeri, La Vecchia Signora

실망스러웠던 지난 시즌, 피를로가 떠났다

우려가 현실로 나타났다. 클럽의 레전드 피를로에게 전권을 맡기며 야심차게 새로운 시대를 준비 했지만 결론적으로 실패한 시즌이 되었다. 경기력의 기복이 심했고 그에 따라 10시즌 연속 우승의 꿈도 좌절되었다. 초반부터 흔들렸고 리그 중반에는 3위권에서 계속 머물렀다. 인테르와 밀란에게 각각 패배했고 28라운드에서는 약체로 평가받던 베네벤토에게마저 충격패를 당했다. 챔피언스리그에서는 16강에서 포르투에게 발목을 잡혔고, 리그는 인테르에게 우승을 넘겨주었다. 컵 대회에서 우승하며 체면치레를 했지만 피를로의 경질을 막기엔 모자랐다.

득점왕 호날두 떠난 자리, 누가 메우나

리그 최고 공격수 호날두가 이적했다. 선수로서 자신의 고향과도 같은 맨체스터 유나이티드로 돌아갔고 그 공백은 모라타와 디발라가 메울 것이다. 클럽 레전드 부폰 역시 자신의 고향인 파르마로 리턴했다. 특별한 두 선수를 보내고 나서 유벤투스는 케인을 완전 영입했다. 그리고 모이스 킨을 다시 데려왔다. 유로의 히어로이자 리그 최고의 수비형 미드필더 로카텔리에게도 비안코네리 셔츠를 입혔다. 공수에 있어서 전술적인 보강이 완료되었고, 과거 영광을 보여준 알레그리 감독도 돌아왔다. 와신상담한 유벤투스는 스쿠데토의 재탈환을 노리고 있다.

유벤투스 위닝 멘탈리티, 알레그리 극약 처방

유벤투스의 선장, 알레그리가 돌아왔다. 팀을 다시 세우기 위한 특명을 받고 합류했다. 호날두가 빠진 자리에 디발라와 모라타가 건재하다. 거기에 정상급 공격수로 성장해 돌아온 킨 역시 중요한 자원으로 중용될 것이다. 로카텔리는 벤탄쿠르, 라비오와 함께 허리를 단단히 책임진다. 지난 시즌 침체기를 겪었기에 클럽의 분위기를 끌어 올리는 게 중요하다. 키엘리니와 보누치는 주장으로서 더 좋은 모습을 보여야만 한다. 인테르와 밀란, 아탈란타, 로마와의 대결에서 밀리지 않으려면 잃어버린 '위닝 멘탈리티' 찾기가 급선무다.

MANAGER : Massimiliano ALLEGRI 마시밀리아노 알레그리

Personal Information
생년월일 : 1967.08.11 / 출생지 : 리보르노(이탈리아)
현역시절 포지션 : 미드필더 / 계약만료 : 2025.06.30
평균 재직 기간 : 4년 / 선호 포맷 : 4-3-1-2

History
유벤투스의 리그 5연패를 이끈 명장. 2014년부터 2019년까지 팀을 지휘했다. 선수로 은퇴 후 바로 알리 아네세에서 지도자 생활을 시작했다. SPAL, 그로세토, 사수올로, 칼리아리와 밀란을 이끌었다. 실패한 지난 시즌의 영광을 다시 되찾을 구원자가 될 수 있을것인지 관심있게 지켜볼 필요가 있다.

Style
안정적이며 수비 위주의 전술을 구사한다. 팀의 밸런스를 중시하며 실리적인 축구를 지향한다. 3백과 포백을 상황에 맞게 구사하나 포백을 기점으로 운영한다. 팀의 규율을 강조하고 경기 운영에 있어서도 조직적인 전술운용을 중시한다. 때문에 공격의 창의성이 다소 부족하다는 것이 약점으로 지적된다. 승부사의 기질, 장기 레이스에 뛰어난 모습을 보인다. 리그 9연패에서 멈춘 유벤투스의 대기록 행진, 알레그리가 다시 세울 수 있을지 기대된다.

SQUAD LIST

위치	번호	선수	국적	키	생년월일	전 소속 팀
GK	1	Wojciech Szczesny	POL	195	90-04-18	Arsenal
GK	23	Carlo Pinsoglio	ITA	194	90-03-16	Vicenza
GK	35	Franco Israel	URU	190	00-04-22	Nacional(URU)
GK	36	Mattia Perin	ITA	188	92-11-10	Genoa
DF	2	Mattia De Sciglio	ITA	182	92-10-20	Milan
DF	3	Giorgio Chiellini	ITA	187	84-08-14	Fiorentina
DF	4	Matthijs de Ligt	NED	187	99-08-12	Ajax
DF	6	Danilo	BRA	184	91-07-15	Manchester C
DF	12	Alex Sandro	BRA	181	91-01-26	FC Porto
DF	17	Luca Pellegrini	ITA	178	99-03-07	Roma
DF	19	Leonardo Bonucci	ITA	190	87-05-01	Milan
DF	24	Daniele Rugani	ITA	190	94-07-29	Empoli
MF	5	Arthur	BRA	172	96-08-12	Barcelona
MF	8	Aaron Ramsey	WAL	178	90-12-26	Arsenal
MF	11	Juan Cuadrado	COL	179	88-05-26	Chelsea
MF	14	Weston McKennie	USA	198	98-08-28	Schalke
MF	25	Adrien Rabiot	FRA	188	95-04-03	Paris St-Germain
MF	27	Manuel Locatelli	ITA	180	98-01-08	Sassuolo
MF	30	Rodrigo Bentancur	URU	187	97-06-25	Boca Juniors
MF	44	Dejan Kulusevski	SWE	186	00-04-25	Atalanta
FW	9	Álvaro Morata	ESP	189	92-10-23	Atlético Madrid
FW	10	Paulo Dybala	ARG	177	93-11-15	Palermo
FW	18	Moise Kean	ITA	183	00-02-28	Everton
FW	20	Federico Bernardeschi	ITA	185	94-02-16	Fiorentina
FW	21	Kaio Jorge	BRA	176	02-01-24	Santos
FW	22	Federico Chiesa	ITA	175	97-10-25	Fiorentina

2021-22 SEASON SCHEDULE

날짜	장소	상대팀	날짜	장소	상대팀
08-22	A	Udinese	01-06	H	Napoli
08-28	H	Empoli	01-09	A	AS Roma
09-12	A	Napoli	01-16	H	Udinese
09-19	H	AC Milan	01-23	A	AC Milan
09-22	A	Spezia	02-06	H	Hellas Verona
09-26	H	Sampdoria	02-13	A	Atalanta
10-03	A	Torino	02-20	H	Torino
10-17	H	AS Roma	02-27	A	Empoli
10-24	A	Inter Milan	03-06	H	Spezia
10-27	H	Sassuolo	03-13	A	Sampdoria
10-31	A	Hellas Verona	03-20	H	Salernitana
11-07	H	Fiorentina	04-03	A	Inter Milan
11-21	A	Lazio	04-10	H	Cagliari
11-28	H	Atalanta	04-24	A	Sassuolo
12-01	A	Salernitana	05-01	H	Venezia
12-05	H	Genoa	05-08	A	Genoa
12-12	A	Venezia	05-15	H	Lazio
12-19	H	Bologna	05-22	A	Fiorentina
12-22	H	Cagliari			

RANKING OF LAST 10YEARS

11-12	12-13	13-14	14-15	15-16	16-17	17-18	18-19	19-20	20-21
1	1	1	1	1	1	1	1	1	4
84점	87점	102점	87점	91점	91점	95점	90점	83점	78점

STRENGTHS & WEAKNESSES

OFFENSE		DEFENSE	
오픈 플레이	B	오픈 플레이 수비	B
카운터 어택	B	카운터 어택 수비	C
짧은 패스 게임	A	짧은 패스 게임 수비	D
롱볼 연계 플레이	C	롱볼 연계 플레이 수비	C
솔로 플레이	B	솔로 플레이 수비	C
중거리 슈팅 / 직접 프리킥	C	중거리 슈팅 수비	B
측면 공격	B	측면 수비	C
세트 플레이	B	세트 플레이 수비	B
위협적인 공격 횟수	B	공중전 능력	D
슈팅 대비 득점	B	볼 쟁탈전 / 투쟁심	B
오프사이드 피하기	D	실수 조심	E
볼 점유율	B	파울 주의	C

A 매우 우수함 B 우수함 C 평균 수준 D 부족함 E 많이 부족함

STADIUM

Juventus Stadium

구장 오픈 : 2011년	구장 증개축 : -
구장 소유 : 유벤투스 FC	수용 인원 : 4만 1507명
피치 규모 : 105 X 68m	잔디 종류 : 천연 잔디

ODDS CHECK

베팅회사	Serie A		Champions League	
	배당률	우승 확률	배당률	우승 확률
bet365	1.63배	1위	28배	10위
sky bet	1.63배	1위	28배	10위
William HILL	1.9배	1위	22배	8위
888sport	1.8배	1위	22.5배	10위

*우승 확률이 높을수록 배당률은 낮아짐

20-21 SEASON TOP5

득점		어시스트		경고-퇴장	
C.호날두	29	J.쿠아드라도	10	J.쿠아드라도	9-1
A.모라타	11	A.모라타	9	R.베탄쿠르	6-1
F.키에사	8	F.키에사	8	A.라비오	5-1
W.맥케니	5	다닐루	4	D.클루셰프스키	7-0
P.디발라	4	R.베탄쿠르	4	다닐루	6-0

BASIC FORMATION

TOTO GUIDE 지난시즌 전적

상대팀	홈	원정
Inter Milan	3-2	0-2
AC Milan	0-3	3-1
Atalanta	1-1	0-1
Napoli	2-1	0-1
Lazio	3-1	1-1
AS Roma	2-0	2-2
Sassuolo	3-1	3-1
Sampdoria	3-0	2-0
Hellas Verona	1-1	1-1
Genoa	3-1	3-1
Bologna	2-0	4-1
Udinese	4-1	2-1
Fiorentina	0-3	1-1
Spezia	3-0	4-1
Cagliari	2-0	3-1
Torino	2-1	2-2
Benevento	0-1	1-1
Crotone	3-0	1-1
Parma	3-1	4-0

TACTICS & FUNCTIONS

OFFENSE

경기 운영 : 점유율 역습 조화, 측면 공격
짧은 패스 / 긴 패스 비율 : 11.3대1
역습 시작 위치 : 비교적 중간 지역
직접 프리킥 : 디발라, 쿠아드라도, 다닐루
중거리 슈팅 : 키에사, 다닐루, 디발라
세트피스 헤딩 : 보누치, 모라타, 데리흐트
드리블 : 쿠아드라도, 키에사, 디발라
결정적 패스 : 산드루, 쿠아드라도, 키에사

DEFENSE

존디펜스 : 지역방어 기반의 존디펜스
맨투맨 : 지역과 대인 기반혼합형
세로 방향 프레싱 위치 : 비교적 중간 지역
오프사이드 트랩 위치 : 골라인에서 18~20m
미드필드 스크리너 : 맥케니, 베탄쿠르
공수 밸런스 유지 : 라비오, 로카텔리
수비진 라인 컨트롤 : 보누치, 루가니
수비진 옵셔널 스토퍼 : 데리흐트, 키엘리니

SERIE-A 2020-21 PERFORMANCE

JUVENTUS FC vs. OPPONENTS PER GAME STATS

유벤투스 FC vs 상대팀

득점	슈팅	유효슈팅	오프사이드	패스시도	패스성공	패스성공%	태클시도	볼소유자 압박	인터셉트	GK 선방	파울	경고	퇴장
2.03 / 1.00	15.7 / 11.4	5.7 / 5.4	2.4 / 1.1	564 / 461	498 / 380	88% / 82%	16.5 / 16.2	133 / 148	12.1 / 12.1	2.2 / 3.5	13.3 / 15.3	2.00 / 2.24	0.158 / 0.053

SCORED GOALS | WHO SCORED | ACTION ZONE | TACTICAL GOALS & SHOTS | SHOT CREATION | TIME

슈팅-득점 / 상대 슈팅-실점
- 44-16
- 371-54
- 180-6

신체 부위별 득점
- 왼발 29 | 오른발 33
- 헤더 14 | 기타 부위 0
- 상대자책골 1골

- 207-4
- 205-26
- 21-6

상대 신체 부위별 실점
- 왼발 9 | 오른발 22
- 헤더 5 | 기타 부위 0
- 자책골 실점 2골

포지션별 득점
- FW진 54골
- MF진 14골
- DF진 8골
- 상대자책골 1골

상대 포지션별 실점
- DF진 7골
- MF진 10골
- DF진 19골
- 자책골 실점 2골

공격 방향
37% / 28% / 35%

볼 점유 위치
- 상대 진영 29%
- 중간 지역 44%
- 우리 진영 27%

독점 패턴
77골 (1 / 8 / 12 / 5 / 51)
- OPEN PLAY
- COUNTER ATTACK
- SET PLAY
- PENALTY KICK
- OWN GOAL

슈팅 패턴
595 (10 / 154 / 21 / 410)
- OPEN PLAY
- COUNTER ATTACK
- SET PLAY
- PENALTY KICK

슈팅 기회 창출
1000 (20 / 59 47 / 68 / 80 / 726)
- LIVE-BALL PASSES+
- DEAD-BALL PASSES+
- DRIBBLES+
- SHOTS+
- FOULS DRAWN+
- DEFENSIVE ACTIONS+

실점 패턴
38골 (2 / 6 / 8 / 3 / 19)

상대 슈팅 패턴
433 (10 / 107 / 16 / 300)

상대 슈팅 기회 창출
663 (29 / 13 / 42 42 / 50 / 487)

득점 (시간대별)
76-90: 19 | 1-15: 10
61-75: 11 | 16-30: 12
46-60: 13 | 31-45: 12

득실차
+8 / +4 / +10 / +9 / +4 / +4

실점
76-90: 11 | 1-15: 6
61-75: 3 | 16-30: 16
46-60: 7 | 31-45: 8

PERFORMANCE | POSSESSION | DUEL

패스 성공
평균 564 (46 / 518)
- SHORT PASSES
- LONG BALLS

패스 시도
평균 498 (29 / 469)
- SHORT PASSES
- LONG BALLS

전체 평균
55%

홈 경기
55%

원정 경기
56%

볼쟁탈전
평균 96 (50 / 46)
- 성공
- 실패

공중전
평균 21.6 (11.4 / 10.2)
- 성공
- 실패

볼 소유자 압박
평균 133 (40 / 93)
- 볼탈취
- 실패

DANGEROUS ATTACKS
- 유벤투스 공격: 평균 51.3 슈팅 15.7
- 상대팀 공격: 평균 45.1 슈팅 11.4

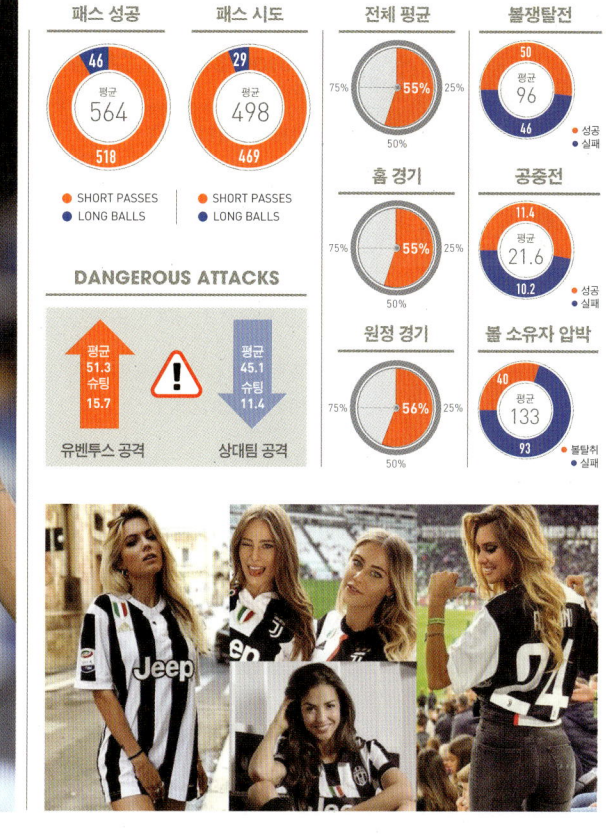

Wojciech SZCZĘSNY 1
보이체흐 시쳉스니

SCOUTING REPORT
비안코네리의 수문장. 큰 키와 긴 팔에서 나오는 다이빙이 좋다. 사각지대를 방어하는 모습과 역방향이 걸릴 때 다리를 뻗어 골을 막아낸다. 프리킥 상황에선 수비 라인을 직접 지시하며 위치를 잡아준다. 반응 속도가 빠르고 볼 핸들링, 빌드업도 참여한다. 다만 공중볼 캐치나 낮게 깔려오는 슛에 대해 캐치 미스를 하기도 한다. 하지만 어느덧 많은 경험을 가진 골키퍼로서 노련함이 묻어나는 운영을 한다.

PLAYER'S HISTORY
2009년 아스날에서 데뷔했다. 브렌트포드와 로마에서 임대 생활을 보냈고, 2017년 유벤투스로 합류했다. 클럽의 레전드 부폰의 뒤를 이어 넘버원 골키퍼가 되었고 현재까지 좋은 평가를 받고 있다. 폴란드 대표팀 소속으로도 주전이며 유로 2020에도 참가했다.

주로 사용하는 발: 오른발 88%

우승	1부리그: 3-1	협회컵: 4-1	챔피언스: 0-0
준우승	클럽 월드컵: 0-0	UEFA 유로: 0-0	월드컵: 0-0

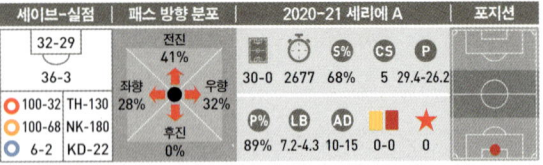

Matthijs DE LIGT 4
마테이스 더리흐트

SCOUTING REPORT
네덜란드와 유벤투스 수비의 기둥. 어린 나이임에도 불구하고 많은 경험을 쌓았다. 대인 마킹, 태클의 성공률, 강력한 공중전 등 많은 부분에서 세계 최고의 센터백으로 성장할 가능성이 높다. 오프 사이드 트랩을 완성시키는 라인 컨트롤, 잔기술로 상대를 제친 후 전진 패스까지 시도한다. 다만 지난 시즌은 만족스럽지 못했다. 시즌 초반 어깨 부상으로 결장했고, 리그 타이틀을 잃어버렸다.

PLAYER'S HISTORY
아약스 유스의 산물. 일찍이 대형 센터백 유망주로 불렸고, 2016년 1군 데뷔를 했다. 골까지 넣으며 셰도르프에 이어 클럽 역사상 두 번째로 어린 나이로 골맛을 보았다. 2019년 유벤투스로 8500만 유로로 입단했다. 네덜란드 대표팀에선 주전 센터백으로 활약하고 있다.

주로 사용하는 발: 오른발 82%

우승	1부리그: 2-2	협회컵: 2-1	챔피언스: 0-0
준우승	클럽 월드컵: 0-0	UEFA 유로: 0-0	월드컵: 0-0

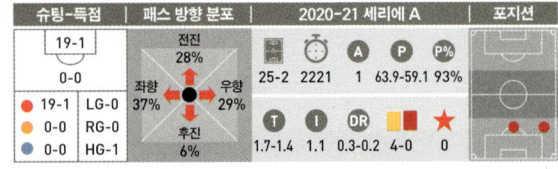

Leonardo BONUCCI 19
레오나르도 보누치

SCOUTING REPORT
유벤투스와 이탈리아 대표팀의 리더. 키엘리니가 부상이나 컨디션 난조로 없을 때 가장 믿을 만한 주장은 단연 보누치다. 터프한 몸싸움과 강인한 피지컬, 뚫기 힘든 대인 마킹은 이미 정평이 났다. 특히 발기술도 좋아 빌드업의 시작이 되고 한 번의 터치로 상대 공격수를 쉽게 제친다. 시간이 흐르면서 기동력이 낮아졌지만 최소한의 에너지로 최선의 방어를 선보인다. 지난 시즌 후반엔 코로나 확진으로 결장했다.

PLAYER'S HISTORY
유로 2020의 히어로. 카테나치오의 현주소를 담당하고 있다. 바리에서 관심을 받았고 2010년 유벤투스로 입단했다. 17-18 시즌 잠시 밀란으로 갔지만 한 시즌 만에 돌아왔다. 유벤투스에서만 440경기를 넘게 뛴 레전드이며 아주리 소속으로도 100경기 이상 출전했다.

주로 사용하는 발: 오른발 85%

우승	1부리그: 10-0	협회컵: 0-0	챔피언스: 0-2
준우승	클럽 월드컵: 0-0	UEFA 유로: 1-1	월드컵: 0-0

Juan CUADRADO 11
후안 콰드라도

SCOUTING REPORT
유벤투스의 활기찬 날개. 팀이 어려운 순간에 늘 빛이 되어준다. 번뜩이는 돌파와 민첩한 움직임, 넘어지지 않는 바디 밸런스로 돌파한다. 터치 라인을 타고 달리며 얼리 크로스, 땅볼 크로스를 시도한다. 직접 중앙으로 들어가 마무리까지 하는 모습도 보인다. 이미 리그 최고의 윙백으로 자리 잡았고 기량의 하락만 천천히 막고 있다. 공중볼 싸움에서 약한 점과 경기 기복의 패턴은 보완하기 힘들 것 같다.

PLAYER'S HISTORY
본격적으로 주목을 받은 건 우디네세와 레체를 거쳐 피오렌티나에서다. 3시즌 활약하면서 리그 최고의 윙어로 군림했다. 첼시로 이적했으나 유벤투스로 곧바로 리턴했고 2017년 완전 이적을 했다. 콜롬비아 대표팀 소속으론 센츄리 클럽에 가입한 살아있는 레전드다.

주로 사용하는 발: 오른발 88%

우승	1부리그: 6-1	협회컵: 4-2	챔피언스: 0-1
준우승	클럽 월드컵: 0-0	코파아메리카: 0-0	월드컵: 0-0

MF Adrien RABIOT 25
아드리앙 라비오

SCOUTING REPORT
클럽의 중원 지휘자. 장신이지만 부드러운 볼 관리 능력이 돋보인다. 상대에게 쉽게 볼을 빼앗기지 않으며 롱볼에 이은 터치가 좋다. 공격의 전개 능력이 좋고 빌드업의 중심으로 활약한다. 탈압박 후 시도하는 전진 패스는 라비오의 가장 큰 무기다. 지난 시즌 89.4%의 패스 성공률을 기록했고 리그 34경기에 출전해 4골을 넣었다. 유벤투스의 주전으로 올라섰고 대표팀에서도 중용받고 있다.

PLAYER'S HISTORY
파리 생제르망의 유스 출신으로 227경기를 뛰었다. 12-13 시즌에는 툴루즈로 잠시 임대를 다녀오기도 했다. 팀과의 불화로 2019년 유벤투스로 합류했다. 꾸준히 출장했고 리그 1회 우승을 기록했다. 프랑스 연령별 대표팀에 모두 포함된 엘리트로서 유로에도 참가했다.

주로 사용하는 발: 왼발 83%	우승	1부리그: 6-1	협회컵: 5-2	챔피언스: 0-0
	준우승	클럽 월드컵: 0-0	UEFA 유로: 0-0	월드컵: 0-0

슈팅-득점: 22-3 / 11-1 / 33-4 LG-3 / 0-0 RG-1 / 0-0 HG-0
패스 방향 분포: 전진 23%, 좌향 26%, 우향 33%, 후진 18%
2020-21 세리에 A: 25-9 | 2314 | 2 | 41.6-37.7 | 91% | 3.1-2.1 | 1.3 | 1.4-1.1 | 5-1

MF Rodrigo BENTANCUR 30
로드리고 벤탄쿠르

SCOUTING REPORT
우루과이의 허리를 책임지는 천재 미드필더. 공수의 밸런스가 좋은 'box to box' 선수다. 볼 간수 능력이 좋고 배급력이 뛰어나 감독 입장에서는 좋아하지 않을 수 없는 선수다. 활동량이 좋아 중원의 전 지역에서 자신의 영역으로 삼는다. 특히 슈팅의 세기, 강도, 구질이 뛰어나 중거리 슛에서 멋진 상황을 연출한다. 지난 시즌 33경기에 출전했고 4개의 도움을 기록했다. 챔스에서도 연이은 출장을 했다.

PLAYER'S HISTORY
남미 명문 보카 주니어스 유스 출신으로 2015년 1군 스쿼드에 등록되었다. 3시즌 활약 후 유럽의 많은 클럽 오퍼를 거절한 채 유벤투스로 합류했다. 3번의 스쿠데토를 들어 올렸고 우루과이 대표팀의 주전 미드필더로 자리 잡았다. 코파 아메리카 2021에서도 맹활약했다.

주로 사용하는 발: 오른발 81%	우승	1부리그: 5-0	협회컵: 3-1	챔피언스: 0-0
	준우승	클럽 월드컵: 0-0	코파아메리카: 0-0	월드컵: 0-0

슈팅-득점: 3-0 / 12-0 / 15-0 LG-0 / 0-0 RG-0 / 0-0 HG-0
패스 방향 분포: 전진 26%, 좌향 29%, 우향 31%, 후진 14%
2020-21 세리에 A: 27-6 | 2326 | 4 | 55.0-49.4 | 90% | 3.1-1.9 | 1.4 | 1.5-1.1 | 6-1

FW Paulo DYBALA 10
파울로 디발라

SCOUTING REPORT
AM, CF, RW 등 공격 여러 위치를 다 넘나든다. 정확한 패스 콤비네이션, 날카로운 스루패스로 공격을 이끈다. 화려한 볼 컨트롤과 순간 페이크를 이용한 드리블로 수비를 제압한다. 박스 외곽 왼발 중거리 슈팅은 강력한 무기. 예전 "스피드가 느리고, 침투가 부족하다"는 평가가 있었지만 최근 보강됐다. 그가 과연 '보급형 메시'에서 탈피해 디발라 그 자체로 평가받을 수 있을까. 올 시즌이 중요하다.

PLAYER'S HISTORY
2011년 인스티투토 코르도바에서 데뷔해 팔레르모를 거쳐 2015년 유벤투스에 입단해 현재까지 활약 중이다. 2022 카타르 월드컵 후 메시가 대표팀에서 은퇴하면 디발라가 아르헨티나의 10번을 달 가능성이 높다. 아이마르에 이어 아르헨티나의 '꽃미남' 계보를 이었다.

주로 사용하는 발: 왼발 89%	우승	1부리그: 5-0	협회컵: 4-1	챔피언스: 0-1
	준우승	클럽 월드컵: 0-0	코파아메리카: 0-0	월드컵: 0-0

슈팅-득점: 25-4 / 26-0 / 61-4 LG-2 / 5-0 RG-2 / 0-0 HG-0
패스 방향 분포: 전진 16%, 좌향 35%, 우향 20%, 후진 28%
2020-21 세리에 A: 14-6 | 1137 | 3 | 31.7-27.8 | 88% | 1.3-0.7 | 0.1 | 2.4-1.4 | 1

FW Federico CHIESA 22
페데리코 키에사

SCOUTING REPORT
유로 2020의 판타지 스타. 측면에서 볼을 잡으며 무언가 해낼 것만 같은 기대감을 준다. 볼 터치가 부드럽고 편안해 보인다. 돌파 후 시도하는 마무리 능력이 좋고 동료와 연계하여 빈 공간을 창출해낸다. 킥력이 좋아 세트피스 상황에서는 직접 해결하는 경우도 많다. 볼을 치고 달리며 지그재그로 드리블한다. 상대가 막기 어려운 유형이며 빅 클럽과 빅 리그, 챔피언스리그에 서서히 적응하고 있다.

PLAYER'S HISTORY
피오렌티나 유소년 팀 출신으로 2016년 1군에 등록되었다. 데뷔 시즌부터 주전으로 나섰고 4골을 넣으며 잠재 능력을 주목 받았다. 5시즌 활약 후 리그 최강 유벤투스로 임대되었다. 이탈리아 대표팀 소속으로 어느덧 32경기에 출전했고 유로 우승에 지대한 영향을 미쳤다.

주로 사용하는 발: 오른발 79%	우승	1부리그: 0-0	협회컵: 1-0	챔피언스: 0-0
	준우승	클럽 월드컵: 0-0	UEFA 유로: 1-0	월드컵: 0-0

슈팅-득점: 49-8 / 21-1 / 70-9 LG-4 / 0-0 RG-5 / 0-0 HG-0
패스 방향 분포: 전진 23%, 좌향 27%, 우향 24%, 후진 27%
2020-21 세리에 A: 28-2 | 2227 | 8 | 29.3-23.3 | 80% | 3.7-2.0 | 0.3 | 4.3-2.0 | 3-1

Carlo PINSOGLIO 23
카를로 핀솔리오 · GK

팀을 너무나도 소중히 생각하는 골키퍼. 백업 골리지만 벤치에서 가장 많은 응원을 한다. 다이빙이 뛰어나고 중거리 슛에 대한 방어가 좋다. 다만 공중볼 캐치, 파 포스트 쪽 세이브가 불안하다. 유벤투스 유스 출신으로 많은 클럽에서 활약했다. 이탈리아 U-20, U-21 대표팀에서 활약하기도 했다. 지난 시즌은 38라운드에서 리그 22분에 출장했다.

주로 사용하는 발: 왼발
우승 — 1부리그: 3-1 · 협회컵: 2-1 · 챔피언스: 0-0
준우승 — 클럽월드컵: 0-0 · UEFA 유로: 0-0 · 월드컵: 0-0

세이브-실점	패스 방향 분포	2020-21 세리에 A					포지션
1-1	전진 55%		S%	CS	P		
0-0	좌향 27% / 우향 18%	1-1	24	50%	0	5.5-5.0	
● 2-1 TH-0	후진 0%	P%	LB	AD		★	
● 2-1 NK-2		91%	0.5-0.0	0-1		0	
● 0-0 KD-12							

Alex SANDRO 12
알렉스 산드루 · DF

터치 라인을 지배하는 윙백. 매우 빠르다. 저돌적이며 한 번 달리기 시작하면 막기에 어렵다. 다만 경기 기복이 심한 편이며 크로스의 정확도가 떨어진다. 지난 시즌은 햄스트링 부상과 코로나 확진으로 경기 출전 감각을 유지하지 못했다. 24라운드부터는 3경기 연속으로 주장 완장을 차기도 했다. 브라질 대표팀 일원으로 코파 아메리카 2021에서는 페루 전에서 1골을 넣었다.

주로 사용하는 발: 왼발 92%
우승 — 1부리그: 7-1 · 협회컵: 5-2 · 챔피언스: 0-1
준우승 — 클럽월드컵: 0-0 · 코파아메리카: 1-1 · 월드컵: 0-0

슈팅-득점	패스 방향 분포	2020-21 세리에 A				포지션
11-2	전진 35%		A	P	P%	
2-0	좌향 11% / 우향 41%	20-6	1859	4	48.3-42.3 88%	
● 13-2 LG-1	후진 14%	T	I	DR	★	
● 0-0 RG-0		1.9-1.4	1.2	1.1-0.8	2-0	1
● 0-0 HG-1						

DANILO 6
다닐루 · DF

수비 맛집으로 불리는 풀백. 공격적인 재능도 뛰어나지만 큰 피지컬에 걸맞게 상대 선수의 오버 래핑을 잘 막는다. 태클이 깔끔하고 깊지는 않지만 지난 시즌 경기당 2.6개의 태클 성공률을 선보였다. 이는 팀 내에서도 두 번째로 높은 수치다. 자국 명문 상파울로를 거쳐 레알 마드리드와 맨체스터 시티에서 활약했다. 코파 아메리카 2021에서는 결승까지 주전 풀백으로 출전하였다.

주로 사용하는 발: 오른발 88%
우승 — 1부리그: 6-2 · 협회컵: 3-1 · 챔피언스: 2-0
준우승 — 클럽월드컵: 1-1 · UEFA 유로: 0-1 · 월드컵: 0-0

슈팅-득점	패스 방향 분포	2020-21 세리에 A				포지션
7-0	전진 34%		A	P	P%	
12-1	좌향 32% / 우향 24%	32-2	2918	4	67.2-59.7 89%	
● 19-1 LG-0	후진 11%	T	I	DR	★	
● 0-0 RG-1		2.7-1.8	1.9	0.7-0.6	6-0	1
● 0-0 HG-0						

Mattia DE SCIGLIO 2
마티아 데실리오 · DF

수비의 강함이 더욱 돋보이는 풀백. 라인 컨트롤, 상대 공격수의 대인 마킹이 뛰어나다. 좌우를 가리지 않고 출전할 수 있으나 공격적인 전술 운영 시 다소 아쉬운 모습을 보인다. 지난 시즌 리옹으로 임대를 다녀왔다가 복귀를 했다. 밀란 유스 출신으로 여섯 시즌을 뛰다가 이적했다. 이탈리아 연령별 대표팀에 모두 포함된 엘리트 유망주였으나 성장 곡선이 빨리 가라앉았다.

주로 사용하는 발: 오른발 80%
우승 — 1부리그: 3-1 · 협회컵: 1-2 · 챔피언스: 0-0
준우승 — 클럽월드컵: 0-0 · UEFA 유로: 0-1 · 월드컵: 0-0

슈팅-득점	패스 방향 분포	2020-21 리그앙 + 세리에 A				포지션
1-0	전진 27%		A	P	P%	
3-0	좌향 20% / 우향 29%	14-16	1483	1	28.2-23.8 84%	
● 4-0 LG-0	후진 24%	T	I	DR	★	
● 0-0 RG-0		1.3-1.0	0.9	0.7-0.4	4-1	0
● 0-0 HG-0						

Daniele RUGANI 24
다니엘레 루가니 · DF

한때 대형 유망주로 꼽히던 수비수. 생각보다 많은 기회를 받았으며 자신의 가치를 높일 찬스도 많았다. 하지만 결과는 늘 좋지가 못했다. 지난 시즌 스타드 렌으로 임대를 떠났지만 햄스트링 부상으로 거의 출전하지 못했고, 후반기에 칼리아리로 재임대 되었다. 이탈리아 청소년 대표팀에 모두 포함된 엘리트였지만 성장이 정체되었다. 성인 대표팀 소속으로는 7경기에 출전했다.

주로 사용하는 발: 오른발 88%
우승 — 1부리그: 6-0 · 협회컵: 3-1 · 챔피언스: 0-1
준우승 — 클럽월드컵: 0-0 · UEFA 유로: 0-0 · 월드컵: 0-0

슈팅-득점	패스 방향 분포	2020-21 리그앙 + 세리에 A				포지션
3-1	전진 32%		A	P	P%	
0-0	좌향 27% / 우향 34%	13-4	1093	1	33.1-26.9 81%	
● 3-1 LG-0	후진 7%	T	I	DR	★	
● 0-0 RG-0		2.1-1.4	0.9	0.1-0.1	3-0	
● 0-0 HG-1						

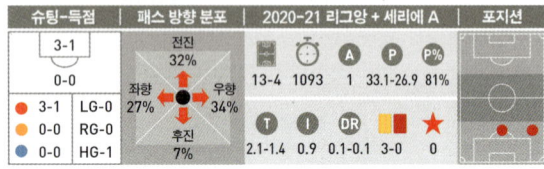

Arthur MELO 5
아르투르 멜루 · MF

중원의 패스 마스터. 숏패스를 통해 공격 전개에 큰 힘이 되는 선수. 바디 밸런스가 좋아 쉽게 넘어지지 않는다. 큰 기대를 안고 유벤투스로 합류했지만 지난 시즌도 좋지 못했다. 햄스트링과 종아리 부상이 있었고 기량을 제대로 보여주지 못했다. 22경기에 출전하여 1골 밖에 넣지 못해 공격 포인트의 목마름도 여전하다. 시즌이 시작 전에 타 클럽과의 이적설로 시달리고 있다.

주로 사용하는 발: 오른발 96%
우승 — 1부리그: 1-1 · 협회컵: 2-1 · 챔피언스: 0-0
준우승 — 클럽월드컵: 0-1 · 코파아메리카: 1-0 · 월드컵: 0-0

슈팅-득점	패스 방향 분포	2020-21 세리에 A				포지션
1-0	전진 21%		A	P	P%	
2-1	좌향 33% / 우향 33%	13-9	1158	0	49.0-46.1 94%	
● 3-1 LG-0	후진 13%	T	I	DR	★	
● 0-0 RG-1		1.6-0.8	0.8	1.1-0.9	3-0	0
● 0-0 HG-0						

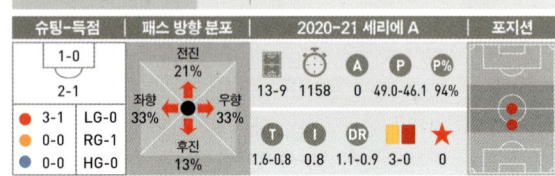

● 전체 슛팅 시도-득점	● 직접 프리킥 시도-득점	● PK 시도-득점	LG 왼발 득점	RG 오른발 득점	HG 헤더 득점	출전횟수 선발-교체	출전시간 분(MIN)	A 도움	P 평균패스 시도-성공	P% 패스 성공률	T 평균태클 시도-성공	I 평균 인터셉트	DR 평균드리블 시도-성공 페어플레이 경고-퇴장 MOM

MF Aaron RAMSEY 8
애런 램지

웨일즈산 박스 투 박스 마법사. 공격과 수비의 밸런스가 좋다. 활동량이 많고 공격에 관여된 모든 포지션에서 활약할 수 있다. 중거리 슛이 강하고 가끔식 터트리는 행운의 골이 있다. 카디프 시티의 유스를 시작으로 아스날에서만 11시즌 활약한 레전드. 2019년 유벤투스로 입단했고 매 시즌마다 30경기 이상 출전했다. 웨일즈 대표팀 소속으로 유로 2020에도 주전으로 나섰다.

주로 사용하는 발: 오른발 83%
우승 — 1부리그: 1-1 · 협회컵: 4-2 · 챔피언스: 0-0
준우승 — 클럽 월드컵: 0-0 · UEFA 유로: 0-0 · 월드컵: 0-0

슈팅-득점 / 패스 방향 분포 / 2020-21 세리에 A / 포지션

18-2
6-0
● 24-2 LG-1
● 0-0   RG-1
● 0-0   HG-0

전진 22%
좌향 23% / 우향 31%
후진 24%

⏱	A	P	P%
13-9 1093	4	31.8-27.7	87%
T	I	DR	🟨 ⭐
1.8-1.0	0.3	0.6-0.5	2-0 1

MF Weston MCKENNIE 14
웨스턴 맥케니

유벤투스 중원의 에너자이저. 엄청난 활동량과 지구력으로 중원의 넓은 지역을 커버한다. 다부진 체격과 뛰어난 볼 간수 능력, 상대 공격을 차단하는 태클은 단숨에 핵심 자원으로 거론이 되었다. 살케의 아카데미에서 1군 데뷔를 했다. 지난 시즌은 임대 형식으로 유벤투스로 입단했고, 이번 시즌 완전 영입이 되었다. 미국 연령별 대표팀에 모두 포함되었고, 팀내 핵심 자원이다.

주로 사용하는 발: 오른발 80%
우승 — 1부리그: 0-1 · 협회컵: 0-0 · 챔피언스: 0-0
준우승 — 클럽 월드컵: 0-0 · 북중미 골드컵: 0-1 · 월드컵: 0-0

28-5
1-0
● 29-5 LG-1
● 0-0   RG-2
● 0-0   HG-2

전진 19%
좌향 27% / 우향 30%
후진 24%

⏱	A	P	P%
18-16 1699	2	22.2-18.9	85%
T	I	DR	🟨 ⭐
1.6-1.0	0.4	0.7-0.6	5-0 1

MF Dejan KULUSEVSKI 44
데얀 클루셰프스키

스웨덴 출신의 특급 미드필더. 빠르고 다부진 돌파가 인상적이다. 측면을 헤집고 들어와 직접 골망까지 흔든다. 다만 공격의 마지막 과정에서 아쉬운 점이 있다. 경험의 부족이란 평가가 지배적이라 이번 시즌이 더욱 기대된다. 마케도니아 U-15 출신으로 스웨덴의 연령별 대표팀을 거쳐 성인 대표팀의 핵심 자원으로 뛴다. 아탈란타 유스를 기쳐 2020년 유벤투스의 일원이 되었다.

주로 사용하는 발: 왼발 80%
우승 — 1부리그: 0-0 · 협회컵: 1-1 · 챔피언스: 0-0
준우승 — 클럽 월드컵: 0-0 · UEFA 유로: 0-0 · 월드컵: 0-0

29-4
5-0
● 34-4 LG-4
● 0-0   RG-0
● 0-0   HG-0

전진 20%
좌향 38% / 우향 18%
후진 24%

⏱	A	P	P%
19-16 1919	3	20.0-16.3	81%
T	I	DR	🟨 ⭐
1.8-0.9	0.3	2.1-1.2	7-0 1

FW Álvaro MORATA 9
알바로 모라타

스페인의 주포. 많은 클럽을 거치며 경기를 보는 시야가 넓어졌다. 동료와의 연계 플레이가 좋고, 시합이 끝나는 순간까지 집중한다. 지난 시즌 부상과 징계에도 불구하고 리그 32경기에 출전했다. 11골과 10개의 도움을 기록하며 10-10의 공격 포인트를 획득했다. 레알 마드리드 카스티야 출신으로 아틀레티코 마드리드, 첼시에서 활약했다. 임대 형식으로 유벤투스에서 뛴다.

주로 사용하는 발: 오른발 86%
우승 — 1부리그: 4-3 · 협회컵: 6-1 · 챔피언스: 2-1
준우승 — 클럽 월드컵: 1-0 · UEFA 유로: 0-0 · 월드컵: 0-0

53-11
3-0
● 54-11 LG-7
● 0-0   RG-2
● 1-1   HG-2

전진 13%
좌향 25% / 우향 34%
후진 28%

⏱	A	P	P%
23-9 2019	9	18.0-13.7	77%
T	I	DR	🟨 ⭐
1.3-0.5	0.2	1.3-0.7	3-1 4

MF Manuel LOCATELLI 27
마누엘 로카텔리

유로 2020 우승 직후 사수올로에서 유벤투스로 옮겼다. 로카텔리는 미드필더의 필요충분조건을 두루 갖췄다. 볼을 잘 배급하고, 정확한 장단 패스를 구사한다. 특히 측면, 중앙 할 것 없이 과감하게 내지르는 롱-볼은 리그 정상급이다. 축구 IQ가 높고, 태클, 인터셉트, 압박 등 수비력도 좋은 편이다. 지난 시즌 세리에 A에서 가장 퍼포먼스가 좋았던 MF 중 1명이다.

주로 사용하는 발: 오른발 79%
우승 — 1부리그: 0-0 · 협회컵: 0-2 · 챔피언스: 0-0
준우승 — 클럽 월드컵: 0-0 · UEFA 유로: 1-0 · 월드컵: 0-0

12-3
29-1
● 41-4 LG-0
● 6-0   RG-4
● 2-2   HG-0

전진 32%
좌향 23% / 우향 33%
후진 12%

⏱	A	P	P%
32-2 2886	2	80.9-71.3	88%
T	I	DR	🟨 ⭐
3.2-2.4	1.5	1.1-0.8	9-0 1

FW Federico BERNARDESCHI 20
페데리코 베르나르데스키

화려한 개인기로 대변되는 윙 포워드. 후반 교체 멤버로 출장할 때 가장 돋보이는 존재감을 보인다. 우직한 돌파보다는 민첩한 발기술로 상대를 현혹시킨다. 박스 외곽에서 시도하는 중거리 슛도 좋다. 코로나 확진과 출전 시간 부족으로 리그 27경기밖에 뛰지 못했다. 피오렌티나를 거쳐 2017년 유벤투스에 합류했다. 이탈리아 연령별 대표팀을 거쳤고, 유로에서도 활약했다.

주로 사용하는 발: 오른발 95%
우승 — 1부리그: 3-0 · 협회컵: 2-1 · 챔피언스: 0-0
준우승 — 클럽 월드컵: 0-0 · UEFA 유로: 1-0 · 월드컵: 0-0

8-0
5-0
● 13-0 LG-0
● 0-0   RG-0
● 0-0   HG-0

전진 31%
좌향 10% / 우향 35%
후진 25%

⏱	A	P	P%
8-19 961	2	17.5-14.7	84%
T	I	DR	🟨 ⭐
0.9-0.3	0.5	1.2-0.8	3-0 1

SSC NAPOLI

구단 창립 : 1926년   홈구장 : 스타디오 디에고 마라도나   대표 : 아우렐리오 데 라우렌티스   2020-21시즌 : 5위(승점 77점)   24승 5무 9패 86득점 41실점   닉네임 : Gli Azzurri, I Partenopei

'전략가' 스팔레티와 나폴리의 색다른 만남

아쉬움 남는 나폴리, 가투소 감독의 퇴장

'가투소의 나폴리'는 결과적으로 실패했다. 기본적인 이적에 대한 재정부터 감독의 권한, 선수단 장악의 장점까지 얻었다. 하지만 챔피언스리그 진출권을 획득하지 못했다. 클럽 레코드를 경신한 오시멘의 인상적인 활약과 인시녜, 메르텐스가 건재했지만, 부상의 늪을 벗어나지 못했다. 12라운드 인테르와 13라운드 라치오에게 연패를 기록하며 챔스 경쟁권에서 멀어졌다. 간간이 약체로 분류되던 팀에게도 덜미를 잡혔다. 한 때 7위까지 순위가 떨어지며 유로파 진출도 위험했지만 24라운드부터 시즌 마지막까지 단 한 경기도 지지 않았다. 나름 유종의 미를 거두었지만 가투소의 쓸쓸한 퇴장을 막기엔 충분치 않았다.

전략가 스팔레티, 나폴리 새로운 선장으로

밀리크가 마르세유로 떠났다. 막시모비치, 히사이와 같은 준주전급 선수들도 나폴리와의 이별을 택했다. 이번 여름에 가장 뜨거운 이적은 단연 폴리타노의 완전이적이다. 지난 시즌 리그에서 9골을 넣으며 팀의 확실한 주전으로 자리 잡았기 때문이다. 코로나19 사태로 인해 이적 시장에서 자금운용이 원활하지 않은 탓에 로마에서 헤수스를 영입한 것 외에는 눈여겨볼만한 움직임이 없었다. 중요한 포인트는 바로 스팔레티 감독의 영입이다. 뛰어난 전술가로 유명한 스팔레티 감독이 나폴리에 입성해 팀을 어떤 식으로 변화시킬지가 관심을 모은다.

SQUAD LIST

위치	번호	선수	국적	키	생년월일	전 소속팀
GK	1	Alex Meret	ITA	190	97-03-22	Udinese
	12	Davide Marfella	ITA	182	99-09-15	Bari
	16	Hubert Idasiak	POL	185	02-02-03	Pogoń Szczecin
	25	David Ospina	COL	183	88-08-31	Arsenal
DF	2	Kévin Malcuit	FRA	178	91-07-31	Lille
	5	Juan Jesus	BRA	185	91-06-10	Roma
	6	Mário Rui	POR	171	91-05-27	Roma
	13	Amir Rrahmani	KVX	192	94-02-24	Verona
	22	Giovanni Di Lorenzo	ITA	182	93-08-04	Empoli
	26	Kalidou Koulibaly	SEN	195	91-06-20	KRC Genk
	31	Faouzi Ghoulam	ALG	188	91-02-01	St-Etienne
	44	Konstantinos Manolas	GRE	189	91-06-14	Roma
MF	4	Diego Demme	GER	170	91-11-21	RB Leipzig
	7	Eljif Elmas	MKD	184	99-09-24	Fenerbahçe
	8	Fabián	ESP	189	96-04-03	Betis
	11	Hirving Lozano	MEX	177	95-07-30	PSV Eindhoven
	20	Piotr Zieliński	POL	180	94-05-20	Udinese
	29	André-Frank Zambo Anguissa	CMR	184	95-11-16	Fulham
	68	Stanislav Lobotka	SVK	94-11-25		Celta Vigo
FW	9	Victor Osimhen	NGA	185	98-12-29	Lille
	14	Dries Mertens	BEL	169	87-05-06	PSV Eindhoven
	21	Matteo Politano	ITA	171	93-08-03	Internazionale
	24	Lorenzo Insigne	ITA	163	91-06-04	None
	33	Adam Ounas	ALG	170	96-11-11	Bordeaux
	37	Andrea Petagna	ITA	188	95-06-30	SPAL

ODDS CHECK

bet365	배당률 10배	우승 확률 5위	sky bet	배당률 11배	우승 확률 5위
William HILL	배당률 9배	우승 확률 5위	888sport	배당률 9.5배	우승 확률 5위

*우승 확률이 높을수록 배당률은 낮아짐

2021-22 SEASON SCHEDULE

날짜	장소	상대팀	날짜	장소	상대팀
08-22	H	Venezia	01-06	A	Juventus
08-29	A	Genoa	01-09	H	Sampdoria
09-12	H	Juventus	01-16	A	Bologna
09-19	A	Udinese	01-23	H	Salernitana
09-22	H	Sampdoria	02-06	A	Venezia
09-26	H	Cagliari	02-13	H	Inter Milan
10-03	A	Fiorentina	02-20	A	Cagliari
10-17	H	Torino	02-27	A	Lazio
10-24	H	AS Roma	03-06	H	AC Milan
10-27	H	Bologna	03-13	A	Hellas Verona
10-31	A	Salernitana	03-20	H	Udinese
11-07	H	Hellas Verona	04-03	A	Atalanta
11-21	A	Inter Milan	04-10	H	Fiorentina
11-28	H	Lazio	04-16	A	AS Roma
12-01	H	Sassuolo	04-24	A	Empoli
12-05	H	Atalanta	05-01	H	Sassuolo
12-12	H	Empoli	05-08	A	Torino
12-19	A	AC Milan	05-15	H	Genoa
12-22	H	Spezia	05-22	A	Spezia

RANKING OF LAST 10 YEARS

11-12	12-13	13-14	14-15	15-16	16-17	17-18	18-19	19-20	20-21
5위 61점	2위 78점	3위 78점	5위 63점	2위 82점	3위 86점	2위 91점	2위 79점	7위 62점	5위 77점

MANAGER : Luciano SPALLETTI 루치아노 스팔레티

Personal Information
생년월일 : 1959.03.07 / 출생지 : 세르탈도(이탈리아)
현역시절 포지션 : 수비수 / 계약만료 : 2023.06.30
평균 재직 기간 : 3년 / 선호 포맷 : 4-3-3

History
엠폴리에서 지도자 생활을 시작했다. 삼프도리아, 베네치아, 우디네세 등을 거쳐 로마에서 유명세를 떨쳤다. 제니트, 인테르를 맡았고 가투소의 후임으로 나폴리와 계약했다. 이탈리아의 피렌체 출신이다.

Style
이탈리아 출신의 전술가. 로마에서 보여준 '펄스 나인' 포메이션으로 토티를 최전방 공격수로 세웠다. 일대의 혁명과도 같은 시도였고 그 뒤로 많은 변화를 일으켰다. 다만 현대 축구와의 거리감이 생겨 2017년 인테르에서 쓴맛을 맛보았다. 시대의 변화에 순응하여 더 보완된 전술을 사용한다. 4-3-3의 포메이션을 주로 애용한다.

우승 - 준우승 횟수
- ITALIAN SERIE-A: 2-7
- ITALIAN COPPA ITALIA: 6-4
- UEFA CHAMPIONS LEAGUE: 0-0
- UEFA EUROPA LEAGUE: 1-0
- FIFA CLUB WORLD CUP: 0-0
- UEFA-CONMEBOL INTERCONTINENTAL: 0-0

STADIUM

Stadio Diego Armando Maradona

구장 오픈 : 1959년 / 구장 증개축 : 1990년, 2019년
구장 소유 : 나폴리 시 / 수용 인원 : 5만 4726명
피치 규모 : 110 X 68m / 잔디 종류 : 천연 잔디

평균 볼 점유율
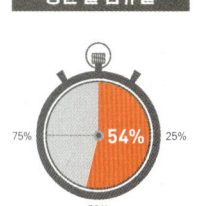
54%

SSC NAPOLI vs. OPPONENTS PER GAME STATS

SSC 나폴리 vs 상대팀

득점	슈팅	유효슈팅	오프사이드	패스시도	패스성공	패스성공률	태클시도	볼소유시 압박	인터셉트	GK 선방	파울	경고	퇴장
2.26	1.08	17.0	10.3	5.9	3.1	1.9	1.9	543 PA 475	472 PC 392	87% P% 83%			
16.3 TK 14.4	134 PR 151	9.7 INT 12.6	2.2	3.8	16.3	17.0	1.87				2.82	0.079	0.158

시간대별 득점
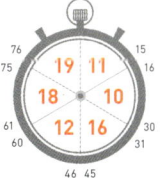
15: 11 / 30: 10 / 45: 16 / 60: 12 / 75: 18 / 76: 19

시간대별 실점

15: 3 / 30: 6 / 45: 4 / 60: 9 / 75: 12 / 76: 7

위치별 슈팅-득점
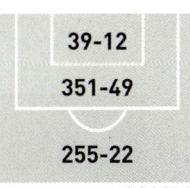
39-12
351-49
255-22

공격 방향
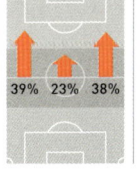
39% / 23% / 38%

볼 점유 위치
상대 진영 30%
중간 지역 44%
우리 진영 26%

포지션별 득점

FW진 62골
MF진 18골
DF진 3골
*상대자책골 3골

상대 포지션별 실점

DF진 4골
MF진 13골
FW진 23골
*자책골 실점 1골

BASIC FORMATION

4-3-3

- 인시녜 / 오시멘
- 로사노 / 인시녜
- 폴리타노 / 로사노
- 엘마스 / 젤린스키
- 루이스 / 메르텐스
- 로보트카 / 뎀
- 루이 / 제수스
- 쿨리발리 / 차놀리
- 마놀라스 / 라흐마니
- 디로렌초 / 말퀴
- 메레트 / 오스피나

TOTO GUIDE 지난시즌 전적

상대팀	홈	원정
Inter Milan	1-1	0-1
AC Milan	1-3	1-0
Atalanta	4-1	2-4
Juventus	1-0	1-2
Lazio	5-2	0-2
AS Roma	4-0	2-0
Sassuolo	0-2	3-3
Sampdoria	2-1	2-0
Hellas Verona	1-1	1-3
Genoa	6-0	1-2
Bologna	3-1	1-0
Udinese	5-1	2-1
Fiorentina	6-0	2-0
Spezia	1-2	4-1
Cagliari	1-1	4-1
Torino	1-1	2-0
Benevento	2-0	2-1
Crotone	4-3	4-0
Parma	2-0	2-0

득점 패턴 | 실점 패턴

득점 패턴: 86골 59 / 12 / 5 / 7 / 3
실점 패턴: 41골 30 / 1 / 4 / 5 / 1

● OPEN PLAY ● COUNTER ATTACK ● SET PLAY ● PENALTY KICK ● OWN GOAL

OFFENSE | DEFENSE

OFFENSE		DEFENSE	
오픈 플레이	C	오픈 플레이 수비	A
카운터 어택	B	카운터 어택 수비	B
짧은 패스 게임	B	짧은 패스 게임 수비	B
롱볼 연계 플레이	C	롱볼 연계 플레이수비	C
솔로 플레이	C	솔로 플레이 수비	C
중거리 슈팅 / 직접 프리킥	C	중거리 슈팅 수비	C
측면 공격	A	측면 수비	D
세트 플레이	B	세트 플레이 수비	A
위협적인 공격 횟수	B	공중전 능력	D
슈팅 대비 득점	B	볼 쟁탈전 / 투쟁심	C
오프사이드 피하기	D	실수 조심	C
볼 점유율	A	파울 주의	C

A 매우 우수함 B 우수함 C 평균 수준 D 부족함 E 많이 부족함

Alex MERET 1
알렉스 메레트

GK

SCOUTING REPORT
주전으로 올라설 준비가 끝난 수문장. 이탈리아 연령별 대표팀에서 모두 주전급으로 활약할만큼 유망한 선수. 190cm의 큰 키에서 나오는 숏 스토퍼, 롱 스로잉이 좋다. 반사 신경이 뛰어나 역방향에 걸릴 때 발로 세이브를 해낸다. 지난 시즌 오스피나와 치열한 주전 경쟁을 펼쳤고, 후반부에는 꾸준히 기회를 부여 받았다. 22경기에 출전했고 상승세를 이끌고 유로 본선에도 벤치에서 대기했다.

PLAYER'S HISTORY
2015년 우디네세에서 데뷔했다. SAPL에서 2시즌 동안 임대를 다녀왔고, 18-19 시즌 나폴리로 합류했다. 이적료는 무려 3500만 유로였고 미래를 위한 확실한 투자였다. 돈나룸마와 함께 이탈리아 수문장의 계보를 이을 것으로 평가받는다. 잘생긴 외모로도 유명하다.

Kalidou KOULIBALY 26
칼리두 쿨리발리

DF

SCOUTING REPORT
나폴리의 언터쳐블. 헐크와도 같은 피지컬에서 나오는 파워는 리그 최고의 맨마킹으로 이어진다. 고공 헤딩과 지능적인 수비로 상대 공격의 볼 흐름을 차단한다. 지난 시즌에는 잔부상이 많아 기량에 비해 아쉬운 시즌을 보냈다. 경고로 인한 결장도 있었고 코로나 확진으로 나오지 못했다. 몸값이 많이 내려갔으나 여전히 빅클럽의 쇼핑 리스트 상위권에 존재한다. 거친 파울로 인한 경고는 아쉬운 부분이다.

PLAYER'S HISTORY
메츠의 유스 출신으로 2010년 1군에 데뷔했다. 헹크에서 두 시즌 활약 후 14-15 시즌에 나폴리로 입단했다. 벌써 여덟 시즌째 활약하고 있고 팀의 주장단으로 임명되었다. 프랑스 20세 이하의 대표팀 출신이나 세네갈 대표팀으로 귀화했다. A매치 출장은 46경기.

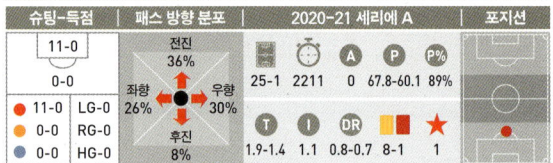

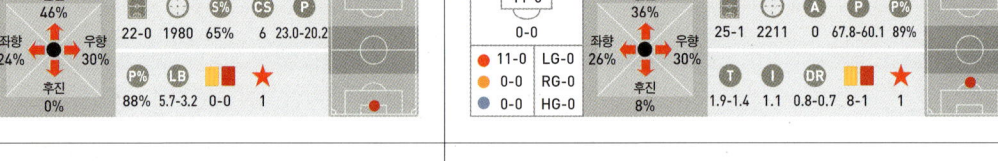

Piotr ZIELIŃSKI 20
피오토르 지엘린스키

MF

SCOUTING REPORT
중원의 야전 사령관. 공수에 관여된 모든 곳에서 활약한다. 빌드업의 시작, 역습 시 1차 저지선 역할, 공격의 마무리까지 많은 부분에서 그의 존재를 찾을 수 있다. 드리블이 깔끔하고 정교하다. 패스의 정확도가 높고 박스 외곽에서 시도하는 중거리 슛이 강하다. 지난 시즌 경기당 1.7개의 슛을 시도할 만큼 자신감으로 가득 찼다. 팀 내 최고의 도움왕으로서 두 자릿수 어시스트를 기록했다. 기량이 더욱 발전했다.

PLAYER'S HISTORY
폴란드의 핵심 미드필더. 우디네세 아카데미 출신으로 프로에 데뷔했다. 2014년 엠폴리로 2시즌 연속 임대를 다녀왔고 곧바로 나폴리로 합류했다. 5시즌 동안 활약하며 200경기를 훌쩍 돌파했다. 폴란드 연령별 대표를 거쳐 성인 대표팀에서 60경기 이상 뛴 어린 베테랑이다.

Lorenzo INSIGNE 24
로렌초 인시녜

FW

SCOUTING REPORT
나폴리의 주장이자 크랙. 이탈리아 대표팀에서 가장 영향력 있는 공격수로 꼽힌다. 작은 키지만 다부진 피지컬로 쉽게 넘어지지 않는다. 상대의 거친 압박에도 뛰어난 바디 밸런스로 볼을 지켜낸다. 볼 터치가 좋고 순간적인 방향 전환으로 공격을 전개한다. 슈팅의 세기가 강하고 골문 앞에서 침착함을 유지한다. 다만 공중전에선 아쉬운 점이 존재해 세트피스 상황에선 주로 박스 외곽에서 역습을 저지한다.

PLAYER'S HISTORY
나폴리에서 태어나고 성장한 선수. 2010년 프로에 데뷔했고 카바세, 포지아, 페스카라에서 임대 생활을 보냈다. 12-13 시즌부터 본격적으로 1군에 출전했다. 나폴리에서만 400경기 가까이 뛴 리빙 레전드다. 유로의 핵심 멤버로 뛰며 우승을 차지하는데 크게 기여했다.

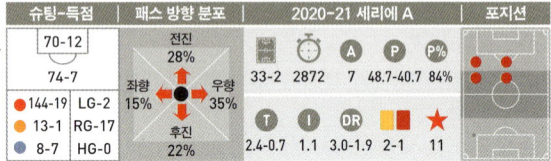

Giovanni DI LORENZO 22
DF 조반니 디 로렌초

세리에 A의 최정상급 라이트 백. 지난 유로 2020에서 보여준 활약은 리그 내에서 보여준 꾸준한 기량 덕분이다. 공수의 밸런스가 좋고 수비 전술의 이해도가 상당히 좋다. 레지나 유소년 팀을 거쳐 데뷔했다. 마테라와 엠폴리를 거쳐 2019년 나폴리에 입단했다. 이적한 시즌부터 주전으로 활약했고 이탈리아 U-20, U-21 대표팀 출신이다. 그의 시간은 이제부터가 시작이다.

주로 사용하는 발: 오른발 86%

	1부리그	협회컵	챔피언스
우승	0-0	1-0	0-0
	클럽 월드컵	UEFA 유로	월드컵
준우승	0-0	1-0	0-0

슈팅-득점: 22-3 / 6-0
- ● 28-3 LG-1
- ● 0-0 RG-2
- ● 0-0 HG-0

패스 방향 분포: 전진 29%, 좌향 38%, 우향 9%, 후진 24%

2020-21 세리에 A: 36-0 / 3240 / 6 / 60.8-52.9 / 87% / 3.1-2.2 / 1 / 1.5-0.8 / 11-0 / ★

Kostas MANOLAS 44
DF 코스타스 마놀로스

그리스산 특급 센터백. 공중전, 대인 마킹, 스탠딩 태클에서 강점을 보인다. 후방 빌드업과 섬세한 볼 터치 부분에선 아쉬움이 남는다. 지난 시즌엔 잔 부상이 많았고 그리스 대표팀에서도 많은 출장을 하지 못했다. 여러모로 아쉬움이 많이 남는 시즌이었다. 로마의 일원으로 활약하며 본격적으로 주목을 받았다. 2019년 나폴리로 합류했고 쿨리발리와 함께 파트너 쉽을 구성한다.

주로 사용하는 발: 오른발 83%

	1부리그	협회컵	챔피언스
우승	2-2	3-0	0-0
	클럽 월드컵	UEFA 유로	월드컵
준우승	0-0	0-0	0-0

슈팅-득점: 7-0 / 1-0
- ● 8-0 LG-0
- ● 0-0 RG-0
- ● 0-0 HG-0

패스 방향 분포: 전진 34%, 좌향 34%, 우향 25%, 후진 7%

2020-21 세리에 A: 27-3 / 2301 / / 51.7-48.0 / 93% / 1.3-1.0 / 0.8 / / 2 / ★

Diego DEMME 4
MF 디에고 뎀

나폴리의 중원 청소부. 거친 파울과 궂은일을 마다하지 않는다. 상대 팀의 볼 커팅에 뛰어나고 헌신적인 움직임이 좋다. 기본적으로 볼 관리 능력이 좋아 빌드업의 시작점이 되기도 한다. 2010년 아르미니아 빌레펠트에서 데뷔했다. 파더보른, 라이프치히를 거쳐 지난 시즌에 나폴리로 입성했다. 독일 대표팀 A매치 출장 기록은 1경기 있고, 너 넓은 복심을 갖춘 미느빨너나.

주로 사용하는 발: 오른발 86%

	1부리그	협회컵	챔피언스
우승	0-1	1-1	0-0
	클럽 월드컵	UEFA 유로	월드컵
준우승	0-0	0-0	0-0

슈팅-득점: 10-1 / 4-1
- ● 14-2 LG-0
- ● 0-0 RG-2
- ● 0-0 HG-0

패스 방향 분포: 전진 28%, 좌향 31%, 우향 29%, 후진 12%

2020-21 세리에 A: 20-4 / 1597 / 3 / 51.7-46.2 / 89% / 4.0-2.3 / 0.5 / 0.6-0.3 / 6-0 / ★

Fabián RUIZ 8
MF 파비안 루이스

리그 최고의 패스 마스터. 탈압박 후 시도하는 전진 패스, 로빙 패스. 킬 패스는 팀 전술의 핵심이다. 지난 시즌 90.2%의 패스 성공률을 기록했다. 경기당 1.2개의 킬 패스를 기록했다. 시즌 중반 코로나 확진으로 4경기 결장했지만 전 경기에서 풀타임에 가까운 활약을 보였다. 2019년 21세 이하의 유럽 선수권 챔피언과 골든 볼의 주인공으로서 베티스를 거쳐 나폴리로 입단했다.

주로 사용하는 발: 왼발 91%

	1부리그	협회컵	챔피언스
우승	0-1	1-0	0-0
	클럽 월드컵	UEFA 유로	월드컵
준우승	0-0	0-0	0-0

슈팅-득점: 11-0 / 32-3
- ● 43-3 LG-3
- ● 1-0 RG-0
- ● 0-0 HG-0

패스 방향 분포: 전진 26%, 좌향 32%, 우향 27%, 후진 15%

2020-21 세리에 A: 29-4 / 2576 / 1 / 63.0-56.9 / 90% / 3.1-1.8 / 1.1 / 1.0-0.1 / 2 / ★

Victor OSIMHEN 9
FW 빅터 오시멘

첫 시즌의 성적표는 합격점이었다. 시즌 중반 어깨 부상을 당하며 10경기 결장했지만, 후반기엔 골 폭풍을 터트렸다. 32라운드부터 리그 4경기 연속골을 넣기도 했고, 총 24경기에 출전하여 10골을 성공시켰다. 릴에서 보여준 모습은 나폴리의 보드진의 마음을 뺏기에 충분했다. 2015 FIFA U-17 골든 부츠와 실버볼의 주인공으로서 나이지리아 대표팀의 주축 공격 자원이다.

주로 사용하는 발: 발 89%

	1부리그	협회컵	챔피언스
우승	0-0	0-0	0-0
	클럽 월드컵	CAF 네이션스컵	월드컵
준우승	0-0	0-0	0-0

슈팅-득점: 57-9 / 9-1
- ● 66-10 LG-1
- ● 0-0 RG-8
- ● 0-0 HG-1

패스 방향 분포: 전진 21%, 좌향 24%, 우향 26%, 후진 29%

2020-21 세리에 A: 16-8 / 1576 / 3 / 9.8-7.0 / 72% / 1.4-0.9 / 0.3 / 1.1-0.5 / 2 / ★

Hirving LOZANO 11
FW 이르빙 로사노

나폴리 공격의 선봉장. 인시녜와 메르텐스, 폴리타노가 막힐 때 가장 효과적인 방법은 로사노의 투입이다. 빠른 돌파와 개인기로 상대의 수비 진영을 휘젓는다. 파추카 유소년 팀을 거쳐 1군에 데뷔했다. 4시즌 활약 후 PSV로 이적했다. 유럽 안착에 성공했고 많은 클럽들의 오퍼가 이어졌다. 2019년 나폴리가 쟁취했고. 멕시코 대표팀의 에이스를 위해 많은 관심과 애정을 보여줬다.

주로 사용하는 발: 오른발 94%

	1부리그	협회컵	챔피언스
우승	2-2	1-0	0-0
	클럽 월드컵	북중미 골드컵	월드컵
준우승	0-0	1-1	0-0

슈팅-득점: 44-11 / 15-0
- ● 59-11 LG-2
- ● 0-0 RG-8
- ● 0-0 HG-1

패스 방향 분포: 전진 30%, 좌향 31%, 우향 14%, 후진 25%

2020-21 세리에 A: 23-9 / 1972 / 3 / 16.7-12.9 / 77% / 1.7-0.9 / 0.6 / 2.2-0.9 / 6-0 / ★

SS LAZIO

구단 창립 : 1900년 홈구장 : 스타디오 올림피코 대표 : 클라우디오 로티토 2020-21시즌 : 6위(승점 68점) 21승 5무 12패 61득점 55실점 닉네임 : I Biancocelesti, Le Aquile

유로파 우승 및 챔피언스 진출 목표

라치오 하락세, 막아야만 한다
지난 시즌 5년 만에 챔피언스리그 본선 무대에서 활약했고 조별 라운드를 지나 16강까지 올랐다. 비록 뮌헨에게 석패를 당했지만 라치오의 활약상은 좋았다. 리그에서는 좋지 못했다. 리그 6위까지 떨어졌고, 유로파 무대에서 활약하게 되었다. 시즌 초중반 16라운드에서 6연승을 기록했다. 순위 상승을 이루었지만 인테르와 볼로냐에게 패하며 다시 유로파권으로 내려갔다. 사실 라치오에게는 많은 기회가 있었지만, 시즌 막판 5경기에서 3패를 당하며 승점 회수에 실패했다. 컵 대회에서도 아탈란타에게 8강에서 패배했다. 여러모로 아쉬움이 많이 남는 시즌이었다. 임모빌레의 활약상이 가장 돋보였다.

사리 감독의 이탈리아 리턴, 라치오에서 시작
인자기 감독이 떠나고 사리 감독이 왔다. 나폴리에서 굵직한 행보를 보였던 이탈리아 출신의 전술가, 사리는 나폴리를 챔피언스리그로 돌려보내려고 한다. 보르도에서 바시치를 686만 유로로 데려왔다. 나폴리에서 히사이가 합류했고, 로마에서 영입된 페드로가 측면 공격력을 더해줄 전망이다. 임모빌레와 호흡을 맞추었던 코레아의 공백을 메워야 한다. 페드로와 안데르손의 조합, 밀린코비치-사비치와 알베르토의 건재함은 팀 주요 공격원이 된다. 아체르비, 패트릭, 펠리페의 수비진도 여전히 좋다. 이번엔 챔피언스리그 진출권을 반드시 획득해야만 한다.

ODDS CHECK

bet365	배당률 28배	우승 확률 7위	sky bet	배당률 28배	우승 확률 7위
William HILL	배당률 22배	우승 확률 7위	888sport	배당률 22.5배	우승 확률 7위

*우승 확률이 높을수록 배당률은 낮아짐

SQUAD LIST

위치	번호	선수	국적	키	생년월일	전 소속 팀
GK	1	Thomas Strakosha	ALB	193	95-03-19	Panionios
	25	Pepe Reina	ESP	183	82-08-31	Milan
	31	Marius Adamonis	LTU	191	97-05-13	Atlantas Klaipėda
DF	3	Luiz Felipe	BRA	187	97-03-22	Ituano
	4	Patric	ESP	184	93-04-17	Barcelona B
	19	Denis Vavro	SVK	189	96-04-10	FC København
	23	Elseid Hysaj	ALB	182	94-02-02	Napoli
	26	Ştefan Radu	ROU	183	86-10-22	Dinamo București
	33	Francesco Acerbi	ITA	192	88-02-10	Sassuolo
MF	5	Gonzalo Escalante	ARG	182	93-03-27	Eibar
	6	Lucas Leiva	BRA	179	87-01-09	Liverpool
	7	Felipe Anderson	BRA	175	93-04-15	West Ham U
	8	Jean-Daniel Akpa Akpro	CIV	180	92-10-11	Salernitana
	9	Pedro	ESP	169	87-07-28	Roma
	10	Luis Alberto	ESP	183	92-09-28	Liverpool
	21	Sergej Milinković-Savić	SRB	191	95-02-27	KRC Genk
	28	André Anderson	BRA	180	99-09-23	Santos
	29	Manuel Lazzari	ITA	174	93-11-29	SPAL
	32	Danilo Cataldi	ITA	180	94-08-06	None
	77	Adam Marušić	SRB	185	92-10-17	Oostende
	88	Toma Bašić	CRO	189	96-11-25	Bordeaux
FW	17	Ciro Immobile	ITA	185	90-02-20	Sevilla
	20	Mattia Zaccagni	ITA	177	95-06-16	Verona
	27	Raúl Moro	ESP	180	02-12-05	Barcelona
	94	Vedat Muriqi	KVX	194	94-04-24	Fenerbahçe

2021-22 SEASON SCHEDULE

날짜	장소	상대팀	날짜	장소	상대팀
08-21	A	Empoli	01-06	H	Empoli
08-28	H	Spezia	01-09	A	Inter Milan
09-12	A	AC Milan	01-12	H	Salernitana
09-19	H	Cagliari	01-15	A	Atalanta
09-22	A	Torino	02-06	A	Fiorentina
09-26	H	AS Roma	02-13	H	Bologna
10-03	A	Bologna	02-20	A	Udinese
10-17	H	Inter Milan	02-27	H	Napoli
10-24	A	Hellas Verona	03-06	A	Cagliari
10-27	H	Fiorentina	03-13	H	Venezia
10-31	A	Atalanta	03-20	A	AS Roma
11-07	H	Salernitana	04-03	H	Sassuolo
11-21	A	Juventus	04-10	A	Genoa
11-28	A	Napoli	04-16	H	Torino
12-01	H	Udinese	04-24	A	AC Milan
12-05	A	Sampdoria	05-01	H	Spezia
12-12	H	Sassuolo	05-08	A	Sampdoria
12-19	A	Genoa	05-15	H	Juventus
12-22	A	Venezia	05-22	H	Hellas Verona

RANKING OF LAST 10YEARS

■ 2부 리그 ■ 3부 리그

11-12	12-13	13-14	14-15	15-16	16-17	17-18	18-19	19-20	20-21
4위 62점	7위 61점	9위 56점	3위 69점	8위 54점	5위 70점	5위 72점	8위 59점	4위 78점	6위 68점

MANAGER : Maurizio SARRI 마우리치오 사리

Personal Information
생년월일 : 1959.01.10 / 출생지 : 나폴리(이탈리아)
현역시절 포지션 : 수비수 / 계약만료 : 2023.06.30
평균 재직 기간 : 3년 / 선호 포맷 : 3-5-2, 4-3-3

History
거구의 이탈리아 출신 전략가. 축구 전술에 있어서 많은 고민을 하는 감독. 많은 클럽을 이끌었고 엠폴리와 나폴리에서 주목을 받았다. 첼시, 유벤투스를 거쳐 이번 시즌 라치오와 계약을 맺었다.

Style
3백 전술과 양쪽 윙백을 앞세워 측면, 최전방 공격을 이끈다. 끈끈한 중앙 미드필더를 앞세워 빌드업과 공수의 밸런스를 맞춘다. 조르뉴, 함식과 같은 선수들과 전성기를 보냈고 '사리볼' 로 이름을 떨쳤다. 첼시에서의 실패 이후 라치오로 합류했다. 그의 재기를 바라는 사람들이 많다.

우승 - 준우승 횟수

ITALIAN SERIE-A: 2-7	ITALIAN COPPA ITALIA: 7-3	UEFA CHAMPIONS LEAGUE: 0-0
UEFA EUROPA LEAGUE: 0-1	FIFA CLUB WORLD CUP: 0-0	UEFA-CONMEBOL INTERCONTINENTAL: 0-0

STADIUM
Stadio Olimpico
구장 오픈 : 1932년 / 구장 증개축 : 1990년
구장 소유 : 이탈리아 올림픽 위원회 / 수용 인원 : 7만 634명
피치 규모 : 105 X 66m / 잔디 종류 : 천연 잔디

평균 볼 점유율
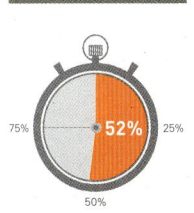
52%

SS LAZIO vs. OPPONENTS PER GAME STATS

SS 라치오 vs 상대팀

	득점	슈팅	유효슈팅	오프사이드	패스시도	패스성공	패스성공율	태클시도	볼소유 압박	인터셉트	GK 선방	파울	경고	퇴장
라치오	1.61	13.8	4.9	2.3	504 (PA)	422 (PC)	84% (P%)	17.3 (TK)	149 (PR)	11.7 (INT)	2.6	3.2	13.1	2.29	0.132
상대팀	1.45	10.6	3.8	1.2	484	390	81%	15.8	145	11.4		13.6	2.63		0.079

시간대별 득점 | 시간대별 실점 | 위치별 슈팅-득점 | 공격 방향 | 볼 점유 위치 | 포지션별 득점 | 상대 포지션별 실점

시간대별 득점: 76(11) 15(12) 75 16 10 8 61 15 5 30 60 31 46 45

시간대별 실점: 76(12) 15(7) 75 16 10 8 61 6 12 30 60 31 46 45

위치별 슈팅-득점: 39-11 / 317-39 / 168-9
※ 상대자책골 2골

공격 방향: 40% 29% 31%

볼 점유 위치: 상대 진영 28% / 중간 지역 45% / 우리 진영 27%

포지션별 득점: FW진 37골 / MF진 22골 / DF진 0골
※ 상대자책골 2골

상대 포지션별 실점: DF진 7골 / MF진 11골 / FW진 35골
※ 자책골 실점 2골

BASIC FORMATION

4-3-3
임모빌레 (무리키)
안데르손 (모로) / 페드로 (아데카니에)
알베르토 (차카니) / 밀린코비치-사비치 (바시치)
히사이 (루카쿠) / 레이바 (에스칼란테) / 나차리 (무라시치)
아체르비 (라두) / 펠리페 (파트릭)
레이나 / 스트라코사

TOTO GUIDE 지난시즌 전적

상대팀	홈	원정
Inter Milan	1-1	1-3
AC Milan	3-0	2-3
Atalanta	1-4	3-1
Juventus	1-1	1-3
Napoli	2-0	2-5
AS Roma	3-0	0-2
Sassuolo	2-1	0-2
Sampdoria	1-0	0-3
Hellas Verona	1-2	1-0
Genoa	4-3	1-1
Bologna	2-1	0-2
Udinese	1-3	1-0
Fiorentina	2-1	0-2
Spezia	2-1	2-1
Cagliari	1-0	2-0
Torino	0-0	4-3
Benevento	5-3	1-1
Crotone	3-2	2-0
Parma	1-0	2-0

득점 패턴 | 실점 패턴

61골: 42 / 8 / 6 / 2

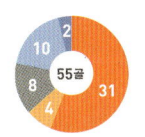
55골: 31 / 8 / 10 / 4 / 2

● OPEN PLAY ● COUNTER ATTACK ● SET PLAY ● PENALTY KICK ● OWN GOAL

OFFENSE | DEFENSE

OFFENSE		DEFENSE	
오픈 플레이	C	오픈 플레이 수비	B
카운터 어택	C	카운터 어택 수비	C
짧은 패스 게임	A	짧은 패스 게임 수비	D
롱볼 연계 플레이	C	롱볼 연계 플레이수비	C
솔로 플레이	B	솔로 플레이 수비	D
중거리 슈팅 / 직접 프리킥		중거리 슈팅 수비	C
측면 공격	B	측면 수비	B
세트 플레이	B	세트 플레이 수비	B
위협적인 공격 횟수		공중전 능력	C
슈팅 대비 득점	A	볼 쟁탈전 · 투쟁심	A
오프사이드 피하기	D	실수 조심	C
볼 점유율	B	파울 주의	C

A 매우 우수함 B 우수함 C 평균 수준 D 부족함 E 많이 부족함

Thomas STRAKOSHA 1
GK 토마스 스트라코샤

SCOUTING REPORT
라치오 유스 출신 골키퍼. 큰 키와 공중볼 캐치가 좋다. 발을 쭉 뻗고 몸을 활처럼 휘어 슈퍼 세이브를 연발한다. 상대와의 1대1 상황에서는 거리를 좁혀 각도를 최소화한다. 골대에서 멀리 떨어져 나와 다이빙을 한다. 발밑에 대한 방어가 좋으나 종종 어이없는 실수를 하기도 한다. 지난 시즌은 햄스트링과 무릎 부상으로 레이나에게 주전 자리를 내주기도 했다. 이번 시즌은 다른 행보를 보일 것이다.

PLAYER'S HISTORY
2014년 1군에 등록되었다. 살레르니타나에서 한 시즌 임대 후 2016년부터 주전 골리로 나섰다. 지난 시즌은 레이나에게 잠시 밀렸지만 치열한 주전 경쟁은 리스타트다. 알바니아의 연령별 대표팀을 거쳐 성인 대표팀에서도 활약한다. 코로나 확진으로 고생한 시즌이었다.

Luiz FELIPE 3
DF 루이스 펠리페

SCOUTING REPORT
후방의 벽. 아체르비와 함께 라치오의 수비를 책임지고 있다. 발이 빠르고 점프도 좋다. 3백 전술에서 좋은 평가를 받고 있고 상황에 따라선 라이트 백으로의 가능성도 보인다. 볼 컨트롤이 세밀하고 직접 볼을 몰고 가 전진 패스나 빌드업을 시작한다. 특히 태클이 깔끔하다. 파울의 횟수도 적다. 지난 시즌 경기당 2.3개의 태클에 성공했고 1.9개의 클리어링을 기록했다. 다만 부상으로 많은 경기에 결장했다.

PLAYER'S HISTORY
브라질 청소년 대표팀 출신의 센터백. 이투아노, 살레르니타나를 거쳐 라치오에 합류했다. 이적한 첫 시즌부터 많은 기회를 받았고 어느덧 다섯 시즌째 활약하고 있다. 3번의 컵 대회에서 우승을 차지했으나 더욱 높은 야망을 감추지 않는다. 이적 기간마다 링크가 나온다.

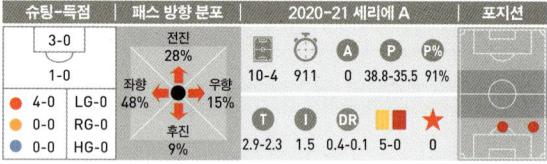

Sergej MILINKOVIĆ-SAVIĆ 21
MF 세르게이 밀린코비치-사비치

SCOUTING REPORT
리그 최고의 중앙 미드필더. 공수의 공존이 완벽하다는 평가를 받는다. 시간이 지나면서 경기를 보는 시야와 템포 조절도 가능하다. 터프함이 묻어난 몸싸움과 직접 해결해야 하는 상황이 발생할 때 과감한 슈팅이 인상적이다. 동료와 연계하여 찬스를 만들며 세트피스 상황에서 가장 영향력 있는 선수 중 한 명이다. 지난 시즌은 코로나 확진, 무릎 부상, 코뼈 골절 등 잔 부상에 시달렸다.

PLAYER'S HISTORY
많은 빅 클럽들이 호시탐탐 노린다. 2015년 라치오로 입성한 후 수비형 미드필더에서 공격적인 역할을 더 가미해 성장한 모습을 보였다. 세르비아 연령별 대표팀을 거쳤고 성인 대표팀에서도 주전으로 활약한다. 지난 시즌 팀 내 최다 도움을 기록하며 건재함을 알렸다.

Ciro IMMOBILE 17
FW 치로 임모빌레

SCOUTING REPORT
라치오의 에이스이자 얼굴 그 자체. 팀의 주장으로서 라커룸에서 신망이 두텁다. 오프 더 볼 상황에서 가장 많이 된다. 공간 창출에 뛰어나고 골문 앞에서 그 누구보다도 침착한 마무리를 한다. 슈팅의 강도가 강하며 상대 수비수의 등지는 플레이에서 순식간에 뒤로 파고든다. 지난 시즌 리그 20골을 돌파했다. 16라운드까지 11골을 넣으며 유럽 정상급 공격수로 군림했다. 그가 없는 공격을 꿈꿀 수도 없다.

PLAYER'S HISTORY
유로 2020의 황금 히어로. 개막전 1골과 1도움을 기록하며 첫 스타트를 잘 끊었다. 유벤투스 유스 출신으로 많은 클럽을 전전하며 기량을 발전시켰다. 토리노에서 주목받기 시작했지만 도르트문트에선 실패를 했다. 이탈리아로 돌아온 후 라치오와 찰떡 궁합을 보이고 있다.

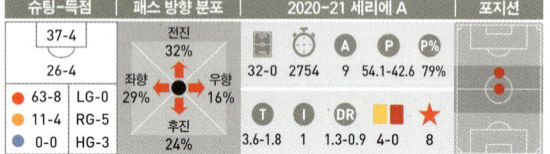
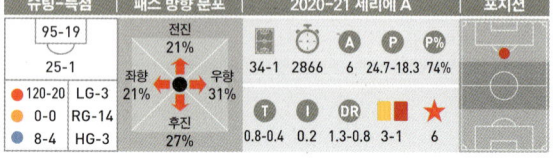

PATRIC 4
DF 파트릭

성실함이 돋보인 센터백. 라이트 백으로도 출전이 가능하다. 거친 플레이를 피하지 않기에 파울도 많은 편이다. 지난 시즌 등부상을 겪었고, 리그 후반기엔 벤치에서 대기했다. 바르셀로나 유스 출신으로 13-14 시즌 1군에서 데뷔했다. 2015년 라치오로 완전 이적했고 어느덧 일곱 시즌째 활약하고 있다. 스페인 청소년 대표팀 차출이나 성인 대표팀 콜업은 아직까지 없다.

주로 사용하는 발 : 오른발 87%

	우승	준우승
1부리그	0-1	
클럽 월드컵	0-0	
협회컵	1-2	
UEFA 유로	0-0	
챔피언스	0-0	
월드컵	0-0	

슈팅-득점: 1-0 / 6-0
LG-0 7-0, RG-0 0-0, HG-0 0-0
패스 방향 분포: 전진 30%, 좌향 45%, 우향 13%, 후진 13%
2020-21 세리에 A: 18-7 / 1600 / A 1 / P 46.8-41.0 / P% 88%
T 1.6-1.2 / I 0.7 / DR 0.1-0.0 / 8-0 / ★ 0

Francesco ACERBI 33
DF 프란체스코 아체르비

라치오에 없어선 안 될 선수. 늘 위기 상황에서 골문을 사수한다. 펠리페와 파트릭의 부상에도 굳건히 후방을 지켰다. 30대를 넘긴 베테랑 센터백이지만 철저한 자기 관리로 리그 32경기에 출전했다. 사수올로 소속으로 기량을 만개시켰고 2018년 라치오로 입단 후 리그 정상급 수비수로 평가받았다. 이탈리아 대표팀 소속으로는 17경기에 출전했고 1골을 기록하고 있다.

주로 사용하는 발 : 왼발 81%

	우승	준우승
1부리그	0-0	
클럽 월드컵	0-0	
협회컵	1-0	
UEFA 유로	1-0	
챔피언스	0-0	
월드컵	0-0	

슈팅-득점: 8-0 / 1-0
LG-0 9-0, RG-0 0-0, HG-0 0-0
패스 방향 분포: 전진 31%, 좌향 20%, 우향 40%, 후진 9%
2020-21 세리에 A: 32-0 / 2815 / A 1 / P 63.7-57.0 / P% 89%
T 2.3-1.6 / I 2.4 / DR 0.3-0.2 / 7-1 / ★ 0

Luis ALBERTO 10
MF 루이스 알베르토

라치오 공격 전술의 핵심. 공격형 미드필더를 선호하지만 측면과 최전방 공격수로도 될 수 있다. 볼 컨트롤이 좋고 개인 기술이 뛰어나다. 빠른 돌파와 창의적인 킬 패스는 임모빌레에게 큰 도움이 된다. 세비야 유스 출신으로 리버풀과 말라가, 데포르티보에서 뛰었다. 2016년 라치오로 합류 후 170경기 넘게 뛰었다. 19-20 시즌 세리에 A의 올해의 팀에 선정되기도 했다.

주로 사용하는 발 : 오른발 95%

	우승	준우승
1부리그	0-1	
클럽 월드컵	0-0	
협회컵	2-1	
UEFA 유로	0-0	
챔피언스	0-0	
월드컵	0-0	

슈팅-득점: 31-6 / 38-3
LG-3 69-9, RG-8 3-0, HG-1 0-0
패스 방향 분포: 전진 40%, 좌향 17%, 우향 28%, 후진 16%
2020-21 세리에 A: 33-1 / 2641 / A 2 / P 51.7-42.3 / P% 82%
T 3.0-1.3 / I 0.4 / DR 2.8-1.5 / 5-0 / ★ 4

Pedro RODRIGUEZ 9
MF 페드로 로드리게스

올해로 34살. 전성기에 비해 스피드, 폭발력은 떨어진다. 그러나 축구를 보는 눈은 더욱 넓어졌다. 볼 컨트롤이 뛰어나고, 위치를 잘 잡으며 공간으로 날카롭게 침투한다. 원터치로 만드는 콤비네이션 플레이는 여전히 정상급이다. 박스 안에서는 양발을 고루 사용해 득점을 올린다. 월드컵, 유로, 챔피언스리그, 유로파리그, 컵대회, 리그 등 모든 대회에서 우승을 해봤다.

주로 사용하는 발 : 오른발 72%

	우승	준우승
1부리그	6-2	
클럽 월드컵	2-0	
협회컵	4-4	
UEFA 유로	1-0	
챔피언스	3-0	
월드컵	1-0	

슈팅-득점: 21-3 / 18-2
LG-3 39-5, RG-2 0-0, HG-0 0-0
패스 방향 분포: 전진 26%, 좌향 29%, 우향 22%, 후진 23%
2020-21 세리에 A: 20-7 / 1601 / A 2 / P 22.7-18.5 / P% 81%
T 1.9-0.9 / I 0.3 / DR 1.6-1.1 / 3-1 / ★ 0

Manuel LAZZARI 29
MF 마누엘 라차리

리그 최고의 스피드 스타. 라치오의 오른쪽 날개로서 이만한 선수가 없을 정도란 평가를 받는다. 빠른 주력에서 나오는 얼리 크로스, 중앙 지향적인 돌파는 팀에 큰 도움이 된다. 볼 컨트롤이 뛰어나고 밸런스가 좋아 압박에서 볼을 빼앗기지 않는다. SPAL에서 6시즌 활약하면서 팀의 승격을 이루어냈다. 2019년 라치오로 합류 후 서포터즈의 사랑을 가장 많이 받는 선수 중 하나.

주로 사용하는 발 : 오른발 85%

	우승	준우승
1부리그	0-0	
클럽 월드컵	0-0	
협회컵	0-0	
UEFA 유로	0-0	
챔피언스	0-0	
월드컵	0-0	

슈팅-득점: 13-2 / 11-0
LG-0 24-2, RG-2 0-0, HG-0 0-0
패스 방향 분포: 전진 19%, 좌향 38%, 우향 5%, 후진 37%
2020-21 세리에 A: 30-2 / 2620 / A 5 / P 26.1-22.2 / P% 85%
T 1.5-0.8 / I 0.6 / DR 1.8-1.0 / 2-1 / ★ 0

Vedat MURIQI 94
FW 베다트 무리키

코소보 특급 공격수. 페네르바체에서 보여준 골 폭풍으로 인해 지난 시즌 라치오에 입단했다. 큰 기대를 안고 합류했으나 받은 성적표는 단 1골이다. 잔 부상과 출장 기회가 적었지만, 임모빌레의 백업 공격수로선 공격 포인트가 현저히 적었다. 알바니아 U-21 대표팀 출신이지만 코소보 대표팀으로 합류했다. A매치 30경기에서 15골을 넣었다. 이번 시즌이 마지막 기회일 것이다.

주로 사용하는 발 : 왼발 80%

	우승	준우승
1부리그	1-0	
클럽 월드컵	0-0	
협회컵	0-0	
UEFA 유로	0-0	
챔피언스	0-0	
월드컵	0-0	

슈팅-득점: 28-1 / 3-0
LG-1 31-1, RG-0 0-0, HG-0 0-0
패스 방향 분포: 전진 17%, 좌향 34%, 우향 23%, 후진 27%
2020-21 세리에 A: 20-7 / 818 / A 0 / P 9.2-6.3 / P% 69%
T 0.4-0.1 / I 0.1 / DR 0.3-0.1 / 1-0 / ★ 0

AS ROMA

구단 창립 : 1927년 | 홈구장 : 스타디오 올림피코 | 대표 : 댄 프리드킨 | 2020-21시즌 : 7위(승점 62점) 18승 8무 12패 68득점 58실점 | 닉네임 : I Giallorossi, La Lupa

무리뉴 컴백, 세리에 A의 강력한 다크호스

폰세카의 도전기, 실패로 끝난 로마의 시간

폰세카의 도전이 끝났다. 많은 기대를 받고 로마에서 커리어를 시작했지만, 경기력의 기복이 심한 점과 수비력의 아쉬운 점이 발목을 잡았다. 리그 초반에는 좋았다. 하지만 9라운드 나폴리에 4골차 패배를 당했다. 그 후 아탈란타, 유벤투스를 포함해 라치오, 밀란과 같은 우승 경쟁권 팀들에게 모조리 패배를 당하자 로마의 서포터즈는 폭발했고 폰세카를 포함해 선수단에 대한 비난을 멈추지 않았다. 유로파 리그에서는 4강에 진출했지만, 맨체스터 유나이티드에게 패배했다. 다행히 7위로 유럽 대항전 진출권을 얻어 자존심을 세웠다. 코로나 사태로 인해 구단 재정이 나빠졌지만 선수들간의 믿음은 오히려 더 두터워졌다.

로마여, 챔피언 무리뉴가 입성했다

2021-22 시즌의 이탈리아 리그에서 가장 뜨거운 팀이다. '스페셜 원' 무리뉴가 왔다. 인테르에서 이탈리아 리그를 평정했던 그는 로마의 자줏빛 셔츠를 입게 되었다. 많은 영입 자금을 부여받았고 4000만 유로를 투자해서 첼시의 에이브러햄을 데려왔다. 쇼무로도프, 비나, 파트리시우와 같이 경쟁력 있는 선수들의 영입도 뒤따랐다. 이미 전력만 놓고 보면 챔피언스리그 진출권으로 봐도 무방하다. 플로렌지를 포함하여 윈더, 클루이베르트, 페드로, 로제즈와 같이 선수단 개편도 시작했다. 무리뉴의 로마 입성으로 세리에 A는 또 다른 변화를 맞이할 것이다.

ODDS CHECK

bet365	배당률 8배	우승 확률 4위	sky bet	배당률 8배	우승 확률 4위
William HILL	배당률 8배	우승 확률 4위	888sport	배당률 8.25배	우승 확률 4위

*우승 확률이 높을수록 배당률은 낮아짐

SQUAD LIST

위치	번호	선수	국적	키	생년월일	전 소속 팀
GK	1	Rui Patrício	POR	188	88-02-15	Wolverhampton W
	63	Pietro Boer	ITA	193	02-05-12	Venezia
	87	Daniel Fuzato	BRA	190	97-07-04	Palmeiras
DF	2	Rick Karsdorp	NED	184	95-02-11	Feyenoord
	3	Roger Ibañez	BRA	185	98-11-23	Atalanta
	5	Matías Viña	URU	176	97-11-09	Palmeiras
	6	Chris Smalling	ENG	194	89-11-22	Manchester U
	13	Riccardo Calafiori	ITA	183	02-05-19	None
	18	Davide Santon	ITA	187	91-01-02	Internazionale
	19	Bryan Reynolds	USA	190	01-06-28	FC Dallas
	20	Federico Fazio	ARG	195	87-03-17	Tottenham H
	23	Gianluca Mancini	ITA	190	96-04-17	Atalanta
	24	Marash Kumbulla	ALB	191	00-02-08	Verona
	37	Leonardo Spinazzola	ITA	186	93-03-25	Juventus
	65	Filippo Tripi	ITA	180	02-01-06	None
MF	4	Bryan Cristante	ITA	186	95-03-03	Atalanta
	7	Lorenzo Pellegrini	ITA	186	96-06-19	Sassuolo
	8	Gonzalo Villar	ESP	180	98-03-23	Elche
	17	Jordan Veretout	FRA	177	93-03-01	Fiorentina
	22	Nicolò Zaniolo	ITA	190	99-07-02	Internazionale
	42	Amadou Diawara	GUI	183	97-07-17	Napoli
	52	Edoardo Bove	ITA	174	02-05-16	None
	55	Ebrima Darboe	GAM	178	01-06-06	None
	77	Henrikh Mkhitaryan	ARM	177	89-01-21	Arsenal
FW	9	Tammy Abraham	ENG	190	97-10-02	Chelsea
	11	Carles Pérez	ESP	172	98-02-16	Barcelona
	14	Eldor Shomurodov	UZB	190	95-06-29	Genoa
	21	Borja Mayoral	ESP	182	97-04-05	Real Madrid
	59	Nicola Zalewski	POL	168	02-01-23	None
	92	Stephan El Shaarawy	ITA	178	92-10-27	Shanghai Shenhua

2021-22 SEASON SCHEDULE

날짜	장소	상대팀	날짜	장소	상대팀
08-22	H	Fiorentina	01-06	A	AC Milan
08-29	A	Salernitana	01-09	H	Juventus
09-12	H	Sassuolo	01-16	H	Cagliari
09-19	A	Hellas Verona	01-23	A	Empoli
09-22	H	Udinese	02-06	H	Genoa
09-26	A	Lazio	02-13	A	Sassuolo
10-03	H	Empoli	02-20	H	Hellas Verona
10-17	A	Juventus	02-27	A	Spezia
10-24	H	Napoli	03-06	H	Atalanta
10-27	A	Cagliari	03-13	A	Udinese
10-31	H	AC Milan	03-20	H	Lazio
11-07	A	Venezia	04-03	A	Sampdoria
11-21	H	Genoa	04-10	H	Salernitana
11-28	H	Torino	04-16	A	Napoli
12-01	A	Bologna	04-24	H	Inter Milan
12-05	H	Inter Milan	05-01	A	Bologna
12-12	H	Spezia	05-08	H	Fiorentina
12-19	A	Atalanta	05-15	H	Venezia
12-22	H	Sampdoria	05-22	A	Torino

RANKING OF LAST 10 YEARS

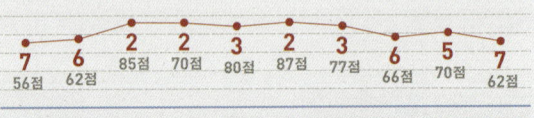

11-12	12-13	13-14	14-15	15-16	16-17	17-18	18-19	19-20	20-21
7 56점	6 62점	2 85점	2 70점	3 80점	2 87점	3 77점	6 66점	5 70점	7 62점

MANAGER : José MOURINHO 조세 무리뉴

Personal Information
- 생년월일 : 1963.01.26 / 출생지 : 세투발(포르투갈)
- 현역시절 포지션 : 미드필더 / 계약만료 : 2024.06.30
- 평균 재직 기간 : 2년 / 선호 포맷 : 4-2-3-1

History
포르투갈을 넘어 전 세계를 대표해 2000년대 초중반부터 유럽 축구사에 한 획을 그은 감독. 토트넘을 떠나 이탈리아로 돌아왔다. 인테르에서의 좋은 추억을 교훈 삼아 다시 한 번 재기를 꿈꾼다.

Style
무수히 많은 트로피를 얻은 명장. 상대를 압박하여 숨까지 차오르게 하는 질식 수비 그리고 뛰어난 전략적인 판단, 미디어 플레이가 상당히 뛰어나다. 상대 팀과의 언론 싸움에서 그를 당해낼 사람은 없다. 하지만 무리뉴식 수비 전술, 역습 시도는 이제 시대에게 맞지 않는 옷이 되었다. 로마와의 만남이 어떻게 지속될지가 미지수다.

ITALIAN SERIE-A	ITALIAN COPPA ITALIA	UEFA CHAMPIONS LEAGUE
3-15	9-8	0-1
UEFA EUROPA LEAGUE	FIFA CLUB WORLD CUP	UEFA-CONMEBOL INTERCONTINENTAL
0-1	0-0	0-0

우승 - 준우승 횟수

STADIUM
Stadio Olimpico

- 구장 오픈 : 1932년
- 구장 증개축 : 1990년
- 구장 소유 : 이탈리아 올림픽 위원회
- 수용 인원 : 7만 634명
- 피치 규모 : 105 X 66m
- 잔디 종류 : 천연 잔디

평균 볼 점유율
52%

AS ROMA vs. OPPONENTS PER GAME STATS

AS 로마 vs 상대팀

	득점	슈팅	유효슈팅	오프사이드	패스시도	패스성공	패스성공%	태클시도	볼소유지 압박	인터셉트	GK 선방	파울	경고	퇴장
AS 로마	1.79	14.3	5.3	1.6	500	493	417	85%						
	1.53	10.4	4.2	3.3	PA	PC		P%	82%					
	14.7 TK	147 PR	12.9	3.0	3.4	13.7	2.11	0.079						
상대팀	14.8	139	12.1	INT	14.6	2.21	0.158							

시간대별 득점
76	15
75	16
13	10
12	12
7	14
61	30
60	31
46	45

시간대별 실점
76	15
75	16
9	8
13	6
13	6
61	30
60	31
46	45

위치별 슈팅-득점
44-15
311-41
190-11
*상대자책골 1골

공격 방향
37% 31% 32%

볼 점유 위치
- 상대 진영 29%
- 중간 지역 46%
- 우리 진영 25%

포지션별 득점
- FW진 33골
- MF진 24골
- DF진 10골
*상대자책골 1골

상대 포지션별 실점
- DF진 4골
- MF진 17골
- FW진 34골
*자책골 실점 3골

BASIC FORMATION

4-2-3-1

- 에이브러햄 / 마요랄
- 미키타리안 / 스피나촐라
- 펠레그리니 / 엘샤라위
- 페레스 / 차니올로
- 베레투 / 디아와라
- 크리스탄테 / 비야르
- 스피나촐라 / 비냐
- 카스도르프 / 산톤
- 이바녜스 / 스몰링
- 만치니 / 쿰불라
- 파트리시우 / 푸자토

TOTO GUIDE 지난시즌 전적

상대팀	홈	원정
Inter Milan	2-2	1-3
AC Milan	1-2	3-3
Atalanta	1-1	1-4
Juventus	2-2	0-2
Napoli	0-2	0-4
Lazio	2-0	0-3
Sassuolo	0-0	2-2
Sampdoria	1-0	0-2
Hellas Verona	3-1	0-3
Genoa	1-0	3-1
Bologna	1-0	5-1
Udinese	3-0	1-0
Fiorentina	2-0	2-1
Spezia	4-3	2-2
Cagliari	3-2	2-3
Torino	3-1	1-3
Benevento	5-2	0-0
Crotone	5-0	3-1
Parma	3-0	0-2

득점 패턴
68골 / 46 / 10 / 7 / 4 / 1

실점 패턴
58골 / 36 / 9 / 5 / 3 / 2

- OPEN PLAY
- COUNTER ATTACK
- SET PLAY
- PENALTY KICK
- OWN GOAL

OFFENSE		DEFENSE	
오픈 플레이	A	오픈 플레이 수비	B
카운터 어택	A	카운터 어택 수비	C
짧은 패스 게임	A	짧은 패스 게임 수비	C
롱볼 연계 플레이	C	롱볼 연계 플레이 수비	C
솔로 플레이	B	솔로 플레이 수비	C
중거리 슈팅 / 직접 프리킥		중거리 슈팅 수비	B
측면 공격	A	측면 수비	C
세트 플레이	A	세트 플레이 수비	B
위협적인 공격 횟수		공중전 능력	D
슈팅 대비 득점	A	볼 쟁탈전 / 투쟁심	B
오프사이드 피하기	E	실수 조심	E
볼 점유율	A	파울 주의	

A 매우 우수함 B 우수함 C 평균 수준 D 부족함 E 많이 부족함

GK Rui PATRÍCIO 13
후이 파트리시우

SCOUTING REPORT
포르투갈 대표팀의 넘버원 수문장. 공중볼 캐치가 뛰어나고 동료들을 잘 이끈다. 수비 진영의 실질적인 리더로서 수비라인을 조율하는 능력이 좋다. 거기에 동물과도 같은 반사 신경은 그의 가치를 더욱 높여준다. 역동작에 걸릴 때 스탭의 전환으로 빠른 세이브를 해낸다. 기본적으로 왼발 킥이 좋아 안정적인 볼 처리와 실수가 적다. 무리뉴의 선택을 받아 로마행 티켓을 들고 새로운 도전을 하게 되었다.

PLAYER'S HISTORY
자국 명문 스포르팅 유스 출신으로 12시즌 활약하다가 울버햄튼으로 이적했다. 무려 467경기에 띈 살아있는 레전드다. 울브스로 입단 후 EPL 정상급 골리로 자리 잡았고 이번 시즌 로마로 입단했다. 포르투갈 대표팀에서는 A매치 97경기에 출전해 센추리 클럽에 다다랐다.

주로 사용하는 발: 왼발 75%	우승	1부리그: 5-0	협회컵: 3-2	챔피언스: 0-0
	준우승	클럽 월드컵: 0-0	UEFA 유로: 1-0	월드컵: 0-0

세이브-실점	패스 방향 분포	2020-21 프리미어리그					포지션
68-48	전진 51%		5%	CS	P		
32-3	좌향 24% / 우향 25%	37-0	3330	66%	10	17.9-11.2	
151-51 TH-130		P%	LB	AD		★	
151-100 NK-265	후진 0%	63%	11.3-4.7	10-7			
8-1 KD-41							

DF Gianluca MANCINI 23
잔루카 만치니

SCOUTING REPORT
빠른 성장을 보인 로마의 새로운 벽. 큰 키에서 나오는 점프력을 기반으로 헤딩 커팅에 뛰어나다. 세트피스 시 상대 공격수에겐 악몽과도 같은 기억으로 남을 것이다. 발밑도 좋아 빌드업의 이끌기도 한다. 특히 경기당 1.6개의 태클 성공률과 2.2개의 클리어링을 기록하며 팀의 위기 상황에서 가장 믿을만한 수비를 보여주었다. 2019년에 입단했지만 벌써 주장단으로 꼽힐만큼 재능을 인정받고 있다.

PLAYER'S HISTORY
피오렌티나 유스를 거쳐 페루자, 아탈란타에서 활약했다. 특히, 아탈란타에서 보여준 경기력을 보고 많은 클럽이 오퍼를 보냈다. 2019년 로마로 임대를 왔고 지난 시즌 완전 이적에 성공했다. 2019년 21세 이하의 유럽 선수권에 참가했고 성인 대표팀에서도 6경기 출전했다.

주로 사용하는 발: 오른발 88%	우승	1부리그: 0-0	협회컵: 0-1	챔피언스: 0-0
	준우승	클럽 월드컵: 0-0	UEFA 유로: 0-0	월드컵: 0-0

슈팅-득점	패스 방향 분포	2020-21 세리에 A					포지션
21-4	전진 32%		A	P	P%		
6-0	좌향 43% / 우향 18%	33-0	2855	2	59.8-52.8	88%	
27-4 LG-0		T	I	DR		★	
0-0 RG-0	후진 8%	2.1-1.6	2.2	0.6-0.5	1.0-1		
0-0 HG-4							

MF Lorenzo PELLEGRINI 7
로렌초 펠레그리니

SCOUTING REPORT
로마의 주장. 토티와 데 로시가 가지고 있던 팀의 상징성, 헌신을 가지고 있다. 중원에서 가장 힘든 일을 마다하지 않고 있고, 공격적인 순간 팀에게 큰 도움이 된다. 발이 빠르지 않지만 볼 컨트롤이 뛰어나다. 패스의 정확도가 높고 측면으로 열어주는 로빙 패스는 리그 내에서도 손꼽힌다. 지난 시즌 경기당 1.9개의 킬 패스에 성공했다. 팀 내 최다 수치이며 펠레그리니의 존재감을 느낄 수 있는 부분이다.

PLAYER'S HISTORY
1군에 데뷔했지만, 기회의 부족으로 사수올로 이적했다. 두 시즌 동안 활약했고 2017년 로마로 리턴했다. 팀의 어려운 순간 동료들을 하나로 묶었고 이탈리아 연령별 대표팀에 모두 포함되었고 유로 2020엔트리에 포함되었으나 부상으로 낙마하였다.

주로 사용하는 발: 오른발 88%	우승	1부리그: 0-1	협회컵: 0-0	챔피언스: 0-0
	준우승	클럽 월드컵: 0-0	UEFA 유로: 0-0	월드컵: 0-0

슈팅-득점	패스 방향 분포	2020-21 세리에 A					포지션
31-4	전진 27%		A	P	P%		
38-3	좌향 24% / 우향 29%	30-4	2608	6	38.2-31.3	82%	
69-7 LG-2		T	I	DR		★	
10-0 RG-5	후진 20%	2.4-1.2	1.3	2.1-1.3	10-0	7	
1-1 HG-0							

MF Henrikh MKHITARYAN 77
헨리크 미키타리안

SCOUTING REPORT
로마의 공격 첨병. 측면과 중앙을 오가며 공격을 진두지휘한다. 빠른 발과 센스있는 터치, 공간 창출 능력은 이미 많은 무대에서 검증되었다. 다만 시간이 지나며 줄어드는 기동성은 아쉬운 부분이다. 아르메니아 역사상 최고의 선수로 꼽히고 있고 샤흐타르, 도르트문트를 거쳐서 맨체스터 유나이티드, 아스날에서 뛰었었다. 자신을 잘 알고 있는 무리뉴와의 재회가 기대가 된다.

PLAYER'S HISTORY
2006년 퓨니크에서 데뷔했고, 메탈루르흐, 샤흐타르, 맨체스터 유나이티드, 아스날을 거쳐 2019년부터 AS 로마에서 뛰고 있다. 첫 해에는 임대였으나 뛰어난 활약을 보이면서 2020년 완전히 이적했다. 아르메니아 '올해의 선수'로 10회 선정된 최고의 스타 플레이어다.

주로 사용하는 발: 오른발 79%	우승	1부리그: 5-2	협회컵: 3-4	챔피언스: 0-0
	준우승	클럽 월드컵: 0-0	UEFA 유로: 0-0	월드컵: 0-0

슈팅-득점	패스 방향 분포	2020-21 세리에 A					포지션
48-11	전진 26%		A	P	P%		
29-2	좌향 17% / 우향 36%	30-4	2747	10	33.9-26.5	79%	
77-13 LG-2		T	I	DR		★	
1-0 RG-10	후진 21%	3.2-1.7	1.1	2.6-1.4	2-0	4	
1-1 HG-1							

DF Roger IBAÑEZ 3
호제르 이바녜스

로마의 붙박이 센터백. 나이는 어리지만 침착한 경기 운영이 돋보인다. 다부진 피지컬과 뛰어난 맨 마킹이 특기. 판단력이 느리고 뒷공간 침투에 대한 방어는 다소 약하다. 브라질 23세 이하의 대표팀 출신으로 플루미넨세, 아탈란타 소속으로 있었다. 2019년 로마로 임대이적 했고 이번 시즌 완전 이적에 성공했다. 좋은 모습을 보인다면 다음 시즌엔 가치가 급상승할 것이다.

주로 사용하는 발: 오른발 81%

우승	1부리그: 0-0	협회컵: 0-1	챔피언스: 0-0
준우승	클럽 월드컵: 0-0	UEFA 유로: 0-0	월드컵: 0-0

슈팅-득점: 11-0, 5-0, 16-0 LG-0, 0-0 RG-0, 0-0 HG-0

패스 방향 분포: 전진 34%, 좌향 25%, 우향 35%, 후진 6%

2020-21 세리에 A: 28-2, 2402, 1, 56.6-49.2, 87%, 2.7-2.0, 2.3, 0.8-0.5, 5-1, 2

DF Leonardo SPINAZZOLA 37
레오나르도 스피나촐라

가속력이 상당한 레프트 윙백. 3백 전술을 잘 이해하는 수비수다. 상황에 따라서는 윙 포워드로 출전하기도 한다. 활동량이 상당하고 얼리 크로스의 시도와 정확도가 좋다. 유벤투스 유스 출신으로 많은 클럽을 옮겨다니며 임대 생활을 했다. 2019년 로마에 완전히 정착했고, 두 시즌 연속 주전으로 나섰다. 이를 바탕으로 이탈리아 대표팀 주전으로 올라섰다. 유로우승의 핵심 멤버다.

주로 사용하는 발: 오른발 75%

우승	1부리그: 2-0	협회컵: 0-1	챔피언스: 0-0
준우승	클럽 월드컵: 0-0	UEFA 유로: 0-0	월드컵: 0-0

슈팅-득점: 15-2, 4-0, 19-2 LG-0, 0-0 RG-2, 0-0 HG-0

패스 방향 분포: 전진 29%, 좌향 4%, 우향 42%, 후진 25%

2020-21 세리에 A: 25-2, 2130, 4, 38.3-30.8, 81%, 0.9-0.4, 0.5, 4.7-2.2, 4-0, 1

MF Jordan VERETOUT 17
조르당 베레투

로마 중원의 믿을맨. 볼 터치가 좋고 지구력이 좋아 중원의 넓은 지역을 커버한다. 동료와의 연계 플레이를 잘하고 탈압박 후 전진 패스를 시도한다. 지난 시즌엔 88%의 패스 성공률을 자랑했다. 미드필더 중 2.8개의 로빙 패스를 성공해 가장 많은 수치를 기록했다. 낭트의 유소년 팀을 거쳐 데뷔했다. 빌라, 생테티엔, 피오렌티나를 거쳐 로마에 합류했다. 프랑스 U-21 출신이다.

주로 사용하는 발: 오른발 82%

우승	1부리그: 0-0	협회컵: 0-0	챔피언스: 0-0
준우승	클럽 월드컵: 0-0	UEFA 유로: 0-0	월드컵: 0-0

슈팅-득점: 21-10, 15-0, 36-10 LG-1, 2-0 RG-8, 5-5 HG-1

패스 방향 분포: 전진 23%, 좌향 27%, 우향 36%, 후진 14%

2020-21 세리에 A: 25-4, 2063, 2, 42.9-37.8, 88%, 1.6-0.7, 0.4, 0.7-0.4, 4-0, 1

MF Nicolò ZANIOLO 22
니콜로 차니올로

지알로로시가 기대하는 특급 재능. 물론 처음의 기대에 걸맞지 못한 행보로 실망이 거듭되지만, 충분히 기다려 볼만하다. 20-21 시즌은 처혹했다. 십자인대 부상으로 시즌 전체를 통으로 날려 단 한경기도 출전하지 못했다. 하지만 로마의 유스 출신으로 재기에 성공한다면 이보다 더 큰 감동이 없을 것이다. 무리뉴의 입성은 분명히 커다란 영향이 될 행사할 것으로 평가된다.

주로 사용하는 발: 왼발 89%

우승	1부리그: 0-0	협회컵: 0-0	챔피언스: 0-0
준우승	클럽 월드컵: 0-0	UEFA 유로: 0-0	월드컵: 0-0

슈팅-득점: 0-0, 0-0, 0-0 LG-0, 0-0 RG-0, 0-0 HG-0

패스 방향 분포: NO DATA

2020-21 세리에 A: 0, 0, 0, 0-0, 0%

FW Tammy ABRAHAM 9
태미 에이브러햄

나이지리아계 이민 2세. 2016년 첼시에서 데뷔했고, 브리스톨시티, 스완지시티, 아스톤빌라를 거쳐 2021년 AS 로마로 이적했다. 최대 강점은 골 결정력. 박스 안에서 골 냄새를 잘 맡고, 위치를 잘 잡은 뒤 정확한 타이밍에 골을 터뜨린다. 일부에서는 에이브러햄에 대해 "주워 먹는 공격수"라고 비판하지만, "스트라이커는 골만 잘 넣으면 된다"는 신념을 지키고 있다.

주로 사용하는 발: 오른발 91%

우승	1부리그: 0-0	협회컵: 0-1	챔피언스: 1-0
준우승	클럽 월드컵: 0-0	UEFA 유로: 0-0	월드컵: 0-0

슈팅-득점: 31-6, 1-0, 32-6 LG-1, 0-0 RG-4, 0-0 HG-0

패스 방향 분포: 전진 20%, 좌향 29%, 우향 22%, 후진 29%

2020-21 프리미어리그: 12-10, 1036, 1, 9.3-6.8, 73%, 0.6-0.7, 0.4, 0.8-0.3, 0-0, 1

*기타 부위 1골

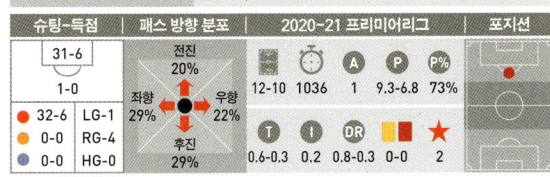

FW Borja MAYORAL 21
보르하 마요랄

클럽의 주포 제코가 떠남으로서 공격 포인트에 대한 부담감을 더 받게 되었다. 레알 마드리드 임대생 출신으로 지난 시즌 좋은 모습을 보였다. 리그 두 자릿수 골에 성공했고 크로토네와의 홈 어웨이 경기에서 모두 다 멀티골을 뽑아내기도 했다. 골문 앞에서 침착한 마무리가 돋보이며 기본적으로 볼 컨트롤이 뛰어나다. 다만 공중전에서의 약점과 활동 반경이 좁은 것은 흠이다.

주로 사용하는 발: 오른발 82%

우승	1부리그: 0-2	협회컵: 0-0	챔피언스: 2-0
준우승	클럽 월드컵: 1-0	UEFA 유로: 0-0	월드컵: 0-0

슈팅-득점: 34-8, 6-2, 40-10 LG-2, 0-0 RG-8, 0-0 HG-0

패스 방향 분포: 전진 18%, 좌향 28%, 우향 32%, 후진 22%

2020-21 세리에 A: 18-13, 1554, 2, 11.7-9.3, 80%, 0.4-0.1, 0.0, 1.0-1.0, 1-0, 1

US SASSUOLO CALCIO

구단 창립 : 1920년 홈구장 : 마페이 스타디움 대표 : 카를로 로시 2020-21시즌 : 8위(승점 62점) 17승 11무 10패 64득점 56실점 닉네임 : I Neroverdi, The Watermelon Peel

트라오레 영입 전력은 중위권, 유로파 진출 노린다

시즌 초반 좋은 기세를 보이며 잘 나갔지만 마무리가 안 좋았다. 엠폴리 미드필더 트라오레를 1600만 유로로 영입하는 등 전력을 보강했다. 전문가들은 사수올로 예상 순위를 8~10위권으로 보고 있다. 지난 시즌의 경기력이 유지될 것인가.

MANAGER : Alessio DIONISI 알레시오 디오니시

생년월일 : 1980.04.01 / 출생지 : 살바토레(이탈리아)
현역시절 포지션 : 수비수 / 계약만료 : 2023.06.30
평균 재직 기간 : 1년 / 선호 포맷 : 4-3-1-2
주로 이탈리아 하부 리그에서 활약한 선수. 올지나테세에서 지도자 생활을 시작했다. 베네치아, 엠폴리에서 주목받기 시작했고 지난 시즌 엠폴리를 이끌고 1부 리그에 승격했다. 이번 시즌엔 사수올로의 새로운 감독으로 임명되었다.

우승-준우승

ITALIAN SERIE-A	0-0
ITALIAN COPPA ITALIA	0-0
UEFA CHAMPIONS LEAGUE	0-0
UEFA EUROPA LEAGUE	0-0
FIFA CLUB WORLD CUP	0-0
UEFA-CONMEBOL INTERCONTINENTAL	0-0

ODDS CHECK

bet365	배당률 150배	우승 확률 8위
sky bet	배당률 250배	우승 확률 8위
William HILL	배당률 200배	우승 확률 8위
888sport	배당률 187배	우승 확률 8위

*우승 확률이 높을수록 배당률은 낮아짐

2021-22 SEASON SCHEDULE

날짜	장소	상대팀	날짜	장소	상대팀
08-21	A	Hellas Verona	01-06	H	Genoa
08-29	H	Sampdoria	01-09	A	Empoli
09-12	A	AS Roma	01-16	H	Hellas Verona
09-19	H	Torino	01-23	A	Torino
09-22	A	Atalanta	02-06	A	Sampdoria
09-26	H	Salernitana	02-13	H	AS Roma
10-03	H	Inter Milan	02-20	A	Inter Milan
10-17	H	Genoa	02-27	H	Fiorentina
10-24	H	Venezia	03-06	A	Venezia
10-27	H	Juventus	03-13	A	Salernitana
10-31	H	Empoli	03-20	H	Spezia
11-07	A	Udinese	04-03	H	Lazio
11-21	A	Cagliari	04-10	A	Atalanta
11-28	H	AC Milan	04-16	A	Cagliari
12-01	H	Napoli	04-24	A	Juventus
12-05	A	Spezia	05-01	A	Napoli
12-12	H	Lazio	05-08	H	Udinese
12-19	A	Fiorentina	05-15	A	Bologna
12-22	H	Bologna	05-22	H	AC Milan

시간대별 득점 / 시간대별 실점 / 위치별 슈팅-득점 / 공격 방향 / 볼 점유 위치 / 포지션별 득점 / 상대 포지션별 실점

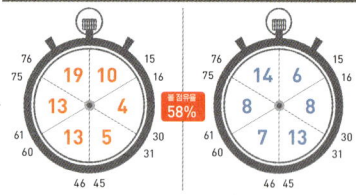

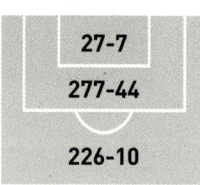

27-7
277-44
226-10
*상대자책골 3골

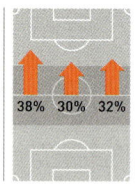
38% 30% 32%

상대 진영 29%
중간 지역 43%
우리 진영 28%

FW진 37골
MF진 20골
DF진 4골
*상대자책골 3골

DF진 7골
MF진 20골
FW진 28골
*자책골 실점 1골

BASIC FORMATION

4-2-3-1

카푸토 / 라스파도리
보가 / 주리치치 / 주리치치 / 트라오레 / 베라르디 / 데프렐
로페스 / 마나넬리 / 프라테시 / 오비앙
호세리우 / 키리아코풀로스 / 페라리 / 엘리시 / 톨리안 / 밀뒤르 / 키리케시 / 아이한
콘실리 / 사탈리노

TOTO GUIDE 지난시즌 전적

상대팀	홈	원정
Inter Milan	0-3	1-2
AC Milan	1-2	2-1
Atalanta	1-1	1-5
Juventus	1-3	1-3
Napoli	3-3	2-0
Lazio	2-0	1-2
AS Roma	2-2	0-0
Sampdoria	1-0	3-2
Hellas Verona	3-2	2-0
Genoa	2-1	2-1
Bologna	1-1	4-3
Udinese	0-0	0-2
Fiorentina	3-1	1-1
Spezia	1-2	4-1
Cagliari	1-1	1-1
Torino	3-3	2-3
Benevento	1-0	1-0
Crotone	4-1	2-1
Parma	1-1	3-1

득점 패턴 / 실점 패턴

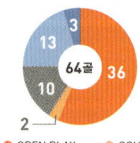
64골: 3, 13, 10, 2, 36

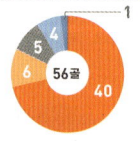
56골: 1, 5, 4, 6, 40

● OPEN PLAY ● COUNTER ATTACK ● SET PLAY ● PENALTY KICK ● OWN GOAL

OFFENSE | DEFENSE

오픈 플레이	A	오픈 플레이 수비	C
카운터 어택	C	카운터 어택 수비	E
짧은 패스 게임	B	짧은 패스 게임 수비	D
롱볼 연계 플레이	C	롱볼 연계 플레이수비	C
솔로 플레이	C	솔로 플레이 수비	C
중거리 슈팅 / 직접 프리킥	C	중거리 슈팅 수비	B
측면 공격	B	측면 수비	E
세트 플레이	C	세트 플레이 수비	C
위협적인 공격 횟수	C	공중전 능력	D
슈팅 대비 득점	B	볼 쟁탈전 / 투쟁심	B
오프사이드 피하기	C	실수 조심	C
볼 점유율	A	파울 주의	D

A 매우 우수함 B 우수함 C 평균 수준 D 부족함 E 많이 부족함

FW Domenico BERARDI 25
도메니코 베라르디

SCOUTING REPORT

세리에 A 17골·7도움을 기록했다. 국가대표로 뽑혀 유로 2020에서 우승했다. RW 전문이지만 CF, AM도 가능하다. 주무기는 드리블. 폭발적인 스피드와 간결한 테크닉으로 상대를 쉽게 제압한다. 박스에 침투한 뒤 왼발 다이렉트 슈팅을 날린다. 왼발 킥은 세리에 A 톱클래스. 장단 패스와 콤비네이션 플레이도 우수하다. '오프 더 볼'에서 날카롭게 침투한다. 문제는 카드 수집. 냉정해질 필요가 있다.

PLAYER'S HISTORY

2012년 사수올로에서 데뷔했고, 2013년 유벤투스로 이적했다. 유벤투스에 적을 둔 채 사수올로로 임대됐다가 2015년 친정팀으로 복귀했다. 이탈리아 U-19, U-21 대표를 거쳤고, 국가대표로 유로 2020 우승을 경험했다. 약혼녀 프란체스카와 사이에 8개월 된 아들이 있다.

주로 사용하는 발: 왼발 86%		
우승	1부리그: 0-0	협회컵: 0-0	챔피언스: 0-0
준우승	클럽월드컵: 0-0	UEFA 유로: 1-0	월드컵: 0-0

슈팅-득점: 54-13 / 59-4
- 113-17 LG-17
- 10-1 RG-0
- 8-7 HG-0

패스 방향 분포: 전진 23%, 좌향 48%, 우향 8%, 후진 22%

2020-21 세리에 A: 28-2 2485 7 39.4-31.7 81%
T 2.8-1.4 I 0.9 DR 2.1-1.0 4-0 ★ 8

GK Andrea CONSIGLI 47
안드레아 콘실리

사수올로의 수호신. 이탈리아 연령별 대표팀에 꾸준히 포함될 정도의 엘리트 출신. 어느덧 30대 중반의 베테랑이지만 여전히 뛰어난 반사 신경을 보여주고 있다. 아탈란타 유스 출신으로 2014년 사수올로에 입단했다. 주전으로 활약한 지 8시즌째가 되어간다. 263경기에 출전했고 66개의 클린시트를 기록했다. 지난 시즌도 1경기만 결장했고 그 외 풀타임 출전을 완료했다.

주로 사용하는 발: 오른발 93%		
우승	1부리그: 0-0	협회컵: 0-0	챔피언스: 0-0
준우승	클럽월드컵: 0-0	UEFA 유로: 0-0	월드컵: 0-0

세이브-실점: 81-49 / 49-7
- 186-56 TH-161
- 186-130 NK-235
- 5-1 KD-24

패스 방향 분포: 전진 54%, 좌향 31%, 우향 15%, 후진 0%

2020-21 세리에 A: 37-0 3330 70% S% 7 CS 31.9-25.2
P% 79% LB 10.7-4.4 AD 24-12 0-0 ★ 5

DF Gian MARCO FERRARI 31
잔 마르코 페라리

후방을 지키는 사수올로 수비의 핵심. 이제 30대에 접어든 선수로서 경험치가 풍부해 좋은 모습을 보여준다. 대인 마크와 공중볼 경합, 수비 진영의 라인 컨트롤이 뛰어나다. 대표적인 저니맨으로 옮겨다닌 클럽만 10개가 넘는다. 18-19 시즌부터 본격적으로 기회를 받았고 이탈리아 성인 대표팀에도 차출되었다. 대기만성형의 수비수로 싸르바의 유스 출신이시노 하나.

주로 사용하는 발: 왼발 88%		
우승	1부리그: 0-0	협회컵: 0-0	챔피언스: 0-0
준우승	클럽월드컵: 0-0	UEFA 유로: 0-0	월드컵: 0-0

슈팅-득점: 21-0 / 4-0
- 25-0 LG-0
- 0-0 RG-0
- 0-0 HG-0

패스 방향 분포: 전진 37%, 좌향 16%, 우향 43%, 후진 4%

2020-21 세리에 A: 33-1 3015 4 79.6-73.0 92%
T 1.3-0.9 I 1.5 DR 0.4-0.2 7-0 ★ 0

MF Filip ĐURIČIĆ 10
필립 주리치치

사수올로에서 개인기가 가장 뛰어난 선수다. 주 위치는 공격형 MF 혹은 LW이지만 CF, RW, 심지어 '딥-라잉 플레이메이커'까지 넘나든다. 실제 그의 히트맵을 봐도 활동 범위가 꽤 넓다는 것을 알 수 있다. 스피드를 이용한 쾌속 드리블이 특기다. 물론, 지공 상황에서는 마르세유턴, 스텝오버 등 기술도 선보인다. 콤비네이션 플레이와 스루패스는 매우 날카롭다.

주로 사용하는 발: 오른발 86%		
우승	1부리그: 1-0	협회컵: 1-0	챔피언스: 0-0
준우승	클럽월드컵: 0-0	UEFA 유로: 0-0	월드컵: 0-0

슈팅-득점: 31-5 / 24-0
- 55-5 LG-0
- 0-0 RG-5
- 1-1 HG-0

패스 방향 분포: 전진 27%, 좌향 23%, 우향 26%, 후진 24%

2020-21 세리에 A: 27-5 2099 4 27.4-21.6 79%
T 1.6-1.0 I 0.3 DR 1.8-1.1 5-0 ★ 0

SQUAD LIST

위치	번호	선수	국적	키	생년월일	전 소속 팀
GK	24	Giacomo Satalino	ITA	188	99-05-20	Fiorentina
	47	Andrea Consigli	ITA	189	87-01-27	Atalanta
	56	Gianluca Pegolo	ITA	183	81-03-25	Siena
	71	Gioele Zacchi	ITA	183	03-07-10	None
DF	3	Edoardo Goldaniga	ITA	193	93-11-02	Palermo
	5	Kaan Ayhan	TUR	184	94-11-10	Fortuna Düsseldorf
	6	Rogério	BRA	177	98-01-13	Juventus
	13	Federico Peluso	ITA	188	84-01-21	Juventus
	17	Mert Müldür	TUR	188	99-04-03	Rapid Vienna
	19	Filippo Romagna	ITA	186	97-05-26	Cagliari
	21	Vlad Chiricheș	ROU	183	89-11-14	Napoli
	22	Jeremy Toljan	GER	182	94-08-08	Borussia Dortmund
	31	Gian Marco Ferrari	ITA	189	92-05-15	Crotone
	44	Ryan Flamingo	NED	186	02-12-31	Almere C
	70	Yeferson Paz	COL	176	02-06-13	Cortuluá
	77	Georgios Kyriakopoulos	GRE	178	96-02-05	Asteras Tripolis
MF	4	Francesco Magnanelli	ITA	181	84-11-12	Sangiovannese
	7	Jeremie Boga	FRA	172	97-01-03	Chelsea
	8	Maxime López	FRA	167	97-12-04	Marseille
	10	Filip Djuričić	SRB	182	92-01-30	Sampdoria
	14	Pedro Obiang	EQG	186	92-03-27	West Ham U
	16	Davide Frattesi	ITA	178	99-09-22	Roma
	20	Abdou Harroui	NED	181	98-01-13	Sparta Rotterdam
	23	Hamed Junior Traoré	CIV	177	00-02-16	Empoli
	97	Matheus Henrique	BRA	175	97-12-19	Grêmio
FW	18	Giacomo Raspadori	ITA	172	00-02-18	None
	25	Domenico Berardi	ITA	183	94-08-01	Juventus
	91	Gianluca Scamacca	ITA	195	99-01-01	PSV Eindhoven
	92	Grégoire Defrel	FRA	180	91-06-17	Roma

UC SAMPDORIA

구단 창립 : 1946년 홈구장 : 스타디오 루이지 페라리스 대표 : 마시모 페레로 2020-21시즌 : 9위(승점 52점) 15승 7무 16패 52득점 54실점 닉네임 : I Blucerchiati, La Samp

기복 심했던 지난 시즌, 영입 공격수들에 기대

6위까지 올라갔지만 기복이 심한 시즌을 보냈고, 결국 9위로 마감했다. 강팀과의 경기에서 실수를 연발했다. 이적 시장에서 600만 유로를 벌고, 1400만 유로를 지출했다. 토레그로사, 칸드레바 등 영입 공격수들에게 기대를 건다.

MANAGER : Roberto D'AVERSA 로베르토 다베르사

생년월일 : 1975.08.12 / 출생지 : 슈투트가르트(독일)
현역시절 포지션 : 미드필더 / 계약만료 : 2023.06.30
평균 재직 기간 : 1년 / 선호 포맷 : 4-3-3

1975년생의 이탈리아 출신의 감독. 밀란 유스 출신으로 하부 리그에서 선수 생활을 마감했다. 비르투스 란치아노에서 감독을 맡았고, 2016년 파르마에서 5시즌 동안 이끌었다. 재능을 인정받고 있는 40대 감독 중 단연 돋보인다.

우승-준우승

ITALIAN SERIE-A	1-1
ITALIAN COPPA ITALIA	4-3
UEFA CHAMPIONS LEAGUE	0-1
UEFA EUROPA LEAGUE	0-0
FIFA CLUB WORLD CUP	0-0
UEFA-CONMEBOL INTERCONTINENTAL	0-0

ODDS CHECK

업체	배당	우승확률
bet365	배당률 500배	우승 확률 10위
sky bet	배당률 500배	우승 확률 10위
William HILL	배당률 500배	우승 확률 10위
888sport	배당률 500배	우승 확률 10위

*우승 확률이 높을수록 배당률은 낮아짐

2021-22 SEASON SCHEDULE

날짜	장소	상대팀	날짜	장소	상대팀
08-23	H	AC Milan	01-06	A	Cagliari
08-29	A	Sassuolo	01-09	A	Napoli
09-12	H	Inter Milan	01-16	H	Torino
09-19	A	Empoli	01-23	A	Spezia
09-22	H	Napoli	02-06	H	Sassuolo
09-26	A	Juventus	02-13	A	AC Milan
10-03	H	Udinese	02-20	H	Empoli
10-17	A	Cagliari	02-27	A	Atalanta
10-24	H	Spezia	03-06	H	Udinese
10-27	H	Atalanta	03-13	A	Juventus
10-31	A	Torino	03-20	H	Venezia
11-07	H	Bologna	04-03	A	AS Roma
11-21	A	Salernitana	04-10	A	Bologna
11-28	H	Hellas Verona	04-16	H	Salernitana
12-01	A	Fiorentina	04-24	A	Hellas Verona
12-05	H	Lazio	05-01	H	Genoa
12-12	A	Genoa	05-08	A	Lazio
12-19	H	Venezia	05-15	A	Fiorentina
12-22	A	AS Roma	05-22	H	Inter Milan

시간대별 득점 | 시간대별 실점 | 위치별 슈팅-득점 | 공격 방향 | 볼 점유 위치 | 포지션별 득점 | 상대 포지션별 실점

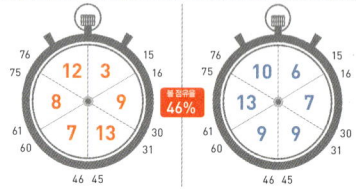

위치별 슈팅-득점: 35-9 / 241-36 / 152-7

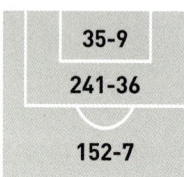
37% 25% 38%

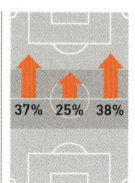
상대 진영 29% / 중간 지역 43% / 우리 진영 28%

FW진 26골 / MF진 21골 / DF진 5골

DF진 8골 / MF진 18골 / FW진 27골

*자책골 실점 1골

BASIC FORMATION

4-4-2

콸리아렐라 (토레그로사) — 가비아디니 (카푸토)
댐스코 (베레) — 칸드레바 (이하티렌)
엑달 (비에라) — 토르스비 (실바)
아우젤로 (무루) — 베레신스키 (페라리)
콜리 (사보) — 요시다 (드라구신)
아우데로 (라발리아)

TOTO GUIDE 지난시즌 전적

상대팀	홈	원정
Inter Milan	2-1	1-5
AC Milan		1-1
Atalanta	0-2	3-1
Juventus	0-2	0-3
Napoli	0-2	1-2
Lazio	3-0	0-1
AS Roma	2-0	0-1
Sassuolo	2-3	0-1
Hellas Verona	3-1	2-1
Genoa	1-1	1-1
Bologna	1-2	1-3
Udinese	2-1	1-0
Fiorentina	2-1	2-1
Spezia	2-2	1-2
Cagliari	2-2	0-2
Torino	1-0	2-2
Benevento	2-3	1-1
Crotone	3-1	1-0
Parma	3-0	2-0

득점 패턴 | 실점 패턴

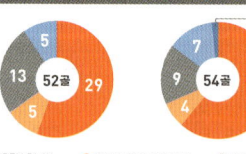

득점 패턴: 52골 (OPEN PLAY 29, COUNTER ATTACK 5, SET PLAY 13, PENALTY KICK 5)
실점 패턴: 54골 (33, 4, 9, 7, OWN GOAL 1)

● OPEN PLAY ● COUNTER ATTACK ● SET PLAY
● PENALTY KICK ● OWN GOAL

OFFENSE | DEFENSE

OFFENSE	등급	DEFENSE	등급
오픈 플레이	C	오픈 플레이 수비	C
카운터 어택	B	카운터 어택 수비	B
짧은 패스 게임	B	짧은 패스 게임 수비	C
롱볼 연계 플레이	C	롱볼 연계 플레이수비	C
솔로 플레이	C	솔로 플레이 수비	E
중거리 슈팅 / 직접 프리킥	C	중거리 슈팅 수비	C
측면 공격	B	측면 수비	D
세트 플레이	B	세트 플레이 수비	B
위협적인 공격 횟수	E	공중전 능력	B
슈팅 대비 득점	D	볼 쟁탈전 / 투쟁심	B
오프사이드 피하기	B	실수 조심	C
볼 점유율	D	파울 주의	C

A 매우 우수함 B 우수함 C 평균 수준 D 부족함 E 많이 부족함

FW Fabio QUAGLIARELLA 27
파비오 콸리아렐라

SCOUTING REPORT
밀란의 즐라탄처럼 '여전히 콸리아렐라' 다. 팀의 주장으로서 지난 시즌 33경기에 출전했으며 리그 13골을 넣었다. 30대 후반의 나이지만 자기 관리가 뛰어나고 동료들에게 존경을 받고 있다. 이미 삼프도리아 수뇌부들은 레전드 대우를 해주고 있다. 최전방에서 뛰며 측면으로 열어주는 패스와 수비 시에도 헌신적인 모습을 보인다. 기동성이 떨어지고 있지만 골문 앞에서의 결정력은 더 여유로워지고 있다.

PLAYER'S HISTORY
토리노의 유스 출신으로 1999년에 데뷔했다. 많은 클럽을 오고 갔고, 삼프도리아와 우디네세, 나폴리를 거쳐 유벤투스로 입단했다. 리그 3연속 우승을 얻고 나서 토리노로 떠났고, 다시 삼프도리아로 리턴했다. 2016년에 합류했으니 어느덧 여섯 시즌째 활약하고 있다.

GK Emil AUDERO 1
에밀 아우데로

이탈리아가 주목하고 있는 골키퍼 신성. 맹수와도 같은 반사 신경을 가졌다. 다이빙, 펀칭, 슛 스토퍼가 좋고 무섭게 외치는 호통도 인상적이다. 일대일 상황에서 상대의 슈팅 각도를 좁히는 움직임이 좋다. 유벤투스 유스 출신으로 베네치아, 삼프도리아로 임대를 떠났고 19-20 시즌 완전 이적에 성공했다. 이탈리아 연령별 대표팀을 모두 거친 엘리트 출신이다.

DF Omar COLLEY 15
오마르 콜리

삼프도리아의 주전 센터백. 강력한 파워와 공중전에서의 강점을 가졌다. 지난 시즌 경기당 2.3개의 인터셉트에 성공했고 4.6개의 클리어링을 기록했다. 이는 리그 전체의 선수를 통틀어 놓았을 때 가장 높은 수치다. 2018년 삼프도리아에 합류했고 감비아 대표팀 선수로도 맹활약하고 있다. 지난 시즌 초반기엔 벤치에 머물렀지만, 다시 돌아와 좋은 수비를 보여주었다.

MF Morten THORSBY 2
모르텐 토르스비

중원의 살림꾼이자 핵심 미드필더. 리그 최고의 지구력을 자랑한다. 넓은 활동 반경을 가지고 있고 상황에 따라서는 골대 앞까지도 뛴다. 점프력이 좋아 헤딩 커팅과 세트피스 시 좋은 공격 옵션이 되기도 한다. 헤렌벤에서 재능을 만개하여 2019년 삼프도리아로 입단했다. 노르웨이 U-16 대표팀부터 시작해 성인 대표팀의 주축 멤버로 활약한다. 앞으로 더 기대되는 선수다.

SQUAD LIST

위치	번호	선수	국적	키	생년월일	전 소속팀
GK	1	Emil Audero	ITA	192	97-01-18	Juventus
	30	Nicola Ravaglia	ITA	184	88-12-12	Cremonese
	33	Wladimiro Falcone	ITA	195	95-04-12	None
	67	Matteo Esposito	ITA	193	01-11-30	Juve Stabia
DF	3	Tommaso Augello	ITA	180	94-08-30	Spezia
	4	Julian Chabot	GER	195	98-02-12	FC Groningen
	12	Fabio Depaoli	ITA	182	97-04-24	Chievo Verona
	15	Omar Colley	GAM	191	92-10-24	KRC Genk
	19	Radu Drăgușin	ROU	191	02-02-03	Juventus
	22	Maya Yoshida	JPN	189	88-08-24	Southampton
	24	Bartosz Bereszyński	POL	183	92-07-12	Legia Warszawa
	25	Alex Ferrari	ITA	191	94-07-01	Bologna
	29	Nicola Murru	ITA	184	94-12-16	Cagliari
MF	2	Morten Thorsby	NOR	189	96-05-05	SC Heerenveen
	5	Adrien Silva	POR	175	89-03-15	Leicester C
	6	Albin Ekdal	SWE	186	89-07-28	Hamburg
	8	Valerio Verre	ITA	180	94-01-11	Pescara
	14	Ronaldo Vieira	GNB	178	98-07-19	Leeds U
	16	Kristoffer Askildsen	NOR	190	01-01-09	Stabæk
	20	Mohammed Ihattaren	NED	182	02-02-12	Juventus
	38	Mikkel Damsgaard	DEN	180	00-07-03	FC Nordsjælland
FW	9	Ernesto Torregrossa	ITA	184	92-06-28	Brescia
	10	Francesco Caputo	ITA	181	87-08-06	Sassuolo
	23	Manolo Gabbiadini	ITA	186	91-11-26	Southampton
	27	Fabio Quagliarella	ITA	180	83-01-31	Torino
	54	Riccardo Ciervo	ITA	190	02-04-01	Roma
	87	Antonio Candreva	ITA	180	87-02-28	Internazionale

HELLAS VERONA FC

구단 창립 : 1903년 **홈구장** : 스타디오 마르크 안토니오 벤테고디 **대표** : 마우리치오 세티 **2020-21시즌** : 10위(승점 45점) | 11승 12무 15패 46득점 48실점 **닉네임** : I Gialloblu, I Mastini

1부 리그 중위권 행보, 이적 시장서 전력 보강

지난 시즌 목표는 잔류와 유로파 진출이었다. 목표의 50%만 달성한 셈. 여름 이적 시장에서 일리치, 마나니, 체케리니, 시메오네(임대) 등을 영입해 스쿼드의 양과 질을 높였다. 올 시즌 전력도 중위권으로 평가받는다.

MANAGER : Igor TUDOR 이고르 투도르

생년월일 : 1978.04.16 / 출생지 : 스플리트(크로아티아)
현역시절 포지션 : DF, DM / 계약만료 : 2022.06.30
평균 재직 기간 : 1년 / 선호 포맷 : 3-4-1-2

2008년 현역 은퇴 직후 하이두크 스플리트에서 어시스턴트로 지도자 생활을 시작했다. PAOK, 갈라타사라이, 유벤투스(임시)를 거쳐 2021년 9월 15일, 경질된 디프란체스코의 뒤를 이어 베로나 감독이 됐다.

우승-준우승

ITALIAN SERIE-A	1-0
ITALIAN COPPA ITALIA	0-3
UEFA CHAMPIONS LEAGUE	0-0
UEFA EUROPA LEAGUE	0-0
FIFA CLUB WORLD CUP	0-0
UEFA-CONMEBOL INTERCONTINENTAL	0-0

ODDS CHECK

bet365	배당금 1000배	우승 확률 14위
sky bet	배당금 750배	우승 확률 13위
William HILL	배당금 750배	우승 확률 13위
888sport	배당금 750배	우승 확률 14위

*우승 확률이 높을수록 배당률도 낮아짐

2021-22 SEASON SCHEDULE

날짜	장소	상대팀	날짜	장소	상대팀
08-21	H	Sassuolo	01-06	A	Spezia
08-27	H	Inter Milan	01-09	H	Salernitana
09-12	A	Bologna	01-16	A	Sassuolo
09-19	H	AS Roma	01-23	H	Bologna
09-22	A	Salernitana	02-06	A	Juventus
09-26	H	Genoa	02-13	H	Udinese
10-03	H	Spezia	02-20	A	AS Roma
10-17	H	AC Milan	02-27	H	Venezia
10-24	H	Lazio	03-06	A	Fiorentina
10-27	A	Udinese	03-13	H	Napoli
10-31	A	Juventus	03-20	A	Empoli
11-07	H	Napoli	04-03	H	Genoa
11-21	H	Empoli	04-10	A	Inter Milan
11-28	H	Sampdoria	04-16	H	Atalanta
12-01	H	Cagliari	04-24	A	Sampdoria
12-05	A	Venezia	05-01	H	Cagliari
12-12	A	Atalanta	05-08	A	AC Milan
12-19	H	Torino	05-15	H	Torino
12-22	H	Fiorentina	05-22	A	Lazio

시간대별 득점 / 시간대별 실점 / 위치별 슈팅-득점 / 공격 방향 / 볼점유 위치 / 포지션별 득점 / 상대 포지션별 실점

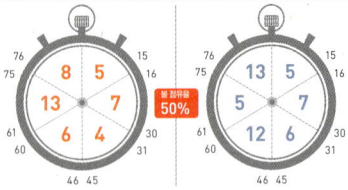

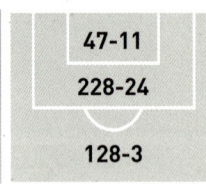

47-11
228-24
128-3

* 상대자책골 5골 / 몰수게임승 득점 3골

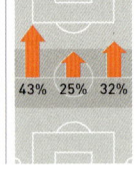
43% 25% 32%

상대 진영 28%
중간 지역 45%
우리 진영 27%

FW진 8골
MF진 21골
DF진 9골

* OG 5골 / 몰수 승 3골

DF진 9골
MF진 17골
FW진 20골

* 자책골 실점 2골

BASIC FORMATION

3-4-2-1

칼리니치 / 라사냐
바리크 / 카프라리
칸첼리에리 / 라구사
라조비치 / 프라보타
일리치 / 벨로주
타메제 / 홍글라
파라오니 / 루에크
체케리니 / 제틴
귄터 / 슈탈로
다비도비츠 / 마나니
판두루 / 몬티포

TOTO GUIDE 지난시즌 전적

상대팀	홈	원정
Inter Milan	1-2	0-1
AC Milan	0-2	2-2
Atalanta	0-2	2-0
Juventus	1-1	1-1
Napoli	3-1	1-1
Lazio	0-1	2-1
AS Roma	3-0	1-3
Sassuolo	0-2	2-3
Sampdoria	1-2	1-3
Genoa	0-0	2-2
Bologna	2-2	0-1
Udinese	1-0	0-2
Fiorentina	1-2	1-1
Spezia	1-1	1-0
Cagliari	1-1	2-0
Torino	1-1	1-1
Benevento	3-1	3-0
Crotone	2-1	1-2
Parma	2-1	0-1

득점 패턴 | 실점 패턴

46골

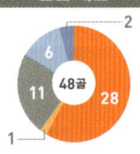
48골

● OPEN PLAY ● COUNTER ATTACK ● SET PLAY
● PENALTY KICK ● OWN GOAL ● FORFEIT WIN GOAL

OFFENSE | DEFENSE

오픈 플레이	E	오픈 플레이 수비	D
카운터 어택	C	카운터 어택 수비	D
짧은 패스 게임	C	짧은 패스 게임 수비	D
롱볼 연계 플레이	B	롱볼 연계 플레이 수비	D
솔로 플레이	A	솔로 플레이 수비	C
중거리 슈팅 / 직접 프리킥	D	중거리 슈팅 수비	D
측면 공격	B	측면 수비	D
세트 플레이	B	세트 플레이 수비	E
위협적인 공격 횟수	D	공중전 능력	B
슈팅 대비 득점	D	볼 쟁탈전 / 투쟁심	B
오프사이드 피하기	E	실수 조심	D
볼 점유율	D	파울 주의	C

A 매우 우수함 B 우수함 C 평균 수준 D 부족함 E 많이 부족함

Kevin LASAGNA 11
케빈 라사냐 (FW)

SCOUTING REPORT
베로나의 공격을 이끄는 조타수. 최전방 공격수는 물론 측면도 가능하다. 발이 매우 빠르며 특히 가속력이 붙은 스프린트는 역습 시 굉장한 무기가 된다. 상대 선수가 방향 전환하기 힘들 정도다. 드리블과 볼 컨트롤이 좋고 골문 앞에서 인사이드 킥을 시도한다. 지난 시즌은 리그 4골을 넣었고 직접 주장 완장까지 찼다. 다만 돌파 후 골 결정력이 낮아 마무리가 늘 아쉽다. 조금만 더 세밀했다면 좋았을 것이다.

PLAYER'S HISTORY
대기만성형의 공격수. 4부 리그에서 경력을 시작했다. 카르피에서 본격적으로 주목 받았지만, 팀의 승격과 강등을 모두 맛보았다. 우디네세로 이적 후 1부 리그에 적응했고 지난 시즌 베로나로 임대 왔다. 좋은 활약을 선보이며 이탈리아 대표팀 승선도 가능했다.

주로 사용하는 발: 왼발 77%
우승 1부리그: 0-0 | 협회컵: 0-0 | 챔피언스: 0-0
준우승 클럽월드컵: 0-0 | UEFA 유로: 0-0 | 월드컵: 0-0

슈팅-득점: 56-4 / 15-0
71-4 LG-2
1-0 RG-2
0-0 HG-0

패스 방향 분포: 전진 20%, 좌향 29%, 우향 22%, 후진 29%

2020-21 세리에 A: 14-5 | 1270 | A 0 | P 13.4-9.5 | P% 70%
T 0.6-0.4 | I 0.1 | DR 0.9-0.4 | 0 | ★ 0

SQUAD LIST

위치	번호	선수	국적	키	생년월일	전 소속 팀
GK	1	Ivor Pandur	CRO	185	00-03-25	Rijeka
	22	Alessandro Berardi	ITA	185	91-01-16	Bari
	96	Lorenzo Montipò	ITA	191	96-02-20	Benevento
DF	5	Marco Davide Faraoni	ITA	180	91-10-25	Crotone
	15	Mert Çetin	TUR	189	97-01-01	Roma
	16	Nicolò Casale	ITA	191	98-02-14	None
	17	Federico Ceccherini	ITA	187	92-05-11	Fiorentina
	21	Koray Günter	GER	184	94-08-16	Genoa
	23	Giangiacomo Magnani	ITA	191	95-10-04	Sassuolo
	30	Gianluca Frabotta	ITA	187	99-06-24	Juventus
	31	Boško Šutalo	CRO	188	00-01-01	Atalanta
MF	4	Miguel Veloso	POR	180	86-05-11	Genoa
	7	Antonín Barák	CZE	191	94-12-03	Udinese
	8	Darko Lazović	SRB	181	90-09-15	Genoa
	14	Ivan Ilic	SRB	185	01-03-17	Manchester C
	20	Kevin Rüegg	SUI	173	98-08-05	Zürich
	24	Daniel Bessa	BRA	173	93-01-14	Internazionale
	27	Paweł Dawidowicz	POL	189	95-05-20	Benfica
	61	Adrien Tameze	FRA	180	94-11-04	Nice
	77	Bogdan Jočić	SRB	181	01-01-11	Crvena Zvezda
	78	Martin Hongla	CMR	183	98-03-16	Royal Antwerp
FW	9	Nikola Kalinić	CRO	187	88-01-05	Atlético Madrid
	10	Gianluca Caprari	ITA	176	93-07-30	Sampdoria
	11	Kevin Lasagna	ITA	181	92-08-10	Udinese
	18	Matteo Cancellieri	ITA	173	02-02-12	Roma
	32	Antonino Ragusa	ITA	183	90-03-27	Sassuolo
	99	Giovanni Simeone	ARG	180	95-07-05	Cagliari

Ivor PANDUR 1
이보르 판두루 (GK)

지난 시즌 마르코 실베스트리의 백업이었다. 컨디션을 유지하며 늘 벤치에서 대기했다. 올 시즌 몬티포와 주전을 놓고 선의의 경쟁을 벌일 것이다. 판두르는 반사 신경이 뛰어난 선수다. 역동작에서 감각적으로 막아낸다. 안정적인 GK로 1대1 상황에서 밖으로 나가기보다는 최대한 기다리는 편이다. 골킥 평균 비거리 35m였다. 골킥을 빌드업에 자주 활용했다는 얘기다.

주로 사용하는 발: 오른발
우승 1부리그: 0-1 | 협회컵: 2-0 | 챔피언스: 0-0
준우승 클럽월드컵: 0-0 | UEFA 유로: 0-0 | 월드컵: 0-0

세이브-실점: 7-7 / 5-1
20-8 TH-11
20-12 NK-27
0-0 KD-35

패스 방향 분포: NO DATA

2020-21 크로아티아 1부 + 세리에 A: 6-0 | 512 | S% 60% | CS 0 | P 23.0-12.0
P% 52% | LB 15.5-4.5 | 0-0 | ★ 0

Davide FARAONI 5
다비데 파라오니 (DF)

멀티 플레이어. 지난 시즌 세리에A 34경기에 출전하며 RB 겸 RM으로서 우측 터치라인을 완전히 장악했다. 상황에 따라 중앙 미드필더로 출전할 수도 있다. 집중력이 좋아 상대의 볼을 잘 자른 뒤 빠르게 역습한다. 롱볼, 얼리 크로스는 꽤 날카롭다. 공격에서 수비로의 트랜지션도 잘 이뤄진다. 그러나 패스 콤비네이션을 전개할 때 세밀함이 살짝 부족한 편이다.

주로 사용하는 발: 오른발 88%
우승 1부리그: 0-1 | 협회컵: 1-0 | 챔피언스: 0-0
준우승 클럽월드컵: 1-0 | UEFA 유로: 0-0 | 월드컵: 0-0

슈팅-득점: 29-4 / 5-0
33-4 LG-0
1-0 RG-3
0-0 HG-1

패스 방향 분포: 전진 46%, 좌향 33%, 우향 4%, 후진 18%

2020-21 세리에 A: 33-1 | 2896 | A 7 | P 34.3-24.5 | P% 72%
T 2.6-1.9 | I 1.4 | DR 1.4-0.6 | 8-0 | ★ 2

Ivan ILIĆ 14
이반 일리치 (MF)

팀의 로테이션 플레이어. 올 시즌 출전 시간이 더 늘어날 가능성이 높다. 일리치는 중앙 미드필더다. 필드 가운데에서 살짝 왼쪽으로 치우친 활동 범위를 갖는다 (히트맵 분석). 간결한 전술적 드리블을 구사하고, 정확한 장단 패스를 뿌린다. 박스 외곽에서 강력한 왼발 중거리 슈팅을 날린다. 위치를 잘 잡고 상대의 패스를 날카롭게 자른다. 태클 성공률을 높여야 한다.

주로 사용하는 발: 오른발 91%
우승 1부리그: 0-0 | 협회컵: 0-0 | 챔피언스: 0-0
준우승 클럽월드컵: 0-0 | UEFA 유로: 0-0 | 월드컵: 0-0

슈팅-득점: 8-0 / 4-2
12-2 LG-2
1-0 RG-0
0-0 HG-0

패스 방향 분포: 전진 26%, 좌향 27%, 우향 33%, 후진 14%

2020-21 세리에 A: 119-? | 1834 | A 0 | P 38.1-32.6 | P% 86%
T 1.4-0.9 | I 0.9 | DR 1.4-1.0 | 2-0 | ★ 1

GENOA CFC

구단 창립 : 1893년   **홈구장** : 스타디오 루이지 페라리스   **대표** : 엔리코 프레치오시   **2020-21시즌** : 11위(승점 42점) 10승 12무 16패 47득점 58실점   **닉네임** : Il Grifone, I Rossoblù

'소방수' 발라르디니, 제노아를 구해내다

지난 시즌 중반까지 최하위에 머물렀다. 결국, 마란 감독을 내보내고 발라르디니 감독에게 지휘봉을 맡겼다. 그는 팀을 강등권에서 구해 중위권으로 올려놓았다. 이번 시즌의 목표는 지난 시즌과 같은 과오를 범하지 않는 것.

MANAGER : Davide BALLARDINI 다비데 발라르디니

생년월일 : 1964.01.06 / 출생지 : 라베나(이탈리아)
현역시절 포지션 : 미드필더 / 계약만료 : 0000.00.00
평균 재직 기간 : 1년 / 선호 포맷 : 3-5-2

1964년생 이탈리아 라베나 출신의 감독. 많은 클럽에서 감독을 역임했다. 라치오, 팔레르모, 제노아, 볼로냐 등 지도 경험이 많다. 지난 시즌 도중에 합류했고 제노아에서만 네 번째 감독으로 인연을 맺었다.

우승-준우승

- ITALIAN SERIE-A 9-4
- ITALIAN COPPA ITALIA 1-1
- UEFA CHAMPIONS LEAGUE 0-0
- UEFA EUROPA LEAGUE 0-0
- FIFA CLUB WORLD CUP 0-0
- UEFA-CONMEBOL INTERCONTINENTAL 0-0

ODDS CHECK

	배당률	우승 확률
bet365	1500배	17위
sky bet	750배	13위
William HILL	1000배	15위
888sport	1000배	17위

*우승 확률이 높을수록 배당률은 낮아짐

2021-22 SEASON SCHEDULE

날짜	장소	상대팀	날짜	장소	상대팀
08-21	A	Inter Milan	01-06	A	Sassuolo
08-29	H	Napoli	01-09	H	Spezia
09-12	A	Cagliari	01-16	A	Fiorentina
09-19	H	Fiorentina	01-23	H	Udinese
09-22	H	Bologna	02-06	A	AS Roma
09-26	A	Hellas Verona	02-13	H	Salernitana
10-03	H	Salernitana	02-20	A	Venezia
10-17	H	Sassuolo	02-27	H	Inter Milan
10-24	A	Torino	03-06	A	Empoli
10-27	H	Spezia	03-13	A	Atalanta
10-31	H	Venezia	03-20	H	Torino
11-07	A	Empoli	04-03	H	Hellas Verona
11-21	H	AS Roma	04-10	A	Lazio
11-28	A	Udinese	04-16	H	AC Milan
12-01	H	AC Milan	04-24	H	Cagliari
12-05	A	Juventus	05-01	A	Sampdoria
12-12	H	Sampdoria	05-08	H	Juventus
12-19	A	Lazio	05-15	A	Napoli
12-22	H	Atalanta	05-22	H	Bologna

시간대별 득점 / 시간대별 실점 / 위치별 슈팅-득점 / 공격 방향 / 볼 점유 위치 / 포지션별 득점 / 상대 포지션별 실점

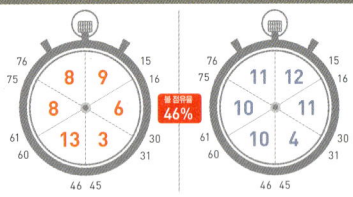
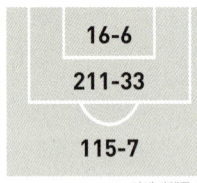
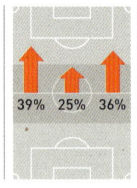

시간대별 득점: 8, 9, 8, 6, 13, 3 / 볼 점유율 46%
시간대별 실점: 11, 12, 10, 11, 10, 4
위치별 슈팅-득점: 16-6, 211-33, 115-7 *상대자책골 1골
공격 방향: 39% 25% 36%
볼 점유 위치: 상대 진영 24% / 중간 지역 46% / 우리 진영 30%
포지션별 득점: FW진 34골, MF진 6골, DF진 6골 *상대자책골 1골
상대 포지션별 실점: DF진 8골, MF진 17골, FW진 31골 *자책골 실점 2골

BASIC FORMATION (3-5-2)

- 판데프 / 데스트로
- 에쿠반 / 카이세도
- 로벨라 / 에르나니
- 스투라로 / 에쿠반
- 캄비아소 / 파레스
- 바데이 / 베흐라미
- 기글리오네 / 비라스키
- 크리시토 / 마시엘로
- 비라스키 / 라도바노비치
- 판호스덴 / 세르페
- 시리구 / 안드레나치

TOTO GUIDE 지난시즌 전적

상대팀	홈	원정
Inter Milan	0-2	0-3
AC Milan	2-2	1-2
Atalanta	3-4	0-0
Juventus	1-3	1-3
Napoli	2-1	0-6
Lazio	1-1	3-4
AS Roma	1-3	0-1
Sassuolo	1-2	1-2
Sampdoria	1-1	1-1
Hellas Verona	2-2	0-0
Bologna	2-0	2-0
Udinese	1-1	0-1
Fiorentina	1-1	1-1
Spezia	2-0	1-0
Cagliari	1-0	1-0
Torino	1-2	0-0
Benevento	2-2	0-2
Crotone	4-1	3-0
Parma	1-2	2-1

득점 패턴 (47골)

- OPEN PLAY: 35
- COUNTER ATTACK: 4
- SET PLAY: 4
- PENALTY KICK: 3
- OWN GOAL: 1

실점 패턴 (58골)

- OPEN PLAY: 41
- COUNTER ATTACK: 7
- SET PLAY: 7
- PENALTY KICK: 1
- OWN GOAL: 2

OFFENSE | DEFENSE

OFFENSE		DEFENSE	
오픈 플레이	E	오픈 플레이 수비	D
카운터 어택	C	카운터 어택 수비	C
짧은 패스 게임	B	짧은 패스 게임 수비	C
롱볼 연계 플레이	C	롱볼 연계 플레이 수비	B
솔로 플레이	B	솔로 플레이 수비	C
중거리 슈팅 / 직접 프리킥	C	중거리 슈팅 수비	E
측면 공격	B	측면 수비	C
세트 플레이	D	세트 플레이 수비	C
위협적인 공격 횟수	C	공중전 능력	D
슈팅 대비 득점	D	볼 쟁탈전 / 투쟁심	B
오프사이드 피하기	C	실수 조심	C
볼 점유율	D	파울 주의	E

A 매우 우수함   B 우수함   C 평균 수준   D 부족함   E 많이 부족함

FW Mattia DESTRO 23
마티아 데스트로

SCOUTING REPORT
볼로냐에서의 말년, '에이징 커브' 이야기가 나오며 찬밥 신세였다. 2019-20시즌 후반기 제노아로 이적하면서 적응기를 보냈고, 지난 시즌엔 11골을 터뜨리며 부활했다. 데스트로는 '밀렵꾼'이다. 잘 보이지 않다가 문전에서 기회가 생길 때 갑자기 나타나 골을 터뜨린다. 반 박자 빠른 슈팅 타이밍에 상대 수비가 방어하기 까다롭다. 정말 부지런히 움직인다. 히트맵을 보면 CF치고 활동 범위가 넓은 편이다.

PLAYER'S HISTORY
축구 선수였던 플라비오의 아들이다. 2010년 제노아에서 데뷔했고, 시에나, AS 로마, AC 밀란(임대), 볼로냐를 거쳐 2020년 친정팀으로 복귀했다. 청소년 대표 출신으로 2012년 잉글랜드전 때 국가대표로 데뷔했다. 2014년 9월, 모델 출신 여자친구 루도비카와 결혼했다.

주로 사용하는 발: 오른발 89%
우승 — 1부리그: 0-1 / 협회컵: 0-1 / 챔피언스: 0-0
준우승 — 클럽 월드컵: 0-0 / UEFA 유로: 0-0 / 월드컵: 0-0

GK Salvatore SIRIGU 57
살바토레 시리구

베테랑 골키퍼. 팔레르모의 유스 출신으로 파리 생제르망과 세비야, 오사수나를 거쳐 토리노에서 활약한 수문장. 반사 신경이 뛰어나고 도전적인 플레이에도 뛰어나다. 이탈리아 연령별 대표팀을 모두 겪었고 성인 대표팀에서도 27경기 출장할 만큼 능력이 뛰어나다. 이번 시즌 팔레아리의 대체 자원으로 제노아에 합류했다. 수비 진영의 무게감을 주기 위한 최고의 영입이다.

주로 사용하는 발: 오른발 93%
우승 — 1부리그: 4-1 / 협회컵: 2-1 / 챔피언스: 0-0
준우승 — 클럽 월드컵: 0-0 / UEFA 유로: 1-1 / 월드컵: 0-0

DF Domenico CRISCITO 4
도메니코 크리시토

팀의 주장이자 정신적인 지주. 3백 전술에 있어선 센터백으로 출전한다. 팀의 베테랑으로서 후배 선수들에게 좋은 경험을 안겨주곤 한다. 지난 시즌 무릎과 종아리 부상, 코로나 확진으로 리그 23경기에만 출전했다. 처음 프로에 데뷔한 제노아로 돌아온 후 클럽의 수뇌부와 좋은 관계를 유지하고 있다. 이탈리아 대표팀 출신으로 올림픽 대표로도 참가했다.

주로 사용하는 발: 왼발 87%
우승 — 1부리그: 3-2 / 협회컵: 1-0 / 챔피언스: 0-0
준우승 — 클럽 월드컵: 0-0 / UEFA 유로: 0-0 / 월드컵: 0-0

MF Nicolò ROVELLA 65
니콜로 로벨라

투쟁심이 돋보이는 미드필더. 제노아의 유스 출신으로 유벤투스로 영입되었다가 곧바로 다시 임대되었다. 이탈리아 U-17, U-18, U-19 팀을 거쳐 현재는 21세 이하의 팀에서 활약하고 있다. 측면으로 열어주는 롱패스가 좋은 수비형 미드필더 유망주. 다만 거친 플레이와 멘탈 관리가 허술해 경고를 많이 받는다. 지난 시즌 유벤투스전에서 도움을 기록했다.

주로 사용하는 발: 오른발 93%
우승 — 1부리그: 0-0 / 협회컵: 0-0 / 챔피언스: 0-0
준우승 — 클럽 월드컵: 0-0 / UEFA 유로: 0-0 / 월드컵: 0-0

SQUAD LIST

위치	번호	선수	국적	키	생년월일	전 소속팀
GK	1	Adrian Šemper	CRO	194	98-01-12	Chievo Verona
	22	Federico Marchetti	ITA	188	83-02-07	Lazio
	35	Lorenzo Andrenacci	ITA	188	95-01-02	Brescia
	57	Salvatore Sirigu	ITA	192	87-01-12	Torino
DF	2	Stefano Sabelli	ITA	176	93-01-13	Empoli
	3	Zinho Vanheusden	BEL	187	99-07-29	Internazionale
	4	Domenico Criscito	ITA	183	86-12-30	Zenit St Petersburg
	5	Andrea Masiello	ITA	184	86-02-05	Atalanta
	13	Mattia Bani	ITA	188	93-12-10	Bologna
	14	Davide Biraschi	ITA	182	94-07-02	Avellino
	15	Johan Vásquez	MEX	182	98-10-22	UNAM
	52	Nikola Maksimović	SRB	193	91-11-25	Napoli
	66	Laurens Serpe	ITA	193	01-02-07	None
	93	Mohamed Fares	ALG	183	96-02-15	Lazio
MF	8	Francesco Cassata	ITA	183	97-07-16	Sassuolo
	10	Filippo Melegoni	ITA	186	99-02-18	Atalanta
	11	Valon Behrami	SUI	185	85-04-19	Sion
	18	Paolo Ghiglione	ITA	191	97-02-02	None
	21	Ivan Radovanović	SRB	188	88-08-29	Chievo Verona
	27	Stefano Sturaro	ITA	181	93-03-09	Juventus
	33	Hernani	BRA	188	94-03-27	Parma
	47	Milan Badelj	CRO	186	89-02-25	Lazio
	50	Andrea Cambiaso	ITA	181	00-02-20	None
	65	Nicolò Rovella	ITA	179	01-12-04	Juventus
	90	Manolo Portanova	ITA	183	00-06-02	Juventus
	94	Abdoulaye Touré	FRA	187	94-03-03	Nantes
	–	Pablo Galdames	CHI	62	96-12-30	Vélez Sarsfield
FW	9	Felipe Caicedo	ECU	183	88-09-05	Lazio
	19	Goran Pandev	MKD	184	83-07-27	Galatasaray
	20	Caleb Ekuban	GHA	188	94-03-23	Trabzonspor
	23	Mattia Destro	ITA	182	91-03-20	Bologna
	24	Flavio Bianchi	ITA	178	00-01-24	None
	44	Aleksander Buksa	POL	187	03-01-15	Wisła Kraków
	91	Yayah Kallon	SLE	175	01-06-30	Savona

BOLOGNA FC 1909

구단 창립 : 1909년 **홈구장** : 스타디오 레나토 달라라 **대표** : 조이 사푸토 **2020-21시즌** : 12위(승점 41점) 10승 11무 17패 51득점 65실점 **닉네임** : I Rossoblù, I Veltri

미하일로비치 영향력 탄탄, 목표는 중위권 탈출

중위권에서 영향력 있는 팀으로 분류된다. 미하일로비치 감독의 지휘 아래에서 좋은 모습을 보인다. 그러나 수비가 불안하고, 경기 기복이 심하다. 이적 시장에서 아르나우토비치, 바로우 등 수준급 공격자원들을 영입했다.

MANAGER : Siniša MIHAJLOVIĆ 시니샤 미하일로비치

생년월일 : 1969.02.20 / **출생지** : 부코바르(유고슬라비아)
현역시절 포지션 : 수비수 / **계약만료** : 2023.06.30
평균 재직 기간 : 2년 / **선호 포맷** : 4-2-3-1

데드볼 스페셜리스트 출신 감독. 카리스마와 선수 장악력이 일품이다. 벌써 많은 클럽을 전전했다. 볼로냐와는 두 번째로 만나는 것이지만 이번 시즌도 연임하게 되었다. 중위권 탈출과 함께 유로파 진출권을 얻는 것이 최종 목표다.

우승-준우승

ITALIAN SERIE-A	0-0
ITALIAN COPPA ITALIA	0-0
UEFA CHAMPIONS LEAGUE	0-0
UEFA EUROPA LEAGUE	0-0
FIFA CLUB WORLD CUP	0-0
UEFA-CONMEBOL INTERCONTINENTAL	0-0

ODDS CHECK

bet365	배당률 500배	우승 확률 10위
sky bet	배당률 500배	우승 확률 10위
William HILL	배당률 500배	우승 확률 10위
888sport	배당률 500배	우승 확률 10위

*우승 확률이 높을수록 배당률은 낮아짐

2021-22 SEASON SCHEDULE

날짜	장소	상대팀	날짜	장소	상대팀
08-22	H	Salernitana	01-06	A	Inter Milan
08-28	A	Atalanta	01-09	A	Cagliari
09-12	H	Hellas Verona	01-16	H	Napoli
09-19	A	Inter Milan	01-23	A	Hellas Verona
09-22	H	Genoa	02-06	H	Empoli
09-26	A	Empoli	02-13	A	Lazio
10-03	H	Lazio	02-20	H	Spezia
10-17	A	Udinese	02-27	A	Salernitana
10-24	H	AC Milan	03-06	H	Torino
10-27	A	Napoli	03-13	A	Fiorentina
10-31	H	Cagliari	03-20	H	Atalanta
11-07	A	Sampdoria	04-03	A	AC Milan
11-21	H	Venezia	04-10	H	Sampdoria
11-28	A	Spezia	04-16	A	Juventus
12-01	H	AS Roma	04-24	H	Udinese
12-05	H	Fiorentina	05-01	A	AS Roma
12-12	A	Torino	05-08	H	Venezia
12-19	H	Juventus	05-15	A	Sassuolo
12-22	A	Sassuolo	05-22	A	Genoa

시간대별 득점 / 시간대별 실점

시간대별 득점: 76–15 / 12–4 / 9–10 / 7–9 / 61–31 / 60–46–45 (볼 점유율 51%)

시간대별 실점: 76–15 / 4–10 / 13–12 / 12–14 / 61–30 / 60–46–45

위치별 슈팅-득점

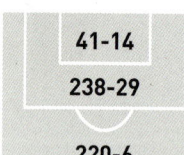

41-14
238-29
220-6

*상대자책골 2골

공격 방향

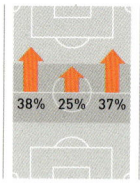

38% 25% 37%

볼 점유 위치

상대 진영 28%
중간 지역 42%
우리 진영 30%

포지션별 득점

FW진 25골
MF진 17골
DF진 7골

*상대자책골 2골

상대 포지션별 실점

DF진 6골
MF진 20골
FW진 37골

*자책골 실점 2골

BASIC FORMATION

4-2-3-1

아르나우토비치 / 판호이동크
바로우 / 산소네, 소리아노 / 비그노토, 오르솔리니 / 올슨
도밍게스 / 스반베리, 스하우튼 / 마이클
히키 / 데익스, 보니파치 / 코르보, 메델 / 수마오로
스코룹스키 / 바르디

TOTO GUIDE 지난시즌 전적

상대팀	홈	원정
Inter Milan	0-1	1-3
AC Milan	1-2	0-2
Atalanta	2-2	0-5
Juventus	1-4	0-2
Napoli	0-1	1-3
Lazio	2-0	1-2
AS Roma	1-5	0-1
Sassuolo	3-4	1-1
Sampdoria	3-1	2-1
Hellas Verona	1-0	2-2
Genoa	0-2	2-0
Udinese	2-2	1-1
Fiorentina	3-3	0-0
Spezia	4-1	2-2
Cagliari	3-2	0-1
Torino	1-1	1-1
Benevento	1-1	0-1
Crotone	1-0	3-2
Parma	4-1	3-0

득점 패턴

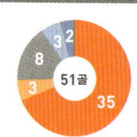

51골 — 35 오픈플레이, 8, 3, 3, 2

실점 패턴

65골 — 41, 13, 2, 7, 2

● OPEN PLAY ● COUNTER ATTACK ● SET PLAY ● PENALTY KICK ● OWN GOAL

OFFENSE | DEFENSE

오픈 플레이	D	오픈 플레이 수비	D
카운터 어택	C	카운터 어택 수비	B
짧은 패스 게임	B	짧은 패스 게임 수비	D
롱볼 연계 플레이	C	롱볼 연계 플레이수비	D
솔로 플레이	D	솔로 플레이 수비	D
중거리 슈팅 / 직접 프리킥	B	중거리 슈팅 수비	E
측면 공격	C	측면 수비	C
세트 플레이	B	세트 플레이 수비	C
위협적인 공격 횟수	D	공중전 능력	C
슈팅 대비 득점	D	볼 쟁탈전 / 투쟁심	A
오프사이드 피하기	C	실수 조심	E
볼 점유율	C	파울 주의	D

A 매우 우수함 **B** 우수함 **C** 평균 수준 **D** 부족함 **E** 많이 부족함

FW Musa BARROW 99
무사 배로우

SCOUTING REPORT
볼로냐에서의 풀타임 첫해, 나름 인상적인 활약을 보였다. 세리에A 38경기에서 8골·8도움을 올렸다. 득점력은 예전 아탈란타 시절과 별반 차이가 없으나 도움 숫자가 크게 늘었다. 일반적으로 1선 왼쪽 또는 CF로 경기에 나선다. 좌측에서는 직접 파고드는 경우가 많고, CF일 때는 포스트 플레이를 하며 침투하는 동료 윙어들에게 섬세한 피딩을 해준다. 발바닥으로 터치를 많이 하는 드리블을 구사한다.

PLAYER'S HISTORY
감비아계 이민 2세로 어머니와 이탈리아에서 거주하고 있다. 2018년 아탈란타에서 프로 선수로 데뷔했다. 2020년 볼로냐에 임대되어 경험을 쌓았고, 2021년 완전히 이적했다. 감비아 U-23 대표 출신이고, 2018년 9월 알제리와의 네이션스컵 예선 때 국가대표로 데뷔했다.

주로 사용하는 발: 오른발 87%

	우승	준우승
1부리그	0-0	
협회컵	0-1	
챔피언스	0-0	
클럽월드컵	0-0	
CAF 네이션스컵	0-0	
월드컵	0-0	

슈팅-득점: 40-5 / 49-3
- 89-8 LG-1
- 6-0 RG-5
- 1-0 HG-2

패스 방향 분포: 전진 27%, 좌향 13%, 우향 28%, 후진 32%

2020-21 세리에 A: 34-3 / 2934 / A 8 / P 26.4-20.3 / P% 77%
T 1.1-0.7 / I 0.3 / DR 1.9-0.9 / 0-0 / ★ 3

GK Łukasz SKORUPSKI 28
우카시 스코룹스키

볼로냐의 골문을 사수하는 수문장. 187cm로 골키퍼 포지션 특성상 큰 키는 아니지만, 점프력이 좋다. 공중볼 캐치 및 슛 스토퍼, 펀칭에 자신감을 보인다. 2011년 자국리그인 구르니크 자브제에서 데뷔했다. 로흐 라지온 쿠프를 거쳐 로마, 엠폴리에서 활약했다. 2018년 볼로냐로 합류 후 드디어 주전 골키퍼 자리를 차지했다. 폴란드 대표팀에선 서드 키퍼로 유로 본선에 참가하였다.

주로 사용하는 발: 오른발 89%

	우승	준우승
1부리그	0-2	
협회컵	0-0	
챔피언스	0-0	
클럽월드컵	0-0	
UEFA 유로	0-0	
월드컵	0-0	

세이브-실점: 64-39 / 38-7
- 148-46 TH-163
- 148-102 NK-228
- 7-2 KD-25

패스 방향 분포: 전진 56%, 좌향 19%, 우향 25%, 후진 0%

2020-21 세리에 A: 28-0 / 2520 / S% 69% / CS 4 / P 28.1-21.1
P% 75% / LB 11.2-4.3 / AD 19-11 / 1-0 / ★ 2

DF Lorenzo DE SILVESTRI 29
로렌초 데실베스트리

주 위치는 라이트백이지만 우측 MF, 라이트윙까지 상대 진영 깊숙이 진격한다. 어지간한 상대 윙어나 윙백을 압도할 수 있는 체격과 파워를 지녔다. 저돌적으로 측면을 돌파한 뒤 크로스를 올리거나 안으로 파고들며 다이렉트 슈팅을 날린다. 수비 트랜지션도 빠른 편이다. 이탈리아 연령별 대표를 다 지냈고, 2010년 9월, 페로아일랜드전에서 A매치 데뷔전을 치렀다.

주로 사용하는 발: 오른발 89%

	우승	준우승
1부리그	0-0	
협회컵	1-0	
챔피언스	0-0	
클럽월드컵	0-0	
UEFA 유로	0-0	
월드컵	0-0	

슈팅-득점: 1-0 / 10-2
- 11-2 LG-1
- 0-0 RG-1
- 0-0 HG-0

패스 방향 분포: 전진 29%, 좌향 38%, 우향 10%, 후진 25%

2020-21 세리에 A: 25-4 / 2149 / A 0 / P 36.2-27.4 / P% 76%
T 1.9-1.2 / DR 0.1-0.1 / 4-0 / ★ 1

SQUAD LIST

위치	번호	선수	국적	키	생년월일	전 소속팀
GK	12	Marco Molla	ITA	192	02-06-19	Prato
	22	Francesco Bardi	ITA	188	92-01-18	Frosinone
	28	Łukasz Skorupski	POL	187	91-05-18	Roma
DF	2	Luis Binks	ENG	188	01-09-18	Montreal Impact
	3	Aaron Hickey	SCO	176	02-06-17	Hearts
	4	Kevin Bonifazi	ITA	187	96-05-18	SPAL
	5	Adama Soumaoro	CIV	187	92-06-18	Lille
	6	Arthur Theate	BEL	191	00-05-17	Oostende
	15	Ibrahima Mbaye	SEN	187	94-11-18	Internazionale
	17	Gary Medel	CHI	171	87-08-17	Beşiktaş
	29	Lorenzo De Silvestri	ITA	186	88-05-18	Torino
	35	Mitchell Dijks	NED	193	93-02-19	Ajax
	66	Wisdom Amey	ITA	187	05-08-18	None
MF	8	Nicolás Domínguez	ARG	178	98-06-17	Vélez Sarsfield
FW	10	Nicola Sansone	ITA	173	91-09-17	Villarreal
	16	Kingsley Michael	NGA	176	99-08-17	Football Academy Abuja
	21	Roberto Soriano	ITA	182	91-02-18	Villarreal
	30	Jerdy Schouten	NED	185	97-01-18	Excelsior
	32	Mattias Svanberg	SWE	185	99-01-18	Malmö FF
MF	82	Kacper Urbański	POL	178	04-09-17	Lechia Gdańsk
	7	Riccardo Orsolini	ITA	183	97-01-18	Juventus
	11	Andreas Skov Olsen	DEN	189	99-12-18	FC Nordsjælland
	55	Emanuel Vignato	BRA	175	00-07-17	Chievo Verona
	99	Musa Barrow	GAM	184	98-11-18	Atalanta
FW	9	Marko Arnautović	AUT	193	89-04-19	Shanghai Port
	19	Federico Santander	PAR	187	91-06-18	FC København
	20	Sydney van Hooijdonk	NED	186	00-02-18	NAC Breda
	74	Gianmarco Cangiano	ITA	167	01-11-16	Roma

MF Mattias SVANBERG 32
마티아스 스반베리

스웨덴이 기대하고 있는 중앙 미드필더. 피지컬을 이용한 몸싸움과 중원에서의 볼다툼을 잘한다. 상대의 거친 플레이에도 쉽게 밀리지 않고 바디 밸런스가 좋다. 특히 좁은 공간에서 번뜩이는 터치로 반칙을 유도하기도 한다. 탈압박 후 측면으로 열어주는 킬 패스는 좋은 공격 옵션이다.

주로 사용하는 발: 오른발 86%

	우승	준우승
1부리그	2-0	
협회컵	0-2	
챔피언스	0-0	
클럽월드컵	0-0	
UEFA 유로	0-0	
월드컵	0-0	

슈팅-득점: 18-5 / 40-0
- 58-5 LG-0
- 1-0 RG-4
- 0-0 HG-1

패스 방향 분포: 전진 35%, 좌향 18%, 우향 27%, 후진 19%

2020-21 세리에 A: 24-10 / 1863 / A 2 / P 18.9-15.0 / P% 80%
T 2.0-1.1 / DR 0.9 0.9-0.6 / 6-1 / ★ 2

UDINESE CALCIO

구단 창립 : 1896년 홈구장 : 스타디오 프리울리 대표 : 프랑코 솔다티 2020-21시즌 : 13위(승점 40점) 10승 10무 18패 42득점 58실점 닉네임 : I Bianconeri, I Friulani

세리에의 거상, 성적에 욕심을 내야할 때

지난 시즌 초반 강등권에 위치하며 어렵게 보냈으나 13위까지 올라갔다. 팀의 주축 데 파울이 아틀레티코로 이적했고, 무소도 아탈란타로 떠났다. 셀링 클럽의 이미지가 강한 팀이지만 성적으로 팀의 수준을 올릴 필요가 있다.

MANAGER : Luca GOTTI 루카 고티

- 생년월일 : 1967.09.13 / 출생지 : 아드리아(이탈리아)
- 현역시절 포지션 : 수비수 / 계약만료 : 2022.06.30
- 평균 재직 기간 : 2년 / 선호 포맷 : 3-5-2

수석 코치의 경험이 많다. 파르마, 볼로냐를 거쳐 사리 감독의 첼시에서 수석 코치로 활약했다. 지난 시즌 우디네세와 정식 감독으로 체결했고 이번 시즌도 함께 간다. 영향력 있는 성과가 필요한 시간이 찾아왔다.

우승-준우승

ITALIAN SERIE-A	0-1
ITALIAN COPPA ITALIA	0-2
UEFA CHAMPIONS LEAGUE	0-0
UEFA EUROPA LEAGUE	0-0
FIFA CLUB WORLD CUP	0-0
UEFA-CONMEBOL INTERCONTINENTAL	0-0

ODDS CHECK

업체	배당률	우승 확률
bet365	배당률 5000배	우승 확률 10위
sky bet	배당률 500배	우승 확률 10위
William HILL	배당률 500배	우승 확률 10위
888sport	배당률 500배	우승 확률 10위

*우승 확률이 높을수록 배당률은 낮아짐

2021-22 SEASON SCHEDULE

날짜	장소	상대팀	날짜	장소	상대팀
08-22	H	Juventus	01-06	A	Fiorentina
08-27	H	Venezia	01-09	H	Atalanta
09-12	A	Spezia	01-16	A	Juventus
09-19	A	Napoli	01-23	A	Genoa
09-22	H	AS Roma	02-06	H	Torino
09-26	H	Fiorentina	02-13	A	Hellas Verona
10-03	A	Sampdoria	02-20	H	Lazio
10-17	H	Bologna	02-27	A	AC Milan
10-24	A	Atalanta	03-06	H	Sampdoria
10-27	H	Hellas Verona	03-13	H	AS Roma
10-31	A	Inter Milan	03-20	A	Napoli
11-07	H	Sassuolo	04-03	H	Cagliari
11-21	A	Torino	04-10	A	Venezia
11-28	A	Genoa	04-16	H	Empoli
12-01	H	Lazio	04-24	A	Bologna
12-05	A	Empoli	05-01	H	Inter Milan
12-12	H	AC Milan	05-08	A	Sassuolo
12-19	A	Cagliari	05-15	A	Spezia
12-22	H	Salernitana	05-22	H	Salernitana

시간대별 득점 | 시간대별 실점 | 위치별 슈팅-득점 | 공격 방향 | 볼 점유 위치 | 포지션별 득점 | 상대 포지션별 실점

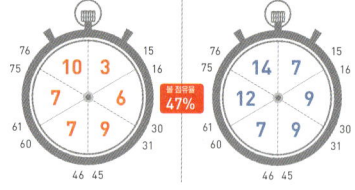

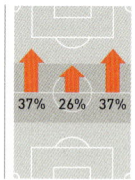

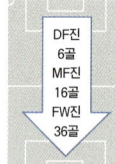

*상대자책골 2골   *상대자책골 2골

BASIC FORMATION

3-5-2

TOTO GUIDE 지난시즌 전적

상대팀	홈	원정
Inter Milan	0-0	1-5
AC Milan	1-2	1-1
Atalanta	1-1	2-3
Juventus	1-2	1-4
Napoli	1-2	1-5
Lazio	0-1	3-1
AS Roma	0-1	0-3
Sassuolo	2-0	0-0
Sampdoria	1-1	1-2
Hellas Verona	2-0	0-1
Genoa	1-0	1-1
Bologna	1-1	2-2
Fiorentina	1-0	2-3
Spezia	0-2	1-0
Cagliari	0-1	1-1
Torino	0-0	3-2
Benevento	0-2	4-2
Crotone	0-0	2-1
Parma	3-2	2-2

득점 패턴 | 실점 패턴

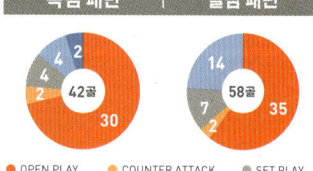

● OPEN PLAY ● COUNTER ATTACK ● SET PLAY ● PENALTY KICK ● OWN GOAL

OFFENSE | DEFENSE

OFFENSE		DEFENSE	
오픈 플레이	A	오픈 플레이 수비	B
카운터 어택	C	카운터 어택 수비	C
짧은 패스 게임	A	짧은 패스 게임 수비	D
롱볼 연계 플레이	C	롱볼 연계 플레이 수비	C
솔로 플레이	C	솔로 플레이 수비	C
중거리 슈팅 / 직접 프리킥	B	중거리 슈팅 수비	D
측면 공격	B	측면 수비	D
세트 플레이	C	세트 플레이 수비	B
위협적인 공격 횟수	A	공중전 능력	D
슈팅 대비 득점	B	볼 쟁탈전 / 투쟁심	B
오프사이드 피하기	D	실수 조심	C
볼 점유율	D	파울 주의	C

A 매우 우수함 B 우수함 C 평균 수준 D 부족함 E 많이 부족함

Roberto PEREYRA 37
로베르토 페레이라 (MF)

SCOUTING REPORT
2선 공격의 중심으로 활약했다. 주로 왼 측면과 중앙을 넘나들었고, 기습적인 포지션 체인지로 오른쪽에서도 종종 모습을 드러냈다. 양발을 고루 사용하는 것도 장점이다. 스피드와 테크닉을 겸비한 드리블이 특기. 볼을 몰고 가며 시서스 페인트, 더블터치, 플립플랍, 스텝온 등 다양한 기술을 선보인다. 역습 상황에서는 풀스피드로 질주한다. 짧은 패스 콤비네이션도 위력적이다. 수비 가담이 부족하다.

PLAYER'S HISTORY
2008년, 아르헨티나 명문 리버 플레이트에서 데뷔했다. 우디네세, 유벤투스(임대), 유벤투스(이적), 왓포드를 거쳐 2020년 우디네세로 복귀했다. 아르헨티나 U-20 대표로 2011년 U-20 월드컵에 출전했다. 그리고 2014년 11월, 브라질 평가전 때 A대표로 데뷔했다.

주로 사용하는 발 : 오른발 86%
우승 – 1부리그 : 2-0 / 협회컵 : 2-1 / 챔피언스 : 0-1
준우승 – 클럽월드컵 : 0-0 / 코파아메리카 : 0-1 / 월드컵 : 0-0

Marco SILVESTRI 1
마르코 실베스트리 (GK)

아탈란타로 떠나간 무쏘의 대체 골키퍼. 베로나에서 합류한 실베스트리는 많은 경험을 가진 선수다. 지난 시즌 후반기에 4경기 결장한 것을 제외하면 모든 경기에서 풀타임 활약을 했다. 안정적인 경기 운영을 잘하며 슈퍼 세이브를 연발한다. 이탈리아 U-20, U-21 대표팀에 차출되었다. 아직 성인 대표팀에서 경기를 뛰진 않았다. 우디네세의 수비에 큰 힘이 되어줄 전망이다.

주로 사용하는 발 : 오른발 94%
우승 – 1부리그 : 0-0 / 협회컵 : 0-0 / 챔피언스 : 0-0
준우승 – 클럽월드컵 : 0-0 / UEFA 유로 : 0-0 / 월드컵 : 0-0

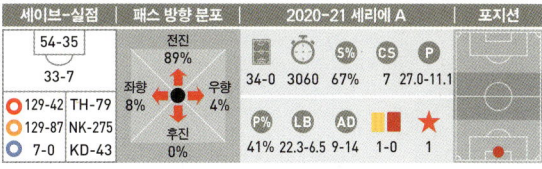

Samir SANTOS 3
사미르 산토스 (DF)

우디네세의 주전 센터백. 지난 시즌 후반부에 주춤했지만, 이번 시즌에도 적지 않은 기회를 부여받을 것이다. 체력적인 부분이 좋고 자리를 잡고 발을 뻗는 스탠딩 태클을 잘한다. 경기당 1.9개의 인터셉트를 기록했고 상대의 볼을 깔끔하게 잘 끊어내는 것이 장점. 2013년 플라멩고에서 이적했다. 16-17 시즌부터 활약하고 있고 어느덧 팀의 부주장으로 자리 잡았다.

주로 사용하는 발 : 왼발 84%
우승 – 1부리그 : 1-1 / 협회컵 : 1-0 / 챔피언스 : 0-0
준우승 – 클럽월드컵 : 0-0 / 코파아메리카 : 0-0 / 월드컵 : 0-0

SQUAD LIST

위치	번호	선수	국적	키	생년월일	전 소속 팀
GK	1	Marco Silvestri	ITA	191	91-03-02	Verona
	20	Daniele Padelli	ITA	191	85-10-25	Internazionale
	66	Edoardo Piana	ITA	197	03-09-29	Vicenza
DF	2	Nehuén Pérez	ARG	184	00-06-24	Atlético Madrid
	3	Samir	BRA	188	94-12-05	Flamengo
	13	Destiny Udogie	ITA	186	02-11-28	Verona
	16	Nahuel Molina	ARG	175	97-12-02	Boca Juniors
	17	Bram Nuytinck	NED	190	90-05-04	Anderlecht
	50	Rodrigo Becão	BRA	191	96-01-19	Bahia
	87	Sébastian De Maio	FRA	190	87-03-05	Bologna
	93	Brandon Soppy	FRA	181	02-02-21	Rennes
MF	4	Marvin Zeegelaar	NED	186	90-08-12	Watford
	5	Tolgay Arslan	GER	179	90-08-16	Fenerbahçe
	6	Jean-Victor Makengo	FRA	177	98-06-12	Nice
	8	Mato Jajalo	CRO	182	88-05-25	Palermo
	11	Walace	BRA	188	95-04-04	Hannover 96
	19	Jens Stryger Larsen	DEN	180	91-02-21	Austria Vienna
	24	Lazar Samardžić	GER	177	02-02-24	RB Leipzig
	37	Roberto Pereyra	ARG	182	91-01-07	Watford
	64	Jan Kubala	CZE	189	00-05-05	Baník Ostrava
FW	7	Stefano Okaka	ITA	186	89-08-09	Watford
	9	Beto	POR	194	98-01-31	Portimonense
	10	Gerard Deulofeu	ESP	177	94-03-13	Watford
	14	Isaac Success	NGA	182	96-01-07	Watford
	23	Ignacio Pussetto	ARG	180	95-12-21	Watford
	30	Ilija Nestorovski	MKD	182	90-03-12	Palermo
	45	Fernando Forestieri	ITA	172	90-01-16	Sheffield W
	91	Łukasz Teodorczyk	POL	188	91-06-03	Anderlecht

Gerard DEULOFEU 10
제라르 데울로페우 (FW)

바르셀로나의 라 마시아 출신으로 메시의 재림이라는 평을 들은 공격수. 빠른 주력과 번뜩이는 돌파로 상대를 제치고 기회를 만들어낸다. 볼이 발에서 떨어지지 않는 드리블을 시도하지만 최근에는 성공률이 많이 떨어지던 점은 아쉬움. 지난 시즌 많은 기대 속에 우디네세로 임대되었으나, 고작 1골과 2개의 도움을 기록하는데 그쳤다.

주로 사용하는 발 : 오른발 92%
우승 – 1부리그 : 2-1 / 협회컵 : 0-1 / 챔피언스 : 1-0
준우승 – 클럽월드컵 : 1-0 / UEFA 유로 : 0-0 / 월드컵 : 0-0

ACF FIORENTINA

구단 창립 : 1926년 홈구장 : 스타디오 아르테미오프랑키 대표 : 로코 코미소 2020-21시즌 : 14위(승점 40점) 9승 13무 16패 47득점 59실점 닉네임 : La Viola, I Gigliati

높아진 스쿼드의 질, 유럽대항전 진출도 노릴 수 있다

힘든 시즌이었다. 이아키니, 프란델리 감독 등이 경질, 재경질 되며 혼란했다. 겨우 강등을 면했다. 이적 시장에서 곤살레스, 토레이라, 오드리오솔라 같은 좋은 선수들이 합류했다. 이탈리아노 감독 체제에서 유로파를 노린다.

MANAGER : Vincenzo ITALIANO 빈센초 이탈리아노

생년월일 : 1977.12.10 / 출생지 : 칼스루헤(독일)
현역시절 포지션 : 미드필더 / 계약만료 : 2023.06.30
평균 재직 기간 : 2년 / 선호 포맷 : 4-3-3

카리스마 넘치는 외로지만 선수들과의 소통을 중시한다. 베네치아에서 코치로 지도자 생활을 시작했다. 스페치아를 승격시켰고 올 시즌에는 피오렌티나의 지휘봉을 잡았다. 암흑기에 접어든 비올라를 구해낼 감독으로 기대를 모은다.

우승-준우승

ITALIAN SERIE-A	2-5
ITALIAN COPPA ITALIA	6-4
UEFA CHAMPIONS LEAGUE	0-1
UEFA EUROPA LEAGUE	0-1
FIFA CLUB WORLD CUP	0-0
UEFA-CONMEBOL INTERCONTINENTAL	0-0

ODDS CHECK

bet365	배당률 250배	우승 확률 9위
sky bet	배당률 250배	우승 확률 8위
William HILL	배당률 200배	우승 확률 8위
888sport	배당률 200배	우승 확률 9위

*우승 확률이 높을수록 배당률은 낮다.

2021-22 SEASON SCHEDULE

날짜	장소	상대팀	날짜	장소	상대팀
08-22	A	AS Roma	01-06	H	Udinese
08-28	H	Torino	01-09	A	Torino
09-12	A	Atalanta	01-16	A	Genoa
09-19	A	Genoa	01-23	A	Cagliari
09-22	H	Inter Milan	02-06	H	Lazio
09-26	A	Udinese	02-13	A	Spezia
10-03	H	Napoli	02-20	H	Atalanta
10-17	A	Venezia	02-27	A	Sassuolo
10-24	H	Cagliari	03-06	H	Hellas Verona
10-27	A	Lazio	03-13	H	Bologna
10-31	H	Spezia	03-20	A	Inter Milan
11-07	A	Juventus	04-03	H	Empoli
11-21	H	AC Milan	04-10	A	Napoli
11-28	A	Empoli	04-16	H	Venezia
12-01	H	Sampdoria	04-24	A	Salernitana
12-05	A	Bologna	05-01	H	AC Milan
12-12	H	Salernitana	05-08	A	AS Roma
12-19	H	Sassuolo	05-15	A	Sampdoria
12-22	A	Hellas Verona	05-22	H	Juventus

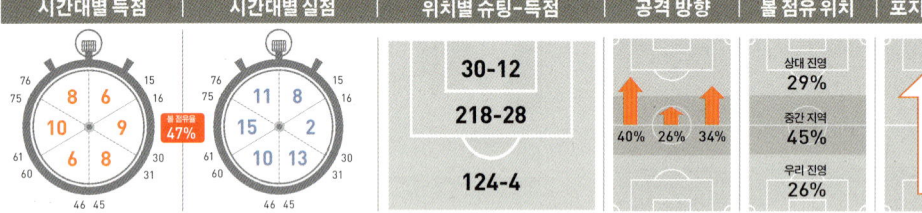

BASIC FORMATION

4-3-3

블라호비치 / 카예혼
곤살레스 / 소틸   카예혼 / 코코린
카스트로빌리 / 말레   보나벤투라 / 사포나라
비라기 / 테르지치   풀가르 / 던컨   베누티 / 오드리오솔라
쿼르타 / 훌리오   밀렌코비치 / 나스타시치
테라치아노 / 로사티

TOTO GUIDE 지난시즌 전적

상대팀	홈	원정
Inter Milan	0-2	3-4
AC Milan	2-3	0-2
Atalanta	2-3	0-3
Juventus	1-1	3-0
Napoli	0-2	0-6
Lazio	2-0	1-2
AS Roma	1-2	0-2
Sassuolo	1-1	1-3
Sampdoria	1-2	1-2
Hellas Verona	1-1	2-1
Genoa	1-1	1-1
Bologna	0-0	3-3
Udinese	3-2	0-1
Spezia	3-0	2-2
Cagliari	1-0	0-0
Torino	1-0	1-1
Benevento	0-1	4-1
Crotone	2-1	0-0
Parma	3-3	0-0

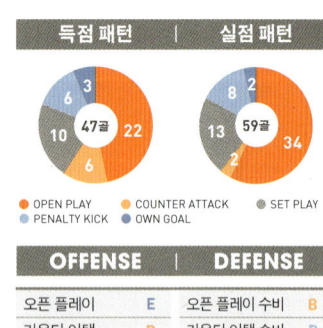

득점 패턴 | 실점 패턴

47골 : 3, 10, 22, 6
59골 : 2, 13, 34, 8

● OPEN PLAY ● COUNTER ATTACK ● SET PLAY
● PENALTY KICK ● OWN GOAL

OFFENSE | DEFENSE

오픈 플레이	E	오픈 플레이 수비	B
카운터 어택	B	카운터 어택 수비	D
짧은 패스 게임	C	짧은 패스 게임 수비	E
롱볼 연계 플레이	C	롱볼 연계 플레이수비	C
솔로 플레이	C	솔로 플레이 수비	C
중거리 슈팅 / 직접 프리킥	C	중거리 슈팅 수비	C
측면 공격	B	측면 수비	C
세트 플레이	C	세트 플레이 수비	D
위협적인 공격 횟수	E	공중전 능력	C
슈팅 대비 득점	C	볼 쟁탈전 / 투쟁심	B
오프사이드 피하기	D	실수 조심	C
볼 점유율	D	파울 주의	C

A 매우 우수함 B 우수함 C 평균 수준 D 부족함 E 많이 부족함

| 상대유효슛 시도-실점 | 상대유효슛 시도-선방 | 상대 PK 시도-득점 | 전체 슈팅 허용 시도-득점 | 직접 프리킥 시도-득점 | PK | TH 던지기 | NK 골킥 | KD 평균골킥 거리(m) | LG 왼발 득점 | RG 오른발 득점 | HG 헤더 득점 | 출전횟수 선발-교체 | 출전시간 분(MIN) | S% GK 선방률 | CS GK 클린시트 | A 도움 | P 평균패스 시도-성공 | P% 평균패스 성공률 | LB 평균롱볼 시도-성공 | AD 공중볼 캐치·편칭 | T 평균태클 시도-성공 | I 평균 인터셉트 | DR 평균드리블 시도-성공 | 페어플레이 경고·퇴장 | ★ MOM |

DUŠAN VLAHOVIĆ 9 (FW)
두샨 블라호비치

SCOUTING REPORT
발이 빠른 편은 아니지만, 문전에서 침착한 마무리가 장기다. 왼발의 발리킥은 물론 세트피스 헤딩으로 골망을 흔든다. 상대를 등지는 상황에서 쉽게 밀리지 않고 한 번의 터치로 상대가 없는 방향으로 볼을 받는다. 왼발 인사이드로 시도하는 슈팅의 정확도가 매우 높다. 지난 시즌 리그에서 네 번째로 많은 골을 넣었다. 27라운드에선 해트트릭도 기록했다.

PLAYER'S HISTORY
자국 클럽인 파르티잔 아카데미 출신으로 1군 무대에 데뷔했다. 2018년 피오렌티나로 이적했다. 이적 첫 시즌에는 골을 기록하지 못했으나 이후 발전을 거듭해 지난 시즌 리그에서만 21골을 터트렸다. 세르비아 U-15 팀부터 시작해 성인 대표팀까지 차출되었다. 러시아와의 네이션스리그에서 골까지 넣었다.

주로 사용하는 발: 왼발 80%

| 우승 | 1부리그: 0-1 | 협회컵: 1-0 | 챔피언스: 0-0 |
| 준우승 | 클럽 월드컵: 0-0 | UEFA 유로: 0-0 | 월드컵: 0-0 |

슈팅-득점	패스 방향 분포	2020-21 세리에 A	포지션
72-20 / 14-1 / ●86-21 LG-18 / ●1-0 RG-1 / ●6-6 HG-2	전진 21% / 좌향 32% / 우향 19% / 후진 28%	34-3 2933 / 3 16.1-10.6 66% / T 0.6-0.4 / I 0.1 / DR 1.5-0.7 / 1-0 / ★ 5	

SQUAD LIST

위치	번호	선수	국적	키	생년월일	전 소속팀
GK	1	Pietro Terracciano	ITA	193	90-03-08	Empoli
	25	Antonio Rosati	ITA	195	83-06-26	Torino
	69	Bartłomiej Drągowski	POL	191	97-08-19	Jagiellonia Białystok
DF	2	Lucas Martínez Quarta	ARG	183	96-05-10	River Plate
	3	Cristiano Biraghi	ITA	183	92-09-01	Pescara
	4	Nikola Milenković	SRB	195	97-10-12	Partizan Belgrade
	17	Aleksa Terzić	SRB	184	99-08-17	Crvena Zvezda
	23	Lorenzo Venuti	ITA	176	95-04-12	None
	29	Álvaro Odriozola	ESP	175	95-12-14	Real Madrid
	55	Matija Nastasić	SRB	187	93-03-28	Schalke
	98	Igor	BRA	185	98-02-07	SPAL
MF	5	Giacomo Bonaventura	ITA	180	89-08-22	Milan
	8	Riccardo Saponara	ITA	184	91-12-21	Empoli
	10	Gaetano Castrovilli	ITA	179	97-02-17	Bari
	14	Youssef Maleh	ITA	179	98-08-22	Venezia
	15	Erick Pulgar	CHI	187	94-01-15	Bologna
	18	Lucas Torreira	URU	168	96-02-11	Arsenal
	24	Marco Benassi	ITA	181	94-09-08	Torino
	32	Alfred Duncan	GHA	178	93-03-10	Sassuolo
	34	Sofyan Amrabat	MAR	185	96-08-21	Verona
	42	Alessandro Bianco	ITA	173	02-10-01	Pisa
FW	7	José Callejón	ESP	179	87-02-11	Napoli
	9	Dušan Vlahović	SRB	190	00-01-28	Partizan Belgrade
	22	Nicolás González	ARG	180	98-04-06	Stuttgart
	33	Riccardo Sottil	ITA	180	99-06-03	Torino
	67	Louis Munteanu	ROU	188	02-06-16	Viitorul Constanța
	91	Aleksandr Kokorin	RUS	182	91-03-19	Spartak Moscow

Bartłomiej DRĄGOWSKI 69 (GK)

바르트워미에이 드롱고프스키

해적과도 같은 수염이 멋진 골키퍼. 카리스마 넘치는 콜 플레이와 슛 스토퍼, 반사 신경이 뛰어나다. PK 상황에서 상대 선수의 방향을 예측해 막아낸다. 폴란드 청소년 대표팀 출신으로 성인 대표팀 데뷔까지 마친 상태다. 멋진 활약상을 기반으로 차세대 수문장이란 평가까지 듣고 있다. 2016년 피오렌티나로 입단했다. 엠폴리로 한 시즌 임대를 다녀온 후 주전으로 활약 중이다.

주로 사용하는 발: 오른발 92%

| 우승 | 1부리그: 0-0 | 협회컵: 0-0 | 챔피언스: 0-0 |
| 준우승 | 클럽 월드컵: 0-0 | UEFA 유로: 0-0 | 월드컵: 0-0 |

세이브-실점	패스 방향 분포	2020-21 세리에 A	포지션
55-47 / 32-8 / ●142-55 TH-166 / ●142-87 NK-260 / ●10-2 KD-41	전진 68% / 좌향 15% / 우향 17% / 후진 0%	S% 37-0 / P 3151 / P% 61% / CS 7 / LB 24.0-14.6 / AD 61% 15.4-6.2 / T 20-17 / ★ 1	

Nikola MILENKOVIĆ 4 (DF)
니콜라 밀렌코비치

자국 대표팀 동료인 블라호비치와 함께 피오렌티나에 세르비아 돌풍을 몰고 온 장본인. 투쟁심으로 가득 찬 몸싸움, 상대에게 허점을 내주지 않는 맨마킹이 장기다. 다만 볼 컨트롤이 미숙하고 공중볼 관리에 부족한 면을 보인다. 파르티잔을 거쳐 17-18시즌 피오렌티나로 합류했다. 세르비아 대표팀의 주전 수비로 많은 클럽의 러브콜을 받고 있다.

주로 사용하는 발: 오른발 89%

| 우승 | 1부리그: 1-1 | 협회컵: 2-0 | 챔피언스: 0-0 |
| 준우승 | 클럽 월드컵: 0-0 | UEFA 유로: 0-0 | 월드컵: 0-0 |

슈팅-득점	패스 방향 분포	2020-21 세리에 A	포지션
17-3 / 4-0 / ●21-3 LG-0 / ●0-0 RG-2 / ●0-0 HG-1	전진 39% / 좌향 36% / 우향 18% / 후진 7%	34-0 3036 / A 4 / P 46.6-40.1 / P% 86% / T 1.8-1.4 / I 1.3 / DR 0.3-0.2 / 7-1 / ★ 1	

Gaetano CASTROVILLI 10 (MF)
가에타노 카스트로빌리

10번 셔츠를 입고 있는 미드필더. 잔기술이 좋고 공격 지역 어디에서도 활약한다. 기본적으로 킥력이 뛰어나 로빙 패스로 반대쪽 공격 전환을 시도한다. 바리 유스팀 출신으로 2017년 피오렌티나에 입단했다. 곧바로 크레모네세로 두 시즌 임대를 다녀왔고 19-20 시즌부터 주전으로 활약하고 있다. 이탈리아 U-20, U-21 팀을 거쳐 성인 대표팀에도 차출되었다.

주로 사용하는 발: 오른발 84%

| 우승 | 1부리그: 0-0 | 협회컵: 0-0 | 챔피언스: 0-0 |
| 준우승 | 클럽 월드컵: 0-0 | UEFA 유로: 1-0 | 월드컵: 0-0 |

슈팅-득점	패스 방향 분포	2020-21 세리에 A	포지션
19-5 / 13-0 / ●32-5 LG-4 / ●0-0 RG-1 / ●0-0 HG-0	전진 32% / 좌향 17% / 우향 32% / 후진 19%	29-5 2349 / A 3 / P 20.8-16.3 / P% 79% / T 1.9-1.0 / I 2 / DR 1.9-0.9 / 8-1 / ★ 2	

SPEZIA CALCIO

구단 창립 : 1906년 **홈구장** : 스타디오 알베르토 피코 **대표** : 스테파노 키솔리 **2020-21시즌** : 15위 (승점 39점) 9승 12무 17패 52득점 72실점 **닉네임** : Aquilotti, Bianconeri

중위권 목표로 대대적인 개편, 효과를 기대한다

리그에서 무승부만 12번 있었음에도 잔류했다. 여름에 대대적으로 선수단을 개편했다. 중위권 팀으로 도약하기 위해 32명을 방출하고 24명을 영입하며 대대적인 선수단 정비를 진행했다. 이적시장에서의 성과는 성적으로 이어질까.

MANAGER : Thiago MOTTA 티아고 모타

- 생년월일 : 1982.08.28 / 출생지 : 상 베르나르도(브라질)
- 현역시절 포지션 : 미드필더 / 계약만료 : 2024.06.30
- 평균 재직 기간 : 1년 / 선호 포맷 : 3-4-3

바르셀로나 유스 출신으로 아틀레티코, 제노아, 인테르, 파리 생제르망에서 활약한 스타 플레이어 출신 감독. 2019년 제노아를 시작으로 자국으로 리턴했다. 이탈리아노 감독이 피오렌티나로 떠나자 스페치아의 감독으로 부임했다.

2021-22 SEASON SCHEDULE

날짜	장소	상대팀	날짜	장소	상대팀
08-23	A	Cagliari	01-06	H	Hellas Verona
08-28	A	Lazio	01-09	A	Genoa
09-12	H	Udinese	01-16	A	AC Milan
09-19	A	Venezia	01-23	H	Sampdoria
09-22	H	Juventus	02-06	A	Salernitana
09-26	H	AC Milan	02-13	H	Fiorentina
10-03	A	Hellas Verona	02-20	A	Bologna
10-17	H	Salernitana	02-27	H	AS Roma
10-24	A	Sampdoria	03-06	A	Juventus
10-27	H	Genoa	03-13	H	Cagliari
10-31	A	Fiorentina	03-20	H	Sassuolo
11-07	H	Torino	04-03	A	Venezia
11-21	A	Atalanta	04-10	H	Empoli
11-28	H	Bologna	04-16	A	Inter Milan
12-01	H	Inter Milan	04-24	H	Torino
12-05	A	Sassuolo	05-01	A	Lazio
12-12	H	AS Roma	05-08	H	Atalanta
12-19	H	Empoli	05-15	A	Udinese
12-22	A	Napoli	05-22	H	Napoli

우승-준우승

- ITALIAN SERIE-A 0-0
- ITALIAN COPPA ITALIA 0-0
- UEFA CHAMPIONS LEAGUE 0-0
- UEFA EUROPA LEAGUE 0-0
- FIFA CLUB WORLD CUP 0-0
- UEFA-CONMEBOL INTERCONTINENTAL 0-0

ODDS CHECK

- bet365 : 배당률 1500배 / 우승 확률 17위
- skybet : 배당률 1000배 / 우승 확률 16위
- William HILL : 배당률 1000배 / 우승 확률 15위
- 888sport : 배당률 1000배 / 우승 확률 17위

*우승 확률이 높을수록 배당률은 낮아진다

공격 방향: 35% 27% 38%

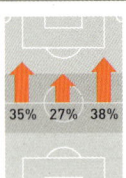
상대 진영 29% / 중간 지역 44% / 우리 진영 27%

FW진 33골 / MF진 13골 / DF진 6골

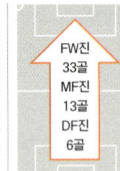
DF진 9골 / MF진 22골 / FW진 41골

BASIC FORMATION — 3-4-2-1

TOTO GUIDE 지난시즌 전적

상대팀	홈	원정
Inter Milan	1-1	1-2
AC Milan	2-0	0-3
Atalanta	0-0	1-3
Juventus	1-4	0-3
Napoli	1-4	2-1
Lazio	1-2	1-2
AS Roma	2-2	3-4
Sassuolo	1-4	2-1
Sampdoria	2-1	2-2
Hellas Verona	0-1	1-1
Genoa	1-2	0-2
Bologna	2-2	1-4
Udinese	0-1	2-0
Fiorentina	2-2	0-3
Cagliari	2-1	2-2
Torino	4-1	0-0
Benevento	1-1	3-0
Crotone	3-2	1-4
Parma	2-2	2-2

득점 패턴 | 실점 패턴

52골 - OPEN PLAY 33, 4, 13, 2
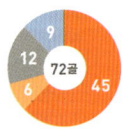
72골 - 45, 9, 12, 6

● OPEN PLAY ● COUNTER ATTACK ● SET PLAY ● PENALTY KICK ● OWN GOAL

OFFENSE | DEFENSE

OFFENSE		DEFENSE	
오픈 플레이	D	오픈 플레이 수비	E
카운터 어택	C	카운터 어택 수비	D
짧은 패스 게임	C	짧은 패스 게임 수비	D
롱볼 연계 플레이	B	롱볼 연계 플레이수비	C
솔로 플레이	C	솔로 플레이 수비	D
중거리 슈팅 / 직접 프리킥	B	중거리 슈팅 수비	C
측면 공격	B	측면 수비	D
세트 플레이	C	세트 플레이 수비	D
위협적인 공격 횟수	D	공중전 능력	C
슈팅 대비 득점	C	볼 쟁탈전 / 투쟁심	B
오프사이드 피하기	D	실수 조심	D
볼 점유율	E	파울 주의	D

A 매우 우수함 **B** 우수함 **C** 평균 수준 **D** 부족함 **E** 많이 부족함

| 상대유효슈팅 시도-실점 | 상대유효슈팅 시도-선방 | 상대 PK 시도-선방 | 전체 슈팅 시도-득점 | 직접 프리킥 시도-득점 | PK 시도-득점 | TH 던지기 | NK 골키 | KD 평균골키 거리(m) | LG 왼발 득점 | RG 오른발 득점 | HG 헤더 득점 | 출전횟수 선발-교체 | S% 출전시간 (MIN) | CS GK 선방률 | A GK 클린시트 | P 도움 | P% 평균패스 시도-성공 | LB 평균롱볼 캐치-편칭 | AD 공중볼 시도-성공 | T 평균태클 시도-성공 | I 평균 인터셉트 | DR 평균드리블 시도-성공 | 페어플레이 경고-퇴장 | ★ MOM |

MF Giulio MAGGIORE 25
줄리오 마조레

SCOUTING REPORT
스페치아의 주장. 라커룸의 리더이자 동료들과 코칭 스태프 사이에서 가교 역할을 잘한다. 주로 중앙에 위치하지만, 공격형 미드필더로도 자주 출전한다. 지난 시즌 초반 코로나 확진으로 결장했었지만, 리그 33경기에서 3골을 기록했다. 측면에 위치할 때는 오른발로 상대진영 깊숙이 보내는 패스가 좋다. 세트피스 상황에선 저돌적인 헤딩도 종종 시도한다. 다만 공격 포인트가 적은 것은 아쉬운 부분이다.

PLAYER'S HISTORY
스페치아의 주장으로서 팀의 '원 클럽 맨'이다. 2016년 데뷔한 이후 꾸준히 주전 미드필더로 활약하고 있다. 이탈리아 연령별 대표팀을 모두 거쳤고, 2021년 21세 이하의 유럽 선수권에선 주전 미드필더로 활약했다. 클럽에 대한 충성심이 강해 이적은 당분간 불가다.

주로 사용하는 발: 오른발 79%
우승: 1부리그 0-0, 협회컵 0-0, 챔피언스 0-0
준우승: 클럽 월드컵 0-0, UEFA 유로 0-0, 월드컵 0-0

슈팅-득점: 26-3 / 12-0 / 38-3 LG-1 / 0-0 RG-2 / 0-0 HG-0
패스 방향 분포: 전진 37%, 좌향 20%, 우향 22%, 후진 21%
2020-21 세리에 A: 26-7 / 2225 / 1 / 23.6-16.8 / 71% / T 2.8-1.8 / I 0.6 / DR 1.2-0.5 / 3-0 / 1

GK Ivan PROVEDEL 94
이반 프로베델

스페치아의 주전 골키퍼. 지난 시즌 코로나 확진만 아니었다면 전 경기 풀타임 출전을 했을 것이다. 192cm의 큰 키를 바탕으로한 높은 점프로 공중 볼을 잡아낸다. 다만 발밑이 약해 빌드업에 단점을 보인다. 키에보 베로나의 유스팀 출신으로 피사, 페루자, 모데나, 프로베르첼리에서 임대 생활을 보냈다. 엠폴리로 완전 이적한 후 지난 시즌 스페치아의 셔츠를 입었다.

주로 사용하는 발: 오른발 90%
우승: 1부리그 0-0, 협회컵 0-0, 챔피언스 0-0
준우승: 클럽 월드컵 0-0, UEFA 유로 0-0, 월드컵 0-0

세이브-실점: 56-50 / 20-5 / 131-55 TH-135 / 131-76 NK-154 / 7-1 KD-41
패스 방향 분포: 전진 52%, 좌향 24%, 우향 24%, 후진 0%
2020-21 세리에 A: 29-0 / 2610 / 58% / 4 / 43.8-31.6 / P% 72% / LB 22.3-10.6 / AD 8-7 / 1-0 / ★ 1

DF Martin ERLIĆ 28
마르틴 에를리치

스페치아의 고공 폭격기. 세트피스 상황에서 종종 헤딩 슛을 터트린다. 특히나 팀이 어려운 상황에서 골을 터뜨려 사기를 끌어올리는 재주가 있다. 크로아티아의 미래를 책임질 선수 중 하나로 꼽히며 2021년 21세 이하의 유럽 선수권에서 스타팅 멤버로 나섰다. 지난 시즌 코로나 확진으로 일부 결장했지만 리그 27경기를 소화했다. 크로아티아의 연령별 대표팀을 모두 거쳤다.

주로 사용하는 발: 오른발 86%
우승: 1부리그 0-0, 협회컵 0-0, 챔피언스 0-0
준우승: 클럽 월드컵 0-0, UEFA 유로 0-0, 월드컵 0-0

슈팅-득점: 9-3 / 1-0 / 10-3 LG-0 / 0-0 RG-0 / 0-0 HG-3
패스 방향 분포: 전진 31%, 좌향 31%, 우향 27%, 후진 11%
2020-21 세리에 A: 19-8 / 1793 / 1 / 39.5-33.5 / 85% / T 1.2-0.9 / I 1.5 / DR 0.2-0.1 / 6-0 / ★ 1

SQUAD LIST

위치	번호	선수	국적	키	생년월일	전 소속 팀
GK	1	Jeroen Zoet	NED	189	91-01-06	PSV Eindhoven
	40	Petar Zovko	BIH	192	02-03-25	Sampdoria
	94	Ivan Provedel	ITA	192	94-03-17	Empoli
DF	7	Jacopo Sala	ITA	181	91-12-05	SPAL
	14	Jakub Kiwior	POL	189	00-02-15	MŠK Žilina
	15	Petko Hristov	BUL	189	99-03-01	Fiorentina
	21	Salva Ferrer	ESP	184	98-01-21	Nàstic
	27	Kelvin Amian	FRA	180	98-02-08	Toulouse
	28	Martin Erlić	CRO	193	98-01-24	Sassuolo
	43	Dimitris Nikolaou	GRE	189	98-08-13	Empoli
	77	Nicolò Bertola	ITA	188	03-03-23	None
MF	6	Mehdi Bourabia	MAR	183	91-08-07	Sassuolo
	8	Viktor Kovalenko	UKR	186	96-02-14	Atalanta
	13	Arkadiusz Reca	POL	187	95-06-17	Atalanta
	20	Simone Bastoni	ITA	181	96-11-05	None
	25	Giulio Maggiore	ITA	184	98-03-12	None
	31	Aimar Sher	SWE	175	02-12-20	Hammarby IF
	33	Kevin Agudelo	COL	178	98-11-14	Genoa
	80	Niccolò Pietra	ITA	177	03-09-28	None
	88	Léo Sena	BRA	175	95-12-31	Atlético Mineiro
FW	9	Rey Manaj	ALB	182	97-02-24	Barcelona
	10	Daniele Verde	ITA	168	96-06-20	AEK
	11	Emmanuel Gyasi	GHA	182	94-01-11	Pistoiese
	17	Suf Podgoreanu	ISR	182	02-01-20	Roma
	18	M'Bala Nzola	FRA	185	96-08-18	Trapani
	19	Ebrima Colley	GAM	179	00-02-01	Atalanta
	22	Janis Antiste	FRA	178	02-11-13	Toulouse
	29	Eddy Salcedo	ITA	178	01-10-01	Internazionale
	44	David Strelec	SVK	185	01-04-04	Slovan Bratislava
	99	Diego Zuppel	ITA	192	02-10-13	Arezzo

FW M'Bala NZOLA 18
음발라 은졸라

지난 시즌 팀 내 최다 득점자. 경기당 1.1개의 드리블에 성공했고 가장 많은 슈팅을 시도했다. 빠른 주력과 골문 앞에서의 침착한 마무리는 스페치아의 잔류에 큰 힘이 되었다. 많은 클럽을 전전했고 트라파니에서 스카우터의 눈에 띄었다. 2020년 스페치아로 합류했고 리그 두 자릿수 골을 넣으며 단숨에 앙골라 대표팀에도 차출되었다. 탄력이 상당히 좋은 공격수다.

주로 사용하는 발: 왼발 78%
우승: 1부리그 0-0, 협회컵 0-0, 챔피언스 0-0
준우승: 클럽 월드컵 0-0, UEFA 유로 0-0, 월드컵 0-0

슈팅-득점: 43-11 / 2-0 / 45-11 LG-8 / 0-0 RG-2 / 4-4 HG-0
패스 방향 분포: 전진 9%, 좌향 29%, 우향 21%, 후진 41%
2020-21 세리에 A: 21-4 / 1898 / 3 / 18.4-15.5 / 84% / T 0.6-0.5 / I 0.1 / DR 1.7-1.5 / 0-0 / ★ 2

CAGLIARI CALCIO

구단 창립 : 1920년 홈구장 : 사르데냐 아레나 대표 : 토마소 줄리니 2020-21시즌 : 16위(승점 37점) 9승 10무 19패 43득점 59실점 닉네임 : Gli Isolani

초반 부진으로 감독 교체, 중위권 가능할까

올 시즌은 셈플리치 감독 체제로 출발했으나 초반 4경기 무승의 부진을 보여 경질됐다. 후임으로 마차리 감독이 지휘봉을 잡았다. 올 여름 영입한 마린, 차파, 케이타와 어떻게 호흡을 맞추느냐가 관건이다.

MANAGER : Walter MAZZARRI 발터 마차리

생년월일 : 1961.10.01 / 출생지 : 산빈첸초(이탈리아)
현역시절 포지션 : 미드필더 / 계약만료 : 2024.06.30
평균 재직 기간 : 2년 / 선호 포맷 : 3-4-2-1

2001년 아치레알레에서 지도자로 첫발을 내디뎠고, 이후 10팀을 지도했다. 그중 유명 클럽은 나폴리, 인테르 밀란, 토리노 정도였다. 2021년 9월 16일, 경질된 셈플리치의 뒤를 이어 칼리아리 지휘봉을 잡았다.

우승-준우승

ITALIAN SERIE-A	1-1
ITALIAN COPPA ITALIA	0-0
UEFA CHAMPIONS LEAGUE	0-0
UEFA EUROPA LEAGUE	0-1
FIFA CLUB WORLD CUP	0-0
UEFA-CONMEBOL INTERCONTINENTAL	0-0

ODDS CHECK

bet365	배당률 750배	우승 확률 13위
sky bet	배당률 1000배	우승 확률 16위
William HILL	배당률 750배	우승 확률 13위
888sport	배당률 600배	우승 확률 13위

*우승 확률이 높을수록 배당률은 낮아짐

2021-22 SEASON SCHEDULE

날짜	장소	상대팀	날짜	장소	상대팀
08-23	H	Spezia	01-06	A	Sampdoria
08-29	A	AC Milan	01-09	H	Bologna
09-12	H	Genoa	01-16	A	AS Roma
09-19	A	Lazio	01-23	H	Fiorentina
09-22	H	Empoli	02-06	A	Atalanta
09-26	A	Napoli	02-13	H	Empoli
10-03	H	Venezia	02-20	A	Napoli
10-17	H	Sampdoria	02-27	H	Torino
10-24	A	Fiorentina	03-06	A	Lazio
10-27	H	AS Roma	03-13	H	Spezia
10-31	A	Bologna	03-20	A	AC Milan
11-07	H	Atalanta	04-03	H	Udinese
11-21	A	Sassuolo	04-10	A	Juventus
11-28	H	Salernitana	04-16	H	Sassuolo
12-01	A	Hellas Verona	04-24	A	Genoa
12-05	H	Torino	05-01	H	Hellas Verona
12-12	A	Inter Milan	05-08	A	Salernitana
12-19	H	Udinese	05-15	H	Inter Milan
12-22	A	Juventus	05-22	A	Venezia

시간대별 득점 | 시간대별 실점 | 위치별 슈팅-득점 | 공격 방향 | 볼 점유 위치 | 포지션별 득점 | 상대 포지션별 실점

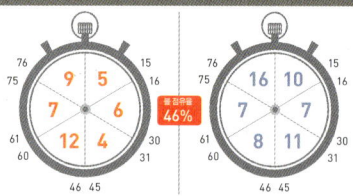
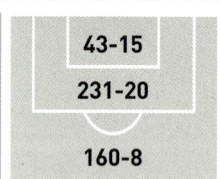
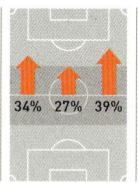

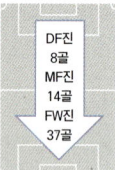

BASIC FORMATION

3-5-2

TOTO GUIDE 지난시즌 전적

상대팀	홈	원정
Inter Milan	1-3	0-1
AC Milan	0-2	0-0
Atalanta	0-1	2-5
Juventus	1-3	0-2
Napoli	1-4	1-1
Lazio	0-2	0-1
AS Roma	3-2	2-3
Sassuolo	1-1	1-1
Sampdoria	2-0	2-2
Hellas Verona	0-2	1-1
Genoa	0-1	0-1
Bologna	1-0	2-3
Udinese	1-1	1-0
Fiorentina	0-0	0-1
Spezia	2-2	1-2
Torino	0-1	3-2
Benevento	1-2	3-1
Crotone	4-2	2-0
Parma	4-3	0-0

득점 패턴 | 실점 패턴

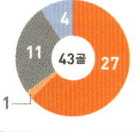

● OPEN PLAY ● COUNTER ATTACK ● SET PLAY
● PENALTY KICK ● OWN GOAL

OFFENSE | DEFENSE

오픈 플레이	D	오픈 플레이 수비	D
카운터 어택	C	카운터 어택 수비	D
짧은 패스 게임	B	짧은 패스 게임 수비	D
롱볼 연계 플레이	C	롱볼 연계 플레이수비	B
솔로 플레이	C	솔로 플레이 수비	C
중거리 슈팅 / 직접 프리킥	D	중거리 슈팅 수비	E
측면 공격	B	측면 수비	C
세트 플레이	B	세트 플레이 수비	B
위협적인 공격 횟수	D	공중전 능력	D
슈팅 대비 득점	D	볼 쟁탈전 / 투쟁심	B
오프사이드 피하기	C	실수 조심	C
볼 점유율	C	파울 주의	D

A 매우 우수함 B 우수함 C 평균 수준 D 부족함 E 많이 부족함

FW João PEDRO 10
조앙 페드로

SCOUTING REPORT
칼리아리 공격의 선봉장이자 클럽의 주장. 리더십이 뛰어나고 활동량이 많아 공격에 관여된 모든 곳에서 활약한다. 최전방 공격수보다는 처진 자리에서 뛰는 것을 선호하고 측면에서 중앙으로 돌진하여 인사이드 킥으로 마무리하는 것을 즐긴다. 지난 시즌 부상없이 리그 37경기에 출전했다. 리그 초반엔 5경기 연속 골을 넣으며 득점 랭킹 상위권에 위치하기도 했다. 역습 시 1차 저지선 역할도 잘 해낸다.

PLAYER'S HISTORY
아틀레치구에서 데뷔했다. 팔레르모에 입단했으나 비토리아, 페냐롤에서 임대 생활을 다녔다. 산토스, 에스토릴을 거쳐 2014년 칼리아리로 입단했다. 어느덧 8시즌째 활약하고 있다. 브라질 U-17팀 소속으로 FIFA U-17 월드컵에 참가했다.

주로 사용하는 발: 오른발 87%	우승 / 준우승	1부리그: 1-0 / 클럽 월드컵: 0-0	협회컵: 0-1 / 코파아메리카: 0-0	챔피언스: 0-0 / 월드컵: 0-0

슈팅-득점	패스 방향 분포	2020-21 세리에 A	포지션
61-15 / 15-1 / ● 76-16 LG-0 / ● 3-0 RG-14 / ● 5-4 HG-2	전진 26% / 좌향 15% / 우향 34% / 후진 24%	37-0 3262 A 3 P 24.7-18.3 P% 74% / T 1.0-0.4 I 2.2-1.1 DR 4-0 🟨 3 ⭐	

SQUAD LIST

위치	번호	선수	국적	키	생년월일	전 소속 팀
GK	1	Simone Aresti	ITA	188	86-03-15	Olbia
GK	28	Alessio Cragno	ITA	184	94-06-28	Brescia
GK	31	Boris Radunović	SRB	194	96-05-26	Atalanta
DF	2	Diego Godín	URU	190	86-02-16	Internazionale
DF	4	Martín Cáceres	URU	180	87-04-07	Fiorentina
DF	12	Raoul Bellanova	ITA	185	00-05-16	Bordeaux
DF	15	Giorgio Altare	ITA	190	98-08-09	Genoa
DF	22	Charalampos Lykogiannis	GRE	190	93-10-22	Sturm Graz
DF	23	Luca Ceppitelli	ITA	186	89-08-11	Parma
DF	25	Gabriele Zappa	ITA	180	99-12-22	Pescara
DF	29	Dalbert	BRA	182	93-09-08	Internazionale
DF	33	Adam Obert	SVK	186	02-08-23	Sampdoria
DF	40	Sebastian Walukiewicz	POL	188	00-04-05	Pogoń Szczecin
DF	44	Andrea Carboni	ITA	190	01-02-04	None
MF	6	Marko Rog	CRO	180	95-07-19	Napoli
MF	8	Răzvan Marin	ROU	180	96-05-23	Ajax
MF	10	João Pedro	BRA	184	92-03-09	Estoril
MF	14	Alessandro Deiola	ITA	189	95-08-01	None
MF	16	Kevin Strootman	NED	186	90-02-13	Marseille
MF	18	Nahitan Nández	URU	172	95-12-28	Boca Juniors
MF	20	Gastón Pereiro	URU	188	95-06-11	PSV Eindhoven
MF	21	Christian Oliva	URU	178	96-06-01	Nacional(URU)
MF	24	Paolo Faragò	ITA	187	93-02-12	Novara
MF	26	Nicolò Cavuoti	ITA	180	03-04-04	Vastese
MF	27	Alberto Grassi	ITA	183	95-03-07	Parma
MF	35	Riccardo Ladinetti	ITA	182	00-12-20	None
FW	9	Keita Baldé	SEN	181	95-03-08	Monaco
FW	17	Diego Farias	BRA	172	90-05-10	Chievo Verona
FW	30	Leonardo Pavoletti	ITA	188	88-11-26	Napoli
FW	32	Damir Ceter	COL	190	97-11-02	Deportes Quindío

GK Alessio CRAGNO 28
알레시오 크라뇨

현재 이탈리아 리그에서 가장 핫한 골키퍼. 엄청난 반사 신경과 넓은 수비 범위가 장점이다. 184cm로 골키퍼라는 포지션 치고는 작은 키다. 하지만 점프력이 좋고 발길이 세밀하다. 브레시아 유스 출신으로 2014년 칼리아리에 입단했다. 계속 주전으로 활약하고 있고 이탈리아 대표팀에서 돈나룸마와 차세대 주자로 꼽힌다.

주로 사용하는 발: 오른발 90%	우승 / 준우승	1부리그: 0-0 / 클럽 월드컵: 0-0	협회컵: 0-0 / UEFA 유로: 0-0	챔피언스: 0-0 / 월드컵: 0-0

세이브-실점	패스 방향 분포	2020-21 세리에 A	포지션
88-44 / 41-9 / ● 182-53 TH-129 / ● 182-129 NK-279 / ● 5-0 KD-40	전진 73% / 좌향 15% / 우향 12% / 후진 0%	34-0 3060 S% 71% CS 6 P 24.2-15.7 / P% 65% LB 14.5-6.3 AD 16-1 🟨 1-0 ⭐ 1	

DF Diego GODÍN 2
디에고 고딘

한 시대를 풍미한 센터백. 아틀레티코와 우루과이의 주축 센터백으로서 많은 경험을 한 베테랑 디펜더. 지난 시즌 인테르를 떠나 칼리아리에 입단했다. 주전으로 나섰으나 코로나 확진으로 5경기 결장했다. 지난 시즌 경기당 2.1개의 태클과 4개의 클리어링을 하며 수비 진영의 리더 역할을 자처했다. 우루과이 대표팀에선 여전히 수장으로 출장했고 코파 아메리카에서도 활약했다.

주로 사용하는 발: 오른발 81%	우승 / 준우승	1부리그: 2-4 / 클럽 월드컵: 0-0	협회컵: 1-0 / 코파아메리카: 1-0	챔피언스: 0-1 / 월드컵: 0-0

슈팅-득점	패스 방향 분포	2020-21 세리에 A	포지션
12-1 / 0-0 / ● 12-1 LG-0 / ● 0-0 RG-0 / ● 0-0 HG-1	전진 42% / 좌향 26% / 우향 27% / 후진 5%	28-0 2510 A 0 P 55.2-46.1 P% 84% / T 2.7-2.1 I 2 DR 0.6-0.6 🟨 3-0 ⭐ 1	

MF Nahitan NÁNDEZ 18
나이탄 난데스

칼리아리 중원의 대들보. 오른쪽 측면이 주 포지션이지만 중앙과 풀백까지 소화할 수 있다. 동료들과의 패스를 기반으로 전진을 한다. 볼 배급이 좋고 측면으로 열어주는 롱 패스가 훌륭하다. 페냐롤에서 데뷔했다. 남미 명문 보카 주니어스에 2시즌 활약 후 칼리아리로 입단했다. 2015년 FIFA U-20 월드컵에 참가했고 우루과이의 성인 대표팀에서도 주전으로 출전하고 있다.

주로 사용하는 발: 오른발 95%	우승 / 준우승	1부리그: 2-1 / 클럽 월드컵: 0-0	협회컵: 0-0 / 코파아메리카: 0-0	챔피언스: 0-0 / 월드컵: 0-0

슈팅-득점	패스 방향 분포	2020-21 세리에 A	포지션
18-2 / 14-0 / ● 32-2 LG-1 / ● 0-0 RG-1 / ● 0-0 HG-0	전진 30% / 좌향 29% / 우향 18% / 후진 23%	31-1 2741 A 2 P 30.9-24.0 P% 78% / T 3.1-1.8 I 0.7 DR 2.3-1.2 🟨 8-1 ⭐ 5	

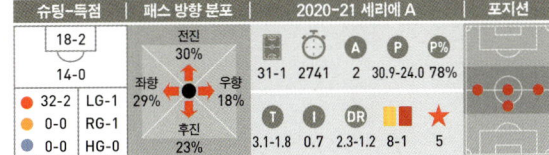

TORINO FC

구단 창립 : 1906년 홈구장 : 올림피코 그란데 토리노 대표 : 우르바노 카이로 2020-21시즌 : 17위 (승점 37점) 7승 16무 15패 50득점 69실점 닉네임 : Il Toro, I Granata

에이스 벨로티 지켜냈다. 시즌 목표는 유로파 진출

전통 명문. 최근 몇 년간 스쿼드에 비해 성적이 좋지 못해 아쉬웠다. 지난 시즌 잠파올로 감독은 중도에 경질됐다. 이적 시장에서 에이스 벨로티를 지켜냈고, 프라옛, 브레칼로, 피아차를 영입했다. 목표는 유로파 진출이다.

MANAGER : Ivan JURIĆ 이반 유리치

생년월일 : 1975.08.25 / 출생지 : 스프리트(크로아티아)
현역시절 포지션 : 미드필더 / 계약만료 : 2024.06.30
평균 재직 기간 : 2년 / 선호 포맷 : 3-4-2-1

인테르의 수석 코치로 지도자 생활을 시작했다. 만토바에서 본격적으로 감독이 되었고 크로토네, 제노아를 거쳐 베로나를 이끌었다. 이번 시즌을 앞두고 토리노로 합류했다. 클럽의 비전을 얼마나 현실로 만들 수 있을지 주목된다.

우승-준우승

ITALIAN SERIE-A	7-12
ITALIAN COPPA ITALIA	5-8
UEFA CHAMPIONS LEAGUE	0-0
UEFA EUROPA LEAGUE	0-1
FIFA CLUB WORLD CUP	0-0
UEFA-CONMEBOL INTERCONTINENTAL	0-0

ODDS CHECK

bet365	배당률 1000배	우승 확률 14위
sky bet	배당률 1000배	우승 확률 16위
William HILL	배당률 1000배	우승 확률 15위
888sport	배당률 750배	우승 확률 14위

*우승 확률이 높을수록 배당률은 낮아짐

2021-22 SEASON SCHEDULE

날짜	장소	상대팀	날짜	장소	상대팀
08-21	H	Atalanta	01-06	A	Atalanta
08-28	A	Fiorentina	01-09	H	Fiorentina
09-12	H	Salernitana	01-16	A	Sampdoria
09-19	A	Sassuolo	01-23	H	Sassuolo
09-22	H	Lazio	02-06	A	Udinese
09-26	A	Venezia	02-13	H	Venezia
10-03	H	Juventus	02-20	A	Juventus
10-17	A	Napoli	02-27	H	Cagliari
10-24	H	Genoa	03-06	A	Bologna
10-27	A	AC Milan	03-13	H	Inter Milan
10-31	H	Sampdoria	03-20	A	Genoa
11-07	A	Spezia	04-03	H	Salernitana
11-21	H	Udinese	04-10	A	AC Milan
11-28	A	AS Roma	04-16	H	Lazio
12-01	H	Empoli	04-24	A	Spezia
12-05	A	Cagliari	05-01	H	Empoli
12-12	H	Bologna	05-08	A	Napoli
12-19	A	Hellas Verona	05-15	H	Hellas Verona
12-22	H	Inter Milan	05-22	A	AS Roma

시간대별 득점 / 시간대별 실점 / 위치별 슈팅-득점 / 공격 방향 / 볼 점유 위치 / 포지션별 득점 / 상대포지션별 실점

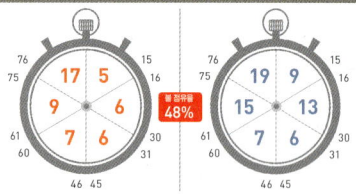
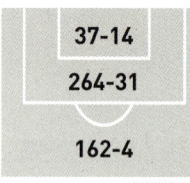
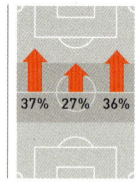

*상대자책골 1골 *상대자책골 1골 *자책골 실점 1골

BASIC FORMATION

3-4-1-2

사나브리아 (차차) 벨로티 (피아차)
리네티 (루키치)
아이나 (안살디) 만드라고라 (포베가) 루키치 (링콘) 싱고 (보이보디나)
로드리게스 (지마) 지지 (부온조르노) 이초 (브레머)
밀린코비치-사비치 (제멜로)

TOTO GUIDE 지난시즌 전적

상대팀	홈	원정
Inter Milan	1-2	2-4
AC Milan	0-7	0-2
Atalanta	2-4	3-3
Juventus	2-2	1-2
Napoli	0-2	1-1
Lazio	3-4	0-0
AS Roma	3-1	1-3
Sassuolo	3-2	3-3
Sampdoria	2-2	0-1
Hellas Verona	1-1	1-1
Genoa	0-0	2-1
Bologna	1-1	1-1
Udinese	2-3	1-0
Fiorentina	1-1	0-1
Spezia	0-0	1-4
Cagliari	2-3	1-0
Benevento	1-1	2-2
Crotone	0-0	2-4
Parma	1-0	3-0

득점 패턴 / 실점 패턴

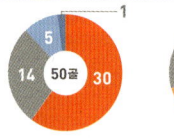

● OPEN PLAY ● COUNTER ATTACK ● SET PLAY
● PENALTY KICK ● OWN GOAL

OFFENSE / DEFENSE

오픈 플레이	B	오픈 플레이 수비	A
카운터 어택	C	카운터 어택 수비	E
짧은 패스 게임	B	짧은 패스 게임 수비	C
롱볼 연계 플레이	B	롱볼 연계 플레이수비	C
솔로 플레이	A	솔로 플레이 수비	C
중거리 슈팅 / 직접 프리킥	C	중거리 슈팅 수비	D
측면 공격	C	측면 수비	C
세트 플레이	A	세트 플레이 수비	B
위협적인 공격 횟수	C	공중전 능력	D
슈팅 대비 득점	D	볼 쟁탈전 / 투쟁심	A
오프사이드 피하기	C	실수 조심	C
볼 점유율	D	파울 주의	D

A 매우 우수함 B 우수함 C 평균 수준 D 부족함 E 많이 부족함

FW Andrea BELOTTI 9
안드레아 벨로티

SCOUTING REPORT
토리노의 아이돌. 스쿼드의 주장으로 활약하고 있다. '제2의 비에리' 라는 별명이 잘 맞는 공격수다. 거친 파울과 몸싸움도 마다하지 않는 대범함을 지녔다. 골문 앞에서는 누구보다도 치열하게 이겨낸다. 침착한 골 결정력과 파워가 넘치는 슈팅은 그물을 뜯어버릴 것만 같다. 완장을 차고 지난 시즌도 맹활약을 펼쳤다. 리그 35경기에 출전해 13골을 넣었다. 7개의 도움도 기록했고 초반 6라운드까지 6골을 성공시켰다.

PLAYER'S HISTORY
알비노레페의 유스 출신으로 2부 리그에서 시작했다. 2013년 팔레르모로 이적했고 리그 두 자릿수 골을 넣으며 승격시켰다. 15-16 시즌 토리노의 셔츠를 입고 리그 12골을 넣었다. 그 후로 꾸준히 리그 두 자릿수 골을 넣어주고 있다. 유로 2020의 우승 멤버로 활약했다.

주로 사용하는 발: 오른발 80%

	1부리그	협회컵	챔피언스
우승	0-0	0-0	0-0
준우승	클럽 월드컵: 0-0	UEFA 유로: 1-0	월드컵: 0-0

슈팅-득점: 71-13 / 36-0
- 107-13 LG-5
- 8-0 RG-7
- 5-4 HG-1

패스 방향 분포: 전진 23%, 좌향 20%, 우향 31%, 후진 26%

2020-21 세리에 A: 33-2 / 2895 / 6 / 19.6-13.6 / 70%
T 1.5-0.9 / I 0.3 / DR 2.3-1.3 / 4-0 / ★3

SQUAD LIST

위치	번호	선수	국적	키	생년월일	전 소속팀
GK	1	Etrit Berisha	ALB	194	89-03-10	SPAL
	32	Vanja Milinković-Savić	SRB	202	97-02-20	Lechia Gdańsk
	89	Luca Gemello	ITA	185	00-07-03	Fossano
	90	Răzvan Sava	ROU	194	02-06-21	Juventus
DF	3	Bremer	BRA	188	97-03-18	Atlético Mineiro
	5	Armando Izzo	ITA	183	92-03-02	Genoa
	6	David Zima	CZE	190	00-11-08	Slavia Prague
	13	Ricardo Rodríguez	SUI	182	92-08-25	Milan
	15	Cristian Ansaldi	ARG	181	86-09-20	Internazionale
	17	Wilfried Singo	CIV	190	00-12-25	AS Denguélé
	26	Koffi Djidji	FRA	187	92-11-30	Nantes
	27	Mërgim Vojvoda	KVX	187	95-02-01	Standard Liège
	34	Ola Aina	NGA	184	96-10-08	Chelsea
	99	Alessandro Buongiorno	ITA	194	99-06-06	None
MF	4	Tommaso Pobega	ITA	185	99-07-15	Milan
	8	Daniele Baselli	ITA	182	92-03-12	Atalanta
	10	Saša Lukić	SRB	183	96-08-13	Partizan Belgrade
	14	Josip Brekalo	CRO	180	98-06-23	Wolfsburg
	18	Dennis Stojković	SRB	175	02-08-03	Partizan Belgrade
	22	Dennis Praet	BEL	181	94-05-14	Leicester C
	25	Ben Lhassine Kone	CIV	180	00-03-14	Vigor Perconti
	38	Rolando Mandragora	ITA	183	97-06-29	Juventus
	77	Karol Linetty	POL	176	95-02-02	Sampdoria
	88	Tomás Rincón	VEN	177	88-01-13	Juventus
FW	7	Simone Zaza	ITA	186	91-06-25	Valencia
	9	Andrea Belotti	ITA	181	93-12-20	Palermo
	11	Marko Pjaca	CRO	186	95-05-06	Juventus
	19	Antonio Sanabria	PAR	180	96-03-04	Betis
	20	Simone Edera	ITA	174	97-01-09	None
	24	Simone Verdi	ITA	174	92-07-12	Napoli
	70	Magnus Warming	DEN	175	00-06-08	Lyngby

GK Vanja MILINKOVIĆ SAVIĆ 32
바니아 밀린코비치-사비치

시리구의 백업이었다. 그러나 시리구가 제노아로 떠난 올 시즌, 신발로 출전한다. 그의 키는 202cm. 농구 선수를 연상케 한다. 긴 팔다리를 잘 활용한다. 특히 PK 상황에 긴 팔을 허공에 휘저으면 상대 키커는 부담을 느낀다. 빅리그의 다른 골키퍼들에 비해 상대적으로 롱볼의 정확도가 떨어지는 편이다. 그래서 골킥을 빌드업에 활용하기보다 멀리 차내는 경우가 많다.

주로 사용하는 발: 오른발 92%

	1부리그	협회컵	챔피언스
우승	0-0	1-0	0-0
준우승	클럽 월드컵: 0-0	UEFA 유로: 0-0	월드컵: 0-0

세이브-실점: 8-5 / 6-1
- 20-6 TH-18
- 20-14 NK-32
- 1-0 KD-43

패스 방향 분포: 전진 59%, 좌향 23%, 우향 18%, 후진 0%

2020-21 세리에 A: 6-0 / 451 / 70% / 7 / 26.3-16.5
P% 67% / LB 13.2-3.7 / AD 10-8 / 0-1 / ★

DF Armando IZZO 5
아르만도 이초

토리노의 벽. 시즌 초반 결장했지만, 돌아온 이후 수비 진영을 확실히 책임졌다. 센터백은 물론 오른쪽 스토퍼로 출전할 수 있다. 점프력이 좋아 헤딩 커팅에 뛰어나다. 나폴리의 유스 출신으로 제노아를 거쳐 토리노에서 활약한다. 제노아 시절 승부 조작 혐의와 맞물려 6개월 가까이 경기 출전이 금지되기도 했다. 2018년 토리노로 입단 후 100경기가 넘는 출장을 했다.

주로 사용하는 발: 오른발 73%

	1부리그	협회컵	챔피언스
우승	0-0	0-0	0-0
준우승	클럽 월드컵: 0-0	UEFA 유로: 0-0	월드컵: 0-0

슈팅-득점: 17-2 / 0-0
- 17-2 LG-1
- 0-0 RG-0
- 0-0 HG-1

패스 방향 분포: 전진 41%, 좌향 37%, 우향 13%, 후진 9%

2020-21 세리에 A: 24-1 / 2011 / 0 / 46.5-37.9 / 82%
T 2.0-1.2 / I 2.1 / DR 0.7-0.5 / 3-0 / ★

MF Rolando MANDRAGORA 38
롤란도 만드라고라

토리노 중원의 소방관. 3백 보호와 함께 상대 공격수의 차단, 후방에서 시도하는 빌드업의 출발점. 모두 만드라고라가 책임져야 할 부분이다. 지난 시즌 겨울 이적 시장을 통해 유벤투스에서 합류했다. 전반기는 우디네세에서 임대로 뛰었다. 발이 느리고 활동 반경이 좁은 것이 단점으로 꼽힌다. 이탈리아 연령별 대표팀에 모두 포함된 엘리트 출신의 수비형 미드필더다.

주로 사용하는 발: 왼발 86%

	1부리그	협회컵	챔피언스
우승	1-0	1-0	0-1
준우승	클럽 월드컵: 0-0	UEFA 유로: 0-0	월드컵: 0-0

슈팅-득점: 15-2 / 21-1
- 36-3 LG-1
- 2-0 RG-2
- 0-0 HG-0

패스 방향 분포: 전진 31%, 좌향 24%, 우향 30%, 후진 15%

2020-21 세리에 A: 17-0 / 1526 / 1 / 41.1-34.4 / 84%
T 2.5-1.1 / I 1.2 / DR 1.0-0.6 / 3-1 / ★0

FC EMPOLI

구단 창립 : 1920년 홈구장 : 스타디오 카를로 카스텔라니 대표 : 파브리치오 코르시 2020-21시즌 : 2부 1위(승점 73점) 19승 16무 3패 68득점 35실점 닉네임 : Gli Azzurri

2시즌 만에 1부 리그 승격, '꿈★은 이뤄진다'

2부 리그 시즌 중반부터 줄곧 1위를 지켰다. '꿈'을 이룬 셈이다. 여름 이적 시장에서 공격수 망쿠소, 센터백 이스마일리, 미드필더 하스 등을 영입했다. 전체적인 전력이 업그레이드 됐다. 올 시즌 중위권 진출도 바라볼 수 있다.

2021-22 SEASON SCHEDULE

날짜	장소	상대팀	날짜	장소	상대팀
08-21	H	Lazio	01-06	A	Lazio
08-28	A	Juventus	01-09	H	Sassuolo
09-12	H	Venezia	01-16	A	Venezia
09-19	H	Sampdoria	01-23	H	AS Roma
09-22	A	Cagliari	02-06	A	Bologna
09-26	H	Bologna	02-13	H	Cagliari
10-03	A	AS Roma	02-20	A	Sampdoria
10-17	H	Atalanta	02-27	H	Juventus
10-24	A	Salernitana	03-06	A	Genoa
10-27	H	Inter Milan	03-13	A	AC Milan
10-31	A	Sassuolo	03-20	H	Hellas Verona
11-07	H	Genoa	04-03	A	Fiorentina
11-21	A	Hellas Verona	04-10	H	Spezia
11-28	H	Fiorentina	04-16	A	Udinese
12-01	A	Torino	04-24	H	Napoli
12-05	H	Udinese	05-01	H	Torino
12-12	A	Napoli	05-08	A	Inter Milan
12-19	H	Spezia	05-15	H	Salernitana
12-22	A	AC Milan	05-22	A	Atalanta

MANAGER : Aurelio ANDREAZZOLI 아우렐리오 안드레아졸리

생년월일 : 1953.11.05 / 출생지 : 마사(이탈리아)
현역시절 포지션 : 미드필더 / 계약만료 : 2022.06.30
평균 재직 기간 : 1년 / 선호 포맷 : 3-5-2

1953년생 이탈리아 출신의 노장. 많은 클럽을 이끌었다. 주로 하부 리그의 감독을 맡았고, 엠폴리와의 인연이 깊다. 지난 시즌에 팀을 승격시킨 디오니시 감독 다음으로 합류했다. 이번 시즌에 합류해 엠폴리와는 세 번째 만남이다.

우승-준우승 / ODDS CHECK

ITALIAN SERIE-A	0-0	bet365	배당률 1000배	우승 확률 14위
ITALIAN COPPA ITALIA	0-0	sky bet	배당률 750배	우승 확률 13위
UEFA CHAMPIONS LEAGUE	0-0	William HILL	배당률 1000배	우승 확률 15위
UEFA EUROPA LEAGUE	0-0	888sport	배당률 1000배	우승 확률 14위
FIFA CLUB WORLD CUP	0-0			
UEFA-CONMEBOL INTERCONTINENTAL	0-0			*우승 확률이 높을수록 배당률은 낮아짐

BASIC FORMATION — 4-4-2

망쿠소 (디프란체스코) / 쿠트로네 (피나몬티)
바이라미 (주르코프스키)
반디넬리 (발단치) / 하스 (시돌라치)
리치 (다미아니)
마르키차 (파리시) / 스토야노비치 (피아모치)
로마뇰리 (루페르토) / 이스마일리 (토넬리)
비카리오 (푸를란)

TOTO GUIDE 지난 시즌 2부리그 맞대결 전적

상대팀	홈	원정
Salernitana	5-0	0-2
Monza	0-0	1-1
Lecce	2-1	2-2
Venezia	1-1	0-2
Cittadella	1-1	2-2
Chievo	2-2	1-1
Brescia	4-2	3-1
SPAL	2-1	1-1
Reggina	3-0	3-0
Frosinone	3-1	2-0
Cremonese	1-0	2-2
Pisa	3-1	1-1
Vicenza	2-2	2-0
Pordenone	1-0	0-0
Ascoli	1-1	0-2
Cosenza	4-0	2-0
Reggiana	0-0	1-0
Pescara	2-2	2-1
Virtus Entella	1-0	5-2

OFFENSE | DEFENSE

오픈 플레이	B	오픈 플레이 수비	C
카운터 어택		카운터 어택 수비	
짧은 패스 게임	C	짧은 패스 게임 수비	D
롱볼 연계 플레이		롱볼 연계 플레이 수비	
솔로 플레이	C	솔로 플레이 수비	D
중거리 슈팅 / 직접 프리킥		중거리 슈팅 수비	C
측면 공격	B	측면 수비	C
세트 플레이	C	세트 플레이 수비	C
위협적인 공격 횟수		공중전 능력	D
슈팅 대비 득점	C	볼 쟁탈전 / 투쟁심	B
오프사이드 피하기	D	실수 조심	C
볼 점유율	D	파울 주의	C

A 매우 우수함 B 우수함 C 평균 수준 D 부족함 E 많이 부족함

FW Leonardo MANCUSO 7
레오나르도 만쿠소

SCOUTING REPORT
지난 시즌 20골-4도움을 기록하며 팀을 세리에A로 승격시킨 주인공이다. 특히 리그 11R 비르투스전에서는 5분간 3골을 터뜨렸다(1976년 말레이시아전 차범근을 연상케 한다). 만쿠소는 그 경기에서 총 4골을 넣었다. CF, RW, LW 등 공격 라인의 전 위치를 폭넓게 넘나든다(히트맵 분석 결과). 박스 안에서 동물적인 후각으로 밀렵꾼처럼 나타나 필살의 결정력을 발휘한다. 헤더, 중거리 슈팅, PK도 강점.

PLAYER'S HISTORY
2011년 피치게토네에서 데뷔했다. 카라레세, 치타델라, 삼베네데테세, 페스카라 등 작은 클럽에서 활약했다. 2018년 여름, 명문 유벤투스의 콜을 받고 이적했지만 유벤투스 스타들의 높은 벽에 막혔다. 결국 페스카라에 재임대 됐다가 2019년 여름 엠폴리로 옮겼다.

GK Guglielmo Vicario 00
굴리엘모 비카리오

모험을 하기보다는 안정적인 경기 운영을 선호한다. 1대1 상황에서도 될 수 있으면 런아웃(밖으로 나가는 행동)을 자제하고 GA안에서 기다린다. 순발력을 이용한 선방도 OK. 2014년 우디네세에서 데뷔했고, 폰트나프레데(임대), 베네치아를 거쳐 2019년 칼리아리로 이적했다. 적을 둔 채 페루자, 엠폴리로 임대 됐다.

SQUAD LIST

위치	번호	선수	국적	키	생년월일	전 소속팀
GK	1	Samir Ujkani	KVX	188	88-07-05	Torino
	12	Klemen Hvalič	SVN	195	02-04-18	ND Gorica
	13	Guglielmo Vicario	ITA	194	96-10-07	Cagliari
	22	Jacopo Furlan	ITA	189	93-02-22	Catania
DF	3	Riccardo Marchizza	ITA	187	98-03-26	Sassuolo
	6	Simone Romagnoli	ITA	193	90-02-09	Carpi
	20	Riccardo Fiamozzi	ITA	175	93-05-18	Lecce
	26	Lorenzo Tonelli	ITA	183	90-01-17	Sampdoria
	30	Petar Stojanović	SVN	178	95-10-07	Dinamo Zagreb
	33	Sebastiano Luperto	ITA	191	96-09-06	Napoli
	34	Ardian Ismajli	ALB	185	96-09-30	Spezia
	42	Mattia Viti	ITA	190	02-01-24	None
	65	Fabiano Parisi	ITA	178	00-11-09	Avellino
MF	5	Leo Štulac	SVN	175	94-09-26	Parma
	8	Liam Henderson	SCO	183	96-04-25	Lecce
	10	Nedim Bajrami	SUI	179	99-02-28	Grasshoppers
	21	Samuele Damiani	ITA	175	98-01-30	None
	23	Kristjan Asllani	ALB	175	02-03-09	None
	25	Filippo Bandinelli	ITA	180	95-03-29	Sassuolo
	27	Szymon Żurkowski	POL	185	97-09-25	Fiorentina
	28	Samuele Ricci	ITA	180	01-08-21	None
	32	Nicolas Haas	SUI	181	96-01-23	Atalanta
	35	Tommaso Baldanzi	ITA	170	03-03-23	None
FW	7	Leonardo Mancuso	ITA	182	92-05-26	Juventus
	9	Patrick Cutrone	ITA	183	98-01-03	Wolverhampton W
	11	Federico Di Francesco	ITA	171	94-06-14	SPAL
	17	Emmanuel Ekong	SWE	183	02-06-25	IF Brommapojkarna
	19	Andrea La Mantia	ITA	190	91-05-06	Lecce
	99	Andrea Pinamonti	ITA	188	99-05-19	Internazionale

DF Simone ROMAGNOLI 6
시메오네 로마뇰리

클럽의 주장. 파울이 잦지 않으나 한 번의 거친 태클로 퇴장을 당하곤 한다. 193cm의 장대한 피지컬에서 나오는 공중 경합을 장점으로 삼는다. 지난 시즌 리그 31경기에 출전하여 1골과 1개의 도움을 기록했다. 과거 이탈리아 21세 이하의 팀에서 활약했다. 이번 시즌에는 1부 리그의 공격수들과 부딪혀야만 한다. 팀의 사기 증진에 로마뇰리의 영향력이 필요하다.

MF Samuele RICCI 28
사무엘레 리치

비록 2부 리그였지만 리치의 활약상은 대단했다. 볼 키핑이 좋고 간수 능력이 뛰어나 상대에게 쉽게 볼을 빼앗기지 않는다. 좁은 공간에서 탈압박 후 전진 패스를 시도하거나 직접 볼을 몰고 와 하프라인을 건넌다. 시야를 이용해 측면으로 돌아가는 동료를 보며 롱 패스를 연결한다. 체력이 약하다는 단점이 있다.

US SALERNITANA 1919

구단 창립 : 1919년 홈구장 : 스타디오 아레키 대표 : 안드레아 라드리차니 2020-21시즌 : 2020-21시즌 : 2부 2위(승점 69점) 19승 12무 7패 46득점 34실점 닉네임 : I Granata

최종전 3연승으로 '1부行'…선수들 투쟁심에 기대

2부 리그 최종 3경기에서 3연승을 거두며 승격에 성공했다. 넉넉지 않은 팀의 재정 상 이번 이적 시장에서 임대 혹은 자유계약으로 29명을 방출하고 23명을 영입했다. 팀의 강점인 중거리 슈팅, 투쟁심으로 승부를 건다.

MANAGER : Fabrizio CASTORI 파브리시오 카스토리

생년월일 : 1954.07.11 / 출생지 : 산 세베리노(이탈리아)
현역시절 포지션 : 미드필더 / 계약만료 : 2023.06.30
평균 재직 기간 : 2년 / 선호 포맷 : 3-5-2

이탈리아 마르케 주 출신의 감독. 1980년 벨포르테세에서 감독 생활을 시작했다. 약 20개의 클럽을 전전했고 지난 시즌 살레르니타나를 맡고 1부 리그 승격을 이끌었다. 강력한 카리스마로 선수단 장악이 일품이다.

우승-준우승

ITALIAN SERIE-A	0-0
ITALIAN COPPA ITALIA	0-0
UEFA CHAMPIONS LEAGUE	0-0
UEFA EUROPA LEAGUE	0-0
FIFA CLUB WORLD CUP	0-0
UEFA-CONMEBOL INTERCONTINENTAL	0-0

ODDS CHECK

	배당률	우승 확률
bet365	2500배	우승 확률 19위
sky bet	1000배	우승 확률 16위
William HILL	1000배	우승 확률 15위
888sport	1000배	우승 확률 17위

*우승 확률이 높을수록 배당률이 낮아짐

2021-22 SEASON SCHEDULE

날짜	장소	상대팀	날짜	장소	상대팀
08-22	A	Bologna	01-06	H	Venezia
08-29	H	AS Roma	01-09	A	Hellas Verona
09-12	A	Torino	01-16	A	Lazio
09-19	H	Atalanta	01-23	A	Napoli
09-22	H	Hellas Verona	02-06	H	Spezia
09-26	A	Sassuolo	02-13	H	Genoa
10-03	H	Genoa	02-20	A	AC Milan
10-17	A	Spezia	02-27	H	Bologna
10-24	H	Empoli	03-06	A	Inter Milan
10-27	H	Venezia	03-13	H	Sassuolo
10-31	A	Napoli	03-20	A	Juventus
11-07	A	Lazio	04-03	H	Torino
11-21	H	Sampdoria	04-10	A	AS Roma
11-28	A	Cagliari	04-16	H	Sampdoria
12-01	H	Juventus	04-24	H	Fiorentina
12-05	A	AC Milan	05-01	A	Atalanta
12-12	H	Fiorentina	05-08	H	Cagliari
12-19	H	Inter Milan	05-15	A	Empoli
12-22	A	Udinese	05-22	H	Udinese

2부 리그

시간대별 득점
76: ? 15
75: 11 6 16
7 8
61: 6 5 30
60: 46 45 31

시간대별 실점
볼 점유율 38%
76: 10 4
75: 4 5
4 7
61: 30
60: 46 45 31

위치별 슈팅-득점
PA안 292-36
PA밖 152-7

신체 부위별 득점
왼발 4 / 오른발 31
헤더 8 / 기타부위 0

패스 / 수비
패스 시도-성공 평균 293-196 성공률 67%
평균 태클 15.2
평균 인터셉트 13.8

포지션별 득점
FW진 25골
MF진 9골
DF진 9골

상대 포지션별 실점
DF진 4골
MF진 16골
FW진 14골

*몰수게임승 3골

BASIC FORMATION

3-5-2

보나촐리 / 주리치
시미 / 보나촐리

카페치 리베리 / M.쿨리발리 카스타뇨스
루제리 갈리올로 / L.쿨리발리 오비 / 케치리다 초르테아

야로신스키 카리 / 스트란베리 아야 / 지음베르 보그단

벨레치 피오릴로

TOTO GUIDE 지난 시즌 2부리그 맞대결 전적

상대팀	홈	원정
Empoli	2-0	0-5
Monza	1-3	0-3
Lecce	1-1	0-2
Venezia	2-1	2-1
Cittadella	1-0	0-0
Chievo	1-1	2-1
Brescia	1-0	1-3
SPAL	0-0	0-2
Reggina	1-1	0-0
Frosinone	1-0	0-0
Cremonese	2-1	1-0
Pisa	4-1	2-2
Vicenza	1-1	1-1
Pordenone	0-2	2-1
Ascoli	1-0	2-0
Cosenza	0-0	1-0
Reggiana	3-0	0-0
Pescara	2-0	3-0
Virtus Entella	2-1	3-0

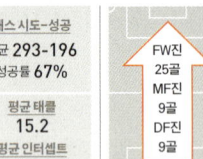

OFFENSE		DEFENSE	
오픈 플레이	E	오픈 플레이 수비	E
카운터 어택	C	카운터 어택 수비	B
짧은 패스 게임	B	짧은 패스 게임 수비	D
롱볼 연계 플레이	C	롱볼 연계 플레이수비	C
솔로 플레이	C	솔로 플레이 수비	D
중거리 슈팅 / 직접 프리킥	B	중거리 슈팅 수비	C
측면 공격	C	측면 수비	E
세트 플레이	C	세트 플레이 수비	D
위협적인 공격 횟수	C	공중전 능력	C
슈팅 대비 득점	C	볼 쟁탈전 / 투쟁심	B
오프사이드 피하기	C	실수 조심	C
볼 점유율	E	파울 주의	C

A 매우 우수함 B 우수함 C 평균 수준 D 부족함 E 많이 부족함

MF Francesco DI TACCHIO 14
프란체스코 디 타키오

SCOUTING REPORT
팀의 주장. 중원에서 가장 많이 뛰고 헌신적인 움직임을 보인다. 거친 파울로 인해 파울도 많고 경고에서 자유롭지 못하다. 지난 시즌 무려 8장의 옐로우 카드를 받았다. 상대와의 몸싸움을 피하지 않고 대담한 태클을 시도한다. 기본적으로 볼 간수 능력이 좋고 그라운드 전 지역을 커버한다. 탈압박하는 모습은 다소 투박하지만, 동료와의 연계 플레이를 통해 단점을 지워낸다. 리더십도 뛰어난 수비형 미드필더다.

PLAYER'S HISTORY
아스콜리에서 데뷔했다. 피오렌티나로 이적 후 여러 클럽에서 임대 생활을 보냈다. 비르투스 엔텔라에서 완전 이적을 했고, 피사에서 활약했다. 아벨리노를 거쳐 2018년 살레르니타나로 이적했다. 클럽의 엠블럼을 달고 100경기 넘게 활약했고 팀에 대한 충성도가 강하다.

주로 사용하는 발: 왼발	우승 / 준우승	1부리그: 0-0 / 클럽 월드컵: 0-0	협회컵: 0-0 / UEFA 유로: 0-0	챔피언스: 0-0 / 월드컵: 0-0

슈팅-득점
16-0
18-0
● 34-0 LG-0
● 1-0 RG-0
● 1-0 HG-0

2020-21 이탈리아 2부 리그
34-0 2870 1 29.0-20.6 71%
T 1.9-1.3 I 2.2 DR 0.8-0.4 11-1

SQUAD LIST

위치	번호	선수	국적	키	생년월일	전 소속팀
GK	1	Vincenzo Fiorillo	ITA	190	90-01-13	Pescara
GK	12	Antonio Russo	ITA	188	00-02-01	Sarnese
GK	71	Jacopo De Matteis	ITA	185	02-12-28	Savio
GK	72	Vid Belec	SVN	193	90-06-06	Sampdoria
DF	3	Matteo Ruggeri	ITA	179	02-07-11	Atalanta
DF	4	Paweł Jaroszyński	POL	184	94-10-02	Genoa
DF	5	Frédéric Veseli	ALB	183	92-11-20	Empoli
DF	6	Stefan Strandberg	NOR	189	90-07-25	FC Ural
DF	13	Ramzi Aya	ITA	184	90-08-02	Pisa
DF	19	Luca Ranieri	ITA	185	99-04-23	Fiorentina
DF	21	Nadir Zortea	ITA	175	99-06-19	Atalanta
DF	23	Norbert Gyömbér	SVK	189	92-07-03	Perugia
DF	24	Wajdi Kechrida	TUN	185	95-11-05	Étoile du Sahel
DF	26	Luka Bogdan	CRO	195	96-03-26	Livorno
DF	31	Riccardo Gagliolo	SWE	182	90-04-28	Parma
DF	33	Filippo Delli Carri	ITA	189	99-05-03	Juventus U23
MF	2	Mamadou Coulibaly	SEN	183	99-03-02	Udinese
MF	7	Franck Ribéry	FRA	170	83-04-01	Fiorentina
MF	8	Andrea Schiavone	ITA	176	93-02-23	Bari
MF	14	Francesco Di Tacchio	ITA	185	90-04-20	Avellino
MF	18	Lassana Coulibaly	MLI	175	96-04-10	Angers
MF	20	Grigoris Kastanos	CYP	179	98-01-30	Juventus
MF	22	Joel Chukwuma Obi	NGA	179	91-05-22	Chievo Verona
MF	27	Leonardo Capezzi	ITA	176	95-03-28	Sampdoria
FW	11	Milan Djurić	BIH	199	90-05-22	Bristol C
FW	25	Simy Nwankwo	NGA	198	92-05-07	Crotone
FW	63	Edoardo Vergani	ITA	186	01-02-06	Internazionale

GK VID BELEC 72
비드 벨레치

살레르니타나와 슬로베니아의 주전 수문장. 영화배우 같은 외모의 골키퍼. 192cm의 큰 키를 이용한 공중볼 캐치가 좋다. 지난 시즌 34경기에 출전해 14개의 클린 시트를 기록했다. 시즌 중반 근육 부상으로 3경기 결장했다. 3라운드에선 도움을 기록하기도 했다. 슬로베니아의 연령별 대표팀을 거쳐 주전급으로 활약하고 있다. 인테르의 유스 출신이나 크게 기회를 잡지 못했다.

주로 사용하는 발: 오른발 89%	우승 / 준우승	1부리그: 1-0 / 클럽 월드컵: 0-0	협회컵: 1-0 / UEFA 유로: 0-0	챔피언스: 1-0 / 월드컵: 0-0

세이브-실점
72-30
41-4
● 147-34
● 147-113
● 2-0

2020-21 이탈리아 2부 리그
34-0 3060 77% 14 24.0-13.2
P% 55% LB 21.1-10.6 2-0

DF Norbert GYÖMBÉR 23
노르베르트 지옴베르

팀의 붙박이 센터백. 대인 마크와 볼을 향한 집중력이 뛰어나다. 3백에서 왼쪽 센터백으로 주로 출전한다. 볼이 빠져나간 뒤 발을 뻗거나 거친 몸싸움으로 경고를 자주 얻는다. 슬로바키아 U-21 대표팀 출신으로 성인 대표팀에서도 주전급으로 활약하고 있다. 페루자에서 많은 출전 기회를 얻었고, 지난 시즌 살레르니타나로 이적했다. 상황에 따라서는 수비형 미드필더로도 나선다.

주로 사용하는 발: 오른발	우승 / 준우승	1부리그: 0-0 / 클럽 월드컵: 0-0	협회컵: 0-0 / UEFA 유로: 0-0	챔피언스: 0-0 / 월드컵: 0-0

슈팅-득점
8-0
0-0
● 8-0 LG-0
● 0-0 RG-0
● 0-0 HG-0

2020-21 이탈리아 2부 리그
35-0 3146 0 27.5-20.1 73%
T 1.4-0.8 I 1.5 DR 0.2-0.2 8-0

FW Milan ĐURIĆ 11
밀란 주리치

2m에 가까운 거구. 고공 헤더를 잘 하는 공격수. 지난 시즌 주전으로 출전하다 시즌 후반부에는 주로 교체 자원으로 나섰지만 나올 때마다 좋은 모습을 보였다. 리그 35경기 출전하여 5골과 3개의 도움을 기록했다. 체세나의 아카데미 출신으로 브리스톨 시티에서 활약한 이력도 있다. 보스니아의 21세 이하 대표팀 출신으로 오랜만에 성인 대표팀 차출도 되었다.

주로 사용하는 발: 오른발	우승 / 준우승	1부리그: 0-0 / 클럽 월드컵: 0-0	협회컵: 0-0 / UEFA 유로: 0-0	챔피언스: 0-0 / 월드컵: 0-0

슈팅-득점
49-5
5-0
● 54-5 LG-0
● 0-0 RG-2
● 3-2 HG-3

2020-21 이탈리아 2부 리그
25-10 2369 1 24.0-13.7 57%
T 0.4-0.0 I 0.4 DR 0.4-0.4 5-0

VENEZIA FC

구단 창립 : 1907년 홈구장 : 스타디오 피에루이지 펜초 대표 : 덩컨 니더라우어 2020-21시즌 : 2부 5위(승점 59점) 15승 14무 9패 / 승강 PO 3승 2무 닉네임 : I Leoni alati,, Lagunari

2부 리그 5위 + PO 3연승으로 극적인 승격

2부 리그 5위에 그쳤으나 플레이오프에서 3승이나 거두며 극적으로 승격에 성공했다. 무려 19년 만의 1부 리그 복귀다. 승격팀으로서는 이례적으로 1200만 유로라는 큰 금액을 투자해 스쿼드를 강화해 1부리그 잔류 의지를 드러냈다.

MANAGER : Paolo ZANETTI 파울로 자네티

- 생년월일 : 1982.12.16 / 출생지 : 발다그노(이탈리아)
- 현역시절 포지션 : 미드필더 / 계약만료 : 2025.06.30
- 평균 재직 기간 : 2년 / 선호 포맷 : 4-3-1-2

주로 하부 리그에서 선수 생활을 했다. 2017년 쥐티트롤에서 지도자를 시작했다. 2019년 아스콜리를 거쳐 지난 시즌에 베네치아의 지휘봉을 잡았다. 플레이 오프에서 보여준 지도력은 팀에서 가장 큰 도움이 된 요소였다.

우승-준우승

ITALIAN SERIE-A	0-2
ITALIAN COPPA ITALIA	1-1
UEFA CHAMPIONS LEAGUE	0-0
UEFA EUROPA LEAGUE	0-0
FIFA CLUB WORLD CUP	0-0
UEFA-CONMEBOL INTERCONTINENTAL	0-0

ODDS CHECK

bet365	배당률 2500배 우승 확률 19위
skybet	배당률 1000배 우승 확률 16위
William HILL	배당률 1500배 우승 확률 20위
888sport	배당률 1000배 우승 확률 17위

*우승 확률이 높을수록 배당률 낮아짐

2021-22 SEASON SCHEDULE

날짜	장소	상대팀	날짜	장소	상대팀
08-22	A	Napoli	01-06	A	Salernitana
08-27	A	Udinese	01-09	H	AC Milan
09-12	A	Empoli	01-16	H	Empoli
09-19	H	Spezia	01-23	H	Inter Milan
09-22	H	AC Milan	02-06	A	Napoli
09-26	H	Torino	02-13	H	Torino
10-03	A	Cagliari	02-20	A	Genoa
10-17	H	Fiorentina	02-27	H	Hellas Verona
10-24	A	Sassuolo	03-06	A	Sassuolo
10-27	H	Salernitana	03-13	H	Lazio
10-31	H	Genoa	03-20	H	Sampdoria
11-07	H	AS Roma	04-03	A	Spezia
11-21	A	Bologna	04-10	A	Udinese
11-28	H	Inter Milan	04-16	H	Fiorentina
12-01	A	Atalanta	04-24	H	Atalanta
12-05	H	Hellas Verona	05-01	H	Juventus
12-12	A	Juventus	05-08	H	Bologna
12-19	A	Sampdoria	05-15	A	AS Roma
12-22	H	Lazio	05-22	H	Cagliari

2부 리그

- 시간대별 득점 — 볼점유율 50% — 76/14/6/16 · 7/8/6 · 9/6 · 61/30/31 · 46/45
- 시간대별 실점 — 75/11/5/15 · 7/8/5 · 4/7 · 60/30/31 · 46/45
- 위치별 슈팅-득점 : PA안 381-52 / PA밖 221-4
- 신체 부위별 득점 : 왼발 28 / 오른발 18 / 헤더 9 / 기타 부위 0
- 패스/수비 : 패스 시도-성공 평균 414-329 성공률 80% / 평균 태클 12.2 / 평균 인터셉트 11.7
- 포지션별 득점 : FW진 25골 / MF진 22골 / DF진 8골
- 상대 포지션별 실점 : DF진 8골 / MF진 12골 / FW진 23골

*상대자책골 6골 *상대자책골 5골 *상대자책골 5골

BASIC FORMATION (4-3-3)

- 포르테 / 앙리
- 온슨 / 마리아노
- 오케레케 / 보칼론
- 헤이만스 / 피오르딜리노
- 초로니고이 / 밀리미키
- 부시오 / 앰퍼두
- 체카로니 / 몰리나로
- 칼다라 / 체카로니
- 스보보다 / 모도로
- 에부에히 / 마초키
- 레체리니 / 마엔파

TOTO GUIDE 지난 시즌 2부리그 맞대결 전적

상대팀	홈	원정
Empoli	2-0	1-1
Salernitana	1-2	1-2
Monza	0-2	4-1
Lecce	2-3	2-2
Cittadella	1-0	1-1
Chievo	3-1	1-1
Brescia	0-1	2-2
SPAL	0-0	1-1
Reggina	0-2	2-1
Frosinone	0-2	2-1
Cremonese	3-1	0-0
Pisa	1-1	2-1
Vicenza	1-0	1-1
Pordenone	0-0	0-2
Ascoli	2-1	1-1
Cosenza	3-0	0-0
Reggiana	2-1	1-2
Pescara	4-0	2-0
Virtus Entella	3-2	2-0
Derby County	0-0	2-2
Wycombe	7-2	0-0
Rotherham	1-0	2-0
Sheffield Wed	3-0	2-1
Chievo	3-2	-
Lecce	1-0	1-1
Cittadella	1-1	0-1

*승강 PO 결과

OFFENSE | DEFENSE

OFFENSE		DEFENSE	
오픈 플레이	B	오픈 플레이 수비	E
카운터 어택	C	카운터 어택 수비	C
짧은 패스 게임	C	짧은 패스 게임 수비	D
롱볼 연계 플레이	B	롱볼 연계 플레이수비	B
솔로 플레이	D	솔로 플레이 수비	C
중거리 슈팅 / 직접 프리킥	C	중거리 슈팅 수비	C
측면 공격	C	측면 수비	E
세트 플레이	C	세트 플레이 수비	E
위협적인 공격 횟수	E	공중전 능력	C
슈팅 대비 득점	E	볼 쟁탈전 / 투쟁심	C
오프사이드 피하기	C	실수 조심	E
볼 점유율	C	파울 주의	D

A 매우 우수함 B 우수함 C 평균 수준 D 부족함 E 많이 부족함

Francesco FORTE 9
프란체스코 포르테 (FW)

SCOUTING REPORT
팀의 승리를 이룬 주전 공격수. 187cm의 큰 키에서 나오는 공중전이 특기다. 물론 발밑도 정교하여 제법 세밀한 플레이를 한다. 지난 시즌 리그 8라운드까지 6골과 1개의 어시스트를 기록하며 팀의 상승세를 주도했다. 후반부엔 득점포를 터트리지 못했으나 여전히 베네치아의 공격 진영에서 포르테를 배제할 수 없다. 승격을 앞둔 플레이오프에서 스타팅 멤버로 출전했고, 레체 전에선 결승골을 터트렸다.

PLAYER'S HISTORY
인테르의 유스 출신으로 피사에서 프로 데뷔를 했다. 많은 클럽에서 임대 생활을 했다. 무려 8개의 클럽에서 활약했고, 벨기에 클럽인 바슬란트-베베런으로 완전 이적을 했고, 지난 시즌 베네치아에 입성했다. 이탈리아 20세 이하의 대표팀에서 1경기 활약했다.

주로 사용하는 발: 왼발

	1부리그	협회컵	챔피언스
우승	0-0	0-0	0-0
준우승	클럽 월드컵 0-0	UEFA 유로 0-0	월드컵 0-0

슈팅-득점: 107-14, 21-1, 128-15 LG-13, 3-0 RG-0, 3-2 HG-2

2020-21 프리미어리그: 35-3, 3002, 1, 13.9-9.3, 67%
T 0.3-0.1, I 0.1-0.1, DR 1.3-0.3, 5-0

Luca LEZZERINI 12
루카 레체리니 (GK)

베네치아의 승격을 이룬 골키퍼. 주전 수문장으로 활약했으나 지난 시즌 21라운드에서 불의의 십자인대 부상을 당해 시즌 아웃 판정을 받았다. 리그 21경기에서 10개의 클린시트를 기록했다. 부상에서 돌아온 이번 시즌은 더욱 좋은 모습을 예고한다. 피오렌티나 아카데미 출신으로 2015년에 데뷔했다. 아벨리노로 임대를 떠났고, 2018년부터 베네치아에서 활약했다.

주로 사용하는 발: 오른발

	1부리그	협회컵	챔피언스
우승	0-0	0-1	0-0
준우승	클럽 월드컵 0-0	UEFA 유로 0-0	월드컵 0-0

세이브-실점: 28-15, 21-3, 67-18, 67-49, 1-0

2020-21 프리미어리그: 21-0, 1827, 73%, 9, 31.8-23.2
P% 73%, LB 14.7-6.3, 1-0

SQUAD LIST

위치	번호	선수	국적	키	생년월일	전 소속팀
GK	1	Niki Mäenpää	FIN	192	85-01-23	Stoke C
	12	Luca Lezzerini	ITA	195	95-03-24	Avellino
	25	Filippo Neri	ITA	192	02-12-04	Livorno
	34	Bruno Bertinato	BRA	194	98-05-31	Coritiba
DF	3	Cristian Molinaro	ITA	183	83-07-30	Frosinone
	7	Pasquale Mazzocchi	ITA	183	95-07-27	Perugia
	13	Marco Modolo	ITA	186	89-03-23	Parma
	22	Tyronne Ebuehi	NGA	187	95-12-16	Benfica
	28	David Schnegg	AUT	185	98-09-29	LASK Linz
	30	Michael Svoboda	AUT	195	98-10-15	WSG Tirol
	31	Mattia Caldara	ITA	187	94-05-05	Milan
	32	Pietro Ceccaroni	ITA	188	95-12-21	Spezia
	55	Ridgeciano Haps	NED	175	93-06-12	Feyenoord
	-	Ethan Ampadu	WAL	182	00-09-14	Chelsea
MF	5	Antonio Vacca	ITA	170	90-05-13	Parma
	6	Jacopo Dezi	ITA	178	92-02-10	Parma
	8	Tanner Tessmann	USA	188	01-09-24	FC Dallas
	11	Arnór Sigurðsson	ISL	180	99-05-15	CSKA Moscow
	17	Luca Fiordilino	ITA	177	96-07-25	Palermo
	18	Daan Heymans	BEL	186	99-06-15	Waasland-Beveren
	19	Bjarki Steinn Bjarkason	ISL	178	00-05-11	ÍA Akranes
	21	Lauri Ala-Myllymäki	FIN	182	97-06-04	Ilves Tampere
	23	Sofian Kiyine	BEL	187	97-10-02	Lazio
	33	Domen Črnigoj	SVN	185	95-11-18	Lugano
	42	Dor Peretz	ISR	185	95-05-17	Maccabi Tel Aviv
	-	Jack de Vries	USA	183	02-03-28	Philadelphia Union
FW	9	Francesco Forte	ITA	187	93-05-01	Juve Stabia
	10	Mattia Aramu	ITA	180	95-05-14	Siena
	14	Thomas Henry	FRA	191	94-09-20	OH Leuven
	17	Dennis Johnsen	NOR	185	98-02-17	Ajax
	24	Riccardo Bocalon	ITA	182	89-03-03	Salernitana
	27	Gianluca Busio	USA	170	02-05-28	Sporting Kansas City
	39	GianMarco Zigoni	ITA	188	91-05-05	Milan
	77	David Okereke	NGA	182	97-08-29	Club Brugge

Marco MODOLO 13
마르코 모돌로 (DF)

클럽의 주장. 베네치아에서 가장 영향력 있는 수비수. 강인한 피지컬을 앞세워 상대의 공격을 막아낸다. 클리어링과 태클을 잘하지만, 발이 느려 빠른 공격수의 침투에 약하다. 베네치아의 유소년 출신으로 몇몇 클럽을 전전하다 2015년 리턴 했다. 베네치아에서만 200경기 넘게 출전한 클럽 역사에 남을 레전드 중 하나다.

주로 사용하는 발: 오른발

	1부리그	협회컵	챔피언스
우승	0-0	1-0	0-0
준우승	클럽 월드컵 0-0	UEFA 유로 0-0	월드컵 0-0

슈팅-득점: 27-1, 0-0, 27-1 LG-0, 0-0 RG-0, 0-0 HG-1

2020-21 프리미어리그: 28-1, 2407, 0, 41.4-34.8, 84%
T 0.7-0.4, I 0.1-0.1, DR 8-0

Mattia ARAMU 10
마티아 아라무 (MF)

베네치아의 공격 지휘관. 측면 공격은 물론 쳐진 공격수로도 출전한다. 우측면 윙 포워드를 가장 선호한다. 빠른 발에 이은 측면 돌파 그리고 얼리 크로스는 아라무와 베네치아 공격 전술의 핵심이다. 지난 시즌 9골과 8개의 도움을 기록했다. 클럽의 10번 셔츠를 입고 있고 이탈리아 연령별 대표팀에 모두 포함된 엘리트 출신이다. 2019년부터 베네치아에서 활약했다.

주로 사용하는 발: 오른발

	1부리그	협회컵	챔피언스
우승	0-0	0-0	0-0
준우승	클럽 월드컵 0-0	UEFA 유로 0-0	월드컵 0-0

슈팅-득점: 38-10, 45-0, 83-10 LG-8, 15-0 RG-2, 4-4 HG-0

2020-21 프리미어리그: 34-5, 2730, 6, 20.4-15.5, 76%
T 0.5-0.3, I 0.4, DR 0.7-0.3, 6-0

Ligue-1 Preview

'축구神'메시,
에펠탑'강림'
팬들 관심
리그앙으로 집중

메시가 왔다. 이 사실 하나만으로도 세계 언론은 매주 리그앙에 대해 수많은 기사를 써 내려갈 것이다. 그의 PSG 합류로 이미 해당 구단 유니폼은 불티나게 팔렸다. 또한, 여름마다 유럽 '메가 클럽'들로부터 끊임없는 러브콜을 받았던 음바페는 잔류했다. 올 시즌 PSG는 리그앙 뿐 아니라 챔피언스리그까지 정조준하고 있다. 여기에 디펜딩 챔피언 릴의 리그 2연패 가능성. 마르세유, 모나코, 리옹, 스타드 렌의 챔피언스리그 진출권 싸움. 승격한 트루아와 클레몽의 잔류 여부도 많은 관심을 불러 모으고 있다. 올 시즌은 리그앙 출범 후 세계 축구팬들로부터 가장 관심을 많이 받는 해가 될 것이다.

월드 풋볼 '드림팀' 탄생
역대급 이적 시장의 PSG

2000년대 초, 레알 마드리드는 '갈락티코'라는 이름으로 피구, 지단, 베컴, 호나우두 등을 영입했다. 비디오 게임에서만 볼 것 같은 선수들의 집합체였다.

그런데 이런 말도 안 되는 조합이 2021-22시즌 직전 프랑스 파리에서 재현됐다. 축구 역사상 가장 뛰어난 선수 중 1명인 메시가 바르셀로나를 떠나 PSG에서 30번 저지를 입었다.

레알 마드리드의 주장 라모스, AC 밀란과 이탈리아 대표팀 주전 골키퍼 돈나룸마, 리버풀 만능 미드필더 베이날둠 최고의 라이트백 하키미가 모두 'PSG 갈락티코'의 일원이 됐다. 이중 하키미를 제외하고 나머지 4명은 이적료 한푼 없이 영입했다. 올여름 이적 시장 최고의 승자가 PSG라는 말은 과언이 아니다.

PSG의 목표는 리그앙이 아니다. 프랑스 챔피언은 당연한 것이고, 컵대회(쿠프 드 프랑스), 유럽챔피언스리그, FIFA 클럽 월드컵까지 '싹쓸이 우승'을 노린다.

PSG 선수단의 면면을 보면 그야말로 월드 풋볼 '드림팀'이다.

챔피언 릴, 2연패 "출발"
모나코, 리옹은 "견제"

'10년이면 강산도 변한다'고 했다. 지난 시즌 릴은 10년 만에 리그 정상에 올랐다.

갈티에 감독의 지휘 아래, '원팀'의 에너지를 마음껏 발산했다. 일마즈와 데이비드는 29골을 합작하며 리그 최고 투톱을 형성했다. 방바, 이코네, 헤나투는 공격수들을 지원했다. 보트만과 폰테가 주축을 이룬 수비진은 든든히 동료들을 뒷받침했다. 골키퍼 마뇽의 이탈이 아쉽지만, 여전히 리그 정상급 수비력을 보여줄 것이다.

다만, 갈티에 감독이 팀을 떠난 건 큰 변수로 작용할 것이다.

전통 강호 모나코, 리옹, 마르세유는 챔피언스리그 티켓을 두고 릴과 사투를 벌일 것이다. 세 팀 모두 이적 시장에서 알토란 영입을 했고, 선수들의 사기도 무척 높은 편이다.

리옹은 데파이가, 스타드 렌은 카마빙가가 각각 이적했기에 전력 누수는 불가피하지만 나름대로 대비책을 마련했다는 평이다.

올 시즌 리그앙은 절대강자 PSG의 독주 속에 챔피언스리그 진출권이 걸린 2~3위 쟁탈전이 그 어느 때보다도 뜨거울 것이다.

'명가 부활' 노리는 명문들
유로파 티켓 위한 '건곤일척'

리그앙은 유럽의 다른 빅리그들보다도 중위권 팀들의 평준화가 잘 이루어진 리그로 평가받는다. 이들은 유로파 티켓을 따내기 위해 매년 '건곤일척(乾坤一擲)'의 승부를 펼친다.

스타드 렌은 늘 탄탄한 팀 워크를 자랑했다. 그러나 지난여름 에이스 카마빙가가 팀을 떠났다. 그 빈자리를 도쿠, 아구에르로 버텨야 하나 전력 누수는 불가피해 보인다.

몽펠리에, 니스도 만만치 않은 팀들이다. 니스는 명장 갈티에 감독이 지휘봉을 잡아 기대가 크다. 팀 분위기가 달라졌고, 재능을 가진 젊은 선수들이 많아 올 시즌 활기찬 경기를 선보일 전망이다.

보르도와 생테티엔은 과거부터 꾸준히 리그 앙을 대표하는 명문 팀들이었다. 이들은 올 시즌 과거의 영광을 재현하겠다며 각오를 다진다.

보르도는 대한민국 주전 CF 황의조를 잔류시켰다. 그는 지난 시즌 보르도 최다 득점자였다. 올 시즌도 최전방에서 시원한 득점포를 선보일 것이다.

생테티엔은 퓌엘 감독의 전술 색이 더욱 진해졌다는 평가다. 지난 시즌에는 중반부터 치고 올라갔으나 올 시즌엔 초반부터 상승세를 유지할 각오다.

리그앙의 또 다른 명문 낭트는 지난 시즌 최악의 행보를 보였다. 강등권에서 머물다 18위로 시즌을 마감했고, 툴루즈와 PO를 거쳐 겨우 잔류했다. 낭트는 리그앙에서 유소년 시스템이 가장 잘 유지되는 팀 중 하나다. 전통의 명가라는 이름이 희미해졌기에 올 시즌 반전의 모멘텀을 만들어야 한다.

"무조건 살아남아야 한다"
우승만큼 힘든 잔류 경쟁

승격팀 랑스는 지난 시즌을 7위로 마감했다. 랑스 선수들이 선전한 게 첫 번째 이유고, 중위권과 하위권의 '갭'이 없는 리그앙의 특성이 두 번째 이유였다.

올 시즌도 비슷하게 전개될 가능성이 크다. 앙제, 로리앙, 스트라스부르는 단순한 잔류를 넘어 중상위권까지 치고 올라갈 잠재력을 지닌 팀들이다. 당연히 유로파 티켓 획득을 목표로 한다.

강등권 싸움은 우승 경쟁 못지않게 정말 치열하다. 리그앙의 강등 싸움은 거의 매년 리그 일정 마지막 날에 결정됐다.

2021-22시즌은 코로나(COVID-19) 사태의 연장선에 있다. 각 클럽마다 영입이 활발하지 않았다. 때문에 감독의 역량(전술 구사 및 전체적인 운용), 선수들의 부상 유무가 가장 큰 변수로 작용할 것이다.

트루아와 클레몽은 지난 시즌 2부 리그에서 좋은 모습을 보이며 승격했다.

대한민국의 석현준은 트루아에서 활약 중이다. 주로 백업 공격수로 나서지만 중요한 순간마다 알토란같은 활약을 할 수 있을 것이다.

클레몽은 지난 시즌 2부 리그에서 61골을 넣었다. 올 시즌 리그앙에서 그 공격력이 어느정도 효과를 발휘할지 주목된다. 공격수 바요는 지난 시즌 2부 리그 득점왕이었다.

트루아와 클레몽의 '생존기'는 올 시즌 리그앙의 또다른 관전 포인트가 될 것이다.

LILLE OSC

디펜딩 챔피언, 리그 2연패 連霸 향해 "GO"

구단 창립 : 1944년 **홈구장** : 스타드 피에르 모루아 **대표** : 올리비에 레탕 **2020-21시즌** : 1위(승점 83점) 24승 11무 3패 64득점 23실점 **닉네임** : Les Dogues

PSG 독주 막아낸 릴의 고공 행진
10년 만의 리그 우승. 감격스러운 순간이었다. 2010-11 시즌 이후로 첫 트로피를 들어 올렸다. 선수들의 헌신과 갈티에 감독의 지도력이 엄청난 시너지를 불러일으켰다. 시즌 초중반까지는 3위권에 머물렀지만 22라운드부터 1위 자리를 굳건히 지켰다. 특히 리그 최강의 파리 생제르망과의 대결에서 1승 1무를 기록하며 단 한 경기도 패배하지 않았다. 리그에서 23점만 실점하며 리그 최소 실점을 기록했다. 반대로 공격력은 그리 좋지 못했다. 유로파에서는 아약스에게 패하며 탈락했지만 갈티에 감독 특유의 수비전술은 매우 인상적인 경기력을 보여주었다.

만족스럽지 못했던 여름 이적 시장
유럽에서 가장 뜨거운 클럽 중 하나였기에 많은 선수의 이탈이 예상되었다. 중원의 청소부 수마레가 레스터로 떠났다. 2000만 유로의 이적료를 안겨다 주었고 주전 수문장 마이난은 밀란으로 향했다. 쿠아메, 오나노도 이적했고 아라우조는 아틀란타 유나이티드로 1091만 유로로 떠났다. 반대로 영입은 확실히 이루어지지 않았다. 함부르크에서 오나나, 그로닝헨에서 구드문드손이 입단했다. 가장 중요한 사실은 갈티에 감독마저 떠났다는 점이다. 주요 선수들의 이탈과 팀의 중심에 있던 갈티에 감독의 공백을 얼마나 메울 수 있을지가 관건이다.

디펜딩 챔피언, 철벽 수비 재건 필요
반짝 우승이라는 평가로 끝나지 않게, 구르방네크 감독의 목표는 단 하나다. 챔피언스리그 진출권을 얻는 것이다. 파리 생제르망의 역대급 이적 행보에 두려운 것이 사실이다. 그래도 주전급 멤버들은 건재하다. 데이비드와 이을마즈의 공격 진영은 여전히 위협적이고 안드레와 세카는 릴의 허리를 책임지고 있다. 특히 지난 시즌 최소 실점에 기여했던 보트만-폰테 듀오는 이번 시즌도 잘 해낼 것이다. 다만 주장인 폰테의 나이가 많다는 점과 만다바, 첼리크의 경기력 기복이 심한 것이 불안하다. 릴의 고공 행진을 위해 리그 초반의 일정이 매우 중요하다.

MANAGER : Jocelyn GOURVENNEC 조셀린 구르방네크

Personal Information
- 생년월일 : 1972.03.22 / 출생지 : 브레스트(프랑스)
- 현역시절 포지션 : 미드필더 / 계약만료 : 2023.06.30
- 평균 재직 기간 : 3년 / 선호 포맷 : 4-4-2

History
선수 시절 스타드 렌에서 활약하며 1993-94 시즌 리그2 올해의 선수상과 올해의 팀에 포함되었던 감독. 은퇴 후 갱강에서 쿠프 드 프랑스를 우승시켰다. 보르도, 갱강을 다시 거쳐 이번 시즌 릴에 입성했다. 데뷔경기에서 PSG를 이기고 컵 대회 우승을 차지했다.

Style
2021-22 시즌 전 유럽에서 가장 부담감이 큰 신예 감독이다. 갈티에 감독이 추구한 수비 전술과 역습, 공격 전개 능력이 구르방네크가 소화하기에 힘들어 보이기 때문이다. 리그 앙에서 우승한 분위기는 좋다. 팀 내에서 신뢰를 얻는 것이 급선무. 4-4-2의 포백 전술을 애용한다. 일단 첫 스타트는 좋았다. 프랑스 컵에서 PSG를 이기며 커리어 두 번째로 트로피를 올렸다. 다만 시즌의 장기 레이스에서 어떠한 모습을 보여줄지 미지수다.

	우승 - 준우승 횟수	FRENCH LIGUE-1	FRENCH COUPE DE FRANCE	UEFA CHAMPIONS LEAGUE
		4-7	6-2	0-0
		UEFA EUROPA LEAGUE	FIFA CLUB WORLD CUP	UEFA-CONMEBOL INTERCONTINENTAL
		0-0	0-0	0-0

SQUAD LIST

위치	번호	선수	국적	키	생년월일	전 소속팀
GK	1	Ivo Grbić	CRO	195	96-01-18	Atlético Madrid
GK	16	Adam Jakubech	SVK	190	97-01-02	Spartak Trnava
GK	30	Léo Jardim	BRA	188	95-03-20	Rio Ave
DF	2	Zeki Çelik	TUR	180	97-02-17	İstanbulspor
DF	3	Tiago Djaló	POR	190	00-04-09	Milan
DF	4	Sven Botman	NED	195	00-01-12	Ajax
DF	5	Gabriel Gudmundsson	SWE	181	99-04-29	FC Groningen
DF	6	José Fonte	POR	187	83-12-22	Dalian Yifang
DF	26	Jérémy Pied	FRA	173	89-02-23	Southampton
DF	28	Reinildo Mandava	MOZ	180	94-01-21	Belenenses
DF	29	Domagoj Bradarić	CRO	178	99-12-10	Hajduk Split
MF	8	Xeka	POR	186	94-11-10	Sporting Gijón
MF	11	Yusuf Yazıcı	TUR	183	97-01-29	Trabzonspor
MF	18	Renato Sanches	POR	176	97-08-18	Bayern Munich
MF	20	Angel Gomes	ENG	168	00-08-31	Manchester U
MF	21	Benjamin André	FRA	177	90-08-03	Rennes
MF	24	Amadou Onana	BEL	192	01-08-16	Hamburg
MF	27	Cheikh Niasse	SEN	188	00-01-19	None
FW	7	Jonathan Bamba	FRA	173	96-03-26	St-Etienne
FW	9	Jonathan David	CAN	177	00-01-14	KAA Gent
FW	10	Jonathan Ikoné	FRA	180	98-05-02	Paris St-Germain
FW	17	Burak Yılmaz	TUR	188	85-07-15	Beşiktaş
FW	19	Isaac Lihadji	FRA	177	02-04-10	Marseille
FW	22	Timothy Weah	USA	185	00-02-22	Paris St-Germain

2021-22 SEASON SCHEDULE

날짜	장소	상대팀	날짜	장소	상대팀
08-08	A	Metz	01-09	H	Lorient
08-15	H	Nice	01-16	A	Marseille
08-22	A	Saint-Étienne	01-23	A	Brest
08-29	H	Montpellier	02-06	H	Paris SG
09-12	A	Lorient	02-13	A	Montpellier
09-19	A	Lens	02-20	A	Metz
09-22	H	Reims	02-27	A	Lyon
09-26	A	Strasbourg	03-06	H	Clermont Foot
10-03	H	Marseille	03-13	A	Saint-Étienne
10-17	A	Clermont Foot	03-20	H	Nantes
10-24	H	Brest	04-03	H	Bordeaux
10-31	H	Paris SG	04-10	H	Angers
11-07	H	Angers	04-17	A	Lens
11-21	A	Monaco	04-24	H	Reims
11-28	H	Nantes	04-24	H	Strasbourg
12-01	A	Rennes	05-01	A	Troyes
12-05	H	Troyes	05-08	H	Monaco
12-12	A	Lyon	05-14	A	Nice
12-22	A	Bordeaux	05-21	H	Rennes

RANKING OF LAST 10YEARS

11-12	12-13	13-14	14-15	15-16	16-17	17-18	18-19	19-20	20-21
3위 74점	6위 62점	3위 71점	8위 56점	5위 60점	11위 46점	17위 38점	2위 75점	4위 49점	1위 83점

*'19-20시즌은 코로나로 단축 시즌 27경기 치름

STRENGTHS & WEAKNESSES

OFFENSE		DEFENSE	
오픈 플레이	C	오픈 플레이 수비	B
카운터 어택	C	카운터 어택 수비	C
짧은 패스 게임	B	짧은 패스 게임 수비	B
롱볼 연계 플레이	C	롱볼 연계 플레이 수비	C
솔로 플레이	B	솔로 플레이 수비	C
중거리 슈팅 / 직접 프리킥	A	중거리 슈팅 수비	D
측면 공격	C	측면 수비	C
세트 플레이	B	세트 플레이 수비	B
위협적인 공격 횟수	C	공중전 능력	C
슈팅 대비 득점	B	볼 쟁탈전 / 투쟁심	D
오프사이드 피하기	D	실수 조심	D
볼 점유율	B	파울 주의	D

A 매우 우수함 B 우수함 C 평균 수준 D 부족함 E 많이 부족함

STADIUM

Stade Pierre-Mauroy

구장 오픈 : 2012년	구장 증개축 : -
구장 소유 : 에파주 릴	수용 인원 : 5만 186명
피치 규모 : 105 X 68m	잔디 종류 : 하이브리드 잔디

ODDS CHECK

베팅회사	Ligue 1		Champions League	
	배당률	우승 확률	배당률	우승 확률
bet365	25배	3위	150배	18위
sky bet	22배	3위	150배	17위
William HILL	22배	3위	150배	18위
888sport	32.5배	5위	125배	19위

*우승 확률이 높을수록 배당률은 낮아짐

20-21 SEASON TOP5

득점		어시스트		경고-퇴장	
B.일마즈	16	J.밤바	9	B.안드레	10-0
J.데이비드	13	J.이코네	5	M.Z.첼리크	8-0
Y.야지지	7	R.일마즈	5	J.폰테	7-0
J.밤바	6	Y.야지지	4	B.일마즈	6-0
L.아라우호	4	R.산체스	3	세카	6-0

BASIC FORMATION

4-4-2

TOTO GUIDE 지난시즌 전적

상대팀	홈	원정
Paris SG	0-0	1-0
Monaco	2-1	0-0
Lyon	1-1	3-2
Marseille	2-0	1-1
Rennes	1-1	1-0
Lens	4-0	3-0
Montpellier	1-1	3-2
Nice	2-0	1-1
Metz	1-0	2-0
Saint-Etienne	0-0	1-1
Bordeaux	2-1	3-0
Angers	1-2	2-1
Reims	2-1	1-0
Strasbourg	1-1	3-0
Lorient	4-0	4-1
Brest	0-0	2-3
Nantes	2-0	2-0
Nimes	1-2	1-0
Dijon	1-0	2-0

TACTICS & FUNCTIONS

OFFENSE

경기 운영 : 점유율 위주, 중앙 돌파
짧은 패스 / 긴 패스 비율 : 8.5대1
역습 시작 위치 : 비교적 앞쪽
직접 프리킥 : 일마즈, 고메즈, 야즈즈
중거리 슈팅 : 밤바, 일마즈, 고메즈
세트피스 헤딩 : 안드레, 보트만, 폰테
드리블 : 산시스, 이코네, 밤바
결정적 패스 : 산시스, 밤바, 이코네

DEFENSE

존디펜스 : 지역방어 기반의 존디펜스
맨투맨 : 지역방어 기반의 맨투맨
세로 방향 프레싱 위치 : 비교적 중간 지역
오프사이드 트랩 위치 : 골라인에서 18~20m
미드필드 스크리너 : 안드레, 오나나
공수 밸런스 유지 : 야즈즈, 제카
수비진 라인 컨트롤 : 보트만, 제카
수비진 옵셔널 스토퍼 : 폰테, 잘루

LIGUE-1 2020-21 PERFORMANCE

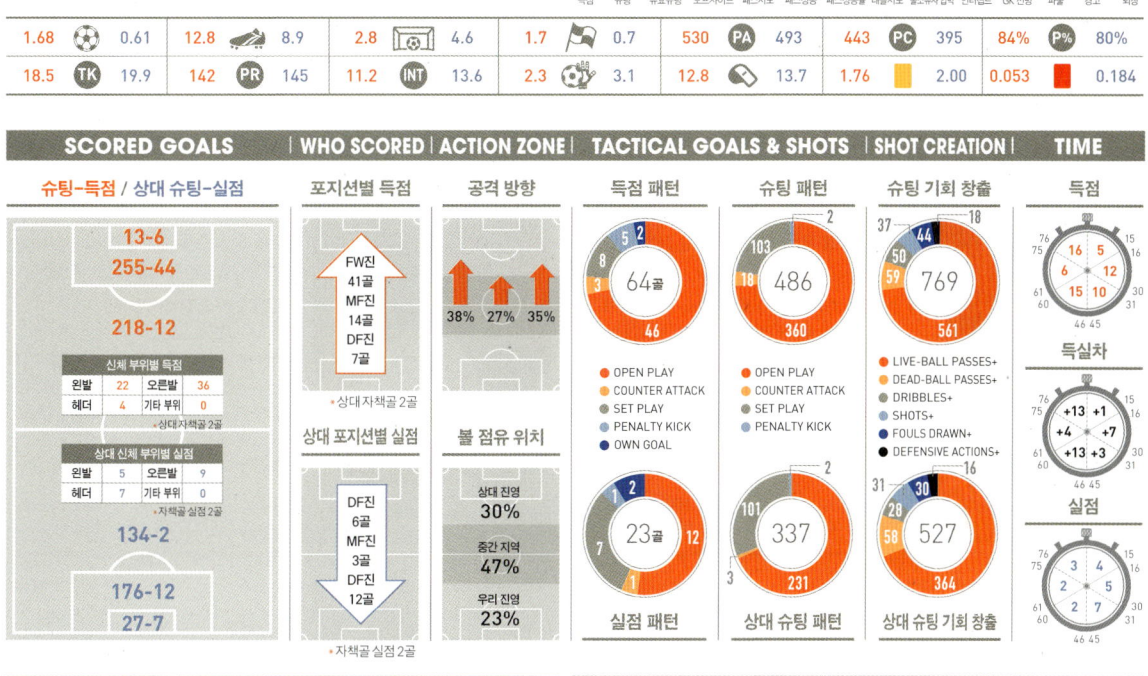

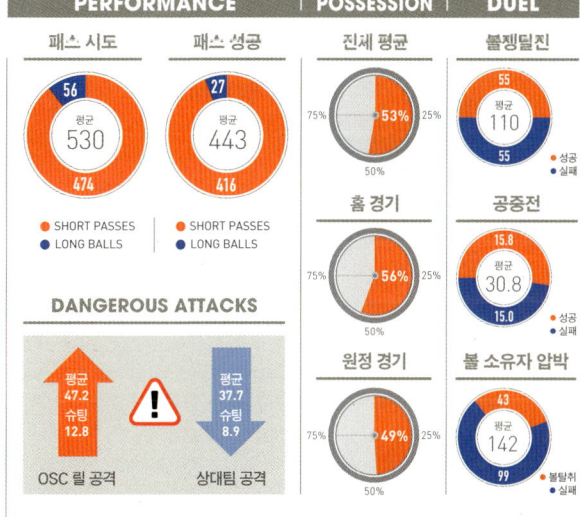

Léo JARDIM — GK — 30
레오 자르딤

SCOUTING REPORT
메냥의 뒤를 잇는 넘버원 골리. 188cm의 큰 키에서 발휘되는 슛 스토핑이 좋다. 반사신경이 특히 뛰어나 결정적 상황에서 순간적으로 슈퍼 세이브를 자주 연출한다. 안정적인 경기 운영이 가장 큰 강점이며 다이빙 반경 또한 넓다. PK 상황에서 상대 공격수의 타이밍을 예측하며 뛴다. 다만 발밑이 세밀하지 못해 종종 패스 미스를 저지르는 것이 아쉬운 점이다.

PLAYER'S HISTORY
2014년 자국 명문 그레미우에서 1군에 승격했다. 2시즌 후 첫 경기에 나섰고, 18-19 시즌 리오 아베로 임대 후 주전 골키퍼로 자리매김했다. 2019년 릴로 합류 후 보아비스타로 임대를 떠났다. 메냥의 이적 후 릴의 주전 골키퍼가 되기 위해 첫 도전을 시작한다.

주로 사용하는 발 : 오른발	우승	1부리그 : 0-0	협회컵 : 1-0	챔피언스 : 0-0
	준우승	클럽월드컵 : 0-1	코파아메리카 : 0-0	월드컵 : 0-0

세이브-실점	패스 방향 분포	2020-21 포르투갈 1부 리그	포지션
71-44	전진 52%	⏱ S% CS P	
28-5	좌향 26% ↔ 우향 22%	34-0 3060 77% 9 24.0-11.3	
● 148-49 TH-0	후진 0%	P% LB 🟨 🟥 ★	
● 148-99 NK-0		47% 18.8-6.3 0-0 2	
● 12-1 KD-0			

Zeki ÇELIK — DF — 2
제키 첼리크

SCOUTING REPORT
터키 대표팀 부동의 라이트 백. 릴의 우승에 지대한 영향을 미친 디펜더. 한 번의 터치로 상대를 쉽게 제치는 선수다. 투지 넘치는 플레이는 물론 일대일 대인 마킹에서 좋은 모습을 보여준다. 주력이 빠른 편은 아니지만, 정확도가 높은 얼리 크로스를 시도한다. 지난 시즌 경기당 2.5개의 태클에 성공했다. 스탠딩과 슬라이딩 태클이 뛰어나고 뒷 공간을 쉽게 내주지 않는다. 빅 클럽들의 이적 리스트에 늘 존재한다.

PLAYER'S HISTORY
2015년 부르사스포르에서 프로 데뷔했다. 카라자베이스포르와 이스탄불스포를 거쳐 18-19시즌 릴로 합류했다. 터키 연령별 대표팀에 모두 포함되며 엘리트 코스를 밟아왔다. 유로 2020에서도 주전으로 활약했다. 부상을 피해 경기력이 유지되면 언터쳐블이다.

주로 사용하는 발 : 오른발 91%	우승	1부리그 : 1-1	협회컵 : 0-0	챔피언스 : 0-0
	준우승	클럽월드컵 : 0-0	UEFA 유로 : 0-0	월드컵 : 0-0

슈팅-득점	패스 방향 분포	2020-21 리그앙	포지션
7-1	전진 38%	A P P%	
8-2	좌향 43% ↔ 우향 5%	28-1 2389 2 45.2-35.6 79%	
● 15-3 LG-3	후진 14%	T I DR 🟨 🟥 ★	
● 0-0 RG-3		3.8-2.5 1.3 1.4-0.7 8-0 3	
● 0-0 HG-0			

Sven BOTMAN — DF — 4
스벤 보트만

SCOUTING REPORT
네덜란드 수비 진영의 미래. 터프함을 가미한 센터백. 수비 활동 반경이 넓고 상황에 따라선 측면 커버도 충분히 한다. 강인한 몸싸움을 즐기며 다양한 태클을 구사한다. 릴로 이적한 첫 시즌인 지난 시즌에 경기당 1.5개의 인터셉트를 기록했다. 리더쉽도 뛰어나 수비의 구심점 역할을 잘 수행해낸다. 하지만 상대적으로 발이 느려 상대에게 뒷공간을 내주기도 한다. 공중에서의 경합도 아쉬운 모습을 보인다.

PLAYER'S HISTORY
아약스 유스팀의 산물로서 2019년 헤렌벤으로 임대를 떠났다. 리그 26경기를 뛰며 잠재력을 인정받았고 이적료 800만 유로로 릴에 입단했다. 이적한 첫 시즌에 리그 우승의 주전 센터백으로 활약했다. 네덜란드 연령별 대표팀에 모두 호출되며 차세대 수비수로 불리고 있다.

주로 사용하는 발 : 왼발 81%	우승	1부리그 : 2-1	협회컵 : 1-0	챔피언스 : 0-0
	준우승	클럽월드컵 : 0-0	UEFA 유로 : 0-0	월드컵 : 0-0

슈팅-득점	패스 방향 분포	2020-21 리그앙	포지션
15-0	전진 42%	A P P%	
1-0	좌향 16% ↔ 우향 39%	37-0 3311 0 70.0-60.6 87%	
● 16-0 LG-0	후진 4%	T I DR 🟨 🟥 ★	
● 1-0 RG-0		1.2-0.8 1.5 0.2-0.2 3-0 1	
● 0-0 HG-0			

Renato SANCHES — MF — 18
헤나투 산시스

SCOUTING REPORT
2016년 골든보이 수상자. 저돌적인 돌파가 인상 깊은 포르투갈 출신 미드필더. 폭발적인 스피드, 화려한 드리블 돌파로 인한 공격 침투가 가장 큰 무기다. 직접 볼을 몰고 공격을 진두지휘한다. 지난 시즌 경기당 1.7개의 드리블 돌파에 성공했고, 이는 팀 내 최다 기록이다. 하지만 볼 터치가 세밀하지 못하고 경기 템포를 끊기도 한다. 단점도 뚜렷하기 때문에 성장속도가 생각보다 더딘 편이다.

PLAYER'S HISTORY
2015년 벤피카에서 1군에 등록되었다. 프로 데뷔 첫 시즌부터 좋은 모습을 보였고, 유로 2016 우승을 기반으로 최고 유망주 대열에 합류했다. 많은 기대를 안고 바이에른 뮌헨에 입단했지만 고배를 마셨다. 스완지 임대를 거쳐 19-20 시즌 릴로 합류했다.

주로 사용하는 발 : 오른발 90%	우승	1부리그 : 4-0	협회컵 : 2-0	챔피언스 : 0-0
	준우승	클럽월드컵 : 0-0	UEFA 유로 : 0-0	월드컵 : 0-0

슈팅-득점	패스 방향 분포	2020-21 리그앙	포지션
8-1	전진 24%	A P P%	
13-0	좌향 31% ↔ 우향 31%	14-9 1273 3 40.7-34.9 86%	
● 21-1 LG-1	후진 15%	T I DR 🟨 🟥 ★	
● 2-0 RG-0		1.4-0.6 0.6 2.5-1.7 4-0 0	
● 0-0 HG-0			

MF Benjamin ANDRÉ 21
벤자맹 앙드레

SCOUTING REPORT
릴 중원의 살림꾼. 언성 히어로 중 한 명. 두드러지진 않지만 지난 시즌 리그 우승에 큰 기여를 했다. 팀의 부주장으로서 리더십이 뛰어나다. 볼 터치가 좋고 탈압박을 잘한다. 중원에서 넓은 활동 반경으로 높은 스테미너와 수준 높은 태클을 구사한다. 종종 세트피스나 공격 시 직접 뛰어 들어가 골망을 흔들기도 한다. 좁은 공간에서 휠 패스로 동료에게 연결하며 발기술이 훌륭하다. 다만 주력은 빠르지 않다.

PLAYER'S HISTORY
2008년 아작시오에서 성인 무대에 뛰어들었다. 7시즌 동안 202경기에 출장했고, 스타드 렌으로 이적했다. 18-19 시즌 그르니에와 함께 호흡을 맞추며 팀에 리그 컵 우승을 안겼다. 2019년 700만 유로로 릴로 합류했다. 특유의 성실함으로 서포터즈의 사랑을 받는다.

| 주로 사용하는 발: 오른발 86% | 우승 준우승 | 1부리그 1-0 클럽 월드컵 0-0 | 협회컵 1-0 UEFA 유로 0-0 | 챔피언스 0-0 월드컵 0-0 |

FW Jonathan BAMBA 7
조나단 밤바

SCOUTING REPORT
측면 공격을 이끄는 날개. 릴의 터치 라인을 책임지고 있는 윙 포워드, 측면 돌파 후 올리는 크로스의 구질이 다양하다. 얼리 크로스나 낮게 깔아 시도하는 크로스가 좋다. 폭발적인 스피드와 가속도는 밤바가 내세울 수 있는 가장 큰 장점이다. 중앙 침투, 현란한 드리블은 이미 리그 내에서도 최정상급이다. 다만 경기 기복이 심해 풀리지 않는 경기에선 야유의 중심이 되기도 한다. 빅리그 진출이 예상된다.

PLAYER'S HISTORY
2015년 생테티엔에서 데뷔했다. 파리FC와 신트트라위던, 앙제로 임대 생활을 거쳤다. 돌아온 이후 생테티엔에서 좋은 모습을 보였고, 18-19 시즌 자유 계약으로 릴에 합류했다. 프랑스 16세 이하부터 21세 이하까지 소집되었고, 성인 대표팀으로 출전은 하지 못했다.

| 주로 사용하는 발: 오른발 90% | 우승 준우승 | 1부리그 1-1 클럽 월드컵 0-0 | 협회컵 0-1 UEFA 유로 0-0 | 챔피언스 0-0 월드컵 0-0 |

FW Jonathan DAVID 9
조나단 데이비드

SCOUTING REPORT
공격의 선봉장. 최전방을 가리지 않고 좌우 측면은 물론 처진 공격수로도 활약할 수 있다. 폭발적인 스피드를 기반으로 과감한 돌파를 시도한다. 다부진 체격과 강인한 허벅지는 상대의 태클에도 쉽게 넘어지지 않는다. 골문 앞에서 침착하고 다양한 동작으로 골망을 흔든다. 세트피스 상황에선 페널티 박스 밖에서 인사이드 킥을 자주 시도하고 성공률도 높다. 지난 시즌 리그 13골과 3개의 도움을 기록했다.

PLAYER'S HISTORY
뉴욕 출생으로 캐나다 국적을 가졌다. 2018년 겐트 유소년 팀을 거쳐 프로 무대에 데뷔했다. 두 시즌 동안 83경기에 37골을 넣었고, 많은 스카우터들의 관심을 받았다. 지난 시즌 오시멘의 대체 자원으로 릴에 입단했다. 2700만 유로의 이적료가 아깝지 않은 첫 시즌이었다.

| 주로 사용하는 발: 오른발 76% | 우승 준우승 | 1부리그 0-0 클럽 월드컵 0-0 | 협회컵 0-0 북중미 골드컵 0-0 | 챔피언스 0-0 월드컵 0-0 |

FW Burak YILMAZ 17
부락 일마즈

SCOUTING REPORT
터키 대표팀의 주장. 골 냄새를 잘 맡는 스트라이커. 화려함보다는 실리적인 축구를 구사한다. 파워풀한 슈팅과 공중전에서 좋은 역량을 보여준다. 지난 시즌 모든 대회를 포함해 18골을 넣으며 팀 내 최다 득점자가 되었다. 30대 중후반의 나이지만 여전히 좋은 공격력을 보여준다. 그동안 많은 팀을 오갔지만 갈라타사라이에서 가장 좋은 활약을 했다. 지난 시즌 FA로 릴에 입단했다.

PLAYER'S HISTORY
2002년 안탈리아스포르에서 데뷔했다. 이후 18년간 10개 팀을 옮겨다녔던 '저니맨'이다. 가장 돋보였던 시기는 리그 104경기 83골을 넣었던 트라브존스포르, 105경기 65골을 기록했던 갈라타사라이 시절이었다. 터키 연령별 대표를 거쳐 2006년부터 A대표로 뛰고 있다.

| 주로 사용하는 발: 오른발 85% | 우승 준우승 | 1부리그 3-3 클럽 월드컵 0-0 | 협회컵 4-1 UEFA 유로 0-0 | 챔피언스 0-0 월드컵 0-0 |

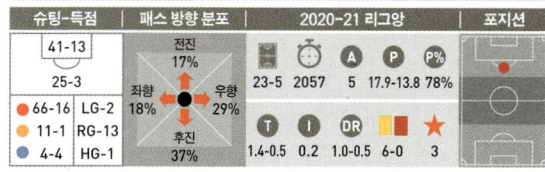

범례

아이콘	의미
상대유효슈 시도-실점 / 상대유효 PK 시도-선방 / 상대 PK 시도-선방 / 전체 슈팅 시도-득점 / 직접 프리킥 시도-득점 / PK 시도-득점	
TH 던지기	NK 헤딩	KD 평균골킥 거리(m)	LG 왼발 득점	RG 오른발 득점	HG 헤더 득점	출전횟수 선발-교체	출전시간 분(MIN)	S% GK 선방률	CS GK 클린시트	A 도움	P 평균패스 시도-성공	P% 패스 성공률	LB 평균롱볼 시도-성공	AD 공중볼 캐치-펀칭	T 평균태클 시도-성공	I 평균 인터셉트	DR 평균드리블 시도-성공	페어플레이 경고-퇴장	MOM

Orestis KARNEZIS — GK — 1
오레스티스 카르네지스

그리스 대표팀 골키퍼. 일대일 상황에서 거리와 슈팅 각도를 좁히는 데 능하다. 뛰어난 반사 신경으로 많은 슈퍼 세이브를 기록한 선수다. 하지만 공중볼 캐치와 발밑 실수가 잦다. 자국 명문 파나티나이코스를 거쳐 2013년 우디네세에서 전성기를 맞았다. 그라나다, 왓포드, 나폴리에서 활약한 후 릴에 입단했다. 그리스 역사상 최초로 5개의 리그에서 활약한 골키퍼다.

주로 사용하는 발: 오른발

	우승	준우승
1부리그	2-3	
협회컵	2-0	
챔피언스	0-0	
클럽월드컵	0-0	
UEFA 유로	0-0	
월드컵	0-0	

세이브-실점: 0-0 / 0-0
TH-0 / NK-0 / KD-0

패스 방향 분포: NO DATA

Tiago DJALÓ — DF — 3
티아구 잘루

센터백은 물론 라이트 백도 소화하는 디펜더. 빈공간으로의 전진 패스가 좋다. 대인 마킹이 좋아 상대의 돌파를 거친 몸싸움으로 저지한다. 다만 거친 플레이가 많아 파울이 적지 않다. 올해 프리 시즌 경기에서 세카와 충돌을 하며 팀 동료가 퇴장당하기도 했다. 스포르팅과 밀란 유스팀을 거쳐 2019년 릴로 입단했다. 포르투갈 21세 이하의 챔피언쉽에선 백업 멤버로 콜업되었다.

주로 사용하는 발: 오른발 89%

	우승	준우승
1부리그	1-0	
협회컵	1-0	
챔피언스	0-0	
클럽월드컵	0-0	
UEFA 유로	0-0	
월드컵	0-0	

슈팅-득점: 0-0 / 2-0
LG-0 / RG-0 / HG-0

전진 34% / 좌향 39% / 우향 16% / 후진 11%

2020-21 리그앙: 8-9 / 868 / 0 / 37.2-32.7 / 88%
T 1.8-1.3 / I 1.6 / DR 1.3-0.4 / 2-1 / ★ 0

José FONTE — DF — 6
조세 폰테

클럽의 캡틴이자 백전 노장의 센터백. 사우샘프턴의 주장 출신으로 크리스탈 팰리스, 웨스트 햄과 같은 EPL에서 활약하며 잔뼈가 굵은 수비수다. 대인 마킹이 뛰어나며 거친 몸싸움을 마다하지 않는다. 수비 진영의 리더로서 가장 많이 소통한다. 2018년 릴로 입단 후 꾸준한 출장 기회를 얻으며 신뢰도 높은 수비를 선보였다. 지난 시즌엔 리그에서 경고 누적으로 단 2경기만 결장했다.

주로 사용하는 발: 오른발 89%

	우승	준우승
1부리그	1-1	
협회컵	0-0	
챔피언스	0-0	
클럽월드컵	0-0	
UEFA 유로	1-0	
월드컵	0-0	

슈팅-득점: 24-2 / 3-1
LG-0 / RG-1 / HG-2

전진 44% / 좌향 38% / 우향 5% / 후진 13%

2020-21 리그앙: 36-0 / 3190 / 0 / 65.7-59.4 / 90%
T 1.3-1.1 / I 1 / DR 0.2-0.2 / 7-0 / ★ 0

Reinildo MANDAVA — DF — 28
헤이닐두 만다바

부동의 왼쪽 수비수. 발놀림이 좋고 스프린트가 빠르고 잦다. 주력이 좋아 터치 라인을 타고 직접 침투한다. 거친 태클도 마다하지 않고 지난 시즌엔 경기당 2.7개의 태클을 성공시켰다. 리그 초반 퇴장으로 2경기 결장했지만 29경기에 출전했다. 벤피카 소속으로 파페, 스포르팅 코빔냐에서 임대를 마쳤다. 벨레넨스스를 거쳐 2019년 릴로 임대 왔고 곧바로 완전 영입에 성공했다.

주로 사용하는 발: 왼발 87%

	우승	준우승
1부리그	1-1	
협회컵	0-0	
챔피언스	0-0	
클럽월드컵	0-0	
CAF 네이션스컵	0-0	
월드컵	0-0	

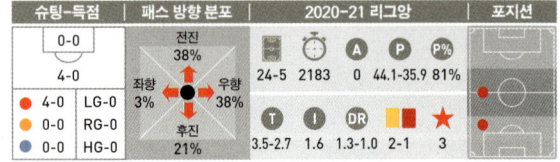

슈팅-득점: 0-0 / 4-0
LG-0 / RG-0 / HG-0

전진 38% / 좌향 3% / 우향 38% / 후진 21%

2020-21 리그앙: 24-5 / 2183 / 0 / 44.1-35.9 / 81%
T 3.5-2.7 / I 1.6 / DR 1.3-1.0 / 2-1 / ★ 3

Domagoj BRADARIĆ — DF — 29
도마고이 브라다리치

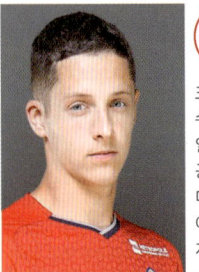

크로아티아 수비의 신성. 빠른 돌파가 인상적이며 왼쪽 수비는 물론 윙어로도 출전한다. 스프린트 후 시도하는 얼리 크로스가 날카롭다. 하지만 뒷공간에 대한 수비 공헌도가 부족하다. 수비 전술에 대한 이해도 역시 기대에 미치지 못해 주전 경쟁에서 헤이닐두에게 밀렸다. 크로아티아 연령별 대표팀에 모두 콜업된 엘리트 출신으로 자국 명문 하이두크 스플리트에서 프로 데뷔를 했다.

주로 사용하는 발: 왼발 90%

	우승	준우승
1부리그	1-0	
협회컵	0-1	
챔피언스	0-0	
클럽월드컵	0-0	
UEFA 유로	0-0	
월드컵	0-0	

슈팅-득점: 2-1 / 2-0
LG-1 / RG-0 / HG-0 / 4-1 / 0-0 / 0-0

전진 28% / 좌향 4% / 우향 41% / 후진 26%

2020-21 리그앙: 14-12 / 1259 / 2 / 28.5-24.1 / 85%
T 1.7-1.1 / I 1 / DR 0.5-0.3 / 4-0 / ★ 0

XEKA — MF — 8
세카

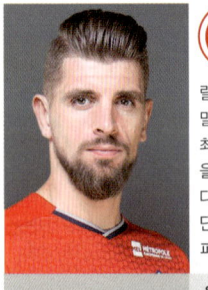

릴의 허리를 책임지는 선수. 볼 다루는 기술이 좋고 세밀한 터치로 탈압박 후 시도하는 롱패스는 그가 가진 최고의 장점이다. 지난 시즌에는 88%의 패스 성공률을 기록했고, 팀을 위해 희생하는 모습을 자주 보여준다. 브라가 소속으로 코빔냐에 임대를 거쳤다. 릴 입단 후 디종에 임대를 다녀왔다. 이번 시즌의 프랑스 슈퍼컵에서 결승골을 넣었다.

주로 사용하는 발: 오른발 90%

	우승	준우승
1부리그	1-1	
협회컵	0-1	
챔피언스	0-0	
클럽월드컵	0-0	
UEFA 유로	0-0	
월드컵	0-0	

슈팅-득점: 7-1 / 11-0
LG-0 / RG-0 / HG-1 / 18-1 / 0-0 / 0-0

전진 24% / 좌향 29% / 우향 32% / 후진 15%

2020-21 리그앙: 11-22 / 1189 / 2 / 25.9-23.1 / 89%
T 1.8-0.6 / I 1 / DR 0.4-0.2 / 6-0 / ★ 0

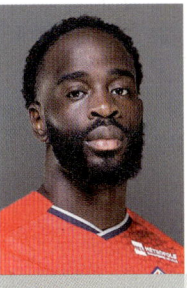

MF Jonathan IKONÉ 10
조나단 이코네

클럽의 10번이자 릴의 핵심 크랙. 우승을 이끈 언터쳐블 윙 포워드. 공격에 관여된 모든 포지션을 소화한다. 영리한 축구 IQ를 지녔다. 동료와 연계 플레이도 좋고 상대 수비를 순간적으로 허무는 드리블을 자주 성공시킨다. 팀 내에서 가장 주력이 빨라 늘 역습의 선봉이 된다. 지난 시즌 경기당 1.4개의 드리블에 성공했고, 5개의 도움을 기록했다. 기복이 심한 점은 아쉽다.

주로 사용하는 발: 왼발 90%			
우승	1부리그: 1-1	협회컵: 0-0	챔피언스: 0-0
준우승	클럽 월드컵: 0-0	UEFA 유로: 0-0	월드컵: 0-0

슈팅-득점: 23-3 / 24-1 / 47-4 LG-4 / 2-1 RG-0 / 1-1 HG-0
패스 방향 분포: 전진 27% / 좌향 33% / 우향 14% / 후진 27%
2020-21 리그앙: 26-11 / 2187 / A 5 / P 19.8-16.0 / P% 81% / T 0.8-0.5 / I 0.2 / DR 2.4-1.4 / 0-0 / ★ 1

MF Yusuf YAZICI 11
유수프 야즈즈

대포알 슈팅을 장착한 터키산 공격형 미드필더. 볼 터치가 부드럽고 바디 페인트를 이용해 상대를 돌파하며, 킥력이 좋고 구질도 다양해 골키퍼의 간담을 서늘케 하는 슛을 구사한다. 다만 스테미너가 부족해 풀타임을 소화해내기 어렵다는 단점이 있다. 트라브존스포르 유스를 거쳐 릴로 이적했다. 유로에선 대표팀의 주선으로 활약했다.

주로 사용하는 발: 왼발 88%			
우승	1부리그: 0-0	협회컵: 0-0	챔피언스: 0-0
준우승	클럽 월드컵: 0-0	UEFA 유로: 0-0	월드컵: 0-0

슈팅-득점: 22-7 / 22-0 / 44-7 LG-4 / 4-0 RG-3 / 0-0 HG-0
패스 방향 분포: 전진 29% / 좌향 25% / 우향 28% / 후진 19%
2020-21 리그앙: 10-22 / 1078 / A 4 / P 14.2-10.7 / P% 76% / T 1.1-0.4 / I 0.1 / DR 0.8-0.4 / 1-0 / ★ 3

FW Isaac LIHADJI 19
이삭 리하지

프랑스가 주목하는 유망주. 릴의 미래를 이끌어 갈 차세대 주자로 손꼽힌다. 측면에서 중앙으로의 침투를 자주 시도한다. 상대 수비와의 대결을 피하지 않고 순간적인 움직임으로 돌파하는 능력이 뛰어나다. 지난 시즌에는 주로 벤치 멤버에 머물다 유로파, 리그 컵에 출전했다. 마르세유 유스 팀을 거쳐 데뷔를 했다. 2020년 릴로 이적했다.

주로 사용하는 발: 왼발			
우승	1부리그: 0-0	협회컵: 0-0	챔피언스: 0-0
준우승	클럽 월드컵: 0-0	UEFA 유로: 0-0	월드컵: 0-0

슈팅-득점: 4-0 / 0-0 / 4-0 LG-0 / 0-0 RG-0 / 0-0 HG-0
패스 방향 분포: 전진 30% / 좌향 34% / 우향 13% / 후진 23%
2020-21 리그앙: 1-14 / 186 / A 1 / P 6.1-4.3 / P% 71% / T 0.8-0.7 / I 0.1 / DR 1.0-0.5 / 0-0 / ★ 1

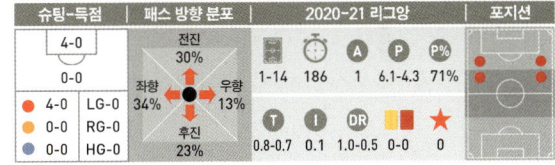

FW Timothy WEAH 22
티모시 웨아

라이베리아 대통령이자 축구 영웅 조지 웨아의 아들. 아버지의 핏줄을 이어받아 일찍부터 유망주로 이름을 날렸다. 탄력이 좋고 스피드가 빨라 상대와의 일대일을 즐긴다. 다만 승률이 높지 못하고 받았던 기대가 컸던지 성장 속도가 더딘 편이다. 지난 시즌 풀타임 출전한 경기가 단 한 경기도 없다. PSG 소속으로 2019년 셀틱으로 임대를 떠났고, 다음 시즌 릴의 셔츠를 입었다.

주로 사용하는 발: 오른발 88%			
우승	1부리그: 3-0	협회컵: 2-0	챔피언스: 0-0
준우승	클럽 월드컵: 0-0	북중미 골드컵: 0-0	월드컵: 0-0

슈팅-득점: 16-2 / 8-1 / 24-3 LG-0 / 0-0 RG-0 / 0-0 HG-0
패스 방향 분포: 전진 26% / 좌향 30% / 우향 16% / 후진 28%
2020-21 리그앙: 7-21 / 870 / A 0 / P 10.0-7.9 / P% 79% / T 0.8-0.5 / I 0.1 / DR 0.5-0.3 / 1-0 / ★ —

FW Angel GOMES 20
앙헬 고메스

통통 튀는 천재성을 가진 미드필더. 몇 번의 터치로 상대 수비벽을 허무는 스루 패스를 즐긴다. 세트피스 상황에선 직접 키커로 나서기도 하며 볼 기술이 좋아 환상적인 개인기를 선보인다. 맨체스터 유나이티드의 유스 출신으로 맨유 역사상 최연소 리그 출전기록을 가지고 있다. 지난 시즌 릴 입단 후 곧바로 보아비스타로 임대를 떠났으며, 이번 시즌 1군에 합류했다.

주로 사용하는 발: 오른발			
우승	1부리그: 0-1	협회컵: 0-1	챔피언스: 0-0
준우승	클럽 월드컵: 0-0	UEFA 유로: 0-0	월드컵: 0-0

슈팅-득점: 14-3 / 40-3 / 54-6 LG-1 / 15-1 RG-5 / 2-2 HG-0
패스 방향 분포: 전진 19% / 좌향 20% / 우향 33% / 후진 28%
2020-21 포르투갈 1부 리그: 29-1 / 2508 / A 3 / P 29.3-22.7 / P% 78% / T 2.4-1.1 / I 0.5 / DR 2.5-1.3 / 8-1 / ★ 2

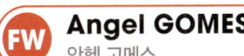

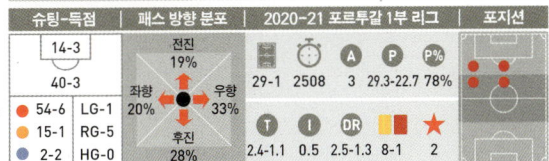

PARIS SAINT-GERMAIN FC

'축구神' 메시 영입, '월드 풋볼 드림팀' 구축

구단 창립 : 1970년 홈구장 : 파르크 드 프랑스 대표 : 나세르 알-켈라이피 2020-21시즌 : 2위(승점 82점) 26승 4무 8패 86득점 28실점 닉네임 : Les Parisiens, Les Rouge et Bleu

두 개의 컵 대회 트로피에 만족해야 한 시즌

아쉬움이 가득한 시즌이었다. 리그 우승에 실패했고, 챔피언스리그에서도 4강에서 맨체스터 시티에게 패배했다. 잡음이 많았던 시즌이고 리그 중반에 투헬 감독이 경질되었다. 포체티노 감독이 소방수로 투입되었지만, 분위기 반등에는 반만 성공했다. 지난 시즌 모나코에게 홈과 원정에서 모두 패배했고, 리옹과 릴에게도 지면서 승점 획득에 실패했다. 특히 우승을 다투던 릴에게 석패한 것이 컸다. 다만 86점을 득점하며 리그 최다 득점을 기록했고 엄청난 공격력을 보여주었다. 다행스러운 것은 두 개의 컵 대회에서 우승하며 자존심을 세웠다.

메시 영입하고, 음바페 지키고……역대급 이적 시장

역사에 남을만한 여름을 보냈다. 메시가 합류하였다. 바르셀로나에서 영원히 남을 것만 같았던 그가 스페인을 떠나 파리 생제르맹으로 온 것이다. 매 순간 언론의 스포트라이트를 받았던 이적 시장이었다. 거기에 인테르에서 하키미가 왔고, 돈나룸마와 베이날둠이라는 수준급 자원을 이적료 없이 영입했다. 또 하나의 중요한 포인트, 레알 마드리드의 주장 라모스도 파리에 입성했다. 결과적으로 보면 한 시즌에 레알 마드리드와 바르셀로나의 주장을 안은 클럽이 된 것이다. 이번 시즌의 이적 시장은 축구의 긴 역사에 길이 남을 것이다.

리그 우승은 당연, 역사상 첫 챔스 우승 꿈꿔

그 누구도 파리 생제르맹의 실패를 예상하지 않는다. 역대 최고의 선수 중 하나인 메시가 왔고 네이마르가 옆에 있다. 음바페는 결국 잔류를 택했고, 어쩌면 우리는 또 한 번의 역사상 트리오를 볼 수가 있다. 다만 스타들이 많기에 잡음은 끊이질 않을 것이다. 포체티노의 지휘 아래 잘 융화된다면 리그를 넘어 챔피언스리그 우승에 가장 가까운 클럽이다. 이번 시즌은 트레블을 넘어서 더 많은 트로피 수집에 나선다. 매 경기 화제를 뿌릴 것이며 과연 이번시즌 마침내 PSG가 프랑스를 넘어 유럽 최고의 클럽이 될 수 있을지 많은 이들의 관심이 쏠리고 있다.

MANAGER : Mauricio POCHETTINO 마우리시오 포체티노

Personal Information
생년월일 : 1972.03.02 / 출생지 : 머피(아르헨티나)
현역시절 포지션 : 수비수 / 계약만료 : 2023.06.30
평균 재직 기간 : 3년 / 선호 포맷 : 4-2-3-1

History
파리 생제르맹으로 다시 돌아왔다. 선수 시절 주장까지 역임했던 레전드이기 때문에 클럽 안팎으로 많은 존경을 받는다. 에스파뇰, 사우스햄튼을 거쳐 2014년 토트넘에서 지도력을 인정받았다. 2018-19 시즌 챔피언스리그 준우승을 이끌었고 지난 시즌 PSG로 합류했다.

Style
아르헨티나 출신의 명장. 주로 포백 전술을 애용하며 4-2-3-1, 4-3-3이나 변형된 전술을 구사한다. 전술 운영이 뛰어나고 코치진과의 빠른 소통이 장점이다. 선수들과 거침없이 대화하며 용기를 준다. 다만 교체 타이밍에 대해 항상 말이 많고 무너질 타이밍에는 허무하게 패배하는 경우가 종종 있다. 드디어 빅클럽의 지휘봉을 잡게 되었고 챔피언스리그 우승을 위해 도전한다. 그의 야망과도 상응하는 클럽이다.

우승 - 준우승 횟수
FRENCH LIGUE-1: 9-9
FRENCH COUPE DE FRANCE: 14-5
UEFA CHAMPIONS LEAGUE: 0-1
UEFA EUROPA LEAGUE: 0-0
FIFA CLUB WORLD CUP: 0-0
UEFA-CONMEBOL INTERCONTINENTAL: 0-0

SQUAD LIST

위치	번호	선수	국적	키	생년월일	전 소속팀
GK	1	Keylor Navas	CRC	185	86-12-15	Real Madrid
GK	16	Sergio Rico	ESP	194	93-09-01	Sevilla
GK	40	Denis Franchi	ITA	02-10-22		None
GK	50	Gianluigi Donnarumma	ITA	196	99-02-25	Milan
GK	60	Alexandre Letellier	FRA	191	90-12-11	Orléans
DF	2	Achraf Hakimi	MAR	180	98-11-04	Internazionale
DF	3	Presnel Kimpembe	FRA	183	95-08-13	None
DF	4	Sergio Ramos	ESP	184	86-03-30	Real Madrid
DF	5	Marquinhos	BRA	181	94-05-14	Roma
DF	14	Juan Bernat	ESP	172	93-03-01	Bayern Munich
DF	17	Colin Dagba	FRA	170	88-09-06	Boulogne
DF	20	Layvin Kurzawa	FRA	181	92-09-04	Monaco
DF	22	Abdou Diallo	FRA	183	96-05-04	Borussia Dortmund
DF	24	Thilo Kehrer	GER	184	96-09-21	Schalke
DF	25	Nuno Mendes	POR	184	02-06-19	Sporting CP
DF	31	El Chadaille Bitshiabu	FRA	196	05-05-16	None
DF	32	Teddy Alloh	FRA	176	02-01-23	None
MF	6	Marco Verratti	ITA	165	92-11-05	Pescara
MF	8	Leandro Paredes	ARG	180	94-06-29	Zenit St Petersburg
MF	11	Ángel Di Maria	ARG	178	88-02-14	Manchester U
MF	12	Rafinha	BRA	174	93-02-12	Barcelona
MF	15	Danilo Pereira	POR	187	91-09-09	FC Porto
MF	18	Georginio Wijnaldum	NED	175	90-11-11	Liverpool
MF	21	Ander Herrera	ESP	182	89-08-14	Manchester U
MF	23	Julian Draxler	GER	183	93-09-20	Wolfsburg
MF	27	Idrissa Gueye	SEN	174	89-09-26	Everton
MF	35	Ismaël Gharbi	FRA	173	04-04-10	None
FW	7	Kylian Mbappé	FRA	178	98-12-20	Monaco
FW	9	Mauro Icardi	ARG	181	93-02-19	Internazionale
FW	10	Neymar	BRA	174	92-02-05	Barcelona
FW	30	Lionel Messi	ARG	170	87-06-24	Barcelona

2021-22 SEASON SCHEDULE

날짜	장소	상대팀	날짜	장소	상대팀
08-07	A	Troyes	01-09	A	Lyon
08-15	H	Strasbourg	01-16	H	Brest
08-22	A	Brest	01-23	H	Reims
08-29	A	Reims	02-06	A	Lille
09-12	H	Clermont Foot	02-13	H	Rennes
09-19	H	Lyon	02-20	A	Nantes
09-22	A	Metz	02-27	H	Saint-Étienne
09-26	H	Montpellier	03-06	A	Nice
10-03	A	Rennes	03-13	H	Bordeaux
10-17	H	Angers	03-20	A	Monaco
10-24	H	Marseille	04-03	A	Lorient
10-31	H	Lille	04-10	H	Clermont Foot
11-07	A	Bordeaux	04-17	A	Marseille
11-21	H	Nantes	04-20	H	Angers
11-28	A	Saint-Étienne	04-24	H	Lens
12-01	H	Nice	05-01	A	Strasbourg
12-05	A	Lens	05-08	A	Troyes
12-12	H	Monaco	05-14	H	Montpellier
12-22	A	Lorient	05-21	A	Metz

RANKING OF LAST 10YEARS

시즌	11-12	12-13	13-14	14-15	15-16	16-17	17-18	18-19	19-20	20-21
순위	2	1	1	1	1	2	1	1	1	2
승점	79점	83점	89점	83점	96점	87점	93점	91점	68점	82점

*'19-20시즌은 코로나로 단축 시즌 27경기 치름

STRENGTHS & WEAKNESSES

OFFENSE		DEFENSE	
오픈 플레이	A	오픈 플레이 수비	B
카운터 어택	B	카운터 어택 수비	C
짧은 패스 게임	A	짧은 패스 게임 수비	D
롱볼 연계 플레이	C	롱볼 연계 플레이 수비	B
솔로 플레이	C	솔로 플레이 수비	B
중거리 슈팅 / 직접 프리킥	B	중거리 슈팅 수비	C
측면 공격	A	측면 수비	D
세트 플레이	C	세트 플레이 수비	C
위협적인 공격 횟수	A	공중전 능력	D
슈팅 대비 득점	A	볼 쟁탈전 / 투쟁심	B
오프사이드 피하기	D	실수 조심	D
볼 점유율	A	파울 주의	C

A 매우 우수함 B 우수함 C 평균 수준 D 부족함 E 많이 부족함

STADIUM

Parc des Princes

구장 오픈 : 1972년	구장 증개축 : 1998년, 2016년
구장 소유 : 파리 시	수용 인원 : 4만 7929명
피치 규모 : 105 X 68m	잔디 종류 : 하이브리드 잔디

BASIC FORMATION

4-3-3

ODDS CHECK

베팅회사	Ligue 1		Champions League	
	배당률	우승 확률	배당률	우승 확률
bet365	0.07배	1위	3.33배	1위
sky bet	0.07배	1위	3.33배	1위
William HILL	0.04배	1위	3배	1위
888sport	0.06배	1위	3.4배	1위

*우승 확률이 높을수록 배당률은 낮아짐

TOTO GUIDE 지난시즌 전적

상대팀	홈	원정
Lille	0-1	0-0
Monaco	0-2	2-3
Lyon	0-1	4-2
Marseille	0-1	2-0
Rennes	3-0	1-1
Lens	2-1	0-1
Montpellier	4-0	3-1
Nice	2-1	3-0
Metz	1-0	3-1
Saint-Etienne	3-2	1-1
Bordeaux	2-2	1-0
Angers	6-1	1-0
Reims	4-0	2-0
Strasbourg	4-0	4-1
Lorient	2-0	2-3
Brest	3-0	2-0
Nantes	1-2	3-0
Nimes	3-0	4-0
Dijon	4-0	4-0

20-21 SEASON TOP5

득점		어시스트		경고-퇴장	
K.음바페	27	A.디마리아	9	네이마르	5-2
M.킨	13	K.음바페	7	P.킹팡베	6-1
네이마르	9	네이마르	5	L.파레데스	5-1
M.이카르디	7	하키나	4	M.베라티	7-0
P.사라비아	6	P.사라비아	4	L.쿠르자와	4-1

TACTICS & FUNCTIONS

OFFENSE

- 경기 운영 : 최고 점유율, 역습, 측면 공격
- 짧은 패스 / 긴 패스 비율 : 16.9대1
- 역습 시작 위치 : 비교적 앞쪽
- 직접 프리킥 : 메시, 네이마르, 음바페
- 중거리 슈팅 : 메시, 네이마르, 베이날둠
- 세트피스 헤딩 : 마르키뇨스, 케흐러, 페레이라
- 드리블 : 메시, 네이마르, 음바페
- 결정적 패스 : 메시, 하키미, 네이마르

DEFENSE

- 존디펜스 : 지역방어 기반의 존디펜스
- 맨투맨 : 지역과 대인 기반 혼합형
- 세로 방향 프레싱 위치 : 비교적 앞쪽
- 오프사이드 트랩 위치 : 골라인에서 19~21m
- 미드필드 스크린 : 게예, 파레데스
- 공수 밸런스 유지 : 베라티, 베이날둠
- 수비진 라인 컨트롤 : 마르키뇨스, 라모스
- 수비진 옵셔널 스토퍼 : 킹팡베, 케흐러

LIGUE-1 2020-21 PERFORMANCE

PARIS SAINT-GERMAIN FC vs. OPPONENTS PER GAME STATS

PSG vs 상대팀

	득점		슈팅		유효슈팅		오프사이드		패스시도		패스성공		패스성공률		태클시도		볼소유자압박		인터셉트		GK선방		파울		경고		퇴장
2.26		0.74	15.0		10.3	5.7		3.4	1.7		1.5	646	PA	407	578	PC	325	90%	P%	80%
17.5	TK	20.9	129	PR	158	9.8	INT	14.1	2.7		3.3	12.2		13.6	1.92		1.55	0.184		0.237

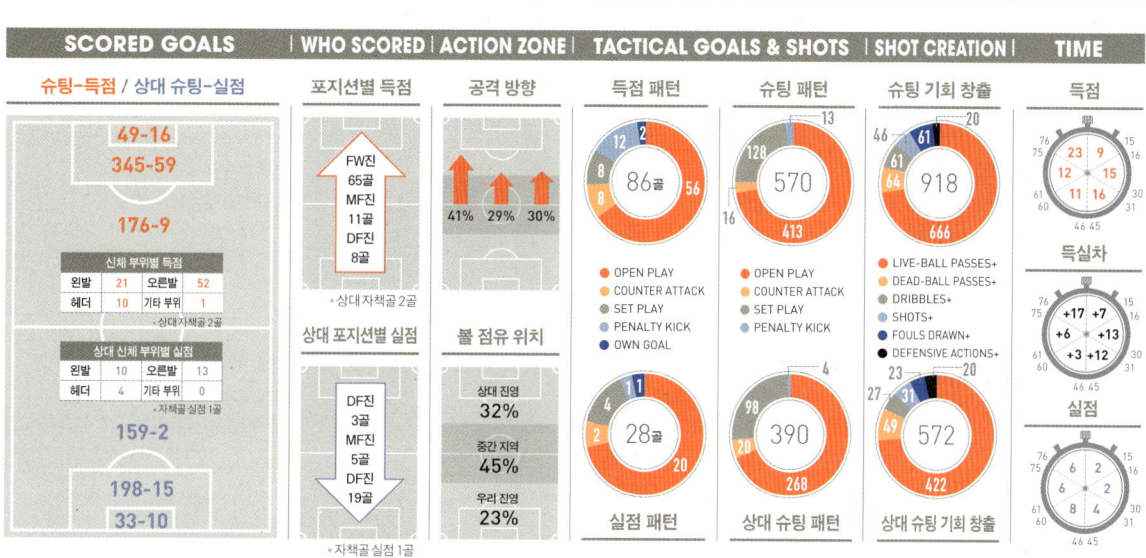

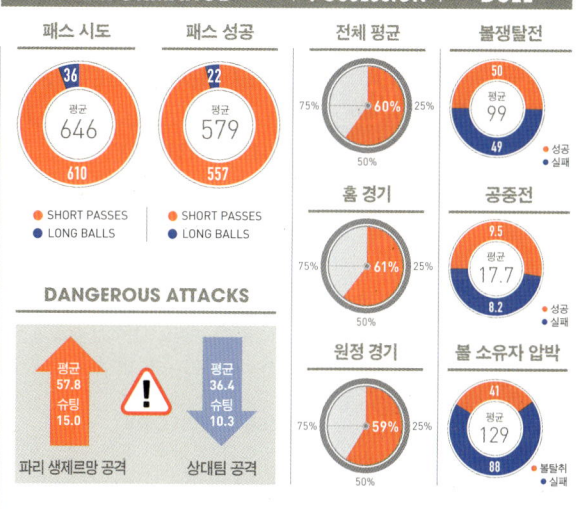

심볼	의미
상대유효슛 시도-실점	상대유효슛 시도-선방	상대PK 시도-선방	전체유효슛 시도-득점	직접프리킥 시도-득점	TH 던지기	NK 골킥	KD 평균골킥 거리(m)	LG 왼발 득점	RG 오른발 득점	HG 헤더 득점	출전횟수 선발-교체	출전시간 분(MIN)	S% GK 선방률	CS GK 클린시트	A 도움	P 평균패스 시도-성공	P% 평균패스 성공률	LB 평균롱볼 시도-성공	AD 평균공중볼 캐치-펀칭	I 평균 인터셉트	DR 평균드리블 시도-성공	페어플레이 경고-퇴장	MOM

Gianluigi DONNARUMMA 50 — GK
잔루이지 돈나룸마

SCOUTING REPORT

유로 2020 우승의 히어로. 경이로운 PK 선방을 보여줬다. 빠른 판단 능력으로 재빨리 방향을 잡고 다이빙하는 선수. 2m에 육박하는 큰 키와 긴 팔은 상대 공격수에게 큰 압박을 준다. 일대일 상황에서도 섣불리 나가지 않고 스텝으로 밸런스를 유지하며 공격을 방어한다. 20대 초반이지만 이미 프로에서 250경기 이상 뛰었다. 많은 경기 경험은 노련한 플레이의 기반이 된다. 어이없던 실책도 확연히 줄었다.

PLAYER'S HISTORY

2015년 만 17살의 나이로 리그 최연소 골키퍼 출장 기록을 세우며 1군 무대에 데뷔했다. 안정적인 경기력을 보이며 단숨에 주전으로 올라섰다. AC 밀란에서 251경기 출전했고, 21-22 시즌을 앞두고 자유계약으로 이적했다. 이탈리아 대표팀 주전 골키퍼로 활약 중이다.

| 주로 사용하는 발: 오른발 86% | 우승 | 1부리그: 0-1 | 협회컵: 0-2 | 챔피언스: 0-0 |
| | 준우승 | 클럽 월드컵: 0-0 | UEFA 유로: 1-0 | 월드컵: 0-0 |

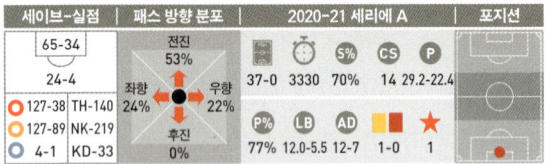

세이브-실점	패스 방향 분포	2020-21 세리에 A	포지션
65-34 / 24-4 / ● 127-38 TH-140 / ● 127-89 NK-219 / ● 4-1 KD-33	전진 53% / 좌향 24% / 우향 22% / 후진 0%	⏱ 37-0 / S% 3330 / CS 70% / P 14 / P% 29.2-22.4 / LB 77% / AD 12.0-5.5 / 🟨🟥 12-7 / ⭐ 1	

Achraf HAKIMI 2 — DF
아시라프 하키미

SCOUTING REPORT

모로코산 터치 라인의 파괴자. 엄청난 가속력을 기반으로 매섭게 돌파한다. 직접 볼을 운반해 측면 공격수 역할까지도 수행해낸다. 지난 시즌 인테르에서 리그 7골과 10개의 도움을 기록했다. 유럽 정상급 라이트 백으로 확실히 자리매김했고, 21-22 시즌 6000만 유로로 파리로 입성했다. 리그 최고의 이적생 중 하나로 여겨지나 적응에 힘겨워한다면 다른 결과가 나올 수 있다.

PLAYER'S HISTORY

레알 마드리드, 도르트문트, 인테르를 거쳐 PSG에 입단했다. 빅클럽 전문이다. 리비아계 스페인 여배우 이바와 결혼해 아들 1명을 두고 있다. 독실한 이슬람교 신자로서 큰 경기를 앞두고서도 반드시 라마단 금식을 지킨다. 두 번이나 코로나에 감염됐다가 치료받았다.

| 주로 사용하는 발: 오른발 86% | 우승 | 1부리그: 2-2 | 협회컵: 0-0 | 챔피언스: 2-0 |
| | 준우승 | 클럽 월드컵: 1-0 | CAF 네이션스컵: 0-0 | 월드컵: 0-0 |

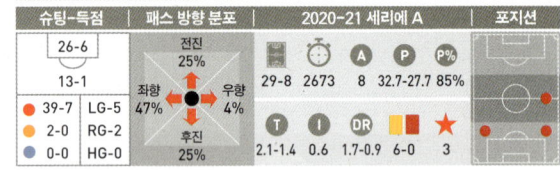

슈팅-득점	패스 방향 분포	2020-21 세리에 A	포지션
26-6 / 13-1 / ● 39-7 LG-5 / ● 2-0 RG-2 / ● 0-0 HG-0	전진 25% / 좌향 47% / 우향 4% / 후진 25%	⏱ 29-8 / A 2673 / P 8 / P% 32.7-27.7 85% / T 2.1-1.4 / I 0.6 / DR 1.7-0.9 / 🟨🟥 6-0 / ⭐ 3	

Presnel KIMPEMBE 3 — DF
프레스넬 킴펨베

SCOUTING REPORT

유쾌함이 돋보이는 팀의 부주장. 대인 마킹이 뛰어나며 세트피스 상황에서 위협적인 헤딩슛도 구사한다. 상대 패스 흐름을 가로채 곧바로 전진 패스를 시도한다. 거친 몸싸움을 마다하지 않고 투지 넘치는 호통으로 수비 진영을 이끈다. PSG의 유스 출신으로 14-15 시즌 1군에 무대에 올랐다. 프랑스 대표팀 일원으로 월드컵 우승까지 이뤘고, 주축 멤버로 활약하고 있다.

PLAYER'S HISTORY

콩고 아버지, 아이티 어머니 사이에 프랑스 보몽슈와즈에서 태어났다. 국적이 3개였고, 프랑스 국가 대표를 선택했다. 2013년부터 PSG에서 뛰고 있다. 원래 멋쟁이로 소문이 있다. 2020년 6월, 본인의 캐주얼 브랜드 'PK3 파리'를 론칭하고 본격적인 사업을 시작했다.

| 주로 사용하는 발: 왼발 87% | 우승 | 1부리그: 5-2 | 협회컵: 6-1 | 챔피언스: 0-1 |
| | 준우승 | 클럽 월드컵: 0-0 | UEFA 유로: 0-0 | 월드컵: 1-0 |

슈팅-득점	패스 방향 분포	2020-21 리그앙	포지션
3-0 / 2-0 / ● 5-0 LG-0 / ● 0-0 RG-0 / ● 0-0 HG-0	전진 33% / 좌향 26% / 우향 36% / 후진 5%	⏱ 26-2 / A 2307 / P 0 / P% 70.3-66.7 95% / T 2.0-1.6 / I 1.1 / DR 0.4-0.3 / 🟨🟥 4-0 / ⭐ 1	

Marco VERRATTI 6 — MF
마르코 베라티

SCOUTING REPORT

PSG의 중원 사령관. 많은 스타들이 즐비한 파리의 미드필더 진영에서 10년째 주전으로 활약하고 있다. 한 번의 터치로 상대가 반응하기 힘든 방향으로 전환하는 플레이를 펼친다. 측면으로 연결하는 로빙 패스나 동료와 주고받는 패스, 팀 전술의 패스 줄기에서 언제나 중심에 있다. 지난 시즌은 코로나 확진으로 리그 21경기에만 출전했으나, 91.7%의 패스 성공률을 기록하며 여전히 뛰어난 기량을 보여줬다.

PLAYER'S HISTORY

2008년 페스카라의 유스를 거쳐 1군에 합류했다. 피를로의 재림이라는 평가와 함께 유럽 최고의 유망주로 자리매김했고 12-13시즌 파리 생제르망의 일원이 되었다. 10시즌째 활약하면서 리그 7회 우승의 핵심 역할을 담당했다. 이탈리아 대표팀의 부활에서도 마찬가지였다.

| 주로 사용하는 발: 오른발 92% | 우승 | 1부리그: 7-2 | 협회컵: 6-1 | 챔피언스: 0-0 |
| | 준우승 | 클럽 월드컵: 0-0 | UEFA 유로: 1-0 | 월드컵: 0-0 |

슈팅-득점	패스 방향 분포	2020-21 리그앙	포지션
8-0 / 2-0 / ● 10-0 LG-0 / ● 0-0 RG-0 / ● 0-0 HG-0	전진 29% / 좌향 28% / 우향 32% / 후진 11%	⏱ 16-5 / A 1491 / P 2 / P% 84.0-77.1 92% / T 4.8-2.5 / I 1.2 / DR 2.9-2.3 / 🟨🟥 7-0 / ⭐ 2	

Georginio WIJNALDUM 18
조르지니오 베이날둠 (MF)

SCOUTING REPORT
리버풀에서 합류한 육각형 미드필더. 공수의 밸런스가 좋다. 중앙에서 볼을 몰고 가 빌드업의 중심이 되기도 하며 상황에 따라서는 직접 골망까지 흔들기도 한다. 프로 데뷔 초기엔 공격적인 롤을 많이 수행했지만 점차로 시야가 넓어졌다. 동료와 연계 플레이가 좋고 리더십도 뛰어나 소속팀 뿐만 아니라 대표팀에서도 종종 완장을 찬다. 이번 시즌 PSG로 합류한 신입생이다.

PLAYER'S HISTORY
수리남계 이민 2세로 네덜란드 로테르담에서 태어났다. 2007년 페예노르트에서 데뷔했고, PSV, 뉴캐슬 유나이티드, 리버풀을 거쳐 2021년 여름, 파리 생제르맹으로 이적했다. 네덜란드 U-17, U-19, U-21 등 연령별 대표를 거쳤다. 2011년부터 A대표로 활약해 왔다.

주로 사용하는 발: 오른발 89%
우승: 1부리그 2-2, 협회컵 2-2, 챔피언스 1-0
준우승: 클럽 월드컵 1-0, UEFA 유로 0-0, 월드컵 0-0

슈팅-득점: 16-1 / 15-1
31-1 LG-0
1-0 RG-2
0-0 HG-0

패스 방향 분포: 전진 19%, 좌향 30%, 우향 34%, 후진 16%

2020-21 프리미어리그
34-4 | 2947 | A 0 | P 46.2-42.9 | P% 93%
T 1.2-0.5 | I 0.7 | DR 1.3-0.9 | 5-1 | ★

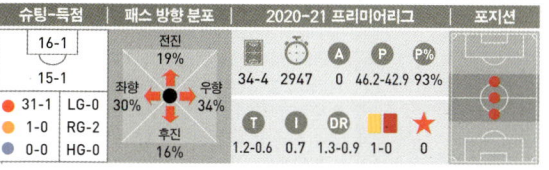

Kylian MBAPPÉ 7
킬리안 음바페 (FW)

SCOUTING REPORT
현 축구계에서 가장 비싼 선수. 리그를 넘어 전 유럽을 대표하는 스피드 스타. 상대와의 일대일 대결에서 위협적인 돌파를 즐기며 순간적인 움직임으로 골문까지 위협하는 공격 장면을 연출해낸다. 측면에서 중앙으로 침투하는 과정에서 화려한 개인기를 구사한다. 슈팅으로 연결하는 순간까지 나이에 걸맞지 않게 침착하다. 상대의 역습 시 수비의 1차선 역할도 담당하나 간혹 신경질적인 모습을 보이기도 한다.

PLAYER'S HISTORY
2016년 모나코에서 1군 무대에 뛰어들었다. 만 16살의 나이에 앙리가 보유하고 있던 클럽 역사상 최연소 나이로 데뷔했다. 17-18 시즌 임대 신분으로 PSG에 합류했고, 다음 시즌에 완전 영입이 되었다. 러시아 월드컵의 위너가 되어 현 프랑스 대표팀 10번의 주인공이다.

주로 사용하는 발: 오른발 82%
우승: 1부리그 4-1, 협회컵 3-1, 챔피언스 0-1
준우승: 클럽 월드컵 0-0, UEFA 유로 0-0, 월드컵 1-0

슈팅-득점: 88-24 / 16-3
104-27 LG-7
2-0 RG-20
6-6 HG-0

패스 방향 분포: 전진 16%, 좌향 18%, 우향 35%, 후진 31%

2020-21 리그앙
27-4 | 2389 | A 7 | P 30.7-24.7 | P% 81%
T 0.4-0.1 | I 0.1 | DR 5.8-2.9 | 5-0 | ★ 6

NEYMAR 10
네이마르 (FW)

SCOUTING REPORT
브라질의 슈퍼스타. 각종 매체를 통해 가장 많은 스포트라이트를 받는 선수 중 하나. 누구보다도 화려한 돌파를 구사하며 타의 추종을 불허하는 발기술로 관중들의 박수를 받는다. 페널티 박스 안팎을 가리지 않고 유효 슈팅을 시도한다. 프리킥 키커로 나서며 골키퍼의 간담을 서늘케 한다. 동료와의 연계 플레이, 오프 더 볼 상황을 즐기며 지난 시즌엔 경기당 3.3개의 키 패스 성공률을 기록했다.

PLAYER'S HISTORY
2009년 산토스에서 커리어를 시작했다. 환상적인 플레이로 단숨에 브라질 차세대 주자로 자리매김했다. 엄청난 기대 속에 바르셀로나로 입성했고, 4시즌 동안 8개의 트로피를 들어올렸다. 2017년 캄푸 누의 기적을 뒤로 한 채 축구 역사상 최다 이적료로 파리에 합류했다.

주로 사용하는 발: 오른발 85%
우승: 1부리그 5-3, 협회컵 7-2, 챔피언스 1-1
준우승: 클럽 월드컵 1-1, 코파아메리카 0-1, 월드컵 0-0

슈팅-득점: 40-9 / 30-0
70-9 LG-1
18-0 RG-8
6-5 HG-0

패스 방향 분포: 전진 34%, 좌향 16%, 우향 31%, 후진 20%

2020-21 리그앙
15-3 | 1417 | A 5 | P 50.9-40.5 | P% 80%
T 2.4-0.8 | I 0.5 | DR 8.6-4.8 | 5-2 | ★

Lionel MESSI 30
리오넬 메시 (FW)

SCOUTING REPORT
"축구의 신(神)이 에펠탑에 강림하셨다." 파리 생제르맹 팬들은 메시의 합류에 '찬송가'를 불렀다. 메시는 지난 시즌에도 세계 최고 선수였다. 통계 전문업체 '후스코어드' 90분 기준 다양한 지표 합산 결과 압도적인 세계 1위였다. 드리블, 슈팅, 패스, 리더십 등 모든 면에서 펠레, 마라도나와 함께 역대 축구 '빅3'에 들어간다. 2021 코파아메리카 아르헨티나 우승으로 올해 발롱도르 수상이 유력해 보인다.

PLAYER'S HISTORY
어린 시절 성장 장애를 딛고 21세기 최고 선수로 우뚝 선 '인간승리의 주역'이다. 바르셀로나에서 18년간 라리가 10회, 코파델레이 7회, 챔피언스리그 4회, 클럽월드컵 3회 우승했다. 아르헨티나 대표로 2021 코파아메리카 정상에 올랐다. 이제 남은 건 2022 월드컵뿐이다.

주로 사용하는 발: 왼발 91%
우승: 1부리그 10-5, 협회컵 7-3, 챔피언스 4-0
준우승: 클럽 월드컵 3-1, 코파아메리카 1-3, 월드컵 0-1

슈팅-득점: 93-22 / 103-8
196-30 LG-27
40-3 RG-1
5-3 HG-2

패스 방향 분포: 전진 33%, 좌향 34%, 우향 16%, 후진 17%

2020-21 라리가
33-2 | 3023 | A 9 | P 64.2-54.7 | P% 85%
T 0.8-0.5 | I 0.2 | DR 7.1-4.5 | 4-0 | ★ 22

GK Keylor NAVAS 1
케일러 나바스

코스타리카 역사상 가장 성공한 선수. 동물과도 반사 신경으로 골문을 사수한다. 상대와의 일대일 상황에서 성급히 나가지 않고 상대의 동작을 파악한다. 발밑을 잘 쓰고 사각지대로 꽂히는 슈팅을 순간적인 다이빙으로 막아낸다. 2005년 사프리사를 시작으로 알바세테, 레반테를 거쳐서 14-15 시즌 레알 마드리드로 이적했다. 이후 2019년 파리 생제르맹으로 합류했다.

주로 사용하는 발 : 오른발 88%
우승 : 1부리그 2-3, 협회컵 2-0, 챔피언스 3-1
준우승 : 클럽 월드컵 4-0, 북중미 골드컵 0-0, 월드컵 0-0

세이브-실점	패스 방향 분포	2020-21 리그앙				포지션
48-17	전진 49%		S%	CS	P	
26-1	좌향 28% / 우향 23%	29-0	2522	80%	14 21.6-18.5	
● 92-18 TH-113	후진 0%	P%	LB	AD		
● 92-74 NK-172		86%	6.1-3.2	0-6	🟨🟥⭐	
● 2-1 KD-26						

DF Sergio RAMOS 4
세르히오 라모스

스페인 대표팀 역사상 최다 A매치 출장기록을 가지고 있는 리빙 레전드. 투철한 파이터로 거친 몸싸움을 마다하지 않는다. 지난 시즌에는 무릎 부상으로 리그 15경기밖에 출전하지 못했다. 30대 중반의 나이지만 민첩한 움직임과 상황 판단력은 여전하다. 공중전에서의 볼 탈취 능력, 세트피스 시 위협적인 옵션 역할도 좋다. 녹슬지 않은 기량을 보여줄 거라 기대된다.

주로 사용하는 발 : 오른발 85%
우승 : 1부리그 5-8, 협회컵 2-1, 챔피언스 4-0
준우승 : 클럽 월드컵 4-0, UEFA 유로 2-0, 월드컵 1-0

슈팅-득점	패스 방향 분포	2020-21 라리가				포지션
14-2	전진 35%	A	P	P%		
3-0	좌향 27% / 우향 34%	15-0	1277	0	73.5-67.6 92%	
● 17-2 LG-0	후진 4%	T	I	DR		
● 3-0 RG-2		1.3-0.1	1.3	0.5-0.3	3-0 🟨🟥⭐	
● 2-2 HG-0						

DF MARQUINHOS 5
마르퀴뇨스

파리의 캡틴. 최후방에서 동료를 어우르는 콜 플레이가 좋다. 누구보다 많이 소리치며 소통한다. 측면으로 뿌려주는 롱 패스가 매우 정확하다. 상대의 순간적인 배치를 잘 파악해 시도하는 전진 패스도 일품이다. 정확한 위치 선정과 공중볼 경합은 리그를 넘어 유럽에서도 손꼽힌다. 지난 시즌 경기당 2.9개의 클리어링은 단연 팀내 최다 기록이다. 가장 믿을만한 디펜더다.

주로 사용하는 발 : 오른발 81%
우승 : 1부리그 6-2, 협회컵 6-2, 챔피언스 0-1
준우승 : 클럽 월드컵 0-0, 코파아메리카 1-1, 월드컵 0-0

슈팅-득점	패스 방향 분포	2020-21 리그앙				포지션
15-3	전진 33%	A	P	P%		
0-0	좌향 42% / 우향 21%	24-1	2129	4	69.2-64.3 93%	
● 15-3 LG-0	후진 4%	T	I	DR		
● 0-0 RG-0		1.5-1.1	1.1	0.1-0.1	2-0 🟨🟥⭐	
● 0-0 HG-3						

DF Layvin KURZAWA 20
래뱅 쿠르자와

공수의 밸런스가 좋은 레프트 백. 빠른 주력으로 터치라인을 타고 돌파하는 것보다는 빈 공간을 찾아 들어가 크로스를 올린다. 오프 사이드 트랩을 사용 시 종종 놓치는 경우가 있지만 일대일 대인 마킹엔 강점을 보인다. 지난 시즌 난투극으로 초반 6경기 결장했다. 모나코 유스와 1군을 거쳐 2015년 PSG로 이적했다. 당시 라이벌 클럽으로의 이적이라는 비난이 거셌다.

주로 사용하는 발 : 왼발 90%
우승 : 1부리그 4-3, 협회컵 5-1, 챔피언스 0-1
준우승 : 클럽 월드컵 0-0, UEFA 유로 0-0, 월드컵 0-0

슈팅-득점	패스 방향 분포	2020-21 리그앙				포지션
8-1	전진 32%	A	P	P%		
3-0	좌향 8% / 우향 40%	15-4	1282	1	43.4-38.1 88%	
● 11-1 LG-1	후진 20%	T	I	DR		
● 1-0 RG-0		2.4-1.4	1.5	1.2-0.7	4-1 🟨🟥⭐	
● 2-2 HG-0						

MF Leandro PAREDES 8
레안드로 파레데스

PSG에서 3시즌째 준수한 활약을 보이는 아르헨티나산 허리 자원. 치열한 중원 싸움과 세밀한 패싱 게임을 선호하지만, 바디 페인팅 후 시도하는 롱 패스도 좋다. 지난 시즌 경기당 3.7개의 성공률을 보였다. 마르퀴뇨스에 이어 팀 내 두 번째로 높은 기록. 활동 반경이 넓고 수비 전술 이해도가 높다. 볼의 줄기를 찾는 가로채기에 뛰어나며 슬라이딩 태클도 자주 시도한다.

주로 사용하는 발 : 오른발 93%
우승 : 1부리그 3-3, 협회컵 3-1, 챔피언스 0-1
준우승 : 클럽 월드컵 0-0, 코파아메리카 0-0, 월드컵 0-0

슈팅-득점	패스 방향 분포	2020-21 리그앙				포지션
4-0	전진 28%	A	P	P%		
20-1	좌향 29% / 우향 33%	16-5	1308	2	69.6-63.2 91%	
● 24-1 LG-0	후진 10%	T	I	DR		
● 3-1 RG-1		2.4-1.4	0.8	0.3-0.2	5-1 🟨🟥⭐	
● 0-0 HG-0						

MF Ángel DI MARÍA 11
앙헬 디 마리아

아르헨티나가 자랑하는 베테랑 윙 포워드. 화려한 발재간과 날카로운 돌파가 위협적이다. 지난 시즌 총 43경기에 24개의 공격 포인트를 기록했다. 코파 아메리카 2021 파이널에선 결승골을 넣으며 팀에 우승을 안겼다. 2005년 로사리오 센트랄에서 데뷔한 이후 벤피카와 레알 마드리드, 맨체스터 유나이티드 등 빅클럽에서 활약했다. 어느덧 PSG에서 7시즌째다.

주로 사용하는 발 : 왼발 90%
우승 : 1부리그 6-4, 협회컵 9-2, 챔피언스 1-1
준우승 : 클럽 월드컵 0-0, 코파아메리카 1-2, 월드컵 0-1

슈팅-득점	패스 방향 분포	2020-21 리그앙				포지션
30-3	전진 30%	A	P	P%		
30-1	좌향 30% / 우향 17%	23-4	1863	9	36.8-29.9 81%	
● 60-1 LG-4	후진 23%	T	I	DR		
● 6-1 RG-0		2.2-1.3	0.2	1-0	1-0 🟨🟥⭐	
● 0-0 HG-0						

| 전체 슈팅 시도-득점 | 직접 프리킥 시도-득점 | PK 시도-득점 | LG 왼발 득점 | RG 오른발 득점 | HG 헤더 득점 | 출전횟수 선발-교체 | 출전시간 분(MIN) | A 도움 | P 평균패스 시도-성공 | P% 패스 성공률 | T 평균태클 시도-성공 | I 평균 인터셉트 | DR 평균드리블 시도-성공 | 페어플레이 경고-퇴장 | MOM |

MF Danilo PEREIRA 15
다닐루 페레이라

포르투갈 대표팀의 핵심 미드필더. 다부진 체격으로 상대와의 볼 다툼에서 승리한다. 투박한 볼 터치를 보이지만 후방에서 빌드업 시도를 선호한다. 지난 시즌에는 92%의 패스 성공률을 자랑했다. 공격적인 재능은 다소 아쉽다는 평가다. 완전 이적 옵션을 조건으로 파리에 임대되었다. 벤피카 유스를 거쳐 파르마에서 데뷔했다. 그 후 FC 포르투 소속으로 기량을 만개하였다.

주로 사용하는 발: 오른발 93%

우승	1부리그: 2-3	협회컵: 2-2	챔피언스: 0-0
준우승	클럽 월드컵: 0-0	UEFA 유로: 1-0	월드컵: 0-0

슈팅-득점: 14-2 / 4-0
- 18-2 LG-0
- 0-0   RG-1
- 0-0   HG-1

패스 방향 분포: 전진 28%, 좌향 35%, 우향 28%, 후진 10%

2020-21 리그앙: 19-7 1699 1 51.6-47.3 92%
T 1.2-0.9 I 1.2 DR 0.3-0.3 3-0

MF Ander HERRERA 21
안데르 에레라

헌신적인 플레이가 돋보이는 선수. 넓은 중원 반경을 지녀 공수의 전술에 크나큰 역할을 한다. 포백 보호는 물론 공격의 시발점 역할을 한다. 빌드업이 좋고 상대 선수에 대한 태클이 뛰어나다. 감독 입장에서 애용할 수 밖에 없는 매력을 지녔다. 2008년 사라고사에서 1군에 올랐다. 빌바오에서 3시즌을 보낸 후 맨유에서 5시즌을 활약했다. 2019년 FA로 PSG로 합류했다.

주로 사용하는 발: 오른발 88%

우승	1부리그: 1-2	협회컵: 3-2	챔피언스: 0-1
준우승	클럽 월드컵: 0-0	UEFA 유로: 0-0	월드컵: 0-0

슈팅-득점: 11-1 / 10-0
- 21-1 LG-1
- 1-0   RG-0
- 0-0   HG-0

패스 방향 분포: 전진 29%, 좌향 24%, 우향 29%, 후진 18%

2020-21 리그앙: 18-13 1846 3 55.4-50.5 91%
T 3.2-1.7 I 0.7 DR 0.4-0.3

MF Julian DRAXLER 23
율리안 드락슬러

장신임에도 몸동작이 유연하다. 공격형 미드필더 겸 윙어로 창조적인 플레이를 펼친다. 양발을 두루 사용해 수비의 허를 찌르는 환상의 드리블이 일품이다. 좌측면을 돌파한 후 다이렉트로 날리는 중거리 슈팅은 '치명적인 무기'다. 종종 '슈퍼골'을 만들어낸다. 동료와의 패스 콤비네이션은 원숙의 단계에 올라섰다. 문제는 부상. 다치지 말고 시즌을 마쳐야 한다.

주로 사용하는 발: 오른발 88%

우승	1부리그: 3-2	협회컵: 5-1	챔피언스: 0-1
준우승	클럽 월드컵: 0-0	UEFA 유로: 1-0	월드컵: 0-0

슈팅-득점: 9-4 / 2-0
- 11-4 LG-1
- 0-0   RG-2
- 0-0   HG-1

패스 방향 분포: 전진 16%, 좌향 25%, 우향 34%, 후진 25%

2020-21 리그앙: 12-12 1061 3 25.1-22.2 88%
T 1.2-0.6 I 0.6 DR 1.0-0.6 3-0 1

MF Idrissa GUEYE 27
이드리사 게예

PSG 중원의 에너자이저. 왕성한 활동량을 가진 미드필더. 볼 다툼에서 쉽게 지지 않는다. 지난 시즌 경기당 2.3개의 태클에 성공했다. 수비수와 협력 플레이를 통해 볼을 탈취한다. 중원의 지우개와 같은 경기력에 많은 박수를 받았다. 2009년부터 릴에서 6시즌을 보내고, 빌라와 에버튼을 거치며 능력을 인정받았다. 2019년 이적료 2,500만 유로에 파리에 입단했다.

주로 사용하는 발: 오른발 91%

우승	1부리그: 2-1	협회컵: 3-0	챔피언스: 0-1
준우승	클럽 월드컵: 0-0	CAF 네이션스컵: 0-1	월드컵: 0-0

슈팅-득점: 5-0 / 14-2
- 19-2 LG-0
- 0-0   RG-2
- 0-0   HG-0

패스 방향 분포: 전진 26%, 좌향 31%, 우향 29%, 후진 14%

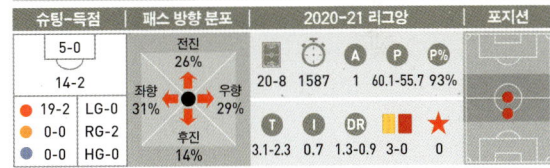

2020-21 리그앙: 20-8 1587 1 60.1-55.7 93%
T 3.1-2.3 I 0.7 DR 1.3-0.9 3-0

FW Mauro ICARDI 9
마우로 이카르디

호쾌한 슈팅이 인상 깊은 아르헨티나산 폭격기. 한 번의 터치로 시도하는 발리슛이 좋다. 상대 수비수를 등지고 동료에게 감각적으로 패스한다. 골문 앞에서 침착한 움직임이 가장 큰 무기지만 수비 공헌 부분에선 다소 아쉽다. 바르셀로나와 삼프도리아 유스를 거쳐 프로 데뷔했다. 2013년 인테르에서 219경기 124골을 넣었다. 19-20 시즌 임대로 PSG로 온 후 완전영입 되었다.

주로 사용하는 발: 오른발 82%

우승	1부리그: 1-1	협회컵: 2-0	챔피언스: 0-1
준우승	클럽 월드컵: 0-0	코파아메리카: 0-0	월드컵: 0-0

슈팅-득점: 37-7 / 2-0
- 39-7 LG-0
- 0-0   RG-5
- 1-1   HG-0

패스 방향 분포: 전진 17%, 좌향 29%, 우향 19%, 후진 35%

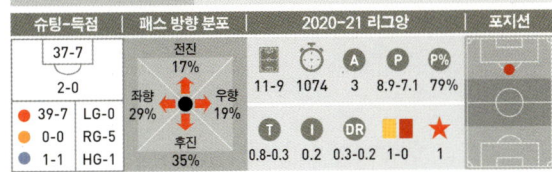

2020-21 리그앙: 11-9 1074 3 8.9-7.1 79%
T 0.8-0.3 I 0.2 DR 0.3-0.2 1-0

*기타 부위 1골

FW Pablo SARABIA 19
파블로 사라비아

공격에 관여된 모든 포지션을 소화한다. 공격형 미드필더는 물론 측면 공격수와 상황에 따라선 최전방으로도 나선다. 볼 터치가 부드럽고 동료와 연계 플레이가 좋다. 짧은 패스를 선호하며 빈 공간을 파고들어 골망을 흔든다. 레알 마드리드 유소년 팀을 거쳐 헤타페에서 성인 무대에 등장했다. 2016년 세비야에 맹활약 후 19-20 시즌 파리 생제르망의 레이더에 포착되었다.

주로 사용하는 발: 왼발 81%

우승	1부리그: 1-2	협회컵: 3-1	챔피언스: 0-1
준우승	클럽 월드컵: 0-0	UEFA 유로: 0-0	월드컵: 0-0

슈팅-득점: 30-5 / 7-1
- 37-6 LG-4
- 2-0   RG-1
- 0-0   HG-0

패스 방향 분포: 전진 25%, 좌향 28%, 우향 17%, 후진 30%

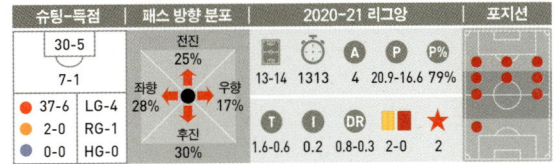

2020-21 리그앙: 13-14 1313 4 20.9-16.6 79%
T 1.6-0.6 I 0.2 DR 0.8-0.3 4-0 2

AS MONACO FC

새로운 목표 정조준…유로파 리그 우승

구단 창립 : 1924년 **홈구장** : 스타드 루이 II **대표** : 드미트리 리볼로블레프 **2020-21시즌** : 3위(승점 78점) 24승 6무 8패 76득점 42실점 **닉네임** : Les Monégasques

유럽 무대로 복귀한 '코바치의 아이들'

시즌 초반까지는 좋지 못했다. 4라운드에서 스타드 렌에게 패배했고 리옹과의 대결에서도 지며 순식간에 12위까지 떨어졌다. 하지만 리그 우승의 후보인 파리 생제르망에게 3대2로 승리를 거두며 터닝 포인트를 잡았다. 물론 그 후로 내리 3연패를 하기도 했지만 16라운드부터는 12경기 연속 무패를 기록하며 분위기를 끌어올렸다. 시즌 중후반에 승점을 쌓으며 본격적으로 3위권에 진입하였다. PSG와 리옹에 이어 세 번째로 많은 득점을 했다. 모나코는 네 시즌 만에 챔피언스 리그 진출권을 획득했다. 물론 샤흐타르와의 예선전에서 1무 1패로 밀려 32강 본선에는 오르지 못했고, 대신 참가하는 유로파 리그에서의 선전을 기대한다.

유래없이 큰 이동이 많았던 이적시장, 상대적으로 조용했던 모나코

이적 시장에 바쁜 시간을 보냈다. 헨릭스와 발로-투레가 각각 라이프치히와 밀란으로 떠났다. 비안코네, 온예쿠루, 멜리옷, 디아스가 모나코의 셔츠를 벗었다. 많은 선수의 이적 작업이 이루어졌고, 네덜란드가 자랑하는 대형 유망주인 보아두가 합류했다. 리옹에서 루카스가 합류했고 쾰른의 날개 야콥스도 이적했다. 선수들을 떠나보낸 것에 비해 영입 작업은 다소 미미했다. 주요 선수들을 지키는 것이 주요 목표였기에 절반 이상의 성공은 거둔 셈이다.

'황금 거위'가 되기 위한 모나코의 노력

코바치 감독의 지도력은 언제나 빛과 어둠이 첨예하게 대립한다. 지난 시즌 좋은 지도력으로 챔피언스리그 진출권을 따냈지만, 최종 예선에서 샤흐타르에게 패배하여 유로파로 떨어졌다. 경기력의 기복이 심한 점도 개선해야 할 부분이다. 리그에서 가장 뛰어난 유망주들을 많이 보유하고 있기 때문에 앞으로의 성장이 매우 기대되는 팀이다. 추아메니, 포파나, 디오프, 바디아실과 같은 유망주들이 잘 성장한다면 2017년 챔피언스리그 준우승의 영광을 넘볼 정도의 강팀이 될 수 있다. 코바치 감독과의 두 번째 동행이 어떻게 마무리가 될 지가 가장 큰 관건이다.

MANAGER : Niko KOVAČ 니코 코바치

Personal Information
생년월일 : 1971.10.15 / 출생지 : 베를린(독일)
현역시절 포지션 : 미드필더 / 계약만료 : 2023.06.30
평균 재직 기간 : 2년 / 선호 포맷 : 4-4-2

History
크로아티아 대표팀 주장 출신의 감독. 수비력이 일품인 미드필더로 활약했다. 헤르타 베를린, 레버쿠젠, 함부르크, 뮌헨에서 활약했다. 잘츠부르크에서 은퇴한 후 코치를 시작해 대표팀 감독까지 역임했다. 바이에른 뮌헨을 거쳐 지난 시즌 모나코로 합류했다.

Style
도전적인 전술 변화, 3백과 포백의 혼용, 강한 압박 전술을 애용한다. 드센 성격 때문에 팀 장악에 문제를 겪지만, 선수들과의 친화력에 있어서 합격점을 받는다. 코치진들에게 엄청난 체력 훈련 프로그램을 지시하고 경기 중에도 선수들에게 끊임없는 움직임을 요구한다. 중원에서의 볼 흐름과 측면으로 연결되는 과정을 중시한다. 공격적인 축구를 구사하는 감독들의 전술이 대개 그렇듯 수비의 불안함이 약점으로 지적된다.

	FRENCH LIGUE-1	FRENCH COUPE DE FRANCE	UEFA CHAMPIONS LEAGUE
우승-준우승 횟수	8-7	5-4	0-1
	UEFA EUROPA LEAGUE	FIFA CLUB WORLD CUP	UEFA-CONMEBOL INTERCONTINENTAL
	0-0	0-0	0-0

SQUAD LIST

위치	번호	선수	국적	키	생년월일	전 소속팀
GK	1	Radosław Majecki	POL	191	99-11-16	Legia Warszawa
	16	Alexander Nübel	GER	193	96-09-30	Bayern Munich
	30	Vito Mannone	ITA	188	88-03-02	Reading
DF	3	Guillermo Maripán	CHI	193	94-05-06	Alavés
	5	Benoît Badiashile	FRA	192	01-03-06	None
	6	Axel Disasi	FRA	190	98-03-11	Reims
	12	Caio Henrique	BRA	177	97-07-31	Atlético Madrid
	15	Harrison Marcelin	FRA	197	00-02-12	Auxerre
	19	Djibril Sidibé	FRA	182	92-07-29	Lille
	21	Strahinja Pavlović	SRB	194	01-05-24	Partizan Belgrade
	26	Ruben Aguilar	FRA	172	93-04-26	Montpellier
	34	Chrislain Matsima	FRA	190	02-05-15	None
MF	4	Cesc Fàbregas	ESP	180	87-05-04	Chelsea
	7	Gelson Martins	POR	173	95-05-11	Atlético Madrid
	8	Aurélien Tchouaméni	FRA	185	00-01-27	Bordeaux
	11	Jean Lucas	BRA	181	98-06-22	Lyon
	14	Ismail Jakobs	GER	183	99-08-17	Köln
	17	Aleksandr Golovin	RUS	180	96-05-30	CSKA Moscow
	22	Youssouf Fofana	FRA	176	99-01-10	Strasbourg
	27	Krépin Diatta	SEN	175	99-02-25	Club Brugge
	28	Pelé	GNB	182	91-09-29	Rio Ave
	36	Eliot Matazo	BEL	183	02-02-15	Anderlecht
	37	Sofiane Diop	FRA	175	00-06-09	Rennes
FW	9	Myron Boadu	NED	180	01-01-14	AZ Alkmaar
	10	Wissam Ben Yedder	FRA	170	90-08-12	Sevilla
	31	Kevin Volland	GER	179	92-07-30	Bayer Leverkusen
	39	Wilson Isidor	FRA	180	00-08-27	Rennes

2021-22 SEASON SCHEDULE

날짜	장소	상대팀	날짜	장소	상대팀
08-06	H	Nantes	01-09	A	Nantes
08-15	A	Lorient	01-16	H	Clermont Foot
08-22	H	Lens	01-23	A	Montpellier
08-29	A	Troyes	02-06	H	Lyon
09-12	H	Marseille	02-13	A	Lorient
09-19	A	Nice	02-20	H	Bordeaux
09-22	H	Saint-Étienne	02-27	A	Reims
09-26	A	Clermont Foot	03-06	H	Marseille
10-03	H	Bordeaux	03-13	A	Strasbourg
10-17	A	Lyon	03-20	H	Paris SG
10-24	H	Montpellier	04-03	A	Metz
10-31	A	Brest	04-10	H	Troyes
11-07	H	Reims	04-17	A	Rennes
11-21	A	Lille	04-24	H	Nice
11-28	H	Strasbourg	04-24	A	Saint-Étienne
12-01	A	Angers	05-01	H	Angers
12-05	H	Metz	05-08	A	Lille
12-12	A	Paris SG	05-14	H	Brest
12-22	H	Rennes	05-21	A	Lens

RANKING OF LAST 10YEARS

11-12	12-13	13-14	14-15	15-16	16-17	17-18	18-19	19-20	20-21
8	1	2 80점	3 71점	3 65점	1 95점	2 80점	17 36점	9 40점	3 78점

STRENGTHS & WEAKNESSES

OFFENSE		DEFENSE	
오픈 플레이	E	오픈 플레이 수비	A
카운터 어택	C	카운터 어택 수비	B
짧은 패스 게임	B	짧은 패스 게임 수비	C
롱볼 연계 플레이	C	롱볼 연계 플레이 수비	C
솔로 플레이	C	솔로 플레이 수비	C
중거리 슈팅 / 직접 프리킥	A	중거리 슈팅 수비	B
측면 공격	B	측면 수비	C
세트 플레이	B	세트 플레이 수비	B
위협적인 공격 횟수	C	공중전 능력	B
슈팅 대비 득점	B	볼 쟁탈전 / 투쟁심	A
오프사이드 피하기	E	실수 조심	D
볼 점유율	A	파울 주의	C

A 매우 우수함　B 우수함　C 평균 수준　D 부족함　E 많이 부족함

STADIUM

Stade Louis II

구장 오픈	1939년	구장 증개축	1895년
구장 소유	모나코 시	수용 인원	1만 6360명
피치 규모	105 X 68m	잔디 종류	하이브리드 잔디

BASIC FORMATION

4-4-2

ODDS CHECK

bet365	배당률 25배	우승 확률 3위
sky bet	배당률 22배	우승 확률 3위
William HILL	배당률 22배	우승 확률 3위
888sport	배당률 29배	우승 확률 4위

*우승 확률이 높을수록 배당률은 낮아짐

20-21 SEASON TOP5

득점		어시스트		경고-퇴장	
W.벤예데르	20	A.골로빈	9	Y.포파나	8-1
K.폴란트	16	K.폴란트	7	A.추아메니	7-1
S.디오프	7	W.벤예데르	7	A.디사시	4-2
S.요베티치	6	C.엔리케	4	G.마리판	7-0
A.골로빈	5	A.추아메니	3	R.아길라르	6-0

TOTO GUIDE 지난시즌 전적

상대팀	홈	원정
Lille	0-0	1-2
Paris SG	3-2	2-0
Lyon	2-3	1-4
Marseille	3-1	1-2
Rennes	2-1	1-2
Lens	0-3	0-0
Montpellier	1-1	3-2
Nice	2-1	2-1
Metz	4-0	1-0
Saint-Etienne	2-2	4-0
Bordeaux	4-0	3-0
Angers	3-0	1-0
Reims	2-2	1-0
Strasbourg	3-2	0-1
Lorient	2-2	5-2
Brest	2-0	0-1
Nantes	2-1	2-0
Nimes	3-0	4-3
Dijon	3-0	1-0

TACTICS & FUNCTIONS

OFFENSE

- 경기 운영 : 비효율적 점유율, 측면 공격
- 짧은 패스 / 긴 패스 비율 : 8.0대1
- 역습 시작 위치 : 비교적 앞쪽
- 직접 프리킥 : 벤예데르, 폴란트, 시디베
- 중거리 슈팅 : 포파나, 추아메니, 디오프
- 세트피스 헤딩 : 디사시, 추아메니, 파블로비치
- 드리블 : 마르틴스, 디오프, 포파나
- 결정적 패스 : 루카스, 파브레가스, 골로빈

DEFENSE

- 존디펜스 : 지역방어 기반의 존디펜스
- 맨투맨 : 지역과 대인 기반 혼합형
- 세로 방향 프레싱 위치 : 비교적 중간 지역
- 오프사이드 트랩 위치 : 골라인에서 18~20m
- 미드필드 스크리너 : 루카스, 포파나
- 공수 밸런스 유지 : 추아메니, 펠레
- 수비진 라인 컨트롤 : 디사시, 마리판
- 수비진 옵셔널 스토퍼 : 파블로비치, 발디아실

LIGUE-1 2020-21 PERFORMANCE

AS MONACO vs. OPPONENTS PER GAME STATS

AS 모나코 vs 상대팀

독점	슈팅	유효슈팅	오프사이드	패스시도 (PA)	패스성공 (PC)	패스성공률 (P%)	태클시도 (TK)	불소유자 압박	인터셉트 (INT)	GK 신방	파울	경고	퇴장
2.00 / 1.11	12.8 / 8.6	4.6 / 2.5	1.8 / 1.6	532 / 457	440 / 359	83% / 79%	22.2 / 17.4	146 / 147	11.5 / 11.3	1.5 / 2.4	12.8 / 13.9	1.95 / 2.34	0.184 / 0.316

SCORED GOALS
슈팅-독점 / 상대 슈팅-실점

38-17
293-52
155-7

신체 부위별 독점
- 왼발 17, 오른발 47
- 헤더 12, 기타 부위 0

상대 신체 부위별 실점
- 왼발 15, 오른발 21
- 헤더 5, 기타 부위 0
- 자책골 실점 1골

137-6
170-28
19-7

WHO SCORED
포지션별 독점
- FW진 48골
- MF진 17골
- DF진 11골

상대 포지션별 실점
- DF진 6골
- MF진 11골
- DF진 24골

ACTION ZONE
공격 방향: 36% / 26% / 38%

볼 점유 위치
- 상대 진영 29%
- 중간 지역 47%
- 우리 진영 24%

TACTICAL GOALS & SHOTS
독점 패턴 (76골): 12, 19, 41, 4
실점 패턴 (42골): 5, 1, 5, 3, 28

슈팅 패턴 (486): 15, 153, 307, 11
상대 슈팅 패턴 (326): 5, 83, 226, 12

- OPEN PLAY
- COUNTER ATTACK
- SET PLAY
- PENALTY KICK
- OWN GOAL

SHOT CREATION
슈팅 기회 창출 (783): 20, 42, 43, 37, 86, 557
상대 슈팅 기회 창출 (504): 14, 17, 40, 35, 45, 353

- LIVE-BALL PASSES+
- DEAD-BALL PASSES+
- DRIBBLES+
- SHOTS+
- FOULS DRAWN+
- DEFENSIVE ACTIONS+

TIME
독점: 76-15: 19/9, 12/13, 17/6
득실차: +12/+1, +3/+8, +12/-2
실점: 7/8, 8/8, 5/8

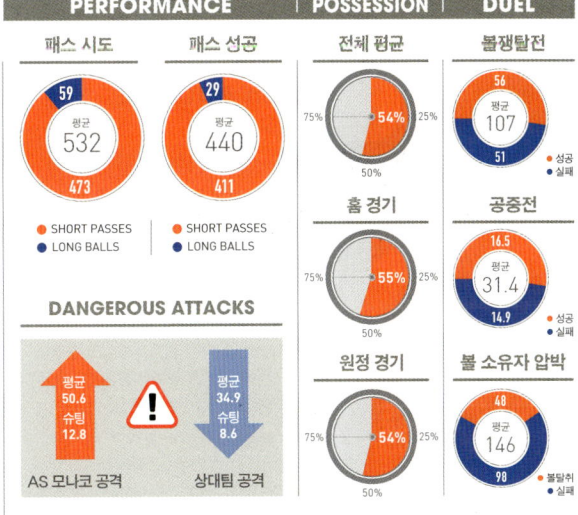

PERFORMANCE
패스 시도 평균 532 (59 long / 473 short)
패스 성공 평균 440 (29 long / 411 short)

POSSESSION
전체 평균: 54%
홈 경기: 55%
원정 경기: 54%

DUEL
볼쟁탈전 평균 107 (56 성공 / 51 실패)
공중전 평균 31.4 (16.5 성공 / 14.9 실패)
볼 소유자 압박 평균 146 (48 볼탈취 / 98 실패)

DANGEROUS ATTACKS
- AS 모나코 공격: 평균 50.6, 슈팅 12.8
- 상대팀 공격: 평균 34.9, 슈팅 8.6

GK Benjamin LECOMTE 40
벤자맹 르콩트

SCOUTING REPORT
모나코의 주전 골리. 감각적인 다이빙이 멋지다. 팔 길이가 길고 점프력이 좋아 슈퍼 세이브의 빈도가 높다. 상대와의 일대일 상황에선 거리를 좁히며 다가오는 경향도 있다. 다만 공중 볼 캐치나 펀칭이 불안정하다는 단점이 있다. 지난 시즌 손 부상으로 리그 중반에 8경기 결장했다. 돌아온 이후 좋은 모습을 이어갔고 팀의 챔피언스리그 티켓 획득에 적지 않은 기여를 했다. 이번 시즌도 넘버원 자리를 고수한다.

PLAYER'S HISTORY
2010년 로리앙 유소년 시스템을 거쳐 프로에 데뷔했다. 13-14 시즌 디종으로 임대를 갔다 온 후 14-15 시즌부터 주전 자리를 차지했다. 2017년 몽펠리에에서 2시즌 활약 후 수바시치의 대안으로 선택되어 모나코에 합류했다. 현재까지는 좋은 평가가 지배적이다.

주로 사용하는 발: 왼발 73%

	우승	준우승
1부리그	0-0	0-0
협회컵	0-1	0-0
챔피언스	0-0	0-0
클럽 월드컵	0-0	UEFA 유로 0-0	월드컵 0-0

세이브-실점: 27-21 / 15-6
- 69-27 TH-109
- 69-42 NK-170
- 3-0 KD-37

패스 방향 분포: 전진 58%, 좌향 17%, 우향 25%, 후진 0%

2020-21 리그앙: 28-0 / 2520 / 5% / CS 61% / 13 / 32.0-23.2
- P% 73% / LB 14.7-6.1 / AD 9-12 / 1-0 / ★

DF Benoît BADIASHILE 5
브누아 바디아실

SCOUTING REPORT
모나코 수비 진영의 핵심. 장차 프랑스 대표팀을 이끌어갈 대형 센터백 유망주. 194cm의 큰 키에서 나오는 탄력이 좋다. 공중전에서 강점을 보이고 코너킥 찬스에서도 좋은 득점원이 된다. 대인 마킹이 좋고 경기당 1.7개의 가로채기에 성공했다. 2.8개의 클리어링도 기록했는데 팀 내 최다 수치다. 위협적인 상황에서 마지막에 최후방의 보루 역할을 잘 해낸다. 다만 빠른 공격수에게 종종 빈 공간을 내준다.

PLAYER'S HISTORY
모나코 유스 출신으로 2018년 1군에 데뷔했다. 유스에서부터 주장 완장을 찼고 리더쉽에 있어선 차기 주장감으로 여겨지고 있다. 프랑스 연령별 대표팀에 꾸준히 차출되었다. 도쿄 올림픽 명단에선 구단의 반대로 무산되었다. 형 로익 바디아실도 모나코 출신 골키퍼다.

주로 사용하는 발: 왼발 83%

	우승	준우승
1부리그	0-0	0-0
협회컵	0-1	0-0
챔피언스	0-0	0-0
클럽 월드컵	0-0	UEFA 유로 0-0	월드컵 0-0

슈팅-득점: 20-2 / 4-0
- 24-2 LG-2
- 0-0 RG-0
- 0-0 HG-0

패스 방향 분포: 전진 36%, 좌향 16%, 우향 42%, 후진 6%

2020-21 리그앙: 32-3 / 2873 / A 1 / P 69.7-60.6 / P% 87%
- T 1.1-0.7 / I 1.7 / DR 0.2-0.1 / 5-0 / ★

DF Ruben AGUILAR 26
루벤 아길라르

SCOUTING REPORT
모나코의 에너자이저. 90분 내내 뛸 수 있는 엄청난 활동량을 보인다. 라이트 백은 물론 우측면 윙어로도 나선다. 반응 속도가 좋아 상대 공격수와의 대결에서 스탠딩 태클을 자주 성공시킨다. 볼이 빠져나가도 공간을 지키며 상대의 돌파를 막는다. 빠른 돌파 후 시도하는 얼리 크로스는 정확한 편이고 모나코 공격의 좋은 옵션이다. 하지만 태클이 잦은 편이라 파울과 경고가 많은 것은 다소 흠이 된다.

PLAYER'S HISTORY
그레노블 태생으로 생테티엔 유스를 거쳐 프로 무대에 계약했다. 고향 그레노블로 돌아가 본격적으로 기회를 받았고, 옥세르에서 3시즌 활약했다. 17-18시즌 몽펠리에로 이적한 후 리그에서 손꼽히는 라이트 백으로 자리매김한다. 2019년 5년 계약으로 모나코의 품에 안겼다.

주로 사용하는 발: 오른발 96%

	우승	준우승
1부리그	0-0	0-0
협회컵	0-2	0-0
챔피언스	0-0	0-0
클럽 월드컵	0-0	UEFA 유로 0-0	월드컵 0-0

슈팅-득점: 8-1 / 0-0
- 8-1 LG-0
- 0-0 RG-0
- 0-0 HG-0

패스 방향 분포: 전진 26%, 좌향 45%, 우향 4%, 후진 26%

2020-21 리그앙: 27-6 / 2233 / 3 / 38.7-33.0 / 85%
- T 2.5-1.9 / I 1.4 / DR 0.9-0.4 / 6-0 / ★

MF Aurélien TCHOUAMÉNI 8
오렐리앙 추아메니

SCOUTING REPORT
모나코를 넘어 전 유럽을 홀린 슈퍼 유망주. 넘치는 활동량과 파워풀한 몸싸움, 끝까지 상대를 쫓아가 경기 흐름을 가져오는 투지, 모든 면에서 동나이대 최고로 평가받는다. 지난 시즌 경기당 3.5개의 태클에 성공했는데 이는 리그 전체를 놓고 보아도 최상위권 기록이다. 강력한 압박 능력으로 상대 볼 흐름을 끊어내는 점이나 공간 창출 후 시도하는 롱패스는 단연 일품이다. 멘털 컨트롤은 보완해야만 한다.

PLAYER'S HISTORY
보르도의 산물로 2018년 1군으로 콜업된 후 2시즌 동안 꾸준히 출장했다. 프랑스 연령별 대표팀에 모두 콜업된 선수를 모나코가 차지했다. 2019년 입단했지만 지난 시즌부터 주전으로 나섰다. 이번 시즌 올해의 팀과 올해의 신인상을 받았고 이는 리그 역사상 세 번째다.

주로 사용하는 발: 오른발 87%

	우승	준우승
1부리그	0-0	0-0
협회컵	0-1	0-0
챔피언스	0-0	0-0
클럽 월드컵	0-0	UEFA 유로 0-0	월드컵 0-0

슈팅-득점: 29-2 / 24-0
- 53-2 LG-0
- 0-0 RG-1
- 0-0 HG-1

패스 방향 분포: 전진 31%, 좌향 25%, 우향 32%, 후진 13%

2020-21 리그앙: 36-0 / 3703 / A 1 / P 50.7-32.0 / P% 83%
- T 4.8-3.5 / I 1.7 / DR 1.0-0.6 / 7-1 / 8

Aleksandr GOLOVIN 17
알렉산드르 골로빈 (MF)

SCOUTING REPORT
2018 러시아 월드컵의 라이징 스타. 공격에 관여된 모든 포지션을 소화한다. 창의적인 패스와 공간 창출 능력이 뛰어나다. 동료와의 연계 플레이에 능하며 세밀한 볼 터치 후 방향 전환으로 상대를 돌파한다. 지난 시즌에는 시즌 초반에 당한 햄스트링 부상으로 리그 경기 절반만 출장하며 아쉬운 시즌을 보냈다. 복귀 후 24라운드에서 해트트릭과 1도움을 달성하며 아쉬움을 뒤로 했다. 모나코의 숨은 보석이다.

PLAYER'S HISTORY
러시아가 사랑하는 현 에이스. 자국 명문 CSKA 모스크바의 유소년 팀을 시작으로 프로에 데뷔했다. 15-16 시즌 리그 우승을 했고 많은 빅클럽들의 오퍼를 뿌리치며 모나코에 입성했다. 17세 이하의 유럽 선수권 우승 멤버로서 러시아 대표팀의 현재이자 미래가 되었다.

주로 사용하는 발: 오른발 85% | 우승 1부리그: 1-3 / 협회컵: 0-2 / 챔피언스: 0-0 | 준우승 클럽월드컵: 0-0 / UEFA 유로: 0-0 / 월드컵: 0-0

슈팅-득점: 14-2 / 13-3 / 27-5 LG-1 / 1-1 RG-4 / 0-0 HG-0
패스 방향 분포: 전진 24%, 좌향 20%, 우향 26%, 후진 29%
2020-21 리그앙: 12-9, 1072, 9, 22.5-17.2, 77%, 2.8-1.3 T, 0.5 I, 1.6-0.9 DR, 2-0, 3 ★

Gelson MARTINS 7
젤송 마르틴스 (MF)

SCOUTING REPORT
순간적인 스프린트만 놓고 보면 리그 내에서도 최정상급으로 분류된다. 공간이 생기면 볼을 길게 차며 돌파를 시도하는데, 상대가 예측하기 힘든 타이밍과 자세로 볼을 터치한다. 다만 강한 압박과 패스가 부정확해 단점 역시 많이 노출된다. 자국 명문 스포르팅 출신으로 네 시즌을 뛰고 아틀레티코 마드리드로 영입된다. 결과는 좋지 못했고, 2018년 임대로 모나코에 입단했다.

PLAYER'S HISTORY
카보베르데 프라이아 출신. 어린 시절 부모를 따라 포르투갈 리스본으로 이주했고, 스포르팅 유스에서 축구를 배웠다. 2014년 이 팀 1군에서 데뷔했고, 아틀레티코 마드리드, 모나코 임대를 거쳐 2019년 모나코로 완전히 이적했다. 2016년부터 포르투갈 대표로 활약해 왔다.

주로 사용하는 발: 오른발 90% | 우승 1부리그: 0-1 / 협회컵: 1-2 / 챔피언스: 0-0 | 준우승 클럽월드컵: 0-0 / UEFA 유로: 0-0 / 월드컵: 0-0

슈팅-득점: 20-3 / 5-0 / 25-3 LG-1 / 0-0 RG-2 / 0-0 HG-1
패스 방향 분포: 전진 22%, 좌향 22%, 우향 22%, 후진 34%
2020-21 리그앙: 20-3, 1562, 2, 25.8-22.0, 85%, 2.7-1.8 T, 0 I, 3.4-1.7 DR, 3-0, 2 ★

Wissam BEN YEDDER 10
비삼 벤 예데르 (FW)

SCOUTING REPORT
모나코의 주포이자 캡틴. 170cm의 작은 키지만 세밀한 볼 터치와 민첩한 움직임으로 상대와의 대결에서 승리한다. 과감한 돌파 후 동료를 이용하는 플레이가 좋다. 점프력이 좋고 볼의 타점을 맞추는 타이밍을 잘 맞춰 간간이 헤딩골을 넣기도 한다. 팀의 주장으로서 선수들을 잘 이끌며 감독과의 중간자 역할까지 훌륭히 해낸다. 지난 시즌 리그 20골을 돌파했고, 멀티골을 터트린 경기만 6경기나 된다.

PLAYER'S HISTORY
2010년 툴루즈 유소년 클럽을 거쳐 1군 스쿼드에 등록되었다. 12-13 시즌부터 주전으로 올라섰고 리그 15골까지 넣었다. 꾸준히 리그 두 자릿수 골에 성공했고, 2016년 세비야로 이적했다. 세 시즌 활약 후 모나코로 합류했다. 지난 시즌은 커리어 최다 골을 넣었다.

주로 사용하는 발: 양발(왼발 52%) | 우승 1부리그: 0-0 / 협회컵: 0-2 / 챔피언스: 0-0 | 준우승 클럽월드컵: 0-0 / UEFA 유로: 0-0 / 월드컵: 0-0

슈팅-득점: 64-19 / 16-1 / 80-20 LG-2 / 7-1 RG-17 / 12-10 HG-1
패스 방향 분포: 전진 26%, 좌향 19%, 우향 29%, 후진 27%
2020-21 리그앙: 32-5, 2626, 7, 23.4-17.3, 74%, 0.8-0.5 T, 0.4 I, 1.6-0.8 DR, 3-0, 4 ★

Kevin VOLLAND 31
케빈 폴란트 (FW)

SCOUTING REPORT
공격을 책임지는 선봉장. 파트너 벤 예데르와 함께 리그 최고의 공격력을 선보인다. 슈팅 세기가 강력하다. 2대1 패스를 주고받고 원터치로 마치하는 슛은 그가 가진 특기다. 손을 제외한 모든 부위로 골망을 흔들며 탄력적인 헤딩슛은 좋은 볼거리다. 지난 시즌 경기당 1.6개의 슈팅을 기록했고, 리그 16골과 7개의 도움에 성공하며 자신의 가치를 높였다. 이적한 첫 시즌에 이룬 것이라 더욱 의미가 있다.

PLAYER'S HISTORY
내용2010년 1860 뮌헨에서 데뷔했다. 2부 리그지만 어린 나이임에도 불구하고 리그 두 자릿수 골을 넣었다. 12-13 시즌 호펜하임에 700만 유로로 입단했다. 2016년 레버쿠젠에서 4시즌 활약 후 지난 시즌 모나코에 입단했다. 좋은 모습을 보였고 유로2020에도 참가했다.

주로 사용하는 발: 왼발 72% | 우승 1부리그: 0-0 / 협회컵: 0-2 / 챔피언스: 0-0 | 준우승 클럽월드컵: 0-0 / UEFA 유로: 0-0 / 월드컵: 0-0

슈팅-득점: 50-16 / 6-0 / 56-16 LG-10 / 2-0 RG-4 / 0-0 HG-2
패스 방향 분포: 전진 29%, 좌향 23%, 우향 23%, 후진 25%
2020-21 리그앙: 34-1, 2789, 7, 21.6-14.6, 68%, 1.7-0.9 T, 0.1 I, 1.2-0.5 DR, 4-0, 2 ★

GK Alexander NÜBEL 16
알렉산더 뉘벨

독일의 미래를 책임질 수문장. 팔이 길고 반사 신경이 뛰어나 사각지대로 들어가는 볼까지 막아낸다. 상대 공격수의 강력한 슈팅을 골문 위로 날리는 펀칭을 잘 한다. 파더보른 유스팀을 거쳐 샬케에 입단했다. '제2의 노이어'라는 평가를 받으며 팀의 주장까지 역임했다. 하지만 시즌 도중 뮌헨의 접근과 이적으로 신뢰를 잃었다. 더군다나 경쟁에서도 밀려 모나코로 왔다.

주로 사용하는 발 : 오른발 76%	우승	1부리그: 1-1	협회컵: 1-0	챔피언스: 1-0
	준우승	클럽 월드컵:	UEFA 유로: 0-0	월드컵: 0-0

세이브-실점	패스 방향 분포	2020-21 분데스리가	포지션
2-2 / 0-0	전진 35% / 좌향 35% / 우향 29% / 후진 0%	1-0 90 5% 50% CS P 0 34.0-32.0 / P% LB AD ★ 94% 3.0-1.8	
● 4-2 LG-2			
● 4-2 RG-8			
● 0-0 HG-26			

DF Guillermo MARIPÁN 3
기예르모 마리판

3백 수비에 최적화된 디펜더. 무리하게 달려들지 않지만 타이밍을 노려 발을 뻗는다. 등지는 상대에게 쉽게 밀리지 않으며 일대일 대인 마킹이 뛰어나다. 팀의 중심 센터백답게 경기당 2.4개의 클리어링을 했다. 우니베르시다드 카톨리카를 거쳐 데포르티보 알라베스에서 활약했다. 2019년 모나코로 입단했고, 칠레 대표팀의 부동의 센터백이다. 코파 아메리카에서도 활약했다.

주로 사용하는 발 : 오른발 91%	우승	1부리그: 2-1	협회컵: 0-2	챔피언스: 0-0
	준우승	클럽 월드컵: 0-0	코파아메리카: 0-0	월드컵: 0-0

슈팅-득점	패스 방향 분포	2020-21 리그앙	포지션
15-5 / 0-0	전진 26% / 좌향 38% / 우향 31% / 후진 4%	22-6 2088 A 1 P 59.4-53.5 P% 90% / T 1.4-0.9 I 0.1-0.1 DR 7-0 ★ 1	
● 15-5 LG-5			
● 0-0 RG-3			
● 0-0 HG-2			

DF Axel DISASI 6
악셀 디사시

20-21시즌 최고의 이적생 중 한 명. 파워풀한 피지컬과 탄탄한 하체를 바탕으로 강인한 수비를 보인다. 상대 공격수를 등지는 상황에서도 좀처럼 밀리지 않는다. 발밑이 좋아 빌드업의 시발점이 되기도 한다. 지난 시즌 경기당 2.2개의 클리어링에 성공했다. 세트피스에서는 투지넘치는 플레이로 수비한다. 세밀한 플레이가 가미된다면 더욱 성장할 것이다.

주로 사용하는 발 : 오른발 90%	우승	1부리그: 0-0	협회컵: 0-1	챔피언스: 0-0
	준우승	클럽 월드컵: 0-0	UEFA 유로: 0-0	월드컵: 0-0

슈팅-득점	패스 방향 분포	2020-21 리그앙	포지션
17-3 / 1-0	전진 33% / 좌향 41% / 우향 19% / 후진 7%	24-5 2017 A 0 P 52.2-45.2 P% 87% / T 1.5-1.0 I 0.9 DR 0.4-0.3 ★ 4-2 1	
● 18-3 LG-0			
● 0-0 RG-1			
● 0-0 HG-2			

DF Caio HENRIQUE 12
카이우 엔리케

모나코가 자랑하는 왼쪽 수비수. 브라질 23세 이하의 대표팀 출신으로 왕성한 활동량과 수비 전술의 이해도가 높다. 빠른 발 보다는 안정적인 경기 운영을 중시하며 공수의 밸런스가 우수한 레프트 백이다. 왼쪽 윙백으로도 나설 수 있다. 아틀레티코 마드리드 유스 출신으로 파라나, 플루미넨세, 그레미우의 임대를 거쳤다. 지난 시즌 800만 유로로 모나코의 품에 안겼다.

주로 사용하는 발 : 왼발 89%	우승	1부리그: 0-0	협회컵: 0-3	챔피언스: 0-0
	준우승	클럽 월드컵: 0-0	코파아메리카: 0-0	월드컵: 0-0

슈팅-득점	패스 방향 분포	2020-21 리그앙	포지션
4-0 / 1-0	전진 28% / 좌향 3% / 우향 38% / 후진 30%	26-5 2376 A 4 P 36.9-31.1 P% 84% / T 2.3-1.6 I 0.5 DR 0.9-0.5 ★ 0	
● 5-0 LG-0			
● 0-0 RG-0			
● 0-0 HG-0			

DF Strahinja PAVLOVIĆ 21
스트라히냐 파블로비치

세르비아의 차세대 센터백. 이미 주전으로 나서고 있으며 자국 대표팀 레전드 비디치가 롤모델. 194cm의 강력한 피지컬에서 나오는 맨마킹이 좋고 공중전에서 유독 강점을 보인다. 다만 순간적인 반응이 느려 빈공간을 종종 내준다. 파르티잔을 거쳐 지난 시즌 모나코로 입단했다. 겨울 시장을 통해 임대를 다녀왔고 세르클레 브뤼허의 첫 경기에서 골까지 넣었다.

주로 사용하는 발 : 왼발 76%	우승	1부리그: 0-1	협회컵: 1-1	챔피언스: 0-0
	준우승	클럽 월드컵: 0-0	UEFA 유로: 0-0	월드컵: 0-0

슈팅-득점	패스 방향 분포	2020-21 벨기에 1부 + 리그앙	포지션
11-1 / 2-0	전진 34% / 좌향 23% / 우향 37% / 후진 6%	11-1 967 A 0 P 35.5-25.8 P% 73% / T 3.0-2.3 I 1.6 DR 1.3-1.3 3-0 ★ 1	
● 13-1 LG-			
● 0-0 RG-			
● 0-0 HG-			

DF Djibril SIDIBÉ 29
지브릴 시디베

16-17 시즌 챔피언스리그 4강의 주역. 공수 밸런스가 잘 잡힌 풀백. 좌우의 측면은 물론 3백에서는 센터백으로도 출전한다. 스테미너가 좋아 후반 막판까지 경기력 유지가 된다. 주력은 느린 편이지만 얼리 크로스가 뛰어나다. 2012년 릴에서 자리를 잡기 시작했고 2016년 모나코 입단 후 리그 정상급 풀백이 되었다. 지난 시즌 리그 30경기에 출전해 2개의 도움을 기록했다.

주로 사용하는 발 : 오른발 84%	우승	1부리그: 1-1	협회컵: 0-1	챔피언스: 0-0
	준우승	클럽 월드컵: 0-0	UEFA 유로: 0-0	월드컵: 1-0

슈팅-득점	패스 방향 분포	2020-21 리그앙	포지션
0-0 / 5-0	전진 35% / 좌향 41% / 우향 10% / 후진 14%	21-9 1979 A 2 P 51.1-43.5 P% 85% / T 2.4-1.9 I 1.7 DR 0.5-0.3 ★ 1	
● 5-0 LG-0		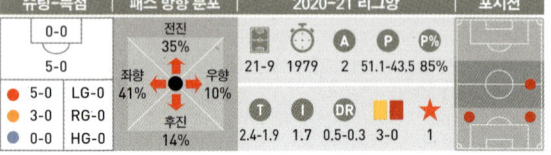	
● 3-0 RG-0			
● 0-0 HG-0			

MF Cesc FÀBREGAS 4
세스크 파브레가스

짧은 시간 출전해 강한 임팩트를 남긴다. 파브레가스의 패스는 아직도 유럽 최정상급이다. 수비를 붕괴시키는 스루패스, 센스 넘치는 원터치 패스, 한 번에 승부를 결정짓는 로빙 패스 등은 자로 잰 것처럼 동료의 발 또는 머리에 정확히 이어진다. '오프 더 볼' 상황에서의 침투 역시 위력적이다. 상대의 하이프레싱 때 고전하고, 수비 가담이 부족한 건 여전히 문제다.

주로 사용하는 발: 오른발 90%	우승	1부리그: 4-3	협회컵: 3-3	챔피언스: 0-1
	준우승	클럽 월드컵: 1-0	UEFA 유로: 2-0	월드컵: 1-0

슈팅-득점: 8-2 / 2-0
- ● 10-2 LG-0
- ● 1-0 RG-2
- ● 2-2 HG-0

패스 방향 분포: 전진 34%, 좌향 26%, 우향 27%, 후진 13%

2020-21 리그앙: 7-14 | 875 | 3 | 34.9-29.0 | 83% | 1.6-1.0 | 0.6 | 0.5-0.3 | 2-0 | 1

MF Youssouf FOFANA 22
유수프 포파나

모나코의 허리를 책임지는 미드필더. 왕성한 체력과 넓은 활동 반경을 기반으로 중원 곳곳에서 존재감을 뽐낸다. 다부진 피지컬, 거친 몸싸움, 다양한 태클을 구사한다. 지난 시즌 경기당 2.6개의 태클에 성공했다. 스트라스부르의 유스를 거쳐 1군에 포함되었다. 지난 시즌 모나코에 입단했고, 프랑스 21세 이하 대표팀에서 활약한다. 21세 이하의 유럽 선수권에 출전했다

주로 사용하는 발: 오른발 81%	우승	1부리그: 0-0	협회컵: 0-1	챔피언스: 0-0
	준우승	클럽 월드컵: 0-0	UEFA 유로: 0-0	월드컵: 0-0

슈팅-득점: 6-0 / 30-0
- ● 36-0 LG-0
- ● 1-0 RG-0
- ● 0-0 HG-0

패스 방향 분포: 전진 26%, 좌향 27%, 우향 27%, 후진 20%

2020-21 리그앙: 35-0 | 2883 | 3 | 47.4-40.5 | 86% | 3.7-2.6 | 1 | 1.7-0.9 | 8-1 | 0

MF Eliot MATAZO 36
엘리오 마타조

공격적인 롤을 선호하는 벨기에산 중앙 미드필더. 신체 밸런스가 뛰어나 상대의 거친 압박에도 쉽게 넘어지지 않는다. 볼을 치고 달리는 스프린트가 좋다. 동료와 주고받는 숏패싱을 선호하나 측면으로 연결하는 로빙 패스는 정확도가 낮다. 지난 시즌 주로 교체 멤버로 출장했다. 리그 36라운드에서 결승골이자 데뷔골을 넣었다. 모나코 유스 출신으로 미래가 더욱 기대되는 선수다.

주로 사용하는 발: 오른발	우승	1부리그: 0-0	협회컵: 0-1	챔피언스: 0-0
	준우승	클럽 월드컵: 0-0	UEFA 유로: 0-0	월드컵: 0-0

슈팅-득점: 3-1 / 0-0
- ● 3-1 LG-0
- ● 0-0 RG-1
- ● 0-0 HG-0

패스 방향 분포: 전진 22%, 좌향 26%, 우향 34%, 후진 18%

2020-21 리그앙: 3-7 | 313 | 1 | 8.8-6.9 | 78% | 1.5-1.1 | 0.1 | 0.6-0.4 | 0-1 | 0

MF Sofiane DIOP 37
소피앙 디오프

빅리그의 많은 클럽들이 노리고 있는 선수. 발놀림이 빠르며 개인기가 뛰어나다. 민첩한 바디 페인팅으로 상대를 쉽게 제치며 측면에서 중앙으로 침투하는 모습이 많다. 스타드 렌의 유소년 클럽을 거쳐 모나코로 합류했다. 19-20 시즌에는 소쇼에서 임대 생활을 했고, 지난 시즌엔 리그 32경기에 출전했다. 리그 후반부에 발목 부상으로 다른 선수들보다 빨리 시즌을 마감했다.

주로 사용하는 발: 오른발 90%	우승	1부리그: 0-0	협회컵: 0-1	챔피언스: 0-0
	준우승	클럽 월드컵: 0-0	UEFA 유로: 0-0	월드컵: 0-0

슈팅-득점: 19-6 / 25-1
- ● 44-7 LG-0
- ● 1-0 RG-6
- ● 0-0 HG-1

패스 방향 분포: 전진 29%, 좌향 18%, 우향 29%, 후진 24%

2020-21 리그앙: 24-8 | 2036 | 1 | 29.2-23.5 | 81% | 2.6-1.5 | 1 | 2.2-1.4 | 4-0 | 0

FW Krépin DIATTA 27
크레핀 디아타

2019 골든 보이 40인 후보에 들었던 재능. 과감한 돌파가 인상적이며 몇 번의 터치로 공간을 지배한다. 센스있는 개인 기술과 측면에서 시도하는 크로스는 관중들의 눈을 번뜩이게 한다. 클럽 브뤼허를 거쳐 지난 시즌 겨울 이적 시장을 통해 합류했다. 이적 후 꾸준히 출장했고 30라운드에서는 데뷔골을 기록했다. 후반부엔 코로나 확진으로 4경기 결장했다.

주로 사용하는 발: 오른발 86%	우승	1부리그: 2-1	협회컵: 0-3	챔피언스: 0-0
	준우승	클럽 월드컵: 0-0	CAF 네이션스컵: 0-1	월드컵: 0-0

슈팅-득점: 35-8 / 20-2
- ● 55-10 LG-2
- ● 0-0 RG-8
- ● 0-0 HG-0

패스 방향 분포: 전진 24%, 좌향 31%, 우향 4%, 후진 42%

2020-21 벨기에 1부 + 리그앙: 20-11 | 1888 | 2 | 25.4-18.5 | 73% | 1.2-1.0 | 0.5 | 2.3-1.3 | 3-0 | 6

OLYMPIQUE LYONNAIS

구단 창립 : 1950년 홈구장 : 그루파마 스타디움 대표 : 장-미셸 올라 2020-21시즌 : 4위(승점 76점) 22승 10무 6패 81득점 43실점 닉네임 : Les Gones

'보츠호'의 '명문 부활' 시작되나

유럽 대항전 한 시즌 만에 복귀한 리옹

'한 발만 더 걸었으면...' 했던 시즌이었다. 승점 2점 차이로 챔피언스리그 진출권을 얻지 못했다. 컵 대회에서는 8강에 올랐으나 모나코에게 패해 고배를 마셨다. 전반적으로 아쉬움이 진하게 남는 시즌이었다. 공격의 중심이자 팀의 중심이었던 데파이가 자유 계약으로 바르셀로나로 떠났다. 그의 빈자리는 리버풀에서 합류한 샤키리가 메워야 한다. 번리로 이적한 레프트백 코르네의 공백은 브라질 출신 엔리케, 첼시에서 온 에메르손을 수혈하며 메웠다. 유로파 리그를 병행해야 하는 상황에서 스쿼드의 수준을 높일 필요가 있으나 대부분의 영입이 현상 유지에 초점이 맞춰져 있어 약간의 불안요소가 된다.

팀 구성원 변화, 어떤 미래 받아들일까

2021-22 시즌은 유로파도 참가한다. 선수들의 로테이션 체제가 더욱 굳건해지며 보츠 감독의 전술적인 플랜도 더욱 다양해질 전망이다. 가르시아 감독의 영향력이 남아있지만 보츠 감독의 지도력은 새로움을 더한다. 공수의 연결 고리가 중요한 전술에서 데파이, 코르네가 없기에 아쉬운 부분이 존재한다. 시즌이 시작하고 나서 3라운드까지 승리를 하지 못해서 보츠 감독에 대한 부정적인 의견이 나타나고 있다. 관건은 많은 변화를 맞이한 선수단과 감독의 전술이 시너지를 낼 때까지 얼마나 시간이 필요한가의 문제일 것이다.

ODDS CHECK

| bet365 | 배당률 18배 | 우승 확률 2위 | sky bet | 배당률 18배 | 우승 확률 2위 |
| William HILL | 배당률 18배 | 우승 확률 2위 | 888sport | 배당률 21.5배 | 우승 확률 2위 |

*우승 확률이 높을수록 배당률은 낮아짐

SQUAD LIST

위치	번호	선수	국적	키	생년월일	전 소속 팀
GK	1	Anthony Lopes	POR	184	90-10-01	None
	16	Malcolm Barcola	TOG	195	99-05-14	None
	30	Julian Pollersbeck	GER	195	94-08-16	Hamburg
	40	Kayne Bonnevie	FRA	191	01-07-22	None
DF	2	Sinaly Diomandé	CIV	184	01-04-09	Guidars
	3	Emerson Palmieri	ITA	176	94-08-03	Chelsea
	4	Castello Lukeba	FRA	184	02-12-17	None
	5	Jason Denayer	BEL	184	95-06-28	Manchester C
	6	Marcelo	BRA	191	87-05-20	Beşiktaş
	12	Henrique Silva	BRA	173	94-04-25	Vasco da Gama
	14	Léo Dubois	FRA	178	94-09-14	Nantes
	17	Malo Gusto	FRA	179	03-05-19	None
	21	Damien Da Silva	FRA	184	88-05-17	Rennes
	-	Jérôme Boateng	GER	192	88-09-03	Bayern Munich
MF	8	Houssem Aouar	FRA	178	98-06-30	None
	10	Lucas Paquetá	BRA	180	97-08-27	Milan
	18	Rayan Cherki	FRA	177	03-08-17	None
	22	Jeff Reine-Adélaide	FRA	183	98-01-17	Angers
	23	Thiago Mendes	BRA	176	92-03-15	Lille
	24	Pape Cheikh	ESP	180	97-08-08	Celta Vigo
	25	Maxence Caqueret	FRA	174	00-02-15	None
	28	Florent Da Silva	FRA	178	03-04-02	None
	29	Xherdan Shaqiri	SUI	169	91-10-10	Liverpool
	39	Bruno Guimarães	BRA	182	97-11-16	Athletico Paranaense
FW	7	Karl Toko Ekambi	CMR	183	92-09-14	Villarreal
	9	Moussa Dembélé	FRA	183	96-07-12	Celtic
	11	Tinotenda Kadewere	ZIM	183	96-01-05	Le Havre
	19	Habib Keita	MLI	182	02-02-05	JMG Academy
	20	Islam Slimani	ALG	188	88-06-18	Leicester C
	31	Lenny Pintor	FRA	179	00-08-05	Brest

2021-22 SEASON SCHEDULE

날짜	장소	상대팀	날짜	장소	상대팀
08-07	H	Brest	01-09	H	Paris SG
08-15	A	Angers	01-16	A	Troyes
08-22	H	Clermont Foot	01-23	H	Saint-Étienne
08-29	A	Nantes	02-06	A	Monaco
09-12	A	Strasbourg	02-13	H	Nice
09-19	H	Paris SG	02-20	A	Lens
09-22	H	Troyes	02-27	H	Lille
09-26	A	Lorient	03-06	A	Lorient
10-03	A	Saint-Étienne	03-13	H	Rennes
10-17	A	Monaco	03-20	H	Reims
10-24	A	Nice	04-03	H	Angers
10-31	H	Lens	04-10	A	Strasbourg
11-07	A	Rennes	04-17	H	Bordeaux
11-21	H	Marseille	04-20	A	Brest
11-28	A	Montpellier	04-24	H	Montpellier
12-01	H	Reims	05-01	A	Marseille
12-05	A	Bordeaux	05-08	A	Metz
12-12	A	Lille	05-14	H	Nantes
12-22	H	Metz	05-21	A	Clermont Foot

RANKING OF LAST 10YEARS

11-12	12-13	13-14	14-15	15-16	16-17	17-18	18-19	19-20	20-21
4	3	5	2	2	4	3	3	7	4
64점	67점	61점	75점	65점	67점	78점	72점	40점	76점

*'19-20시즌은 코로나로 단축 시즌 27경기 치름

MANAGER : Peter BOSZ 페터르 보츠

Personal Information
생년월일 : 1963.11.21 / 출생지 : 아펠두른(네덜란드)
현역시절 포지션 : 미드필더 / 계약만료 : 2023.06.30
평균 재직 기간 : 3년 / 선호 포맷 : 4-2-3-1

History
1963년생 네덜란드 출신의 감독. 아펠도른에서 지도자 생활을 시작했다. 2016년 아약스에서 주목을 받기 시작했고 유로파 리그 준우승을 이끌었다. 도르트문트와 레버쿠젠을 거쳐 2021-22 시즌 루디 가르시아의 후임으로 리옹에 합류했다.

Style
포백을 기본으로 패스 게임을 중시하는 감독. 선수들 사이에서 적당한 거리가 늘 필요하고 공간 활용을 중시한다. 측면에서 빌드업을 시작해서 마무리하는 면도 있다. 하지만 결단력이 부족해 교체 타이밍의 실패, 아쉬운 판단력을 보인다. 4-2-3-1과 4-3-3의 포메이션을 혼용하나 상황에 따라서 공격에 더 많은 투자를 한다.

OLYMPIQUE LYONNAIS
우승 - 준우승 횟수

FRENCH LIGUE-1	7-5
FRENCH COUPE DE FRANCE	5-3
UEFA CHAMPIONS LEAGUE	0-0
UEFA EUROPA LEAGUE	0-0
FIFA CLUB WORLD CUP	0-0
UEFA-CONMEBOL INTERCONTINENTAL	0-0

STADIUM
Groupama Stadium
구장 오픈 : 2016년
구장 소유 : OL 그룹
피치 규모 : 105 X 68m
구장 증개축 : -
수용 인원 : 5만 9186명
잔디 종류 : 하이브리드 잔디

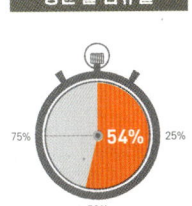
평균 볼 점유율 54%

OLYMPIQUE DE MARSEILLE vs. OPPONENTS PER GAME STATS

올랭피크 리옹 vs 상대팀	득점	슈팅	유효슈팅	오프사이드	패스시도	패스성공	패스성공률	태클시도	볼소유자 압박	인터셉트	GK 선방	파울	경고	퇴장
자팀	2.13	16.1	6.2	1.7	516	464	437	85%						80%
자팀(2)	1.13	11.6	3.4	1.2					372				P%	
상대팀	18.3	132	10.9	2.4	12.7	14.1	1.58			2.03	0.263			0.211
상대팀(2)	19.2	153	13.4	4.1										

시간대별 득점

76-15, 75-7, 14-14, 9-22, 61-30, 60-31, 46-45

시간대별 실점

76-3, 75-10, 5-6, 13-9, 61-30, 60-31, 46-45

위치별 슈팅-득점
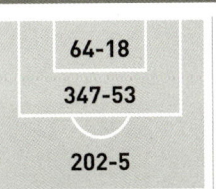
64-18
347-53
202-5
*상대자책골 5골

공격 방향
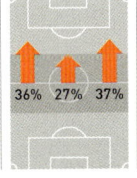
36% 27% 37%

볼 점유 위치
상대 진영 32%
중간 지역 44%
우리 진영 24%

포지션별 득점

FW진 48골
MF진 21골
DF진 7골
*상대자책골 5골

상대 포지션별 실점

DF진 4골
MF진 10골
FW진 27골
*자책골 실점 2골

BASIC FORMATION
4-2-3-1

뎀벨레 / 슬리마니
에카르비 / 핀토 · 아우아 / 사키리 · 캐드웨어 / 케이타
파케타 / 카카레 · 기마랑이스 / 다실바
에메르손 / 코르네 · 뒤부아 / 구스토
디오망데 / 디나이에 · 다실바 / 마르셀루
로페스 / 폴레르스베크

TOTO GUIDE 지난시즌 전적

상대팀	홈	원정
Lille	2-3	1-1
Paris SG	2-4	1-0
Monaco	4-1	3-2
Marseille	1-1	1-1
Rennes	1-0	2-2
Lens	3-2	1-1
Montpellier	1-2	1-2
Nice	2-3	4-1
Metz	0-1	3-1
Saint-Etienne	2-1	5-0
Bordeaux	2-1	0-0
Angers	3-0	1-0
Reims	3-0	1-1
Strasbourg	3-0	3-2
Lorient	4-1	1-1
Brest	2-2	3-2
Nantes	3-0	2-1
Nimes	0-0	5-2
Dijon	4-1	1-0

득점 패턴

81골 / 47
11, 5, 12, 6

실점 패턴

43골 / 26
2, 5, 8, 2

● OPEN PLAY ● COUNTER ATTACK ● SET PLAY ● PENALTY KICK ● OWN GOAL

OFFENSE / DEFENSE

OFFENSE		DEFENSE	
오픈 플레이	B	오픈 플레이 수비	E
카운터 어택	A	카운터 어택 수비	D
짧은 패스 게임	B	짧은 패스 게임 수비	D
롱볼 연계 플레이	C	롱볼 연계 플레이수비	C
솔로 플레이	B	솔로 플레이 수비	C
중거리 슈팅 / 직접 프리킥		중거리 슈팅 수비	C
측면 공격	B	측면 수비	D
세트 플레이	B	세트 플레이 수비	B
위협적인 공격 횟수		공중전 능력	A
슈팅 대비 득점	C	볼 쟁탈전 / 투쟁심	
오프사이드 피하기	D	실수 조심	E
볼 점유율	B	파울 주의	D

A 매우 우수함 B 우수함 C 평균 수준 D 부족함 E 많이 부족함

GK Anthony LOPES 1
안토니 로페스

SCOUTING REPORT
리옹의 리빙 레전드. 지난 시즌 리그 전 경기에 출전했다. 리그 최고로 평가받는 반사 신경은 팀을 수십 번 구해냈다. 상대와의 일대일 상황에서는 순식간에 나와 슈팅의 각도를 좁힌다. 골키퍼 포지션 특성상 184cm로 큰 키는 아니지만, 탄력이 좋아 점프하는 높이가 높다. 골대의 모서리로 오는 슛을 쳐내는 슈퍼 세이브는 그가 가진 최고의 무기다. 리더십도 좋아 라커 룸에서도 동료들에게 신망이 두텁다.

PLAYER'S HISTORY
2012년 리옹의 1군에 등록되었다. 그 다음 시즌인 13-14 시즌부터 주전 골리의 자리를 차지했다. 10시즌째 활약하고 있으나 리옹의 소속으로 들어올린 트로피는 없다. 포르투갈 17세 이하의 대표팀부터 꾸준히 발탁되었다. 파트리시우의 백업으로 유로에 참가했다.

주로 사용하는 발: 왼발 78%
우승 — 1부리그: 0-3 협회컵: 1-0 챔피언스: 0-0
준우승 — 클럽 월드컵: 0-0 UEFA 유로: 1-0 월드컵: 0-0

세이브-실점
58-36
35-7
● 136-43 TH-181
● 136-93 NK-250
● 7-1 KD-31

패스 방향 분포
전진 50%
좌향 24% — 우향 26%
후진 0%

2020-21 리그앙
38-0 3420 S%:69% CS:11 P:26.2-20.9
P%:79% LB:10.6-5.3 AD:11-7 🟨2-0 ⭐0

DF Jason DENAYER 5
제이슨 데나이어

SCOUTING REPORT
리옹의 언터처블 벽. 서포터즈의 신뢰를 받고 있는 센터백. 투지 넘치는 플레이와 끝까지 상황을 책임지는 모습이 돋보인다. 상대 공격수와의 대인 마킹에 뛰어나다. 센터백 뿐만 아니라 라이트 백이나 수비형 미드필더로도 출전한다. 지난 시즌에는 경기당 2.7개의 클리어링에 성공했고, 리그 31경기에 출전했다. 19라운드에서는 극적인 동점 헤딩골을 작렬했다. 경고도 단 한 장만 받아 깔끔한 수비력을 보였다.

PLAYER'S HISTORY
맨체스터 시티 유스 출신으로 많은 기대를 받던 유망주였다. 셀틱과 갈라타사라이, 선덜랜드에서 임대 생활을 보냈다. 2018년 리옹으로의 완전 이적에 성공했다. 1000만 유로의 이적료가 발생했고, 4년 계약을 했다. 벨기에 대표팀의 일원으로서 유로2020에 참가했다.

주로 사용하는 발: 오른발 94%
우승 — 1부리그: 2-0 협회컵: 1-0 챔피언스: 0-0
준우승 — 클럽 월드컵: 0-0 UEFA 유로: 0-0 월드컵: 0-0

슈팅-득점
3-1
2-0
● 5-1 LG-0
● 0-0 RG-0
● 0-0 HG-1

패스 방향 분포
전진 32%
좌향 31% — 우향 33%
후진 5%

2020-21 리그앙
31-0 2619 6 54.4-51.5 95%
T:1.0-0.5 I:0.9 DR:0.2-0.2 🟨1-0 ⭐0

MF Lucas PAQUETÁ 10
루카스 파케타

SCOUTING REPORT
데파이에게 10번을 물려받은 공격형 미드필더. 지난 시즌 리그 30경기에 출전해서 9골을 기록했다. 공격적인 재능이 꽃피운 시즌이었고, 스카우터들 입장에서도 좋은 매물이었다. 예상치 못한 타이밍에 터닝슛이나 바이시클 킥을 구사한다. 브라질 출신 특유의 감각적인 개인기와 발바닥 드래그 컷으로 상대를 제친다. 스테미너가 좋아 90분 내내 뛰며 슈팅의 세기가 강해 골키퍼들의 간담을 서늘케 만든다.

PLAYER'S HISTORY
2016년 플라멩고 리저브 팀을 통해 1군 데뷔를 했다. 2018 시즌에는 리그 10골을 넣으며 브라질 리그 올해의 팀에 선정되었다. 그해 겨울 이적 시장을 통해 밀란으로 이적했다. 쓴 경험을 뒤로 한 채 지난 시즌 리옹으로 합류했다. 코파 아메리카 2021 우승 멤버로 뛰었다.

주로 사용하는 발: 왼발 86%
우승 — 1부리그: 0-1 협회컵: 0-1 챔피언스: 0-0
준우승 — 클럽 월드컵: 0-0 코파아메리카: 1-1 월드컵: 0-0

슈팅-득점
30-9
25-0
● 55-9 LG-6
● 4-0 RG-2
● 0-0 HG-1

패스 방향 분포
전진 38%
좌향 28% — 우향 19%
후진 15%

2020-21 리그앙
27-3 2285 5 40.9-33.2 81%
T:3.8-2.3 DR:2.1-1.1 🟨4-1 ⭐1

FW Karl TOKO EKAMBI 7
칼 토코 에캄비

SCOUTING REPORT
리옹의 날카로운 창. 카메룬 대표팀을 이끄는 공격수로서 지난 시즌 좋은 모습을 보였다. 리그 15골을 넣어 데파이에 이어 팀 내 두 번째로 많은 골을 넣었다. 지난 시즌 1.7개의 드리블 돌파와 경기당 2.6개의 슈팅을 기록했다. 상대가 예측하기 어려운 타이밍에 골망을 흔드는 것이 주무기다. 파리FC를 시작으로 소쇼, 앙제, 비야레알에서 활약 후 임대 형식으로 리옹에 입단했다.

PLAYER'S HISTORY
카메룬계 이민 2세로 프랑스 파리에서 태어났다. 이중국적이지만 카메룬 국가대표를 선택했다. 2010년 파리 FC에서 데뷔했고, 소쇼, 앙제를 거쳐 비야레알에 입단했다. 이 팀에 적을 둔 채 20201년 1월 리옹으로 임대됐고, 좋은 활약을 보이며 6월 완전히 이적했다.

주로 사용하는 발: 오른발 90%
우승 — 1부리그: 0-0 협회컵: 0-1 챔피언스: 0-0
준우승 — 클럽 월드컵: 0-0 CAF 네이션스컵: 1-0 월드컵: 0-0

슈팅-득점
77-14
● 90-14 LG-2
● 0-0 RG-10
● 0-0 HG-2

패스 방향 분포
전진 18%
좌향 18% — 우향 36%
후진 28%

2020-21 리그앙
34-1 2830 6 25.9-20.8 80%
T:1.1-0.5 I:0.7 DR:3.0-1.7 🟨3-0 ⭐6

MARCELO 6
DF 마르셀루

리옹의 언터쳐블 센터백. 많은 경험을 바탕으로 수비 진영의 리더로 활약한다. 191cm의 큰 키와 탄탄한 피지컬로 몸싸움에서 상대 선수를 압도한다. 발기술도 좋아 유연한 볼 터치로 전진 패스도 시도한다. 자국 명문 산토스를 시작으로 비스와 크라쿠프, PSV, 하노버, 베식타스에서 뛰었다. 2017년 리옹으로 입단 후 주전 센터백으로 활약하고 있고, 브라질 U-20 출신이다.

주로 사용하는 발: 오른발 94%

	우승	준우승
1부리그	3-3	
협회컵	1-1	
챔피언스	0-0	
클럽 월드컵	0-0	
코파아메리카	0-0	
월드컵	0-0	

슈팅-득점: 23-3 / 1-0 / 24-3 / 1-0 / 0-0
LG-0, RG-0, HG-3

패스 방향 분포: 전진 36%, 좌향 35%, 우향 24%, 후진 5%

2020-21 리그앙: 34-0 / 2912 / A 4 / P 60.6-53.4 / P% 88%
T 1.6-1.3 / I 1.4 / DR 0.1-0.1 / 5-2 / 0

Léo DUBOIS 14
DF 레오 뒤부아

리더쉽이 탁월한 클럽의 주장. 데파이의 이적으로 인해 완장을 받게 되었다. 이미 동료들에게 존경받고 있다. 킥의 정확도와 세기, 방향이 탁월하다. 터치 라인을 따라 오버 래핑 후 시도하는 얼리 크로스는 그가 내세울 수 있는 최고의 장점이다. 리그 정상급의 킥력과 활동량, 좌우 모두에서 뛸 수 있는 특성도 좋다. 위기 상황에서는 몸을 아끼지 않으며 공격을 막는다.

주로 사용하는 발: 오른발 86%

	우승	준우승
1부리그	0-0	
협회컵	0-0	
챔피언스	0-0	
클럽 월드컵	0-0	UEFA 유로 0-0
월드컵	0-0	

슈팅-득점: 8-2 / 12-0 / 20-2 / 0-0 / 0-0
LG-1, RG-1, HG-0

패스 방향 분포: 전진 35%, 좌향 45%, 우향 2%, 후진 18%

2020-21 리그앙: 35-2 / 2917 / A 4 / P 47.2-39.2 / P% 83%
T 1.5-1.0 / I 0.9 / DR 1.4-0.8 / 2 / 0

Thiago MENDES 23
MF 티아구 멘데스

중원의 살림꾼이자 에너자이저. 리옹의 허리를 책임지고 있는 수비형 미드필더. 헌신적인 모습과 팀을 위해선 거친 파울도 종종 시도한다. 후방에서 측면과 최전방으로 뿌려주는 롱패스가 좋다. 패스가 세밀하고 지난 시즌엔 88%의 패스 성공률을 보였다. 고이아스에서 데뷔 후 상파울로에서 3시즌 활약했다. 2017년 릴로 이적 후 19-20 시즌 리옹의 셔츠를 입었다.

주로 사용하는 발: 오른발 86%

	우승	준우승
1부리그	0-1	
협회컵	0-0	
챔피언스	0-0	
클럽 월드컵	0-0	코파아메리카 0-0 월드컵 0-0

슈팅-득점: 5-0 / 18-0 / 23-0 / 0-0 / 0-0
LG-0, RG-0, HG-0

패스 방향 분포: 전진 30%, 좌향 27%, 우향 31%, 후진 12%

2020-21 리그앙: 23-9 / 2242 / A 1 / P 45.7-40.3 / P% 88%
T 1.8-1.2 / I 1.3 / DR 0.7-0.5 / 5-1 / 0

Bruno GUIMARÃES 39
MF 브루누 기마랑스

리옹의 미드필더 중 가장 돋보이는 선수. 높은 활동량으로 중원을 헤집는다. 발 기술이 좋고 개인기도 뛰어나다. 상대의 가랑이 사이로 볼을 넣는 감각적인 테크닉을 보여준다. 찬스가 생기면 과감히 중거리 슛을 시도하고 아웃 사이드 킥도 종종 구사한다. 강력한 압박을 기반으로 한 커팅 능력도 좋다. 지난 시즌 경기당 2.3개의 태클을 기록했다. 과감한 푸싱도 인상적이다.

주로 사용하는 발: 오른발 94%

	우승	준우승
1부리그	0-0	
협회컵	1-0	
챔피언스	0-0	
클럽 월드컵	0-0	코파아메리카 0-0 월드컵 0-0

슈팅-득점: 8-2 / 18-1 / 26-3 / 0-0 / 1-1
LG-0, RG-0, HG-0

패스 방향 분포: 전진 27%, 좌향 26%, 우향 30%, 후진 17%

2020-21 리그앙: 21-12 / 1760 / A 1 / P 43.3-39.1 / P% 91%
T 3.3-2.3 / I 0.4 / DR 1.0-0.8 / 6-0 / 1

Moussa DEMBÉLÉ 9
FW 무사 뎀벨레

데파이의 이적으로 존재감이 더욱 커졌다. 지난 시즌 전반기엔 리옹에서 뛰다가 겨울 이적 시장을 통해 아틀레티코 마드리드로 임대를 떠났다. 코로나 확진, 경기력 저하로 단 7경기만 뛰었다. 이번 시즌 리옹으로 리턴했다. 상대 수비 라인을 뚫고 공간을 파고든다. 골문 앞에서 침착함을 유지하며 인사이드 킥을 자주 구사한다. 다만 경기력 저하가 눈에 띈다.

주로 사용하는 발: 오른발 82%

	우승	준우승
1부리그	3-0	
협회컵	2-0	
챔피언스	0-0	
클럽 월드컵	0-0	UEFA 유로 0-0 월드컵 0-0

슈팅-득점: 24-1 / 6-0 / 30-1 / 1-0 / 0-0
LG-1, RG-0, HG-0

패스 방향 분포: 전진 23%, 좌향 26%, 우향 23%, 후진 29%

2020-21 리그앙: 6-10 / 671 / A 0 / P 8.5-5.9 / P% 70%
T 0.4-0.1 / I 0.3 / DR 1.4-0.6 / 3-0 / 0

Tino KADEWERE 11
FW 티노 카데웨어

라카즈의 분위기 메이커이자 늘 유쾌한 윙 포워드. 긴 다리와 부드러운 터치, 뛰어난 개인기로 상대 수비를 헤집고 다닌다. 측면에서 올리는 얼리 크로스가 좋고 직접 해결하는 모습도 잦다. 르하브르에서 본격적으로 좋은 모습을 보였고, 19-20 시즌 리그 2 득점왕에도 올랐다. 지난 시즌 리옹으로 합류했고, 리그 10골을 넣었다. 생테티엔과의 경기에서 모두 멀티골을 넣었다.

주로 사용하는 발: 오른발 86%

	우승	준우승
1부리그	0-0	
협회컵	0-0	
챔피언스	0-0	
클럽 월드컵	0-0	CAF 네이션스컵 0-0 월드컵 0-0

슈팅-득점: 53-10 / 6-0 / 59-10 / 0-0 / 0-0
LG-3, RG-6, HG-1

패스 방향 분포: 전진 20%, 좌향 32%, 우향 19%, 후진 29%

2020-21 리그앙: 24-9 / 2022 / A 3 / P 17.9-13.5 / P% 75%
T 2.0-1.1 / I 0.6 / DR 1.7-0.9 / 4-0 / 5

OLYMPIQUE DE MARSEILLE

구단 창립 : 1899년 홈구장 : 스타드 벨로드롬 대표 : 파블로 롱고리아 2020-21시즌 : 5위 (승점 60점) 16승 12무 10패 54득점 47실점 닉네임 : Les Phocéens, Les Olympiens

마르세유와 삼파올리의 본격적인 만남

전반기 최고의 팀, 중후반부 레이스에서 밀려나

지난 시즌 전반기 최고의 팀 중 하나. 2019-20 시즌 2위를 차지했던 영향력이 꾸준히 이어졌으나 중반부터 승점을 잃었다. 3라운드에서 PSG와의 라이벌전에서 이기고 나서 분위기가 좋았다. 10라운드에선 5연승을 질주하며 단숨에 1위 자리까지 차지했다. 하지만 체력적인 한계와 부상 선수들의 발생이 경기력에 치명적인 영향을 주었다. 그 책임을 지고 안드레 비야스-보아스 감독은 경질되었고, 비엘사의 계보를 잇는 삼파올리 감독이 합류했다. 변칙적인 전술 운영에 차차 적응해 나가며 꾸준히 승점을 쌓았고, 리그 5위로 시즌을 마무리했다. 리그에서 54골만 득점한 공격의 부족함이 아쉬운 시즌이었다.

큰 폭의 이적, '삼파올리호' 본격적 출발 예고

대대적인 이적이 예고되었고, 삼파올리 감독에게 많은 것이 주어졌다. 클럽은 브라질 리그 최고의 중원 미드필더 제르송을 데려왔다. 아스날의 귀앙두지도 완전 영입이 되었다. 도르트문트의 신예 센터백인 발레르디, 나폴리에서 밀리크도 완전 영입을 했다. 리롤라에겐 측면 수비를 맡길 것이고 측면 공격수 원데르를 로마에서 임대로 데려왔다. 삼파올리 감독이 추구하는 공격적인 전술을 위해 많은 부분에서 변화가 생겼다. 캡틴 망당다와 파예가 지키는 척추 라인에서 삼파올리 감독의 전술적인 뒷받침, 신입생들의 조화는 한층 강해진 마르세유를 기대하게 한다.

ODDS CHECK

| bet365 | 배당률 40배 | 우승 확률 6위 | sky bet | 배당률 33배 | 우승 확률 6위 |
| William HILL | 배당률 25배 | 우승 확률 5위 | 888sport | 배당률 36.5배 | 우승 확률 6위 |

*우승 확률이 높을수록 배당률은 낮아짐

SQUAD LIST

위치	번호	선수	국적	키	생년월일	전 소속팀
GK	1	Simon Ngapandouetnbu	FRA	180	03-04-12	None
GK	16	Pau López	ESP	189	94-12-13	Roma
GK	30	Steve Mandanda	FRA	185	85-03-28	Crystal Palace
GK	40	Manuel Nazaretian	ARM	182	01-07-01	None
DF	2	William Saliba	FRA	193	01-03-24	Arsenal
DF	3	Álvaro González	ESP	183	08-01-90	Villarreal
DF	4	Boubacar Kamara	FRA	178	99-11-23	None
DF	5	Leonardo Balerdi	ARG	185	99-01-26	Borussia Dortmund
DF	14	Luan Peres	BRA	180	94-07-19	Santos
DF	15	Duje Ćaleta-Car	CRO	188	96-09-17	Red Bull Salzburg
DF	23	Jordan Amavi	FRA	176	94-03-09	Aston Villa
DF	29	Pol Lirola	ESP	183	97-08-13	Fiorentina
DF	38	Aaron Nassur	FRA	183	02-04-08	None
MF	6	Mattéo Guendouzi	FRA	180	99-04-14	Arsenal
MF	7	Amine Harit	MAR	179	97-06-18	Schalke
MF	8	Gerson	BRA	175	97-05-20	Flamengo
MF	10	Dimitri Payet	FRA	174	87-03-29	West Ham U
MF	21	Valentin Rongier	FRA	172	94-12-07	Nantes
MF	22	Pape Gueye	FRA	187	99-01-24	Le Havre
MF	26	Oussama Targhalline	MAR	186	02-05-20	Académie Mohammed VI
MF	31	Ugo Bertelli	FRA	168	03-07-15	None
MF	34	Paolo Sciortino	FRA	177	03-11-05	None
MF	39	Bilal Nadir	FRA	179	03-11-28	Nice
FW	9	Arkadiusz Milik	POL	186	94-02-28	Napoli
FW	11	Luis Henrique	BRA	181	01-12-14	Botafogo
FW	12	Bamba Dieng	SEN	178	00-03-23	Diambars
FW	17	Cengiz Ünder	TUR	173	97-07-14	Roma
FW	20	Konrad de la Fuente	USA	170	01-07-16	Barcelona B
FW	32	Salim Ben Seghir	FRA	174	03-02-24	Nice
FW	37	Esey Gebreyesus	SUI	187	04-01-23	Grasshoppers

2021-22 SEASON SCHEDULE

날짜	장소	상대팀	날짜	장소	상대팀
08-08	A	Montpellier	01-09	A	Bordeaux
08-15	H	Bordeaux	01-16	H	Lille
08-22	A	Nice	01-23	A	Lens
08-29	H	Saint-Étienne	02-06	H	Angers
09-12	A	Monaco	02-13	A	Metz
09-19	A	Rennes	02-20	H	Clermont Foot
09-22	A	Angers	02-27	A	Troyes
09-26	H	Lens	03-06	H	Monaco
10-03	A	Lille	03-13	A	Brest
10-17	H	Lorient	03-20	H	Nice
10-24	H	Paris SG	04-03	A	Saint-Étienne
10-31	A	Clermont Foot	04-10	H	Montpellier
11-07	H	Metz	04-17	A	Paris SG
11-21	A	Lyon	04-20	H	Nantes
11-28	H	Troyes	04-24	A	Reims
12-01	A	Nantes	05-01	A	Lyon
12-05	H	Brest	05-08	A	Lorient
12-12	A	Strasbourg	05-14	A	Rennes
12-22	H	Reims	05-21	H	Strasbourg

RANKING OF LAST 10YEARS

■ 2부 리그 ■ 3부 리그

11-12	12-13	13-14	14-15	15-16	16-17	17-18	18-19	19-20	20-21
10 48점	2 71점	6 60점	4 69점	13 48점	5 62점	4 77점	5 61점	2 56점	5 60점

*19-20시즌은 코로나로 단축 시즌 27경기 치름

MANAGER : Jorge SAMPAOLI 호르헤 삼파울리

Personal Information
- 생년월일 : 1960.03.13 / 출생지 : 카실다(아르헨티나)
- 현역시절 포지션 : 수비수 / 계약만료 : 2023.06.30
- 평균 재직 기간 : 2년 / 선호 포메 : 4-3-3

History
아르헨티나 대표팀을 이끈 감독. 칠레 대표팀을 이끌며 2015년 코파 아메리카에서 우승했다. 세비야와 자국 대표팀을 거쳐 산투스, 아틀레치쿠 미네이루를 이끌었다. 지난 시즌 마르세유로 중도에 합류했다.

Style
아르헨티나 출신의 지략가. 3-4-3 전술 포메이션을 애용한다. 3백 전술을 운영하면 양쪽 윙백의 주로 활용한다. 거친 언행으로 늘 구설수에 휩쓸리지만 재미있는 경기를 보여준다. 비엘사 감독의 영향을 받아 공격적인 축구를 지향하며 매 순간의 변화를 즐긴다. 좋은 선수들을 대거 영입한 시즌으로 파괴력 있는 조합을 빨리 찾아내는 것이 관건이다.

우승 - 준우승 횟수
- FRENCH LIGUE-1: 10-12
- FRENCH COUPE DE FRANCE: 10-9
- UEFA CHAMPIONS LEAGUE: 1-1
- UEFA EUROPA LEAGUE: 0-1
- FIFA CLUB WORLD CUP: 0-0
- UEFA-CONMEBOL INTERCONTINENTAL: 0-0

STADIUM — Stade Vélodrome
- 구장 오픈 : 1937년
- 구장 증개축 : 1984년, 1998년, 2014년
- 구장 소유 : 마르세유 시
- 수용 인원 : 6만 7394명
- 피치 규모 : 105m X 68m
- 잔디 종류 : 하이브리드 잔디

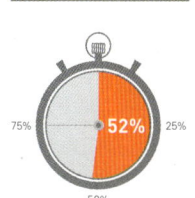

평균 볼 점유율 52%

OLYMPIQUE DE MARSEILLE vs. OPPONENTS PER GAME STATS

마르세유 vs 상대팀

	독점	슈팅	유효슈팅	오프사이드	패스시도	패스성공	패스성공률	태클시도	볼소유자압박	인터셉트	GK선방	파울	경고	퇴장
마르세유	1.42	10.3	3.6	1.4	494	405	82%							79%
	1.24	11.7	3.4	2.8	462	366								
상대팀	20.4	138	11.6	2.3	13.2	2.47	2.13	0.237	0.158					
	17.6	143	11.5	2.1	14.5									

시간대별 득점
- 76분~90분: 16 / 15분~30분: 7
- 61분~75분: 5 / 31분~45분: 4
- 46분~60분: 8 / 0분~15분: 14

시간대별 실점
- 76분~90분: 12 / 0분~15분: 4
- 61분~75분: 10 / 16분~30분: 6
- 46분~60분: 11 / 31분~45분: 4

위치별 슈팅-득점
- 42-13
- 202-35
- 137-5
*상대자책골 1골

공격 방향
35% | 24% | 41%

볼 점유 위치
- 상대 진영: 25%
- 중간 지역: 47%
- 우리 진영: 28%

포지션별 득점
- FW진: 33골
- MF진: 9골
- DF진: 10골
*상대자책골 1골

상대포지션별 실점
- DF진: 6골
- MF진: 12골
- FW진: 28골
*자책골 실점 1골

BASIC FORMATION — 4-2-3-1

- 밀리크 / 디앙
- 푸엔테 / 엔리케 — 파예 / 제르송 — 윈데르 / 룬지에
- 게예 / 타르갈린 — 카마라 / 귀엥두지
- 페레스 / 아마비 — 찰레타-차르 / 곤살레스 — 발레르디 / 살리바 — 살리바 / 리올라
- 만당다 / 로페스

TOTO GUIDE 지난시즌 전적

상대팀	홈	원정
Lille	1-1	0-2
Paris SG	0-2	1-0
Monaco	2-1	1-3
Lyon	1-1	1-1
Rennes	1-0	1-2
Lens	0-1	2-2
Montpellier	3-1	3-3
Nice	3-2	0-3
Metz	1-1	1-1
Saint-Etienne	0-2	0-1
Bordeaux	3-1	0-0
Angers	3-2	1-2
Reims	1-1	3-1
Strasbourg	1-1	1-0
Lorient	3-2	1-0
Brest	3-1	3-2
Nantes	3-1	1-1
Nimes	1-2	2-0
Dijon	2-0	0-0

득점 패턴 (54골)
- OPEN PLAY: 37
- COUNTER ATTACK: 12
- SET PLAY: 4
- PENALTY KICK: 1
- OWN GOAL: (자책골)

실점 패턴 (47골)
- OPEN PLAY: 27
- COUNTER ATTACK: 11
- SET PLAY: 5
- PENALTY KICK: 3
- OWN GOAL: 1

OFFENSE | DEFENSE

OFFENSE	등급	DEFENSE	등급
오픈 플레이	A	오픈 플레이 수비	A
카운터 어택	C	카운터 어택 수비	C
짧은 패스 게임		짧은 패스 게임 수비	D
롱볼 연계 플레이		롱볼 연계 플레이 수비	
솔로 플레이	A	솔로 플레이 수비	A
중거리 슈팅 / 직접 프리킥	A	중거리 슈팅 수비	B
측면 공격	B	측면 수비	C
세트 플레이	C	세트 플레이 수비	
위협적인 공격 횟수		공중전 능력	D
슈팅 대비 득점	B	볼 쟁탈전 / 투쟁심	B
오프사이드 피하기		실수 조심	C
볼 점유율	B	파울 주의	C

A 매우 우수함 | B 우수함 | C 평균 수준 | D 부족함 | E 많이 부족함

Steve MANDANDA 30
스티브 만당다 · GK

SCOUTING REPORT
팀의 주장. 라커룸의 작은 감독. 피치 위에서 누구보다도 크게 소리친다. 팀 동료들을 하나로 묶는데 큰 역할을 담당한다. 어느덧 나이가 30대 중후반이지만 특유의 반사 신경은 여전하다. 사각지대로 날아오는 슈팅과 낮게 깔려 들어오는 슛을 다이빙으로 커버하는데 능하다. 지난 시즌 근육 부상으로 1경기만 결장했고 나머지 경기에는 모두 풀타임 출장을 했다. 자기 관리에도 철저하다는 뜻이다.

PLAYER'S HISTORY
2005년 르하브르에서 데뷔했다. 07-08 시즌 마르세유로 임대를 왔다가 완전 이적에 성공했다. 컵 대회 포함하여 441경기에 출전했고, 2016년 크리스탈 펠리스로 잠시 떠났다가 돌아왔다. 17-18 시즌부터 마르세유 '시즌2'를 보내고 있고, 유로2020에도 참가했다.

Álvaro GONZÁLEZ 3
알바로 곤살레스 · DF

SCOUTING REPORT
카리스마가 넘치는 센터백. 경기에 이기기 위해 상대 공격수와의 싸움도 마다하지 않는다. 거친 파울을 자주 하며 경고 카드도 두려워하지 않는다. 지난 시즌 리그에서 총 14장의 경고를 받으며 리그에서 가장 많이 옐로우 카드를 받은 선수가 되었다. 공중전에서 큰 장점을 지니고 있고 대인 마킹, 코너 플랙 근처에 있어도 클리어링을 해낸다. 캐릭터가 분명하여 서포터즈에게는 사랑받는 디펜더다.

PLAYER'S HISTORY
2011년 라싱 산탄데르에서 프로 무대를 밟았다. 사라고사, 에스파뇰을 거쳐 2016년 비야레알로 이적했다. 4시즌 동안 좋은 수비력을 보였고 19-20 시즌 마르세유로 임대되었다. 지난 시즌에 완전 이적에 성공했다. 스페인 21세 이하의 대표팀 소속으로 1경기 소화했다.

Boubacar KAMARA 4
부바카르 카마라 · MF

SCOUTING REPORT
프랑스가 자랑하는 수비형 미드필더 유망주. 볼 터치가 부드럽고 팬텀 드리블로 상대의 압박에서 벗어나는 플레이를 펼치며, 측면으로 연결하는 로빙 패스가 좋다. 패스 게임을 선호하고 간결한 키핑 후 전진 패스를 주로 한다. 상대의 공격을 저지하고 볼 흐름을 끊는 능력도 탁월하다. 센터백 포지션도 소화할 수 있기에 더 몸값이 비싸다. 후방 빌드업이 큰 장점이나 상대의 거친 압박에는 고전하는 모습도 보인다.

PLAYER'S HISTORY
마르세유 아카데미의 현 주소. 아카데미를 잘 거쳐 2017년부터 기용되기 시작했다. 18-19 시즌부터는 본격적으로 주전으로 활약했다. 포지션 특성상 공격 포인트는 미미하나 중원에서의 활약도가 상당하다. 프랑스 17세 이하의 대표팀부터 21세 이하까지 부름받고 있다.

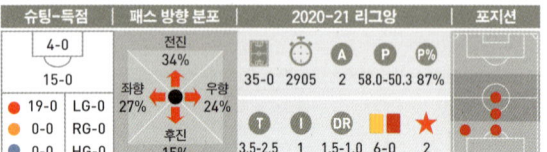

Arkadiusz MILIK 19
아르카디우시 밀리크 · FW

SCOUTING REPORT
마르세유의 공중 폭격기. 세트피스 상황에서 밀리크의 헤더는 공격의 공식과도 같다. 발밑도 좋아 직접 볼을 몰고 들어가 측면의 공간으로 스루 패스를 연결한다. 골문 앞에서의 마무리 능력이 뛰어나고 어느 위치에서든지 골망을 흔들 수 있다. 침착하게 쏘는 슈팅은 리그에서도 손꼽힌다. 지난 시즌 경기당 3.1개의 슈팅을 기록했고 리그 9골을 넣으며 팀 내 가장 많은 골을 성공시켰다. 현재 마르세유의 주포.

PLAYER'S HISTORY
2011년 고르니크 자브제를 시작으로 레버쿠젠으로 이적했다. 아우크스부르크, 아약스로 임대를 떠났고 2015년 아약스로 완전 이적했다. 두 시즌 동안 76경기에 47골을 넣었고 16-17 시즌 나폴리로 합류했다. 좋고 나쁜 기억을 뒤로 한 채 지난 시즌 마르세유로 임대왔다.

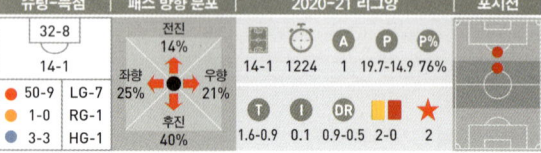

Duje ĆALETA-CAR 15
두예 찰레타-차르 **DF**

크로아티아 수비 진영의 대들보. 맨 마킹과 후방 빌드업에 뛰어난 센터백. 종종 민첩한 상대 공격수를 놓쳐 공간을 내주지만 태클로 움직임을 제어하는데 능하다. 시베니크, 유니오즈를 거쳐 잘츠부르크로 입단했다. 잘츠부르크에서 리그 4연패를 이끌었고 2018년 마르세유로 합류했다. 크로아티아 연령별 대표팀에 모두 포함되었고, 유로2020에서도 2경기를 뛰었다.

주로 사용하는 발: 오른발 70%

우승	1부리그: 4-1	협회컵: 3-2	챔피언스: 0-0
준우승	클럽 월드컵: 0-0	UEFA 유로: 0-0	월드컵: 0-1

슈팅-득점: 10-2 / 0-0 / ● 10-2 LG-0 / ● 0-0 RG-0 / ● 0-0 HG-0
패스 방향 분포: 전진 42%, 좌향 15%, 우향 37%, 후진 7%
2020-21 리그앙: 32-1 / 2816 / 1 / 57.4-49.4 / 86%
T 1.3-0.9 | I 1.3 | DR 0.1-0.1 | 8-1 | ★ 0-1

Jordan AMAVI 23
조르당 아마비 **DF**

공수의 밸런스가 우수한 레프트 백. 공격적인 역할 수행도 가능해 윙어로도 종종 기용된다. 스테미너가 좋아 90분 내내 터치 라인을 뛴다. 섬세한 드리블이 가능하며 빠르게 얼리 크로스를 시도한다. 지난 시즌 초반 레드 카드 누적으로 인한 결장과 근육 부상으로 인해 많은 경기에 나서지 못했다. 다행히 챔피언스리그 일정에선 부상이 겹치지 않아 조별 리그에 5경기 출전했다.

주로 사용하는 발: 왼발 71%

우승	1부리그: 0-1	협회컵: 0-0	챔피언스: 0-0
준우승	클럽 월드컵: 0-0	UEFA 유로: 0-0	월드컵: 0-0

슈팅-득점: 4-1 / 0-0 / ● 4-1 LG-0 / ● 0-0 RG-0 / ● 0-0 HG-0
패스 방향 분포: 전진 38%, 좌향 3%, 우향 33%, 후진 26%
2020-21 리그앙: 10-3 / 815 / 0 / 27.5-21.1 / 77%
T 0.1-0.1 | I 2.1 | DR 1.5-0.9 | 3-1 | ★ 0-0

GERSON 8
제르송 **MF**

이번 시즌 이적생. 브라질이 배출한 또 한 명의 미드필더 신성. 볼 컨트롤이 뛰어나며 탈압박 후의 숏패스가 정확하다. 특히 로빙 패스의 정확도가 좋다. 상황에 따라서는 공격적인 모습도 보인다. 플루미넨시에서 시작해 로마, 피오렌티나에서 세리에A 무대에 도전했으나 쓴맛을 경험하고 플라멩구로 리턴했다. 이번 시즌 마르세유에서 유럽 정복기 2기를 시작했다.

주로 사용하는 발: 왼발 86%

우승	1부리그: 2-1	협회컵: 0-0	챔피언스: 0-0
준우승	클럽 월드컵: 0-1	코파아메리카: 0-0	월드컵: 0-0

슈팅-득점: 9-1 / 33-0 / ● 42-1 LG-0 / ● 3-0 RG-0 / ● 0-0 HG-1
패스 방향 분포: NO DATA
2020-21 브라질 1부 리그: 33-1 / 2800 / 3 / 52.1-47.2 / %
T 2.5-1.6 | I 0.6 | DR 3.6-2.9 | 7-0 | ★ 2

Dimitri PAYET 10
디미트리 파예 **MF**

마르세유의 에이스. 10번 셔츠가 어울리는 공격형 미드필더. 리그 최고의 플레이메이커 중 하나. 정확한 패스, 날카로운 컷-인 플레이, 넓은 시야는 그가 가진 최고의 장점이다. 강력한 슈팅과 다양한 공격 루트는 기본. 다만 어느덧 30대 중반의 나이라 체력적인 부분에서 많은 아쉬움을 보인다. 생테티엔과 릴, 웨스트 햄 그리고 대표팀에서 맹활약했다.

주로 사용하는 발: 오른발 88%

우승	1부리그: 0-1	협회컵: 0-0	챔피언스: 0-1
준우승	클럽 월드컵: 0-0	UEFA 유로: 0-0	월드컵: 0-0

슈팅-득점: 25-6 / 20-1 / ● 45-7 LG-0 / ● 8-0 RG-7 / ● 1-0 HG-0
패스 방향 분포: 전진 28%, 좌향 12%, 우향 38%, 후진 23%
2020-21 리그앙: 28-5 / 2429 / 10 / 36.5-28.8 / 79%
T 1.5-0.8 | I 0.2 | DR 1.8-1.1 | 4-2 | ★ 3

Cengiz ÜNDER 17
젠기즈 윈데르 **MF**

팀의 크랙이 되고 싶은 윙 포워드. 무척 빠르다. 돌파하는 모습을 보면 아자르와 로벤이 떠오른다. 하지만 마무리 능력이 좋지 못하다. 순간적인 볼 터치로 상대를 제치고, 수비수 역방향으로 달리는 기술을 자주 쓴다. 로마 소속으로 지난 시즌 레스터에 임대되었으나 기대에 부응하지 못해, 이번 시즌 마르세유로 다시 임대를 왔다. 유로2020에선 터키의 공격을 책임졌다.

주로 사용하는 발: 왼발 69%

우승	1부리그: 0-1	협회컵: 1-1	챔피언스: 0-0
준우승	클럽 월드컵: 0-0	UEFA 유로: 0-0	월드컵: 0-0

슈팅-득점: 1-0 / 8-0 / ● 9-0 LG-0 / ● 0-0 RG-0 / ● 0-0 HG-0
패스 방향 분포: 전진 25%, 좌향 39%, 우향 9%, 후진 27%
2020-21 프리미어리그: 1-8 / 275 / 2 / 12.3-9.5 / 78%
T 0.7-0.4 | I 0.2 | DR 2.6-1.9 | 4-0 | ★ 0

Valentin RONGIER 21
발렌틴 론지어 **MF**

창의적인 움직임이 좋다. 민첩함을 주무기로 공간을 창출한다. 직접 마무리하는 능력까지 있다. 쉽게 넘어지지 않고 집중력 있는 볼 터치를 보여준다. 상대 선수의 파울 유도에 능하다. 낭트 유스 출신으로 5시즌 활약 후 2019년 마르세유로 합류했다. 이적 후 꾸준히 출장하고 있지만 공격 포인트가 현저히 낮다. 주전보다는 벤치에서 시작하는 경우가 많다.

주로 사용하는 발: 오른발 81%

우승	1부리그: 0-1	협회컵: 0-0	챔피언스: 0-0
준우승	클럽 월드컵: 0-0	UEFA 유로: 0-0	월드컵: 0-0

슈팅-득점: 4-1 / 13-0 / ● 17-1 LG-0 / ● 0-0 RG-0 / ● 0-0 HG-1
패스 방향 분포: 전진 25%, 좌향 31%, 우향 27%, 후진 16%
2020-21 리그앙: 21-5 / 1895 / 2 / 52.7-45.5 / 86%
T 5.2-3.6 | I 1.1 | DR 1.5-1.0 | 8-0 | ★ 2

STADE RENNAIS FC

구단 창립 : 1901년 홈구장 : 로아존 파크 대표 : 니콜라스 호블렉 2020-21시즌 : 6위 (승점 58점) 16승 10무 12패 52득점 40실점 닉네임 : Les Rennais, Les Rouge et Noir

카마빙가의 이적과 새롭게 정비된 선수단

시즌 초반 좋은 경기력을 보이며 상위권에 안착하는 듯 했으나 꾸준함이 아쉬운 시즌을 보냈다. 최종 순위는 6위. 에이스 카마빙가는 마침내 레알 마드리드로 향했고, 술래마나, 라보르드, 마제르 등 여러명을 영입해 공백을 메웠다.

MANAGER : Bruno GÉNÉSIO 브뤼노 제네시오

생년월일 : 1966.09.01 / 출생지 : 리옹(프랑스)
현역시절 포지션 : 미드필더 / 계약만료 : 2023.06.30
평균 재직 기간 : 3년 / 선호 포맷 : 4-3-1-2

10년 가까이 리옹의 중원을 책임진 리그앙 레전드. 2011년 리옹의 수석 코치를 거쳐 2015년 1군 감독까지 역임했다. 네 시즌 동안 리옹을 이끌었고, 2019년 베이징 궈안으로 떠났다. 이번 시즌 스타드 렌의 지휘봉을 잡게 되었다.

우승-준우승

FRENCH LIGUE-1	0-0
FRENCH COUPE DE FRANCE	3-4
UEFA CHAMPIONS LEAGUE	0-0
UEFA EUROPA LEAGUE	0-0
FIFA CLUB WORLD CUP	0-0
UEFA-CONMEBOL INTERCONTINENTAL	0-0

ODDS CHECK

사이트	배당	우승 확률
bet365	배당률 80배	우승 확률 7위
skybet	배당률 100배	우승 확률 7위
William HILL	배당률 80배	우승 확률 7위
888sport	배당률 90배	우승 확률 7위

*우승 확률이 높을수록 배당률은 낮아짐

2021-22 SEASON SCHEDULE

날짜	장소	상대팀	날짜	장소	상대팀
08-08	A	Montpellier	01-09	A	Bordeaux
08-15	H	Bordeaux	01-16	H	Lille
08-22	A	Nice	01-23	H	Lens
08-29	H	Saint-Étienne	02-06	A	Angers
09-12	A	Monaco	02-13	A	Metz
09-19	H	Rennes	02-20	H	Clermont Foot
09-22	A	Angers	02-27	A	Troyes
09-26	H	Lens	03-06	A	Monaco
10-03	A	Lille	03-13	H	Brest
10-17	H	Lorient	03-20	A	Nice
10-24	H	Paris SG	04-03	A	Saint-Étienne
10-31	A	Clermont Foot	04-10	H	Montpellier
11-07	H	Metz	04-17	A	Paris SG
11-21	A	Lyon	04-20	H	Nantes
11-28	H	Troyes	04-24	H	Reims
12-01	A	Nantes	05-01	H	Lyon
12-05	H	Brest	05-08	A	Lorient
12-12	A	Strasbourg	05-14	H	Rennes
12-22	H	Reims	05-21	H	Strasbourg

시간대별 득점 / 시간대별 실점 / 위치별 슈팅-득점 / 공격 방향 / 볼 점유 위치 / 포지션별 득점 / 상대 포지션별 실점

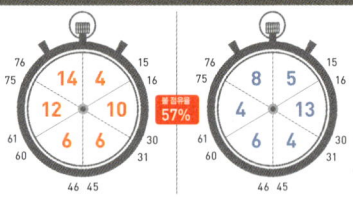
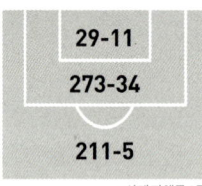
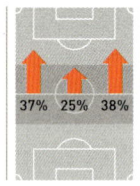

*상대자책골 2골

BASIC FORMATION (4-3-3)

기라시 (니앙)
술래마나 (귀즐뤼) / 부리조 (도쿠)
테리에 (테) / 알빈 (라보르드)
우고추쿠 (산타마리아)
멜링 (튀페르) / 트라오레 (아시뇽)
아게르 (젤랭) / 비데 (오마리)
고미 / 살랭

TOTO GUIDE 지난시즌 전적

상대팀	홈	원정
Lille	0-1	1-1
Paris SG	1-1	0-3
Monaco	2-1	1-2
Lyon	2-2	0-1
Marseille	2-1	0-1
Lens	0-2	0-0
Montpellier	2-1	1-2
Nice	1-2	1-0
Metz	1-0	3-1
Saint-Etienne	0-2	3-0
Bordeaux	0-1	0-1
Angers	1-2	3-0
Reims	2-2	2-2
Strasbourg	1-0	1-1
Lorient	1-1	3-0
Brest	2-1	2-1
Nantes	1-0	0-0
Nimes	2-0	4-2
Dijon	5-1	1-1

득점 패턴 / 실점 패턴

득점 52골 — OPEN PLAY 35, COUNTER ATTACK 1, SET PLAY 11, PENALTY KICK 3, OWN GOAL 2
실점 40골 — OPEN PLAY 25, COUNTER ATTACK 4, SET PLAY 7, PENALTY KICK 3, OWN GOAL 1

OFFENSE | DEFENSE

OFFENSE		DEFENSE	
오픈 플레이	E	오픈 플레이 수비	B
카운터 어택	B	카운터 어택 수비	C
짧은 패스 게임	B	짧은 패스 게임 수비	C
롱볼 연계 플레이	B	롱볼 연계 플레이수비	C
솔로 플레이	A	솔로 플레이 수비	D
중거리 슈팅 / 직접 프리킥	B	중거리 슈팅 수비	B
측면 공격	B	측면 수비	C
세트 플레이	B	세트 플레이 수비	B
위협적인 공격 횟수	B	공중전 능력	B
슈팅 대비 득점	D	볼 쟁탈전 / 투쟁심	B
오프사이드 피하기	C	실수 조심	D
볼 점유율	B	파울 주의	D

A 매우 우수함 B 우수함 C 평균 수준 D 부족함 E 많이 부족함

MF Martin TERRIER 7
마르텡 테리에

SCOUTING REPORT
LW, CF, AM 등 최전방과 2선을 두루 넘나든다(지난 시즌 히트맵 분석 결과). 화려한 기술을 선보이는 선수는 아니다. 그러나 매우 간결하면서도 효율적으로 볼을 컨트롤한다. 역습 기회 때 풀 스피드를 내며 드리블로 전진한다. 박스 외곽에서 기회를 잡으면 강렬한 중거리 슈팅을 시도한다. 측면을 돌파한 후 올리는 크로스 성공률을 높여야 한다. 그리고 수비에 더 적극적으로 가담할 필요가 있다.

PLAYER'S HISTORY
어린 시절 릴 아카데미에서 축구를 배웠고, 2015년 이 팀 2군에서 데뷔했다. 이듬해 1군으로 승격했고, 스트라스부르 임대, 리옹을 거쳐 2020년 스타드 렌 유니폼을 입었다. 프랑스 U-20, U-21 대표 출신이다. 그러나 9월 말 현재 프랑스 국가대표 출전 기록은 없다.

주로 사용하는 발 : 오른발 90%

우승	1부리그 : 0-0	협회컵 : 0-0	챔피언스 : 0-0
준우승	클럽 월드컵 : 0-0	UEFA 유로 : 0-0	월드컵 : 0-0

GK Alfred GOMIS 16
알프레드 고미

세네갈 출신 골키퍼. 1대1 상황에서 적극적으로 움직이며, 페널티 박스를 벗어나면서까지 슈팅 각도를 좁힌다. 긴 팔을 이용한 펀칭을 자주 사용한다. 하프 라인까지 던질 수 있는 롱 스로잉이 장기다. 토리노 유스 출신으로 6개 클럽에서 임대 생활을 했다. 2018년 SPAL을 거쳐 디종, 스타드 렌에 입성했다. 자국 대표팀에선 멘디에 이은 넘버2 자리를 지키고 있다.

주로 사용하는 발 : 오른발 90%

우승	1부리그 : 0-0	협회컵 : 0-0	챔피언스 : 0-0
준우승	클럽 월드컵 : 0-0	CAF 네이션스컵 : 0-1	월드컵 : 0-0

DF Nayef AGUERD 6
나이프 아구에르드

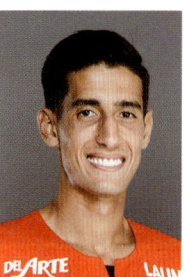

스타드 렌의 붙박이 센터백. 공중전의 강자. 리그에서 손꼽히는 헤더. 지난 시즌 리그에서 헤딩슛으로 2골이나 터뜨렸다. 190cm의 큰 키를 가졌고 맨 마킹이 뛰어나다. 하지만 상대적으로 발이 느려 돌파를 종종 허용한다. 디종을 거쳐 지난 시즌 영입되었는데 성공적인 이적생으로 평가받는다. 모로코 대표팀에는 이번 시즌 2경기에 차출되어 1경기를 뛰었다.

주로 사용하는 발 : 왼발 89%

우승	1부리그 : 1-0	협회컵 : 0-0	챔피언스 : 0-0
준우승	클럽 월드컵 : 0-0	CAF 네이션스컵 : 1-0	월드컵 : 0-0

SQUAD LIST

위치	번호	선수	국적	키	생년월일	전 소속 팀
GK	1	Romain Salin	FRA	185	84-07-29	Sporting CP
	16	Alfred Gomis	SEN	196	93-09-05	Dijon
	30	Pépé Bonet	COD	193	03-02-13	None
	40	Doğan Alemdar	TUR	180	02-10-29	Kayserispor
DF	3	Adrien Truffert	FRA	173	01-11-20	None
	4	Loïc Badé	FRA	191	00-04-11	Lens
	6	Nayef Aguerd	MAR	188	96-03-30	Dijon
	22	Lorenz Assignon	FRA	181	00-06-22	None
	23	Warmed Omari	FRA	185	00-04-23	None
	25	Birger Meling	NOR	172	94-12-17	Nîmes
	27	Hamary Traoré	MLI	175	92-01-27	Reims
MF	8	Baptiste Santamaria	FRA	180	95-03-09	Freiburg
	14	Benjamin Bourigeaud	FRA	178	94-01-14	Lens
	19	Andy Diouf	FRA	181	03-05-17	None
	20	Flavien Tait	FRA	175	93-02-02	Châteauroux
	21	Lovro Majer	CRO	176	98-01-17	Dinamo Zagreb
	26	Lesley Ugochukwu	FRA	188	04-03-26	None
	28	Jonas Martin	FRA	182	90-04-09	Strasbourg
	7	Martin Terrier	FRA	184	97-03-04	Lyon
FW	9	Sehrou Guirassy	FRA	187	96-03-12	Amiens
	10	Kamaldeen Sulemana	GHA	174	02-02-15	FC Nordsjælland
	11	Jérémy Doku	BEL	179	02-05-27	Anderlecht
	17	Loum Tchaouna	FRA	180	03-09-08	None
	18	Matthis Abline	FRA	176	03-03-28	None
	24	Gaëtan Laborde	FRA	181	94-05-03	Montpellier

FW Serhou GUIRASSY 9
세르후 기라시

2020년 11월 말, 발목을 다쳐 한 달 넘게 결장했다. 그러나 나머지 기간엔 풀타임으로 활약했다. 리그앙 27경기에서 10골을 터뜨렸다. CF로서 슈팅이 강력하고, 공중전 승률이 매우 높다. 헤더 슈팅 뿐 아니라 헤더 패스, 헤더 클리어링 모두 우수하다. 기니아계 이민 2세로 프랑스 알레에서 태어났다. 기니아와 프랑스 이중국적이지만 프랑스 국가대표를 선택했다.

주로 사용하는 발 : 오른발 88%

우승	1부리그 : 0-0	협회컵 : 0-0	챔피언스 : 0-0
준우승	클럽 월드컵 : 0-0	UEFA 유로 : 0-0	월드컵 : 0-0

RC LENS

구단 창립 : 1906년 홈구장 : 스타드 볼라르트 델릴리스 대표 : 조셉 우구룰리앙 2020-21시즌 : 7위(승점 57점) 15승 12무 11패 55득점 40실점 닉네임 : Sang et Or

승격팀의 '유쾌한 반란', 클럽의 경쟁력 입증

승격팀의 반란 그 자체였다. 지난 시즌 1부 리그로 승격했지만, 인상적인 경기력으로 7위로 시즌을 마쳤다. 시즌 도중 좋은 모습을 연이어 보여주었고, 경쟁력 있는 클럽으로 자리매김했다. 여름에 카쿠타, 단소, 파르니에즈를 영입했다.

MANAGER : Franck HAISE 프랑크 헤이스

생년월일 : 1971.04.15 / 출생지 : 몽트-세인트-아이난(프랑스)
현역시절 포지션 : 미드필더 / 계약만료 : 2023.06.30
평균 재직 기간 : 3년 / 선호 포맷 : 3-4-1-2

주로 2부 리그에서 선수 생활을 했다. 로리앙의 수석 코치로 주목받기 시작했고 2017년 랑스 B팀을 이끌었다. 지난 시즌에 본격적으로 랑스의 1군을 지도해 리그 7위에 올려 놓으며 갑작스럽게 많은 관심을 받았다.

우승-준우승

FRENCH LIGUE-1 1-4
FRENCH COUPE DE FRANCE 0-3
UEFA CHAMPIONS LEAGUE 0-0
UEFA EUROPA LEAGUE 0-0
FIFA CLUB WORLD CUP 0-0
UEFA-CONMEBOL INTERCONTINENTAL 0-0

ODDS CHECK

bet365 배당률 100배 우승 확률 8위
skybet 배당률 100배 우승 확률 7위
William HILL 배당률 80배 우승 확률 7위
888sport 배당률 100배 우승 확률 7위

*우승 확률이 높을수록 배당률은 낮아짐

2021-22 SEASON SCHEDULE

날짜	장소	상대팀	날짜	장소	상대팀
08-08	A	Rennes	01-09	H	Rennes
08-15	H	Saint-Étienne	01-16	A	Saint-Étienne
08-22	A	Monaco	01-23	A	Marseille
08-29	H	Lorient	02-06	A	Lorient
09-12	A	Bordeaux	02-13	H	Bordeaux
09-19	H	Lille	02-20	A	Lyon
09-22	A	Strasbourg	02-27	A	Angers
09-26	A	Marseille	03-06	H	Brest
10-03	H	Reims	03-13	A	Metz
10-17	A	Montpellier	03-20	H	Clermont Foot
10-24	H	Metz	04-03	A	Strasbourg
10-31	A	Lyon	04-10	H	Nice
11-07	H	Troyes	04-17	A	Lille
11-21	A	Brest	04-20	H	Montpellier
11-28	H	Angers	04-24	A	Paris SG
12-01	A	Clermont Foot	05-01	H	Nantes
12-05	H	Paris SG	05-08	A	Reims
12-12	A	Nantes	05-14	H	Troyes
12-22	A	Nice	05-21	H	Monaco

시간대별 득점	시간대별 실점	위치별 슈팅-득점	공격 방향	볼 점유 위치	포지션별 득점	상대포지션별 실점

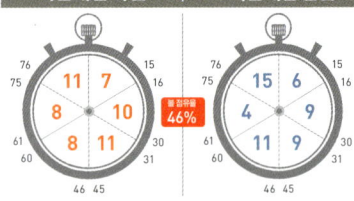

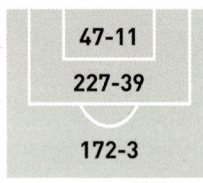

38% 25% 37%

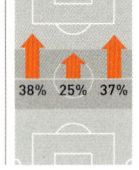

상대 진영 28%
중간 지역 45%
우리 진영 26%

FW진 39골
MF진 9골
DF진 5골

DF진 6골
MF진 11골
FW진 34골

• 상대자책골 2골   • 상대자책골 2골   • 자책골 실점 3골

BASIC FORMATION

3-4-1-2

가나고 / 칼리무엔도   소토카 / 케이타
카쿠타 / 포파나
마차도 / 하이다라   포파나 / 카마라   두쿠레 / 카우작   클로스 / 볼리
메디나 / 부라   단소 / 우   그라디트 / 포르테스
레카 / 파리네즈

TOTO GUIDE 지난시즌 전적

상대팀	홈	원정
Lille	0-3	0-4
Paris SG	1-0	1-2
Monaco	0-0	3-0
Lyon	1-1	2-3
Marseille	2-2	1-0
Rennes	0-0	2-0
Montpellier	2-3	2-1
Nice	0-1	1-2
Metz	2-2	0-2
Saint-Etienne	2-0	3-2
Bordeaux	2-1	0-3
Angers	1-3	2-2
Reims	4-4	1-1
Strasbourg	0-1	2-1
Lorient	4-1	3-2
Brest	2-1	1-1
Nantes	1-1	1-1
Nimes	2-1	1-1
Dijon	2-1	1-0

득점 패턴 | 실점 패턴

55골: 2, 30, 11, 10

54골: 3, 26, 3, 11, 11

● OPEN PLAY ● COUNTER ATTACK ● SET PLAY
● PENALTY KICK ● OWN GOAL

OFFENSE | DEFENSE

오픈 플레이	B	오픈 플레이 수비	B
카운터 어택	C	카운터 어택 수비	D
짧은 패스 게임	B	짧은 패스 게임 수비	E
롱볼 연계 플레이	C	롱볼 연계 플레이수비	C
솔로 플레이	C	솔로 플레이 수비	C
중거리 슈팅 / 직접 프리킥	A	중거리 슈팅 수비	E
측면 공격	C	측면 수비	C
세트 플레이	C	세트 플레이 수비	C
위협적인 공격 횟수	C	공중전 능력	B
슈팅 대비 득점	C	볼 쟁탈전 / 투쟁심	C
오프사이드 피하기	C	실수 조심	C
볼 점유율	D	파울 주의	D

A 매우 우수함 B 우수함 C 평균 수준 D 부족함 E 많이 부족함

FW Gaël KAKUTA 10
가엘 카쿠타

SCOUTING REPORT
리그앙 35경기에서 11골·5도움을 기록했다. 프로 데뷔 후 최고 성적이다. 카쿠타는 2선과 최전방의 모든 위치를 넘나든다. 히트맵을 보면 거의 '박스-투-박스'로 움직였다. 카쿠타는 화려한 드리블을 구사한다. 볼을 몰고 가면서 더블터치, 플립플랩, 스카치무브, 스텝온 등 다양한 테크닉을 선보인다. 박스 외곽에서 강력한 중거리 슈팅을 날린다. 페널티킥 전문 키커다. 적극적인 하이프레싱을 구사한다.

PLAYER'S HISTORY
콩고민주공화국계 이민 2세로 프랑스 릴에서 태어났다. 유스 시절에는 "폴 포그바 수준"이라는 평을 받았다. 그러나 이후 성장이 멈췄다. 결국 2009년부터 12년간 14번이나 팀을 옮긴 '저니맨'이 되었다. 프랑스 청소년대표 출신이지만 콩고민주공화국 A대표를 선택했다.

주로 사용하는 발: 왼발 85%
우승 1부리그 1-0 협회컵 1-0 챔피언스 0-0
준우승 클럽 월드컵 0-0 CAF 네이션스컵 0-0 월드컵 0-0

슈팅-득점: 23-10 / 29-1
52-11 LG-10 / 9-0 RG-1 / 9-7 HG-0
패스 방향: 전진 21%, 좌향 24%, 우향 27%, 후진 29%
2020-21 리그앙: A 30-5, P 2414, P% 5, T 29.4-22.5, I 77%
2.1-1.1 0.5 2.9-1.5 3-0

GK Jean-Louis LECA 16
장 루이 레카

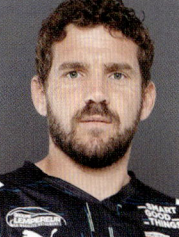

지난 시즌 부상 없이 풀타임 선발로 활약했다. 경기마다 선방을 펼쳤고, 결국 소속 팀을 리그앙으로 승격시켰다. 35세인 올 시즌에도 변함없이 선발로 출전 중이다. 레카는 매우 안정적인 골키퍼다. 침착하고 상황 판단이 빠르다. 런아웃을 최대한 자제하고, 박스 안에서 기다린다. 반사신경을 이용한 선방도 인상적이다. 공중볼을 정확하고 멀리 펀칭한다. 리더십도 강하다.

주로 사용하는 발: 오른발 91%
우승 1부리그 0-0 협회컵 1-0 챔피언스 0-0
준우승 클럽 월드컵 0-0 UEFA 유로 0-0 월드컵 0-0

세이브-실점: 57-47 / 31-4
139-51 TH-772 / 139-88 NK-259 / 10-0 KD-37
패스 방향: 전진 51%, 좌향 24%, 우향 25%, 후진 0%
2020-21 리그앙: S% 37-0, GK 3315, CS 68%, P 8, 23.8-15.0
P% 63%, LB 14.2-5.5, 2-0

DF Jonathan CLAUSS 11
조나단 클라우스

빠른 커팅이 좋은 라이트 백. 스프린트가 좋고 빠르기에 윙어로도 뛴다. 볼 관리 능력이 좋고 돌파 후 시도하는 얼리 크로스, 낮은 크로스는 상당히 예리하다. 지난 시즌 리그 33경기에서 6개의 어시스트를 기록하면서 자신의 몸값을 올렸다. 2013년 링스를 시작으로 많은 클럽에서 뛰었다. 18-19 시즌 아르메니아 빌레펠트에서 존재감을 드러냈고 지난 시즌 랑스로 합류했다.

주로 사용하는 발: 오른발 89%
우승 1부리그 0-0 협회컵 0-0 챔피언스 0-0
준우승 클럽 월드컵 0-0 UEFA 유로 0-0 월드컵 0-0

슈팅-득점: 15-2 / 19-1
34-3 LG-0 / 3-1 RG-3 / 0-0 HG-0
패스 방향: 전진 34%, 좌향 37%, 우향 4%, 후진 25%
2020-21 리그앙: A 30-3, P 2538, P% 6, 28.8-31.2 77%
1.9-1.3 1.4 1.5-0.7 2-0 5

MF Seko FOFANA 8
세코 포파나

지난해 9월, 넓적다리 부상으로 50일 간 결장한 것을 빼고는 모두 정상적으로 나섰다. 리그앙 30경기(선발 25회)에 출전했다. 포파나는 중앙 MF로 피치 중앙과 왼쪽을 집중적으로 활용한다(히트맵). 필드 후방에 깊숙이 포진해 포백을 보호하지만, 동료 레프트백의 전진 때 뒤쪽을 커버해준다. 태클, 인터셉트, 블로킹, 프레싱 등 수비의 종합적인 면에서도 합격점을 받는다.

주로 사용하는 발: 오른발 83%
우승 1부리그 0-0 협회컵 0-0 챔피언스 0-0
준우승 클럽 월드컵 0-0 CAF 네이션스컵 0-0 월드컵 0-0

슈팅-득점: 22-2 / 18-0
40-2 LG-0 / 0-0 RG-2 / 0-0 HG-0
패스 방향: 전진 19%, 좌향 22%, 우향 33%, 후진 26%
2020-21 리그앙: A 25-5, P 2311, P% 39.8-34.8 87%
1.3-0.5 1.1 2.5-1.4 2-0

SQUAD LIST

위치	번호	선수	국적	키	생년월일	전 소속 팀
GK	1	Wuilker Fariñez	VEN	180	98-02-15	Millonarios
	16	Jean-Louis Leca	FRA	177	85-09-21	Ajaccio
	30	Valentino Lesieur	POR	195	03-03-18	Nantes
DF	3	Deiver Machado	COL	172	92-09-02	Toulouse
	4	Kevin Danso	AUT	190	98-09-19	Augsburg
	5	Christopher Wooh	FRA	191	01-09-18	Nancy
	11	Jonathan Clauss	FRA	185	92-09-25	Arminia Bielefeld
	14	Facundo Medina	ARG	179	99-05-28	Talleres(Córdoba)
	19	Ismaël Boura	FRA	173	00-08-14	None
	21	Massadio Haïdara	MLI	179	92-12-02	Newcastle U
	24	Jonathan Gradit	FRA	180	92-11-24	Caen
MF	8	Seko Fofana	FRA	184	95-05-07	Udinese
	10	Gaël Kakuta	COD	173	91-06-21	Amiens
	18	Yannick Cahuzac	FRA	185	85-01-18	Toulouse
	20	David Costa	POR	168	01-01-05	None
	27	Charles Boli	FRA	175	98-08-30	None
	28	Cheick Doucouré	MLI	180	00-01-08	JMG Academy
	29	Przemysław Frankowski	POL	175	95-04-12	Chicago Fire
FW	7	Florian Sotoca	FRA	187	90-10-25	Grenoble
	9	Ignatius Ganago	CMR	176	99-02-16	Nice
	15	Arnaud Kalimuendo	FRA	175	02-01-20	Paris St-Germain
	22	Wesley Said	FRA	171	95-04-19	Toulouse
	25	Corentin Jean	FRA	170	95-07-15	Toulouse

MONTPELLIER HSC

구단 창립 : 1919년 홈구장 : 스타드 드 라 모송 대표 : 올리비에 달올리오 2020-21시즌 : 8위(승점 54점) 14승 12무 12패 60득점 62실점 닉네임 : La Paillade

중위권 진출…이적 시장 보강, 올 시즌도 희망적

지난 시즌 좋은 출발을 보였으나 기복이 있는 모습을 보였고, 시즌 중후반에 다시 승점을 벌어들이며 중위권에 안착했다. 여름 이적 시장 때 사코를 시작으로 제르망, 르로이를 FA로 영입했다. 올 시즌 목표도 중위권이다.

MANAGER : Olivier DALL'OGLIO 올리비에 달올리오

생년월일 : 1964.03.16 / 출생지 : 알레스(프랑스)
현역시절 포지션 : 수비수 / 계약만료 : 2024.06.30
평균 재직 기간 : 4년 / 선호 포맷 : 4-2-3-1

올림피크 알레스에서 지도자 생활을 시작했다. 2019년 스타드 브레스투아를 이끌었고 이번 시즌에 몽펠리에로 합류했다. 2012년부터 2019년까지 디종을 지휘했고, 팀을 1부 리그로 승격시켰다. 디종에서 권창훈을 영입한 장본인.

2021-22 SEASON SCHEDULE

날짜	장소	상대팀	날짜	장소	상대팀
08-08	H	Marseille	01-09	H	Troyes
08-15	A	Reims	01-16	A	Strasbourg
08-22	H	Lorient	01-23	H	Monaco
08-29	A	Lille	02-06	A	Saint-Étienne
09-12	H	Saint-Étienne	02-13	H	Lille
09-19	A	Troyes	02-20	A	Lorient
09-22	H	Bordeaux	02-27	H	Rennes
09-26	A	Paris SG	03-06	H	Nantes
10-03	H	Strasbourg	03-13	H	Nice
10-17	A	Lens	03-20	A	Bordeaux
10-24	H	Monaco	04-03	H	Brest
10-31	A	Nantes	04-10	A	Marseille
11-07	A	Nice	04-17	H	Reims
11-21	H	Rennes	04-20	A	Lens
11-28	H	Lyon	04-24	A	Lyon
12-01	A	Metz	05-01	H	Metz
12-05	H	Clermont Foot	05-08	A	Clermont Foot
12-12	A	Brest	05-14	H	Paris SG
12-22	H	Angers	05-21	A	Angers

우승-준우승 / ODDS CHECK

FRENCH LIGUE-1	1-0	bet365	배당률 150배 / 우승 확률 9위
FRENCH COUPE DE FRANCE	2-2	sky bet	배당률 150배 / 우승 확률 9위
UEFA CHAMPIONS LEAGUE	0-0	William HILL	배당률 125배 / 우승 확률 9위
UEFA EUROPA LEAGUE	0-0	888sport	배당률 175배 / 우승 확률 9위
FIFA CLUB WORLD CUP	0-0		
UEFA-CONMEBOL INTERCONTINENTAL	0-0		*우승 확률이 높을수록 배당률은 낮아짐

시간대별 득점 / 시간대별 실점 / 위치별 슈팅-득점 / 공격 방향 / 볼 점유 위치 / 포지션별 득점 / 상대 포지션별 실점

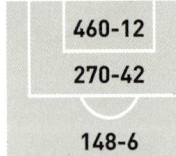
460-12
270-42
148-6

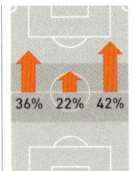
상대 진영 27%
중간 지역 45%
우리 진영 28%
36% 22% 42%

FW진 43골
MF진 9골
DF진 8골

DF진 9골
MF진 13골
FW진 38골

*자책골 실점 2골

BASIC FORMATION

4-2-3-1

델로르 / 와히
마비디디 / 오옹고 — 사바니에 / 몰레 — 라보르드 / 조아키니
쇼타르 / 르로이 — 페리 / 몰레
코자 / 리스티치 — 삼비아 / 수아레스
사코 / 에스테브 — 퓔레 / 멘데스
올린 / 베르토

TOTO GUIDE 지난시즌 전적

상대팀	홈	원정
Lille	2-3	1-1
Paris SG	1-3	0-4
Monaco	2-3	1-1
Lyon	2-1	2-1
Marseille	3-3	1-3
Rennes	2-1	1-2
Lens	1-2	3-2
Nice	3-1	1-3
Metz	0-2	1-1
Saint-Etienne	1-2	1-0
Bordeaux	3-1	2-0
Angers	4-1	1-1
Reims	0-4	0-0
Strasbourg	4-3	3-2
Lorient	1-1	1-0
Brest	0-0	2-2
Nantes	1-1	2-1
Nimes	0-1	1-1
Dijon	4-2	2-2

득점 패턴 / 실점 패턴

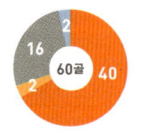
60골: 40, 16, 2, 2

62골: 33, 11, 4, 12, 2

● OPEN PLAY ● COUNTER ATTACK ● SET PLAY ● PENALTY KICK ● OWN GOAL

OFFENSE | DEFENSE

OFFENSE		DEFENSE	
오픈 플레이	A	오픈 플레이 수비	E
카운터 어택	C	카운터 어택 수비	D
짧은 패스 게임	A	짧은 패스 게임 수비	D
롱볼 연계 플레이	B	롱볼 연계 플레이수비	C
솔로 플레이	C	솔로 플레이 수비	E
중거리 슈팅 / 직접 프리킥	A	중거리 슈팅 수비	C
측면 공격	A	측면 수비	C
세트 플레이	A	세트 플레이 수비	D
위협적인 공격 횟수	B	공중전 능력	B
슈팅 대비 득점	B	볼 쟁탈전 / 투쟁심	B
오프사이드 피하기	C	실수 조심	C
볼 점유율	C	파울 주의	D

A 매우 우수함 B 우수함 C 평균 수준 D 부족함 E 많이 부족함

Andy DELORT 9
FW 안디 델로

SCOUTING REPORT
클럽의 주장이자 저니맨. 지난 시즌 라보르데와 함께 팀의 공격을 책임졌다. 리그 15골을 넣었고 9개의 도움도 기록했다. 상대 수비를 돌파한 후 인사이드 킥으로 골망을 흔드는 플레이를 좋아한다. 뒷공간을 파고들어 오프 사이드를 깨는 전술을 자주 쓰며, 다이빙 헤딩, 바이시클 킥도 구사한다. 리더십도 뛰어나 동료들과 코칭 스태프와의 소통을 책임진다. 슈팅의 세기가 강해 팀 내에서 '파워 슈터'로 불리고 있다.

PLAYER'S HISTORY
아작시오에서 프로의 첫 시작을 알렸다. 메츠, 툴루즈, 위건, 캉, 티그레스 등 많은 클럽에서 뛰었다. 2018년 임대로 몽펠리에에 합류했고, 리그에서 14골을 넣으며 완전 이적을 했다. 3시즌 연속 두 자릿수 골을 넣었고 주장 완장까지 찼다.

주로 사용하는 발: 오른발 94%

Jonas OMLIN 1
GK 요나스 옴린

스위스산 넘버원 골키퍼. 20대 중반을 넘어서면서 전성기에 다다른 나이가 되었다. 세트피스 상황에서 펀칭을 자주 시도한다. 중거리 슛에 대한 방어가 좋고 발밑의 세이브보다는 다이빙에서 많이 선방한다. 2012년 크린스를 거쳐 루체른, 르몽에서 뛰었다. 자국 명문 바젤로 이적 후 주전 골키퍼로 활약했다. 지난 시즌 600만 파운드로 몽펠리에로 입단했고, 유로 본선에도 참가했다.

주로 사용하는 발: 오른발 87%

Pedro MENDES 5
DF 페드루 멘데스

몽펠리에의 벽. 후방을 사수하는 최후의 센터백. 상대의 볼 흐름을 중간에 차단한다. 슬라이딩 태클로 인터셉트하는 경우가 많고 지난 시즌 경기당 2.4개의 클리어링을 기록했다. 스포르팅 아카데미 출신. 뛰어난 재능을 드러내 차세대 센터백으로 기대받으며 레알 마드리드 카스티야로 이적했으나 많은 클럽을 전전해야 했다. 몽펠리에 합류 후 5시즌째 활약 중이다.

주로 사용하는 발: 오른발 87%

TÉJI SAVANIER 11
MF 테지 사바니에

팀의 허리 라인을 책임지고 있는 미드필더. 킥력이 상당히 좋다. 프리킥 득점 능력을 갖고 있고, 최전방으로 연결하는 전진 패스가 일품이다. 몸의 밸런스가 좋아 쉽게 넘어지지 않고 로빙 패스의 성공률은 리그에서 손꼽힌다. 몽펠리에 B팀을 시작으로 아를 아비뇽, 님 올림피크에서 활약했다. 2019년 몽펠리에로 리턴했고, 도쿄올림픽에는 와일드카드로 출전했다.

주로 사용하는 발: 오른발 85%

SQUAD LIST

위치	번호	선수	국적	키	생년월일	전 소속 팀
GK	1	Jonas Omlin	SUI	189	94-01-10	Basel
	16	Dimitry Bertaud	FRA	180	98-06-06	None
	30	Matis Carvalho	POR	186	99-04-28	Toulouse
DF	2	Arnaud Souquet	FRA	179	92-02-12	KAA Gent
	3	Mamadou Sakho	FRA	187	90-02-13	Crystal Palace
	5	Pedro Mendes	POR	187	90-10-01	Rennes
	7	Mihailo Ristić	SRB	183	95-10-31	FC Krasnodar
	8	Ambroise Oyongo	CMR	175	91-06-22	Montreal Impact
	17	Thibault Tamas	FRA	178	01-02-20	None
	22	Mathías Suárez	URU	180	96-06-24	Defensor Sporting
	26	Thuler	BRA	185	99-03-10	Flamengo
	31	Nicolas Cozza	FRA	178	99-01-08	None
MF	6	Junior Sambia	FRA	181	96-09-07	Niort
	11	Téji Savanier	FRA	171	91-12-22	Nîmes
	12	Jordan Ferri	FRA	172	92-03-12	Lyon
	13	Joris Chotard	FRA	179	01-09-24	None
	18	Léo Leroy	FRA	185	00-02-14	Châteauroux
	25	Florent Mollet	FRA	171	91-11-19	Metz
FW	9	Valère Germain	FRA	181	90-04-17	Marseille
	10	Stephy Mavididi	ENG	182	98-05-31	Juventus
	20	Yanis Guermouche	FRA	192	01-04-15	None
	21	Elye Wahi	FRA	184	03-01-02	None
	23	Nicholas Gioacchini	USA	183	00-07-25	Caen
	28	Béni Makouana	CGO	177	02-09-28	Diables Noirs

OGC NICE

구단 창립 : 1904년 홈구장 : 알리안츠 리비에라 대표 : 장-피에르 리베르 2020-21시즌 : 9위(승점 52점) 15승 7무 16패 50득점 53실점 닉네임 : Les Aiglons

릴 우승 이끈 갈티에 감독 입성, 올 시즌 상위권 목표

지난 시즌 잡음이 많았다. 비에라 감독이 성적 부진으로 경질됐고, 우르세아 대행 체제로 임해 최종 성적 9위로 끝냈다. 이적 시장에서 3500만 유로를 투자해 전력을 보강했다. 올 시즌 충분히 상위권에 오를 수 있는 전력이다.

MANAGER : Christophe GALTIER 크리스토퍼 갈티에

생년월일 : 1966.08.28 출생지 : 마르세유(프랑스)
현역시절 포지션 : 수비수 계약만료 : 2024.06.30
평균 재직 기간 : 3년 선호 포맷 : 4-4-2

많은 클럽을 오고 가며 수석 코치 생활을 했다. 2009년부터 생테티엔의 감독을 맡았다. 무려 8시즌 동안 팀을 이끌었고 2017년에 릴에 부임해 지난 시즌 우승까지 시켰다. 니스의 입장에선 클럽의 발전에 크게 도움이 되는 감독이다.

우승-준우승

FRENCH LIGUE-1	4-3
FRENCH COUPE DE FRANCE	3-1
UEFA CHAMPIONS LEAGUE	0-0
UEFA EUROPA LEAGUE	0-0
FIFA CLUB WORLD CUP	0-0
UEFA-CONMEBOL INTERCONTINENTAL	0-0

ODDS CHECK

	배당	순위
bet365	배당률 25배	우승 확률 3위
sky bet	배당률 25배	우승 확률 5위
William HILL	배당률 33배	우승 확률 6위
888sport	배당률 25배	우승 확률 3위

*우승 확률이 높을수록 배당률이 낮아짐

2021-22 SEASON SCHEDULE

날짜	장소	상대팀	날짜	장소	상대팀
08-08	H	Reims	01-09	A	Brest
08-15	A	Lille	01-16	H	Nantes
08-22	H	Marseille	01-23	A	Metz
08-29	H	Bordeaux	02-06	H	Clermont Foot
09-12	A	Nantes	02-13	A	Lyon
09-19	H	Monaco	02-20	H	Angers
09-22	A	Lorient	02-27	A	Strasbourg
09-26	H	Saint-Étienne	03-06	H	Paris SG
10-03	H	Brest	03-13	A	Montpellier
10-17	A	Troyes	03-20	H	Marseille
10-24	H	Lyon	04-03	A	Rennes
10-31	A	Angers	04-10	H	Lens
11-07	H	Montpellier	04-17	A	Lorient
11-21	A	Clermont Foot	04-20	H	Monaco
11-28	H	Metz	04-24	H	Troyes
12-01	A	Paris SG	05-01	A	Bordeaux
12-05	H	Strasbourg	05-08	H	Saint-Étienne
12-12	A	Rennes	05-14	H	Lille
12-22	H	Lens	05-21	A	Reims

시간대별 득점 / 실점

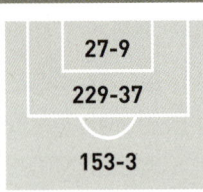

볼 점유율 53%

위치별 슈팅-득점

27-9
229-37
153-3

공격 방향

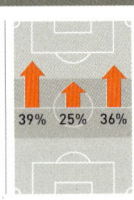

39% 25% 36%

볼 점유 위치

상대 진영 26%
중간 지역 45%
우리 진영 29%

포지션별 득점

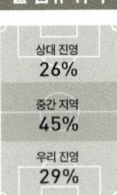

FW진 26골
MF진 15골
DF진 9골
상대자책골 1골

상대 포지션별 실점

DF진 11골
MF진 10골
FW진 30골
자책골 실점 1골

BASIC FORMATION

4-4-2

구이리 / 로페스
돌베어 / 은도예
클라이버트 / 소토나
부다위 / 다쿠나
레미나 / 튀랑
로사리오 / 모리스
바르 / 카마라
아탈 / 로통바
단치 / 다닐리우치
토디보 / 밤부
베니테스 / 부카

TOTO GUIDE 지난시즌 전적

상대팀	홈	원정
Lille	1-1	0-2
Paris SG	0-3	1-2
Monaco	1-2	1-2
Lyon	1-4	3-2
Marseille	3-0	2-3
Rennes	0-1	2-1
Lens	2-1	1-0
Montpellier	3-1	1-3
Metz	1-2	1-1
Saint-Etienne	0-1	3-1
Bordeaux	0-3	0-0
Angers	3-0	3-0
Reims	0-0	0-0
Strasbourg	0-2	2-0
Lorient	2-2	1-1
Brest	3-2	0-2
Nantes	2-1	2-1
Nimes	2-1	2-0
Dijon	1-3	0-2

득점 패턴 / 실점 패턴

득점: 50골 (OPEN PLAY 33, COUNTER ATTACK 8, SET PLAY 7, PENALTY KICK 1, OWN GOAL 1)
실점: 53골 (28, 13, 7, 3, 2)

● OPEN PLAY ● COUNTER ATTACK ● SET PLAY ● PENALTY KICK ● OWN GOAL

OFFENSE / DEFENSE

OFFENSE		DEFENSE	
오픈 플레이	D	오픈 플레이 수비	A
카운터 어택	B	카운터 어택 수비	C
짧은 패스 게임	A	짧은 패스 게임 수비	D
롱볼 연계 플레이	C	롱볼 연계 플레이 수비	C
솔로 플레이	B	솔로 플레이 수비	C
중거리 슈팅 / 직접 프리킥	C	중거리 슈팅 수비	E
측면 공격	B	측면 수비	C
세트 플레이	C	세트 플레이 수비	C
위협적인 공격 횟수	A	공중전 능력	E
슈팅 대비 득점	B	볼 쟁탈전 / 투쟁심	B
오프사이드 피하기	C	실수 조심	D
볼 점유율	C	파울 주의	C

A 매우 우수함 B 우수함 C 평균 수준 D 부족함 E 많이 부족함

FW Amine GOUIRI 11
아민 구이리

SCOUTING REPORT
레 블뢰의 뉴 키드. 볼 관리 능력이 좋고 나이에 걸맞지 않게 골문 앞에서의 침착한 마무리가 인상적이다. 스프린트 후 상대를 제치고 곧바로 킬 패스를 연결한다. 순간적인 방향 전환 및 템포 전환을 이용한 드리블은 그가 가진 최고의 무기이다. 지난 시즌 리그 개막전부터 멀티골을 폭발시켰으며, 리그 34경기에 출전해 12개의 골과 7개의 어시스트를 기록했다. 다만 경고도 5장을 받아, 멘탈 관리의 필요성이 대두되었다.

PLAYER'S HISTORY
리옹 아카데미의 걸작으로 레알 마드리드를 포함한 많은 클럽들이 러브콜을 보냈다. 2017년 1군에 데뷔했고, 지난 시즌 니스에 입단했다. 프랑스 연령별 대표팀에 모두 포함된 엘리트로서 21세 이하의 유럽 선수권에선 득점왕까지 차지했다. 미래가 더욱 기대되는 선수다.

GK Walter BENÍTEZ 40
월터 베니테스

니스의 수호신. 터프한 외모에서 오는 위압감이 상대를 긴장시킨다. 1대1 상황에서 도전적으로 전진해 각도를 좁혀 '풋 세이브'를 만들어 내며, 세트피스에서 펀칭으로 방어하는데 능하다. 킬메스에서 1군 데뷔, 2016년 FA로 니스에 입단했다. 카르디날레를 넘어 주전 골리를 차지했고, 150경기 넘게 골문을 지켰다. 아르헨티나 20세 이하 대표팀에서 3경기를 소화했다.

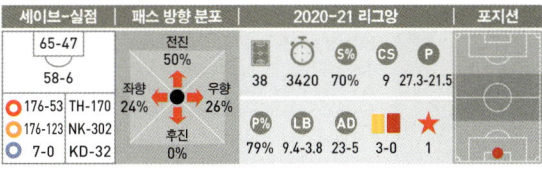

DF DANTE 4
단치

팀의 캡틴. 수비 진영의 리더로서 동료 수비수들에게 월드 클래스의 능력과 경험을 보여주고 있다. 물론 30대 후반의 나이기에 체력적인 부분은 떨어진다. 하지만 대인 마킹, 상대 공격수를 등지는 플레이, 태클의 완성도는 여전히 좋다. 지난 시즌 9라운드에서 십자인대 부상으로 시즌 아웃을 당했다. 뮌헨에서 전성기를 보냈고, 브라질 대표팀에서도 활약했다.

SQUAD LIST

위치	번호	선수	국적	키	생년월일	전 소속 팀
GK	1	Marcin Bułka	POL	199	99-10-04	Paris St-Germain
	16	Teddy Boulhendi	FRA	185	01-04-09	None
	40	Walter Benítez	ARG	191	93-03-19	Quilmes
DF	3	Robson Bambu	BRA	184	97-11-12	Athletico Paranaense
	4	Dante	BRA	187	83-10-18	Wolfsburg
	5	Flavius Daniliuc	AUT	186	01-04-27	Bayern Munich
	13	Hassane Kamara	GAM	168	94-09-19	Reims
	20	Youcef Atal	ALG	176	96-05-17	Kortrijk
	23	Jordan Lotomba	SUI	177	98-09-29	Young Boys
	25	Jean-Clair Todibo	FRA	190	99-12-30	Barcelona
	26	Melvin Bard	FRA	173	00-11-06	Lyon
MF	6	Morgan Schneiderlin	FRA	181	89-11-08	Everton
	8	Pablo Rosario	NED	179	97-01-07	PSV Eindhoven
	18	Mario Lemina	GAB	184	93-09-01	Southampton
	19	Khéphren Thuram	FRA	192	01-03-26	Monaco
	28	Hicham Boudaoui	ALG	176	99-09-23	Paradou AC
	29	Lucas Da Cunha	FRA	174	01-06-09	Rennes
FW	7	Andy Delort	ALG	182	91-10-09	Montpellier
	9	Kasper Dolberg	DEN	187	97-10-06	Ajax
	10	Alexis Claude-Maurice	FRA	174	98-06-06	Lorient
	11	Amine Gouri	FRA	180	00-02-16	Lyon
	21	Justin Kluivert	NED	171	99-05-05	Roma
	22	Calvin Stengs	NED	182	98-12-18	AZ Alkmaar
	24	Evann Guessand	FRA	187	01-07-01	None

MF Alexis CLAUDE-MAURICE 10
알렉시스 클로드-모리스

공격에 관여된 모든 포지션을 소화한다. 측면과 중앙을 가리지 않고 상대 수비진을 초토화 시킨다. 드리블 기술이 좋고 슛 임팩트, 타이밍이 좋아 상대 골키퍼가 막기에 어렵다. 과감한 돌파, 날카로운 슈팅, 박스 외곽에서 터트리는 중거리 슛은 최고의 장점이다. 로리앙 유스 출신으로 2019년 니스의 저지를 입었다. 프랑스 연령별 팀에 포함되었고, 21세 이하의 팀에서 활약한다.

FC METZ

구단 창립 : 1932년 홈구장 : 스타드 생-심포리앙 대표 : 베르나르 세랑 2020-21시즌 : 10위(승점 47점) 12승 11무 15패 44득점 48실점 닉네임 : Les Grenats, Les Graoullys

만족할 만한 성적, 알짜 영입으로 올 시즌도 희망적

직전 시즌 15위에 비해 지난 시즌 10위는 나름대로 만족할 수준이었다. 이적 시장에서 토트넘의 사르를 임대로 데려왔고, 오베하우제, 사발리를 FA로 영입했다. 올 시즌도 중위권에서 경쟁할만한 좋은 팀이 되었다.

MANAGER : Frédéric ANTONETTI 프레데릭 안토네티

생년월일 : 1961.08.19 / 출생지 : 벤조라스카(프랑스)
현역시절 포지션 : 미드필더 / 계약만료 : 2024.06.30
평균 재직 기간 : 2년 / 선호 포맷 : 3-4-2-1

메스가 강등권으로 쳐진 위기의 순간 소방수 역할로 안토네티가 합류했다. 이미 2018년에 메스의 지휘봉을 잡은 적이 있기에 익숙한 클럽이다. 결과는 대성공이었다. 한때 18위까지 내려갔던 클럽을 10위로 마무리시켰다.

2021-22 SEASON SCHEDULE

날짜	장소	상대팀	날짜	장소	상대팀
08-08	H	Lille	01-09	H	Strasbourg
08-15	A	Nantes	01-16	A	Reims
08-22	H	Reims	01-23	H	Nice
08-29	A	Clermont Foot	02-06	A	Troyes
09-12	H	Troyes	02-13	H	Marseille
09-19	A	Strasbourg	02-20	A	Lille
09-22	H	Paris SG	02-27	A	Nantes
09-26	A	Brest	03-06	H	Saint-Étienne
10-03	H	Angers	03-13	H	Lens
10-17	A	Rennes	03-20	A	Rennes
10-24	H	Lens	04-03	H	Monaco
10-31	A	Saint-Étienne	04-10	A	Bordeaux
11-07	A	Marseille	04-17	H	Clermont Foot
11-21	H	Bordeaux	04-20	A	Lorient
11-28	A	Nice	04-24	H	Brest
12-01	H	Montpellier	05-01	A	Montpellier
12-05	A	Monaco	05-08	H	Lyon
12-12	A	Lorient	05-14	H	Angers
12-22	A	Lyon	05-21	A	Paris SG

우승-준우승 / ODDS CHECK

대회	우승-준우승	배당사	배당률	우승 확률
FRENCH LIGUE-1	0-1	bet365	750배	11위
FRENCH COUPE DE FRANCE	1-1	skybet	500배	10위
UEFA CHAMPIONS LEAGUE	0-0	William HILL	750배	12위
UEFA EUROPA LEAGUE	0-0	888sport	600배	12위
FIFA CLUB WORLD CUP	0-0			
UEFA-CONMEBOL INTERCONTINENTAL	0-0			

*우승 확률이 높을수록 배당률은 낮아짐

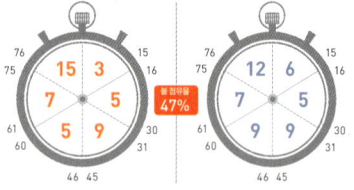

공격 방향: 33% / 24% / 43% 상대 진영 24% 중간 지역 47% 우리 진영 29%

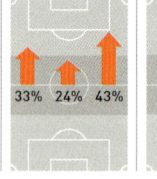

볼 점유 위치: FW진 26골, MF진 7골, DF진 9골 *상대자책골 2골

포지션별 득점

상대포지션별 실점: DF진 5골, MF진 12골, FW진 30골 *자책골 실점 1골

BASIC FORMATION (3-4-1-2)

니안 (은게트) / 사발리 (게예)
사르 (부알야)
들레느 (니아카테) / 은도람 (트라오레) / 마이가 (파조) / 상통즈 (알라쿠시)
우돌 (라크로) / 쿠야테 (음벵게) / 브론 (파조)
우키자 (케아르)

TOTO GUIDE 지난시즌 전적

상대팀	홈	원정
Lille	0-2	0-1
Paris SG	1-3	0-1
Monaco	0-1	0-4
Lyon	1-3	1-0
Marseille	1-1	1-1
Rennes	1-3	0-1
Lens	2-0	2-2
Montpellier	1-1	2-0
Nice	1-1	2-1
Saint-Etienne	2-0	0-1
Bordeaux	0-0	2-1
Angers	0-1	1-1
Reims	2-1	0-0
Strasbourg	1-2	2-2
Lorient	3-1	1-2
Brest	0-2	4-2
Nantes	2-0	1-1
Nimes	0-3	1-0
Dijon	1-1	5-1

득점 패턴 / 실점 패턴

44골: OPEN PLAY 23, COUNTER ATTACK 5, SET PLAY 7, PENALTY KICK 7, OWN GOAL 2

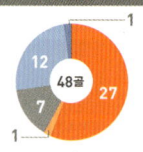

48골: 27, 1, 7, 12, 1

OFFENSE / DEFENSE

OFFENSE		DEFENSE	
오픈 플레이	D	오픈 플레이 수비	D
카운터 어택	B	카운터 어택 수비	C
짧은 패스 게임	C	짧은 패스 게임 수비	D
롱볼 연계 플레이	C	롱볼 연계 플레이수비	C
솔로 플레이	C	솔로 플레이 수비	C
중거리 슈팅 / 직접 프리킥	C	중거리 슈팅 수비	C
측면 공격	B	측면 수비	E
세트 플레이	C	세트 플레이 수비	D
위협적인 공격 횟수	D	공중전 능력	B
슈팅 대비 득점	D	볼 쟁탈전 / 투쟁심	B
오프사이드 피하기	C	실수 조심	D
볼 점유율	C	파울 주의	D

A 매우 우수함 B 우수함 C 평균 수준 D 부족함 E 많이 부족함

Farid BOULAYA 10
파리드 불라야 — MF

SCOUTING REPORT
시즌 초반 출전 정지 처분, 시즌 중반 코로나 감염으로 보름 정도 결장한 것을 제외하고는 풀타임 출전했다. 불라야는 알제리산 특급 공격형 미드필더다. 볼을 다루는 테크닉은 수준급이다. 더블터치, 플립플랩, 스텝온 등 기술을 구사한다. 역습 상황에서는 풀스피드로 먼 거리 드리블을 시도한다. 직접 프리킥, 중거리 슈팅의 파워와 정확도는 리그 정상급으로 꼽힌다. '오프 더 볼' 움직임도 나쁘지 않다.

PLAYER'S HISTORY
알제리계 이민 2세로 프랑스 비트루에서 태어났다. 2011년 이스트레에서 데뷔했고, 클레르몽, 바스티아를 거쳐 지롱댕에 입단했다. 2018년 이 팀에 적을 둔 채 메츠로 임대됐고, 반 시즌 만에 완전히 이적했다. 이중국적자로 프랑스 대신 알제리 국가대표를 선택했다.

주로 사용하는 발 : 오른발 88%
우승 1부리그 : 0-0 협회컵 : 0-0 챔피언스 : 0-0
준우승 클럽 월드컵 : 0-0 CAF 네이션스컵 : 0-0 월드컵 : 0-0

슈팅-득점	패스 방향 분포	2020-21 리그앙	포지션
20-3 / 60-3 / 80-6 LG-0 / 26-6 RG-6 / 2-1 HG-0	전진 37% / 좌향 19% / 우향 24% / 후진 20%	32-1 2822 8 41.4-30.8 74% / T 1.9-1.5 I 0.4 DR 2.8-1.8 5-0 ★ 3	

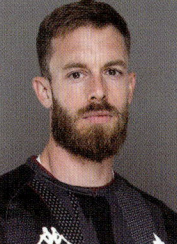

Alexandre OUKIDJA 16
알렉산드르 우키자 — GK

메츠의 주전 수문장. 동물과도 같은 반사 신경을 가졌다. 위기 상황에서 골문 앞으로 나와 상대의 슈팅 각도를 좁힌다. 발밑의 방어보다는 긴 팔을 이용한 세이브가 많다. 릴의 소속으로 임대 생활을 다니다 2014년 스트라스부르그로 이적했으며, 주전 골리로 활약하며 팀의 1부 리그 승격에 크게 기여했다. 2018년 당시 2부에 있던 메츠에 입단했고, 3시즌째 활약하고 있다.

주로 사용하는 발 : 오른발 93%
우승 1부리그 : 1-0 협회컵 : 1-0 챔피언스 : 0-0
준우승 클럽 월드컵 : 0-0 CAF 네이션스컵 : 1-0 월드컵 : 0-0

세이브-실점	패스 방향 분포	2020-21 리그앙	포지션
57-35 / 33-3 / 128-38 TH-189 / 128-90 NK-287 / 10-1 KD-49	전진 70% / 좌향 13% / 우향 17% / 후진 0%	34-0 3060 70% S% 8 CS 25.1-14.9 / P% 59 LB 17.5-7.6 AD 35-15 T 3-1 ★	

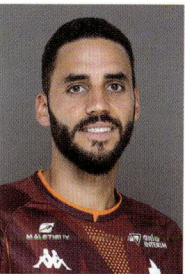

Dylan BRONN 2
딜런 브론 — DF

이번 시즌 보예로부터 주장 완장을 받았다. 쉽게 자리를 내주지 않는다. 발을 쭉 뻗어 태클을 시도하는 플레이를 좋아한다. 지난 시즌 경기당 2.3개의 클리어링에 성공했고 리그 전 경기에 출전하며 좋은 활약을 보여줬다. 2013년 칸에서 프로 데뷔했다. 그 후 벨기에 명문 겐트에서 3시즌 활약했다. 19-20시즌 메츠로 입단, 튀니지 대표로 27경기에 나섰다.

주로 사용하는 발 : 오른발 91%
우승 1부리그 : 0-0 협회컵 : 0-1 챔피언스 : 0-0
준우승 클럽 월드컵 : 0-0 UEFA 유로 : 0-0 월드컵 : 0-0

슈팅-득점	패스 방향 분포	2020-21 리그앙	포지션
9-2 / 7-0 / 16-2 LG-0 / 1-0 RG-1 / 2-1 HG-1	전진 42% / 좌향 35% / 우향 16% / 후진 7%	38-0 3413 0 A 47.1-39.2 P% 83% / T 2.0-1.5 I 1.2 DR 0.5-0.4 4-0 ★ 0	

Ibrahima NIANE 7
이브라이마 니안 — FW

메츠의 타겟형 공격수. 187cm의 큰 키에서 나오는 헤딩슛이 일품이다. 공중전 뿐만 아니라 발기술도 수준급이라 상대 수비수와의 일대일 대결을 즐긴다. 지난 시즌 초반 3경기 연속골을 넣으며 분위기가 좋았지만 십자인대 부상으로 인해 7라운드 이후 경기들은 출전을 하지 못했다. 메츠의 아카데미 출신으로 어느덧 5시즌째 활약한다. FIFA U-17, U-20 월드컵에 모두 출전했다.

주로 사용하는 발 : 오른발 90%
우승 1부리그 : 0-0 협회컵 : 0-0 챔피언스 : 0-0
준우승 클럽 월드컵 : 0-0 CAF 네이션스컵 : 0-0 월드컵 : 0-0

슈팅-득점	패스 방향 분포	2020-21 리그앙	포지션
16-5 / 7-1 / 23-6 LG-0 / 1-0 RG-3 / 1-1 HG-3	전진 21% / 좌향 21% / 우향 19% / 후진 39%	9-1 669 0 A 14.5-10.6 P% 73% / T 0.2-0.1 I 0 DR 1.3-0.6 0-0 ★ 2	

SQUAD LIST

위치	번호	선수	국적	키	생년월일	전 소속 팀
GK	1	David Oberhauser	FRA	183	89-11-29	Le Puy
GK	16	Alexandre Oukidja	ALG	185	88-07-19	Strasbourg
GK	30	Marc-Aurèle Caillard	FRA	191	94-05-12	Guingamp
GK	40	Ousmane Ba	SEN	185	02-06-06	Génération Foot Dakar
DF	2	Dylan Bronn	TUN	185	95-06-19	KAA Gent
DF	3	Matthieu Udol	FRA	178	96-03-20	None
DF	4	Sikou Niakaté	MLI	186	99-07-10	Guingamp
DF	17	Thomas Delaine	FRA	180	92-03-24	Paris FC
DF	18	Fabien Centonze	FRA	190	96-01-16	Lens
DF	22	Sofiane Alakouch	FRA	175	98-07-29	Nîmes
DF	23	Boubakar Kouyaté	MLI	193	97-04-15	Troyes
DF	28	Manuel Cabit	FRA	180	93-06-03	Ajaccio
DF	29	Lenny Lacroix	FRA	186	03-02-06	None
MF	6	Kévin Ndoram	FRA	174	96-01-22	Monaco
MF	8	Boubacar Traoré	MLI	183	01-08-20	AS Bamako
MF	10	Farid Boulaya	FRA	180	93-02-25	Girona
MF	11	Opa Nguette	FRA	181	94-07-08	Valenciennes
MF	12	Warren Tchimbembé	FRA	180	98-04-21	Troyes
MF	13	Cheikh Tidiane Sabaly	SEN	168	99-03-04	Génération Foot Dakar
MF	14	Vincent Pajot	FRA	176	90-08-19	Angers
MF	15	Pape Matar Sarr	SEN	184	02-09-14	Tottenham H
MF	19	Habib Maiga	CIV	181	96-01-01	St-Etienne
MF	21	Amine Bassi	FRA	173	97-11-27	Nancy
FW	7	Ibrahima Niane	SEN	187	99-03-11	Génération Foot Dakar
FW	20	Nicolas De Préville	FRA	182	91-01-08	Bordeaux
FW	9	Lamine Gueye	SEN	185	98-03-13	Génération Foot Dakar
FW	24	Lenny Joseph	FRA	183	00-10-12	Le Puy
FW	26	Pape Ndiaga Yade	SEN	185	00-01-05	Génération Foot Dakar

AS SAINT-ÉTIENNE

구단 창립 : 1919년 홈구장 : 스타드 조프루아 기샤르 대표 : 베르나르 카이아조 2020-21시즌 : 11위(승점 46점) 12승 10무 16패 42득점 54실점 닉네임 : Sainté, Les Verts

지난 시즌 가능성 발견, 올 시즌 상위권 목표

리그 초중반 강등권까지 추락했다. 중반 이후 상승세를 탔고, 35R 이후 4경기에서 2승 1무 1패를 거두며 10위로 시즌을 마쳤다. 이적 시장 때 라미레스나 디우세 등 즉시전력감 멤버들을 이적료 없이 영입했다.

MANAGER : Claude PUEL 클로드 퓌엘

생년월일 : 1961.09.02 / 출생지 : 카스트레스(프랑스)
현역 시절 포지션 : 미드필더 / 계약만료 : 2022.06.30
평균 재직 기간 : 3년 / 선호 포맷 : 4-2-3-1

프랑스 출신 감독. 모나코의 레전드로 활약하다 1999년 은퇴 후 모나코에서 지도자 생활을 시작했다. 릴에서 7시즌을 보냈고, 니스에서도 지휘봉을 잡았다. 잉글랜드 레스터 시티를 거쳐 2019년 자국 클럽 생테티엔으로 돌아왔다.

우승-준우승 | ODDS CHECK

FRENCH LIGUE-1	10-3	bet365	배당률 750배	우승 확률 11위
FRENCH COUPE DE FRANCE	6-4	sky bet	배당률 500배	우승 확률 10위
UEFA CHAMPIONS LEAGUE	0-1	William HILL	배당률 500배	우승 확률 10위
UEFA EUROPA LEAGUE	0-0	888sport	배당률 500배	우승 확률 10위
FIFA CLUB WORLD CUP	0-0			
UEFA-CONMEBOL INTERCONTINENTAL	0-0		*우승 확률이 높을수록 배당률은 낮아짐	

2021-22 SEASON SCHEDULE

날짜	장소	상대팀	날짜	장소	상대팀
08-08	H	Lorient	01-09	A	Angers
08-15	A	Lens	01-16	H	Lens
08-22	H	Lille	01-23	A	Lyon
08-29	A	Marseille	02-06	H	Montpellier
09-12	A	Montpellier	02-13	A	Clermont Foot
09-19	H	Bordeaux	02-20	H	Strasbourg
09-22	A	Monaco	02-27	A	Paris SG
09-26	H	Nice	03-06	H	Metz
10-03	A	Lyon	03-13	A	Lille
10-17	H	Strasbourg	03-20	H	Troyes
10-24	A	Angers	04-03	H	Marseille
10-31	H	Metz	04-10	A	Lorient
11-07	A	Clermont Foot	04-17	H	Brest
11-21	A	Troyes	04-20	A	Bordeaux
11-28	H	Paris SG	04-24	H	Monaco
12-01	A	Brest	05-01	A	Rennes
12-05	H	Rennes	05-08	A	Nice
12-12	A	Reims	05-14	H	Reims
12-22	H	Nantes	05-21	A	Nantes

시간대별 득점 | 시간대별 실점 | 위치별 슈팅-득점 | 공격 방향 | 볼 점유 위치 | 포지션별 득점 | 상대포지션별 실점

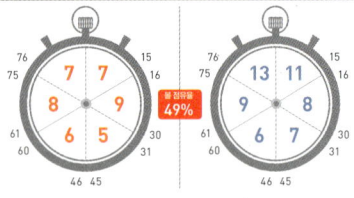

볼 점유율 49%

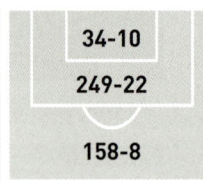

34-10
249-22
158-8
▶상대자책골 2골

40% / 21% / 39%

상대 진영 26%
중간 지역 45%
우리 진영 29%

FW진 27골
MF진 7골
DF진 6골
▶상대자책골 2골

DF진 5골
MF진 7골
FW진 40골
▶자책골 실점 2골

BASIC FORMATION

4-3-3

카즈리 / 라미레스
부앙가 / 벤케딤   하무마 / 노르댕
유수프 / 이우시수   카마라 / 부데부
네유 / 디우세
트라우코 / 실바   마송 / 시소코
무쿠디 / 소우   콜로지에차크 / 나드
그린 / 바이치

TOTO GUIDE 지난시즌 전적

상대팀	홈	원정
Lille	1-1	0-0
Paris SG	1-1	2-3
Monaco	0-4	2-2
Lyon	0-5	1-2
Marseille	1-0	2-0
Rennes	0-3	2-0
Lens	2-3	0-2
Montpellier	0-1	2-1
Nice	1-3	1-0
Metz	1-0	0-2
Bordeaux	4-1	2-1
Angers	0-0	1-0
Reims	1-1	1-3
Strasbourg	2-0	0-1
Lorient	2-0	1-2
Brest	1-2	1-4
Nantes	1-1	2-2
Nimes	2-2	2-0
Dijon	1-0	0-1

득점 패턴 | 실점 패턴

42골: 20 / 10 / 4 / 6 / 2 / 1

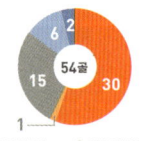

54골: 30 / 15 / 1 / 6 / 2

● OPEN PLAY ● COUNTER ATTACK ● SET PLAY
● PENALTY KICK ● OWN GOAL

OFFENSE | DEFENSE

오펜스		디펜스	
오픈 플레이	A	오픈 플레이 수비	D
카운터 어택	C	카운터 어택 수비	C
짧은 패스 게임	B	짧은 패스 게임 수비	C
롱볼 연계 플레이	C	롱볼 연계 플레이수비	B
솔로 플레이	C	솔로 플레이 수비	C
중거리 슈팅 / 직접 프리킥	C	중거리 슈팅 수비	D
측면 공격	B	측면 수비	E
세트 플레이	B	세트 플레이 수비	C
위협적인 공격 횟수	C	공중전 능력	C
슈팅 대비 득점	E	볼 쟁탈전 / 투쟁심	B
오프사이드 피하기	C	실수 조심	D
볼 점유율	D	파울 주의	D

A 매우 우수함 B 우수함 C 평균 수준 D 부족함 E 많이 부족함

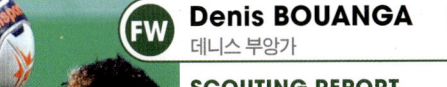

FW Denis BOUANGA 20
데니스 부앙가

SCOUTING REPORT
'생테티엔의 마레즈'로 불리는 테크니션. 상대의 역방향으로 볼을 돌린 후 파 포스트쪽으로 감아 차는 킥은 최고의 무기다. 공격 패턴이 단조로워지면 곧바로 중앙으로 연결해 동료의 슈팅을 돕는다. 침착함이 돋보여 팀 PK 전담 키커로 기용되는 선수다. 주로 오른발을 사용하지만 상황에 따라선 왼발도 사용한다. 지난 시즌 리그 36경기 출전해 7골을 넣으며 카즈리와 더불어 팀 내 최다 골을 넣었다.

PLAYER'S HISTORY
2014년 로리앙 소속으로 스트라스부르그와 투르에서 임대 생활을 보냈다. 당시 투르에서 37경기 출전해 16골을 넣고 스카우터들의 관심을 받았다. 18-19 시즌 님 올림피크를 거쳐 2019년 생테티엔으로 입단했다. 가봉 대표팀 출신으로 A매치는 7경기 출전했다.

GK Etienne GREEN 40
에티엔 그린

클럽 색과 같은 이름의 골키퍼. 주전 키퍼 물랭의 부상으로 갑작스럽게 기회를 잡았다. 1대1 상황에서 슈팅 방향과 각도를 좁힐 수 있도록 전진하는 모습을 자주 보여준다. 반사 신경이 좋고 숏 스토퍼에 장점을 가지고 있다. 다만 1부 리그 주전 경험치가 낮아 종종 실수를 저지른다. 생테티엔의 유소년 팀을 거쳐 지난 시즌 1군에 올랐다. 팀 충성도가 높은 골키퍼다.

DF Harold MOUKOUDI 2
해럴드 무쿠디

생테티엔 수비의 기둥. 191cm의 키에 점프력이 좋다. 세트피스 상황에서 특급 헤더 역할을 담당한다. 지난 시즌 리그 27, 28라운드에서 연속골을 넣기도 했다. 맨 마킹이 좋고 강력한 푸싱이 특기지만 발이 느린 점은 흠. 르하브르 유소년 클럽을 거쳐 프로에 데뷔했다. 19-20시즌 생테티엔에 입단, 프랑스 연령별 대표팀에 모두 포함되었지만 현재는 카메룬 대표로 뛴다.

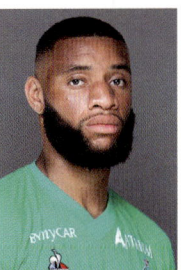

MF Lucas GOURNA-DOUATH 6
뤼카 구르나-두아스

생테티엔 아카데미가 만든 또 하나의 수비형 미드필더 유망주. 다부지고 탄력 있는 피지컬을 지녔다. 공수 밸런스는 비에이라를 연상시키며 강력한 태클로 상대 공격의 흐름을 끊는 플레이가 좋다. 성인 스쿼드로 합류한 지 얼마 되지 않았고 지난 시즌엔 주로 벤치 멤버로 뛰었다. 이번 시즌을 기점으로 빠른 성장 속도를 보여줄 것이 기대되는 선수다

SQUAD LIST

위치	번호	선수	국적	키	생년월일	전 소속 팀
GK	1	Stefan Bajic	FRA	185	01-12-23	None
	16	Boubacar Fall	FRA	198	01-02-03	Guédiawaye
	40	Etienne Green	FRA	190	00-07-19	None
DF	2	Harold Moukoudi	FRA	191	97-11-27	Le Havre
	4	Saïdou Sow	GUI	185	02-07-04	None
	5	Timothée Kolodziejczak	FRA	181	91-10-01	UANL Tigres
	11	Gabriel Silva	BRA	179	91-05-13	Udinese
	13	Miguel Trauco	PER	175	92-08-25	Flamengo
	22	Alpha Sissoko	FRA	178	97-03-07	Clermont
	27	Yvann Maçon	FRA	176	98-10-01	Dunkerque
MF	6	Lucas Gourna-Douath	FRA	185	03-08-05	None
	7	Ryad Boudebouz	ALG	177	90-02-19	Betis
	8	Mahdi Camara	FRA	178	98-06-30	Martigues
	10	Wahbi Khazri	TUN	182	91-02-08	Sunderland
	15	Bilal Benkhedim	FRA	172	01-04-20	Alès
	17	Adil Aouchiche	FRA	181	02-07-15	Paris St-Germain
	19	Yvan Neyou	CMR	180	97-01-03	Sporting Braga
	20	Denis Bouanga	GAB	180	94-11-11	Nîmes
	21	Romain Hamouma	FRA	177	87-03-29	Caen
	25	Assane Diousse	SEN	175	97-09-20	Empoli
	28	Zaydou Youssouf	FRA	182	99-07-11	Bordeaux
	29	Aimen Moueffek	FRA	179	01-04-09	None
FW	9	Juan Ignacio Ramírez	URU	180	97-02-01	Liverpool(URU)
	14	Jean-Philippe Krasso	FRA	179	97-07-17	Épinal
	18	Arnaud Nordin	FRA	170	98-06-17	None
	26	Maxence Rivera	FRA	168	02-05-30	None

FC GIRONDINS BORDEAUX

구단 창립 : 1881년 홈구장 : 누보 스타드 드 보르도 대표 : 프레데릭 롱게페 2020-21시즌 : 12위(승점 45점) 13승 6무 19패 42득점 56실점 닉네임 : Les Girondins, le club au Scapulaire

격랑에 휩쓸린 지난 시즌, 올 시즌은 안정이 관건

구단의 경영적자와 팬데믹의 영향으로 심각한 구단 내부 갈등을 겪었고, 한 번 결정되었던 강등이 다시 번복되는 등 우환이 많은 시즌을 보냈다. 새로운 구단주와 감독을 맞아 새 시즌에 반등을 노린다

MANAGER : Vladimir Petković 블라디미르 페트코비치

- 생년월일 : 1963.08.15 출생지 : 사라예보(유고슬라비아)
- 현역시절 포지션 : 미드필더 / 계약만료 : 2024.06.30
- 평균 재직 기간 : 4년 / 선호 포맷 : 3-4-1-2

스위스 대표팀 출신 감독으로 유명하다. 2014년부터 대표팀을 이끌며 좋은 성적을 냈다. 지난 시즌의 보르도 감독이자 계약이 끝난 장 루이 가세의 뒤를 이어 보르도로 합류했다. 오랜만의 클럽 감독직이라 지켜보는 시선이 많다.

우승-준우승

FRENCH LIGUE-1	6-9
FRENCH COUPE DE FRANCE	4-6
UEFA CHAMPIONS LEAGUE	0-0
UEFA EUROPA LEAGUE	0-1
FIFA CLUB WORLD CUP	0-0
UEFA-CONMEBOL INTERCONTINENTAL	0-0

ODDS CHECK

bet365	배당률 1000배	우승 확률 14위
sky bet	배당률 500배	우승 확률 10위
William HILL	배당률 500배	우승 확률 10위
888sport	배당률 600배	우승 확률 12위

*우승 확률이 높을수록 배당률은 낮아짐

2021-22 SEASON SCHEDULE

날짜	장소	상대팀	날짜	장소	상대팀
08-08	H	Clermont Foot	01-09	H	Marseille
08-15	A	Marseille	01-16	A	Rennes
08-22	H	Angers	01-23	H	Strasbourg
08-29	A	Nice	02-06	A	Reims
09-12	H	Lens	02-13	A	Lens
09-19	A	Saint-Étienne	02-20	H	Monaco
09-22	H	Montpellier	02-27	A	Clermont Foot
09-26	A	Rennes	03-06	H	Troyes
10-03	A	Monaco	03-13	A	Paris SG
10-17	H	Nantes	03-20	H	Montpellier
10-24	A	Lorient	04-03	A	Lille
10-31	H	Reims	04-10	H	Metz
11-07	H	Paris SG	04-17	A	Lyon
11-21	A	Metz	04-20	H	Saint-Étienne
11-28	A	Brest	04-24	A	Nantes
12-01	H	Strasbourg	05-01	H	Nice
12-05	A	Lyon	05-08	A	Angers
12-12	A	Troyes	05-14	H	Lorient
12-22	H	Lille	05-21	A	Brest

시간대별 득점 | 시간대별 실점

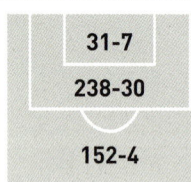

물 점유율 50%

위치별 슈팅-득점

31-7
238-30
152-4

상대자책골 1골

공격 방향

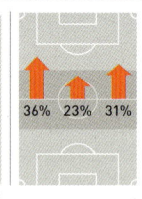

36% 23% 31%

볼 점유 위치

상대 진영 25%
중간 지역 46%
우리 진영 29%

포지션별 득점

FW진 27골
MF진 8골
DF진 6골

상대자책골 1골

상대 포지션별 실점

DF진 8골
MF진 8골
FW진 39골

자책골 실점 1골

BASIC FORMATION

3-5-2

황의조 마자 / 마라 브리앙
칼루 아딜 / 시소코 제르칸
멘사 펨블리 / 오타비오 래쿠 / 우당 그레거슨
망가스 메디우브 / 코시엘니 바이세 / 크와텡 멕세르
코스틸 푸상

TOTO GUIDE 지난시즌 전적

상대팀	홈	원정
Lille	0-3	1-2
Paris SG	0-1	2-2
Monaco	0-3	0-4
Lyon	0-0	1-2
Marseille	0-0	1-3
Rennes	1-0	1-0
Lens	3-0	1-2
Montpellier	0-2	1-3
Nice	0-0	3-0
Metz	1-2	0-0
Saint-Etienne	1-2	1-4
Angers	2-1	2-0
Reims	1-3	2-1
Strasbourg	2-3	2-0
Lorient	2-1	1-4
Brest	1-0	1-2
Nantes	0-0	0-3
Nimes	2-0	0-2
Dijon	3-0	3-1

득점 패턴 | 실점 패턴

득점 42골: 4, 11, 21, 5
실점 56골: 1, 7, 32, 10, 6

● OPEN PLAY ● COUNTER ATTACK ● SET PLAY ● PENALTY KICK ● OWN GOAL

OFFENSE | DEFENSE

오픈 플레이	C	오픈 플레이 수비	C
카운터 어택	B	카운터 어택 수비	D
짧은 패스 게임	B	짧은 패스 게임 수비	C
롱볼 연계 플레이	C	롱볼 연계 플레이수비	C
솔로 플레이	C	솔로 플레이 수비	C
중거리 슈팅 / 직접 프리킥	B	중거리 슈팅 수비	D
측면 공격	B	측면 수비	E
세트 플레이	C	세트 플레이 수비	B
위협적인 공격 횟수	D	공중전 능력	B
슈팅 대비 득점	D	볼 쟁탈전 / 투쟁심	B
오프사이드 피하기	C	실수 조심	D
볼 점유율	D	파울 주의	C

A 매우 우수함 B 우수함 C 평균 수준 D 부족함 E 많이 부족함

HWANG Ui-jo   18
FW   황의조

SCOUTING REPORT
보르도의 주전 공격수. 공간을 파고들어 바로 슈팅을 때리는 플레이가 특기. 측면에서 볼을 잡아 중앙으로 침투하는 동료에게 연결할 수 있고 직접 돌파하여 골을 기록하기도 한다. 최전방 공격수 포지션이지만 활동량이 높아 측면 공격수나 미드필더로도 기용되었다. 지난 시즌 리그 36경기에 출전하여 팀 최다 12골과 3개의 도움을 기록했다. 우려를 불식시켰다. 시즌 29라운드부터는 4경기 연속골도 넣었다.

PLAYER'S HISTORY
2013년 성남에서 프로 데뷔를 했다. 2015 시즌 15골을 넣으며 기량을 성장시켰다. 2017년 감바 오사카로 이적했고, 2018년 시즌에는 리그 올해의 팀에 선정되었다. 대한민국 대표팀 일원으로서 아시안 게임에서 금메달을 땄고, 도쿄올림픽도 와일드카드로 출전했다.

주로 사용하는 발: 오른발 90%
우승 1부리그: 0-0 협회컵: 1-0 챔피언스: 0-0
준우승 클럽월드컵: 0-0 AFC 아시안컵: 0-0 월드컵: 0-0

슈팅-득점: 63-12 / 13-0
- 76-12 LG-2
- 0-0 RG-9
- 3-3 HG-1

패스 방향 분포: 전진 14%, 좌향 13%, 우향 30%, 후진 44%

2020-21 리그앙: 32-4 2524 3 13.0-10.4 80%
T 0.9-0.4 I 0.2 DR 1.5-0.7 1-0 ★ 1

SQUAD LIST

위치	번호	선수	국적	키	생년월일	전 소속 팀
GK	1	Benoît Costil	FRA	187	87-07-03	Rennes
	16	Gaëtan Poussin	FRA	184	99-01-13	None
	30	Davy Rouyard	FRA	194	99-08-17	None
	40	Tidiane Malbec	FRA	185	01-11-03	None
DF	2	Stian Gregersen	NOR	191	95-05-17	Molde
	3	Abdel Medioub	FRA	197	97-08-28	Granada B
	4	Mexer	MOZ	181	85-09-08	Rennes
	6	Laurent Koscielny	FRA	186	85-09-10	Arsenal
	12	Ricardo Mangas	POR	179	98-03-19	Boavista
	14	Gideon Mensah	GHA	177	98-07-18	Red Bull Salzburg
	22	Timothée Pembele	FRA	184	02-09-09	Paris St-Germain
	24	Paul Baysse	FRA	185	88-05-15	Málaga
	25	Enock Kwateng	FRA	183	97-04-09	Nantes
MF	5	Otávio	BRA	176	94-05-04	Atlético Paranaense
	8	Jean Onana	CMR	189	00-01-08	Lille
	10	Samuel Kalu	NGA	176	97-08-26	KAA Gent
	13	Fransérgio	BRA	186	90-10-18	Sporting Braga
	17	Mehdi Zerkane	FRA	186	99-07-15	Monaco
	19	Yacine Adli	FRA	186	00-07-29	Paris St-Germain
	20	Issouf Sissokho	MLI	173	02-01-29	Derby Académie
	21	Javairô Dilrosun	NED	175	98-06-22	Hertha Berlin
	27	Tom Lacoux	FRA	175	02-01-25	None
	28	Rémi Oudin	FRA	185	96-11-18	Reims
FW	7	Jimmy Briand	FRA	181	85-05-02	Guingamp
	9	Josh Maja	NGA	180	98-12-27	Sunderland
	11	Sékou Mara	FRA	184	02-07-30	Boulogne-Billancourt
	18	Hwang Ui-jo	KOR	184	92-08-28	Gamba Osaka
	29	Alberth Elis	HON	183	96-02-12	Boavista
	31	Amadou Traoré	FRA	177	02-03-07	None
	32	Dilane Bakwa	FRA	179	02-08-26	None

Benoît COSTIL   1
GK   브누와 코스틸

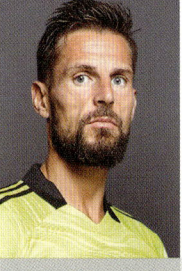

보르도와 잘 어울리는 골키퍼. 영화배우와도 같은 외모로 유명하다. 중거리 슛에 대한 방어가 좋다. 사각지대로의 다이빙이 좋고 일대일 상황에선 자리를 지키며 상대 공격수의 슈팅 방향을 주시한다. 2005년 캉에서 데뷔했다. 반느, 스당에서 활약한 후 11-12 시즌 스타드 렌으로 이적한다. 255경기에 출전했고 2017년 보르도 팀을 옮겼다. 클럽의 부주장으로서 신망이 두텁다.

주로 사용하는 발: 오른발 95%
우승 1부리그: 0-0 협회컵: 0-1 챔피언스: 0-0
준우승 클럽월드컵: 0-0 UEFA 유로: 0-1 월드컵: 0-0

세이브-실점: 65-49 / 36-7
- 157-56 TH-144
- 157-101 NK-291
- 8-1 KD-46

패스 방향 분포: 전진 72%, 좌향 13%, 우향 15%, 후진 0%

2020-21 리그앙: 38-0 3420 5% CS 14 P 31.1-20.9
P% 67 LB 18.8-8.8 AD 16-12 🟨 0-1 ★ ●

Laurent KOSCIELNY   6
DF   로랑 코시엘니

많은 경험을 가진 베테랑 센터백. 경기당 4.4개의 클리어링에 성공했고, 2.1개의 인터셉트까지 기록한 클럽에서 가장 영향력 있는 디펜더다. 대인 마킹과 공중전에서 강점을 보이며 지난 시즌 리그 26경기에 출전했다. 갱강과 투르, 로리앙을 거치며 아스날로 이적했다. 10년을 뛰며 355경기에 출전했고, 2019년 보르도에 합류했다. 팀의 주장이며 대표팀에서도 51경기에 출전했다.

주로 사용하는 발: 오른발 90%
우승 1부리그: 0-1 협회컵: 3-0 챔피언스: 0-0
준우승 클럽월드컵: 0-0 UEFA 유로: 0-1 월드컵: 0-0

슈팅-득점: 6-0 / 0-0
- 6-0 LG-0
- 0-0 RG-0
- 0-0 HG-0

패스 방향 분포: 전진 33%, 좌향 30%, 우향 33%, 후진 4%

2020-21 리그앙: 25-1 2218 2 51.1-43.1 90%
T 1.4-1.1 I 2.1 DR 0.1-0.1 3-0 ★ 1

OTÁVIO   5
MF   오타비우

보르도 중원의 청소부. 몸싸움을 마다하지 않으며 공격을 차단한다. 팀에서 가장 많은 파울을 기록하고 있다. 세밀한 패스로 경기를 잘 풀어가나 측면으로 뿌려주는 로빙 패스는 다소 아쉽다. 지난 시즌 인대 부상으로 절반만 뛰었다. 아틀레티코 파라나엔시에서 데뷔, 3시즌을 뛴 후 520만 유로로 보르도로 합류하여 유럽행을 시작했다. 브라질 대표로 선발된 적은 없다

주로 사용하는 발: 오른발 90%
우승 1부리그: 0-0 협회컵: 0-0 챔피언스: 0-0
준우승 클럽월드컵: 0-0 코파아메리카: 0-0 월드컵: 0-0

슈팅-득점: 1-1 / 5-0
- 6-1 LG-0
- 0-0 RG-0
- 0-0 HG-0

패스 방향 분포: 전진 25%, 좌향 29%, 우향 35%, 후진 11%

2020-21 리그앙: 18-0 1562 0 51.9-46.6 90%
T 4.6-3.0 I 1.4 DR 0.4-0.3 6-0 ★ 1

ANGERS SCO

구단 창립 : 1919년 홈구장 : 스타드 라이몽 코파 대표 : 사이드 샤반 2020-21시즌 : 13위(승점 44점) 12승 8무 18패 40득점 58실점 닉네임 : Le SCO, Les Scoïstes

에이스 이탈, 전력 보강 미비…중위권 쉽지 않아

전반기 한때 리그 8위였다. 그러나 시즌 중후반부터 체력 부담, 부상 선수 발생으로 13위로 마쳤다. 아이트 누리를 울버햄튼으로 보냈으나 이후 이적시장에서 이렇다 할 움직임을 보이지 않았다. 이번 시즌 성적 유지가 관건이다.

2021-22 SEASON SCHEDULE

날짜	장소	상대팀	날짜	장소	상대팀
08-08	A	Strasbourg	01-09	H	Saint-Étienne
08-15	H	Lyon	01-16	A	Lorient
08-22	A	Bordeaux	01-23	H	Troyes
08-29	H	Rennes	02-06	A	Marseille
09-12	A	Brest	02-13	H	Strasbourg
09-19	H	Nantes	02-20	A	Nice
09-22	H	Marseille	02-27	H	Lens
09-26	A	Troyes	03-06	A	Rennes
10-03	H	Metz	03-13	H	Reims
10-17	A	Paris SG	03-20	H	Brest
10-24	H	Saint-Étienne	04-03	A	Lyon
10-31	A	Nice	04-10	H	Lille
11-07	H	Lille	04-17	A	Nantes
11-21	H	Lorient	04-20	H	Paris SG
11-28	A	Lens	04-24	A	Clermont Foot
12-01	H	Monaco	05-01	A	Monaco
12-05	A	Reims	05-08	H	Bordeaux
12-12	H	Clermont Foot	05-14	A	Metz
12-22	A	Montpellier	05-21	H	Montpellier

MANAGER : Gérald BATICLE 제랄드 바티클

생년월일 : 1969.09.10 출생지 : 아멩(프랑스)
현역시절 포지션 : 공격수 계약만료 : 2025.06.30
평균 재직 기간 : 2년 선호 포맷 : 3-4-1-2

1969년생의 프랑스 출신 지도자. 옥세르의 레전드 출신으로 2004년 옥세르 U-19 팀에서 시작했다. 브레스트를 거쳐 리옹의 수석 코치 역할을 10년 가까이 했다. 이번 시즌 앙제의 1군 감독으로 부임했고, 기대가 상당히 크다.

우승-준우승

FRENCH LIGUE-1	0-0
FRENCH COUPE DE FRANCE	0-2
UEFA CHAMPIONS LEAGUE	0-0
UEFA EUROPA LEAGUE	0-0
FIFA CLUB WORLD CUP	0-0
UEFA-CONMEBOL INTERCONTINENTAL	0-0

ODDS CHECK

bet365	배당률 1500배	우승 확률 18위
sky bet	배당률 1000배	우승 확률 17위
William HILL	배당률 750배	우승 확률 12위
888sport	배당률 950배	우승 확률 18위

*우승 확률이 높을수록 배당률은 낮아짐

시간대별 득점 / 시간대별 실점

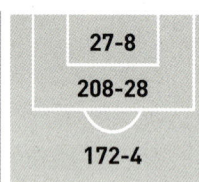

위치별 슈팅-득점

27-8
208-28
172-4

공격 방향

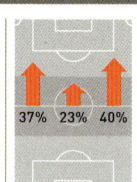
37% 23% 40%

볼 점유 위치

상대 진영 26%
중간 지역 49%
우리 진영 25%

포지션별 득점

FW진 20골
MF진 13골
DF진 7골

상대 포지션별 실점

DF진 6골
MF진 12골
FW진 39골

*자책골 실점 1골

BASIC FORMATION

3-4-1-2

알리-초 / 닝가
바호켄 / 멜랄리
풀지니 / 부팔
둠비아 / 보비숑
만가니 / 카펠
엔디 / 타이비
카보 / 방카
토마스 / 칼레드
트라오레 / 에보스
만소 / 보마
베르나르도니 / 페트코비치

TOTO GUIDE 지난시즌 전적

상대팀	홈	원정
Lille	1-2	2-1
Paris SG	0-1	1-6
Monaco	0-1	0-3
Lyon	0-1	0-3
Marseille	2-1	2-3
Rennes	0-3	2-1
Lens	2-2	3-1
Montpellier	1-1	1-4
Nice	0-3	0-3
Metz	1-1	1-0
Saint-Etienne	0-1	0-0
Bordeaux	0-2	1-2
Reims	1-0	0-0
Strasbourg	0-2	0-0
Lorient	2-0	0-2
Brest	3-2	0-0
Nantes	1-3	1-1
Nimes	3-1	5-1
Dijon	3-0	1-0

득점 패턴 / 실점 패턴

득점 패턴: 40골 (OPEN PLAY 24, 10, 5, 1)
실점 패턴: 58골 (43, 7, 2, 1)

● OPEN PLAY ● COUNTER ATTACK ● SET PLAY ● PENALTY KICK ● OWN GOAL

OFFENSE | DEFENSE

OFFENSE		DEFENSE	
오픈 플레이	C	오픈 플레이 수비	A
카운터 어택	C	카운터 어택 수비	C
짧은 패스 게임	B	짧은 패스 게임 수비	E
롱볼 연계 플레이	C	롱볼 연계 플레이수비	C
솔로 플레이	C	솔로 플레이 수비	D
중거리 슈팅 / 직접 프리킥	B	중거리 슈팅 수비	C
측면 공격	B	측면 수비	D
세트 플레이	C	세트 플레이 수비	B
위협적인 공격 횟수	C	공중전 능력	D
슈팅 대비 득점	B	볼 쟁탈전 / 투쟁심	B
오프사이드 피하기	C	실수 조심	C
볼 점유율	D	파울 주의	C

A 매우 우수함 B 우수함 C 평균 수준 D 부족함 E 많이 부족함

MF | Angelo FULGINI | 10
안젤로 풀기니

SCOUTING REPORT
앙제의 10번. 공격적인 재능이 뚜렷한 미드필더. 슈팅의 임팩트가 좋고 강하다. 중거리 슛을 잘 구사하며 크로스 상황 때 중앙으로 침투하여 헤딩슛도 종종 성공시킨다. PK전담 키커로 나서고 풀리 플랍과 같은 개인 기술도 자주 사용한다. 측면에 위치할 때는 얼리 크로스나 골문 쪽으로 바짝 붙이는 낮은 패스를 뿌려준다. 지난 시즌 리그 33경기에 출전하며 7골과 3개의 도움을 기록했다.

PLAYER'S HISTORY
2015년 발랑시엔에서 데뷔, 아카데미에서 좋은 재능을 인정받아, 3시즌 동안 84경기에 출전했다. 17-18 시즌 앙제의 셔츠를 입었고, 프랑스 연령별 대표팀에 모두 콜업된 엘리트. 2015년 19세 이하 유럽 선수권 참가 경험이 있다.

주로 사용하는 발 : 오른발 90%	우승	1부리그 : 0-0	협회컵 : 0-0	챔피언스 : 0-0
	준우승	클럽 월드컵 : 0-0	UEFA 유로 : 0-0	월드컵 : 0-0

슈팅-득점	패스 방향 분포	2020-21 시즌 리그 기록	포지션
32-6 / 34-1 / 66-7 LG-0 / 7-1 RG-6 / 1-1 HG-1	전진 29% / 좌향 21% 우향 26% / 후진 24%	33-0 2739 4 45.7-38.1 83% / 1.3-0.7 0.5 4.7-2.5 4-0 4	

GK | Paul BERNARDONI | 1
폴 베르나르도니

프랑스의 차세대 수문장 중 한 명. 엄청난 반사 신경을 보여준다. 스텝을 밟으며 상대 공격수의 슈팅 템포를 계산한 후 반박자 빠르게 뛰는 우수한 판단력을 가지고 있다. 괴물과도 같은 펀칭과 슛 스토퍼는 또 하나의 무기다. 트루와에서 데뷔했다. 보르도 이적 후 클레르몽, 님 올림피크로 임대되었다. 지난 시즌 앙제로 왔고 프랑스 U-21 챔피언쉽에 참가했다.

주로 사용하는 발 : 왼발 84%	우승	1부리그 : 0-0	협회컵 : 0-0	챔피언스 : 0-0
	준우승	클럽 월드컵 : 0-0	UEFA 유로 : 0-0	월드컵 : 0-0

세이브-실점	패스 방향 분포	2020-21 시즌 리그 기록	포지션
48-54 / 34-4 / 140-58 TH-210 / 140-82 NK-269 / 8-1 KD-48	전진 70% / 좌향 13% 우향 17% / 후진 0%	38-0 3420 59% 9 20.2-11.4 / 56% 13.1-4.4 19-7 1-0 0	

DF | Souleyman DOUMBIA | 3
슐레이만 둠비아

앙제의 주전 레프트 백. 측면을 타고 돌진한다. 과감한 오버 래핑은 둠비아의 주특기. 빠른 스프린트를 통해 상대의 측면을 허문다. 하지만 크로스와 패스의 성공률이 좋지 못하고 뒷공간에 대한 커버 능력도 부족하다. PSG의 유스 출신으로 바리, 비센자, 그라스호퍼, 스타드 렌에서 활약했다. 19-20 시즌 앙제로 임대온 후 완전 영입에 성공했다. 코트디부아르 대표팀 출신이다.

주로 사용하는 발 : 왼발	우승	1부리그 : 0-0	협회컵 : 1-0	챔피언스 : 0-0
	준우승	클럽 월드컵 : 0-0	UEFA 유로 : 0-0	월드컵 : 0-0

슈팅-득점	패스 방향 분포	2020-21 시즌 리그 기록	포지션
3-0 / 4-0 / 7-0 LG-0 / 0-0 RG-0 / 0-0 HG-0	전진 33% / 좌향 4% 우향 46% / 후진 17%	24-3 2221 1 35.9-29.6 82% / 2.3-1.8 1.6 1.6-0.9 8-0 0	

FW | Stéphane BAHOKEN | 19
스테판 바호켄

매서운 창을 가진 공격수. 앙제의 주포로 지난 시즌 리그 30경기에 출전해 6골을 넣었다. 공간 침투 후 시도하는 오른발 인사이드 킥이 좋다. 점프력이 좋아 헤딩슛을 자주 시도하며 탄탄한 체구에서 나오는 힘은 상대 수비에게 적지 않은 부담을 준다. 니스를 거쳐 스트라스부르에서 124경기 출전했다. 프랑스 20세 이하 출신이지만 카메룬 대표팀으로 귀화했다.

주로 사용하는 발 : 오른발 89%	우승	1부리그 : 0-0	협회컵 : 0-0	챔피언스 : 0-0
	준우승	클럽 월드컵 : 0-0	CAF 네이션스컵 : 0-0	월드컵 : 0-0

슈팅-득점	패스 방향 분포	2020-21 시즌 리그 기록	포지션
46-6 / 14-0 / 60-6 LG-4 / 0-0 RG-2 / 1-0 HG-0	전진 12% / 좌향 18% 우향 28% / 후진 42%	18-12 1619 2 10.3-7.7 75% / 0.6-0.3 0.2 0.8-0.5 4-0 2	

SQUAD LIST

위치	번호	선수	국적	키	생년월일	전 소속팀
GK	1	Paul Bernardoni	FRA	190	97-04-18	Bordeaux
	16	Anthony Mandrea	FRA	186	96-12-25	Nice
	30	Danijel Petković	MNE	194	93-05-25	Lorient
DF	3	Souleyman Doumbia	CIV	175	96-09-24	Rennes
	6	Enzo Ebosse	FRA	185	99-03-11	Le Mans
	8	Ismaël Traoré	CIV	185	86-08-18	Brest
	20	Kévin Boma	FRA	187	02-11-20	Tours
	24	Romain Thomas	FRA	193	88-06-12	Carquefou
	25	Abdoulaye Bamba	CIV	182	90-04-25	Dijon
	29	Vincent Manceau	FRA	174	89-07-10	None
MF	2	Batista Mendy	FRA	191	00-01-12	Nantes
	5	Thomas Mangani	FRA	182	87-04-29	Chievo Verona
	10	Angelo Fulgini	FRA	187	96-08-20	Valenciennes
	11	Jimmy Cabot	FRA	164	94-04-18	Lorient
	12	Zinédine Ould Khaled	FRA	195	00-01-14	None
	13	Sofiane Boufal	MAR	170	93-09-17	Southampton
	15	Pierrick Capelle	FRA	180	87-04-15	Clermont
	17	Noah Fatar	FRA	165	02-02-15	Lille
	18	Azzedine Ounahi	MAR	182	00-04-19	Avranches
	23	Antonin Bobichon	FRA	170	95-09-14	Nîmes
	26	Waniss Taibi	FRA	184	02-03-07	Limoges
	27	Mathias Pereira Lage	FRA	180	96-11-30	Clermont
FW	9	Casimir Ninga	CHA	186	93-05-17	Caen
	19	Stéphane Bahoken	CMR	185	92-05-28	Strasbourg
	21	Mohamed-Ali Cho	ENG	182	04-01-19	Everton
	22	Sada Thioub	SEN	179	95-06-01	Nîmes
	28	Farid El-Melali	ALG	168	97-05-05	Paradou AC

STADE DE REIMS

구단 창립 : 1931년 홈구장 : 스타드 오구스트-들론 대표 : 장-피에르 카이로 2020-21시즌 : 14위(승점 42점) 9승 15무 14패 42득점 50실점 닉네임 : Les rouges et blancs

악재 겹치며 리그 14위 추락, 올 시즌 반전 노려

2019-20 시즌 돌풍을 몰아치며 5위에 올랐지만, 지난 시즌엔 악재가 겹치며 14위에 그쳤다. 여름 이적 시장 때 샤바렐린(트루아) 등 16명을 방출하고, 마투시와 등 10명을 영입했다. 전체적인 전력은 지난 시즌과 비슷하다.

MANAGER : Oscar GARCIA 오스카르 가르시아

생년월일 : 1973.04.26 / 출생지 : 샤바델(스페인)
현역시절 포지션 : 미드필더 / 계약만료 : 2024.06.30
평균 재직 기간 : 3년 / 선호 포맷 : 4-3-3

1973년의 스페인 국적의 감독. 바르셀로나 출신으로 발렌시아, 에스파뇰로 뛰었다. 바르셀로나 유스팀을 감독을 거쳐 브라이튼, 마카비 텔아비브, 왓포드, 잘츠부르크, 생테티엔, 올림피아코스, 셀타에서 감독직을 수행했다.

우승-준우승
- FRENCH LIGUE-1 6-3
- FRENCH COUPE DE FRANCE 2-1
- UEFA CHAMPIONS LEAGUE 0-2
- UEFA EUROPA LEAGUE 0-0
- FIFA CLUB WORLD CUP 0-0
- UEFA-CONMEBOL INTERCONTINENTAL 0-0

ODDS CHECK
	배당률	우승 확률
bet365	1000배	14위
sky bet	750배	15위
William HILL	1000배	18위
888sport	750배	15위

*우승 확률이 높을수록 배당률은 낮아짐

2021-22 SEASON SCHEDULE

날짜	장소	상대팀	날짜	장소	상대팀
08-08	A	Nice	01-09	A	Clermont Foot
08-15	H	Montpellier	01-16	H	Metz
08-22	A	Metz	01-23	A	Paris SG
08-29	H	Paris SG	02-06	A	Bordeaux
09-12	A	Rennes	02-13	A	Nantes
09-19	H	Lorient	02-20	H	Brest
09-22	H	Lille	02-27	H	Monaco
09-26	H	Nantes	03-06	A	Strasbourg
10-03	A	Lens	03-13	A	Angers
10-17	A	Brest	03-20	H	Lyon
10-24	A	Troyes	04-03	A	Troyes
10-31	A	Bordeaux	04-10	A	Rennes
11-07	H	Monaco	04-17	H	Montpellier
11-21	A	Strasbourg	04-20	H	Lille
11-28	H	Clermont Foot	04-24	A	Marseille
12-01	A	Lyon	05-01	A	Lorient
12-05	H	Angers	05-08	H	Lens
12-12	H	Saint-Étienne	05-14	A	Saint-Étienne
12-22	A	Marseille	05-21	H	Nice

시간대별 득점	시간대별 실점	위치별 슈팅-득점	공격 방향	볼 점유 위치	포지션별 득점	상대 포지션별 실점

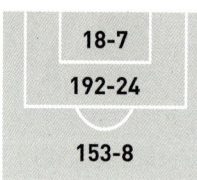    

BASIC FORMATION 3-5-2

투레 음부쿠 / 케발 판베어헨 / 베리샤 제널리 / 무네시 카파로 / 음부쿠 코나 / 카사망 로피 / 포케트 두쿠레 / 압델하미드 시소코 / 피스 마투시와 / 그라비용 음보우 / 라이코비치 디우프

TOTO GUIDE 지난시즌 전적

상대팀	홈	원정
Lille	0-1	1-2
Paris SG	0-2	0-4
Monaco	0-1	2-2
Lyon	1-1	0-3
Marseille	1-3	1-1
Rennes	2-2	2-2
Lens	1-1	4-4
Montpellier	0-0	4-0
Nice	0-0	0-0
Metz	0-0	1-2
Saint-Etienne	3-1	1-1
Bordeaux	1-2	3-1
Angers	0-0	0-1
Strasbourg	2-1	1-0
Lorient	1-3	0-1
Brest	1-0	1-2
Nantes	3-2	2-1
Nimes	0-1	2-2
Dijon	0-0	1-0

득점 패턴 | 실점 패턴

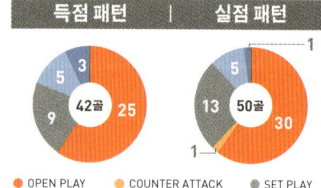

42골 / 50골

● OPEN PLAY ● COUNTER ATTACK ● SET PLAY ● PENALTY KICK ● OWN GOAL

OFFENSE | DEFENSE

오픈 플레이	B	오픈 플레이 수비	B
카운터 어택	C	카운터 어택 수비	C
짧은 패스 게임	C	짧은 패스 게임 수비	C
롱볼 연계 플레이	B	롱볼 연계 플레이수비	C
솔로 플레이	B	솔로 플레이 수비	C
중거리 슈팅 / 직접 프리킥	B	중거리 슈팅 수비	D
측면 공격	B	측면 수비	C
세트 플레이	C	세트 플레이 수비	C
위협적인 공격 횟수	C	공중전 능력	C
슈팅 대비 득점	D	볼 쟁탈전 / 투쟁심	B
오프사이드 피하기	D	실수 조심	D
볼 점유율	D	파울 주의	D

A 매우 우수함 B 우수함 C 평균 수준 D 부족함 E 많이 부족함

FW El Bilal TOURÉ 27
엘 빌랄 투레

SCOUTING REPORT
지난 시즌 선발 출전 11회, 교체 출전 22회였다. '조커'였다. 그러나 올 시즌 주전 공격수 제넬리가 무릎 십자인대 수술로 아웃되자 전격적으로 선발로 나섰다. 체격은 평범하지만 높은 점프를 이용한 공중전은 최강의 무기다. 탄력이 좋고, 슈팅 파워가 강력하다. 만 19세의 유망주로 장래가 기대되나 경험이 부족하기에 심리적 압박을 받는 상황에서는 실수가 나오기 쉽다. 더 경험을 쌓아야 한다.

PLAYER'S HISTORY
부모는 말리 사람들이다. 코트디부아르 아자메에서 태어났다. 15살 때 말리의 아프리카 풋볼 엘리트 클럽에 입단해 축구를 배웠다. 2020년 프랑스 랭스와 계약해 2군에서 뛰다가 올 시즌 1군으로 승격됐다. 말리와 코트디부아르의 이중국적이지만 말리 국가대표를 선택했다.

주로 사용하는 발 : 오른발 72%
우승 — 1부리그 : 0-0 / 협회컵 : 1-0 / 챔피언스 : 0-0
준우승 — 클럽 월드컵 : 0-0 / CAF 네이션스컵 : 0-0 / 월드컵 : 0-0

슈팅-득점: 16-3 / 3-1
- 19-4 LG-1
- 0-0 RG-0
- 0-0 HG-3

패스 방향 분포: 전진 23%, 좌향 28%, 우향 30%, 후진 29%

2020-21 리그앙: 11-22, 1239, A 1, 8.6-6.2, P% 72%
T 1.0-0.7, I 0.2, DR 0.7-0.3, 4-0, ★ 1

SQUAD LIST

위치	번호	선수	국적	키	생년월일	전 소속 팀
GK	1	Predrag Rajković	SRB	191	95-10-31	Maccabi Tel Aviv
GK	16	Yehvann Diouf	FRA	185	99-11-16	Troyes
GK	30	Nicolas Penneteau	FRA	185	81-02-28	Charleroi
DF	2	Wout Faes	BEL	185	98-04-03	Oostende
DF	3	Ghislain Konan	CIV	176	95-12-27	Vitória Guimarães
DF	5	Yunis Abdelhamid	MAR	189	87-09-28	Dijon
DF	6	Andrew Gravillon	FRA	188	98-02-08	Internazionale
DF	13	Fodé Doucouré	MLI	172	01-02-03	JMG Academy
DF	28	Bradley Locko	FRA	180	02-05-06	Lorient
DF	29	Moustapha Mbow	SEN	190	00-03-08	AF Darou Salam
DF	32	Thomas Foket	BEL	177	94-09-25	KAA Gent
MF	10	Arbër Zeneli	KVX	176	95-02-25	SC Heerenveen
MF	12	Alexis Flips	FRA	173	00-01-18	Lille
MF	14	Valon Berisha	KVX	175	93-02-07	Lazio
MF	15	Marshall Munetsi	ZIM	188	96-06-22	Orlando Pirates
MF	20	Ilan Kebbal	ALG	169	98-07-10	Côte Bleue
MF	21	Azor Matusiwa	NED	173	98-04-28	FC Groningen
MF	23	Moreto Cassamá	GNB	165	98-02-16	FC Porto
MF	24	Mathieu Cafaro	FRA	175	97-03-25	Toulouse
MF	25	Moussa Doumbia	MLI	173	94-08-15	FC Rostov
MF	26	Dion Lopy	SEN	184	02-02-02	OSLO Football Academy
FW	7	El Bilal Touré	MLI	185	01-10-03	None
FW	11	Nathanaël Mbuku	FRA	170	02-03-16	Fleury
FW	17	Anastasios Donis	GRE	176	96-08-29	Stuttgart
FW	18	Fraser Hornby	SCO	195	99-09-13	Everton
FW	19	Mitchell van Bergen	NED	170	99-08-27	SC Heerenveen
FW	22	Hugo Ekitike	FRA	189	02-06-20	None

GK Predrag RAJKOVIĆ 1
프레드라그 라이코비치

세르비아 대표팀 출신의 골키퍼. 랭스의 넘버원으로 지난 시즌 리그 37경기에 출전했다. PK 방어에 뛰어나며 슈퍼 세이브를 많이 만들어 낸다. 역방향 프리킥 상황에서도 손을 뻗어 공을 쳐내는 명장면을 자주 연출한다. 2012년 자고디나를 시작으로 레드 스타 베오글라드, 마카비 텔 아비브를 거쳐 랭스에 입단했다. 연령별 대표팀에 모두 포함된 특급 유망주다.

주로 사용하는 발 : 오른발 85%
우승 — 1부리그 : 2-4 / 협회컵 : 1-2 / 챔피언스 : 0-0
준우승 — 클럽 월드컵 : 0-0 / UEFA 유로 : 0-0 / 월드컵 : 0-0

세이브-실점: 66-44 / 48-5
- 163-49 TH-157
- 163-114 NK-343
- 7-2 KD-45

패스 방향 분포: 전진 59%, 좌향 21%, 우향 21%, 후진 0%

2020-21 리그앙: 37-0, 3286, 5% 70%, CS 10, 34.8-21.8
P% 63%, LB 19.4-6.6, AD 9-18, 2-0, ★ 2

DF Wout FAES 2
바우트 파스

다비드 루이스를 연상케 하는 헤어스타일, 특유의 웃음은 트레이드 마크다. 맨마킹이 좋다. 상대의 빌드업을 끊어낸 후 직접 볼을 끌고 들어가 전진 패스를 뿌려주고, 상황에 따라서는 직접 슈팅을 때려 득점까지 이끌어낸다. 자국 명문 안데를레흐트 출신으로 헤렌벤, 엑셀시오르, 오스텐드를 거쳐 랭스로 입단했다. 벨기에 21세 이하 대표팀에서 활약했다.

주로 사용하는 발 : 오른발 88%
우승 — 1부리그 : 0-0 / 협회컵 : 0-0 / 챔피언스 : 0-0
준우승 — 클럽 월드컵 : 0-0 / UEFA 유로 : 0-0 / 월드컵 : 0-0

슈팅-득점: 11-1 / 0-0
- 11-1 LG-0
- 0-0 RG-0
- 0-0 HG-1

패스 방향 분포: 전진 37%, 좌향 39%, 우향 20%, 후진 5%

2020-21 리그앙: 33-0, 2901, A 0, 48.5-41.7, P% 86%
T 1.6-1.1, I 2.1, DR 0.5-0.4, 11-2, ★ 1

MF Mathieu CAFARO 24
마티외 카파로

크랙을 꿈꾸는 팀의 에이스. 공격 진영 전역에서 많은 활약을 보여준다. 활동 반경이 넓고 볼 관리 능력이 탁월하다. 슈팅의 임팩트, 세기가 강하고 한 방이 필요한 순간 결과를 이끌어내는 스타성도 가졌다. 툴루즈의 유소년 팀을 거쳐 2016년 1군에 데뷔했다. 많은 기회를 받지 못하자 17-18 시즌 랭스에 입단, 팀의 승격을 도와 서포터즈의 많은 사랑을 받고 있다.

주로 사용하는 발 : 오른발 91%
우승 — 1부리그 : 0-0 / 협회컵 : 0-0 / 챔피언스 : 0-0
준우승 — 클럽 월드컵 : 0-0 / UEFA 유로 : 0-0 / 월드컵 : 0-0

슈팅-득점: 16-3 / 44-1
- 60-4 LG-0
- 10-1 RG-4
- 0-0 HG-0

패스 방향 분포: 전진 33%, 좌향 24%, 우향 21%, 후진 22%

2020-21 리그앙: 27-4, 2091, A 2, 23.3-15.8, P% 68%
T 2.3-1.3, I 0.5, DR 1.7-0.7, 3-0, ★ 0

RC STRASBOURG ALSACE

구단 창립 : 1906년 홈구장 : 스나드 데 라 메노 대표 : 마르크 켈러 2020-21시즌 : 15위(승점 42점) 11승 9무 18패 49득점 58실점 닉네임 : Les coureurs

잔류에 이어 하위권 탈출, 가메이로 득점포에 기대

리그 초반 강등권까지 추락했으나 중반이후 안정적인 경기력을 보이며 15위로 시즌을 마감했다. 이적 시장에서 가메이로를 포함 7명을 영입했고, 시마칸 등 13명을 방출했다. 전력은 지난 시즌과 비슷하다. 하위권 탈출을 목표로 한다.

MANAGER : Julien STÉPHAN 쥘리앙 스테판

- 생년월일 : 1980.09.18 / 출생지 : 랑스(프랑스)
- 현역시절 포지션 : 미드필더 / 계약만료 : 2024.06.30
- 평균 재직 기간 : 3년 / 선호 포맷 : 4-3-3

PSG의 유스 출신이지만 주로 하부 리그에서 선수 생활을 보냈다. 2015년 스타드 렌의 B팀에서 지도자 생활을 시작했다. 2018년 1군을 맡았고 3시즌을 이끌었다. 프랑스 대표팀의 수석 코치 가이 스테판의 아들이기도 하다.

우승-준우승

- FRENCH LIGUE-1 1-1
- FRENCH COUPE DE FRANCE 3-3
- UEFA CHAMPIONS LEAGUE 0-0
- UEFA EUROPA LEAGUE 0-0
- FIFA CLUB WORLD CUP 0-0
- UEFA-CONMEBOL INTERCONTINENTAL 0-0

ODDS CHECK

- bet365 배당률 1000배 우승 확률 14위
- sky bet 배당률 500배 우승 확률 10위
- William HILL 배당률 750배 우승 확률 12위
- 888sport 배당률 750배 우승 확률 15위

*우승 확률이 높을수록 배당률은 낮아짐

2021-22 SEASON SCHEDULE

날짜	장소	상대팀	날짜	장소	상대팀
08-08	H	Angers	01-09	A	Metz
08-15	A	Paris SG	01-16	H	Montpellier
08-22	H	Troyes	01-23	A	Bordeaux
08-29	H	Brest	02-06	H	Nantes
09-12	A	Lyon	02-13	A	Angers
09-19	H	Metz	02-20	A	Saint-Étienne
09-22	A	Lens	02-27	A	Nice
09-26	H	Lille	03-06	H	Reims
10-03	A	Montpellier	03-13	H	Monaco
10-17	H	Saint-Étienne	03-20	A	Lorient
10-24	A	Rennes	04-03	H	Lens
10-31	H	Lorient	04-10	A	Lyon
11-07	A	Nantes	04-17	H	Troyes
11-21	H	Reims	04-20	A	Rennes
11-28	A	Monaco	04-24	H	Lille
12-01	H	Bordeaux	05-01	A	Paris SG
12-05	A	Nice	05-08	H	Brest
12-12	H	Marseille	05-14	A	Clermont Foot
12-22	A	Clermont Foot	05-21	H	Marseille

시간대별 득점 / 시간대별 실점 / 위치별 슈팅-득점 / 공격 방향 / 볼 점유 위치 / 포지션별 득점 / 상대 포지션별 실점

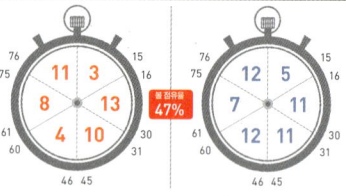

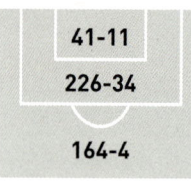

41-11
226-34
164-4

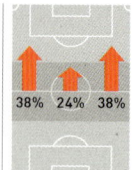

38% 24% 38%

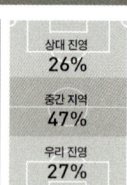

상대 진영 26%
중간 지역 47%
우리 진영 27%

FW진 29골
MF진 12골
DF진 8골

DF진 32골
MF진 12골
FW진 13골

*자책골 실점 1골

BASIC FORMATION

3-5-2

TOTO GUIDE 지난시즌 전적

상대팀	홈	원정
Lille	0-3	1-1
Paris SG	1-4	0-4
Monaco	1-0	2-3
Lyon	2-3	0-3
Marseille	0-1	1-1
Rennes	1-1	0-1
Lens	1-2	1-0
Montpellier	2-3	3-4
Nice	0-2	2-0
Metz	2-2	2-1
Saint-Etienne	1-0	0-2
Bordeaux	0-2	3-2
Angers	0-0	2-0
Reims	0-1	1-2
Lorient	1-1	1-3
Brest	2-2	3-0
Nantes	1-2	4-0
Nimes	5-0	1-1
Dijon	1-0	1-1

득점 패턴 | 실점 패턴

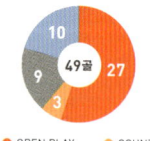
49골: 10, 27, 3, 9
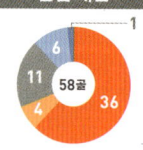
58골: 1, 6, 36, 4, 11

● OPEN PLAY ● COUNTER ATTACK ● SET PLAY
● PENALTY KICK ● OWN GOAL

OFFENSE | DEFENSE

OFFENSE		DEFENSE	
오픈 플레이	C	오픈 플레이 수비	B
카운터 어택	C	카운터 어택 수비	C
짧은 패스 게임	B	짧은 패스 게임 수비	D
롱볼 연계 플레이	B	롱볼 연계 플레이수비	C
솔로 플레이	C	솔로 플레이 수비	D
중거리 슈팅/직접 프리킥	B	중거리 슈팅 수비	D
측면 공격	C	측면 수비	C
세트 플레이	C	세트 플레이 수비	C
위협적인 공격 횟수	D	공중전 능력	B
슈팅 대비 득점	C	볼 쟁탈전/투쟁심	B
오프사이드 피하기	E	실수 조심	C
볼 점유율	B	파울 주의	C

A 매우 우수함 B 우수함 C 평균 수준 D 부족함 E 많이 부족함

FW Ludovic AJORQUE 25
뤼도빅 아조르케

SCOUTING REPORT
스트라스부르그의 타겟맨. 2m에 육박하는 키에서 나오는 헤더는 최고의 무기다. 강인한 피지컬은 상대 수비수에게 큰 부담을 안겨준다. 공중볼 경합 후 그가 떨궈주는 공을 받아 펼치는 2차 플레이는 스트라스부르그의 주 공격 패턴 중 하나다. 키가 크지만 볼 컨트롤이 부드럽고 드리블을 선호하나 패스의 정확도는 부족하다. 지난 시즌 16골을 넣어 리그에서 손꼽히는 공격수 중 하나가 됐다.

PLAYER'S HISTORY
앙제에서 데뷔했다. 벤데이 포이레 수 비 풋볼, 루숑을 거쳐 클레르몽 푸트로 이적했다. 17-18 시즌 2부 리그지만 두 자릿수 골을 넣었다. 이 모습을 본 스트라스부르그가 영입을 추진했고, 2018년 팀에 합류시켰다. 4시즌 동안 101경기에 출전, 38골을 성공시켰다.

주로 사용하는 발: 왼발 73%

| 우승 | 1부리그: 0-0 | 협회컵: 0-0 | 챔피언스: 0-0 |
| 준우승 | 클럽 월드컵: 0-0 | UEFA 유로: 0-0 | 월드컵: 0-0 |

슈팅-득점: 59-16 / 12-0 / 71-16 LG-9 / 0-0 RG-4 / 5-4 HG-3
패스 방향 분포: 전진 18%, 좌향 26%, 우향 24%, 후진 32%
2020-21 리그앙: 34-1, 2972, A 4, P 25.6-17.5, P% 68%, T 1.5-0.9, I 0.6, DR 0.7-0.3, 경고 5-0, MOM 4

GK Matz SELS 1
마츠 셀스

벨기에 대표팀의 써드 키퍼. 긴 팔과 다리를 이용해 선방한다. 특히, 역방향으로 걸릴 때 '풋 세이브'로 자주 막아낸다. 1대1 상황에선 각도를 좁히기 위해 종종 전진하는 모습을 보여준다. 지난 시즌 인대 부상으로 단 6경기만 뛰었다. 아픈 기억을 가진 시즌이었지만 유로에 참가했고, 이번 시즌 재기를 노리고 있다. 벨기에 대표팀의 연령별 스쿼드에 모두 포함되었다.

주로 사용하는 발: 오른발 92%

| 우승 | 1부리그: 1-1 | 협회컵: 0-0 | 챔피언스: 0-0 |
| 준우승 | 클럽 월드컵: 0-0 | UEFA 유로: 0-0 | 월드컵: 0-0 |

세이브-실점: 6-12 / 7-1 / 26-13 TH-23 / 26-13 NK-50 / 2-0 KD-52
패스 방향 분포: 전진 78%, 좌향 12%, 우향 10%, 후진 0%
2020-21 리그앙: 6-0, 540, 5%, CS, P 24.8-13.8, P% 56%, LB 18.5-7.5, AD 3-2, 경고 6-0, MOM 1

DF Alexander DJIKU 24
알레산더 지쿠

스트라스부르그 부동의 센터백. 전진 패스와 로빙 패스가 모두 다 좋다. 섬세한 볼 터치도 좋고 점프력이 상당해 파워 헤더로 자리잡고 있다. 다만 밸런스가 무너지면 큰 실수를 하는 경우가 종종 있다. 바스티아 아카데미를 거쳐 데뷔했다. 3시즌 동안 뛰었고 2017년 칸에서 뛰었다. 19-20 시즌 스트라스부르그로 합류했고 가나 대표팀 주전으로 출장하고 있다.

주로 사용하는 발: 오른발 81%

| 우승 | 1부리그: 0-0 | 협회컵: 0-0 | 챔피언스: 0-0 |
| 준우승 | 클럽 월드컵: 0-0 | UEFA 유로: 0-0 | 월드컵: 0-0 |

슈팅-득점: 12-0 / 4-0 / 16-0 LG-0 / 1-0 RG-0 / 0-0 HG-0
패스 방향 분포: 전진 37%, 좌향 30%, 우향 28%, 후진 6%
2020-21 리그앙: 29-1, 2553, A 0, P 44.6-37.7, P% 85%, T 2.7-2.0, I 3, DR 0.2-0.2, 경고 8-0, MOM 1

MF Jean-Ricner BELLEGARDE 17
장-리크네 벨레가르드

매우 넓은 활동 반경을 기반으로 측면과 포백 보호, 최전방 공격수와의 호흡까지 보여준다. 주력이 빠르고 지난 시즌 경기당 81.8%의 패스 성공률을 기록했다. 공격 포인트가 부족한 점이 유일하게 아쉬운 부분. 렌스의 유소년 팀을 거쳐 2019년 스트라스부르그의 셔츠를 입었다. 프랑스 19세 이하의 대표팀부터 21세 이하의 팀까지 뛰었다.

주로 사용하는 발: 오른발 78%

| 우승 | 1부리그: 0-0 | 협회컵: 0-0 | 챔피언스: 0-0 |
| 준우승 | 클럽 월드컵: 0-0 | UEFA 유로: 0-0 | 월드컵: 0-0 |

슈팅-득점: 14-1 / 9-0 / 23-1 LG-0 / 0-0 RG-0 / 0-0 HG-1
패스 방향 분포: 전진 18%, 좌향 23%, 우향 25%, 후진 33%
2020-21 리그앙: 25-11, 2098, A 1, P 20.3-16.6, P% 82%, T 1.8-1.6, I 2, DR 2.2-1.3, 경고 3-0, MOM 0

SQUAD LIST

위치	번호	선수	국적	키	생년월일	전 소속 팀
GK	1	Matz Sels	BEL	188	92-02-26	Newcastle U
GK	16	Eiji Kawashima	JPN	185	83-03-20	Metz
GK	30	Bingourou Kamara	FRA	193	96-10-21	Tours
GK	36	Alaa Bellaarouch	MAR	188	02-02-01	Académie Mohammed VI
GK	40	Alexandre Pierre	HAI	190	01-02-25	Angers
DF	2	Frédéric Guilbert	FRA	178	94-12-24	Aston Villa
DF	4	Karol Fila	POL	180	98-06-13	Lechia Gdańsk
DF	5	Lucas Perrin	FRA	187	98-11-19	Marseille
DF	19	Anthony Caci	FRA	184	97-07-01	None
DF	22	Gerzino Nyamsi	FRA	195	97-01-22	Rennes
DF	23	Maxime Le Marchand	FRA	180	89-11-10	Fulham
DF	24	Alexander Djiku	FRA	184	94-08-09	Caen
MF	6	Jean-Eudes Aholou	CIV	186	94-03-20	Monaco
MF	10	Adrien Thomasson	FRA	182	93-12-10	Nantes
MF	11	Dimitri Liénard	FRA	184	88-02-13	Mulhouse
MF	14	Sanjin Prcić	BIH	181	93-11-20	Levante
MF	17	Jean-Ricner Bellegarde	FRA	170	98-06-27	Lens
MF	18	Mahamé Siby	FRA	188	96-07-07	Valenciennes
MF	27	Ibrahima Sissoko	FRA	193	97-10-27	Brest
MF	37	Aymeric Ahmed	FRA	173	03-11-08	None
MF	38	Habib Diarra	SEN	179	04-01-03	None
FW	8	Waris Majeed	GHA	172	91-09-19	FC Porto
FW	9	Kévin Gameiro	FRA	172	87-05-09	Valencia
FW	12	Lebo Mothiba	RSA	182	96-01-28	Lille
FW	20	Habib Diallo	SEN	185	95-06-15	Metz
FW	25	Ludovic Ajorque	FRA	196	94-02-25	Clermont
FW	31	Moïse Sahi	MLI	175	01-12-20	Afrique Football Élite

FC LORIENT

구단 창립 : 1926년 홈구장 : 스타드 뒤 무스투아 대표 : 로익 페리 2020-21시즌 : 16위 (승점 42점) 11승 9무 18패 50득점 68실점 닉네임 : Les Merlus, Le FCL

이적 시장에서 알짜 영입, 올 시즌 중위권 가능

지난 시즌 여러 문제점을 보이며 16위에 그쳤다. 이적 시장에서 7명을 영입했다. 대어급은 없지만 나름 팀에 도움을 줄 수 있는 선수들이다. 로리앙테, 모피의 득점포가 터지면 중위권 진입도 충분히 가능해 보인다.

MANAGER : Christophe PÉLISSIER 크리스토프 펠리시에

생년월일 : 1965.10.05 출생지 : 레벨(프랑스)
현역시절 포지션 : 미드필더 계약만료 : 2024.06.30
평균 재직 기간 : 4년 / 선호 포맷 : 4-2-3-1

로리앙의 승격을 주도한 감독. 팀과 서포터즈의 신망이 두터워 지난 시즌의 성적을 두고도 경질하지 않았다. 이번 시즌마저 강등권에 있다면 대책이 필요할 전망이다. 가장 큰 목표는 단연 리그에 잔류, 그 이상의 목표는 버겁다.

우승-준우승

FRENCH LIGUE-1	0-0
FRENCH COUPE DE FRANCE	1-0
UEFA CHAMPIONS LEAGUE	0-0
UEFA EUROPA LEAGUE	0-0
FIFA CLUB WORLD CUP	0-0
UEFA-CONMEBOL INTERCONTINENTAL	0-0

ODDS CHECK

bet365	배당률 750배	우승 확률 11위
sky bet	배당률 750배	우승 확률 15위
William HILL	배당률 750배	우승 확률 12위
888sport	배당률 600배	우승 확률 12위

*우승 확률이 높을수록 배당률은 낮아짐

2021-22 SEASON SCHEDULE

날짜	장소	상대팀	날짜	장소	상대팀
08-08	A	Saint-Étienne	01-09	A	Lille
08-15	H	Monaco	01-16	H	Angers
08-22	A	Montpellier	01-23	H	Nantes
08-29	A	Lens	02-06	H	Lens
09-12	H	Lille	02-13	A	Monaco
09-19	A	Reims	02-20	H	Montpellier
09-22	H	Nice	02-27	A	Brest
09-26	A	Lyon	03-06	H	Lyon
10-03	H	Clermont Foot	03-13	A	Clermont Foot
10-17	A	Marseille	03-20	H	Strasbourg
10-24	H	Bordeaux	04-03	A	Paris SG
10-31	A	Strasbourg	04-10	A	Saint-Étienne
11-07	H	Brest	04-17	A	Nice
11-21	A	Angers	04-20	H	Metz
11-28	H	Rennes	04-24	A	Rennes
12-01	A	Troyes	05-01	H	Reims
12-05	H	Nantes	05-08	H	Marseille
12-12	A	Metz	05-14	A	Bordeaux
12-22	H	Paris SG	05-21	A	Troyes

BASIC FORMATION

3-5-2

- 로리앙테 / 그르비치
- 모피 / 디아라
- 아베젤 / 둠부야
- 로페 / 부아가
- 르고프 / 로릭
- 르무안 / 몽콩두
- 실바 / 에르고
- 모렐 / 퐁텐
- 라포르트 / 엔츠
- 멘데스 / 페트로
- 나르디 / 드레이어

TOTO GUIDE 지난시즌 전적

상대팀	홈	원정
Lille	1-4	0-4
Paris SG	3-2	0-2
Monaco	2-5	2-2
Lyon	1-1	1-4
Marseille	0-1	2-3
Rennes	0-3	1-1
Lens	2-3	1-4
Montpellier	0-1	1-1
Nice	1-1	2-2
Metz	2-1	1-3
Saint-Etienne	2-1	0-2
Bordeaux	4-1	1-2
Angers	2-0	0-2
Reims	1-0	3-1
Strasbourg	3-1	1-1
Brest	1-0	2-3
Nantes	0-2	1-1
Nimes	3-0	0-1
Dijon	3-2	0-0

득점 패턴 | 실점 패턴

50골: 1, 9, 11, 21, 8
68골: 1, 10, 14, 5, 38

● OPEN PLAY ● COUNTER ATTACK ● SET PLAY
● PENALTY KICK ● OWN GOAL

OFFENSE | DEFENSE

오픈 플레이	E	오픈 플레이 수비	E
카운터 어택	A	카운터 어택 수비	C
짧은 패스 게임	B	짧은 패스 게임 수비	D
롱볼 연계 플레이	B	롱볼 연계 플레이수비	B
솔로 플레이	C	솔로 플레이 수비	D
중거리 슈팅 / 직접 프리킥	A	중거리 슈팅 수비	C
측면 공격	C	측면 수비	C
세트 플레이	C	세트 플레이 수비	E
위협적인 공격 횟수	E	공중전 능력	D
슈팅 대비 득점	C	볼 쟁탈전 / 투쟁심	B
오프사이드 피하기	C	실수 조심	C
볼 점유율	E	파울 주의	E

A 매우 우수함 B 우수함 C 평균 수준 D 부족함 E 많이 부족함

Terem MOFFI 13
테렘 모피 **FW**

SCOUTING REPORT
로리앙의 선봉장. 긴 다리의 넓은 보폭과 빠른 달리기로 그라운드를 휘젓는다. 측면에서 중앙으로 파고들어 슈팅을 자주 시도한다. 왼발 인사이드 킥이 좋고, 세트피스 상황에서는 헤딩슛도 종종 넣는다. 상대 수비수가 에워싸더라도 과감하게 돌파하며 유효 슈팅을 만들어 낸다. 로빙 패스에 이은 공간 창출 그리고 빠른 스프린트로 동료에게 연결한다. 지난 시즌 경기당 1.8개의 슈팅을 기록했다.

PLAYER'S HISTORY
스피리스 카우나스에서 시작으로 리테리알, 코르트레이크에서 뛰었다. 지난 시즌 로리앙의 셔츠를 입기 시작했고 첫 시즌부터 팀 최다 골의 사나이가 됐다. 나이지리아 대표팀에도 차출되었다. 아직까지 대표팀에서 득점을 기록하진 못했지만 어차피 시간 문제다.

주로 사용하는 발: 왼발 71%
우승 1부리그: 0-0 / 협회컵: 0-0 / 챔피언스: 0-0
준우승 클럽월드컵: 0-0 / CAF 네이션스컵: 0-0 / 월드컵: 0-0

슈팅-득점	패스 방향 분포	2020-21 벨기에 1부 + 리그앙	포지션
49-13 / 11-2 / ●60-15 LG-10 / ○0-0 RG-3 / ●1-1 HG-2	전진 22% / 좌향 28% / 우향 20% / 후진 30%	28-6 2241 2 12.2-8.5 % / 0.8-0.4 1.8-0.7 2-0 2	

SQUAD LIST

위치	번호	선수	국적	키	생년월일	전 소속 팀
GK	1	Matthieu Dreyer	FRA	188	89-03-20	Amiens
	16	Teddy Bartouche	FRA	185	97-06-05	JA Drancy
	30	Paul Nardi	FRA	187	94-05-18	Monaco
	40	Thomas Callens	FRA	182	98-09-06	Caena
DF	2	Igor Silva	BRA	173	96-08-21	Osijek
	3	Moritz Jenz	GER	190	99-04-30	Lausanne-Sport
	4	Loris Mouyokolo	FRA	194	01-05-22	None
	5	Thomas Fontaine	MAD	182	91-05-08	Reims
	6	Laurent Abergel	FRA	170	93-02-01	Nancy
	14	Jérôme Hergault	FRA	185	86-04-05	Ajaccio
	15	Julien Laporte	FRA	185	93-11-04	Clermont
	17	Houboulang Mendes	FRA	183	98-05-04	Laval
	20	Samuel Loric	FRA	164	00-07-05	Vannes
	21	Jérémy Morel	MAD	172	84-04-02	Rennes
	25	Vincent Le Goff	FRA	175	89-10-15	Istres
MF	7	Stéphane Diarra	FRA	173	98-12-09	Le Mans
	10	Enzo Le Fée	FRA	170	00-02-03	None
	11	Quentin Boisgard	FRA	174	97-03-17	Toulouse
	18	Fabien Lemoine	FRA	175	87-03-16	St-Etienne
	23	Thomas Monconduit	FRA	178	91-02-10	Amiens
FW	13	Terem Moffi	NGA	188	99-05-25	Kortrijk
	27	Adrian Grbić	AUT	188	96-08-04	Clermont
	28	Armand Laurienté	FRA	171	98-12-04	Rennes

Paul NARDI 30
폴 나르디 **GK**

잘생긴 외모로 더 스포트라이트를 받는다. 펀칭이 좋고 하프 라인까지 롱 스로잉을 한다. 반사 신경이 뛰어나 사각지대로 오는 볼을 커트하고, 역방향에서도 긴 다리를 뻗어 세이브를 기록한다. 지난 시즌 중후반 주전 경쟁에서 밀렸지만, 다시 주전 골키퍼 장갑을 끼기 위해 노력 중. 프랑스 연령별 대표팀에 차례로 콜업돼 한때 모나코의 미래라 불리기도 했다.

주로 사용하는 발: 오른발 94%
우승 1부리그: 0-0 / 협회컵: 0-0 / 챔피언스: 0-0
준우승 클럽월드컵: 0-0 / UEFA 유로: 0-0 / 월드컵: 0-0

세이브-실점	패스 방향 분포	2020-21 리그앙	포지션
37-36 / 31-7 / ●111-43 TH-108 / ○111-68 NK-197 / ●5-0 KD-50	전진 76% / 좌향 15% / 우향 10% / 후진 0%	23-0 2070 61% 3 22.7-12.1 / 53% 15.3-4.7 10-4 0	

Julien LAPORTE 15
줄리앙 라포르트 **DF**

로리앙의 벽. 평소에는 온화하지만 수비할 때는 냉철하다. 위치 선정이 좋고 공중전에 자신감을 가지고 있다. 과감한 슬라이딩 태클도 특기. 클레몽에서 111경기를 뛰며 6골을 넣었다. 2019년 로리앙 입단 후 팀의 1부 승격에 지대한 공헌을 했다. 꾸준히 주전으로 활약했고 이번 시즌 역시 부상이 없다면 그를 위협할 요소는 없다.

주로 사용하는 발: 오른발 83%
우승 1부리그: 0-0 / 협회컵: 0-0 / 챔피언스: 0-0
준우승 클럽월드컵: 0-0 / UEFA 유로: 0-0 / 월드컵: 0-0

슈팅-득점	패스 방향 분포	2020-21 리그앙	포지션
7-0 / 1-0 / ●8-0 LG-0 / ○0-0 RG-0 / ●0-0 HG-0	전진 35% / 좌향 36% / 우향 24% / 후진 5%	30-0 2660 6 50.0-41.3 83% / 3.2-2.2 2.2 0.2-0.2 6-1 0	

Laurent ABERGEL 6
로랑 아버겔 **MF**

로리앙의 허리를 책임지는 미드필더. 높은 활동량을 보여주며 휘슬이 부는 순간까지 좋은 경기력을 유지한다. 리그 내에서도 손꼽히는 지구력과 신체 밸런스는 그가 가진 최고의 장점이다. 다만 롱패스의 정확도가 낮고 발이 느리다는 단점이 있다. 마르세유 유스 출신이지만 아작시오로 임대를 떠났다. 이후 완전 이적을 한 다음 낭시를 거쳐 2019년 로리앙으로 합류했다.

주로 사용하는 발: 오른발 91%
우승 1부리그: 0-1 / 협회컵: 0-0 / 챔피언스: 0-0
준우승 클럽월드컵: 0-0 / UEFA 유로: 0-0 / 월드컵: 0-0

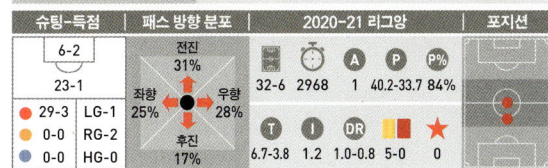

슈팅-득점	패스 방향 분포	2020-21 리그앙	포지션
6-2 / 23-1 / ●29-3 LG-1 / ○0-0 RG-2 / ●0-0 HG-0	전진 31% / 좌향 25% / 우향 28% / 후진 17%	32-6 2968 1 40.2-33.7 84% / 6.7-3.8 1.2 1.0-0.8 5-0 0	

STADE BRESTOIS 29

구단 창립 : 1903년 홈구장 : 스타드 프랑시스 르블레 대표 : 데니스 르생 2020-21시즌 : 17위(승점 41점) 11승 8무 19패 50득점 66실점 닉네임 : Les Pirates

천신만고 끝 잔류, GK 비조트 영입으로 반등 노려

지난 시즌 1점 차이로 강등을 겨우 면했다. 이적 시장에서 500만 유로에 알크마르 출신 GK 비조트를 영입했다. 기존의 무니에, 카르도나와 함께 어느 정도 시너지를 발휘할지 궁금하다. 하위권에서 어느 정도의 경기력을 내느냐가 관건.

MANAGER : Michel DER ZAKARIAN 미셸 데르 자카리안

생년월일 : 1963.02.18 / 출생지 : 제레완(UdSSR)
현역시절 포지션 : 수비수 / 계약만료 : 2023.06.30
평균 재직 기간 : 3년 / 선호 포맷 : 3-4-1-2

몽펠리에서 은퇴한 후 지도자 생활까지 시작했다. 낭트와 클레르몽 푸트를 거쳐 다시 낭트의 지휘봉을 잡았다. 네 시즌 동안 이끌었고 스타드 드 랭스, 몽펠리에에서도 네 시즌을 지휘했다. 이번 시즌 브레스투아의 지휘봉을 잡았다.

우승-준우승 / ODDS CHECK

FRENCH LIGUE-1	0-0	bet365	배당률 2500배 우승 확률 20위
FRENCH COUPE DE FRANCE	0-0	sky bet	배당률 1000배 우승 확률 17위
UEFA CHAMPIONS LEAGUE	0-0		
UEFA EUROPA LEAGUE	0-0	William HILL	배당률 1000배 우승 확률 18위
FIFA CLUB WORLD CUP	0-0	888sport	배당률 1000배 우승 확률 19위
UEFA-CONMEBOL INTERCONTINENTAL	0-0		

*우승 확률이 높을수록 배당률은 낮아진다

2021-22 SEASON SCHEDULE

날짜	장소	상대팀	날짜	장소	상대팀
08-07	A	Lyon	01-09	H	Nice
08-15	H	Rennes	01-16	A	Paris SG
08-22	H	Paris SG	01-23	H	Lille
08-29	A	Strasbourg	02-06	A	Rennes
09-12	H	Angers	02-13	H	Troyes
09-19	A	Clermont Foot	02-20	H	Reims
09-22	A	Nantes	02-27	A	Lorient
09-26	H	Metz	03-06	A	Lens
10-03	H	Nice	03-13	H	Marseille
10-17	A	Reims	03-20	A	Angers
10-24	H	Lille	04-03	A	Montpellier
10-31	A	Monaco	04-10	H	Nantes
11-07	H	Lorient	04-17	A	Saint-Étienne
11-21	A	Lens	04-20	H	Lyon
11-28	H	Bordeaux	04-24	A	Metz
12-01	H	Saint-Étienne	05-01	H	Clermont Foot
12-05	A	Marseille	05-08	H	Strasbourg
12-12	H	Montpellier	05-14	A	Monaco
12-22	A	Troyes	05-21	A	Bordeaux

시간대별 득점 / 시간대별 실점

시간대별 득점 — 12, 7, 6, 9, 4, 12 (홈 점유율 49%)
시간대별 실점 — 19, 8, 12, 10, 3, 14

위치별 슈팅-득점

38-33
258-6
153-9
*상대 자책골 2골

공격 방향

39% / 23% / 38%

볼 점유 위치

상대 진영 26%
중간 지역 44%
우리 진영 30%

포지션별 득점

FW진 34골
MF진 5골
DF진 9골
*상대 자책골 2골

상대포지션별 실점

DF진 8골
MF진 20골
FW진 36골
*자책골 실점 2골

BASIC FORMATION (4-2-3-1)

- 무니에 / 바지
- 카르도나 / 르두아론
- 페브르 / 사이드
- 오노라 / 델카스티오
- 음보크 / 라느
- 벨케블라 / 마네티
- 우로넨 / 베인
- 가브리엘 / 포쉬리에
- 브라시에 / 에렐
- 샤르도네 / 뒤베른
- 비조 / 라소누어

TOTO GUIDE 지난시즌 전적

상대팀	홈	원정
Lille	3-2	0-0
Paris SG	0-2	0-3
Monaco	1-0	0-2
Lyon	2-3	2-2
Marseille	2-3	1-3
Rennes	1-2	1-2
Lens	1-1	1-2
Montpellier	2-2	0-0
Nice	2-0	2-3
Metz	2-4	2-0
Saint-Etienne	4-1	2-1
Bordeaux	2-1	0-1
Angers	0-0	2-3
Reims	2-1	0-1
Strasbourg	0-3	2-2
Lorient	3-2	0-1
Nantes	1-4	1-3
Nimes	1-1	0-4
Dijon	3-1	2-0

득점 패턴 / 실점 패턴

득점 50골 — OPEN PLAY / COUNTER ATTACK / SET PLAY / PENALTY KICK / OWN GOAL
실점 66골

OFFENSE / DEFENSE

OFFENSE		DEFENSE	
오픈 플레이	D	오픈 플레이 수비	C
카운터 어택	A	카운터 어택 수비	B
짧은 패스 게임	B	짧은 패스 게임 수비	D
롱볼 연계 플레이	B	롱볼 연계 플레이수비	C
솔로 플레이	D	솔로 플레이 수비	C
중거리 슈팅 / 직접 프리킥	D	중거리 슈팅 수비	C
측면 공격	B	측면 수비	D
세트 플레이	C	세트 플레이 수비	C
위협적인 공격 횟수	E	공중전 능력	B
슈팅 대비 득점	D	볼 쟁탈전 / 투쟁심	D
오프사이드 피하기	D	실수 조심	C
볼 점유율	D	파울 주의	C

A 매우 우수함 B 우수함 C 평균 수준 D 부족함 E 많이 부족함

Steve MOUNIÉ 15
FW 스티브 무니에

SCOUTING REPORT
브레스트 부동의 스트라이커다. 지난 시즌 리그앙 35경기에 출전해 9골-4도움을 올렸다. 올 시즌도 선발 CF로 출전한다. 무니에는 '공중전의 제왕'이다. 큰 키, 높은 점프, 정확한 위치 선정을 최대한 활용한다. 헤더 골 뿐만 아니라 헤더 패스, 헤더 클리어링 등 다방면에 이용한다. 움직임은 투박하지만 파워로 상대를 누른다. 그러나 포스트 피딩 능력이 떨어진다. 상대의 오프사이드트랩에 자주 걸린다.

PLAYER'S HISTORY
베냉 파라쿠 출생. 15살 때 프랑스 몽펠리에 유스에 입단했고, 20살 때 이 팀 1군에서 데뷔했다. 님(임대), 허더스필드를 거쳐 2020년 브레스트로 이적했다. 2015년부터 베냉 국가대표로 활약하며 스테판 세세뇽과 호흡을 맞췄다. 2019년 CAF 네이션스컵에 참가했다.

주로 사용하는 발: 오른발 85% | 우승/준우승 | 1부리그: 0-0 협회컵: 0-0 챔피언스: 0-0 / 클럽월드컵: 0-0 CAF 네이션스컵: 0-0 월드컵: 0-0

슈팅-득점: 71-9 / 9-0 / 80-9 LG-1 / 0-0 RG-3 / 2-1 HG-5
패스 방향 분포: 전진 33%, 좌향 19%, 우향 26%, 후진 22%
2020-21 리그앙: 31-4 / 2696 / 4 / 20.9-12.1 / 58% / T 1.1-0.4 / I 0.3 / DR 0.8-0.4 / 6-0 / ★ 2

SQUAD LIST

위치	번호	선수	국적	키	생년월일	전 소속 팀
GK	1	Gautier Larsonneur	FRA	181	97-02-23	None
	16	Sébastien Cibois	FRA	187	98-03-02	Paris St-Germain
	30	Gregoire Coudert	FRA	188	99-04-03	Amiens
	40	Marco Bizot	NED	184	91-03-10	AZ Alkmaar
DF	2	Jean-Kévin Duverne	FRA	184	97-07-12	Lens
	3	Lilian Brassier	FRA	184	99-11-02	Rennes
	5	Brendan Chardonnet	FRA	181	94-12-22	None
	17	Denys Bain	FRA	182	93-07-02	Le Havre
	18	Ronaël Pierre-Gabriel	FRA	177	98-08-13	Mainz
	20	Jere Uronen	FIN	177	94-07-13	KRC Genk
	22	Julien Faussurier	FRA	173	87-01-14	Sochaux
	23	Christophe Hérelle	FRA	183	92-08-22	Nice
MF	7	Haris Belkebla	ALG	177	94-01-28	Tours
	10	Lucien Agoumé	FRA	185	02-02-09	Internazionale
	19	Rafiki Said	COM	178	00-03-15	None
	21	Romain Favre	FRA	180	98-07-14	Monaco
	25	Romain Del Castillo	FRA	172	96-03-29	Rennes
	27	Hugo Magnetti	FRA	173	98-05-30	Bastia
	28	Hianga'a M'Bock	FRA	186	99-12-28	None
FW	9	Franck Honorat	FRA	180	96-08-11	St-Etienne
	14	Irvin Cardona	FRA	185	97-08-08	Monaco
	15	Steve Mounié	BEN	190	94-09-29	Huddersfield T
	26	Jérémy Le Douaron	FRA	189	98-04-21	Saint-Brieuc
	29	Youssouph Badji	SEN	192	01-12-20	Club Brugge

Marco BIZOT 40
GK 마르코 비조트

지난 시즌 AZ 알크마르 소속으로 네덜란드 에레디비지에서 좋은 활약을 보였다. 비조트는 모험보다는 안전을 택한다. 다른 골키퍼에 비해 런아웃 횟수가 상대적으로 적은 편이다. 대신 반사신경이 매우 뛰어나기에 끝까지 기다렸다가 순간적으로 다이빙하며 어려운 슈팅을 막아낸다. 골킥을 멀리 차내는 데 주력한다. 롱볼 정확도가 떨어지기에 빌드업에 도움이 안 된다.

주로 사용하는 발: 오른발 85% | 우승/준우승 | 1부리그: 0-0 협회컵: 0-1 챔피언스: 0-0 / 클럽월드컵: 0-0 UEFA 유로: 0-0 월드컵: 0-0

세이브-실점: 46-30 / 34-7 / 117-37 / 117-80 / 2-0
패스 방향 분포: 전진 56%, 좌향 24%, 우향 20%, 후진 0%
2020-21 네덜란드 1부 리그: 33-0 / 2965 / 68% / 10 / 32.0-25.2 / P% 73% / LB 13.3-4.6 / 2-1 / ★ 1

Brendan CHARDONNET 5
DF 브렌단 샤르도네

브레스트의 리빙 레전드. 12-13 시즌부터 지금까지 활약하고 있다. 터프한 수비수의 대명사다. 맨마킹이 뛰어나고 상대 공격수를 등지는 플레이에 강하다. 점프력이 좋아 공중전에서 강점을 보이며 과감한 슬라이딩 태클도 구사한다. 리더십이 뛰어나 팀의 주장 역할도 담당하고 있다. 경기당 4.5개의 클리어링을 했고 이 기록은 리그 전체를 놓고 볼 때 세 손가락 안에 드는 기록이다.

주로 사용하는 발: 오른발 93% | 우승/준우승 | 1부리그: 0-0 협회컵: 0-0 챔피언스: 0-0 / 클럽월드컵: 0-0 UEFA 유로: 0-0 월드컵: 0-0

슈팅-득점: 18-3 / 3-0 / 21-3 LG-1 / 0-0 RG-1 / 0-0 HG-1
패스 방향 분포: 전진 41%, 좌향 37%, 우향 17%, 후진 6%
2020-21 리그앙: 30-3 / 2714 / 1 / 50.6-41.7 / 83% / T 2.0-1.5 / I 1.9 / DR 0.2-0.2 / 3-1 / ★ 2

Franck HONORAT 9
MF 프랑크 오노라

왼쪽 MF와 오른쪽 MF를 수시로 넘나들었다(히트맵). 측면에서 플레이메이킹을 하는 MF다. 기회가 생기면 박스 외곽에서 강렬한 중거리 슈팅을 날린다. 2012년 니스 2군에서 데뷔했고, 니스 1군, 소쇼, 클레르몽, 생테티엔을 거쳐 2020년 브레스트로 이적했다. 프랑스 U-16부터 U-19까지 연령별 대표를 모두 지냈다. 그러나 아직까지 A대표 출전 기록은 없다(9월 말 현재).

주로 사용하는 발: 오른발 89% | 우승/준우승 | 1부리그: 0-0 협회컵: 0-0 챔피언스: 0-0 / 클럽월드컵: 0-0 UEFA 유로: 0-0 월드컵: 0-0

슈팅-득점: 24-5 / 17-3 / 41-8 LG-0 / 1-0 RG-8 / 0-0 HG-0
패스 방향 분포: 전진 28%, 좌향 22%, 우향 26%, 후진 24%
2020-21 시즌 리그 기록: 28-8 / 2471 / 5 / 23.1-16.6 / 72% / T 1.4-0.8 / I 0.3 / DR 1.7-0.7 / 3-0 / ★ 2

FC NANTES

구단 창립 : 1943년 홈구장 : 스타드 델라 보주아르 대표 : 발데마르 키타 2020-21시즌 : 18위(승점 40점) 9승 13무 16패 47득점 55실점 닉네임 : La Maison Jaune, Les Canaries

PO서 툴루즈 밀어내고 잔류, 전력 크게 보강

리그 18위를 기록해 툴루즈와 PO끝에 잔류했다. 전체적인 전력은 지난 시즌보다 크게 좋아졌다는 평이다. 피오렌티나 출신 골키퍼 라퐁을 750만 유로에 완전히 영입했다. 또한 부카리, 시프리앙을 임대로 합류시켰다.

MANAGER : Antoine KOMBOUARÉ 앙투안 콩부아레

생년월일 : 1963.11.16 / 출생지 : 놈에아(프랑스)
현역시절 포지션 : 수비수 / 계약만료 : 2023.06.30
평균 재직 기간 : 3년 / 선호 포맷 : 4-2-3-1

1982년 낭트에서 8시즌 활약했다. PSG의 유스팀을 시작으로 지도자 생활을 했다. 스트라스부르, 발랑시엔, PSG를 거쳐 많은 클럽을 전전했다. 낭트를 구하고자 25라운드에 급히 소방수로 투입됐다. 29라운드에서 PSG를 잡기도 했다.

우승-준우승

FRENCH LIGUE-1	8-7	
FRENCH COUPE DE FRANCE	3-5	
UEFA CHAMPIONS LEAGUE	0-0	
UEFA EUROPA LEAGUE	0-0	
FIFA CLUB WORLD CUP	0-0	
UEFA-CONMEBOL INTERCONTINENTAL	0-0	

ODDS CHECK

	배당률	우승 확률
bet365	배당률 500배	우승 확률 10위
sky bet	배당률 500배	우승 확률 10위
William HILL	배당률 750배	우승 확률 12위
888sport	배당률 500배	우승 확률 10위

*우승 확률이 높을수록 배당률은 낮아짐

2021-22 SEASON SCHEDULE

날짜	장소	상대팀	날짜	장소	상대팀
08-06	A	Monaco	01-09	H	Monaco
08-15	H	Metz	01-16	A	Nice
08-22	A	Rennes	01-23	H	Lorient
08-29	H	Lyon	02-06	A	Strasbourg
09-12	H	Nice	02-13	H	Reims
09-19	A	Angers	02-20	A	Paris SG
09-22	H	Brest	02-27	A	Metz
09-26	A	Reims	03-06	H	Montpellier
10-03	H	Troyes	03-13	A	Troyes
10-17	A	Bordeaux	03-20	H	Lille
10-24	H	Clermont Foot	04-03	A	Clermont Foot
10-31	A	Montpellier	04-10	H	Brest
11-07	H	Strasbourg	04-17	H	Angers
11-21	H	Paris SG	04-20	A	Marseille
11-28	A	Lille	04-24	H	Bordeaux
12-01	H	Marseille	05-01	A	Lens
12-05	A	Lorient	05-08	H	Rennes
12-12	H	Lens	05-14	A	Lyon
12-22	A	Saint-Étienne	05-21	H	Saint-Étienne

시간대별 득점 / 시간대별 실점

시간대별 득점: 76-15, 75-12, 61-7, 60-7, 46-6, 45-6, 31-9, 30-7 (볼 점유율 45%)

시간대별 실점: 76-16, 75-12, 61-8, 60-9, 46-7, 45-14, 31-5, 30

위치별 슈팅-득점
39-15
193-29
179-3

공격 방향
38% 26% 36%

볼 점유 위치
상대 진영 28%
중간 지역 47%
우리 진영 25%

포지션별 득점
FW진 20골
MF진 23골
DF진 4골

상대포지션별 실점
DF진 7골
MF진 9골
FW진 38골
*자책골 실점 1골

BASIC FORMATION (4-2-3-1)

- 무아니 / 쿨리발리
- 시몬 / 코코 — 에몽 / 오귀스탕 — 블라 / 부카리
- 치리벨라 / 무투사미 — 조로토 / 데사
- 파비우 / 트라오레 — 팔루아 / 와구에 — 카스텔레토 / 실라 — 아피아 / 코르시아
- 라퐁 / 페트릭

TOTO GUIDE 지난시즌 전적

상대팀	홈	원정
Lille	0-2	0-2
Paris SG	0-3	2-1
Monaco	1-2	1-2
Lyon	1-2	0-3
Marseille	1-1	1-3
Rennes	0-0	0-1
Lens	1-1	1-1
Montpellier	1-2	1-1
Nice	1-2	1-2
Metz	1-1	0-2
Saint-Etienne	2-2	1-1
Bordeaux	3-0	0-0
Angers	1-1	3-1
Reims	1-2	2-3
Strasbourg	0-4	2-1
Lorient	1-1	2-0
Brest	3-1	4-1
Nimes	2-1	1-1
Dijon	1-1	4-0

득점 패턴 / 실점 패턴

득점 패턴: 47골 (OPEN PLAY 28, COUNTER ATTACK 2, SET PLAY 8, PENALTY KICK 9)
실점 패턴: 55골 (OPEN PLAY 33, COUNTER ATTACK 10, SET PLAY 1, PENALTY KICK 10, OWN GOAL 1)

OFFENSE | DEFENSE

OFFENSE		DEFENSE	
오픈 플레이	E	오픈 플레이 수비	D
카운터 어택	C	카운터 어택 수비	C
짧은 패스 게임	C	짧은 패스 게임 수비	C
롱볼 연계 플레이	B	롱볼 연계 플레이수비	C
솔로 플레이	C	솔로 플레이 수비	C
중거리 슈팅 / 직접 프리킥	B	중거리 슈팅 수비	D
측면 공격	B	측면 수비	C
세트 플레이	C	세트 플레이 수비	D
위협적인 공격 횟수	E	공중전 능력	B
슈팅 대비 득점	D	볼 쟁탈전 / 투쟁심	B
오프사이드 피하기	C	실수 조심	C
볼 점유율	E	파울 주의	D

A 매우 우수함 B 우수함 C 평균 수준 D 부족함 E 많이 부족함

Ludovic BLAS MF 10
뤼도빅 블라

SCOUTING REPORT
낭트의 테크니션. 볼이 발에 붙어 있는듯한 개인기를 구사한다. 좁은 공간에서 팬텀 드리블을 통해 돌파하는 것을 즐긴다. 발재간이 좋아 상대의 역동작이 걸리면 순식간에 공격 찬스를 만들어낼 수 있다. 측면으로 뛰어 들어가는 공격수를 보며 스루 패스를 연결하거나 직접 골망을 흔들기도 한다. 지난 시즌 리그 10골을 넣으며 팀내 최다 득점을 기록했다. 경기당 2.6번의 드리블 성공률은 덤.

PLAYER'S HISTORY
2014년 갱강의 유소년 클럽을 거쳐 1군에 콜업되었다. 125경기에 뛰며 7골과 11개의 도움을 기록했다. 갱강이 2부 리그로 강등되면서 낭트의 오퍼를 받았고 19-20 시즌 이적했다. 프랑스 17세 이하의 대표팀에서부터 20세 이하의 대표팀까지 차출되며 맹활약했다.

주로 사용하는 발: 왼발 88%

	1부리그	협회컵	챔피언스
우승	0-0	0-0	0-0
준우승	클럽월드컵 0-0	UEFA 유로 0-0	월드컵 0-0

Alban LAFONT GK 1
알반 라퐁

클럽의 주장. 20대 초반의 어린 나이지만 리더쉽이 뛰어나다. 긴 팔과 점프력을 기반으로 숏 스토퍼를 잘 해낸다. 상황에 따라서 '풋 세이브'도 종종 한다. 파 포스트 쪽으로 날아오는 슈팅을 마치 스파이더맨처럼 막아낸다. 툴루즈 유스 출신으로 1군에 데뷔했다. 많은 기대를 안고 피오렌티나로 합류했지만 고배를 마시며 낭트로 합류했다. 낭트의 행보에 영향을 미친다.

주로 사용하는 발: 오른발 96%

	1부리그	협회컵	챔피언스
우승	0-0	0-0	0-0
준우승	클럽월드컵 0-0	UEFA 유로 0-0	월드컵 0-0

Andrei GIROTTO DF 3
안드레이 지로투

낭트 중원의 청소부. 거친 몸싸움을 마다하지 않는 파이터. 186cm의 큰 키에서 나오는 파워풀한 푸싱은 팀 내에서도 으뜸이다. 다만 세밀한 패싱력이 부족하고 민첩성이 떨어져 빠른 역습에 애를 먹기도 한다. 2010년 메트로폴리타노에서 프로 무대에 들어왔다. 많은 클럽에서 임대 생활을 하다가 2017년 낭트에 입단했다. 지난 시즌 후반기엔 주장 완장을 차며 경기에 나섰다.

주로 사용하는 발: 오른발 91%

	1부리그	협회컵	챔피언스
우승	0-0	1-0	0-0
준우승	클럽월드컵 0-0	코파아메리카 0-0	월드컵 0-0

SQUAD LIST

위치	번호	선수	국적	키	생년월일	전 소속 팀
GK	1	Alban Lafont	FRA	193	99-01-23	Fiorentina
GK	16	Rémy Descamps	FRA	194	96-06-25	Charleroi
GK	30	Denis Petric	SRB	186	88-05-24	Guingamp
GK	40	Charly Jan	FRA	186	99-05-27	Pontivy
DF	2	Fábio	BRA	172	90-07-09	Middlesbrough
DF	3	Andrei Girotto	BRA	185	92-02-17	Tombense
DF	4	Nicolas Pallois	FRA	190	87-09-19	Bordeaux
DF	12	Dennis Appiah	FRA	179	92-06-09	Anderlecht
DF	13	Molla Wagué	MLI	191	91-02-21	Udinese
DF	14	Charles Traoré	MLI	180	92-01-01	Troyes
DF	21	Jean-Charles Castelletto	FRA	185	95-01-26	Brest
DF	24	Sébastien Corchia	FRA	176	90-11-01	Sevilla
MF	5	Pedro Chirivella	ESP	178	97-05-23	Liverpool
MF	6	Roli Pereira de Sa	FRA	177	96-12-10	Paris St-Germain
MF	8	Wylan Cyprien	FRA	180	95-01-28	Parma
MF	10	Ludovic Blas	FRA	180	97-12-31	Guingamp
MF	11	Marcus Coco	FRA	184	96-06-24	Guingamp
MF	18	Samuel Moutoussamy	FRA	176	96-08-12	Lyon
MF	27	Moses Simon	NGA	168	95-07-12	Levante
FW	7	Kalifa Coulibaly	MLI	197	91-08-21	KAA Gent
FW	17	Anthony Limbombe	BEL	175	94-07-15	Club Brugge
FW	19	Willem Geubbels	FRA	185	01-08-16	Monaco
FW	20	Jean-Kévin Augustin	FRA	177	97-06-16	RB Leipzig
FW	23	Randal Kolo Muani	COD	187	98-12-05	None
FW	26	Osman Bukari	GHA	170	98-12-13	KAA Gent
FW	28	Renaud Emond	BEL	186	91-12-05	Standard Liège
FW	29	Quentin Merlin	FRA	174	02-05-16	None

Randal KOLO MUANI FW 23
랜달 콜로 무아니

낭트의 공격 선봉장. 큰 키와 탄력이 넘치는 점프력은 그가 가진 최고의 장점이다. 중앙으로 침투한 후 시도하는 헤더와 발리슛은 상대 골키퍼에게 위협적이다. 개인기가 뛰어나며 터치 라인을 타고 달리는 모습도 매우 역동적이다. 낭트 유스 출신으로 2018년 1군에 등록되었다. 19-20 시즌 볼로냐로 임대를 다녀왔다. 도쿄 올림픽 프랑스 대표로 차출되어 4경기 활약했다.

주로 사용하는 발: 오른발 92%

	1부리그	협회컵	챔피언스
우승	0-0	0-0	0-0
준우승	클럽월드컵 0-0	UEFA 유로 0-0	월드컵 0-0

ES TROYES AC

구단 창립 : 1986년 홈구장 : 스타드 델로브 대표 : 다니엘 마조니 2020-21시즌 : 2부 1위(승점 77점) 23승 8무 7패 60득점 36실점 닉네임 : ESTAC

2부 평정한 다크호스, 화려한 공격진 자랑

2부 리그 우승 자격으로 '리그 1'에 합류했다. 클럽 내부 분위기도 좋다. 일단 올 시즌 잔류가 1차 목표다. 이적 시장에서 780만 유로를 지출하며 14명을 영입했다. 석현준, 투즈가르, 발데 등 경쟁력 있는 공격라인을 갖췄다.

MANAGER : Laurent BATLLES 로랑 베틀레스

생년월일 : 1975.09.23 / 출생지 : 낭트(프랑스)
현역시절 포지션 : 미드필더 / 계약만료 : 2023.06.30
평균 재직 기간 : 4년 / 선호 포맷 : 3-5-2

툴루즈에서 5시즌 동안 활약한 선수. 마르세유, 바스티아를 포함해 리그 앙에서 활약했다. 은퇴 후 생테티엔의 코치로 지도자 생활을 시작했다. 2019년 트루와의 지휘봉을 잡았고 지난 시즌 1부 리그로의 승격을 이끌었다.

우승-준우승
- FRENCH LIGUE-1 0-0
- FRENCH COUPE DE FRANCE 0-0
- UEFA CHAMPIONS LEAGUE 0-0
- UEFA EUROPA LEAGUE 0-0
- FIFA CLUB WORLD CUP 0-0
- UEFA-CONMEBOL INTERCONTINENTAL 0-0

ODDS CHECK
- bet365 배당률 1500배 우승 확률 18위
- skybet 배당률 1000배 우승 확률 17위
- William HILL 배당률 1000배 우승 확률 18위
- 888sport 배당률 1000배 우승 확률 9위

*우승 확률이 높을수록 배당률은 낮아짐

2021-22 SEASON SCHEDULE

날짜	장소	상대팀	날짜	장소	상대팀
08-07	H	Paris SG	01-09	A	Montpellier
08-15	A	Clermont Foot	01-16	H	Lyon
08-22	A	Strasbourg	01-23	H	Angers
08-29	H	Monaco	02-06	A	Metz
09-12	A	Metz	02-13	A	Brest
09-19	H	Montpellier	02-20	A	Rennes
09-22	A	Lyon	02-27	H	Marseille
09-26	H	Angers	03-06	A	Bordeaux
10-03	A	Nantes	03-13	H	Nantes
10-17	H	Nice	03-20	A	Saint-Étienne
10-24	H	Reims	04-03	H	Reims
10-31	A	Rennes	04-10	A	Monaco
11-07	A	Lens	04-17	H	Strasbourg
11-21	H	Saint-Étienne	04-20	A	Clermont Foot
11-28	A	Marseille	04-24	H	Nice
12-01	H	Lorient	05-01	H	Lille
12-05	A	Lille	05-08	A	Paris SG
12-12	H	Bordeaux	05-14	H	Lens
12-22	H	Brest	05-21	A	Lorient

2부 리그

시간대별 득점	시간대별 실점	위치별 슈팅-득점	신체 부위별 득점	패스 / 수비	포지션별 득점	상대포지션별 실점
볼 점유율 64% / 76 16 9 15 / 75 11 6 16 / 61 7 11 30 / 60 46 45 31	9 8 16 / 4 2 16 / 5 3 30 / 46 45 31	PA안 321-47 / PA밖 228-11	왼발 15 / 오른발 39 / 헤더 4 / 기타 부위 0	패스 시도-성공 평균 536-444 성공률 83% / 평균 태클 14.6 / 평균 인터셉트 11.4	FW진 36골 / MF진 17골 / DF진 5골	DF진 4골 / MF진 15골 / FW진 15골
		*상대자책골 2골	*상대자책골 2골		*상대자책골 2골	

BASIC FORMATION

3-4-2-1

투즈가르 / 석현준
발데 / 로드리게스 샹보스 / 로비츠
리파르 / 코네   타르듀 / 당곰   쿠아메 / 아자뭉   비앙콘 / 카보레
살미에 / 파워-브라운   지롱댕 / 무통보   엘하잠 / 산들리
갈롱 / 물린

TOTO GUIDE 지난 시즌 2부리그 맞대결 전적

상대팀	홈	원정
Clermont	1-0	1-2
Toulouse	1-1	0-0
Grenoble	3-1	0-2
Paris FC	2-1	1-1
Auxerre	3-1	1-2
Sochaux	2-1	1-2
Nancy	1-5	3-2
Guingamp	1-0	2-1
Amiens	2-1	1-3
Valenciennes	1-1	2-2
Le Havre	2-0	2-3
Ajaccio	1-0	4-0
Pau FC	2-0	1-0
Rodez Aveyron	2-1	1-0
USL Dunkerque	2-0	0-0
Caen	1-0	0-0
Niort	1-0	3-0
Chambly	2-2	3-0
Chateauroux	2-0	2-1

OFFENSE		DEFENSE	
오픈 플레이	D	오픈 플레이 수비	D
카운터 어택	C	카운터 어택 수비	C
짧은 패스 게임	B	짧은 패스 게임 수비	E
롱볼 연계 플레이	B	롱볼 연계 플레이수비	C
솔로 플레이	C	솔로 플레이 수비	C
중거리 슈팅 / 직접 프리킥	C	중거리 슈팅 수비	B
측면 공격	C	측면 수비	C
세트 플레이	C	세트 플레이 수비	C
위협적인 공격 횟수	D	공중전 능력	D
슈팅 대비 득점	D	볼 쟁탈전 / 투쟁심	D
오프사이드 피하기	C	실수 조심	D
볼 점유율	E	파울 주의	C

A 매우 우수함 B 우수함 C 평균 수준 D 부족함 E 많이 부족함

FW SUK Hyun-jun 9
석현준

SCOUTING REPORT
대한민국 대표팀 역사상 최고의 저니맨. 프로 데뷔 처음엔 타겟 공격수로 분류됐지만 이후 측면 공격수 포지션에서도 많은 경기를 소화했다. 물론 최적의 포지션은 여전히 센터 포워드다. 큰 키를 가졌지만 발놀림이 좋다. 바디 밸런스가 좋아 상대의 압박에서 쉽게 넘어지지 않는다. 다만 부상이 잦고 성장이 느려 이제는 정체된 선수가 되었다. 이게 팀을 자주 옮긴 이유이고 팀 전술에 녹아드는 시간도 오래 걸린다.

PLAYER'S HISTORY
아약스 아카데미 출신으로 그로닝헨, 마리티무, 알 아흘리, 나시오날, 비토리아, 포르투에서 활약했다. 포르투 소속으로 트라브존스포르와 데브레첸, 트루아로 임대를 떠났고, 스타드 드 랭스를 거쳐 트루아로 리턴했다. 대한민국 대표팀 소속으론 15경기에 출전해 5골을 넣었다.

주로 사용하는 발: 오른발 85%
우승 1부리그: 0-1 협회컵: 1-2 챔피언스: 0-0
준우승 클럽 월드컵: 0-0 AFC 아시안컵: 0-0 월드컵: 0-0

GK Gauthier GALLON 30
고티에 갈롱

트루아의 수호신. 넘버원 골리로서 지난 시즌 리그 35경기에 출전했다. 15번의 클린시트를 기록했고, 3장의 경고를 받았다. 롱 스로잉, 숏 스토퍼, 반사 신경이 뛰어나다. 하지만 펀칭이 정확하지 못해 종종 자책골의 원인을 제공하기도 한다. 님 올림피크 유스를 거쳐 오클레앙에서 활약했다. 19-20 시즌 트루아에 입단했고 프랑스 대표팀 차출은 전무하다.

주로 사용하는 발: 오른발
우승 1부리그: 0-0 협회컵: 0-0 챔피언스: 0-0
준우승 클럽 월드컵: 0-0 UEFA 유로: 0-0 월드컵: 0-0

DF Jimmy GIRAUDON 8
지미 지로동

트루아의 캡틴. 후반부 5경기 결장한 것만 제외하면 거의 풀타임 출장을 했다. 점프력이 좋아 공중볼 장악력이 좋다. 다만 거친 플레이가 잦아 지난 시즌에 8개의 경고를 받았다. 2016년부터 트루아에서 활약했다. 당시 2부 리그였던 팀을 1부 리그로 승격시키는데 결정적인 역할을 했다. 승격 시즌에 다시 강등되었지만 지난 시즌에 다시 한 번 1부 리그로 팀을 승격시켰다.

주로 사용하는 발: 오른발 95%
우승 1부리그: 0-0 협회컵: 0-0 챔피언스: 0-0
준우승 클럽 월드컵: 0-0 UEFA 유로: 0-0 월드컵: 0-0

MF Rominigue KOUAMÉ 6
로미니그 쿠아메

허리 라인에서 가장 열심히 뛰는 선수. 부지런히 공중볼을 캐치해 패스를 연결한다. 역습 상황이면 자주 공격에 가담해 공간을 만들고, 가슴 트래핑을 주로 사용한다. 상대 선수의 반대 방향으로 돌파하는 플레이를 좋아한다. 릴의 아카데미를 거쳐 1군에 등록됐다. 파리 FC와 브루헤, 트루아에서 임대 생활을 했으며 이번 시즌 트루아에 완전 영입되었다.

주로 사용하는 발: 왼발 93%
우승 1부리그: 0-0 협회컵: 0-0 챔피언스: 0-0
준우승 클럽 월드컵: 0-0 CAF 네이션스컵: 0-0 월드컵: 0-0

SQUAD LIST

위치	번호	선수	국적	키	생년월일	전 소속팀
GK	1	Ryan Bouallak	FRA	190	99-08-19	Reims
	16	Sébastien Renot	FRA	185	89-11-11	Red Star
	30	Gauthier Gallon	FRA	186	93-04-23	Orléans
	40	Jessy Moulin	FRA	184	86-01-13	St-Etienne
DF	2	Erik Palmer-Brown	USA	185	97-04-24	Manchester C
	3	Youssouf Koné	MLI	174	95-07-05	Lyon
	4	Giulian Biancone	FRA	187	00-03-31	Monaco
	8	Jimmy Giraudon	FRA	184	92-01-16	Grenoble
	13	Gabriel Mutombo	FRA	186	96-01-19	Orléans
	17	Yoann Salmier	FRA	188	92-11-21	Strasbourg
	19	Oualid El Hajjam	FRA	181	91-02-19	Amiens
	21	Philippe Sandler	NED	188	97-02-10	Manchester C
	22	Yasser Larouci	FRA	175	01-01-01	Liverpool
	23	Adil Rami	FRA	190	85-12-27	Boavista
	29	Issa Kaboré	BFA	180	01-05-12	Manchester C
MF	5	Tristan Dingomé	FRA	191-02-17		Reims
	6	Rominigue Kouamé	MLI	177	96-12-17	Lille
	8	Florian Tardieu	FRA	184	92-04-22	Zulte-Waregem
	11	Metinho	BRA	178	03-04-23	Fluminense
	15	Karim Azamoum	FRA	178	90-01-17	Albacete
	18	Calvin Bombo	FRA	183	99-01-18	None
	24	Xavier Chavalerin	FRA	177	91-03-07	Reims
	26	Patrick Roberts	ENG	167	97-02-05	Manchester C
	27	Brandon Domingues	FRA	172	00-06-06	None
	-	Gerson Rodrigues	LUX	182	95-06-20	Dynamo Kyiv
FW	28	Nassim Chadli	MAR	181	01-07-28	Nîmes
	7	Yoann Touzghar	FRA	179	86-11-28	Sochaux
	9	Suk Hyun-jun	KOR	189	91-06-29	Reims
	12	Levi Lumeka	ENG	170	98-09-05	Varzim
	14	Dylan Chambost	FRA	177	97-08-19	St-Etienne
	24	Renaud Ripart	FRA	181	93-03-14	Nîmes
	25	Mama Baldé	GNB	181	95-11-06	Dijon

CLERMONT FOOT 63

구단 창립 : 1911년 홈구장 : 스타드 가브리엘 몽피에 대표 : 아메트 세퍼 2020-21시즌 : 2부 2위(승점 72점) 21승 9무 8패 61득점 25실점 닉네임 : Les Lanciers

탄탄한 팀워크와 집중력, 1부 리그 잔류 목표

트루아와 함께 1부 리그로 승격했다. 시즌 초중반은 중위권이었지만 리그 18R부터 차곡차곡 승점을 쌓기 시작했다. 이적 시장 때 나름 알토란같은 영입을 했다. 공격력이 매섭고, 집중력이 좋다. 팀워크를 바탕으로 1부 잔류를 노린다.

MANAGER : Pascal Gastien 파스칼 가스티앵

- 생년월일 : 1963.12.02 출생지 : 로흐포트(프랑스)
- 현역시절 포지션 : 미드필더 계약만료 : 2023.06.30
- 평균 재직 기간 : 5년 선호 포맷 : 4-2-3-1

1963년생 프랑스 출신의 지도자. 니오흐트에서 선수 생활을 주로 했다. 은퇴 후 니오흐트의 유소년 팀을 거쳐 1군 감독을 역임했다. 2016년 클레몽트의 유소년 팀을 맡았고, 2017년부터 1군을 지휘하며 지난 시즌 팀의 승격을 이끌었다.

우승-준우승

FRENCH LIGUE-1	0-0
FRENCH COUPE DE FRANCE	0-0
UEFA CHAMPIONS LEAGUE	0-0
UEFA EUROPA LEAGUE	0-0
FIFA CLUB WORLD CUP	0-0
UEFA-CONMEBOL INTERCONTINENTAL	0-0

ODDS CHECK

업체	배당률	우승 확률
bet365	배당률 1250배	우승 확률 17위
sky bet	배당률 1000배	우승 확률 17위
William HILL	배당률 750배	우승 확률 12위
888sport	배당률 850배	우승 확률 17위

*우승 확률이 높을수록 배당률은 낮아짐

2021-22 SEASON SCHEDULE

날짜	장소	상대팀	날짜	장소	상대팀
08-08	A	Bordeaux	01-09	H	Reims
08-15	H	Troyes	01-16	A	Monaco
08-22	A	Lyon	01-23	H	Rennes
08-29	H	Metz	02-06	A	Nice
09-12	A	Paris SG	02-13	H	Saint-Étienne
09-19	H	Brest	02-20	A	Marseille
09-22	A	Rennes	02-27	H	Bordeaux
09-26	H	Monaco	03-06	A	Lille
10-03	A	Lorient	03-13	H	Lorient
10-17	H	Lille	03-20	A	Lens
10-24	A	Nantes	04-03	H	Nantes
10-31	H	Marseille	04-10	A	Paris SG
11-07	A	Saint-Étienne	04-17	H	Metz
11-21	H	Nice	04-20	A	Troyes
11-28	A	Reims	04-24	H	Angers
12-01	H	Lens	05-01	A	Brest
12-05	A	Montpellier	05-08	H	Montpellier
12-12	H	Angers	05-14	A	Strasbourg
12-22	A	Strasbourg	05-21	H	Lyon

2부 리그

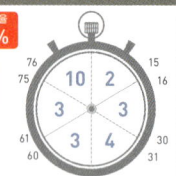

시간대별 득점 / 시간대별 실점 / 볼 점유율 57% / 위치별 슈팅-득점 PA안 357-54 PA밖 207-7 / 신체 부위별 득점 왼발 11 오른발 45 헤더 5 기타 부위 0 / 패스/수비 패스 시도-성공 평균 536-453 성공률 85% 평균 태클 14.6 평균 인터셉트 14.6 / 포지션별 득점 FW진 49골 MF진 10골 DF진 2골 / 상대 포지션별 실점 DF진 3골 MF진 6골 FW진 14골 · 자책골 실점 2골

BASIC FORMATION

4-2-3-1

바요 / 텔
알베르나 라샤니 / 베르토미에 카우이 / 도수 세이두
가스티앙 마낭 / 사메드 이글레시아스
은심바 멘디 / 제다드카 포조
오지에 알베르 / 운통지 빌롱
데마 / 조코

TOTO GUIDE 지난 시즌 2부리그 맞대결 전적

상대팀	홈	원정
Troyes	2-1	0-1
Toulouse	1-1	2-3
Grenoble	3-0	2-1
Paris FC	3-2	1-0
Auxerre	1-0	1-0
Sochaux	3-1	0-0
Nancy	2-0	0-1
Guingamp	0-0	5-0
Amiens	3-0	1-1
Valenciennes	4-0	3-1
Le Havre	1-1	0-0
Ajaccio	0-2	2-0
Pau FC	3-0	1-2
Rodez Aveyron	3-0	0-2
USL Dunkerque	5-0	1-1
Caen	0-0	1-2
Niort	0-0	0-1
Chambly	1-0	3-0
Chateauroux	2-1	1-0

OFFENSE | DEFENSE

OFFENSE		DEFENSE	
오픈 플레이	A	오픈 플레이 수비	C
카운터 어택	C	카운터 어택 수비	C
짧은 패스 게임	B	짧은 패스 게임 수비	D
롱볼 연계 플레이	C	롱볼 연계 플레이수비	B
솔로 플레이	C	솔로 플레이 수비	C
중거리 슈팅 / 직접 프리킥	C	중거리 슈팅 수비	C
측면 공격	B	측면 수비	C
세트 플레이	A	세트 플레이 수비	B
위협적인 공격 횟수	B	공중전 능력	C
슈팅 대비 득점	A	볼 쟁탈전 / 투쟁심	A
오프사이드 피하기	D	실수 조심	C
볼 점유율	B	파울 주의	C

A 매우 우수함 B 우수함 C 평균 수준 D 부족함 E 많이 부족함

Mohamed BAYO 27
FW 모하메드 바요

SCOUTING REPORT
클레몽트의 거인 공격수. 타고난 피지컬과 엄청난 파워로 상대를 제압한다. 세트피스 상황에서 아주 높은 타점의 헤딩을 자랑한다. 볼 트래핑이 좋고 골키퍼가 나오는 순간을 노려 칩샷을 시도하는 판단력도 좋다. 지난 시즌 9, 20라운드에서 해트트릭을 달성했다. 25라운드부터는 4경기에서 4골과 2도움을 기록하며 팀의 승격에 결정적인 역할을 했다. 1부 리그에서도 통할 것이라는 평가가 지배적이다.

PLAYER'S HISTORY
클레몽트 유스의 걸작. 리저브 팀을 거쳐 2017년 1군에 데뷔했다. 19-20 시즌부터 득점포를 가동했다. 리그 24경기에 나서 12골을 넣었다. 돌아온 후 득점 행진은 이어졌고, 기니 대표팀 차출도 가능해졌다. 지난 시즌 22골을 기록하며 2부 리그 득점왕 타이틀을 차지했다.

Arthur DESMAS 1
GK 아르튀르 데스마

지난 시즌 21개의 클린 시트를 기록했다. 2경기만 결장하고 나머지 경기에선 풀타임 활약을 했다. 골문에서는 되도록 안정적인 판단을 우선시 하는 성향이다. 반사 신경이 좋아 슈퍼 세이브를 연발한다. 지난 시즌 클레몽트에 입단했다. 브레스트 유스 출신으로 로데즈에서 스카우터들의 레이더 망에 포착되기 시작했다. 온화한 미소 뒤의 카리스마가 강하다.

Cédric HOUNTONDJI 4
DF 세드릭 운톤지

20-21 시즌 딱 한 경기만 결장했고 그 외 나머지 모든 경기에 풀타임 출전했다. 194cm의 큰 키에서 나오는 제공권은 운톤지의 주특기다. 다만 상대적으로 발이 느리고 볼 터치가 세밀하지 못하다. 스타드 렌의 소속으로 임대 생활을 하다가 2019년 클레몽트의 러브콜을 받았다. 프랑스 16세 이하의 대표팀부터 꾸준히 부름받았으나, A대표로 베냉을 선택했다.

Jonathan IGLESIAS 10
MF 호나탄 이글레시아스

우루과이산 중앙 미드필더. 탁월한 리더쉽을 갖춘 선수로 알려져 있다. 팀 동료들을 하나로 묶는데 탁월한 재능이 있다. 중거리 슛도 좋고 구질도 다양하다. 자국 클럽들을 거쳐 낭시를 통해 유럽 리그에 진출했다. 2016년 클레몽트에 합류한 이래 6시즌째 팀의 주축 멤버로 활약 중이다. 주장 완장을 차고 있으며, 팀을 위한 헌신도가 높다.

SQUAD LIST

위치	번호	선수	국적	키	생년월일	전 소속 팀
GK	1	Arthur Desmas	FRA	196	94-04-07	Rodez
	16	Lucas Margueron	FRA	194	01-02-12	Lyon
	40	Ouparine Djoco	FRA	188	98-04-22	None
DF	3	Julien Boyer	FRA	179	98-04-10	Quevilly-Rouen
	4	Cédric Hountondji	FRA	194	94-01-19	Levski Sofia
	5	Jean-Claude Billong	FRA	191	93-12-28	Benevento
	12	Vital N'Simba	ANG	168	93-07-08	Bourg-en-Bresse
	15	Arial Mendy	SEN	180	94-11-07	Servette
	17	Josué Albert	FRA	185	92-01-21	Quevilly-Rouen
	20	Akim Zedadka	ALG	173	95-05-30	Marignane Gignac
	21	Florent Ogier	FRA	182	89-03-21	Sochaux
	23	Jérôme Phojo	FRA	178	93-04-15	Les Herbiers
	36	Alidu Seidu	CIV	173	00-06-04	None
MF	6	Saif Khaoui	TUN	180	95-04-27	Marseille
	7	Yohann Magnin	FRA	183	97-06-21	None
	8	Jason Berthomier	FRA	175	90-01-06	Troyes
	10	Jonathan Iglesias	URU	180	88-12-17	El Tanque Sisley
	18	Elba Rashani	KVX	181	93-05-09	BB Erzurumspor
	19	Salis Abdul Samed	GHA	180	00-03-26	JMG Academy
	22	Oriol Busquets	ESP	185	99-01-20	Barcelona B
	25	Johan Gastien	FRA	180	88-01-25	Brest
	29	Naël Jaby	FRA	175	01-04-20	None
FW	9	Jordan Tell	FRA	185	97-06-10	Rennes
	11	Jim Allevinah	GAB	172	95-02-27	Le Puy
	24	Jodel Dossou	BEN	180	92-03-17	Hartberg
	26	Pierre-Yves Hamel	FRA	185	94-02-03	Lorient
	27	Mohamed Bayo	FRA	188	98-06-04	None